변신론

Essais de Théodicée

sur la bonté de Dieu la liberté de l'homme et l'origine du mal

written by GOTTFRIED WILHELM LEIBNIZ and JACQUES BRUNSCHWIF(the critical apparatus)

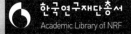한국연구재단총서
Academic Library of NRF   학술명저번역   569

변신론

신의 선, 인간의 자유, 악의 기원에 관하여

Essais de Théodicée

sur la bonté de Dieu, la liberté de l'homme et l'origine du mal

고트프리트 빌헬름 라이프니츠 지음 ┃ **이근세** 옮김

아카넷

차례

변신론

　머리말 ┃ 007
　신앙과 이성의 조화에 관한 서설 ┃ 053

　제1부 ┃ 141

　제2부 ┃ 243

　제3부 ┃ 403

부록

　형식 논증으로 축약된 논쟁의 개요 ┃ 573
　자유, 필연, 우연에 관하여 홉스가 출간한 영문 저작에 관한 고찰 ┃ 591
　얼마 전 영국에서 출간된 악의 기원에 관한 책 평가 ┃ 609

**신의 정의와 그의 다른 모든 완전성 및 행동과의 조화를 통해
제시된 신의 행동 근거** ┃ 667

저작에 포함된 주제의 목록 ┃ 715

옮긴이 해제 ┃ 737
번역 노트 ┃ 777

고트프리트 빌헬름 라이프니츠 연보 ┃ 783
찾아보기 ┃ 789

일러두기

* 본문의 각주는 원주(原註)와 옮긴이 주를 구분하여, 옮긴이 주 앞에는 '(옮긴이)'를 붙였다.

머리말

> 세계가 인간 안에 있고, 각각의 인간이 신의 이미지의 축소판이라면, 인간들이 세계를 알 수 있다고 해서 무엇이 놀랍겠는가?[1]

일반 대중이 형식적으로 예배를 드린다는 것은 어느 시대에나 있는 일이다. 견실한 경건, 즉 빛과 덕이 대중의 몫이었던 적은 전혀 없었다. 이는 인간의 나약함에 지극히 부합하는 일이니 결코 놀랄 필요는 없다. 우리가 외부의 자극을 받으면 내면은 논의를 요구하지만 그 논의는 소수의 사람들이 할 수 있는 것이다. 진정한 경건은 감정과 실천에 있는 것이기 때문에 예배의 형식은 진정한 경건을 모방한다. 예배의 형식은 두 종류다. 첫째는 실천 의식(儀式)이며 둘째는 신앙 문서[2]다. 의식은 덕행과 비슷하고, 문서

∵

1) 마닐리우스(Manilius), 『천문학적인 것들』, 제4권, 885행. 티베리우스와 동시대인인 라틴 시인 마닐리우스의 이 인용구는 고대에, 특히 스토아주의자들 사이에 매우 널리 퍼져 있던 생각을 표현한다. 이 생각에 따르면 인간은 우주 혹은 대우주(macrocosme)를 인식할 수 있다. 이는 서로 닮은 것이 닮은 것을 인식하기 때문이며, 인간 자신이 우주(대우주)의 그리고 우주를 지배하는 내재적 보편 이성의 축소판 이미지이기 때문이다.

2) (옮긴이) 신앙 문서(formulaires de la croyance)는 교회에서 공적인 신앙 표준을 제시하기 위해 제정한 문서 혹은 조항을 의미한다. 교리(教理, doctrine) 혹은 교의(教義, dogme), 그리

는 진리의 그림자와 같으며 순수한 빛에 어느 정도 근접해 있다. 만일 모든 예배의 형식이 그것을 고안한 사람들에 의해 그 모방 대상을 유지하고 표현하는 데 알맞게 만들어졌다면, 그리고 종교적 의식(儀式), 교회의 규율, 공동체의 규칙, 인간의 법이 항상 우리를 악덕의 접근으로부터 막아주고 선에 길들도록 하며 덕과 친숙하도록 해주는 신법(神法)의 울타리와 같다면, 예배의 형식은 높이 평가할 만하다. 이는 모세의 목표였으며, 다른 훌륭한 입법자들, 종교 교단의 현명한 설립자들, 그리고 특히 가장 순수하고 명확한 종교의 신적 설립자인 예수 그리스도의 목표였다. 신앙 문서도 마찬가지다. 비록 문제가 되는 모든 진리가 신앙 문서에 담겨 있지 않더라도 구원의 진리와 합치하지 않는 점이 아무것도 없다면, 그런 신앙 문서는 나쁘지 않다. 그러나 예배가 격식 때문에 옹색해지고 신적인 빛이 사람들의 의견 때문에 애매해지는 경우는 너무도 자주 발생한다.

기독교 확립 이전에 세계를 가득 채웠던 이교도들은 한 가지 종류의 예배 형식만을 가지고 있었다. 이교도들은 종교의식(儀式)은 있었으나 신조(信條)는 없었으며 교리신학에 관한 문서를 작성하는 것은 꿈도 꾸지 못했다. 이교도들은, 자신들의 신들이 진정한 인격체인지 혹은 태양·별·원소와 같은 자연적 힘의 상징인지 알지 못했다. 이교도들의 신비는 난해한 교리에 있는 것이 아니라 세속인, 즉 종교에 입문하지 않은 이들이 절대로 참

••

고 아래에 나오는 신조(信條, article de foi)와도 일맥상통한다. '신조'는 본래 의미로는 대표적으로 「사도신경」의 경우처럼 고대 교회가 소유해온 간결한 신앙 표준 문서들을 말하지만, 더 넓게는 구교와 신교에서 제시해온 '신앙 고백서', '요리(要理) 문답', '교리적 율령', '교회 규범', '헌장', '율령', '선언' 등의 다양한 표현 형식을 포괄적으로 지시할 수 있다. 여기서 라이프니츠는 구교와 신교의 구분을 고려하지 않고 신앙을 위한 형식적 문서들을 포괄적으로 말하고자 하는바, '신앙 문서'라는 중립적인 표현을 택했다. 『신학사전』(개혁주의신행협회, 1993, 396~397쪽), 『한국가톨릭대사전』(한국교회사연구소, 1985, 120쪽, 732쪽) 참조.

관해서는 안 되었던 몇몇 은밀한 실천에 있었다. 이러한 실천은 우스꽝스럽고 비합리적인 것이 태반이었고 무시당하지 않기 위해서는 감추어야 했다. 이교도들은 미신을 믿었으며 기적을 자랑스러워 했다. 이교도들은 신탁, 점, 전조, 예언 등으로 점철되었다. 성직자들은 신들의 분노나 선의 징표를 고안해내고 그것들에 대한 해설가를 자처했다. 이 같은 점은 인간사(人間事)에 대한 불안과 희망을 통해 사람들을 지배하게 되었다. 그러나 다른 삶[3]의 위대한 도래는 다루어지지 않았으며 인간에게 신과 영혼에 대한 참된 견해를 제공하고자 하는 노력도 없었다.

  모든 고대 민족 가운데 유대인만이 자신들의 종교에 대한 공적인 교리를 가지고 있었다. 아브라함과 모세는 모든 선의 근원이자 만물의 조물주로서의 유일신에 대한 신앙을 확립했다. 유대인들은 신에 대해 최상의 실체에게 매우 합당한 방식으로 말한다. 지구상 작은 구석의 거주자들이 나머지 인류보다 계몽되었다는 사실을 확인하는 것은 놀라운 일이다. 다른 민족의 현자들도 때때로 신에 대해 마찬가지로 말했겠지만 충분히 많은 추종자를 두거나 교리를 율법으로 만드는 행복을 누리지는 못했다. 그럼에도 모세는 결코 영혼의 불멸성에 대한 교리를 자신의 율법에 포함시키지 않았다. 영혼의 불멸성은 모세의 견해에 부합하는 것이었고 입에서 입으로 전달되었지만 결코 대중적으로 권위를 갖지는 못했다. 예수 그리스도가 장막을 걷어내고 물리적 힘도 없이 입법자의 모든 권능을 발휘하여, 불멸의 영혼이 다른 삶에 가서 행동의 대가를 받는다고 가르쳤을 때, 비로소 영혼의 불멸성에 대한 교리는 대중적으로 권위를 가지게 되었다.[4] 모세는 이미 신의 위대함과 선에 대해 오늘날 문명화된 많은 민족들이 공감하고

∵

3) (옮긴이) 내세를 의미한다.

있는 훌륭한 생각을 제시했다. 그러나 예수 그리스도는 신의 위대함과 선의 모든 귀결을 확립했으며, 신의 선과 정의가 영혼들을 위한 신의 구상에서 완전하게 드러난다는 점을 제시했다. 나는 여기서 기독교 교리의 다른 점들은 다루지 않을 것이며, 단지 예수 그리스도에 의해 어떻게 자연 종교가 율법이 되고 공적인 교리의 권위를 갖게 되었는지를 제시하고자 한다.[5] 그토록 많은 철학자가 헛되이 시도했던 것을 예수 그리스도는 혼자서 해냈다. 알려진 세계 가운데 가장 큰 부분을 지배한 로마제국에서 기독교도

∴

4) (옮긴이) 라이프니츠는 자신의 철학 체계를 정립할 때부터 그리스도의 업적 중 명확성과 법적인 측면을 자주 강조했다. 즉 그리스도는 신의 놀라운 율법을 발견하여 인간에게 "명석하고 평이하게" 표현하여 알려주었다(『형이상학 논고(*Discours de métaphysique*)』, 제37절). 『형이상학 논고』는 라이프니츠의 철학 체계를 이해하는 데 필수적인 저작이고 『변신론』과 상호 보완되는 부분이 많기 때문에 빈번하게 이용할 것이다. 번역은 주로 윤선구의 번역본 『형이상학 논고』(아카넷, 2010)에 의거할 것이다. 라이프니츠 전공자의 이 번역본에는 『형이상학 논고』 외에도 『인식, 진리 그리고 관념에 관한 성찰』, 『제일철학의 개선 및 실체의 개념에 대하여』, 『자연, 실체들의 교통 및 영혼과 육체 사이의 결합에 관한 새로운 체계』, 『동역학의 시범』, 『자연과 은총의 이성적 원리』, 『모나드론』이 유용한 주석과 함께 포함되어 있어서 라이프니츠 철학 전반을 이해하고, 특히 아직 정립되지 않은 여러 용어를 번역하는 데 큰 도움이 되었음을 밝혀둔다.

5) (옮긴이) 종교에 관한 라이프니츠의 관점은 꽤 복합적이다. 라이프니츠 종교관의 큰 틀을 잡아두고 『변신론』에 접근하면 유용할 것이다. 기본적으로 그는 "자연 종교"와 "계시 종교"를 구분한다. 자연 종교는 핵심적으로 영원한 두 진리, 즉 신의 현존과 영혼의 불멸성을 다룬다. 즉 신이 선하며 영혼을 구원하고자 한다는 점은 자연 종교가 다루는 영원한 진리다. 계시 종교는 신이 실제로 인간을 구원하고자 결정했으며, 이를 위해 육화나 부활처럼 이성이 연역해낼 수 없는 수단들을 사용한다고 명시한다. 자연 종교는 단순한 이성의 대상이며 계시 종교는 사실의 질서, 더 나아가 역사적 사실의 질서에 속한다. 철학은 자연 종교의 핵심을 이루는 영원한 진리를 언명할 수 있지만 계시 종교의 사실적 진리를 연역할 수는 없다. 그러나 철학은 계시 종교의 사실적 진리가 이성과 대립하지 않으며 합목적성의 근거가 있다는 것을 제시할 수 있다. 이러한 관점은 『변신론』 전반에 걸쳐 라이프니츠가 전개하는 논의의 중요한 바탕이 되며, 특히 「신앙과 이성의 조화에 관한 서설」의 핵심 주제다. 라이프니츠의 종교관에 대해서는 후에 다시 논할 기회가 있을 것이다.

가 결국 우위를 차지하면서 현자들의 종교는 대중의 종교가 되었다. 그 이후 마호메트도 자연 신학의 이 위대한 교리에서 결코 벗어나지 않았다. 마호메트의 신도들은 기독교가 전파되지 않았던 아시아와 아프리카의 가장 깊숙한 곳의 민족들에게까지 이 교리를 널리 퍼뜨렸다. 또한 그들은 신의 유일성과 영혼의 불멸성에 대한 참된 교리와 대립하는 이교적 미신들을 여러 나라에서 폐지시켰다.

예수 그리스도는 모세가 시작한 것을 완성함으로써 신성이 단지 경외심과 숭배의 대상이 아니라 사랑과 자애(慈愛)의 대상이기를 원했다. 이는 인간으로 하여금 미리부터 축복을 누리도록 해주고 미래의 지극한 행복[6]을 현세에서부터 맛보도록 해주는 것이었다. 사랑받을 만한 것을 사랑하는 것만큼 유쾌한 일은 없기 때문이다. 사랑은 우리가 사랑하는 대상의 완전성에서 기쁨을 발견하도록 해주는 감정이며, 신보다 완전한 것, 신보다 매력적인 것은 아무것도 없다. 신을 사랑하기 위해서는 신의 완전성을 살펴

..

6) (옮긴이) 지극한 행복(félicité)은 영원한 벌 혹은 영겁의 벌(永罰, damnation)과 대비되는 개념으로 슬픔이나 죄가 혼합되지 않은 지속적 기쁨을 의미한다. 『형이상학 논고』(제5절)에서 라이프니츠가 암시하듯이 "신의 직관", 즉 지복직관(至福直觀, visio beatifica)을 향유하는 상태라고 하겠다. 이 단어는 현세의 일반적인 행복이나 신적 직관에 이르지 못한 상태와는 차별화되기 때문에 현재는 잘 쓰이지 않는 '영복(永福)'이나, 학계에서 어느 정도 통용되는 용어인 '지복'으로 번역되기도 한다. 그러나 라이프니츠는 곳곳에서 일반적 의미의 '행복'을 의미하기 위해서도 félicité를 사용하고 있는 만큼 기본적으로 '행복'이라는 번역어를 택했다. 그러나 위의 본문처럼 일반적인 행복과 구분해야 의미가 정확할 경우는 '지극한'과 같은 단어를 덧붙일 것이다. 참고로 윤선구의 『형이상학 논고』 번역본에서도 일률적으로 '행복'으로 옮기고 있다. 1694~1698년 사이의 한 문헌(『하노버의 지방 도서관의 수고에 기초한 미발간 텍스트들(*Textes inédits d'après les manuscrits de la Bibiliothèque provinciale de Hanovre*)』, PUF, 1998, 제2권, 579쪽)에서 라이프니츠는 "행복(félicité)은 (만족) 기쁨이 지속되는 상태다"라고 말하며, 『신 인간 오성론』 제2부, 21장, 42절에서도 "행복(bonheur)은 지속적인 기쁨이다"라고 말한다.

보는 것으로 충분하다.[7] 이는 쉬운 일이다. 우리는 신의 완전성에 대한 관념을 우리 안에서 발견하기 때문이다. 신의 완전성은 우리 영혼의 완전성과 같지만, 신은 그것을 아무런 한계도 없이 가지고 있다. 신은 대해(大海)이고 우리는 대해의 물방울들만을 받았다.[8] 능력과 인식 그리고 선은 우리 안에 어느 정도 들어 있지만 신 안에는 전체적으로 들어 있다.[9] 질서, 비율, 조화는 우리를 기쁘게 하며 그림과 음악은 그 견본이다. 신은 완전한 질서이고 언제나 정확한 비율을 유지하며 보편적인 조화를 이루어낸다. 모든 미는 신의 빛의 분출이다.

이로부터 참된 경건 그리고 참된 행복도 신의 사랑 안에 있다는 점이 명백하게 드러난다. 그러나 이 사랑은 열정에 빛이 동반된 명확한 사랑이다. 이러한 종류의 사랑은 덕을 돋보이게 하는 기쁨을 선한 행동 속에 생겨나게 하며 모든 것을 중심과 관계시키듯이 신과 관계시킴으로써 인간적인 것을 신적인 것으로 변화시킨다. 왜냐하면 우리는 의무를 이행하고 이성을

∵

7) (옮긴이) 라이프니츠는 사랑을 '대상의 완전성을 바라봄에서 기쁨을 느끼는 것'이라고 정의한다. "신은 항상 가능한 방식 중에서 가장 완전하고 가장 바람직한 방식으로 행위한다고 하는 이 위대한 진리에 대한 보편적 지식은, 내가 생각하기에 우리가 어떤 다른 사물들보다도 신에게 바쳐야 할 사랑의 근거가 된다. 왜냐하면 사랑하는 사람은 사랑하는 대상의 행복이나 완전성 그리고 그의 행위의 완전성에서 만족을 찾기 때문이다. Idem velle et idem nolle vera amicitia(친구와 같은 것을 원하고, 친구와 같은 것을 원하지 않는 것이 진정한 우정이다)." 『형이상학 논고』, 제4절. 라이프니츠는 우정과 사랑에 관한 논의를 위해서 자주 키케로의 『우정론(De amicitia)』에 의거한다.

8) (옮긴이) 라이프니츠 철학 체계의 핵심이 표현된 구문이다. 그의 체계에 따르면, 신은 무한히 많은 실체들 혹은 모나드(monade)들을 창조하며 각 실체는 우주에 대한 특정한 한 관점이다. 신과 모나드의 차이는 지각의 정도에 있다. 신은 모든 것에 대한 모든 관점이기 때문에 모든 것을 평면도로 보지만, 모나드들은 특정 관점에서 투시도로 혹은 원근법적으로 지각한다. 『모나드론』, 제57절과 그 이하 참조.

9) (옮긴이) 신의 완전성, 예를 들어 지식, 능력, 선은 최고의 정도로 신에게 속해 있다. 『형이상학 논고』, 제1절, 『모나드론』, 제41절. 반면 인간은 그러한 완전성을 낮은 정도로만 소유한다.

따름으로써 최상의 이성의 명령을 수행하고, 우리의 모든 지향으로 하여금 신의 영광과 다름없는 공동선을 향하도록 하기 때문이다. 우리는 일반적인 것의 이익을 받아들이는 것보다 더 큰 개별적 이익은 없다는 점을 알게 되며, 타인들에게 진정한 이득을 기꺼이 마련해줌으로써 스스로에게 만족하게 된다. 무엇을 성공하든 못하든 간에 신의 의지에 모든 것을 맡기고 신이 바라는 것은 최선이라는 것을 알 때 우리는 일어나는 일에 만족하게 된다. 그러나 신이 사건을 통해 그의 의지를 선언하기 전에 신의 명령과 가장 합치해 보이는 것을 행하는 것은 신의 의지를 영접하려고 노력하는 것이다. 이 같은 정신상태에 있을 때 우리는 나쁜 결과 때문에 불쾌해지지 않으며 우리의 잘못에 대해서만 후회를 하게 된다. 그리고 친절한 성향의 실천을 결코 사람들의 배은망덕 때문에 멈추지 않는다. 우리의 자비는 겸허한 것이고 절제로 가득 차 있으며 결코 지배하려 들지 않는다. 우리는 우리 자신의 결함과 타인의 재능에 똑같이 주의를 기울임으로써, 우리 자신의 행동을 비판하고 타인의 행동은 용서하고 바로잡아주도록 노력한다. 이는 우리 자신을 완전하게 하고 아무에게도 잘못을 저지르지 않기 위함이다. 자비가 없으면 경건도 없으며, 호의적이고 친절하지 않으면 신실한 예배를 보여줄 수도 없다.

좋은 천성, 적합한 교육, 경건하고 유덕한 사람들과의 교제는 영혼들이 그처럼 훌륭한 상태에 있도록 하는 데 크게 기여할 수 있다. 그러나 그런 상태에 충실하도록 영혼들을 가장 확실히 붙잡아주는 것은 좋은 원칙이다. 이미 말했듯이, 열정에 빛을 결합시켜야 하며 지성의 완전성이 의지의 완전성을 완성시켜야 한다. 덕의 실천은 악덕의 실천과 마찬가지로 단순히 습관의 결과일 수 있다. 우리는 그 실천에 재미를 붙일 수 있다. 그러나 덕이 이성적일 때 그리고 사물들의 궁극적 원인인 신과 관계할 때는 인식에 근거한다. 신의 완전성을 인식하지 못하면서 신을 사랑할 수 없다. 신의 완전성에 대한 인식은 참된 경건의 원리를 포함한다. **진정한 종교의 목적은 참된 경건의 원리를 영혼들에게 각인시키는 데 있다.** 그러나 어떻게 그런 일이 일어나는지 알 수 없지만, 일반인과 종교계의 신학자들이 이 목적에서 매우 멀어진 일이 빈번하게 생겨났다. 우리의 신적 스승[10]의 지향과 반대로 예배는 의식(儀式)으로 환원되었고 교리는 문서로 채워졌다.[11] 의식은 덕의 실행을 유지하기에 적합하지 않은 경우가 많았고 때때로 문서는 그리 명확하지도 않았다. 이런 사실이 믿기지 않는가? 기독교인들은 이웃을 사랑하지 않고도 믿음이 깊을 수 있고 신을 사랑하지 않고도 경건할 수 있다고 생각했다. 혹은 이웃에게 봉사하지 않고도 이웃을 사랑할 수 있고 신을 인식하지 않고도 신을 사랑할 수 있다고 믿은 것이다. 이 같은 결함이 대중에게 제대로 파악되지 못한 채 수세기가 흘렀다. 그리고 암흑이 지배했던 자취는 아직도 많이 남아 있다. 때때로 우리는 경건, 예배, 종교에 대해 큰소리로 말하며 심지어 그것들에 대한 교육을 맡고 있는 사람들이 신의 완전성을 잘 모르고 있다는 것을 발견한다. 그들은 우주의 주권자의 선과 정의(正義)를 잘못 파악하고 있다. 그들은 모방할 가치도 없고 사랑할 가치도 없는 신을 상상하고 있다. 나는 이러한 점의 결과를 위험한 것으로 보았다. 경건의 근원 자체가 절대로 오염되지 않도록 하는 것은 지극히 중요한 일이기 때문이다. 신성을 고발하거나 악한 원리로 간주하는 그들의 오래된 오류는 오늘날에 와서는 쇄신되곤 했다. 그들은 신의 최상의 선을 제시해야 할 때는 신의 억제할 수 없는 능력에 의거한다. 그리고 가장 완

∴

10) (옮긴이) 예수 그리스도를 말한다.
11) (옮긴이) 앞에서 설명한 실천 의식 및 신앙 문서들을 지시한다.

전한 지혜를 통해 조정된 능력을 생각해야 할 때는 전제적(專制的) 권력을 말한다.[12] 나는 오류를 범할 수 있는 이런 견해들이 특히 자유, 필연성, 운명에 대해 사람들이 만들어낸 모호한 개념에 의거한다는 점에 주목했다. 나는 여러 차례 기회가 있을 때마다 이 중요한 주제들을 설명하기 위해 글을 썼다. 그러나 서로 전체적으로 연결된 이 모든 주제에 관한 나의 생각을 한데 모아서 대중에 알려야 했다. 이것이 바로 내가 신의 선, 인간의 자유,

⁂

12) (옮긴이) 데카르트와 스피노자의 관점에 대한 라이프니츠의 비판적 관점을 이해하는 것은 라이프니츠 사상의 큰 구조를 파악하는 중요한 방법 중 하나다. 라이프니츠는 신의 지성 혹은 지혜를 신의 본질로 간주하지 않는 여러 이론의 문제를 지적한다. 그에 따르면, 지성이 결여된 신은 목적도 계획도 없이 행동하는 존재이므로 전제적인 신, 폭군과 같은 신이다. 데카르트나 스피노자도 결국 이러한 관점을 취한다. 라이프니츠는 자신의 관점을 데카르트와 스피노자의 중간이라고 자주 말한다. 데카르트에 따르면, 모든 것은 신에 의존하며 따라서 어떤 의미에서 보면 모든 것은 (심지어 수학적 법칙처럼 우리가 필연적이라고 평가하는 것조차도) 우연적이다. 스피노자에 따르면, 모든 것은 신의 본질에 의존하며 따라서 모든 것은 (심지어 자연의 이런저런 사건들처럼 우리가 우연적이라고 평가하는 것조차도) 필연적으로 일어난다. 라이프니츠는 이 두 명제는 결국 같은 것이라고 본다. 왜냐하면 데카르트에게도 스피노자에게도 목적성이나 추구하는 선의 개념이 없기 때문이다. 이 점에 대해 우리는 라이프니츠가 옳다고 할 수밖에 없다. 스피노자 자신이 다음과 같이 인정하기 때문이다. "모든 것을 신의 임의의 의지에 종속시키며, 모든 것을 신의 재량에 의존하게끔 하는 이 의견은, 모든 것을 선의 근거에서 행한다고 주장하는 사람들의 의견보다는 진리에 좀 더 가까움을 나 역시 인정한다."(『에티카』, 제1부, 정리 33, 주석 2). 라이프니츠에 따르면, 신은 지성을 통해 필연적으로 참되고 선한 모든 것을 보며 의지를 통해 최선의 것을 실현한다. 이 같은 신학적 명제는 『변신론』의 핵심 내용이다. 창조된 사물들은 비록 우연적일지라도 설명 가능한 최선(optimum)을 포함한다. 따라서 세계의 선은 완전히 무작위적인 것이라고 말할 수 없다. 최적률에 관해서는 『변신론』, 제1부, 8절 참조. "수학에서 최대도 없고 최소도 없을 때, 그리고 결국 구분되는 것이 아무것도 없을 때 모든 것은 똑같이 이루어진다. 혹은 이러한 것이 불가능할 때는 아무것도 이루어지지 않는다. 마찬가지로 수학보다 덜 규칙적이지 않은 완전한 지혜에 관해서도 우리는 가능한 모든 세계 가운데 최선(optimum)이 없었다면 신은 그중 아무것도 산출하지 않았을 것이라고 말할 수 있다." 달리 말해, 최선의 세계가 없다면 신은 가능한 모든 세계를 관조하되 그중 아무것도 창조하지 않거나 전부를 창조하는 존재가 될 것이다.

악의 기원에 관해 여기서 제시하는 **시론들**[13]에서 착수한 것이다.

우리의 이성이 자주 길을 잃는 유명한 미로가 둘 있다. 하나는 특히 악의 산출과 기원에서 **자유와 필연**에 관련된 중대한 문제이다. 다른 하나는 **연속**과 그 요소인 **분할 불가능한 것들**에 관련된 논의로서 무한에 대한 고찰을 포함해야 한다. 첫 번째 미로는 거의 모든 사람을 난처하게 하는 것이고, 두 번째 미로는 철학자들에게만 영향을 미친다. 두 번째 미로에 관해서는 아마도 다음에 설명할 기회가 있을 것이며, 사람들은 실체와 물질의 본성을 제대로 파악하지 못한 연유로, 극복 불가능한 난점으로 이끄는 잘못된 입장을 취하게 되었고, 그 난점을 올바르게 사용하면 잘못된 입장 자체가 전복되어야 한다는 점을 지적할 기회가 있을 것이다.[14] 그러나 연속

••

13) (옮긴이) 『변신론』의 부제가 '신의 선, 인간의 자유, 악의 기원'이다.

14) (옮긴이) 무한에 대한 고찰을 포함하는 연속과 분할 불가능성의 논의는 일종의 물질론으로서 자유와 필연의 문제와 함께 라이프니츠의 사상 체계에서 커다란 축을 구성한다. 라이프니츠에 따르면, 엄밀하게 말해 물질은 실재가 아니다. 물체는 무한히 분할될 수 있으며 궁극적으로 물체의 배후에는 비물질적인 실체, 즉 모나드들이 배치되어 있기 때문이다. 물체를 실재이면서 '연속'으로서 간주한다면, 모나드들, 즉 '분할 불가능한 것들'에 의해 어떻게 연속체가 구성될 수 있는지에 관한 문제가 바로 연속과 분할 불가능한 것들에 관한 미로다. 이 문제는 라이프니츠를 말년까지 끊임없이 괴롭히게 된다. 물질의 실체성에 관한 논의는 특히 데 보세스(Bartholomew Des Bosses, 1668~1738) 신부와 오랫동안 주고받은 서신에서 집중적으로 다루어진다. 라이프니츠는 1716년에 데 보세스에게 보내려고 준비한 마지막 편지에서 "여러 실체로부터 새로운 실체가 나올 수 있다"라고 말하고 있는데, 이는 모나드들을 원리로 하는 관념론에서 모나드들을 실체적으로 연결시켜주는 제3의 실체를 원리로 하는 실재론의 가능성을 보도록 해준다. 이에 관한 논의는 현대 라이프니츠 해석가들 사이에서 아직 진행 중이다. 라이프니츠는 젊은 시절에 기계론에 심취하거나 실체를 인간의 사유로만 간주하다가, 결국 『형이상학 논고』(1686) 및 아르노와의 서신에서 우주 전체의 배후에 실체가 배치되어 있다고 본 이후 『변신론』에 이르기까지 중요한 사상적 진화를 겪지 않았다. 라이프니츠가 사망하기 몇 달 전까지 데 보세스 신부와 주고받은 서신에서 모나드론을 넘어서는 실재론에 대한 모색이 발견된다는 것은 따라서 중요한 징후라고 할 수 있겠다. 『변신론』에서는 물질에 관한 논의는 주로 모나드론에 기초하여 이루어지며, 모든 피조물은 신보다 낮은 등급의 완전성과 지각을 가진 존재이므로 물질, 즉 불완전한 지각의 결과는 끊

에 대한 인식은 사변을 위해 중요한 것이지만 필연에 대한 인식은 실천을 위해서도 중요하다. 그리고 필연에 대한 인식이 바로 그와 연관된 점, 즉 인간의 자유 및 신의 정의(正義)와 함께 이 책에서 다룰 내용이다.

거의 모든 시대의 사람들은 고대인들이 게으른 이성[15]이라고 명명한 궤변 때문에 당혹스러워 해왔다.[16] 이 궤변에 따르면 아무것도 안 하거나, 혹은 적어도 아무 걱정도 없이 현재의 쾌락을 위한 충동만을 따르면 된다. 미래는 필연적이므로 내가 무엇을 하든지 간에 일어날 일은 일어날 것이기 때문이라는 것이다. 그런데 그들은 미래가 필연적인 것은 신성이 우주 만물을 지배함으로써 모든 것을 예견하며 그뿐 아니라 모든 것을 예정하기 때문이라고 말했다. 혹은 미래가 필연적인 것은 모든 일이 원인들의 연쇄에 의해 필연적으로 일어나기 때문이라고 말했다. 마지막으로, 모든 명제에서 진리는 결정되어 있으므로, 미래는 우리가 미래의 사건에 대해 구성할 수 있는 명제에서 결정된 진리의 본성 자체에 의해 필연적이라는 것이다. 어떤 명제는 우리가 그것이 어떤 상황에 있는지 항상 알지는 못하더라도 그 자체로는 항상 참이거나 거짓이어야 하기 때문이다. 그리고 서로 달라 보이는 이 모든 결정의 근거는 결국 하나의 중심으로 향하는 선(線)들처럼 합쳐진다. 원인들에 의해 미리 결정된 미래의 사건의 진리가 있으며, 신은 원인들을 확립함으로써 이 진리를 예정하기 때문이다.

필연성에 대해 잘못 이해된 관념은 실천의 영역에서 사용되었고, 내가

∵

임없이 전제되고 있다.

15) 게으른 논증(argos logos)에 관해서는 특히 크리시포스(Chrysippos)를 볼 것. 폰 아르님(Von Arnim), 『초기 스토아주의자들의 단편들(Stoicorum Veterum Fragmenta)』, 제2권, 277장.

16) (옮긴이) 라이프니츠는 고대에 '게으른 논증'이라고 표현되었던 것을 '게으른 이성'이라고 말하고 있다. 근대에는 페늘롱(Fénelon)과 기용(Guyon) 부인이 정적주의(quiétisme)를 주장하면서 유사한 논의를 펼쳤다. 『형이상학 논고』, 제4절 참조.

마호메트적 숙명(fatum mahumetanum)[17]이라고 명명하는 터키식(式)의 숙명을 생겨나게 했다. 바로 위에서 이야기한 것과 유사한 추론에 기대어 터키인들은 위험을 피하지 않으며 심지어 흑사병에 감염된 지역을 떠나지도 않는다는 비난을 받기 때문이다. **스토아적 숙명**(fatum stoïcum)이라 불리는 것은 마호메트적 숙명처럼 그렇게 어둡지 않다. 스토아적 숙명은 사람들이 자신의 일을 돌보는 것을 막지 않는다. 스토아적 숙명은 사건들에 대한 근심과 슬픔을 무용하게 하는 필연성의 고찰을 통해 사람들에게 평온을 제공하고자 한다. 이 점에서 스토아 철학자들은 우리의 구세주(救世主)의 교리에서 완전히 벗어나지 않는다. 그는 내일과 관련된 근심을 인간이 자신의 키를 늘리려고 쓸데없이 애쓰는 것과 비교하면서 그 근심을 버리라고 하기 때문이다.[18]

스토아주의자들의 (그리고 아마도 우리 시대 몇몇 저명한 철학자들의) 가르침은 이러한 필연성에 국한되므로 강요된 인내만을 제공할 수 있을 뿐인 것이 사실이다. 반면 우리의 구세주는 신이 완전하게 선하고 지혜로우며 우리들의 머리카락 한 가닥까지도 무시하지 않을 정도로 모든 것을 배려하기 때문에 전적으로 신을 신뢰해야 한다는 확신을 우리에게 준다. 그렇게 함으로써 그는 더욱 숭고한 생각을 불러일으키며 더 나아가 우리에

⁂

17) (옮긴이) 여기서 '숙명'이라고 번역한 'fatum'은 어원적으로 '말해진 것'이라는 의미가 있다. 제2부, 228절 참조.
18) (옮긴이) 「누가복음」 12:22~26. "그러므로 내가 너희에게 이르노니 너희 목숨을 위하여 무엇을 먹을까 몸을 위하여 무엇을 입을까 염려하지 말라. 목숨이 음식보다 중하고 몸이 의복보다 중하니라. 까마귀를 생각하라 심지도 아니하고 거두지도 아니하며 골방도 없고 창고도 없으되 하나님이 기르시나니 너희는 새보다 얼마나 더 귀하냐. 또 너희 중에 누가 염려함으로 그 키를 한 자나 더할 수 있느냐. 그런즉 지극히 작은 것이라도 능치 못하거든 어찌 그 다른 것을 염려하느냐."

게 만족하는 방법을 가르쳐준다. 그래서 만일 우리가 신의 행동을 이해할 능력이 있다면 우리는 신이 행하는 것보다 (절대적으로나 우리와 관계해서나) 더 좋은 것을 소망할 방법조차 없다는 점을 알게 될 것이다.[19] 이는 사람들에게 다음과 같이 말하는 것과 같다. "당신의 의무를 다하세요, 그리고 생겨날 결과에 만족하세요. 왜냐하면 당신은 신의 섭리나 혹은 사물들의 본성을 거스를 수 없을 뿐만 아니라(이것만으로도 만족은 아니겠지만 **평온**은 얻을 수 있습니다), 선한 주인과 관계하고 있기 때문입니다." 이러한 것은 기독교적 숙명(fatum christianum)이라 부를 수 있다.

그렇지만 대부분의 사람들 또 대부분의 기독교인조차도, 비록 그들은 충분히 인정하고 있지 않지만, 자신들의 실천에 터키식의 숙명을 어느 정도 혼합하고 있다. 물론 그들은 자명한 위험이나 명백하고 커다란 희망을 앞에 두고서 아무것도 하지 않거나 무관심하게 있지는 않는다. 그들은 무너지는 집에서 빠져나올 것이며 길에서 마주친 구렁을 피해 갈 것이다. 또한 반쯤 드러난 보물을 운명이 마저 꺼내주기를 기다리지 않고 땅을 파내어 꺼낼 것이다. 그러나 선이나 악이 멀리 있고 의심스러우며 치료가 힘들거나 취향에 그다지 맞지 않을 경우에는 게으른 이성이 적절해 보이게 된다. 예를 들어 적절한 식이요법을 통해 건강뿐 아니라 생명까지 유지해야

••

19) (옮긴이) 몇몇 스콜라 학자들이나 니콜라 드 말브랑슈(Nicolas de Malebranche, 1638~1715) 같은 이는 신이 절대적으로 완전하기 때문에 지금보다 더 잘할 수도 있었을 것이라고 주장했다. 이에 대해 라이프니츠는 신이 최선의 것을 행하지 않았다면 신의 행동의 이유를 찾는 것은 불가능하다고 논박한다. 만일 신이 불완전한 세계만을 만들었다면 그는 불완전한 아무 세계나 만들 수 있을 것이며 따라서 그다지 찬양할 만한 존재가 아닐 것이기 때문이다. 『형이상학 논고』 제3절과 『변신론』, 제3부, 416절 참조. 말브랑슈는 기회원인론 체계를 창시했으며 데카르트, 스피노자 등과 더불어 근대 초기를 대표하는 철학자다. 라이프니츠는 말브랑슈와 서신 교환을 했으며 그의 관점을 『변신론』에서 여러 번 논의한다.

할 경우, 식이요법을 조언받은 사람들은 이제 날이 다했으며 신이 정해주는 운명에 저항하고자 하는 것은 아무 소용이 없다고 대답하곤 한다. 그러나 이런 사람들은 자신들이 무시했던 악이 다가오면 가장 어리석은 치료책에 매달리기까지 한다. 깊이 생각하기가 다소 민감할 때, 예를 들어 "나의 삶을 어느 방향으로 결정할 것인가?"[20) 어떤 직업을 선택해야 하는가 등의 의문이 들 때, 혼인을 맺을 때, 전쟁에 착수해야 할 때나 전투에 가담해야 할 때 사람들은 이와 비슷한 방식으로 추론한다. 이 같은 경우에 여러 사람들은 마치 이성이 손쉬운 일에만 사용되어야 하는 것처럼 논의의 수고를 피하고 운이나 충동에 자신을 맡길 것이기 때문이다. 이렇게 사람들은 자주 터키식으로 추론할 것이며(이러한 것을 섭리에 자신을 맡기는 것이라고 잘못 생각하는데, 섭리라는 것은 우리가 의무를 다했을 때 진정으로 작용하는 것이다), 저항할 수 없는 숙명에서 차용해온 게으른 이성을 사용함으로써 마땅히 해야 할 생각을 하지 않게 될 것이다. 그리고 그들은 이성의 사용법에 어긋나는 이 같은 터키식의 추론이 타당했을 경우는 심사숙고하는 것이 쉽든 그렇지 않았든 간에 그 추론대로 되리라는 사실을 간과할 것이다. 이런 나태함이야말로 부분적으로 점쟁이들의 미신적 실천의 원천이다. 사람들은 수고로움 없이 지름길을 통해 행복에 이르기를 원하기 때문에, 그러한 미신적 실천을 연금술의 돌만큼 쉽게 믿어버린다.

과거에 행복했기 때문에 운에 마치 고정된 어떤 게 있는 것처럼 자신을 운에 맡기는 이들에 대해 여기서 말하려는 것은 아니다. 과거를 토대로 미래를 말하는 그들의 추론은 점성술 및 다른 점술의 원리만큼이나 근거가

••

20) 아우소니우스(Ausonius), 『전원시』, 제13장, 1절. 이 인용구는 데카르트의 유명한 꿈 중 하나에서 핵심 역할을 한다. 아당 타네리(Adam-Tannery)판, 제10권, 182~184쪽 참조.

없다. 그들은 이탈리아인들이 바세트(bassette)[21]를 하며 습관적으로 말하는 것처럼 일반적으로 운에는 밀물과 썰물의 조수가 있다는 점을 고려하지 않는다. 그들은 몇몇 특별한 관찰에 의거하기도 하는데, 나는 그 누구에게도 그러한 것을 너무 믿지 말라고 충고하고 싶다. 그럼에도 운에 대한 신뢰는 사람들에게, 특히 군인들에게 자주 용기를 주기도 한다. 또한 그들이 가졌다고 생각하는 행운을 실제로 가져다주기도 하는데, 이는 흔히 예언이 예언된 일을 생겨나게 하며 마호메트주의자들이 숙명에 대해 가진 생각 때문에 자신들이 단호해진다고 말하는 것과 같은 일이다. 따라서 오류도 가끔 유용성이 있다. 하지만 그것은 일반적으로 다른 오류들을 수정하기 위해서다. 진리가 절대적으로 더 가치가 있다.

그러나 소위 운명의 필연성이라는 것을 이용하여 악덕과 방탕함을 변명하려고 할 경우, 이는 특히 그 필연성을 남용하는 것이다. 나는 뛰어난 정신을 조금 과시해보고자 하는 명민한 젊은이들이 덕을 설교하거나 악덕을 비난하고 보상을 바라도록 하거나 벌을 두려워하도록 하는 것은 아무 소용이 없다고 말하는 것을 자주 들었다. 그들은 운명의 책에 대해 말을 하는데, 쓰인 것은 이미 쓰인 것이고 우리의 행동으로 바꿀 수 있는 것은 아무것도 없으며 따라서 자신의 충동을 따르고 현재 자신을 만족시킬 수 있는 것만을 택하는 일이 최선이라는 것이다. 그들은 이 논증의 이상한 귀결에 대해서는 생각하지 않는다. 이 논증으로는 너무 많은 것을 증명할 수 있다. (예를 들어) 우리가 어떤 맛있는 음료에 독이 든 것을 알지라도 그것을 마셔야 한다는 점이 이 논증에 의해 증명될 것이다. 같은 이유로 (이 이유가 타당하다면) 나는 다음과 같이 말할 수 있다. 즉 파르카[22]의 고문서에

∙∙

21) 바세트는 파라옹(pharaon)이나 랑스케네(lansquenet)와 유사한 옛 카드놀이다.

독이 나를 지금 죽이거나 해를 입힌다고 쓰여 있을 경우 나는 이 음료를 마시지 않아도 독으로 죽거나 해를 입을 것이다. 이것이 쓰여 있지 않다면 나는 이 음료를 마셔도 독으로 죽거나 해를 입지 않을 것이다. 결과적으로 나는 유해한 것일지라도 맛있는 것을 마시려는 내 충동을 따라도 무방하다. 이는 당연히 명백한 모순이다. 이런 논박은 그 젊은이들을 어느 정도 저지했지만, 그들은 궤변의 결함이 어디에 있는지 이해하기 전까지는 여러 방식으로 되풀이된 그들의 추론으로 계속 되돌아오곤 했다. 그 궤변의 결함을 말하자면, 우리가 무엇을 하든 간에 사건이 일어난다는 것은 틀렸다는 점이다. 그 사건은 그 사건을 일어나게 하는 일을 우리가 하기 때문에 일어날 것이다. 사건이 이미 쓰여 있다면 그 사건을 일어나게 하는 원인 역시 쓰여 있다. 따라서 결과와 원인의 연결은 실천에 해가 되는 필연성의 이론을 확립하기는커녕 그러한 이론을 파괴하는 데 작용한다.

악하고 방탕함에 경도된 의도 말고도 숙명적인 필연성의 이상한 귀결을 다른 방식으로 살펴볼 수 있다. 즉 숙명적인 필연성이 행동의 도덕성을 위해 지극히 본질적인 것인 자유 의지를 파괴할 것이라는 사실을 고찰할 수 있다. 정의(正義)와 불의(不義), 칭찬과 비난, 벌과 보상은 필연적인 행동과 관계해서는 있을 수가 없으며 그 누구도 불가능한 것을 하도록 강요받거나 절대적으로 필연적인 것을 하지 않도록 강요받지 않기 때문이다. 이 같은 성찰을 남용하여 난잡함을 조장할 의도를 가져서는 안 될 것이다. 그러나 타인의 행동을 판단해야 할 경우나, 나중에 말하겠지만 특히 신의 행동과 관계된 논박에 답해야 할 경우 때때로 당혹스러울 수밖에 없는 것이 사

∵

22) (옮긴이) 로마 신화에 등장하는 운명의 세 여신. 탄생을 맡아보는 클로토, 수명과 운명을 결정하는 라케시스, 죽음의 신 아트로포스가 그들이다.

실이다. 불가항력적인 필연성은 그로부터 도출해낼 수 있는 형벌의 면제를 통해서나 모든 것을 쓸어가는 급류에 대한 저항의 무용성을 통해서 불경(不敬)의 문을 열어놓을 수 있으므로, 필연성의 여러 등급을 표시하고, 나쁜 결과를 일으키지 않고서는 인정될 수 없는 필연성이 있듯이, 유해하지 않은 필연성도 있다는 점을 제시하는 것은 중요한 일이다.

몇몇 사람들은 더 멀리 나아간다. 그들은 필연성을 구실로 사용하여 덕과 악덕이 선도 악도 아님을 증명하는 것으로 만족하지 못하고, 대범하게도 신을 자기네 타락의 동조자로 만들며, 마치 신이 악을 행하도록 강요한 것처럼 범죄의 원인을 신으로 돌렸던 고대 이교도들을 모방한다. 기독교 철학은 사물들이 최상의 조물주에 의존하며 조물주가 피조물의 모든 행동에 협력한다는 것을 고대인보다 더 강하게 인정하기 때문에 이 같은 혼란을 가중시킨 것 같았다. 우리 시대의 몇몇 학자들은 이로부터 피조물에게서 모든 능동성을 박탈하기까지 했다. 벨[23]은 이 이상한 견해에 어느 정도 동의했다. 그는 이 견해를 이용하여 두 원리, 즉 하나는 선하고 다른 하나는 악한 두 신을 내세우는 이론이 마치 악의 기원에 관한 난점을 더 잘 해결해주는 것처럼, 이미 실추된 그 이론을 재건하려 하였다. 비록 다른 한

∙∙

23) (옮긴이) 피에르 벨(Pierre Bayle, 1647~1706)은 라이프니츠에게 『변신론』의 집필을 위한 기회를 제공한 인물이다. 벨과 시작한 논쟁의 역사에 대해서는 잠시 후 라이프니츠가 상세히 설명한다. 『변신론』이 라이프니츠가 벨과 벌이는 논쟁을 주요 내용으로 하는 저작인 것은 틀림없으나, 어떻게 보면 벨은 라이프니츠로 하여금 자신의 사상을 대대적으로 밝히게 한 촉매제 역할을 했다고 할 수 있다. 벨은 『신 인간 오성론』에서 로크의 『인간 오성론』이 라이프니츠가 진행하는 담론의 바탕이 된 것과 비슷한 역할을 한다. 『형이상학 논고』도 그 요약본이 아르노에게 전해지고 나서, 아르노의 논박에 대한 라이프니츠의 대대적인 답변들을 촉발했다는 점에서 『인간 오성론』과 유사하다고 볼 수 있다. 『변신론』에서는 주로 벨의 『역사와 비판 사전』과 『한 관구장의 질문들에 대한 답변』이 라이프니츠의 논쟁을 위한 바탕이 된다.

편으로 벨은 그 이론이 타당하지 않으며 원리의 단일성은 **선험적인** 이유에 근거하여 논란의 여지 없이 확립되었다고 인정하지만 말이다. 그러나 그는 이로부터 우리의 이성이 혼란에 빠져 논박에 답을 할 수가 없다는 것, 그래서 완전히 선하고 완전히 능력 있고 완전히 지혜로운 유일신의 현존을 가르쳐주는 계시 교리를 굳게 지키지 않으면 안 된다는 점을 도출해내고자 한다. 그러나 그런 논박의 해결 불가능성을 확신하고 또한 이 논박이 적어도 종교의 진리에 대한 증명보다 강력하다고 믿는 많은 독자들은 그로부터 유해한 귀결을 도출해낼 것이다.

악행에 대한 신의 협력이 없다고 하더라도, 신이 전능함을 통해 악행을 막을 수 있으면서도 그것을 예견하고 허용한다는 점에서 어쨌든 난점은 남아 있다. 이 때문에 몇몇 철학자들과 심지어 몇몇 신학자들까지도 자신들이 신의 선과 어긋난다고 생각한 것을 인정하기보다는 차라리 사물들의 세세한 부분, 특히 미래의 사건들에 대한 신의 인식을 부정하고자 했다. 소치니주의자들과 콘라트 보르티우스가 그러한 쪽으로 기울고 있다. 나중에 이야기하겠지만 토마스 보나르테스[24]라는 필명으로 『지식과 신앙의 조화에 관하여』라는 책을 쓴 영국의 예수회 신부는 매우 학식이 있는 인물로서 그도 역시 그 같은 관점을 암시하는 것으로 보인다.

∴

[24] 소치니주의자들은 루터와 칼뱅의 숙명론과 매우 대립되는 반(反)삼위일체론적 이단의 창시자들인 렐리우스 소치니(Lelius Sozzini, 1525~1562) 및 그의 사촌 파우스테 소치니(Fauste Sozzini, 1539~1604)의 추종자들을 말한다. ― 보르티우스(Vortius)라고 불리는 콘라트 보르스트(Conrad Vorst, 1569~1622)는 라이덴대학의 교수로서 소치니주의 신학자다. ― 토마스 보나르테스(Thomas Bonartes)는 토머스 바턴(Thomas Barton, 1681/1682년 사망)의 가명이며 영국의 왕정주의 신학자다. 『지식과 신앙의 조화에 관하여』는 1659년 쾰른에서 출간되었다. 라이프니츠는 이 저자와 그의 책에 대해 뒤에서 다룬다(『신앙과 이성의 조화에 관한 서설』, 제86절).

물론 그들은 큰 오류를 범하고 있다. 그러나 다른 사람들 역시 오류를 범하고 있다. 이 사람들은 신의 의지와 능력 없이 아무 일도 일어나지 않는다고 믿는바, 모든 존재들 가운데 가장 위대하고 가장 선한 존재에 합당하지 않는 의도와 행동을 신에게 귀속시킨다. 그래서 이 저술가들은 신의 정의(正義)와 선을 인정하는 교리를 실제로 포기했다고 생각될 정도다. 그들의 생각에 의하면, 신은 우주 최상의 주인이므로 자신의 신성함을 손상하지 않고도 단지 자신의 마음에 들어서 혹은 벌을 내리는 쾌락을 위해서 죄를 짓도록 할 수 있다.[25] 심지어 그들은 아무도 신의 행동을 통제할 권리나 능력이 없기 때문에 신은 아무런 불의(不義)를 저지르지 않고도 기쁨을 누리려고 죄 없는 사람들에게 영원한 벌을 가할 수 있다고 생각했다. 어떤 이들은 신이 실제로 그렇게 한다고 말하기까지 했다. 그들은 우리가 신에 비해서는 아무것도 아니어서 사람들이 걷다가 밟아 죽이지 않을까 하는 걱정도 하지 않는 지렁이와 우리를 비교하거나, 인간과 다른 종에 속하기 때문에 거리낌 없이 학대해도 좋은 동물 일반과 우리를 비교한다.

나는 좋은 의도를 가진 여러 사람들이 그 같은 생각의 결과를 충분히 알지 못하기 때문에 그것에 동의한다고 생각한다. 그들은 그것이 신의 정의를 완전히 파괴하는 생각이라는 것을 보지 못하고 있다. 규칙으로서 의지만을 갖는 정의, 즉 의지가 선의 규칙에 의해 지도되지 않고 심지어는 직접적으로 악을 향하는 정의의 종류를 도대체 어떤 개념으로 규정해야 하는가? 플라톤에서 **정의로운 것은 가장 강한 자의 마음에 드는 것일 뿐**이라고 말한 트라시마코스(Thrasymachos)가 내린 폭군의 정의(定義)에 포함된 개념

..

25) (옮긴이) 문장에서 죄를 짓는 주체가 생략되어 있다. 당연히 신이 피조물들로 하여금 죄를 짓도록 할 수 있다는 의미다.

이 아니라면 말이다.[26] 모든 의무를 강제에 근거하여 확립하고 결과적으로 능력을 법의 척도로 간주하는 이들은 자신도 모르게 그러한 개념으로 되돌아오게 된다. 그러나 타인이 당하는 악을 즐기는 신은 마니교[27]의 악한 원리가 단독으로 우주의 주인이 된다고 가정되었을 때의 그 악한 원리와 구분될 수 없다는 점과 결과적으로 신이 선한 원리로 불릴 만하게 해주는 견해를 참된 신에게 귀속시켜야 한다는 점을 고찰한 후에는, 그토록 괴상한 규범, 즉 신의 모방을 통해 사람들을 선하고 자비롭게 하기에는 너무도 적절하지 않은 규범을 곧 포기하게 될 것이다.

다행히 이렇게 과도한 학설은 신학자들 사이에서는 이제 거의 존재하지 않는다. 그럼에도 난점을 만들어내기를 좋아하는 몇몇 식자들은 그러한 학설들을 재생한다. 그들은 기독교 신학에 의해 생겨나는 논쟁을 철학의 항변과 연결시킴으로써 혼란을 가중시키려고 한다. 철학자들은 필연성, 자유, 악의 기원에 대한 문제를 고찰했다. 신학자들은 이 문제에 원죄, 은총, 예정의 문제를 연결시켰다. 최초의 죄에서 비롯한 인류의 근원적 타락은 죄를 짓는 자연적 필연성을 신적 은총의 도움도 없이 우리에게 부과하는 것 같다. 그러나 필연성은 벌과 양립할 수 없기 때문에 이로부터 모든 사람에게 충분한 은총이 주어졌어야 할 것이라는 결론이 도출될 수 있을 것인데, 이는 경험과 그다지 일치하지 않아 보인다.

난점은 특히 인간의 구원에 대한 신의 예정과 관련해볼 때 심각하다. 구원받거나 선택받은 이들은 소수다. 따라서 신은 다수를 선택하려는 결정

26) 『국가』, 제1권, 338c.
27) (240년에서 274년 사이에 페르시아에 살았던 창시자인 마니[Mani] 혹은 마네스[Manes]의 이름을 딴) 마니교는 기독교와 배화교가 혼합되어 생긴 이교다. 마니교는 절대 선과 절대 악의 대립에 의해 세계가 지배된다고 생각한다.

을 내릴[28] 의지가 없는 것이다. 신이 선택한 사람들이 다른 사람들보다 더 선택받을 만하지도 않고 근본적으로는 덜 악한 것도 아니라는 점은 많은 이들이 인정하는바, 그들이 가진 선함은 신의 선물일 수밖에 없으므로 난점은 가중된다. 신의 정의는 어디에 있으며 적어도 신의 선은 어디에 있는지 의문이 생길 것이다. 불공평 혹은 **사람들의 차별**은 정의에 어긋난다. 이유 없이 자신의 선을 한정하는 이는 선이 충분히 없는 것이다. 물론 선택받지 못한 자들은 그들 자신의 잘못으로 타락한 것이 사실이다. 그들은 선한 의지나 생생한 믿음이 없기 때문이다. 그러나 그들에게 선한 의지와 생생한 믿음을 주는 것은 오로지 신의 소관이다. 내적인 은총 외에 일반적으로 사람들의 자질을 구분하는 것은 외적인 기회이며, 교육·대화·모범은 자주 천성을 교정하거나 타락시킨다. 그런데 신이 어떤 사람들에게는 유

∴

28) (옮긴이) '결정을 내릴'이라는 표현은 '결정'을 뜻하는 décret의 형용사형인 décrétoire의 번역이다. 앞으로 결정이라는 용어로 번역할 décret(영어로는 decree)는 라이프니츠가 매우 빈번하게 사용할 단어이므로 기본적인 이해와 함께 『변신론』에 접근할 필요가 있다. 라이프니츠에 따르면 신의 지성과 의지는 구분된다. 지성을 통해 신은 우주의 모든 가능성을 고찰한다. 달리 말하면 실제로 창조된 세계 외에도 신의 지성 안에는 무한히 많은 다른 세계가 관념적으로 존재한다는 뜻이다. 그러나 신은 이렇게 지성을 통해 구상한 것들 가운데 최선의 것을 선택하고 의지를 통해 현존하게 한다. 즉 신은 어떤 것을 골라서 그것이 현존하도록 명령을 내리며 이러한 행위를 결정이라고 표현하는 것이다. 라이프니츠는 『변신론』 제1부 52절에서 "신의 결정은 가능한 모든 세계를 비교한 후에 최선의 세계를 선택하고 그 세계가 포함할 수 있는 모든 것을 가지고서 존재하라(Fiat)는 전능한 말씀을 통해 그 현존을 승인하는 결심 자체"라고 정의한다. '법령', '명령', '신의(神意)', '율령(律令)'으로 번역되기도 한다. 신의 의지가 명령으로 실현되어 표현된다는 점에서는 '신의'가 적당할 수 있으나 일반적으로 통용되지 않는 단어이고, '법령'이나 몇몇 신학사전에서 사용하는 용어인 '율령'은 현실 국가에 적용되는 의미가 강하므로 피했다. '명령'과 『형이상학 논고』의 번역자인 윤선구가 택한 '결정'이 형이상학적 의미를 잘 표현해준다고 하겠다. 하지만 이 단어들도 일반적 의미로 쓰이는 '명령', '결정' 등과 혼동될 우려가 있는 것은 사실이다. 몇몇 2차 문헌에서는 '명령'을 택하기도 하나 라이프니츠 자신이 '결심(résolution)'과 동일시한 것에 근거하여 '결정'을 번역어로 택했다.

리한 환경이 생겨나도록 하고 다른 사람들은 불행을 초래하는 상황에 방치한다면, 이는 놀랄 만한 일이 아니겠는가? 그렇다고 몇몇 이들과 함께 **내적 은총**은 보편적이며 모든 사람들에게 똑같은 것이라고 말하는 것도 충분하지 않은 것 같다. 이 저술가들 역시 성 바울의 외침에 의거하면서, 말하자면 외적 은총에 의해 사람들이 구분될 때 "아, 심오함이여!"라고 말할 수밖에 없기 때문이다.[29] 외적 은총은 신이 생겨나게 하고 인간들은 통제할 수 없는 것이지만 그들의 구원과 관계된 것에 매우 큰 영향을 미치는 여러 환경에서 나타나는 것이니 말이다.

성 아우구스티누스가 말한 것처럼, 인간은 모두 아담의 죄로 인해 영겁의 벌을 받고 있고 신은 모두를 불행하게 내버려둘 수도 있으나 순수한 선을 통해 몇몇을 구한다고 해서 논의가 진전되는 것도 아니다.[30] 타인의 죄 때문에 누군가가 영겁의 벌을 받아야 하는 것도 이상하거니와 신이 왜 모두를 구하지 않고 적은 수의 사람만을 구하는지 그리고 왜 어떤 사람보다 다른 사람을 선호하는지 의문이 남기 때문이다. 신은 인간의 주인인 것이 사실이지만 선하고 정의로운 주인이다. 신의 능력은 절대적인 것이지만 신의 지혜는 폭군처럼 자의적이고 전제적인 방식으로 그 능력을 사용하는

∙∙

29) (옮긴이) 「로마서」 11:33. "하나님의 부유하심은 어찌 그리 크십니까? 하나님의 지혜와 지식은 어찌 그리 깊고 깊으십니까? 그 어느 누가 하나님의 판단을 헤아려 알 수 있으며, 그 어느 누가 하나님의 길을 더듬어 찾아낼 수 있겠습니까?"

30) (옮긴이) 이 문장에서 '영겁의 벌'은 damnation의 번역어이다. '영원한 벌'이라는 뜻으로, 신의 은총을 거부하고 다른 것들을 최종 목적으로 간주한 죄로 인해 신에게 버림받은 자들에게 가해지는 벌이다. 『한국가톨릭대사전』(한국교회사연구소, 1985, 828~829쪽)과 같은 신학사전에서는 지복이나 영복(永福)과 대립되는 용어로 '영벌(永罰)'을 명시하고 있다. 그러나 영벌은 일반적으로 잘 사용되지 않는 단어이므로, 문맥에 따라 '영겁의 벌'이나 '영원한 벌'로 번역하고자 한다. 라이프니츠는 이를 표현하기 위해 damnation과 réprobation을 그 동사형과 함께 번갈아 쓰고 있는바, 동일하게 번역하기로 한다.

것을 허용하지 않는다.

　게다가 최초의 인간의 타락은 오로지 신이 허용했기에 일어난 것이고 그 타락을 허용하기로 한 신의 결심은 인류 대부분의 타락이라는 귀결과 소수가 선택되고 나머지 모두는 버림받는 귀결을 살펴보고 나서야 이루어진 것이므로, 이미 타락한 대부분의 사람들만을 생각하며 난점을 숨기는 것은 아무 소용이 없다. 원망스럽더라도 최초의 죄의 귀결에 대한 인식으로 거슬러 올라가야 한다. 이 같은 인식은 신이 최초의 죄를 허용한 결정과 영겁의 벌을 받은 자의 대부분이 영겁의 벌의 상태에 있고 구제받지 못하도록 허용한 결정에 선행한다. 신이나 지혜로운 자가 어떤 것을 결심할 때 그 결과를 고려하지 않고 하는 법은 없기 때문이다.

　나[31]는 이 모든 난점을 걷어내기를 바란다. **절대적 필연성**, 즉 논리적 · 형이상학적 그리고 때로는 기하학적 필연성이라 불리기도 하는 필연성만이 불안의 대상인데, 이것은 자유로운 행동에서는 발견되지 않으며 따라서 자유는 강제뿐 아니라 진정한 필연성에서도 면제된다는 것이 제시될 것이다. 또한 신은 언제나 최선을 선택하지만 절대적 필연성에 의해 행동하지 않는다는 것 그리고 신이 합목적성에 근거하도록 자연에 부과한 자연법칙들은 절대적으로 필연적인 기하학적 진리와 자의적인 결정의 중간에 있다는 점이 제시될 것이다.[32] 이것이 벨과 최근의 다른 철학자들이 충분히 이해하지 못하는 점이다. 또한 어떤 것을 선택하거나 다른 것을 선택하는 데

• •

31) (옮긴이) 라이프니츠는 '우리'나 익명적인 복수의 '사람들'을 뜻하는 'on'을 주어로 쓰고 있는데, 여기서는 라이프니츠 자신을 지시하므로, '나'로 옮겼다. 허거드(E.M. Huggard)의 영역본에서도 'I'를 주어로 쓰고 있다. 또한 서구어 어법에 따라 저자가 겸양을 위해 '나' 대신에 '우리(nous)'를 사용하는 경우가 많은데, 앞으로도 위의 문장처럼 라이프니츠 자신을 지시하는 것이 명백한 경우에는 역시 '나'로 번역할 것이다.

서 절대적 필연성은 없기 때문에 자유에는 무차별성이 있지만 그럼에도 완전한 평형의 무차별성은 없다는 점이 제시될 것이다.[33] 또한 자유로운 행

..

32) (옮긴이) 앞에서 설명했듯이 라이프니츠는 데카르트적인 우연주의와 스피노자적인 필연주의의 절충적 관점을 견지하며 이는 『변신론』 전체를 관통하는 관점이다. 라이프니츠는 부록에서 토머스 홉스와 윌리엄 킹(William King, 1650~1729)의 저작을 각각 분석하는데 홉스는 필연주의를, 킹은 우연주의를 대변한다는 점에서 라이프니츠의 비판적 고찰은 일정한 구조를 표현한다고 할 수 있다. 실제로 라이프니츠에 따르면, 우리의 세계는 무한히 많은 가능한 세계 가운데 신이 최상의 지혜를 통해 선택한 최선의 세계다. 따라서 신이 다른 세계를 창조할 가능성이 있었기 때문에 이 세계는 우연적 결과이지만 세계는 신의 지혜를 통해 선택되었기 때문에 질서, 조화, 규칙성 등을 부여받았다. 신의 목적에 합당한 규칙성이 바로 '합목적성(convenance)'이다.

33) (옮긴이) '무차별성'은 indifférence의 번역어다. 라이프니츠가 빈번하게 사용하는 용어인 만큼 그 의미와 번역에 대한 설명이 필요하다. '무관심'(『합리론, 데카르트, 스피노자, 라이프니츠』, 제임스 콜린스 지음, 이성환·박은옥 옮김, 백의, 1999, 260~261쪽)으로 번역되기도 하고, 데카르트 전공자들은 라이프니츠가 『변신론』에서 직접 인용하는 데카르트의 저작에서 나타나는 indifferentia를 '비결정성'(『철학의 원리』, 르네 데카르트 지음, 원석영 옮김, 아카넷, 2002, 36쪽; 『성찰』, 르네 데카르트 지음, 이현복 옮김, 문예출판사, 1997, 85쪽 등)으로 옮기고 있으며, 『형이상학 논고』의 번역자 윤선구는 '평형 상태'로 번역하고(111쪽) 주석에서는 '무차별성'의 의미로서 설명하고 있다. 또 다른 라이프니츠 전공자에 의해 번역 출간된 『자유와 운명에 관한 대화 외』(G. W. 라이프니츠 지음, 이상명 옮김, 책세상, 2011)에서는 '무(無)구별'로 번역하고 있다. '무관심'은 선택 대상과 무관하다는 의미지만 지나치게 심리적 차원의 용어로 이해될 수 있기 때문에 피했으나 문맥에 따라 매우 자연스러운 표현이 될 수는 있다. '평형 상태'는 원어와의 언어적 거리가 클 뿐 아니라 위의 본문에서처럼 라이프니츠는 무차별성(indifférence)과 '평형 상태'를 뜻하는 équilibre를 indifférence에 첨가한 '평형 상태의 무차별성(indifférence d'équilibre)'을 구분하고 있어서 『변신론』에서는 indifférence를 '평형 상태'로 번역하기에는 무리가 있다. '무구별'도 의미상으로는 적절하지만 일상적으로 통용되지 않는 생소한 용어이기에 피했다. '비결정성'과 '무차별성' 중에서 원어와의 언어적 거리감을 줄이기 위해 무차별성을 번역어로 택했다. 라이프니츠는 모든 자유에는 데카르트가 인정하는 상태, 즉 선택 대상에 필연적으로 결정되지 않은 느낌의 상태인 '무차별성'이 있으나 두 선택 대상에 대한 경향의 정도가 동일한 상태는 불가능하다고 본다. 즉, 첫 번째 의미의 '무차별성'은 최선의 것에 동의하는 참된 자유를 위한 예비 단계라고 볼 수 있다. 이 '무차별성'은 '무관심'이나 '비결정성'으로 번역할 경우 상당히 자연스러워지는 것이 사실이다. 그러나 동일한 개념어를 서로 다른 단어로 표현하는 것은 무리가 있고 '무차별성'이란 용어 역시 특정한 선택 대상에 적극적으로 끌리지 않는 '무관심'의 상태나 '비결정성'의 상태를 의미할 수 있으므로 '무차별성'으로 통일하기로 했다. '무차별성'은 필연성

동에는 현재까지 이에 대해 구상된 모든 것을 넘어서는 완전한 자발성이 있다는 점이 제시될 것이다. 마지막으로, 자유로운 행동에 존재하는 가정적 필연성과 도덕적 필연성에는 불합리한 것이 없으며 **게으른 이성**이야말로 진정한 궤변이라는 판단이 내려질 것이다.

나는 신과 관련된 악의 기원에 대해서는 신의 위대함, 능력, 독립성과 함께 신의 성스러움, 정의, 선을 강조함으로써 신의 완전성을 변호한다. 모든 것이 신에 의존되고 신은 피조물의 모든 행동에 협력하며, 말하자면 신은 심지어 계속적으로 피조물을 창조한다는 것, 그럼에도 신은 죄의 주모자가 아니라는 것이 어떻게 가능한지 제시될 것이다. 또한 어떤 방식으로 악의 본성을 결핍[34]으로서 생각해야 하는지도 제시될 것이다. 더 나아가 악은 신의 의지와 그 근원이 다르며, 이 때문에 사람들이 죄의 악을 말하는 것이 타당하며 신은 악을 원하지는 않으나 단지 허용한다는 사실이 제시될 것이다.[35] 가장 중요한 점으로는, 절대적으로 말해서 신은 이 모든

..

과 대립하는 우연의 상태로서 라이프니츠가 인정하는 자유의 한 단계이며, '평형 상태의 무차별성'은 라이프니츠가 불가능하다고 간주하여 부정하는 허구적 상태다.

34) (옮긴이) 이 부분을 직역하면 '악의 결핍적 본성(nature privative du mal)'이 된다. 라이프니츠에 따르면 신은 악의 본성을 직접적으로 창조하지 않는다. 악은 선이 결핍된 것이므로 신이 선을 창조할 때 나타나는 부차적 산물이다. 따라서 악의 '본성' 자체는 어떻게 보면 없다고 할 수 있기 때문에 라이프니츠는 '결핍적(privative)' 본성이라고 표현한 것이다. 라이프니츠가 스콜라철학의 전통을 이어받고 자신의 철학 체계에 따라 악을 선의 결핍으로 보는 관점은 『변신론』의 주요 논점 중 하나다.

35) (옮긴이) 악에 관한 정의는 『변신론』을 이해하기 위한 열쇠다. 신은 절대적으로 완전한 존재이므로 신에 의해 창조된 모든 것은 신과 동일하게 완전할 수는 없다. 만일 두 절대적 신이 존재하게 되면 절대성이 파괴될 것이기 때문이다. 따라서 신의 지성은 의지를 통해 세계를 창조하기 전에 미리 악의 등급을 결정한다. 즉 신은 무한히 많은 불완전한 실체들 혹은 모나드들을 창조할 것이기 때문에 악의 등급은 무한하다. 악은 최선의 세계를 창조하는 차원에서 생기는 부산물이기 때문에 선의 결핍일 뿐이며 적극적인 본질을 갖는 것이 아니다. 악에 관한 원칙적 개념이 설명된 제1부 20~31절, 제2부 153절, 제3부 332~336절

악을 피할 수 있었지만 자신의 최상의 성스러움과 선을 손상하지 않으면서도 죄와 불행을 허용하고 그뿐 아니라 죄와 불행에 협력하고 기여한다는 사실이 제시된다는 것이다.

　은총과 예정의 주제에 관해서 나는 가장 많이 사용되는 표현들을 정당화한다. 다음과 같은 예가 있겠다. 우리는 신의 선재적(先在的) 은총[36]에 의해서만 회개할 수 있으며 신의 도움을 통해서만 선을 행할 수 있다. 신은 모든 사람들의 구원을 원하며 악한 의지를 가진 이들에게만 영겁의 벌을 내린다. 신은 모든 사람들이 은총을 제대로 사용하기를 원하는 한에서 충족 은총[37]을 내린다. 예수 그리스도는 선택의 원리이자 중심인바, 신이 선택받은 이들을 구원하기로 예정하는 것은 그들이 생생한 믿음을 통해서 예수 그리스도의 교리를 충실히 따르리라는 것을 예견했기 때문이다. 비록 그 선택의 근거가 최종적 근거는 아니고 그 예견조차도 신의 선행하는 결정의 귀결이기는 해도 말이다. 이는 또한 믿음이 신의 선물이기 때문이며 신은 심오한 최상의 지혜에 따라 은총을 베풀고 환경을 마련해주는 상위 결정의 근거를 통해, 선택받은 이들이 신앙을 갖도록 예정했기 때문이다.

　그런데 위대한 웅변과 통찰력이 있으며 매우 광대한 박식함의 훌륭한 증거를 보여준 우리 시대의 가장 뛰어난 사람들 중 한 명이 무슨 성향으로

‥

등을 먼저 이해하고 『변신론』 전체에 접근하는 것도 이 저작을 이해하는 유용한 한 방법이다.

36) (옮긴이) '선재적 은총'(grâce prévenante)은 '선행적(先行的) 은총'이라 불리기도 하는 것으로, 인간의 자유의사를 속박하지 않고 먼저 다가오는 은총이라는 의미를 갖는다. 즉, 우리의 믿음보다 앞선 신의 은총으로서 우리를 회개로 이끄는 신의 은총이다.

37) (옮긴이) 은총 논쟁에서 충족 은총(grâce suffisante)은 효능 은총(grâce efficace)과 구별되는 개념이다. 충족 은총은 각 인간에게 제공되는 것으로 그 수용 여부가 인간의 자유에 좌우되나, 효능 은총은 신이 인간 안에서 거역의 가능성 없이 자신의 뜻을 관철시킬 수 있는 은총이다. 『한국가톨릭대사전』(한국교회사연구소, 1985, 921~922쪽) '은총 논쟁' 참조.

그러는 것인지는 모르겠으나, 그는 내가 바로 위에서 대략적으로 다룬 주제에 관한 모든 난점을 놀라운 방식으로 드러내는 데 집중한바, 그와 함께 세부사항을 살펴보려고 하니 넓은 장(場)이 열린 것이다. 나는 벨(내가 말하고 있는 이가 벨임은 쉽게 알 수 있을 것이다)이 사물의 근본에 관한 것을 제외하고는 모든 장점을 가지고 있다는 점을 인정한다. 나는 진리가 정확히 전개된다면 (벨 스스로 우리 쪽에 있다고 인정하는) 진리는 아무 첨가 없이 그 자체로 웅변과 박식의 모든 장식보다 우세하기를 희망한다. 내가 변호하는 것은 신에 대한 논고이며 내가 옹호하는 준칙 중 하나가 신은 선한 의지를 버리지 않는 사람들을 반드시 돕는다는 내용인 만큼, 나는 진리를 정확히 전개하는 데 성공하기를 더욱 희망한다. 이 담론의 저자[38]는 이 주제에 기울인 노력을 통해 진리에 대한 증명을 제시했다고 생각한다. 저자는 이 주제에 대해 젊은 시절부터 성찰을 해왔으며 당대의 몇몇 최고 인물들과 논의를 해왔고 또한 훌륭한 저술을 읽고 지식을 쌓아왔다. 이 주제에 관해 많은 영향을 미친 다른 몇몇 깊은 성찰들과 관련하여 (여러 권위 있는 평가자들의 의견에 따르면) 신이 부여해준 성공 덕분에 저자는 진리를 사랑하고 진리를 추구할 자격이 있는 독자들의 세심한 관심을 요청할 권리를 가질 수 있을 것이다.

또한 저자가 이 주제에 대해 글을 쓰게 된 데는 상당히 주목할 만한 특별한 이유가 있었다. 이 주제에 관해 독일 및 프랑스의 학계와 궁정의 몇몇 인물들, 특히 가장 훌륭하고 모범적인 공주들 중 한 분[39]과 나눈 대화

∵

38) (옮긴이) 라이프니츠 자신을 말한다.
39) 하노버의 선제후(選帝侯)인 에른스트 아우구스트와 그의 부인 조피의 딸 조피 샤를로테 (Sophie-Charlotte, 1668~1705) 공주를 말한다. 조피 샤를로테 공주는 프로이센의 왕 프리드리히 3세와 혼인했으며 '군인 왕' 프리드리히 빌헬름 1세의 어머니다.

는 나로 하여금 여러 번 집필을 결심케 했다. 저자는 공주에게 벨의 놀라운 사전[40]의 여러 부분에 대해 자신의 견해를 전할 수 있는 영광을 누렸다. 그 부분들에 따르면, 종교와 이성이 싸우고 있고 벨은 이성으로 하여금 너무도 많은 것을 말하도록 한 후에 이성을 침묵시키고서는 이를 신앙의 승리라고 부른다. 따라서 저자는 이와 견해가 다르다는 점을 알렸지만 한편으로는 그토록 훌륭한 천재가 이렇게 난해한 만큼 중요한 주제를 깊이 있게 다룰 기회를 제공했다는 데 기뻐하지 않을 수 없었다. 저자는 아주 오래전부터 이 주제를 검토해왔으며 이에 관한 사유를 출간하려고 때때로 깊이 생각해보았다고 고백했다. 그 사유의 핵심적 목적은 경건을 북돋고 덕을 키우기 위해 정확히 필요한 신의 인식이었다. 공주는 저자로 하여금 이 오래된 계획을 실현하도록 강력히 권고했고 몇몇 벗들도 동의했다. 이 주제가 벨의 특출한 재능의 지원과 함께 해명될 수 있는바, 저자는 벨의 재능이 이 주제를 밝히는 데 크게 기여하리라고 기대할 만한 이유가 있었기에 더더욱 공주와 벗들이 요구한 것을 실행하고 싶은 마음이 들었다. 그러나 여러 가지 난관이 닥쳤다. 비길 데 없이 훌륭한 여왕의 타계는 작은 일이 아니었다. 그런데 같은 주제를 검토하던 뛰어난 사람들이 벨을 공격하는 일이 벌어졌다. 벨은 그들에게 폭넓게 또 언제나처럼 정교하게 응수했다. 저자는 그들의 논쟁에 주의를 기울였고 논쟁에 개입한 상태나 매한가지였다. 다음은 어떻게 진행되었는지에 관한 것이다.

나는 영혼과 육체의 결합을 설명하기에 적합한 새로운 체계[41]를 발표했

••

40) (옮긴이) 『역사와 비판 사전』.

41) 「자연, 실체들의 교통 및 영혼과 육체 사이의 결합에 관한 새로운 체계(*Système nouveau de la nature et de la communication des substances, aussi bien que de l'union qu'il y a entre l'âme et le corps*)」, 《과학자 신문》, 1695년 6월 27일, 7월 4일(『게르하르트 전

다. 이 저작은 그 내용에 동의하지 않는 이들에게도 충분히 칭찬을 받았으며, 이 새로운 체계에 관한 나의 글을 보고 나서야 아주 명확한 설명에 이르기는 했지만, 이미 나의 견해에 동의를 표명한 뛰어난 이들도 있었다. 벨은 자신의『역사와 비판 사전』의 '로라리우스(Rorarius)' 편에서 나의 새로운 체계를 검토했다. 그는 내가 제시한 개관(槪觀)이 발전시킬 만한 가치가 있다고 생각했다. 그는 몇몇 측면에서 그 개관의 유용성을 강조했고 또한 난점이 될 수 있는 부분도 표현했다. 나는 벨의 그토록 친절한 표현과 유익한 고찰에 정확히 응답하지 않을 수 없었으며 더 많은 도움을 받기 위해 1698년 7월판『과학자들의 저작에 관한 역사』에 몇몇 해명을 발표했다. 벨은 이에 대해 자신의『사전』재판(再版)에서 반론을 제기했다. 나는 아직 출간되지 않은 재반론을 벨에게 보냈는데 그가 또다시 반론을 제기했는지는 알지 못한다.

그러나 르 클레르가 자신의『선집(選集)』에 고(故) 커드워스의『지성적 체

• •

집』 제4권, 471쪽과 그 이하). ― 로라리우스, 즉 지롤라모 로라리오(Girolamo Rorario, 1485~1556)는 이탈리아의 주교이며『동물들은 인간보다 자주 이성을 잘 사용한다(Quod animalia bruta saepe ratione utantur melius homine)』라는 제목으로 파리에서 1648년 출간된 책의 저자다. 이 책의 주제는 벨에게 그의『역사와 비판 사전』'로라리오' 편의 주석에서 영혼과 육체의 결합에 대한 라이프니츠의 개념을 설명하고 논할 기회를 제공한다. ―「해명들: 저자에게 보낸 라이프니츠의 편지, 벨이 영혼과 육체의 결합에 관한 새로운 체계에서 발견한 난점들에 대한 해명을 포함(Eclaircissements: Lettre de M. L. à l'Auteur, contenant un Eclaircissement des difficultés que M. Bayle a trouvées dans le système nouveau de l'union de l'âme et du corps)」(『게르하르트 전집』, 제4권, 517~524쪽).
(옮긴이)『게르하르트 전집』은 게르하르트(C. J. Gerhardt)가 편집한 라이프니츠의 저작 선집으로서 라이프니츠 연구자들 사이에서 가장 많이 쓰이고 있는 문헌이다. 게르하르트는『라이프니츠의 철학 저작(Die philosophischen Schriften von G. W. Leibniz Bd)』과『라이프니츠의 수학 저작(Leibnizens mathematische Schriften)』으로 나누어 편집했다. 많은 전문가들이 흔히『게르하르트 전집』으로 명명하고 있으며, 별도의 설명이 없는 경우『라이프니츠의 철학 저작』을 일컫는다. 위의『게르하르트 전집』도 당연히『라이프니츠의 철학 저작』을 말한다.

계』의 일부분을 담았고[42], 이 탁월한 저자가 동물의 형성을 설명하기 위해 사용한 몇몇 조직 형성체(natures plastiques)를 설명했는데, 벨은 이 조직 형성체는 인식이 결여되어 있는 만큼 그것들을 확정하게 되면 우주가 지성적 원인을 필요로 한다는 것을 사물들의 경이로운 형성을 통해 증명하는 논거가 빈약해진다고 생각했다(『혜성에 관한 여러 생각 속편』, 제21장, 11절을 볼 것). 르 클레르는 조직 형성체가 신의 지혜에 의해 조종될 필요가 있다고 반론을 제기했다(그의 『선집』, 제5권, 4절). 벨은 인식능력이 없는 원인에 대해 단순한 조종은 충분하지 않으며, 혹시 그 원인이 순전히 신의 도구로 간주된다면 충분하겠지만 그 경우에 조종은 쓸모가 없는 것이라고 강조했다(1704년 8월판, 『과학자들의 저작에 관한 역사』, 제7절). 여기서 나의 체계가 간접적으로 언급되었다. 이는 나에게 『과학자들의 저작에 관한 역사』의 유명한 저자에게 소논문을 보낼 기회를 제공했고[43] 그는 내 논문을 1705년 5월판 제9절에 실었다. 이 논문에서 나는 현재 생겨나는 육체의 종자(種子)에 이미 전적으로 유기체적인 전성(前成, préformation)[44]이 있고, 이 종자가 이미 생겨난 육체의 종자에 포함되는 식으로 최초의 종자들에까지 이른다면, 기계론은 다른 조직 형성체 없이도 동물들의 유기체적 육체를 산출하

∙∙

42) 르 클레르(Jean Le Clerc, 1657~1736)는 전문가, 비평가로서 1686년에서 1693년까지 『보편적이고 역사적인 총서』, 그리고 1703부터 1713년까지의 『선집』의 편집자다. — 커드워스(Cudworth, 1617~1688)는 케임브리지 플라톤학파의 철학자이며, 『우주의 참된 지성적 체계』(1678)의 저자다.

43) 「생명의 원리와 조직 형성체에 관한 고찰(Considérations sur les principes de vie et sur les natures plastiques)」(『게르하르트 전집』, 제6권, 539쪽과 그 이하). '유명한 저자'는 『과학자들의 저작에 관한 역사』의 편집자인 바스나주 드 보발(Basnage de Beauval, 1656~1710)이다. (옮긴이) 라이프니츠는 바스나주에게 보낸 편지(1696년 1월)에서 「자연, 실체들의 교통 및 영혼과 육체 사이의 결합에 관한 새로운 체계」에 관한 부연 설명으로 영혼과 육체의 관계를 해명했는데, 이 편지에 영혼과 육체에 관한 유명한 시계의 예가 나온다. 제3부, 291절 참조.

는 데 진정으로 충분하다는 점을 제시하려고 했다.[45] 이는 무한히 능력 있고 무한히 지혜로운 조물주, 즉 우선 모든 것을 질서 있게 만들고 모든 질서와 미래의 모든 작동을 예정해놓은 조물주로부터만 올 수 있는 것이다. 사물들의 내부에는 어떠한 혼돈도 없고 유기체는 신이 배치해놓은 물질 어디에나 존재한다. 더욱이 유기체는 육체를 더 작게 해부할수록 더 잘 드러날 것이다. 그리고 자연처럼 그렇게 무한히 계속 분할되어갈 수 있을 때도, 또 실제로 자연이 그렇게 분할했듯이 우리의 인식을 통해서 계속 하위의 분할을 할 수 있을 때도 유기체는 계속하여 발견될 것이다.

나는 이렇게 **동물들의 형성의 경이로움**을 설명하기 위해 예정 조화, 즉 **영혼과 육체의 교류**라는 또 다른 경이로움을 설명하기 위해 사용한 것과 동일

∴

44) (옮긴이) 전성설 혹은 기성설(旣成說)은 생물 기관이 싹이나 종자에서 사전에 완전히 형성된다는 관점이다. 『모나드론』에서 라이프니츠는 전성 혹은 사전 형성에 관해 다음과 같이 말한다. "철학자들은 형상, 엔텔레키 또는 영혼의 근원에 대하여 항상 당혹스러워했다. 그러나 식물, 곤충 그리고 다른 동물들에 대한 정밀한 연구를 통하여 자연의 유기체적 육체가 결코 혼돈이나 부패에서 생겨나는 것이 아니라, 항상 어떤 사전 형성(préformation)이 분명히 그 안에 들어 있는 정자에서 생겨난다는 사실이 알려진 오늘날, 우리는 단지 유기체적 육체만 정자 안에 수태 전부터 이미 들어 있었던 것이 아니라 이 육체 안에 있는 영혼도, 한마디로 말하면 동물 자체가 그 안에 들어 있었다는 결론에 이르렀다. 수태를 통하여 이 동물은 단지, 그것을 통하여 다른 동물이 될 수 있는 큰 변형을 할 수 있는 능력만을 획득한 것이다. 생식의 경우 외에 이와 유사한 어떤 것을 우리는 구더기가 파리로, 그리고 애벌레가 나비로 될 때, 볼 수 있다."(제74절)

45) (옮긴이) 여기서 '종자'로 번역한 semences는 『모나드론』에서도 동일한 의미로 쓰인다. '씨앗'(『주름, 갈래, 울림. 라이프니츠와 철학』, 이정우, 거름, 2001; 『모나드론 외』, G. W. 라이프니츠 지음, 배선복 옮김, 책세상, 2007)이나 '정자'(윤선구)로 번역되기도 하는데 동물의 '씨'라는 표현도 일반적으로 사용되지만 '씨앗'은 식물에 주로 적용되는 단어이고 '정자'는 동물에 주로 적용되는 용어이다. 위의 본문과 『모나드론』 제74절 중 이 단어가 쓰이는 문장에서 라이프니츠가 동물을 말하고 있기 때문에 '정자'로 옮겨도 무방하지만, 라이프니츠는 전성설이 식물과 동물 모두에게서 발견된다고 명시하고 있는바, 둘 모두에게 무리 없이 적용될 수 있는 단어인 '종자(種子)'를 번역어로 택했다.

한 수단에 의거했고, 이 점에서 내가 사용한 원리의 일관성과 풍부함을 제시했다. 이러한 점이 벨로 하여금 영혼과 육체의 교류를 설명하는 나의 체계, 즉 그가 이전에 검토했던 나의 그 체계를 다시 기억하게끔 한 것으로 보인다. 벨은 신이 물질이나 다른 어떤 원인에 유기체적 구조의 관념과 인식을 전달하지 않고서는 그 물질이나 원인에 유기체를 형성하는 능력을 줄 수 있는 것 같지 않다고 단언했다(벨의 『한 관구장의 질문들에 대한 답변』, 제3권, 180장, 1253쪽). 그는 (예를 들어) 배 한 척이 운행하면서 어떤 지성적인 조종자에 의해 지배받지 않고 순전히 기계적 법칙에 따라 목적지인 항구에 도달할 수 있는 방식으로, 신이 자연에 대한 전능함과 일어날 수 있는 사건들의 지식을 미리 가지고서 사물들을 배지했다고 믿을 준비가 되어 있지 않다고 단언했다. 나는 벨이 어떤 근거도 내세우지 않고 또 대상[46]에 격정할 만한 모순이 있거나 신에게 불완전성이 있다는 점을 전혀 지적하지도 않은 채 신의 능력에 한계를 둔 것을 보고 정말 놀랐다. 사람들도 이성에서 비롯한 운동과 유사한 것을 자동 기계들을 통해 자주 실행하며, (우리의 정신보다는 매우 우월한 정신이어야 하겠지만) 유한한 정신은 벨이 신에게 불가능한 일이라고 믿는 그것조차도 실행할 수 있다는 점을 이전의 재반론에서 내가 제시했었기 때문이다. 또한 신은 미리 모든 것을 동시에 조정해놓았기 때문에 위에서 말한 배의 운행이 정확한 것은 폭죽의 끈을 그대로 정확히 따라가는 화전(火箭)처럼 이상한 것이 아니다. 만물의 모든 규칙은 서로 완전한 조화를 이루고 있으며 상호 결정하고 있기 때문이다.

벨의 그러한 단언은 나로 하여금 반론을 제시하도록 했다. 나는 신이 계속적인 기적을 통해 직접 유기체적 육체들을 형성하거나 거의 신적인

••

46) (옮긴이) 기계적인 법칙에 따라 자동적으로 목적지에 도달하는 배의 예를 지시한다.

능력과 지혜를 가진 지성으로 하여금 그렇게 할 수 있도록 배려했다고 말하려는 것이 아닌 한, 신이 사물들을 사전에 **형성했고** 이에 따라 새로운 유기체적 구조는 이전의 유기체적 구성의 기계적 결과라고 판단해야 한다는 점을 벨에게 나타내고자 했다. 이는 누에에서 나비가 생겨날 때 스바메르담[47]이 거기에는 발전만이 있다고 제시한 것과 같다. 나는 식물과 동물의 전성(前成)만큼 영혼과 육체에 대한 나의 예정 조화 체계를 제대로 확인해줄 수 있는 것은 없다고 덧붙여도 되었을 것이다. 나의 예정 조화 체계에 따르면, 육체는 영혼의 의지에 따라 자신이 행하는 모든 것을 자신의 근원적 구성을 통해 외부 사물들의 도움으로 실행한다. 이는 우리 육체의 모든 것을 우리 의지의 결심과 일치하도록 실행하는 기술보다 더 훌륭한 기술에 의해, 종자들이 자신들의 근원적 구성을 통해 신의 지향을 실행하는 것과 같다. 벨 스스로도 세상에서 가장 아름다운 시(詩)나 인간의 정신이 할 수 있는 가장 아름다운 발명보다 동물들의 유기체적 구조에 더욱 많은 기술이 있다고 제대로 판단하기 때문에, 이로부터 영혼과 육체의 교류에 관한 나의 체계는 동물들의 형성에 관한 일반적인 견해만큼 쉬운 것이라는 사실이 도출된다. 실제로 (내가 보기에 참된) 이 일반적인 견해는 자연이 자연법칙에 따라 동물들을 형성할 수 있는 방식으로 신의 지혜가 자연을 만들었다는 것이기 때문이다. 나는 **전성**을 수단으로 하여 이러한 점을 조명하고 그 가능성을 더욱 제대로 제시한다. 이 같은 점이 제시된 후에는, 육체가 이성적 영혼의 계획을 육체 고유의 법칙에 따라 실행할 수 있도록 신이 육체를 만들었다는 점을 이상하게 볼 이유가 없어질 것이다. 이

⁘

47) 얀 스바메르담(Jan Swammerdam, 1637~1680). 네덜란드의 유명한 해부학자이자 곤충학자이며 현미경을 통한 주목할 만한 관찰에 대하여 저술을 남긴 저자다.

성적 영혼이 육체에 명령할 수 있는 모든 것은 신이 종자들에게 명령한 조직보다 덜 어렵기 때문이다. 벨은 생명체의 형성이 자연적인 작품일 수 없다고 이해하는 사람들이 생긴 것은 단지 얼마 전 일이라고 말한다(『한 관구장의 질문들에 대한 답변』, 제182장, 1294쪽). 이는 자신의 원칙들을 따라 벨이 영혼과 육체의 교류에 대해서도 똑같이 말할 수 있는 것이다. 신은 영혼과 육체의 모든 교통이 벨에 의해 채택된 기회 원인론[48) 체계 속에서 이루어지도록 해놓기 때문이다. 여기서 나는 동물들의 최초의 형성이나 영혼과 육체의 예정 조화의 근원적 구성과 관계하여 사물들의 시작에만 초자연이 있다고 인정한다. 나는 그 이후 동물들의 형성과 영혼 및 육체의 관계는 자연의 가장 평범한 작용들처럼 현재 일어나는 자연적인 일이라고 간주한다. 이는 일반적으로 우리가 본능이나 짐승들의 놀라운 행동에 대해 생각하는 것과 얼추 같은 일이다. 이 점에 대해 사람들은 짐승들이 아니라 짐승들을 형성한 존재에게 이성이 있다고 인정한다. 따라서 나는 이 점에서 일반적 견해를 따르는 것이겠지만, 나의 설명으로 일반적 견해가 강조되고 명확해지며 더 나아가 확장되기를 바란다.

　벨의 새로운 난점에 직면하여 나의 체계를 정당화하려 하면서, 나는 벨이 악의 존재와 관련하여 이성과 신앙을 조화시키려는 이들에 반대하여 강조한 난점에 대해 오래전부터 가져온 생각을 그에게 전하고자 했다. 실제로 이 점에 대해 나보다 더 많이 연구한 사람은 아마도 얼마 되지 않을 것이다. 나는 라틴어 저작들을 어느 정도 이해할 수 있게 되자마자 도서관에

----

48) (옮긴이) 기회 원인론은 말브랑슈가 정립한 영혼과 육체의 관계다. 영혼은 육체에 아무 영향을 줄 수 없기 때문에 매 순간 신이 개입하여 육체가 영혼의 명령을 따르게 한다는 이론이다. 라이프니츠는 신이 최적률을 따르는 효율적인 존재이기 때문에 이런 식으로 기적을 남발하지 않는다고 보며 신이 모든 것을 미리 조정해놓았다는 예정 조화설을 주장한다.

서 이 책 저 책을 편히 훑어보았다. 그리고 학술적 성찰의 주제가 역사나 우화만큼 마음에 들었기 때문에 나는 보이티우스에 반대하여 라우렌티우스 발라가 쓴 저작과 루터가 에라스뮈스[49]에 반대하여 쓴 저작에 매료되었다. 비록 나는 그들이 좀 더 온화해져야 할 필요가 있다고 생각했지만 말이다. 나는 논쟁적인 책들을 가까이 했으며 그러한 여러 저작 가운데 논쟁을 다시 불러일으킨 몽벨리아르[50]의 학술토론은 나에게 교훈적이었다. 나는 신학자들의 가르침을 무시하지 않았다. 그리고 그들의 반대자들이 쓴 글을 읽고 당황하지 않았으며 오히려 아우크스부르크 종파 교회들의 절제된 견해[51]에 동의하는 나의 관점을 확인하는 계기로 삼았다. 여행을 하는 동안 나는 여러 입장을 가진 몇몇 탁월한 인물들과 토론할 기회가 있었다. 그들 중에는 마인츠의 주교인 발렌베르크 페터, 하이델베르크 최고의 신학자인 요한 루트비히 파브리티우스, 마지막으로 그 유명한 아르노[52]가 있다.[53] 나는 1673년경 아르노에게 이 주제에 관해 나의 방식으로 집필한 라틴어 대

49) 라우렌티우스 발라(Laurentius Valla, 1407~1457)는 이탈리아의 인문주의자다. 문제의 저작은 그의 『자유 의지에 관한 대화』이다(주 678 본문 참조). — 보이티우스(Boethius, 470~526)는 로마의 철학자이자 논리학자이며, 특히 『철학의 위안』을 쓴 저자다. — 에라스뮈스에 반대한 루터의 저작은 에라스뮈스의 『자유 의지에 관하여』에 반박하려고 1525년에 출간한 그의 논문 『예속 의지에 관하여』이다.

50) 몽벨리아르의 학술대회(1586)에 루터주의자의 대표(야코프 안드레아이[Jakob Andreae])와 칼뱅주의자의 대표(테오도르 드 베즈[Théodore de Bèze])가 모였다.

51) 1530년에 멜란히톤(Melanchthon)에 의해 작성된 루터주의 헌장.

52) 발렌베르크 페터(Wallenberg Peter)는 1675년 사망한 독일의 가톨릭 신학자다. — 요한 루트비히 파브리티우스(Johann Ludwig Fabritius, 1632~1696)는 유명한 개신교 신학자 왕가에 속한 인물이다. — 앙투안 아르노(Antoine Arnauld, 1612~1694)는 '대(大)아르노'로 불리는 저명한 프랑스 신학자이자 장세니슴(얀선주의) 철학자다.

53) (옮긴이) 이미 언급한 것처럼 아르노는 당대 최고의 프랑스 신학자이자 철학자로 꼽히는 인물이다. 라이프니츠의 명성이 유럽에 본격적으로 퍼지게 된 것은 라이프니츠가 1686년에 발표한 『형이상학 논고』에 관하여 아르노와 서신 논쟁을 시작하면서부터라고 할 수 있다.

화록[54]을 전하기까지 했다. 신은 가능한 모든 세계 가운데 가장 완전한 세계를 선택하면서 이 세계에 부수적으로 첨가된 악을 지혜롭게 허용했으며, 모든 것을 다 생각하고 고려해보면 이 악 때문에 이 세계가 선택 가능한 최선의 세계가 되지 않는 것은 아니라는 점을 나는 이미 그 대화록에서 주장했다. 그 후로도 나는 이런 주제에 관해 모든 종류의 훌륭한 저술을 읽었고 신에 대해 인정해야 하는 최상의 완전성에 대한 관념을 모호하게 할 수 있는 모든 것을 제거하기에 적합한 인식을 넓히고자 했다. 나는 홉스나 스피노자와 같이 가장 난해하고 사물들의 극단적인 필연성을 주장한 저술가들을 검토하기를 게을리하지 않았다. 홉스는 자신의 『물리적 요소들』[55]과 기타 저작뿐 아니라, 브럼홀[56] 주교에 극명하게 반대하는 책에서 그러한 절대적 필연성을 주장했다. (스트라톤[57]이라 불리는 고대의 아리스토텔레스주의자처럼) 스피노자의 주장에 따르면, 사물들의 제일 원리가 선택을 하거나 선과 지성을 발휘할 수 없는 가운데 모든 것이 맹목적이고 전적으로 기하학적인 필연성을 통해 제일 원인이나 원초적 본성에서 유래한다고 할 수 있다.[58]

••

54) 『철학자의 신앙 고백(Confessio Philosophi)』을 말한다. 최근에 이봉 블라발(Yvon Belaval)이 편집하고 번역한 논문이다(Paris, Vrin, 1961).
  (옮긴이) 브런슈빅은 Confessio를 '신앙 고백(profession de foi)'으로 번역하고 있다. 이 논문은 국내에 『철학자의 고백』(라이프니츠 지음, 배선복 편역, 울산대학교출판부, 2002)으로 번역·출간되었다.

55) 홉스의 『철학의 요소들』(런던, 1655)의 제1절인 「물체에 관하여(De corpore)」를 말한다. 브럼홀에 반대하는 저작에 관해서는 주 695 참조.

56) (옮긴이) 존 브럼홀(John Bramhall, 1594~1663). 영국 데리(Derry)의 주교.

57) (람프사쿠스[Lampsacus]의) 스트라톤은 기원전 3세기(269년경 사망)의 그리스 철학자로서 리케이온의 아리스토텔레스의 두 번째 계승자였다. 모든 초월성에 대한 스트라톤의 부정에 관해서는 키케로의 증언을 참조. 『아카데미카』, 제2권, 38절. 『신들의 본성에 관하여』, 제1권, 13절.

58) (옮긴이) 스피노자는 선, 질서, 미 등의 모든 초월적 관념을 목적론적 환상의 허구로 간주하고 부정한다. 신의 지성도 스피노자의 체계에서는 신의 결과 혹은 양태일 뿐, 신의 본질을 구성하지 않는다. 신의 지성은 신의 본질을 구성하는 사유 속성의 결과로서 세계 전체의 인

나는 명확한 방식으로 또 동시에 사물들의 내부를 고찰할 수 있는 방식으로 절대적 필연성과 대립하는 것을 제시할 수 있는 수단을 찾은 것 같다. 능동적 힘의 본성과 운동 법칙에 관한 새로운 발견을 하고서 나는 그것들이 스피노자가 생각했던 것처럼 절대적으로 기하학적인 필연성에 속하지 않는다는 점을 제시했다. 그렇다고 해서 능동적 힘의 본성과 운동 법칙이 벨과 몇몇 현대 철학자들의 견해처럼 순전히 불규칙적인 것도 아니다. 그것들은 이미 내가 앞에서 지적한 것처럼 **합목적성** 혹은 내가 **최선의 원리**라고 부르는 것에 의존한다. 다른 모든 점에서 그러한 것처럼 이 점에서도 제일 실체의 특징을 인정해야 하는데, 이는 제일 실체에 의한 산출이 최상의 지혜를 드러내며 조화 중에서도 가장 완전한 조화를 이루기 때문이다. 또한 나는 과거와 미래의 연결 및 현전하는 것과 부재하는 것의 연결을 이루어내는 것이 가장 완전한 조화라는 점을 제시했다. 첫 번째 종류는 시간을 연결시키며, 두 번째 것은 장소를 연결시킨다. 이 두 번째 연결은 영혼과 육체의 결합에서, 그리고 일반적으로 진정한 실체 간의 교류와 이 실체와 물질적 현상 간의 교류에서 나타난다. 첫 번째 연결은 유기체적 육체들의 전성(前成) 혹은 더 정확히는 모든 물체들의 전성에서 일어난다. 모든 물질 덩어리가 유기체적 육체들을 조합하여 만들어내는 것은 아니지만 모든 곳에는 유기체가 존재하기 때문이다. 이는, 연못이 그 자체로는 동물이나 유기체적 육체가 아니고 단지 물고기나 다른 유기체적 육체들을 담고 있는 물질 덩어리일 뿐이지만 물고기나 다른 유기체적 육

∵

식일 뿐이며 신의 행동을 지도하는 지혜의 원리가 아니다. 세계와 인간은 무한히 많은 속성으로 구성된 신의 절대적 본성의 필연성에 의해 기하학적으로 산출되고 작용할 뿐이다. 따라서 신의 지성을 창조와 섭리를 위한 최상의 원리로 보는 라이프니츠로서는 스피노자의 관점을 절대로 수용할 수 없는 것이다.

체로 충분히 가득 채워질 수 있는 것과도 같다.[59] 그리고 나는 증명의 방식으로 확립된 이러한 기초 위에, 전적으로 순수한 이성이 알려줄 수 있는 핵심적 인식의 총체, 즉 내가 말하건대 모든 부분이 긴밀히 연결되어 있고 고대인이나 현대인의 가장 중요한 난점을 해결해줄 수 있는 인식의 총체를 수립하고자 했다. 그렇기 때문에, 결과적으로 인간의 자유와 신의 협력에 관해서도 일정한 체계를 형성한 것이다. 내가 보기에 이 체계는 이성과 신앙에 어긋날 수 있는 모든 것과 거리가 있으며 나는 벨을 비롯해 그와 논쟁을 벌이고 있는 이들에게 이 체계를 보여주고 싶었다. 벨은 얼마 전 타계했다. 그에게 필적할 학설과 통찰을 가진 이가 드문 현실에서 그같은 저술가를 잃은 것은 작은 상실이 아니다. 그러나 논의는 시작되었고 뛰어난 이들이 아직도 논의에 참여하고 있으며 대중도 주의를 기울이고 있는바, 이번 기회를 이용해 내 사유의 일면을 보여줄 필요가 있다고 생각했다.

육체에 대한 영혼의 혹은 영혼에 대한 육체의 물리적 영향, 즉 한쪽이 다른 쪽의 법칙을 교란하는 영향을 부정함으로써 내가 영혼과 육체의 주체[60]를 구성하는 결합을 부정하는 것은 아니라는 점을 머리말을 끝내기 전

∴

59) (옮긴이)『모나드론』, 제67~68절 참조. "물질의 각 조각은 식물들로 가득 찬 정원 그리고 물고기로 가득 찬 연못처럼 이해될 수 있다. 그러나 이 식물들의 각 가지, 동물의 각 지체, 그 체액의 각 방울은 다시금 그와 같은 정원 또는 연못이다. 그리고 비록 정원의 식물들 사이에 있는 땅과 공기, 또는 연못의 물고기들 사이에 있는 물 자체는 식물도 물고기도 아니지만, 그들은 다시 그런 식물 또는 물고기들을 포함하고 있고, 대부분의 경우에는 우리가 식별할 수 없을 정도로 섬세한 종류의 것들을 포함하고 있다."

60) (옮긴이) 여기서 '주체'는 suppôt의 번역어로서 설명이 필요한 단어다.『형이상학 논고』제8절에 actiones sunt suppositorum이라는 문장이 나오는데, 이 라틴어 단어 suppositorum을 라이프니츠는 (어떤 나쁜 일의) '앞잡이', '행위자', (단체의) '임원' 등의 뜻이 있는 프랑스어 suppôt로 표현하고 있다. 모두 라이프니츠가 의미하고자 하는 바와 다르지만, 그래도

에 밝혀두는 것이 좋겠다. 이 결합은 현상에 아무 변화를 가하지 않는 형이상학적인 것이다. 이 점은 비범한 정신과 지식의 소유자인 투르느미느[61] 신부가 《트레부의 논문집(*Mémoires de Trévoux*)》에서 제시한 논박에 답하면서 내가 이미 말한 것이다. 그러한 이유로 영혼은 육체에 작용을 가하고 육체는 영혼에 작용을 가한다고 형이상학적 의미로 말할 수 있는 것이다. 또한 내가 《라이프치히 학술지》에서 여러 번 설명했던 것처럼 정신은 완성태[62] 혹은 능동적 원리인 반면 단지 육체적인 것 혹은 단순히 물질적인 것

∵

'행위자'가 그 의미에 가장 가깝다. 번역자 윤선구는 『형이상학 논고』의 구절을 "행위들은 종속물이다"라고 번역하고 있다. 달리 말하면 어떤 행위에는 반드시 이 행위에 전제된 주체가 있다는 것이다. 즉, 행위는 주체에 속하는 것이다. 그래서 라이프니츠는 『형이상학 논고』 제8절에서 "능동과 수동은 개체적 실체들에게 귀속되어야" 한다고 말한다. 여기서 '주체'라는 번역어는 주체와 객체의 관계에서의 주체, 주체성 등 너무 많은 의미가 담긴 기존의 철학적 의미에서 벗어나 거의 상식적인 의미로 받아들이면 오히려 이해가 쉬울 것 같아 택했다. 예를 들어 의지가 내 안에서 원하는 것이 아니라 내가 원하는 것이며, 고통이 내 안에서 고통스러워하는 것이 아니라 내가 고통스러워하는 것이다. "영혼과 육체의 주체를 구성하는 결합"이라는 구문에서 라이프니츠가 말하고자 하는 바는 영혼과 육체의 행위가 물리적 영향 없이 이루어짐에도 불구하고, 그 행위가 귀속되는 어떤 '주체'가 있기 때문에 일정한 의미에서 영혼과 육체가 결합되어 있다는 것이다. 즉 어떤 영혼의 행위나 육체적 행위는 주체에게 귀속된 채 일어나는 행위이다.

61) 투르느미느(Tournemine, 1661~1739)는 프랑스의 예수회 회원이며, 당시 가장 중요했던 학술지 가운데 하나인 《트레부의 논문집》에 여러 논문을 발표한 저자다. 라이프니츠의 답변은 「1704년 3월의 《트레부의 논문집》의 한 부분에 관한 예정 조화 체계의 저자의 해명(*Remarque de l'auteur du Système de l'harmonie préétablie sur un endroit des Mémoires de Tréboux de mars 1704*)」으로서, 1708년 3월에 《트레부의 논문집》에 발표되었다(『게르하르트 전집』, 제6권, 595~598쪽).

62) (옮긴이) 라이프니츠는 모나드 혹은 정신적 실체를 아리스토텔레스의 용어를 차용하여 엔텔레케이아 혹은 완성태라고 명명한다. 『모나드론』, 제48절 참조. 『모나드론』을 세밀하게 주석한 에밀 부트루(Emile Boutroux)는 완성태에 관한 아리스토텔레스와 라이프니츠의 관점을 다음과 같이 정리한다. "아리스토텔레스의 완성태(entéléchie)는 현실태(acte)이다. 라이프니츠의 모나드는 추상에 불과한 순수 물질과 신에게서만 실현된 엄밀한 의미의 현실태 사이의 중간 단계인 성향(tendance)일 뿐이다." *La Monadologie*, Edition annotée par

은 수동성만을 가지고 있으며, 결과적으로 능동성의 원리는 영혼들에 있다는 것이 사실이다. 이 점을 나는 특히 알트도르프의 철학자이자 수학자인 고(故) 슈투르미우스[63]에게 답하면서 설명했다. 나는 심지어 그에게 물체에 수동성만이 있다면 그 물체들의 여러 상태는 **식별이 불가능할 것이라**는 사실을 증명했다. 『자아의 인식』을 쓴 뛰어난 저자[64]가 그 책에서 나의 예정 조화 체계에 관해 몇몇 논박을 제시했는데, 나는 그것이 정말로 나와 거리가 먼 견해를 나의 것으로 간주한 내용이라는 점을 밝히기 위한 답변을 파리로 보냈다는 사실을 또한 이 기회에 말하고자 한다. 얼마 전에도 소르본대학의 익명의 박사가 다른 주제에 관해 이 같은 일을 한 적이 있었다. 사람들이 근거로 삼아도 된다고 믿었던 나의 글 자체가 인용되었다면, 그러한 오해는 처음부터 독자들에게 드러났을 것이다.

또한 이렇게 타인의 견해를 표현하면서 착각하는 사람들의 성향 때문에, 나는 다음과 같은 점을 지적하는 것이 적절하다고 생각한다. 인간이 회개할 때 은총의 도움을 스스로 이용한다고 어디선가 내가 말했을 때, 내

..

Emile Boutroux, Delagrave, 1880, 168~169쪽. 라이프니츠는 『변신론』, 제1부, 87절에서 아리스토텔레스의 완성태와 현실태에 관해 설명한다.

63) 슈투르미우스(Johann-Christoph Sturmius, 1635~1703)는 데카르트 철학과 기회 원인론 성향의 독일 철학자이자 과학자다. 라이프니츠가 언급한 논문은 「자연 자체, 즉 피조물들의 내재적 힘과 행동에 관하여」이다. 이 논문은 1697년에서 1698년 사이에 슈투르미우스와 셸하머(G. Chr. Schellhammer)의 논쟁을 명목으로 1698년 9월 《학보(Acta eruditorum)》(『게르하르트 전집』, 제4권, 504~516쪽)에 발표되었다.

64) 베네딕트수도회 신부인 프랑수아 라미(Dom François Lami, 1711년 사망)를 말한다. 인용된 저작은 1694년에서 1698년 사이에 파리에서 전 5권으로 출간되었다. 라이프니츠의 답변 제목은 다음과 같다. 「자아의 인식이라는 제목의 저작에 관하여 파리에 보낸 것으로서, 영혼과 육체의 결합과 관련한 새로운 체계의 설명에 덧붙여진 글(Addition à l'explication du Système nouveau touchant l'union de l'âme et du corps, envoyée à Paris à l'occasion d'un livre intitulé Connaissance de soi-même)」(『게르하르트 전집』, 제4권, 572~595쪽).

가 단지 의미하고자 한 것은 인간이 은총에 아무 협력도 한 것 없이, 저항을 극복하고 멈춤으로써 은총의 도움으로부터 이익을 얻는다는 점이다. 얼음이 깨졌을 때 얼음에는 협력이 없는 것처럼 말이다. 회개는 순전히 신의 은총의 작품으로서 회개에 있어서 인간은 단지 저항하면서 협력할 뿐이기 때문이다. 인간의 저항은 인격과 기회에 따라 크거나 작다. 주변 상황도 우리의 주의력과 영혼에 생겨나는 운동에 크고 작게 기여한다. 영향의 정도와 의지의 상태에 관계된 모든 사물의 협력은 은총의 결과를 결정하기는 하지만 그렇다고 그것을 필연적인 것으로 만들지는 못한다. 다른 곳에서 나는 구원과 관계하여 거듭나지 않은 인간(l'homme non régénéré)[65]은 죽은 것이나 다름없다고 충분히 설명했다. 이 주제에 관해서 나는 아우크스부르크 종파 신학자들의 설명 방식을 강력하게 인정하고 있다. 그러나 거듭나지 않은 인간이 타락했다고 해서 그가 참된 도덕을 갖지 못하거나, 어떤 안 좋은 의도도 없이 또 현재의 죄를 혼합하지 않고서 좋은 원칙에서 비롯된 선한 행동을 사회생활에서 하지 못하게 되는 것은 결코 아니다. 이 점에서 내가 성 아우구스티누스의 견해와 감히 거리를 둔다고 해도 용서하기를 바란다. 그는 물론 위대하고 경이로운 정신을 가진 사람이지만 때때로 과장하는 것처럼 보이며 특히 자신이 맹세한 것들에 열정을 가질 때 더욱 그러하다. 나는 성 아우구스티누스의 제자이기를 자처하는 몇몇 사람들을 매우 존중하며 그들 가운데는 위대한 아르노와 함께 가장

∙∙

65) (옮긴이) 이 구문을 직역하면 '다시 태어나지 않은 사람'이다. '다시 태어남'의 종교적 의미를 강조하기 위해 '거듭나지 않은 사람'으로 표현했다. 일반적으로 '거듭나지 않은 사람' 혹은 '새사람이 되지 않은 사람' 등의 표현이 사용된다. 신의 은총을 받아들이지 않고 죄의 상태에 있는 인간을 말한다. 반대로 '거듭난 사람'은 원죄에 빠져 있다가 예수에 대한 믿음을 통해 새사람이 된 사람을 뜻한다.

유명한 교파의 운명을 걸고 논쟁을 계속했던, 아르노의 진정한 계승자인 케넬[66] 신부도 있다. 나는 일반적으로 남다른 장점이 있는 사람들(물론 여기에는 두 진영이 있다)의 논쟁에서는 양쪽 모두 서로 다른 점들에서 근거가 있고, 비록 인간의 마음이 지닌 자연적인 악의 때문에 독자는 보통 방어보다는 공격을 더 즐거워하지만 양쪽의 근거는 공격보다는 방어를 위해서라는 점을 발견했다. 나는 유명한 벨라르미누스의 공석을 대신한 톨로메이[67] 신부가 자신의 교파의 명예를 걸고 이 모든 문제에 대해 그의 통찰력과 지식, 그리고 내가 감히 덧붙이건대 그의 온화함에 맞는 설명을 해주기를 바란다. 또한 아우크스부르크 교파의 신학자 가운데 켐니츠나 칼릭스투스 같은 새로운 이들이 등장했다는 점을 생각해야 한다. 개혁파 가운데에는 우세리우스, 다이에[68] 같은 이들이 나타났는데, 이들 모두 이 모든 주제에 있는 오해를 제거하려고 점점 더 노력하고 있다고 평가해야 한다. 이외에도 이 주제를 샅샅이 파헤치고자 하는 이들이 내가 이 책의 끝에 수록한 작은 글에서 여러 논박에 대해 반론과 함께 정리하여 만든 일종의 요약본을 읽

∵

66) 케넬(Quesnel, 1634~1719)은 프랑스의 장세니슴 신학자이며, 1671년부터 출간된 『도덕적 성찰을 첨가한 새로운 신약성서』의 저자다. 1708년에서 1713년 사이에 그의 견해는 유명한 교서 우니게니투스(Unigenitus)에 의해 정죄되었다.

67) 톨로메이(Tolomei, 1653~1726) 주교는 이탈리아의 신학자이자 교론가로서 미발간으로 남은 『벨라르미누스의 논쟁들에 대한 보론』의 저자다. — 벨라르미누스(Bellarminus, 1542~1621) 주교는 조르다노 브루노(Giordano Bruno)와 갈릴레이의 재판에 참여한 것으로 유명한 이탈리아 신학자이며, 1613년에 출간된 『기독교 신앙의 논쟁들에 관한 논의』의 저자다.

68) 켐니츠(Chemnitz, 1522~1586)는 루터파 신학자이고 멜란히톤의 제자로서 『트리엔트 공의회에 대한 검토』(1585)의 저자다. — 칼릭스투스(Calixtus)라 불리는 게오르기우스 칼리센(Georgius Calisen, 1586~1656)은 평화주의적이고 절충적 성향의 루터파 신학자다. 라이프니츠는 일찍부터 큰 관심을 가지고 그의 저작을 읽었다. — 우세리우스(Usserius)로 불리는 제임스 어셔(James Usher, 1580~1656)는 영국국교회 신학자다. — 다이에(Daillé, 1594~1670)는 프랑스의 개신교 신학자다.

는다면 나에게 큰 기쁨이 될 것이다. 이 요약본에서 나는 몇몇 새로운 논박을 알리고자 했다. 예를 들어 무슨 이유로 내가 토마스 아퀴나스와 던스 스코터스[69] 및 다른 이들을 따라 선행하는 의지와 후속적 의지[70]를 각각 예비적이고 최종적인 것으로 간주했는지를 설명했다. 비록 영겁의 벌을 받은 이들이 더 많다고 할지라도 영겁의 벌을 받은 모든 이들의 불행에 있는 악보다 구원받은 이들의 영광에 있는 선이 비교할 수 없을 정도로 훨씬 더 많은 것이 어떻게 가능한지도 설명했다. 악이 선의 필수 조건으로서 허용된다고 말하면서 이것이 필연의 원리가 아니라 합목적성의 원리를 통해서 이해되어야 한다는 점을 설명했다. 또한 내가 인정하는 예정론은 언제나 방향성이 있는 것이지 결코 필연적인 것이 아니라는 점도 설명했다. 그리고 이미 가지고 있는 필연적인 빛을 제대로 사용한 이들에게 어떤 방식으로 신이 새로운 필연적인 빛을 제공할 것인지도 설명했다. 얼마 전부터 나에게 주어진 난점도 있는데, 이에 대해 내가 제시한 다른 설명은 언급하지 않겠다. 나는 두 개의 부록을 첨부하는 것이 좋겠다는 몇몇 친구들의 조언을 따르기로 했다. 두 개 중 하나는 자유와 필연과 관련하여 홉스와 브럼

∵

69) 던스 스코터스(Duns Scotus, 1274~1308)는 저명한 스코틀랜드 철학자로서 신의 절대적 자유를 주장했다.

70) (옮긴이) '선행하는 의지(volonté antécédente)'와 '후속하는 의지(volonté conséquente)'에 대한 라이프니츠의 구별에 대해서는 『형이상학 논고』의 번역자 윤선구의 설명이 유용하여 그대로 옮긴다. "신의 선행하는 의지는 인간의 모든 선한 의지가 실현되기를 바란다. 그러나 실제로 실현되는 것은 우주의 전체 질서와 조화되는 의지만이 가능하기 때문에, 궁극적으로 최선의 세계를 창조하려는 후속하는 의지로서의 신의 의지는 인간의 모든 선한 의지를 실현시킬 수 없게 된다는 것이다. 이에 따라 도덕적으로 선한 인간은 지나간 일에 대해서는 설사 원하는 일이 이루어지지 않았다 하더라도, 신이 최선의 세계를 만들기 위해 불가피했다는 사실을 이해하고, 미래의 행위에 대해서는 신의 선행하는 의지에 따라 일반적인 선에 기여하도록 노력해야 한다는 것이다."(『형이상학 논고』, 주 25, 39쪽)

홀 사이에 일어난 논쟁에 관한 것이고, 다른 하나는 얼마 전 영국에서 출간된 『악의 기원에 관하여』라는 학식 있는 저작[71]에 관한 것이다.[72]

마지막으로 나는 모든 것을 체계적으로 맞추고자 했다. 내가 호기심을 유발하는 어떤 것을 말했다면 그것은 주제의 진지함으로 인해 싫증이 날 수도 있어서 주제를 가볍게 할 필요가 있다고 생각했기 때문이다. 그런 관점에서 나는 어떤 천문학적 신학[73]이라는 재미있는 공상도 논의에 포함시켰다. 그것이 사람들을 매료시킨다고 해서 걱정해야 할 이유도 없고, 그것을 이야기하는 것이 바로 그것을 논박하는 것과 같다고 판단했기 때문이다. 허구에는 허구로 답하자면, 행성들이 태양이었다고 말하는 대신에 행성들이 태양 속에서 녹아버렸다가 태양 밖으로 던져진 덩어리라고 생각할 수 있으며, 이는 그러한 가설적인 신학의 근거를 파괴하는 것이 된다. 동양인들이 아후라마즈다와 아리만[74]이라는 이름으로 구분했던 두 가지 원리에 관한 고대의 오류 때문에, 나는 그것들이 동시대의 위대한 두 군주의 이름이었다는 의혹을 품었고 여러 민족들의 매우 오랜 역사에 관해 추측을 하게 되었다.[75] 둘 중 한 명은 이 같은 이름을 가진 다른 사람들이 살았던 고아시아 지방의 군주였고, 다른 한 명은 고아시아의 여러 국가 중

••

71) 주 55, 695, 707 참조.

72) (옮긴이) 위에 언급한 '요약본'과 이 두 글은 부록에 실려 있다. 마지막 부록인 「신의 행동근거」는 『변신론』 초판이 발간된 이후에 수록되었으므로 라이프니츠의 언급이 없는 것이 당연하다.

73) 주 224 본문 참조.

74) 아후라마즈다(Ahura-Mazda)와 아리만(Ahriman)을 말하며, 이들은 조로아스터(자라투스트라)의 이원론적 신학에서 절대 선과 절대 악의 원리다.

75) (옮긴이) 제2부의 136~144절에서 라이프니츠는 마니교의 기원을 추적하기 위해, 역사와 어원을 길게 고찰한다. 어떻게 말하자면, 라이프니츠는 마니교의 실체를 세속적인 산물로 분석하여 공중분해시켜 버린다.

에서 갑자기 출현한 켈트 스키티아[76]의 왕으로서 게르마니아의 신성한 존재 가운데 하나로 알려져 있다. 아시아인들의 견해에 따르면 이들은 위업을 달성함으로써 신비한 힘과 유사한 존재로 간주되었고, 실제로 조로아스터는 신비한 힘의 상징으로서 이 두 이름을 사용한 것으로 보인다. 다른 한편으로, 고대 동양 역사의 몇몇 특성에 대해 그리스인들보다 많은 정보가 있는 아랍 저술가들의 기록을 볼 때 다리우스와 동시대인으로 간주되는 제르두스트(Zerdust)[77] 혹은 조로아스터는 이 두 원리를 전적으로 근원적이고 독립적인 것이 아니라 최상의 유일 원리에 의존하는 것으로 간주한 것으로 보인다. 또한 그는 모세의 우주 발생론과 일치하는 관점에서 신에게는 경쟁자가 없으며 빛을 어둠에서 분리했고 빛은 신의 근원적인 계획과 일치하는 것이며, 결과적으로 어둠은 그림자가 육체를 따르듯이 나타난 것으로서 결핍에 지나지 않는다고 생각한 것으로 보인다. 이로부터 이 고대의 저자는 그리스인들이 그에게 전가한 오류에서 해방될 것이다. 그의 위대한 지식으로 인해 동양인들은 그를 이집트와 그리스의 메르쿠리우스나 헤르메스와 비교하곤 했다. 마찬가지로 북유럽인들은 그들의 워단 혹은 오딘(Wodan, Odin) 신을 메리쿠리우스와 비교하곤 했다. 이러한 이유로 수요일(mercredi), 즉 메르쿠리우스의 날이 북유럽인에게는 워단스닥(Wodansdag)으로 불린 것이며, 터키인과 페르시아인에게는 자르스캄바(Zarschamba)[78] 혹은 데아르스캄베(Dearschambe)로, 북구 동양에서 온 헝가리인에게는 제르다(Zerda)로, 대러시아의 시작 지점부터 뤼네부르크 지

••

76) (옮긴이) 현 러시아의 남부.
77) (옮긴이) 조로아스터를 의미하는 쿠르드어.
78) (옮긴이) 수요일. 영어 Wednesday의 어원이기도 하다.

방의 벤드(Wendes)까지의 슬라보니아인에게는 동양인에게 배운대로 스레다(Sreda)로 불렸기 때문에, 동양인들에게는 제르두스트의 날로 불린 것이다. 이 같은 설명이 호기심 많은 이들을 불쾌하게 하지는 않을 것이다. 벨과 대립하는 이 시론들을 끝내는 작은 대화는 난해하지만 중요한 진리가 쉽고도 친숙한 방식으로 설명되기를 바라는 이들에게 일정한 만족을 주리라고 자신한다. 나는 오류를 범할 위험을 무릅쓰고도 외국어로 이 책을 썼다. 얼마 전부터 다른 이들이 이 언어로 우리의 주제를 다루었으며, 이 작은 연구로 내가 그들에게 유용해지기를 바라는 이들 또한 다른 언어보다 이 언어로 주제를 읽었기 때문이다. 인쇄와 필사 과정에서 그리고 꽤 부주의했던 필자의 성급함에서 오는 언어적 오류는 용서하기를 바란다. 만일 견해에서 어떤 오류가 발견된다면 더 정확히 파악한 후 가장 먼저 그 견해를 수정해야 할 사람은 바로 필자다. 다른 곳에서도 이러한 진리에 대한 사랑을 드러낸바, 이 고백이 칭찬으로 간주되지 않기를 바란다.

신앙과 이성의 조화에 관한 서설

1. 나는 신앙과 이성의 조화에 관한 그리고 신학에서의 철학의 사용에 관한 예비적 문제에서 출발하겠다.[79] 이 문제는 우리가 앞으로 논할 핵심 주제에 많은 영향을 미치며 벨이 이 문제를 모든 곳에서 다루기 때문이다. 나는 두 진리가 서로 모순될 수 없다고 전제한다. 즉 신앙의 대상은 신이 특별한 방식으로 계시한 진리이고 이성은 진리의 연쇄다. 이성은 특히 (신앙과 비교했을 때) 인간의 정신이 신앙의 빛의 도움 없이 자연적으로 도달할 수 있는 진리의 연쇄다. 이성, 즉 올바르고 참된 이성에 대한 이 같은 정의는 막연한 의미로 이해된 이성을 비난하는 데 익숙한 몇몇 사람들을 놀라게 했다. 그들은 이성이 그러한 의미를 부여받았다는 이야기를 들은 적이 전혀 없다고 나에게 반론을 제기했다. 이는 그들이 이 주제에 관해 판명하게 설명하는 사람들과 논의해본 적이 전혀 없기 때문이다. 하지만 그들은 내가 부여한 의미로 이해된 이성을 비난할 수 없다는 점을 인정했다. 사람들이 때때

··

79) (옮긴이) 이 서설에서 라이프니츠가 핵심적으로 강조할 이성과 신앙의 관계는 다음과 같다. 이성은 신앙의 명제가 모순이 아니라는 것을 제시함으로써 그것들을 옹호할 수는 있지만 선험적으로 확립하거나 입증할 수는 없다. 신앙의 진리는 기하학 법칙 같은 영원한 진리가 아니라 자연법칙 같은 실증적 진리다. 이러한 실증적 진리는 최선을 선택하는 신의 결정에 의존하는 것이다.

로 이성을 경험과 대립시키는 것도 같은 의미에서다. 진리의 연쇄인 이성은 경험이 제공하는 것들을 또한 연결시킴으로써 이성과 경험이 혼합된 결론을 도출해낼 권리가 있다. 그러나 경험과 구분되는 순수하고 단순한 이성은 오직 감각과 무관한 진리와 관계한다. 신앙은 경험과 비교될 수 있다. 신앙은 (신앙을 생동감 있게 하는 동기와 관련해서는) 계시의 근거가 되는 기적을 본 사람들의 경험에 의존하며, 또한 성서를 통해서나 혹은 성서를 보존한 이들의 보고를 통해서 그러한 기적을 우리에게까지 전달해주는 믿을 만한 전통에 의존하기 때문이다. 이 같은 점은 우리가 중국이라는 먼 나라에 대한 진기한 이야기를 듣고 믿을 때, 중국을 본 사람들의 경험과 그들 이야기의 신뢰성에 의거하는 것과 마찬가지다.[80] 그러나 성령이 항상 동기가 필요해서 그렇게 하는 것은 아니지만, 영혼을 점유하고 설득하며 선으로 즉 신앙과 자비로 이끌어주는 성령의 내적 운동은 고려해야 할 것이다.

2. 그런데 이성의 진리는 두 종류다. 첫 번째 종류는 **영원한 진리**라 불리는 것으로서 절대적으로 필연적인 것이므로 그 반대는 모순을 함축한다. 이런 진리의 필연성은 논리적·형이상학적 혹은 기하학적이며, 부조리에 빠지지 않고서는 이것을 부정할 수 없다. 다른 종류의 진리가 있는데, 이것들은 신이 자연에 기꺼이 부여하고자 한 법칙이거나 이 법칙에 의존하기 때문에 **사실적 진리**라고 부를 수 있다. 우리는 이 진리를 경험에 의

••

---

80) (옮긴이) 실제로 라이프니츠는 중국에서 선교 활동을 하던 예수회 신부들과 서신 교환을 했고 젊은 시절부터 말년까지 중국 사상에 큰 관심을 보였다. 결국 생애의 마지막 해인 1716년에 「중국인의 자연 신학론(Discours sur la théologie naturelle des chinois)」을 집필한다. 이 논문의 번역과 중국 철학에 대한 라이프니츠의 연구에 관해서는 『라이프니츠가 만난 중국』(라이프니츠 지음, 이동희 편역, 이학사, 2003) 참조.

해서 즉 **후험적으로**(*a posteriori*) 알게 되거나, 이성에 의해서 또는 **선험적으로**(*a priori*) 즉 이 진리를 선택하도록 한 합목적성을 고찰함으로써 알게 된다. 이 합목적성에도 규칙과 이유가 있다. 그러나 목적에 적합한 것을 선호하고 현존하도록 하는 것은 신의 자유로운 선택이지 기하학적 필연성이 아니다. 따라서 **물리적 필연성**은 **도덕적 필연성**, 즉 자신의 지혜에 적합한 현자의 선택에 근거하며, 물리적 필연성과 도덕적 필연성 모두 **기하학적 필연성**과 구분되어야 한다고 말할 수 있다. 물리적 필연성은 자연 질서를 이루며, 운동 규칙 그리고 신이 사물들을 존재하도록 하면서 그들에게 기꺼이 부여하고자 한 다른 일반적 법칙에 있다. 따라서 신이 근거 없이 그러한 규칙과 법칙을 부여하지 않았다는 것이 사실이다. 신은 그 어느 것도 변덕에 의해, 그리고 제비뽑기나 완전한 무차별성에 의해 선택하지 않기 때문이다. 그러나 신으로 하여금 선택하도록 하는 선과 질서의 일반적 이유는 몇몇 경우 상위 질서에 속한 더 위대한 이유 때문에 포기될 수 있다.[81]

∵

81) (옮긴이) 신이 스피노자의 체계에서처럼 형이상학적 필연성을 따르지는 않지만 데카르트의 철학에서처럼 자의적으로 행동하지 않는다는 라이프니츠의 관점은 기적과 은총에도 적용된다. 기적에 관해서 『형이상학 논고』는 다음과 같은 기본 관점을 제시한다. "신의 의지 또는 행위는 일반적으로 통상적인 경우와 특별한 경우로 구분된다. 그러나 신은 질서를 떠나서는 어떠한 것도 행하지 않는다는 사실을 기억할 필요가 있다. 따라서 특별한 행위로 간주되는 행위는 다만 피조물의 영역에 있는 특별한 질서와 관련해서만 그렇게 간주된다. 왜냐하면 우주의 보편적인 질서와 관련해서는 모든 것이 이에 따르기 때문이다. 그러므로 세계 안에서는 절대적으로 불규칙적인 것은 어떤 것도 일어날 수 없을 뿐만 아니라, 그런 것은 상상할 수조차 없다는 것은 사실이다."(제6절) "질서를 따르지 않는 것은 어떤 것도 일어날 수 없으므로, 우리가 사물의 본성이라고 부르는 하위의 원칙에 상응하기 때문에 그렇게 불리는 자연 사건들이 그러한 것처럼, 우리는 기적도 또한 질서를 따른다고 말할 수 있다. 왜냐하면 우리는 사물의 이러한 본성이, 이 원칙들을 사용하도록 그를 움직인 것보다 더 강한 이유가 있을 경우에는 이를 무시할 수도 있는, 신의 습관일 뿐이라고 말할 수 있기 때문이다."(제7절) 후에 상술하겠지만, 은총에 관해서도 라이프니츠는 같은 사유 구조를 보인다. 즉 펠라기우스(Pelagius)나 몰리나(Molina)가 주장하듯이 신의 은총이 인간의 행위에 따른

3. 이 같은 점은 신이 **기적**을 행사함으로써 자신이 피조물에게 부과한 법칙들을 거둘 수 있고 그들의 본성이 담고 있지 않은 것을 산출할 수도 있음을 보여준다. 피조물들이 자신들의 본성을 통해 도달할 수 있는 것보다 더 고귀한 완전성과 능력에 이를 경우 스콜라학파에서는 이러한 능력을 **순종의 힘**이라고 불렀다. 즉 순종의 힘은 한 존재가 자신이 갖지 않은 것을 줄 수 있는 이의 명령에 복종함으로써 획득되는 것이다. 그러나 스콜라학파는 내가 불가능하다고 여기는 것을 통상적으로 순종의 힘에 대한 예로 제시하는데, 신이 피조물에게 창조의 능력을 줄 수 있다고 주장할 때가 그러하다. 신은 자연법칙을 침해하지 않은 채 천사들을 매개로 기적을 행사할 수 있다. 천사의 기술과 인간의 기술은 완전성의 정도에서만 차이가 있기 때문에, 인간도 자연법직을 침해하지 않은 채 기술을 통해 자연을 이용할 수 있는 것처럼 말이다. 그럼에도 자연법칙은 언제나 입법자의 운영을 따를 수밖에 없는 것이 사실인 반면 기하학의 진리와 같은 영원한 진리는 전적으로 필수 불가결하다.[82] 그리고 신

⠒⠒

조건적인 것은 아니지만, 그렇다고 해서 칼뱅이 말하는 것처럼 아무런 합리적 동기도 없는 절대적 결정은 아니라는 것이다. 달리 말하면, 신은 필연적 조건에 강제되지는 않으나 그렇다고 단지 자의적으로 행동하지도 않는다.

82) (옮긴이) 여기서 라이프니츠는 두 대립되는 단어로 '운영(dispensation)'과 '필수 불가결한 (indispensable)' 것을 구분하고 있다. dispensation은 dispenser의 명사형으로 라이프니츠가 자주 사용하는 단어다. '면제', '베풂', '운영' 등의 의미로서, '분배'라는 의미의 다른 단어인 'répartition'과도 일맥상통한다. 기하학적, 논리적, 형이상학적 필연성을 가진 영원한 진리와 달리 신이 창조한 자연의 질서는 물리학적으로는 최적으로 힘이 '분배'되어 있고 모든 사건들도 도덕적으로 최적의 '운영'이 이루어지고 있다. 이런 차원의 질서는 비록 조화롭지만 신이 다른 세계를 창조할 수 있었기 때문에 원칙적으로 철회되거나 '면제'될 수 있으며, 따라서 우연적으로 '운영'되는 것이다. 신앙도 이 같은 차원의 질서에 있다. 반면 영원한 진리는 다른 가능성이 없으므로 면제가 불가능하며 '필수 불가결'한 것이다. 따라서 영원한 진리의 필연성에 근거하여 신앙을 논박하려고 할 경우 잘못 짚은 논의가 된다. 영원한 진리에 근거한 논박은 극복 불가능하며, 이러한 논박이 가능하려면 신앙의 질서 자체가 영원한 진리에 근거한 것이어야 하기 때문이다. 사정이 그렇지 않은바, 라이프니츠는 신앙에 대한 모

앙은 영원한 진리와 대립될 수 없다. 그렇기 때문에 절대적 진리에 반대되는 극복 불가능한 논박은 있을 수 없다. 증명이 반박 불가능한 원리나 사실에 근거하며 영원한 진리의 연쇄에 의해 구성된 것이라면, 그 결론은 확실하고 필수 불가결한 것이고 이와 대립되는 것은 틀린 것이어야 하기 때문이다. 그렇지 않다면 두 모순되는 것이 동시에 참이 될 수 있을 것이다. 논박이 증명적인 것이 아니라면 그것은 신앙에 반대할 힘이 없는 그럴듯한 논증만을 구성할 수 있을 뿐이다. 우리는 종교의 신비가 외관과 대립된다고 인정하기 때문이다. 그런데 벨은 르 클레르에게 보낸 유고 답변[83]에서 자신은 결코 신앙의 진리와 대립되는 증명이 있다고 주장하지 않는다고 단언한다. 이에 따르면, 신앙과 대립된다고 주장하는 이 모든 극복 불가능한 난점 및 신앙과 이성의 논쟁은 사라지게 된다.

사람들이 던진 조금의 먼지로 숨이 막혔던 정신의 동요와 거대한 전투가 가라앉는다.[84]

4. 로마 진영의 신학자들과 마찬가지로 개신교 신학자들 역시 논제를 세심하게 다룰 때는 내가 방금 제시한 준칙에 동의한다. 이성에 반대하여

..

든 논박에 대해 신앙의 명제가 모순이 아니라는 점을 제시함으로써 답할 수 있다고 보는 것이다. 1706년 벨에 관한 한 메모(*Textes inédits d'après les manuscrits de la Bibiliothèque provinciale de Hanovre*, PUF, 1998, 제1권, 63쪽)에서 라이프니츠는 다음과 같이 말한다. "또한 나는 진리에 반(反)하여 가해질 수 있는 모든 논박에 비록 그 답이 언제나 사물의 본성을 궁극적으로 설명할 수 있지는 않아도 답을 할 수 있다고 제시한다."

83) 『막심과 테미스트의 두 대화』 중 하나로, 부제는 '벨에 반대하여 르 클레르가 자신의 선집 제10권에서 쓴 것에 대한 답변'(로테르담, 1707)이다. ― 르 클레르에 관해서는 주 42 참조.
84) 베르길리우스, 『농경시』, 제4권, 87행. 벌들의 전투에 관한 내용.

말하는 모든 것은 거짓 외관에 의해 타락하고 남용된 사이비 이성에만 해당하는 것이다. 신의 정의(正義)와 선의 개념에 관해서도 마찬가지다. 사람들은 때때로 신의 정의와 선에 대해 마치 관념도 정의(定義)도 없는 것처럼 말을 한다. 그러나 이 경우 우리는 그러한 속성들[85]을 신에게 귀속시키거나 그것들로써 신을 찬양할 근거를 갖지 못하게 된다. 신의 선, 정의, 지혜는 인간의 선, 정의, 지혜보다 무한히 완전하다는 점에서만 인간의 것과 다르다.[86] 따라서 단순 개념, 필연적 진리, 철학의 증명적 결론은 계시와 대립될 수 없다. 몇몇 철학적 준칙이 신학에서 배척되는 것은 그것들이 단지 물리적 혹은 도덕적 필연성에 속한 것으로 간주되기 때문이다. 물리적 필연성과 도덕적 필연성은 단지 통상적으로 일어나는 일에 관계되고, 결과적으로 외관에 근거하며 신이 원한다면 취소될 수도 있는 것이다.

5. 내가 방금까지 말한 것을 통해 보면, 철학과 신학 그리고 신앙과 이성을 모두 위태롭게 하는 사람들의 표현에는 자주 어느 정도의 혼란이 일

∴

85) (옮긴이) 신의 선과 정의를 지시한다.
86) (옮긴이) 라이프니츠에 따르면 모든 관념은 원칙적으로 본유적이다. 그러나 관념은 우리 안에 잠재적 혹은 함축적으로 인식되고 있기 때문에 관념을 의식하기 위해서는 그것을 현실화시켜야 한다. 『형이상학 논고』, 제26절에서 라이프니츠는 플라톤의 상기설을 설명하고 나서 다음과 같이 말한다. "이것은 우리의 영혼이 이 모든 것을 함축적으로(virtuellement) 인식하고 있고 진리를 인식하기 위해서는 단지 주의력만을 필요로 한다는 사실과, 따라서 영혼은 최소한 이 진리들이 의존하고 있는 관념들을 소유하고 있다는 것을 보여준다." 이러한 관점에서 라이프니츠는 신의 관념도 우리에게 있다고 보는 것이다. 그러나 라이프니츠는 신에 대한 세부적 탐구를 금지시키는 데카르트와 달리 신의 관념의 모든 귀결을 도출해내고자 노력한다. "최고의 무한한 지혜를 소유하고 있는 신은 형이상학적인 의미에서뿐만 아니라 도덕적인 의미에서도 가장 완전하게 행위하며, 이것을 우리 자신들과 관련하여 표현하자면, 우리가 신의 작품들에 대하여 더 잘 통찰하고 이해하면 할수록, 그들을 더욱더 탁월하고 소망스러운 것으로 생각하게 될 것이라는 사실이 도출된다." 『형이상학 논고』, 제1절.

어나는 것 같다. 그들은 **설명**, **이해**, **증명**, **옹호**를 혼동하고 있다. 나는 벨이 통찰력이 있는 사람임에도 이 같은 혼동에서 아직 벗어나지 못하고 있다고 생각한다. 신비는 그것을 믿는 데 필요한 정도로 **설명**할 수 있다. 그러나 우리는 신비를 **이해**할 수 없으며 어떻게 그것이 일어나는지 이해시킬 수도 없다. 마찬가지로 물리학에서도 우리는 여러 감각적 질에 대해 일정 한도까지는 설명하지만, 그것을 이해하지는 못하기 때문에 불완전하게 설명할 수밖에 없다. 신비를 이성을 통해 **증명**하는 것 또한 우리에게 가능한 일이 아니다. **선험적으로** 혹은 순수한 이성에 의해 증명될 수 있는 모든 것은 이해될 수 있기 때문이다. 이제 종교의 진리에 대한 증거(이것은 **신뢰성의 동기**라고 불린다)를 토대로 신비를 믿기로 한 후에 우리는 논박에 맞서 신비를 **옹호**할 수 있어야 한다. 견고하고 증명적인 방식으로 논박당할 수 있는 모든 것은 거짓된 것이 아닐 수 없기 때문에, 논박에 맞서 신비를 옹호하지 않는다면 그것을 믿을 근거가 없어질 것이다. **도덕적 확실성**만을 제공할 수 있는 종교적 진리의 증거들은 논박이 **절대적 확실성**을 제공하거나 설득력이 있고 전적으로 증명적일 경우 이 논박에 의해 동요되고 더 나아가 압도될 것이다. 이 주제에 대해 잘 알고 있는 사람들과 매우 자주 논의할 것이 아니라면, 이 정도로도 종교에서의 이성과 철학의 사용에 관한 난점을 제거하는 데 충분할 것이다. 그러나 이 주제는 중요하며 매우 혼란스러워진 만큼 훨씬 더 세부적으로 논의하는 편이 적절할 것이다.[87)]

∴

87) (옮긴이) 라이프니츠에게서 신앙과 이성의 관계를 이해하려면, 그가 구분한 자연 종교와 계시 종교의 특성을 파악하고 접근할 필요가 있다. 자연 종교는 영원한 진리(핵심적으로, 선한 신의 현존과 영혼의 불멸성)를 대상으로 한다. 그런데 라이프니츠는 영원한 진리 외에 우연적인 실증적 진리를 인정한다. 그리고 라이프니츠에 따르면 실제로 현존하는 모든 것

6. 신앙과 이성의 조화에 관한 문제는 항상 중대한 문제였다. 초기 교회의 뛰어난 기독교적 저술가들은 자신들이 가장 잘 알고 있었고 당시 가장 유행이었던 플라톤주의자들의 사유를 받아들였다. 체계에 대한 관심이 유행하기 시작하고 신학도 정확하고 실증적인 문서를 제공하던 공의회의 결정에 의해 더욱 체계화되면서 점차적으로 아리스토텔레스가 플라톤의 자리를 대체했다. 성 아우구스티누스, 보이티우스, 서양의 카시오도루스와 동양의 다마스쿠스의 성 요한네스는 신학을 학(學)의 형태로 압축하는 데 가장 크게 기여했다. 비드, 앨퀸,[88] 성 안셀무스 그리고 철학에 심취한 다른 몇몇 신학자들도 마찬가지다. 마지막으로 스콜라학파가 나타났으며 아리스토텔레스의 철학이 아랍에서 번역되고 수도원 내의 여가생활이 진지한 사변으로 이어지면서 결국 신학과 철학의 조합이 완성되었다. 신학과 철학의 조합에서 대부분의 문제는 신앙과 이성을 조화시키려는 노력에서 유래한 것이었다. 그러나 모든 것이 바라는 대로 성공한 것은 아니었다. 신학은 시대의 불행, 무지, 완고함으로 인해 매우 타락했기 때문이다. 또한

∵

은 우연적이다. 따라서 라이프니츠로서는 신이 자신의 영원한 계획을 실현하기 위해 통상적이거나 특별한 수단(기적)을 사용했음을 인정하는 데 아무 어려움이 없다. 물론 신의 아들이 육화되고 부활하며, 성찬식을 통해 영혼들에 전해지는 등의 사실은 존재하지 않을 수도 있었던 우연적인 진리다. 이 같은 의미에서 우연적 진리는 영원한 진리의 연쇄로서 이해된 이성을 넘어선다. 그런데 이성을 넘어서는 것은 이성과 대립될 수 없다. 따라서 우리는 계시 교리가 모순되지 않으며 일정한 합목적성의 근거를 가진다고 제시함으로써 그것을 '옹호(soutenir)'할 수 있는 것이다. 이러한 차원에서 라이프니츠는 삼위일체, 부활, 성찬식 등의 여러 교리들을 철학적 관점에서 검토한다.
88) 보이티우스에 대해서는 주 49 참조. ― 카시오도루스(Cassiodorus, 468년경 출생, 562년 이후 사망)는 남부 라틴 지역의 저술가이자 신학자다. ― 다마스쿠스의 성 요한네스(Johannes Damascenus, 676~760년경)는 아리스토텔레스의 영향을 받은 신학자다. ― 비드(Bede, 675~735)는 연대기 작가 활동으로 특히 유명하며 구약성서와 신약성서를 주해하기도 했다. ― 앨퀸(Alcuin, 735~804)은 저명한 학자로서 샤를마뉴 대제의 협력자로 유명하다.

철학은 그 자체의 커다란 결함 외에도, 신학이 매우 모호하고 불완전한 철학과 관계를 맺으면서 영향 받게 된 결함까지 짊어졌기 때문이다. 그러나 수도사들의 부정확한 라틴어 쓰레기더미 아래에 때때로 금이 숨겨져 있다는 점을, 비길 데 없이 탁월한 흐로티위스[89]와 함께 인정해야 한다. 이런 점 때문에 나는 자신의 임무를 위해 스콜라학파의 언어를 배워야만 했던 뛰어난 사람이 거기서 최선의 것을 도출해냈기를 여러 차례 희망했다. 나는 또한 페타비우스나 토마생[90]과 같은 학식 있는 두 사람도 자신들이 교부들에 대하여 했던 일을 스콜라학파 학자들에게도 했기를 여러 차례 희망했다. 이는 교회사에서 매우 흥미롭고 중요한 저작[91]으로서, 상황을 변화시키고 더 나아가 앞서가게 했던 문예부흥 시대까지 교리의 역사를 이어갈 것이다. 물리적 예정, 매개하는 지식, 철학적 죄,[92] 객관적 정확성에 관한 여러 교리 그리고 이론신학과 양심의 문제에 관한 실천신학의 다른 여러 교리는 심지어 트리엔트공의회 이후에도 유행이었기 때문이다.

∵

89) 휘호 흐로티위스(Hugo Grotius, 1538~1645)는 네덜란드의 정치가, 저술가, 저명한 법률가, 법 철학자이며, 신학자이자 박식한 역사가이기도 하다.

90) 페타비우스(Dionysius Petavius)라 불리는 페토(Petau, 1583~1652)는 프랑스의 예수회 신부로서 1644년에서 1650년 사이에 파리에서 『교리신학』을 출간했다. 루이 토마생(Louis Thomassin, 1619~1695)은 오라토리오회의 수도사로서 1680년에서 1689년 사이에 자신의 『교리신학』을 통해 페타비우스의 작업을 이어갔다.

91) (옮긴이) 페타비우스와 토마생의 『교리신학』을 의미한다.

92) 물리적 예정 혹은 예동(*prédétermination* ou prémotion physique)은 피조물이 신에게 받은 행동력을 실제로 행동에 적용하기 위해 신으로부터 받는 운동을 말한다. 매개하는 지식(science moyenne)에 관해서는 아래의 제1부 39절 참조. 철학적 죄(Péché philosophique)는 이성적 존재에 대해 저지르는 죄를 말하며 신에게 저지르는 신학적 죄와 대립된다. 이 구분은 예수회 신부인 뮈스니에(Musnier)가 1686년에 개진했으나 1689년에 아르노에게 고발당했고 1690년에 로마로부터 정죄되었다. 이 구분은 예수회와 장세니스트 사이에 (중국 의례의 문제와 관련하여) 큰 논쟁의 대상이 되었다.

7. 이러한 변화들이 있기 조금 전에 그리고 지금도 계속되고 있는 서방의 대분열[93] 이전에, 내가 옹호하는 신앙과 이성의 조화를 파괴하려는 철학자들의 학파가 이탈리아에 나타났다.[94] 이들은 유명한 아랍의 저술가를 추종한 데서 아베로에스주의자로 불렸다. 아베로에스는 탁월한 주석가로 불렸고 그의 나라 사람들 사이에서는 아리스토텔레스의 의미를 가장 깊이 파악한 것으로 여겨졌다. 이 주석가는 그리스의 해석가들이 이미 가르친 것을 발전시키면서, 아리스토텔레스에 따르면 그리고 더 나아가 이성에 따르면(당시에는 아리스토텔레스와 이성은 거의 같은 의미로 간주되었다) 영혼의 불멸성은 유지될 수 없다고 주장했다. 다음은 그의 논증이다. 아리스토텔레스에 의하면 인류(人類)[95]는 영원하다. 따라서 개별적 영혼들이 소멸하지 않는다면 아리스토텔레스가 부정했던 윤회를 받아들여야 한다. 혹은 항상 새로운 영혼들이 있다면 영원히 보존된 영혼들의 무한성을 인정해야 한다. 그러나 현실적인 무한성은 역시 아리스토텔레스의 이론에 따르면 불가능한 것이다. 그러므로 영혼들 즉 유기체적 육체들의 형상은 이 육체들과 함께 소멸해야 하며, 적어도 각각의 육체에 고유하게 속하는 수동적 지성은 소멸한다고 결론 내려야 한다. 따라서 모든 사람들에게 공통되며 아리스토텔레스가 밖으로부터 온다고 말한 것으로, 마치 바람이 잘 조립된 관들 속에 들어갔을 때 일종의 음악을 만들어내는 것처럼 인간의 기관이 배치된 모든 곳에서 작동하는 능동적 지성만이 남게 될 것이다.[96]

∴

93) (옮긴이) 여러 교황들이 각기 정통성을 주장하고 옹립되면서 14~15세기에 진행된 가톨릭 교회 내의 갈등을 말한다.
94) 이중진리론은 중세에 시제 드 브라방(Siger de Brabant)이 옹호했으며, 14세기에서 16세기 사이에 파두아학파에 이 학설의 여러 대표자가 있었다.
95) (옮긴이) 생물학적인 의미에서의 인간 류(genre)를 의미한다.

8. 이 같은 사이비 증명보다 졸렬한 증명도 없다. 아리스토텔레스가 윤회를 논박하거나 인류의 영원성을 증명한 적은 없다. 무엇보다도 현실적인 무한이 불가능하다는 점은 매우 잘못된 것이다. 그럼에도 이 증명은 아리스토텔레스주의자들에게 논박 불가능한 것으로 받아들여졌고 그들로 하여금 현세의 어떤 지성이 있고 그것의 분유(分有)가 우리의 능동적 지성을 이룬다고 믿도록 했다. 그러나 아리스토텔레스를 덜 추종하는 다른 이들은 모든 개별적 영혼들의 대해(大海)인 보편적 영혼까지 주장했으며 개별적 영혼들이 생멸하는 동안에도 이 보편적 영혼만은 존속할 수 있다고 믿었다. 이 견해에 따르면 동물들의 영혼은 생명을 불어넣을 육체를 찾았을 때 대해에서 물방울이 떨어져나가는 것처럼 생겨나고, 냇물이 바다로 사라지듯이 육체가 해체될 때 영혼들의 대해에 합류하면서 소멸한다. 또한 이 보편적 영혼이 하위의 것이고 창조된 것이라고 생각한 이들도 있었지만, 여러 사람들은 신이 바로 이 보편적 영혼이라고 믿기까지 했다. 이 조악한

⁘

96) (옮긴이) 아베로에스(Aberroës)가 개체들은 소멸하고 능동적 지성만이 영원하며 인류의 공통적 이성이라고 해석하게 된 빌미를 아리스토텔레스가 제공한 것은 사실이다. 실제로 아리스토텔레스에 따르면, 감각 및 물질과 분리되고 본질적으로 현동 상태에 있는 순수 지성은 영원하다(『영혼에 관하여』, III, 제5장, 430a 17). 우리는 이 순수 지성에 대한 부동의 관조를 통해 인간 조건을 넘어서서 신적 삶의 행복에 이를 수 있다. 따라서 순수 지성은 우리 행동의 최상의 형상이며 절대적 선인 것이다(『니코마코스 윤리학』, X, 제7~8장, 1177a 12). 그러나 아리스토텔레스는 이 순수 지성이 우리에게는 "밖으로부터" 오는 것으로서, 소멸 불가능한 것이 소멸 가능한 것과 구별되듯이 개체와 구별되며 진정으로 영혼의 다른 한 종류라고 명백히 말한다(『영혼에 관하여』, II, 제2장, 413b 25). 여기서 라이프니츠는 아리스토텔레스의 이러한 관점에 대한 아베로에스의 해석에 비약이 있다고 보며 특히 능동적 지성이 분유하는 익명적 지성을 인정함으로써 보편적 영혼 개념이나 영혼 일원론을 야기하는 폐해를 낳았다는 점을 지적한다. 라이프니츠에게 모든 영혼은 수동적 지성이나 능동적 지성으로 구분되지도 않으며 보편적 영혼에 함몰되지도 않는 개체적 존재이기 때문에, 그는 아베로에스의 해석을 근본적으로 경계하고 있는 것이다.

이론은 매우 오래된 것이며 대중을 쉽게 현혹할 수 있는 것이다. 이 이론은 베르길리우스의 아름다운 시(『아이네이스』, 제4부, 724행)에 다음처럼 표현되고 있다.

태초에 영혼은 하늘, 땅, 바다, 달빛으로 빛나는
천체와 태양에 스며들고 이들을 떠받치고 있다.
정신은 세계 모든 곳에 퍼져 물질 덩어리 전체를 뒤흔들며
이 거대한 전체에 섞여 있다.
인류도 새들도 정신으로부터 태어난다.

다른 곳에서(『농경시』, 제4권, 221행)는 다음과 같이 표현한다.

신은 모든 땅과 바다, 하늘의 깊은 곳에까지 스며 있다.
목축, 가축, 사람들, 모든 종류의 야생 짐승은
신으로부터 태어나면서 삶의 가벼운 숨결을 얻어낸다.
그들은 신으로 회귀하며, 융해되어 다시 모인다.

9. 플라톤이 말하는 세계의 영혼은 몇몇 사람들에게 이러한 의미로 받아들여졌다. 그러나 스토아학파가 다른 모든 영혼들을 흡수하는 이 같은 보편적 영혼을 표명했던 징후가 더 많이 있다. 이런 견해를 받아들이는 사람들은 **영혼 일원론자**라고 불릴 수 있을 것이다. 이들에 따르면 단 하나의 영혼만이 존속하기 때문이다. 베르니에는[97] 이 견해가 페르시아 학자들과 무굴제국 국가들의 학자들에게 거의 보편적으로 받아들여졌다는 사실을 지적한다. 이 견해는 그들뿐만 아니라 카발라주의자들과 신비주의자들

도 받아들인 것 같다. 슈바벤 출신으로 몇 년 전에 유대인이 되었으며 모세스 게르마누스[98]라는 이름으로 학설을 세운 독일인은 스피노자의 학설에 충실했는데, 그는 스피노자가 히브리인의 고대 카발라를 쇄신하고 있다고 믿었다. 이 유대교 개종자를 논박한 한 학자도 이러한 견해를 받아들이는 것 같다. 스피노자가 세계에는 유일 실체만이 존재하며 개별적 영혼들은 유일 실체의 일시적 변용일 뿐이라고 본 것은 잘 알려진 사실이다. 마이센의 초파우 지역 목사인 발렌틴 바이겔[99]은 학식이 있는 혹은 학식이 지나치게 많은 인물인데, 사람들은 그를 선지자로 생각하고자 했지만 아마도 그는 스피노자의 견해에서 어떤 부분을 취한 것 같다. 요한 안겔루스 질레시우스[100]도 마찬가지다. 그는 예배에 관해 독일어로 꽤 아름다운 짧은 시들을 경구의 형태로 쓴 저자이며 이것들은 얼마 전에 다시 출판되었다. 일반적으로 신비주의자들의 신성화 개념은 이처럼 좋지 않은 의미로 받아들여질 수 있었다. 제르송도 다른 신비주의 저술가인 로이스브로크에 반대

∴

97) 베르니에(Bernier, 1625~1688)는 가상디(Gassendi)를 추종하는 철학자로 알려진 인물로서, 동방으로 여행을 했으며 이에 대한 이야기가 1699년에 출판되었다.

98) 모세스 게르마누스(Moses Germanus, 1701년 사망)의 본명은 스페스(Spaeth)이다. 모세스 게르마누스를 논박한 이 '학자'는 요한 게오르크 바흐터(Johann-Georg Wachter, 1663~1757)라는 신학자다. 그는 『신성화된 세계, 혹은 유대주의에서의 스피노자 철학』에서 스피노자와 카발라를 공격하기 시작했다. 후에 그는 『유대인들의 은밀한 철학에 관하여』에서 스피노자와 카발라가 신과 세계를 융합한 점을 옹호했다. 1854년에 푸셰 드 카레유(Foucher de Careil)가 출간한 『스피노자에 관한 간행되지 않은 논박』에서 라이프니츠는 이 두 번째 책에 관해 논한다.

99) 발렌틴 바이겔(Valentin Weigel, 1533~1588)은 신비주의적 저자이며 1618년에 출간된 그의 작품들은 큰 영향력을 발휘했다.

100) 요한 안겔루스 질레시우스(Johann-Angelus Silesius, 1624~1677)로 일컬어지는 요한 세플러(Johan Scheffler)는 유명한 신비주의 시인이다. 그의 시 모음집 『영혼들의 성스러운 기쁨』은 1702년에 베를린에서 재출간되었다.

하여 이미 글을 썼다.[101] 로이스브로크는 의도도 좋아 보였고 그의 표현도 변명의 여지가 있을 만했다. 그러나 변명할 필요가 없을 만한 방식으로 쓰는 편이 낫다. 비록 나 또한 과도한 표현, 말하자면 시적인 표현이 엄밀하게 언술된 것보다 감동과 설득에 종종 더 큰 힘을 발휘한다는 점을 인정함에도 말이다.

10. 우리 인간에게 고유하게 속한 것의 무화(無化)는 정적주의자들[102]이 강력히 주장한 것인데, 이는 어떤 이들에게는 불경의 은폐가 될 수도 있다. 중국의 위대한 교파의 창시자인 붓다[103]의 정적주의에 대해 전해지는 것처럼 말이다. 붓다는 40년 동안 자신의 종교를 설파한 후에 죽음이 다가옴을 느끼고서, 제자들에게 비유를 통해 진리를 감춰왔으며 모든 것은 자신이 만물의 제일 원리라고 말한 무(無)로 환원된다고 선언했다고 한다. 이는 아베로에스주의자들의 견해보다도 더 나쁜 것 같다. 두 학설은 모두 지지할 수 없는 것이며 심지어 엉뚱하기까지 하다. 그럼에도 몇몇 현대인들은 다른 영혼들을 집어삼키는 보편적이고 유일한 영혼을 일말의 어려움

‥‥

101) 제르송(Jean Gerson, 1363~1429)은 파리대학의 대학구장이자 신학자다. 플랑드르의 신비주의 시인 로이스브로크(Ruysbroeck, 1294~1381)와 특히 그의 저서 중 하나인 『정신적 혼인의 장식』에 반대하는 제르송의 비판은 1706년에 안트베르펜에서 출간된 그의 작품집 제1권에 실려 있다. 59, 80쪽.
102) 17세기 말에 기용 부인과 페늘롱 같은 인물들 주위에서 야기되었던 유명한 논쟁인 정적주의는 관조와 순수한 사랑을 위해 도덕적 노력을 제거하고자 했다. 푀(Foe) 혹은 포(Fo)는 붓다의 중국식 이름이다.
103) (옮긴이) 라이프니츠는 붓다를 중국 교파의 창시자로 보고 있다. 이러한 오해에도 불구하고 라이프니츠는 당시 서양 철학자로서는 드물게 동양 사상에 심도 있게 접근하고 있었다. 중국 철학에 대한 라이프니츠의 평가에 관해서는 『라이프니츠가 만난 중국』(라이프니츠 지음, 이동희 편역, 이학사, 2003) 참조.

없이 받아들였다. 이 이론은 이른바 뛰어난 정신들로부터 거리낌 없이 갈채를 받았다. 학식 있는 군인으로서 철학 공부를 한 프레삭[104] 공은 과거에 이 같은 이론을 강연에서 공개적으로 늘어놓았다. **예정 조화**[105] 체계는 이러한 해악을 가장 잘 치유할 수 있다. 예정 조화 체계는 연장[106]이 없는 단순 실체가 모든 자연에 걸쳐 필연적으로 퍼져 있음을 보여주기 때문이다. 그리고 예정 조화 체계는 항상 이 실체가 신 이외의 모든 것과 독립적으로 존속해야 하며 모든 유기체적 육체와 결코 분리되지 않는다는 점을 보여주기 때문이다. 느낄 수는 있으나 이성의 능력은 없는 영혼들이 사멸한다거나, 이성적인 영혼들만이 느낌을 가질 수 있다고 주장하는 이들은 영혼 일원론자들에게 큰 빌미를 주게 된다. 짐승들이 아무것도 느끼지 못한다고 사람들을 설득시키는 것은 항상 어려울 것이기 때문이다. 느낄 수 있는 능력을 지닌 존재가 사멸할 수 있다는 점을 일단 인정하게 되면 인간 영혼의 불멸성을 이성적으로 확립하기가 어렵다.

11. 내가 이처럼 본론에서 조금 벗어나는 이야기를 한 까닭은 사람들이 거리낌 없이 자연 종교의 근본까지 전복할 정도의 성향을 가지고 있는 때에 이런 이야기를 하는 것이 시기적절하다고 판단했기 때문이다.[107] 나는 아베로에스주의자들을 다시 살펴보고자 한다. 그들은 자신들의 이론이 이성을 통해 증명되었다고 믿기 때문에 인간의 영혼이 불멸한다고 선언하는

⁚

104) 프레삭(Du Praissac)은 『군사 강론』, 『서신들』, 『자유로운 강론』(1618)의 저자다.
105) (옮긴이) 라이프니츠는 여러 곳에서 자신을 "예정 조화 체계의 저자"라고 명명한다.
106) (옮긴이) 데카르트적인 순수 물질로서의 연장(res extensa)을 말한다.
107) (옮긴이) 앞에서 자연 종교의 특성에 대해 여러 번 언급했듯이, 여기서도 라이프니츠는 영혼의 불멸성을 "자연 종교의 근본" 중 하나라고 명시하고 있다.

기독교 신학을 따르기를 거부하는 반면, 철학에 따르면 인간의 영혼은 사멸한다고 주장하는 것이다. 그러나 이 구분은 의심스러운 것으로 간주되었으며 신앙과 이성의 이러한 분리는 당대 고위 성직자와 박사들에게 분명하게 배척받았고, 신학과 철학을 모두 위태롭게 할 수 있는 난점을 제거하기 위해 학자들이 분발하여 노력했던 레옹 10세 주관하의 마지막 라테란공의회에서 정죄되었다.[108] 그럼에도 신학과 철학의 양립 불가능성 이론은 암암리에 인정받았다. 폼포나치[109]는 자신에 대해 다르게 설명했음에도 불구하고 이 이론으로 혐의를 받았다. 아베로에스주의자들의 학파 자체는 전통으로 이어졌다. 체사레 크레모니니[110]는 자신의 시대에 유명한 철학자였으며 아베로에스주의자의 대들보 중 하나였다. (재능 있는 저자로서 미카엘 세르베투스 이후 혈액 순환 연구에서 가장 멀리 진전한) 의사인 안드레아 체살피노는 니콜라 토렐[111]에 의해 (『깨진 알프스(*Alpes caesae*)』에서) 종교와 대립하는 소요학파 철학자에 속한다고 비난받았다. 또한 프랑스 출신이지만 이탈리아로 이주하여 피사에서 철학을 가르쳤던 클로드 베리가르의 『피사

∴

108) 다섯 번째 라테란공의회(1512~1517)에서 파두아의 아베로에스주의와 이중진리론을 정죄했다.

109) 폼포나치(Pomponazzi, 1462~1525)는 이탈리아의 철학자로서 『영혼 불멸론』(1516)의 저자이며, 이 저작에서 이성은 영혼 불멸성의 교리를 입증할 수 없다고 주장했다.

110) 체사레 크레모니니(Cesare Cremonini, 1550~1631)는 철학자이자 의사로서 파두아학파의 마지막 대표자 중 한 명이다.

111) 안드레아 체살피노(Andrea Cesalpino, 1519~1603)는 대범하고 선구적인 정신을 가진 이탈리아의 물리학자, 의사, 식물학자다. — 미카엘 세르베투스(Michael Servetus, 1509~1553)는 신학자이며, 특히 칼뱅의 도시 제네바에서 사형선고를 받은 것으로 유명하다. 유능한 의사이기도 했으며, 혈액 순환에 대한 개념을 인식한 최초의 인물 중 하나였다. — 토렐(Taurel, 1547~1606)이라 불리는 니콜라 왹슬렝(Nicolas Oechslein)은 철학자, 신학자, 의사다. Alpes Caesae("깨진 알프스")라는 제목은 체살피노(Cesalpino)의 이름에 대한 언어유희다.

의 주기』에서도[112] 신학과 철학의 양립 불가능성 이론의 흔적이 발견된다. 그러나 특히 가브리엘 노데[113]의 글과 편지 및 『노데아나』는 이 학식 있는 의사가 이탈리아에 있을 때에도 아베로에스주의가 존속했음을 보여준다. 얼마 후에 도입된 입자철학(粒子哲學)은 지나치게 소요학파적인 아베로에스 학파를 종식시켰거나 아마도 그것과 뒤섞인 것 같았다. 추측이 맞다면, 아베로에스주의자들처럼 독단적 경향을 지닌 원자론자들이 있을 수 있다. 그러나 이러한 남용이 입자철학이 가진 장점을 손상시킬 수는 없다. 입자철학은 플라톤과 아리스토텔레스 철학이 지닌 견고한 점과 아주 잘 조합될 수 있으며 플라톤과 아리스토텔레스를 참된 신학과 일치시킬 수 있다.

12. 내가 이미 지적했던 것처럼 종교개혁자들, 특히 루터는 때때로 철학을 거부하거나 신앙의 적으로 판단하는 듯이 말했다. 하지만 루터를 잘 파악하면 단지 그는 철학을 자연의 일반적 흐름에 부합하는 것으로 이해했거나 더 나아가 스콜라학파에서 가르치는 것으로 이해했음을 알 수 있다. 루터는 철학에서, 즉 자연 질서에서는 말씀이 살이 된다는 것이 불가능하다고 말하며 물리학에서 참된 것이 도덕에서는 거짓일 수 있다고까지 주장하니 말이다. 아리스토텔레스는 루터를 분노하게 한 대상이었고 아마도

∴

112) 베리가르(Berigard)로 불리는 클로드 기예르메 드 보르가르(Claude Guillermet de Beauregard(1578/1591~1664)는 프랑스의 철학자이자 과학자로서 피사와 파두아의 교수였다. 그의 『피사의 주기[원]』(Circulus Pisanus)』는 아리스토텔레스의 물리학 관련 논문 전체에 관한 주해로서 1643년 우디나에서 출간되었다.

113) 가브리엘 노데(Gabriel Naudé, 1600~1653)는 프랑스 출신으로 이탈리아 파두아에서 의학을 연구했다. 프랑스 재상인 리슐리외(Richelieu)와 마자랭(Mazari)의 문고 관리자로서 유명해지기 전에 의학 공부를 했고 1626년 파두아대학에서 공부를 마쳤다. 그의 『서신들』은 1667년에 출간되었다. 『노데아나와 파티니아나(Naudaeana et Patiniana)』 혹은 『노데와 파탱의 대화에서 발췌한 주목할 만한 특이성』은 1701년에 출간되었다.

아직 교회 개혁을 생각하지 않았을 1516년부터 루터에게는 철학을 정화할 의도가 있었다. 결국 루터는 온건해졌고 아우크스부르크 교파의 호교론에서 아리스토텔레스와 그의 도덕에 대해 우호적으로 말하는 것을 견뎌냈다. 굳건하고 절제된 정신의 소유자인 멜란히톤[114]은 계시의 진리에도 알맞고 세속 생활에도 유용한 작은 철학 체계를 만들어냈으며 이것들은 지금도 아직 읽을 만한 가치가 있다. 멜란히톤 이후에는 피에르 드 라메[115]가 가담했다. 그의 철학은 크게 유행했다. 입자철학이 되살아나 라무스의 철학을 잊게 하고 소요학파에 대한 신뢰를 약화시킬 때까지 독일에서 라무스주의자들의 학파는 강력했으며 그뿐 아니라 신학에도 관련되었다.

13. 그러나 여러 개신교 신학자들은 반대 진영에서 지배적이었던 스콜라 학파의 철학을 되도록 최대한으로 멀리함으로써 자신들에게 혐의가 있었던 철학 자체를 무시하기까지 했다. 결국 다니엘 호프만의 흥분과 함께 헬름슈테트에서 논쟁이 불거졌다. 다니엘 호프만은 뛰어난 신학자이기도 했으며 이전에 크베들린부르크 회의에서 명성을 획득한 인물이다. 크베들린부르크 회의에서 율리우스 브라운슈바이크 공(公)은 화합 문서의 수용을 거부했고 틸레만 헤슈시우스와 호프만은 그의 편에 있었다.[116] 나는 왜 호프만

∴

114) 멜란히톤(Melanchthon)이라 불리는 필리프 슈바르체르트(Philipp Schwartzerdt, 1497~1560)는 루터의 동반자이자 아우크스부르크 종파의 신학자인 동시에 유능한 인문주의자였다. 라이프니츠가 생각하는 저작은 1538년에 리옹에서 출간된 멜란히톤의 『도덕철학 개요』와 물리학, 변증법, 수사학에 대한 같은 종류의 저작이다.

115) 라무스(Ramus)로 불리는 피에르 드 라메(Pierre de Ramée, 1515~1572)는 프랑스의 논리학자이자 반아리스토텔레스주의자로서 개신교로 개종했다. 독일을 여행했고 거기서 큰 성공을 거둔 후에(1568) 성 바르톨로메오[바르톨로매] 사건으로 죽었다.

116) 다니엘 호프만(Daniel Hofman, 1538~1621)은 루터파 신학자이며 멜란히톤의 제자다. 호프만이 벌였던 논쟁에 대해서는 『신 인간 오성론』, 제4부, 17장, 23절 참조. — 헤슈시우스

박사가 철학자들이 철학을 남용하는 것을 비난하는 데에 그치지 않고 철학 자체에 반대해 분노했는지 모르겠다. 그러나 그의 머릿속에 있던 인물은 당시에 군주 및 학자들에게서 높이 평가받은 유명인 장 카셀리우스[117]였다. 그리고 브라운슈바이크의 하인리히 율리우스(대학의 창립자인 율리우스의 아들) 공이 직접 문제를 검토하고서 호프만을 정죄했다. 그 이후에도 몇몇 유사한 작은 논쟁이 있었으나 항상 오해 때문이라는 것이 밝혀졌다. 스콜라 철학과 유대 문학에 심취했음을 보여주는 파울 슬레포크트[118]의 논문들이 아직 남아 있는데, 그는 튀링겐 예나의 저명한 교수로서『감시의 연속』이라는 제목으로『신학자와 철학자 각각의 원리에 입각한 분쟁』이라는 작은 책을 젊은 시절에 출간했으며, 이 책의 주제는 신이 우유적(偶有的)으로 죄의 원인인지에 관한 것이었다. 그러나 그의 목적은 신학자들이 철학적 용어를 때때로 남용한다는 점을 제시하려는 것이었음이 알려졌다.

14. 현재 내가 살고 있는 시대에 일어난 일을 말하자면, 1666년 암스테르담의 의사인 루이스 메이어르[119]가『성경의 해석가로서의 철학』(여러 사람

..

(Hesshusius)라 불리는 틸레만 헤슈스(Tileman Hesshus, 1527~1588)는 교론가이자 루터파 신학자다. 화합 문서는 다양한 루터주의 성향의 통일 헌장이며, 이 헌장은 1580년 드레스덴에서 출간되었다.

117) 카셀리우스(Caselius)라 불리는 장 셰셀(Jean Chessel, 1533~1613)은 인문주의자, 학자, 서한문 작가다.

118) 파울 슬레포크트(Paul Slevogt, 1596~1655)는 인문주의자이며 아리스토텔레스주의 철학자다. 라이프니츠가 말하는 논문은 슬레포그트의『학구적 논쟁들』이다.

119) 루이스 메이어르(Louis Meyer)는 스피노자의 제자, 서신 교환자, 친구로서 스피노자의『유고집』을 편집했다. 메이어르 자신의 저작『성경의 해석가로서의 철학』(1666)은 다음과 같은 부제를 가지고 있다. '진정한 철학은 성서들의 해석에 대한 확실한 기준이라는 것이 명백하게 증명되고, 이러한 철학과 대립되는 견해가 설명되고 논박된 역설적 논문.'

들은 부적절하게도 이것을 그의 친구인 스피노자의 저작으로 생각했다)을 익명으로 출간했을 때 네덜란드의 신학자들이 동요하여 이 책에 반대하는 글을 썼고 그들 간에 큰 논쟁이 생긴 것을 나는 기억한다. 여러 사람들은 이 익명의 철학자를 논박하면서 데카르트주의자들이 지나치게 철학을 신봉한다고 판단했다. 장 드 라바디[120]는 (그가 판단컨대 용납할 수 없는 몇몇 남용이 공적인 생활에 스며들었다고 말하면서 개혁파 교회와 결별하기 전에) 볼초겐[121]의 책을 공격했고 이 책을 유해한 것으로 간주했다. 다른 쪽에서 바겔상과 반 데르 바이언 및 다른 몇몇 반(反)콕세이우스주의자[122] 역시 이 책을 매우 신랄하게 공격했다. 그러나 고발당한 볼초겐이 종교회의에서 승소했다. 그 이후로 네덜란드에서는 **이성적 신학자**와 **비이성적 신학자**라고 진영을 구분 지어 말하게 되었다. 벨은 이에 대해 자주 언급했으며 결국 이성적 신학자들에게 반대한다고 선언했다. 그러나 성서의 설명과 관련된 이성의 사용에 대해 양쪽이 모두 동의하거나 동의하지 않는 정확한 규칙이 주어진 것 같지는 않다.

••

120) 장 드 라바디(Jean de Labadie, 1610~1674)는 예수회 회원이었다가 목사가 되었으며 그 후에는 한 신비교파를 창시했다. 네덜란드 개혁파들과의 갈등 때문에 볼초겐(다음 주 참조)의 이성주의를 고발하게 되었다.

121) 볼초겐(Wolzogen, 1632~1690)은 자신의 『역설적 논문의 저자에 반대하는 성서 해석가』에서 루이스 메이어르(주 119 참조)의 저작을 반박했다. 볼초겐의 저작은 1668년 위트레흐트에서 출간되었으며, 그 자신의 정통 신앙을 의심케 하는 책이었다. 그는 라바디에게도 반박했다(『정통 신앙』, 1668년).

122) 바겔상(Vagelsang, 1679년 사망), 반 데르 바이언(Van der Weyen, 1676~1716)은 개혁파 신학자들이다. 콕세이우스주의자는 콕세이우스(Cocceius)라 불리는 요하네스 코흐(Johannes Koch, 1603~1669)의 추종자들을 말한다. 콕세이우스는 네덜란드의 신학자로서 이성론적이고 반예정론적 성향을 띠었으며, 신과 인간 사이에 맺어진 연합에 대한 이론인 '연맹' 체계의 창안자다.

15. 유사한 논쟁이 얼마 전부터 또다시 아우크스부르크 종파의 교회들을 동요시켰다. 라이프치히대학의 몇몇 문학 교수들이 자신의 집에서 학생들에게 개별적으로 강의를 했는데, 학생들이 배우던 것은 **신성한 문헌학**이었다. 라이프치히대학 및 다른 몇몇 대학에서 이러한 종류의 연구는 신학과에 한정되지 않았으며, 이 대학들의 관례에 따라 **신성한 문헌학**이라고 불렸다. 내가 말하건대, 이 교수들은 성서의 연구와 경건의 실천을 자신들의 동료들이 해왔던 것보다 더 강하게 밀어붙였다. 그리고 사람들의 주장에 따르면, 그들은 어떤 부분에서는 도가 지나쳤고 교리와 관련해서는 어떤 새로운 점 때문에 의심을 받았다. 이러한 일로 그들은 새로운 종파처럼 **경건주의자**[123)]라는 명칭으로 불리게 되었다. 이 명칭은 그 이후로 독일을 매우 소란스럽게 했다. 사람들은 어떤 이들을 광신자 또는 개혁의 허울 아래 감춰진 위선자로 의심하거나 의심하는 척했는데, 바로 이들에게 경건주의자라는 명칭이 적용되었다. 그런데 이 교수들의 강의를 들은 몇몇 학생은 충격적인 것으로 비춰진 태도로 인해, 그리고 전해진 바에 의하면, 특히 강의노트를 불태우는 등의 철학에 대한 멸시 행위로 인해 지나치게 두드러졌기 때문에 사람들은 그 교수들이 철학을 배척했다고 믿었던 것이다. 그러나 그들은 매우 적절하게 자신들의 정당성을 증명했으며, 그들로 하여금 철학을 배척하는 오류를 저질렀다고 인정하게 할 수도 없었고 사람들이 그들에게 전가했던 이단설도 인정하게 할 수 없었다.

16. 신학에서 철학을 사용하는 것에 관한 문제는 기독교인 사이에서 크

∙∙

123) 경건주의 운동은 라이프니츠가 그 초기에 참여했던 것으로서, 18세기 전반에 걸쳐 독일의 루터주의에 영향을 발휘했다. 주 261 참조.

게 불거졌고, 세부 사항을 다룰 때 철학의 사용 경계가 어디인지를 정하는 데 어려움이 있었다. 삼위일체, 육화, 성찬식의 신비는 가장 큰 논쟁 대상이었다. 첫 번째 두 신비인 삼위일체와 육화에 반대하는 새로운 포티니주의자들은 아우크스부르크 교파의 신학자 안드레아스 케슬러[124]가 소치니 철학의 여러 부분에 관해 출간한 많은 논문에서 그 개요를 제시한 몇몇 철학 준칙을 사용했다. 그들의 형이상학은 소치니주의자인 크리스토프 스테그만[125]의 형이상학을 읽으면 더욱 제대로 알 수 있을 것이다. 그의 형이상학은 아직 인쇄되지 않았으나, 내가 젊은 시절에 본 것으로 얼마 전에 다시 내게 전해졌다.

17. 스콜라철학에 심취한 저술가인 칼로비우스와 스케르체루스,[126] 그리고 뛰어난 여러 신학자들은 통상적으로 소치니주의자들을 비난하기 위해 사용되던 다소 무미건조한 일반적 반박에 만족하지 않고 폭넓게 반박함으로써 자주 성공을 거두었다. 이 반박이 말하고자 하는 것은 소치니주의자들의 준칙은 신학에서는 좋지 않지만 철학에서는 좋다는 것, 이성을 넘어서는 것을 다룰 때 그 준칙을 사용하는 것은 한 장르에서 다른 장르로의

∶∶

124) "새로운 포티니주의자들"은 소치니주의자들(주 24 참조)이다. 소치니주의자들이 쇄신한 4세기의 이단의 이름을 따라 그렇게 불렸다. 소치니주의자들은 4세기의 이단자였던 포티누스(Photinus)를 추종했기 때문에 "새로운 포티니주의자들"이라고 불렸다. ― 안드레아스 케슬러(Andreas Kesseler, 1595~1643)는 소치니주의적인 물리학, 형이상학, 논리학에 대한 『검토』를 썼다.

125) 크리스토프 스테그만(Christophe Stegmann)은 출간되지 않은 『정제된 형이상학』(1635)의 저자다.

126) 아브라함 칼로비우스(Abraham Calovius, 1612~1685)는 루터파 신학자로서 반소치니주의 교론가다. 요한 아담 스케르체루스(Johann Adam Schertzer, 1628~1683)는 신학자 · 교론가이며 『반소치니주의 연합』의 저자다.

이행이라고 불리는 이질성의 결함이라는 것, 스코틀랜드인 로베르트 바로 니우스[127]의 책 제목『신학의 시녀로서의 철학』에 따라 철학은 신학과 관련 해볼 때 주인이 아니라 시녀로서 간주되어야 한다는 것, 마지막으로 사라 에게 하갈이 복종하지 않을 때는 그의 아들 이스마엘과 함께 하갈을 쫓아 내야 한다는 것이다.[128] 이러한 반박에는 분명 맞는 점이 있다. 그러나 그 같은 반박이 남용되어 자연적 진리와 계시된 진리가 근거 없이 위태로워질 수 있기 때문에,[129] 학자들은 자연적인 혹은 철학적인 진리에서 필연적이 고 필수 불가결한 것을 그렇지 않은 것과 구분하려고 노력했다.

18. 개신교의 두 진영은 소치니주의자들과 싸울 경우에는 충분히 서로 동의하고 있다. 이 광신적 신봉자들의 철학은 정확한 철학 가운데 속하는 것이 아니기 때문에, 대부분의 경우 이 철학을 완전히 무너뜨리는 데 성공 했다. 그러나 같은 개신교도들은 개혁파(즉 칼뱅보다는 츠빙글리[130]를 따르는 이들)라고 불리는 그들 중 일부가 한 물체는 동시에 한곳에만 있을 수 있다 는 철학자들의 준칙을 사용하여 성찬식에서 예수 그리스도 육체의 분유(分有)를 단순히 형체의 표상으로 환원시키려 했을 때, 성찬식의 영성체에 관

∴

127) 로베르트 바로니우스(Robert Baronius, 1593~1639)는 애버딘의 신학 교수다. 그의『신학 의 시녀로서의 철학』은 1621년에 출간되었다.
128) 「창세기」 16:1 참조.
129) (옮긴이) 라이프니츠는 이 구문에서 "…… commettre mal à propos ……"라고 쓰고 있는 데, 의미가 다소 부자연스럽다. 영역인 허거드(E.M. Huggard)는 "set …… at variance" 로 옮겼는데, "자연적 진리와 계시된 진리가 근거 없이 상충하게 된다" 정도로 번역할 수 있어서 의미가 상당히 자연스러워진다. 앞에서 언급한 것처럼, 라이프니츠에게 자연 종교 (자연적 진리)와 계시 종교(계시된 진리)의 관계를 정립하는 것이 이「신앙과 이성의 조화에 관한 서설」의 핵심적 작업이다.
130) 츠빙글리(Zwingli, 1484~1531)는 스위스의 종교 개혁자다.

한 문제로 서로 다투게 되었다. 이들과 달리 **복음주의자들**(이들은 개혁파와의 구분을 위해 이렇게 특별한 의미로 불렸다)은 문자 그대로의 의미에 보다 충실하여, 루터와 마찬가지로 그리스도 육체의 분유가 실재적이며 여기에는 초자연적 신비가 있다고 생각했다. 개혁파들은 성체변화[131]의 교리가 텍스트 상으로 제대로 확립되지 않았다고 믿고 진정으로 이를 거부했으며, 빵과 성체의 공체론(共體論)이나 일체론도 인정하지 않았다. 이 개혁파들은 예수 그리스도의 육체가 빵으로 들어간다는 점을 받아들이지 않고 심지어 양자의 아무런 결합도 요청하지 않기 때문에, 그들의 견해를 제대로 안다면 결코 공체론이나 일체론을 그들에게 전가할 수 없다. 하지만 그들은 적어도 그리스도의 육체와 빵이라는 두 실체가 동시에 모두 수용되도록 하는 동시성은 요청한다. 그들은 예수가 자신의 마지막 의지를 표현했던, 그토록 중요한 순간에 한 말의 통상적 의미는 보존해야 한다고 생각한다. 그 말의 의미를 퇴색시킬 수 있는 불합리성을 제거하기 위해, 그들은 물체들의 현존과 분유를 한 장소에 한정하는 철학적 준칙은 자연의 통상적 진행 과정의 귀결일 뿐이라고 주장한다. 그렇다고 해서 그들이 구세주 육체의 통상적 현전, 즉 가장 영광스러운 육체에 적합할 수 있는 그 현전을 파괴하는 것은 아니다. 그들은 그리스도의 육체를 분산시키고 어디서도 찾을 수 없게 하는, 도무지 무엇인지 모를 편재성의 유포에 의거하지도 않으며, 마치 동일한 한 육체가 여기서는 앉아 있고 동시에 다른 곳에서 서 있는 듯이

⁙

131) 성체변화(transsubstantiation)는 빵의 모든 실체가 그리스도 육체의 실체로 변환되는 것을 말한다. 이러한 변환은 빵의 외관만을 존속케 한다. 빵과 성체의 공체론(consubstantiation)이나 일체론(impanation)은 그리스도 육체의 실재적이고 실체적인 현전과 역시 실체적인 빵의 영속성의 결합을 말한다. 더 아래에서 말하는 (루터가 제안했지만 루터주의 전체가 받아들이지는 않은) 편재론은 인간 본성이 그리스도 안에서 신의 본성과 불가분하게 결합되어 있기 때문에, 신성처럼 모든 곳에서 발견된다는 이론이다.

몇몇 스콜라 학자들이 말하는 되풀이되는 복제도 인정하지 않는다. 마지막으로 그들의 설명에 따르면, 많은 사람들은 칼뱅의 학설을 수용한 여러 교회 종파들에 의해 권위가 인정된 칼뱅의 견해는 아우크스부르크 종파와 생각만큼 그렇게 거리가 있는 것이 아니라고 본다. 칼뱅은 실체의 분유를 확립하기 때문이다. 아마도 차이는 단지 칼뱅이 이 분유를 위해서 구두로 상징들을 수용하는 것 외에 참된 신앙을 요청하며, 결과적으로 부당한 것을 배제한다는 데 있을 뿐이다.

19. 이로부터 우리는 실재적이고 실체적인 분유의 교리는 (몇몇 스콜라 학자들의 이상한 견해에 의거하지 않고도) 제대로 이해된 **즉각적 작용과 현전**의 유비를 통해 옹호할 수 있음을 알 수 있다. 여러 철학자들이 자연 질서에서도 한 물체가 멀리 떨어져 있는 여러 물체에 즉각적으로 동시에 작용할 수 있다고 판단했던바, 즉각적 작용과 현전 사이는 거리가 멀지 않고 아마도 서로 의존하므로, 그들은 한 물체가 다른 여러 물체들 전체에 현전하도록 하는 신의 전능을 막을 수 있는 것은 아무것도 없다고 더욱 강한 근거를 가지고 믿는 것이다. 얼마 전부터 현대 철학자들은 떨어져 있는 물체에 대한 다른 물체의 즉각적인 자연적 작용을 부정한 것이 사실이며, 나도 이들의 견해에 동조한다는 점을 인정한다. 그러나 탁월한 뉴턴에 의해 원거리 작용이 최근 영국에서 다시 인정받았다. 뉴턴의 주장에 따르면, 각 물체의 질량과 각각이 받는 인력의 거리 비율에 따라 서로 끌어당기고 서로 힘을 가하는 것은 물체의 본성이다. 이에 대해 유명한 로크는 현대인들의 견해에 따라 『인간 오성론』에서 자신이 말한 것, 즉 한 물체는 다른 물체와 오로지 표면을 접촉하거나 운동으로 밀 때만 작용을 가할 수 있다는 것을 뉴턴의 책을 읽고 나서는 철회한다고 스틸링플리트 주교에게 답하면서 단

언했다.[132] 신은 물질이 멀리서도 작용할 수 있게 하는 특성을 물질에 넣을 수 있다고 로크는 인정한다. 그리하여 아우크스부르크 종파의 신학자들은 한 물체가 서로 떨어져 있는 여러 물체에 즉각적으로 작용할 뿐 아니라, 한 물체가 다른 물체들 곁에 존재하며, 장소의 간격이나 공간의 차원이 의미가 없는 방식으로 받아들여지는 것도 신에게 달려 있다고 주장한다. 비록 이러한 현상이 자연의 힘을 넘어서는 일이기는 해도, 그들은 결코 그것이 자연을 창조한 조물주의 능력을 넘어선다는 것을 보여줄 수 있다고 생각하지 않는다. 자연을 창조한 조물주에게는 쇠가 물위를 떠다니게 하고 인간의 육체에 대한 쇠의 작용을 중지시킬 수 있는 것과 같은 방식으로, 자신이 부여한 법칙을 폐기하거나 자신의 마음대로 면제하는 것은 쉬운 일이라는 것이다.

20. 제네바에서 강의를 한 후에 프라네커르[133]에서 교수 생활을 하다 타계한 니콜라우스 베델리우스의 『이성적 신학에 관하여』를 예나 최초의 신학자가 된 요아네스 무새우스[134]의 논박과 비교 대조 하면서, 나는 이들이 이성의 사용에 관한 원칙적인 규칙에 대해서는 충분히 공감하고 있지만 그 규칙의 적용에서는 일치하지 않는다는 것을 알았다. 이들은 계시가 철

∴

132) 로크와 스틸링플리트 주교의 논쟁에 관해서는 『신 인간 오성론』의 머리말(Garnier-Flammarion, 44쪽)을 볼 것.

133) (옮긴이) 프라네커르(Franeker)는 네덜란드의 도시다.

134) 니콜라우스 베델리우스(Nicolaus Vedelius, 1596~1642)는 1628년 '신학적 논쟁에서 이성의 원리의 필연성과 참된 사용에 관하여'라는 부제로 『이성적 신학에 관하여』를 출간했다. — 요아네스 무새우스(Joannes Musaeus, 1613~1681)는 『니콜라우스 베델리우스의 「이성적 신학에 관하여」에 반대하는, 신학적 논쟁에서 이성과 철학의 원리의 사용에 관하여』라는 저작에서 베델리우스를 반박했다. 논쟁의 보다 세부적인 요약에 대해서는 『신 인간 오성론』, 제4부, 18장 참조.

학자들이 **논리적** 혹은 **형이상학적**이라고 부르는 필연성, 즉 그 반대가 모순을 함축하는 필연성의 진리와 대립할 수 없다는 데 동의하기 때문이다. 또한 그들 모두 계시가 오로지 신의 의지에 의해 자연에 부과된 법칙에 근거한, **물리적인 것**이라 불리는 필연성의 준칙을 무너뜨릴 수 있다고 인정한다. 따라서 하나의 동일한 물체가 여러 장소에 현전할 수 있는지의 문제는 규칙의 적용과 관계될 뿐이다. 이 문제를 이성적인 증명을 통해 해결하려면 물체의 본질이 무엇인지 정확히 설명을 해야 할 것이다. 개혁파들 간에도 이 점에 대해서 서로 일치하지 않는다. 데카르트주의자들은 물체의 본질을 연장으로 환원시킨다. 그러나 그들의 적대자들은 이에 반대한다. 나는 위트레흐트의 저명한 신학자인 기스베르투스 부티우스[135]가 장소의 복수성이 불가능하다는 주장을 의심한 것도 본 듯하다.

21. 또한 개신교의 두 진영은 비록 내가 방금 지적한 두 필연성, 즉 형이상학적 필연성과 물리적 필연성을 구분해야 하며 첫 번째 필연성은 신비에 있어서도 필수 불가결한 것이라는 데 동의하지만, 자의(字義, lettre)가 필수 불가결한 진리와 대립되는지 확신하지 못할 때 어떤 경우에 자의를 포기해야 하는지 결정하는 데 필요한 해석 규칙에 관해서는 아직 충분히 동의하지 못하고 있다. 왜냐하면 자의적인 해석이 그다지 적절하지 않을 때, 그 해석이 절대적으로 불가능한 것이 아니어도 배척해야 할 경우가 있음은 모두 인정하기 때문이다. 예를 들어 모든 해석가들은 우리의 구세주가 헤롯이 여우라고 말할 때[136] 그가 은유적으로 말했다는 점에 동의한다. 몇몇 광

∶∶

---

135) 부티우스(Gisbertus Voetius, 1596~1676)는 위트레흐트대학의 총장이며 신학자, 교론가다. 데카르트와 벌인 논쟁으로 유명하다.
136) 「누가복음」 13:32 참조.

신자들처럼 구세주의 말이 지속되는 동안 헤롯이 실제로 여우로 변했다고 상상하지 않는 한, 그렇게 받아들여야 한다. 그러나 신비와 관련하여 아우크스부르크 종파의 신학자들이 자의(字義)적 의미를 존중해야 한다고 판단하는 근본적 텍스트들의 경우는 다르다. 이러한 논의는 해석의 기술에 속하지, 엄밀한 의미의 논리학에 속하는 것이 아니다. 이 같은 논의는 신앙과 이성의 조화에 관해 얼마 전부터 진행된 논쟁과 아무런 공통점이 없는 만큼, 나는 여기서 다루지 않을 것이다.

22. 내가 생각하기로 (광신도를 제외하고는) 모든 진영의 신학자들은 적어도 어떠한 신조(信條)도 모순을 함축할 수 없고, 수학처럼 그 결론의 반대가 **부조리**, 즉 모순으로 환원될 수 있는 정확한 증명과 대립될 수 없다는 것에는 동의한다. 신이 수동성 없이 수동적이 되었다고 주장한 당시 몇몇 저술가의 횡설수설을 성 아타나시아[137]가 조롱한 것은 일리가 있다. 신은 수동성 없이 수동적이 되었다 하니, 세우는 동시에 무너뜨리는 우스꽝스러운 이론이여! 이로부터 몇몇 저술가들은 삼위일체가 세 번째 것과 동일한 두 사물은 역시 서로 동일하다는 대원리에 반대된다고 너무도 쉽게 인정했다. 즉 A가 B와 같고 C와 B가 같다면 A와 C 역시 같아야 한다는 것이다. 이 원리는 모순율의 즉각적 귀결이며 모든 논리의 근본이기 때문이다. 이 원리가 작동을 멈추면 확실하게 추론할 방법이 없다. 그리하여 성부도 신이고 성자도 신이고 성령도 신이며, 세 존재가 서로 다르다고 할지라도 하나의 신만이 존재한다고 말할 때, 신이라는 단어는 이 문장

∴∵

137) 성 아타나시아(Athanasia, 295~373)는 알렉산드리아의 대주교로서 아리우스파의 이단의 적대자다.

의 처음과 끝에서 그 의미가 같지 않다고 판단해야 한다. 실제로 신이라는 단어는 때로는 신적인 실체를 의미하고, 때로는 신성의 인격을 의미한다. 일반적으로 말하자면, 이러한 문제 때문에 종교의 적대자들이 종교와 신비를 모두 비난할 권리를 갖게 될 것이 두려워서, 신비를 옹호하기 위해서 필연적이고 영원한 진리를 포기하는 일은 없도록 절대 유의해야 한다.[138]

23. 이성을 넘어서는 것과 이성과 대립되는 것의 일반적인 구분은 앞에서 말한 두 종류의 필연성 구분과 꽤 일치한다. 이성과 대립되는 것은 절대적으로 확실하고 필수 불가결한 진리와 대립되는 것이고, 이성을 넘어서는 것은 단지 우리가 습관적으로 경험하고 이해하는 것과 대립되기 때문이다. 그래서 나는 이런 구분을 공격하는 학식 있는 사람들이 있다는 것, 그리고 벨이 그들에 속한다는 것이 놀랍다. 이 구분은 매우 확고한 근거가 있음이 분명하다. 한 진리는 우리의 정신, 혹은 모든 창조된 정신으로 이해할 수 없을 경우 이성을 넘어서는 것이다. 나의 견해로는 성스러운 삼위일체가 그러하며, 창조와 같이 신에게만 속한 기적들이 그러하다. 또한 보편적 조화 및 무한히 많은 사물에 대한 동시적이고 판명한 인식에 의거한 우주 질서의 선택이 그러하다. 그러나 진리는 결코 이성과 대립될 수 없다. 이성에 의해 공격받고 논박당한 교리는 불가해하기는커녕, 그것의 부

⋮

138) (옮긴이) 라이프니츠는 신앙의 진리와 이성의 진리가 대립될 수 없다는 점을 끊임없이 명시하고 있다. 신앙의 진리는 그 반대가 모순을 함축하지 않는 우연적 명제이므로, 논리적이고 형이상학적 필연성에 근거한 이성의 진리와 대립될 수 없는 것이다. 그러나 이성이 신앙의 진리를 증명할 수는 없지만, 그것들이 모순을 함축하지 않는다는 점을 다양한 각도에서 제시함으로써 옹호할 수는 있다. 『변신론』에서 라이프니츠의 대화 상대인 벨은 신앙의 진리가 이성의 공격을 견뎌낼 수 없다는 입장을 취하기 때문에 주요 비판 대상이 된다.

조리야말로 가장 쉽고 명백하게 이해할 만한 것이라고 우리는 말할 수 있다. 시작부터 나는 여기서 말하는 **이성**이 사람들의 견해나 담론이 아니고, 그뿐만 아니라 사람들이 자연의 통상적인 진행 과정에 따라 사물들을 판단하기 위해 취하는 습관도 아니며, 진리의 침해할 수 없는 연쇄라고 보았기 때문이다.

24. 이제 얼마 전부터 벨이 화두로 내놓은 큰 문제, 즉 한 진리 특히 신앙의 진리가 해결 불가능한 논박을 면할 수 없는지의 여부를 다루어야 한다. 이 탁월한 저자는 그렇다고 분명하게 주장하는 것 같다. 그는 자기의 주장을 말하는 것으로 보이는 자기 진영[139]의 중요한 신학자들과 로마의 신학자들까지 인용한다. 벨은 철학적 진리에도 그 옹호자들이 자신들에게 가해지는 논박에 반박할 수 없는 것들이 있다고 생각한 철학자들을 근거로 내세운다. 벨은 신학에서 예정 이론이 그러하고, 철학에서 **연속의 조합** 이론이 그러하다고 생각한다. 실제로 이것들은 신학자와 철학자들이 항상 고민해왔던 두 미로다. 루뱅의 신학자인 리베르투스 프로몬두스[140](얀세니우스[얀선]의 절친한 벗으로서 그의 『아우구스티누스』라는 유고 저작을 출간하기까지 했다)는 은총에 대해 깊이 연구했고, 특히 『연속의 조합에 관한 미로』를 출간한 인물로서, 두 미로 각각의 난점에 대해 정통했다. 유명한 오키노[141]는 자신이 **예정의 미로들**이라고 부르는 것을 훌륭하게 제시했다.

..

139) 아리에주(Ariège)의 목사 아들인 벨은 젊은 시절에 개신교를 버렸다가 다시 받아들였다.
140) 리베르투스 프로몬두스(Libertus Fromondus, 1587~1653)라 불리는 프루아몽(Froidmont)은 신학자이자 물리학자로서 1640년에 얀세니우스(Jansenius, 1585~1638)의 『아우구스티누스』를 출간했다. 프로몬두스의 『연속의 조합에 관한 미로』는 1631년에 출간되었다.

25. 그러나 이 저술가들은 미로에서 실을 찾는 것이 가능하다는 점을 부정하지 않았고, 비록 난점을 인정했겠지만 결코 난점을 불가능성으로 보지는 않았을 것이다. 나의 견해를 말하자면, 나는 진리가 극복 불가능한 논박의 대상이 될 수 있다고 주장하는 이들의 견해는 따를 수 없다고 고백한다. 논박이라는 것은 그 결론이 우리의 테제를 모순에 빠뜨리는 논증이 아니겠는가? 극복 불가능한 논증은 증명이 아니겠는가? 또한 논증이 맞는지 보기 위해서, 그리고 그 다음에 각각의 전제가 인정되었는지 혹은 같은 힘의 다른 논증에 의해 입증되었는지 보기 위해서, 인정된 전제만을 필요로 할 때까지 세부적으로 논증의 형식과 내용을 검토하는 방법이 아니라면, 어떻게 증명의 확실성을 알 수 있겠는가? 그런데 우리의 테제와 대립되는 논박이 이러하다면 그 테제의 거짓은 증명된 것이며, 우리가 그것을 증명할 충분한 근거를 가질 수 있다는 것은 불가능하다. 그렇지 않다면 모순된 두 테제가 동시에 참일 것이기 때문이다. 긍정을 위해 제시된 것이든 논박의 형태로 내놓은 것이든 간에 증명들은 항상 따라야 한다. 반대자들의 증거를 단지 논박일 뿐이라는 이유로 약화시키려 드는 것은 부당하고 쓸데없는 일이다. 반대자도 같은 권리를 가지며, 자신의 논증은 증거의 이름으로 격상시키고, 우리의 논증은 논박의 굴욕적 이름으로 격하시킴으로써 명칭을 뒤바꿀 수 있기 때문이다.

26. 우리에게 가해질 수 있는 논박을 항상 검토해야 하는지, 그리고 이러한 검토가 끝날 때까지 우리 자신의 견해에 대해 일정한 의심이나 반대

⋮⋮

141) 베르나르디노 오키노(Bernardino Ochino, 1487~1564)는 이탈리아의 수도사이자 유명한 설교사로서, 1542년에 개신교로 개종했다. 『자유 혹은 예속 의지, 예지, 예정과 신의 자유의 미로들 그리고 미로들에서 빠져나올 수단에 관하여』를 썼다.

명제의 불안[142]이라 불리는 것을 유지해야 하는지의 여부는 다른 문제다. 나는 그럴 필요가 없다고 감히 말하겠다. 그렇지 않으면 우리는 결코 확실성에 이르지 못할 것이며 우리의 결론은 항상 잠정적인 것이 될 터이기 때문이다. 나는 뛰어난 기하학자들이 아르키메데스에 대한 조제프 스칼리제르의 논박이나 유클리드에 대한 홉스[143]의 논박으로 곤란해 하지 않을 것이라 생각한다. 그들은 자신이 이해한 증명들에 대해 분명히 확신할 것이기 때문이다.[144] 그렇지만 몇몇 논박을 검토하는 친절함을 갖는 것은 때때로 좋은 일이다. 그렇게 하는 것이 사람들을 오류에서 벗어나게 도와줄 수 있을 뿐 아니라, 우리 자신에게도 유용할 수 있기 때문이다. 허울만 그럴 듯한 거짓 추리들이 몇몇 유용한 출구를 포함하는 경우가 자주 있으며 몇몇 중요한 난점을 해결하기 위한 단초가 되기 때문이다. 그래서 나는 내 견해와 대립되는 정교한 논박을 항상 좋아했으며 그것들을 검토하면서 결실을 거두지 않았던 적이 없다. 이전에 나의 예정 조화 체계에 반대하여 벨이 제시한 논박이 그 증거고, 여기서는 이야기하지 않겠지만 아르노, 푸셰

••

142) 반대 명제의 불안은 자신이 믿는 것의 반대가 참일 것에 대한 불안이다.

143) 조제프 스칼리제르(Joseph Scaliger, 1540~1609)는 저명한 문헌학자다. 그는 『측원법 원론』(라이덴, 1594)에서 아르키메데스의 증명을 비판했다. — 홉스(Hobbes, 1588~1679)는 기하학자들의 원리와 추론에 대한 저작을 남겼다. "이 저작에서 물리학자와 도덕학자의 저작들과 마찬가지로 기하학자의 저작들에서도 불확실성과 오류가 나타난다는 사실이 제시된다."(1666년)

144) (옮긴이) 라이프니츠는 데카르트의 의심 개념과 특히 회의론자들을 비판적으로 진단하면서, 증명되지 않은 몇몇 원리를 토대로 많은 명제를 도출해내는 기하학자들의 작업을 가치 있는 것으로 본다. "실제로 기하학자들이 모든 공리와 모든 공준(公準)이 증명되기까지는 정리(定理)나 문제의 발견을 보류하고자 했다면, 아마도 우리는 지금까지 아무런 기하학도 갖지 못했을 것이다."「데카르트의 원리들의 일반적 부분에 관한 견해(Animadversiones in partem generalem principiorum cartesianorum)」, 『라이프니츠, 철학 논문 선집(Leibniz, opuscules philosophiques choisis)』(trad. P. Schrecker, Vrin, 2001), 35쪽.

신부, 베네딕트수도회의 라미 신부[145]가 같은 주제에 대해 제시한 논박도 마찬가지다. 그러나 다시 핵심적 문제에 대해 말하자면, 방금 언급한 근거를 통해 나는 어떤 진리와 대립되는 논박이 제시될 때, 항상 이에 대해 적절하게 반박을 할 수 있다고 결론 내리겠다.

27. 아마도 벨은 **해결 불가능한 논박**을 내가 방금 설명한 의미로 이해하지 않는 것 같기도 하다. 나는 적어도 자신의 표현에서는 그가 의견을 바꾸고 있다는 점에 주목한다. 르 클레르[146]에게 보낸 벨의 유고 답변에 따르면, 그는 증명이 신앙의 진리와 대립될 수 있다는 것을 인정하지 않는다. 따라서 벨은 우리가 현재 지닌 빛들과 관련해서 볼 때만 논박을 극복 불가능한 것으로 간주하는 듯하며 그 유고 답변의 35쪽에서 심지어 누군가가 지금까지 제대로 알려지지 않은 해결을 언젠가 찾아낼 수 있다는 희망을 버리지 않는다. 이 점에 대해서는 나중에 다시 이야기할 것이다. 그러나 내게는 어쩌면 사람들을 놀라게 할지 모를 견해가 있다. 즉 나는 그러한 해결이 완전하게 발견되었으며, 더군다나 어려운 해결에 속하는 것도 아니라고 생각한다. 어느 정도 충분한 주의력을 발휘할 수 있고 일반적인 논리 규칙을 정확히 사용하는 평범한 재능이 있다면, 진리와 대립되는 논박이 오로지 이성에서 취해진 것이고 그것이 증명이라고 주장될 때 가장 당황스

∴

145) 벨에 대해서는 주 41 참조. 라이프니츠와 앙투안 아르노의 관계에 대해서는 『아르노에게 보낸 라이프니츠의 편지들(Lettres de Leibniz à Arnauld)』(Paris, P.U.F., 1952)에서 준비에브 루이(Geneviève Lewis)가 정리한 것을 참조. 푸셰 신부(Foucher, 1644~1696)는 라이프니츠의 체계에 반대하는 논박을 《과학자 신문》에 발표했다. 라미 신부에 대해서는 주 64 참조.
146) 주 42, 83 참조.
　(옮긴이) 여기서 유고 답변은 『벨에 반대하여 르 클레르가 자신의 선집 제10권에서 쓴 것에 대한 답변』(로테르담, 1707)을 지시한다.

러운 논박이라도 해도 그것을 반박할 수 있다고 생각한다. 또한 현대인 중 일반 대중이 오늘날 아리스토텔레스의 논리학을 무시한다고 해도 그의 논리학이 이런 경우에 오류를 피하도록 해줄 틀림없는 수단들을 가르쳐준다는 점을 인정해야 한다. 규칙에 따라 논증을 검토하기만 하면 되고, 논증이 형식에 위배되는지 그리고 좋은 논증에 의해서 아직 입증되지 않은 전제가 있는지 알아낼 방법은 항상 존재하기 때문이다.

28. 단지 그럴듯함[147]이 문제가 될 경우는 사정이 완전히 다르다. 왜냐하면 그럴듯한 근거에 대한 판단 기술은 아직 제대로 확립되지 않았기 때문이다. 이 점에서 우리의 논리학은 아직 매우 불완전하며 현재까지 우리는 증명에 대해 판단하는 기술만을 가지고 있다. 하지만 여기서는 증명에 대한 판단 기술만으로 충분하다. 이성과 우리의 신조(信條)를 대립시켜야 할 때, 단지 그럴듯함으로 귀착하는 논박에서 비롯하는 어려움은 없기 때문이다. 이성의 관점에서만 신비를 고려할 경우, 그것들이 외관과 대립되며 전혀 그럴듯함이 없다는 것은 모두가 인정하기 때문이다. 그러나 부조리가 전혀 없는 것으로 충분하다. 따라서 신비를 반박하려면 증명이 필요한 것이다.

∵

147) (옮긴이) 그럴듯함(vraisemblances). 이 단어는 '참된', '진정한' 등의 뜻이 있는 vrai와 '~인 듯함', '인 것 같음', '닮음' 등의 뜻이 있는 semblance의 합성어다. '사실일 법함', '있음직함' 등의 번역도 가능할 것이다. 영문 번역에서는 'probability'를 쓰는데, 이도 역시 '있음직함', '그럴듯함' 등과 유사한 의미다. 어떤 방향성을 내포하지 않는 중립적 의미가 강하므로, '그럴듯함'이라는 번역어를 채택했다. 때때로 라이프니츠는 같은 의미를 나타내기 위해 '외관' 정도의 뜻을 지닌 apparence도 자주 사용하고 있는데, 문맥에 따라 '그럴듯함'이나 '그럴듯한 것', 혹은 '외관'으로 번역할 것이다.

29. 성서가 신의 지혜는 사람들에게 광기라는 것을 알려주고, 성 바울이 예수 그리스도의 복음은 그리스인들에게는 광기이고 유대인들에게는 스캔들이라고 한 것[148]도 분명히 그렇게 이해해야 한다. 근본적으로 한 진리가 다른 진리와 모순될 수는 없기 때문이다. 이성의 빛도 계시의 빛에 못지않은 신의 선물이다. 또한 자신의 일을 이해하는 신학자들에게는 **신뢰성의 동기**가 이성의 법정 앞에서 성서의 권위를 최종적으로 정당화하고, 이에 따라 그 후에 이성이 성서를 새로운 빛처럼 따르며, 성서를 위해 이성의 모든 그럴듯함들이 희생되도록 하는 것은 어려운 일이 아니다. 이는 군주에 의해 새로 파견된 사령관이 앞으로 지휘할 군대에서 공문서를 보여주어야 하는 것과도 같다. 아고스티노 스테우코, 뒤 플레시 모르네, 흐로티위스[149]의 책들과 같이 종교의 진리에 관해 우리가 알고 있는 여러 훌륭한 책들은 이러한 방향으로 가고 있다. 종교의 진리는 거짓 종교들에게는 없는 특성들을 갖고 있어야 한다. 그렇지 않다면 조로아스터, 브라만, 석가모니,[150] 마호메트 역시 모세와 예수 그리스도만큼 믿을 만한 게 될 것이기 때문이다. 그러나 신적인 신앙 자체가 영혼에 점화되었을 때 그것

∴

148) 『고린도 전서』 1:23.
149) 아고스티노 스테우코(Agostino Steuco, 1496~1549)는 이탈리아의 신학자이자 박식한 학자로서, 1530년 볼로냐에서 출간된 『루터주의자들에 반대하는 기독교를 위하여』라는 논문을 썼다. ― 뒤 플레시 모르네(Du Plessis-Mornay, 1549~1623)는 앙리 4세의 친구로서 군인이자 관리였으며 열렬한 칼뱅주의자였다. 『기독교의 진리에 관하여』(안트베르펜, 1581)와 『무신론 논쟁』(1582)을 썼다. ― 흐로티위스에 대해서는 주 89 참조. 그의 신학 저작(전 4권, 암스테르담, 1679) 가운데는 『기독교의 진리에 관하여』가 있다.
150) 18세기에는 브라만이 브라만교 최상의 신이 아니라 그 창시자로 믿어졌다. 석가모니에 대해 여행가이자 외교관인 시몽 드 라 루베르(Simon de la Loubère)로부터 벨이 얻은 정보에 따르면, 시암 사람들은 석가모니를 '최상의 행복에 도달했다고 생각하며 비범한 어떤 사람'이라고 불렀다.

은 견해 이상의 어떤 것이며, 그것을 낳게 한 상황이나 동기에 의존하는 것이 아니다. 영혼에 점화된 신적인 신앙은 지성을 넘어서며, 의지와 마음을 점유함으로써 이유를 생각할 필요도 없고 정신이 살펴볼 수 있는 추론의 난점에서 멈출 필요도 없이, 신의 율법이 명령하는 대로 열정과 기쁨으로 행동하게 한다.

30. 사람들이 찬양하기도 하고 깎아내리기도 하며, 규칙도 기준도 없을 때가 많은 인간의 이성에 대해 우리가 지금까지 말한 것은 우리의 부족한 정확성을 드러내며 어느 정도로 우리가 오류에 가담하고 있는지를 보여준다. 만일 사람들이 가장 일반적인 논리 규칙을 사용하고 최소한의 주의력을 가지고 추론하고자 했다면, 신앙과 이성의 권리에 관한 논쟁만큼 끝내기 쉬운 것도 없었을 것이다. 사람들은 그렇게 하기보다는, 그들의 정신과 학설을 부각시키기 위하여 논란의 장(場)을 넓게 제공하는 애매하고 모호한 표현으로 혼란스러워 한다. 그래서 그들은 있는 그대로의 진리를 보고 싶어 하지 않는데, 이는 아마도 그들이 진리의 원천인 만물의 조물주의 미를 알지 못해서, 진리가 오류보다 더 불편한 것은 아닌지 불안해하기 때문인 것 같다.

31. 이러한 무지는 특정한 누군가를 비난하면 안 되는 인류의 일반적 결함이다. 쿠인틸리아누스[151]가 세네카의 스타일로 말하듯이 우리는 사랑스러운 악덕으로 가득 차 있다. 우리는 길을 잃고 헤매기를 즐긴다. 우리는 정확성을 거북해하며 규칙을 유치한 것으로 여긴다. 그래서 일반적인 논리는

∴

151) 쿠인틸리아누스, 『웅변가 교육』, 제10권, 1장, 129절.

(이것이 확실성으로 향하는 추론을 검토하기 위해 거의 충분한 것임에도 불구하고) 어린 학생들에게 가르친다. 사람들은 그럴듯함의 경중을 조정해주고, 중요한 성찰을 위해 그토록 필요한 논리조차 알고 있지 못하다. 따라서 우리 오류의 대부분은 그야말로 사유 기술의 무시나 결함에서 온다. 필연적인 논증을 넘어설 때는 우리의 논리보다 더 불완전한 것은 없다. 『사유의 기술』, 『진리의 탐구』, 『인간 오성론』의 저자들[152]과 같은 가장 탁월한 이 시대의 철학자들도 우리로 하여금 참과 거짓의 그럴듯함을 판별하는 능력에 정확히 도움이 되는 진정한 수단을 제공하기에는 턱없이 부족했다. 발견의 기술은 더더욱 획득하기 어렵고, 수학 안에 매우 불완전한 표본들이 있을 뿐이므로 언급할 필요도 없을 것이다.

32. 벨이 신앙과 대립되는 이성의 난점은 해결할 수 없다고 생각하게 된 가장 중요한 이유는 그가 판사 앞에서 피고인의 논고를 변호하기 위해 통상적으로 사용하는 것과 같은 방식으로 신의 무죄를 증명하기를 요청하기 때문인 것 같다. 그러나 항상 진리에 이르지는 못하는 인간의 법정에서는 단서나 그럴듯함, 특히 추정이나 선입견에 자주 의거할 수밖에 없다는 점을 벨은 기억하지 못했다. 반면 이미 앞에서 내가 지적했듯이 신비는 결코 그럴듯한 것이 아니라고 인정되고 있다. 예를 들어, 벨은 죄의 허용과 관련하여 결코 신의 선이 정당화될 수 있다고 보지 않는다. 그럴듯함은 죄의 허용과 유사한 경우에 있는 사람과 대립될 것이기 때문이다. 신은 이브가 줄곧 있던 환경에 그녀를 그대로 둘 경우 이브가 뱀에게 속는다는 점을

••

152) 각각 아르노와 니콜(『사유의 기술』의 다른 제목인 『포르루아얄의 논리학』의 저자들), 말브랑슈와 로크를 지시한다.

예견하고 있다. 그러나 신은 이브를 그렇게 두었다. 아버지나 후견인이 자신의 자녀나 피후견인에게 이같이 하거나, 친구가 자신과 관련이 있는 행동을 하는 어린 사람에게 이같이 할 경우, 판사는 악을 행하지도 원하지도 않았으나 단지 허용했을 뿐이라고 말할 변호인의 변호를 결코 받아들이지 않을 것이다. 판사는 이러한 악의 허용 자체를 선하지 않은 의지의 표시로 볼 것이며, 태만의 죄로 간주할 것이다. 태만의 죄는 그런 죄가 입증될 사람을 타인이 저지른 죄의 가담자로 만들 것이다.

33. 그런데 악을 예견했고 쉽게 그렇게 할 수 있었던 것으로 보임에도 악을 막지 않았거나, 심지어 악을 조장하는 것들을 했다고 해서 악에 가담했다는 사실이 **필연적으로** 도출되지는 않는다는 점을 생각해야 한다. 이는 매우 강한 추정일 뿐이다. 이 같은 추정은 인간사에서는 통상적으로 진리의 역할을 하는 것이지만, 사실 관계에 대한 정확한 논의가 신과 관련해서도 가능하다면 그러한 논의를 통해 파괴될 추정에 불과하다. 그 반대가 증명되지 않았을 때 잠정적으로 진리로 간주되어야 하는 것을 법률가들 사이에서는 **추정**이라고 부르기 때문이다. 비록 학술원의 사전이 추정과 **억측** 간의 차이를 면밀히 밝혀내지는 못했으나, 추정은 억측 이상의 것을 말한다. 그런데 만일 신과 관련한 논의에 도달할 수 있다면, 이를 통해 우리가 매우 정의로운 근거 그리고 반대되는 근거보다 더 강한 근거 때문에 가장 지혜로운 자가 악을 허용해야 했고 심지어 악을 조장하는 것들을 해야 했다는 점을 알게 되리라고 확실하게 판단할 만한 이유가 있다. 이에 대해서는 몇몇 탄원을 아래에 제시할 것이다.

34. 나는 이 같은 사건[153]에서 아버지나 후견인, 친구가 그러한 근거[154]

를 갖는다는 것이 그리 쉬운 일이 아님을 인정한다. 하지만 그것이 절대적으로 불가능하지는 않으며, 소설을 잘 쓰는 사람이라면 아마도 내가 위에서 방금 말한 상황에 있는 사람의 무죄를 입증할 수 있는 특별한 경우를 찾아낼 수 있을 것이다. 그러나 신과 관련해서는, 신으로 하여금 악을 허용하게 할 수 있었던 특수한 이유를 생각해내거나 확인할 필요 없이 일반적인 이유로 충분하다. 신은 모든 부분이 서로 연결되어 있는 우주 전체에 세심한 주의를 기울인다는 것을 우리는 알고 있다. 이로부터 우리는 신이 무한히 많은 관점을 가지고 있으며, 그 결과로 몇몇 악을 막는 것이 적절하지 않다고 판단했다는 결론을 도출해내야 한다.

35. 더욱이 우리는 신의 지혜로 하여금 악을 허용하도록 한 훌륭한 근거, 혹은 보다 정확히 말해 극복 불가능한 근거가 필연적으로 있어야 한다고 말해야 한다. 악의 허용은 그것이 일어났다는 사실 자체로 놀랄 만한 일이기는 하다. 선과 정의와 성스러움과 완벽하게 일치하지 않는 그 어떤 것도 신으로부터 올 수 없기 때문이다. 따라서 우리가 악의 허용이 필수 불가결한 것임을 신이 그것을 위해 가질 수 있는 세부적 근거를 통해 (선험적으로) 제시할 수는 없다고 해도, 우리는 사건을 통해서는 (후험적으로) 악의 허용이 필수 불가결한 것이었다고 판단내릴 수 있다. 그리고 신을 변호하기 위해 그러한 점을 제시할 필요도 없다. 벨도 이 점에 대해서는 다음과 같이 매우 제대로 말한다(『한 관구장의 질문들에 대한 답변』, 제3권, 165장, 1067쪽). 죄는 세계에 들어왔다. 따라서 신은 자신의 완전성을 손상시키지

∴

153) (옮긴이) 여기서 라이프니츠는 '사건'을 법률적 차원에서 고찰하고 있다.
154) (옮긴이) 위의 절에서 언급한 근거, 즉 신이 악을 허용하게 된 정의롭고 강력한 근거를 말한다.

않고서 죄를 허용할 수 있었다. 현실태에서 가능태로의 귀결은 좋은 것이다. 신 안에서 이러한 귀결은 좋은 것이다. 신이 한 것이므로 잘한 것이다. 따라서 신의 정의와도 일치할 수 있는 정의 일반의 개념을 우리가 전혀 갖고 있지 않다는 것이 아니며, 신의 정의가 인간들에게 알려진 정의와 다른 규칙을 가지고 있다는 것도 아니다. 그러한 것이 아니라, 지금 문제가 되는 사건은 사람들 사이에서 통상적으로 일어나는 사건들과는 전적으로 다르다는 것이다. 보편적 법은 신에게나 인간에게나 같지만, 신의 사건과 인간의 사건에서 사실의 문제는 전적으로 다른 것이다.

36. (내가 이미 지적한 것처럼) 심지어 우리는 신 안에서 일어나는 사건과 유사한 어떤 것이 인간들에게 있다고 가정하거나 그런 척할 수도 있다. 한 사람이 자신의 덕과 성스러움의 위대하고 강력한 증거를 제시함으로써, 예를 들어 도둑질이나 살인 등의 범죄를 거짓으로 씌우려고 그에게 반대하여 가해질 수 있는 가장 그럴듯한 모든 근거를, 몇몇 거짓 증인들의 중상모략이나 때때로 가장 무고한 사람들을 의심하게 하는 운의 특별한 작용으로서 거부될 만하게 만들 수 있을 것이다. 그래서 다른 사람이라면 정죄되거나 (현장 조사법에 따라) 조사받을 위험이 있는 사건에서, 그는 판사들의 공통된 목소리로 무죄가 인정될 것이다. 그런데 실제로는 드물지만 불가능하지는 않은 이 같은 사건에 이성과 신앙의 싸움이 있으며, 법 규칙이 이 사람에 대해서는 나머지 다른 사람들과 관련해볼 때와 다르다고 일정한 방식으로 (건전한 의미로) 말할 수 있다. 그러나 이러한 점을 잘 설명했을 때 단지 드러나는 의미는 이성의 그럴듯함(apparences)이 이 위대하고 성스러운 사람의 말과 성실성에 기인한 믿음에 굴복한다는 것이다. 또한 그가 다른 사람에 비해 특혜를 받았다는 것을 의미하지만, 그

를 위한 다른 법률이 있어서도 아니고 사람들이 그와 관련해볼 때의 정의가 무엇인지 이해를 못해서도 아니다. 다만 다른 곳에서 수용되는 보편적 정의의 규칙이 여기서는 적용되지 않고 있기 때문이다. 혹은 좀 더 정확히 말하자면 그럴듯함의 적절한 논리에 따라 다른 사람들보다 그 사람의 말에 보다 큰 믿음을 가져야 할 정도로 그의 인격에 탁월한 장점이 있어서 그가 보편적 정의의 규칙에 의해 고발당하기는커녕 오히려 혜택을 받기 때문이다.

37. 지금은 가능한 가상의 이야기들을 만드는 것이 허용된바, 비길 데 없는 그 사람이 땅 위의 모든 왕을 부유하게 할 수 있는 유일무이의 성스러운 돌에 정통한 인물이거나 그 소유자이며, 날마다 부지기수의 가난한 자들을 양육하고 불행에서 구하기 위해 엄청난 지출을 한다고 생각할 수 없는가? 그런데 그것들이 어느 정도이고 어떤 것인지 모르겠지만, 인류의 이 위대한 자선가가 방금 어떤 좀도둑질을 했다고 입증해줄 만한 증인들이나 단서가 있을 경우, 이런 고발의 허울이 최대한으로 그럴듯하다고 해도 모든 사람들은 이에 대해 조롱하지 않겠는가? 그런데 신은 이 사람의 선과 능력을 무한히 넘어선다. 결과적으로 아무리 그럴듯해 보이는 근거라 해도 우리가 신은 모든 것을 적절하게 했다고 말할 수 있고 또 그렇게 말해야 하는 신에 대한 믿음, 즉 신에 대한 확신 및 신뢰와 대립되는 근거는 없다. 따라서 논박은 결코 해결 불가능하지 않다. 논박은 선입견과 그럴듯함만을 포함하고 있으며, 비길 데 없이 더 강력한 근거에 의해 파괴되는 것이다. 또한 우리가 정의(正義)라고 부르는 것이 신과 관련해볼 때 아무것도 아니라거나, 신이 자신의 정의를 위배하지 않고도 무고한 이들을 정죄할 수 있을 정도로 만물의 절대적 지배자라거나, 마지막으로 정의가 신의 관점

에서는 자의(恣意)적인 어떤 것이라고 말해서도 안 된다.[155] 이런 것들은 몇
몇 사람들이 신의 속성에 손상을 가하면서 빠지게 된 무모하고 위험한 표
현이다. 왜냐하면 이 경우 신의 선과 정의를 찬양할 아무 이유가 없게 될
것이며, 위에서 이미 지적한 것처럼 가장 악의적인 정신, 못된 재능을 가진
군주 그리고 마니교주의자들의 악한 원리가 우주의 유일한 지배자라 해도
달라질 것이 없기 때문이다. 무엇이 되었든 간에, 규칙도 관점도 없이 모든
것이 자의적 권력의 변덕에 달려 있다면 참된 신과 조로아스터의 거짓 신
을 구별해낼 수단이 있겠는가?

38. 따라서 이토록 이상한 이론에 말려들도록 강제하는 것은 아무것도
없다는 사실은 명백함 이상의 것이다. 신의 정의와 선을 의심케 하는 그
럴듯한 것들에 반박해야 할 때에는, 사실을 충분히 알지 못한다고 말하는
것으로 족하기 때문이다. 그리고 이러한 그럴듯한 것들은 사실이 잘 알
려지면 사라질 것들이다. 또한 신앙을 따르기 위해 이성을 포기할 필요도
없고, 크리스티나 여왕[156]이 말한 것처럼 잘 보기 위해 눈을 파버릴 필요
도 없다. 통상적인 그럴듯한 것들이 신비와 대립될 때는 버리면 된다. 이
는 이성에 반하는 것이 아니다. 하물며 자연적인 것들에서도 경험이나 상
위의 근거를 통해 그럴듯한 것들의 허망함을 깨닫는 일이 많기 때문이다.

155) (옮긴이) 이미 언급했듯이 라이프니츠에 따르면, 신의 능력에 모든 것이 달려 있다는 관점
    은 신의 절대적 재량에 모든 것을 의존시키는 데카르트나 스피노자의 관점과 일맥상통한
    다. 라이프니츠에게 이러한 신은 그 능력과 의지가 지혜나 지성을 대체하는 전제 군주와
    크게 다르지 않다. 반면 창조 전에 모든 것을 조정하고 계획하는 지성은 라이프니츠에게
    신의 정의(正義)의 기초가 된다.
156) 스웨덴의 드로트닝 크리스티나(Drottning Kristina, 1626~1689) 여왕. 이 말은 라이프니츠
    가 『신 인간 오성론』, 제4부, 17장에서 인용했다.

그러나 이 모든 것을 여기서 미리 제시한 것은 단지 논박의 결함이 무엇인 지에 대해, 이성이 가장 큰 힘으로 신앙과의 싸움에서 이긴다고 사람들이 주장하는 지금 사건에서의 이성의 남용에 대해 보다 잘 이해시키기 위해 서다. 악의 기원 그리고 죄의 허용과 그 귀결에 관한 더 정확한 논의는 앞 으로 이루어질 것이다.

39. 지금은 신학에서의 이성의 사용에 관한 중요한 문제를 계속 검토 하고, 이에 대해 벨이 자신의 저작 여러 곳에서 말한 것에 대해 성찰해보 는게 좋을 듯하다. 벨은 『역사와 비판 사전』에서 마니교주의자들과 피론 주의자들[157]의 논박을 밝히려고 노력했으나, 이 같은 시도가 종교에 열성 적인 몇몇 사람들에 의해 검열을 받았기 때문에 이 사전의 재판(再版) 끝 부분에 소논문을 실었는데, 이 논문은 사례, 권위, 근거를 통해 자기 작 업 방식의 무고(無辜)와 유용성을 제시하려고 한 것이었다. 앞에서 말한 대로 나는 진리와 대립시킬 수 있는 그럴듯한 논박은 지성인들에게 새로 운 방법을 찾거나 과거의 방법을 더욱 제대로 이용할 기회를 제공하기 때 문에 매우 유용하며, 진리를 확인하고 조명하는 데 기여한다고 확신한 다. 그러나 이러한 논박에서 벨은 정반대의 유용성을 찾는다. 즉 신앙이 가르치는 진리가 이성의 공격을 감당할 수 없으며, 그럼에도 신앙은 충 실한 신도들의 마음속에 계속 유지된다는 점을 제시함으로써 그 능력을 보여준다는 것이다. 벨이 『한 관구장의 질문들에 대한 답변』 제3권(177장, 1201쪽)에서 니콜[158]에 관해 말하는 바에 따르면, 니콜은 이를 인간의 이

..

157) (옮긴이) 피론(Pyrrhon)은 기원전 3~4세기 그리스의 회의론자다.
158) 피에르 니콜(Pierre Nicole, 1625/1628~1695)은 도덕주의자이며 장세니슴 신학자다. 벨이

성에 대한 신의 권위의 승리라고 부르는 것 같다. 그러나 이성은 신앙과 마찬가지로 신의 선물이므로, 둘의 싸움은 신이 신에 반대해서 싸우는 꼴이 될 것이다. 어떤 신조와 대립되는 이성의 논박이 해결 불가능하다면 그 신조는 거짓되거나 계시되지 않은 것이라고 말해야 한다. 그것은 인간 정신의 공상일 것이며, 그러한 신앙의 승리는 패배당하고 나서 발사하는 축포와 비교할 수 있을 것이다. 이런 것이 바로 니콜이 원죄[159]의 귀결로 간주되기를 원하는, 세례받지 않은 아이들이 받는 영겁의 벌에 대한 학설이다. 이는 구원을 얻기 위해 필요한 빛을 놓친 어른들의 영원한 벌일 것이다.

40. 모든 사람이 신학적 논의에 참여할 필요는 없다. 엄밀한 탐구와 잘 맞지 않는 상태인 사람들은 논박으로 어려워할 필요 없이 신앙의 가르침에 만족해야 한다. 그들이 뜻하지 않게 매우 심한 난점과 마주칠 경우, 신을 위해 호기심을 버리고 정신을 다른 곳으로 돌려도 된다. 한 진리를 확신할 때는 논박을 들을 필요조차 없기 때문이다. 이 같은 종류의 위험한 시련을 견디지 못할 정도로 신앙이 미약하고 뿌리가 깊지 않은 사람들이 많기 때문에 그들에게 독이 될 수 있는 것을 절대로 보여주지 말아야 한다고 나는 생각한다. 혹은 너무도 대중적인 것이어서 숨길 수 없는 것이 있다면, 거기에 해독제를 첨가해야 한다. 즉 논박을 불가능한 것으로 간주하고 피할 것이 아니라 논박에 대한 해결을 덧붙여야 한다.

.:.

인용하는 책은 개신교도인 쥐리외(Jurieu)에 반대하는 그의 논문 『교회의 통합에 관하여』(1687)이다.
159) 위의 주 158과 동일.

41. 이와 같은 신앙의 승리를 말하는 탁월한 신학자들의 구절들은 내가 방금 확립한 원리에 적합한 의미를 부여받을 수 있고 또 부여받아야 한다. 신앙의 몇몇 대상에는 이성에 대해 신앙이 승리하게 해주는 두 가지 특질이 있다. 하나는 **이해 불가능성**이고 다른 하나는 **약간의 그럴듯함**이다. 그러나 벨이 말하는 세 번째 특질을 덧붙이고, 신앙의 대상이 **옹호 불가능**하다고 말하는 것에 대해서는 상당히 경계해야 한다. 그렇게 하면 이번에는 신앙을 파괴하는 방식으로 이성이 승리하게 될 것이기 때문이다. **이해 불가능성**은 심지어 자연적 진리도 믿지 못하게 막지 않는다. (내가 이미 지적한 것처럼) 예를 들어 우리는 냄새나 맛의 본성을 이해하지 못함에도 불구하고, 감각의 증언에 따른 일종의 믿음을 통해 냄새나 맛 같은 감각적 질이 사물의 본성에 기반을 두고 있으며 환상이 아니라고 확신한다.

42. 또한 **그럴듯함과 대립되더라도** 제대로 확인되었을 경우에는 우리가 받아들이는 것들이 있다. 스페인어 원전의 작은 소설이 있는데, 그 제목은 보이는 것을 항상 믿지는 말라는 내용을 담고 있다. 가짜 마르탱 게르(Martin Guerre)[160]의 거짓말보다 더 그럴듯한 것이 있겠는가? 진짜 마르탱 게르의 부인과 부모도 인정했고, 하물며 그가 나타난 후에도 오랫동안 판사들과 부모가 혼동했으니 말이다. 결국 진리는 판명되었다. 신앙도 마찬가지다. 나는 신의 선과 정의에 대립시킬 수 있는 것은 그럴듯한 것들에 불과하다고 이미 지적했다. 그럴듯한 것들은 인간과 대립될 때는 강하겠지만, 신에 적용될 경우 그리고 신의 속성이 지닌 완전성을 확신시켜주는

⁘

160) 1650년에 벌어진 유명한 재판의 주인공으로 『신 인간 오성론』, 제3부, 3장, 8절에서도 라이프니츠가 그에 대해 암시하고 있다.

증명과 비교해볼 경우에는 아무것도 아닌 것이 된다. 이렇게 신앙은 우리로 하여금 신앙을 포용하게 하는 견고한 상위의 근거로써 거짓된 근거를 이긴다. 하지만 반대 견해가 신앙의 기초를 이루는 근거만큼 강하거나 그보다 강한 근거를 갖는다면, 즉 신앙과 대립되는 극복 불가능하고 증명적인 논박이 있다면, 신앙은 승리할 수 없을 것이다.

43. 그리고 벨이 신앙의 승리라고 부르는 것은 부분적으로는, 사람들이 적절치 않은 방식으로 증명과 대립시키는 외형적이고 기만적인 근거에 대한 증명적 이성의 승리라는 점도 지금 지적하는 것이 좋다. 마니교주의자들의 논박이 계시 신학보다 자연 신학과 그다지 덜 대립되는 것도 아니기 때문이다. 그들에게 성서, 원죄, 예수 그리스도 안에서의 신의 은총, 지옥의 고통, 우리 종교의 다른 조항들을 맡길 경우, 우리는 절대로 그들의 논박에서 해방되지 않을 것이다. 이 세계에 물리적 악(즉 고통)과 도덕적 악(즉 범죄)이 있다는 점을 부정할 수 없으며, 그뿐만 아니라 물리적 악은 정의(正義)가 요청하는 바대로 현세에서 항상 도덕적 악과 비례하여 분배되지 않는다는 점도 부정할 수 없기 때문이다. 따라서 다음과 같은 자연 신학의 질문이 남는다. 즉 어떻게 전적으로 선하고 전적으로 지혜롭고 전능한 유일 원리가 악을 인정할 수 있었으며, 특히 어떻게 죄를 허용했고, 못된 사람들이 행복하고 착한 사람들은 불행하게 되는 일이 자주 일어나도록 결정할 수 있었는가?[161]

44. 그런데 완전히 선하고 지혜로운 만물의 유일 원리가 존재한다는 점

..

---

161) (옮긴이) 이 질문에 대한 철학적 해답은 제1부의 20절부터 본격적으로 제시된다.

을 알기 위해 계시된 신앙이 필요한 것은 아니다. 이성은 확실한 증명을 통해 그 점을 알려주며, 결과적으로 불완전성이 발견되는 사물들의 흐름에서 취한 모든 논박은 단지 거짓된 방식으로 그럴듯한 것들에 근거할 뿐이다. 만일 우리가 보편적 조화를 이해할 수 있었다면 우리가 비난하려고 했던 것은 가장 선택될 만한 가치가 있는 계획과 연결되어 있다는 사실을 볼 것이기 때문이다. 한마디로 말하자면, 우리는 신이 행한 것이 최선이라는 것을 단지 믿는 것이 아니라 보게 될 것이다. 나는 여기서 원인에 의해 선험적으로 인식하는 것을 보다라고 부르며, 단지 결과를 통해 판단하는 것을 믿는다라고 부른다. 비록 두 경우가 모두 확실한 인식이기는 해도 말이다. 우리는 여기에 다시 성 바울이 말한 것(「고린도후서」 5:7), 즉 봄으로써 나아가는 것이 아니라, 믿음으로써 나아간다는 사실을 적용할 수 있다. 왜냐하면 우리에게 신의 무한한 지혜가 알려졌을 때, 우리는 우리가 경험하는 악은 허용되었어야 한다고 판단하기 때문이다. 또한 결과 자체를 통해 혹은 후험적으로, 즉 악이 존재하기 때문에 우리는 그 악이 허용되었어야 한다고 판단하는 것이다. 이는 벨이 인정하는 것이다. 그리고 그는 이에 대립하는 거짓된 그럴듯함들을 멈추게 해야 한다고 주장하지 않고, 그대로 만족해야 했다. 그러한 주장은 마치 더는 꿈도 없고 시각의 기만도 없기를 요청하는 것과도 같다.[162]

45. 우리에게 반감을 일으킬 수 있는 그럴듯한 냉혹함에도 불구하고 우

* *

[162] (옮긴이) 라이프니츠가 주장하는 자연 종교 혹은 자연 신학에 따르면, 영혼의 불멸성과 함께 선한 신의 존재는 영원한 진리에 속하는 개념이다. 따라서 벨의 주장처럼 다른 그럴듯한 논박 때문에 영원한 진리가 의심의 대상이 되지는 않는다. 하지만 틀린 논박은 얼마든지 있을 수 있고, 그러한 논박 때문에 영원한 진리가 손상되는 것은 아니다.

리로 하여금 신의 무한한 선을 살펴보도록 하고 신의 사랑을 맞이할 준비를 하도록 하는 신에 대한 신앙과 신뢰는 예수 그리스도 안에서의 신의 은총을 통해 우리 안에서 그 움직임이 촉발될 때, 기독교 신학의 덕목에 대한 탁월한 훈련이라는 점을 의심해서는 안 된다. 이러한 것이 바로 루터가 에라스뮈스에게 반대[163]하며 지적했던 점이다. 루터는 인간에게는 그리 사랑할 만하지도 않고, 불행한 이들에게 매우 엄격하고, 벌을 내리는 데서는 신속해 보이는 존재를 사랑하는 것이 사랑의 충만함이라고 말했다. 이는 거짓 근거에 현혹되는 이들에게 신이 그 원인이거나 가담한 것으로 보이는 악 때문에 벌을 내리는 데서 신속할 때조차도 마찬가지라는 것이다.[164] 따라서 신적인 은총에 의해 밝혀진 참된 이성은 동시에 신앙과 사랑의 승리라고 말할 수 있다.

46. 벨은 이와 같은 점을 완전히 다르게 본 것 같다. 그는 이성의 남용을 비난하는 것으로 그칠 수 있었는데 이성에 대해 반대의 뜻을 표명한다. 그는 키케로가 코타를 통해 하는 말들을 인용하는데, 이성이 신들의 선물이라면, 코타는 우리에게 악으로 바뀌는 선물이기 때문에, 그것을 부여한 섭리는 비난받을 만하다고까지 말한다.[165] 또한 벨은 인간의 이성이 건립

∵

163) 주 49 참조.
164) (옮긴이) 이 문장은 "거짓 근거에 현혹되는 이들에게"라는 구문이 빠지는 편이 더 자연스러웠을 것이다. 라이프니츠가 말하고자 하는 바는 신에 의해 일어난 것처럼 보이는 악 때문에 신이 벌을 신속하게 내릴 경우에도 신을 사랑할 줄 알아야 한다는 것이다. 다만 라이프니츠는 신이 악의 원인이거나 가담자로 보일 뿐, 실제로는 그렇지 않음을 정확히 하기 위해, "거짓 근거에 현혹되는 이들에게"라는 구문을 넣은 것이다.
165) 『신에 관하여』, 제3장, 31절. 코타(Cotta)는 섭리에 관한 스토아학파의 이론에 반대하는 신(新)아카데미아학파의 대변인이다.

의 원리가 아니라 파괴의 원리이며(『역사와 비판 사전』, 2026쪽, 2단), 어디서 멈춰야 하는지도 모르고 제2의 페넬로페처럼 자신이 만든 것을 스스로 파괴하며 달리는 자라고 생각한다.

그녀는 파괴하고 건설하며 네모난 것들을 동그란 것들로 바꾼다(『한 관구장의 질문들에 대한 답변』, 제3권, 725쪽).[166]

그러나 특히 벨은 여러 권위를 차례대로 모아 놓으려 하는데, 이를 통해 벨이 제시하고자 하는 것은 모든 진영의 신학자들이 자신과 마찬가지로 이성의 사용을 배척한다는 것, 그들이 종교와 대립되는 이성의 미광(微光)을 내놓는 것은 단지 단순한 부정을 통해서 그리고 그들에게 반대되는 논증의 결론만을 반박함으로써 신앙을 위해 그 이성의 미광을 희생시키기 위해서라는 것이다. 벨은 신약성서에서 시작한다. 예수 그리스도는 **나를 좇으라**고 말할 뿐이었다(『누가복음』 5:27, 9:59). 사도들은 다음과 같이 말했다. **믿으라 그리하면 구원을 얻으리라**(『사도행전』 16:31). 성 바울은 예수의 교리가 **모호하며**(『고린도전서』 13:12) 신이 영적 분변(分辨)을 전달하지 않는 한 아무것도 이해할 수 없다는 것, 그리고 영적 분변이 없으면 단지 광기로 보일 뿐이라는 것(『고린도전서』 2:14)을 인정한다. 성 바울은 **철학에 맞서 경계를 늦추지 말라**고 신도들에게 권고하며(『고린도전서』 2:8), 몇몇 사람들로 하여금 신앙을 잃게 한 이 학문의 항변을 피하라고 권고한다.

47. 교부들과 관련해서 벨은 철학과 이성의 사용에 반대하는 그들의 구

∴

166) 호라티우스, 『서간시』, 제1권, 1장, 100행.

절들을 드 로노이[167]가 모아 놓은 모음집(『아리스토텔레스의 다양한 운명』, 제2장)을 참조한다. 특히 벨은 말레[168]에 반대하여 아르노가 모아 놓은 성 아우구스티누스의 구절들을 참조하는데, 이 구절들은 신의 판단은 불가해하고 우리에게 알려지지 않았다고 해서 정의롭지 않은 것은 아니며, 무턱대고 벼랑으로 떨어지지 않고서는 탐사할 수 없는 깊은 심연이라는 내용을 담고 있다. 또한 이 구절들은 경솔하지 않고서는 신이 숨겨두길 원한 것을 설명하기를 원할 수는 없으며, 신의 의지는 정의로울 수밖에 없고, 이 이해 불가능한 깊이에 대해 이유를 대며 설명하고자 했던 여러 사람들은 헛된 상상 및 오류와 실수로 가득 찬 견해에 빠졌다는 내용을 담고 있다.

48. 스콜라 학자들도 마찬가지 말을 했다. 벨은 카예탄[169] 추기경의 아름다운 구절(『토마스 아퀴나스의 신학대전 해석』, 문제 22, 제4절)을 다음과 같은 의미로 전한다. "우리의 정신은 알려진 진리의 명증성이 아니라 숨겨진 진리의 불가해한 깊이에 의거한다. 성 그레고리아가 말하는 것처럼, 신

∵

167) 장 드 로노이(Jean de Launoy, 1602~1678)는 프랑스의 역사가, 신학자다. 인용된 책은 중세 시대 파리 대학에서 이루어진 아리스토텔레스의 다양한 운명에 관한 연구다.

168) 샤를 말레(Charles Mallet, 1608~1678) 신부는 아르노와 함께 작업한 '몽스판(版, Version de Mons)'이라 불리는 신약의 프랑스어판에 관해 아르노와 논쟁을 벌였다(그의 『몽스에서 인쇄된 프랑스어판 신약의 몇몇 구절에 대한 검토』 참조, 루앙, 1676). 아르노는 두 권의 책(『말레의 책에 반대하는, 신약의 번역에 대한 새로운 변호』와 『새로운 변호의 연속』, 쾰른, 1680)으로 반박했다. 그러나 아르노가 신의 판단의 불가해성과 관련하여 성 아우구스티누스의 구절을 모아놓은 것(제2권, 129쪽 이하)은 이 책이 아니라 (말브랑슈의) 『자연과 은총에 대한 새로운 체계에 관한 철학적 신학적 고찰』(쾰른, 1685~1686)이다. 이 논쟁에서 아르노는 말레에 반대하는 자신의 저작에 의거하지만, 이는 동일한 주제에 대한 성 바울의 표현에 관한 것이다(위에 인용된 책, 131쪽). 라이프니츠는 벨이 제시한 정확한 출전들을 잘못 해석했다. 『한 관구장의 질문들에 대한 답변』, 제3권, 995쪽, 주 (a)와 (b)

169) 『한 관구장의 질문들에 대한 답변』, 제3권, 1020쪽과 그 이하. — 카예탄(Cajetan, 1469~1534) 추기경은 『토마스 아퀴나스의 신학대전 해석』을 썼다.

성과 관련하여 자신의 정신으로 측정할 수 있는 것만을 믿는 자는 신에 대한 관념을 축소시키게 된다. 그렇지만 나는 신의 불변성, 현재성, 확실성, 보편성 등등에 속한다고 우리가 알고 있거나 보고 있는 것들 중 어떤 것을 부정해야 한다고 생각하는 것은 아니다. 다만 신과 사건 사이에 존재하는 관계나 혹은 사건 자체를 신의 예견과 연결시켜주는 것에서는 어떤 비밀이 있다고 생각한다. 따라서 우리 영혼의 지성은 올빼미의 눈과 같다고 생각하는바, 영혼의 휴식은 무지에서만 찾을 수 있는 것이다. 정신을 평온하게 하지 않는 것을 명증적인 것들로 인정하기보다는 우리의 무지를 고백하는 편이 가톨릭 신앙을 위해서도 철학적 신앙을 위해서도 낫다. 명증성은 우리의 정신을 평온하게 해주기 때문이다. 그렇다고 신의 선택 및 모든 사건들과 신의 관계의 무오류성을 통해 신이 지닌 지성과 의지와 능력의 부동성과 최상의 영원한 유효성을 그들이 할 수 있는 만큼 더듬거리며 암시하려 했던 모든 박사들을 뻔뻔하다고 비난하는 것은 아니다. 이 모든 것은 우리에게 숨겨진 어떤 깊이가 있다는 나의 생각을 전혀 해치는 것이 아니기 때문이다." 카예탄의 이 구절은 그가 관련 주제를 깊이 연구할 능력이 있는 저자이기 때문에 더더욱 주목할 만하다.

49. 에라스뮈스에 반대하는 루터의 저작은 계시된 진리를 인간 이성의 판단에 종속시키고자 하는 이들에 맞서는 날카로운 비판으로 가득 차 있다. 칼뱅도 신의 뜻을 파헤치려는 이들의 대담한 호기심에 반대하여 같은 어조로 자주 말한다. 그는 『예정론』에서 신이 일부 사람들에게 영겁의 벌을 주기 위해, 정당하지만 우리에게는 알려지지 않은 원인을 가지고 있었다고 선언한다. 마지막으로 벨은 같은 의미로 말한 여러 현대인들을 인용한다(『한 관구장의 질문들에 대한 답변』, 제160장과 그 이하).

50. 하지만 이 같은 모든 표현들과 더불어 무수히 많은 비슷한 표현들은 벨이 계획하는 것처럼, 신앙과 대립되는 논박의 해결 불가능성을 입증하지 못한다. 신의 뜻이 불가해한 것은 사실이지만, 결코 그것이 정의롭지 않다고 결론 내릴 수 있는 극복 불가능한 논박이 있는 것은 아니다. 신에게 불의가 있고 신앙에 광기가 있어 보인다면, 그것은 그렇게 보일 뿐이다. 신의 아들이 죽었다는 것은 부조리하므로 믿어야 하며, 매장되었다가 부활한 것은 불가능하므로 확실한 것이다라는 테르툴리아누스[170]의 유명한 구절(『그리스도의 살에 관하여』)은 단지 외형적 부조리로 이해할 수 있는 재담이다. 예속 의지에 관한 루터의 저작에도 비슷한 것들이 있다. 예를 들어, 그는 제174장에서 이처럼 말한다. 만일 네가 그럴 만한 가치가 없는 이들에게 영광을 베푸는 신에게 만족한다면, 벌을 받을 만하지 않은 이들에게 벌을 내리는 신에게 불평하지 말아야 한다. 이는 좀 더 절제된 표현으로 말하면 다음과 같은 의미다. 만일 신이 다른 이들보다 더 선하지 않은 이들에게 영원한 영광을 준다는 것을 인정한다면, 신이 다른 이들보다 더 악하지 않은 이들에게 영겁의 벌을 내린다는 것을 비난하지 말아야 한다. 루터가 단지 외형적 불의를 말하고 있다는 판단을 내리기 위해서는, 동일한 그의 저작에서 발췌한 그의 말을 새겨보는 것으로 족하다. 그는 말한다. "모든 것에서 우리는 신 안에서 최상의 위엄을 식별해내며, 우리가 감히 의문시할 수 있는 것은 정의밖에 없다. 신이 자신의 영광이 드러나면 자신이 항상 정의로웠고 현재도 정의롭다는 것을 모든 사람이 명백히 알 때가 온다고 한 것이 약속일지라도, 우리는 신이 정의롭다는 것을 잠정적으로 믿겠다는 것이 아니다."

∴

170) 테르툴리아누스(Tertullianus, 155~230)는 기독교 호교론자다. 신의 아들이 죽었다는 것은 부조리하므로 믿어야 하며, 매장되었다가 부활한 것은 불가능하므로 확실한 것이라는 유명한 이 문장은 그의 논문 『그리스도의 살에 관하여』 제5장에 나온다.

51. 교부들이 논의에 가담했을 때 그들도 이성을 단순히 배척하지 않았다는 것을 우리는 알 수 있다. 이교도에 대항하여 논쟁하면서 통상적으로 교부들은 이교가 얼마나 이성과 대립되는지 그리고 이 점에서도 기독교가 얼마나 이교보다 우월한지를 제시하고자 노력한다. 오리게네스[171]는 기독교가 합리적이지만, 그럼에도 왜 대부분의 기독교인들은 검토 없이도 믿어야 하는지를 켈수스에게 제시했다. 켈수스는 기독교인들의 태도를 조롱했는데, 그가 말하기를 기독교인들은 "당신의 근거를 듣기를 원하지도 않고 자신들이 믿는 근거를 당신에게 제시하기를 원하지도 않으면서, 검토하지 말고 그냥 믿으라고 말하거나 신앙이 구원해주리라고 말하는 것으로 만족한다. 그들은 세속의 지혜는 악이라는 것을 준칙으로 삼는다."

52. 오리게네스는 이에 대해 탁월한 사람의 태도로, 또 앞에서 내가 확립한 원리와 일치하는 방식으로 반박한다. 즉 이성은 기독교와 대립되기는커녕 그 근거로 이용되며, 검토할 능력이 있는 이들은 이성을 받아들일 것이다. 그러나 적은 수의 사람들만이 검토할 능력이 있는바, 선으로 인도하는 직접적인 신앙이라는 천상의 선물이 일반인들에게는 충분한 것이다. 그는 이처럼 말한다. "모든 사람들이 일상 업무를 무시하고 연구와 성찰에 몰두하는 일이 가능하다면, 기독교를 받아들이도록 하기 위해 다른 방법을 찾을 필요가 없을 것이다. 누군가를 공격할 만한 것을 피하고 말하자면(오리게네스는 이교도가 부조리하다는 점을 암시하지만 여기서 정확히 밝히고자 하지 않는다), 기독교의 교리에 관한 논의에서나, 기독교적 선지자들

<hr />

171) 오리게네스(Origenes, 185~254)는 알렉산드리아의 저명한 신학자로서, 이교도 철학자인 켈수스의 『참된 강론』에 반대하는 『기독교의 변호』를 저술했다.

의 이해할 수 없는 표현에 대한 해명에서나, 복음의 우화와 상징적으로 일어나거나 정리된 무수히 많은 다른 것들에 대한 설명에서 다른 종교에서보다 덜한 정확성이 나타나지는 않을 것이기 때문이다. 일상의 급선무와 사람들의 부족한 능력으로 인해 극히 적은 수만이 연구에 전념할 수 있는바, 예수 그리스도가 여러 민족의 회심을 위해 사용되기를 원했던 방법보다 모든 사람들에게 더 유용할 수 있는 방법을 찾을 수 있었겠는가? 나는 믿음으로써 이전에 빠져 있던 악덕의 수렁에서 탈피한 많은 사람들에 관해 묻고 싶다. 이렇게 죄에는 고통이 있고 선행에는 보상이 있다는 것을 검토 없이 믿음으로써 태도를 바꾸고 삶을 개선하는 것이 나은가, 아니면 이 교리의 근거를 단순히 믿기보다는 세심하게 검토하기 전까지는 회심을 유보하는 것이 나은가? 이렇게 유보하는 방법을 쓸 경우 전적으로 단순하고 직접적인 신앙을 통해 행동하는 상태에 이르는 사람은 매우 적을 것이고, 대부분이 타락하리라는 것은 확실하다."

53. 벨은 (『역사와 비판 사전』 재판 끝부분에 실린 마니교주의자들의 논박과 관련한 해명에서) 종교가 교리의 논의 대상이 되는 것은 철학과 관계해서가 아니라, 단지 성서의 권위와 그 진정한 의미를 확립하는 데서의 정확성과 관계해서만 그렇다고 지적하는 오리게네스의 말을 다룬다. 그러나 이러한 제한을 표시하는 부분은 전혀 없다. 오리게네스는 이 같은 제한에 만족하지 않는 한 철학자에 반대하여 글을 쓴 것이다. 이 교부는 이교도적인 고대의 상징에서 자신의 철학을 발견했던 크리시포스가 그랬던 것처럼,[172]

172) 스토아 철학자 크리시포스(Chrysippos, 기원전 281~205)는 전통 신화에 대한 우화적 해석을 기꺼이 실행했다.

이성이나 권위를 통해 자신들의 이론을 확립하는 스토아주의자들이나 다른 몇몇 철학자들보다 기독교인들이 덜 정확하지 않다는 점을 지적하려 한 것 같다.

54. 같은 곳에서 켈수스는 기독교인들에게 다시 다른 논박을 제시한다. 그는 말한다. "기독교인들이 평소대로 그들의 **검토하지 말고 단지 믿으시오**에 갇혀 있다고 해도, 적어도 그들이 바라는 대로 내가 믿었으면 하는 것들이 무엇인지는 말해주어야 한다." 이 점에서 켈수스의 논박은 분명히 일리가 있다. 그의 논박은 신이 선하고 정의롭다고 말하고, 그럼에도 우리가 선과 정의라는 완전성을 신에게 귀속시키면서 선이나 정의의 아무런 개념도 가지고 있지 않다고 주장할 이들과 대립하는 것이 된다. 하지만 내가 **충전적 개념**[173]이라고 명명하는, 그리고 설명되지 않은 것이 아무것도 없는 것을 항상 요구하지는 말아야 한다. 심지어 열, 빛, 부드러움 등의 감각

::

---

173) (옮긴이) 충전적(adéquate) 인식은 직관적 인식과 함께 판명한(distincte) 인식에 속하는 인식이다. "내가 한 사물의 다른 사물과의 차이점 내지는 그의 성질이 무엇인가를 말하지 못하면서 그것을 다른 것들 사이에서 다시 식별해낼 수 있으면, 이러한 인식은 모호한(confuse) 인식이다. 이와 같이 우리는 가끔, 한 편의 시나 그림이 잘되었는지 잘못되었는지 식별하지 않고, 그것이 우리를 만족시키거나 우리에게 혐오감을 주는 알 수 없는 어떤 것을 가지고 있음으로 인하여 명석하게(clairement) 그것이 좋거나 나쁘다고 인식한다. 그러나 내가 나에게 알려진 특성을 설명할 수 있을 때, 우리는 이러한 인식을 판명하다(distincte)고 한다. 금을 정의하는 특정의 검사나 특징을 통하여 가짜 금을 순금과 구별하는 화폐 검사관의 인식은 이러한 종류의 인식이다. 그러나 판명한 인식은 등급을 가지고 있다. 왜냐하면 흔히 정의에 사용되는 개념 자신이 다시금 정의를 필요로 하고, 따라서 단지 모호하게만 알려져 있기 때문이다. 그러나 정의나 판명한 인식에 포함되어 있는 모든 것이 근원적인 개념에 이르기까지 판명하게 인식되어 있을 경우에는, 나는 이를 충전적인(adéquate) 인식이라고 부른다. 그리고 나의 정신이 단번에 그리고 판명하게 한 개념의 모든 근원적인 요소들을 포착할 때, 이 정신은 그 개념에 대한 아주 드문 직관적인(intuitive) 인식을 갖는다."『형이상학 논고』, 제24절.

적 질조차도 충전적 개념을 제공할 수는 없기 때문이다. 따라서 우리는 신비도 설명되어야 함은 인정하지만 그 설명은 불완전하다는 것이다. 삼위일체나 육화와 같은 신비에 대해서는 이것들을 수용하면서 완전히 의미가 없는 말을 내뱉지 않을 정도의 일정한 유비적 이해를 하는 것으로 충분하다. 바라는 만큼까지 이르는 설명, 즉 이해[174]와 어떻게에까지 이르는 설명은 필요하지 않다.

55. 따라서 벨이 (『한 관구장의 질문들에 대한 답변』, 제3권, 1062쪽, 1140쪽에서) 마치 마니교주의자들에게 반박할 때는 결코 선의 관념을 참조하면 안 되는 것처럼 공통 개념의 권위를 배척하는 것은 이상해 보인다. 그는 『역사와 비판 사전』에서는 완전히 다르게 설명했기 때문이다. 그리고 완전히 선한 원리가 하나인지, 아니면 선한 원리와 악한 원리 두 개가 있는지의 문제에 대해 논쟁을 하는 이들은 선과 악의 의미가 무엇인지 동의해야 할 것이다. 사람들이 한 물체와 다른 물체의 결합, 혹은 실체와 우유적(偶有的) 속성의 결합, 주어와 부가사(附加詞)의 결합, 장소와 동체(動體)의 결합, 현실태와 잠재태의 결합을 말할 때, 우리는 결합이라는 말을 통해 무엇인가를 이해한다. 또한 영혼과 육체의 결합이 유일의 인격체를 만든다고 말할 때에도 우리는 결합에 대해 무엇인가를 이해한다. 왜냐하면 비록 내가 영혼이 육체의 법칙에 변화를 주거나 육체가 영혼의 법칙에 변화를 준다는 것을 인정하지 않으며 이런 교란을 피하기 위해 예정 조화를 도입했다고 해도, 영혼과 육체의 주체를 이루는 양자의 진정한 결합을 인정하지 않는 것

⋮

---

174) (옮긴이) 여기서 '이해(compréhension)'는 정도가 가장 강한 '이해'로 보아야 한다. compréhension은 '포함'이나 '내포'의 뜻도 갖고 있는데, 여기서도 인식의 모든 요소를 놓치지 않고 모두 '포함'하여 전체적으로 혹은 완전히 '이해'한다는 의미로 보면 될 것이다.

은 아니기 때문이다. 영향을 주고받는 결합이 물리적인 것인 반면, 이들 결합은 형이상학적인 것이다. 그러나 신의 말씀과 인간 본성의 결합을 말할 때는, 영혼과 육체의 결합에 대한 비유가 우리에게 제공할 수 있는 것과 같은 유비적 인식으로 만족해야 한다. 또한 육화는 더 깊이 설명할 필요 없이 창조자와 피조물 간에 존재할 수 있는 가장 긴밀한 결합이라고 말하는 것으로 만족해야 한다.

56. 다른 신비들에 관해서도 마찬가지다. 절제된 정신들은 항상 이 신비에서 믿음을 위해 충분한 설명을 찾을 것이고, 결코 완전한 이해를 위해 필요한 만큼의 설명을 찾지는 않을 것이다. 우리에게는 어떤 **무엇으로** 충분하며, **어떻게**(comment)는 우리에게 포착되지 않는 것으로 필요치 않다. 여기저기서 말해대는 신비의 설명에 관해서는 스웨덴의 여왕이 스스로 포기한 왕관에 대해 어떤 메달에 새겨넣은 문구를 말할 수 있겠다. 그것은 내게 **부족하지도 않고 충분하지도 않다.**[175)]

이미 내가 지적한 것처럼 우리는 신비를 **선험적으로** 입증할 필요도 없고, 그 근거를 설명할 필요도 없다. 우리로서는 신 자신만이 알고 있는 이유(pourquoi)를 알지 못하고도, 사물이 **그러하다**는 것으로 충분한 것이다. 이 점에 대해 조제프 스칼리제르가 지은 시는 아름답고도 유명하다.

"그 무엇이건 간에, 하늘에서 영감을 얻고 참된 성령으로 충만한
예언자들의 정신이 성서에 기록한 모든 것에 대해 원인을 호기심으로
찾지 말라.

∵

175) 스웨덴의 크리스티나(Christina, 1626~1689) 여왕은 1654년에 양위했다.

신성한 침묵의 베일에 덮인 것을 감히 억지로 파헤치려 들지 말라.

단지 겸손히 너의 길을 갈지어다.

스승 중에서도 가장 선한 스승이 알려주지 않으려고 하는 점을

알지 않고자 하는 것은 학식 있는 무지다."[176]

시를 인용하면서 벨은 매우 그럴듯하게 스칼리제르가 아르미니우스[177]와 호마루스의 논쟁을 계기로 이 시를 썼다고 판단한다. 내 생각에는 벨이 이 시를 외워서 써놓은 듯하다. 그가 "영감을 얻고(afflata)" 대신에 "성화(聖化)되고(sacrata)"를 넣었기 때문이다. 하지만 시에 필요한 "겸손히(pudenter)" 대신에 "조심스럽게(prudenter)"가 있는 것은 인쇄인의 실수로 보인다.

57. 이 시에 담겨 있는 견해만큼 정확한 것은 없다. 벨이 "죄와 죄의 결과에 관한 신의 행동에는 자신들이 근거를 설명할 수 없는 것은 아무것도 없다고 주장하는 이들은 반대자들의 처분에 맡겨진다"(729쪽)고 말하는 것은 일리가 있다. 그러나 벨은 어떤 것에 대한 근거를 설명하는 것과 논박에

∴

176) 조제프 스칼리제르에 대해서는 주 143 참조. 개신교도인 스칼리제르는 라이덴에서 교수직을 맡았다.

177) 아르미니우스(Arminius)라 불리는 야코프 하르멘센(Jacob Harmensen, 1560~1609)은 네덜란드의 저명한 신학자로서 자유 의지를 복원하고자 했다. 아르미니우스의 적대자인 호마루스(Gomarus, 1565~1641)는 엄격한 예정론자였다. 아르미니우스주의자(혹은 1610년에 네덜란드의 여러 주에서 제시된 건의문[Remontrances]의 이름을 딴 간쟁파[remontrants])와 호마루스주의자(혹은 반간쟁파)의 논쟁은 17세기 전반에 걸쳐 네덜란드를 요동치게 했다.

(옮긴이) 아르미니우스가 사망한 지 1년 후인 1610년에 그의 학설을 지지하는 목사 46명이 '신앙 5개 조항'을 작성하여 네덜란드 정부에 '항의'나 '건의' 혹은 '간쟁(諫爭)'의 형식으로 제출했기 때문에, 이 아르미니우스주의자들을 '항의파'나 '간쟁파'로 일컫고, 이들에 반대하는 호마루스의 지지자들은 반(反)간쟁파라고 부른다.

반대하여 그것을 옹호하는 것 등 서로 다른 두 가지를 결합하는데, 이는 일리가 없는 것이다. 우선 벨은 다음과 같이 덧붙여 말하면서 그 두가지를 결합한다. "그들은 반대자가 끌고 다니는 모든 곳으로 그를 따라다녀야 한다. 그들이 우리의 정신은 철학자의 모든 논박을 전적으로 해결하기에는 너무 약하다는 점을 인정할 경우 그들은 수치스럽게 후퇴하다가 목숨을 구하려 애원하게 될 것이다."

58. 여기서 벨에 따르면, 근거를 설명하는 것은 논박에 답하는 것에 미치지 못하는 것 같다. 왜냐하면 벨은 근거를 설명하려는 이에게 논박에 답하는 데까지 나아가야 한다는 의무를 부과함으로써 위협하고 있기 때문이다. 하지만 사실은 정반대다. 옹호자는 자기 주장의 근거를 설명할 의무는 없지만 반대자의 논박에 답해야 할 의무는 있다. 법정에서 피고인은 (일반적으로) 자신의 권리를 입증하거나 소유 증서를 제시해야 할 의무는 없지만, 원고의 논거에 답해야 할 의무는 있다. 그리고 나는 벨처럼 지극히 정확하고도 통찰력 있는 저자가 이해, 입증, 논박에 대한 답변이라는 차이가 매우 분명한 이성의 세 가지 행위를 뒤섞는 것에 수없이 놀랐다. 신학에서의 이성의 사용이 문제시될 때, 마치 이성의 세 가지 행위가 똑같이 효력이 있는 것처럼 말이다. 이러한 식으로 벨은 그의 『유고 대화집』 73쪽에서 다음처럼 말한다. "교리의 이해 불가능성과 교리를 공격하는 논박의 해결 불가능성이 교리를 부정할 정당한 이유가 되지 않는다는 원리보다 벨이 자주 설파한 원리는 없다." 이해 불가능성에 대해서는 그냥 넘어가겠지만, 해결 불가능성은 사정이 다르다. 그리고 실제로 이는 한 주장과 대립되는 극복 불가능한 이유가 이 주장을 부정할 정당한 이유가 아니라고 말하는 것과 마찬가지다. 극복 불가능한 반대 논증이 정당하지 않다면, 도대

체 한 견해를 부정하기 위한 다른 이유를 어떻게 찾겠는가? 그것도 아니라면 어떤 의견의 거짓과 더 나아가 부조리를 증명할 수단을 어떻게 구하겠는가?

59. 또한, 어떤 것을 **선험적으로** 입증하는 사람은 작용인에 의해 그것의 근거를 설명한다는 사실을 지적하는 것이 바람직하다. 정확하고 충분하게 그 근거를 설명하는 사람이라면 누구라도 그것을 이해하는 것이다. 이런 이유로 이미 스콜라 신학자들은 철학을 통해 삼위일체의 증명을 시도한 레몽 륄[178]을 비난했다. 륄의 저작들에서 그 사이비 증명이 발견되며, 개혁파 사이에서 유명한 저자인 바르텔레미 케케르만[179]은 삼위일체에 대해 륄과 흡사한 시도를 했기 때문에 몇몇 현대 신학자들에게 역시 비난을 받았다. 그러므로 삼위일체의 근거를 설명하거나 이해 가능한 것으로 만들려는 이들은 비난을 받을 것이고, 반대자들의 논박들에 맞서 삼위일체의 근거를 옹호하려고 노력하는 이들은 칭찬을 받을 것이다.

60. 나는 신학자들이 이성을 넘어서는 것과 이성과 대립되는 것을 통상적으로 구분한다고 말했다. 그들은 우리가 이해할 수 없고 그 근거를 설명할 수 없는 것을 **이성을 넘어서는** 것으로 간주한다. 그러나 **이성과 대립되는** 것은 극복 불가능한 근거에 의해 공격받거나 그 반대가 정확하고 견고한

∴

---

178) 레몽 륄(Raymond Lulle, 1235~1351)은 저명한 철학자이자 논리학자로서, 그의 『신앙과 지성의 논쟁』에서 이러한 증명을 설명했다. 그는 신앙의 진리를 이성적으로 입증하려는 의도로 발견과 증명의 보편적 방법을 만들어냈으며, 이 방법에 위대한 기술이라는 이름을 부여했다.

179) 바르텔레미 케케르만(Barthelemy Keckermann, 1571/1573~1608)은 독일의 박식한 학자이며, 특히 『신학 체계』(1615)의 저자다.

방식으로 입증될 수 있는 것이다. 따라서 신학자들은 신비가 이성을 넘어선다는 점을 인정하지만 신비가 이성과 대립된다는 것은 결코 받아들이지 않는다. 『신비롭지 않은 기독교(*Christianity not mysterious*)』[180]라는 제목의, 정교하지만 비난받은 책을 쓴 영국 저자는 이러한 구분을 무너뜨리고자 했다. 그러나 내가 보기에 그는 이 구분에 조금도 손상을 가하지 못했다. 벨도 신학자들이 수용한 이런 구분에 전적으로 만족하지 않는다. 이에 대해 그는 다음과 같이 말한다(『한 관구장의 질문들에 대한 답변』, 제3권, 159장). 첫째로(998쪽) 벨은 소랭[181]과 함께 다음의 두 주장을 구분한다. 그중 하나는 "기독교의 모든 교리는 이성과 일치한다"는 것이고 다른 하나는 "인간의 이성은 기독교의 모든 교리가 이성과 일치한다는 것을 안다"는 것이다. 벨은 첫 번째 주장은 인정하고 두 번째 주장은 부정한다. 만일 한 교리가 이성과 일치한다고 말하는 것이 그것의 근거를 설명하거나 그것이 어떻게 그러한지를 이성에 의해 설명하는 것을 의미한다면, 나는 이 견해에 동의한다. 왜냐하면 신은 분명 그렇게 할 수 있겠지만 우리 인간은 그렇게 할 수 없기 때문이다. 그러나 한 교리가 이성과 일치한다는 점을 안다는 것이 이 교리가 부조리하다고 주장하는 이들의 논박을 배척함으로써 이 교리와 이성 간에 모순이 없음을 필요에 따라 제시할 수 있다는 것을 의미한다면, 나는 위의 두 주장을 모두 긍정해야 한다고 생각한다.

∴

180) 『신비롭지 않은 기독교』는 1696년에 런던에서 출간되었다(부제: 성서에는 이성에 대립하거나 이성을 넘어서는 것은 전혀 없으며, 그 어떤 기독교 교리도 진정으로 신비라고 불릴 수 없다는 점을 제시하는 논문). 이 저작의 저자는 존 톨런드(John Toland, 1670~1722)다. 그는 정죄되고 격렬한 반박을 야기했다.

181) 엘리 소랭(Elie Saurin, 1639~1703)은 프랑스의 개신교 신학자로서 네덜란드에 정착했다. 그의 저작 가운데 벨이 인용하는 것은 『신앙의 원리에 근거한 개신교 교회의 진정한 학설의 변호』(위트레흐트, 1697)이다.

61. 벨은 이 점에 대해 만족스럽지 않은 방식으로 설명한다. 그는 기독교의 신비가 신의 지성에 내재한 최상의 보편적 이성이나 혹은 일반적 이성과 조화를 이룬다고 기꺼이 인정한다. 하지만 그는 기독교의 신비가 사물들을 판단하기 위해 사람들이 사용하는 이성의 부분과 조화를 이룬다는 것은 부정한다. 그러나 우리가 소유한 이 이성의 부분은 신의 선물이며 타락의 와중에서도 우리에게 남은 자연의 빛이다. 이성의 부분은 전체와 조화를 이루며, 단지 물방울이 대양과 다르거나 혹은 좀 더 정확히 말해 유한이 무한과 다른 것처럼 신에 내재한 이성과 다를 뿐이다. 따라서 신비는 인간의 이성에 포착되지 않을 수 있지만 인간의 이성과 대립되는 것은 아니다. 전체와 대립되지 않고서 부분과 대립될 수는 없는 것이다. 유클리드의 한 정리에 위배되는 것은 유클리드의 『원론』과 대립되는 것이다. 우리 안에서 신비와 대립되는 것은 이성도 자연의 빛도 진리의 연쇄도 아니다. 그것은 타락이고 오류나 선입견이며 어둠이다.

62. 벨은 신비가 단지 타락한 이성과만 대립된다고 가르치는 개신교 신학자 조수아 스테그만과 투레티니[182]의 견해에 만족하지 않는다(1002쪽). 그는 올바른 이성이란 정통 신학자의 이성이고, 타락한 이성이란 이단의 이성이냐고 조롱하며 묻는다. 그리고 삼위일체 신비의 명증성이 소치니[183]의 영혼 안에서보다 루터의 영혼 안에서 더 큰 것은 아니었다고 반론을 내

••

182) 조수아 스테그만(Josua Stegmann, 1588~1632)은 반소치니주의 신학자다. 벨이 인용한 저작은 『포티니주의』(프랑크푸르트, 1626)이다. 투레티니(Franz Turrettini, 1623~1687)는 제네바에 정착한 이탈리아 출신의 칼뱅주의 신학자다. 본문에서 벨은 1679년 제네바에서 출간된 『논변 신학 강의』를 인용하고 있다.
183) 주 24 참조.

세운다. 그러나 데카르트가 매우 정확히 지적한 것처럼, 양식(良識)은 누구에게나 공평하게 배분되어 있다. 그러므로 정통이나 이단이나 모두 양식을 가지고 있다고 생각해야 한다. 올바른 이성은 진리의 연쇄이고, 타락한 이성은 선입견과 정념이 섞여 있다. 이 둘을 잘 구분하려면 순서에 따라 절차를 진행하고, 증거 없는 주장을 받아들이지 않으며, 논리학의 가장 일반적 규칙에 따른 올바른 형식에 맞지 않는 증거는 전혀 받아들이지 않는 것으로 충분하다. 이성의 영역에서는 어떤 다른 기준이나 논쟁의 심판관이 필요하지 않다. 이러한 고찰이 없기 때문에 회의론자들에게 빌미가 제공된 것이며, 심지어 신학에서도 개신교도들에 반대하여 이상한 소리를 지껄일 정도로 논쟁을 왜곡한 프랑수아 베롱[184]과 다른 몇몇 이들은 무오류의 외부 심판관을 받아들여야 할 필요성을 입증하려고 무턱대고 회의론에 빠져버린 것이다. 이 점에서 그들은 자신들의 진영에서조차 가장 뛰어난 이들의 동의를 얻지 못했다. 칼릭스투스와 다이에는 그들을 적절하게 조롱했고 벨라르미누스[185]는 그들과 완전히 다르게 생각했다.

63. 이제 문제가 되는 구분에 관해 벨이 말한 것(999쪽)을 다루어보자. 그는 이렇게 말한다. "내가 보기에 이성을 넘어서는 것과 이성과 대립되는 것 사이의 유명한 구분에는 모호함이 슬그머니 들어가 있는 것 같다. 사람들이 통상적으로 말하기를, 복음서의 신비는 이성을 넘어서지만 이성과 대립하지는 않는다고 한다. 나는 이 공리의 첫 번째 부분과 두 번째 부

⋮

184) 프랑수아 베롱(François Véron, 1575~1640)은 프랑스의 가톨릭 교론가다. 라이프니츠가 겨냥하고 있는 저작은 분명 베롱의 『성서만을 통해 종교논쟁을 다루는 방법』(아미앵, 1615)일 것이다.
185) 주 68, 67 참조.

분의 같은 단어인 이성에 동일한 의미가 부여된 것이 아니라고 생각한다. 즉 이성이라는 단어가 첫 번째 부분에서는 인간의 이성 혹은 **구체적** 이성으로, 두 번째 부분에서는 일반적 이성 혹은 **추상적** 이성으로 이해되고 있는 것이다. 왜냐하면 항상 이성이 일반적 이성 혹은 신 안에 내재한 최상의 이성, 보편적 이성으로 이해된다고 가정하면 복음의 신비는 이성을 결코 넘어서지도 않고 이성과 대립되지도 않을 것이기 때문이다. 그러나 공리의 두 부분에서 이성이 모두 인간의 이성을 의미한다면, 나는 그 구분이 그리 견고하다고 보지 않는다. 가장 정통적인 이들은 우리가 기독교적 신비와 철학적 준칙의 조화를 알 수 없다고 인정하기 때문이다. 따라서 신비는 우리의 이성과 조화되지 않는 것으로 보인다. 그런데 우리의 이성과 조화되지 않아 보이는 것은 우리의 이성과 대립되는 것으로 보인다. 마찬가지로, 진리와 조화되지 않아 보이는 것은 진리와 대립되는 것으로 보인다. 그렇다면 신비가 우리의 나약한 이성과 대립되며 또한 그것을 넘어선다고 말해야 하는 것 아닌가?" 이미 앞에서 그렇게 한 것처럼, 나는 여기서 이성은 우리가 자연의 빛을 통해 아는 진리의 연쇄이며, 이러한 의미에서 사람들이 받아들인 공리는 아무런 모호함도 없는 참이라고 답하겠다. 신비는 진리의 연쇄에 포함되지 않은 진리를 담고 있기 때문에 우리의 이성을 넘어선다. 그러나 신비는 우리의 이성과 대립하는 것이 아니며 진리의 연쇄가 보여줄 수 있는 진리 중 그 어떤 것과도 반대되지 않는다. 따라서 여기서 말하는 이성은 신에 내재한 보편적 이성이 아니라 우리의 이성이다. 신비와 우리의 이성의 조화를 알 수 있는가에 관한 문제에 대해서, 나는 적어도 신비와 이성 사이에 어떠한 부조화나 대립이 있다는 것을 우리는 절대로 알 수 없다고 답하겠다. 그리고 이 같은 거짓 대립은 언제나 걷어낼 수 있으므로, 이를 신앙과 이성을 화해시키거나 일치시키는 것이라 부를 수 있다면 우리는 신비와 이성의 조화 및 일치를 알 수 있다고 말해야 한다. 그러나 조화가 **어떻게**에 관한 이성적 설명에 있다면, 우리는 그것을 알 수 없을 것이다.

64. 벨은 시각(視角)의 예에서 가져온 정교한 논박을 제시한다. 그는 다음과 같이 말한다. "네모난 탑이 멀리서 동그랗게 보일 때, 우리의 눈은 그 탑에서 네모진 어떤 것도 보지 않을 뿐 아니라 네모난 형체와는 양립할 수 없는 동그란 형체를 발견한다는 것을 매우 명료하게 증언한다. 따라서 네모난 형체라는 진리는 우리의 약한 시각의 증언을 넘어설 뿐 아니라 그것과 대립되는 것이라고 말할 수 있다." 이런 지적은 맞다고 인정해야 한다. 동그란 외관이 멀리서 보면 각들의 외관이 사라지는 데서 생기는 현상일 뿐이라고 해도, 동그란 형체와 각진 형체는 서로 대립되는 것이다. 따라서 나는 이러한 논박에 대해 감각들이 그들에게 달려 있는 모든 것을 할 때에도, 감각의 표상은 진리와 자주 대립된다고 답하겠다. 그러나 추론 능력이 그 임무를 수행할 때는 사정이 다르다. 정확한 추론은 진리의 연쇄와 다르지 않기 때문이다. 특히 시각에 대해 말하자면, 우리의 눈이 약한 데서 생기거나 멀리서 보게 되면 사라지는 데서 생기는 거짓 외관들 외에도, 어느 정도 완전한 시각 작용일지라도 시각 작용 자체의 본성에서 오는 거짓 외관들이 있다는 점을 고려하는 것이 좋다. 예를 들어 옆에서 본 원은 기하학자들 사이에서는 타원으로 불리는 일종의 난(卵)형으로 바뀌며, 때로는 심지어 포물선이나 쌍곡선으로 바뀌기도 하며, 토성의 띠가 나타내는 것처럼 직선으로까지 바뀐다.

65. 엄밀히 말하자면, **외적 감각은 우리를 속이지 않는다.** 우리의 내적 감

각 때문에 우리가 너무 앞서 가는 경우가 많다. 이러한 일은 개가 거울 속의 자기 이미지를 보고 짖을 때처럼 짐승들에게서도 일어난다. 왜냐하면 짐승들은 추론을 모방하는 연속된 지각 작용을 갖기 때문인데, 이는 사람들이 단지 **경험적 존재로서** 행동할 때 그들의 내적 감각에서도 역시 발견된다. 그러나 내가 다른 곳에서 제시한 것처럼, 짐승들은 그들이 정확히 추론으로 불릴 자격이 있는 것을 지니고 있다고 우리가 믿어야 할 일은 아무것도 하지 않는다. 그런데 지성이 내적 감각의 잘못된 결정을 사용하고 따를 때(그 유명한 갈릴레이가 토성에 두 개의 끝 고리가 있다고 믿었던 것처럼), 지성은 외관에 대해 자신이 내리는 판단으로 오류를 범하며 외관이 가지고 있는 것 이상의 것을 도출해낸다.[186] 왜냐하면 감각의 외관은 꿈과 같이 사물들의 진리를 절대적으로 우리에게 보장해주지 않기 때문이다. 외관에 대한 우리의 사용, 즉 우리의 계기들에 의해 오류를 범하는 것은 우리 자신인 것이다. 우리는 그럴듯한 논증을 통해 오해를 하고, 우리가 자주 서로 연관이 있다고 본 현상들은 항상 그렇게 연관이 있다고 믿게 되는 것이다. 그래서 각이 없어 보이는 것이 각이 전혀 없는 경우가 통상적으로 일어나는 일이어서, 우리는 항상 그렇다고 쉽게 믿는 것이다. 이러한 오류는 용서할 만한 것이며, 신속하게 행동해야 하고 가장 그럴듯한 것을 선택해야 할 때는 때때로 불가피한 것이다. 반면 심사숙고할 여가와 시간이 있을 때, 확실하지 않은 것을 확실하다고 간주하면 잘못을 저지르게 된다. 따라

••

186) (옮긴이) 오류에 관한 라이프니츠의 관점은 데카르트와 유사하면서도 차이가 있다. 두 철학자 모두, 우리는 우리 안에 있는 지각을 기초로 잘못 판단할 수 있다고 본다. 즉 판단은 명증성의 범위를 벗어날 수 있으며, 이때 오류에 빠지는 것이다. 그러나 데카르트에게서는 지성의 범위를 넘어서는 것이 의지인 반면, 라이프니츠에게서는 그 결론이 전제를 넘어서는 추론을 실행하는 것은 지성이다.

서 외관이 자주 진리와 대립되는 것은 사실이다. 그러나 우리의 추론이 정확하고 추론 기술의 규칙과 합치할 경우 우리의 추론은 결코 진리와 대립되지 않는다. 만일 이성을 제대로 추론하거나 잘못 추론하는 일반적 능력으로 이해한다면, 나는 이성이 우리를 속일 수 있고 실제로 속이며 지성의 외관들은 감각의 외관들만큼 기만적이라는 점을 인정하겠다. 하지만 여기서는 진리와 올바른 형식을 지닌 논박의 연쇄를 말하고 있으며 이런 의미에서는 이성이 우리를 속인다는 것은 불가능하다.

66. 또한 이성을 넘어선 존재가 마치 논박에 대한 해결 불가능성을 내포하는 것처럼, 벨은 그 해결 불가능성을 너무 과장한다는 점이 내가 방금까지 말한 모든 것을 통해 나타난다. 그에 따르면(『한 관구장의 질문들에 대한 답변』, 제3권, 130장, 651쪽), "한 교리가 이성을 넘어선 그 순간부터 철학은 그 교리를 설명할 수도 이해할 수도 없고, 그것에 반대하는 난점들에 답할 수도 없다." 나는 이해한다는 것과 관련해서는 동의한다. 나는 신비가 영혼이 없는 소리(sine mente soni), 즉 아무 의미 없는 말이 되지 않기 위해서는 필요한 단어들의 설명을 수용한다고 이미 제시했다. 또한 나는 논박에 답하는 것이 필요하며 그렇지 않을 경우 주장을 버려야 한다고 제시했다.

67. 벨은 신비와 대립되는 논박의 해결 불가능성을 인정하는 것으로 보이는 신학자들의 권위를 내세운다. 루터는 그 핵심 인물 중 하나다. 그러나 나는 루터가 철학이 신학과 대립한다고 말하는 듯한 부분에 대해 제12절에서 답을 했다. 물론 다른 구절에서(『예속 의지에 관하여』, 제246장), 루터는 신의 외관상 불의가 선한 사람들의 불행과 악한 사람들의 성공에 의거

한 논증에 의해 입증되며, 이 같은 논증에는 이성이나 자연의 빛이 결코 저항할 수 없다고 말한다. 하지만 얼마 후에 루터는 이러한 문제는 내세를 모르는 이들과 관련될 뿐이라고 밝힌다. 그는 복음서의 작은 단어가 현세에서 벌받지 않고 보상받지 않은 것은 내세에서 벌받고 보상받을 것이라고 가르쳐줌으로써, 이들 난점을 일소한다고 덧붙인다. 따라서 논박은 극복 불가능한 것이 전혀 아니며, 더욱이 복음서의 도움 없이도 이런 답변을 생각해낼 수 있다고 한다. 또한 벨은 베델리우스가 비판하고 요아네스 무새우스는 옹호한 마르틴 켐니츠[187]의 한 구절을 내세우는데(『한 관구장의 질문들에 대한 답변』, 제3권, 652쪽) 여기서 이 유명한 신학자는 신의 말씀에 이성을 넘어설 뿐 아니라 이성과 대립되는 진리가 있다고 분명히 밀하는 깃 같다. 그러나 이 구절은 무새우스도 그렇게 설명하듯이, 단지 자연 질서에 부합하는 이성의 원리에 관한 것으로 이해해야 한다.

68. 그럼에도 벨이 자신에게 보다 유리한 몇몇 권위를 찾아내는 것은 사실이다. 데카르트의 권위는 그 핵심적인 것들 중 하나다. 이 위대한 인물은 "우리의 사유는 유한하나 존재하는 모든 것과 존재할 수 있는 모든 것을 이미 예지하고 원한 신의 지식과 능력은 무한하다"는 사실을 주목하면 (우리 의지의 자유와 신의 영원한 섭리의 질서를 일치시킬 때 나타날 수 있는) 난점에서 전적으로 해방될 수 있다고 확실하게 말한다(『철학의 원리』, 제1부, 41절). "그 때문에 우리는 신이 그런 지식과 능력을 가지고 있다는 것을 명석판명하게 인식할 정도로 충분히 이해하지만, 신이 어떤 식으로 인간의 행위를 전적으로 자유롭고 결정되지 않은 채 놓아두었는지를 알 수 있을

∵

187) 주 134, 68 참조.

정도로 신의 지식과 능력의 범위를 파악하지는 못한다. 그러나 신의 능력과 지식 때문에 우리가 자유로운 의지를 가지고 있다고 생각하지 말아야 하는 것은 아니다. 우리가 본성상 불가해한 것으로 알고 있는 다른 것을 파악하지 못한다는 이유 때문에, 우리가 내밀하게 파악하고 있고 경험을 통해 우리 안에 있다고 알고 있는 걸 의심하는 것은 잘못된 일이다."

69. 데카르트의 이 구절은 (그가 주장하는 것에 대해서 의심할 생각을 거의 하지 않는) 그의 추종자들이 따르는 것으로서, 나에게는 항상 이상하게 보였다. 그는 두 교리[188]를 조화시킬 수단을 찾지 못하겠다고 말하는 것으로 만족하지 않고, 인류 전체와 심지어 모든 이성적 피조물을 같은 경우로 본다. 그러나 데카르트가 진리와 대립되는 극복 불가능한 논박이 있다는 것이 불가능하다는 것을 모를 수 있었겠는가? 왜냐하면 이러한 논박은 옹호 대상인 진리와 대립되는 결과를 갖는 다른 진리의 필연적 연쇄일 수밖에 없으며, 결과적으로 두 진리 사이에 모순이 존재하게 될 것이기 때문이다. 이는 최악의 부조리다. 게다가 우리의 정신은 유한하고 무한을 이해할 수 없음에도 불구하고 무한에 대한 증명을 가지고 있으며 그 증명들의 장점과 단점을 이해한다. 그렇다면 왜 논박의 장점과 단점은 이해하지 못한다는 말인가? 그리고 신의 능력과 지혜는 무한하고 모든 것을 이해하는 만큼 그 범위에 대해 의심할 이유가 없다. 또한 데카르트는 필요도 없는 자유를 요청한다. 그는 인간의 의지 행위들이 전적으로 결정되지 않는다는 점을 드는데, 이 같은 일은 결코 일어나지 않는다. 마지막으로, 데카르트가 우리의 자유를 입증하기 위해 근거로 삼는 우리의 독립성에 대한 경험

∵

188) (옮긴이) 인간의 자유와 신의 섭리를 말한다.

이나 내적 느낌이 우리의 자유를 입증하지 못한다는 것은 벨 자신도 주장하는 바다. 왜냐하면 우리가 의존하는 원인들을 파악하지 못한다는 사실에서 우리가 독립적이라는 사실이 도출되지는 않기 때문이다. 이 점에 대해서는 적절한 곳에서 다시 말하겠다.

70. 데카르트는 또한 『철학의 원리』의 한 부분에서 물질의 무한 분할이 참되다는 점을 인정함에도, 이에 대한 난점에 답하는 것이 불가능하다고 고백하는 것 같다. 아리아가[189]와 다른 스콜라 학자들도 거의 비슷한 고백을 한다. 그러나 그들은 논박이 갖춰야 할 형식을 논박에 부여하려는 노력을 했다면 결론에 오류가 있거나 때때로는 혼란을 일으키는 살못된 전세가 있음을 알게 될 것이다. 한 예를 들어보자. 어떤 뛰어난 사람이 언젠가 나에게 다음과 같은 논박을 했다. 직선 BA를 점 C를 가운데로 하여 절반으로 자르고, CA 부분은 점 D로, DA 부분은 점 E로 자르는 식으로 무한히 진행한다고 해보자. BC, CD, DE 등 모든 절반은 BA라는 전체를 만들어낸다. 따라서 직선 BA는 A에서 끝나기 때문에 마지막 절반이 있어야 한다. 그러나 이 마지막 절반은 부조리하다. 그것은 직선인 만큼 다시 둘로 자를 수 있기 때문이다. 그러므로 무한 분할은 인정될 수 없다. 하지만 나는 비록 마지막 점 A가 있다고 해도 이 마지막 점은 A쪽에서 볼 때는 모든 절반들에 속하므로 마지막 절반이 있어야 한다고 추론해서는 안 된다고 그에게 지적했다. 내 친구는 형식에 맞는 논증을 통해 다음과 같은 이전(移轉)을 입증하려고 할 때 그것을 인정했다. 분할이 무한히 진행된다는

189) 로드리게스 아리아가(Rodriguez Arriaga, 1592~1667)는 스페인의 예수회 회원이며, 토마스 아퀴나스의 『신학대전』 여러 부분에 관련된 『신학적 논쟁』을 썼다.

사실 자체로, 마지막 절반이라는 것은 결코 있을 수 없다. 직선 AB가 비록 유한하다고 해도 그것의 분할에 마지막이 있어야 한다는 사실이 도출되지는 않는다. 무한히 진행되는 수의 계열에서도 사람들은 혼란을 겪는다. 사람들은 마지막 항이나 무한한 수 혹은 무한히 작은 수를 생각해내는데, 이 모든 것은 공상에 지나지 않는다. 모든 수는 유한하고 한계 설정이 가능하며, 모든 선도 마찬가지다. 모든 무한소(無限小) 또는 무한히 작은 것들은 어떤 오류가 한계를 설정한 오류보다 덜하다는 점, 즉 오류가 전혀 없다는 점을 제시하기 위해 원하는 만큼 크거나 작은 것으로서 취해진 크기를 의미할 뿐이다. 혹은 무한히 작은 것은 이미 형성되어 있는 크기를 모방하여 생각된 크기의 소멸이나 시작의 상태를 의미하는 것이다.

71. 이제 신비에 반대하여 이성이 내놓는 논박에 만족스럽게 답할 수 없다는 사실을 제시하려고 벨이 내세우는 근거를 고찰하는 것이 좋을 듯하다. 그 근거는 마니교주의자들에 관한 그의 해명(『역사와 비판 사전』 재판, 3140쪽)에서 나타난다. 그는 다음처럼 말한다. "나로서는 복음서의 신비가 이성을 넘어선다고 모두가 만장일치로 인정한다는 사실로 충분하다. 이로부터 철학자들의 난점을 해결하는 것은 불가능하고, 결과적으로 자연의 빛만이 사용될 논쟁은 항상 신학자들에게 불리하게 끝날 것이며, 신학자들은 결국 도주하여 초자연적 빛의 규범 아래 은신할 수밖에 없다는 결과가 필연적으로 나오기 때문이다." 나는 벨이 이토록 일반화하여 말하는 데 놀라움을 금치 못한다. 벨 스스로도 자연의 빛은 마니교주의자들에 반대하여 원리의 단일성을 따르며, 신의 선은 이성에 의해 거부할 수 없는 방식으로 입증된다고 인정했기 때문이다. 그러나 그는 다음과 같이 계속 말한다.

72. "이성이 이성을 넘어서는 것에 결코 이를 수 없음은 명증적인 일이다. 그런데 삼위일체에 대한 교리와 그리스도의 신성과 인성의 결합에 대한 교리에 반대하는 논박에 이성이 답을 제공할 수 있다면, 이성은 이 두 신비에 이르게 되고 이것들을 자신에게 종속시키게 될 것이다. 그리고 이성은 이 신비들을 이성의 제일 원리나 공통 개념에서 생겨나는 금언(金言)들과 최종적으로 대조시켜서 결국 자연의 빛과 일치한다는 결론이 나올 때까지 이 신비들을 굴복시킬 것이다. 그러므로 이성은 자신의 능력을 뛰어넘는 것을 해낼 것이고 자신의 한계를 넘어서는 것에 오를 것인데, 이는 명백히 모순되는 것이다. 따라서 이성은 자신의 고유한 논박에 답을 제공할 수 없으며, 신의 권위와 신앙의 의무 아래 시성을 잡아두는 필연성에 의거하지 않는 한, 이러한 논박이 승리를 하게 된다." 나는 이 같은 추론에는 아무런 힘도 없다고 본다. 우리는 우리를 넘어선 것을 파헤치는 것이 아니라 옹호함으로써 그것에 이를 수 있다. 만지지 않고 봄으로써 하늘에 이를 수 있는 것처럼 말이다. 신비와 대립되는 논박에 답하기 위해, 신비를 우리 자신에게 종속시킬 필요도 없고 공통 개념에서 생기는 제일 원리와 대조할 필요도 없다. 논박에 답하는 이가 더 멀리 가려면, 논박을 제시하는 이가 먼저 그렇게 해야 하기 때문이다. 주제를 논하기 시작하는 것은 논박이며, 답하는 이로서는 긍정하거나 부정하는 것으로 족하다. 엄밀히 말하자면, 답하는 이로서는 논박의 어떤 명제를 구분해내기보다는 그 보편성을 부정하거나 그 형식을 비판하는 것으로 족하기 때문이다. 이 두 가지는 모두 논박 너머로 파고들어가지 않고도 할 수 있는 것이다. 누군가 나에게 자신이 극복 불가능하다고 주장하는 논증을 제시할 때, 나는 단지 그가 내놓는 언술 중 어느 정도 의심쩍어 보이는 모든 것을 올바른 형식으로 입증하게 하면서 침묵을 지킬 수 있다. 단지 의심만을 하기 위해서는, 나는 문

제의 내부로 파고들어갈 필요가 없다. 이와 반대로 모르면 모를수록 나에게는 더욱더 의심할 권리가 생길 것이다. 벨은 다음처럼 계속 말한다.

73. "이 점을 좀 더 명확히 해보자. 어떤 교리가 이성을 넘어설 경우 그것은 이성의 범위를 넘어서 있는 것이며, 이성은 그것에 이를 수 없다. 이성이 그러한 교리에 이를 수 없다면 그것을 이해할 수 없는 것이다."(여기서 벨은 이성이 이성을 넘어선 것을 이해할 수 없다고 말함으로써, **이해**라는 말로 시작하는 편이 좋았을 것이다.)[190] "이성이 그런 교리를 이해할 수 없을 경우는 그것에 대한 어떠한 관념도 가질 수 없다."(결론이 타당하지 않다. 어떤 것을 **이해**하기 위해서는 이에 대한 몇몇 관념을 갖는 것만으로는 충분하지 않다. 그것과 관련된 모든 관념이 있어야 하고 이 모든 관념이 명석하고 판명하고 충전적이어야 한다. 자연에는 우리가 어느 정도 파악하지만 그럼에도 이해할 수는 없는 수많은 사물들이 있다. 우리는 광선[光線]에 대한 몇몇 관념을 가지고 있고 이에 대해 어느 정도까지 증명도 하지만, 빛의 본성을 완전히 이해하지 못한다고 고백할 수밖에 없는 어떤 것이 항상 남아 있다.) "또한 이성이 이성을 넘어선 교리를 이해할 수 없을 경우 해결의 원천이 되는 어떠한 원리도 가질 수 없다."(왜 애매하고 모호한 인식과 섞인 명증적인 원리가 없겠는가?) "결과적으로 이성이 가할 논박에는 답이 없을 것이다."(전혀 그렇지 않다. 어려움은 오히려 반대자에게 있다. 어떤 논박의 원천인 명증적 원리를 찾아야 하는 것은 바로 반대자다. 그리고 주제가 모호할수록 그는 그러한 원리를 찾는 데 어려움을 겪을 것이다. 원리를 찾았다고 해도 원리와 신비 사이의 대립을 제시하는 데는 더 큰 어려움을 겪

∵

190) (옮긴이) 제77절에서 언급하듯이, 이 부분부터 라이프니츠는 벨의 구절을 '해부'하고 자신의 비판을 삽입하면서 논의를 전개하고 있다.

을 것이다. 신비가 명증적 원리와 명증하게 대립될 경우 그것은 **애매한 신비**가 아니라 명백한 부조리일 것이기 때문이다.) "혹은 마찬가지 일이겠지만, 공격당할 주장 자체만큼 모호한 어떤 구분을 통해 그 논박에 답을 하게 될 것이다."(엄밀히 말하자면, 어떤 전제나 결론을 부정하면 구분은 필요 없을 수도 있다. 반대자가 사용한 용어에 의심이 갈 경우는 그에게 그 용어를 정의해달라고 요구할 수 있다. 그리하여 극복 불가능한 반대 논증을 제기한다고 주장하는 반대자에게 답을 해야 할 경우, 옹호자는 대단한 노력을 할 필요가 전혀 없는 것이다. 그러나 옹호자가 일정한 호의를 가지고서, 혹은 논의를 끝내기 위해서, 혹은 충분히 자신이 있어서 논박에 숨겨져 있는 모호함을 스스로 제시하고 일정한 구분을 통해 모호함을 걷어내려고 할 때도 이러한 구분이 첫 번째 주장보다 더 명료한 것일 필요는 없다. 옹호자는 신비 자체를 해명할 의무가 없기 때문이다.)

74. (벨은 계속 말한다.) "그런데 매우 판명한 개념에 근거한 논박은 이에 대해 옹호자가 답을 하지 않건 혹은 누구도 이해 못할 답을 하건 간에 승리를 거둔다는 것이 확실하다. 당신과 자신이 모두 매우 분명하게 파악하는 것으로 당신에게 논박하는 사람과, 당신도 그 사람도 전혀 이해하지 못하는 답만으로 자신을 옹호하는 당신 사이의 승부가 대등할 수 있겠는가?"(논박은 매우 판명한 개념에 근거하는 것만으로는 충분하지 않으며, 또한 주장과 대립해서 논박을 적용해야 한다. 내가 어떤 이에게 한 전제를 부정하면서 그것을 입증하도록 하거나, 결론을 부정하면서 그것을 올바른 형식에 맞추게 하면서 답한다면, 내가 아무 답도 하지 않는다거나 전혀 이해 불가능한 답을 한다고 말할 수 없을 것이다. 왜냐하면 내가 부정하는 것은 반대자의 의심스러운 전제인바, 나의 부정은 그의 긍정만큼 이해 가능한 것이다. 마지막으로, 내가 어떤 구분을 통해 설명할 호의를 보일 때는 내가 사용하는 용어들이 신비 자체의 경우처럼 일정

한 의미를 가지는 것으로 충분하다. 이런 식으로 사람들은 나의 답변에서 무엇인가를 이해할 것이다. 그러나 나의 답변이 포함하는 모든 것을 이해할 필요는 없다. 이 경우는 다시 신비를 이해하는 것이 될 것이다.)

75. 벨은 계속 말한다. "모든 철학적 논쟁은 논쟁 당사자들이 몇몇 정의(定義)에 동의한다는 것을 전제로 한다."(이는 바람직한 것이지만, 통상적으로는 논쟁이 벌어질 때 필요에 따라 그렇게 한다.) "논쟁 당사자들은 삼단논법의 규칙, 그리고 안 좋은 추론을 알아낼 수 있는 표시를 받아들인다는 것을 전제로 한다. 그 이후에는 주장이 서로 동의한 원칙과 여러 단계를 거쳐서 일치하는지 혹은 즉각적으로 일치하는지 검토하기만 하면 된다."(이는 논박을 제시하는 이의 삼단논법을 통해 이루어지는 것이다.) (반대자가 제시한) "증명의 전제가 맞고 결론이 제대로 도출되었다면, 그리고 네 항으로 형식 논증을 사용하고 「대립자들에 관하여」나 「궤변적 논박들」[191]과 같은 장(章)의 몇몇 금언(金言)을 위반하지 않았다면 말이다."(몇 마디로 짧게 말하자면 어떤 전제나 결론을 부정하거나, 마지막으로 모호한 어떤 항을 설명하거나 설명하게 하는 것으로 충분하다.) "논쟁 주제가 서로 동의한 원칙과 아무 관련이 없다는 점을 보여줌으로써 이기게 된다."(즉 논박이 아무것도 입증하지 못한다는 점을 보여줌으로써 옹호자가 논의에서 이기는 것이다.) "혹은 옹호자를 부조리로 환원시킴으로써 이기게 된다."(모든 전제와 결론이 제대로 입증되었을 경우는 그렇다.) "그런데 그의 주장의 결론이 긍정인 동시에 부정이라는 것을 옹호자에게 보여주든지 혹은 그로 하여금 이해 불가능한 답변만을 할 수밖에 없도록 하든지 간에, 그를 부조리로 환원시킬 수 있다."(바로 이 마지막의 불리

∵

191) 아리스토텔레스의 논리학 논문의 총체인 『기관』의 세부적인 절(節)들이다.

한 점은 옹호자가 항상 피할 수 있다. 왜냐하면 그는 새로운 주장을 내놓을 필요가 없기 때문이다.) "이러한 종류의 논쟁이 지닌 목적은 모호함을 해명하고 명증성에 이르는 데 있다."(이는 반대자의 목적이다. 반대자는 신비가 거짓이라는 사실의 명증성을 원하기 때문이다. 그러나 이는 옹호자의 목적이 될 수는 없다. 신비를 받아들일 경우에는 신비를 명증적인 것으로 만들 수 없다는 점을 인정해야 하기 때문이다.) "이에 따라 재판 과정에서 옹호자와 반대자의 명제들에 포함된 명확성의 크고 적음에 따라 승리가 그들에게 크고 적게 선언된다고 판결이 난다."(이는 마치 옹호자와 반대자가 모두 동일하게 무방비 상태로 있는 듯이 말하는 것이다. 그러나 옹호자는 포위당한 사령관처럼 구축물로 보호받고 있고, 이것들을 파괴해야 하는 것은 공격자의 일이다. 여기서 옹호자는 녕증성이 필요 없으며 명증성을 찾으려 하지도 않는다. 옹호자에 반대하여 명증성을 찾아내서, 그가 더 이상 보호 속에 있지 않도록 포병대를 이끌고 진로를 뚫어야 하는 것은 반대자다.)

76. "마지막으로, 승리는 전혀 이해되지 않는 답변을 하는 이에게 반대하여 선언되는 것으로 판결 난다."(이는 승리에 대한 모호한 표시다. 따라서 언술된 것에서 청자들이 무엇을 이해하는지 그들에게 물어보아야 하며, 그들의 견해는 자주 갈릴 것이다. 형식적 논쟁의 순서는 올바른 형식의 논증을 통해 시작하고, 이에 대해 부정이나 구분을 통하여 답변하는 것이다.) "그리고 그의 답변이 이해 불가능하다고 인정하는 이에게 반대하여 승리가 선언되는 것이다."(신비의 진리를 옹호하는 이에게는 이 신비가 이해 불가능하다고 인정하는 것이 허용된다. 이러한 인정이 그의 패배를 선언하기에 충분한 것이라면 논박은 필요 없을 것이다. 진리는 이해 불가능할 수는 있지만, 아무것도 이해할 수 없다고 말할 정도로 이해 불가능한 것은 결코 아니다. 이 경우 진리는 고대 그리스 학파들에서 스

킨답서스 혹은 블리티리[192]라고 부른 것[알렉산드리아의 클레멘티누스, 『스트라마톤』, 제8장, 2절], 즉 의미 없는 말이 될 것이다.)"전혀 이해되지 않는 답변을 하고 그의 답변이 이해 불가능하다고 인정하는 이는 승리의 판결 규칙에 따라 곧바로 정죄된다. 또한 그를 덮고 있는, 그리고 그와 그의 반대자들 사이에 일종의 심연을 형성하는 안개 속에 있어서 추적이 불가능할 때조차도, 그는 완전히 때려눕혀졌다고 생각될 것이며 전쟁에서 패배하여 승자의 추격을 피해 야밤을 노려 도주하는 군대와 비교될 것이다."(비유에는 비유로 답하자면, 나는 옹호자가 방어 진지로 엄호되고 있어 패하지 않았다고 말하겠다. 필요 이상으로 잠깐씩 나올 경우 다시 요새로 들어가면 되고, 그렇다고 비난받을 수도 없다.)

77. 나는 벨이 자신의 견해를 뒷받침하기 위해 쓴 가장 강력하고 가장 잘 추론한 이 긴 구절을 분석하고자 노력했다. 나는 이 탁월한 사람이 어떤 방식으로 착각했는지 명확히 밝혀졌기를 바란다. 이러한 일은 가장 정신성이 강하고 통찰력이 있는 사람들이 체계의 기초까지 파헤치기 위해 필요한 모든 인내심 없이 왕성한 정신으로 활동할 때 매우 쉽게 일어나는 일이다. 우리가 여기서 세부적으로 들어갔던 부분은 이 주제에 대해 벨의 저작들에 분산되어 있는 다른 몇몇 추론에 대한 답변으로 쓰일 것이다. 예를 들어, 벨은 『한 관구장의 질문들에 대한 답변』 제133장(제3권, 685쪽)에서 다음처럼 말한다. "이성과 종교를 일치시켰다는 점을 입증하기 위해서는 우리의 신앙에 유리한 철학적 준칙이 있다고 제시해야 할 뿐 아니라, 우리의

192) 첫 번째 단어 "스킨답서스(scindapsus)"는 악기 이름이고, 두 번째 단어 "블리티리(blityri)"는 하프의 줄에서 나는 소리를 말한다. 두 단어는 전통적으로 소리만 있을 뿐 아무 의미는 없는 것의 예로서 사용되었다(알렉산드리아의 클레멘티누스, 『스트라마톤』, 제8장, 2절 참조).

교리 교육과 조화되지 않는다고 우리에게 논박으로 가해진 특수한 철학적 준칙이 실제로는 판명하게 파악되는 방식으로 교리 교육과 조화된다는 점 또한 제시해야 한다." 나는 신비의 어떻게[193]에까지 추론을 밀어붙이고자 하는 것이 아니라면, 결코 그 모든 것이 필요하다고 보지 않는다. 신비의 진리를 이해시키려 들지 않고 옹호하는 것으로 만족할 때에 그것을 입증하기 위해서 일반적이거나 특수한 철학적 준칙에 의거할 필요가 없다. 다른 누군가가 우리에게 몇몇 철학적 준칙을 내세워 반대할 경우, 이 준칙들이 우리의 교리와 조화되는지 명석판명하게 입증해야 하는 것은 우리의 할 일이 아니며, 그것들이 우리의 교리와 대립된다는 점을 입증해야 하는 것은 우리의 반대자가 할 일이다.

78. 벨은 같은 곳에서 계속하여 말한다. "그러한 결과를 위해서는 논박 만큼 명증적인 답변이 필요하다." 나는 그 같은 일은 전제를 부정할 때 생긴다는 점, 게다가 신비의 진리를 옹호하는 이는 신비 자체와 관련된 핵심 주장이 명증적인 것이 아니기 때문에 항상 명증적인 명제들을 제시할 필요가 없다는 점을 이미 밝혔다. 벨은 다음과 같이 다시 덧붙인다. "반박하고 거기에 또 반박해야 한다면, 반대자가 우리의 근거만큼이나 명증적인 것들로 반박하는 동안 우리는 결코 평온한 상태에 있을 수 없으며, 결코 우리의 계획을 완수했다고 주장해서는 안 될 것이다." 그러나 근거를 내세워야 하는 것은 옹호자가 아니며, 반대자의 근거에 답변하는 것으로 충분하다.

79. 벨은 결국 이렇게 결론 내린다. "명증적인 논박을 하는 반대자에게

••

193) (옮긴이) 제53절에서부터 계속 언급되어온 "바라는 만큼까지 도달하는 설명"을 말한다.

우리가 단지 가능한 것으로서 제시할 수 있을 뿐이고 이해도 못하는 답변을 주어야 한다고 사람들이 주장한다면, 이는 정당하지 못한 것이다." 그는 『유고 대화집』 69쪽에서 자클로[194]에 반대하여 이를 다시 반복한다. 나는 이 견해에 동의하지 않는다. 논박이 완전한 명증성을 갖추고 있다면 승리할 것이며, 옹호자의 주장은 파괴될 것이다. 그러나 논박이 그럴듯한 것들이나 가장 자주 일어나는 사례들에 근거한다면, 그리고 그로부터 논박을 하는 이가 보편적이고 확실한 결론을 도출하려고 한다면, 신비를 옹호하는 이는 단순한 가능성을 상정함으로써 답변할 수 있다. 논박을 하는 이가 전제에서 도출하고자 했던 것이 확실하지도 일반적이지도 않다는 것을 제시하기 위해서는 그러한 가능성을 상정하여 근거로 내세우는 것으로 충분하기 때문이다. 그리고 신비를 변호하기 위해 싸우는 이로서는 신비가 그럴듯하다고 주장할 필요 없이, 신비가 가능하다고 주장하는 것으로 충분하다. 내가 자주 말한 것처럼 사람들은 신비가 그럴듯한 것들과 대립된다는 점에 동의하기 때문이다. 신비를 옹호하는 이는 그런 가능성을 상정하여 근거로 내세울 필요도 없다. 만일 그렇게 할 경우, 그것은 여분의 보충 작업이거나 반대자를 더욱 혼란시키려는 수단이라고 말할 수 있겠다.

∵

194) 자클로(Isaac Jaquelot, 1647~1708)는 베를린에 정착한 프랑스의 개신교 신학자다. 자클로는 벨과 긴 논쟁을 벌였으며, 그 단계는 다음과 같다. (a) 자클로, 『신앙과 이성의 조화, 혹은 벨의 역사와 비판 사전에 나타난 주요 난점들에 반대하여 행한 종교의 변호』(암스테르담, 1705) (b) 벨, 『한 관구장의 질문들에 대한 답변』, 제3권, 128~168장(로테르담, 1706) (c) 자클로, 『벨의 비판 사전, 혜성에 관한 사유들, 그리고 시골 사람에 대한 답변들에서 그의 신학에 대한 검토, 벨의 답변에 반대하여 신앙과 이성의 조화를 변호함』(암스테르담, 1706) (d) 벨, 『막심과 테미스트의 대화, 혹은 벨의 신학에 대한 자클로의 검토에 대한 답변』(로테르담, 1707, 유고 출간) (e) 자클로, 『신앙과 이성의 조화에 반대하여 벨이 구성한 대화에 대한 답변과 그의 신학에 대한 검토』(암스테르담, 1707).

80. 벨이 자클로에게 보낸 유고 답변에, 내가 보기에 아직 검토할 만한 가치가 있는 구절들이 있다. (36쪽, 37쪽에서 말하기를) 벨은 "그의[자신의-옮긴이]『역사와 비판 사전』에서, 주제가 그를 필요로 할 때마다 우리의 이성은 입증하고 건립하기보다는 반박하고 파괴하는 능력이 더 강하다는 점을 끊임없이 주장한다. 그는 주장하기를, 이성이 할 수 있는 만큼까지 논쟁의 정신으로 이성을 따라가기를 원한다면, 이성이 우리를 골치 아픈 곤경에 자주 빠트리는 방식으로 매우 심각한 난점을 일으키지 않는 철학적·신학적 주제는 거의 없다고 한다. 결국 그는 이성이 해결 불가능한 논박으로 무너뜨리는 확실하게 참된 교리가 있다고 주장한다." 나는 여기서 이성을 비난하려고 언술되는 것이 이성에게 유리하게 작용한다고 생각한다. 이성이 어떤 주장을 파괴할 때는 그 반대 주장을 건립하는 것이다. 그리고 이성이 반대되는 두 주장을 동시에 파괴할 때, 우리가 논쟁의 정신이 아니라 진리를 추구하고 분별해내려는 열렬한 욕망을 가지고서 이성이 갈 수 있는 곳까지 멀리 따라간다면, 이성은 우리에게 어떤 심오한 것을 약속해준다. 이처럼 열렬한 욕망은 언제나 몇몇 대단한 성과를 통해 보상받을 것이다.

81. 벨은 계속 말한다. "따라서 인간 정신의 편협한 한계를 인정하면서 이성의 논박을 조롱해야 한다." 이와 달리 나는 인간 정신으로 하여금 사물들의 내부를 파고들게 해주는 정신의 힘의 표시를 여기서 식별해내야 한다고 생각한다. 그것은 새로운 출구들이며, 어떻게 말하자면 더 큰 빛을 약속하는 여명의 빛줄기들이다. 나는 철학적 주제나 자연 신학에서 논박을 하는 인간 정신을 그렇게 이해한다. 그러나 이 논박이 계시 신앙과 대립하여 제시될 경우, 신의 영광을 유지하고 찬양할 목적으로 순종적이고 열성적인 정신과 함께 한다면, 그 논박을 배척하는 것으로 충분하다. 신의

정의와 관련하여 그렇게 하는 데 성공한다면, 신의 위대함으로 감화되고 신의 선에 매료될 것이다. 이 같은 신의 위대함과 선은 정신이 참된 이성을 통해 눈에 보이지 않지만 그럼에도 확실한 것으로 상승함에 따라, 눈에 보이는 것에 현혹된 외형적인 이성의 의혹을 뚫고 드러날 것이다.

82. "따라서"(벨과 함께 계속 말하자면), "이성은 무기를 버리고 신앙의 의무에 굴복해야 할 것이다. 이것은 이성이 자신의 가장 명백한 준칙 중 몇몇에 따라 할 수 있고 해야 하는 것이다. 이렇게 다른 몇몇 준칙을 포기한다고 해서 자신의 본성에 따라, 즉 이성으로서 행하지 않는 것은 아니다." 그러나 "이 경우 포기해야 하는 이성의 준칙은 우리로 하여금 외관에 관해서 판단하게 하거나 사물들의 통상적 흐름에 따라 판단하게 하는 준칙일 뿐임"을 알아야 한다. 이것은 극복 불가능한 반대 증거가 있을 때, 철학적 주제에서도 이성이 명하는 것이다. 신의 선과 정의의 증명을 통한 확신이 있으면, 우리는 신의 왕국에서 우리의 눈앞에 드러난 이 작은 부분에서 보이는 냉혹함이나 불의의 외관들을 무시하는 것이다. 현재까지 우리는 자연의 빛과 은총의 빛에 의해 인도되지만, 아직 영광의 빛에 의해 인도되는 것은 아니다. 현세에서 우리는 외형적 불의를 보고, 신의 숨겨진 정의의 진리를 믿으며 더욱이 그것을 알기도 한다. 그러나 정의의 태양이 본 모습을 있는 그대로 드러낼 때, 우리는 신의 정의를 보게 될 것이다.

83. 벨은 그가 영원한 진리에 굴복해야 하는 외형의 준칙에 관해서 말할 때만 이해될 수 있다는 것이 확실하다. 그는 이성이 신앙과 진정으로 대립되지 않는다는 점을 인정하기 때문이다. 『유고 대화집』에서 그는 (74쪽, 자클로에 반대하여) 자신이 기독교적 신비가 이성과 진정으로 대립된다고 생

각한다며 비난받은 것에 대해 불만을 표시한다. 또한 그는 (9쪽, 르 클레르에 반대하여) 한 교리가 해결 불가능한 논박에 직면한다는 것을 인정하는 이가 그 교리의 오류를 인정하는 것은 필연적인 귀결이라는 주장에 불만을 표시한다. 그러나 해결 불가능성이 외형적인 것 이상이라면 이렇게 주장하는 것은 일리가 있을 것이다.

84. 나에게 성찰의 재료를 제공한 벨의 표현들 때문에 그의 견해가 나의 견해와 동떨어진 것이라고 생각할 수 있겠지만, 이성의 사용에 관한 주제로 벨에 반대하여 오랫동안 논쟁을 벌인 후에는 아마도 그의 견해가 근본적으로는 나의 견해와 그리 동떨어진 것이 아니라는 점을 보게 될 것이다. 대부분의 경우 벨은 신앙과 대립되는 이성의 논박에 답변할 수 있음을 절대적으로 부정하는 듯하며, 논박에 답변할 수 있기 위해서는 신비가 어떻게 일어나고 존재하는지 이해해야 한다고 주장하는 것이 사실이다. 그러나 벨이 자신을 누그러뜨리고 자신은 이 논박의 해결에 대해서 알지 못한다고 말하는 것으로 만족하는 부분들이 있다. 다음은 『역사와 비판 사전』 재판의 끝부분에 있는 「마니교주의자들에 대한 해명」에서 발췌한 정확한 구절이다. 3148쪽에서 그는 이처럼 말한다. "가장 세심한 독자들을 보다 폭넓게 만족시키기 위해, 나의 『역사와 비판 사전』에서 이런저런 논증이 해결 불가능한 것처럼 보일 수 있는 모든 부분에 대해서 나는 사람들이 실제로 그렇다고 믿기를 바라지 않는다는 점을 여기서 제대로 단언하고자 한다. 나는 그 논증이 나에게 해결 불가능해 보인다는 것만을 말하고자 한다. 그것은 중요한 것이 아니다. 나의 빈약한 통찰력 때문에 내가 그렇게 판단한다고 각자가 바라는 대로 상상할 수 있을 것이다." 나는 그렇게 상상하지 않으며 벨의 큰 통찰력을 너무도 잘 알고 있

다. 그러나 나는 그가 논박을 강화하는 데 모든 정신을 쏟으면서도 논박을 해결하는 데 필요한 것에 대해서는 충분히 주의를 기울이지 않았다고 생각한다.

85. 게다가 벨은 르 클레르에 반대하는 유고 저작에서, 신앙과 대립되는 논박이 증명의 힘을 갖지 못한다고 고백한다. 따라서 그는 **사람과 관련하여** (ad hominem) 혹은 **사람들과 관련하여**(ad homines), 즉 인간이 처해 있는 상태에 따라서 그 논박이 해결 불가능하고 주제가 설명 불가능하다고 판단하는 것이다. 그뿐 아니라 어떤 곳에서 벨은 논박의 해결과 주제의 설명이 오늘날에도 발견될 수 있다는 희망을 버리지 않는 것처럼 생각하도록 해준다. 르 클레르에게 보낸 답변의 유고(35쪽)에서 그는 다음과 같이 말하기 때문이다. "벨은 그의 작업이 새로운 체계를 만들어내는 이 위대한 천재들 중 몇몇을 분발하게 하고, 그들이 지금까지 알려지지 않은 최종적 해결을 발견할 수 있으리라고 희망했을지도 모른다." 그는 이 **최종적 해결**을 신비의 어떻게까지 말해줄 수 있는 설명으로 이해하는 것 같다. 그러나 이는 논박에 답변하기 위해 필요한 것이 아니다.

86. 여러 사람이 이 **어떻게**를 이해시키고 신비들의 가능성을 입증하려고 시도했다. 토마스 보나르테스 노르드타누스 앙글루스[195]라 불리는 저자는 자신의 『지식과 신앙의 조화에 관하여』에서 그렇게 주장했다. 내가 보기에 이 저작은 정교하고 학식 있는 것이지만 신랄하고 번잡하며, 심지어 지지할 수 없는 견해를 포함하고 있다. 나는 이 저작이 바티칸에 의해 금서 조

••

195) 주 24 참조.

치를 받았고, 저자가 예수회 회원이며, 그 저작을 출판한 이유로 어려움을 겪었음을 도미니크수도회 회원인 뱅상 바롱[196] 신부의 『시리아쿠스의 변호』를 통해 알게 되었다. 힐데스하임의 예수회 학교에서 현재 신학을 가르치며, 철학과 신학에서 흔치 않은 박식함과 대단한 통찰력을 겸비한 보세스[197] 신부는 보나르테스의 본명이 토머스 바턴(Thomas Barton)이며 예수회에서 나와 아일랜드로 피신하여 그곳에서 자신의 마지막 견해에 대해 호의적 평가를 받고서 생을 마감했다고 내게 알려주었다. 나는 뛰어난 이들이 그들의 연구와 열정 때문에 곤경에 빠지는 것을 가엽게 생각한다. 과거에 피에르 아벨라르, 질베르 드 라 포레, 존 위클리프, 현재는 영국인이 된 토마스 알비우스[198] 및 다른 몇몇 사람들이 신비의 설명에 너무 깊숙이 빠졌다가 비슷한 일을 당했다.

∴

196) 뱅상 바롱(Vincent Baron, 1604~1674)은 개신교에 반대하는 프랑스의 신학자, 설교사, 교론가다.
197) 보세스(Des Bosses)는 신학자이자 수학자이며, 1706년부터 1716년까지 라이프니츠와 중요한 서신을 교환했다. 『변신론』을 라틴어로 번역했다.
198) 피에르 아벨라르(Pierre Abélard, 1079~1142)는 저명한 철학자이자 신학자이며, 가장 잘 알려진 그의 불상사 외에도 삼위일체에 대한 이단적 견해로 고발되었다. 그는 수아송공의회(1121년)와 상스공의회(1140년)에 의해 정죄되었다. — 질베르 드 라 포레(Gilbert de la Porée, 1070~1154)는 삼위일체에 대한 견해로 인해 1146년 로마에서 고발당했다. 그의 학설은 파리공의회(1147년)와 랭스공의회(1148년)에서 길게 논의되었다. 질베르 드 라 포레는 비난받은 해석을 버리고 신앙 고백을 서약해야 했다. — 존 위클리프(John Wycliffe, 1384년 사망)는 영국의 종교개혁자이자 성서 번역가로서, 블랙프라이어스공의회(1382년)에서 정죄되었다. − 알비우스(Albius)라고 불리는 토머스 화이트(Thomas White, 1593~1676)는 가톨릭 신학자이자 교론가다. 신학적이고 정치적인 다양한 주제, 특히 사후의 영혼 상태에 관한 그의 견해는 격렬한 논쟁을 일으켰다. 쿠트라(Coutrat)는 『라이프니츠의 논리학』, 539~541쪽에서) 토머스 화이트를 토머스 바턴과 동일시한다(주 24 참조). 그러나 위의 제86절에서 두 사람이 병치된 것을 볼 때, 이 가설은 사실 같지 않다. 그뤼아(G. Grua)는 자신의 연구에서 두 사람을 구분한다.

87. 성 아우구스티누스는 벨과 마찬가지로 현세에서 우리가 바라는 최종적 해결을 찾을 수 있다는 희망을 버리지 않는다. 그러나 성 아우구스티누스는 그것이 매우 특별한 은총을 통해 인도된 몇몇 성인(聖人)에게 해당되는 것이라고 생각한다. "어쩌면 가장 선한 이들과 가장 성스러운 이들을 위해 마련된 숨겨진 원인이 있으며, 이는 그들의 공적에 의한 것이라기보다는 신의 은총에 의한 것이다."(『자의적[字義的] 창세기』, 제11권, 4장) 루터는 신의 선택의 신비에 대한 인식은 천상의 아카데미를 위해 마련된 것이라고 본다(『예속 의지』, 제174장). "한편으로 신은 은총과 자비를 받을 자격이 없는 이들에게 은총과 자비를 베풀며, 다른 한편으로 노여움과 냉혹함을 받을 만하지 않은 이들에게 노여움과 냉혹함을 드러내 보인다. 이 두 가지 경우에 신은 인간이 보기에는 과도하고 정의롭지 않지만 신 자신이 보기에는 정의롭고 참되다. 자격이 없는 이들에게 상을 주는 것이 어떻게 정의로울 수 있는지는 현재로서는 이해 불가능한 것이다. 그러나 우리가 단지 믿는 것이 아니라 눈앞에서 볼 수 있는 곳에 갔을 때는 그 이유를 보게 될 것이다. 마찬가지로, 영겁의 벌을 받을 만하지 않은 사람들에게 영겁의 벌을 내리는 것이 어떻게 정의로울 수 있는지는 현재로서는 이해 불가능한 일이다. 그러나 인자(人子)가 나타날 때까지 우리는 그렇게 믿는다." 지금 벨이 현세에서는 우리에게 주어지지 않은 빛으로 둘러싸여 있기를 희망해야 한다. 그에게 선한 의지가 결코 부족하지 않았다고 생각할 여지가 있기 때문이다.[199)]

∵

199) (옮긴이) 벨의 사유에는 많은 오류에도 불구하고 좋은 의도가 보이기 때문에, 라이프니츠는 사망한 벨이 현재 천국에 가 있기를 희망하고 있다.

다프니스가 빛에 둘러싸여 올림푸스 문턱에 올라 감탄하고 낯설어 한다
(insueti).

그의 발밑에는 큰 구름과 별들이 보인다. (베르길리우스)

참된 빛을 받아 혹성들과 축에 고정된 별들을 보니
우리의 명확함이 어떠한 어두움 아래 있는지 보인다. (루카누스)[200]

••

200) 베르길리우스, 『목가집』, 제5권, 56~57행, 56행에서 insuetum으로 읽을 것. 루카누스, 『내
란기』, 제9권, 11~14행. 사후의 폼페이의 영혼을 말한다.

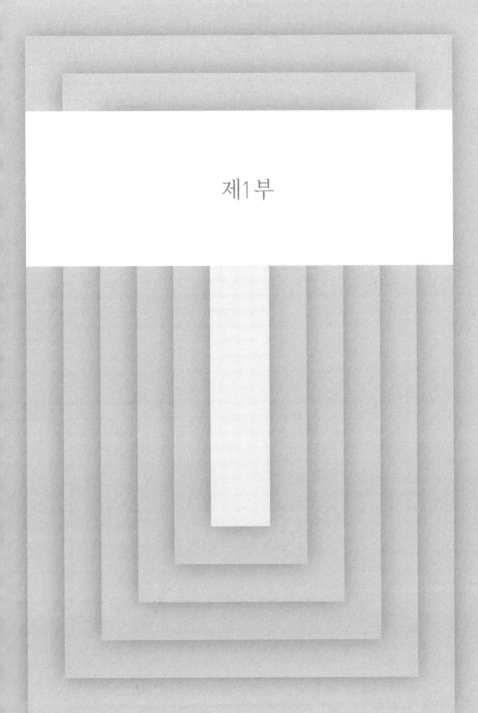

제1부

1. 우리는 이성이 신앙과 대립하기는커녕 오히려 신앙에 기여하도록 하는 방식으로 신앙과 이성의 권리를 조정했다. 이제부터는 악과 관련하여 자연의 빛과 계시의 빛이 신과 인간에 대해 우리에게 알려주는 것을 유지하고, 동시에 조화시키기 위해 신앙과 이성이 어떤 방식으로 각각의 권리를 행사하는지 알아볼 것이다. 난점은 두 분류로 구분할 수 있다. 첫 번째 난점은 신의 본성과 양립할 수 없어 보이는 인간의 자유에서 생겨난다. 그럼에도 인간이 죄가 있거나 벌을 받아야 한다고 생각될 수 있기 위해서 자유는 필요한 것으로 간주된다. 다른 난점은 신의 행동과 관련된다. 비록 인간이 자유로우며, 인간 역시 악의 현존에 기여한다고 해도, 악의 현존에 과도하게 기여하는 것으로 보이는 신의 행동은 그의 선, 성스러움, 정의(正義)와 대립되는 것 같다. 신은 물리적인 악과 도덕적인 악에 협력하고, 이 각각의 악에 물리적이고 도덕적인 방식으로 협력하며, 이러한 악은 자연의 질서와 은총의 질서에서 나타날 것이고, 이 덧없는 현재의 삶에 못지않게 그리고 더 나아가 그보다 더 강력하게 미래의 영원한 삶에서도 나타날 것이기 때문이다.

2. 이 난점을 간단히 표현하기 위해서는, 결정이나 확실성이 어떤 것이

든지 간에, 자유는 외관상으로 볼 때 결정이나 확실성에 의해 반박된다는 사실에 주목해야 한다. 그런데 미래의 우연적 사건들의 진리가 결정되어 있다는 것은 우리 철학자들의 공통된 학설이다. 또한 신의 예지는 모든 미래를 확실하고 결정된 것으로 만든다. 그러나 예지 자체의 기초가 되는 신의 섭리와 예정에 의해서는 더 많은 것이 이루어진다. 신은 사건들을 무차별하게 바라보거나 판단을 보류할 수 있는 인간과 같지 않다. 모든 것은 오직 신의 의지에 의한 결정들의 계열 안에서, 그리고 신의 능력의 작용에 의해서 현존하기 때문이다. 신의 협력을 고려하지 않는다 해도 모든 것은 사물들의 질서 속에서 완벽하게 연결되어 있다. 그 어떤 것도 결과의 산출을 위해 정확히 필요한 방식으로 배치된 원인이 없이는 발생하시 않기 때문이다. 이 같은 일은 의지 행위 및 다른 모든 행위에서도 마찬가지로 일어난다. 그렇다면 인간이 행하는 선과 악은 그가 그렇게 할 수밖에 없어서 하는 것처럼 보인다. 결과적으로 인간은 보상도 벌도 받을 이유가 없어 보인다. 그런데 이러한 점은 행동의 도덕성을 파괴하며 신과 인간의 정의(正義)에 어긋나는 것이다.

3. 한편 영겁의 벌을 피하도록 하는 자유가 인간에게 부여될 때도, 신의 행동은 신을 희생시킴으로써 전체적으로나 부분적으로 자신들의 무죄를 입증하려 드는 사람들의 뻔뻔한 무지에 근거한 비판의 대상이 될 수 있다. 사람들은 모든 피조물과 자신들의 행동에서 실재적인 것은 신으로부터 기인하기 때문에, 죄 자체에서의 모든 실재성 또는 행위의 실체라고 불리는 것은 신의 산출이라고 논박한다. 이로부터 그들은 신이 죄의 물리적 원인일 뿐 아니라 또한 도덕적 원인이라는 결론을 도출해내고자 한다. 신은 매우 자유롭게 행동하며, 어떤 일과 그것이 가져올 수 있는 결과에 대한 완

전한 인식 없이는 아무것도 하지 않기 때문이다. 그리고 일반적 견해나 기회 원인 체계[201]를 따라서, 신 자신이 인간의 의지나 결심과 협력하도록 하는 법칙을 만들었다고 말하는 것은 충분하지 않다. 그 결과를 모르는 법칙을 신이 만들었다는 것도 이상할 뿐더러, 악한 의지 자체도 신의 협력 없이는 존재할 수 없으며, 더욱이 그러한 의지를 인간이나 다른 이성적 피조물에게 생겨나도록 하는 신의 일정한 예정 없이는 존재할 수 없다는 핵심적 난점이 있기 때문이다. 한 행동이 악하다고 해서 그것이 신에게 의존되지 않는 것은 아니기 때문이다. 이로부터 사람들은 마니교주의자들을 따라서 각각 선하고 악한 두 원리가 있다고 주장하지는 않아도, 결국 신은 선과 악을 무차별적으로 행한다는 결론을 내리고자 한다. 게다가 신학자와 철학자들의 공통된 견해에 따르면 보존은 연속적 창조이므로, 인간은 계속 타락과 죄의 상태로 창조된다고 할 것이다. 또한 신만이 유일한 능동적 존재이고 피조물들은 순전히 그 수동적 기관일 뿐이라고 주장하는 현대 데카르트주의자들도 있으며, 벨도 이에 적지 않게 의거하고 있다.

4. 신이 단지 일반적 협력을 통해서만 행동에 협력하거나 적어도 악한 행동에는 전혀 협력하지 않을 것이라고 해도, 신의 허용 없이 일어나는 일은 아무것도 없기 때문에 신을 비난하고 도덕적 원인으로 간주하기에 충분하다고 사람들은 재차 말할 것이다. 천사의 타락에 대해서는 말할 것이 없다고 해도 신이 인간을 창조하고서 이러저러한 상황에 처하게 한다면, 신은 앞으로 일어날 모든 일을 알 것이다. 그리고 신은 계속하여 인간을 그런 상황에 처하게 한다. 인간은 그가 빠지게 될 것이 뻔한 유혹에 노

---

201) 말브랑슈(Malebranche)의 학설.

출되어 무수히 많은 끔찍한 악의 원인이 될 것이다. 이러한 타락으로 인해 인류 전체가 감염될 것이며 일종의 죄의 필연성에 놓일 것이다. 이를 원죄라 한다. 이로부터 세계는 이상한 혼란에 빠질 것이다. 이와 같은 수단을 통해, 선한 사람들이나 악한 사람들을 통상적으로 괴롭히는 무수히 많은 불행 및 고통과 함께 죽음과 질병이 나타날 것이다. 심지어 악의가 군림하여 현세에서 덕이 억눌릴 것이며, 따라서 사물들에 대한 섭리의 지배력은 거의 없는 것처럼 보일 것이다. 다가올 삶을 생각하면 더더욱 문제다. 적은 수의 사람들만이 구원받을 것이고 나머지 모든 이들은 영원히 사멸할 것이기 때문이다. 게다가 신이 구원이 예정된 사람들을 택하면서 그들 미래의 선행 및 신앙과 노력을 고려했다고 말하거나, 이미 *그들을* 구원하기로 예정했기 때문에 그들에게 선한 자질과 행동을 부여하고자 했다고 주장한다고 해도, 구원이 예정된 그들은 타락한 사람들 가운데서 근거 없는 선택에 의해 구제되었을 것이다. 가장 관대한 체계에 따라 신이 모든 사람을 구원하기를 원했다고 말하거나, 일반적으로 수용되고 있는 다른 체계에 따라 신이 자신의 아들로 하여금 모든 사람의 죄를 대속하기 위하여 인간의 본성을 취하도록 함으로써 생생하고 최종적인 신앙으로 신의 아들을 믿는 모든 이들이 구원받으리라는 것이 인정된다고 해도, 그들의 신앙 역시 신의 선물이라는 것은 언제나 사실이기 때문이다. 우리는 모든 선한 일에 무감각하므로 선재(先在)적 은총이 우리의 의지까지 촉발해주어야 하며, 신이 우리에게 의지와 행동을 부여해준다는 것도 언제나 사실이기 때문이다. 이런 일이 그 자체로 유효한 은총 즉 우리의 의지로 하여금 자신이 행하는 선에 전적으로 결정되도록 하는 신의 내적 운동을 통해 이루어지거나, 단지 충족 은총 즉 결과를 낳기는 하지만 인간이 처해 있고 신이 인간을 그렇게 배치해놓은 내적·외적 상황에 의해 유효해지는 은총만이 있다고 해도, 항상 신은 예수 그리스도 안에서의 구원과 은총과 선택의 최종적 근거라고 말할 수밖에 없다. 선택이 신앙을 부여하려는 신의 계획의 원인이거나 혹은 귀결이라고 해도, 매우 적은 수의 사람들에게만 해당되는 근거 없는 선택으로 인해 신이 자신의 마음에 드는 이들에게 신앙이나 구원을 부여한다는 것은 항상 사실이다.

5. 따라서 신이 인류 전체를 위해 독생자를 냈으며 인간들을 구원하기 위한 유일한 조물주이고 주인임에도, 인간 중 극히 적은 수만을 구제하고 나머지 모두를 자신의 적인 악마에게 넘겨버린다는 것은 끔찍한 심판이다. 그들은 신의 선과 정의(正義) 또는 다른 완전성을 널리 퍼뜨리고 드러내기 위하여 창조되었음에도, 이 악마로 인해 영원히 고통받고 창조자를 저주할 것이다. 이러한 사건이 더더욱 공포를 일으키는 이유가 있다. 즉 모든 사람들이 영원토록 불행한 것은 단지 신이 그들의 부모가 유혹을 견디지 못할 것을 알면서도 그들을 유혹에 노출시켰기 때문이다. 또한 이런 죄는 인간들이 의지를 통해 무엇을 하기도 전에 그들에게 이미 내재되고 전가된 것이며, 이 같은 유전적 악덕 때문에 그들의 의지는 현재의 죄를 저지르도록 결정된다. 인류의 구원자인 예수 그리스도에 대해 말하는 것을 전혀 듣지도 못했거나 결코 충분하게는 듣지 못한 무수히 많은 아이나 어른이 죄의 구렁텅이에서 구제되는 데 필요한 도움을 받기도 전에 죽고, 영원히 신에게 불만을 갖도록 정죄되며, 모든 피조물 가운데 가장 악한 이들과 함께 고통 속에서 파멸하게 된다. 이 사람들이 근본적으로 다른 사람들보다 더 악한 것도 아니고, 아마도 그들 중 여럿은 이유 없는 은총으로 구원되어 그럴 자격도 없이 영원한 행복을 누리는 극소수의 선택받은 자들 중 몇몇보다는 죄가 덜할 것임에도 말이다. 이러한 점이 바로 여러 사람이 언급

한 난점의 개요다. 앞으로 벨이 쓴 구절들을 검토할 때 드러나겠지만, 그는 이 난점들을 가장 멀리까지 밀어붙인 사람 중 한 명이다. 지금까지 나는 벨이 말하는 난점에서 가장 본질적인 점을 말했다고 생각한다. 반면 충격을 주거나 논박을 더 강력하게 만들지도 못하는 몇몇 표현과 과장된 말은 삼가는 것이 적절하다고 판단했다.

6. 이제 문제의 이면을 보고 또한 이런 논박에 반박할 수 있는 점을 다시 제시해보자. 이를 위해서는 보다 포괄적인 담론을 통해 설명할 필요가 있을 것이다. 몇 마디 말로 많은 난점을 건드릴 수는 있지만, 논의를 하려면 범위를 넓혀야 하기 때문이다. 나의 목적은, 신이 전제석 권력을 사용하기 때문에 사랑하기에 그리 적합하지도 않고 사랑할 만한 가치도 없는 절대군주라고 생각하게끔 하는 잘못된 관념을 사람들에게서 제거하는 데 있다. 경건의 본질은 신을 두려워할 뿐 아니라 모든 면에서 신을 사랑하는 것인 만큼, 그러한 개념은 신과 관련해볼 때에는 더더욱 나쁜 것이다. 모든 면에서 신을 사랑하는 것은 신에게 합당한 일이며, 신을 사랑하는 이들에게 행복을 주는 사랑을 촉발할 수 있는 신의 완전성을 인식하지 않고서는 불가능하다. 우리가 끊임없이 신을 기쁘게 하기에 모자람이 없는 열정으로 가득하다면, 신이 우리를 밝혀줄 것이고 그가 자신의 영광과 인간들의 선을 위해 착수한 계획을 실행할 때 직접 우리를 돌봐줄 것이라고 희망해도 된다. 이토록 훌륭한 이유가 있으면 신뢰가 생기는 것이다. 만일 우리와 대립되는, 수긍할 만한 그럴듯함이 있다면 우리에게는 증명[202]이 있

202) (옮긴이) 앞에서 설명했듯이 라이프니츠는 자연 종교, 자연 신학, 혹은 철학의 차원에서 선한 신의 존재와 영혼의 불멸성을 영원한 진리로서 증명할 수 있다고 본다. 그는 다음 절에서 신의 존재와 그 완전성을 증명한다.

다. 나는 반대자에게 감히 말하겠다.

나의 화살이 얼마나 날카로운지 보라(Aspice, quam mage sit nostrum penetra-bilem telum).[203]

7. 신은 사물들의 제일 근거다. 우리가 보고 경험하는 모든 것처럼, 한정된 것들은 우연적이며 그것들의 현존을 필연적으로 만드는 것을 자신들 안에 전혀 가지고 있지 않다. 시간, 공간, 물질은 서로 연결되어 있고 균일하며 모든 것에 대해 무차별적이므로 완전히 다른 운동이나 형태를 받을 수 있었으며, 또한 다른 질서 속에서 그러한 운동과 형태를 받을 수 있었음은 명백하기 때문이다. 따라서 우연적인 것들의 전체 집합인 세계의 현존에 대한 근거를 찾아야 하고, 자신의 현존하는 근거를 자신과 함께 가지고 있는 실체, 즉 그 현존이 필연적이고 영원한 실체 안에서 근거를 찾아야 한다. 또한 이 원인은 **지성적**이어야 한다. 현존하는 세계는 우연적이며, 무한히 많은 다른 세계도 동일하게 가능하고, 어떻게 말하자면 현존하는 세계와 마찬가지로 역시 현존을 요청하므로, 세계의 원인은 이 가능한 모든 세계에 대한 관점이나 관계를 가짐으로써 그중 하나를 결정해야 하기 때문이다. 현존하는 하나의 실체가 단순한 가능성에 대해 갖는 관점이나 관계는 그것들의 관념을 갖는 **지성**일 수밖에 없다. 또한 그 가능성 중 하나를 결정하는 것은 선택하는 **의지**의 행위일 수밖에 없다. 그리고 실체의 의지를 유효하게 하는 것은 실체의 **능력**이다. 능력은 존재를 향하고, 지혜 혹은 지성은

203) 베르길리우스, 『아이네이스』, 제12권, 481행. 원래 구문은 aspice num mage(즉 "내 화살이 얼마나 ……")이다.

진리를 향하며, 의지는 선을 향한다. 이 지성적 원인은 그 어떤 방식으로도 무한하며 가능한 모든 것에 미치기 때문에 **능력**, **지혜**, **선**에서 절대적으로 완전하다.[204] 모든 것이 연결되어 있는바, 하나 이상의 지성적 원인을 인정할 여지가 없다. 이 원인의 지성은 **본질**의 원천이며 그의 의지는 **현존**의 근원이다. 이러한 것이 바로 유일한 신과 그 완전성의 증거 그리고 신에 의

∵

204) (옮긴이) 『형이상학 논고』 제1절에서 라이프니츠는 신의 완전성에 대해서 상세한 논의를 전개한다. 그에 따르면, 신에게는 "전적으로 상이한 완전성들"이 "가장 높은 정도로" 속해 있다. 먼저 그는 완전성이 무엇을 의미하는지 정의한다. "완전성이 무엇인가를 식별하는 데에 적용할 수 있는 아주 확실한 특징이 하나 있는데, 그것은 예를 들어 수나 도형의 본질과 같이, 최고의 정도가 불가능한 형상들 또는 본성들은 완전성이 아니라는 것이다. 왜냐하면 모든 수들 중에서 가장 큰 수(또는 모든 수의 개수)는 모든 도형들 중에서 가장 큰 도형이라는 말과 마찬가지로 모순을 포함하지만, 가장 큰 지식과 능력은 어떠한 불가능한 것도 포함하지 않기 때문이다." 이처럼 신은 지식과 능력 등의 완전성을 최고의 등급으로 가지고 있기 때문에 전지하고 전능한 것이다. 그런데 라이프니츠는 신이 "형이상학적인 의미에서뿐만 아니라 도덕적인 의미에서도 가장 완전하게 행위"한다고 덧붙인다. 달리 말하면, 지혜와 능력이라는 신의 핵심적인 두 속성 중 능력은 위의 본문에서 말하는 것처럼 존재를 향하는 능력과 선을 향하는 능력으로 나뉜다. 이렇게 라이프니츠에게 습관적인 삼분법이 확립되는 것이다. 즉 신은 능력이고, 지혜이고, 선이다. 신이 "상이한 완전성들"을 무한한 속성으로 갖는다는 라이프니츠의 관점은 스피노자의 속성론과 관계가 있다. 스피노자 역시 신의 속성은 서로 제한을 가하지 않는 무한한 완전성이라고 본다. 예를 들어, 사유와 연장은 서로 아무 인과관계도 없고 서로 제한을 가하지 않기 때문에 각각 자신의 유(類)에서 무한하다. 이렇게 서로 상이하고 무한한 속성들이 신의 본질을 구성한다. 그러나 두 철학자는 무한한 속성을 적용하는 데서 서로 갈라진다. 라이프니츠에 따르면, 연장은 진정한 무한이 아니다. 가장 큰 연장은 불가능하기 때문이다. 달리 말하면, 연장은 본질적으로 상대적인 것이지 절대적인 것이 아니다. 연장은 사물들이 병존하는 질서이며, 이 질서는 무한정할 뿐 현실적으로 무한한 것이 아니다. 게다가 라이프니츠는 지성과 의지를 그 자체로 무한한 신의 완전성으로 보는 반면, 스피노자에게 지성과 의지는 신의 본질을 구성하지 않는 '양태'에 불과하며 신의 속성인 '사유'에 의해서만 무한할 뿐이다. 더 나아가 스피노자에 따르면, 지성과 의지는 동일하기 때문에 신은 익명적인 '능력'을 발휘할 뿐 '선택'을 하는 존재가 아니다. 이 때문에 라이프니츠는 『변신론』에서 스피노자의 관점뿐 아니라 신의 능력만을 강조하는 데카르트의 관점에 대한 경계를 늦추지 않는다. 신의 '지성' 혹은 '지혜'를 확보하는 것은 라이프니츠의 모든 논의에서 핵심 축이다.

한 사물들의 근원을 몇 마디로 말한 것이다.

8. 그런데 이 최상의 지혜는 그보다 덜 무한하지 않은 선과 결합하여 최선을 선택하지 않을 수 없었다. 왜냐하면 좀 더 작은 악이 일종의 선인 것처럼, 좀 더 작은 선은 보다 큰 선에 장애가 될 경우 일종의 악이기 때문이다. 더 잘할 수 있는 방법이 있다면 신의 행동에 고쳐야 할 것이 있는 셈이 된다.[205] 또한 수학에서 최대도 없고 최소도 없을 때, 그리고 결국 구분되는 것이 아무것도 없을 때 모든 것은 똑같이 이루어진다. 혹은 이러한 것이 불가능할 때는 아무것도 이루어지지 않는다. 마찬가지로 수학보다 덜 규칙적이지 않은 완전한 지혜에 관해서도 우리는 가능한 모든 세계 가운데 최선(optimum)이 없었다면 신은 그중 아무것도 산출하지 않았을 것이라고 말할 수 있다.[206] 나는 여러 세계가 여러 다른 때와 다른 곳에 존재할 수

∴

205) (옮긴이) 라이프니츠는 『형이상학 논고』 제3절에서 신이 행한 것이 최고로 완전한 것이 아니며, 더 잘 할 수도 있었다고 주장한 "몇몇 현대인들" 혹은 몇몇 스콜라 학자들의 견해를 비판한다. 그는 말브랑슈도 겨냥하고 있는데, 예를 들어 『자연과 은총에 관한 논문』 제14절에서 "물론, 신은 우리가 지금 살고 있는 세계보다 더 완전한 세계를 만들 수 있었다"라고 말한다. 라이프니츠는 이러한 견해에 동의할 수 없는 이유를 밝힌다. "그 이유는 이 견해로부터 나오는 결과들이 신의 영광에 전적으로 배치되는 것처럼 보이기 때문이다. Uti minus malum habet rationem boni, ita minus bonum habet rationem mali(보다 덜 나쁜 것이 좋은 것의 근거를 가지듯이, 보다 덜 좋은 것도 나쁜 것의 근거를 갖는다). 그가 원래 할 수 있었던 것보다 덜 완전하게 행위한다는 것은 불완전하게 행위한다는 것을 의미한다. 건축사가 건물을 보다 더 잘 지을 수 있었을 것이라고 지적하는 것은 그의 작품을 비난하는 것이다. …… 불완전성들은 어떻게든 무한히 낮은 단계의 불완전성에 이르기까지 가능하므로 신의 작품은 그것이 충분하기만 하면 신이 그것을 어떻게 만들든지 간에, 보다 덜 완전한 것에 비하면 좋을 수는 있다. 그러나 그것이 그러한 방식으로 좋은 것이라면, 그것은 결코 칭찬할 만한 것은 아니다."

206) (옮긴이) 라이프니츠는 '최선(最善)', '최적(最適)'이 존재한다는 점을 끊임없이 강조한다. 『형이상학 논고』 제3절에 최선과 최적에 관한 예들을 위해 삽입했다가 삭제한 구절이 있는데, 거기서 그는 원과 정삼각형에 대해 말한다. 삼각형 중에 가장 완전한 삼각형은 정삼각

있다고 사람들이 말하지 않도록 하기 위해, 현존하는 모든 것의 모든 계열과 모든 집합을 세계라고 부르겠다. 왜냐하면 하나의 세계나 혹은 하나의 우주에 이 모든 세계가 포함되는 것으로 생각해야 하기 때문이다. 모든 시간과 모든 장소가 채워진다고 해도 무한히 많은 방식으로 채워질 수 있고 따라서 무한히 많은 세계가 가능하며 신은 그중 최선을 선택한 것이다. 신은 최상의 이유로 행동하지 않고서는 아무것도 하지 않기 때문이다.[207]

9. 이 같은 논증에 답하지 못하는 어떤 반대자는 세계가 죄와 고통 없이 존재할 수 있었을 것이라고 말함으로써 아마도 반대 논증을 통해 결론을 반박할 것이다. 하지만 나는 이 경우 세계가 **최선**이었으리라는 점을 부정하겠다. 각각의 가능한 세계에서 모든 것이 연결되어 있다는 것을 알아야

∵

형이고, 반듯하고 규칙적인 도형들 중 가장 완전한 도형은 원이다. 이 논리는 최소의 수단으로 최대의 결과를 산출해내는 최선(optimum)에 부합한다. 예를 들어, 각 변이 4인 정사각형과 두 변이 2이고 다른 두 변이 6인 사각형이 있다고 해보자. 두 사각형 변의 합은 각각 동일하게 16이지만, 면적은 각각 16과 12이다. 여기서 최대 면적은 존재하지만 최소 면적은 끝이 내려갈 뿐이다. 라이프니츠는 「그 근원에서 고찰된, 사물들의 기원적 산출에 관하여(De rerum originatione radicali)」(1697)에서, 신의 선택을 이끄는 선험적인 원리를 명확하게 정의한다. "사물들에는 최대와 최소에서 찾아야 하는 결정의 원리가 항상 존재한다. 즉 최대의 결과가 최소의 노력으로 획득된다." 『라이프니츠, 철학 논문 선집(Leibniz, opuscules philosophiques choisis)』(trad. P. Schrecker, Vrin, 2001), 173쪽.

207) (옮긴이) 앞으로 상세히 드러나겠지만, 최선이 존재한다는 관점은 악의 문제에도 적용된다. 절대적 선인 신이 존재하고, 불완전한 존재들 중 최선이 존재하며 그 밑으로 불완전한 존재가 끝없이 존재하는 것처럼, 악의 등급도 끝없이 내려가는 것이다. 실제로 『변신론』을 마무리하는 제3부의 끝부분에서 라이프니츠는 다음과 같이 말한다. "홀들은 피라미드형으로 올라갔다. 꼭대기로 올라갈수록 홀은 더 아름다워졌고, 더 아름다운 세계를 표현했다. 결국 피라미드가 끝나는 마지막 홀, 모든 홀 중 가장 아름다운 홀로 왔다. 피라미드는 시작이 있었으나 그 끝은 보이지 않았다. 피라미드는 꼭대기는 있으나 밑바닥은 없었다."(제416절) 이런 논리에 따라 만일 신이 최선을 선택하여 창조하지 않는다면, 무한히 많은 하위 등급의 세계를 선택할 수 있게 되는 만큼 사실상 선택의 근거를 가질 수가 없게 된다.

하기 때문이다. 어떤 우주가 되었든 간에 우주는 대양(大洋)처럼 하나의 전체임을 알아야 한다. 이 우주에서는 가장 작은 운동이라도 있으면 어떤 거리에 있을지라도 그곳에 결과를 나타낸다. 비록 거리가 멀어질수록 그 결과가 덜 감지되기는 하겠지만 말이다. 따라서 신은 기도, 선행과 악행 그리고 나머지 모든 것을 예견하고서 미리 모든 것을 한 번에 조정해놓은 것이다. 또한 각 존재는 현존하기 전에 만물의 현존에 대해 내려진 결정에 **관념적으로** 참여해 있는 것이다. 결과적으로, 우주에서 (그리고 하나의 수(數)에 있어서도) 각 사물의 **본질** 혹은 그 **수적 개체성**을 손상하지 않고서 변할 수 있는 것은 전혀 없다. 따라서 세계에서 일어나는 가장 작은 악이라도 그것이 세계에서 사라진다면, 그 세계는 모든 것을 생각해보고 고려한 뒤 최선으로서 신이 선택한 세계가 아닐 것이다.

10. 죄도 없고 불행도 없는 세계를 상상할 수 있고 그런 세계에 대한 소설이나 유토피아, 세바람베스[208] 같은 것들을 만들어낼 수 있는 것은 사실이다. 그러나 이러한 세계도 선에서 우리의 세계보다 매우 뒤떨어진다. 나는 이 같은 점을 세부적으로 보여줄 수는 없다. 내가 무한한 것들을 인식해서 여러분에게 표현하고 또 그것들을 모두 비교할 수 있겠는가? 신은 이 세계를 지금 모습 그대로 선택했기 때문에 여러분들은 **결과를 통해**(ab effectu) 나와 함께 그렇게 판단해야 한다. 게다가 우리는 어떤 악이 선을

∵

208) 개신교도이면서 작가인 드니 베이라스 혹은 베라스(Denis Veiras, Vairasse, 1635~1685)의 유토피아적인 소설 『세바람베스의 역사(Histoire des Sevarambes)』에 나오는 가공의 종족이다. 이 소설은 그를 유명하게 만들었으며, 영어로 먼저 출간되고(런던, 1675) 이어서 프랑스어로 출간되었다(파리, 1677). '세바람베스'는 가공의 주인공 '세바리아스(Sévarias)'에서 파생되었고, 이 이름 자체가 저자의 이름으로부터 문자 조합을 해서 만들어낸 것이다.

일으키고 그러한 악을 통하지 않고서는 그 선에 이르지 못하는 일이 자주 일어난다는 점을 알고 있다. 심지어 두 개의 악이 하나의 큰 선을 이루는 경우도 많다.

운명이 그것을 원한다면 두 개의 독이 합쳐져서 좋은 결과를 가져올 것이다.

판 헬몬트[209]가 주정(酒精)과 소변을 섞어 보여주었듯이, 두 액체가 때때로 건조한 물체를 만들어내는 것처럼 말이다. 혹은 호프만[210]이 산성 액체와 향유를 조합하여 보여준 것처럼, 차갑고 음습한 두 물질이 큰불을 만들어내는 것도 마찬가지다. 때때로 군대의 장군은 큰 전투에서 승리하게 해주는 행복한 잘못을 저지르기도 한다. 가톨릭교회 의식에서 부활절 전날에 노래를 하지 않는가?

오, 아담의 죄는 진정 필요했구나,
그리스도의 죽음이 그 죄를 사했으니.
오, 축복의 죄여,
이토록 위대한 구세주를 오시게 할 만하구나.

11. 예정설에 관한 스폰드라티[211] 추기경의 책에 반대하여 교황 이노센

∴

209) 얀 밥티스타 판 헬몬트(Jan Baptista van Helmont, 1579~1644)는 저명한 의사이자 화학자이며, 그의 저작들은 역시 화학자인 그의 아들 프란츠 메르쿠리우스 판 헬몬트(Franz Merkurius van Helmont, 1618~1699)가 편집하였다.
210) 프리드리히 호프만(Friedrich Hoffmann, 1660~1742)은 독일의 저명한 의사 · 화학자다.
211) 스폰드라티(Sfondrati, 1644~1696)는 『풀어진 예정의 매듭』을 출간했고, 보쉬에와 여러 주교들은 1692년부터 1700년까지 교황이었던 이노센트 12세에게 이 책의 정죄를 요청했다.

트 12세에게 글을 올린 프랑스 교회의 저명한 고위 성직자들은 성 아우구스티누스의 원리를 따르던 이들로서, 이러한 점을 해명하기 위해 매우 적절한 것들을 말했다. 스폰드라티 추기경은 세례 없이 죽은 아이들의 상태를 신의 왕국 자체보다 선호하는 것처럼 보인다. 죄는 악 중에서 가장 큰 악이고, 이 아이들은 현재의 모든 죄에 물들지 않은 채 죽었기 때문이다. 이에 대해서는 후에 보다 자세히 말할 것이다. 이 고위 성직자들께서는[212] 이 같은 견해의 근거가 잘못되었다고 제대로 지적했다. 그들은 다음과 같이 말한다. 사도 바울이 선을 위해 악을 행함을 반대하는 것은 일리가 있으며(「로마서」 3:8), 다른 한편 신이 절대적으로 탁월한 능력을 통해 죄를 허용함으로써 죄가 생기기 전의 선보다 더 큰 선을 도출해낸다는 것을 반대할 수는 없다. 이것이 죄를 기꺼이 저질러야 한다는 것은 아니다. 그런 일은 없기를! 다만 사도 바울을 따라(「로마서」 5:20) 죄가 넘칠 경우 은총은 더더욱 넘쳐남을 믿자는 것이며, 죄가 발생하면서 우리가 예수 그리스도를 맞이하게 되었음을 기억하자는 것이다. 이렇게 프랑스 고위 성직자들의 견해는 죄가 개입된 사건들의 과정은 죄가 없는 과정보다 더 좋을 수도 있었고 실제로 더 좋다고 주장하고자 하는 것임이 드러난다.

12. 사람들은 고통에 가까운 것이 뒤섞인 감각적 쾌락에 대한 비유를 사용함으로써 정신적 쾌락에도 비슷한 것이 있다고 항상 평가해왔다. 흔히 약간의 신산스러움, 약간의 쓰라림 혹은 씁쓸함은 달콤함보다 더 기쁨을

∵

212) (옮긴이) 라이프니츠는 '각하', '예하' 등의 높임말로 번역될 수 있는 'messieurs'를 붙여서 고위 성직자들을 높여 부르고 있다. 가톨릭 내에서 교황, 추기경, 주교 등 직급에 따라 존칭이 모두 다르고, 라이프니츠가 특정 직급을 언급하지 않고 있어서 '~께서' 정도로 높이면 적당할 것 같다.

준다. 약한 어둠은 색깔을 부각시킨다. 그뿐 아니라 필요한 곳에 들어간 불협화음은 화음에 강조점을 준다. 우리는 줄에서 거의 떨어질 듯한 줄타기 무용수들을 보고 불안해하기를 원하며, 비극을 보고서 거의 울기를 원한다. 한 번도 아파보지 않고서 건강을 충분히 느끼고, 건강에 대해 신에게 감사할 수 있겠는가? 거의 언제나 약간의 악이 선을 두드러지게, 즉 더 크게 만들어야 하지 않겠는가?

13. 사람들은 선에 비해 악이 더 크고 더 많다고 말할 것이다. 이는 오류다. 우리의 선을 감소시키는 것은 주의력의 결핍일 뿐이며 악이 어느 정도 섞임으로써 주의력이 우리에게 주어져야 한다. 우리가 일상적으로 아프고 드물게 건강하다면, 이 큰 선을 놀라우리만큼 느낄 것이고 악은 덜 느낄 것이다. 그렇지만 건강이 일상적이고 병이 드문 것이 더 낫지 않겠는가? 그러면 건강의 선을 더 잘 식별할 수 있도록 지각이 못 미치는 곳을 성찰을 통해 채워보자. 우리가 만일 미래의 삶을 인식하지 못할 경우, 죽음에 직면한 순간에 특히 동일한 종류는 아니지만 동일한 정도의 선과 악을 다시 겪는다는 조건이 있다면, 다시 삶을 시작한다는 것에 만족하지 않을 이는 매우 적으리라고 나는 생각한다. 사람들은 이미 겪었던 조건보다 더 좋은 조건을 요구하지 않고 선과 악의 종류를 바꾸는 것으로 만족할 것이다.

14. 또한 인간 육체의 연약성을 고려할 때, 우리는 육체를 그토록 오래 지속되게 하고 육체의 조건을 그토록 저항력이 강하게 하는 자연의 조물주의 지혜와 선에 감탄하게 된다. 그래서 나는 사람들이 가끔 아프다고 할 때는 놀라지 않으나, 아픈 적이 별로 없다거나 전혀 없다고 할 때는 놀란

다고 자주 말하게 되었다. 마찬가지로 우리는 동물들의 구조에 대한 신적 기술을 더더욱 높이 평가해야 한다. 조물주는 신적 기술을 통해 매우 약하고 부패하기도 쉽지만 또한 매우 생존력 강한 신체를 만들었다. 우리를 치유하는 것은 약이라기보다는 자연적 본성이기 때문이다. 그런데 이성적이면서 살과 뼈로 이루어진 이런 종류의 피조물이 세계에 존재하지 않기를 원하는 게 아니라면, 인간의 연약성 자체도 사물들이 지닌 본성의 귀결이다. 그러나 이는 겉으로 보기에는 과거 철학자들이 **형상들의 공백**(vacuum formarum), 즉 종들의 질서에서의 공백이라 부른 결여일 것이다.

15. 나는 최고의 천부적인 혜택을 받지 않았음에도 본성과 운에 만족하고 불평하지 않는 성향의 사람들이 다른 이들보다 낫다고 본다. 이 같은 불평은 근거가 없을 뿐더러 실제로는 섭리의 명령에 맞서 불평하는 것에 불과하기 때문이다. 자신이 속해 있는 국가에서 불평분자들의 무리에 쉽게 속해서는 안 될 것이며, 불의를 저지르지 않고서는 불평분자가 될 수 없는 신의 국가에서는 결코 불평분자들의 무리에 속해서는 안 될 것이다.[213] 교황 이노센트 3세의 책[214] 등과 같이, 인간의 불행에 관한 책들은 가장 유용한 책에 속하는 것 같지 않다. 악보다 훨씬 우월한 선에 집중하

∴

213) (옮긴이) 라이프니츠는 『형이상학 논고』 제4절에서 이들은 '반역자'와 비슷하다고 본다. "사실 나에게는 신이 창조한 것에 대해 만족하지 못하는 사람들은 그 의도가 반역자들의 의도와 별로 다르지 않은, 불만을 가진 신하들과 동일한 것처럼 보인다. 따라서 이 원칙들에 의하면 나는 신에 대한 사랑에 합당한 행위를 하려면 강제로 인내하는 것으로는 충분하지 않고, 신의 의지에 따라 우리에게 일어나는 모든 일에 진정으로 만족하지 않으면 안 된다고 생각한다."

214) 이노센트 3세(1160~1216)는 1198년부터 1216년까지 교황이었고, 『세상의 무시와 인간 조건의 불행에 관하여』를 썼다. 미뉴(Migne)의 『라틴 교부 저술 전집』, 제217권, 701~746절 참조.

기 위해서는 외면해야 할 악에 오히려 주의를 기울이면, 악은 배가된다. 그래서 나는 에스프리 신부[215]의 『인간의 덕의 거짓에 관하여』와 같은 책들에는 더더욱 동의하지 않는다. 이 책은 그 개요가 최근에 나왔는데 모든 것을 안 좋은 쪽으로 보고, 사람들을 그 책에서 표현하는 모습 그대로 만드는 데 기여하는 저작이다.

16. 그러나 현세의 삶에 무질서가 존재함은 인정해야 한다. 특히 무질서는 여러 악인의 성공과 많은 선인의 불행에서 드러난다. 심지어 악인들이 통상적으로 가장 행복한 사람들인 것처럼, 악인들에게 장점을 부여하는 독일 속담도 있다.

나무는 뒤틀려도 목발은 최고이며, 사기꾼에겐 봉토가 주어지고 행복은 더 커진다.

다음과 같은 호라티우스의 말이 우리에게 참된 것이기를 희망해야 할 것이다.

죄는 앞에서 도망가고 벌은 절뚝거리며 따라가지만 벌이 놓치는 법은 거의 없다.[216]

∴

215) 자크 에스프리(Jacques Esprit, 1611~1678). 『인간의 덕의 거짓에 관하여』는 라로슈푸코(La Rochefoucauld)의 영감을 받은 것으로 파리에서 1678년에 출간되었다. 본문에 언급된 개요는 루이 데 방(Louis des Bans)의 노력으로 『인간을 인식하는 기술』이라는 제목으로 역시 1702년 파리에서 출간되었다.
216) 호라티우스, 『송가』, 제3권, 2장, 31~32행.

비록 대부분의 경우가 그런 것은 아닐지라도, 또한 세계의 면전에서 하늘이 정당화되는 일이 자주 일어나며, 클라우디우스[217]와 함께 이처럼 말할 수 있다.

결국 루피누스의 벌이 이 고통을 날려버렸으며 신들의 죄를 사했다.[218]

17. 이 같은 일이 현세에서 일어나지 않는다고 해도, 내세에서는 치료책이 완전히 준비되어 있다. 종교, 게다가 이성도 그러한 점을 우리에게 알려준다. 최상의 지혜가 회개를 위해 인간들에게 주는 것이 좋다고 판단한 짧은 유예 기간에 결코 불평해서는 안 될 것이다. 반면, 구원과 영겁의 벌을 생각할 경우 논박이 배가된다. 부름을 받은 이들은 다수지만 선택된 이들은 소수이므로 영원의 위대한 미래에서도 최상으로 선한 존재의 최고권하에서도 악이 선보다 우위에 있을 것이기 때문이다. 사실 이 착하고 어진 응징자는 분노를 억눌렀으며 소수의 불경한 이들을 영원히 사멸하도록 한다는 프루덴티우스[219]의 몇몇 시구가 말해주듯이(「잠들기 전의 찬가」), 그 당시의 여러 사람들은 영겁의 벌을 받을 정도로 악한 이들은 매우 적다고 생각했다. 몇몇 이들에 따르면 그 당시 사람들은 지옥과 천국의 중간을 믿은 듯

••

217) 클라우디우스(Claudius, 365년경 출생)는 라틴 시인이며, 테오도시우스 황제의 아들 호노리우스의 후견인 스틸리코가 그의 후원자였다. 그는 테오도시우스의 다른 아들이자 아버지에게서 동방 제국을 물려받은 아르카디우스의 후견인 루피누스(Rufinus)와 논쟁을 벌였다. 루피누스는 395년에 스틸리코의 병사들에게 죽었다.
218) 『루피누스에 반대하여』, 제1권, 20~21행. 위의 주 217 참조.
219) 프루덴티우스(Aurelius Prudentius Clemens, 348년 출생)는 기독교풍의 라틴 시인이며, 여러 작품들과 더불어, 하루의 매 시간을 위한 찬가와 기도 모음집인 『일상』을 남겼다. 본문의 인용구는 「잠들기 전의 찬가」(『일상』, 제6장, 94행)에서 발췌한 것이다.

하며, 프루덴티우스도 그러한 중간에 만족하는 것처럼 말을 하고, 니사의 성 그레고리우스도 이 같은 견해 쪽으로 기울며, 성 히에로니무스[220]는 모든 기독교도들이 결국 은총의 품에 안길 것이라고 주장하는 견해를 지지하는 것 같다. 이스라엘 전체가 구원받을 것이라고 성 바울 자신이 신비로운 말로 간주하며 제시한 말은 많은 성찰의 재료를 제공했다.[221] 경건하고 학식 있지만, 과감한 여러 사람들은 오리게네스의 견해를 되살려냈다. 오리게네스의 주장에 따르면 선은 적절한 때에 모든 점에서 그리고 어디에서나 지배적일 것이고, 결국 이성적인 모든 피조물은 악한 천사들까지 포함하여 성스럽고 행복하게 될 것이라고 한다. 얼마 전에 독일어로 출간된, 『보편적 복원의 신비』라는 훌륭하고 학식 있는 저작에서 옹호한 **영원한 복음**[222]에 관한 책은 모든 이의 구원이라는 이 커다란 역설에 관해 많은 논란을 일으켰다. 르 클레르[223]도 오리게네스주의자들에게 동의한다고 선언하지는 않았으나, 역시 그들의 논고를 정교하게 옹호했다.

18. 나의 조화 원리를 가지고서, 내가 전혀 인정하지 않는 자의적인 가정까지 내놓음으로써 거의 천문학적이라고 할 수 있는 신학을 만들어낸 재능 있는 사람[224]이 있다. 그의 생각은 이렇다. 이 아래 세계에 현재하는

..

220) 성 그레고리우스(Gregorius, 340~400)는 가장 유명한 교부 중 한 명이며, 아리우스적 이단의 적대자다. 성 히에로니무스(Hieronymus, 331~420)는 성경의 라틴어 번역가다.
221) 「로마서」 11:25~26. 아래의 오리게네스에 대해서는 주 171 참조.
222) 『모든 피조물의 일반적 복원의 영원한 복음』은 1699년에 익명으로 출간된 논문이다. 경건주의 운동에서 따로 활동한 신비교파인 요한 빌헬름 페테르젠(Johan Wilhelm Petersen, 1649~1727)이 저자로 간주된다. 페테르젠은 프랑크푸르트에서 1700년과 1710년 사이에 3권으로 출간된 『보편적 복원의 신비』의 저자다. 보편적 복원이라는 표현은 「사도행전」 3:21에서 온 것이다.
223) 주 42 참조.

무질서는, 아직은 태양(즉 고정되어 있고 스스로 빛을 발하는 별)이었던 지구를 주관하는 천사가 아마도 더 큰 태양의 어떤 천사에게 부적절하게 대항하면서 자기 관할의 몇몇 하급 천사들과 함께 죄를 저지르며 시작되었다. 이와 동시에 **자연과 은총의 지배의 예정 조화**에 의해, 그리고 결과적으로 자연적 원인이 때마침 작동하여 지구는 먼지로 뒤덮여 혼탁해졌으며 자기 자리에서 밀려나게 되었다. 이로 인해 지구는 혹성이나 혹은 행성, 즉 다른 태양의 위성, 아마도 지구의 천사가 그 우위를 인정하지 않고자 했던 바로 그 태양의 위성이 되었다. 이것이 바로 루시퍼의 타락이다. 성서에서 왕자라고 불렸고 심지어 이 세계의 신이라고도 불린 악한 천사들의 우두머리는 이 지구 위에 살고 있고 아마도 신이 그들의 타락으로 인한 피해를 복구하기 위해 만들어낸 이 이성적 동물을 그의 수행 천사들과 함께 시기하여, 자신들의 죄에 가담시키고 자신들의 불행을 공유하게 하려고 노력했다. 그러고 나서 예수 그리스도가 인간을 구원하기 위해 온 것이다. 예수 그리스도는 신의 독생자로서 신의 영원한 아들이다. 그러나 (몇몇 고대 기독교인들과 이 가설의 저자에 따르면) 예수 그리스도는 만물의 시작에서부터 피조물들을 완전케 하기 위하여 그들 중 가장 탁월한 본성을 우선적으로 갖게 되면서 그들 사이에 나타났다. 이것이 바로 예수 그리스도가 모든 피조물 중 맏이가 된 두 번째 계보인 것이다. 카발라주의자들은 이것을 **아담 카드몬**(Adam Cadmon)이라고 불렀다. 아마도 예수 그리스도는 우리를 비추는 이 큰 태양에 성막(聖幕)을 설치했을 것이다. 그러나 결국 그는 우리가 살고 있는 이 지구로 왔다. 예수는 이 지구에서 동정녀로부터 태어났고,

••

224) 이 "재능 있는 한 사람"이 누구인지는 아직 밝혀지지 않은 것 같다. 그뤼아(G. Grua, 『라이프니츠에서 보편적 법률학과 변신론』, 제394쪽)에 따르면, 이 구절은 "한 감탄자의 것으로 여겨진 가설의 매력을 유쾌한 어조로 감추고 있다."

인간들을 그들과 예수 자신의 적으로부터 구원하기 위해 인간의 본성을 취한 것이다. 심판의 시간이 다가오고 지구의 현재 표면이 소멸될 순간 예수 그리스도가 모습을 나타내고 선한 이들을 구해내 아마도 태양으로 이주시킬 것이며, 악인들에겐 그들을 유혹한 악마들과 함께 벌을 줄 것이다. 이렇게 지구는 불타기 시작할 것이며 아마도 혜성이 될 것이다. 이 불이 얼마 동안이나 지속될지는 모른다. 「요한계시록」에 따라 혜성의 꼬리에는 끊임없이 연기가 피어오를 것이며, 이 화재가 지옥이고 성서에서 말하는 두 번째 죽음일 것이다. 결국 지옥은 죽은 자들을 돌려줄 것이며, 죽음 자체가 파괴되고, 이성과 평화는 타락했던 정신들을 다시 지배하기 시작할 것이다. 이들은 자신의 잘못을 뉘우치고 자신들의 창조자에 대해 감탄할 것이며, 자신들이 빠져나온 구렁텅이의 크기를 보고 창조자를 더욱더 사랑하게 될 것이다. 동시에 (자연과 은총이라는 지배의 조화로운 평행론에 의해) 이 길고 큰 화재는 지구의 먼지들을 정화할 것이다. 지구는 다시 태양이 될 것이고, 지구를 주관하던 천사는 수행 천사들과 함께 다시 자기 자리를 찾을 것이다. 영겁의 벌을 받았던 사람들은 이 천사들과 함께 선한 천사에 속하게 될 것이다. 우리 지구의 이 우두머리는 피조물들의 우두머리인 구세주에게 경의를 표할 것이다. 이렇게 화해를 한 천사의 영광은 타락 이전보다도 더 클 것이다.

운명의 법칙에 따라 신들의 세계로 다시 돌아온 우리의 찬란한 아폴로는 영원히 군림하리라.

내가 보기에 이런 시각은 재미도 있고 오리게네스주의자가 견지할 만한 시각이었다. 그러나 계시보다는 상상한 부분이 더 많고 이성에도 특별히 득이 되지 않는 이 같은 가설은 필요가 없다. 왜냐하면 지금까지 알려진 우주 안에 다른 곳에 비해 피조물 중 만이의 자리를 차지할 만한 중심적 장소가 있는 것 같지는 않으며, 적어도 우리의 현재 계(界)에서 태양이 그러한 곳은 아니기 때문이다.

19. 그러므로 우리는 영겁의 벌을 받은 사람들이 구원받은 사람들의 수보다 비교할 수 없을 정도로 많다는 기존 이론을 받아들이면서도, 신국(神國)의 진정한 위대함을 생각할 경우 악은 선과 비교해서 거의 아무것도 아니라고 말해야 할 것이다. 첼리오 세쿤도 쿠리오네[225]는 얼마 전에 다시 출간된 『행복한 신국의 영역에 관하여』라는 작은 책을 썼다. 그가 신국의 범위에 대해 이해했다고 하기에는 턱없이 부족하다. 고대인들은 신의 작품에 대해 보잘것없는 관념을 가지고 있었으며, 성 아우구스티누스는 현대적인 발견들을 몰랐기 때문에 악의 우위를 해명해야 할 때 큰 어려움을 겪었다. 고대인들이 보기에 사람이 사는 곳은 이 지구뿐이었으며 그들은 지구의 반대편에 대해 두려워했다. 그들에 따르면, 나머지 세계는 몇몇 반짝거리는 별이거나 몇몇 투명한 구(球)였다. 오늘날 우주에 어떤 한계를 설정하건 설정하지 않건 간에 우리의 지구만 하거나 그보다 더 큰 별들이 무수히 많으며, 지구에 인간들이 살듯이 비록 반드시 인간은 아닐지라도 다른 별에 이성적인 거주자들이 살 수도 있음은 인정해야 한다. 지구는 하나의 행성, 즉

••

225) 첼리오 세쿤도 쿠리오네(Celio Secundo Curione, 1503~1569)는 개신교로 개종하고 스위스에 정착한 이탈리아의 인문주의자이자 신학자로서 반칼뱅주의의 자유주의적 성향이었다. 인용된 저작 『행복한 신국의 영역에 관하여』는 1554년에 출간되었다. 이 저작은 1614년과 1617년에 재판이 출간되었다. 편집자는 라이프니츠가 언급한 재판본의 자취는 발견하지 못했다.

우리 태양계의 여섯 개 주요 위성 중 하나일 뿐이다. 모든 항성(恒星)들도 역시 태양인바, 우리의 지구가 가시적인 것들 가운데서는 별것이 아님을 알 수 있다. 지구는 여러 태양 중 하나의 부속물에 불과하기 때문이다. 모든 태양들에 행복한 피조물들만이 살고 있을 수도 있으며, 거기에 영겁의 벌을 받은 이가 많다고 생각해야 할 아무런 이유도 없다. 소수의 사례나 견본도 선이 악에서 끌어내는 유용성을 위해 충분하기 때문이다. 게다가 별들이 모든 곳에 있다고 믿어야 할 어떤 이유도 없는바, 별들의 영역 너머에 커다란 공간이 있다는 것이 가능하지 않겠는가? 그것이 천상계이건 아니건 간에, 별들의 영역을 둘러싸고 있는 이 광대한 공간이 언제나 행복과 영광으로 가득할 수도 있는 것이다. 이 광대한 공간은 별들의 체계에서 완전성에 다다른 모든 행복한 피조물들의 강들이 합류하는 대양처럼 생각할 수 있을 것이다. 그렇다면 우리의 지구와 그 거주자들에 대해서는 어떻게 생각해야 하는가? 물리적인 점과도 비교할 수 없을 정도로 작은 어떤 것이 아니겠는가? 우리의 지구는 몇몇 항성들의 거리에 비하면 하나의 점과도 같기 때문이다. 따라서 우주에서 우리가 알고 있는 부분의 비율은 우리가 모르지만 인정할 수밖에 없는 부분에 비한다면 거의 무화되어 사라질 정도이고, 논박으로 제시될 수 있는 모든 악도 거의 무화될 수 있는 것인 만큼, 모든 악은 우주의 선과 비교한다면 거의 무에 불과한 것일 수 있다.

20. 이미 언급한 바 있고, 악의 원인과 관련된 보다 사변적이고 형이상학적인 난점이 아직 남아 있다. 우선, 악이 어디서 오는가에 관한 의문이 있다. 신이 존재한다면 악은 어디서 오며, 신이 존재하지 않는다면 선은 어디서 오는가? 고대 그리스인들은 자신들이 창조되지 않았고 신과 무관하다고 생각한

질료로 악의 원인을 돌렸다. 모든 존재를 신으로부터 도출하는 나로서는 악의 원천을 어디에서 찾을 것인가?²²⁶⁾ 악의 원천은 피조물의 관념적 본성에서 찾아야 한다는 것이 답이다. 피조물의 관념적 본성은 신의 의지와 무관하게 신의 지성에 있는 영원한 진리 안에 포함되어 있기 때문이다. 생각해야 할 것은 원죄 이전에 **피조물에 근원적 불완전성**이 있다는 사실이다. 피조물은 본질적으로 한정되어 있기 때문이다.²²⁷⁾ 이로부터 피조물은 모든 것을 다 알 수 없으며 오류를 범할 수 있고 다른 잘못도 할 수 있는 것이다. 플라톤은 『티마이오스(*Timaios*)』에서 세계의 기원이 필연성과 결합된 지성에 있다고 말했다. 다른 이들은 신과 자연을 결합시켰다. 이는 적절한 의미를 지닐 수 있다고 하겠다. 신은 지성일 것이며 필연성, 즉 사물들의 본질적 본성은 지성의 대상이 영원한 진리에 있는 한 지성의 대상일 것이기 때

∴

226) (옮긴이) 라이프니츠는 물질의 실재성 자체를 인정하지 않기 때문에, 아리스토텔레스의 제일 질료 같은 개념을 악으로 보지 않는다. 물질계에는 아무리 희박하더라도 비물질적 원리가 스며 있다고 본다는 점에서 라이프니츠의 관점은 순수한 정신적 존재인 일자(一者)의 영향이 모든 물질계에 미친다고 하는 플로티노스의 유출론과 일맥상통하는 부분이 있다. 물론 라이프니츠는 만물의 근원을 지혜로운 인격적 존재인 신으로 보는 만큼, 익명적인 산출 개념과는 근본적인 차이가 있다.

227) (옮긴이) 『형이상학 논고』 제30절에서도 라이프니츠는 악을 원죄 이전에 구상된 피조물의 "제한" 혹은 "근원적 불완전성"으로 정의한다. "우리는 신이 악의 원인이 아니라는 사실은 충분히 인식할 수 있을 것이다. 왜냐하면 인간의 순결이 상실된 이후에는 원죄가 영혼을 사로잡고 있을 뿐만 아니라, 이미 이전부터 모든 피조물들에게는 자연으로부터 부여된, 영혼으로 하여금 죄를 범하게 하거나 타락하도록 할 수 있는 제한 또는 근원적 불완전성이 존재하기 때문이다. 따라서 사전 결정론자들에게서는 다른 사람들에게서보다 별 어려움이 없다. 그리고 내가 생각하기에는 악의 뿌리가 무, 즉 신이 피조물에게 임의로 부여하는 완전성의 정도를 통하여 자비롭게 채워주는 피조물의 박탈 또는 제한에 있다고 하는 성 아우구스티누스 및 다른 저자들의 견해의 근원은 여기에서 찾아야 할 것이다." '사전 결정론' 혹은 타락 전 예정론은 칼뱅이 주장한 이론으로, 아담의 원죄 이전부터 예정이 적용된다는 개념이다. 인용구의 "다른 사람들"은 타락 후에 예정이 적용된다고 보는 사후 결정론자들 혹은 타락 후 예정론자들을 말한다. 이 두 개념은 제1부 82~84절에서 논의한다.

문이다. 그러나 지성의 대상은 내적이며 신의 지성 안에 있는 것이다. 바로 이 안에 선의 근원적 형상뿐 아니라 악의 기원이 있는 것이다. 사물들의 원천을 찾아야 할 때 질료를 대신해야 하는 것이 바로 **영원한 진리의 영역**이다. 영원한 진리의 영역이 악의 **관념적 원인**이며, 어떻게 말하자면 선의 관념적 원인이기도 하다. 하지만 엄밀히 말하자면, 악의 형상적 특성은 **작용인**을 가지고 있지 않다. 왜냐하면 악의 형상적 특성은 결핍, 즉 우리가 살펴볼 것처럼 작용인이 행하지 않는 데 있기 때문이다. 이러한 이유로 스콜라학파에서는 악의 원인을 **결핍적 원인**이라고 일컬었던 것이다.

21. 악은 형이상학적으로, 물리적으로, 도덕적으로 이해할 수 있다. **형이상학적 악**은 단순한 불완전성이며, **물리적 악**은 고통이고, **도덕적 악**은 죄다. 그런데 물리적 악과 도덕적 악은 비록 필연적인 것은 아니지만, 영원한 진리를 근거로 가능하다고 보면 된다. 영원한 진리의 광대한 영역은 모든 가능성을 포함하고 있기 때문에 가능한 세계가 무한히 많아야 하며, 악은 이 세계 중 여럿에 들어 있어야 하고, 심지어 모든 세계 중 최선의 세계도 악을 포함해야 한다. 이것이 바로 신으로 하여금 악의 허용을 결정하게 한 이유이다.[228]

∴

228) (옮긴이) 제21~31절은 앞으로 진행될 모든 논의의 근본을 이루고, 『변신론』의 구조 자체를 형성해주는 내용을 다룬다. 형이상학적 악은 신이 최선의 세계를 창조하는 차원에서 필연적으로 생긴 피조물의 근원적 제약성이다. 반면 도덕적 악과 물리적 악은 생기지 않을 수도 있는 것이고, 생길 경우는 형이상학적 악을 근원으로 삼아야 한다. 『변신론』의 머리말에서 문제의식을 설명하고, 「신앙과 이성의 조화에 관한 서설」에서 이성과 신앙의 관계를 전체적으로 조명했다면, 제1부에서는 신의 변호에서 가장 중요한 문제인 악의 개념을 정의하고 형이상학적인 악을 주로 고찰한다. 제2부에서는 제1부에서 정의한 도덕적 악을 중심적으로 진단하고, 제3부에서는 역시 제1부에서 정의한 물리적 악을 세밀하게 검토한다.

22. 무슨 이유로 **허용한다**고 하느냐고 내게 말할 사람이 있을 것이다. 신은 악을 행하지 않는가? 악을 원하지 않는가? 허용이라는 용어를 이유 없이 사용한 게 아님을 보여주기 위해서, **허용**이 무엇인지 여기서 설명할 필요가 있다. 하지만 그전에, 등급이 있는 의지의 본성을 먼저 설명해야 한다. 일반적인 의미로, 의지는 자신이 내포하는 선의 비율에 따라 어떤 것을 행하려는 경향이라고 말할 수 있다. 이 같은 의지는 따로 분리되어 있을 경우에는 **선행하는 의지**라 불리며, 각각의 선이 그 자체로 선하다는 점에서 각각의 선과 독립적으로 관계한다. 이러한 의미에서 신은 모든 선이 그 자체로 선하다는 점에서 모든 선을 향하고, 혹은 스콜라학파처럼 말하자면 **단순하게 단순한 완전성**을 향하며, 이는 선행하는 의지에 의한 것이라고 말할 수 있다. 신은 모든 사람들을 승인하고 구원하며 죄를 배제하고 벌을 막으려는 진실한 경향을 가지고 있다. 신의 선행하는 의지는 **그 자체로**(per se) 유효하다고까지 말할 수 있다. 즉 신의 선행하는 의지를 막는 더 강한 어떤 근거가 없다면 결과가 따라 나올 것이다. 신의 선행하는 의지는 **최종적 노력**(ad summum conatum)이 아니며, 만일 그렇다면 신은 만물의 지배자인바, 신의 선행하는 의지는 그 결과를 절대적으로 충만하게 산출하는 데 부족함이 없을 것이다. 전적이고 확실한 성공은 **후속적 의지**라고 불리는 것에만 속한다. 충만한 것은 후속적 의지다. 이러한 관점에서는 원하는 것을 할 수 있을 때 그것을 반드시 한다는 규칙이 적용된다. 그런데 최종적이고 결정적인 이 후속적 의지는 선을 향하는 의지나 악을 물리치는 의지를 포함한 모든 선행하는 의지의 갈등에서 오는 것이다. 그리고 전체적 의지는 이 모든 개별적 의지의 협력에서 오는 것이다. 이는 마치 역학에서 복합적인 운동이 하나의 동일한 동체(動體)에 합쳐지는 모든 힘에서 나오며, 가능한 한 각각의 힘을 동시에 충족

시키는 것과 같다. 이는, 내가 과거에 운동의 조합에 관한 일반적 법칙을 제시하면서 파리의 한 학술지(1693년 9월 7일)[229]에서 밝힌 대로, 동체가 이 힘들 사이에 분배된 것과도 같다. 바로 이러한 의미에서 선행하는 의지는 일정한 방식으로 유효하며, 실제로 성공적인 효과가 있는 것이다.

23. 이로부터 신은 **선행적으로는** 선을, **후속적으로는** 최선을 원한다는 사실이 도출된다. 악과 관련해 신은 결코 도덕적 악을 원하지 않으며 물리적 악 혹은 고통을 절대적 방식으로 원하지도 않는다. 따라서 영겁의 벌의 절대적 예정은 없다. 물리적 악에 관해 말하자면, 신은 죄로 인한 벌로서, 또한 목적에 적합한 수단으로서 물리적 악을 종종 원하며, 이는 더 큰 악을 막거나 더 큰 선을 얻기 위함이다. 벌은 또한 교정과 본보기를 위해, 악은 종종 선을 더욱 제대로 맛보기 위해 쓰이는 것이다. 땅에 심은 낟알이 싹 트려면 썩어야 하듯이, 악은 때때로 악을 겪는 이의 더 큰 완전성에 기여하기도 한다. 이는 예수 그리스도가 직접 사용한 훌륭한 예다.[230]

24. 죄나 도덕적 악도 선을 얻거나 다른 악을 막기 위한 수단으로 이용되는 경우가 매우 잦지만, 그렇다고 해서 그런 사실 때문에 죄나 도덕적 악이 신의 의지의 충분한 목적이 되거나 창조된 의지의 정당한 목적이 되는 것은 아니다. 타인의 죄를 허용하기를 바라지 않는 이가 자신이 해야 할 바를 못하게 되는 경우처럼, 도덕적 악은 그것이 필수 불가결한 의무의 확실한 귀결로 간주될 경우에만 인정되고 허용되어야 한다. 이는 마치

229) 「운동들의 조합에 관한 일반적 규칙(Règle générale de la composition des mouvements)」, 『게르하르트 전집, 수학 저작들(Gerbardt, Mathematische Schriften)』, 제6권, 231~233쪽.
230) 「요한복음」 12:24.

중요한 부서를 지켜야 할 장교가 특히나 위험한 시기에, 서로 죽일 태세가 되어 있는 수비대 병사 둘이 마을에서 벌이는 싸움을 막기 위해서 부서를 떠나는 것과 같다.

25. 선을 이루기 위해 악을 행하지 말라(non esse facienda mala, ut eveniant bona)[231]는 내용을 담고 있고, 그뿐 아니라 물리적 선을 얻기 위해 도덕적 악을 허용하는 것도 금지하는 규칙은 여기서 위반되기는커녕 오히려 확증되며 그 원천과 의미가 밝혀진다. 여왕이 범죄를 저지르거나 허용함으로써 국가를 구하겠다고 주장한다면, 이는 동의할 만한 일이 아닐 것이다. 범죄는 확실한 것이고 국가의 악은 의심스러운 것이며, 더 나아가 범죄를 허가하는 그러한 방식이 받아들여진다면 이는 어떤 국가의 붕괴보다도 더 나쁠 것이다. 국가의 붕괴는 그 같은 일 없이도 자주 일어나지만, 붕괴를 막기 위해 선택할 그런 수단에 의해 아마도 더 빈번하게 일어날 것이다. 그러나 신과 관련해서는 아무것도 의심스럽지 않으며, 그 어떠한 예외나 면제도 용인하지 않는 **최선의 규칙**과 대립될 수 있는 것은 아무것도 없다. 신이 죄를 허용하는 것은 바로 이러한 의미에서다. 신이 선을 향한 모든 성향을 합한 위대한 결론을 따르지 않거나, 영원한 진리의 최상의 필연성에 의해 최선에 포함된 죄의 악에도 불구하고, 절대적으로 최선인 것을 선택하지 않는다면, 신은 자신이 해야 할 바를, 즉 자신의 지혜와 선과 완전성에 따라 해야 할 바를 어기게 될 것이기 때문이다. 이로부터 다음처럼 결론 내려야 한다. 신

∵

231) 「로마서」 3:8.
(옮긴이) "더욱이 '좋은 일이 생기게 하기 위하여, 악한 일을 하자' 하고 말할 수 있겠습니까? 사실, 어떤 사람들은 우리가 그런 말을 한다고 비방합니다. 그런 사람들은 심판을 받아야 마땅합니다."

은 모든 선을 그 자체로 **선행적으로** 원하고, 최선은 목적으로서 **후속적으로** 원하며, 때때로 무차별한 것과 물리적 악을 수단으로서 원하지만, 도덕적 악은 **필요 불가결한 것으로서**(sine qua non) 혹은 도덕적 악을 최선과 연결시키는 가정적 필연성으로서 허용하기를 원할 뿐이다. 그렇기 때문에 죄를 대상으로 삼는 신의 **후속적 의지**는 허용적일 뿐이다.

26. 또한 도덕적 악은 가장 강력하고 그 악을 행할 능력이 가장 큰 피조물 중 하나에서 발견되는 물리적 악의 근원일 경우에만 매우 큰 악이라는 점을 생각할 필요가 있다. 악한 의지가 자기의 작은 영역에 있는 것은 마니교주의자들의 악의 원리가 우주에 있는 것과 같기 때문이나. 신의 이미지인 이성은 악한 영혼들에게 많은 악을 일으킬 수 있는 굉장한 수단들을 제공한다. 칼리굴라나 네로가 단독으로 행한 악은 지진보다 큰 것이었다. 악인은 고통을 주고 파괴하는 것을 즐기며 그렇게 할 기회만을 찾는다. 그러나 신은 가능한 한 최대의 선을 산출하는 존재이고, 그렇게 하기 위해 필요한 모든 지식과 능력을 갖추고 있어서 신에게 결함, 과오, 죄가 있다는 것은 불가능하다. 신이 죄를 허용하는 것은 지혜이고 덕이다.

27. 사실 우리 자신이 죄를 범하지 않고서는 도저히 타인의 죄를 막을 수 없을 때는 타인의 죄를 막는 것을 삼가야 한다는 데는 의심의 여지가 없다. 그런데 아마도 누군가는 행동을 하는 것은 신 자신이고 피조물의 죄에서 실재적인 부분을 행하는 것도 신 자신이라며 우리에게 반대할 것이다. 이러한 논박으로 인해 우리는 가장 난처한 문제인 **도덕적 협력**을 검토한 후에, 신과 피조물의 **물리적 협력**을 검토하게 된다. 몇몇 사람들은 유명

한 뒤랑 드 생 푸르생과 저명한 스콜라 학자인 아우레올루스 주교와 함께, 신과 피조물의 협력(나는 여기서 물리적 협력을 의미하고자 한다)은 일반적이고 간접적일 뿐이라고 생각했다. 그들은 신이 실체를 창조하고 실체들에게 자신들이 필요로 하는 능력을 주고서 그 후에는 그대로 두고 자신들의 행동을 돕지는 않고 단지 보존할 뿐이라고 생각했다. 이 같은 견해는 대부분의 신학자들에게 논박당했으며 과거에는 펠라기우스에게도 비난받은 것으로 보인다.[232] 반면 루이 페레이르 드 돌[233]이라고 불리는 카푸친회의 수도사가 1630년경에, 적어도 자유로운 행위와 관련하여 그러한 견해를 되살리기 위한 의도의 책을 썼다. 몇몇 현대인들은 그 견해 쪽으로 기울고 있으며, 베르니에는 『자유와 의지』라는 작은 책에서 그 견해를 옹호한다. 하지만 공통된 견해[234]로 다시 돌아오지 않고서는 신과 관련해 **보존한다**는 것이 무엇인지 말할 수 없다. 또한 신의 보존 행위는 보존 대상과 그것이 있는 모습 그대로에 따라, 그리고 그것이 현재 있는 상태에 따라 관계를 맺는다고 생각해야 한다. 따라서 신의 보존 행위는 일반적이거나 결정되지 않은 것이라고 할 수 없다. 이러한 일반성은 개별적인 사물들의 진

..

232) 뒤랑 드 생 푸르생(Durand de Saint-Pourçain, 13세기 말~1332)은 『명제집에 관한 주해』의 저자다. ― 페트루스 아우레올루스(Petrus Aureolus, 1280~1322) 역시 『명제집에 관한 주해』를 쓴 저자다. ― 펠라기우스(Pelagius, 380~430)는 펠라기우스 이단의 창시자이며 성 아우구스티누스에게 비난받았다. 인간의 자유 의지의 힘을 강조했고 신적 은총의 필연성과 원죄의 전파를 부정하고자 했다.

233) 루이 페레이르 드 돌(Louis Pereir de Dole, 1636년 사망)은 철학자이자 신학자다. 저작으로 『현대의 예정론자들과 매개하는 지식의 추종자들의 견해에 대립된, 자연적 질서의 자유로운 행위들, 특히 악행들에 대한 신과 피조물의 협력의 결합 방식에 관하여』 『4부로 구성된 논쟁』(리옹, 1634)이 있다. 베르니에에 대해서는 주 97 참조. 인용된 저작은 그의 『자유와 의지에 관한 논문』(1685)이다.

234) (옮긴이) 실체가 창조되었을 뿐 아니라, 실체의 행동도 연속적으로 창조된다는 혹은 보존된다는 연속적 창조 개념을 말한다.

리에서는 결코 발견되지 않는 추상이다. 서 있는 사람의 보존은 앉아 있는 사람의 보존과 다른 것이다. 사람들이 무엇인가 보존할 때 자주 그런 것처럼, 만일 보존 행위가 보존 대상을 파괴할 수 있는 어떤 외부 원인을 막거나 배제하는 것일 뿐이라면 상황은 다를 것이다. 그러나 우리 인간도 우리가 보존하는 대상을 때때로 직접 유지해야 하며, 그뿐 아니라 신의 보존은 피조물들의 의존성이 요청하는 영속적이고 즉각적인 영향이라는 점을 알아야 한다. 그와 같은 의존성은 실체뿐 아니라 행동에도 적용되며, 아마도 신학자와 철학자들이 공통적으로 인정하는 것처럼 연속적 창조를 말함으로써 가장 잘 설명할 수 있을 것이다.

28. 그렇다면 사람들은 신이 우선 인간을 죄 없이 창조하고서 지금은 죄가 있는 인간을 창조한다고 논박할 것이다. 그러나 최상으로 지혜로운 신은 일정한 법칙을 따르며, 자신의 지혜를 통해 선택한 물리적이고 도덕적인 규칙에 따라 행동하지 않을 수 없다는 점을 여기서 도덕적 협력과 관련하여 말해야 한다. 죄가 없지만 타락할 준비가 된 인간을 창조하는 근거는 바로 그 인간이 타락할 때 그를 다시 창조하는 근거와 동일하다. 신의 지식을 통해 신에게는 미래와 현재가 같으며, 신은 이미 내린 결정을 철회할 수 없기 때문이다.

29. 성 아우구스티누스가 강조한 이후 스콜라학파들에서 이미 큰 논란이 된 진리, 즉 신의 행동은 실재를 향하는 반면 악은 존재의 결핍이라는 진리를 여기서 물리적 협력과 관련하여 고찰해야 한다. 이러한 해답은 많은 사람들의 정신 속에서 패배나 심지어 일종의 공상으로 간주되기도 했다. 그러나 그들을 깨우쳐주는, 이 진리와 흡사한 예가 있다.

30. 유명한 케플러와 그 이후의 데카르트는 (그의 편지들에서[235]) 물체들의 자연적 관성을 이야기했다. 이는 결핍이 실체와 실체의 행동에서 나타나는 불완전성과 결점의 형상이라는 것을 제시하기 위해, 피조물들의 근원적 제약의 완벽한 이미지로서, 더 나아가 그 견본으로서 생각할 수 있는 어떤 것이다. 서로 싣고 있는 짐만 다른 여러 배들이 동일한 강물의 흐름을 따라 떠내려간다고 해보자. 어떤 배들은 나무를 싣고 있고 다른 배들은 돌을 싣고 있으며, 어떤 배들은 더 많이 싣고 있고 다른 배들은 더 적게 싣고 있다. 이 상황에서 바람이나 노 등 다른 비슷한 수단이 개입되지 않는다고 가정할 경우, 짐을 가장 많이 실은 배들이 다른 배들보다 더 느리게 나아갈 것이다. 엄밀히 말하면, 무게가 지체의 원인은 아니다. 배들은 올라가지 않고 떠내려가고 있기 때문이다. 하지만 밀도가 보다 높은 물체들, 즉 미세 구멍이 더 적고 자기 고유의 물질로 더 차 있는 물체들의 무게가 늘어나는 것이 역시 지체의 원인인 것이다. 이러한 물체들에서는 다양한 운동을 통해 미세 구멍들 사이를 통과하는 물질은 고려하지 않아도 되기 때문이다. 따라서 물질은 근원적으로 지체 혹은 속도의 결핍을 일으키게 되어 있다. 이는 물질이 이미 속도를 받았을 때 스스로 그 속도를 줄이기 위해서가 아니라(이 경우 물질이 능동적으로 행동하는 것이 되기 때문이다), 작용의 결과를 받아야 할 때 그것을 자신의 수용성을 통해 완화하기 위해서다. 결과적으로, 배에 짐을 더 실었을 경우 같은 흐름의 힘에 의해 움직여지는 물질이 더 많은 만큼 배는 더 느리게 가야 한다. 물체들의 충격에 관해서도 경험과 이성이 제시하는 바에 따르면, 동일한 물질

••

235) 케플러(Kepler, 1571~1630)는 저명한 천문학자다. 데카르트의 서신 중 특히 본(F. de Beaune)에게 1639년 4월 30일에 보낸 편지(아당 타네리[Adam-Tannery]판 전집, 제2권, 543쪽)와 1648년 3~4월에 뉴캐슬(Newcastle)에게 보낸 편지들(같은 책, 제5권, 136쪽) 참조.

로 이루어졌지만 크기가 두 배인 물체가 같은 속도를 내게 하려면 두 배의 힘을 사용해야 한다. 이는 물질이 정지 상태와 운동 상태에서 절대적으로 무차별적이라면, 또 위에서 언급한 자연적 관성 즉 물질이 운동을 받는 것에 저항하는 특성을 부여하는 자연적 관성이 없다면 필연적인 사실이 아닐 것이다. 이제 강물의 흐름이 배들에게 가하고 전달하는 힘을 피조물들에게 있어 실재적인 것을 산출하고 보존하며 그들에게 완전성과 존재, 능력을 부여하는 신의 행동과 비교할 수 있겠다. 내가 말하건대, 물질의 관성은 피조물들의 자연적 불완전성과 비교하고, 짐을 실은 배의 느림은 피조물의 질(質)과 행동에서 나타나는 결함과 비교할 수 있겠다. 이보다 더 정확한 비유는 없을 것이다. 상물의 흐름은 배의 운동의 원인이지 지체의 원인이 아니다. 신은 피조물의 본성과 행동에서 완전성의 원인이며, 피조물의 수용성의 제약은 피조물의 행동 안에 있는 결함들의 원인이다. 이렇게 플라톤주의자들, 성 아우구스티누스, 스콜라 철학자들은 신이 실재적인 것인 악의 질료적 요소의 원인이며, 결핍인 형상적 요소의 원인은 아니라고 말할 수 있었다.[236] 이는 강물의 흐름이 지체의 질료적 요소의 원인이지만 그 형상적 요소의 원인이 아닌 것처럼, 그것은 배 속도의 원인이지만 그 속도 한계의 원인은 아니라고 말할 수 있는 것과 같다. 신은 강물의 흐름이 배의 지체의 원인인 정도로 미약하게 죄의 원인인 것이다. 또한 힘이 물질과 갖는 관계는 정신이 육체와 갖는 관계와 같다. 정신은 민첩하지만 육체는 약하다. 정신은 **적대적인 육체에 의해 지체되지 않는**

··

236) (옮긴이) 신은 악의 본질 혹은 형상을 창조하지는 않는다. 그러나 '강물', '배' 등 모든 것은 신의 창조물이기 때문에 실재적인 것이다. 이들 간의 관계에서 '악'이 조합되어 나타날 수 있기 때문에, 신은 악의 질료적 요소의 원인이다.

한 능동적으로 행동한다.[237]

31. 따라서 신의 이런저런 행동과 피조물의 이런저런 수동성이나 수용 사이에 전적으로 유사한 관계가 존재한다. 피조물은 사물들의 통상적인 흐름 속에서, 사람들이 말하듯이 오로지 자기 **수용성**의 비율에 따라 완전성을 가질 뿐이다. 피조물은 그 자신이 존재하고 행동하는 한 신에게 의존하며, 심지어 보존이 연속적 창조라고 할 때 이는 신이 피조물 안에 있는 실재적인 것, 선한 것, 완전한 것을 피조물에게 항상 제공하고 계속적으로 산출한다는 의미다. 모든 완전한 선물은 빛의 아버지로부터 오기 때문이다. 반면 행위의 불완전성이나 결함은 피조물을 한정하는 관념적 근거에 의해, 피조물이 처음 존재하기 시작할 때부터 받을 수밖에 없었던 근원적 한계에서 오는 것이다. 왜냐하면 신은 피조물을 다른 신으로 만들지 않고서는 피조물에게 모든 것을 줄 수 없었기 때문이다. 따라서 사물들의 완전성에는 여러 등급이 있어야 했고, 또한 모든 종류의 제약이 있어야 했다.[238]

32. 또한 이 같은 고찰은 신만이 유일하게 능동적으로 행동한다고까지 말하는 몇몇 현대 철학자들을 만족시키는 데 기여할 것이다. 신만이 그 능

..

237) 베르길리우스, 『아이네이스』, 제6권, 731행.
238) (옮긴이) 제20절에서 시작된 악의 형이상학적 규정을 일단락 짓는 구문이다. 절대적으로 완전한 존재인 신이 자신만큼 완전한 존재를 창조한다면, 이 두 존재는 서로를 제약하는 상대적인 존재가 되고 신이 아닌 존재가 될 것이다. 따라서 절대적으로 완전한 존재는 유일하고, 나머지 모든 존재는 불완전하다. 그리고 신은 무한히 많은 존재를 창조하며, 식별 불가능성의 원리에 따라 모든 존재는 서로 차이가 있기 때문에 불완전성의 무한한 등급, 즉 '모든 종류의 제약들'이 있는 것이다.

동성이 순수하고 **수동적으로 겪는**다고 일컬어지는 것이 전혀 없는 유일자임은 사실이다. 그렇다고 해서 피조물에게 능동성의 권리가 없는 것은 아니다. 피조물의 **능동성**은 실체에서 자연적으로 나오는 실체의 변용이며, 신이 피조물에게 전달해준 완전성에서뿐만 아니라 피조물로서 그 완전성 안에서 스스로 드러내는 제약 속에서도 변화를 포함하기 때문이다.[239] 이는 또한 몇몇 현대인들과 특히 얼마 전 재출간된 종교에 관한 작은 강론에서 같은 주제를 언급한 고(故) 버킹엄 공작[240]에 반대하여, 실체와 변용 혹은 우유적(偶有的) 속성 사이에 실재적 구분이 있음을 보여주는 것이다. 따라서 악은 어둠과도 같은 것이며, 무지뿐 아니라 오류와 악의도 형상적인 특성으로 보자면 일종의 결핍인 것이다. 이미 사용했던 오류의 예를 들어보자. 나는 네모나지만 멀리서 보면 둥근 탑을 본다. 탑이 둥글다는 생각은 내가 본다는 사실에서 자연적으로 나오는 것이다. 내가 이런 생각에 고정되어 있는 것은 긍정이고 잘못된 판단이다. 그러나 계속 검토를 하고 몇몇 반성을 통해 외관이 나를 속인다는 점을 자각할 경우, 나는 오류에서 다시 벗어난 것이다. 어떤 곳에 머물러 더는 나아가지 않거나 어떤 징후를 감지하

••

239) (옮긴이) 라이프니츠의 체계에 따르면, 단순 실체 즉 모나드는 피조물이지만 능동성을 가지고 있다. 모나드는 모든 관점에서 모든 것을 지각하는 신이 아니기 때문에 보다 모호한 지각 상태에서 보다 명확한 지각 상태로 나아간다. 이러한 모나드의 행동이 욕망이고 능동성이라 할 수 있는 것이다. "변화 또는 한 지각에서 다른 지각으로의 이행을 불러오는 내적 원리의 활동은 욕구라고 불릴 수 있다. 여기서 욕구는 얻고자 애쓰는 지각에 항상 완전하게 도달하는 것은 아니다. 그렇지만 그것은 항상 부분적으로는 성취되며, 이리하여 새로운 지각에 이르게 된다."(『모나드론』, 제15절)

240) (옮긴이) 버킹엄(Georges Villiers de Buckingham, 1627~1688)은 유명한 총신의 아들이며, 『인간이 종교를 갖거나 신을 경배하는 것이 합리적임을 증명하기 위한 작은 강론』을 썼다. 이 강론은 1686년에 런던에서 출간되었고, 1707년에는 『페닉스, 혹은 희귀하고 가치 있는 단편들의 부활』이라는 모음집에 재수록되었다.

지 못하는 것은 결핍이다.

33. 악의나 나쁜 의지에 관해서도 마찬가지다. 의지는 선 일반으로 향한다. 의지는 우리에게 적합한 완전성을 향해야 하며 최상의 완전성은 신 안에 있다. 모든 기쁨은 그 자체로 완전성의 느낌을 담고 있다. 그러나 건강, 덕, 신과의 결합, 행복 등 더 훌륭한 선을 무시하고 감각 등의 쾌락에 몰두할 경우, 추후에 있을 결핍에 결함이 있는 것이다. 일반적으로 완전성은 적극적인 것이며 절대적인 실재다. 결함은 결핍적이며, 제약에서 오는 것으로 새로운 결핍들을 향한다. 따라서 다음과 같은 격언은 오래된 것인 만큼 참된 것이다. 선은 전체적 원인에서 오고 악은 어떤 결핍에서 오는 것이다. 다음의 격언도 마찬가지다. 악의 원인은 작용인이 아니라 결핍적 원인이다. 나는 방금 언급한 점을 통해 사람들이 이러한 공리들을 보다 제대로 파악하기를 바란다.

34. 의지와 관련한 신과 피조물들의 물리적 협력도 자유에 대한 난점에 한몫한다. 나는 우리의 의지가 강제뿐 아니라 필연성에서도 면제되어 있다는 견해를 따른다. 이미 아리스토텔레스는 자유에는 두 요소, 즉 자발성과 선택이 있다고 지적했다. 자발성과 선택에 우리의 행동에 대한 우리의 지배력이 있는 것이다. 우리가 자유롭게 행동할 때는 절벽에 밀려 떨어지거나 위에서 아래로 던져질 때 그런 것처럼 강제되는 것이 아니다. 우리가 심사숙고할 때는 판단력을 앗아가는 약물을 받아 마셨을 때 그런 것처럼 자유로운 정신을 박탈당하는 것이 아니다. 자연의 무수히 많은 작용에는 우연이 존재한다. 그러나 행동하는 이에게 판단력이 없을 때는 자유가 없는 것이다. 우리가 행동하려는 경향이 전혀 수반되지 않은 판단력을 가지고

있다면, 우리의 영혼은 의지 없는 지성이 될 것이다.

35. 하지만 선택할 것들이 여러 개가 있을 때, 똑같이 긍정과 부정으로 또 여러 다른 선택항으로 똑같이 기우는 것처럼 우리의 자유가 비결정이나 **평형의 무차별성**에 있다고 생각해서는 안 된다. 그렇게 모든 면에서 평형을 유지한다는 것은 불가능한 일이다. 만일 우리가 A, B, C의 선택항에 똑같이 쏠린다고 해도 A에 쏠리는 것과 A가 아닌 것에 쏠리는 것이 똑같을 수는 없기 때문이다. 그러한 평형은 경험과도 절대적으로 대립된다. 우리 자신을 유심히 살펴본다면, 비록 우리를 움직이는 것이 무엇인지 파악하지 못하는 경우가 많지만 선택한 항으로 우리를 기울게 하는 어떤 원인에 언제나 이유가 있다는 점을 알게 될 것이다. 마치 문을 나서면서 무슨 이유로 왼발보다 오른발을 먼저 내밀었는지, 혹은 오른발보다 왼발을 내밀었는지 제대로 파악하지 못하는 것처럼 말이다.

36. 이제 난점을 살펴보자. 오늘날 철학자들은 미래의 우연적 사건들의 진리가 결정되었다는 것, 즉 미래의 우연적 사건들이 미래의 일이라는 것 혹은 그것들이 미래에 존재하고 일어날 것이라는 데 동의한다. 과거가 존재했던 것과 마찬가지로 미래가 존재하리라는 점은 분명하기 때문이다. 오늘 내가 글을 쓰리라는 것은 100년 전에도 이미 참이었고, 내가 글을 썼다는 것은 100년 후에도 참일 것이다. 이처럼 우연은 미래의 일이라고 해서 덜 우연적인 것은 아니다. 또한 **확실성**이라고 불리게 될 **결정**(détermination)은, 만일 그것이 알려졌다면, 우연성과 양립 불가능한 것이 아니다. 하나의 결정된 진리는 알려질 수 있는 상태에 있기 때문에 **확실한 것**과 **결정된 것**은 자주 동일한 것으로 간주되며, 그래서 **결정**은 객관적 확

실성이라고 말할 수 있는 것이다.

37. 이러한 결정은 진리의 본성 자체에서 비롯하는 것으로 자유에 해가 될 수 없다. 그런데 다른 것에서 온다고 생각되는 결정들이 있다. 첫 번째로 신의 예지(豫知)를 들 수 있는데, 여러 사람들은 그것이 자유와 대립된다고 생각했다. 그들은 예견된 것은 존재하지 않을 수 없다고 말하는데, 이는 맞는 말이다. 그러나 예견된 것이 필연적이라는 사실이 도출되지는 않는다. 필연적 진리는 그 반대가 불가능하거나 모순을 함축하는 진리이기 때문이다. 내가 내일 글을 쓸 것이라는 내용의 진리는 그러한 성질의 것이 아니며, 따라서 필연적이지 않다. 하지만 신이 그 같은 진리를 예견하고 있다고 가정하면, 그것이 그대로 일어난다는 점은 필연적이다. 즉 신은 무오류의 존재이고 그 진리가 예견되었기 때문에 결과는 필연적이다. 즉 결과는 존재한다. 이러한 것을 가정적 필연성이라고 부른다. 그러나 문제가 되는 것은 가설적 필연성이 아니다. 한 행동이 필연적이고 결코 우연이 아니며, 결코 자유로운 선택의 결과가 아니라고 말할 수 있기 위해서 요구되는 것은 절대적 필연성이다. 게다가 예지가 그 자체로 미래의 우연적 사건들의 진리를 결정하는 데 첨가하는 것은 아무것도 없다고 판단하기는 매우 쉬운 일이다. 단지 그런 결정이 알려졌다는 것만이 첨가되는데, 이는 그 사건들의 결정이나 혹은 미래의 실현(futurition)라고 불리는 것을 강화하는 것이 아니며, 우리는 여기에 우선은 동의한다.

38. 이러한 반박은 물론 매우 정확한 것이며, 예지는 그 자체로 진리를 더 결정되도록 하지 않는다는 데 우리는 동의해야 할 것이다. 진리는 결정되었고 참되기 때문에 예견된 것이지, 예견되었기 때문에 참된 것이 아니다.

이 점에서 바로 미래의 인식에는 과거나 현재에 대한 인식의 모든 것이 또한 들어 있는 것이다. 하지만 반대자는 이처럼 말할 수 있을 것이다. "나는 결코 예지가 그 자체로 진리를 더 결정되도록 하지 않는다는 데는 당신에게 동의합니다. 그러나 예지의 원인은 그렇게 합니다. 왜냐하면 신의 예지는 당연히 사물들의 본성에 기초를 두어야 하며, 이 기초는 진리를 **미리 결정되게** 함으로써 진리를 우연적이고 자유롭게 하지 않을 것이기 때문입니다."

39. 바로 이 같은 난점 때문에 두 진영이 생겨났다. **예정론자들과 매개하는 지식의 옹호자들**이 그 두 진영이다. 도미니크회 회원들과 아우구스티누스회 회원들은 예정에 동의하고, 프란체스코회 회원들과 예수회 회원들은 매개하는 지식에 동의하는 편이다. 이 두 진영의 논쟁은 16세기 중엽과 그 얼마 후에 폭발했다. 아마도 폰세카와 함께 루이스 몰리나[241]가 이 논쟁을 처음으로 체계화한 인물이며, 이로부터 다른 이들이 몰리나주의자로 불리게 되었다. 몰리나는 **자유 의지와 은총의 일치**에 관하여 1570년경에 쓴 책에서, 20년 전부터 글을 써온 스페인 박사들(특히 그는 토마스 아퀴나스주의자들을 지칭하고 있다)은 신이 어떻게 미래의 우연적 사건들에 대한 확실한 지식을 가질 수 있는지 설명할 다른 수단을 찾지 못하여, 자유로운 행동에 필요한 것으로서 예정을 도입했다고 말한다.

40. 몰리나는 다른 수단을 찾았다고 생각했다. 그는 **신적 지식의 대상**이

••

241) 몰리나(Luis Molina, 1536~1600)는 스페인의 저명한 예수회 신학자다. 그가 쓴 저작의 전체 제목은 『자유 의지와 은총의 선물들, 신적 예지, 섭리, 예정, 영겁의 벌의 조화』(리스본, 1588)이다. ― 폰세카(Fonseca, 1528~1599)는 포르투갈의 신학자, 아리스토텔레스의 주석가이자 『변증법 교육』의 저자로서, 코임브라대학의 저명한 철학 강의들을 편찬한 이 중 한 명이다.

세 가지가 있다고 본다. 즉 가능한 것들, 현재의 사건들, 어떤 조건이 실현되면 그 귀결로서 일어날 조건적 사건들이 그 세 가지다. 가능성에 대한 지식은 단순 **지성의 지식**이라고 불리는 것이다. 우주의 흐름 속에서 현재 일어나고 있는 사건들에 대한 지식은 **직관적 지식**이라고 불린다. 그리고 단순히 가능한 것과 순수하고 절대적인 사건 사이에 일종의 중간, 즉 조건적 사건이 있는바, 몰리나에 따르면 직관적 지식과 지성의 지식 사이에 **매개하는 지식**이 있다고 말할 수 있는 것이다. 이 점에 대해서는 유명한 다윗의 예가 있다. 다윗이 그일라에 머무르고자 했을 때, 그는 사울이 그일라를 점령할 경우 주민들이 자기를 사울에게 넘기겠느냐고 신의 예언을 요청한다. 신은 그렇다고 대답했고 다윗은 다른 길을 택했다.[242] 그런데 매개하는 지식을 옹호하는 몇몇 이들의 생각에 따르면, 신은 이런저런 상황에 처해서 사람들이 행할 것이 무엇인지 예견하고 그들이 자유 의지를 잘못 사용할 것을 알고서, 은총을 내리지 않거나 유리한 환경을 제공하지 않는 결정을 내린다고 한다. 이러한 환경과 도움이 그 사람들에게 아무 소용이 없을 것이기 때문에, 신은 은총을 내리지 않고 유리한 환경도 제공하지 않는 정의로운 결정을 내릴 수 있다는 것이다. 하지만 몰리나는 자유로운 피조물이 이러저러한 상황에서 행할 것에 근거한 신의 결정 이유를 일반적인 차원에서 찾는 것으로 만족한다.[243]

•••

242) 「사무엘상」 23:12~13 참조.

243) (옮긴이) 몰리나의 견해는 신이 미래의 우연적 사건들이 자유에 의해 발생할 것이라는 점에서 이 사건들을 인식한다는 것이다. 따라서 다윗이 다른 길을 택한 것은 다윗의 예정된 개념에 근거한 것이 아니라, 신에게 인식된 그의 자유에 근거한 것이다. 반면 몰리나주의자들에 반대하는 예정론자들의 견해는 신이 다윗이 다른 길을 택하기를 원했기 때문에 자유에 의한 미래를 인식한다는 것이다. 즉 신은 다윗에게 그렇게 행동할 인격을 부과한 것이다. 라이프니츠로서는 양쪽의 입장을 절충하는 것이 관건이다.

41. 나는 이 논쟁의 세부 사항을 다룰 생각은 없다. 나로서는 논쟁의 견본만을 제시하는 것으로 충분하다. 성 아우구스티누스와 그의 처음 제자들이 달가워하지 않은 몇몇 고대인들은 몰리나와 꽤 가까운 생각을 했던 것으로 보인다. 토마스 아퀴나스주의자 및 성 아우구스티누스의 제자로 불리지만 그들의 반대자들에게는 장세니스트[얀선주의자, 얀세니우스주의자]라 불리는 이들은 이 이론을 철학적으로 그리고 신학적으로 공격한다. 몇몇 사람들은 매개하는 지식이 단순 지성의 지식에 포함되어야 한다고 주장한다. 그런데 핵심적인 논박은 매개하는 지식의 근거에 반대하여 가해진다. 신이 그일라 주민들이 행할 것이 어떤 것인지 알 수 있는 근거가 무엇인가? 단순히 우연적이고 자유로운 행위는 신의 결성들에 의해, 또한 이 결정들에 의존된 원인들에 의해 예정된 것으로 간주되지 않을 경우에는 확실성의 원리를 그 자체로는 전혀 제공하지 못한다. 따라서 현재의 자유로운 행동에서 나타나는 난점은 조건적인 자유로운 행동에서도 역시 나타날 것이다. 즉 신은 자유로운 행동을 오로지 그 원인을 조건으로 하여, 또 사물들의 제일 원인인 자신의 결정을 조건으로 하여 인식할 것이다. 그리고 원인의 인식에 의존하지 않는 방식으로 우연적 사건을 인식하기 위해, 자유로운 행동을 그 원인과 신의 결정에서 분리시킬 수 없을 것이다. 그러므로 모든 것은 신의 결정의 예정으로 환원되어야 한다. 따라서 사람들은 이 매개하는 지식이 아무것도 해결해주지 않는다고 말할 것이다. 또한 성 아우구스티누스를 따른다고 공표하는 신학자들은 만일 몰리나주의자들의 방식을 받아들이게 되면 신의 은총의 원천이 인간의 선한 자질에 있는 것으로 봐야 하고, 이는 신의 영광 및 성 바울의 교리와 대립되는 것이라고 주장한다.

42. 양쪽 진영에서 서로 반박하고 재반박한 내용을 다루는 일은 길고도 지루할 것이며, 내가 어떻게 양쪽에서 옳게 보는 부분이 있다고 생각하는 지를 설명하는 일로 충분할 것이다. 이를 위해 나는 모든 조건적 미래가 포함되어 있어야 하는 영원한 진리의 영역, 즉 신의 지성의 대상 속에 표상된 무한히 많은 가능 세계에 대한 나의 원리에 의거한다. 그일라가 점령된 경우는 가능한 한 세계의 부분이며, 이 세계는 오로지 그일라가 점령된다는 가정과 관련이 있는 모든 것에서만 우리의 세계와 다른 것이다. 이 가능 세계의 관념은 그일라가 점령될 경우에 일어날 일을 표현한다. 우리는 미래의 우연적 사건들이 현재 일어나건 아니면 어떤 특정한 방향에서 일어나야 할 것이건 간에, 그것들에 대한 확실한 지식의 원리를 갖게 되는 것이다. 왜냐하면 가능한 것들의 영역에서 미래의 우연적 사건들은 있는 그대로, 즉 우연적이고 자유로운 것으로서 표상되어 있기 때문이다. 따라서 우리를 혼란하게 하거나 자유에 해를 가할 수 있는 것은 미래의 우연적 사건들의 예지나 이 예지의 확실성에 대한 근거가 아니다. 이성적 피조물들의 자유로운 행동인 미래의 우연적 사건이 신의 결정과 외부 원인에 의존되지 않는다는 것이 사실이고, 그것이 가능할 때도 그것들을 예견할 방법은 있을 것이다. 신은 미래의 우연적 사건들의 현존을 허용하는 결정을 내리기 전에, 그것들을 가능한 것들의 영역에 있는 모습 그대로 볼 것이기 때문이다.

43. 신의 예지가 인간의 자유로운 행동의 의존성이나 비의존성과 아무 관련이 없다고 해도, 언제나 의지의 결정에 기여한다고 내가 생각하는 신의 예정, 신의 결정들, 원인들의 계열은 그 사정이 다르다. 나는 첫 번째 점에 대해서는 몰리나주의자들에게 동의하고, 두 번째 점에 대해서는 예정론

자들에게 동의한다.[244] 하지만 예정이 필연성은 아니라는 점을 항상 잊지 않아야 한다. 나의 견해를 한마디로 말하자면, 언제나 의지는 자신이 취하는 선택항에 보다 더 끌리고 있으며, 그렇다고 해서 의지가 그것을 취할 필연성에 있는 것은 전혀 아니라는 점이다. 의지가 그 선택항을 취할 것은 확실하나, 그것을 취하는 것은 필연적이지 않다. 이에 대해 **별들은 기울지만 필연적으로 그런 것은 아니다**라는 유명한 격언을 모방하여 말할 수 있겠다. 물론 이는 완전히 유사한 경우는 아니다. 마치 천문학에 어떤 근거가 있는 듯이 대중들과 함께 말하자면, 별들의 방향과 관련한 사건은 언제나 일어나는 것이 아니지만, 의지가 가장 끌리는 선택항은 언제나 선택되기 때문이다. 또한 별들은 사건을 일어나게 하는 여러 경향 가운데 한 부분만을 행할 뿐이다. 그러나 의지의 가장 강한 경향성을 말할 때는 모든 경향의 결과를 말하는 것이다. 이는 앞에서 언급한 것처럼 모든 선행하는 의지에서 도출되는 신의 후속적 의지와도 같은 것이다.

•:

244) (옮긴이) 라이프니츠는 미래의 우연적 사건들의 인식이 예정에 의존되지 않는다는 점에서는 몰리나에게 동의하지만, 미래의 우연적 사건들의 현존이 예정에 의존한다는 점에서는 예정론자들에게 동의한다. 라이프니츠는 이렇게 양쪽 관점 중 하나를 택하지는 않으나, 실제적으로는 양쪽이 모두 무차별성의 자유를 가정한다고 보고 양쪽을 비판한다. 무차별성의 자유를 인정하게 되면, 예정과 자유의 미로에서 빠져나올 수가 없다. 그에 따르면, 예정론자들은 자유를 신에 의해 예정된 것으로 보기 때문에 자유는 사라지며, 몰리나주의자들은 자유를 비결정된 상태로 보기 때문에 자유는 효과가 없어진다. 반면 라이프니츠는 우연적 사건은 확실하되 필연적이지 않다고 본다. 우연적 사건이 확실한 것은 주체가 여러 행위 중 어떤 행동을 택하는 이유를 선험적으로 알려주는 근거가 있기 때문이다. 우연적 사건은 모순율이 아닌 충족 이유율, 혹은 최선의 원리에 의거한다. 모순율은 반대 사건을 불가능으로 간주하여 배제하지만, 충족 이유율은 그것을 불가능이 아니라 불완전한 것으로 보고 배제한다. 『형이상학 논고』 제13절에서 라이프니츠는 몰리나와 바네스의 논쟁을 암시하면서 자유의 문제를 밀도 있게 논의한다.

44. 하지만 객관적 확실성이나 결정이 결정된 진리의 필연성을 이루는 것은 아니다. 모든 철학자들은 이를 받아들인다. 그들은 미래의 우연적 사건들의 진리가 결정되었다고 해도 그것들은 우연적이라고 인정하기 때문이다. 즉 어떤 일에 그 결과가 따라 나오지 않는다고 해도, 그것은 어떠한 모순도 함축하지 않을 것이다. 이것이 바로 우연성이다. 이 점을 보다 잘 이해하기 위해서는 우리의 추론에 두 개의 대원리가 있음을 고려해야 한다. 첫 번째 원리는 두 개의 모순된 명제 중 하나는 참되고 다른 하나는 거짓이라는 내용을 담고 있는 **모순율**이다. 두 번째 **원리는 결정적 이유율**이다.[245] 이 원리에 따르면 원인이나 혹은 적어도 결정적인 이유, 즉 왜 이것이 존재하지 않는 것이 아니라 존재하는지 또 왜 이것이 다른 방식으로 존재하지 않고 이런 방식으로 존재하는지를 **선험적으로** 설명해줄 수 있는 어떤 것 없이 일어나는 일은 아무것도 없다. 이 대원리는 모든 사건들에서 일어나며, 반대되는 예가 전혀 없다. 비록 그러한 결정적 이유들이 우리에게 충분히 알려지지 않았다고 해도, 그 같은 이유가 있다는 것은 막연하게나마 알 수 있는 것이다. 이 대원리가 없다면 결코 신의 현존을 증명할 수 없을 것이며 이 원리를 근거로 하는 매우 정확하고 유용한 무수히 많은 추론을 잃게 될 것이다. 이 원리는 그 어떠한 예외도 없으며, 만일 예외가 있다면 그 힘이 약해질 것이다. 모든 것이 유동적이고 예외로 가득한 체계만큼 약한 것도 없다. 내가 인정하는 체계는 기껏해야 서로를 한정하는 일반적 규칙을 통해 작동하며, 이는 체계의 결함이 아니다.

••

245) (옮긴이) 라이프니츠는 충족 이유율(raison suffisante)을 여기서는 결정적 이유율(raison déterminante)이라고 표현하고 있다. 충족 이유율은 신의 행동 원리인 최선의 원리(le principe du meilleur)다.

45. 따라서 어느 정도 공상에 사로잡힌 몇몇 스콜라 철학자들처럼, 미래의 자유로운 우연적 사건들이 사물들의 본성에 대한 일반적 규칙과 대립되게 특권을 받았다고 생각해서는 안 된다. 의지를 선택으로 이끄는 더 좋은 이유는 항상 존재하며, 의지의 자유를 유지하기 위해서 그 이유는 그것으로 기울어지게 하되 그것을 필연적인 것으로 만들지는 않는다는 점으로 충분하다.[246] 이는 또한 플라톤, 아리스토텔레스, 성 아우구스티누스 등 모든 고대인들의 견해이기도 하다. 의지는 다른 대립되는 표상들보다 우위인 선의 표상을 통해서만 행동하게 되어 있다. 이는 신과 관련해서도 선한 천사들과 관련해서도 그리고 축복받은 영혼들과 관련해서도 마찬가지다. 그렇다고 해서 그들이 자유롭지 않다고 할 수도 없다. 신은 최선을 신택할 수밖에 없지만 결코 그렇게 하도록 강제된 것이 아니다. 더욱이 신의 선택 대상에는 그 어떠한 필연성도 없다. 사물들의 다른 계열이 역시 가능하기 때문이다.[247] 그러므로 선택은 여러 가능한 것들 가운데 이루어지는 것인 만큼 필연성에서 자유롭고 독립적이며, 의지는 오로지 선택 대상의

∴

246) (옮긴이) 기울어지게 하되 필연적인 것으로 만들지는 않는다는 자유의 특성은 라이프니츠가 습관처럼 언급하는 부분이다. 자유의 문제를 집중적으로 다루는 『형이상학 논고』 제13절의 제목 자체에서도 같은 표현을 하고 있다. "모든 개인의 개체적 개념은 한 번에 그가 언젠가 부딪치게 될 모든 것을 포함하므로, 우리는 이로부터 모든 사건의 진리성에 대한, 또는 왜 다른 사건이 아니라 이 사건이 발생하는가에 대한 선험적 증명 또는 근거를 통찰한다. 그러나 이러한 진리들은 확실하기는 하지만, 신과 피조물의 자유 의지에 근거하는 우연적 진리들이다. 그들의 선택은 항상 근거를 가지고 있다. 그러나 이 근거는 필연적이지 않고 단지 경향성만 갖게 한다."

247) (옮긴이) 신은 무한히 많은 다른 세계 가운데 현재의 세계를 최선으로 택하여 창조했다. 그러나 비록 이 세계에서 일어나는 모든 일이 미리 예정되어 있다고 해도, 다른 세계가 가능했기 때문에 이 세계의 모든 일은 본질적으로 우연인 것이다. 즉 다른 세계 혹은 다른 계열을 선택하는 것이 불가능했기 때문이 아니라 더 불완전했기 때문에 보다 완전한 이 세계 혹은 이 계열을 선택한 것이다.

선성이 우위일 때 결정되는 것이다. 따라서 이는 신에게 그리고 성자들에게도 결함이 아니다. 이와 반대로 현세의 인간들에게서 선택이 선의 우위에 따라 이루어지지 않고 그들이 어떠한 이유에도 끌리지 않고 행동할 수 있다면, 이는 커다란 결함이거나 보다 정확히 말하면 명백한 부조리일 것이다. 그와 같은 예는 결코 발견할 수 없으며, 자신의 자유를 나타내려고 기분 내키는 대로 어떤 선택을 할 때도 그러한 욕구를 통해 누린다고 생각하는 기쁨이나 장점이 그런 선택으로 이끄는 이유 중 하나가 된다.

46. 따라서 우연성의 자유가 있으며, **무차별성**을 이런 선택이나 다른 선택을 하도록 필연적으로 강제하는 것이 전혀 없는 경우로 이해한다면 일정한 방식으로 무차별성의 자유가 있는 것이다. 하지만 어느 한쪽으로 기우는 것이 전혀 없이 양쪽이 완벽하게 동일한 **평형의 무차별성**은 절대로 있을 수 없다. 무수히 많은 크고 작은 내적·외적 움직임은 대부분의 경우 식별할 수 없지만 우리에게 작용하고 있다. 내가 이미 말했듯이 방을 나서면서 어떤 발을 먼저 내딛게 되는 것도, 우리가 이에 대해 생각을 하지는 않지만 그렇게 하게 되는 이유가 있는 것이다. 페트로니우스의 소설에 나오는 트리말키오의 집에서처럼 오른발로 먼저 들어서라고 외치는 노예가 사방에 있는 것은 아니기 때문이다.[248] 또한 내가 앞에서 말한 모든 것은 한 원인이 행동의 경향을 갖지 않고서는 작용할 수 없다고 가르치는 철학자들의 준칙과도 완전히 일치한다. 이런 경향은 행위자가 그것을 외부로부터 받았건, 자신의 이전의 상태를 근거로 가졌건 간에 예정을 포함하고 있는 것이다.

∴

248) 페트로니우스, 『사티리콘』, 제30장 참조.

47. 따라서 새로운 토마스 아퀴나스주의자들처럼 자유로운 피조물을 무차별성에서 빠져나오게 하는 신의 새로운 즉각적 예정에 의거하거나, 피조물이 무엇을 할지 인식할 수단을 신에게 부여하면서 피조물을 예정하는 신의 결정에 의거할 필요가 없다. 피조물이 다른 선택항보다 어떤 선택항에 끌리도록 하는 선행 상태에 의해 예정되는 것으로 충분하기 때문이다. 어떤 피조물과 다른 모든 피조물의 행동 간 모든 연결은 신의 결정에 의해 현존하기 전에, 신의 지성 속에 표상되어 있으며 단순 지성의 지식에 의해 신에게 알려져 있다. 이러한 점은 신의 예지를 설명하기 위해 몰리나주의자들의 매개하는 지식이나 (물론 이들은 심오한 저술가들이지만) 바네스와 알바레스[249)와 같은 이들이 가르친 예정이 없어도 된다는 점을 보여주는 것이다.

48. 평형의 무차별성이라는 이 거짓 관념 때문에 몰리나주의자들은 매우 곤혹스러워 했다. 그들이 받은 질문은 절대적으로 결정되지 않는 원인이 무엇인가를 하도록 결정된다는 것을 어떻게 알 수 있는지에 관한 것뿐 아니라 결국 그 어떠한 원천도 없는 결정이 그로부터 생긴다는 것이 어떻게 가능한가에 관한 것이었다. 왜냐하면 그것이 자유로운 원인의 특권이라고 몰리나처럼 말하는 것은 아무것도 말하지 않는 것이며, 자유로운 원인에 공상이 될 특권을 부여하는 것이기 때문이다. 몰리나주의자들이 아무런 출구도 없는 미로에서 빠져나오려고 발버둥치는 것을 보는 것은 재미있는 일이다. 몇몇 이들은 평형 상태에서 빠져나오려면 의지가 실제로

∵

249) 바네스(Dominique Banez, 1528~1604)는 스페인의 도미니크회 회원, 토마스 아퀴나스주의자로서 반(反)몰리나주의 신학자다. 알바레스(Diego Alvarez, 1635년 사망)는 스페인의 도미니크회 회원이며, 도움에 관한(주 279 참조) 수도회 회의에서 몰리나주의자들에 반대하여 토마스 아퀴나스의 테제를 변호했다.

(formellement) 결정되기 전에 잠재적으로(virtuellement) 결정되어야 한다고 가르친다. 루이 페레이르 드 돌[250] 신부는 그러한 방법으로 미로에서 빠져나오려고 하는 몰리나주의자들을 자신의 『신의 협력』에서 인용한다. 원인은 작용하도록 배치되어야 한다는 것을 몰리나주의자들은 인정할 수밖에 없다. 그러나 그들이 그렇게 해서 얻는 것은 아무것도 없으며 난점의 해결을 미룰 뿐이다. 자유로운 원인이 어떻게 잠재적으로 결정되는지 그들에게 계속 물을 수 있기 때문이다. 따라서 몰리나주의자들은 자유로운 피조물을 결정되도록 이끄는 예정이 그 피조물의 선행하는 상태에 있다고 인정하지 않고서는 결코 이 문제에서 빠져나오지 못할 것이다.

49. 이 때문에 두 **풀밭** 사이에서 양쪽에 동일하게 끌리고 있는 **뷔리당의 당나귀**의 경우도 역시 우주와 자연 질서에서 발생할 수 없는 허구다.[251] 비록 벨이 다른 의견을 가지고 있기는 해도 말이다. 만일 그 같은 경우가 가능하다면 당나귀는 굶어 죽게 될 것이라고 말하는 것이 맞다. 그러나 신이 일부러 그런 상황을 만들어내지 않는 한, 이는 근본적으로 불가능한 일이다. 우주는 양쪽이 전적으로 같고 닮도록 당나귀의 중심에서 세로로 자른 수직 단면을 통해 이등분될 수 없다. 내가 **양손잡이들**이라고 부르는 것에 속하는 타원 및 모든 평면 도형을 어떤 직선이 통과하면서 이등분하는 것처럼 말이다. 왜냐하면 우주의 부분들도 동물의 내장도 유사하지 않으며 그러한 수직면의 양쪽에 동일하게 배치된 것도 아니기 때문이다. 따라서 당나귀의 안이나 밖에는, 비록 우리에게 드러나지는 않는다고 해도 당나

⁝

250) (옮긴이) 주 233 참조.
251) (옮긴이) 장 뷔리당(Jean Buridan, 1300~1358)은 14세기 프랑스의 스콜라 철학자다. 당나귀의 예는 유명한 것이지만 그의 작품에서는 보이지 않는다.

귀가 다른 쪽보다는 어떤 한쪽으로 향하도록 결정하는 것들이 항상 존재한다. 그리고 사람은 당나귀와 달리 자유롭다고 해도 위와 같은 이유로 인해 두 선택항 사이에 완전한 평형의 경우는 불가능하며, 천사나 적어도 신은 진정으로 그것을 선택하도록 그 사람을 이끈 원인이나 이유를 설정함으로써 그가 선택한 항의 근거를 항상 설명할 수 있다. 비록 원인들의 연쇄가 길게 이어지기 때문에 선택의 이유가 매우 복잡하고, 우리로서는 생각할 수 없는 경우가 많기는 해도 말이다.

50. 따라서 데카르트가 생생한 내적 느낌을 주장하며 자유로운 행동의 비의존성을 입증하려고 내세우는 근거는 설득력이 없다. 우리는 진정으로 비의존성을 느낄 수는 없으며, 우리의 결심이 의존하는, 감지되지 않는 경우가 많은 원인들을 항상 파악하는 것도 아니다. 이는 마치 자력에 끌린 바늘이 기꺼이 북쪽을 향하는 것과도 같다. 이 바늘은 자성 물질의 극히 미세한 작용들을 파악하지 못하여, 다른 어떤 원인에도 의존되지 않고 북쪽을 향한다고 믿을 것이기 때문이다. 그러나 인간의 영혼이 자신의 행동과 관련하여 전적으로 자기 자신의 고유한 자연적 원리이고 자기 자신에게만 의존하고 있으며, 다른 모든 피조물들에게 의존되어 있지 않다는 점이 어떤 의미에서 매우 참된지 우리는 아래에서 살펴볼 것이다.[252]

51. 의욕(volition) 자체에 관해서, 그것이 자유로운 의지의 대상이라고 말하는 것은 부적절하다. 정확히 말하자면 우리는 행동하기를 원하는 것이지, 결코 원하기를 원하는 것이 아니다. 이 경우 우리는 원하려는 의지를

••

---

252) (옮긴이) 제59절에서부터 영혼의 독립성 그리고 영혼과 육체의 관계가 설명된다.

갖기를 원한다고 다시 말할 수 있으며, 이런 식으로 무한히 진행할 수 있을 것이다. 또한 우리는 원하기로 결정하면서 실천적 지성의 마지막 판단을 항상 따르는 것은 아니다. 오히려 우리는 원하면서 항상 이성적 근거와 정념에서 오는 모든 경향의 결과를 따른다. 이는 지성의 명확한 판단 없이 이루어지는 경우가 많다.

52. 따라서 다른 모든 것에서처럼, 인간에게서도 모든 것은 이미 확실하고 결정되어 있으며 인간의 영혼은 일종의 **정신적 자동 기계**[253]다. 그럼에도 불구하고 일반적으로는 우연적 행동, 그리고 특수하게는 자유로운 행동이 절대적 필연성으로 인해 필연적인 것이 되는 건 아니다. 절대적 필연성은 우연과 진정으로 양립 불가능할 것이기 때문이다. 따라서 미래의 실현도 전적으로 확실한 것이지만 그 자체로는 우연성과 자유를 파괴하지 못하며, 신의 완벽한 예견, 원인들의 예정, 신의 결정들의 예정도 결코 우연성과 자유를 파괴하지는 못한다. 이미 앞에서 설명한 것처럼, 사람들은 미래의 실현과 예견에 관해서는 동의하고 있다. 신의 결정은 가능한 모든 세계를 비교한 후에 최선의 세계를 선택하고 그 세계가 포함할 수 있는 모든 것을 가지고서 **존재하라**(Fiat)[254]는 전능한 말씀을 통해 그 현존을 승인하는 결심 자체이기 때문에, 신의 이 결정이 사물들의 배치를 전혀 변화시키지 않으며 사물들을 순수한 가능성의 상태에 있었던 모습 그대로 배치한다는 것은 명백한 일이다. 즉 신이 사물들의 본질이나 본성을 변화시키지 않으며, 더욱이 사물들의 우연적 사건들을 가능 세계의 관념 속에 이미 완전하

●●
●

253) (옮긴이) 라이프니츠는 『모나드론』 제18절에서 "비물질적인 자동 기계"라고도 표현한다.
254) (옮긴이) "그렇게 되었다"라는 뜻으로 『창세기』에서 신의 창조 활동을 표현하면서 연속적으로 나오는 구문이다.

게 표상되어 있는 모습으로 유지하고 변화시키지 않는다는 것은 명백한 일이다. 따라서 우연적이고 자유로운 것은 신의 예견하에서나 신의 예정하에서나 우연적이고 자유로운 상태로 있는 것이다.

53. 그렇다면 신은 결국 세계에 전혀 변화를 줄 수 없지 않겠느냐고 사람들은 말할 것이다. 신은 이 세계의 현존과 이 세계가 포함하고 있는 것의 현존을 예견했으며, 게다가 이 세계가 현존하도록 결정을 내렸기 때문에 자신의 지혜를 손상시키지 않고서는 당연히 세계를 지금에 와서 변화시킬 수 없을 것이다. 신은 실수할 수도 없고 후회할 수도 없으며, 전체가 아니라 부분과 관계된 불완전한 결정을 내리는 것은 신이 할 만한 일이 아니기 때문이다. 따라서 모든 것은 미리 조정되어 있는바, 모두가 인정하는 가정적 필연성만으로도, 신의 예견이나 결심 후에는 아무것도 바뀔 수 없는 것이다. 그럼에도 사건들은 그 자체로는 우연적이다. 사건에 대한 미래의 실현과 신의 예견이나 결심에 대한 가정, 즉 사건이 일어나리라는 점을 기정사실화하고, 존재하는 것이 존재할 때 그것은 존재해야 하고, 존재할 것이 존재하리라는 점이 참이라면 그것은 존재해야 한다고 말하도록 하는 가정은 별도로 고려하기로 한다면, 사건은 사건 자체를 필연적이게 만드는 것을 전혀 포함하지 않으며, 완전히 다른 사건이 대신 일어날 수 있었다는 생각을 막는 것도 전혀 포함하지 않는다. 원인과 결과의 연결에 대해 말하자면, 이미 내가 바로 앞에서 설명한 대로 그 연결은 자유로운 행위 주체로 하여금 그것으로 기울어지게 하되 그를 필연적인 것으로 만들지는 않는다. 따라서 이 연결은 거기에 외적인 어떤 것, 즉 우세한 경향이 항상 성공을 거둔다는 준칙 자체를 첨가하지 않는다면 가정적 필연성조차도 산출하지 않는다.

54. 모든 것이 조정되었다면 신은 결국 기적을 행하지 못하리라고 사람들은 다시 말할 것이다. 그러나 세계에서 일어나는 기적들도 세계가 순수 가능성의 상태에서 구상되었을 때 그 안에서 가능한 것으로서 포함되고 표상되어 있음을 알아야 한다. 신이 기적을 행한 것은 그가 이 세계를 선택했을 때 그렇게 행하도록 결정을 내렸기 때문이다. 아무것도 변할 수 없기 때문에 맹세와 기도, 공적과 허물, 선하고 악한 행동은 아무 소용도 없다고 사람들은 또다시 논박할 것이다. 이러한 논박은 대중들을 가장 혼란스럽게 하는 것이지만 철저한 궤변일 뿐이다. 그렇게 현재 이루어지는 맹세, 기도, 선한 행동이나 악한 행동은 신이 사물들을 조정하기로 결정했을 때 이미 신 앞에 있었다. 현재 세계에서 일어나는 행동들은 아직 가능한 채로 있는 그 동일한 세계에 그 결과 및 귀결과 함께 표상되어 있었다. 그 행동들은 자연적이건 초자연적이건 신의 은총을 유인하고 벌을 요청하며 보상을 요구하는 것으로서 가능한 세계에 표상되어 있었다. 이는 신이 세계를 선택한 후에 실제로 세계에서 일어나는 일과 완전히 같은 것이다. 따라서 기도와 선한 행동은 **관념적 원인**이나 **관념적 조건**, 즉 가능한 세계에서 신의 은총이나 보상에 기여할 수 있었던 경향의 근거였으며, 그 근거는 현재의 방식으로 지금 그렇게 하는 근거와 같은 것이다. 세계의 모든 것은 지혜롭게 연결되어 있는 만큼 신이 자유롭게 일어날 일을 예견함으로써 이와 관련한 나머지 모든 일들을 미리 조정해놓았다는 점, 혹은 마찬가지겠지만 모든 것이 그런 방식으로 조정된 이 가능 세계를 신이 선택했다는 점은 명백한 것이다.[255]

∴

255) (옮긴이) 자유에 관한 논의를 정리하자면, 라이프니츠는 자유로운 행위의 결정이 영원한 진리가 아니며, 그 행위가 다른 것일 수도 있었다는 우연성을 파괴하지 않는다고 제시함으로써 (스피노자적인) 숙명론을 피하고자 한다. 자유로운 행위의 결정은 가정적 필연성이지

55. 동시에 이러한 고찰은 고대인들이 **게으른 궤변**이라고 부른 것을 무너뜨린다. 게으른 궤변은 아무것도 하지 말아야 한다고 결론 내리는 것이었다. 그들은 다음과 같이 말하기 때문이다. 내가 요구하는 일이 일어나야 한다면 그것은 내가 아무것도 하지 않는다고 해도 일어날 것이고, 그것이 일어나지 않아야 한다면 그것을 얻기 위해 내가 수고스럽게 어떤 것을 해도 그것은 일어나지 않을 것이다. 사건들에서 그 원인과 분리되었다고 생각되는 그러한 필연성은 내가 앞에서 이미 지적했던 것처럼[256] **마호메트적 숙명**이라고 부를 수 있다. 이 같은 논증은 터키인들로 하여금 흑사병이 휩쓰는 장소를 피하지 않도록 한다고 말해지기 때문이다. 하지만 답은 완벽하게 준비되어 있다. 결과가 확실하다면 결과를 산출해내는 원인도 또한

∵

절대적 필연성이 아니기 때문이다. 그럼에도 우리가 우리 자신의 인격을 스스로 만들어나갈 수 없다는 것은 사실이다. 즉 우리의 삶의 방식은 신에 의해 선택된 것이며, 어떤 순간에도 우리는 그러한 방식에서 벗어날 수 없다. 왜 우리가 그 역할을 맡아야 하는가의 문제는 예정의 신비로 남게 된다. 이 같은 난점에도 불구하고 자유에 관한 라이프니츠의 논의는 우리가 평형의 무차별성과 같은 절대적 독립성의 공상을 피하고, 자유로운 행위를 통해 우리의 존재를 정의해간다는 점을 제시해준다. 아르노는 한 개체의 행위는 그의 존재의 우유적 규정이기 때문에, 개체는 자유로운 행위를 통한 여러 규정에도 불구하고 본질적으로 자기 자신이라고 주장했다. 라이프니츠는 이러한 논박에 우유적 규정 없는 본질이나, 빈위 없는 실체는 과연 무엇이겠느냐고 반문한다(아르노에게 보낸 편지 6과 9, 『형이상학 논고와 아르노와의 서신집(*Discours de métaphysique et Correspondance avec Arnauld*)』, Vrin, 1993, 97쪽, 108쪽). 우리의 행위가 우리 자신을 변화시킨다는 것, 즉 우리의 존재에 대해 무차별적이지 않다는 점에서 라이프니츠의 견해는 일리가 있다. 그러나 사르트르(Sartre)가 지적하듯이 우리는 영원으로부터 선택되었기 때문에 아무 귀책성도 없으며, 결국 매 순간 전적인 자유를 통해 우리 자신을 만들어가야 하는 것인가? 라이프니츠는 자유의 논의를 통해 이처럼 극단적인 두 관점을 피하려는 것 같다. 즉 우리는 우리 스스로 선택하지는 않은 방향에서 승인이나 거부를 통해 우리 자신을 규정하려고 시도해야 한다. 58절에서 언급하듯이, 비록 우리의 미래는 결정되어 있지만 우리는 미래를 모르기 때문에 자유로운 선택을 통해 우리 자신을 만들어나가야 하는 것이다.

256) 주 15 참조.

확실하다. 그리고 결과가 일어난다면 그것은 적합한 원인에 의해서일 것이다. 이렇게 바라던 것을 얻지 못하거나, 세심하게 행동했다면 피할 수 있었을 악에 빠지는 것은 아마도 게으름 때문일 것이다. 따라서 **원인과 결과의 연결**은 견딜 수 없는 숙명을 가져오기는커녕 오히려 그것을 제거할 수단을 제공한다는 것이 드러난다. 죽음은 항상 원인이 있기를 바란다고 하는 독일 속담이 있는데, 이보다 더 옳은 말도 없다. 당신은 어느 날 죽을 것이다(당신이 실제로 죽을 것이고 신이 이를 예견하고 있다고 가정해보자). 물론 그렇게 될 것이다. 다만 당신이 죽음으로 이끄는 것을 행할 것이기 때문에 그렇게 될 것이다. 그 원인에 의존하는 신의 벌 또한 마찬가지다. 이 점에 대해서 성 암브로시아[257]의 유명한 구절(「누가복음」 1장)을 인용하는 것은 적절할 것이다. "네가 잘못을 바로잡을 줄 알면 주 예수는 생각을 바꿀 수 있다(Novit Dominus mutare sententiam, si tu noveris mutare delictum)." 이는 「요나」에서 신이 니느웨인들에게 그렇게 한 것처럼, 영겁의 벌(永罰)이 아니라 신벌(神罰)의 선언으로 이해되어야 한다.[258] **너의 운명이 예정되지 않았으면 예정되도록 행동하라**는 통속적인 격언은 문자 그대로 이해하면 안 된다. 그 진정한 의미는 자신이 예정되었는지 의심하는 사람은 신의 은총에 의해 예정되기 위해 필요한 것을 하기만 하면 된다는 것이기 때문이다. 애써서 무엇을

••

257) 성 암브로시아(Ambrosia, 340~397)는 교부 중 한 명으로 374년에 밀라노의 주교가 되었다. 그의 여러 성서 해석 저작 가운데 385년과 387년 사이에 쓴 「누가복음」에 대한 중요한 주해가 있다(미뉴[Migne]의 『라틴 교부 저술 전집』, 제15권, 1527~1860절). 세례요한의 아버지 사가랴가 무신앙으로 눈이 멀었다가 선지자의 선물로 도움을 받은 이야기(「누가복음」 1:64 이하)를 설명하기 위해, 성 암브로시아는 다음과 같이 주해한다. "네가 잘못을 바로잡을 줄 알면 주 예수는 생각을 바꿀 수 있다."(인용된 책, 제1564절, 이 텍스트는 두 번째 mutare 대신에 emendare로 되어 있다.)
258) 「요나」 1:2, 3:4.

할 필요가 전혀 없다고 결론 내리는 궤변은 몇몇 사람들을 위험으로 돌진하도록 하기 위해서는 때때로 유용할지도 모른다. 특히 터키 병사들에 대해 그러한 궤변이 적용된 것이다. 그러나 위험으로 돌진하는 데는 그 같은 궤변보다는 마슬라크[259]의 역할이 더 클 것이다. 게다가 터키인들의 이처럼 단호한 정신은 오늘날 강하게 부인되었다.

56. 얀 반 베베르베이크[260]라는 네덜란드의 학식 있는 의사는 삶의 마지막에 대해 흥미를 가지고 글을 썼고, 이 주제에 관해 당대 몇몇 학자들의 여러 답변, 편지, 담론을 모으고자 했다. 이 모음집은 출간되었다. 이 모음집에서 사람들이 얼마나 자주 속고 있고, 잘 생각하면 세상에서 가장 쉬운 문제를 어떤 방식으로 복잡하게 만드는지 확인하게 된다는 점은 놀랄 만한 일이다. 그 이후에 사람들은 인류가 빠져나올 수 없는 많은 의혹이 있다는 사실에 놀라고 있다. 하지만 이는 사람들이 헤매기를 좋아하는 것이고, 주의력, 질서, 규칙들을 예속되지 않고자 하는 정신이 즐기는 일종의 산책이라고 하는 편이 맞다. 사람들은 유희나 농담에 너무 습관이 들어 있어서 가장 진지한 문제들에 대해서도 생각하지 않으려고 하면서 장난치는 것 같다.

57. 나는 독일에서 그토록 많은 논란을 일으켰던 속죄의 마지막 시효[261]에

∴

259) 마슬라크(Maslac), 마스틀라크(Mastlac), 혹은 마트슬라크(Matslac)로 불리며 아편의 일종이다.
260) 베베로비치우스(Beverovicius)라 불리는 얀 반 베베르베이크(Jan Van Beverwijck, 1594~1647)는 1634년에 도르드레흐트에서 출간된 『삶의 마지막이 숙명적인지 유동적인지에 대한 과학자들의 답변과 함께한 서신을 통한 탐구』(라이덴, 1636년, 증보 재판, 1636년 재증보 제3판)의 저자다.

관한 아우크스부르크 종파 신학자들의 최근 논쟁에 또 다른 종류의 몰이해가 스며들까 걱정이 된다. 법으로 규정된 기간은 법률가들 사이에서 **최후 기간**이라고 불린다. 회개와 교정을 위해 인간에게 주어진 **마지막 시효**는 모든 것이 확실한 신에게는 확실히 정해져 있다고 일정한 방식으로 말할 수 있다. 신은 죄인이 너무 아랑곳하지 않는 사람이라서, 그를 위해 더는 할 것이 아무것도 없는 때가 언제인지 알고 있다. 그 죄인이 속죄하는 것이 불가능하다거나, 일정한 기간 후에 충족 은총이 그에게 거부되어야 한다는 것은 아니다. 은총은 결코 부족한 법이 없다. 단지 어떤 시간이 있고 그 후에는 죄인이 구원의 길에 더는 접근하지 못하리라는 것이다. 그러나 우리에겐 그 마지막 시효를 알 수 있는 확실한 표시가 전혀 없으며, 결코 한 인간이 절대적으로 버림받았다고 간주할 권한이 없다. 그렇게 하는 것은 경솔하게 판단 내리는 일일 것이다. 희망을 가질 만하다고 생각하는 것이 항상 더 나으며 다른 수많은 상황 중에서도 이러한 상황에서 우리의 무지가 유용한 것이다.

신은 그의 지혜 속에서 미래의 방향을 두터운 어둠으로 덮어놓는다.[262]

∵

261) "속죄의 마지막 시효"는 그 최종점을 넘어서 소권의 소멸 혹은 시효가 있는 것, 달리 말하면 어떤 시기를 넘어서면 모든 속죄가 무용하게 됨을 의미한다. 은혜 유한설(恩惠有限說, terminisme), 즉 인간에게는 특정 시기를 넘어서면 신에게로 회귀할 수 없는 은총의 시효가 존재한다는 학설은 경건주의와 관련된다. 이 학설은 1701년에서 1702년 사이에 학자들 간에 논란을 일으켰으며, 이 시기에 이 문제와 관련된 글이 103개로 집계되었다. 이 문제에 참여한 주요 저술가는 경건주의의 주창자인 슈페너(Spener, 1635~1705), 1698년에 『인간 구원의 마지막 시효』를 쓴 뵈즈(Böse, 1662~1700), 레헨베르크(Rechenberg, 1642~1721), 이티그(Ittig, 1643~1710) 등이다.
262) 호라티우스, 『송가』, 제3권, 29장, 29행.

58. 모든 미래는 물론 결정되어 있다. 그런데 우리는 미래가 어떻게 결정되어 있는지 모르며, 무엇이 예견되고 정해졌는지도 모르는 만큼 신이 우리에게 부여한 이성과 우리에게 내려준 규칙에 따라 의무를 다해야 한다. 그 후에 우리의 정신은 안식을 누릴 것이며 우리 의무의 성공 여부는 신에게 맡겨야 한다. 신은 일반적으로도 반드시 최선의 것을 행할 것이며, 개별적으로도 자신을 진정으로 신뢰하는 이들을 위해 최선의 것을 반드시 행할 것이기 때문이다. 신에 대한 신뢰는 진정한 경건, 생생한 신앙, 열렬한 자비심과 결코 다르지 않은 신뢰이며, 우리의 의무 및 신의 도움과 관련해볼 때 우리에게 달려 있는 것을 하나도 빠뜨리지 않도록 해주는 신뢰를 말한다. 신은 아무것도 필요로 하지 않으므로 우리가 신에게 도움을 줄 수 없다는 것은 사실이다. 다만 우리가 알고 있고 기여할 수 있는 선에 협력하면서 신의 **추정적 의지**를 실현하고자 할 때, 이는 우리의 언어로는 신을 돕는 것이라 하겠다. 사건이 일어나서 신이 우리가 추구하는 선을 뒤로 미루게 된 더 강력한 근거가 있었다는 점을 알기 전까지 우리는 신이 그 선을 향한다고 항상 추정해야 하기 때문이다. 어쩌면 우리가 모르는 근거 때문일지라도 신은 자신이 목표로 한 보다 위대한 다른 선, 자신이 반드시 실현했을 혹은 반드시 실현할 그런 선을 위해 그처럼 뒤로 미룬 것이니 말이다.

59. 나는 바로 위에서 의지 행위가 그 원인에 의존하며 우리 행동의 그 같은 의존성은 인간 본성에 지극히 부합한다고 제시했다. 그리고 반대의 경우는 부조리하며 견딜 수 없는 숙명, 즉 예견과 좋은 조언을 뒤엎는 것이기에 모든 것 중 최악인 **마호메트적 숙명**에 빠질 것이라고 제시했다. 하지만 그 같은 의지 행위의 의존성은 근본적으로 우리 안에 경탄스러운 자

발성이 존재하는 것을 막지 못한다는 점을 제시할 필요가 있다. 일정한 의미에서 영혼은 이런 자발성으로 인해 자신의 결심에서 다른 모든 피조물의 **물리적 영향**에서 독립되어 있는 것이다. 현재까지 잘 알려지지 않은 그러한 자발성은 우리의 행동에 대한 우리 자신의 지배력을 가능한 한 강화하는 것으로서 **예정 조화 체계**의 귀결이다. 예정 조화 체계에 대해서는 여기서 일정한 설명을 제시할 필요가 있다. 스콜라 철학자들은 육체와 영혼 사이에 물리적 상호 영향이 있다고 믿었다. 하지만 사유와 연장이 그 어떠한 상호 관련도 없고 유(類)의 모든 범위에서 서로 다른 피조물이라는 적절한 고찰이 있고 난 후에, 여러 현대인들은 영혼과 육체 사이에 어떠한 **물리적 교통도** 없다고 인정했다. 그러나 영혼과 육체가 하나의 동일한 **주체**(suppôt) 혹은 소위 인격이라는 것을 구성하게 되는 **형이상학적 교통**은 항상 존재한다고 인정되었다. 만일 물리적 교통이 있다면 그것을 통해 영혼은 육체 속에 있는 몇몇 운동의 속도와 방향을 바꿀 것이고, 역으로 육체는 영혼 속에 있는 사유의 흐름을 바꿀 것이다. 그러나 영혼이 우리에게는 내밀한 것이고, 즉 영혼이 영혼 자체에게 내밀한 것이기 때문에 영혼만큼 우리가 잘 알고 있는 것이 없다고 해도, 육체와 영혼에서 생각할 수 있는 어떠한 개념에서도 그런 물리적 교통의 결과를 도출해낼 수는 없다.

60. 데카르트는 육체 행동의 일부분을 굴복시켜 영혼에 의존되게 하고자 했다. 그는 자신이 자연의 규칙을 알고 있다고 생각했는데, 그에 따르면 이 자연 규칙은 동일한 운동량이 물체들 속에서 유지된다는 것이다. 그는 영혼의 영향이 물체들의 법칙을 깨뜨리는 것은 가능하다고 보지 않았다. 그럼에도 그는 영혼이 육체에서 일어나는 운동의 방향을 바꿀 힘을 가질 수 있을 것이라고 생각했다. 이는 마치 기사가 자신이 타고 있는 말에

힘을 가하지 않고도 원하는 쪽으로 그 힘을 조정하면서 말을 다루는 것과도 같다. 하지만 그 같은 일은 고삐, 재갈, 박차나 여러 도구의 도움으로 하는 것이므로 그것이 어떻게 가능한지 알 수 있다. 그러나 영혼은 그러한 결과를 내기 위해 사용할 수 있는 도구도 없고, 결국 영혼에도 육체에도, 즉 사유에도 연장에도 서로 변화를 주는 것을 설명하는 데 기여할 수 있는 것이 전혀 없다. 한마디로 말하면, 영혼이 힘의 양을 바꾸고 방향을 바꾼다는 것은 둘 다 똑같이 설명 불가능한 사실이다.

61. 또한 이 주제에 관해 데카르트 이후로 두 가지 중요한 진리가 발견되었다. 첫 번째 발견은 내가 다른 곳에서 증명한 것처럼, 실제로 보존되는 절대적 힘의 양은 운동량과 다르다는 것이다. 두 번째 발견은 물체들이 어떤 방식으로 서로 충격을 가하든 간에, 서로 작용한다고 가정된 모든 물체 전체에서는 계속 동일한 방향이 보존된다는 것이다. 만일 데카르트가 이 규칙을 알았다면 물체들의 힘과 마찬가지로 그것들의 방향도 영혼에 의존되지 않는 것으로 보았을 것이다. 이 경우 그 동일한 규칙들이 나를 예정 조화의 가설로 이끈 것처럼, 데카르트도 곧바로 예정 조화의 가설에 도달했으리라고 나는 믿는다. 나는 실체들 간의 물리적 영향은 설명이 불가능할 뿐더러, 자연법칙 전체를 교란하지 않고서는 영혼이 육체에 물리적으로 작용할 수 없다고 생각했기 때문이다. 나는 이 점과 관련하여, 비록 매우 뛰어난 철학자들이지만 극작품의 구성에서처럼 극의 해결을 위해 신을 개입시키는 이들을 따를 필요가 없다고 생각했다. 그들은 신이 영혼이 원하는 대로 육체를 움직이고 육체가 요구하는 대로 영혼의 지각을 정하려고 의도적으로 노력한다고 주장한다. 게다가 (신이 영혼의 필요에 따라 육체에 작용하고, 또 역으로 육체의 필요에 따라 영혼에 작용을 한다고 가르치기 때문에)

기회 원인들의 체계[263]라고 불리는 이 체계는 영혼과 육체라는 두 실체 간의 교류를 위해 계속적인 기적을 도입한다. 그뿐 아니라 이 체계는 두 실체 각각에서 확립된 자연법칙들의 교란, 즉 일반적인 견해를 따를 경우 둘의 상호 영향으로 일어나게 되는 그 같은 교란을 막지도 못한다.

62. 그리하여 나는 조화 일반의 원리를 확신하며, 결과적으로 만물, 자연과 은총, 신의 결정과 우리 인간의 예견된 행동, 물질의 모든 부분, 더 나아가 미래와 과거 사이에 모든 것이 **미리 이루어져 있고** 예정 조화되어 있다는 점을 확신한다. 이는 모든 것이 생각할 수 있는 최대의 가능성에 따라 자신의 작품들을 조화롭게 만드는 신의 최상의 지혜에 부합하기 때문인바, 나는 영혼이 육체에서 일어나는 일을 순서에 맞게 산출하고 표상하도록 우선적으로 영혼이 신에 의해 창조되었고, 육체도 영혼이 명령하는 것을 스스로 행하도록 창조되었다는 내용의 체계를 채택할 수밖에 없었다. 따라서 목적인의 질서에서 그리고 지각의 전개 과정에 따라 영혼의 사유들을 연결하는 법칙은 우리의 기관에 남기는 물체들의 인상과 일치하고 조화되는 이미지를 산출해야 하며, 작용인의 질서에서 서로 잇따르는 육체의 운동 법칙도 영혼의 사유와 일치하고 조화되어 육체는 영혼이 원하는 때에 행동하게 되는 것이다.

63. 이는 자유의 침해와는 거리가 멀다. 오히려 이보다 자유를 위해 유리한 것도 없을 것이다. 자클로[264]는 자신의 저작 『이성과 신앙의 조화』에

∴

263) 말브랑슈의 체계를 말한다.
264) 주 194 참조.

서 그런 점은 다음의 상황과 같다고 매우 적절하게 제시했다. 내가 다음 날 하루 종일 시종에게 무엇을 명령할 것인지 어떤 이가 모두 알고서, 시종과 완벽하게 닮고 내가 명령할 모든 일을 순서에 따라 정확히 실행하는 자동 기계를 만들었다. 내 시중을 들 자동 기계의 행동이 전혀 자유롭지 않다고 해도, 나는 내가 바라는 모든 것을 하도록 자유롭게 명령하지 않는 것은 아니다.

64. 게다가 예정 조화 체계에 따르면 영혼에서 일어나는 모든 일은 오로지 영혼에만 의존되고 영혼의 다음 상태는 오로지 영혼 자체와 그 현재 상태로부터 오는바, 어떻게 이보다 큰 **독립성**을 영혼에 부여할 수 있겠는가? 영혼의 구성에 아직 몇몇 불완전성이 있다는 것은 사실이다. 영혼에 일어나는 모든 일은 영혼에 의존되는 것이지만, 항상 영혼의 의지에 의존하는 것은 아니다. 더군다나 그 모든 일을 영혼의 지성이 항상 아는 것도 아니고 판명하게 파악하는 것도 아니다. 영혼의 지배력을 이루는 판명한 지각 질서만이 영혼에 있는 것이 아니라, 영혼을 예속상태에 있게 하는 일련의 모호한 지각과 정념도 있기 때문이다. 이 점에 대해 놀랄 필요가 없다. 만일 영혼이 판명한 지각만을 가진다면 신이 될 것이다.[265] 그러나 비록 간접적인 방식일지라도 영혼은 모호한 지각에 대해 일정한 영향력을 가지고 있다. 영혼은 비록 자신의 정념을 즉각적으로 바꿀 수는 없지만, 시간을 두고 노력

••

265) (옮긴이) 악의 형이상학적 규정을 위해 매우 중요했던 제31절에서 언급한 점, 즉 신은 피조물을 다른 신으로 만들지 않고서는 피조물에게 모든 것을 줄 수 없었다는 점이 여기서는 지각과 관련하여 설명되고 있다. 신은 완벽한 지각을 가진 존재인 반면, 피조물들은 불완전한 지각을 가진 존재다. 즉 악의 등급이 무한하다는 것은 지각의 혼란함의 등급이 무한하다는 의미이기도 하다.

하여 충분한 성공을 거둘 수 있으며 새로운 정념이나 습관마저도 자신에게 생겨나게 할 수 있다. 게다가 영혼은 간접적으로 어떤 견해나 의지를 스스로에게 부여하고, 이런저런 견해나 의지를 갖는 것을 막으며, 자신의 판단을 보류하거나 제시함으로써 더 판명한 지각에 대해서도 비슷한 영향력을 갖는다. 우리는 경솔한 판단으로 위태로운 일이 생기려 할 경우, 거기서 멈출 수단들을 미리부터 찾을 수 있기 때문이다. 그뿐 아니라 사건에 대한 판단을 내릴 준비가 되었을 때조차 어떤 부수적인 이유를 들어서 우리가 결심한 것을 미룰 수도 있다. 또한 (내가 이미 지적한 것처럼) 우리의 견해와 의지 행위가 직접적으로 우리 의지의 대상이 아니라고 해도, 몇몇 조치를 취함으로써 현재 원하지도 않고 믿지도 않는 것을 시간을 두고서 원하고 믿을 수도 있는 것이다. 이는 인간의 정신이 그만큼 깊이가 있음을 드러내준다.

65. 마지막으로 **자발성**에 관한 부분을 결론짓자면, 엄밀히 말해 영혼은 자신의 모든 능동성의 원리뿐 아니라 수동성의 원리도 자신 안에 가지고 있어야 하며, 이러한 점은 비록 자유가 지성적 실체들에게만 존재한다고 해도 전 자연에 걸쳐 퍼져 있는 모든 단순 실체들에서도 마찬가지라고 해야 한다. 그렇지만 겉으로 드러나는 대로 통속적인 의미로 말하자면, 영혼은 일정한 방식으로 육체와 감각의 인상에 의존한다고 해야 한다. 이는 태양이 뜨고 지는 것을 말할 때 우리가 통상적인 관습에 따라 프톨레마이오스와 튀코[266]처럼 말하고, 생각은 코페르니쿠스처럼 하는 것과 유사한 것이다.

∵

266) 저명한 천문학자 튀코 브라헤(Tycho Brahe, 1546~1601)는 프톨레마이오스(Ptolemaeos)의 지구 중심론을 지지하면서 코페르니쿠스의 태양 중심론을 공격했다. 그러나 튀코 브라헤의 천문학적 관찰이 그의 제자 케플러에게 전해졌고, 이로 인해 케플러는 자신의 이름을 붙인 법칙을 발견할 수 있었다.

66. 그러나 우리가 생각하는 영혼과 육체 사이의 **상호 의존성**에 대해 참되고 철학적인 의미를 제시할 수 있다. 즉 한 실체는 자신에게서 일어나는 일의 근거를 다른 실체에 있는 것을 통해 설명할 수 있는 한에서, 그 다른 실체에 관념적으로 의존한다. 이는 실체들 사이에 존재할 조화를 신이 미리 조정했으므로 이미 신의 결정들에 포함된 일이다. 시종의 기능을 하는 자동 기계는 내가 내릴 명령들을 예견하고 다음 날 내내 때에 맞게 내 말을 들을 수 있도록 만들었을 존재의 지혜에 근거하여 관념적으로 나에게 의존할 것이다. 나의 미래 의지에 대한 인식이 이 위대한 장인(匠人)을 움직였을 것이고, 그 뒤에 그가 자동 기계를 만들었을 것이다. 나의 영향은 표상적(objective)[267]일 것이고 그의 영향은 물리적일 것이다. 왜냐하면 영혼이 완전성과 판명한 사유를 가지고 있는 한에서는, 신은 육체를 영혼에 조정해놓았고 영혼의 명령을 실행하도록 미리 만들어놨기 때문이다. 그리고 영혼이 불완전하고 그 지각이 모호한 한에서, 신은 영혼이 육체적 표상에서 생기는 정념에 이끌리도록 육체를 영혼에 맞추어놓았기 때문이다. 이것은 영혼과 육체가 즉각적으로 또 물리적 영향을 통해 서로 의존할 때와 동일한 결과와 동일한 겉모습을 만들어낸다.[268] 영혼이 자신을 둘러싸고 있

‥∶

267) (옮긴이) 라이프니츠는 오늘날 '객관적' 혹은 '대상적'이라고 이해되는 objective를 반대로 '표상적' 혹은 '관념적'이라는 뜻으로 사용하고 있다. 이는 데카르트와 스피노자의 용어법에서도 마찬가지다.

268) (옮긴이) 한 실체가 다른 실체에 작용을 가한다거나, 다른 실체로부터 수동성을 겪는다고 말하는 것은 통상적으로 말하는 방식일 뿐이다. 실제로 능동과 수동은 한 실체의 내부에서 일어나는 일이다. 보다 판명하게 지각하는 한 실체는 능동적으로 행동하며, 덜 판명하게 지각하는 한 수동적으로 행동한다. 『형이상학 논고』 제14절에서 라이프니츠는 이렇게 단언한다. "…… 우리는 비록 그것이 일상적인 어법은 아니라도 어떤 의미에서는 정당하게, 개체적 실체는 결코 다른 실체에 영향을 미치지 않고 마찬가지로 그로부터 어떠한 영향도 받지 않는다고 말할 수 있을 것이다. 실제로 우리에게는 지각과 사유 외에 아무것도 일어날 수 없다."

는 물체들을 표상하는 것은 본질적으로 자신의 모호한 사유에 의해서다. 또한 단순 실체들의 상호 작용에 관한 모든 것도 같은 방식으로 이해되어야 한다. 즉 각 실체는 단지 관념적으로 또는 사물들의 근거에서 그런 것일 뿐이라도 자신의 완전성의 정도에 따라 다른 실체에 작용한다고 여겨지는 것이다. 이는 각각의 실체에 있는 완전성이나 불완전성에 따라 신이 실체들의 작용을 우선적으로 조정해놓았기 때문이다. 그러나 능동성과 수동성은 피조물들에게서 언제나 상호 관련적인 것이다. 완전성과 불완전성은 서로 섞여 있고 분배되어 있으므로 어떤 일을 판명하게 설명하는 데 사용되고, 그 일을 현존하게 하는 데 사용되는 근거의 한 부분은 이 실체들 중 어떤 실체에 들어 있으며, 이 근거의 다른 부분은 다른 실체에 들어 있기 때문이다. 이 같은 이유로 우리는 어떤 실체에는 **능동성**을, 다른 실체에는 **수동성**을 귀속시키는 것이다.

67. 결국 의지 행위에서 일정한 의존성을 생각할 수 있고, 게다가 (사실 그런 것은 존재하지 않지만) 절대적이고 수학적인 필연성이 존재한다고 해도, 이 때문에 보상과 벌이 정의롭고 합리적이기 위해 필요한 자유가 없으리라는 사실이 도출되지는 않을 것이다. 통상적으로 우리가 행동의 필연성이 모든 공적과 허물, 칭찬과 비난의 권리, 보상과 벌의 권리를 무효화한다고 말하는 것은 사실이다. 하지만 이 같은 귀결이 결코 절대적으로 정당하지 않다고 인정해야 한다. 나의 견해는 브래드워딘,[269] 위클리프, 홉

∴

269) 토머스 브래드워딘(Thomas Bradwardine, 1290~1349)은 캔터베리의 대주교로서, 『펠라기우스에 반대하는 신의 변호』의 저자다. 이 책에서 그는 신의 무오류한 행동과 전능한 의지를 옹호했다. 그에게 위클리프(주 198 참조)가 영감을 받았으며, 루터도 간접적으로 영감을 받았다.

스, 스피노자의 견해와 매우 거리가 있다. 이들은 전적으로 수학적인 필연성을 설파하는 것 같은데, 나는 그러한 필연성을 충분히 또 사람들이 습관적으로 하는 논박보다 더욱 명료하게 논박했다고 생각한다. 그러나 항상 진리의 증거를 제시해야 하며, 한 학설에 그것으로부터 도출되지 않는 것을 전가해서는 안 된다. 뿐만 아니라 이러한 필연성에 대한 논증들은 가정적 필연성에 반대되는 증명이 될 것이고 게으른 궤변을 정당화할 것이기 때문에, 너무 많은 것을 증명하는 셈이 된다. 이 점에서 원인들의 귀결의 절대적 필연성은 가정적 필연성의 틀림없는 확실성에 그 무엇도 첨가하는 것이 없을 것이다.

68. 따라서 첫째로, 사나운 자를 죽이지 않고는 자신을 방어할 수 없을 때는 그를 죽이는 것이 허용된다고 인정해야 한다. 또한 비록 그들의 잘못으로 그런 것은 아닐지라도, 독이 있고 매우 해로운 동물들을 없애는 것이 허용되며 더더군다나 필연적인 경우가 많다고 인정될 것이다.

69. 둘째로, 비록 어떤 짐승에게 이성과 자유가 없다고 해도 우리는 고통이 이 짐승을 교정하는 데 기여할 수 있다면 벌을 준다. 이렇게 우리는 개와 말에게 벌을 주며, 이는 큰 성공을 가져다준다. 보상도 마찬가지로 동물들을 다스리는 데 도움을 주며, 배고플 때 먹이를 줌으로써 다른 방법으로는 결코 얻어낼 수 없는 일을 동물이 하게 하기도 한다.

70. 셋째로, 다른 동물들의 못된 짓을 멈추게 하기 위한 사례가 될 수 있거나 공포를 줄 수 있을 때 우리는 짐승들을 죽이는 벌을 준다(이는 더 이상 벌을 줌으로써 짐승을 교정하는 차원이 아니다). 로라리우스[270]는 짐승들

의 이성에 관한 자신의 책에서, 아프리카에서는 사자들을 죽여 매달아놓는데 이는 마을과 사람들이 자주 모이는 곳에 다른 사자들이 오지 못하게 하기 위해서라고 말한다. 또한 그는 줄리에르 지방을 지나면서 그곳에서 양 떼를 더욱 잘 보호하기 위해 늑대들을 목매달아 죽이는 것을 봤다고 말한다. 맹금류를 집 문에 못 박아놓음으로써 비슷한 다른 새들이 쉽사리 집에 접근하지 못하게 한다는 생각을 가진 마을 사람들도 있다. 그러한 절차들이 도움이 될 경우에 이는 항상 정당한 것이다.

71. 따라서 네 번째로, 벌에 대한 불안과 상에 대한 희망이 인간으로 하여금 악을 자제하고 선을 행하도록 하는 데 기여한다는 것은 확실하고 경험된 사실이므로, 그들이 어떤 필연성이든 간에 일종의 필연성을 통해 필연적으로 행동할 때조차도 우리가 벌의 불안과 상의 희망을 이용하는 것은 일리가 있으며 그렇게 할 권리가 있을 것이다. 선이나 악이 필연적이라면 선을 획득하고 악을 막을 수단들을 이용하는 것은 소용이 없다고 사람들은 논박할 것이다. 그러나 게으른 궤변에 반대하여 이미 앞에서 답을 제시했다. 선을 획득하고 악을 막을 수단도 없이 선이나 악이 필연적으로 생긴다면 그 수단들은 소용이 없을 것이다. 하지만 사실은 그렇지 않다. 그러한 선과 악은 그러한 수단들의 도움을 통해서만 일어난다. 그리고 이렇게 일어난 사건들이 필연적이라면 수단들은 그 사건들을 필연적인 것으로 만드는 원인의 일부분이다. 경험이 우리에게 알려주는 바에 따르면, 불안과 희망이 악을 막고 선을 행하게 해주는 경우가 자주 있기 때문이다. 따라서 그와 같은 논박은 미래 사건들의 필연성뿐 아니라 그 확실성과도 대립되는 게으른

••

270) 로라리우스에 대해서는 주 41 참조.

궤변과 거의 아무런 차이가 없다. 결과적으로 이 논박은 가정적 필연성에도 반대하고, 절대적 필연성에도 반대하며, 또한 양쪽 모두에 반대하여 논증하므로 그 무엇에도 반대하여 논증하는 것이 아니라고 말할 수 있다.

72. 브럼홀 주교와 홉스 사이에 큰 논쟁[271]이 있었고, 이 논쟁은 그들이 둘 다 파리에 있을 때 시작되었으며 영국에 돌아갔을 때도 계속되었다. 그 모든 단편들은 1656년에 영국에서 출간된 4절판형의 책에 취합되어 있다. 그것들은 모두 영어로 쓰였고, 내가 아는 한 번역되지 않았으며 홉스의 라틴어 저작 모음집에도 포함되어 있지 않다. 이전에 나는 그것들을 읽었고 이후에 다시 발견했다. 나는 홉스가 만물의 절대적 필연성을 증명하지 못했다는 점을 우선 알게 되었지만, 그가 필연성이 신이나 인간의 정의의 모든 규칙을 뒤엎지 못하며 그러한 덕행의 실천을 완전히 막지도 못하리라는 사실을 충분히 보여주었음을 알게 되었다.

73. 그런데 만일 절대적 필연성이 존재한다고 가정할 경우, 그 같은 필연성에 의해 행동할 이들에게는 그리 적용될 만하지 않은 일종의 정의(正義)와 일정한 상과 벌이 있다. 이들 종류의 정의는 결코 치유, 본보기, 그뿐만 아니라 악의 교정도 목적으로 삼지 않는다. 이 정의는 오로지 악행의 속죄를 위한 일정한 사죄를 요청하는 합목적성에 근거하는 것이다. 소치니주의 자들, 홉스 및 다른 이들은 진정한 인과응보이자 여러 경우를 위해 신이 대비해놓은 처벌의 정의를 인정하지 않는다. 그러나 신은 타인을 지배할 권리가 있는 이들이 정념이 아닌 이성을 통해 행동할 경우, 그들에게 이 처벌

⁑

271) 주 695 참조.

의 정의를 전해주며 그들을 수단으로 하여 처벌의 정의를 실행한다. 소치니주의자들은 이것이 근거가 없다고 생각한다. 하지만 항상 처벌의 정의는 죄인뿐 아니라 이 정의를 이해하는 지혜로운 이들도 만족시키는 합목적성의 관계에 근거한다. 이는 아름다운 음악이나 훌륭한 건축물이 올바른 정신을 만족시키는 것과도 같다. 현명한 입법자가 위협을 하고서, 말하자면 벌을 내리겠다고 약속하고 나서 벌의 고통이 교정에 더 이상 기여하지 않을 때도 행동을 전적으로 처벌되지 않은 채로 놓아두지 않는 것은 그의 확고부동함을 나타내는 것이다. 그러나 그가 아무것도 약속한 것이 없을 때에는, 그로 하여금 그런 약속을 하게 했을 합목적성이 있는 것으로 충분하다. 지혜로운 자는 또한 합당한 것만을 약속하기 때문이다. 만일 벌이 질서를 재확립하는 데 기여하지 않는다면, 무질서로 인해 손해를 보게 될 정신을 위한 일정한 보상이 있다고까지 말할 수 있다. 이 점에 대해서는 흐로티위스가 소치니주의자들에 반대하여 예수 그리스도의 보상에 대해 쓴 것과 이에 대해 크렐리우스[272]가 답한 것을 또한 참조할 수 있겠다.

74. 이렇게 영겁의 벌을 받은 이들의 고통은 악을 멀리하도록 하는 데 더 이상 기여하지 않더라도 계속되는 것이다. 마찬가지로 축복을 받은 이들의 상도 그것이 선을 강화하는 데 더는 기여하지 않더라도 계속된다. 하지만 영겁의 벌을 받은 이들은 새로운 죄를 지음으로써 계속 새로운 고통

272) 주 89 참조. 흐로티위스의 신학 저작 가운데 『소치니에 반대하는 예수의 속죄에 대한 가톨릭 신앙의 옹호』(라이덴, 1617)가 있다. 여기서 보상(satisfaction)은 인간들의 죄 때문에 바쳐진 사죄(réparation)와 비슷한 뜻으로 이해해야 한다. 크렐리우스(Crellius)라 불리는 요한 크렐(Johan Crell, 1590~1633)은 폴란드에 정착한 독일의 소치니주의 신학자다. 흐로티위스의 저작에 대한 그의 『답변』은 1623년에 크라쿠프에서 출간되었다.

을 불러일으키며, 축복을 받은 이들은 선을 향해 새롭게 발전함으로써 계속 새로운 기쁨을 불러일으킨다고 말할 수 있다. 이 두 가지 일은 모두 악행이 벌을 불러일으키도록 사물들을 조정한 **합목적성의 원리**에 근거한다. 목적인과 작용인의 평행적인 두 가지 지배 영역에 따라, 신이 벌이나 상 또는 악행이나 선행 간의 연결을 우주에 확립해놓았다고 판단할 수 있기 때문이다. 악행이나 선행은 언제나 벌이나 상을 초래하고, 덕과 악덕은 사물들의 자연적 진행 과정의 귀결로서 상과 벌을 받는 것이다. 이러한 자연적 진행 과정은 영혼과 육체의 교류에서 나타나는 예정 조화와는 또 다른 종류의 예정 조화를 포함하는 것이다. 내가 이미 지적한 것처럼, 결국 신이 행하는 모든 것은 완전히 조화롭기 때문이다. 따라서 아마도 이와 같은 합목적성은 절대적 필연성에서 면제된 진정한 자유 없이 행동할 이들에 관련해서는 중지될 것이며, 이 경우에는 단지 교정의 정의만 일어날 뿐 인과응보의 정의는 일어나지 않을 것이다. 이는 유명한 콘린기우스[273)]가 정의로운 것이 무엇인지에 관하여 출간한 논문의 견해다. 그리고 실제로 폼포나치가 운명에 관한 책에서, 우리 행동의 모든 것이 숙명적 필연성에 의해 일어날 때도 벌과 상이 유용함을 입증하기 위해 들었던 근거는 단지 교정에 관계된 것이지 보상에 관계된 것이 아니다. 또한 반역자들의 요새를 완전히 파괴하듯이 몇몇 범죄와 관련된 동물들을 없애는 것은 예방을 위한 방식이며, 달리 말하면 공포를 주기 위해서다. 따라서 이러한 것은 인과응보

••

273) 콘린기우스(Conringius, 1606~1687)는 네덜란드의 박식한 학자이자 과학자로서, 라이프니츠와 서신 교환을 했다. 인용된 논문은 『정의에 대한 철학적 논쟁』으로, 콘린기우스의 주재로 베른하르트 파울(Bernhard Faul)이 발표했으며, 1637년에 헬름슈테트에서 출간되었다. 실제로 이 저작의 제15절에서 폼포나치의 책과 논변을 정확하게 암시하고 있다. 폼포나치에 대해서는 주 109 참조. 인용된 저작은 『운명, 자유 의지, 섭리에 관하여』이며 1525년에 바젤에서 출간되었다.

의 정의가 관계하지 않는 교정의 정의 행위다.

75. 그러나 의지 행위에는 숙명적 필연성이 없다고 충분히 제시했기 때문에, 우리는 필요하다기보다는 흥미로운 문제를 논의하는 데 헛되이 시간을 보내지는 않을 것이다. 하지만 **불완전한 자유**, 즉 단지 강제에서 면제된 자유만으로도 악을 피하고 교정하게 해주는 종류의 벌과 상을 확립하는 데는 충분할 것이라는 사실을 제시하는 것은 바람직한 일이었다. 이로부터 모든 것이 필연적이라고 확신하며, 그 누구도 칭찬받거나 비난받아서는 안 되고 상을 받거나 벌을 받아서도 안 된다고 말하는 몇몇 식자들이 틀렸다는 것이 또한 드러난다. 언뜻 보면 그들은 단지 자신들의 뛰어난 정신을 발휘하기 위해서 그렇게 말하는 것 같다. 모든 것이 필연적이므로 우리의 능력에 달린 것은 아무것도 없으리라는 점이 그 이유다. 그러나 이는 근거가 약하다. 필연적 행동은 적어도 칭찬이나 비난, 기쁨이나 고통에 대한 희망이나 불안이 우리의 의지를 움직일 때, 우리가 그와 같은 행동을 하거나 하지 않을 수 있는 한 아직 우리의 능력에 달려 있을 것이다. 그리고 이는 그런 희망과 불안이 필연적으로 우리의 의지를 이끌거나, 그렇게 의지를 이끌면서도 자발성, 우연성, 자유를 온전하게 놓아두었을 때도 마찬가지다. 결과적으로 우리의 행동에 진정한 필연성이 존재할 때도 칭찬과 비난, 상과 벌의 대부분이 항상 통용되는 것이다. 또한 우리는 말(馬)이나 다이아몬드, 사람에 있어서 의지가 관련되지 않은 좋고 나쁜 자연적 자질들도 칭찬하거나 비난할 수 있다. 카토[274]에 관해, 그가 자연적 기질의 선

---

274) (옮긴이) 마르쿠스 포르키우스 카토(Marcus Porcius Cato, 기원전 234~149). 고대 로마의 정치가, 장군, 문인이다.

에 의해 덕행을 했으며 그러한 기질을 다르게 사용하기가 불가능했다고 말한 사람은 그렇게 말한 것이 카토를 더욱 칭찬한 것이라고 생각했다.

76. 지금까지 내가 해결하고자 한 난점은 거의 모두 자연 신학과 계시 신학에 공통된 것이다. 이제는 계시 신학의 한 부분, 즉 신의 자비나 정의의 행위와 관련한 신의 은총의 운영이나 사용과 함께 인간들의 선택이나 영겁의 벌과 관계된 부분을 다루어야 한다. 하지만 이전 논박에 답을 하면서 나는 남아 있는 논박을 해결하기 위한 길을 열어놓았다. 이는 앞에서(「신앙과 이성의 조화에 관한 서설」, 제43절) 내가 지적한 점, 즉 논쟁은 계시된 신앙과 이성 사이에 있다기보다는 자연 신학의 참된 근거와 인간적 외관들의 거짓된 근거 사이에 있다는 점을 재확인해준다. 이 문제에 관해서는 계시와 대립되는 새로운 난점도 거의 없고, 이성을 통해 알려진 진리에 대해 논박할 수 있는 난점에서 유래하지 않는 난점도 거의 없기 때문이다.

77. 그런데 거의 모든 진영의 신학자들이 예정과 은총에 관한 이 문제에 대해 서로 갈리고, 같은 논박에 대해 제각기 다른 원리에 따라 상이한 답을 내놓기 때문에, 그들 사이에서 활발히 진행되고 있는 논쟁을 다루지 않을 수 없다. 일반적으로 어떤 이들은 신을 보다 형이상학적인 방식으로 간주하고, 다른 이들은 보다 도덕적으로 간주한다고 말할 수 있다. 과거에 이미 반(反)간쟁파들은 첫 번째 진영을 택하고 간쟁파[275]들은 두 번째 진영을 택했음이 드러났다. 그러나 더욱 제대로 논의하려면 한편으로는 신의

∵

275) 주 177 참조.

비의존성과 피조물들의 의존성을 또한 옹호해야 하며, 다른 한편으로는 신이 자기 자신에게 의존되도록 하고 신의 의지가 자신의 지성과 지혜에 의존되도록 하는 신의 정의와 선을 옹호해야 한다.

78. 뛰어나고 의도가 좋은 몇몇 저술가들은 이 두 주요 진영을 서로 관용하도록 설득하기 위해 이들의 논거의 힘을 표현하고자 했으며, 이로부터 모든 논쟁은 신이 인간과 관련한 결정들을 내릴 때 그 핵심 목적이 무엇인가라는 중대한 문제로 환원한다고 판단한다. 신이 결정을 내린 것은 자신의 속성을 드러내고 창조와 섭리의 위대한 계획을 그 실현을 위해 세움으로써 오로지 자신의 영광을 확립하기 위함인가? 아니면 신이 지성적 실체들을 배치해놓을 수 있는 여러 다양한 환경과 상황에서 그들이 원할 것과 행할 것이 무엇인지 고려함으로써 이에 대해 적절한 결정을 내리기 위해, 신이 자신이 창조하고자 계획한 지성적 실체들의 의지 작용에 관여하는 것인가? 내가 보기에 이 두 해답을 조화시키는 것은 쉬운 일이며, 결과적으로 모든 것이 이러한 문제로 환원된다면 양 진영은 관용을 보일 필요도 없이 근본적으로 서로에 대해 동의할 것이다. 엄밀히 말하자면, 신은 세계를 창조할 계획을 세우고서 가장 효과적인 방식으로 또 자신의 위대함과 지혜와 선에 가장 적합한 방식으로 자신의 완전성을 드러내고 전달하는 것만을 목적으로 정했다. 그러나 바로 이 때문에 신은 피조물들의 모든 행동을 순수 가능성의 상태에서 생각함으로써 가장 적합한 계획을 세우게 된 것이다. 신은 아름다운 궁전을 지은 만족이나 영광을 목적으로 삼고, 완전한 결정을 내리기 전에 형태, 재료, 위치, 환경, 수단, 인부, 지출 등 궁전에 들어갈 모든 것을 고려하는 위대한 건축가와 같다. 현자는 자신의 계획을 세우면서 목적과 수단을 분리할 수 없기 때문이다. 결코 현자는

목적에 도달하기 위해 필요한 수단이 있는지 모르고서 목적을 정하는 법이 없다.[276]

79. 신은 만물의 절대적 주인인바, 이로부터 신은 자신의 밖에 존재하는 것에 대해서 무차별적이고, 다른 존재를 배려하지 않고 오로지 자신만을 고려하며, 따라서 동기도 선택도 근거도 전혀 없이 어떤 이들은 행복하게 만들고 다른 이들은 불행하게 만들었다고 추론해낼 수 있다고 생각하는 사람들이 아직도 있을지는 모르겠다. 하지만 신에 대해 이처럼 주장하는 것은 신에게서 지혜와 선을 박탈하는 일이 될 것이다. 신이 피조물들을 고려할 뿐 아니라 질서에 가장 적합한 방식으로 그들을 사용한다고 판난하기 위해서 우리는 신이 자신을 고려하고 있으며 자신이 해야 할 일에서 그 어느 것도 소홀히 하지 않는다는 점을 확인하는 것으로 충분하다. 위대하고 선한 왕은 자신이 모든 군주 가운데 가장 절대적인 군주이고 그 백성이 노예로 태어난 이들이며 (법률가들이 말하듯이) 자기 자신의 사람들[277]이고 전제 권력에 전적으로 종속된 사람들이라고 해도, 자신의 영광에 신경을 쓸수록 그들을 더욱 행복하게 만들 생각을 할 것이기 때문이다. 칼뱅조차도 그리고 절대적 결정을 강하게 수호하는 몇몇 다른 이들도, 비록 인간

∵∶

276) (옮긴이) 라이프니츠는 신의 행동과 관련하여 아르노처럼 목적을 특히 강조하거나 말브랑슈처럼 수단을 부각시키는 것과 달리 신의 최적률 혹은 최선의 원리는 목적과 수단을 동시에 고려할 때 진정으로 이루어진다고 본다. 『형이상학 논고』, 제3절, 5절 참조. "신의 방식에 있어서의 단순성으로 말하면, 그것은 원래 수단을 고려할 때에만 해당되고, 목적이나 결과에 대해서는 그와 반대로 다양성, 풍부함 또는 풍성함이 해당된다. 그리고 전자와 후자 사이에는, 한 건물에 예상되는 비용과 이 비용에 상응하여 요구되는 건물의 크기와 아름다움 사이와 마찬가지로, 균형이 유지되어야 한다."(제5절)
277) 자신의 재산처럼 자신에게 속해 있는 사람들을 말한다.

에게는 자세히 알려지지 않은 것이지만 신은 자신의 선택과 은총의 분배를 위한 위대하고 정의로운 이유를 가지고 있다고 매우 적절하게 단언했다. 그리고 가장 엄격한 예정론자들은 너무도 많은 이성과 경건함을 갖추고 있어서 그러한 견해에서 벗어나지 않는다고 자비롭게 생각해야 한다.

80. 따라서 나는 이러한 문제에 대해, 어느 정도 분별이 있는 사람들과는 토론할 쟁점이 없으리라고 희망한다. 그러나 신의 은총과 신의 의지에 대해 보편주의자 및 개별주의자[278]라고 불리는 이들이 가르치는 바에 따라, 아직도 그들 사이에는 항상 많은 쟁점이 있을 것이다. 나는 적어도 (신의 의지와 **도움**[279] 혹은 은총의 보조를 구분할 경우) 모든 사람들을 구제하려는 신의 의지와 그러한 신의 의지에 의존하는 것이 무엇인지에 관해 그토록 뜨겁게 달궈진 논쟁은 그 표현에 있지 내용에 있는 것이 아니라고 생각하는 편이다. 신이나 다른 모든 자비로운 현자는 행할 만한 모든 선을 향하며, 이와 같은 경향은 그러한 선의 탁월성에 비례한다고 생각하는 것으로 충분하기 때문이다. 이는 (문제를 정확히 그 자체로 볼 경우) 사람들이 그렇게 부르듯이, **선행**(先行)하는 의지에 의해서다. 하지만 현자는 다른 많은 경향이 있기 때문에, 선행하는 의지가 항상 온전한 결과를 맺는 것은 아니다. 따라서 앞에서 설명한 것처럼, 현자의 충만하고 결정적인 의지는 모든 경향 전체가 이루어내는 결과다. 그러므로 신은 결코 그 결과를 맺지 않는 법

∴

278) 보편주의자는 신이 모든 사람들을 구원하려는 의지가 있다고 보는 이들이고, 개별주의자는 이것을 부정하는 이들이다.

279) 보조, 혹은 도움을 의미한다. 1598년에서 1602년 사이에 『자유 의지와 은총의 선물들, 신적 예지, 섭리, 예정, 영겁의 벌의 조화』(주 241 참조)에서의 몰리나의 주장을 검토하고 논의하기 위해 도움에 관하여 여러 회합이 로마에서 열렸다.

이 없는 후속적 의지가 아니라, 선행하는 의지에 의해 모든 사람들을 구원하기를 원한다고 고대인들과 함께 매우 적절히 말할 수 있다. 이런 보편적 의지를 부정하는 이들은 선행하는 경향을 의지로 부르기를 허용하지 않고자 하며, 단지 이름의 문제 때문에 혼란스러워할 뿐인 것이다.

81. 그러나 영생으로의 예정 또 신에 의한 다른 모든 운명과 관련하여 보다 실재적인 문제가 있다. 즉 운명이 절대적인가 혹은 상대적인가 하는 문제다. 선과 악의 운명은 존재한다. 악에는 도덕적이거나 물리적인 것이 있는데, 모든 진영의 신학자들은 도덕적 악의 운명은 없다는 점, 즉 죄를 짓도록 운명 지워진 이는 아무도 없다는 사실에 동의한다. 가장 큰 물리적 악, 즉 영겁의 벌에 관해서는 운명과 예정을 구분할 수 있다. 예정은 이에 관계된 이들의 선하고 악한 행동의 평가에 선행하는 절대적 운명을 그 자체로 내포하기 때문이다. 따라서 영겁의 벌을 받은 이들은 회개의 여지가 없는 자들로 밝혀진 만큼 영겁의 벌에 운명 지워진 것이라고 말할 수 있다. 하지만 영겁의 벌을 받은 이들이 영겁의 벌에 **예정되었다**고 말하는 것은 그리 적절한 것이 아니다. 영겁의 벌은 죽을 때까지 회개하지 않음이 예견될 경우에 내려지는 것이므로, 절대적인 영겁의 벌은 없기 때문이다.

82. 신이 자신에게 합당하지만 우리에게는 알려지지 않은 근거에 따라 자비와 정의를 드러내고자, 심지어 아담의 죄도 포함한 모든 죄를 고려하기 이전에 선택된 이들을 택하고, 결과적으로 영겁의 벌을 받은 이들은 배제했다고 주장하는 저술가들이 있는 것도 사실이다. 신은 그런 결심을 한 후에 자비와 정의를 행사하기 위해서 죄를 허용하는 것이 좋다고 판단했으며, 어떤 이들에게는 그들을 구원하기 위해 예수 그리스도를 통한 은총

을 내렸고, 다른 이들에게는 그들을 벌주기 위해 은총을 내리지 않았다는 것이다. 이러한 이유로 이 저술가들은 타락 전 예정론자라고 불린다. 그들에 의하면 벌의 결정은 미래에 존재하게 될 죄의 인식에 선행하기 때문이다. 그러나 오늘날 개혁파라고 불리는 이들 사이에서 가장 일반적인 견해이자 도르드레흐트의 성직자 회의[280]에 의해 촉진된 견해는 성 아우구스티누스의 의견에 꽤 부합하는 것으로, 타락 후 예정론자들의 견해다. 이 견해에 따르면, 신은 정의롭지만 숨겨진 이유로 아담의 죄와 인류의 타락을 허용하기로 결심한 후에, 타락한 다수에서 몇몇 사람들을 자비를 통해 선택하여 예수 그리스도의 공덕에 의해 무상으로 구원하고, 다른 이들에게는 정의를 통해 그들이 받을 만한 영겁의 벌의 벌을 내리기로 한 것이다. 이같은 이유로 스콜라 학자들은 구원된 이들만을 예정(豫定)되었다(praedestinati)고 불렀고 벌을 받은 이들은 예지(豫知)되었다(praesciti)고 불렀다. 과거에 몇몇 타락 후 예정론자 및 다른 이들이 때때로 풀겐스[281]와 심지어 성 아우구스티누스를 따라서 영겁의 벌의 예정을 말했다는 점을 인정해야 한다. 그러나 이러한 것은 그들에게 운명을 의미하는 것이며, 단어들을 가지고 논쟁하는 것은 아무 의미도 없다. 비록 9세기 중엽에 논란을 일으켰던 고트샬크[282]가 풀겐스를 따른다는 것을 보여주기 위해 그의 이름을 사용하여 과거에 혹평을 받은 일이 있기는 해도 말이다.

••

280) 1618년과 1619년 사이에 열린 회합으로 호마루스(주 177 참조)의 견해가 옳다고 선언했다.
281) 풀겐스(Fulgence, 468~533)는 은총과 예정의 문제에 관하여 펠라기우스주의에 반대하여 성 아우구스티누스를 충실히 따른 주교이자 신학자다.
282) 고트샬크(Gottschalk, 868년 혹은 869년 사망)는 작센의 수도사로서 절대적 예정론의 신봉자였다. 그는 끊임없는 학대와 박해를 받았으며, 그 핵심적 주동자는 랭스의 주교인 힝크마르(Hincmar)였다.

83. 영생에 선택된 이들의 운명에 관해서는 이런 선택이 절대적인 것인지 아니면 생생한 최종적 신앙의 예견에 근거한 것인지를 두고, 개신교도들과 마찬가지로 로마 교회 사람들 사이에서도 큰 논쟁이 벌어졌다. 복음주의자라고 불리는 이들, 즉 아우크스부르크 종파 사람들은 후자의 진영에 속한다. 이들은 그러한 선택의 원인을 성서에 명백히 드러난 것, 즉 예수 그리스도에 대한 신앙으로 볼 수 있는 한 선택의 은폐된 원인에 의거할 필요가 없다고 생각한다. 이들이 보기에 원인의 예견은 또한 결과의 예견에 대한 원인이다. 개혁파라고 불리는 이들은 견해가 다르다. 이들은 구원이 예수 그리스도에 대한 신앙에서 비롯되는 것이라고 인정하지만, 원인이 수단이고 결과가 목적일 때처럼 실행에서 결과에 선행하는 원인이 의향에서는 뒤에 오는 경우가 자주 있다고 지적한다. 따라서 신의 의향에서 신앙이 선행하는지 구원이 선행하는지, 즉 신이 인간이 신앙을 가지도록 하는 것을 먼저 고려하는지 인간을 구원하는 것을 먼저 고려하는지가 문제다.

84. 이로부터 타락 전 예정론자들과 타락 후 예정론자들 중 일부 간의 그리고 이 타락 후 예정론자들 중 일부와 복음주의자들 간의 문제는 신의 여러 결정에 존재하는 순서를 제대로 파악하는 데 있음이 나타난다. 이와 같은 논쟁은 아마도 다음과 같이 말함으로써 한 번에 중지시킬 수 있을 것이다. 즉 제대로 파악된 신의 결정들은 모두가 인정하듯이 시간적 차원에서도 동시적일 뿐 아니라, **논리적으로도**(in signo rationis) 혹은 자연의 질서에서도 동시적이라는 것이다. 실제로 성 아우구스티누스의 몇몇 구절에 기초한 화합 문서[283]는 선택에 관한 신의 결정에 구원과 구원으로 이끄는 수

∴

283) 화합 문서에 대해서는 주 116 참조.

단들을 함께 포함시켰다. 운명이나 결정의 이런 동시성을 제시하기 위해서는, 내가 이미 여러 번 사용한 해결책을 볼 필요가 있다. 이에 따르면, 신은 어떤 결정을 내리기 전에 사물들의 서로 다른 가능한 계열 가운데 자신이 후에 승인하게 된 계열을 고려했다. 이 계열의 관념에는 어떻게 최초의 조상들이 죄를 지었고 그 후손들을 타락시켰는지 표상되어 있으며, 어떻게 예수 그리스도가 인류를 대속하고 이런저런 은총을 통해 도움을 받은 몇몇 이들이 최종적인 신앙과 구원에 이르는지, 어떻게 다른 이들이 이런저런 은총과 함께 혹은 그런 은총 없이 최종적 신앙과 구원에 이르지 못하고 죄에 머물러 영겁의 벌에 처하게 되는지 표상되어 있다. 또한 신은 그 모든 세부 사항을 검토한 후에야 비로소 이 계열을 승인하며, 모든 것을 헤아려보고 게다가 다른 가능한 계열과 비교하지 않고서는 구원받을 이들이나 영겁의 벌을 받을 이들에 대하여 그 어떠한 결정적인 선언도 내리지 않는 것이다. 그러므로 신의 선언은 그 계열 전체에 동시적으로 관련되는 것이다. 신은 그러한 계열이 현존하도록 결정 내릴 뿐이다. 다른 사람들을 구원하거나 다른 방식으로 구원하려면 완전히 다른 계열 전체를 택해야 할 것이다. 왜냐하면 각 계열 안의 모든 것은 연결되어 있기 때문이다. 이처럼 가장 지혜로운 자에게 가장 적합한 사물의 운영 방식, 즉 모든 행동이 가능한 한 최대로 상호 연결되도록 하는 방식에서는 전체적인 결정은 하나만 존재할 것이고, 그것은 하나의 세계를 창조하는 결정일 것이다. 이 전체적 결정은 모든 개별적 결정을 이들 간에 순서를 두지 않고 동등하게 포함한다. 그렇지만 선행하는 의지의 각 개별적 행위는 전체 결과에 포함되는 것으로, 이 행위가 향하는 선의 정도에 따라 고유한 가치와 순서를 갖는다고 말할 수는 있다. 그러나 선행하는 의지의 이 행위들은 그 성공 여부가 전체 결과에 달려 있어서 아직 확실한 것이 아니기 때문에, 결코 결정이라고 불리지 않는다. 또한 이런 식으로 사물을 볼 경우, 이 문제에 대해 제기될 수 있는 모든 난점은 악의 기원을 검토할 때 이미 제기되고 제거된 난점들과 같아지게 된다.

85. 이제 개별적인 난점이 있는 중요한 논의만 남아 있다. 구원과 영겁의 벌에 이르게 하는 수단 및 상황들의 분배에 관한 논의가 그것이다. 이 논의는 다른 문제들과 함께 은총의 도움(de auxiliis gratiae)에 관한 문제를 포함한다. 이 문제에 대해 로마에서는 클레멘스 8세가 주재한 도움에 관한[284] 회의 때 도미니크회 회원들과 예수회 회원들 간에 논쟁이 벌어진 이후로, 쉽사리 책 출간을 허용하지 않고 있다. 신은 완전하게 선하고 정의로우며 자신의 선을 통해, 인간이 죄를 짓도록 할 수 있는 것에는 가능한 한 최소로 협력하고 인간을 구원하는 것에는 가능한 한 (정확히 말하면 사물들의 일반적 질서를 유지하는 한에서) 최대로 협력한다는 것 그리고 신은 자신의 정의를 통해 무고한 이들이 벌을 받는 것을 막고 선한 행동이 보상받지 못하는 것을 방치하지 않으며, 벌과 상의 정확한 비율까지 유지한다는 점은 모두가 인정해야 하는 것이다. 그럼에도 신의 선과 정의에 대해 가져야 하는 이러한 관념은 인간의 구원과 영겁의 벌과 관련된 신의 행동에 대해 우리가 알고 있는 것에서 충분히 나타나고 있지 않다. 이것이 바로 죄와 그 치유에 관한 난점을 만들어내는 것이다.

86. 첫 번째 난점은 영혼을 원죄에 노출시키는 신의 불의(不義) 없이 어떻게 영혼이 현재 죄의 근원인 원죄에 감염될 수 있었느냐 하는 것이다. 이

∴

284) 주 279 참조.

난점은 영혼 자체의 기원에 관한 세 가지 견해를 낳게 했다. 영혼들이 다른 세계나 다른 삶에서 죄를 짓고, 그 때문에 육체의 감옥에 갇히게 되었다는 **영혼들의 선재**(先在)에 대한 견해가 있는데, 이는 플라톤주의자들의 것으로서 오리게네스의 견해로 간주되었으며, 오늘날에도 아직 추종자들이 있다. 영국의 박사인 헨리 모어[285]는 한 책에서 명시적으로 이와 같은 학설의 일정 부분을 옹호했다. 영혼들의 선재를 옹호하는 이들 중 몇몇은 윤회까지 주장했다. 아들 판 헬몬트는 그러한 의견을 따랐으며, 1678년에 기욤 완데르[286]라는 이름으로 몇몇 형이상학적 성찰을 출간한 뛰어난 저자도 그런 경향을 가진 것 같다. 두 번째 견해는 **전달**(traduction)에 대한 견해다. 이는 아이들의 영혼이 그들의 육체를 낳은 이들의 영혼이나 영혼들에서 (**전달을 통해**) 생겨난다는 견해다. 성 아우구스티누스는 원죄를 더 잘 설명하기 위해 이 견해를 따랐다. 이 학설은 아우크스부르크 종파 대부분의 신학자들이 가르친 것이기도 하다. 그러나 그들 사이에서 이 학설이 전적으로 확립된 것은 아니다. 예나와 헬름슈테트의 대학 및 다른 대학들에서는 오래전부터 이 학설에 반대해왔기 때문이다. 세 번째 견해는 오늘날 가장 많이 수용되고 있는 것으로 **창조**의 견해다. 이 견해는 대부분의 기독교 학파에서 가르치고 있으나 원죄와 관련해서는 가장 많은 난점에 직면한다.

••

285) (옮긴이) 헨리 모어(Henry More, 1614~1687)는 케임브리지의 플라톤학파 회원으로 철학자이자 신학자다. 인용된 저작은 그의 『자연적 인식과 이성적 빛에 의해 증명될 수 있는 한에 있어서의 영혼의 불멸성』으로 1659년에 출간되었다. — 철학자이자 화학자인 프란츠 메르쿠리우스 판 헬몬트(Franz Merkurius van Helmont, 1618~1699)는 저명한 의사이자 화학자인 아버지의 저작들을 편집했다. 주 209 참조.

286) (옮긴이) 기욤 완데르(Guillaume Wander)는 말브랑슈주의 철학자인 라니온(Lanion) 신부의 가명이다. 그의 『형이상학에 관한 성찰』은 1678년 파리에서 실제로 출간되었다. 이 저작은 벨의 노력으로 확정되고 『데카르트의 철학과 관련된 몇몇 흥미로운 단편들의 모음집』이라는 제목하에 1684년 암스테르담에서 재편집한 모음집으로 출간되었다.

87. 인간 영혼의 기원에 관한 신학자들 간의 이 논쟁에 형상의 기원에 관한 철학자들의 논란이 개입되었다. 아리스토텔레스와 그를 추종하는 학파는 행동의 원리인 것 그리고 행동하는 이에게서 발견되는 것을 형상이라고 불렀다. 이 내적 원리는 유기체적 육체에 있을 경우는 영혼이라고 불리는 실체적인 것이거나, 통상적으로는 질이라고 불리는 우유적(偶有的)인 것이다. 아리스토텔레스는 영혼에 완성태(entéléchie) 혹은 현실태라는 종속명(種屬名)을 붙였다. 완성태라는 단어는 완전함을 뜻하는 그리스어에 기원을 두고 있는 듯하며, 그 때문에 에르몰라오 바르바로[287]는 라틴어 단어를 그대로 연결하여 완전성을 가짐(perfectihabia)이라고 표현했다. 현실태는 잠재태의 완성이기 때문이다. 단지 이것을 알기 위해, 그가 그렇게 했다고 전하는 바처럼 악마에게 물어볼 필요가 없었다. 그런데 스타게이로스의 철학자[288]는 두 종류의 현실태, 즉 항속적인 현실태와 계기적인 현실태가 있다고 생각한다. 항속적인 혹은 지속적인 현실태는 실체적인 혹은 우유적인 형상과 다르지 않다. (예를 들어 영혼과 같은) 실체적 형상은 적어도 내가 보기에는 전적으로 항속적이며, 우유적 형상은 일정 기간 동안에만 항속적이다. 그러나 그 본성이 잠정적인, 전적으로 일시적인 현실태는 행동(action) 자체에 있다. 나는 다른 곳에서 완성태의 개념은 전적으로 무시해서는 안 되며 완성태는 항속적이기 때문에 단순한 능동적 능력뿐 아니라, 방해가 없을 경우 그 행동 자체가 계속되는 힘, 노력, 자기 보존력(conatus)이라고 부를 수 있는 것을 또한 내포한다고 제시했다. 능력은 속성일 뿐이거

••

287) 에르몰라오 바르바로(Ermolao Barbaro, 1454~1495)는 이탈리아의 인문주의자다. 아리스토텔레스 철학의 완성태 개념을 이해하기 위해 악마에게 요청하여 위에 인용된 답을 얻었다는 이야기가 전해졌다.
288) 스타게이로스[스타기라]에서 태어난 아리스토텔레스를 지칭.

나 때때로 **양태**일 뿐이다. 하지만 힘은 실체 자체의 요소가 아닐 경우, 즉 원초적인 것이 아니라 **파생적인 힘**일 경우에는 실체와 구분되고 실체에서 분리 가능한 질이다. 또한 나는 영혼이 파생적 힘 혹은 질에 의해 변용되고 다양해지며, 행동에서 발휘되는 원초적 힘임을 어떻게 파악할 수 있는지 제시했다.

88. 그런데 철학자들은 실체적 형상들의 기원에 관한 주제로 매우 곤혹스러워 했다. 형상과 질료의 복합체가 산출되었다고 말하고 형상이 **함께 산출되었다**(comproduite)고 말하는 것은 아무 의미도 없는 말과 같았기 때문이다. 일반적인 견해에 따르면 형상들은 질료의 잠재태에서 도출되며, 이를 **배기**(排氣, éduction)라고 부른다. 실제로 이 또한 아무 의미도 없는 말과 같았다. 그러나 이 점은 모양에 대한 비유를 통해 일정한 방식으로 해명되어왔다. 한 동상의 모양은 대리석의 불필요한 부분을 제거할 때 비로소 만들어지기 때문이다. 이러한 비유는 형상이 모양처럼 단순한 한정을 의미한다면 맞을 수 있다. 몇몇 사람들은 물체들이 산출될 때 하늘에서 형상들이 보내졌고 그뿐 아니라 의도적으로 창조되었다고 믿었다. 율리우스 스칼리제르[289]는 형상이 질료의 수동적 잠재력보다는 작용인의 능동적 잠재력에서 (즉 창조의 경우 신의 잠재력에서, 혹은 생식[生殖]의 경우는 다른 형상들의 잠재력에서) 도출되는 것이 가능하다고 암시했다. 이는 생식이 이루어지는 경우에는 다시 전달(traduction)[290]을 말하는 것이 된다. 비템베르크

∴

[289] 율리우스 카이사르 스칼리제르(Julius Caesar Scaliger, 1484~1558)는 저명한 인문주의자, 의사, 어문학자다.
[290] (옮긴이) 영혼의 기원에 관해 제86절에서 설명한 두 번째 견해.

의 유명한 의사이자 물리학자인 다니엘 제너트[291]는 특히 종자를 통해 번식되는 생명체들과 관련하여 이런 견해를 키웠다. 네덜란드에 거주하는 이탈리아인인 율리우스 카이사르 델라 갈라와 요한 프라이타크라고 불리는 그로닝겐[흐로닝헨]의 의사는 매우 사납게 다니엘 제너트에 반대하는 글을 썼다. 비템베르크의 요한 스펄링 교수는 자신의 스승을 변호했고, 결국 인간 영혼의 창조를 옹호한 예나의 요한 자이졸트 교수와 논쟁하게 되었다.[292]

89. 그런데 영혼의 기원을 찾아야 할 경우, 전달이나 배기나 모두 설명 불가능한 것들이다. 우유적 형상에 관해서는 상황이 다르다. 우유적 형상은 실체의 변용일 뿐이며, 그 기원은 배기를 통해, 즉 모양의 기원의 경우와 똑같이 한정의 변화를 통해 설명할 수 있기 때문이다. 하지만 그 시작과 파괴 모두 설명하기 힘든 실체의 기원이 문제가 될 경우는 상황이 완전히 다르다. 제너트와 스펄링은 짐승들의 영혼이나 다른 원초적인 형상들이

..

291) 다니엘 제너트(Daniel Sennert, 1572~1637)는 저명한 독일의 의사로서 고대인들의 학설과 파라셀수스(Paracelsus) 같은 연금술사들의 학설을 결합하고자 했다.

292) 요한 프라이타크(Johan Freitag, 1581~1641)는 독일의 의사이며, 혁신자들에 반대하여 아리스토텔레스와 갈레노스를 옹호했다. 그는 『새로운 제너트-파라셀수스 학파에 대한 폭로와 견고한 논박』(암스테르담, 1637)을 썼다. ― 요한 스펄링(Johan Sperling, 1603~1658)은 독일의 의사이자 동물학자로서, 여러 저작에서 프라이타크에 반대하여 제너트를 변호했다. 그는 『형상들의 기원』(1634)이라는 논문, 그리고 프라이타크에 반대하여 제너트의 편을 든 이 논문에 대한 『변호』(1638)를 썼다. ― 요한 자이졸트(Johan Zeisold, 1599~1667)는 물리학자이자 의사다. 그의 저작 가운데 여럿은 여기서 라이프니츠의 관심을 끄는 주제를 다룬다. 『이성적 영혼의 산출과 증식에 관하여』(재판, 예나, 1659), 『전파를 통한 이성적 영혼의 증식설의 새로움과 불합리성, 그리고 이성적 영혼의 창조설의 오래됨과 진리에 관한 역사적 논쟁적 비판』(예나, 1662)이 그것이다. 그가 스펄링과 벌인 논쟁은 다음 저작들에 나타난다. 『스펄링의 물리학에 대한 검토』(예나, 1653), 『스펄링을 논할 명시적 방식』(예나, 1650).

불가분적이고 비물질적이라는 것을 인정하기는 했어도, 결코 그것들이 실체라거나 파괴 불가능한 것이라고는 감히 인정하지 않았다. 그러나 그들은 파괴 불가능성을 불멸성과 혼동하는 것이다. 불멸성은 인간에게서 영혼뿐 아니라 인격도 존속한다는 것으로 이해된다. 즉 인간의 영혼이 불멸한다고 말함으로써 도덕적 자질을 유지하며, 자신이 무엇인지에 대한 의식 혹은 내적인 반성적 느낌을 보존하는 동일한 인격을 지니게 해주는 것이 존속한다고 보는 것이다. 그리고 이렇게 동일한 인격을 가지게 되면 벌과 보상을 받을 자격을 갖추게 된다. 하지만 이러한 인격성의 보존은 짐승들의 영혼에서는 일어나지 않는다.[293] 그래서 나는 짐승들이 불멸한다

∴

293) (옮긴이) 이 점은 『변신론』의 서론에서부터 계속 강조한 것처럼 자연 종교 혹은 자연 신학에서 증명해야 하는 두 진리, 즉 선한 신의 현존과 '영혼 불멸성' 중 후자에 관계된 핵심 사항이다. 이는 라이프니츠의 체계에서 형이상학적 관점에 대한 도덕적 관점의 우위를 엿볼 수 있는 부분이며, 『형이상학 논고』 제34절에서 심도 있게 논의되었다. 그에 따르면, 모든 실체는 파괴 불가능성을 갖추고 있다. "어떤 실체도, 비록 그것이 전적으로 다른 것으로 변할 수는 있다 해도, 소멸하지는 않는다." 여기서 라이프니츠는 파괴 불가능성의 원리를 유지하지만, 동시에 "자신이 무엇인지 또 자신이 무엇을 하는지 인식하지도 못하는", 간단히 말해 "도덕적 자질"을 갖지 못하는, "자기반성이 결핍된" 실체들이 나타내는 근원적 변형의 의미를 고찰한다. 이론적으로, 혹은 형이상학적으로는 짐승들의 영혼은 파괴 불가능하다. 그러나 이 영혼들은 "애벌레가 나비로 변하는 것처럼, 거의 천여 번의 변신"을 겪는다. 실제적으로 혹은 도덕적으로 말하자면, 이 영혼들은 소멸하는 것이다. "그리고 우리가 육체는 부패를 통하여 소멸한다고 말하듯이, 심지어 물리적인 의미에서도 우리는 그렇게 말할 수 있는 것이다." 하지만 자기가 무엇인지 의식하는 자아는 단지 "형이상학적으로" 존속하는 것만은 아니며, "도덕적으로도 또한 동일한 것으로 존속하고 동일한 인격을 형성한다." 자기 자신에 대한 인식이나 기억을 통해 그는 "벌과 보상"을 받을 자격을 갖는다. 달리 말하면, 그는 불행이나 행복의 영역에 진입할 수 있는 것이다. 따라서 "영혼 불멸성"은 "단지 모든 실체에게 공통적인 영구적인 존속에만 있는 것은 아니다. 왜냐하면 자신이 과거에 무엇이었는가에 대한 기억이 없다면 불멸성이란 아무런 소망스러운(souhaitable) 것도 아닐 것이기 때문이다." 라이프니츠는 예시를 들어 영혼 불멸성의 가치를 강조한다. "어떤 사람이 갑자기 중국의 왕이 된다고 가정해보자. 그렇지만 그가 마치 새로 태어나는 것처럼 과거의 자신을 망각한다는 조건으로 그렇게 된다면, 이것은 실제로(dans la pratique) 또는

고 말하기보다는 사멸하지 않는다(impérissables)고 말하기를 선호한다. 그런데 이 같은 몰이해는 토마스 아퀴나스주의자 및 다른 훌륭한 철학자들의 학설에서 큰 모순의 원인이 되었다. 그들은 모든 영혼의 비물질성이나 불가분성을 인정하되, 모든 영혼의 파괴 불가능성은 인정하지 않으려 했다. 이는 인간 영혼의 불멸성을 크게 침해하는 것이었다. 요하네스 스코투스, 즉 스코틀랜드인(과거에 이 말은 아일랜드인 혹은 에리우인을 뜻했다)은 루이 데보네르[294]와 그의 아들들의 시대에 유명했던 저자로서, 모든 영혼들의 보존에 동의했다. 나는 또한 무슨 이유로 에피쿠로스나 가상디처럼, 원자가 지속한다고 보는 것이 자연에서 유일하고 참된 원자들인 진정 단순하고 불가분적인 모든 실체들이 존속한다고 보는 것보다 덜 불합리하다고 하는지도 모르겠다.[295] 오비디우스가 전하는 피타고라스의 다음과 같은 말은 일반적으로 일리가 있다.

영혼은 죽음에서 해방되어 있다.[296]

90. 그런데 나는 서로 지지가 되며 가능한 한 예외는 최소로만 존재하는

··

사람들이 지각할 수 있는 결과로 보면 그가 소멸되고, 동일한 순간에 그의 대신에 중국의 왕이 새로 창조되는 것과 동일하지 않겠는가? 그러나 이 개인은 그것을 소망할 아무런 이유도 없는 것이다."
294) (옮긴이) Louis Débonnaire. 샤를마뉴 대제의 뒤를 이은 프랑스의 왕 루이 1세(778~840).
295) 요하네스 스코투스 에리우게나(Johannes Scotus Eriugena, 880년경 사망)는 세계 영혼과 보편적 영혼 작용에 대한 고대의 학설에 강하게 영향을 받은 철학자다. — 피에르 가상디(Pierre Gassendi, 1592~1655)는 프랑스의 저명한 과학자이자 철학자다. 에피쿠로스에 대한 저작인 『에피쿠로스, 그의 삶, 성격, 학설』(리옹, 1667), 『에피쿠로스 철학의 일람표』(헤이그, 1655)를 통해 17세기에 에피쿠로스주의의 부활을 주창한 인물이다.
296) 오비디우스, 『변신이야기』, XV, 158.

준칙을 좋아하는바, 이 중요한 문제에 관해 모든 의미에서 내게 가장 합리적으로 보인 것은 다음과 같다. 나는 영혼 그리고 일반적으로 단순 실체는 창조를 통해서만 시작할 수 있고 무화(無化)를 통해서만 소멸할 수 있다고 본다.[297] 또한 살아 있는 유기체적 육체들의 형성은 이미 유기체적 전성(前成, préformation)을 가정할 때 비로소 설명이 가능하기 때문에, 나는 이로부터 우리가 동물의 생식이라고 부르는 것은 변형과 증가일 뿐이라는 사실을 추론해냈다. 따라서 동일한 동물의 육체는 이미 유기체적으로 되어 있기 때문에 이미 살아 있는 것이며, 동일한 영혼을 가진 것이라고 생각해야 한다. 마찬가지로 나는 영혼의 보존에 관해서는, 영혼이 일단 창조되었을 경우 거꾸로 동물도 역시 보존되며, 외적인 죽음은 단지 겉모습에 불과하다고 판단한다. 자연 질서에서 모든 물체로부터 완전히 분리된 영혼이 존재하거나, 자연적으로 시작되지 않은 것이 자연의 힘에 의해 끝날 가능성이 없기 때문이다.

91. 동물과 관련하여 그토록 훌륭한 질서와 그토록 포괄적인 규칙이 확립되었는데, 인간이 거기서 전적으로 배제되거나 인간의 영혼과 관련하여 그의 안에서 모든 것이 기적에 의해 이루어진다는 것은 합리적으로 보이지 않는다. 또한 나는 신의 작품들 속에서 모든 것이 조화롭고 자연이 은총과 평행을 이루는 것은 신의 지혜에 속하는 일이라고 여러 번 밝혔다. 따라서 내가 생각하기로는 다른 종의 영혼들도 그런 것처럼, 언젠가 인간의 영혼이 될 영혼들이 이미 아담 시대의 종자 및 조상들에게 있었으며, 결과적으

∴

297) (옮긴이) 『모나드론』, 제1~6절 참조. 단순하다는 것은 부분이 없다는 것이고, 모나드는 단순 실체다. 모나드는 따라서 부분의 증감에 의한 자연적 탄생이나 소멸의 대상이 될 수 없고 창조와 무화의 대상일 뿐이다.

로 사물들이 시작될 때부터 항상 유기체적 육체의 방식으로 존재했을 것이다. 이에 대해서는 스바메르담, 말브랑슈 신부, 벨, 핏케언, 하르추커르 그리고 많은 다른 뛰어난 사람들이 나와 견해가 같은 듯하다.[298] 이러한 이론은 레벤후크[299]와 여러 훌륭한 관찰자들의 현미경 관찰로 충분히 확인되었다. 그러나 내가 보기에 영혼은 지각과 느낌을 갖추었지만 이성은 결여된 감각적 영혼이나 동물적 영혼으로만 존재했었고, 그것이 속하게 될 인간이 생성될 때까지는 그런 상태로 있었다가 생성과 함께 이성을 부여받은 것이라고 보는 편이 여러 이유로 인해 더욱 합당한 것 같다. 이를 위해서는 감각적 영혼을 이성적 영혼의 수준으로 상승시킬 자연적 수단이 있어야 하거나(나는 그렇게 생각하기가 어렵다), 신이 특별한 작용에 의해, 혹은 일종의 변화를 통한 창조(transcréation)에 의해 감각적 영혼에 이성을 부여한 것이다. 계시의 가르침에 따르면 신은 인간의 영혼에 다른 많은 즉각적 작용을 가하므로, 이것이 더욱 받아들이기 쉽다고 하겠다. 이와 같은 설명은 철학이나 신학에서 현재 제기되는 혼란을 없애주는 것 같다. 형상의 기원에 관한 난점이 완전히 사라지기 때문이며, 아담의 죄를 통해 이미 물리적으로 혹은 동물적으로 타락한 영혼에 이성이라는 새로운 완전성을 부여하는 것이 창조에 의해서나 다른 방식으로 이성적 영혼을 도덕적으로 타락하게 될 육체에 넣는 것보다 훨씬 더 신의 정의에 적합하기 때문이다.

∴

298) 스바메르담(Swammerdam, 1637~1680)은 저명한 해부학자이자 곤충학자다. ― 아치볼드 핏케언(Archibald Pitcairne, 1652~1680)은 의학 영역에서 기계론과 기하학을 사용하고자 시도했던 스코틀랜드의 의사다. ― 하르추커르(Hartsoeker, 1656~1725)는 네덜란드의 수학자, 물리학자다.

299) 레벤후크(Leuwenhoeck, 1632~1723)는 네덜란드의 저명한 자연과학자이며, 수정을 연구하기 위해 현미경을 사용했고 정자를 발견했다.

92. 그런데 우선 죄의 지배하에 있던 영혼이, 인간이 이성을 사용할 수 있게 되자마자, 곧바로 죄를 저지를 준비가 되어 있는 경우, 세례를 통해 거듭나지 않은 인간의 그러한 경향은 영겁의 벌을 받기에 충분한 것인가 하는 것은 새로운 문제다. 비록 인간이 이성을 갖기 전에 죽거나 이성을 사용하기 전에 정신이 마비되어 하물며 현재의 죄를 전혀 범하지 않는 경우도 발생할 수 있고 또 자주 발생하는 일이긴 해도 말이다. 사람들은 나지안주스의 성 그레고리우스[300]가 이 경우 인간이 영겁의 벌을 받는다는 것을 부정한다(『세례에 관한 강론』)고 주장한다. 그러나 성 아우구스티누스는 그 경우 인간이 영겁의 벌을 받는다고 인정하며, 원죄만으로도 지옥의 불에 떨어질 만하다고 주장한다. 길게 말하지 않겠지만, 이러한 견해는 매우 냉혹한 것임에도 말이다. 지금 영겁의 벌과 지옥을 말할 때, 나는 단지 최상의 행복의 결핍이 아니라 고통을 말하는 것이다. 즉 내가 말하고자 하는 것은 단순한 피해가 아니라 물리적 고통이다. 아우구스티누스주의자들의 수장인 리미니의 그레고리우스[301]는 그 시대의 학파들이 수용한 견해에 반대하여 소수의 다른 사람들과 함께 성 아우구스티누스를 추종했으며, 이 때문에 어린이들의 학대자(tortor infantum)로 불렸다. 스콜라학파에서는 아이들이 지옥의 불에 떨어진다기보다는 고통도 없고, 단지 지복직관(至福直觀, vision béatifique)의 결핍만으로 벌을 받는 고성소(古聖所)로 가게 된다고

300) 나지안주스(Nazianzus)의 성 그레고리우스(Gregorius, 329~390)는 교부들 중 한 명이다. 인용된 저작은 그의 『성스러운 세례에 관한 강론 40』이다(미뉴의 『그리스 교부 저술 전집』, 제36권, 359~427절, 특히 389절 이하).

301) 리미니(Rimini)의 그레고리우스(Gregorius, 1358년 사망)는 철저하게 아우구스티누스를 따른 이탈리아의 신학자이자 철학자다. 그의 별명은 트리엔트공의회에 대한 역사가인 파올로 사르피(Paolo Sarpi)에 의해 붙여졌고, 그의 성(姓) 토르토리치(Tortoricci)를 가지고 만든 언어유희였다.

명백히 주장했다. (사람들이 그렇게 부르는) 성녀 브리지트의 계시는 로마에서 매우 좋게 평가한 것으로서, 역시 이 같은 교리를 따르는 것이다. 암브로시오 카타리노와 다른 이들을 추종하여, 살메론과 몰리나는 아이들에게 일정한 자연적인 지복이 주어져 있다고 본다. 여기에 동의하는 학식 있고 경건한 인물인 스폰드라티 주교는 최근에는 행복하고 순진무구한 아이들의 상태를 구원받은 죄인의 상태보다 일정한 방식으로 더 선호하기까지 했다.[302] 이는 그의 『해결된 예정의 실마리』에서 볼 수 있다. 이는 조금 지나친 것으로 보인다. 물론 정확히 깨달음을 얻은 영혼은 그러한 수단을 통해 상상 가능한 모든 기쁨을 얻을 수 있다면 죄를 지으려 하지 않으리라는 것은 사실이다. 하지만 죄와 진정한 지복 중 어떤 것을 선택해야 하는 상황은 공상적인 것이며, 지복을 영원히 박탈당하는 것보다는 (속죄를 한 후일지라도) 지복을 얻는 편이 낫다.

93. 기꺼이 몰리나를 멀리하고 성 아우구스티누스를 따르는 프랑스의 많은 고위 성직자와 신학자들은 세례를 받기 전 순진한 나이에 죽은 아이들

∵

302) (옮긴이) 성녀 브리지트(Brigitte, 1303~1373)는 스웨덴 공주다. 페테르 스케닝게(Peter Skänninge)와 페테르 올라프손(Peter Olafsson)이 정리한 그녀의 『계시들』은 1415년 제르송(주 101 참조)에 의해 공격받았고, 토르케마다(Johano de Torquemada) 추기경의 영향 하에 바젤공의회에서 승인되었으며, 여러 차례 재출간되었다(뤼베크, 1492, 파리, 1624, 로마, 1628). — 살메론(Salmeron, 1515~1585)은 스페인의 예수회 신학자이며, 이그나티우스 데 로욜라(Ignatius de Loyola)의 처음 동지들 중 한 명이다. — 몰리나에 대해서는 주 241 참조. — 수도사 명으로 암브로시오 카타리노(Ambrosio Catarino, 1483/1487~1553)인 란첼로트 폴리티(Lancelot Politi)는 그와 동향인 시에나의 산타 카테리나(Santa Caterina)에게 경의를 표하기 위하여 '카타리노'로 불렸다. 이탈리아의 도미니크회 회원이며, 인간의 도덕적 책임을 강조한 『은총론』의 저자로서, 몰리나주의의 선구자로 간주할 수 있었다. — 스폰드라티에 대해서는 주 211 참조.

도 영원한 불덩이로 정죄하자는 이 위대한 박사의 의견으로 기우는 듯하다. 이는 앞에서 인용한 편지,[303] 즉 스폰드라티 주교의 유고 저작에 반대하여 뛰어난 프랑스 고위 성직자 다섯 명이 이노센트 12세에게 쓴 편지에서 나타난다. 그러나 이 편지에서 그들은 존엄한 토마스 아퀴나스와 다른 위대한 인물들이 세례 없이 죽은 아이들에 대해 단지 결핍이라는 벌의 교리를 인정한 것을 보고서, 이 교리를 감히 정죄하지는 못했다. 나는 한쪽에서는 장세니스트라 불리고 다른 쪽에서는 성 아우구스티누스의 제자라고 불리는 이들을 말하는 것이 아니다. 그 고위 성직자들은 전적으로 그리고 강력하게 아우구스티누스 신부의 견해에 동의하기 때문이다. 하지만 이 견해는 이성에도 그리고 성서에도 충분한 근거가 없으며, 가장 충격적인 냉혹성에 속한다는 것을 인정해야 한다. 비록 벨이 그의 편을 들기는 하지만(『한 관구장의 질문들에 대한 답변』, 제3권, 178장), 니콜[304]은 쥐리외에 반대하는 자신의 책인 『교회의 통합』에서 그러한 견해를 제대로 변호하지도 못하고 있다. 니콜은 기독교에 냉혹해 보이는 다른 교리가 더 있다는 이유를 댄다. 그러나 이러한 점은 근거 없이 냉혹성을 늘려도 된다는 귀결이 아닐 뿐더러 원죄와 영원한 벌과 같이 니콜이 내세우는 다른 교리도 겉으로 보기에만 냉혹하고 정의롭지 않을 뿐이라는 점을 생각해야 한다. 반면 현재의 죄도 없고 회개도 없이 죽은 아이들에 대한 영겁의 벌은 진정으로 냉혹하고 정의롭지 않을 것이며, 이는 실제로 무고한 이들에게 영겁의 벌을 내리는 일이 될 것이다. 이 같은 점 때문에 나는 아우구스티누스의 그런 견해를 옹호하는 진영이 결코 로마 교회에서도 전체적인 지배력을 갖지 못하리라고 생각한다. 이

••

303) 주 211 참조.
304) 주 158 참조.

주제에 관해 복음주의 신학자들은 꽤 온건하게 말하고 영혼을 창조자의 심판과 자비에 맡기는 습관이 있다. 그리고 우리는 신이 영혼을 깨우쳐주기 위해 사용할 수 있는 특별한 방법을 모두 알지는 못한다.

94. 단지 원죄를 이유로 영겁의 벌을 내리자고 하는, 결과적으로 세례 없이 혹은 신과의 언약 없이 죽은 아이들에게 영겁의 벌을 내리자고 하는 이들은 미처 자각하지 못한 채 일정한 방식으로 인간의 경향과 신의 예지(豫知)를 사용하게 된다고 말할 수 있다. 그들은 다른 이들에 대해서는 인정하지 않는 인간의 경향과 신의 예지를 그처럼 사용하는 것이다. 그들은 신이 은총에 분명히 저항할 것이라고 예견하는 이들에게는 은총을 내리기를 거부한다고 주장하지도 않으며, 그러한 예견과 경향이 그 사람들이 영겁의 벌을 받는 원인이라고 주장하지도 않는다. 그럼에도 그들은 원죄를 저지를 경향, 즉 신이 아이가 이성을 갖는 나이가 되자마자 죄를 지을 것을 예견하는 경향이 이 아이에게 미리부터 영겁의 벌을 내리기에 충분한 것이라고 주장한다. 이와 같은 두 주장 중 하나를 옹호하고 다른 하나를 거부하는 이들은 그들의 교리에서 일관성과 맥락이 부족한 것이다.

95. 분별력 있는 나이가 되어 위험한 내리막길에서 멈추기 위해, 또는 그들이 떨어진 구렁텅이에서 빠져나오기 위해 필요한 은총의 도움을 받지 않을 경우, 타락한 본성의 경향에 따라 죄에 빠지는 이들에 관한 난점도 그리 덜하지 않다. 도무지 행하지 않을 수 없었던 것을 행했다는 이유로 그들에게 영원한 벌을 내리는 것은 냉혹한 일로 보이기 때문이다. 분별력이 없는 아이들에게까지 영겁의 벌을 내려야 한다고 주장하는 이들은 어른들은 더더욱 배려하지 않을 것이며, 사람들이 고통스러워 하는 모습을

보고자 생각한 나머지 그들 스스로 냉혹해졌다고 우리는 말할 수 있을 것이다. 하지만 그렇게 생각하지 않는 다른 이들이 있으며, 나는 악에서 빠져나오게 해줄 수 있는 은총의 도움을 이용하고 절대로 그것을 일부러 버리지 않을 경향을 지닌 모든 사람들에게는 은총이 주어졌다고 보는 이들에게 충분히 동의할 것이다. 문명화된 민족과 야만인 중에는 통상적인 방법으로 구원받기 위해 필요한 신과 예수 그리스도에 대한 인식을 전혀 갖추지 못한 사람들이 수없이 많았고 아직도 그렇다는 논박이 있다. 그러나 여기서 논의할 일은 아니지만, 순전히 철학적인 죄에 대한 주장으로 그들을 면해주지 않는다거나 단순한 결핍의 벌에 대해 단정하지 않고도, 우리는 그들이 신과 예수 그리스도에 대한 인식을 갖추지 못했는지에 대해 의심할 수 있다. 그들이 통상적인 도움이나 우리에게 알려지지 않은 특별한 도움을 받지 않았는지 우리가 어떻게 알겠는가? 내가 보기에 "자신이 해야 할 바를 하는 이에게는 결코 필요한 은총이 거부되지 않는다"는 격언은 영원한 진리다. 토마스 아퀴나스, 브래드워딘 대주교[305] 또 여러 사람들은 여기에 우리가 알지 못하는 어떤 일이 일어난다고 암시했다(토마스 아퀴나스, 『진리론』, 문제 14, 제11장, 1절 및 다른 곳들도 참조. 브래드워딘, 『펠라기우스에 반대하는 신의 변호』, 앞머리 부분 참조). 로마 교회에서도 매우 권위 있는 여러 신학자들은 예수 그리스도가 신의 사랑을 불러일으킬 때 만물에 대한 신의 사랑의 신실한 행위는 구원을 위해 충분하다고 가르쳤다. 프랑수아 사비에르[306] 신부는 일본인들에게 그들의 조상이 자연의 빛을 제대로 사용했다면 신이 그들에게 구원을 위해 필요한 은총을 내렸을 것이라고 대답

∴

305) 주 269 참조.
306) 프랑수아 사비에르(Saint François-Xavier, 1506~1552)는 저명한 예수회 선교사다.

했다. 제네바의 주교 프랑수아 드 살[307]은 그러한 답변에 강력히 동의한다(『신애론』, 제4권, 5장).

96. 이러한 점은 내가 탁월한 펠리송[308]에게 이전에 밝혔던 것으로, 로마교회는 개신교도들보다 더 나아가서 성체 배령을 받지 않은 이들과 심지어 기독교에 속하지 않은 이들을 명시적인 신앙에 의해서만 평가하며 절대적으로 그들에게 영겁의 벌을 내리지 않는다는 것을 제시했다. 펠리송은 나에게 매우 친절하게 답을 해주었으며 영광스럽게도 그의 『반성들』 제4부에 나의 글과 함께 그 답변을 실었는데, 엄밀히 말하자면 거기서 그는 내가 제시한 것을 논박하지 않았다. 그래서 나는 트리엔트 공의회에 파견된 디에고 파이바 안드라데[309]라고 불리는 유명한 포르투갈 신학자가 그 점에 대해 공의회 동안에 켐니츠에 반대하여 쓴 것을 펠리송으로 하여금 살펴보도록 했다. 이제 나는 다른 많은 저술가들을 내세우지 않고, 예수회 회원 가운데 가장 탁월한 인물 중 한 명인 프리드리히 슈페[310] 신부를 지목하는 것으로 만족하겠다. 기독교의 덕목에 대해 독일어로 쓴 그의 훌륭한 책 서문에서 나타나는 것처럼, 슈페 신부도 신의 사랑이 지닌 효과에 대해 공통된 견해를 보였다. 그는 그러한 의견에 대해 경건을 위한 매우 중요한 비

∴

307) 프랑수아 드 살(Saint François de Sales, 1567~1622)은 1602년에 제네바의 주교가 되었으며, 그의 『신애론(神愛論)』은 1616년 리옹에서 출간되었다.
308) 폴 펠리송(Paul Pellisson, 1624~1693)은 1670년 가톨릭으로 개종한 신교도로서 프랑스의 문인이자 역사가다. 여러 해 동안 교회의 통합과 관련하여 라이프니츠와 관계를 맺었다.
309) 디에고 파이바 드 안드라데(Diego Payva de Andrade, 1528~1575)는 신교 신학자인 마르틴 켐니츠(주 68 참조)에 반대하여 『정통적 설명들』(1564)을 썼다.
310) 프리드리히 슈페(Friedrich Spe, 1591~1635)는 독일의 신학자이자 철학자다. 인용된 저작은 대신덕(對神德)에 관한 28개의 찬가로 구성된 시집인 『덕에 관한 비망록』으로, 1631년에 쓰였고 1649년에 쾰른에서 출간되었다. 라이프니츠가 이 책의 머리말을 프랑스어로 번역했다.

결이라고 말하고 있으며, 가톨릭 교회의 성례(聖禮)의 개입 없이도 죄를 사할 수 있는 신의 사랑의 힘을 매우 명확하게 다룬다. 물론 이는 성례를 무시하지 않아야 가능하며 성례를 무시한다는 것은 신의 사랑과 양립할 수도 없는 일이다. 나는 로마 교회에서 볼 수 있는 가장 뛰어난 성품을 가진 매우 훌륭한 인물을 통해 슈페 신부에 대해 처음으로 알게 되었다. 슈페 신부는 (여담이지만) 베스트팔렌의 귀족 가문 출신이며, 상부의 승인과 함께 쾰른에서 그 책을 출간한 이의 증언에 따르면 성자의 방향(芳香) 속에서 타계했다.

97. 이 탁월한 인물에 대한 기억은 학식과 양식이 있는 사람들에게는 더욱 소중한 것이다. 그는 많은 논란을 불러일으켰고 여러 언어로 번역된 『범죄의 보증, 혹은 마법사들을 처단하는 재판에 관한 책』[311]을 쓴 저자이기 때문이다. 내가 슈페 신부에 대해 알게 된 것은 현 선제후 전하의 숙부인 마인츠의 위대한 선제후 요한 필리프 쇤보른[312]을 통해서다. 현 선제후 전하가 존엄한 선임자 쇤보른의 자취를 영광스럽게 밟아가고 있음은 물론이다. 쇤보른 선제후가 내게 알려준 바에 따르면, 슈페 신부는 프랑켄에서 소위 마법사들을 화형에 처하기 위해 사람들이 미쳐 날뛸 때 그곳에 있었고 화형장까지 여러 마법사들을 동반했으며, 그들의 고백과 자신이 조사한 바에 따라 그들이 모두 무고하다는 것을 알았다. 이 사실에 충격을 받

··

311) 『범죄의 보증, 혹은 마법사들을 처단하는 재판에 관한 책』은 익명의 로마 신학자가 쓴 것처럼 1631년에 출간된 저작이다.
312) 요한 필리프 쇤보른(Johan Philipp von Schönborn, 1605~1673)은 마인츠의 선제후이자 밤베르크의 군주-주교인 로타르 프란츠 쇤보른(Lothar-Franz von Schönborn, 1655~1729)의 숙부다.

고서 슈페 신부는 당시에 진실을 말하는 일이 위험했음에도, (비록 자신의 이름은 밝히지 않았지만) 그 책을 쓰기로 결심했던 것이다. 이 책은 큰 논란을 일으켰고, 당시만 해도 단지 참사원이었고 후에 뷔르츠부르크의 주교가 되며 결국 마인츠의 대주교가 된 쇤보른 선제후가 책의 내용 때문에 마음을 바꾼 것이다. 그는 섭정을 시작하자마자 이 화형 행각을 중지시켰다. 브라운슈바이크의 공작들, 그리고 결국 독일 대부분의 다른 군주들과 주(州)들이 그의 행동을 따랐다.

98. 슈페 신부는 더 알려질 가치가 있는 만큼, 내가 보기에 이러한 여담은 시의적절한 것 같다. 이제 나는 다시 관련 주제를 다루고자 하는데, 이에 대해 다음과 같은 사실을 덧붙이고자 한다. 오늘날 육화의 차원에서 예수 그리스도를 아는 것이 구원을 위해 필요하며, 이것이 실제로 가장 확실하게 그리스도에 대한 지식을 가르치는 것이라고 가정할 때, 신은 비록 기적을 통해 행해야 할 때에도 자신들이 인간적으로 할 수 있는 것을 행하는 모든 사람들에게 그리스도에 대한 지식을 제공해준다고 할 수 있다는 것이다. 또한 우리는 죽음의 순간에 영혼에서 무슨 일이 일어나는지 알 수 없다. 여러 학식 있고 진지한 신학자들이 주장하는 것처럼, 아이들이 세례를 받은 일에 대해 질문을 받고 그 일을 기억하지 못한다고 해도, 세례에서 일종의 신앙을 받는다면, 무슨 이유로 죽음 후에는 질문할 수도 없는 죽어가는 이들에게 이와 비슷한 일, 그뿐만 아니라 명시적인 일이 일어날 수 없다고 주장할 것인가? 따라서 신의 선을 충족시켜줄 수단을 자신에게 제공하는 무한히 많은 길이 신에게 열려 있는 것이다. 사람들이 논박할 수 있는 모든 것은 신이 어떤 방법을 사용할지 우리는 모른다는 것인데, 이는 당연히 타당한 논박이 아니다.

99. 이제 자신을 개선할 능력은 있으나 선한 의향은 없는 이들에 대해 생각해보자. 물론 이들은 용서의 여지가 없다. 그러나 신과 관련해볼 때, 여기에는 항상 큰 난점이 있다. 그들에게 선한 의지 자체를 주는 것은 신에게 달려 있기 때문이다. 신은 의지의 주인이며, 왕들의 마음과 다른 사람들의 마음도 신의 손에 있다. 성서에서는 신이 자신의 권능을 드러내기 위해 때때로 악인들을 냉혹하게 대하고 그들을 처벌한다고까지 말한다. 그 냉혹함은 마치 신이 은총과 반대되는 어떤 것을 특별한 방식으로 악인들에게 각인한다는 의미로 이해되어서는 안 된다. 즉 신의 은총은 선을 향하는 경향인바, 그러한 냉혹함이 마치 신이 선에 대한 혐오나 심지어 악으로 향하는 경향을 악인들에게 각인해놓았다는 의미로 이해되어서는 안 되는 것이다. 그보다는 신은 자신이 확립한 사물들의 계열을 고려하고서, 예를 들어 파라오가 그의 악행을 증대시키는 **상황**에 처하게 된 것을 상위의 근거에 따라 허용하는 것이 적절하다고 판단한 것이다. 그리고 신의 지혜는 그런 악에서 선을 도출해내기를 원한 것이다.

100. 이렇게 모든 것이 사물들의 연쇄 가운데 한 부분을 이루는 상황으로 수렴되는 경우가 자주 있다. 회개에도 기여하고 타락에도 기여하는 소소한 상황의 사례는 무수히 많다. 성 아우구스티누스가 여러 종파로 갈라진 기독교도들 가운데 어떤 진영을 택할 것인지, **어느 방향으로 나의 삶을 결정할 것인가**라고 말하며 깊이 숙고할 때, 이웃집에서 들려온 **책을 펴고 읽어**(Tolle, lege)[313]라는 말은 너무도 유명하다. 이 때문에 그는 앞에 있던 성서의 아무 곳이나 펼쳐서 눈에 보이는 곳을 읽었다. 그가 읽은 말들은 마니

∵

313) 아우구스티누스, 『고백론』, 제8부, 12절 참조. 라틴어 인용에 대해서는 주 20 참조.

교를 버리도록 결정하게 해주었다. 덴마크인이자 티티아노폴리스의 명의(名義)주교인 훌륭한 스텐센[314]은, 그의 종교에 속한 공작이 섭정을 할 때, 하노버와 주변의 (사람들이 그렇게 말하듯이) 교구장이었는데, 성 아우구스티누스와 비슷한 일이 자신에게도 일어났다고 말했다. 그는 훌륭한 해부학자였고 자연에 관한 지식에 몰두했다. 그러나 불행하게도 자연의 탐구를 포기했고, 훌륭한 자연학자였다가 보잘것없는 신학자가 되었다. 그는 이제 자연의 신비에 관해 말하는 것을 듣는 것조차 싫어했다. 그리고 그에게 테베노[315]가 요구한 관찰 내용을 그에게서 얻어내려면 성스러운 복종에 근거하여 교황의 명령이 필요했을 것이다. 스텐센이 우리에게 이야기해준 바에 따르면, 그가 로마 교회 진영에 들어가기로 결정하는 데 크게 작용했던 것은 피렌체에 있을 때 창문 밖에서 들려온 한 부인의 고함 소리였다고 한다. "지금 가시려고 하는 쪽으로 가지 말고, 다른 쪽으로 가세요." 그는 이처럼 말했다. "이 목소리는 나에게 강한 인상을 남겼어요. 나는 그때 종교에 대한 성찰 중이었거든요." 그 부인은 스텐센이 그녀의 집으로 한 사람을 찾으러 온다는 것을 알았고, 그가 다른 사람을 향하는 길로 오는 것을 보고 자기 친구의 방을 알려주고 싶었던 것이다.

∴

314) 스테노(Steno)이라 불리는 스텐센(Steensen, 1638~1686)은 가톨릭으로 개종한 덴마크의 루터주의자이며, 과학과 종교에 관한 저작들을 남겼다. 『나의 개종에 관한 서신』(피렌체, 1677)에서 자신이 개종하게 된 상황을 직접 이야기했다.

315) 테베노(Melchisédech Thévenot, 1620~1692)는 프랑스의 여행가이자 박식한 학자로서, 당대의 많은 과학자들과 관계를 맺었다. 그의 집에서 열린 과학 회합들은 과학 아카데미 설립을 위한 전초가 되었다.

101. 예수회 회원인 장 다비드[316] 신부는 일종의 예언서(bibliomance)인 『기독교적 예언자』를 썼다. 이 책은 성 아우구스티누스의 책을 펴고 읽어의 예처럼 아무 구절이나 골라 읽는 것으로, 신앙 놀이와도 같은 것이다. 그러나 원하지 않고도 맞이하게 되는 운은 인간들에게 구원을 제공하거나 박탈하는 데 엄청난 작용을 한다. 폴란드의 두 쌍둥이 아이의 경우를 상상해보자. 한 아이는 타타르인[317]들에게 잡혀 터키인들에게 팔려가서 배교(背敎)를 저지르고 불경에 빠져 절망 속에서 죽었다고 하자. 다른 아이는 어떤 운에 의해 구제되어, 그 후로 좋은 사람들의 품에서 필요한 교육을 받고 가장 견고한 종교적 진리로 충만하여 종교가 명하는 덕을 훈련하고 훌륭한 기독교인들이 지니는 모든 감정과 함께 죽었다고 하자. 아마도 사람들은 소소한 환경의 차이 때문에 자기 형제처럼 구원받지 못한 첫 번째 아이의 불행에 대해 불평할 것이며, 이 작은 운이 그 아이의 운명을 영원히 결정했다는 사실에 놀랄 것이다.

102. 첫 번째 아이가 폴란드에 있었더라도 역시 악인이 되어 영겁의 벌을 받았을 것이라고, 매개하는 지식을 통해 신이 미리 예견했다고 말할 사람이 아마도 있을 것이다. 어쩌면 그 같은 일이 일어날 만한 우발적 상황들이 있을 수도 있다. 그런데 이러한 것이 일반적 규칙이라거나, 이교도 가운데 영겁의 벌을 받은 이들 중 단 한 명도 그가 기독교인이라고 해도 구원받지 못했을 것이라고 말할 수 있겠는가? 이는 두로와 시돈이 자신의 전

---

316) 다비디우스(Davidius)라 불리는 장 다비드(Jean David, 1546~1613)는 벨기에의 예수회 회원으로 영성에 관한 저작들의 저자다. 그의 『기독교적 예언자』는 1601년에 안트베르펜에서 출간되었다. "예언서"는 책을 통한 예언을 의미한다.
317) (옮긴이) Tatar. 터키의 한 민족.

도를 들을 행운이 있었다면 가벼나움보다 더 그 혜택을 입으리라는 우리 구세주의 말에 위배되는 것이 아니겠는가?[318]

103. 그러나 우리가 모든 그럴듯한 것들과 대립된 매개하는 지식의 사용을 여기서 인정할지라도, 매개하는 지식은 신이 이런저런 상황에서 인간이 무엇을 행하는지 고려한다고 전제하고 있다. 신이 인간을 더욱 이로운 상황에 처하게 할 수 있었으며 한 영혼에서 나타날 수 있는 가장 큰 근본적 악의를 물리칠 수 있는 내적·외적 도움을 인간에게 제공할 수 있었다는 것은 항상 참되다. 신은 그렇게 할 의무가 없다고 할지도 모르나, 그렇게 말하는 것으로는 충분하지 않다. 신이 자신의 모든 선을 모두가 느끼도록 하지 않은 데는 더 위대한 근거가 있다고 덧붙여 말해야 한다. 따라서 선택이 있어야 한다. 하지만 나는 결코 그 선택의 근거를 절대적으로 인간들의 선하고 악한 자연적 기질에서 찾아야 한다고 생각하지 않는다. 신이 최대의 선을 산출하되 죄와 영겁의 벌도 포함하는 구도를 선택하면서 지혜를 통해 최선의 자연적 기질들을 선택하여 은총의 대상으로 삼았다고 몇몇 이들과 함께 가정한다면, 신의 은총은 결코 충분하게 무상이 아닐 것이며 인간은 일종의 본래적 자질을 통해 구분될 것이다. 이는 성 바울의 원리와도 거리가 있고 하물며 최상의 이성의 원리와도 거리가 있어 보인다.

∵

318) 「마태복음」 11:21~24, 「누가복음」 10:13~15 참조.

104. 신의 선택에 근거가 있는 것은 사실이며, 대상에 대한 고려, 즉 인간의 자연적 기질에 대한 고려는 그 근거에 포함되어야 한다. 그러나 신의 선택은 우리가 파악할 수 있거나 인간들의 오만을 충족시켜줄 수 있는 규칙에 종속되지 않는다. 몇몇 저명한 신학자들이 생각하는 바에 따르면, 신은 은총에 덜 저항할 것이라고 자신이 예견하는 이들에게 은총을 더 많이 또는 더 유리한 방식으로 제공하며, 다른 이들은 그들의 완강함에 빠져 있도록 방치해둔다. 사정이 자주 이러하다고 믿을 필요가 있다. 그리고 이 같은 방법은 인간이 그의 자연적 기질에서 유리하게 가지고 있는 점을 통해 우수해지도록 하는 방법들에 속하는 것인데, 이는 펠라기우스주의[319]와 가장 거리가 먼 것이다. 하지만 나는 감히 이러한 것을 보편적 규칙으로 삼지는 않겠다. 우리 자신을 영광스럽게 할 의도가 없도록 하기 위해서, 우리는 신의 선택의 근거를 몰라야 한다. 또한 신의 선택의 근거들은 우리가 알기에는 너무도 다양하며, 그 누구도 절망하지 않고 그 누구도 은총으로 우쭐대지 않게 하기 위해서 신이 가장 완강한 저항을 극복함으로써 때때로 자신의 은총의 능력을 보여주는 것도 가능한 일이다. 성 바울은 이 점에 대해 자신을 그 예로 들면서 같은 생각을 한 것 같다. 성 바울은 신이 인내의 훌륭한 예를 보여주시기 위해 자신에게 자비를 베푸셨다고 말한다.

105. 어쩌면 모든 사람들은 근원적으로 똑같이 악하며, 결과적으로 그들의 선하고 덜 악한 자연적 자질을 통해 구분될 수는 없을 것이다. 그런데 모든 인간들은 결코 비슷한 방식으로 악하지 않다. 예정 조화가 보여주는 것처럼, 영혼들 사이에는 근본적이고 개별적인 차이가 존재하기 때문

∙∙

319) 주 232 참조.

이다. 어떤 이들은 이러한 선이나 저러한 악에, 혹은 그 반대에 더 끌리거나 덜 끌리고, 모든 것은 그들의 자연적 경향에 달린 것이다. 하지만 상위의 근거를 통해 신이 선택한 우주의 일반적 구도에 따르면 인간들은 서로 다른 상황 속에 있기 때문에, 자신들의 자연적 기질에 보다 유리한 상황을 맞이하는 이들은 더 쉽게 덜 악한 사람이 되고, 더 덕이 있고 더 행복한 사람이 될 것이다. 그러나 이는 언제나 신이 그런 상황에 결합시키는 내적 은총의 영향의 도움이 있기 때문이다. 인간의 삶이 흘러가는 과정에는 더 탁월한 자연적 기질을 가진 자가 문화나 기회가 없어서 덜 성공하는 일도 때때로 일어난다. 인간들이 선택되고 분류되는 것은 그들의 탁월성이라기보다는 그들이 갖는 신의 구도와의 합목적성에 의한 것이라고 말할 수 있다. 마치 어떤 건물이나 배합에서 덜 좋은 돌이 비어 있는 부분을 정확히 채워주기에 그 돌을 사용할 수 있는 것처럼 말이다.

106. 우리가 몇몇 가정에 전적으로 매달릴 필요가 없는 이성의 이 모든 시도들은 결국 신의 행동을 정당화하는 데는 무수히 많은 수단이 있음을 파악하게 해줄 뿐이다. 우리가 볼 수 있는 모든 곤란함, 우리가 해결하는 모든 논박, 우리가 만들어낼 수 있는 모든 난점은 신의 지혜만큼 드높은 것이 없고 신의 판단만큼 정의로운 것도 없으며 신의 성스러움만큼 순수한 것도 없고 신의 선만큼 광대한 것도 없다는 점을, 비록 증명을 통해서 그것을 알 수 없을지라도 합리적으로는 믿어야 한다는 사실을 막지는 못한다. 이는 내가 이미 제시한 것이고 앞으로 더욱더 드러날 것이다.

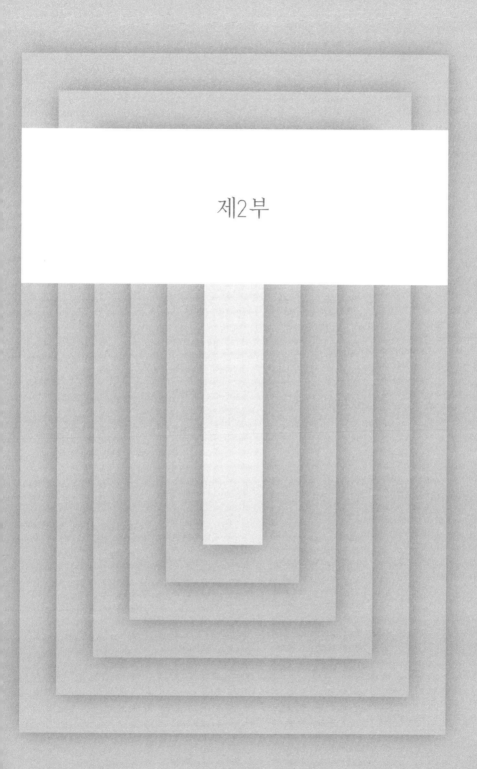

제2부

107. 지금까지 나는 이 모든 주제에 관해 포괄적이고 분명한 설명을 제공하고자 노력했다. 또한 아직 나는 벨의 논박들을 따로 이야기하지는 않았지만, 그것들을 미리 알리고 그것들에 반박할 수단도 제공하고자 했다. 그러나 아직도 해명해야 할 부분이 있을지 모르는 데다 통상적으로 벨의 논거는 통찰력과 박식함으로 가득하고 이 논쟁을 보다 명확히 하는 데 기여하기 때문에 나로서는 그의 논박을 세부적으로 해결해야 할 책무가 있는바, 그의 저작들에 흩어져 있는 핵심적 논거를 제시하고 나의 해결을 덧붙이는 것이 바람직하겠다. 우선 나는 다음과 같은 점에 주목했다. "신은 도덕적 악과 물리적 악에 각각 도덕적 방식으로 그리고 물리적 방식으로 협력한다. 인간도 역시 도덕적 악과 물리적 악에 도덕적으로 그리고 물리적으로 자유롭고 능동적인 방식으로 협력하며, 이로 인해 인간은 비난받고 벌을 받을 수 있게 된다." 나는 또한 각각의 문제에 난점이 있다는 점을 지적했다. 하지만 가장 큰 난점은 신이 도덕적인 악에 도덕적인 방식으로 협력한다는 것, 즉 죄의 주모자도 아니고 더군다나 죄에 가담하지 않으면서 죄에 협력한다는 주장이다.

108. 내가 충분히 이해할 수 있는 방식으로 설명했듯이 신은 도덕적 악

을 정의에 어긋나지 않게 허용하고, 지혜를 통하여 그것을 선으로 인도함으로써 도덕적 악에 협력한다. 그러나 바로 이 점에서 특히 벨은 신앙에 이성과 일치될 수 없는 것은 아무것도 없다고 주장하는 이들을 완전히 무너뜨릴 수 있다고 자부한다. 특히 이 점에서 우리의 교리 역시 성벽을 갖추고 있으며, 벨의 비유대로 표현하자면 가장 강한 포대(砲隊)에도 견뎌낼 수 있는 근거를 갖추고 있다는 점을 제시해야 한다. 벨은 그의『한 관구장의 질문들에 대한 답변』(제3권, 812쪽) 제144장에서 우리를 겨냥하여 가장 강한 포대를 배치했다. 이 제144장에는 신학 교리가 7개의 명제로 포함되어 있고 19개의 철학적 준칙이 각각 우리의 성벽을 뚫을 수 있는 대포처럼 신학 교리와 대립하고 있다. 신학적 명제들로 시작해보자.

109. 벨은 말한다. (1) "신은 영원하고 필연적이며, 무한히 선하고 성스럽고 지혜롭고 능력 있는 존재로서, 늘어날 수도 없고 줄어들 수도 없는 영광과 지복을 영원히 가지고 있다." 벨의 이 명제는 신학적인 것 못지않게 철학적이기도 하다. 신이 홀로 있을 때 영광을 소유한다고 말하는 것은 용어의 의미에 따라 진리일 수도 있고 진리가 아닐 수도 있다. 몇몇 사람과 함께 우리는 영광을 자신의 완전성에 대한 인식에서 발견하는 만족이라고 말할 수 있다. 이러한 의미에서 신은 항상 영광을 소유하고 있다. 그러나 영광이 다른 이들이 그 완전성을 인식한다는 것을 의미한다면, 신이 지성적 피조물들에게 인식될 때 비로소 신은 영광을 획득한다고 말할 수 있다. 하지만 사실은 신이 새로운 선을 획득하는 것은 아니며, 신의 영광을 제대로 파악함으로써 새로운 선을 획득하는 것은 오히려 이성적 피조물들이다.

110. (2) "신은 피조물을 창조하기로 자유롭게 결정했다. 그는 무한히

많은 가능한 존재 가운데 자신의 마음에 드는 것들을 선택하여 존재를 부여했고, 그들로 우주를 구성했으며, 다른 모든 것은 무(無)의 상태로 놓아두었다." 이 명제도 앞의 명제와 마찬가지로 자연 신학이라 불리는 철학의 부분과 매우 잘 일치된다. 이 명제에서 신은 **자신의 마음에 드는** 가능한 존재들을 선택한다고 말하는 점을 다소 강조할 필요가 있다. 내가 **그것이 내 마음에 든다**고 말할 때, 이는 내가 그것을 좋게 본다고 말하는 것과 같다는 사실을 고려해야 하기 때문이다. 따라서 마음에 드는 것은 대상의 관념적 선이고, 이것이 신으로 하여금 마음에 들지 않거나 마음에 덜 드는 것, 즉 자신과 관련된 관념적 선을 덜 가진 다른 많은 것들 가운데서 그것을 선택하도록 하는 것이다. 그런데 신의 마음에 들 수 있는 것은 참된 선뿐이다. 결과적으로 최고로 신의 마음에 들어서 선택되는 것은 최선의 것이다.

111. (3) "인간의 본성은 신이 만들기를 원한 존재에 속했으므로, 신은 남자와 여자를 창조하고서 여러 혜택 가운데 자유 의지를 그들에게 주었다. 그리하여 그들은 자유롭게 신에게 복종할 능력을 갖게 되었다. 그러나 신은 어떤 과일을 먹지 말라는 명령에 복종하지 않을 경우 그들은 죽게 될 것이라고 위협했다." 이 명제의 일부분은 계시된 내용으로서, 내가 제시한 설명대로 정확히 자유 의지가 이해된다면 어려움 없이 받아들여질 것이 분명하다.

112. (4) "그런데 남자와 여자는 그 과일을 먹었기 때문에 그들과 그들의 모든 후손은 현세의 불행과 덧없는 죽음, 영원한 벌로 정죄되었으며, 거의 끝도 없고 중단도 없이 죄에 빠지도록 하는 경향에 사로잡히게 되었다." 금지된 행동은 자연적인 귀결에 따라 그 자체로 그처럼 안 좋은 결과를 생겨

나게 했으며, 바로 이 때문에 신이 과일을 먹는 행동을 금지한 것이지 순전히 자의적인 결정에 의해 금지한 것은 아니라고 생각할 수 있다. 이는 아이들에게 칼을 금지하는 것과 비슷한 일이다. 유명한 영국인 플러드[320] 혹은 데 플룩티부스(de Fluctibus)는 과거에 루돌푸스 오트렙(Rudolphus Otreb)이라는 이름으로 쓴 『삶, 죽음 그리고 부활에 관하여』에서 금지된 나무의 과일이 독이었다고 주장했다. 그러나 우리가 지금 이러한 세부적 사항을 다룰 수는 없다. 신이 유해한 것을 금지했다는 사실로 충분하다. 그런 만큼 신이 순전히 실정적인 법을 부여하는 입법자 역할을 한다거나, 죄의 악과 벌의 악을 연결 짓지 않고 자의적인 명령에 따라 벌을 강제하고 부과하는 재판관 역할을 한다고 생각해서는 안 된다. 또한 정의롭게 분노한 신이, 마치 아테네인들이 범죄자들에게 독 당근즙을 주었던 것처럼 인간을 벌주려고 특별한 행동을 통해 인간의 영혼과 육체를 순전히 고의적으로 타락시켰다고 생각할 필요도 없다. 벨은 이 같은 식으로 이해하고서 첫 번째 인간의 영혼이 원초적으로 타락하게 된 것은 신의 명령과 작용에 의한 일이라고 말한다. 이 때문에 그는 다음과 같이 논박한다(『한 관구장의 질문들에 대한 답변』, 제3권, 178장, 1218쪽). "이성은 반역자를 벌주기 위해 그 반역자뿐 아니라 반역하려는 경향을 가진 그의 후손까지 정죄하는 군주를 인정하지 않을 것이다." 그러나 이러한 벌은 입법자의 명령 없이 악인들에게 자연적으로 내려지는 것이며 악인들은 악에 재미를 붙이는 사람들이다. 술주정뱅이들이 몸에서 일어나는 일의 자연적인 결과로서 동일한 악습의 경

••

320) 로버트 플러드(Robert Fludd, 1574~1637)는 영국의 의사이자 신학 철학자다. 인용된 책은 루돌푸스 오트렙(Rudolphus Otreb)라는 가명으로 출간한 것으로, 정확한 제목은 『I. 삶, II. 죽음, III. 부활에 관해 제3부로 구성된 신학 철학론』이다. 이 저작은 1617년 오펜하임에서 출간되었다.

향이 있는 자손을 낳았다면, 이는 선조에 의한 벌이지 법을 통한 형벌은 아닐 것이다. 최초의 인간이 지은 죄의 결과에도 이와 유사한 어떤 점이 있다. 신의 지혜를 관조한다면 우리는 자연의 왕국이 은총의 왕국에 봉사하며, 건축가로서의 신은 군주로 간주된 신에게도 전적으로 적합한 방식에 따라 모든 것을 행한다고 생각하게 되기 때문이다. 우리는 그 사건의 세부 사항을 판단할 수 있을 정도로, 금지된 과일의 본성을 알지는 못하며 행동의 본성과 그 결과도 알지 못한다. 그럼에도 신의 정의(正義)가 화가들이 표현한 것과는 다른 어떤 점을 포함하고 있었다고 믿고, 그러한 정의를 신에게 되돌려주어야 한다.

113. (5) "무한한 자비를 통해 이와 같은 벌에서 매우 적은 수의 사람들을 구원하는 일이 신의 마음에 들었다. 신은 이 세상의 삶을 사는 동안 그들이 죄의 타락과 불행에 노출되도록 하고, 그들에게 끝없는 낙원의 지복을 얻는 데 필요한 도움을 제공했다." 앞에서 내가 이미 지적했듯이 여러 고대인들은 영겁의 벌을 받은 사람들이 생각만큼 그리 많지 않다고 생각했다. 그들은 영원한 벌과 완전한 지복 사이에 어떤 중간이 있다고 믿은 것 같다. 그러나 우리는 그러한 의견은 필요 없으며 교회에서 수용된 견해를 따르는 것으로 충분하다. 즉 모든 인간에게 주어졌고, 선한 의지만 있으면 그들에게 충분한 충족 은총의 원리에 따라 벨의 이 명제가 이해된다고 설명하는 것이 바람직하다. 그럼에도 벨은 스스로 반대 입장에 섰으며, (각주에서 말하듯이) 우연적 사건들의 예견 이후에 내려지는 결정들의 체계에 적합하지 않은 용어를 피하고자 했다.

114. (6) "신은 일어날 모든 일을 영원히 예견했다. 그리고 신은 만물을

조정하여 각각의 자리에 배치했다. 또한 신은 만물을 자신의 마음대로 계속적으로 인도하고 지배하고 있다. 그리하여 신의 허용 없이 혹은 신의 의지를 거슬러서 이루어지는 것은 아무것도 없고, 신은 자신이 원하는 만큼 그리고 원할 때마다, 마음에 들지 않는 것, 즉 자신을 모독하는 것이며 이 세상에서 자신이 가장 싫어하는 것인 죄를 마음대로 막을 수도 있고, 자신이 승인하는 모든 생각을 인간 각각의 영혼 안에 생겨나게 할 수 있을 정도다." 이 명제도 순전히 철학적이다. 달리 말하면, 자연적 이성의 빛을 통해 인식 가능한 것이다. 또한 명제 2에서 마음에 드는 것에 대해 강조한 대로 여기서도 마음대로 하는 것, 즉 행하는 것이 좋겠다고 신이 생각하는 것에 대해 강조하는 것이 좋다. 신은 자신의 마음에 들지 않는 모든 것을 마음대로 피하거나 배제할 수 있다. 그러나 몇몇 악과 같이 신이 멀리하는 몇몇 대상, 특히 신의 선행하는 의지에 의해 배척된 죄는 최고의 현자가 모든 것을 고려한 후에 선택해야 했던 최선의 규칙이 그렇게 하도록 했기 때문에 비로소 신의 후속적 의지나 결정을 내리는 의지에 의해 배제될 수 있었다는 점을 고려해야 한다. 죄가 신을 가장 모독하는 것이라거나 신은 죄를 가장 싫어한다고 말하는 것은 인간적으로 말하는 방식이다. 엄밀히 말하자면, 신은 모독될 수 없고 즉 침해당할 수 없고 불쾌해하거나 근심할 수도 없으며 분노할 수도 없기 때문이다. 그리고 어떤 것을 싫어한다는 것은 그것을 혐오감을 가지고 보는 것이며, 우리에게 역겨움을 일으키고 많은 고통을 주며 마음을 아프게 하는 방식으로 그것을 보는 것이라고 전제되므로, 신은 현존하는 것 가운데 아무것도 싫어하지 않는다. 신은 슬픔도 고통도 불쾌감도 느끼지 않기 때문이다. 신은 언제나 완전히 만족하고 편안해한다. 하지만 이 같은 표현들은 그 진정한 의미에서는 근거가 있다. 신의 최상의 선은 신의 선행하는 의지로 하여금 모든 악을 배제하되, 다른 어떤 악보다도 도덕적인 악을 더 배제하도록 한다. 또한 신의 선행하는 의지는 물리칠 수 없는 상위의 근거에 의해서만, 그리고 이득을 제공하며 악의 안 좋은 결과를 고쳐주는 위대한 교정과 함께할 때만 비로소 악을 인정한다. 신은 그가 승인하는 모든 생각을 인간 각각의 영혼 안에 생겨나게 할 수 있다는 것이 사실이다. 그러나 이는 가능한 한 최선으로 구상된 신의 계획에 의한 것이라기보다는 기적에 의한 작용일 것이다.

115. ⑺ "신은 그가 베푸는 은총을 틀림없이 받아들이지 않을 것임을 아는 이들에게 은총을 베푼다. 그들의 거부 때문에, 그들에게 은총을 베풀지 않았을 때보다 틀림없이 더 큰 죄를 짓게 될 것임을 아는 이들에게 신은 은총을 베푸는 것이다. 신은 그들이 이 은총을 받아들이기를 열렬히 원한다고 선언하지만 그들이 받아들일 것임을 아는 은총은 결코 베풀지 않는다." 이 사람들이 그러한 거부 때문에, 아무것도 받지 않았을 때보다 더 큰 죄인이 되며 신이 이를 알고 있다는 것은 사실이다. 그러나 신 자신이 비난받을 수 있는 방식으로 행동하는 것보다는 그들의 죄를 허용하는 편이 낫다. 더 잘하기를 원했거나 원했을 수도 있었지만, 그렇게 하는 것이 가능하지 않았다고 말함으로써 죄인들이 불평한 권리를 갖게 되는 방식으로 행동하는 것보다는 그들의 죄를 허용하는 편이 나은 것이다. 신은 그들이 받기에 적합한 은총을 그들이 받기를 원하며, 그들이 그 은총을 받아들이기를 원한다. 그리고 신은 특히 그들이 받아들일 것이라고 자신이 예견하는 은총을 베풀기를 원한다. 하지만 언제나 이는 독립적이거나 개별적인 선행 의지에 의한 것으로서, 이러한 의지의 실행은 사물들의 일반적 구도 안에서는 일어날 수는 없다.[321] 이 명제 또한 방금까지 위에서 제시한 7개 명제 중 3개와 마찬가지로 계시에 못지않게 철학에 의해서 확

립되는 명제에 속한다. 계시가 필요한 명제는 세 번째, 네 번째, 다섯 번째 명제이다.

116. 이제 벨이 7개의 신학적 명제에 대립시키는 19개의 철학적 준칙을 보자.

(1) "무한히 완전한 존재는 결코 줄어들 수도 늘어날 수도 없는 영광과 지복을 자신 안에서 발견하는바, 오로지 그의 선이 그로 하여금 이 우주를 창조하도록 결정했다. 찬양을 받으려는 야심, 자신의 지복과 영광을 유지하거나 늘리려는 아무런 이익의 동기도 무한히 완전한 존재에게는 개입되지 않는다."

이 준칙은 매우 훌륭하다. 신에 대한 찬양은 신에게는 아무 도움이 안되지만 신을 찬양하는 인간들에게는 도움이 된다. 신은 인간들의 선을 원했다. 다만 오로지 선이 신으로 하여금 이 우주를 창조하도록 결정했다고 말할 때, 그의 선은 가능한 모든 선을 창조하고 산출하도록 **선행적으로**(antécédemment) 결정했다고 덧붙이는 것이 바람직하다. 그러나 신의 **지혜**에 의해 모든 선의 선별이 이루어졌고, 신의 지혜는 그가 **후속적으로**(conséquement) 최선을 선택하게 된 원인이었으며, 마지막으로 신의 **능력**을 통해 그는 자신이 세운 위대한 구상을 실제로 실현할 수단을 부여받았다고 덧붙이는 것이 바람직하다.

117. (2) "무한히 완전한 존재의 선은 무한하며, 만일 그의 선보다 더

∵

---

321) (옮긴이) 제1부 22절에서 밝힌 것처럼 신은 선행하는 의지를 통해 각각의 선한 의지가 실현되기를 바라지만, 우주 전체의 구도에 맞춰서 모든 것을 실현해야 하기 때문에 후속적 의지를 통해 최종적으로 최선을 실현한다.

큰 선을 생각하는 것이 가능하다면 그의 선은 무한하지 않은 것이 될 것이다. 이러한 무한성의 특성은 덕의 사랑, 악덕의 증오 등 다른 모든 신의 완전성과 일치하며, 신의 완전성은 생각 가능한 것 중 가장 큰 것이어야 한다." (쥐리외[322]의 『방법들에 관한 판단』의 첫 번째 세 부분을 볼 것. 거기서 쥐리외는 이 원리를 제일 개념으로 보고 논의를 계속해나간다. 또한 비티치우스[323]의 『신의 현실적 섭리에 관하여』 주석 12에 있는 성 아우구스티누스의 『그리스도의 교리』 제1권 7장의 말도 볼 것. '신을 생각한다는 것은 결코 그보다 뛰어나고 높을 수 없는 어떤 존재를 생각하는 것이다. 조금 뒷부분에는 다음과 같은 말이 있다. 신이 존재한다면서 신보다 더 뛰어난 어떤 것을 찾을 수 있다고 생각하는 사람은 있을 수 없다.')

이 준칙은 나의 생각과 완벽하게 부합하는 것이며 나는 이로부터 다음의 귀결을 도출해내겠다. 즉 신은 가능한 최선을 행한다. 그렇지 않을 경우는 신이 선을 행사하는 것을 한정하는 셈이 될 것이며, 신에게 선한 의지가 부족하여 신의 선이 신으로 하여금 최선을 행하도록 하지 않는다면 이는 신의 선 자체를 한정하는 셈이 될 것이다. 혹은 신이 최선을 식별해내고 그것을 획득하기 위한 수단을 찾기 위해 필요한 인식이 부족하다거나 그 수단을 사용하기 위해 필요한 힘이 없다고 한다면, 이는 신의 지혜와 능력을 한정하는 셈이 될 것이다. 그러나 덕의 사랑과 악덕의 증오가 신 안에서 무한하다고 말하는 데는 모호함이 존재한다. 만일 그것이 절대

••

322) 피에르 쥐리외(Pierre Jurieu, 1637~1713)는 저명한 신학자이자 개신교 교론가다. 인용된 저작은 『아우크스부르크 종파를 따르는 개신교도들과 개혁파 신교들을 화해시킬 수단을 찾기 위한, 은총과 섭리를 설명할 엄격하고 완화된 방법들에 대한 판단』(로테르담, 1688)이다.

323) 크리스토포루스 비티치우스(Christophorus Wittichius, 1625~1687)는 개혁파 신학자이며, 라이덴의 교수로서 데카르트주의의 추종자다.

적으로 또 아무 제한도 없이 참되다면, 세계에는 악덕이 실행되는 일 자체가 없을 것이다. 그러나 신이 지닌 각각의 완전성은 그 자체로는 무한하다고 해도 대상에 맞추어 발휘되며, 사물들의 본성이 감당할 정도로 발휘될 뿐이다. 그리하여 전체적으로 볼 때 최선에 대한 사랑은 다른 모든 개별적 경향이나 증오보다 우위에 있다. 신이 최선을 추구하는 것을 막을 수 있는 것은 아무것도 없는바, 최선에 대한 사랑은 그 실행 자체가 절대적으로 무한한 유일의 것이다. 가능한 최선의 구도와 어떤 악덕이 연결되어 있는 경우, 신은 그 악덕을 허용한다.

118. (3) "무한한 선이 창조자를 세계의 창조로 이끈 것이기 때문에, 신의 작품 속에서 뚜렷하게 드러나는 지식, 숙달, 능력, 위대함 등의 특성은 지성적 피조물들의 행복을 향하게 되어 있다. 신이 자신의 완전성을 알리려고 한 것은 오직 그러한 종류의 피조물들이 최상의 존재에 대한 인식과 감탄과 사랑에서 그들의 행복을 발견하도록 하기 위함이다."

이 준칙은 내가 보기에 전적으로 정확하지는 않다. 나는 지성적 피조물들의 행복이 신의 계획 가운데 핵심적인 부분이라는 것은 인정한다. 지성적 피조물들은 신과 가장 닮았기 때문이다. 하지만 나는 그것이 신의 유일한 목적임을 어떻게 입증할 수 있는지는 모르겠다. 자연의 왕국이 은총의 왕국에 봉사해야 한다는 것은 사실이다. 그러나 신의 위대한 계획에서는 모든 것이 연결되어 있기 때문에 은총의 왕국도 일정한 방식으로 자연의 왕국과 조화를 맞춘다고 생각해야 한다. 그리하여 자연의 왕국과 은총의 왕국의 조합이 가능한 조합 중 가장 완전한 것이 되도록 하기 위해, 자연의 왕국은 최대한의 질서와 미를 유지하는 것이다. 어떤 악을 더 적게 하려고 신이 자연 질서 전체를 뒤엎을 것이라고 판단해서도 안 된다. 피조물 저마다의 완전성과 불완전성은 저마다의 가치를 지니고 있다. 그러나 무한한 가치를 지닌 피조물은 없다. 따라서 이성적 피조물들의 도덕적인 혹은 물리적인 선과 악은 단지 형이상학적인 선과 악, 즉 다른 피조물들의 완전성에 있는 선과 악보다 결코 무한히 우월하지는 않다. 그런데 만일 위의 준칙이 엄밀하게 맞는 것이라면, 그렇게 말해야 할 것이다. 신은 니느웨의 거주인들을 용서한 이유를 선지자 요나에게 설명하면서, 그 큰 도시를 멸할 경우 함께 멸하게 될 짐승들까지 걱정했다.[324] 신 앞에서는 어떠한 실체도 절대적으로 무시할 만하거나 절대적으로 소중하지 않다. 이 준칙의 남용과 과도한 외연이 부분적으로 벨이 제시하는 난점의 원천인 것 같다. 신이 사자보다 인간을 더 중요시한다는 것은 확실하다. 그러나 나는 신이 모든 면에서 사자들의 종(種) 전체보다 단 한 명의 인간을 선호한다고 확신할 수 있는지는 잘 모르겠다. 설령 그렇다고 해도, 일정한 수의 사람들에 대한 관심이 무한히 많은 수의 피조물들에게 퍼져 있는 전체적인 무질서에 대한 배려보다 우세하다는 결론이 도출되지는 않을 것이다. 그러한 견해는 모든 것이 오로지 인간을 위해 만들어졌다는, 꽤나 비난받았던 고대 준칙의 잔재일 것이다.

119. (4) "지복을 누릴 수 있는 피조물들에게 신이 베풀어주는 은혜는 그들의 행복을 향할 뿐이다. 따라서 신은 그 은혜가 그들을 불행하게 만드는 데 쓰이는 것을 허용하지 않는다. 만일 은혜에 대한 그들의 잘못된 사용이 그들을 타락시킬 수 있었다면, 신은 언제나 올바르게 은혜를 사용할 수 있는 확실한 수단을 주었을 것이다. 그렇지 않다면 그것은 진정한 은혜가 아

··
324) 「요나」 4:11 참조.

닐 것이며, 신의 선은 다른 은인(말하자면, 자신의 선물을 제대로 사용할 확실한 방법과 함께 선물을 제공하는 원인)에게서 우리가 생각할 수 있는 선보다 적을 것이다."

앞선 준칙의 남용과 안 좋은 결과가 벌써 나타난다. 지복을 누릴 수 있는 피조물들에게 신이 베풀어주는 은혜는 그들의 행복을 향할 뿐이라는 것은 (수긍할 만한 것이기는 하지만) 엄밀히 말해 사실이 아니다. 자연 안의 모든 것은 연결되어 있다. 능숙한 장인, 기술자, 건축가, 지혜로운 정치가가 종종 하나의 사물을 여러 목적으로 사용하거나 일석이조의 효과를 거두는 일을 쉽게 할 수 있다면, 완전한 지혜와 능력을 가진 신은 항상 그렇게 한다고 말할 수 있을 것이다. 이는 토지, 시간, 장소, 재료, 달리 말해 지출을 관리하는 것이다. 이처럼 신은 자신의 계획에 있어서 여러 관점을 가지고 있다. 모든 이성적 피조물의 지복은 신이 추구하는 목적 중 하나다. 그러나 그것은 신의 모든 목적은 아니며 더 나아가 최종 목적도 아니다. 그렇기 때문에 이성적 피조물 중 몇몇의 불행은 다른 더 큰 선의 귀결로서 부수적으로 생길 수 있다. 이는 내가 앞에서 이미 설명한 것이며, 벨도 일정한 방식으로 인정한 것이다. 그 자체로 고찰된, 선인 한에서의 선은 신의 선행하는 의지의 대상이다. 신은 자신의 구도 속에서 인정될 수 있는 만큼의 이성과 인식을 우주에 산출할 것이다. 우리는 전적으로 순수하고 원초적인 선행하는 의지와 후속적이고 최종적인 의지 사이의 중간을 생각할 수 있다. 원초적인 선행하는 의지는 모든 조합에서 분리된 각각의 선과 악을 그 자체로 대상으로 삼으며, 선을 내세우고 악을 막는 쪽으로 간다. 매개하는 의지는 선과 악이 연결될 때처럼 조합들로 향한다. 선이 악을 능가할 때, 의지는 그런 조합을 위한 일정한 경향을 가질 것이다. 하지만 결정적이고 최종적인 의지는 심사숙고의 대상이 되는 모든 선과 모든 악에 대한 고찰에서 비롯된다. 최종적 의지는 전체적 조합에서 온다. 이러한 점이 보여주는 것은, 매개하는 의지는 순수하고 원초적인 선행하는 의지의 관점에서 볼 때는 일정한 방식으로 후속적인 것으로 간주될 수 있지만, 최종적이고 결정적인 의지의 관점에서 볼 때는 선행적인 것으로 간주되어야 한다는 것이다. 신은 인류에게 이성을 제공한다. 이와 관련된 불행은 동시적으로 일어난다. 신의 순수한 선행하는 의지는 이성을 큰 선으로서 부여하고, 불행과 같은 악은 막으려 한다. 그러나 신이 우리에게 베푼 이성이라는 이 선물에 수반되는 악이 문제가 될 경우, 이성과 이 악의 조합으로 이루어진 복합체가 신의 매개하는 의지의 대상이 될 것이며, 이 매개하는 의지는 이 복합체에서 선이 우월한지 악이 우월한지에 따라 그것을 산출하거나 막으려고 할 것이다. 그런데 (내가 인정하는 사실은 아니지만) 이성이 인간들에게 선보다는 악을 더 많이 행한다면, 이 경우 신의 매개하는 의지가 그런 상황과 함께 이성을 폐기하겠지만, 설령 이성이 그렇게 한다고 해도, 이성을 인간들에게 제공하는 것은 이성이 인간들과 관련하여 가질 수 있는 모든 안 좋은 결과에도 불구하고 이 우주의 완전성에 더욱 부합했을 수 있다. 신이 할 수 있는 모든 고찰에서 비롯된 신의 최종적 의지 혹은 결정은 결과적으로 이성을 인간들에게 부여할 것이다. 또한 이 때문에 신이 비난받기는커녕, 오히려 그렇게 하지 않았을 때 신은 비난받을 것이다. 따라서 악, 혹은 악이 우세한 상태로 선과 악이 혼합된 것은 부수적으로만 일어난다. 악은 그러한 혼합과 무관한 더 큰 선과 연결되어 있기 때문이다. 따라서 그와 같은 혼합 혹은 복합체는 신이 우리에게 주는 은총이나 선물로 간주되어서는 안 된다. 그러나 거기에 섞여 있는 선은 신의 은총이나 선물로 계속 간주되어야 할 것이다. 이러한 것이 바로 이성을 오용하는 이들에게 신이 주는 이성의 선물이다. 그것은 언제나 그 자체로는 선이다. 그러나 그런 선과 이성의 남용에서 오는 악의 조합은 그 때문에 불행을 겪는 이들에게는 선이 아니다. 하지만 이러한 일은 우주와 관련해볼 때는 더 큰 선에 쓰이기 때문에 부수적으로 일어난다. 분명히 이런 점 때문에 신은 이성을 자신들의 불행의 도구로 사용한 이들에게 이성을 제공한 것이다. 혹은 나의 체계에 따라 더 정확히 말하자면, 신은 가능한 존재 가운데 이성을 남용하는 몇몇 이성적 피조물을 보고서, 그중에 세계의 가능한 최선의 구도에 포함된 피조물들을 현존하게 한 것이다. 따라서 신이 인간들의 잘못 때문에 악으로 바뀌는 선을 행한다고 인정하지 못할 이유는 전혀 없다. 이 같은 일은 인간들이 신의 은총을 남용하면서 정당한 벌을 받을 때 자주 일어난다. 알로이시우스 노바리누스[325]는 『신의 숨겨진 은혜』를 썼는데, 이것을 가지고 신의 숨겨진 벌이라는 책을 쓸 수도 있을 것이다. 몇몇 사람들에게 클라우디우스의 말이 적용될 수 있을 것이다.

그들은 자신들의 타락을 더 고되게 하려고 꼭대기에 올라갔다.[326]

그런데 사물들의 일반적 구도가 신이 그렇게 하기를 요구할 때도, 신이 악한 의지에 의해 남용될 것을 아는 그러한 선을 결코 주지 않았어야 한다고 말하거나, 바로 그 일반적 질서에 반대되는 수단일지라도 그와 같은 남용을 막기 위한 수단들을 주었어야 한다고 말하는 것은 (내가 이미 지적한 것처럼) 인간이 비난받는 일을 막기 위해 신이 비난받기를 바라는 것이다. 신의 선이 더 유용한 선물을 제공하는 다른 은인의 선보다 더 적다는 식

··

325) 알로이시우스 노바리누스(Aloysius Novarinus, 1594~1650)는 이탈리아의 신학자이자 영성적 저자다. 인용된 제목 "신의 숨겨진 은혜"는 『신적 사랑의 환희』(리옹, 1641)의 부제다.
326) 클라우디우스, 『루피누스에 반대하여』, I, 22~23. 주 217, 218 참조.

으로 논박하는 것은, 한 은인의 선은 단지 은혜를 통해서 헤아려지는 것이 아니라는 사실을 고려하지 않는 것이다. 한 서민의 선물이 한 군주의 선물보다 더 큰 경우는 쉽게 일어나는 일이지만, 이 서민의 모든 선물은 군주의 모든 선물보다 작을 것이다. 따라서 신이 행하는 선에 대한 충분한 평가는 이 선을 우주 전체와 관계시키면서 그 모든 범위를 고찰할 때 비로소 가능한 것이다. 또한 해가 될 것을 예견하고서 주는 선물은 적의 선물이라고 말할 수 있다. 적의 선물은 선물이 아니다.[327]

나의 적들은 그러한 선물을 받으리라!

하지만 이와 같은 점은 선물을 주는 이에게 악의나 죄가 있을 경우에 이해되는 일이다. 호라티우스가 이야기하는 에우트라펠루스가 사람들을 타락시킬 수단을 제공하려고 그들에게 선을 베풀 때처럼 말이다.[328] 그의 의도는 나쁜 것이었다. 그러나 신의 의도는 지금보다 더 선할 수 없다. 신의 체계를 깨뜨려야 한단 말인가? 이성을 남용하는 사람들이 있기 때문에 우주에 미와 완전성과 이성이 덜 존재해야 한단 말인가? 대중의 격언은 지금 적용될 수 있겠다. 남용이 사용을 없애지는 못한다. 죄의 기회(scandalum)가 주어졌고 그것이 받아들여졌다.[329]

120. (5) "악의가 있는 존재는 적들이 그의 훌륭한 선물을 사용하여 타락

∙∙

327) 소포클레스, 『아이아스』, 665쪽.
328) 호라티우스, 『서간시』, 제1권, 18장, 31행 이하. 에우트라펠루스는 어떤 사람을 해하기 위해 그에게 비싼 옷을 입히고 방탕하고 게으르게 하여 그를 파멸시키려고 했다.
329) "죄의 기회"는 뜻하지 않은 장애물, 악에 빠지게 하는 방해물을 의미한다.

할 수 있다는 것을 알 때 그들에게 그러한 선물을 가득 안겨줄 수 있다. 따라서 피조물들이 자유 의지를 사용하여 불행하게 될 것을 매우 확실히 알고서도 그들에게 자유 의지를 부여하는 것은 무한히 선한 존재에게 부합하는 일일 수 없다. 그러므로 무한히 선한 존재가 피조물들에게 자유 의지를 부여한다면 그는 그것을 항상 적절히 사용할 기술도 함께 주며 어떤 경우에도 그들이 그런 기술의 실천을 무시하는 것을 허용하지 않는다. 그리고 무한히 선한 존재가 자유 의지의 올바른 사용을 확고히 정할 확실한 수단이 없었다면, 이 같은 자유 의지의 능력 때문에 그들에게 불행이 닥치는 것을 감내하기보다는 오히려 이 능력을 박탈했을 것이다. 자유 의지는 무한히 선한 존재가 자신만의 선택으로 피조물들에게 부여한 은총이며 그들이 요구하지도 않은 것이기에, 이러한 점은 더더욱 명백한 것이다. 따라서 무한히 선한 존재는 피조물들이 기도로 요청할 때만 자유 의지의 능력을 부여할 때보다, 이 능력 때문에 그들이 겪는 불행에 더 큰 책임이 있을 것이다."

앞의 준칙(4)에 대한 평가의 끝부분에서 말한 점을 다시 반복해야 하며 그것으로도 현재의 준칙을 해결하기 위해서 충분하다. 게다가 이성적 피조물들의 행복이 신의 유일한 목적이라는 내용으로서 세 번째에서 제시된 거짓 준칙이 계속 전제되고 있다. 만일 신의 유일한 목적이 그러하다면, 부수적으로라도 죄와 불행은 아마도 일어나지 않을 것이며, 신은 이 모든 악이 배제된 가능한 것들의 계열을 선택했을 것이다. 그러나 신은 세계에 대한 의무, 즉 자기 자신에 대한 의무를 저버리게 될 것이다. 만일 정신만이 존재했다면 이들은 필연적 관계도 없고 시간과 공간의 질서도 없이 존재할 것이다. 시간과 공간의 질서는 물질, 운동, 운동 법칙을 요구한다. 물질, 운동, 운동 법칙을 가능한 한 최선으로 정신과 조정함으로써 우리는 이 세계를 다시 인정하게 될 것이다.[330] 사물들을 단지 대략적으로 바라볼 경우, 우리는 정확히 필요한 방식으로 일어날 수 없는 수많은 일들을 실현 가능한 것으로서 생각하게 된다. 신이 이성적 피조물들에게 자유 의지를 주지 않기를 바라는 것은 이성적 피조물들이 존재하지 않기를 바라는 것이다. 그리고 신이 이성적 피조물들이 자유 의지를 남용하는 것을 막기를 바라는 것은 오직 그들만이 그들만을 위해서 만들어진 것과 함께 존재하기를 바라는 것이다. 만일 신이 그들만을 고려했다면 분명 그들의 타락을 막을 것이다. 일정한 의미에서 신은 이성적 피조물들에게 자유 의지를 항상 제대로 사용할 기술을 부여했다고 할 수 있다. 이성의 자연적 빛이 바로 그러한 기술이기 때문이다. 제대로 행하려는 의지를 항상 가져야 할 뿐이다. 그런데 피조물들에게는 그들이 가져야 할 의지를 스스로에게 부여할 수단이 없는 경우가 자주 있다. 내가 이미 여러 번 말한 것처럼, 심지어 선한 의지를 간접적으로 부여하는 수단들을 사용할 의지가 없는 경우도 자주 있다. 이러한 결함은 인정해야 한다. 그뿐 아니라 신은 어쩌면 피조물들이 그런 결함도 면하도록 할 수 있었다고 인정해야 한다. 왜냐하면 언제나 선한 의지를 갖는 본성의 피조물이 존재하는 것을 막을 것은 하나도 없어 보이기 때문이다. 그러나 나는 피조물들이 그토록 신성에 가까워질 정도로 큰 완전성을 갖는 것은 필연적이지 않으며 실현 가능하지도 않았다고 대답하겠다. 더욱이 그러한 일은 신의 특수한 은총에 의해서나 어쩌면 가능할 것이다. 그런데 이 경우 신이 모두에게 그런 완전성을 부여하는 것이, 즉 모든 이성적 피조물에 대하여 기적적으로 행동하는 것이 적절한

∴

330) (옮긴이) 물질은 정신의 불완전성에서 비롯하는 것이다. 신은 최선의 세계를 창조하기 위해 자신보다 불완전한 무한히 많은 세계 가운데 최선을 선택할 수밖에 없었다. 그러나 이 최선의 세계도 신보다 불완전하기 때문에 불투명한 지각을 가진 정신적 존재들로 이루어졌으며, 이런 불투명성이나 혼란 혹은 외관이 바로 물질성이다.

가? 이렇게 계속적인 기적들보다 덜 합리적인 것은 없을 것이다. 피조물들에게는 등급이 있다. 이는 일반적 질서가 요구하는 것이다.[331] 보다 덜 완전한 상태, 전투와 순례의 상태, 싸우는 교회[332]와 순례자의 상태에 있을 때 선한 의지를 가진 이들에게 선의 강화라는 큰 특혜를 주는 것은 신의 통치질서에 매우 부합하는 것으로 보인다. 선한 천사들마저도 완전무결하게 창조된 것은 아니다. 물론 나는 행복하게 태어나거나 본성적으로 완전무결하고 성스러운 피조물이 없다고는 감히 확신할 수 없다. 오늘날 로마 교회에서 성모를 천사들보다 우위에 두는 만큼 그러한 특혜를 성모에게 부여하는 이들이 있을 것이다. 하지만 나로서는 우주가 매우 크고 다양하다는 것으로 충분하다. 우주를 한정하려 하면 우주에 대한 좁은 인식밖에 가질 수 없다. 그러나 (벨은 계속하여 말하기를) 신은 죄를 지을 수 있는 피조물들에게, 그들의 요청 없이도 자유 의지라는 은총을 주었다. 이러한 선물을 주는 이는 이 선물을 사용할 이들에게 그가 가져올 불행에 대하여, 그들이 기도로 요청을 할 때만 선물을 주었을 경우보다 더 책임이 있을 것이다. 그런데 기도를 요청하는 일은 신에게 아무 작용도 하지 못한다. 신은 우리에게 필요한 것이 무엇인지 우리보다 잘 알고 있다. 또한 신은 전체와 조화를 이루는 것만을 허가한다. 이 점에 대해 벨은 자유 의지가 죄를 범하는 능력에 있다고 보는 것 같다. 하지만 한편으로 그는 신과 성스러운 존재들이 그러한 능력 없이도 자유롭다는 것을 인정한다. 어쨌든 간에 신은 그의 지혜와 선이 함께 명령하는 것을 행하므로 그가 허용하는 악에 책임이 없다는 점을 나는 이미 충분하게 제시했다. 하물며 인간들도 사건을

••

331) (옮긴이) 신은 가장 풍요롭고 조화로운 세계를 창조하기 위해 무한히 많은 실체들을 각각 다르게 만들었기 때문에 그들의 선의 등급 혹은 악의 등급도 무한히 다양하다.

332) (옮긴이) 지상의 교회라는 뜻으로 천상의 교회 혹은 승리의 교회와 비교되는 의미다.

예견하든 예견하지 못하든 그들의 의무를 다할 경우에는 사건에 대해 책임이 없는 것이다.

121. (6) "한 사람이 자유롭게 목을 매는 데 사용할 것을 확실하게 알면서 그에게 명주 끈을 주는 것은 제3자를 통해 그를 비수로 찌르는 것만큼 그의 삶을 앗아가는 확실한 방법이다. 두 방식 중 끈을 주는 방식이나 다른 방식이나 모두 그의 죽음을 바라는 것이다. 더욱이 끈을 주는 방식은 더욱 악의적인 계획을 통해 그의 죽음을 원하는 것처럼 보인다. 왜냐하면 그의 타락에 대한 모든 벌과 잘못을 그에게 남기려는 것이기 때문이다."

키케로, 성 암브로시아, 흐로티위스, 오팔레니우스, 샤록, 라켈리우스, 푸펜도르프[333]나 결의론(決疑論)[334]자들처럼 의무(de officiis)에 관해 논하는 이들은 위탁물을 그 주인에게 돌려주어야 할 의무가 없는 경우가 있다고 가르친다. 예를 들어 우리는 비수를 위탁한 이가 누군가를 찔러 죽이고자 한다는 것을 알 경우에는 그 비수를 그에게 돌려주지 않을 것이다. 내 손에 멜레아그로스의 어머니가 사용하여 그를 죽게 할 운명의 장작불이 있

..

333) 성 암브로시아(주 257 참조)는 키케로의 저작의 기독교적 전위(轉位)인 『사제들의 의무론』을 썼다. — 흐로티위스에 관해서는 주 89 참조. — 오팔레니우스(Opalenius)라 불리는 우카시 오팔린스키(Lucas Opalinski, 1612~1662)는 폴란드의 작가이자 정치가로서, 1703년 쾨니히스베르크와 암스테르담에서 출간된 『의무론』의 저자다. — 로버트 샤록(Robert Sharrock, 1630~1684)은 영국의 법률가·과학자·신학자로서, 홉스에 반대하여 『자연법에 따른 의무들에 대한 윤리적 학설』(옥스퍼드, 1660)을 썼다. — 사무엘 라켈리우스(Samuel Rachelius, 1628~1691)는 독일의 도덕가·법률가로서, 키케로의 『의무론』의 편집자다. 이 편집(헬름슈테트, 1661)은 철학적·법률적 주해를 포함하고 있다. — 푸펜도르프(Pufendorf, 1632~1694)는 역사가·법률가·자연법 이론가로서, 『자연법에 따른 인간과 시민의 의무론』(룬트, 1673)의 저자다. 이 저작은 매우 자주 재출간되고 번역되었다.

334) (옮긴이) 결의론은 중세 스콜라철학에서 보편적인 도덕 법칙 및 개인의 행위, 양심에 어긋나는 경우에 적용되는 윤리학의 한 분야를 말한다.

다고 가정해보자. 또한 프로크리스를 죽이게 될 것도 모르고 케팔로스가 사용하게 될 마법의 창, 테세우스 자신의 아들인 히폴리토스를 죽게 할 테세우스의 말들이 내 손에 있다고 가정해보자.[335] 그러한 것들을 요구받을 경우, 나는 그들이 어떻게 사용할 것인지 알기 때문에 그것들을 주지 않을 권리가 있다. 그러나 그것들을 돌려주었을 경우에 일어날 안 좋은 결과들을 내가 알고 있음을 입증하지 못할 때, 능력 있는 판사가 그것들의 반환을 명령한다면 어떻게 되는가? 만일 아폴론이 카산드라에게 한 것처럼, 아무도 내 말을 믿지 않는다는 조건과 함께 나에게 예언 능력을 주었다면 어떻게 되겠는가? 계속 나를 변호하면 지게 되므로, 나는 그것들을 돌려주어야 할 것이다. 따라서 나는 악에 기여하지 않을 수 없는 것이다. 다른 비교를 보자. 주피터는 세멜레에게, 태양은 파에톤에게, 큐피드는 프시케에게, 그들이 요구할 은총을 베풀겠다고 약속한다. 이들은 스틱스를 통해 다음과 같이 맹세를 한다.

신들은 신적인 힘을 간청하고 그것을 배반할까 두려워하리라고 맹세한다.[336]

이런 맹세를 그만두게 하려고 하지만 이미 늦어서 요청의 절반이 받아

••

335) 그리스 신화에 나오는 영웅 멜레아그로스는 그의 출생 시에 타고 있던 장작불이 다 타버리면 죽게 된다는 운명을 받았다. 그의 어머니는 불을 끄고 장작을 잘 간직했으나, 후에 멜레아그로스는 말다툼 중에 어머니의 남자 형제 둘을 죽였고 어머니가 분노로 장작을 불에 넣어 태워버리자 바로 죽어버렸다. — 전설적 영웅인 케팔로스는 사냥하는 그를 몰래 따라온 질투심 많은 아내 프로크리스를 짐승으로 알고 창으로 찔러 죽였다. — 테세우스는 포세이돈의 분노에 히폴리토스를 바쳤고, 포세이돈은 바다 괴물을 보내어 히폴리토스의 말들을 놀라게 했다.
336) 베르길리우스, 『아이네이스』, 제6권, 324행.

들여졌다.

신은 말이 입에서 나오는 것을 막으려고 했지만 이미 말은 허공으로 퍼져버렸다.[337]

요청을 하고서는 쓸데없는 후회를 하며 머뭇거릴 경우, 사람들은 다음과 같이 압박하며 말할 것이다.

맹세를 지키지 않으려고 맹세를 하는 것입니까?

스틱스의 법은 침해할 수 없는 것이다. 스틱스의 법은 따라야 한다. 맹세를 하면서 따르지 않는다면, 맹세를 하지 않을 경우는 더더욱 따르지 않을 것이다. 약속은 약속을 요청하는 이에게 아무리 유해한 것일지라도 지켜져야 한다. 당신이 약속을 실행하지 않으면, 그것은 당신에게 유해하게 될 것이다. 이러한 우화들의 교훈이 암시하는 것은 최상의 필연성은 악을 받아들여야만 할 수도 있다는 것이다. 엄밀히 말하자면, 신은 악으로 전환될 수 있는 것을 주도록 그를 강제할 수 있는 다른 재판관을 인정하지 않는다. 신은 스틱스를 두려워하는 주피터[338]와는 다르다. 그러나 신의 지혜는 신이 발견할 수 있는 가장 훌륭한 재판관이다. 신의 판결은 상고의 여지가 없으며 운명의 결정인 것이다. 영원한 진리, 즉 신의 지혜의 대상은 스틱스보다 더 침해 불가능한 것이다. 이 법칙들과 이 재

⁝

337) 오비디우스, 『변신이야기』, 제3권, 295~296행.
338) 완전히 다른 이론인, 신의 영원한 진리의 창조에 대한 데카르트의 이론을 암시하는 것일 수 있다(1630년 4월 15일 메르센에게 보낸 데카르트의 편지 참조).

판관은 강제하지 않는다. 그것들은 설득을 하기 때문에 더욱 강하다. 지혜는 신의 가능한 선의 최선의 실행을 신에게 제시할 뿐이다. 그 후에 일어나는 악은 최선을 위해 필수 불가결한 귀결이다. 나는 보다 강하게 덧붙여 말하겠다. 즉 신이 허용하는 방식으로 악을 허용하는 것은 가장 큰 선이다.

신이 악을 책임진다는 것은, 신은 선하지 않았다는 것이다.

그럼에도 누군가의 타락에 대한 모든 벌과 잘못을 그 사람에게 남겨두는 것이 더욱 악의적인 일이라고 말하려면, 정신이 삐뚤어져 있어야 할 것이다. 신이 그러한 벌과 잘못을 어떤 사람에게 남겨둔다면, 그 벌과 잘못은 그가 현존하기 전에 이미 그에게 속해 있는 것이다. 즉 그 벌과 잘못은 그를 현존하게 하는 신의 결정 이전에, 아직은 순전히 가능한 상태인 그의 관념 안에 있었던 것이다. 이런 것들을 다른 이에게 남겨두거나 줄 수 있다는 말인가? 이는 더 이상 말할 필요도 없는 일이다.

122. ⑺ "진정한 은인은 신속하게 은혜를 베푼다. 그는 자신이 우선적으로 매우 쉽게, 아무 불편도 없이 나눠줄 수 있었던 것의 결핍 때문에 자신이 사랑하는 사람들이 오랫동안 불행을 겪는 것을 기다리지 않고 베풀어준다. 만일 그의 능력이 한정되어서 고통이나 다른 어떤 불편을 느끼게 하지 않고서는 선을 행할 수 없을 경우에, 그는 그 선을 행하지만(『역사와 비판 사전』, 재판의 2261쪽을 볼 것) 반드시 유감의 표시와 더불어 그렇게 한다. 그는 자신의 호의에 아무 종류의 악도 섞지 않고 자신을 유용하게 만들 수 있을 때는, 결코 그런 방식으로[339] 자신을 유용하게 만들지 않는다. 만

일 그가 겪게 할 악에서 사람들이 얻어낼 수 있는 이득이 그러한 악과 마찬가지로 전적으로 순수한 선에서도 쉽게 생길 수 있는 것이라면, 그는 악을 통해 선으로 가는 우회로가 아니라 전적으로 순수한 선으로 가는 직접적인 길을 택할 것이다. 그가 부귀와 명예를 한껏 베풀어준다면, 이는 그 부귀와 명예를 향유한 사람들이 그것들을 잃고서 오히려 쾌락에 익숙해져 있을 때보다 더 뚜렷하게 고통을 받고, 이로부터 그러한 이점을 전혀 누려보지 못했던 사람들보다 더욱 불행하게 되기를 바라기 때문이 아니다. 악의적인 존재는 자신이 가장 증오하는 이들에게 그러한 대가를 치르게 되는 선을 한껏 베풀어줄 것이다. 이 점에 대해서는 아리스토텔레스의 다음 구절을 참조하라(『수사학』, 제2권, 23장, 1399b 22~26).

예를 들어 누군가가 어떤 것을 잃고 고통받도록 우리가 그에게 그것을 주었다면, 다음과 같이 말하게 된다. 신이 많은 사람들에게 큰 성공을 가져다준 것은 호의에 의한 것이 아니라, 그들이 그렇게 성공한 것을 잃고서 더욱 분명한 불행에 빠져 고통받도록 하기 위해서다."[340]

이 모든 논박은 거의 동일한 궤변 위에 펼쳐지고 있다. 이 논박은 사실을 바꾸고 잘못 이해하고 있으며 사태에 대해 어중간하게 전하고 있을 뿐이다. 신이 인간을 배려하고 인류를 사랑하며 인류의 선을 바란다는 것만큼 참된 것도 없다. 그러나 신은 인간을 타락하도록 방치하며, 많은 경우 죽게 내버려두고, 그들에게 타락으로 바뀌는 선을 부여한다. 신이 누군가

••

339) (옮긴이) 바로 위의 문장에서 말하는 방식, 즉 불편이나 고통을 느끼게 하면서 선을 행하는 방식을 말한다.
340) 인용구는 알려지지 않은 한 비극에서 발췌된 것이다.

를 행복하게 만들 때는 많은 고통을 주고 나서다. 신의 사랑, 신의 선, 신의 능력이 도대체 어디에 있다는 것인가? 이는 핵심적인 것을 제거하고 논의 대상이 신이라는 사실을 숨긴 헛된 논박이다. 이 논박은 관리할 사람의 교육, 양육, 행복이 그들의 거의 유일한 일인데도 자신들의 의무를 무시하는 어머니, 후견인, 가정교사에 대해 말하는 것처럼 보인다. 신은 우주를 관리하고 있다. 신은 아무것도 무시하지 않으며 절대적으로 최선을 선택한다. 이런 가운데서 누군가가 악하고 불행하다면 그것은 악하고 불행한 것이 그에게 속한 것이기 때문이다. 사람들은 신이 모두에게 행복을 줄 수 있었으며, 신속하고 쉽게 아무 불편도 없이 모두에게 행복을 줄 수 있었다고 말한다. 신은 모든 것을 할 수 있기 때문이라는 것이다. 하지만 신이 그렇게 해야 하는가? 신은 그렇게 하지 않기 때문에 이는 신이 완전히 다르게 행동했어야 한다는 표시다. 이로부터 신이 유감을 가지고서 혹은 능력의 결여로 인간들을 행복하게 하지 않으며, 선을 우선적으로 그리고 악과 섞지 않고 부여하지 않는다거나, 선을 순수하게 또 진심으로 부여하려는 선한 의지가 없다는 결과를 도출해낸다고 해보자. 이는 신을 질투로 가득 찬 헤로도토스의 신[341]과 비교하거나, 아리스토텔레스가 전하고 내가 바로 앞에서 번역한 풍자시에서 시인이 말하는 악마, 즉 선을 주고서 다시 박탈함으로써 더욱 고통을 주는 악마와 비교하는 것이다. 이는 끊임없는 의인법을 통해 신을 조롱하는 것이다. 이는 신을 특정한 사건에 전적으로 매달려 있고, 단지 우리에게 알려진 대상들을 위해서만 선의 대부분을 발휘하며 능력이나 선한 의지가 부족한 인간처럼 표상하는 것이다. 신은 능력이나 선한 의지가 부족하지 않다. 신은 우리가 바라는 선을

∴

341) (옮긴이) 고대 그리스의 역사가인 헤로도토스는 신이 인간에 대해 보복할 것이라고 믿었다.

행할 수도 있을 것이다. 심지어 신은 우리가 바라는 선을 따로 떼어놓고 개별적으로 원하기도 한다. 하지만 신은 그러한 선을 그것과 대립되는 다른 더 큰 선보다 더 선호하여 원할 필요는 없다. 게다가 우리는 일반적으로 고통을 통해서만, 또한 예수 그리스도의 십자가를 짊어짐으로써만 구원에 이른다는 사실에 불평할 아무 이유도 없다. 그와 같은 악은 선택받은 이들을 그들의 주인을 모방하는 자들로 만들며 그들의 행복을 증가시켜준다.

123. ⑧ "다른 존재들의 주인인 자가 획득할 수 있는 가장 위대하고 견고한 영광은 그들의 덕, 질서, 평화, 정신의 만족을 유지시켜주는 것이다. 그가 그들의 불행에서 얻어낼 영광은 거짓 영광일 수밖에 없다."

만일 우리가 신의 나라를 있는 그대로의 모습으로 안다면, 우리는 그것이 만들어낼 수 있는 국가 중 가장 완전한 국가이며 이 국가에서는 가능한 한 최선의 법칙에 따라 덕과 행복이 군림한다는 것을 보게 될 것이다. 또한 (최상의 질서의 근거가 사물들의 본성에서 완전히 제외하기를 허용하지 않는) 죄와 불행은 이 국가에서는 선과 비교해볼 때 거의 아무것도 아니며, 오히려 더 큰 선을 위해 쓰인다는 것을 보게 될 것이다. 그러한 악이 존재했어야 했기 때문에 그 악에 종속된 몇몇 사람들이 필요하며, 우리가 바로 그 몇몇이다. 만일 그것이 우리가 아닌 다른 이들이라면, 동일한 모습의 악이 있는 것 아니겠는가? 혹은 좀 더 정확하게 말하자면, 이 다른 사람들이 바로 '우리'라고 불리는 이들이 아니겠는가? 신이 악을 더 큰 선에 사용되도록 하기 위하여 악에서 영광을 얻어냈다면, 신은 그렇게 해야 했기 때문이다. 따라서 그것은 자신의 국가를 전복하고 다시 바로잡음으로써 명예를 얻는 군주의 영광 같은 거짓 영광이 아니다.

124. (9) "다른 존재들의 주인이 덕을 위해 입증할 수 있는 가장 큰 사랑은, 그가 그렇게 할 수 있다면 덕이 악덕과 전혀 섞이지 않은 채 항상 실천되도록 하는 것이다. 자신의 국민들에게 그러한 이득을 마련해주는 것이 쉬운 일인데도, 악덕을 오랫동안 용인한 후에야 그것을 처벌할 정도로, 악덕이 고개를 들도록 허용한다면 덕에 대한 그의 사랑은 우리가 생각할 수 있는 만큼 가장 큰 것이 아니다. 따라서 그런 사랑은 무한하지 않다."

아직 19개 준칙의 절반도 다루지 않았는데, 벌써 계속 같은 점에 대해 논박하고 반박하는 일이 지겹다. 벨은 우리의 교리와 대립되는 그의 준칙이라는 것들을 불필요하게 늘려나간다. 전체로 결합되어 있는 것들이 분리되고, 부분들이 그 전체에서 분리되고, 인류가 우주에서 분리되며, 신의 속성들이 서로 분리되고, 능력이 지혜에서 분리된다면, 신은 덕을 악덕과 전혀 섞이지 않은 채 세계에 존재하게 할 수 있으며, 게다가 쉽게 그렇게 할 수 있다고 말할 수 있다. 그러나 신이 악덕을 허용했기 때문에, 악덕은 다른 모든 구도보다 더 좋은 구도로 인정된 우주의 질서가 요구한 것이라고 봐야 한다. 더 잘하는 것이 불가능하기 때문에, 다르게 하는 것이 허용되지 않는다고 판단해야 한다.[342] 이는 가정적 필연성, 도덕적 필연성이

∴

342) (옮긴이) 신이 '더 잘할 수 없다'는 생각은 신의 행동에 대한 라이프니츠의 핵심적 개념으로서 『변신론』의 이해를 위해서 매우 중요하다. 이 개념은 최하나 최악은 존재하지 않지만 최선은 존재한다는 최적률과 연결된다. 『형이상학 논고』 제3절에서 라이프니츠는 말브랑슈와 당대의 몇몇 스콜라 학자 등 "신이 행한 것은 최고로 완전한 것이 아니고 신은 훨씬 더잘 행위할 수 있었을 것이라고 감히 주장하는 많은 근대인들"을 비판한다. 이들은 신이 무엇이든 할 수 있다는 논리로 신은 항상 더 잘할 수 있다고 하는데, 라이프니츠에 따르면 이같은 논리는 신을 영광스럽지 못한 존재로 보게 된다. 만일 신이 불완전한 세계만을 만들었다면 그는 불완전한 아무 세계나 만들 수 있을 것이며 따라서 그다지 찬양할 만한 존재가 아닐 것이기 때문이다. "불완전성들은 어떻게든 무한히 낮은 단계의 불완전성에 이르기까지 가능하므로 신의 작품은, 그것이 충분하기만 하면, 신이 그것을 어떻게 만들든지 간

며, 자유와 대립되기는커녕 자유로운 선택의 결과인 것이다. **지혜로운 자는 이성에 대립되는 것을 행할 수 없다고 우리는 믿어야 한다.** 이 점에 대한 논박은 덕에 대한 신의 사랑이 우리가 생각할 수 있는 만큼 가장 큰 것이 아니며 무한하지도 않다는 것이다. 그 무엇이 되었든 간에 창조된 것에 대한 신의 사랑은 그것의 가치와 비례한다고 두 번째 준칙에 관해 말함으로써 우리는 이미 이에 대해 반박했다. 덕은 피조물들의 가장 고귀한 자질이지만 유일하게 선한 자질은 아니다. 피조물들의 선한 자질 중에는 신의 경향을 일으키는 무한히 많은 다른 것들이 있다. 이 모든 경향에서 가능한 최대의 선이 나온다. 덕만이 존재하거나 이성적 피조물만이 존재한다면 더 적은 선이 존재하게 될 것이다. 미다스는 금만을 가지고 있었을 때 덜 부유했다. 또한 지혜는 다양성을 추구해야 한다. 아무리 고귀한 것일지라도 동일한 한 가지만을 늘리는 것은 과잉이고 빈곤일 것이다. 서재에 잘 장정된 베르길리우스 책 수천 권을 놓아둔 채 카드모스와 헤르미오네에 관한 오페라 선율만을 노래하며, 금잔만을 가지려고 모든 도자기를 부수고, 다이아몬드 단추만 소유하고 자고새만 먹으며 헝가리나 시라즈의 포도주만 마시는 것을 과연 이성이라고 부르겠는가? 자연은 동물, 식물, 무기물을 필요로 했다. 이성적이지 않은 이 피조물들에게는 이성을 발휘하는 데 기여

∴

에, 보다 덜 완전한 것에 비하면 좋을 수는 있다. 그러나 그것이 그러한 방식으로 좋은 것이라면, 그것은 결코 칭찬할 만한 것은 아니다." 신이 최선만을 행해야 한다면 신의 자유가 파괴될 것이라는 반박에 대해서도 라이프니츠는 이유가 행동을 이끌되 강제적이지는 않은 최선의 것일 경우, 그 이유에 동의하는 것은 자유와 대립되는 것이 아니라고 항변한다. 신이 아무 이유 없이 행동한다면, 세계는 절대적 우연이 지배하게 될 것이고, 라이프니츠는 오히려 이러한 우연의 신이야말로 전제 군주나 폭군과 같다고 주장한다(『형이상학 논고』, 제2절). 이렇게 신이 최선의 이유를 통해 행동하지만 그 이유가 필연적이지는 않다는 관점은 『변신론』 전체를 관통하고 있다.

하는 경이로운 것들이 존재한다. 지성적이지 않은 피조물이 없었다면 이성적 피조물은 도대체 무엇을 할 것인가? 운동도 없고 물질도 없고 감각도 없다면 지성적 피조물은 무엇을 생각할 것인가? 지성적 피조물이 판명한 사유만을 가진다면, 그는 신일 것이며 그의 지혜는 한계가 없을 것이다. 이는 나의 성찰의 귀결 중 하나다. 모호한 사유들의 혼합이 있게 되면 그 즉시 감각이 있는 것이고 물질이 있는 것이다.[343] 이처럼 모호한 사유들은 지속과 연장에 따른 만물의 상호 관계에서 비롯하는 것이기 때문이다. 이런 점에서 나의 철학에서는 일정한 유기체적 육체가 없는 이성적 피조물은 없으며 물질과 전적으로 분리된 창조된 정신도 없다. 그러나 이 유기체적 육체들은 자신들이 속해 있는 정신들의 차이만큼 완전성에서 서로 차이가 난다. 따라서 신의 지혜는 물체들의 세계, 즉 지각 능력은 있으나 이성 능력은 없는 실체들의 세계를 필요로 했고, 결국 만물 중에서 전체적으로 최선의 결과를 이루어내는 것을 선택해야 했으며 그러한 와중에 악덕이 들어오는 것이기 때문에, 만일 신이 악덕을 배제했다면 신은 완전하게 선하고 완전하게 지혜롭지는 않았을 것이다.

125. (10) "악덕에 대해 나타낼 수 있는 가장 큰 증오는 매우 오랫동안 악덕이 군림하도록 내버려두고 후에 벌을 내리는 것이 아니라 악덕의 발생 전에 그것을 괴멸하는 것, 즉 악덕이 그 어디에서도 나타나지 못하게 하는 것이다. 예를 들어, 왕이 재정 문제를 철저히 감독함으로써 어떠한 공급

∴

343) (옮긴이) 앞서 밝힌 것처럼 라이프니츠의 체계에 따르면, 모나드 혹은 단순 실체들은 엄밀히 말해 비물질적 존재다. 그러나 모나드들은 투명한 지각을 신과 동급으로 갖추지 못했기 때문에, 모호한 지각 혹은 감각을 통해 외관을 지각하는 물질성을 갖는다. 결국 물질성은 모나드들의 불완전성에 기인하는 것으로, 악에 관한 형이상학적 정의와 연결된다.

횡령도 없게 하는 것은 징세 청부인들이 백성의 고혈을 빠는 것을 겪은 후에 그들을 교수형에 처하는 것보다 그들의 불의에 대해 더 큰 증오를 드러내는 일이 될 것이다."

이는 노상 되풀이되는 소리이고, 순전히 신인동형론(神人同形論)에 불과하다. 왕은 통상적으로 자기 국민들을 억압에서 벗어나게 하는 데 마음을 가장 많이 쓴다. 그의 가장 큰 관심 중 하나는 재정 문제를 잘 감독하는 것이다. 한편 악덕과 무질서를 허용해야 할 때가 있다. 큰 전쟁으로 주체할 수 없고 힘이 고갈되어 있으며 달리 선택할 장군들이 없을 경우는 브라치오나 스포르차, 발렌슈타인[344] 등 이미 자리에 있고 군사들 사이에서 권위가 높은 이들을 기용하여 해결해야 한다. 긴급한 필요 때문에 돈이 없을 경우 이미 예산을 확보하고 있는 큰 자본가들에게 도움을 청해야 하며, 동시에 그들의 공금 횡령을 묵인해야 한다. 이 같은 불행한 필연성은 대부분의 경우 앞에서 말한 오류에서 비롯한다. 그러나 신과 관련해서는 상황이 다르다. 신은 아무도 필요로 하지 않고 어떠한 오류도 범하지 않으며 항상 최선을 행한다. 그뿐만 아니라 우리가 사물들을 이해한다면, 그것들이 더 잘될 것이라고 바랄 수도 없다. 조물주가 사물들에서 발견되는 악덕을 배제하기를 원했다면 그에게 악덕이 있는 셈이 될 것이다. 이렇게 가능한 한 선을 원하고 행하며 게다가 악도 더 큰 선을 위해 쓰이는 완전한 통치의 국가를, 혼란한 일들 때문에 그대로 도망가는 군주의 국가와 비교할 수 있겠는가? 혹은 억압에 대한 체벌을 위해 억압을 촉발하고, 약자의 몰락과

344) (옮긴이) 브라치오(Braccio, 1368~1424)는 이탈리아의 용병이다. 스포르차(Sforza, 1369~1424)도 이탈리아의 용병으로 브라치오의 맹렬한 적대자이며, 저명한 이탈리아 가문의 조상이다. 발렌슈타인(Wallenstein, 1583~1634)은 체코슬로바키아 출신의 유명한 장군으로서, 오스트리아의 황제 페르디난트 2세를 위해 복무했으나 황제와 유감스러운 갈등을 겪었다.

강자의 처형을 보며 즐기는 군주의 국가와 비교할 수 있겠는가?

126. (11) "덕의 이득과 자기 국민들의 선에 충실한 주인은 그들이 결코 자신의 법을 거역하지 않도록 모든 노력을 기울인다. 그들이 자신을 거역했기 때문에 벌해야 한다면, 그는 벌을 통해 그들이 악의 경향에서 치유되고 그들의 영혼에 선을 향한 굳건하고 영속적인 성향이 다시 자리 잡도록 하며, 잘못에 대한 벌 때문에 결코 그들이 점점 더 악으로 기울기를 바라지 않는다."

신은 사람들이 더 좋은 사람이 되도록 자신이 해야 할 모든 것을 하며, 뿐만 아니라 자신이 해야 할 일의 범위 안에서 할 수 있는 모든 것을 행한다. 벌의 가장 통상적인 목적은 교정이다. 하지만 그것이 유일한 목적은 아니며 신이 자신에게 항상 제시하는 목적도 아니다. 이 점에 대해 나는 앞에서 언급했다. 인간들에게 악의 경향을 지니게 하는 원죄는 최초의 죄에 대한 단순한 벌이 아니라, 그 자연적 귀결이다. 이에 대해서도 나는 네 번째 신학 명제에 관해 지적하면서 언급했다. 예를 들어 알코올중독은 과도한 음주로 인한 벌이며, 동시에 그 자연적 귀결로서 다른 죄들로 쉽게 이어지는 것이다.

127. (12) "막을 수 있는 악을 허용하는 것은 악이 저질러지는지 그렇지 않은지 관심도 없는 것이거나, 심지어 악이 저질러지기를 바라는 것이다."

전혀 그렇지 않다. 모든 노력을 기울인다면 막을 수 있는 악을 사람들이 허용하는 일이 얼마나 있겠는가? 더 중요한 다른 걱정 때문에 그렇게 하지 못하는 것이다. 큰 전쟁으로 주체하지 못하고 있을 동안에 혼란한 화폐 제도를 바로잡을 결정을 내리는 것은 드문 일일 것이다. 영국 의회는 리스비크(Ryswyck) 평화조약을 맺기 얼마 전에 그렇게 했고, 이는 모방의 대상은 아닐지라도 칭찬의 대상일 것이다. 이로부터 국가가 그 같은 혼란에 대해 걱정하지 않거나 심지어 그것을 바란다고 결론 내릴 수 있겠는가? 신은 악을 허용할 더욱 강한 이유와, 자신에게 더욱 합당한 이유를 가지고 있다. 신은 악에서 더 큰 선을 도출해낼 뿐 아니라, 가능한 모든 선 가운데 가장 큰 선에 악을 결합시킨다. 따라서 그 악을 허용하지 않는 것은 결함일 것이다.

128. (13) "국가를 다스리는 이들이 국가에 혼란이 있는지 없는지 관심이 없는 것은 매우 큰 결함이다. 그들이 국가의 혼란을 원하고 소망한다면 결함은 더욱 커진다. 만일 그들이 은폐되고 간접적이지만 확실한 방법으로 폭동을 야기해서 국가를 거의 패망의 상태로 만든 후에, 멸망 위기의 위대한 왕국을 구원하기 위해 필요한 용기와 신중함을 가지고 있음을 보여줌으로써 영광을 획득하려고 한다면 그들은 크게 비난받을 수 있을 것이다. 그러나 국민들의 완전한 파멸을 미리 알리고, 새로운 기초 위에 수세기 동안 국민의 행복을 굳건히 하기 위해서는 폭동 외에 다른 수단이 없어서 폭동을 야기했다면, 그렇게 할 수밖에 없었던 불행한 필연성을 불평해야 하며(필연성의 힘에 관해 말한 84쪽, 86쪽, 140쪽을 볼 것) 그러한 방법을 사용한 그들을 칭찬해야 할 것이다."

이 준칙은 현재 제시되고 있는 다른 여러 준칙과 마찬가지로, 신의 국가에는 적용될 수 있는 것이 아니다. 우리에게 논박으로 제시되는 혼란은 신의 왕국에서는 매우 작은 부분일 뿐이다. 게다가 신이 악에 관심을 갖지 않는다거나, 악을 진압하는 영광을 누리려고 악을 바라거나 생겨나게 한다는 것은 거짓이다. 신은 질서와 선을 원한다. 하지만 부분에서 혼란인 것이 전체에서는 질서인 경우가 때때로 있다. 나는 이미 다음과 같은 법의 공리를 논거로 내세웠다. 법 전체를 고찰하지 않고서 판단을 내리는 것은 법과 대립되는 일이다. 악의 허용은 일종의 도덕적 필연성에서 비롯하는 것이다. 신은 그의 지혜와 선에 의해 악을 허용할 수밖에 없다. 이 같은 도덕적 필연성은 만족스러운 것인 반면, 이 준칙에서 말하는 군주의 필연성은 불행한 것이다. 이 군주의 국가는 가장 타락한 국가 중 하나다. 신의 국가는 가능한 최선의 국가다.

129. (14) "어떤 악의 허용이 용서받을 수 있는 것은 더 큰 악을 가져오지 않고서는 그것을 막을 수 없을 때뿐이다. 그러나 그 악과 그것의 제거에서 생겨날 수 있는 다른 모든 악에 대한 매우 효과적인 방지책을 가지고 있는 사람들이 악을 허용하는 것은 용서받을 수 없을 것이다."

이 준칙은 참되다. 다만 신의 국가와 대립되는 논거로 제시될 수는 없다. 최상의 이성을 통해 신은 악을 허용할 수밖에 없다. 만일 신이 절대적으로 또 모든 점에서 최선이 아닌 것을 선택한다면, 이는 그런 수단을 통해 그가 막을 수 있을 모든 개별적인 악보다 더 큰 악일 것이다. 이처럼 안 좋은 선택은 신의 지혜와 선을 파괴할 것이다.

130. (15) "무한히 능력이 있는 존재이자 물질과 정신의 창조자는 이 물질과 정신을 가지고 자신이 원하는 모든 것을 만든다. 그가 정신에 전달할 수 없는 장소나 모양은 없다. 따라서 그가 물리적 악이나 도덕적 악을 허용한다면, 그렇게 하지 않을 경우 더 큰 다른 물리적 악이나 도덕적 악을 피하는 것이 전적으로 불가능해져서 그런 것은 아닐 것이다. 은인들의 능력의 한계에 근거한, 선과 악의 혼합의 이유는 그 어느 것도 무한히 능력

있는 창조자에게 적합한 것일 수 없다."

신이 물질과 정신을 가지고 자신이 원하는 모든 걸 만든다는 것은 사실이다. 하지만 신은 대리석 덩어리를 가지고 자신이 최선이라고 판단하는 것만을 만들고, 이에 대해 제대로 판단하는 훌륭한 조각가와도 같다. 신은 물질을 가지고 가능한 모든 기계 중 가장 아름다운 것을 만들며, 정신으로는 생각 가능한 모든 국가 중 가장 아름다운 국가를 만든다. 내가 제안한 체계에 따르면, 신은 그 모든 것을 넘어서 정신의 결합을 위해 모든 조화 중 가장 완전한 조화를 확립한다. 그런데 물리적 악과 도덕적 악이 그 완전한 작품 속에서 발견되기 때문에, (이 점에 대해 벨이 확신하는 것과 반대로) 그 악들이 없었다면 더 큰 악이 전적으로 불가피했으리라고 판단해야 한다. 신이 그가 행한 것과 다른 방식으로 선택했을 경우, 그것은 신의 잘못된 선택이었을 것이며, 이것이 바로 더 큰 악일 것이다. 신이 무한히 능력 있는 존재인 것은 사실이다. 그러나 그의 능력은 결정되어 있지 않으며, 선과 지혜가 결합하여 최선을 산출하도록 능력을 결정한다. 다른 곳에서 벨은 현대 데카르트주의자들의 견해로부터 그에게 각별한 논박을 끌어내어 제시한다. 현대 데카르트주의자들은 신이 그가 원하는 사유를 영혼에 부여하면서도 물체 및 육체의 그 어떤 관계에도 영혼이 의존되지 않도록 할 수 있었다고 말한다.[345] 그러한 수단을 통해 오직 물체 및 육체의 교란에서 비롯하는 많은 악으로부터 영혼들이 보호될 것이다. 이 점에 관해서는 나중에 더 자세히 말할 것이고, 지금은 신이 잘못 조직되고 부조화로 가득 찬

.•

---

345) (옮긴이) 이 문장에서 "물체 및 육체"는 corps의 번역어다. 문맥에 따라 쉽게 번역되는 용어지만, 많은 경우에 물리학적 대상인 무기물이나 물체 그리고 유기체적 육체를 모두 지시한다. 위에서는 순수한 정신과 구분되는 물체, 육체를 모두 포함하고 있어서, "물체 및 육체"로 번역했다.

체계를 확립할 수 없다는 점을 생각하는 것으로 충분하다. 영혼들의 본성은 부분적으로는 물체들이나 육체들을 표상하는 데 있다.

131. (16) "어떤 사람이 사건을 도덕적인 방법을 통해서 일으킬 때나 물리적인 방법을 통해서 일으킬 때나, 그는 똑같이 그 사건의 원인이다. 한국가의 장관이 자신의 집무실에서 나가지 않고 당파 지도자들의 욕망을 이용하여 그들의 음모를 타파할 경우, 그는 그 당파를 힘으로 파괴하는 것과 마찬가지로 그 당파 붕괴의 원인일 것이다."

나는 이 준칙에 반대하여 말할 것이 전혀 없다. 우리는 악을 항상 도덕적 원인에 전가하며 항상 물리적 원인에 전가하지는 않는다. 이 점에 대해서 나는 만일 나 스스로 죄를 범하지 않고서는 타인의 죄를 막을 수 없다면 그의 죄를 허용하는 것이 맞으며, 그렇다고 내가 그의 죄에 가담하는 것도 아니고 그 죄의 도덕적 원인도 아닐 것이라는 사실만을 지적하겠다. 신에게서는 모든 결함은 죄일 뿐 아니라 죄 이상의 것이 될 것이다. 결함은 신성을 파괴할 것이기 때문이다. 신이 최선을 선택하지 않는다면 그것은 그에게 큰 결함이 될 것이다. 이 점에 대해서 나는 이미 여러 번 이야기했다. 따라서 신은 모든 죄보다 더 나쁜 어떤 것을 통해 죄를 막을 것이다.

132. (17) "원인이 결정될 순간들을 알고서 그 순간들을 선택함으로써 필연적 원인을 사용하거나 자유로운 원인을 사용하는 것은 완전히 똑같은 일이다. 만일 대포 화약에 불이 닿으면 이 화약이 스스로 발화되거나 발화되지 않게 할 능력이 있다고 내가 가정한다면, 그리고 대포 화약이 내일 아침 8시에 스스로 발화하고자 한다는 점을 내가 확실히 안다면, 이 시간에 내가 불을 댐으로써 그 결과의 원인이 되는 것이나, 그 원인이 필연적

원인이라는 참된 가정에서 내가 그 결과의 원인이 되는 것이나 마찬가지다. 나에게 그 원인은 더 이상 자유로운 원인이 아닐 것이기 때문이다. 나는 그 원인이 자기 자신의 선택으로 필연적인 원인이 된 것을 알 때 그 원인을 취할 것이다. 한 존재가 자신이 이미 그렇게 하도록 결정된 것과 그렇게 하도록 결정된 시간에 관해 자유롭거나 무차별하다는 것은 불가능한 일이다. 존재하는 모든 것은 그것이 존재하는 동안에 필연적으로 존재한다(존재하는 것은 그것이 존재할 때 필연적으로 존재한다. 그리고 존재하지 않는 것은 그것이 존재하지 않을 때 필연적으로 존재하지 않는다. ― 아리스토텔레스의 『해석에 관하여』, 제9장).[346] 유명론자들은 아리스토텔레스의 이러한 준칙을 채택했다. 스코터스 및 여러 스콜라 학자들은 이 준칙을 배척하는 것 같다. 그러나 근본적으로 그들의 구분은 같은 것이다. 아리스토텔레스의 이 부분에 관해서는 코임브라의 예수회 회원들의 저작을 참조할 것, 380쪽과 그 이하."

이 준칙에 관해서도 그냥 넘어갈 수 있겠다. 문장 가운데 한 가지만 바꿨으면 한다. 나는 **자유롭**다는 것과 **무차별적**이라는 것을 같은 것으로 보지 않으며, **자유롭**다는 것과 **결정된**다는 것을 대립시키지도 않을 것이다. 우리는 결코 평형의 무차별성을 통해 완벽하게 무차별적이지는 않다. 우리는 항상 한쪽보다 다른 쪽으로 더 끌리고 따라서 그쪽으로 결정되지만, 결코 우리의 선택이 필연적으로 강제되는 것은 아니다. 여기서 내가 말하는 **필연성**은 절대적이고 **형이상학적인** 필연성이다. 신, 즉 현자는 **도덕적** 필연성에 의해 최선을 향한다는 것을 인정해야 하기 때문이다. 또한 우리는 가정적 필연성에 의해 선택을 필연적으로 따르게 된다는 것도 인정해야 한다.

❖❖

346) 『해석에 관하여』, 제9장, 19, a 23~24. ― 코임브라 예수회 회원들에 관해서는 주 241 참조.

우리가 현재 선택을 하거나 심지어 이전에 선택을 했을 때, 미래의 실현 (futurition)에 대한 진리 자체에 의해 필연적으로 그 선택을 따르게 되는 것이다. 우리는 그것을 하게 될 것이기 때문이다. 이러한 가정적 필연성은 해로운 것이 아니다. 이 점에 대해서 나는 앞에서 충분히 이야기했다.

133. (18) "큰 나라의 국민들 전체가 반역죄를 저질렀을 때, 십만 분의 일을 용서하고 젖먹이들도 제외하지 않고 나머지 모두를 죽이는 것은 충분한 자비를 베푸는 것이 아니다."

여기서는 구원받은 이들보다 영겁의 벌을 받은 이들이 십만 배가 더 많으며, 세례 없이 죽은 아이들이 영겁의 벌을 받은 이들에 속한다고 가정하는 것 같다. 이 두 가정은 모두 모순되며, 특히 아이들에게 내려지는 영겁의 벌이 그렇다. 이 점에 대해서는 앞에서 말했다. 다른 곳에서 벨은 같은 논박을 강조한다(『한 관구장의 질문들에 대한 답변』, 제3권, 178장, 1223쪽). 그는 다음과 같이 말한다. "정의와 자비를 베풀고자 하는 주권자는 한 도시가 봉기했을 때 적은 수의 반란자들을 처벌하고 나머지 모두는 용서하는 데서 그쳐야 한다. 만일 벌을 받은 이들이 그가 은총을 베푼 이들과 비교하여 천 배가 많다면, 그는 어진 사람이 될 수 없고 잔인한 사람이 되기 때문이다. 만일 그가 오랜 기간의 벌을 택하고, 단지 사람들이 불행한 삶보다는 죽음을 더 바랄 것이라고 확신하기 때문에 그들을 죽이지 않으며, 거의 모든 반란자들에게 가할 벌로 공공의 선에 기여하기를 바라는 마음보다 복수를 하려는 마음이 자신의 가혹함에 더 작용한다면, 그는 틀림없이 혐오스러운 폭군으로 간주될 것이다. 사형을 당하는 범죄자들은 생명의 상실로서 충분히 자신들의 죄를 속죄한 것이기 때문에 대중은 더 이상을 요구하지 않으며, 만일 사형집행인들이 졸렬한 짓을 할 경우에는 분노를 표시할 것이다. 그들이 고의적으로 도끼질을 여러 번 한다는 것을 안다면 사람들은 그들에게 돌을 던질 것이다. 사형 집행을 참관하는 재판관들도 마찬가지다. 재판관들이 사형집행인의 그러한 못된 놀이를 즐길 뿐 아니라 그렇게 하도록 부추겼다는 혐의를 받는다면 위험을 피하지 못할 것이다."(이러한 것을 엄밀한 의미의 보편성으로 이해하면 안 된다는 점에 주의해야 한다. 1534년의 유명한 격문 사건 후에 프랑수아 1세가 이단으로 고발당한 몇몇 이들을 그렇게 죽게 한 것처럼, 어떤 범죄자들을 천천히 괴롭히며 죽이는 것을 대중이 인정하는 경우가 있다. 사람들은 여러 끔찍한 방식으로 고통을 당한 라바야크에 대해 아무런 동정심을 갖지 않았다.[347] 『프랑스의 메르쿠리우스』 제1권 455쪽과 그 이하를 보라. 피에르 마티외[348]의 『앙리 4세의 죽음에 관한 역사』도 보라. 그리고 이 군주 시해자의 고통에 대해 재판관들이 논의한 것과 관련하여 99쪽에서 피에르 마티외가 말하는 것을 잊어서는 안 될 것이다.) "마지막으로 성 바울을 모범으로 삼는 주권자들, 달리 말하면 성 바울이 영원한 죽음에 정죄하는 모든 이들을 극도의 형벌로 정죄하는 주권자들이 인류의 적이나 사회의 파괴자로 간주된다는 것은 비교 대상이 없을 만큼 유명한 사실이다. 그들의 법은 입법자들의 목적에 따라 사회를 유지하는 데 적합하기는커녕, 사회를 전체적으로 붕괴시킬 것이다.(이 점에 대해서는 소[小]플리니우스[349]가

∴

347) (옮긴이) 프랑스의 앙리 4세(재위 1589~1610)는 종교전쟁을 종식시키고 국민들에게 사랑받는 성군이었으나, 광신교도인 프랑수아 라바야크(François Ravaillac)에게 암살을 당했다. 라바야크는 팔, 다리, 머리를 각각 매단 수레를 달리게 하여 신체를 찢어 죽이는 거열형에 처해졌다.

348) 피에르 마티외(Pierre Matthieu, 1563~1621)는 프랑스의 역사가이며, 앙리 4세하의 사료 편찬가로서, 『앙리 4세의 통탄스러운 죽음의 역사』(파리, 1611)를 썼다.

349) (옮긴이) 소(小)플리나우스, 즉 가이우스 플리니우스 카이킬리우스 세쿤두스(Gaius Plinius Caecilius Secundus, 61/62~113)는 고대 로마의 문인이자 정치가다.

『서간집』제8권 22편에서 다음과 같이 말한 것을 참조할 것. 관대하여 그토록 위대한 인물인 트라세아가 자주 말한 것을 결코 잊지 말자. 악덕을 증오하는 이는 인간을 증오한다는 것을.)" 벨은 아테네의 입법가인 드라콘의 법은 모든 죄를 극도의 형벌로 처벌했기 때문에 잉크로 쓴 것이 아니라 피로 쓴 것이라고 일컬어졌으며, 영겁의 벌은 죽음보다도 무한히 더 큰 형벌이라고 덧붙인다. 그러나 영겁의 벌은 죄의 귀결이라는 점을 생각해야 한다. 또한 나는 영원한 벌과 제한적 범죄 사이에 존재하는 불균형을 내세우며 내게 논박한 친구에게, 벌의 연속이 죄의 연속에 대한 귀결일 경우는 불의가 아니라고 대답했었다. 이 점에 대해서는 후에 더 이야기할 것이다. 영겁의 벌을 받은 이들에 관해 말하자면, 그 수가 구원받은 이들의 수보다 비교할 수 없을 정도로 많다고 해도, 우주에는 행복한 피조물이 불행한 피조물보다 무한히 더 많다는 사실이 바뀌지는 않을 것이다. 반역자의 우두머리만을 처벌하는 군주나 군대를 대량으로 학살하는 장군의 예도 여기서 중대한 것이 아니다. 죄인들이 악의적이라고 할지라도, 그들을 용서하는 것이 군주와 장군에게 진정으로 이득이 되기 때문이다. 신은 좋은 사람이 되어가는 이들만을 용서한다. 신은 그들을 식별해낼 수 있으며, 이런 엄격함은 완전한 정의(正義)와 더욱 부합한다. 그러나 신이 왜 회개의 은총을 모두에게 주지 않느냐고 묻는다면, 이는 현재 다루고 있는 준칙과는 아무 관계도 없는 다른 문제에 빠지는 것이다. 이 점에 대해서 나는 이미 일정한 방식으로 답을 했는데, 그것은 신이 가진 이유들을 발견하기 위해서가 아니라, 신은 이유들이 없을 수 없으며 이 이유들에 대립될 수 있는 타당한 이유들은 없다는 것을 제시하기 위해서였다. 게다가 다른 이들에게 공포를 주기 위해 도시 전체를 파괴하고 주민들을 죽이는 경우가 때때로 있음을 우리는 알고 있다. 이러한 것은 큰 전쟁이나 폭동을 단축시키기 위한 것이며, 피를 흘림으로써 피를 막는 것이다. 이는 결코 대량 학살이 아니다. 우리는 지구의 악인들이 그토록 엄격하게 벌을 받는 것이 다른 행성의 주민들을 겁주고 개선하기 위한 것인지 진정으로 확신할 수 없다. 우리는 신국(神國)의 범위도 모르고 정신들이 속한 국가 전체의 형태도 모르며 물체들 및 육체들의 모든 구조도 모르기 때문에 우리에게는 알려지지 않은 보편적 조화의 다른 원인들이 충분히 동일한 결과를 낳을 수도 있는 것이다.

134. (19) "환자를 치유할 수 있고 그가 기꺼이 먹을 것이라고 매우 확신하는 많은 치료약 가운데 환자가 먹지 않을 것을 정확히 아는 약을 의사들이 선택한다면, 비록 그들이 환자에게 그 치료책을 거부하지 말라고 충고하고 요청한다고 해도 이는 이 의사들이 환자를 치료할 마음이 전혀 없다고 여길 만한 정당한 이유가 될 것이다. 만일 의사가 환자를 치료하기를 바랐다면, 환자가 기꺼이 먹고자 할 것을 아는 좋은 약 중 하나를 선택할 것이기 때문이다. 자신이 제공하는 약을 환자가 거부할 경우 병이 치명적으로 악화된다는 것을 안다면, 이 의사는 모든 충고를 하면서도 환자의 죽음을 바란다고 우리는 말하지 않을 수 없는 것이다."

신은 모든 인간들을 구원하기를 바란다. 이것이 의미하는 바는 인간들이 스스로 신을 막지 않고 신의 은총을 받기를 거부하지 않는다면 신이 그들을 구원하리라는 것이다. 신은 그들의 악한 의지를 언제나 이성을 통해 극복할 의무도 경향도 없다. 그럼에도 신은 때때로 그렇게 하는데, 이는 상위의 근거가 그것을 허용하거나, 자신의 모든 근거에서 비롯하는 후속적인 혹은 결정하는 의지가 그를 일정한 수의 인간들을 선택하도록 결정할 때 그렇게 하는 것이다. 신은 모두에게 회개와 인내를 위한 도움을 제공한다. 그러한 도움은 선한 의지를 가진 이들에게는 충분한 것이지만, 선한 의지를 부여하기에 항상 충분한 것은 아니다. 인간들은 특수한 도움을 통해서나 일반적 도움을 성공하게 하는 환경을 통해서 그 같은 선한 의지를 획득한다. 신은 자신이 제공할 치료책을 사람들이 거부할 것이고 그리하여 죄가 더 커질 것을 알지만, 그 치료책을 제공하지 않을 수 없다. 그러나 인간의 범죄를 줄이기 위해 신이 정의롭지 않기를 바라겠는가? 더군다나 어떤 이에게 도움이 될 수 없는 은총들은 다른 이에게는 도움이 되며, 그것들은 생각할 수 있는 최선의 신의 구도 전체에는 항상 도움이 된다. 비 때문에 시달릴 저지대가 있다고 해서 신이 비를 내리지 말아야 하는가? 태양 때문에 너무 메마를 곳이 있다고 해서 전체를 위해 필요한 만큼 햇빛을 비추지 말아야 하는가? 마지막으로 벨이 지금까지 제시한 준칙에서 말하는 의사, 은인, 국가의 장관, 군주에 관한 모든 비유에는 큰 결함이 있다. 그들의 의무는 잘 알려져 있으며, 그들이 관리할 수 있고 또 관리해야 하는 대상도 알려져 있기 때문이다. 그들은 거의 한 가지 일만을 맡고 있고, 게으름이나 악의 때문에 자주 그 일을 하지 않는다. 신의 목적은 무한한 어떤 것이며, 신이 맡은 일은 우주를 포괄하고 있다. 신의 목적에 대해 우리가 아는 것은 거의 아무것도 없다. 그런데 우리는 신의 지혜와 선을 우리의 인식으로 헤아리기를 원하니, 이는 얼마나 경솔한 짓이며, 더 나아가 부조리한 짓인가! 논박은 전제가 잘못되어 있다. 사실을 모르고서 법에 대해 판결을 내리는 것은 어리석은 일이다. 성 바울과 함께 **신의 풍부함과 지혜의 심오함이여**[350]라고 말하는 것은 이성을 포기하는 것이 아니라, 오히려 우리가 알고 있는 근거들을 사용하는 것이다. 그것들은 바울이 말하는 신의 광대함을 우리에게 알려주기 때문이다. 그러나 이는 사실들에 관

∴

350) 「로마서」 11:33.

한 우리의 무지를 고백하는 것이지만, 신이 자신의 행동을 조정하는 무한한 지혜에 따라 가능한 한 최선으로 모든 것을 행한다는 것을 보기 전에 이미 인정하는 것이다. 신의 작품 가운데 전체적인 것, 그 자체로 완성된 것, 어떻게 말하자면 독립되어 있는 것을 볼 때 우리는 이미 그 증거와 견본들을 가지고 있는 것이 사실이다. 그러한 전체, 어떻게 말하자면 신의 손으로 만들어진 전체는 식물, 동물, 인간이다. 이 전체의 구조가 지닌 아름다움과 기술은 아무리 감탄해도 부족한 것이다. 그러나 깨진 뼈나 동물들의 살점, 식물의 잔가지는 탁월한 해부학자가 관찰하지 않는 한 무질서하게만 보일 것이다. 하물며 그 탁월한 학자도 전체에 붙은 비슷한 조각들을 이전에 보지 못했다면 아무것도 식별해내지 못할 것이다. 신의 국가에 관해서도 마찬가지다. 신의 국가에 대해 우리가 현재까지 볼 수 있는 것은 전체의 미와 질서를 식별할 정도로 큰 조각이 아니다. 따라서 사물들의 본성 자체는 우리가 현세에서 아직 보지 못하고 있는 신국의 질서가 우리의 신앙과 희망 그리고 신에 대한 신뢰의 대상임을 나타내고 있는 것이다. 이에 대해 다르게 판단하는 이들이 있다면, 그들에게는 안타까운 일이지만 어쩔 수 없다. 그들은 군주들 중에서도 가장 위대하고 가장 선한 군주의 국가에서 불평을 하는 이들이다. 신은 자신이 감탄할 만한 존재일 뿐 아니라 다른 모든 것들보다 사랑할 만한 존재임을 알려주기 위하여 자신의 지혜와 무한한 선의 견본을 그들에게 주었는데, 그들은 거기서 이익을 취하지 못하는 잘못을 범하고 있는 것이다.

135. 나는 우리가 방금까지 고찰한 벨의 19개 준칙에 포함된 모든 것 가운데 필요한 답이 주어지지 않은 것은 아무것도 없다는 사실이 드러나리라고 희망한다. 벨이 이 주제에 관해 이전에 자주 성찰을 하고서, 도덕적

악의 도덕적 원인과 관련하여 자신이 가장 강력하게 믿었던 것을 이 19개 준칙에 포함시킨 듯하다. 그런데 아직도 그의 저작들에는 이 주제와 관련하여 침묵하고 넘어가지 않아야 마땅한 여러 부분들이 여기저기서 나타난다. 벨은 자신이 생각하기에 죄의 혐의에서 신을 보호하기 힘든 점을 매우 자주 과장한다. 벨은 몰리나가 예지(豫知, préscience)와 자유 의지는 조화시켰지만, 결코 신의 선과 성스러움을 죄와 조화시키지는 못했다고 지적한다(『한 관구장의 질문들에 대한 답변』, 제161장, 1024쪽). 벨은 피스카토르[351]가 그렇게 했다고 주장하듯이, 모든 것이 결국은 신의 의지에 달려 있다고 솔직하게 인정하는 이들, 뿐만 아니라 신이 죄의 주모자이고 무고한 사람들을 정죄할 때도 신은 계속하여 정의롭다고 주장하는 이들의 진정성을 칭찬한다. 다른 한편으로 혹은 다른 곳에서 벨은 플루타르코스가 스토아주의자들에 반대하여 쓴 책에서 그렇게 하듯이,[352] 신의 위대함을 희생시키고도 신의 선을 확보하는 이들의 견해에 더욱 갈채를 보내는 것 같다. 그는 이렇게 말한다. "무수히 많은 부분들, 혹은 무한한 공간을 아무렇게나 날아다니는 원자들이 힘에서 주피터의 나약함보다 우세한바, 주피터의 뜻을 거스르고 그의 본성과 의지에 대립하여 악하고 부조리한 많은 일을 행했다고 에피쿠로스주의자들과 함께 말하는 것이 모든 혼란과 악의 주모자가 주피터라고 인정하는 것보다는 합리적인 일이다." 스토아주의자들이나 에피쿠로스주의자들의 양쪽 진영에 대해 모두 말해질 수 있는 것 때문에, 벨은 자신이 진실로 순종하겠다고 고백하는 신앙이 아닌 이성에 대해서는 피론주의자들의 에페케인(epekein) 즉 판단 중지로 기운 것 같다.

∵

351) 피스카토르(Piscator, 1546~1625)는 개신교 신학자로서 성서의 번역가, 해석가다.
352) 플루타르코스, 『공통개념들, 스토아주의자들에 반대하여』, 제34장.

136. 그런데 논의를 이어가면서 벨은 3세기 기독교의 페르시아 이단자인 마니를 추종하는 이들의 견해나, 7세기 아르메니아에서 마니교주의자들의 지도자였고 그들이 **파울주의자**라는 이름을 갖는 연유가 된 파울이라는 인물의 견해를 거의 부활시키고 강화하고자 하는 데까지 이르렀다.[353] 이 모든 이단들은 조로아스터라는 이름으로 알려진 북아시아의 고대 철학자가 가르친 것을 쇄신했다. 사람들이 전하는 바에 따르면, 조로아스터는 만물의 지성적 원리가 둘이 있어서 하나는 선하고 다른 하나는 악하다고 가르쳤다. 이 이론은 아마도 인도인들에게서 온 것이다. 그들 중 아직도 많은 사람들은 무지와 인간적 미신을 압도하기에 매우 적합한 이 오류에 매여 있다. 심지어 아메리카의 많은 야만 민족들도 철학자를 필요로 하지 않고 이 이론을 따랐으니 말이다. 헬몰트[354]에 따르면 슬라브인들에게는 자신들의 체르네보그(Zernebog), 즉 검은 신이 있었다. 그토록 현명해 보이는 그리스인과 로마인에게도 베조비스(Vejovis)나 플루톤이라고 다르게 불린 안티 주피터(Anti-Jupiter) 및 다른 악의적인 신들이 있었다. 네메시스 여신은 너무 행복한 존재들을 깎아내리기를 즐겼다. 헤로도토스는 모든 신은 질투를 한다고 믿었다고 몇몇 곳에서 암시했지만, 이는 두 원리의 이론과 일치하지 않는 것이다.

137. 플루타르코스는 자신의 책 『이시스와 오시리스에 관하여』에서 두

∴

---

353) 마니교의 창시자인 마네스(Manes) 혹은 마니(Mani). 주 27 참조. 파울(Paul de Samosate, 272년 이후 사망)은 그리스도의 신성을 부정했던 이단이다. 그의 추종자들 혹은 파울주의자들은 7세기에 번성했다.

354) 헬몰트(Helmold)는 12세기의 연대기 작가다. 그는 자신의 연대기 제1장 52절에서 검은 신, 즉 악의 신 체르네보그에 대해 말했다.

원리를 가르친 이들 가운데 자신이 마술사라고 부르는 조로아스터보다 더 오래된 사람은 없다고 전한다. 트로구스[355]나 유스티누스는 조로아스터를 니누스나 세미라미스가 싸워 이긴 박트리아인들의 왕으로 본다.[356] 트로구스는 천문학 지식과 마술의 발명을 조로아스터에게 귀속시킨다. 그러나 그 마술은 불의 숭배자들에게는 종교였던 것 같으며, 조로아스터는 빛과 열을 선한 원리로 간주한 것 같다. 하지만 조로아스터는 여기에 악한 원리, 즉 어둠, 암흑, 차가움을 덧붙였다. 플리니우스는 조로아스터의 책들에 대한 해석가인 헤르미페라는 사람의 증언을 보고하는데, 헤르미페는 조로아스터가 마술 기술을 아조나쿠스에게서 배웠다고 간주한다. 헤르미페가 그렇게 본 것은 오로마즈라는 이름이 아조나쿠스로 잘못 전해진 것이기 때문이다. 오로마즈에 대해서 우리는 잠시 후에 말할 것이다. 플라톤은 『알키비아데스』에서 오로마즈를 조로아스터의 아버지로 간주한다.[357] 현대 동양인들은 그리스인들이 조로아스터라고 부르는 이를 제르두스트[358]라고 부른다. 사람들은 조로아스터를 메르쿠리우스와 동일하게 보기도 하는데, 이는 수요일(mercredi)이 몇몇 민족들에게는 조로아스터로부터 그 이름을 취하기 때문이다. 조로아스터의 역사와 그가 살았던 시기를 해명하는 것

••

355) 폼페이우스 트로구스(Pompeius Trogus)는 아우구스투스 황제 시대의 역사가다. 그가 쓴 『보편적 역사』는 안토니누스 황제 시대에 활약한 역사가인 유스티누스(Justinus)에 의한 요약본만이 남아 있다.

356) (옮긴이) 니누스(Ninus)는 일반적으로 니네베(Nineveh)의 창건자로 알려져 있고, 세미라미스(Semiramis)는 박트리아(Bactria)를 포위할 때 니누스와 만난 그의 장교 오네스의 아내다. 박트리아는 현재의 아프가니스탄 북부에 존재했던 고대 왕국이다.

357) 플리니우스, 『자연사』, 제30권, 2장. — 헤르미페(Hermippe)는 기원전 3세기 알렉산드리아의 전기 작가로, 그리스 철학과 동양의 지혜의 관계에 대해 관심을 두었다. — 플라톤, 『알키비아데스 1』, 122 a.

358) (옮긴이) 조로아스터에 대한 쿠르드어.

은 어려운 일이다. 수이다스에 따르면, 조로아스터는 트로이의 점령보다 500년 이전의 사람이다. 플리니우스와 플루타르코스에 따르면, 고대인들은 이보다 열 배나 더 오래되었다고 말한다. 디오게네스 라에르티오스의 서문에 따르면, 리디아의 크산토스[359]는 조로아스터를 크세르크세스[360]의 원정보다 단지 600년 앞선 것으로 간주한다. 벨이 지적하는 것처럼, 플라톤은 『알키비아데스』에서 조로아스터의 마술은 종교 연구와 다른 것이 아니라고 단언한다. 하이드[361]는 고대 페르시아의 종교에 관한 자신의 책에서 조로아스터의 마술을 정당화하며, 불경의 죄뿐 아니라 우상숭배의 죄에서도 그의 마술을 사면하려고 한다. 불의 숭배는 페르시아인들과 칼데아인들에게 수용되었다.[362] 아브라함은 칼데아의 우르를 나오면서 불의 숭배를 중지한 것으로 여겨진다. 미트라는 태양이었고 또한 페르시아인들의 신이었다. 오비디우스의 보고에 따르면, 사람들은 미트라에게 제물로 말을 바쳤다.

  페르시아는 빛의 왕관을 쓴 히페리온에게 말을 제물로 바친다. 그리하여 생명력 있는 이 신에게는 느린 제물이 바쳐지지 않는다.[363]

∴

359) 10세기 말경에 쓰인 수다(Souda)라고 불리는 그리스의 용어 사전은 오랫동안 수이다스(Suidas)라는 불확실한 이름으로 지칭되었다. — 리디아의 크산토스(Xanthos)는 기원전 5세기 이오니아의 역사학자다(디오게네스 라에르티오스[Diogenēs Lāertios], 『고대 그리스 철학자의 생활과 의견 및 저작 목록』, 서문 2장 참조).
360) (옮긴이) 크세르크세스(Xerxēs)는 고대 페르시아 제국 왕의 이름을 표기한 그리스어다.
361) 토머스 하이드(Thomas Hyde, 1636~1703)는 영국의 동양학자로, 주저는 『고대 페르시아인의 종교의 역사』(옥스퍼드, 1700)이다.
362) (옮긴이) '칼데아'는 우르 근처 바빌로니아 지방의 그리스식 표기다. 바빌론의 11번째 왕조(기원전 6세기)는 전통적으로 칼데아 왕조라 알려져 있다.
363) 오비디우스, 『달력』, I, 385~386행.

그러나 하이드는 페르시아인들이 단지 신성의 상징으로서 태양과 불을 숭배했다고 생각한다. 다른 곳에서처럼, 아마도 현자와 군중을 구분해야 할 것이다. 페르세폴리스나 40개의 기둥이라는 뜻의 츠켈미나르(Tschelminaar)의 훌륭한 폐허 유적지에는 페르시아인들의 의식(儀式)을 조각으로 표현해놓은 것들이 있다. 네덜란드의 한 대사는 화가를 고용해 많은 비용을 대고 긴 시간을 들여 그것들을 그리게 했다. 그가 이에 대해 보고하는 바에 따르면, 그 그림들은 여행으로 유명한 샤르댕[364]의 손에 들어왔는데, 나는 어떠한 연유로 그렇게 된 것인지 모르겠다. 그 그림들이 소실된다면 그것은 안타까운 일일 것이다. 이 폐허는 지상에서 가장 오래되고 가장 아름다운 유적 가운데 하나다. 나는 우리 시대만큼 호기심이 많은 시대에 이에 대한 호기심이 별로 없다는 점을 의아하게 생각한다.

138. 고대 그리스인과 현대 동양인들은 조로아스터가 선한 신을 오로마제스(Oromazes)로 부르거나, 좀 더 정확히는 오로마스데스(Oromasdes)로 부르고, 악한 신은 아리마니우스(Arimanius)로 불렀다고 한결같이 말한다. 북아시아의 위대한 군주들이 호르미스다스(Hormisdas)라는 이름을 가졌고 이르민(Irmin)이나 헤르민(Hermin)은 켈트 스키티아족, 즉 게르만족의 신이나 고대 영웅들의 이름이었음을 고찰하고서 내가 생각하게 된 것은 이 아리마니우스나 이르민이 서양에서 온 매우 오래되고 위대한 군주였을 것이라는 사실이다. 동양에서 온 칭기즈칸(Chingis-chan)과 티무르(Tamerlan, 또는 타메를란)가 그랬던 것처럼 말이다. 따라서 아리만은 알라

⁘

364) 샤르댕(Chardin, 1643~1713)은 저명한 여행가로서, 그림으로 꾸민 그의 이야기는 1711년에 출간되었다.

290

니족[365])과 마사게타이족[366])을 통해 북부 서양, 즉 게르마니아와 사르마티아[367])에서 와서 북아시아의 위대한 군주인 호르미스다스의 국가들 사이에 갑자기 출현했을 것이다. 헤로도토스가 전하듯이, 다른 스키타이족들이 메디아 왕국의 키악사레스 왕의 시대부터 그렇게 했던 것처럼 말이다.[368]) 문명화된 민족들을 통치하고 야만족으로부터 이들을 보호하고자 하는 군주는 후에 이 민족들에게 선한 신으로 간주되었을 것이다. 그러나 약탈자들의 우두머리는 악한 원리의 상징이 되었을 것이다. 이보다 자연스러운 일은 없다. 이 신화 자체에 따르면, 선하고 악한 두 원리가 오랫동안 싸웠으나 그중 하나가 승자가 되지는 못한 것 같다. 그리하여 조로아스터에게 귀속된 가설에 따르면, 두 원리가 세계의 지배권을 나누어 갖는 식으로 둘 모두가 유지되었던 것이다.

139. 게르만족의 고대 신이나 영웅이 헤르만(Herman), 아리만(Ariman) 혹은 이르민(Irmin)으로 불렸다는 점을 입증해야 할 일이 남아 있다. 타키투스의 보고에 따르면 게르마니아[369])를 구성하는 세 종족인 인게본, 이스테본, 헤르미논 혹은 헤르미온은 만누스의 세 아들 이름을 딴 것이다. 그

..

365) (옮긴이) 알라니족(Alani) 또는 알란족(Alans)은 흑해 연안 북동쪽에서 기원한 이란계 유목 민족이다.
366) (옮긴이) 마사게타이족(Massagetae)은 중앙아시아의 고대 부족이다.
367) (옮긴이) 사르마티아(Sarmatia)는 카르파티아 산맥과 비슬라 강 동쪽의 흑해 및 카스피 해 북쪽 해안에 걸쳐 사르마트인이 고유의 문화를 형성한 지역이다.
368) (옮긴이) 스키타이 혹은 스키타이족(Scythian)은 이란 지역의 유목민족이었다. 그 이름은 헤로도토스에 의하면 스콜로토이(Skolotoi)에서 유래한다. 소그디아라고도 한다. 스키타이족은 기원전 7세기경부터 남러시아와 우크라이나에서 드네프르 강에 이르는 지역에 퍼져 살았다.
369) 『게르마니아』, 제2장.

것이 사실인지 아닌지는 모르겠으나, 타키투스는 헤르민(Hermin)이라 불리는 영웅이 존재한다고 알리고자 했고, 헤르민에서 헤르미논의 이름이 정해졌다고 전해진 것이다. 헤르미논, 헤르메네르(Hermenner), 헤르문두리(Hermunduri)는 모두 같은 것이며 군인을 의미한다. 암흑시대에 아리마니(Arimanni)[370]는 아직도 **병사들**(viri militares)의 의미였고, 롬바르디아 법에는 **아리마니 봉토**(feudum Arimandiae)에 관한 것이 있다.

140. 다른 곳에서 나는 게르마니아의 한 부분의 이름이 전체의 이름이 된 것 같으며, 헤르미온이나 헤르문두리에 속하는 모든 튜튼족들은 헤르마니(Hermanni)나 게르마니(Germani)로 불렸다는 점을 밝혔다. 이 두 단어는 유성음의 강도에서만 차이가 나기 때문이다. 이는 라틴족들의 게르마니(Germani)와 스페인인들의 헤르마노스(Hermanos)에서, 혹은 라틴 족들의 감마루스(Gammarus)와 중세 독일인들의 훔머(Hummer)(즉, 바닷가재)의 첫 글자가 차이 나는 것과 같다. 모든 게르만인이 프랑스인들에게 독일인이라고 불린 것처럼, 한 나라의 일부분이 나라 전체의 이름이 되는 것은 매우 통상적인 일이다. 그러나 이 이름은 고대의 어법에 따르면, 슈바벤 사람들과 스위스인들에게만 해당되는 것이다. 타키투스는 비록 게르만족들의 이름의 기원을 몰랐지만, 게르만이라는 단어가 **불안 때문에**(ob metum) 취해지거나 주어진 것으로서 공포를 주는 이름임을 지적함으로써, 나의 견해에 도움이 되는 어떤 점을 말했다. 즉 이 단어는 전사

⁘

370) 아리마니는 군주로부터 보호를 받고, 복무한 대가로 왕의 영토에 정착한 일종의 자유 군인이었다. 「중세 전기의 개인적 자유와 아리마니의 문제」(『중세』, I, 1967, 127~144쪽)에서 피에르 투베르(Pierre Toubert)가 제대로 설명하고자 한 것처럼, 아리마니의 위상은 이탈리아 중세 전기의 사료 편찬에서 아직도 매우 논란이 되는 문제들 중 하나다.

(guerrier)를 의미한다. 헤어(Heer), 하리(Hari)는 군대를 뜻하며, 이로부터 하리반(Hariban) 혹은 고함소리(clameur de haro), 즉 군대에 모두가 모이라는 명령의 뜻이 유래한 것이다. 이 말은 소집령(arrière-ban)으로 변질되기도 했다. 이렇게 하리만(Hariman), 아리만(Ariman), 게르만(German), 게르만(Guerreman)은 군인이다. 하리(Hari), 헤어(Heer)가 군대인바, 베르(Wehr)는 무기를 뜻하며 베렌(wehren)은 '싸우다', '전쟁을 하다'를 뜻하기 때문이다. 전쟁(guerre, guerra)이라는 단어도 분명 기원이 같을 것이다. 나는 이미 아리마니 봉토(feudum Arimandiae)에 대해 말했는데, 헤르미온이나 게르만은 다른 뜻이 아니며, 고대 만누스의 아들이라고 하는 헤르만이 이 이름을 가지게 된 것도 사람들이 그를 탁월한 전사로 부르고자 했기 때문일 것이다.

141. 그런데 이 고대의 신이나 영웅을 우리에게 알려주는 것은 단지 타키투스의 구절만이 아니다. 이런 민족들 가운데 헤르만이라는 이름의 민족이 있었다는 것은 의심의 여지가 없다. 샤를마뉴 대제가 헤르만 신의 영광을 위해 세워진 이르민술(Irmin-sul)이라 불리는 기둥을 베저 강 근처에서 발견하고 파괴했기 때문이다. 이러한 점과 타키투스의 구절을 결합하여 판단해보면, 헤르만에 대한 숭배는 로마인들의 적인 유명한 아르미니우스[371]가 아니라 더 위대하고 더 오랜 영웅과 관계된다. 아르미니우스는 오늘날 헤르만이라는 이름의 이들이 그런 것처럼, 동일한 이름을 가지고 있었다. 아르미니우스는 하물며 그보다 한참 후에 케루스키[372] 지방에

∵

371) 게르만의 족장으로 바루스(Varus)의 군대를 격퇴했으며, 서기 15년에 게르마니쿠스(Germanicus)에게 패배했다.
372) (옮긴이) 케루스키(Cherusci)는 고대 로마 시대에 베저 강 유역에 위치했던 강력한 게르만 국가다.

온 색슨족과 같이 먼 곳의 민족들에게도, 공적인 숭배의 명예를 얻을 정도로 위대하지도 탁월하지도 알려지지도 않았다. 우리의 아르미니우스가 아시아인들에게 악한 신으로 간주되었다는 사실은 나의 견해를 더더욱 확실하게 해주는 것이다. 이러한 종류의 문제에서 여러 추정들은 그 근거들이 하나의 동일한 목표를 향할 때는 논리적 악순환 없이 상호 확증되기 때문이다.

142. 그리스인들의 헤르메스(즉 메르쿠리우스)가 그 헤르민 혹은 아리만이라는 것은 불가능한 일이 아니다. 헤르메스는 자기 나라 사람들 가운데 기술과 보다 문명화된 생활을 고안해내거나 촉진시킨 사람이었을 수 있다. 그의 적들에게는 혼란을 일으킨 이로 간주되었겠지만 그가 지배했던 국가들에서는 그러한 사람이었을 수 있는 것이다. 스키티아족이 세소스트리스[373]를 추적하여 이집트 근처까지 왔던 것처럼, 헤르메스가 이집트에 왔었는지 어떻게 알겠는가? 테우트(Theut), 메네스(Menes), 헤르메스(Hermes)는 이집트에서 유명했고 추앙받았다. 이들은 타키투스가 제시하는 계보에 따라, 투이스콘(Tuiscon), 그의 아들 만누스(Mannus), 만누스의 아들인 헤르만(Herman)일 수 있다. 메네스는 이집트인들의 가장 오래된 왕으로 간주되고 있으며, 테우트는 이집트인들이 메르쿠리우스를 부르는 다른 이름이었다. 적어도 테우트와 투이스콘은 타키투스에 따르면 게르만족이 그 후손이고, 테우톤(Teutons)과 투이취(Tuitsche, 즉 게르만족)가 그 이름을 지금도 간직하고 있으며, 갈리아족이 숭배한다고 루카누스[374]가 생각

••

---

373) (옮긴이) 세소스트리스(Sesostris)는 고대 이집트의 왕이다.
374) 마르쿠스 안나에우스 루카누스(Marcus Annaeus Lucanus, 39~65), 『내란기』, 제1권, 444
    행(주 376 본문 참조). ― 카이사르, 『갈리아 전기』, 제6권, 18절, 1행.

했던 테우타테스와 같다. 카이사르는 테우타테스의 라틴어 이름이 고대에
는 인간, 그리고 탁월한 사람(남작[baron]이라는 단어와 같이), 끝으로 군주
를 의미했던 테우트(Teut), 티에트(Thiet), 티탄(Titan), 테오돈(Theodon)의 이
름과 유사하여 그것을 플루톤으로 간주했다. 이 모든 뜻에 대한 여러 권위
있는 근거가 있으나 지금 다룰 내용은 아니다. 여러 학식 있는 글로 유명
하며 아직도 출간할 원고가 많은 오토 스펠링[375]은 한 논문에서 켈트족의
신(神)인 이 테우타테스에 대해 전면적으로 탐구했다. 이에 대해 내가 그에
게 전한 몇몇 논평은 그의 답과 함께 《발트 해의 문학 소식》에 실렸다. 그
는 다음의 루카누스의 구절을 나와는 조금 다르게 이해한다.

잔인한 제단의 테우타테스와 권능 있는 헤수스여, 스키티아의 다이아나의 제단
만큼 잔혹한 제단의 타라미스여.[376]

헤수스(Hesus)는 전쟁의 신이었던 것 같으며, 헤수스를 그리스인들은
아레스(Arês)로 불렀고 고대 게르만인들은 에리히(Erich)라고 불렀다. 에
리히로부터 아직도 화요일을 뜻하는 에리히탁(Erich-tag)이 남아 있는 것
이다. R자와 S자는 같은 기관에서 나오며, 서로 쉽게 바뀐다. 예를 들어,
Moor와 Moos, Geren과 Gescht, Er war와 Er was, Fer, Hierro, Eiron,
Eisen이 그렇다. 마찬가지로 고대 로마인들에게는 Papirius, Valerius,

..

375) 오토 스펠링(Otto Sperling, 1634~1715)은 고대 스칸디나비아에 관한 고전학자, 역사가다.
「고대 갈리아인들의 기원, 디스(Dis), 즉 게르만 족들과 북부 사람들의 후손」이라는 그의
논문은 1699년 6월의 『발트 해의 문학 소식』에 게재되었다. 8월 판에는 라이프니츠의 의견
이 실렸고, 12월 판에 스펠링의 답변이 실렸다.
376) 『내란기』, 제1권, 444~445행.

Furius 대신에 Papisius, Valesius, Fusius를 썼다. 타라미스(Taramis) 혹은 타라니스(Taranis)에 관해서 말하자면, 타란(Taran)은 고대 켈트족들에게 는 천둥이나 천둥의 신이었으며 북부 게르만족들에게는 토르(Tor)라고 불 렸다. 영국인들이 이로부터 주피터의 날(diem Jovis), 즉 목요일을 뜻하는 Thursday를 따온 것이다. 루카누스의 구절이 말하고자 하는 것은 켈트족 의 신 타란의 제단이 트라키아의 다이아나의 제단보다 덜 잔혹하지 않다 는 것이었다.

143. 또한 서양이나 켈트의 군주들이 그리스, 이집트 그리고 아시아의 적지 않은 부분에서 지배자가 되었고, 이 지역에서 그들이 숭배받았던 시 절이 있었다는 것은 불가능하지 않다. 훈족과 사라센족, 타르타르족이 우 리 대륙의 큰 부분을 얼마나 빨리 점령했는지를 고려해보면 이는 놀랄 일 이 아니다. 이는 독일어와 그리스어의 많은 단어들이 그토록 일치하는 것 을 볼 때 확인되는 일이다. 칼리마코스[377]가 아폴론의 영광을 위한 찬가에 서 암시하는 바에 따르면, 브레누스 즉 그들의 우두머리의 지휘하에 델포 이 신전을 공격한 켈트족은 주피터 및 다른 신들 즉 아시아 및 그리스의 군주들과 전쟁을 한 고대의 티탄족과 거인족의 후예인 것 같다. 사실 주 피터 자체가 티탄이나 테오돈, 즉 과거 켈트 스키티아 군주들의 후예일 수 있다. 이는 고인이 된 라 샤르모아의 신부[378]가 『켈트의 기원』에서 모아놓

∴

377) 칼리마코스(Kallimachos, B.C. 305~B.C. 240)는 알렉산드리아의 저명한 시인, 문학비평 가, 서지학자다. 자신의 (델로스) 『찬가 IV』 제171절 이하에서 갈리아인들의 그리스 침략 과 델포이 앞에서의 실패(기원전 277~276)를 다음과 같은 표현으로 암시한다. "서양의 끝 에서 티탄의 마지막 후손들이 그리스에 대항하여 야만의 칼과 켈트의 군신을 일으켜 돌진 할 날이 우리에게 올 것이다."

은 자료와 일치한다. 비록 이 학식 있는 저자의 책에 내가 보기에 그럴듯하지 않은 견해가 있기는 해도 말이다. 특히 그가 고대인들이 제시한 근거를 충분히 기억하지도 못하고 고대 갈리아어와 게르만어의 관계를 충분히 알지 못하고서, 게르만족을 켈트족에서 제외할 때가 그렇다. 그런데 하늘을 걸어서 오르고자 했다는 거인족들은 자신들의 조상의 자취를 따라갔던 새로운 켈트족이었다. 주피터는 어떻게 보면 그들의 아버지였지만, 그들에게 저항할 수밖에 없었다. 이는 갈리아족 사이에 자리 잡은 서고트족이 당시에 페르시아 국경부터 라인 강까지 걸쳐 있는 스키티아, 사르마티아 그리고 게르마니아 국가들의 지배자였던 아틸라의 지휘 아래 그들 후에 쳐들어온 게르마니아와 스키티아의 다른 민족들에게, 로마인들과 힘을 합쳐 대립했던 것과도 같다. 전설적인 시대의 고대 역사의 자취를 신들의 신화에서 발견한다고 생각하며 느끼는 기쁨 때문에 아마도 내가 너무 멀리 나간 것 같다. 내가 고로피우스 베카누스, 슈리에키우스, 루드베크,[379] 라 샤르모아의 신부보다 더 나은 발견을 한 것인지는 잘 모르겠다.

∴

378) 폴 이브 페즈롱(Paul-Yves Pezron, 1639~1706)을 말한다. 1697년에 라 샤르모아(La Charmoye)의 신부가 되었고 문헌학자이자 연대학자이며, 『갈리아인이라고 다르게 불리는 켈트 족의 고대 언어와 국가』(파리, 1703)의 저자다.

379) 고로피우스 베카누스(Goropius Becanus)라 불리는 얀 게라르스텐 판 고르프(Jan Gerartsen van Gorp, 1518~1572)는 플랑드르의 의사이자 지식인이다. 고대 게르만 언어에 대한 그의 탐구는 『헤르마테나』(1580)라는 그의 책에서 나타난다. 그가 말한 "괴상하고 많은 경우 우스꽝스러운" 어원들은 '고로피우스화하다(goropiser)'라는 동사를 낳게 했다(라이프니츠, 『신 인간 오성론』, 제3부, 2장, 1절). ― 슈리에키우스(Adrien Schrieckius, 1560~1621)는 플랑드르의 역사가, 문헌학자다. 『유럽 최초 민족들의 시작, 특히 네덜란드의 기원에 관하여』(이프르, 1614)에서 플랑드르어가 다른 모든 언어의 원천이라고 주장했다. ― 루드베크(Olaus Rudbeck, 1630~1702)는 스웨덴의 의사, 박식한 학자로서, 그의 『아틀란티카』(웁살라, 1675)에서 플라톤이 말한 아틀란티스가 스웨덴이며 문명의 요람이라고 주장했다. ― 샤르모아의 신부에 대해서는 위의 주 378 참조.

144. 선과 악의 장본인인 오로마스데스와 아리마니우스로 우리를 이끈 조로아스터로 다시 돌아가보자. 비록 의심의 여지가 있지만, 조로아스터가 이들을 서로 대립되는 영원한 두 원리라고 간주했다고 가정해보자. 케르돈의 제자인 마르키온[380]이 마니 이전에 그런 견해를 가지고 있었다고 여겨진다. 벨은 그들이 안쓰러운 방식으로 추론했다고 인정한다. 하지만 벨은 그들이 자신의 장점을 충분히 알지 못했으며, 그들의 핵심적 기제, 즉 악의 기원에 관한 난점을 활용하지도 못했다고 생각한다. 그는 케르돈과 마르키온 진영의 뛰어난 인물이라면 정통파들을 매우 혼란하게 할 수 있었으리라고 생각하며, 다른 이가 없기에 많은 사람들의 판단에 따르면 그리 필요하지도 않은 임무를 자기 스스로 떠맡고자 한 것 같다. 벨은 이처럼 말한다(『역사와 비판 사전』, 마르키온 편, 2039쪽). "기독교도들이 확립한 모든 가설은 그것들에 가해지는 공격을 제대로 피하지 못한다. 이 가설들은 공세를 취할 때는 모두 승리한다. 그러나 공격을 확증해야 할 경우는 그 모든 장점을 상실한다." 벨은 (그가 하이드와 함께 그렇게 부르는) **이원론자들**, 즉 두 원리의 옹호자들이 신의 본성에서 취한 **선험적**(a priori) 근거에 의거할 경우는 곧 도피할 처지에 놓일 것이라고 인정한다. 그러나 벨은 악의 현존으로부터 취한 **후험적**(a posteriori) 근거에 의거할 경우 이 이원론자들이 다시 승리하게 된다고 생각한다.

145. 벨은 『역사와 비판 사전』, 마니교주의자들 편 2025쪽에서 이에 대한 세부 사항을 폭넓게 제시하는데, 이 모든 주제를 제대로 조명하기 위해

••

---

380) 마르키온(Marcion)은 2세기에 활동한 이교의 주창자로서, 구약의 신과 신약의 신을 악한 원리와 선한 원리의 관계로 대립시켰다. 케르돈(Cerdon)은 2세기 전반의 이교도로서, 유대인들의 정의로운 신과 기독교인들의 선한 신을 대립시킴으로써 그러한 학설을 예고했다.

서는 좀 더 깊이 살펴볼 필요가 있다. 그는 다음과 같이 말한다. "질서에 대한 가장 확실하고 명확한 관념은, 스스로 현존하고 필연적이며 영원한 존재는 유일하고 무한하고 전능하며 모든 종류의 완전성을 가지고 있음을 우리에게 알려준다." 이 추론은 좀 더 제대로 발전시킬 가치가 있었을 것이다. 벨은 계속 말한다. "이제는 자연 현상들이 유일 원리의 가설을 통해 적절히 설명될 수 있는지 보아야 한다." 나는 이 점에 대해서 부분 안의 몇 몇 무질서는 전체 안에서 더 큰 질서를 산출하기 위해 필요한 경우가 있다고 제시함으로써 이미 충분히 설명했다. 그런데 벨은 다소 지나치게 많은 것을 요구하는 것 같다. 그는 악이 어떻게 우주에 대한 가능한 최선의 계획과 연결되는지 세부적으로 제시되기를 바라는데, 이는 현상의 완전한 설명이 될 것이다. 하지만 나는 그러한 설명을 제시하려고 시도하지도 않았고, 그렇게 할 의무도 없다. 우리가 처해 있는 상태에서 우리에게 불가능한 것을 할 의무는 없기 때문이다.[381] 나로서는 어떤 특정한 악이 전체적으로 최선인 것과 연결되지 못하게 하는 것은 전혀 없다고 제시하는 것으로 충분하다. 이처럼 불완전한 설명 그리고 다른 삶에서 발견해야 할 무엇을 남겨놓는 설명은 논박의 해결을 위해서는 충분하지만 사물의 이해를 위해서는 충분한 것이 아니다.[382]

∵

---

381) (옮긴이) 현상에 대한 완전한 설명을 한다는 것은 우주에 대한 완벽히 적합한 지각을 갖는다는 것으로서, 신에게만 가능한 일이다. 피조물의 근원적 불완전성이 형이상학적 악을 규정한다. 제1부 20~31절에서 설명된 악의 정의를 깊이 이해하고 제2부와 3부에 접근할 필요가 있다. 제31절에서 라이프니츠는 명확히 말한다. "왜냐하면 신은 피조물을 다른 신으로 만들지 않고서는 피조물에게 모든 것을 줄 수 없었기 때문이다. 따라서 사물들의 완전성에는 여러 등급이 있어야 했고, 또한 모든 종류의 제약이 있어야 했다." 신의 최선의 구도와 피조물들의 근원적 한정, 그리고 불완전성의 무한한 등급의 관계는 『변신론』에서 전개되는 논의의 핵심 축을 형성한다.

382) (옮긴이) 내세를 의미한다.

146. 벨은 다음과 같이 덧붙인다. "하늘과 우주의 나머지 모든 부분은 신의 영광, 능력, 유일성을 알게 해준다." 이러한 귀결은 (이미 내가 앞에서 지적한 것처럼) 하늘과 우주의 나머지 모든 부분에서 말하자면 전체적이고 독립적인 어떤 것이 발견된다는 사실에서 도출해내야 한다. 하지만 그러한 신의 작품을 볼 때마다 우리는 그 기술과 미에 대해 감탄해야 할 정도로 그 작품이 완성되어 있다고 보게 된다. 그러나 작품 전체를 보지 않고 조각이나 부스러기들만을 바라볼 경우, 훌륭한 질서가 거기서 드러나지 않아도 놀라운 일이 아니다. 우리의 행성 체계는 그 같은 독립적인 작품을 조합하며, 별도로 고찰될 경우 완전한 작품이다. 각각의 식물, 동물, 사람은 일정한 완전성에까지 도달한 독립적인 작품을 보여준다. 거기서 조물주의 경이로운 기술이 식별되는 것이다. 그러나 우리에게 알려진 한도 내에서 인류는 한 조각일 뿐이며, 신국(神國) 혹은 정신들의 국가의 작은 부분에 불과하다. 신국의 범위는 우리에게 너무도 크며, 그 경이로운 질서를 볼 수 있기에 우리는 너무도 적은 것만을 알고 있다. 벨은 이렇게 말한다. "가시적인 것 중 창조자의 걸작인 인간만이, 내가 말하건대 오직 인간만이 신의 유일성과 대립되는 매우 중대한 논박을 생겨나게 한다." 클라우디우스도 다음의 유명한 시구로 마음을 털어놓으며 같은 지적을 한다.

머뭇거리는 나의 정신은 섭리에 대한 신앙과 맹목적인 운에 맡겨진 세계의 관념으로 자주 나누어졌다.[383]

••

383) 『루피누스에 반대하여』, 제1권, 1장. — 좀 더 아래의 소크라테스 말은 디오게네스 라에르티오스에 의해 인용되었다(『고대 그리스 철학자의 생활과 의견 및 저작 목록』, 제2권, 5장, 22절).

그러나 조화가 인간을 제외한 나머지 모든 부분에서 나타난다는 것은 큰 편견이며, 조화 전체가 우리에게 알려진다면 조화는 인간들의 통치에서도 그리고 일반적으로 정신들의 통치에서도 또한 나타날 것이다. 신의 작품들에 대해서는 소크라테스가 헤라클레이토스의 작품들에 대해 그렇게 한 것처럼 현명하게 판단해야 한다. 소크라테스는 다음과 같이 말했다. "내가 그에 대해 들은 것은 마음에 드네. 나머지도 내가 들었다면 마음에 들었으리라고 생각한다네."

147. 인간과 관련된 것이 무질서로 보이는 특별한 이유가 또 있다. 신은 인간에게 지성을 부여함으로써 신성의 이미지를 선물로 주었다는 것이다. 신은 일정한 방식으로 인간으로 하여금 자신의 작은 지방에서 활동하도록 했다. 그에게 굴러들어온 스파르타를 장식하게 하기 위하여……[384] 신은 불가해한 방식으로만 그 안에 개입한다. 신은 자신을 드러내지 않은 채 존재, 능력, 삶, 이성을 제공하기 때문이다. 자유 의지가 자기의 역할을 하는 것도 바로 이곳이다. 어떻게 말하자면, 신은 자신이 창조하는 것이 좋겠다고 보고 창조한 이 작은 신들을 데리고 노는 것이다. 이는 우리의 재량에 따라 아이들에게 여러 일을 권고하거나 금지하면서 아이들을 데리고 노는 것과 같다. 따라서 인간은 자신의 방식대로 통치하는 자기 자신의 세계나 혹은 소우주에 있는 작은 신과 같다. 여기서 인간은 때때로 경이로운 일도 하며, 그의 기술은 자연을 모방한다.

∴

384) 이 구절은 에우리피데스의 분실된 비극인 『텔레포스』의 한 구에 대한 암시다. 이 구는 격언으로 간주되었다(단편, 722행, 녹크[Nauck], 예를 들어 키케로는 이를 인용했다. 『아티쿠스에게 보낸 편지』, 제4권, 6절). 그 구에서 아가멤논은 형제인 메넬라오스에게 이렇게 말했다. "너는 스파르타를 얻었다, 가지거라."

주피터가 어느 날 하늘이 유리 공의 좁은 울타리로 닫힌 것을 보고
미소 지으며 불멸의 존재들에게 말을 건넸다.
죽을 수밖에 없는 인간들의 힘이 어디까지 미친 것인가,
오, 신들이여!
공들인 나의 작품이 깨지기 쉬운 공 안의 장난감이 되었구나.
하늘의 법, 자연이 맹세한 신앙, 신들의 법칙,
이 모든 것을 시라쿠사의 늙은이가 기술을 써서 모두 베꼈다.
순진한 살로메가 천둥을 모방한 것 때문에 내가 왜 놀라겠는가?
자, 이제 나약한 손이 자연의 경쟁자로 나타났다.[385]

그러나 인간은 큰 잘못을 저지르기도 한다. 그가 정념에 빠지기 때문이
며 신이 그를 감각에 내맡기기 때문이다. 또한 신은 때로는 아이들을 훈련
시키고 벌주는 아버지나 선생님처럼, 때로는 자신을 저버리는 이들을 벌주
는 정의로운 재판관처럼 인간에게 벌을 내리기도 한다. 대부분의 경우 악
이 발생하는 것은 지성들 혹은 그 지성들의 작은 세계들이 서로 충돌할 때
다. 인간은 그의 잘못에 따라 악과 마주치게 된다. 그러나 신은 경이로운
기술을 통해 이 작은 세계들의 모든 결함을 자신의 큰 세계의 가장 위대한
장식으로 전환시킨다. 이는 어떤 아름다운 그림들이 정확한 각도로 보거
나 특정한 유리나 거울을 통해 보기 전까지는 혼란하게만 보이는 시각장
치와 같다. 우리는 그것들을 필요한 방식으로 정확히 배치하고 사용함으

..

---

385) 클라우디우스의 시 『카르미나 미노라』 제51장, 1~6, 13~14행에서 아르키메데스의 구(球),
즉 기원전 3세기의 위대한 학자가 구성한 천체 운동의 기계적 모델과 관련하여 발췌한 구
절이다.

로써 서재의 장식이 되도록 한다.[386] 이렇게 우리의 작은 세계들에서 외적으로 추해 보이는 것들은 큰 세계에서 아름다움으로 통일되는 것이며 무한히 완전한 보편적 원리의 통일성과 전혀 대립되는 것이 아니다. 오히려 이 작은 세계들은 가장 큰 선을 위해 악을 이용하는 신의 지혜를 더욱 감탄스럽게 해준다.

148. 벨은 계속하여 말한다. "인간은 악하고 불행하다. 사방에 감옥과 병원이 있다. 역사는 인류의 범죄와 불행을 모아놓은 것에 불과하다." 나는 여기에는 과장이 있다고 생각한다. 감옥보다는 집이 비교할 수 없을 정도로 더 많은 것처럼, 인간들의 삶에도 선이 악보다 비교할 수 없을 정도로 더 많다. 덕과 악덕에 관련해서는 범인(凡人)들이 지배적이라고 할 수 있다. 마키아벨리가 이미 지적했듯이 매우 악하거나 매우 선한 사람들은 적으며, 이 때문에 큰일에 착수하지 못하게 되는 경우가 많다. 나는 역사가들이 선보다 악에 집중하는 것은 잘못이라고 생각한다. 역사뿐 아니라 시(詩)의 핵심 목적은 사례들을 통하여 신중함과 덕을 가르치는 것이며, 악덕을 혐오하게 하고, 악덕을 피하게 해주거나 그렇게 하는 데 기여하는 방식으로 악덕을 밝히는 것이다.

149. 벨은 "도덕적 선과 물리적 선, 몇몇 덕의 사례들, 몇몇 행복의 사례들은 사방에서 발견되지만 바로 그것이 난점이다"라고 인정한다. 그는 "왜냐하면 악인들과 불행한 이들만 있다면 두 원리의 가설에 의거할 필요가

386) 왜상(歪像, anamorphoses)이라 불리는 그림으로서 특정한 각도나 특수한 형태의 거울로 봐야만 내용이 드러나는데, 당시 사람들이 소장하고 싶어 했던 것이다. 시각에 대한 전문가들은 왜상을 만드는 절차를 탐구했다.

없기 때문이다"라고 말한다. 나는 이 탁월한 사람이 두 원리의 이론에 그토록 끌렸다는 것이 의아하다. 나는 인류의 보편적 역사를 이루는 파란만장한 인간 삶이 무한히 많은 다른 것들과 함께 신의 지성 안에서 전적으로 만들어졌고, 오로지 그러한 삶이 현존하도록 신의 의지에 의해 결정이 내려진 것은 그 안의 사건들의 계열이 최선을 산출해내기 위해 나머지 것들과 가장 일치하기 때문임을 벨이 생각하지 않았다는 사실에 놀랐다. 그리고 세계 전체의 외형적 결함들, 우리의 태양이 그것의 한 갈래에 불과한 태양의 흑점들은 세계의 아름다움을 감소시키기는커녕 부각시키는 것이며, 더욱 큰 선을 가져옴으로써 그 아름다움에 기여하는 것이다. 진정으로 두 원리가 존재하기는 하지만 이 두 원리는 모두 신 안에 존재하는 것, 즉 신의 지성과 의지다. 지성은 악의 원리를 제공하되 그 때문에 손상되지도 악해지지도 않는다. 지성은 자연적 본성을 그것이 영원한 진리 안에 존재하는 대로 표상한다. 지성 안에는 악이 허용된 이유가 담겨 있으나 의지는 오로지 선을 향할 뿐이다. 세 번째 원리를 덧붙여야 하는데, 그것은 바로 능력이다. 능력은 더군다나 지성과 의지에 선행하는 것이다. 그러나 능력은 지성이 제시하고 의지가 요구하는 대로 행동한다.

150. 캄파넬라[387] 같은 몇몇 이들은 신의 이와 같은 완전성을 세 근본성이라고 불렀다. 더 나아가 여러 사람들은 여기에 성스러운 삼위일체와의 비밀스러운 관계가 존재한다고 생각했다. 능력은 성부 즉 신성의 원천과 관계되고, 지혜는 복음서 저자들 중 가장 숭고한 저자에 의해 **로고스**라고

∴

387) 캄파넬라(Campanella, 1568~1639)는 르네상스 시대의 이탈리아 철학자이며 반(反)아리스토 텔레스주의자다. 특히 예정, 신의 선택, 영겁의 벌, 신의 은총의 도움에 관한 논문을 썼다.

명명된 영원한 말씀과 관계되며,[388] 의지나 사랑은 성령과 관계된다는 것이다. 지성적 실체의 본성에서 취한 거의 모든 표현이나 비유는 이러한 방향을 향하고 있다.

151. 내가 보기에, 만일 벨이 사물들의 원리에 대해 우리가 방금 말한 것을 고려했다면 자기 자신의 질문에 답을 했을 것이고, 적어도 다음처럼 계속 질문을 던지지는 않았을 것이다. "인간이 최상으로 선하고 최상으로 성스럽고 최상으로 능력이 있는 유일한 원리의 작품이라면 병, 추위, 더위, 굶주림, 목마름, 고통, 비탄에 노출될 수 있겠는가? 그가 그토록 많은 악한 경향을 가질 수 있겠는가? 그가 그토록 많은 범죄를 저지를 수 있겠는가? 최상의 성스러움에 의해 불행한 피조물이 산출될 수 있겠는가? 무한한 선과 결합한 최상의 능력은 자신의 작품을 선으로 가득 채워주고, 자신의 작품에 해를 입히거나 슬프게 하는 모든 것을 물리치지 않겠는가?" 프루덴티우스는 『악의 기원에 관하여』에서 같은 난점을 표현한다.

반대자는 말하리라
신이 악의 현존을 원하지 않는다면 왜 그것을 막지 않는가?
신이 악의 주모자이건 창조자이건,
그가 악에 반대할 수 있음에도, 그의 가장 아름다운 작품들이
악덕과 범죄의 목적으로 변질되도록 허용을 하건 중요치 않다.
신이 자신의 전능함으로 모두가 무고하게 살기를 바랐다면,

..

388) (옮긴이) 「요한복음」 1:1. "태초에 '말씀'이 계셨다. 그 '말씀'은 하나님과 함께 계셨다. 그 '말씀'은 하나님이셨다."

선한 의지가 타락하고 악행으로 손이 더럽혀지는 것을 보지 않아도 되
리라.

그리하여 악을 확립한 것도, 악을 하늘 위에서 바라보는 것도,

악을 허용하고 마치 악을 창조한 것처럼 악의 작용을 방임하는 것도 구
세주다.

실제로 구세주가 악을 창조한 것이다.

그는 악을 세상에서 배척할 수 있으면서도 그것을 폐기하지 않으며

그 결과들이 오랫동안 퍼져가도록 놓아두기 때문이다.[389]

그러나 이에 대해서 나는 이미 충분히 답을 했다. 인간 자신이 그의 악
의 원천이다. 그는 지금 있는 모습 그대로 관념 속에 존재했다.[390] 지혜의
필수 불가결한 근거를 통해 촉발된 신은 인간이 지금 있는 모습 그대로 현
존하도록 결정을 내린 것이다. 벨이 만일 신의 지혜를 신의 능력, 선, 성스
러움과 연결시켰다면 아마도 내가 확립하는 이 악의 기원에 대해 파악하게
될지도 모른다. 지나가며 하는 말이지만, 성스러움과 대립되는 범죄가 모
든 악 중에 가장 나쁜 것이듯이 나는 신의 성스러움이 선의 최상의 등급과
다르지 않다는 점을 덧붙이겠다.

152. 벨은 원리의 단일성과 아마도 실체의 단일성까지 옹호한 그리스
철학자 멜리소스[391]와 이원성을 처음으로 만들어낸 작자로 간주된 조로아

..

389) 프루덴티우스, 『악의 기원에 관하여』, 640~649쪽. 한 적대자가 논박을 제시하는 것이다.
390) (옮긴이) 신의 지성 속에 있는 관념을 의미한다.
391) 멜리소스는 기원전 5세기의 그리스 철학자이며, 엘레아의 파르메니데스(Parmenides)의 제
자이자 계승자다.

스터를 싸우게 한다. 조로아스터는 멜리소스의 가설이 질서와 **선험적 근거**에 더 부합한다고 인정하지만, 그것이 경험과 **후험적 근거**에 부합한다는 것은 부정한다. 그는 다음과 같이 말한다. "나는 훌륭한 체계의 핵심적 성격이라 할 수 있는 현상들을 설명하는 데서 당신보다 뛰어납니다." 그러나 내가 생각하기에는 한 현상에 개별적 원리를 설정하는 것은 그렇게 훌륭한 설명이 아니다. 악에는 **악함의 원리**(principium maleficum)를, 차가움에는 **근본적 차가움**(primum frigidum)의 원리를 설정하는 것보다 쉬운 일은 없으나 그처럼 평범한 것도 없다. 이는 어떤 이가 행성들을 마음대로 조종하는 지성을 아리스토텔레스주의자들에게 부여하고는, 그들이 행성들을 설명하는 데서 새로운 수학자들보다 뛰어나다고 말하는 것과 비슷한 일이다. 그렇게 행성들에 지성을 부여한 이후에는 왜 행성들이 그토록 규칙적으로 움직이는지에 대해 생각하기가 매우 쉽기 때문이다. 반면 행성들을 태양으로 향하게 하는 중력과 행성들을 움직이는 일정한 소용돌이 운동이나 행성들의 속도를 연결시킴으로써 외관들을 그토록 잘 설명해주는 케플러의 타원 운동이 나올 수 있는 방식을 이해하려면 상당한 기하학과 성찰이 필요하다. 깊은 사변을 맛볼 능력이 없는 사람은 우선 아리스토텔레스주의자들에게 갈채를 보내고 수학자들을 몽상가로 간주할 것이다. 오래전의 어떤 갈레노스주의자[392]는 스콜라학파에서 말하는 기능들에 관해 같은 생각을 할 것이다. 그는 유미(乳糜)화 기능, 유미즙화 기능, 혈액화 기능을 인정할 것이며, 각각의 작용에 특정한 기능을 설정할 것이다. 그는 경이로운 것을 했다고 생각할 것이며, 동물의 육체에서 일어나

∵

392) 2세기의 저명한 의사인 갈레노스의 제자를 말한다. 유미(chyle, 乳糜)는 소장에서 소화된 음식에서 나온 액체이며, 유미즙(chyme)은 음식이 위로 간 후에 그 안에서 줄어든 반죽이다.

는 일을 기계론적으로 설명하고자 하는 현대인들을 공상적이라고 하며 조롱할 것이다.

153. 개별적 원리, 즉 **악함의 원리를 통한**(per principium maleficum) 악의 원인을 설명하는 것도 같은 차원이다. 악은 차가움이나 어둠과 마찬가지로 개별적 원리가 필요하지 않다. **근본적 차가움**(primum frigidum)도 없고 어둠의 원리도 없다. 악 자체는 단지 결핍에서 올 뿐이다. 능동적인 것이 차가움에 부수적으로 포함되는 것처럼, 실재적인 것은 악에 부수적으로 포함될 뿐이다. 우리는 총구 안에 차 있는 물이 얼면서 총구를 부술 수도 있다는 것을 본다. 그러나 차가움은 힘의 일정한 결핍이다. 차가움은 액체의 분자들을 분리시키는 운동이 감소하여 생기는 현상일 뿐이다. 이러한 분리 운동이 차가움 때문에 물속에서 약해질 때, 물속에 숨겨져 있던 압축된 공기의 부분들이 응집된다. 그리고 더 커지게 된 공기의 부분들은 그들의 탄력에 의해 외부에 작용하는 힘이 더욱 강해지는 것이다. 공기의 부분들의 표면이 물에서 마주치는, 그리고 이 공기 부분들의 팽창력과 대립하는 저항력은 더욱 적기 때문이며, 따라서 공기의 작용 결과는 기포가 적을 때보다 기포가 많을 때 더욱 커지기 때문이다. 이는 그 적은 기포들이 합쳐져서 많은 기포들만큼의 질량을 가질 때에도 그러하다. 여기서 저항력 즉 표면은 제곱으로 증가하지만, 팽창력 즉 내용물 혹은 압축된 공기의 구(球)들의 체적은 직경 세제곱으로 증가하기 때문이다. 따라서 결핍이 능동성과 힘을 포함하는 것은 우유적(偶有的)으로 그런 것이다. 이미 나는 앞에서 어떻게 결핍이 오류와 악의를 일으키기에 충분한지 제시했으며, 어떻게 신에게 악의성이 없는 가운데 그가 오류와 악의를 허용하는지 제시했다. 악은 결핍에서 오는 것이다. 힘이 차가움에서 생기는 것처럼,

악의 실재적인 면과 능동적 작용은 우유적으로 결핍에서 생겨나는 것이다.

154. 벨이 파울주의자들을 통해 말하는 것(2323쪽), 즉 자유 의지가 선과 악으로 향할 수 있기 위해서는 두 원리에서 비롯되어야 한다[393]는 것은 결정적인 것이 아니다. 그렇게 추론을 한다면 자유 의지는 그 자체로 단순한 것인바, 오히려 중립적인 원리에서 비롯되어야 하기 때문이다. 그러나 자유 의지는 선을 향한다. 선이 악과 마주친다면 그것은 우발적인 일이며, 이 악이 선 아래에 은폐되어 있고 가려져 있는 것이다. 오비디우스가 메데이아에게 나는 더 좋은 것을 보고 동의하지만 가장 나쁜 것을 택한다[394]라고 해준 말이 의미하는 바는 정념에 의해 영혼들이 동요할 때, 영혼들에게 더 강한 영향을 가하는 쾌락의 선이 진정한 선을 이겼다는 것이다.

155. 벨 스스로도 멜리소스에게 훌륭한 답을 제공한다. 하지만 그는 얼마 후에 자신의 답에 반대를 한다. 다음은 그의 말이다(2025쪽). "만일 멜리소스가 질서의 개념을 숙고해본다면, 그는 신이 인간을 만들었을 때는 인간이 악하지 않다고 대답할 것이다. 멜리소스는 인간이 신에게서 행복한 상태를 받았으나, 인간은 신의 의도에 따라 덕의 길을 통해 그를 인도했음이 분명한 양심의 빛을 따르지 않아서 악하게 되었으며, 최상으로 선한 신이 자신의 분노의 결과를 인간이 느끼게 할 필요가 있었다고 말할 것이다. 따라서 결코 신은 도덕적 악의 원인이 아니다. 그러나 신은 물리적 악, 즉

··

393) (옮긴이) 선을 향하는 자유 의지는 선의 원리에서, 그리고 악을 향하는 자유 의지는 악의 원리에서 와야 한다는 의미다.
394) 오비디우스, 『변신이야기』, VII, 20쪽.

도덕적 악에 대한 벌의 원인이다. 도덕적 악에 대한 벌은 최상으로 선한 원리와 일치하지 않기는커녕 그 속성들 중 하나, 즉 그의 선만큼이나 본질적인 것인 정의에서 필연적으로 나오는 것이다. 멜리소스가 할 수 있는 가장 합리적인 이 대답은 근본적으로는 훌륭하고 견고한 것이다. 그런데 이 대답은 더 그럴듯하고 현혹적인 어떤 것에 의해 무너질 수도 있다. 조로아스터의 다음의 논박이 그러하다. 무한히 선한 원리는 현재의 악도 없을 뿐 아니라 악의 경향도 없이 인간을 창조해야 했다. 신은 죄와 그 모든 귀결을 예견하고 죄를 막아야 했다. 신은 인간을 도덕적인 선을 행하도록 결정해야 했으며, 그에게 범죄를 저지를 아무런 능력도 주지 말아야 했다." 이러한 것은 말하기는 참 쉽지만, 질서의 원리를 따른다면 행할 수 있는 것이 아니다. 또한 끊임없는 기적 없이는 실행될 수 없을 것이다. 무지, 오류, 악의는 우리 인간과 같은 동물들에게는 자연적으로 뒤따르는 것이다. 그러면 인간 종(種)은 우주에 없었어야 한단 말인가? 나는 인간 종이 그 모든 취약점에도 불구하고 신이 그것의 폐기에 동의하기에는 너무 중요하다는 것을 의심치 않는다.

156. 벨은 『역사와 비판 사전』의 파울주의자들이라는 절(節)에서 자신이 마니교주의자들에 관한 절에서 말하던 것을 이어나간다. 그에 따르면(2330쪽, 주석 H), 가톨릭 정통파들도 악마를 죄의 주모자로 간주하면서 두 개의 근본적 원리를 인정하는 것 같다. 암스테르담의 목사였고 『주술 걸린 세계』를 쓴 베커르[395]는 그러한 사유를 부각시켰다. 이는 악마를 신과 대등한 위치에 있는 것으로 보고 악마에게 능력과 권위를 부여해서는 안 된다는 점을

••

---

395) 베커르(Balthazar Becker, 1634~1698)는 네덜란드의 개혁파 신학자다. 인용된 저작은 네덜란드어로 쓰였으며 1690년에 출간되었다.

이해시키기 위함이었다. 벨은 이 점에서 일리가 있지만, 거기서 너무 많은 귀결을 도출해낸다. 『보편적 복원의 신비』[396]의 저자는 만일 악마가 절대로 패배하거나 능력을 박탈당하지 않고 항상 자신의 먹잇감을 지킨다면, 또 패배 불가능이라는 칭호가 악마에게 붙여진다면, 이는 신의 영광에 손상을 가하게 될 것이라고 생각한다. 그러나 유혹받은 이들과 항상 벌을 함께 받으려고 그들을 지킨다는 것은 보잘것없는 이득이다.[397] 악의 원인에 관해 말하자면, 악마가 죄의 주모자인 것은 맞다. 그런데 죄의 기원은 더 깊은 곳에 있다. 죄의 원천은 피조물들의 근원적 불완전성에 있다. 이러한 불완전성 때문에 피조물들은 죄를 지을 수 있다. 그리고 사물들의 전개 과정에는 죄를 지을 수 있는 잠재력이 현실화되도록 하는 환경이 있다.

157. 악마들은 다른 존재들처럼 타락 이전에는 천사였다. 사람들은 악마들의 우두머리가 주요 천사 중 하나라고 생각하지만, 이 점에 대해 성서가 충분한 설명을 하고 있지는 않다. 용과의 전투를 견신(見神)처럼 말하는 「요한계시록」의 구절은 많은 의문을 남겨두고 있고 충분한 설명도 없으며, 성서의 다른 저자들이 거의 말하지 않는 것이기도 하다. 지금 그러한 논의를 할 필요는 없고, 다만 여기서는 통속적 견해가 성서의 텍스트와 가장 잘 일치함을 항상 인정해야 한다. 벨은 성 바실리우스, 락탄티우스[398] 및

＊＊

396) 주 222 참조.
397) (옮긴이) 라이프니츠는 악마와, 악마가 유혹한 이들이 함께 벌을 받을 것이라고 전제하면서 말하고 있다.
398) 바실리우스(Basilius, 329년 출생)는 카파도키아 카이사리아의 주교로서 많은 강론과 편지를 남겼다. — 락탄티우스(Lactantius, 260~325)는 이교도에 반대하여 기독교를 옹호하는 『신의 기관』의 저자다. 그는 『신의 분노에 관하여』에서 에피쿠로스의 논박에 반대하여 섭리론을 옹호했다.

다른 이들의 악에 관한 몇몇 해답을 검토한다. 그러나 이 해답들은 물리적 악을 주제로 삼고 있어서 이에 대한 이야기는 뒤로 미루고자 한다.[399] 나는 우리의 뛰어난 저자[400]의 저작들 여러 곳에서 나타나는 도덕적 악의 도덕적 원인에 관한 난점을 계속 검토할 것이다.

158. 벨은 도덕적 악의 허용에 대해 비난하며, 신이 그것을 원한다는 사실이 인정되기를 바랄 것이다. 그는 (『창세기』 3장에 관한) 칼뱅의 말을 인용한다. "신이 도덕적 악을 원했다고 말할 경우, 이 말을 듣는 어떤 사람들은 불쾌해진다. 그러나 나는 여러분에게 묻겠다. 그것을 금지할 권한이 있는, 혹은 좀 더 정확히 말해 사태를 지배하고 있는 자의 허용은 의지가 아니고 무엇이겠는가?" 벨은 마치 신이 아담의 타락을 그것이 범죄라서 원한 것이 아니라 우리에게 알려지지 않은 어떤 개념하에 원한 것이라고 칼뱅이 인정한 것처럼, 칼뱅의 이 말과 그 이전의 말들을 설명한다. 벨은 다소 바르지 못한 결의론자들을 인용하는데(『한 관구장의 질문들에 대한 답변』, 제147장, 850쪽), 그들은 아들이 자기 아버지의 죽음을 그것이 그에게 악이기 때문이 아니라 유산 상속자들에게 선이어서 바랄 수 있다고 말한다. 내가 보기에 칼뱅은 신이 우리에게 알려지지 않은 원인 때문에 인간의 타락을 원한 것이라고 말하고 있을 뿐이다. 근본적으로는 결정적인 의지, 즉 결정의 문제일 경우 그러한 구분은 무용한 것이다. 우리가 행동을 원하는 것이 사실이라면, 우리는 그 행동의 모든 특질과 함께 그것을 원한다. 하지만 그것이 범죄일 때, 신은 그것의 허용만을 원할 수 있다. 범죄는 목적도 수단

∵

399) (옮긴이) 제2부의 주제가 도덕적 악이라면, 제3부는 물리적 악을 주로 다룬다.
400) (옮긴이) 벨을 말함.

도 아니며, 단지 **필요 불가결한** 조건일 뿐이다. 따라서 이미 앞에서 내가 제시한 것처럼 범죄는 직접적 의지의 대상이 아니다. 신은 자신이 해야 할 바를 거슬러 행동하지 않고서, 인간의 범죄보다 더 나쁜 어떤 것을 하지 않고서, 또 최선의 규칙을 위반하지 않고서는 그 범죄를 막을 수 없다. 내가 이미 지적한 대로, 그 범죄를 막는 것은 신성을 파괴하는 셈이 될 것이다. 그러므로 신은 자신 안에 있는 도덕적 필연성을 통해 피조물들의 악을 허용할 수밖에 없다. 이러한 경우가 정확히 말해 현자의 의지가 단지 허용적인 경우인 것이다. 나는 다음과 같이 이미 말했다. 신은 자신이 해야 할 바를 스스로 위반하지 않고서는 타인의 범죄를 막을 수 없을 때, 그 범죄를 허용할 수밖에 없다.

159. 벨은 853쪽에서 이처럼 말한다. "그러나 무한히 많은 모든 조합 중에서 신은 아담이 죄를 지어야 하는 조합을 기꺼이 선택한 것이며 다른 모든 것들보다 그것을 선호하여, 결정을 통해 미래에 나타나게 한 것이다." 이는 매우 훌륭하다. 여기서 조합들이 우주 전체를 구성하는 조합으로 이해된다면, 이는 나의 용어로 말하는 것과 같다. 벨은 덧붙여 말한다. "당신은 신이 이브와 아담이 죄를 저지르기를 원하지 않았다는 점을 결코 이해시키지 못할 것이다. 왜냐하면 신은 그들이 죄를 저지르지 않는 모든 조합들을 배제했기 때문이다." 그런데 이는 방금까지 내가 말한 모든 것을 통해 매우 쉽게 일반적으로 이해할 수 있는 것이다. 우주 전체를 이루어내는 조합은 최선의 조합이다. 따라서 신은 어떤 위반을 저지르지 않고서는 이 조합을 선택하지 않을 수 없다. 신은 그런 위반을 함으로써 자신에게 절대적으로 어울리지 않는 일을 하기보다는 이 조합에 포함된 인간의 위반이나 죄를 허용하는 것이다.

160. 자클로[401]는 다른 뛰어난 인물들과 마찬가지로 나의 견해에서 벗어나지 않는다. 그가 『이성과 신앙의 조화』의 186쪽에서 말할 때 그러하다. "이 같은 난점들로 혼란스러워 하는 사람들은 시각이 너무 편협한 듯하며 신의 모든 계획을 자신들만의 관심으로 환원하려는 것 같다. 신이 우주를 만들었을 때는 자기 자신과 자신만의 영광 외에 다른 계획은 없었다. 그러므로 우리가 모든 피조물, 그들의 다양한 조합, 그들의 여러 관계를 인식한다면, 우리는 우주가 전능한 존재의 무한한 지혜에 완벽하게 부응한다는 점을 어렵지 않게 이해할 것이다." 그는 다른 곳에서(232쪽) 다음과 같이 말한다. "만일에라도 신이 자유 의지를 무화시키지 않고서는 그 악용을 막을 수 없었다고 가정한다고 해도, 신은 자신의 지혜와 영광을 통해 자유로운 피조물들을 만들고자 결정했기 때문에, 이러한 권능 있는 근거는 자유 때문에 생길 수 있는 유감스러운 결과들보다 우위에 있어야 했다고 인정될 것이다." 나는 신의 그러한 선택에 결부된 몇몇 피조물의 죄에도 불구하고, 신이 그처럼 선택하게 되는 최선의 근거와 도덕적 필연성을 통해 이 점을 더욱 발전시키려고 노력했다. 나는 난점의 뿌리까지 잘라냈다고 생각한다. 그러나 이 문제를 보다 명확히 하기 위해서, 벨의 특정한 난점에 나의 해결 원리를 기꺼이 적용하고자 한다.

161. 다음과 같은 표현들로(제148장, 856쪽) 하나의 난점이 제시되어 있다. "1. 100명의 사자(使者)에게 2,000리 거리의 여행에 필요한 만큼의 돈을 주는 것. ― 2. 돈을 한 푼도 빌리지 않고 여행을 완수할 모든 이들에게 보상을 약속하고, 돈이 모자라게 될 모든 이들은 감옥에 보내겠다고 협박하

∴

401) 주 194 참조.

는 것. ― 3. 100명 중에서 두 명만이 보상을 받을 만하고 나머지 98명은 도중에 비용을 쓰도록 노정의 일정한 장소에 세심하게 여인이나 노름꾼 혹은 다른 어떤 것을 배치하여 그들과 마주치게 하는 것. ― 4. 100명의 사자 중 그 98명을 돌아오자마자 감옥에 가두는 것, 이러한 것이 군주의 선이라 하겠는가? 이 군주가 그들을 위해 그 어떤 선도 가지고 있지 않으며, 반대로 위에 제시된 보상이 아니라 감옥행을 예정해놓았다는 것은 극도로 명백한 일이 아니겠는가? 그들이 감옥에 갈 만하다고 해보자. 그러나 그들이 감옥에 갈 만하게 되기를 원하고 그렇게 될 수밖에 없는 길에 그들을 내놓은 이는 나머지 두 명에게 보상을 내린다는 명목으로 과연 선하다고 불릴 가치가 있겠는가?" 물론 그런 이유로 이 군주가 선한 자격을 얻을 수 있는 것은 아닐 것이다. 그런데 기드온[402]이 자신의 병사 중 가장 용감하고 가장 강한 이들을 선택하기 위해 몇몇 특별한 수단을 사용한 것처럼 그 군주가 이 사자들을 알아내고 선별해내기 위한 기술을 사용했다는 사실에서, 그가 칭찬받을 만한 사람이 될 수 있는 다른 상황들이 일치한다면, 그가 선한 자격을 얻을 수도 있다. 군주가 그 모든 사자들의 자연적 성향을 이미 알고 있을 때, 그들에 관한 정보를 다른 사람들에게도 알리기 위해 그들을 그런 시련에 처하게 하면 안 되는 일인가? 또한 그러한 이유들은 신에게 적용될 수 없다고 해도, 그것들은 이 군주가 한 것과 같은 행동이 그 원인을 나타낼 수 있는 상황들과 분리될 경우에는 부조리하게 보일 수 있음을 이해하도록 해준다. 따라서 신은 제대로 행했고, 우리가 신이 행한 모든 것을 안다면 신이 제대로 행했음을 볼 수 있으리라는 것은 더더욱 근거가 있다고 판단해야 한다.

∵

402) (옮긴이) 구약성서에 나오는 이스라엘의 재판관.

162. 데카르트는 엘리자베스 공주에게 보낸 편지[403]에서 인간의 자유와 신의 전능의 조화를 위해 다른 비유를 사용했다. 그는 결투를 금지시킨 군주가 있다고 가정한다. "군주는 결투를 금지시켰고, 두 귀족이 서로 만나면 싸우리라는 것을 확실하게 알고 있으면서도 그들이 반드시 만나게 되도록 조치를 취합니다. 그들이 법을 위반한 것은 자유 의지의 결과이며 그들은 처벌을 받아야 합니다." 데카르트는 덧붙여 말한다. "무한한 예지와 능력을 가진 신은 한 왕이 자기 백성들의 몇몇 자유로운 행동과 관련하여 그렇게 할 수 있는 일을 인간들의 모든 자유로운 행동과 관련하여 행하는 것입니다. 신은 우리를 이 세계에 내보내기 전에 우리 의지의 모든 경향이 어떠할지 정확히 알고 있었습니다. 그와 같은 경향들을 우리 안에 넣어준 것도 신이고, 우리 밖에 있는 다른 모든 것들을 배치한 것도 신입니다. 이런저런 대상이 이런저런 때에 우리 감각에 나타났고 그때 우리의 자유 의지가 이런저런 일을 하게 될 것을 신은 알았으며, 우리의 자유 의지가 그렇게 하기를 원한 것입니다. 그렇다고 해서 신이 자유 의지가 그렇게 하도록 강제하고자 한 것은 아닙니다. 또한 이 왕에게서 의지의 두 가지 다른 등급을 구분할 수 있습니다. 하나는 두 귀족을 만나도록 했기 때문에 그들을 싸우게 한 의지입니다. 다른 하나는 그가 결투를 금지시켰기 때문에 그들의 싸움을 원하지 않은 의지입니다. 이렇게 신학자들은 신에게서 절대적이고 독립적인 의지와 인간들의 공적과 과실에 관계된 상대적인 의지를 구분합니다. 절대적이고 독립적인 의지에 의해서 신은 만물이 이루어지는 대로 이루어지기를 원합니다. 그리고 상대적 의지를 통해 신은 사람들이 자신의 법칙을 따르기를 원합니다."(데카르트, 제1권, 편지 10, 51~52쪽. 이와

∴

403) 1646년 1월 편지. 아당 타네리(Adam-Tannery)판 제4권, 편지 419, 351쪽 이하.

함께 『말브랑슈의 체계에 관한 고찰』,[404] 제2권 288쪽과 그 이하에서 아르노가 신의 선행하는 의지와 후속적 의지에 관해 토마스 아퀴나스에 대해 전하는 것을 비교 참조할 것.)

163. 이에 대한 벨의 반박은 다음과 같다(『한 관구장의 질문들에 대한 답변』, 제154장, 943쪽). "내가 보기에 이 위대한 철학자는 심하게 남용을 하는 것 같다. 그 군주에게는 두 귀족이 법을 따르기를 바라고 싸우지 않기를 바라는 의지의 작고 큰 등급은 전혀 없을 것이다. 그가 전적으로 또 유일하게 원하는 것은 그들이 싸우는 것이다. 이 때문에 그들의 무죄가 입증되지도 않을 것이다. 그들은 자신들의 정념을 따랐을 뿐이다. 그들은 자기들이 군주의 의지에 부합했는지 몰랐을 것이다. 그러나 군주야말로 진정으로 그들 결투의 도덕적 원인일 것이며, 그들이 결투를 하고 싶도록 부추길 때나 그렇게 하도록 명령을 내릴 때도 그가 결투를 더욱더 확실하게 바란 것이 아닐 것이다. 두 군주가 있고 각각 그들의 장남이 음독하기를 원한다고 상상해보자. 한 군주는 강제력을 동원하고, 다른 군주는 자신의 아들이 음독하기에 충분한 슬픔을 은밀히 일으키는 것으로 그친다. 이 두 번째 군주의 의지가 다른 군주의 의지보다 덜 완전한 것이라고 생각하겠는가? 따라서 데카르트는 거짓된 사실을 가정하고 있으며 난점을 해결하지 못한다."

164. 데카르트가 악과 관련한 신의 의지에 관해 다소 적나라하게 말한다는 점은 인정해야 한다. 그는 우리의 자유 의지가 우리로 하여금 이러저러한 것을 하도록 결정할 것이라는 사실을 신이 알았지만, 동시에 신

•••

404) 『자연과 은총의 새로운 체계에 관한 철학적 신학적 고찰』(쾰른, 1685~1686).

은 우리의 자유 의지를 강제하고자 하지 않으면서 우리가 그렇게 하도록 원했다고 말하기 때문이다. 데카르트는 같은 책의 8번째 편지에서도 역시 냉혹하게 말한다. 그는 신이 인간의 정신에 들어가기를 영원히 원하거나 그렇게 원했던 것이 아닌 한, 어떤 사유도 인간의 정신에 들어오지 않는다고 말하기 때문이다. 결코 칼뱅도 그렇게 냉혹한 것은 말하지 않았다. 이 모든 것은 허용적 의지의 함의를 이해해야 비로소 용서가 될 수 있을 것이다. 데카르트의 해결 방법은 신호의 의지와 재량의 의지를 구분하는 것이다(inter voluntatem signi et beneplaciti). 이 구분은 용어상으로는 현대인들이 스콜라학파에서 취한 것이지만, 그들은 고대인들에게는 통상적이지 않은 의미를 그것에 부여했다. 신은 아브라함에게 그의 아들을 번제(燔祭)로 바치라고 했을 때처럼, 어떤 것이 이루어지기를 원하지 않으면서 그것을 명령할 수 있는 것이 사실이다. 이 경우 신은 복종을 원한 것이지 결코 행동을 원하지 않았다.[405] 그러나 신이 덕행을 명령하고 죄를 금지할 때는 그가 명령하는 것을 진정으로 원하는 것이다. 하지만 내가 여러 차례 설명한 것처럼 이것은 오로지 선행(先行)하는 의지에 의한 것이다.

165. 따라서 데카르트의 비유는 결코 만족스러운 것은 아니지만, 만족스러운 것이 되도록 할 수 있다. 군주가 두 적을 만나게 하거나 만나도록 허용할 수밖에 없는 이유를 만들어냄으로써 사실을 조금 바꿔야 할 것이다. 예를 들어 그들이 군대나 다른 필수 불가결한 일에서 만날 것이 틀림없는데 군주는 나라를 위태롭게 하지 않고서는 이를 막을 수가 없다. 그들

∴

405) (옮긴이) 「창세기」 22:1~12.

중 한 명이 부재할 경우, 각 진영의 많은 사람들이 군대에서 사라지고 병사들이 불평을 하거나 어떤 큰 무질서를 야기하게 되는 것처럼 말이다. 따라서 이 경우 군주가 그들의 결투를 원하는 것은 아니라고 할 수 있다. 즉 군주는 결투가 일어날 것을 알지만 허용하는 것이다. 왜냐하면 그가 스스로 죄를 짓기보다는 타인의 죄를 허용하는 것을 선호하기 때문이다. 그러므로 신과 군주 간의 차이에 주의한다는 조건이라면, 이처럼 교정된 비유는 유용할 수 있다. 군주는 무능력하기 때문에 결투를 허용할 수밖에 없다. 더 강력한 군주는 그 모든 것들을 고려할 필요가 없을 것이다. 하지만 가능한 모든 것을 할 수 있는 신은 그 누구에게라도 더 잘하는 것이 절대적으로 불가능할 경우에만 죄를 허용한다. 군주의 행동은 아마도 슬픔과 후회를 수반할 것이다. 이 후회는 군주가 느끼는 자신의 불완전성에서 오는 것이다. 바로 여기에 불쾌감이 있는 것이다. 신은 불쾌감을 가질 수가 없으며 그럴 만한 이유도 없다. 신은 자기 자신만의 완전성을 무한히 느낀다. 그뿐 아니라 신에게는 피조물 각각의 불완전성이 전체의 관점에서 볼 때 완전성으로 전환되며 창조자에 대한 영광이 증가된다고 말할 수 있다. 광대한 지혜를 소유하고, 지혜로운 만큼 능력이 있고, 모든 것을 할 수 있으며 최선을 가지고 있을 때 더 무엇을 바랄 수 있겠는가?

166. 내가 보기에, 이와 같은 것들을 이해하고 나면 우리는 가장 강하고 힘이 넘치는 논박과의 싸움으로 충분히 단련된다. 나는 그런 논박을 숨기지 않았다. 그러나 너무 추악해서 우리가 단지 건드리기만 할 논박도 있다. 간쟁파[406] 사람들과 벨(『한 관구장의 질문들에 대한 답변』, 제3권, 152장 끝

∴

406) (옮긴이) 간쟁파에 관해서는 제1부, 77절 참조.

부분, 919쪽)은 "누군가를 동정하기 위하여 그의 불행을 바라는 것은 잔인한 자비심(misericordiam)이다"[407]라는 성 아우구스티누스의 말을 논거로 내세운다. 이들은 같은 의미에서 세네카의 『은혜에 관하여』 제1권 6부의 35장과 37장을 인용한다. 신이 죄를 허용하는 원인은 단지 대다수의 인간들을 처벌하는 정의를 실행할 계획과 소수의 선택된 자들에 대한 자비 때문이라고 생각하는 사람들에 반대하여 그러한 논거를 내세우는 것은 어느 정도 일리가 있으리라고 나는 인정한다. 그러나 신은 죄의 허용에 대한 근거를 가지고 있었으며, 그것들은 그에게 더욱 합당한 것이며, 우리와 관련해 볼 때는 더욱 심오한 것이었다고 판단해야 한다. 사람들은 감히 신의 방식을 칼리굴라가 가느다란 글씨체로 자신의 칙령을 써서 아주 높은 곳에 걸어놓고 읽을 수 없게 하는 방식에 비유했다. 또한 이익이 되는 자신의 목적을 이루기 위해 딸의 명예를 무시하는 어머니의 방식, 귀족들의 음모를 알아내기 위해 시녀들의 정사(情事)에 연루했다고 하는 카트린 드 메디시스[408] 여왕의 방식, 일반적으로는 처녀의 처형을 금지한 법이 특별한 사형 집행을 위해 세야누스[409]의 딸에게는 적용되지 않게 한 티베리우스의 방식에 비유했다. 이 마지막 비유는 피에르 베르티우스[410]가 내세운 것인데, 이때 그는 아르미니우스주의자였으나 결국에는 로마 교회에 속하게 되었다. 충격

∴

407) 벨은 "잔인한 자비심" 대신에 "잔인한 호의(benevolentiam)"라고 적고 있다.

408) (옮긴이) 카트린 드 메디시스(Catherine De Médicis, 1519~1589)는 프랑스 앙리 2세(재위 1547~1559)의 왕비다.

409) (옮긴이) 루치우스 세야누스(Lucius Aelius Sejanus, ?~31)는 티베리우스 황제(재위 14~37) 때 로마 제국의 최고 행정관이다.

410) 피에르 베르티우스(Pierre Bertius, 1565~1629)는 신학자, 역사가, 지리학자다. 자신의 아르미니우스적인 견해(주 177 참조)를 염려하여 프랑스로 피신했고, 프랑스에서 가톨릭으로 개종하고 루이 8세의 사료 편찬가로 임명되었다.

적이게도 신과 티베리우스가 비교되었는데, 이것은 벨이 지적하는 대로 안드레아스 카롤루스[411]에 의해 그의 『17세기의 기억해야 할 교회의 사건들』에서 길게 보고되었다. 베르티우스는 호마루스주의자들에 반대하여 그 같은 비유를 사용했다.[412] 내가 생각하기에 그러한 종류의 논거들은 신과 관련해서는 정의(正義)가 자의적인 것이라거나, 신이 무고한 이들에게 영겁의 벌을 내릴 수 있을 정도로 전제적 힘을 가진다거나, 마지막으로 선이 신의 행동의 동기가 아니라고 주장하는 이들에 반대할 때만 타당하다.

167. 같은 시기 호마루스주의자들에게 반대하는 『예정된 도둑』[413]이라 불리는 정교한 풍자도 만들어졌다. 여기에 등장하는 도둑은 교수형을 선고받은 자로서 자신이 행한 모든 악을 신의 탓으로 돌리고, 자신의 악행들에도 불구하고 구원에 예정되었다고 믿으며 이러한 믿음이 충분하다고 생각하고, 자신의 사형을 준비하려고 온 반(反)간쟁파 집행인을 대인 논증[414](對

..

411) 안드레아스 카롤루스(Andreas Carolus, 1632~1704)는 역사가이고 루터파 신학자다. 인용된 책 『17세기의 기념해야 할 교회의 사건들』은 튀빙겐에서 두 권으로(1697년과 1702년) 출간되었다.

412) (옮긴이) 아르미니우스와 호마루스의 논쟁에 관해서는 「신앙과 이성의 조화에 관한 서설」, 제56절, 제1부, 77절 참조.

413) 대화의 형태로 된 이 풍자문 『예정된 도둑』은 좀 더 아래에서 라이프니츠가 지적하는 것처럼 우선 플랑드르어로 출간되었고(안트베르펜, 1619), 그 후에는 라틴어로 출간되었다(런던, 1651). 이 저작은 앙리 슬라티우스(Henri Slatius, 1580~1623)의 것으로 간주된다.

414) (옮긴이) 대인 논증(argumentum ad hominem)은 "어떤 사람의 지위라든가 직업, 성격, 주의 등을 이용하여 그 인물을 논란(論難)하거나 치켜세우는 잘못된 논증"을 말한다. "예를 들면, '저 사람은 성공한 실업가이므로, 당신에게 나쁜 것을 가르치지 않는다'라든가, '저 사람은 단순 노무자이므로, 정당한 사람일리는 없다'라는 식의 논의"다(『철학사전』, 임석진 외, 중원문화, 2008, '대인 논증', 122~123쪽). 위의 본문은 도둑이 반 간쟁파의 집행인의 '주의(主義)'를 이용하여 그를 공격했다는 것을 암시하고 있다.

人論證, arguments ad hominem)으로 공격한다. 그런데 이 범죄자와 집행인의 나약함을 안타깝게 여긴 간수가 은밀하게 데려온 옛 목사가 아르미니우스주의를 논고로 증언함에 따라, 도둑은 마음을 바꾸게 되었다. 이 소책자에 대한 반박이 있었으나 풍자에 대한 반박은 결코 풍자만큼은 만족스럽지 않게 마련이다. 벨은 이 책이 크롬웰 시대의 영국에서 인쇄되었다고 말하는데(『한 관구장의 질문들에 대한 답변』, 제3권, 154장, 938쪽), 그것이 훨씬 오래된 플랑드르어 원본의 번역본이라는 것은 몰랐던 것 같다. 벨은 이에 대해 1657년 옥스퍼드에서 조지 켄들[415] 박사가 『법정 앞에 선 도둑』이라는 제목의 논박을 제시했으며 여기에는 대화가 게재되어 있다고 덧붙여 말한다. 이 대화가 전제하는 바에 따르면, 반간쟁파 사람들은 신을 악의 원인으로 간주하고, 선을 행하든 악을 행하든 관계가 없으며, 우리가 예정되었다고 생각하는 것만으로도 충분히 예정된다고 하는 일종의 마호메트식의 예정을 가르친다고 하는데, 이는 사실과 다르다. 그들은 그렇게까지 멀리 가지 않았다. 하지만 이들 중에는 신의 정의(正義)에 대해 또 인간에게서 경건과 도덕의 원리에 대해 제대로 설명하지 못하는 몇몇 타락 전 예정론자들[416] 그리고 다른 사람들이 있다. 그들은 신에게서 전제주의를 보며, 인간이 신의 선택의 절대적 확실성에 대해 근거 없이도 확신할 것을 요구하는데, 이는 위험한 결과를 낳을 수 있다. 그러나 신은 우주에 대한 가능한 모든 관념 가운데 선택한 최선의 구도를 산출하고, 인간은 그 안에서 피조물들의 근원적 불완전성으로 인해 자유 의지를 남용하여 불행에 빠지게 되며, 신은 자신의 완전성이 유출된 것이나 마찬가지인 우주의 완전성이 허용하는

••

415) 조지 켄들(George Kendall, 1610~1663)은 장로교파 신학자로서 아르미니우스주의의 반대파다.
416) (옮긴이) 제1부, 82~84절 참조.

한 죄와 불행을 막는다. 이러한 점을 인정하는 모든 이들은, 내가 말하건 대 신의 의도가 가장 올바르고 가장 성스러우며, 죄가 있는 존재는 피조물 뿐이고, 피조물의 제한이나 근원적 불완전성이 피조물의 악의의 원천이며, 자신의 악한 의지만이 불행의 원인임을 더욱 분명하게 보여준다. 또 그들 은 신의 자녀들의 성스러움에 예정되지 않고서 우리는 결코 구원에 예정될 수 없으며, 선택받고자 가질 수 있는 모든 희망은 신의 은총을 통해 우리가 느끼는 선한 의지에 근거할 수 있을 뿐임을 더욱 분명하게 보여준다.

168. 또한 도덕적 악의 도덕적 원인에 대한 나의 설명에 반대하여 제시 된 형이상학적 고찰이 있다. 그러나 그것들은 나를 덜 혼란스럽게 한다. 나는 도덕적 근거에서 도출된 더 강한 논박을 이미 물리쳤기 때문이다. 그 형이상학적 고찰은 **가능**과 **필연**의 본성과 관련된다. 그것들은 내가 신은 가능한 모든 우주 가운에 최선의 우주를 선택했다고 제시한 근거에 반대 되는 것이다. 오직 실제로 일어나는 일만이 가능한 것이라고 주장한 철학 자들이 있었다. 모든 것은 절대적으로 필연적이라고 믿었거나 혹은 그렇 게 믿을 수 있었던 이들도 바로 이 철학자들이다. 몇몇 사람들은 사물들이 현존하는 원인에서 동물적이고 맹목적인 필연성을 인정했기 때문에 그러 한 견해를 가지고 있었다. 이들이야말로 누구보다도 더 무너뜨려야 할 만 한 이유가 있다.[417] 하지만 단지 용어를 남용해서 오류를 범하는 다른 이들

••

417) (옮긴이) 특히 라이프니츠는 스피노자의 필연론에 반대한다. 스피노자에 따르면 신의 지성 은 신의 본질을 구성하지 않는 양태 혹은 결과이므로, 이 세계는 지성에 의해 미리 구상되 고 산출된 것이 아니다. 신은 자신의 절대적 본성의 필연성에 의해서 행동하기 때문에, 선 이나 지성 같은 규범에 따라 결정하지 않는다. 이 때문에 라이프니츠는 맹목적 필연성을 주장하는 학설은 신의 지혜와 선을 박탈한다고 보고, 철저하게 반대 입장을 표명한다.

도 있다. 그들은 도덕적 필연성을 형이상학적 필연성과 혼동한다. 그들은 신이 최선을 행하지 않을 수 없어서 신의 자유가 박탈되며, 철학자 및 신학자들이 피하고자 하는 필연성이 사물들에 부여된다고 생각한다. 이 저술가들은 신이 최선을 선택하고 실현한다는 데 실제적으로 동의하기 때문에, 그들과는 용어에 관한 논쟁이 있을 뿐이다. 그러나 더 멀리 나아가는 이들도 있다. 이들은 신이 더 잘할 수도 있었을 것이라고 생각한다. 이러한 견해는 배척되어야 한다. 이 견해는 맹목적인 필연성을 주장하는 저술가들의 경우처럼 신의 지혜와 선을 완전히 박탈하는 것은 아니지만, 신의 지혜와 선에 한계를 설정하기 때문이다. 이는 신의 최상의 완전성에 손상을 가하는 것이 된다.

169. 일어나지 않는 일들의 가능성에 관한 문제는 이미 고대인들에 의해 검토되었다. 아리스토텔레스 이후에 에피쿠로스는 자유를 보존하고 절대적 필연성을 피하기 위해, 미래의 우연적 사건들은 결정된 진리를 지닐 수 없다고 주장한 것으로 보인다. 오늘 내가 글을 쓰리라는 것이 어제 참이었다면, 이는 일어나지 않을 수 없었다. 이 일은 이미 필연적이었던 것이며, 같은 이유로 영원으로부터 필연적이었던 것이다. 따라서 일어나는 모든 일은 필연적이며, 다른 방식으로 진행된다는 것은 불가능하다. 그러나 에피쿠로스에 따르면, 그 사건은 현재 일어난 것이 아니므로 미래의 우연적 사건들은 결정된 진리를 지닐 수 없다는 사실이 도출될 것이다. 이 같은 견해를 주장하면서 에피쿠로스는 이성의 진리의 제일 원리이자 가장 위대한 원리를 부정하게 된다. 모든 명제는 참이거나 거짓임을 그는 부정한 것이다. 그가 어떻게 극단적으로 나아가게 되었는지 보자. 내가 오늘 글을 쓰리라는 것이 어제 참이었음을 부정할 경우, 내가 오늘 글을 쓰리라는 것은 거짓

이다. 순진한 사람은 그러한 결론을 인정할 수가 없어서 그것이 참도 아니고 거짓도 아니라고 말할 수밖에 없다. 이제 그는 논박당할 필요가 없다. 키케로가 자신의 책 『운명론』에서 전하는 바에 따르면, 크리시포스[418]는 모순에 대한 대원리를 확증하기 위해 그가 들였던 수고에서도 해방될 수 있었다. "크리시포스는 잔뜩 긴장하여 모든 공리는 참이거나 거짓이라는 점을 온몸으로 설득하려고 한다. 마찬가지로 에피쿠로스는 이 점을 인정하게 되면, 일어나는 모든 일이 운명의 결과가 된다는 것을 또한 인정해야 한다는 점을 걱정한다. 실제로 두 모순되는 명제 중 하나가 영원히 참이면 그것은 결정된다. 그것이 결정되면 그것은 필연적인 것이다. 따라서 에피쿠로스가 보기에 이는 필연성과 운명의 확립인 것이다. 마찬가지로 크리시포스는 모든 명제는 참이거나 거짓이라는 사실을 유지하지 않으면, 모든 것이 운명의 결과이고 영원히 미래를 결정하는 원인들에서 비롯함을 인정할 수 없다는 점을 걱정한다."[419] 벨은 이에 대해 다음과 같이 지적한다(『역사와 비판 사전』, 에피쿠로스 편, 각주 T, 1141쪽). "이 두 위대한 철학자(에피쿠로스와 크리시포스)는 둘 모두 **모든 명제는 참이거나 거짓이다**라는 준칙의 진리가 숙명(fatum)이라고 불리는 것과는 무관하다는 점을 이해하지 못했다. 따라서 이 준칙의 진리는 크리시포스가 주장하고 에피쿠로스가 걱정하는 대로, 숙명의 현존을 입증하는 것으로 사용될 수가 없다. 크리시포스는 스스로 오류를 범하지 않고서는 참도 거짓도 아닌 명제들이 있다고 인정할 수가 없었다. 그렇다고 그 반대를 확립함으로써 얻은 것도 없다. 왜냐하면 자유로운 원인들이 있건 없건 간에, **무굴 대왕이 내일 사냥을 갈 것이다**라는 명제가

••

418) (옮긴이) 크리시포스(Chrysippos)는 기원전 3세기에 활약한 그리스 철학자. 스토아철학을 체계화했다.
419) 키케로, 『운명론』, X, 21쪽.

참이거나 거짓임은 역시 사실이기 때문이다. 내가 말할 모든 것은 일어나거나 일어나지 않을 것이다. 위대한 아폴론이 내게 예언 능력을 주시기 때문이다라는 티레시아스[420]의 말이 우스꽝스럽게 간주된 것은 일리가 있다. 불가능한 일이겠지만, 혹시 신이 존재하지 않는다고 해도 최고로 미친 자가 예언할 모든 것은 일어나거나 일어나지 않을 것이다. 이 점에 대해서는 크리시포스와 에피쿠로스 모두 주의를 기울이지 않았다.” (벨이 같은 쪽의 끝부분에서 지적하는 것처럼) 키케로는 『신에 관하여』 제1권에서 에피쿠로스주의자들의 핑계에 대해 그러한 답변에 의거하기보다는 반대자에게 답을 할 수 없다고 인정하는 것이 훨씬 덜 부끄러운 일이라고 매우 적절하게 평가했다. 그러나 벨이 최선의 선택은 사물들을 필연적으로 만든다고 주장했을 때, 벨 자신도 확실한 것과 필연적인 것을 혼동했음을 우리는 보게 될 것이다.

170. 이제 일어나지 않는 일들의 가능성에 대해 살펴보고, 다소 장황하지만 벨이 직접 한 말들을 제시해보자. 그는 그 가능성에 대해 『역사와 비판 사전』에서(크리시포스 편, 주S, 929쪽) 다음과 같은 방식으로 말한다. “가능한 일과 불가능한 일에 관한 매우 유명한 논쟁은 운명과 관련된 스토아주의자들의 학설 때문에 생겨났다. 일어나지 않았고 또 일어나지 않을 일 가운데 가능한 일들이 있는지, 일어나지 않는 모든 일, 결코 일어나지 않았던 모든 일, 결코 일어나지 않을 모든 일은 불가능한지의 여부가 문제였다. 디오도로스[421]라고 불리는 메가라학파의 유명한 변증법 교사는 이 두

●●

420) (옮긴이) 티레시아스(Tiresias)는 그리스 신화의 예언자이다.
421) 디오도로스(Diodoros Cronos, 기원전 296년경 사망)는 메가라학파의 유명한 변증법 교사로서, 절대적 필연주의에 유리한 쪽의 지배적 논증이라 불리는 논증을 발명했다(에픽테토스, 『담화록』, 제2권, 19장 참조).

문제 중 첫 번째에 대해 부정하고 두 번째에 대해서는 긍정했다. 그러나 크리시포스는 그를 강하게 공격했다. 다음은 키케로의 두 구절이다(『서간집』, 제4권; 「친구에게」 제9권). '가능한 일들에 관해 나는 디오도로스의 견해를 따른다는 것을 알아두어라. 그렇기 때문에, 만일 네가 와야 한다면 네가 온다는 것은 필연적임을 알아두어라. 이제 크리시포스의 학설과 이 학설 중 어떤 것을 선호할지는 너에게 달려 있다. 우리의 친애하는 디오도로스(키케로의 집에 오래 머물렀던 스토아주의자)는 그 학설을 소화할 수가 없었다.'[422] 이것은 키케로가 바로(Varro)에게 쓴 편지에서 발췌한 것이다. 키케로는 작은 책『운명론』에서 그 문제에 관한 모든 것을 매우 상세하게 설명하고 있다. 몇몇 부분을 인용하고자 한다. '너의 주장을 저버리지 않으려거든 조심하라, 크리시포스, 디오도로스가 위대한 변증법을 가지고 너와 격렬하게 벌이고 있는 논쟁을 포기하지 않도록 조심하라. …… 그러므로 미래에 거짓이라고 말해지는 것은 모두 일어날 수 없을 것이다. 그러나 크리시포스, 너는 특히 이 점을 받아들이지 마라, 바로 그 점에 대해 너와 디오도로스의 논쟁이 진행된다. 실제로 디오도로스는 참인 것 혹은 미래에 참이 될 것만이 가능하다고 인정한다. 또 그는 미래에 일어날 모든 일은 필연적이라고 말하며, 미래에 일어나지 않을 모든 일은 불가능한 것이라고 말한다. 크리시포스, 너는 미래에 일어나지 않을 일들도 가능하다고 말한다. 예를 들어 이 보석이 결코 깨지지 않을 것이 분명함에도 그것이 깨질 수 있다고 말하며, 아폴론의 신탁이 천 년 전에 예언한 것임에 불구하고 키프셀로스가 코린트의 왕이 된 것이 필연적이 아니었다고 말한다. 디오

••

422) 라이프니츠는 키케로 인용문의 두 번째 문장 '…… 알아두어라'와 세 번째 문장 '이제 ……' 사이의 다음 문장을 건너뛰었다. "그러나 네가 오지 않아야 한다면, 네가 온다는 것은 불가능하다."

도로스의 주장은 참인 것 혹은 미래에 참이 될 것만이 가능하다는 것이다. 이 점은 다음의 문제와 연관된다. 필연적이지 않았던 일은 아무것도 일어나지 않는다. 가능한 모든 일은 이미 있는 일이거나 미래에 있게 될 일이다. 과거에 있었던 일을 바꿀 수 없는 것처럼, 미래에 있게 될 일도 참에서 거짓으로 바꿀 수 없다. 그런데 과거에 있었던 일이 변할 수 없다는 것은 자명하지만 미래에 있게 될 일이 변하지 않는다는 것은 몇몇 경우에 자명하지 않으며, 심지어 사실 같아 보이지도 않는다. 예를 들어 치명적인 병으로 고통받는 사람에 대해 **그는 이 병으로 죽을 것이**라고 말하는 것은 참이다. 그러나 이 같은 긍정이 그토록 위중하지 않은 병에 걸린 사람에 대해서도 참이라면, 이 긍정 역시 실현될 것이다. 이로부터 참이 거짓으로 변화하는 것은 미래의 경우에도 불가능하다는 사실이 도출된다.'[423] 키케로는 크리시포스가 이 논쟁에서 자주 곤경에 빠졌음을 충분히 이해시키고 있다. 이에 대해 놀랄 필요가 없다. 크리시포스가 취한 입장은 운명에 관한 자신의 이론과 연결되지 않기 때문이다. 그가 만일 일관성 있게 추론할 줄 알고 과감하게 그렇게 추론하고자 했다면, 디오도로스의 모든 가설을 진심으로 채택했을 것이다. 이 점에 대해서 사람들은 크리시포스가 영혼에 부여한 자유와 그의 원기둥의 비유가 근본적으로 인간 의지의 모든 행위가 운명의 불가피한 귀결이 되는 것을 막지 못했음을 볼 수 있었다. 이로부터, 일어나지 않는 모든 일은 불가능하며 현재 이루어지는 것만이 가능하다는 귀결이 나온다. 플루타르코스는 이 점에 대해서, 또 디오도로스와의 논쟁에 대해서도 크리시포스를 철저하게 무너뜨리며, 가능성에 대한 그의 견해는 운명에 대한 학설과 전적으로 대립되는 것이라고 주장한다(『스토아

∴

423) 『운명론』, VI-12, VII-13, IX-17.

주의자들의 모순에 관한 논문』, 1053, 1054쪽). 가장 저명한 스토아주의자들이 이 문제에 관해 서로 다른 방향에서 글을 썼다는 사실에 주목해야 한다. 아리아노스는 가장 저명한 스토아주의자로 넷을 꼽는데 크리시포스, 클레안테스, 아르키메데스, 안티파트로스가 그들이다[424](『에픽테토스』, 제2권, 19장, 166쪽[425]). 아리아노스는 이 논쟁을 강하게 멸시했으며, 질 메나주[426]는 가능한 것들에 관한 크리시포스의 저작에 존중을 표한 작가로 아리아노스를 인용하지 말았어야 했다(『디오게네스 라에르티오스』에서 메나주가 아리아노스에 대해 존중을 표한 것으로 인용됨, 제1권, 7장, 341행). 왜냐하면 **크리시포스는 가능한 것들에 관한 논문의 제1권에서 훌륭한 글을 썼다**라는 말은 분명히 그 부분에서는 칭찬이 아니기 때문이다. 전후 맥락을 보면 그 점은 드러난다. 할리카르나소스의 디오니시오스[427]는 크리시포스의 두 논문을 언급하는데 (『단어배치론』, 제17장, 11쪽), 이것들은 다른 내용을 예상하게 하는 제목으로서 논리학자들의 영역을 다루었다. 저작은 『변론 부분들의 배치론』이며,

· ·

424) (옮긴이) 아리아노스(Arrianos, ?~180경)는 이탈리아 로마 제정 시대 그리스의 스토아 철학자 에픽테토스(50?~138?)의 제자.

425) 참조되고 있는 것은 에픽테토스의 제자 아리아노스가 정리하고 집필한 『담화록』이다. 클레안테스(Kleanthes, 기원전 300~225)는 스토아학파를 세운 키티움의 제논의 제자이자 계승자다. 크리시포스는 클레안테스의 계승자다. 타르수스의 아르키메데스(Archimedes)는 기원전 2세기의 스토아주의자다. 타르수스의 안티파트로스(Antipatros) 역시 기원전 2세기의 스토아주의자다.

426) 질 메나주(Gilles Ménage, 1613~1692)는 박식한 학자이자 뛰어난 지성으로서, 1692년 암스테르담에서 출간된 디오게네스 라에르티오스의 저작에 대한 의견을 제시했다. 좀 더 아래에서 암시된 것은 에픽테토스의 『담화록』, II, 19, 9이다. 벨의 의견은 완벽한 근거가 있는 것이다.

427) 할리카르나소스의 디오니시오스(Dionysios, 기원전 54~8)는 역사가, 수사학자, 문학비평가다. 인용된 텍스트는 폰 아르님(Von Arnim)의 『초기 스토아주의자들의 단편들』(제2권, 단편 206 a)에 엮여 있다.

참되고 거짓된 명제들, 가능하고 불가능한 명제들, 우연적 명제들, 모호한 명제들 등 스콜라학파에서 되풀이해서 다루고 그 정수를 보여준 영역만을 다루었다. 크리시포스는 이미 일어난 일들은 필연적으로 참된 것이라고 인정했으며, 클레안테스는 이를 결코 받아들이지 않고자 했다는 점이 지적되어야 한다(아리아노스, 위의 책, 165쪽). 일어난 모든 일이 필연적으로 참이라는 것은 맞지 않다. 이것이 클레안테스학파의 견해로 보인다. 우리는 앞에서 아벨라르가 디오도로스와 유사한 견해를 가르쳤다고 사람들이 주장한 사실을 보았다. 나는 스토아주의자들이 숙명에 관한 그들의 이론에서 도출될 혐오스럽고 끔찍한 결과를 완화하기 위해, 미래의 것보다는 가능한 것들에 외연을 더 넓게 부여했다고 생각한다."

방금 위에서 인용된 것을 키케로가 바로에게 쓴 것으로 보아(『서간집』, 제4권; 「친구에게」, 제9권) 그가 디오도로스의 견해의 귀결을 충분히 이해하지 못했음이 나타난다. 그가 디오도로스의 견해를 선호한다고 하니 말이다. 키케로는 자신의 『운명론』에서 여러 저술가들의 견해를 제대로 나타내고 있다. 그러나 키케로가 그들이 사용한 근거들을 항상 덧붙이지 않은 것은 안타까운 일이다. 『스토아주의자들의 모순에 관한 논문』에서 플루타르코스는, 그리고 벨은 크리시포스가 디오도로스의 견해를 따르지 않는 것에 대해 놀라워한다. 크리시포스는 숙명을 선호하기 때문이다. 하지만 크리시포스와 그의 스승인 클레안테스도 이 점에 대해서는 사람들이 생각하는 것보다 더 합리적이었다. 이 점은 아래에서 드러날 것이다. 문제는 과거가 미래보다 더 필연적인지의 여부다. 클레안테스는 과거가 미래보다 더 필연적이라는 견해를 따랐다. 이에 대해 과거가 일어난 것이 가정적으로(ex hypothesi) 필연적인 것처럼 미래가 일어나는 것도 가정적으로 필연적이라는 논박이 있다. 그런데 과거의 상태에 작용을 가하는 것은 가능하지 않으며 또한 그것은 모순이라는 점과 미래에 대해서는 일정한 영향을 가하는 것이 가능하다는 점에서 차이가 있다. 그러나 두 경우의 가정적 필연성은 모두 동일한 것이다. 과거는 변할 수 없고, 미래는 변하지 않을 것이라는 사실이 일단 정립되면 미래도 역시 변할 수 없을 것이다.

171. 유명한 피에르 아벨라르[428]가 신이 자신이 행하는 것만을 행할 수 있다고 말했을 때, 피에르는 디오도로스와 견해가 비슷했다. 이는 상스공의회[429]에서 검열당하고 금지된 그의 저작들에서 발췌한 14명제 가운데 세 번째 명제다. 이것은 특히 신의 능력에 대해 다루는 그의『신학 입문』제3권에서 발췌한 것이다. 이에 대해 그가 제시하는 근거는 신은 자신이 원하는 것만을 할 수 있기 때문이라는 것이었다. 그런데 신은 자신이 행하는 것과 다른 것을 행하기를 원할 수는 없다. 신이 적절한 모든 것을 원한다는 것은 필연적이기 때문이다. 그러므로 신이 행하지 않는 것은 적합한 것이 아니며, 신은 그것을 행하기를 원할 수 없으며, 결과적으로 그것을 행할 수 없다는 결론이 나온다. 아벨라르는 이 견해가 자기만의 것이고, 그것을 따르는 이는 거의 아무도 없으며, 그것은 성자들의 학설 및 이성과 대립되고 신의 위대함에 어긋나는 것 같다고 스스로 고백한다. 이 저자는 다소 과장적으로 다른 사람들과 다르게 말하고 생각하려는 성향을 가진 듯하다. 그것은 근본적으로는 말에 관한 논쟁에 불과했고, 아벨라르는 용어의 사용법을 바꿀 뿐이었기 때문이다. 능력과 의지는 서로 다른 기능[430]이며 그 대상 역

∵

428) 주 198 참조.
429) (옮긴이) 1140년에 열린 공의회.
430) (옮긴이) 여기서 '능력'은 puissance의 번역어이고, '기능'은 faculté의 번역어이다. faculté도 역시 '능력'으로 번역하면 좋겠지만, 앞의 '능력'과 혼동될 우려 때문에 '기능'으로 옮긴다.

시 다르다. 신은 자신이 원하는 것만을 할 수 있다고 말하는 것은 능력과 의지를 혼동하는 것이다. 이와 완전히 반대로, 신은 여러 가능한 것 중 자신이 최선이라고 생각하는 것만을 원한다. 가능한 모든 것은 신의 능력의 대상으로 간주되지만, 현재 현존하는 것들은 신이 결정을 내리는 의지의 대상으로 간주되기 때문이다. 아벨라르 자신도 이를 인정했다. 그는 자기 자신에게 다음과 같은 논박을 한다. 즉 신으로부터 버림받은 사람은 구원될 수 있다. 그러나 신이 그를 구원하지 않으면 구원될 수 없다. 따라서 신은 그를 구원할 수 있는 것이며, 결과적으로 자신이 행하지 않는 어떤 것을 행할 수 있다. 이에 대해 아벨라르는 다음처럼 대답한다. 즉 그 사람은 구원을 받을 수 있는 인간 본성의 가능성에 비추어볼 때는 구원될 수 있다고 말할 수 있으나, 신이 스스로 하지 말아야 할 것을 하는 것은 불가능하기 때문에 신 자신에 비추어볼 때는 신이 그를 구원할 수 있다고 말할 수는 없다는 것이다. 그러나 아벨라르가 인정하는 바에 따르면, 절대적으로 말해서 그리고 영겁의 벌에 대한 가정을 제외하고 볼 때, 그렇게 버림받은 사람은 구원될 수 있으며 따라서 신이 행하지 않는 것이 자주 이루어질 수 있다고 말하는 것도 일정한 의미에서는 매우 적절하다고 할 수 있다. 그렇기 때문에 다른 이들이 신은 그 사람을 구원할 수 있고 자신이 행하지 않는 것을 행할 수 있다고 말할 때, 그들은 아벨라르와 다르게 생각하지 않은 것이고, 아벨라르는 그들처럼 말할 수 있었던 것이다.

172. 콘스탄츠공의회에서 정죄된 위클리프[431]의 필연성이라는 것도 이

∵

431) 주 198 참조. 콘스탄츠 공의회(1417)는 위클리프의 사상을 그의 계승자인 체코인 얀 후스 (Jan Hus)에게 체화된 것으로 간주하여 정죄했다.

같은 오해에서 비롯한 것일 뿐이다. 나는 뛰어난 사람들이 이유 없이 새롭고 충격적인 표현들을 사용하고 싶어할 때, 진리에도 해롭고 자기 자신에게도 해로운 일을 하게 된다고 생각한다. 오늘날은 그 유명한 홉스가 일어나지 않는 일은 불가능하다[432]는 동일한 견해를 옹호한다. 그는 이를 입증하는데, 현존하지 않을 것을 위해 요청된 모든 조건들(omnia rei non futurae requisita)이 함께 나타나는 일은 결코 일어나지 않으며, 이러한 일 없이는 그것이 현존할 수 없기 때문이라는 것이다. 그러나 이와 같은 것이 단지 가정적 불가능성만을 입증할 뿐이라는 것은 당연하지 않겠는가? 한 사물의 현존에 요청되는 조건이 충족되지 않을 때, 그것이 현존할 수 없음은 사실이다. 하지만 우리가 그것이 현존하지 않아도 현존할 수 있다고 말할 수 있다는 점을 주장하듯이, 마찬가지로 우리는 현존을 위해 요청된 조건들이 현존하지 않아도 현존할 수 있다고 말할 수 있다는 점을 주장한다. 따라서 홉스의 논증으로 변하는 것은 없다. 홉스가 만물의 절대적 필연성을 가르쳤다는 사람들의 견해는 그의 가치를 매우 떨어뜨렸으며, 비록 그것이 그의 유일한 오류였다고 할지라도 홉스에게 해가 되었을 것이다.

173. 스피노자는 더 멀리 나아갔다. 그는 조물주가 지성과 의지를 갖는다는 것을 부정하고, 선과 완전성은 인간에게나 관계되지 조물주에게 관계되는 것이 아니라고 생각함으로써 맹목적 필연성을 명백하게 주장한 것 같다.[433] 이 주제에 관한 스피노자의 견해에는 모호한 점이 있다는 것이 사

---

432) (옮긴이) 이 구문은 어떤 일이 일어나지 않을 수 없다는 뜻이 아니라, 일어나지 않는 일은 불가능하게 되어 있는 일이라는 뜻이다.

실이다. 왜냐하면 스피노자는 신에게서 지성을 박탈하고 나서도 사유를 신에게 부여하기 때문이다.[434] 그는 신의 지성은 인정하지 않으나 사유는 인정한다(cogitationem, non intellectum concedit Deo). 심지어 그는 곳곳에서 필연성의 문제에 관해 유연한 모습을 보이기도 한다. 그럼에도 불구하고, 스피노자를 이해할 수 있는 한도 내에서 보면, 엄밀히 말해 그는 신의 선을 인정하지 않으며, 만물은 신의 선택이 전혀 없는 가운데 신적 본성의 필연성에 의해 현존한다고 주장한다.[435] 나는 이토록 유해하고 심지어 설명 불가능한 견해를 논박하기 위해 시간을 헛되이 보내지는 않을 것이다. 나의 견해는 가능한 것들, 즉 모순을 함축하지 않는 것들의 본성을 기초로 하여 확립된 것이다. 나는 스피노자주의자가 상상 가능한 모든 소설들의 내용이 실제로 우주의 어느 곳에 지금 존재하거나 존재했거나 혹은 존재할 것이라고 말하리라고는 생각하지 않는다. 그러나 드 스퀴데리의 소설이나 『옥타비아』 같은 작품이 가능하다는 점을 부정할 수는 없을 것이다.[436] 그

••

433) (옮긴이) 스피노자는 지성을 통해 창조할 세계를 구상하고 의지와 능력을 통해 세계를 창조하는 인격신 개념과 이 개념에 근거하는 창조론을 부정한다. 스피노자는 인격신 개념에서 신 안에서의 간극과 결여와 불완전성을 보고 있기 때문에, 세계가 지성에 의해 미리 구상되고 의지나 능력에 의해 논리적으로든 존재론적으로든 나중에 실현되는 방식을 받아들일 수 없다. 달리 말하면, 그가 인정하는 신은 지성이나 의지를 본질로 갖는 신이 아니다. 이 세계는 여러 세계 가운데 선택된 세계가 아니라 유일한 전체일 뿐이다. 이 세계는 어떤 지성에 의해 미리 생각되고 창조된 것이 아니라, 계획과 실현 간의 그 어떠한 간극도 없이 그 자체로 영원으로부터 존재하는 것이다. 라이프니츠에 따르면 스피노자의 신은 결국 이유 없이 행동하는 신이며, 전제 군주나 폭군과 다르지 않다.

434) (옮긴이) 스피노자에 따르면 사유는 신의 본질을 구성하는 무한한 속성 중 하나다. 반면 지성은 사유의 결과 혹은 양태에 불과하므로 신의 본질을 구성하지 않는다.

435) (옮긴이) 스피노자가 인정하는 신은 창조할 세계를 지성에 의해 미리 구상하고 의지를 통해 실현하지 않는다. 즉 신이 존재하면서 동시에 세계가 존재한다. 결국 세계는 신의 절대적 본성의 익명적 힘에 의해 존재할 뿐이다.

러하니 내 생각과 충분히 일치하는 벨의 다음과 같은 말(390쪽)로 스피노자주의자에게 논박하고자 한다. "오늘날 스피노자주의자들에게는 커다란 곤란함이 있는데, 그것은 자신들의 가설에 따라 2+2=6이 불가능한 것처럼, 예를 들어 스피노자가 헤이그에서 죽지 않았다는 것이 영원히 불가능했다는 점을 아는 것이다. 그들은 이것이 자신들이 내세운 이론의 필연적 귀결이면서 상식과 정반대로 대립되는 부조리를 내포하기 때문에 정신들을 불쾌하고 놀라게 하며 반감을 일으킨다는 것을 제대로 의식하고 있다. 그들은 모순을 함축하는 모든 것은 불가능하고 모순을 함축하지 않는 것은 가능하다는 준칙과 같은 보편적이고 명증적인 준칙을 자신들이 전복하고 있음이 사람들에게 알려지는 것을 편치 않게 여긴다."[437]

174. 벨에 대해서는 오리게네스에 관한 평가처럼 그가 **잘못할 때는 누구도 그보다 더 잘못할 수는 없다**고 말할 수는 없겠지만, 그가 **뛰어날 때는 누구도 그보다 더 뛰어날 수는 없다**고 말할 수 있다. 나는 바로 위에서 준칙으로 제시된 것이 바로 **가능과 불가능의 정의(定義)**라는 것만을 덧붙이겠다. 그러나 벨은 자신이 그토록 설득력 있게 말한 것에 다소 흠집을 내는 한 구절을 끝부분에 덧붙인다. "그런데 스피노자가 라이덴에서 죽는다면 어떤 모순이 있는 것일까? 자연이 덜 완전하고 덜 지혜롭고 덜 능력 있게 될 것인

∵

436) 드 스퀴데리(De Scudéry, 1607~1701)는 유명한 여류 작가로서, 정교한 소설을 여럿 썼다. (옮긴이) 『옥타비아』는 1세기에 쓰인 라틴어 비극이다. 세네카가 저자로 알려져 있다.

437) (옮긴이) 실제로 스피노자에 따르면 신은 자신의 절대적 본성의 필연성에 의해 만물을 산출하고 작동시키므로, 만일 사물들이 이미 산출되고 작동하는 방식과 다른 방식으로 산출되고 작동할 수 있었다는 것은 신의 본성을 파괴하는 것이 된다. 그렇기 때문에 스피노자는 세계의 필연성을 항상 주장한다. "사물은 산출된 것과 다른 어떤 방식, 다른 어떤 질서에 의해서도 신으로부터 산출될 수 없었다."(『에티카』, 제1부, 정리 33)

가?" 여기서 벨은 모순을 함축하기 때문에 불가능한 것과, 선택될 만한 것이 아니기 때문에 일어날 수 없는 것을 혼동한다. 스피노자가 헤이그가 아닌 라이덴에서 죽었다고 가정해도 아무런 모순이 없으리라는 것은 사실이다. 그것은 전적으로 가능했던 일이다. 따라서 신의 능력과 관계해서는 아무런 차이도 없는 일이었다. 하지만 모든 사건은 그것이 아무리 작은 사건일지라도 신의 지혜와 선과 관련하여 무차별적인 것으로 생각될 수 있다고 상상해서는 안 된다. 예수 그리스도는 우리의 머리털까지 모두 헤아려졌다고 신적으로 말했다. 따라서 벨이 말하는 그 사건이 이미 일어난 것과 다른 방식으로 일어나는 것은 신의 지혜에 의해 허용되지 않은 것이다. 그러나 그 사건은 그 자체로 선택될 만한 가치를 가진 것이 아니라, 선호될 만하도록 우주의 전체 계열과 연결되기 때문에 선택된 것이다. 일어난 일이 신의 지혜와 무관하며, 따라서 그 일이 필연적이라고 추론하는 것은 거짓을 가정하는 것이며 잘못된 방식으로 참된 결론을 도출하는 것이다. 이는 도덕적 필연성, 즉 지혜와 선의 원리에 의해 필연적인 것을 그 반대가 모순을 함축할 때 일어나는 형이상학적이고 동물적인 필연성에 의해 필연적인 것과 혼동하는 것이다. 또한 스피노자는 사건들에서 형이상학적 필연성을 찾았다. 그는 신이 (그가 우주와 관련해볼 때 공상이라고 간주한) 선이나 완전성에 의해 결정되지 않고, 마치 반원이 직각들만을 포함하면서 이에 대한 인식도 의지도 없는 것처럼 신이 자신이 지닌 본성의 필연성에 의해 결정된다고 생각했다. 유클리드가 지름의 양쪽 끝점과 반원의 현 위의 한 점을 연결한 두 직선에 의해 생기는 모든 각은 필연적으로 직각이며 그 반대는 모순을 함축한다고 제시했기 때문이다.

175. 다른 극단(極端)으로 간 사람들이 있다. 이들은 신의 본성을 필연성

의 멍에에서 해방시키겠다는 명목으로 신을 평형의 무차별성을 통해 전적으로 무차별적인 존재로 생각하고자 했다. 그들은 형이상학적 필연성이 신 **바깥에 있는 것들에 대한**(ad extra) 신의 작용과 관련해서 불합리한 만큼이나 도덕적 필연성은 신에게 합당하다는 사실을 고려하지 않는다. 현자로 하여금 제대로 행동할 수밖에 없게 하는 것은 훌륭한 필연성이며, 반면 선과 악에 대한 무차별성은 선과 지혜가 결여되어 있다는 표시다. 앞에서 제시된 것처럼 의지를 완벽한 평형 상태에 있게 하는 무차별성은 그 자체로 공상일 뿐 아니라, 결정적 이유[438]에 대한 대(大)원칙에 어긋나는 것이다.

176. 신이 선과 악을 자의적 결정에 의해 확립했다고 생각하는 이들은 순수한 무차별성이라는 이상한 견해와 더더욱 이상한 부조리에 빠지게 된다. 그들은 신에게서 선의 자격을 박탈한다. 신이 완전히 다른 것을 하면서도 똑같이 잘한 것이라면, 신이 행한 것에 대해 칭찬할 이유가 있겠는가? 또한, 예를 들어 새뮤얼 러더퍼드[439] 같은 여러 타락 전 예정론 신학자들이 그토록 이상한 생각에 동의한 것에 대해 나는 매우 자주 놀라곤 했다. 러더퍼드는 간쟁파들과의 논쟁이 가장 유행이었을 때 글을 썼던 스코틀랜드의 신학 교수다. 러더퍼드는 자신의 『은총을 위한 호교론적 훈련』에서 신과 관련해볼 때 신의 금지 이전에는 아무런 불의도 없으며 도덕적으로 악한 것도 없다고 적극적으로 말한다. 따라서 신의 금지 없이는 사람을 죽이건 구제하건, 신을 사랑하건 증오하건, 신을 찬양하건 모독하건 차이가 없다는 것이다.

∴

438) (옮긴이) 충족 이유율(raison suffisante)을 말한다. 제1부, 44절 참조.
439) 새뮤얼 러더퍼드(Samuel Rutherford, 1600~1661)는 반(反)아르미니우스파 신학자다. 인용된 책의 제목은 『신의 은총을 위한 호교론적 훈련』(1636)이다.

이처럼 비합리적인 것은 없다. 그리고 신이 실정법[440)을 통해 선과 악을 확립했다고 가르치는 것이나, 신의 결정 이전에 이미 선하고 정의로운 어떤 것이 있지만 신이 그것을 따르기로 결정하지 않았으며 신이 정의롭지 않게 행동하고 어쩌면 무고한 이들에게 영겁의 벌을 내리는 것을 막을 방법은 아무것도 없다고 주장하는 것은 거의 같은 말을 하는 것이고 거의 똑같이 신의 영예를 실추시키는 것이다. 정의가 자의적으로 또 아무런 동기도 없이 확립되었고, 제비뽑기를 하듯이 신이 일종의 운을 통해서 정의롭게 된 것이라면, 정의에 신의 선과 지혜는 드러나지 않으며 또한 신으로 하여금 정의에 애착을 갖게 할 것도 없다. 신이 우리가 정의와 선이라고 부르는 것을 순전히 자의적인 결정을 통해 아무 이유 없이 확립했거나 행했다면, 신은 그것들을 파괴할 수도 있고 그 본성을 바꿀 수도 있을 것이다. 그리하여 우리는 신이 정의와 선을 항상 지킬 것이라고 기대할 아무 이유도 없게 된다. 우리가 정의와 선이 근거에 기초한다고 가정할 때, 신이 선과 정의를 지킬 것이라고 말할 수 있는 것처럼 말이다. 신의 정의가 인간의 정의와 다르다거나, 즉 예를 들어 신의 법전에 무고한 이들을 영원히 불행하게 만드는 것이 정의로운 일이라고 쓰여 있다는 것도 거의 마찬가지일 것이다. 그러한 원칙에 따르면, 신이 자신의 말을 지켜야 할 의무도 전혀 없으며 그 이행에 대해 우리를 확신시켜줄 것도 전혀 없을 것이기 때문이다. 이 경우 합리적인 약속들이 지켜져야 한다는 정의의 법칙이 신에게서 다른 모든 법칙보다 침해 불가능한 것일 이유가 없지 않은가?

177. 다음의 세 교리, 즉 (1) 정의의 본성은 자의적이며 (2) 정의의 본성은

∵

440) (옮긴이) 제180~182절에서 신의 법에 대한 세밀한 설명이 제시된다.

고정적인 것이나 신이 그것을 지킬지는 확실하지 않으며 (3) 마지막으로 우리가 알고 있는 정의는 신이 지키는 정의가 아니라고 하는 이 세 교리는 서로 조금씩 다르기는 하지만, 모두가 우리에게 안식을 주는 신에 대한 신뢰 그리고 우리의 행복을 이루는 신에 대한 사랑을 파괴하는 것이다. 그러한 신이 폭군으로서 또 선한 사람들의 적으로서 정의를 사용하고, 우리가 악이라고 부르는 것을 즐기는 것을 막을 길은 전혀 없다. 그렇다면 그런 신이 정통파들의 유일한 선한 원리인 만큼, 마니교주의자들의 악한 원리가 아닐 이유가 있겠는가? 적어도 그러한 신은 중립적이고 두 원리 사이에 걸쳐 있거나, 심지어 때로는 한쪽에 때로는 다른 쪽에 있을 것이다. 이는 오로마스데스와 아리마니우스 중 하나가 더 강하고 능란해짐에 따라 둘이 차례로 군림한다고 말하는 것과 같은 일일 것이다. 이는 과거에 칭기즈칸과 그 후계자들하에서 자기 민족이 북부와 동양의 대부분을 지배했다는 말을 필경 소문으로 듣고서 몽고의 한 여인이 최근에 말한 것과 유사하다. 그녀는 이스브란츠[441]가 차르의 명령으로 타르타르족의 국가를 거쳐 중국에 갔을 무렵에 모스크바 사람들에게 말하기를, 몽고인들의 신은 하늘에서 쫓겨났으나 다시 자리를 되찾게 될 것이라 했다 한다. 진정한 신은 언제나 같다. 하물며 자연 신학도 신은 능력이 있는 만큼 본질적으로 선하고 지혜롭다고 주장한다. 신이 인식 없이 행동한다고 말하는 것이나, 신이 그의 목적 가운데 선과 정의의 영원한 규칙을 발견하지 못하는 인식을 갖는다고 주장하거나, 마지막으로 신이 그처럼 영원한 규칙을 참작하지 않는 의지를 갖는다고 주장하는 것은 모두 별 차이 없이 이성 및 경건과 대립되는 것이다.

∴

441) 이스브란츠(Ysbrants Ides, 1660년 출생)는 피오트르 대제를 위해 복무한 상인이자 외교관이다. 극동 지방의 여행에 관한 그의 이야기가 1704년 암스테르담에서 출간되었다.

178. 피조물에 대한 신의 권리를 주제로 글을 쓴 몇몇 신학자들은 신에게 한계가 없는 권리와 자의적이고 전제적인 힘이 있다고 인정한 것 같다. 그들은 그런 권리와 힘을 인정하는 것은 신성에 대해 상상할 수 있는 최고의 위대함과 최고의 수준에서 신성을 정립하는 것이라고 생각했으며, 또한 그렇게 인정하는 것은 창조자가 피조물과 관련한 그 어떤 종류의 법칙에도 연결되지 않을 정도로 창조자에 대해 피조물을 격하시키는 것이라고 생각했다. 트위스,[442] 러더퍼드 그리고 몇몇 다른 타락 전 예정론자들의 구절이 있는데, 그것들이 암시하는 바에 따르면 신은 그 어떠한 법에도 종속되지 않기 때문에 그는 무엇을 하든지 간에 죄를 지을 수 없다. 벨도 그러한 이론은 기괴하며 신의 성스러움과 대립되는 것이라고 판단한다(『역사와 비판 사전』, 파울주의자들 편, 2332쪽 앞부분). 하지만 나는 이 저술가 중 몇몇의 의도는 생각보다 덜 나쁜 것이라고 본다. 필경 그들이 권리라는 이름으로 이해한 것은 자신이 행하는 것에 대해 누구에게도 책임을 지지 않는 상태를 의미했다. 그러나 그들은 신이 선과 정의가 요청하는 것을 스스로 해야 할 의무가 있음을 부정하지는 않았을 것이다. 이 점에 대해서는 아미로[443]가 쓴 칼뱅의 호교론을 보면 될 것이다. 이 문제에 관해서 칼뱅은 정통으로 보이며 극단적인 타락 전 예정론자에 전혀 속하지 않는 것이 사실이다.

••

442) 윌리엄 트위스(William Twisse, 1578?~1646)는 반(反)아르미니우스파 청교도 신학자다. 그의 저작 가운데 『신의 은총, 능력, 섭리의 보복』(암스테르담, 1632)과 『매개하는 지식에 관한 논문』(아르넴, 1639)이 언급된다. 러더퍼드에 관해서는 주 439 참조.
443) 아미로(Amyraut, 1596~1664)는 낭트칙령 폐지 후 네덜란드에 정착한 프랑스의 개혁과 신학자다. 인용된 책은 『영겁의 벌의 절대적 법령에 관한 칼뱅 학설의 변호』(소뮈르, 1641)이다.

179. 따라서 어디에선가 벨이 성 바울은 단지 신의 절대적 권리와 신의 방식의 이해 불가능성을 통해서만 예정론에서 벗어난다고 말할 때, 여기에 함축되어 있는 의미는, 만일 우리가 신의 방식을 이해한다면 우리는 신이 정의(正義)와 다른 방식으로 자신의 능력을 사용할 수 없기 때문에 그것들이 정의와 부합한다고 볼 것이라는 사실이다. 성 바울 스스로도 그것은 심오함, 특히 지혜의 심오함(altitudo sapientiae)이라고 말한다. 정의는 현자의 선에 포함되어 있다. 나는 다른 곳에서 벨이 신의 행동에 대한 우리의 선의 개념의 적용에 관해 매우 적절하게 말한다고 본다(『한 관구장의 질문들에 대한 답변』, 제81장, 139쪽). 그는 다음처럼 말한다. "여기서 무한한 존재의 선이 피조물의 선과 동일한 규칙을 따르지 않는다고 말해서는 안 된다. 선이라 불릴 수 있는 속성이 신에게 있다면, 선 일반의 특징들은 그러한 속성과 일치해야 하기 때문이다. 그런데 우리가 선을 가장 일반적인 추상으로 환원할 때 거기서 발견하는 것은 선을 행하려는 의지다. 이 일반적 선을 무한한 선, 유한한 선, 왕의 선, 아버지의 선, 남편의 선 등 원하는 만큼의 종류로 나누고 더 세부적으로 구분해보라. 이 각각에서 분리되지 않고 나타나는 것은 선을 행하려는 의지일 것이다."

180. 나는 또한 벨이 선과 정의가 오로지 신의 자의적 선택에 달려 있다고 주장하는 이들의 견해를 매우 적절하게 공격한다고 본다. 그들은 신이 만일 사물들 자체의 선에 따라 행동하도록 결정되었다면 신은 자신의 행동에서 전적으로 필연성에 종속된 행위자일 것이며, 이는 자유와 양립할 수 없다고 생각한다. 이는 형이상학적 필연성과 도덕적 필연성을 혼동하는 것이다. 다음은 벨이 그러한 오류에 반대하여 내세우는 것이다(『한 관구장의 질문들에 대한 답변』, 제89장, 203쪽). "신은 세계를 창조하려고 결정하

기 전에 악덕보다 덕에서 더 좋은 것을 전혀 보지도 않았고, 그의 관념은 덕이 악덕보다 자신의 사랑에 더욱 합당함을 그에게 제시해주지도 않았다는 것이 이 학설의 귀결이 될 것이다. 이는 자연법과 실정법을 전혀 구분하지 않는 것이 된다. 이에 따라 도덕에 영구적인 것도 필수 불가결한 것도 전혀 없게 될 것이다. 악덕하라고 명령하는 것이나 유덕하라고 명령하는 것이나 신에게 똑같이 가능했을 것이다. 유대인들 종교의식(儀式)의 법들이 그랬던 것처럼, 도덕 법칙들도 언젠가 폐기되지 않으리라고 확신할 수도 없게 될 것이다. 한마디로 말하면 이는 곧바로 우리로 하여금, 신이 선이나 덕뿐 아니라 사물들의 진리와 본질로부터도 자유롭다고 생각하게 하는 것이다. 이것이 바로 일부 데카르트주의자들이 주장하는 것이며, 나는 그들의 견해가 몇몇 경우에는 쓸모 있을 수 있다고 인정한다(『혜성에 관한 여러 생각 속편』, 554쪽을 볼 것). 그러나 이 주장은 수많은 논거를 통해 공격받았으며 매우 난처한 귀결에 빠질 수밖에 없었기 때문에(같은 책의 152장을 볼 것), 그 주장이 낳은 곤경에 빠지는 것보다 더 나쁜 곤경이 거의 없을 지경이다. 그들의 주장은 가장 과도한 피론주의에 문을 열어놓는다. 왜냐하면 신의 자유 의지에 달려 있는 모든 것은 유대교의 의식(儀式)들처럼 특정한 장소와 시간에 한정되었을 수 있으므로, 그 주장은 3+3=6이라는 명제가 신의 마음에 드는 곳과 마음에 드는 때에만 참되고 우주의 몇몇 곳에서는 어쩌면 거짓이며, 어쩌면 가까운 미래에 사람들 사이에서 거짓이 될 것이라고 주장할 빌미를 제공하기 때문이다. 이 같은 귀결은 십계명의 모든 계율이 금지하거나 명령하는 행동들에 본성적으로 모든 선이 결핍되어 있다면, 그 모든 계율에까지 적용될 것이다.”

181. 그리고 신은 자신의 작품을 파괴하거나 방해할 수 있는 무질서를

마음에 들어 할 수 없기 때문에, 인간을 현재의 모습 그대로 창조하기로 결정하고서 인간의 경건, 절제, 정의, 정숙을 요청하지 않을 수 없었다고 말하는 것은 실제로 상식적인 견해로 되돌아오는 것이다. 덕이 덕일 수 있는 것은 오로지 그것이 완전성에 기여하거나, 유덕한 이들이나 게다가 유덕한 이들과 관계가 있는 사람들의 불완전성을 막아주기 때문이다. 그리고 덕은 신이 이성적 피조물을 창조하는 결정을 내리기 전에 이미 그 본성에 의해 또 이성적 피조물의 본성에 의해 유덕한 점을 가지고 있는 것이다.[444] 이에 대해 다르게 판단하는 것은 마치 누군가가 비율과 화음의 규칙은 노래를 하거나 어떤 악기를 연주하려고 결심했을 경우에만 음악에서 통용되기 때문에 자의적인 것이라고 말하는 것과도 같다. 그러나 그런 규칙들이야말로 음악에서 본질적인 것이다. 그 규칙들은 하물며 노래를 할 생각을 하는 이가 아무도 없을 때도 이미 관념적 상태에서 음악과 일치하기 때문이다. 우리는 노래를 하자마자 비율과 화음의 규칙이 필연적으로 음악과 일치해야 한다는 점을 알고 있다. 마찬가지로 덕은 신이 이성적 피조물을 창조하는 결정을 내리기 전에 이성적 피조물의 관념적 상태와 일치하는 것이다. 바로 이러한 이유로 나는 덕이 본성상 좋은 것이라고 주장한다.

182. 벨은 그의 『혜성에 관한 여러 생각 속편』에서 일부러 한 장(章)을 할애하여 "기독교 학자들은 신의 결정들에 선행하여 정의로운 것들이 있다고 가르친다"(제152장)라고 제시한다. 아우크스부르크 종파의 신학자들은 견해가 다른 것 같았던 몇몇 개혁파들을 비난했다. 그런 오류는 절대적 결

[444] (옮긴이) 라이프니츠에 따르면 만물의 존재뿐 아니라, 그 양태와 행동양식까지도 창조 전에 신의 지성 속에서 규정되었다.

정의 귀결로 간주되었는데, 절대적 결정의 학설은 **의지가 이유를 대신하도록** 신의 의지를 모든 종류의 이유에서 면제되게 하는 것 같다.[445] 그러나 앞에서 내가 여러 번 지적한 것처럼, 칼뱅도 신의 결정이 정의와 지혜와 조화를 이룬다고 인정했다. 비록 그는 그러한 조화를 세부적으로 제시할 수 있는 이유는 우리에게 알려지지 않았다고 인정했지만 말이다. 따라서 칼뱅에 따르면, 선과 정의의 규칙은 신의 결정에 선행하는 것이다. 같은 곳에서 벨은 자연적 신법(神法)과 실정적 신법을 구분하는 유명한 투레티니[446]의한 구절을 인용한다. 도덕 법칙은 자연적 신법에 속하고 종교의식(儀式)의 법칙은 실정적 신법에 속한다. 그로닝겐의 유명한 신학자였던 사뮈엘 데

..

445) (옮긴이) 라이프니츠는 신의 지성보다 신의 의지나 절대적 재량을 강조하는 데카르트와 신의 절대적 본성의 필연성을 강조하는 스피노자는 결국 같은 것을 말한다고 비판한다. 라이프니츠는 젊은 시절부터 데카르트의 관점을 공격해왔다. 데카르트는 「여섯 번째 논박들에 대한 답변」에서, 신에 의존하지 않는 "질서, 법칙, 선과 진리의 규칙은 없다"라고 선언한다. 그에 따르면, 신은 최선을 하도록 결정되어 있지는 않다. "그와 완전히 반대로 신은 세계 내의 사물들을 만들었으며, 바로 이 이유로, 「창세기」에서 말하는 것처럼, 그것들은 매우 좋은 것이다." 신은 "자연적인" 모든 존재와 "도덕적인" 모든 존재(즉, 사물들과 그 법칙들)의 창조자다. 심지어 "영원한 진리들"도 신에게 의존된다. 라이프니츠에 따르면, 이러한 관점은 스피노자의 자리를 마련해주는 것이다. "그가 단지 전제적인 힘일 뿐이라면, 그리고 이성의 자리에 의지가 들어서고, ─참주의 정의(定意)에 합당하게─ 가장 힘 있는 자의 마음에 드는 것이 바로 그 때문에 정의롭다고 한다면, 그의 정의(正義)와 지혜는 어디에서 찾을 것인가? 뿐만 아니라 모든 의지는 의욕의 근거를 전제하고 있고, 이 근거는 당연히 의지에 선행하는 것처럼 보인다. 따라서 형이상학과 기하학의 영원한 진리 그리고 결과적으로 선 정의(正義) 및 완전성의 규칙들도 또한 신의 의지의 결과 외에 아무것도 아니라고 말하는 몇몇 다른 철학자들의 진술이 나는 아주 이상하다고 생각한다. 반면에 나에게는 그 영원한 진리와 규칙들이, 그의 본성과 마찬가지로 명백히 그의 의지에 의존하지 않는 신의 오성의 결과들인 것처럼 보인다."(『형이상학 논고』, 제2절) 라이프니츠에게서 무한히 많은 가능성 중 최선을 선택하는 신의 개념, 즉 신의 선과 정의(正義)를 확보하기 위해서는 지성의 우위성이 반드시 정립되어야 한다. 이 점에서 라이프니츠의 관점은 데카르트와 스피노자의 관점과 근본적인 차이를 나타낸다.

446) 주 182 참조.

마레[447]와 프랑크푸르트 안 데어 오데르에서 역시 유명한 신학자인 스트리메시우스[448]도 같은 주장을 했다. 나는 이것이 개혁파들 사이에서 가장 많이 수용된 견해라고 생각한다. 토마스 아퀴나스와 모든 아퀴나스주의자들도 대부분의 스콜라학파와 로마 교회의 신학자들과 함께 같은 견해를 가지고 있었다. 결의론자들 역시 마찬가지이며, 그들 중 가장 탁월한 인물로 나는 흐로티위스[449]를 꼽는다. 이 점에서 흐로티위스의 해석가들이 그의 뒤를 이었다. 푸펜도르프[450]는 견해가 다른 것 같았으며, 몇몇 신학자들의 검열에 반대하여 자신의 견해를 옹호하고자 했다. 그러나 푸펜도르프는 고려하지 않아도 되며 이러한 종류의 주제에 대해 그리 조예가 깊지 않았다. 자신의 『신의 사제단』에서 그는 절대적 결정에 대해 맹렬하게 비난한다. 그럼에도 불구하고 푸펜도르프는 절대적 결정의 옹호자들의 견해에서 가장 나쁜 점, 즉 (다른 개혁파들이 설명하는 것처럼) 절대적 결정을 받아들일 수 없게 만드는 점을 인정하는 것이다. 아리스토텔레스는 이 정의(正義)의 주제에 관해 매우 정통적 입장이었으며 스콜라학파는 그를 따랐다. 스콜라학파는 키케로나 다른 법률학자들과 마찬가지로, 모두에게 어디에서나 의무가 되는 영속적인 법과 특정 시대와 특정 민족들에게만 적용되

••

447) 사뮈엘 데 마레(Samuel des Marets, 1599~1673)는 낭트칙령 폐지 후에 네덜란드에 정착한 프랑스의 개신교 신학자다. 핵심 저작은 『신학 학교, 즉 신학 전체의 소 체계』로서 1645년에 출간되었다.

448) 스트리메시우스(Strimesius, 1648~1730)는 독일의 개혁파 신학자이며, 루터주의자들과 개혁파들을 화해시키고자 노력했다.

449) (옮긴이) 흐로티위스에 관해서는 제1부, 73절 참조.

450) 주 333 참조. 푸펜도르프는 그의 사후에 1695년 뤼베크(Lübeck)에서 출간된 『신의 사제단의 권리, 혹은 개신교도들의 일치와 불일치에 관하여』에서 개신교 교회들의 연합에 기여하고자 노력했다. '사제단(féciaux)'은 고대 로마에서 다른 민족들과의 갈등을 검토하고 전쟁 선포 및 평화 조약과 관계된 의식을 수행했던 사제들의 회합이다.

는 실증법을 구분한다. 과거에 나는 이 점에 대해 소크라테스로 하여금 진리를 옹호하게 하는 플라톤의 『에우튀프론』을 즐겁게 읽었으며, 벨도 같은 구절에 주목했다.

183. 벨 자신은 어떤 곳에서 이 진리를 매우 강력하게 옹호하고 있다. 좀 길기는 해도 그의 구절 전체를 인용하는 게 좋을 것이다(『혜성에 관한 여러 생각 속편』, 제2권, 152장, 771쪽과 그 이하). 그는 다음과 같이 말한다. "무수히 많은 중요한 저술가들의 학설에 따르면, 몇몇 사물들의 본성과 본질에는 신의 결정에 선행하는 도덕적 선과 악이 있다. 그들은 이와 반대되는 이론의 끔찍한 귀결을 통해 특히 이 학설을 입증한다. 아무에게도 해를 가하지 않는 것이 그 자체로 선한 행동이 아니라 신의 의지의 자의적 경향에 의해 선한 행동이라면, 이로부터 신은 십계명의 명령과 모든 점에서 직접적으로 대립되는 법을 인간에게 부여할 수도 있었다는 결론이 도출될 것이기 때문이다. 이는 소름 끼치는 일이다. 그러나 보다 직접적이고, 형이상학에서 도출된 증거가 여기 있다. 신의 현존이 신의 의지의 결과가 아니라는 것은 확실한 사실이다. 신은 자신이 현존하기를 원하기 때문에 현존하는 것이 아니라, 자신의 무한한 본성의 필연성에 의해 현존한다. 신의 능력과 지식도 그러한 필연성에 의해 현존한다. 신이 전능하고 만물을 인식하는 것은 신이 그렇게 원하기 때문이 아니라, 전능과 만물의 인식이 신 자신과 필연적으로 동일시된 속성이기 때문이다. 신의 의지가 갖는 지배력은 그가 행사하는 능력과 관련될 뿐이고, 신은 자신이 원하는 것만을 자신의 외부에 현실적으로 산출하며 나머지 모든 것은 순수 가능성의 상태로 둔다. 이로부터 신의 의지가 갖는 지배력은 피조물들의 현존에만 적용되며 그들의 본질에는 적용되는 것이 아니라는 사실이 드러난다. 신은 물질, 인간, 원

을 창조할 수도 있었고 무의 상태에 둘 수도 있었다. 그러나 신은 그것들의 본질을 이루는 특성들을 부여하지 않고서 그것들을 산출할 수는 없었다. 필연적으로 신은 인간을 이성적 동물로 만들어야 했으며 원에는 동그란 모양을 부여해야 했다. 영원하며 자신의 의지의 자유로운 결정에 의존하지 않는 신의 관념에 따르면, 인간의 본질은 동물적 속성과 이성적 속성에 있고, 원의 본질은 중심에서 모든 부분이 동일한 거리만큼 떨어져 있는 원주에 있는 것이다. 바로 이러한 점 때문에 기독교 철학자들은 사물들의 본질이 영원하며 영원한 진리의 명제들이 있다고 인정하게 된 것이다. 결과적으로 사물들의 본질과 제일 원리의 진리는 영구불변한 것이다. 이론적인 제일 원리뿐 아니라 실천적인 제일 원리, 피조물들의 참된 정의(定意)를 포함하는 모든 명제도 그렇게 이해되어야 한다. 이러한 본질과 진리는 신의 지식과 같은 본성의 필연성에서 유출되는 것이다. 따라서 신이 현존하고 전능하고 모든 것을 완전하게 인식하는 것도 마찬가지로 사물들의 본성에 의해서다.[451] 또한 물질, 삼각형, 인간, 인간의 몇몇 행동 등이 본질적으로 이런저런 속성을 갖는 것도 사물들의 본성에 의해서다. 신은 수들의 본질적 관계와 각각의 사물의 본질을 포함하는 명제들의 술어와 주어의 동일성을 완전한 영원성과 필연성을 통해 본 것이다. 같은 방식으로 신은 가치 있게 평가받을 만한 것을 가치 있게 평가하고, 은혜를 베푸는 자에게 감사하고, 계약의 조항들과 여러 다른 도덕 명제들을 준수하는 데서 정확한 관계가 포함되어 있음을 본 것이다. 따라서 자연법의 계율은 명령된 것의 진정성과 정의(正義)를 가정하며, 이에 대해 신이 자비를 베풀어 아무 명

∴

451) (옮긴이) 여기서 "사물들의 본성에 의해서(par la nature des choses)"라는 표현은 신이 세계의 사물들에 의존한다는 의미가 아니다. "본성적으로" 신은 전능하고 현존하며 모든 것을 완전하게 인식한다는 의미다.

령도 하지 않을 때도, 그 계율들이 포함하고 있는 것을 실천하는 것은 인간의 의무에 속하리라고 말하는 것은 일리가 있다. 청컨대 우리가 신이 아직 아무런 결정도 내리지 않은 이 관념적 영역으로 추상 작용을 통해 거슬러 올라간다면, 신의 관념 안에서 우리는 의무를 포함하는 항목들로 포섭되어 있는 도덕 원리를 발견하게 된다는 점에 주의하기를 바란다. 우리는 신의 관념에서 다음과 같은 준칙을 영원불변의 질서에서 도출된 확실한 것들로서 파악하게 된다. 즉 이성을 따르는 것은 이성적 피조물에게 합당한 일이며, 이성을 따르는 이성적 피조물은 칭찬받을 만하며, 이성을 따르지 않을 경우는 비난받을 만하다. 이러한 진리가 인간에게 올바른 이성에 부합하는 다음과 같은 모든 행위를 할 의무를 부과하지 않는다고 감히 말해서는 안 될 것이다. 즉, 가치 있게 평가받을 만한 것을 가치 있게 평가하고, 선을 위해 선을 행하며, 누구에게도 해를 가하지 않고, 자기의 아버지를 존중하며, 각자 갚아야 할 것을 돌려주는 등의 행위 말이다. 그런데 도덕의 진리는 사물들의 본성 자체에 의해 그리고 신의 법칙에 선행하여 인간에게 몇몇 의무를 부과하기 때문에, 토마스 아퀴나스와 흐로티위스는 신이 존재하지 않았다고 해도 우리는 계속하여 자연법을 따를 수밖에 없었을 것이라고 말할 수 있었다. 다른 이들은 지성적인 모든 존재가 소멸한다고 해도 참된 명제들은 참된 것으로 남을 것이라고 말했다. 카예탄[452]은 아무 예외도 없이 다른 모든 것들은 무화되고 자신만이 우주에 있다고 해도 장미의 본성에 대한 지식은 계속 존속할 것이라고 주장했다.”

184. 라이프치히의 유명한 교수인 고(故) 야코프 토마지우스는 예나의

⁝

452) 주 169 참조.

교수인 다니엘 슈탈[453]의 철학적 규칙에 대한 해설에서 신을 완전히 넘어서 생각하는 것은 적절하지 않으며, 지성이 없을 때 심지어 신의 지성이 없을 때도 영원한 진리들이 남아 있을 것이라고 몇몇 던스 스코터스주의자들처럼 말해서는 안 된다고 제대로 지적했다. 나의 견해에 의하면 신의 의지가 영원한 진리들의 실재에 아무 역할을 하지 않는다고 해도, 그 실재를 이루는 것은 신의 지성이기 때문이다. 모든 실재는 현존하는 어떤 것 안에 근거를 두어야 한다. 무신론자가 기하학자가 될 수 있는 것은 사실이다. 하지만 신이 없다면 기하학의 대상도 없을 것이다. 신 없이는 아무것도 현존하지 않을 뿐 아니라 가능한 것도 없을 것이다. 그러나 이러한 사실도 만물의 상호 연결, 만물과 신의 연결을 보지 못하는 이들이 신 안에 있는 그 제일 원천을 인식하지 못하고서 몇몇 지식을 가질 수 있게 되는 것을 막지는 못한다. 아리스토텔레스는 비록 신에 대해 제대로 인식하지 못했지만, 그는 개별 지식의 원리는 그것들의 근거를 제공하는 상위의 지식에 의존한다고 인정함으로써 진리에 가깝고 매우 훌륭한 어떤 점을 계속 말했다. 그 상위의 학문이 대상으로 삼는 것은 존재이며, 결과적으로 존재의 원천인 신이어야 한다. 쾨니히스베르크의 드라이어[454]는 아리스토텔레스가 추구했고, 그가 **욕구** 대상이라고 부른 진정한 형이상학은 신학이었다고

:

453) 야코프 토마지우스(Jacob Thomasius, 1622~1684)는 철학자이자 도덕주의자로서 라이프치히의 교수였으며, 라이프니츠의 대학 시절 초기의 은사였다. — 다니엘 슈탈(Daniel Stahl, 1589~1654)은 철학자이자 논리학자이며, 『철학적 규칙들의 해설』(예나, 1662, 옥스퍼드, 1663)을 썼다.

454) 크리스티안 드라이어(Christian Dreier, 1610~1684)는 철학자이자 신학자이며, 1644년 출간된 『아리스토텔레스에서 지혜 혹은 제일 철학』의 저자다. 『형이상학』에서 아리스토텔레스는 제일 철학 혹은 '형이상학'을 '추구된' 혹은 '욕구된' 지식의 이름으로 여러 차례 명명한다(예를 들어, A 2, 293 a 21 참조).

제대로 지적했다.[455]

185. 그런데 선과 정의의 규칙, 영원한 진리 일반이 신의 자의적 의지에 의해서가 아니라 그 자체로 존속한다는 것을 제시하기 위해 그토록 훌륭하게 말했던 벨이 같은 문제에 대해 다른 곳에서는(『혜성에 관한 여러 생각 속편』, 제2권, 114장, 끝부분) 매우 위험한 방식으로 말을 했다. 신이 진리와 본질의 자유로운 원인이라고 주장하는 데카르트와 그의 추종자들 일부의 견해를 이야기한 후에 벨은 다음과 같이 덧붙인다. "나는 이 이론을 이해하고 이 이론을 둘러싼 모든 난점을 해결하기 위해 내가 할 수 있는 모든 것을 했다. 나는 이 이론에 관해 아직 완전하게 마무리하지는 못했다고 솔직히 고백한다. 하지만 이 때문에 결코 좌절하지는 않는다. 다른 철학자들이 다른 상황에서 그렇게 한 것처럼, 시간이 이 멋진 역설을 풀어내리라고 생각한다. 나는 이렇게 주장하는 것을 말브랑슈 신부가 좋게 볼 수 있기를 바랐지만, 그는 다르게 평가했다." 모순되는 두 항이 단지 신의 금지 때문에 절대로 합치되지 않으며, 신이 이 두 항이 항상 합치할 수 있도록 하는 명령을 내릴 수 있다는 것을 희망하고 또 그처럼 믿게 할 수 있도록 소망하는 정도로, 뛰어난 사람에게 의심의 즐거움을 통해 영향을 가하는 것이 가능한 일이겠는가? 멋진 역설은 바로 말브랑슈가 매우 현명하게도 다르

⁘

455) (옮긴이) 라이프니츠는 아리스토텔레스에 대해 커다란 존중을 표시하지만, 지성을 통해 구상한 것을 창조하는 신의 개념이 아리스토텔레스에게 부재하기 때문에 그와 차이를 둔다. 기독교적 진리를 인정하는 라이프니츠는 기본적으로 그리스 철학을 이교도들의 사상이라고 본다. 이미 제1부 20절에서 악을 정의하면서 그는 자신과 아리스토텔레스의 관점 차이를 언급했다. "고대 그리스인들은 자신들이 창조되지 않았고 신과 무관하다고 생각한 질료로 악의 원인을 돌렸다. 그러나 모든 존재를 신으로부터 도출하는 나로서는 악의 원천을 어디에서 찾을 것인가?"

게 평가했다는 것 아니겠는가?

186. 심지어 나는 데카르트가 진심으로 그러한 견해를 가질 수 있었다고도 생각할 수 없다. 비록 쉽게 데카르트를 믿고서 그가 가는 척했던 곳을 순진하게 따라간 추종자들이 있었기는 해도 말이다. 이는 필경 데카르트의 기교 중 하나이고 그의 철학적 술책 중 하나였을 것이다. 극단적인 코페르니쿠스주의자이면서도 지구의 운동을 부정할 기교가 있었던 것처럼, 그는 탈출구를 준비했다. 나는 현재의 문제에 대해서도 데카르트가 자신의 발견에 대해 특별하게 말하는 방식을 가지고 있었다는 의심이 간다. 즉 그것은 긍정과 부정 그리고 일반적으로 내적인 판단들을 의지의 작용으로 간주하는 것이었다. 또한 그런 기술로 인해 데카르트라는 이 저자 직전까지는 지성의 대상이었던 영원한 진리가 갑자기 의지의 대상이 되어버린 것이다. 그런데 의지의 행위들은 자유롭다. 따라서 신은 진리의 자유로운 원인인 것이다. 이것이 바로 각본의 결말이다. **이제 봐도 된다**(Spectatum admissi).[456] 용어의 의미에 대한 작은 변화 때문에 그 모든 소란이 있었던 것이다. 그러나 필연적 진리의 긍정이 가장 완전한 정신의 의지 행위라면 그 행위는 전혀 자유롭지 않을 것이다. 왜냐하면 선택할 것이 전혀 없기 때문이다. 데카르트는 자유의 본성에 관해 충분히 설명한 것 같지 않으며 꽤 특별한 자유 개념을 가지고 있었던 것 같다. 그는 필연적 진리의 긍정이 신 안에서 자유로운 것이기를 바랄 정도로 자유에 매우 넓은 의미를 부여했기 때문이다. 그것은 사실 자유의 이름만을 간직한 것뿐이었다.[457]

∴

456) 호라티우스, 『시학』, 5행. 맥락은 다음과 같다. 친구들이여, 만일 모든 종류의 동물들에게서 가져온 부분들로 만든 괴물을 나타내는 그림을 보게 된다면, 그대들은 웃음을 참을 수 있겠는가?

187. 벨은 다른 사람들과 함께 신의 자유를 무차별성의 자유로 이해한다. 예를 들어 그는 신이 수의 진리를 확립하고, 3×3이 10이 되도록 명령을 내릴 수 있었지만 9가 되도록 명령할 자유가 있다고 한다. 이러한 견해를 옹호할 수단이 있다면 이 견해는 스트라톤주의자들과 대립되는 장점이 있다고 생각하는데, 나는 이토록 괴상한 견해의 장점이 무엇인지 모르겠다. 스트라톤[458]은 아리스토텔레스학파의 수장들 중 한 명이었고 테오프라스토스[459]의 계승자였다. 키케로의 보고에 따르면, 스트라톤은 이 세계가 자연에 의해서 혹은 인식이 결여된 필연적인 원인에 의해서 존재하는 모습 그대로 형성되었다고 주장했다. 나는 운동 법칙만으로 그러한 결과를 낳기 위해 정확히 필요한 정도로 신이 물질을 미리 형성해놓았다면 그 같은 일이 가능하리라고 인정한다. 그러나 신이 없다면, 현존의 그 어떤 근거도 없을 것이며 사물들의 이런저런 현존의 근거는 더더욱 없을 것이다. 따라서 스트라톤의 체계는 걱정할 것이 못된다.

188. 그런데 벨은 이러한 점 때문에 곤란해한다. 그는 커드워스[460]나 다른 이들이 도입했던 인식이 결여된 조직 형성체들을 인정하고자 하지 않는

••

457) (옮긴이) 데카르트의 자유 개념은 지성에 나타난 관념을 긍정하거나 부정할 수 있는 의지의 능력을 의미한다. 그의 관점에서는 영원한 진리조차도 긍정의 대상이 될 때 비로소 진리로 승인되므로, 의지의 대상이 된다.

458) 주 57 참조.

459) (옮긴이) 테오프라스토스(Theophrastos)는 기원전 3~4세기의 그리스 철학자, 과학자이다. 플라톤과 아리스토텔레스에게서 배웠으며, 리케이온 학원의 후계자다.

460) 커드워스(Cudworth, 1617~1688)는 영국 철학자이며, 케임브리지 플라톤학파의 핵심 인물 중 한 명이다. 이에 대해서는 라이프니츠의 논문 「생명의 원리와 조직 형성체에 관한 고찰(Considérations sur les principes de vie et sur les natures plastiques)」(『과학자들의 저작에 관한 역사』, 1705년, 5월, 「게르하르트 전집」, 제6권, 539~549쪽).

데, 이는 스트라톤주의자들 즉 스피노자주의자들이 그것을 활용할까 불안하기 때문이다. 이 때문에 벨은 르 클레르와 논쟁을 벌인다. 그는 지성적이지 않은 원인은 기술이 나타나는 곳에서는 아무것도 산출하지 못한다는 오류의 선입견에 빠져 있었기 때문에, 동물들의 기관을 자연적으로 산출하는 전성(前成), 그리고 신이 물체들과 육체들이 그들의 고유한 법칙에 따라 영혼의 사유와 의지에 조응하도록 예정해놓았다는 조화의 체계에 대해 나와 동의하지 않았다. 그러나 이 지성적이지 않은 원인은 식물과 동물의 씨앗이나 종자에서 그토록 아름다운 것들을 산출하고 육체들은 의지가 명령하는 대로 행동을 산출하는바, 그 원인은 시계공보다 무한히 더 뛰어난 신, 지성을 가진 것처럼 충분히 훌륭한 결과를 산출할 수 있는 장치나 자동 기계들을 만드는 신에 의해 직접 형성된 것이라는 사실을 생각해야 했다.

189. 그런데 신의 의지에 의존되지 않는 진리가 인정될 경우에 벨이 스트라톤주의자들에 대해 불안해하는 점을 살펴보자면, 그는 스트라톤주의자들이 우리에 반대하여 영원한 진리들의 완전한 규칙성을 내세운다는 점에 대해 두려워하는 것 같다. 그러한 규칙성은 아무런 인식에 의해서도 인도되지 않은 채 오로지 사물들의 본성과 필연성을 통해 생기기 때문에, 벨은 스트라톤과 함께 사람들이 세계도 맹목적인 필연성에 의해 규칙성을 가질 수 있었다는 결론을 도출할까 두려워하는 것이다. 그러나 이에 대해 반박하기는 쉬운 일이다. 영원한 진리들의 영역에는 모든 가능한 것들이 있으며, 따라서 규칙적인 것뿐 아니라 불규칙적인 것도 있다. 여기에는 질서와 규칙적인 것을 선호하게 하는 근거가 있어야 하며, 그 근거는 지성 안에 있을 수밖에 없다. 게다가 영원한 진리들 자체는 그것들을 인식하는 지성 없이는 존재하지 않는다. 말하자면 영원한 진리들은 그것들이 실현되

어 있는 신의 지성 없이는 존속하지 못할 것이기 때문이다. 그러므로 스트라톤은 사물들의 기원에 속한 것에서 인식을 배제하려는 그의 목표에 이르지 못하는 것이다.

190. 스트라톤에 관해 벨이 생각한 난점은 다소 지나치게 미묘하고 의도된 것으로 보인다. 이러한 것을 일컬어 겁낼 일이 없는 곳에서 겁을 낸다고 하는 것이다. 벨은 또 다른 난점을 제기하는데, 이것도 근거가 더 강한 것은 아니다. 그 난점은 신이 일종의 숙명(fatum)에 종속되리라는 것이다. 그는 다음과 같이 말한다(555쪽). "신의 제정에 의해서가 아니라 그 본성에 의해 영원한 진리를 나타내는 명제들이 있다면, 그리고 이 명제들이 신의 자유로운 결정에 의해 참된 것이 아니라 그와 반대로 참된 것이 그것들의 본성이기 때문에 신이 그것들을 필연적으로 참되다고 인식한다면, 이것이야말로 신이 종속되어 있는 일종의 숙명이고 절대적으로 불가항력적인 자연적 필연성인 것이다. 이로부터 또한 무한히 많은 관념을 가진 신의 지성은 아무런 인식에 의해서도 인도되지 않은 채, 언제나 또 즉각적으로 이 관념들과 그 대상들의 완벽한 일치성을 보았다는 결론이 나온다. 어떤 전형적인 원인이 신의 지성 행위들을 위해 계획으로서 사용되었다는 것은 모순일 것이기 때문이다. 따라서 이로부터 결코 영원한 진리도, 어떠한 제일 지성도 발견되지 않을 것이다. 그러므로 필연적으로 현존하는 자연적 본성은 자신의 길을 누가 보여주지 않아도 그 길을 항상 발견한다고 말해야 할 것이다. 그렇다면 스트라톤주의자의 완강함을 어떻게 물리칠 것인가?"

191. 이것에 반박하기도 역시 쉬운 일이다. 신마저도 강제하는 그 숙명이라는 것은 신의 고유한 본성, 즉 신의 지혜와 선에 규칙을 제공하는 신

의 고유한 지성에 다름 아니다. 그것은 다행스러운 필연성으로서 그것 없이는 신이 선하지도 지혜롭지도 않을 필연성이다. 신이 완전하고 행복하지 않았기를 바라겠는가? 오류를 범할 수 있는 우리의 조건이 시기의 대상이 될 가치가 있겠는가? 만일 우리에게 그럴 능력이 있다면 그러한 조건을 완전무결성과 기꺼이 바꾸지 않겠는가? 타락할 자유를 바라고 신이 그런 자유가 없다는 것에 불평을 하려면, 그야말로 삶에 싫증 난 사람이어야 할 것이다. 그래서 벨 자신도 다른 곳에서 의지가 이성과 무관하기를 바라면서, 의지에 격찬할 정도의 과도한 자유가 있다고 생각하는 이들에 반대하여 논의를 펼친다.

192. 게다가 벨은 "무한히 많은 관념을 가진 신의 지성은 아무런 인식에 의해서도 인도되지 않은 채, 언제나 또 즉각적으로 이 관념들과 그 대상들의 완벽한 일치성을 본다"는 점에 대해 놀라움을 표시한다. 이러한 논박은 더는 무의미할 수 없을 정도로 무의미한 것이다. 모든 판명한 관념은 판명함 자체로 인해 그 대상과 일치하며, 신 안에는 판명한 관념만이 있다. 게다가 우선적으로 대상은 어디에도 현존하지 않으며, 그것이 현존하게 될 때는 그것의 관념에 따라 형성될 것이다. 또한 벨은 신의 지성이 사물들의 연결을 보기 위해 시간을 필요로 하지 않는다는 점을 매우 잘 알고 있다. 모든 추론은 신 안에 원리적 형태로 존재하며, 그것들은 신의 지성뿐 아니라 우리의 지성 안에서도 서로 간의 질서를 유지하고 있다. 다만 신에게는 질서와 **본성의 우선성**이 있을 뿐인 반면, 우리에게는 **시간의 우선성**이 있는 것이다. 따라서 만물을 단번에 통찰하는 이가 항상 즉각적으로 관념과 그 대상의 일치성을 본다는 것은 놀랄 필요가 없는 일이다. 그렇게 만물을 통찰하는 이가 그 어떠한 인식에도 인도되지 않은 채 성공을 거둔다고 말해

서도 안 된다. 이와 반대로, 그의 인식이 완전하기 때문에 그의 의지 행위 또한 완전한 것이다.

193. 지금까지 나는 신의 의지가 지혜의 규칙에서 독립되어 있지 않다는 점을 제시했다. 비록 이 점에 대해 추론을 할 수밖에 없었고 그토록 위대하고 그토록 승인된 진리를 위해 논쟁을 할 수밖에 없다는 것이 놀라운 일이기는 해도 말이다. 그러나 신이 지혜의 규칙을 절반 정도만 따르며, 지혜를 통해 최선을 인식하면서도 최선을 선택하지 않는다고 생각하는 사람들이 있다는 것, 한마디로 말해 신이 더 잘할 수도 있었다고 주장하는 저술가들이 있다는 것도 역시 놀라운 일이라 할 수 있다. 유명한 알폰소[461] 왕의 오류가 그러한 주장과 비슷하다. 알폰소는 카스티야의 왕으로서, 몇몇 선제후들을 통해 로마인들의 왕으로 추대되었으며 자신의 이름을 담은 천문표를 만들게 했다. 사람들은 주장하기를, 이 군주가 신이 세상을 만들었을 때 그를 보좌역으로 불렀다면 신에게 훌륭한 의견을 제공했을 것이라고 말했다고 한다. 이 시기에 지배적이었던 프톨레마이오스의 세계에 관한 체계는 그의 마음에 들지 않았던 것 같다. 그래서 알폰소는 더 조화로운 어떤 것을 만들 수도 있으리라고 생각했고, 그가 옳았다. 다만 그가 오늘날 행성들의 중력에 대한 인식을 통해 확장된 케플러의 발견과 함께 코페르니쿠스의 체계를 알았다면, 참된 체계의 발견이 경이롭다고 인정했을 것이다. 따라서 여기서 문제는 더하고 덜한 정도의 문제일 뿐이었고, 알폰

∵

461) (옮긴이) 알폰소 10세(Alphonso X, 1221~1284)는 카스티야 왕국의 왕(재위 1252~1284)이며, 알폰소의 표라고 불리는 천문표를 작성하게 했다. 1257년에 그는 로마 제국 몇몇 선제후들의 이름으로 트리어의 주교에 의해 로마인들의 왕으로 선포되었다. 그러나 합스부르크의 루돌프가 왕위에 올랐다.

소는 우리가 더 잘할 수도 있었을 것이라고 주장했으며, 그의 판단은 모든 이에게 비난을 받았음을 알 수 있다.

194. 그러나 철학자와 신학자들은 과감하게도 이와 유사한 판단을 독단적으로 옹호한다. 나는 뛰어나고 경건한 사람들이 신의 선과 완전성에 한계를 설정할 수 있었다는 사실에 수없이 놀라게 되었다. 신이 최선이 무엇인지 알고 있고 최선을 행할 수 있는데도 그것을 하지 않는다고 주장하는 것은 신이 세계를 지금보다 더 좋게 만드는 것이 단지 신의 의지에 달려 있다고 인정하는 것이기 때문이다. 그러나 이러한 것은 선의 결여라고 불리는 것이다. 이는 보다 적은 선은 악으로 간주된다고 이미 앞에서 제시한 공리를 거스른다. 신이 더 잘할 수도 있었을 것이라고 입증하기 위해 몇몇 사람들이 경험을 논거로 내세운다면, 그들은 신의 작품들에 대한 어리석은 검열자를 자처하게 된다. 그들에게는 신의 방식을 비판하는 모든 이들과, 세계에 결함이라고 하는 것들이 있다는 동일한 가정에서 악한 신이나 적어도 선과 악 사이의 중간적 신이 존재한다는 결론을 이끌어내는 이들에게 가하는 반박을 들려주어야 할 것이다. 만일 우리가 알폰소 왕처럼 판단한다면, 내가 말하건대 우리는 다음과 같은 말을 들을 것이다. "당신들이 세상을 안 지는 3일밖에 안 되었습니다. 당신들은 코앞보다 멀리 보지도 못하면서 불평거리를 찾습니다. 세계를 알게 되기까지 기다리고, 특히 세계에 있는 (유기체들이 그러한 것처럼) 온전한 전체를 나타내는 부분들을 고찰하십시오. 거기서 당신은 상상을 넘어서는 기술과 아름다움을 발견할 것입니다. 이로부터 우리가 알지 못하는 것들에도 조물주의 지혜와 선이 있다는 귀결을 도출해냅시다. 우리의 마음에 들지 않는 것들이 우주 안에서 발견될 수 있습니다. 우주는 우리만을 위해 만들어진 것이 아님을 아시기

바랍니다. 우리가 지혜롭다면 우주는 우리를 위해 만들어진 것입니다. 우리가 우주에 순응한다면 우주도 우리에게 순응할 것입니다. 우리가 우주에서 행복하기를 원한다면 우리는 행복하게 될 것입니다."

195. 완전한 피조물은 없기 때문에 최선을 산출하는 것은 불가능하며, 보다 좋은 피조물을 산출하는 것은 언제나 가능하다고 말할 사람이 있을 것이다. 나는 피조물에 대해, 혹은 다른 개별적 실체보다 항상 하위에 놓일 수 있는 개별적 실체에 대해 말할 수 있는 것을 우주에 적용해서는 안 된다고 답하겠다. 우주는 미래에도 전적으로 영원히 확장되어야 하기 때문에 무한이다. 게다가 **연속체**(continuum)의 현실적 무한 분할로 인해, 물질의 가장 작은 부분에도 무한히 많은 피조물들이 존재한다. 무한, 즉 무한히 많은 수의 실체들의 집적(amas)은 엄밀히 말하면 하나의 전체가 아니다. 짝수인지 홀수인지 말할 수 없는 무한 수 자체도 마찬가지다. 이러한 사실 자체는 세계를 신으로 간주하거나 신을 세계영혼으로 파악하는 이들을 논박하는 데 도움이 된다. 세계나 우주는 하나의 동물이나 하나의 실체로 간주될 수 없다.

196. 따라서 문제가 되는 것은 하나의 피조물이 아니라 우주이며, 반대자는 가능한 하나의 우주가 다른 우주보다 한없이 더 좋을 수 있다고 주장할 수밖에 없을 것이다. 그러나 이 점에서 그는 오류를 범하게 될 것이다. 그것은 그가 입증할 수 없는 일이기 때문이다. 만일 이 같은 견해가 참되다면, 신은 아무 우주도 산출하지 않았을 것이라는 사실이 도출될 것이다. 왜냐하면 신은 근거 없이 행동할 수 없기 때문이며, 그렇게 행동하는 것은 더욱이 이성과 대립될 것이기 때문이다. 이것은 마치 신이 구 모양의 물체

를 이런저런 크기로 만들 이유가 없이 그것을 만드는 결정을 내렸다고 생각하는 것과도 같다. 그러한 결정은 무용할 것이며, 그 결정 자체의 결과를 방해할 것을 포함할 것이다. 신이 직선을 특정한 한 점에서 다른 특정한 직선까지 긋는 결정을 내리되, 결정에서나 그 상황들에서나 각에 대한 아무런 규정성(détermination)도 없게 했다면, 이는 다른 문제다.[462] 왜냐하면 이 경우 규정성은 사물의 본성에서 비롯될 것이기 때문이다.[463] 선은 수선(垂線)이 될 것이며 각은 직각이 될 것이다. 그러한 것만이 규정성이 있고 판명하게 구분되는 것이기 때문이다. 바로 이와 같은 식으로, 가능한 모든 우주 가운데 최선의 우주에 대한 창조를 생각해야 한다. 신이 단지 하나의 우주를 창조하는 결정을 내리는 것이 아니라 모든 우주 가운데 최선의 우주를 창조하는 결정을 내리는 만큼 더더욱 그렇게 생각해야 한다. 신은 인식 없이 결정을 내리는 일이 없기 때문이다. 그리고 신은 분리된 결정을 내리지 않는다. 분리된 결정은 이미 내가 충분히 설명했고 진정한 결정과 구분했던 선행(先行)하는 의지에 불과할 것이다.[464]

197. 에스트레 추기경의 신학자인 디루아[465]는 내가 로마에서 알게 된

:.

462) (옮긴이) 여기서 '규정성'을 '결정'이나 '결정성'으로 번역하면 더 자연스럽겠으나, 같은 문장의 décret를 '결정'으로 옮겼기 때문에 혼동을 피하고자 '규정성'으로 번역했다. 다른 문맥에서는 일반적으로 '결정'으로 번역했다.

463) (옮긴이) 이는 기하학적 차원에서 본성적으로 최선이 정해져 있는 경우이다. 삼각형 가운데 정삼각형이 최선의 삼각형인 것도 마찬가지의 경우가 될 것이다.

464) (옮긴이) 신은 각각의 대상을 개별적으로, 즉 분리된 방식으로 원할 때는 선행하는 의지를 통해 그들 각각의 선 자체를 원하지만, 그들 간의 모든 관계를 고려하고서 후속적 의지를 통해 최선을 원한다.

465) 프랑수아 디루아(François Diroys, 1620~1690)는 프랑스의 가톨릭 신학자다. 인용된 책의 완전한 제목은 『거짓 종교들과 무신론에 반대하고 기독교와 가톨릭을 위한 증거와 편견』이

인물로서, 1683년 파리에서 출간된『기독교를 위한 증거와 편견』을 썼다. 벨은 디루아가 제시하는 논박을 이야기한다(『한 관구장의 질문들에 대한 답변』, 제3권, 165장, 1058쪽). 그는 말한다. "아직도 한 난점이 있으며 이전의 난점들 못지않게 이것에 대해 답하는 것도 중요하다. 이 난점은 가장 정제되고 수준 높은 준칙에 근거한 고찰을 통해 선과 악을 판단하는 이들에게 더 큰 어려움을 일으키기 때문이다. 즉 이들이 보기에 신은 지혜이고 최상의 선이어서, 그가 지혜롭고 유덕한 사람들에게 각인시킨 지혜와 선의 규칙에 따라 그들이 만물이 만들어지기를 바라는 방식대로, 그리고 그들이 자신들에게 만물이 의존한다면 그렇게 만물을 만들 수밖에 없을 방식대로 신은 만물을 만들어야 한다는 것이다. 따라서 그들은 세상의 일이 자신들의 생각대로 진행될 정도로 잘 돌아가지 않으며, 만일 그들이 개입한다면 나아질 것이라는 것을 알기 때문에, 그들보다 무한히 선하고 지혜로운 신, 혹은 더 정확히는 지혜와 선 자체인 신이 세상의 일에 개입하지 않는다고 결론 내리는 것이다."

198. 이 점에 대해 디루아는 훌륭한 것들을 말하지만, 내가 다시 말하지는 않겠다. 이미 여러 곳에서 나는 충분히 논박에 답했기 때문이다. 이는 또한 내 논의의 핵심적 목표였다. 그러나 디루아는 내가 동의할 수 없는 어떤 것을 제시한다. 그는 논박이 너무 많은 것을 입증한다고 주장한다. 벨이 1059쪽에서 제시한 대로 디루아가 직접 한 말을 다시 살펴볼 필요가 있다. "더 선하고 더 완전한 것을 만들지 않는 것은 지혜와 최상의

••

다. 에스트레(Estrées, 1628~1714) 추기경은 루이 14세로부터 로마에서의 여러 임무와 협상을 맡았다.

선에 적합하지 않은바, 모든 존재들은 가능한 만큼 영원히, 변함없이 본질적으로 완전하고 선하다는 사실이 도출된다. 덜 선한 상태에서 더 선한 상태로 이행하거나 더 선한 상태에서 덜 선한 상태로 이행할 때만 어떤 것이 변할 수 있기 때문이다. 그런데 신이 더 선하고 더 완전한 것을 할 수 있을 때 그것을 하지 않는 것이 그에게 합당하지 않다면, 그러한 변화는 일어날 수 없다. 따라서 모든 존재는 신이 그들에게 줄 수 있는 만큼의 인식과 완전한 덕으로 영원히 또 본질적으로 채워져 있어야 할 것이다. 그런데 신이 할 수 있는 만큼 영원히 또 본질적으로 완전한 모든 것은 본질적으로 신으로부터 나오며, 한마디로 말해 영원히 또 본질적으로 신처럼 선하며, 결과적으로 신과 같은 신이다. 이러한 것이 바로 가능한 만큼 최대로 선하고 완전하게 사물들을 만들지 않는 것은 정의와 최상의 선에 어긋난다는 준칙이 제시하는 방향이다. 신에게 절대적으로 어긋나는 모든 것을 멀리하는 것은 본질적인 지혜와 선에게 본질적인 일이기 때문이다. 따라서 피조물에 대한 신의 행동과 관련한 제일 진리로서 다음과 같은 것을 확립해야 한다. 즉 가능한 만큼보다 덜 완전한 것들을 만들고, 신의 행동에 의해 산출된 선이 전적으로 존재하기를 멈추거나 변화하고 변질되는 것을 허용하는 것은 신의 선과 지혜에 어긋날 것이 전혀 없다. 왜냐하면 신과 다른 존재들이 있는 것은, 즉 지금 존재하는 모습 그대로 존재하지 않을 수 있고 그들이 행하는 것을 하지 않을 수 있으며 행하지 않는 것을 할 수 있는 존재들이 있는 것은 신에게 어긋나는 일이 아니기 때문이다."

199. 벨은 이와 같은 답을 하찮은 것으로 간주하지만, 이에 반대하여 그가 내세우는 것은 내가 보기에 혼란스럽다. 벨은 두 원리에 찬성하는 이들

이 특히 신의 최상의 자유에 대한 가정에 근거한다고 주장한다. 신이 자신이 할 수 있는 모든 것을 산출하도록 필연적으로 강제되었다면 죄와 고통 또한 산출할 것이기 때문이다. 그리하여 이원론자들은 원리가 악이나 선으로 동일하게 향한다면, 악의 현존으로부터 원리의 단일성과 대립되는 그 무엇도 결론 내릴 수 없을 것이다. 바로 이 점에서 벨은 자유의 개념을 지나치게 확장한다. 왜냐하면 신이 최상으로 자유롭다고 해도, 이로부터 신이 평형의 무차별성에 있다는 사실이 도출되지는 않기 때문이다. 비록 신이 행동에 이끌린다고 해도, 이로부터 신이 그러한 경향에 의해 자신이 할 수 있는 모든 것을 산출하도록 필연적으로 강제된다는 사실이 도출되지는 않는다. 신의 경향은 그를 선으로 이끌기 때문에, 신은 자신이 원하는 것만을 산출할 것이다. 나는 신이 최상의 자유를 갖는다는 것에 대해서는 동의한다. 하지만 나는 신의 자유를 신이 근거 없이 행동한다는 평형의 무차별성과 혼동하지 않는다. 디루아는 이원론자들이 유일의 선한 원리가 아무런 악도 산출하지 않는다고 주장함으로써 너무 많은 것을 요구한다고 생각한다. 그에 따르면 같은 이유로 이원론자들은 더 적은 선은 일종의 악인바, 유일의 선한 원리가 가장 큰 선을 산출할 것을 또한 요구해야 하기 때문이다. 나는 이원론자들이 첫 번째 점에서는 오류를 범하고 있으나, 두 번째 점에서는 일리가 있으며, 이 점에서 디루아가 이유 없이 이원론자들을 비난하고 있다고 본다. 혹은 나는 몇몇 부분에서의 악이나 적은 선을 전체에서의 최선과 조화시킬 수 있다고 생각한다. 신이 최선을 행하기를 이원론자들이 요구한다면, 이는 너무 많은 것을 요구하는 것이 아니다. 반면 전체에서의 최선은 부분에서의 악으로부터 자유로우며, 따라서 신이 행한 것이 최선이 아니라고 주장한다면 이원론자들은 오류를 범하는 것이 된다.

200. 그러나 디루아는 만일 신이 언제나 최선의 것을 산출한다면 다른 신들을 산출할 것이라고 주장한다. 그렇지 않다면 신이 산출할 각각의 실체는 최선도 아니고 가장 완전하지도 않다는 것이다. 하지만 디루아는 사물들의 질서와 연결을 고찰하지 않기 때문에 오류를 범하고 있다. 만일 각각의 실체를 분리시켜놓고 볼 때, 각각이 완전하다면 모든 실체들은 유사할 것이다. 이는 적절하지도 않고 가능하지도 않다. 만일 그것들이 신이었다면, 그것들을 산출하는 것은 가능하지 않았을 것이다. 따라서 사물들의 최선의 체계는 신들을 포함하지 않을 것이다. 최선의 체계는 항상 물체와 육체들, 즉 장소와 시간에 따라 배치된 사물들의 체계, 그리고 물체와 육체들을 표상하고 지각하는 영혼들의 체계, 즉 대부분의 물체와 육체들이 영혼들과 부합하여 지배되는 영혼들의 체계일 것이다. 한 건물의 구상이 목적, 예산 지출, 상황과 관련하여 최선일 수 있고, 주어진 몇몇 형태의 물체들의 배치가 우리가 발견할 수 있는 것 가운데 최선일 수 있는 것과 마찬가지로, 비록 우주가 신이 되지 않아도 그 구조는 모든 구조 중 최선일 수 있다는 것은 생각하기 쉬운 일이다. 사물들의 연결과 질서에 따라 모든 동물체와 모든 식물체는 다른 동물과 다른 식물들 혹은 다른 생명 있는 유기체적 존재들로 조합되어 있고, 결과적으로 종속 관계가 존재하며 하나의 물체나 육체, 하나의 실체는 다른 것들에 봉사한다. 따라서 그들의 완전성은 동일할 수가 없다.[466]

∴

466) (옮긴이) 라이프니츠가 자기 철학 체계의 한 측면을 간략히 요약한 절이다. 라이프니츠는 자신의 철학 체계를 정확히 구축해놓고 반대자들의 논거를 비판하기 때문에, 그의 체계의 근간을 설명할 필요가 있다. 그에 따르면, 절대적으로 완전한 최선의 존재인 신은 다른 신을 창조할 수 없다. 두 개의 동일한 절대적 완전성은 불가능하며 그것은 절대성을 파괴하는 일이기 때문이다. 따라서 신은 절대적 완전성을 갖추지는 않은 세계 가운데 최선의 세계를 창조한다. 이 최선의 세계는 무한히 많은 불완전한 실체들, 혹은 모나드들로 구성되

201. 벨이 보기에(1063쪽) 디루아는 서로 다른 두 명제를 혼동했다. 한 명제는 신은 자신이 지혜롭고 유덕한 사람들에게 각인시킨 지혜와 선의 규칙에 따라 그들이 만물이 만들어지기를 바라는 방식대로, 그리고 만물이 그들에게 의존되어 있다면 그들이 그렇게 만물을 만들 수밖에 없을 방식대로 만물을 만들어야 한다는 것이다. 그리고 다른 명제는 더 선한 것과 더 완전한 것을 만들지 않는 것은 지혜와 최상의 선에 적합하지 않다는 것이다. 벨의 판단에 따르면, 디루아는 자기 자신에게 첫 번째 명제를 논박으로서 제시하고 두 번째 명제에 답을 한다. 하지만 내가 보기에 디루아가 이 점에서 옳다. 왜냐하면 두 명제는 서로 연결되어 있으며 두 번째 명제가 첫 번째 명제의 귀결이기 때문이다. 할 수 있었던 것보다 덜한 선을 행하는 것은 지혜와 선의 결여다. 최선인 것과 가장 유덕하고 가장 지혜로운 이들의 욕망 대상인 것은 동일한 것이다. 우리가 우주의 구조와 조직을 이해한다면, 우주가 가장 지혜롭고 유덕한 이들이 바랄 수 있는 방식으로 이루어져 있고 그렇게 운영되고 있음을 볼 것이라고 말할 수 있다. 신은 그렇게 하지 않을 수 없기 때문이다. 그러나 이러한 필연성은 도덕적인 필연성일 뿐이다. 만일 신이 자신이 만드는 것을 형이상학적 필연성에 의해 산출하도록 필연적으로 강제되었다면, 나는 신이 가능한 모

⁙

어 있다. 신은 최적률(optimum), 즉 최소의 수단으로 최대의 목적 혹은 결과를 산출하는 원리에 따라 행동하므로, 이 무한히 많은 실체들은 공간을 차지하지 않는 정신적 입자들이며, 서로 부대끼지 않기 위해 각각 다르게 조직되어 있다. 각 실체는 나머지 모든 실체를 자신의 관점에서 지각하며, 따라서 우주는 무한히 많은 실체들로 구성되어 있으므로 하나이지만 무한히 많은 방식으로 각각의 실체에 의해 투영된다. 그러므로 하나의 우주가 무한히 많은 우주의 모습을 표현하는 최적률이 실현된다. 모든 실체는 정신적인 입자들이지만 불완전한 지각을 가지고 있고, 지각의 혼란성이 물질세계를 구성해낸다. 지각의 혼란성과 투명성의 정도가 각 실체에 대해 완전성의 등급과 악의 등급을 특징짓는다. 결국 악은 최선의 세계를 위한 부산물일 뿐이다.

든 것들을 산출하거나 아무것도 산출하지 않을 것이라고 인정하겠다. 이 경우 벨이 말한 귀결은 매우 정확한 것이 될 터이다. 하지만 가능한 모든 것들이 우주의 동일한 계열 안에서 서로 양립할 수 없다는 사실 자체 때문에 가능한 모든 것들이 산출될 수 없으며, 형이상학적으로 말하자면 신은 이 세계를 창조하도록 필연적으로 강제된 것이 아니다. 신이 어떤 것을 창조하려는 결정을 내리자마자 모든 가능한 것들은 현존하려고 하여서 이들 사이에 투쟁이 벌어지며, 모두 합쳐서 가장 큰 실재, 가장 큰 완전성, 가장 큰 가지성(intelligibilité)을 산출하는 가능한 것들이 우위를 차지한다고 말할 수 있다. 이 모든 투쟁은 단지 관념적인 것, 즉 가장 완전한 방식으로 행동하고 결과적으로 최선을 선택할 수밖에 없는 가장 완전한 지성 안에서 일어나는 이유들의 갈등에 불과할 수 있다. 그러나 신은 도덕적 필연성을 통해, 더 좋은 것이 있을 수 없도록 사물들을 만들 수밖에 없다. 그렇지 않다면 다른 존재들이 신이 행하는 것을 비판할 근거가 있을 것이며, 더 나아가 신 스스로 자신의 작품에 만족하지 않을 것이고 그 불완전성 때문에 자신을 비난할 것이다. 이는 신적 본성의 최상의 행복과 대립되는 일이다. 벨이 다른 맥락에서 말하는 것처럼(953쪽), 신이 자신의 결함과 불완전성을 계속적으로 느낀다면, 이는 신에게 슬픔의 불가피한 원천이 될 것이다.

202. 디루아가 말하기를 덜 선한 상태에서 더 선한 상태로 이행하거나 더 선한 상태에서 덜 선한 상태로 이행할 때만 어떤 것이 변할 수 있고, 따라서 신이 최선을 만든다면 그렇게 산출된 최선의 것은 변할 수가 없을 것이며, 그것은 영원한 실체인 신일 것이라고 하는데, 이때 그의 논증은 부당한 가정을 하고 있다. 나는 왜 선이나 악과 관련하여 어떤 것이 그 수준

을 바꾸지 않고서는 종류를 바꿀 수 없는지 도무지 모르겠다. 음악의 즐거움에서 그림의 즐거움으로 이행하거나 혹은 거꾸로 눈의 즐거움에서 귀의 즐거움으로 이행해도 즐거움의 정도는 동일할 것이며 그렇다고 이전 것이 새로운 것에 비해 다른 장점이 있는 것도 아니다. 원적법(圓積法) 혹은 똑같이 말하자면 방적법(方積法)이 이루어진다면, 즉 원이 같은 크기의 사각형으로 혹은 사각형이 원으로 변한다면, 절대적으로 말해 이에 대해서 특별한 용법을 고려하지 않는 한 얻는 것이 많을지 잃는 것이 많을지 판단하기가 어려울 것이다. 따라서 최선은 그보다 못하지도 않고 그보다 우위에 있지도 않은 다른 것으로 변할 수 있다. 그러나 언제나 이들 사이에는 질서가 존재할 것이며, 또한 최선의 질서가 존재할 것이다. 사물들의 전 계열에서는 최선은 동급이 없다. 하지만 계열의 한 부분은 같은 계열의 다른 부분과 동급일 수 있다. 게다가 매 순간 우주 전체에 걸쳐 현존하는 것이 최선은 아닐지라도, 무한히 많은 사물들의 계열 전체는 가능한 최선일 수 있다고 말할 수 있다. 따라서 단번에 최선에 이르는 것이 허용되지 않는다는 점이 사물의 본성에 속한다면, 우주가 점점 더 좋아지는 일은 가능할 것이다. 그러나 이는 우리로서는 판단하기 어려운 문제다.

203. 벨은 1064쪽에서 신이 사물들을 자신이 이미 만든 것보다 더 완전한 것으로 만들 수 있었는지에 관한 문제도 매우 어려운 문제이며 찬반의 근거가 매우 강력하다고 말한다. 그런데 내가 보기에 이 문제는 신의 행동이 가장 완전한 지혜와 가장 큰 선에 부합하는지를 문제 삼는 것과도 같다. 용어를 조금 바꾸고서 가장 명확한 것을 의심스럽게 만드는 것은 참으로 이상한 일이다. 반대 근거는 단지 결함들의 외관에 근거하는 것으로서 아무런 효력도 없다. 최선의 법칙이 신에게 진정한 형이상학적 필연성을

부과할 것이라고 입증하려고 하는 벨의 논박은 용어의 남용에서 비롯되는 공상일 뿐이다. 과거에 벨은 이 주제에 관해 나의 견해에 꽤 근접한 말브랑슈 신부의 견해에 박수를 보낼 때는 다른 견해를 가지고 있었다. 그러나 아르노가 말브랑슈 신부에 반대하는 글을 썼고 벨은 의견을 바꿨다. 벨이 나이가 들면서 의심하는 성향이 내면에서 더욱 커짐으로써 그렇게 된 것이라고 나는 생각한다. 물론 아르노는 위대한 인물이었고 그의 권위는 중대한 것이다. 아르노는 말브랑슈에게 반대하는 자신의 글들에서 여러 훌륭한 지적을 했다. 하지만 그는 최선의 규칙에 대해 내가 말하는 것과 비슷하게 말브랑슈 신부가 말한 것을 공격할 이유가 없었다.

204. 『진리의 탐구』의 탁월한 저자는 철학에서 신학으로 옮기고 나서, 결국 매우 훌륭한 『자연과 은총에 관한 논문』을 출간했다. 벨이 『행성에 관한 다양한 사유들』의 제234장에서 설명한 것처럼, 말브랑슈는 이 논문에서 보편적인 법칙들의 실행에서 생겨나는 사건들은 신의 개별적 의지의 대상이 아니라는 점을 자신의 방식대로 제시했다. 어떤 것을 원할 때는 그것과 필연적으로 결부된 모든 것도 일정한 방식으로 원한다는 것이 사실이다. 또한 결과적으로 신은 보편적 법칙을 원하면서, 이로부터 필연적으로 생겨날 수밖에 없는 모든 개별적 결과도 일정한 방식으로 원하지 않을 수 없을 것이다. 그러나 이 개별적 사건들 자체 때문에 그것들을 원하는 것이 아니라는 것은 언제나 사실이다. 이것이 의미하는 바는 개별적이고 직접적인 의지를 통해 그것들을 원하는 것이 아니라는 것이다. 신이 외부를 향해 행동하기로 결정했을 때는 그가 최상으로 완전한 존재에 합당한 행동 방식, 즉 무한히 단순하고 균일하되 그럼에도 무한히 풍요로운 행동 방식을 선택한다는 것은 의심의 여지가 없다. 말브랑슈 신부에 따르면 일반적 의

지를 통한 그러한 행동 방식에서 몇몇 무익한 (내가 덧붙이자면, 따로 떼어놓고 고찰할 경우에는 유해하기까지 한) 사건들이 나온다고 할지라도, 신에게는 그 방식이 더 복합적이고 규칙적인 다른 방식보다 선호할 만한 것으로 보였다고 생각될 수도 있다. 벨이 『혜성들에 관한 사유들』에서 쓴 견해에 따르면, 이 같은 가정은 신의 섭리에 반대하여 제시되는 수많은 난점을 해결하는 데서 가장 적합한 것이다. 벨은 다음과 같이 말한다. "신에게 왜 인간들을 더 악하게 만드는 데 쓰이는 것들을 만들었냐고 묻는 것은, 왜 신은 무한히 아름다울 수밖에 없는 자신의 계획을 가장 단순하고 균일한 방법들을 통해 실행했느냐고 묻는 것이며, 왜 신은 끊임없이 서로 어긋나는 결정들을 복잡하게 함으로써 인간의 자유 의지를 악하게 사용하는 일을 막지 않았느냐고 묻는 것과도 같을 것이다." 벨은 "기적들은 개별적인 의지들인 바, 신에게 합당한 목적을 가져야 한다"라고 덧붙인다.

205. 벨은 이러한 근거를 바탕으로 제231장에서 악인들의 번영에 대해 불평하는 이들의 불의와 관련하여 훌륭한 고찰을 한다. 그는 다음처럼 말한다. "나는 악인들의 번영을 이상하게 생각하는 이들이 신의 본성에 대한 성찰이 매우 부족했고, 만물을 지배하는 원인의 의무들을 전적으로 저열한 섭리의 차원으로 축소시켰으며, 이는 그들의 편협한 정신을 보여주는 것이라고 말하기를 꺼려하지 않을 것이다. 도대체 무엇을 말하려는가! 신이 자신의 무한한 지혜의 경이로움을 찬연히 드러내기에 무한히 적합한 혼합을 통해 자유로운 원인들과 필연적 원인들을 만들고 나서, 자유로운 원인들의 본성에 부합하는 법칙들, 그러나 일개 인간에게 생길 일말의 슬픔으로 인해 인간의 자유까지 파괴하면서 완전히 붕괴된 정도로 불안정한 법칙들을 확립해야 했단 말인가? 한낱 도시를 통치하는 자라도, 그에

게 불평하는 누군가를 만족시키고자 할 때마다 자신의 규칙과 명령을 바꾼다면 조롱거리가 될 것이다. 신의 법칙은 아마도 우리가 볼 수 있는 모든 것이 거기서는 단지 작은 장식과 같은 역할만을 할 정도로 보편적인 선과 관련하는데, 자신의 법칙이 오늘은 누구의 마음에 들고 내일은 다른 사람의 마음에 든다는 이유로 신이 그 법칙을 위배해야겠는가? 미신적인 자가 몹시 추한 사람은 불길한 어떤 것의 전조가 된다고 잘못 판단하고 그러한 오류 때문에 제물로 바치기 위한 살인을 저지르거나, 혹은 선한 영혼을 가졌지만 덕이 없으면 상당한 벌을 받는다고 믿을 정도로는 덕을 존중하지는 않는 사람이 악한 자가 부자가 되고 건강이 넘친다는 사실로 분노한다고 해서, 신이 자신의 법칙들을 위배해야겠는가? 보편적인 섭리에 대해 이보다 더 잘못된 생각을 할 수 있겠는가? 강한 것이 약한 것보다 우세하다는 자연법칙은 매우 지혜롭게 정해진 것이며, 그 주인에게 즐거움을 주지만 부서지기 쉬운 꽃병에 돌이 떨어질 때 그가 슬프지 않도록 신이 자연법칙을 위배해야 한다고 주장하는 것은 어리석은 일이라고 모두가 인정한다. 그렇다면 악한 인간이 선한 인간을 희생시켜 부자가 되는 것을 막기위해 신이 자연법칙을 위배해야 한다고 주장하는 것 또한 어리석은 일이라고 인정해야 하지 않겠는가? 악한 인간이 양심과 신의 권고를 넘어설수록 그는 선한 인간을 능력에서 더 앞서게 된다. 따라서 그가 선한 인간을 공격할 경우, 자연의 흐름에 따라 선한 인간은 파멸하게 된다. 둘 모두가 돈 문제로 경쟁한다면 세찬 불이 짚불보다 더 많은 나무를 휩쓰는 것과 똑같이 역시 자연의 흐름에 따라 악인이 선한 인간보다 더 많은 부를 축적할 것이다. 악한 사람이 병이 들기를 바라는 이들은 잔에 돌이 떨어져도 잔이 깨지지 않기를 바라는 이들만큼이나 정의롭지 않을 때가 종종 있는 것이다. 그의 기관들이 조합된 방식대로 악한 인간이 취하는 음식, 그가 들이마시는 공기는 자연법칙에 따라 그의 건강에 해가 될 수 없기 때문이다. 따라서 악한 인간의 건강을 불평하는 이들은 신이 그가 확립한 법칙을 위반하지 않는다고 불평하는 것과 같다. 신만이 이루어낼 수 있는 조합과 연결을 통해 자연의 흐름이 죄에 대한 벌을 가져오는 일이 꽤 자주 일어나는 만큼, 이 점에서 그들은 더더욱 정의롭지 못한 것이다."

206. 벨이 신의 절대적 섭리에 유리한 방식의 논의를 위해 그토록 훌륭하게 진입한 길을 그토록 일찍 떠난 것은 매우 안타까운 일이다. 그는 큰 결실을 맺었을 것이며, 멋진 말을 하면서 동시에 좋은 것을 말할 수 있었을 것이기 때문이다. 나는 신이 자신에게 가장 합당한 방식으로 사물들을 만들었다는 점에서 말브랑슈 신부에게 동의한다. 그러나 나는 일반적 의지와 개별적 의지에 대해서는 그보다 더 멀리 간다. 신은 기적적으로 행동할 때조차도 근거 없이 행할 수 없는바, 개별적 사건들에 대한 신의 의지는 진리나 일반적 의지의 귀결일 수밖에 없다는 사실이 도출된다. 따라서 나는 신은 결코 말브랑슈 신부가 이해하는 그대로의 개별적 의지, 즉 원초적으로 개별적인 의지들을 갖지 않는다고 말하겠다.

207. 나는 이 점에서 기적들도 다른 사건들과 구분될 것이 전혀 없다고 생각한다. 자연의 질서보다 상위의 질서에 속한 이유들로 인해 신이 기적을 행하기 때문이다. 따라서 나는 말브랑슈 신부처럼 질서가 요구할 때마다 신이 보편적 법칙들을 위반한다고 말하지 않겠다. 신은 더 적절한 다른 법칙을 통해서만 어떤 법칙을 위반하며, 질서가 요구하는 것은 보편적 법칙에 속하는 질서의 규칙과 일치하지 않을 수 없을 것이다.[467] 가장 엄밀한 의미로 이해된 기적의 특성은 피조물의 본성을 통해서는 기적이 설명될 수

없다는 점이다. 그렇기 때문에 신이 물체들이 서로를 끌어당긴다는 내용의 보편적 법칙을 만들었다면, 그는 끊임없는 기적을 통해 이 법칙을 실행할 수밖에 없는 것이다. 마찬가지로 신이 인간 육체의 기관들이 영혼의 의지와 일치하기를 원했다면, 기회 원인론 체계에 따라 이 법칙은 끊임없는 기적을 통해서만 실행될 것이다.

208. 따라서 절대적으로 필연적이지는 않은 보편적 규칙 가운데 신은 가장 자연적이고 가장 설명하기 쉬우며 또한 다른 것들을 설명하는 데 가장 유용한 법칙들을 선택한다고 생각해야 한다. 이러한 것이 분명 가장 아름답고 호의적인 것이다. 예정 조화 체계가 필연적이지 않을지라도 신은 쓸데없는 기적을 배제함으로써 이 체계를 선택했을 것이다. 이 체계가 가장 조화롭기 때문이다. 신의 방법은 가장 단순하고 가장 균일하다. 즉 신은 서로가 서로를 가장 덜 제한하는 규칙을 선택한다. 신의 방법은 또한 그 단순성에 비해 가장 풍성하다. 이는 집을 지을 때 같은 예산을 가지고 만들 수 있는 최선의 집이었다고 말하는 것과도 같다. 게다가 단순성과 풍

467) (옮긴이) 기적은 신의 특별한 행동의 한 경우에 불과하다. 그렇기 때문에 기적은 질서에 속하며, 특수한 하위 질서를 구성하는 자연적 행동들에 비추어볼 때에만 기적으로 나타난다. 라이프니츠에게 기적은 드물거나 특이한 성격이 아니라, "자연의 힘을 넘어서는 것"(아르노에게 보낸 편지 20, Discours de métaphysique et Correspondance avec Arnauld, Vrin, 1993, 161쪽)으로 정의된다. 라이프니츠는 『형이상학 논고』 제7절에서 자연을 "신의 습관"과 같은 "하위의 원칙들"의 총체로 정의한다. 달리 말하면 자연법칙은 스피노자와 같은 필연주의자가 주장하는 바와 달리, 기하학적 혹은 필연적 법칙이 아니라 우연적 법칙이다. 즉 자연법칙은 지금과 달랐을 수도 있다. 따라서 신이 자연적 힘을 넘어서는 기적을 행함으로써 자연법칙에서 벗어난다고 해도, 자연법칙들은 정의상 필연적인 것이 아니기 때문에 이 법칙들을 위배하는 것이 아니다. 자연법칙으로부터의 면제가 보편적 질서에서 벗어남을 의미하는 것도 아니다. 기적은 신으로 하여금 자연법칙을 따르게 하는 이유보다 "더 강한 다른 이유"를 요구할 뿐이다.

성함이라는 두 조건은 가능한 최대의 완전성을 산출한다는 유일의 장점으로 환원될 수 있다. 이러한 점에서 말브랑슈 신부의 체계는 나의 체계로 환원된다. 결과는 더 컸지만 방법들은 덜 단순했다고 가정된다면, 모든 것을 헤아리고 고려했을 경우 목적으로서의 결과뿐 아니라 수단으로서의 결과를 평가할 때 결과 자체도 덜 클 것이라고 말하는 일이 가능하다고 나는 생각한다. 가장 지혜로운 자는 수단도 일정한 방식으로 목적이 되도록, 즉 단지 그것이 이루어내는 것뿐 아니라 그것의 존재 자체를 통해서도 원할 만한 것이 되도록 가능한 모든 것을 하기 때문이다. 더 제대로 사용할 수 있었던 것보다 복합적인 방법들은 너무도 많은 영역, 너무도 많은 공간, 너무도 많은 장소, 너무도 많은 시간을 차지하기 때문이다.[468]

∴

468) (옮긴이) 라이프니츠는 신의 행동과 관련하여 아르노처럼 목적을 특히 강조하거나 말브랑슈처럼 수단을 부각시키는 것과 달리 신의 최적률 혹은 최선의 원리는 목적과 수단을 동시에 고려할 때 진정으로 실현된다고 본다. 말브랑슈는 『자연과 은총에 관한 논문』 제14절에서 이처럼 말한다. "물론 신은 우리가 지금 살고 있는 세계보다 더 완전한 세계를 만들 수 있었다. 예를 들어, 신은 땅을 비옥하게 해주는 비가 그것을 그리 필요로 하지는 않는 바다보다는 경작된 땅에 보다 정기적으로 내리도록 할 수 있었다. 그러나 보다 완전한 세계를 만들기 위해서 신은 그의 방법의 단순성을 바꿔야 하며, 우리의 세계를 존속케 하는 운동들의 전달 법칙을 늘려야 했을 것이다." 아르노는 말브랑슈의 입장을 뒤집는다. 그에 따르면, 실현해야 할 작품을 우선 선택하고 그 후에 비로소 도구를 선택해야 한다. "녹로(轆轤)는 감탄할 만한 세밀함과 아름다움을 가진 수많은 소형 상아 제품을 만들 수 있는 매우 일반적이고 매우 단순한 수단이다. 그러나 다음과 같이 말하는 것은 제작자의 큰 지혜를 보여주는 것일까. 이토록 아름다운 제품들을 만드는 이토록 단순하고 쉬운 방식이 내가 작업에서 좋아하는 유일한 것이고 직접적으로 원하는 것인 반면, 각각의 제품들은 내가 좋게 평가하고 애정을 가질 만한 것은 아니고 내가 간접적으로 원하는 것일 뿐이다."(『자연과 은총에 대한 새로운 체계에 관한 철학적 신학적 성찰』, 제1권, 163쪽) 라이프니츠는 두 입장 모두를 받아들이지 않는다. 말브랑슈에 반대하여 그는 수단과 결과를 분리하기를 거부하며 다음 같은 내용의 편지를 보냈다. "저는 신의 작품을 고찰할 때, 그의 방법을 작품의 한 부분으로 간주합니다. 방법들의 단순성과 그것들이 가져오는 풍성함은 작품이 지닌 탁월성의 한 부분입니다."(1712년 1월) 반면 라이프니츠는 아르노에 반대하여 목적의 선택을 수단의 선택과 분리하기를 거부한다. 그의 독창성은 목적의 선택과 수단의 선택 간의 우위성을 확립

209. 그러나 모든 것은 가장 큰 완전성으로 환원되는바, 나의 최선의 법칙으로 돌아와야 한다. 완전성은 지성적 피조물의 **도덕적 선**과 **물리적 선**뿐 아니라, 단지 **형이상학적 선** 그리고 이성이 결여된 피조물에도 관련된 선을 또한 포함하기 때문이다. 이로부터 이성적 피조물들에게 있는 악은 부수적으로 일어날 뿐이며, 가능한 최선의 구도 안에 포함된 것으로서 선행하는 의지가 아니라 후속적 의지에 의해 일어날 뿐이라는 사실이 도출된다. 모든 것을 포함하는 형이상학적 선은 내가 이미 여러 번 설명한 대로 때때로 물리적 악과 도덕적 악의 여지를 제공하는 원인이다. 고대의 스토아주의자들도 이러한 체계에서 그다지 벗어나지 않았다. 벨도 이 점에 대해 자신의 『역사와 비판 사전』(크리시포스 편, 각주 T)에서 지적했다. 때때로 그가 자기 자신에게 반대하고 있다는 것을 보여주고, 그가 이전에 단언한 훌륭한 견해로 그를 되돌리기 위해서는 벨의 말을 직접 제시하는 것이 중요하다. 그는 930쪽에서 이처럼 말한다. "크리시포스는 그의 저작 『섭리에 관하여』에서 여러 문제 가운데 **사물들의 본성**, 혹은 세계와 인류를 만든 섭리는 인간들이 면할 수 없는 질병들도 만들었는가라는 문제를 검토했다. 그는 자연의 핵심적 계획은 인간들이 병에 걸리게 하는 것은 아니었으며, 이는 모든 선의 원인에 적절한 것이 아닐 것이라고 답한다. 그러나 자연은 매우 정돈되고 매우 유용한 여러 위대한 것들을 준비하고 산출하면서, 이로부터 몇몇 나쁜 점들이 생긴다는 것을 발견한 것이다. 따라서 이러한 것들은 자연

⁚

하는 것이 아니라 양자를 관계시키는 데 있다. "최적"의 개념은 최대한의 결과와 최소한의 지출을 추구하는 것이며, 따라서 두 선택은 동시에 이루어지며 상관관계에 있다. 『형이상학 논고』, 제3절, 5절 참조. "신의 방식에 있어서의 단순성으로 말하면 그것은 원래 수단을 고려할 때에만 해당되고, 목적이나 결과에 대해서는 그와 반대로 다양성, 풍부함 또는 풍성함이 해당된다. 그리고 전자와 후자 사이에는 한 건물에 예상되는 비용과 이 비용에 상응하여 요구되는 건물의 크기와 아름다움 사이와 마찬가지로, 균형이 유지되어야 한다."(제5절)

의 원초적 계획과 목적에 일치하는 것이 아니었고, 작품[469]의 귀결로서 나타났으며 단지 결과로서 현존하게 된 것이다. 인간 육체의 형성과 관련해서 크리시포스는 작품의 가장 섬세한 관념과 유용성 자체가 요구한 것은 머리가 얇고 정밀한 해골들의 조직으로 조합된 것이라고 말했다. 하지만 이로부터 머리는 충격을 견딜 수 없는 단점을 가져야 했던 것이다. 자연은 건강을 준비했고 이와 함께 부수적으로 질병들의 원천이 열려야 했던 것이다. 덕과 관련해서도 마찬가지다. 덕을 생겨나게 한 자연의 직접적 작용은 그 결과로서 악덕의 종류를 산출한다.[470] 나는 문자 그대로 번역하지는 않았기에, 라틴어를 이해하는 이들을 위해 여기에 아울루스 겔리우스[471]의 라틴어판(제6권, 1장)을 인용하겠다.[472] 나는 한 이교도가 최초 인간의 타락, 즉 계시를 통해서만 우리가 알 수 있었고 인간이 불행해진 참된 원인인 타락에 대해 무지한 상태에서 이보다 더 합리적인 것을 말할 수 있었다고 생각하지 않는다. 우리에게 크리시포스의 저작들에서 온 이와 유사한 여러 발췌문이 있거나, 더 나아가 그의 저작들이 있었다면, 우리는 그의 재기의 아름다움보다도 더 큰 이익이 되는 관념을 갖게 될 것이다."

210. 이제 변한 모습의 벨에게서 나타나는 이면을 살펴보자. 벨은 『한 관구장의 질문들에 대한 답변』(제3권, 155장, 962쪽)에서 나의 견해에 매우 부합하는 자클로의 말, 즉 "우주의 질서를 바꾸는 것은 선한 사람의 번영보

∴

469) (옮긴이) 자연에 의해 산출된 결과물을 의미한다.
470) 벨의 번역은 자의(字意)적이지는 않지만, 충분히 충실하기 때문에 다른 번역을 제시할 필요는 없을 것 같다.
471) (옮긴이) 아울루스 겔리우스(Aulus Gellius, 123?~165?)는 고대 로마의 수필가다.
472) (옮긴이) 벨은 이 부분에 인용문의 앞부분을 라틴어로 거의 동일하게 옮겨 적어놓았다.

다 무한히 더 큰 중요성을 갖는 일이다"라는 말을 전하고 나서 다음과 같이 덧붙인다. "이러한 생각에는 눈부신 면이 있다. 말브랑슈는 이 같은 생각을 가장 명백하게 드러냈다. 말브랑슈는 단순하고 매우 생산적인[473] 체계는 보다 복합적이고 비율적으로 덜 생산적이면서도 불규칙성을 나타낼 가능성이 더 큰 체계보다 신의 지혜에 더 적합하다는 것을 자신의 독자들 중 몇몇에게 납득시켰다. 벨은 이로부터 말브랑슈가 감탄스러운 해결을 제시했다고 생각한 이들 중 하나였다."(벨 스스로 이렇게 말하고 있다.) "그러나 이런 체계에 반대하는 아르노의 책들을 읽고 나서는, 또 최상으로 완전한 절대 존재의 막대하고 광대한 관념을 고찰하고 나서는 이 체계에 만족하기란 거의 불가능하다. 이러한 신의 관념은 신에게는 단순하고 생산적이고 규칙적이며 모든 피조물에게 동시에 적합한 계획을 따르는 것보다 더 쉬운 일은 없음을 알려준다."

211. 프랑스에 있을 때 나는 악의 원인과 신의 정의(正義)에 관해 라틴어로 쓴 대화[474]를 아르노에게 전했다. 이는 아르노와 말브랑슈의 논쟁이 벌어지기 전일 뿐 아니라, 『진리의 탐구』가 출간되기도 전이다. 내가 여기서 옹호하는 원리, 즉 죄가 허용된 것은 죄가 우주에 대한 최선의 계획에 포함되었기 때문이라는 원리는 내가 아르노에게 전한 대화에서 이미 사용되었던 것이다. 아르노는 이에 대해 놀란 것 같지 않았다. 그러나 아르노는 말브랑슈와 작은 논쟁들을 벌인 후로 이 주제를 더 주의 깊게 검토하고서 보다 엄격하게 판단하고자 했다. 하지만 나는 이 점에 대해 벨이 표현한 방식

∵

473) (옮긴이) 여기서 "생산적(fécond)"이라는 것은 결과가 풍성하다는 뜻이다.
474) 주 54 참조. 말브랑슈의 『진리의 탐구(Recherche de la vérité)』는 1674~1675년에 출간되었다.

이 마음에 들지 않는다. 또 나는 보다 복합적이고 덜 생산적인 계획이 불규칙성을 더 잘 나타낼 수 있다는 의견에 대해 동의하지 않는다. 규칙은 일반적 의지다. 규칙이 지켜질수록 규칙성은 더 많아진다. 단순성과 풍성함은 규칙의 목적인 것이다. 매우 단순한 체계는 불규칙성이 없다고 나에게 논박한다면, 나는 지나치게 단순한 것은 불규칙성이며 이는 조화의 규칙에 어긋나는 것이라고 답하겠다. 같은 현을 계속 틀리게 연주하는 키타라 연주자는 놀림을 당한다.[475] 따라서 나는 신이 단순하고 생산적이고 규칙적인 계획을 수행할 수 있다고 생각하지만, 최선이고 가장 규칙적인 계획이 모든 피조물에게 동시에 적합하다고는 생각하지 않는다. 이에 대해 나는 **후험적** 판단을 한다. 신이 선택한 계획은 후험적인 것이 아니기 때문이다.[476] 그러나 나는 또한 수학에서 가져온 예들을 통해 이 점을 **선험적으로** 밝혔으며, 잠시 후 그중 하나를 제시하겠다. 이성적 피조물들이 결국 모두 행복해지기를 바라는 오리게네스주의자를 만족시키는 일은 더욱 쉬울 것이다. 오리

∵

475) 호라티우스, 『시학』, 355~356행.
476) (옮긴이) 신이 행하는 모든 것은 선험적이고, 피조물인 나는 후험적으로 판단할 수밖에 없다는 의미다. 그러나 그렇다고 라이프니츠가 선험적인 판단을 포기하는 것은 아니다. 그는 여러 유비를 통해 신의 행동이 지닌 최선의 원리를 규명하지만 신의 지혜는 "전 우주가 의존되어 있는 위대한 신비"라고 인정한다. "따라서 우리는 세계는 신이 어떤 방식으로 그것을 창조했든 간에, 항상 규칙적이고 어떤 특정의 일반적 질서를 가지고 있을 것이라고 말할 수 있다. 그러나 신은 가장 완전한 것, 즉 그의 작도는 아주 간단하면서 그의 성질과 결과는 아주 놀랍고 매우 광범하게 미칠 기하학적 곡선과 같이, 원리에 있어서는 가장 단순하면서 동시에 현상에 있어서는 가장 풍부한 것을 선택하였다. 나는 신의 지혜를 불완전하기는 하지만 개략적으로 묘사하고, 우리가 충분히 표현할 수 없는 것을 어떤 방식으로든 파악하도록 최소한 우리의 정신을 고무할 수 있는 것을 말하기 위하여 이 비유를 사용한다. 그러나 나는 결코 이를 통해 전 우주의 큰 비밀을 설명할 수 있다고 주장하는 것은 아니다." 『형이상학 논고』, 제6절. 여기서 "전 우주의 큰 비밀"보다는 "전 우주가 의존되어 있는 위대한 신비(grand mystère dont dépend tout l'univers)"로 옮기는 것이 정확하다.

게네스주의자는 현세의 고통에 대해 성 바울이 말하는 것을 따라서, 유한한 피조물들은 영원한 행복에 비유될 만한 가치는 없다고 말할 것이다.[477]

212. 내가 이미 지적한 대로, 이 주제와 관련하여 오류의 요인은 전체에서 최선인 것이 각 부분에서도 가능한 최선이라고 믿으려 한다는 점이다. 그래서 사람들은 **최대**와 **최소**의 문제에서 기하학적으로 추론을 한다. A에서 B로 가는 길이 가능한 길 중 가장 짧고, 이 길이 C를 통과한다면 AB의 부분인 AC도 가능한 것 중 가장 짧다는 것이다. 하지만 양에서 질의 귀결을 도출해내는 것이 언제나 제대로 이루어지는 것은 아니며, 같은 것들에서 닮은 것들의 귀결을 도출해내는 것도 마찬가지다. 왜냐하면 같은 것들은 그 양이 동일한 것들이며, 닮은 것들은 질에 따라 차이가 나지 않는 것들이기 때문이다. 알트도르프의 유명한 수학자인 고(故) 슈투르미우스[478]는 젊은 시절 네덜란드에 머물면서 『가톨릭 유클리드』라는 작은 책을 출간했다. 스승인 고(故) 에르하르트 바이겔의 격려를 받고 그는 이 책에서 비(非)수학적 영역에서의 정확하고 일반적인 규칙을 제공하고자 했다. 슈투르미우스는 이 책에서 유클리드가 같은 것들에 대해 말한 것을 닮은 것들로 이전하고, 다음과 같은 공리를 만든다. 닮은 것들에 닮은 것들을 더하면 모두 닮은 것들이 된다. 그러나 이러한 새로운 규칙을 받아들이도록 하기 위해서는 많은 조건이 필요했으며, 내가 보기에는 우선 다음처럼 한정하여 이 규칙을 언표하는 것이 좋았을 것이다. 닮은 것들에 닮은 방식으로 닮은 것들을 더하면 모두 닮은 것들이 된다. 많은 경우 기하학자들도 단지 닮은 것들이 아니라

∴

477) (옮긴이) 오리게네스에 관해서는 「신앙과 이성의 조화에 관한 서설」, 제51절 참조.
478) 주 63 참조. 에르하르트 바이겔(Erhard Weigel, 1625~1699)은 철학자이자 수학자이며, 그도 또한 1663년 예나대학에서 라이프니츠의 스승이었다.

닮은 방식으로 제시되어야 한다는 것을 요청하곤 한다.

213. 양과 질의 이 같은 차이는 우리의 문제에도 해당되는 것 같다. 두 극점 사이에서 가장 짧은 길의 부분은 이 부분의 극점 사이에서 가장 짧은 길이기도 하다. 그러나 최선의 전체에 속한 부분은 필연적으로 이 부분을 가지고 만들 수 있는 최선은 아니다. 아름다운 것의 부분은 불규칙적인 방식으로 전체에서 추출되거나 취해질 수 있는바, 항상 아름답지는 않기 때문이다. 선과 미가 연장(延長), 물질, 금, 물처럼 동질적이거나 유사한 것으로 가정된 다른 물체들처럼 언제나 절대적이고 균일한 어떤 것이라면, 선한 것과 아름다운 것의 부분도 전체처럼 아름답고 선하다고 말해야 할 것이다. 이 경우 부분은 전체와 항상 닮아 있을 것이기 때문이다. 하지만 상대적인 것들에서는 그런 식으로 되지 않는다. 기하학에서 가져온 한 예는 나의 생각을 설명하기에 적절할 것이다.

214. 자신의 시대에 가장 탁월한 인물 중 하나인 함부르크의 융기우스[479]가 경험적 기하학이라고 부른 종류의 기하학이 있다. 이 기하학은 증명적 경험을 사용하고 유클리드의 여러 명제, 특히 두 도형 중 하나를 여러 조각으로 자르고 이것들을 다시 모아서 다른 도형을 만듦으로써 두 도형의 같음과 관련된 명제들을 입증한다. 이 같은 방식으로 직각삼각형의 두 변을 변으로 하는 정사각형들을 잘라서 부분을 내고 정확히 배치하여 빗변사각형을 만드는 것이다. 이는 유클리드 제1권의 47번째 명제를 경험적으로 증명

⁝

479) 요하힘 융기우스(Joachim Jungius, 1587~1657)는 독일의 수학자, 의사, 논리학자로 『함부르크의 논리학』(함부르크, 1681)과 『경험적 기하학』(발행지, 발행일 없음)을 썼다. 좀 더 아래에 인용된 유클리드의 정리는 '피타고라스의 정리'다.

하는 것이다. 그런데 두 개의 작은 정사각형에서 취한 조각 중 몇 개가 없어진다고 하면, 만들어야 할 큰 정사각형에 어떤 것이 부족하게 될 것이다. 이렇게 결함이 있는 조합은 만족스럽기는커녕 충격적으로 추할 것이다. 또한 잘못된 조합을 구성한 나머지 조각들을 큰 정사각형을 만드는 데 사용하기로 한 것과 관계없이 따로 모으고 다른 방식으로 배치해서 그럭저럭 나쁘지 않은 조합을 만들어낼 수 있을 것이다. 그러나 없어졌던 조각들을 다시 가져와서 잘못된 조합의 빈 부분을 채울 경우 이로부터 아름답고 규칙적인 것, 즉 큰 정사각형이 나올 것이다. 이렇게 완성된 조합은 없어지지 않는 나머지 조각들만으로 만들어진 그럭저럭 나쁘지 않은 조합보다 훨씬 아름다울 것이다. 완성된 조합은 우주 전체에 해당되며, 완성된 조합의 한 부분인 잘못된 조합은 우리가 결함을 발견하는 우주의 특정 부분에 해당된다. 조물주는 이 같은 결함들을 허용한다. 만일 그것들을 허용하지 않고 그 잘못된 부분을 개선하고 이를 통해 그럭저럭 나쁘지 않은 조합을 만들어내고자 했다면, 전체는 그렇게 아름답지 않았을 것이다. 그럭저럭 나쁘지 않은 조합을 만들기에 더 적합하게 배치된 이 잘못된 조합의 부분들은 전체적이고 완전한 조합을 형성하기에 알맞게 사용되지 않을 것이기 때문이다. 토마스 아퀴나스는 이러한 점을 감지하고 다음과 같이 말했다. "전체 선을 늘리기 위해 부분의 선의 몇몇 결함을 무시하는 것은 사려 깊은 지배자가 하는 일이다."(『이교도들에 대한 반론』, 제3권, 71장) 토머스 게이테커[480]도 마르쿠스 아우렐리우스의 책에 대한 주석(벨의 책에 따르면 제5권, 8장)에서 부분들의 악은 전체의 선인 경우가 많다고 말하는 저술가

∵

480) 토머스 게이테커(Thomas Gataker, 1574~1654)는 영국의 신학자·문헌학자이며, 마르쿠스 아우렐리우스의 『명상록』을 라틴어 번역과 주해와 함께 편집하였다(1652).

들의 구절을 인용하고 있다.

215. 벨의 논의를 다시 살펴보자. 벨은 (963쪽에서) 마을을 건설하게 하는 군주가 헛된 취향이 있어서, 마을이 주민들에게 갖가지 편안함을 제공하기보다는 분위기가 화려하고 건축물이 독창적이며 개성이 독특한 편을 더 좋아하는 경우를 생각해낸다. 그러나 이 군주가 진정으로 위대한 영혼의 소유자라면 웅장한 건축물보다는 편리한 건축물을 선호할 것이다. 이것이 벨이 판단하는 방식이다. 하지만 나는 몇몇 하인들의 편리보다는 궁전의 구조의 아름다움을 선호하는 것이 타당한 경우가 있다고 생각할 것이다. 그런데 나는 구조가 아름답다고 하더라도 미와 편리와 건강 모두를 고려해서 더 좋은 것을 만들 수 있었다고 할 때, 궁전의 구조가 거주자들에게 질병을 유발할 경우는 나쁜 구조라는 것을 인정한다. 이 모든 장점을 동시에 가질 수 없으며, 그리고 건강에 가장 유리한 산의 북쪽에 짓기를 원할 경우라도 성의 구조가 견딜 수 없는 것이 된다면 성이 남향이기를 선호하는 것이 가능하기 때문이다.

216. 벨은 우리의 입법자들이 모든 개인에게 편리를 주는 규칙은 결코 만들어낼 수 없다고 다시 논박한다. "어떤 법도 모두에게 전적으로 이익이 되지 않는다. 단지 요청되는 것은 법이 대다수에게 전체적으로 유용해야 한다는 것이다."(티투스 리비우스, 제34권, 3장, 카토에 관한 서설) 그러나 입법자들의 빛에 한계가 있기 때문에 그들은 모든 것을 고려할 때 유해하기보다는 유용한 법들을 선호할 수밖에 없는 것이다. 이 모든 것은 능력과 지성과 선과 진정한 위대함을 무한히 갖춘 신에게는 해당되지 않는다. 신은 가능한 최선을 선택하는 만큼 결코 신의 완전성에 한계가 있다고 논박할

수 없다고 나는 답하겠다. 우주 안에서 선은 악보다 우세하며 악은 선의
증가에 기여한다.

217. 벨은 또한 스토아주의자들이 그와 같은 원리에서 불경한 것을 도출
해냈다고 지적한다. 그들은 악이 우주의 건강과 보전에 필요할 뿐 아니라
우주를 지배하는 신의 행복, 완전성, 보존에도 필요한바, 인내를 가지고서
악을 견뎌내야 한다고 말하기 때문이다. 이러한 점은 마르쿠스 아우렐리우
스[481]가 자신의 『명상록』의 제5권 8장에서 표현한 것이다. 그는 다음과 같
이 말한다. "두 가지 이유로 너는 너에게 일어나는 모든 일을 사랑해야 한
다. 첫째는 그 모든 일이 너를 위해 생겨난 것이고 너에게 명령된 것이며 너
와의 관계 속에 있기 때문이다. 둘째는 그것이 우주를 지배하는 존재에게
는 우주의 번영과 완전성, 영속성 자체에 부분적으로 기여하기 때문이다."
이 규칙은 그 위대한 황제의 원칙 중 가장 합리적인 것은 아니다. "너는 사
랑해야 한다"라는 말은 아무 의미가 없다. 한 사물은 그것이 누군가에게 필
요하거나 예정되거나 결부되었기 때문에 사랑할 만한 것이 되는 것은 아니
다. 나에게 악인 것은 그것이 나의 주인에게 선이라고 해도, 그 선이 나에
게 미치지 않는다면 악이 아닌 것이 되지 않을 것이다. 우주에서 여러 것들
가운데 선한 것은 보편적 선이 실제로 모든 선의 창조자를 사랑하는 이들
의 개별적 선이 된다는 것을 의미한다. 그러나 마르쿠스 아우렐리우스 황
제와 스토아주의자들의 가장 핵심적인 오류는, 그들이 신을 세계의 영혼
으로 파악했기 때문에 우주의 선이 신 자신의 마음에 들어야 했다고 생각

481) (옮긴이) 마르쿠스 아우렐리우스(Marcus Aurelius Antoninus, 121~180)는 로마 제국의
제16대 황제(재위 161~180)로 5현제(賢帝)의 마지막 황제이며, 후기 스토아학파의 철학자
로 『명상록』을 남겼다.

한 것이다. 이 오류는 나의 학설과 아무런 공통점도 없다. 나의 학설에 따르면, 신은 마르티아누스 카펠라[482]가 명명하듯이 세계 밖의 지성(intelligentia extramundana), 혹은 보다 정확히 말해 세계를 넘어선(supramundana) 지성이다. 게다가 신은 선을 행하려고 행동하는 것이지 선을 받으려고 행동하는 것이 아니다. 주는 것이 받는 것보다 가치가 있다. 신의 지복은 언제나 완전하며 내적으로도 외적으로도 그것을 증대시키는 것은 있을 수 없다.

218. 아르노를 따라서 벨이 나에게 가하는 핵심적 논박을 살펴보자. 이 논박은 복잡하다. 그들은 신이 최선을 창조할 수밖에 없었다면 신은 필연적으로 강제될 것이고 신은 필연적으로 행동할 것이라고 주장하거나, 적어도 신이 죄나 다른 악을 제거하기 위한 더 좋은 방법을 발견할 수 없었다면 그는 무능력하다고 주장한다. 실제로 이는 이 우주가 최선이며, 신이 최선에 충실할 수밖에 없음을 부정하는 것이다. 이에 대해 나는 여러 곳에서 해답을 제시했다. 나는 신이 최선을 산출하지 않을 수 없다는 것을 입증했다.[483] 이러한 것이 가정되면, 우리가 경험하는 악은 이미 우주에 있기 때문에 우주에서 악이 제거된다는 것은 결코 합리적인 일이 아니라는 사실이 도출된다.[484] 그러나 이 두 탁월한 사람들이 나에게 반대하여 제시하는 것, 좀 더 정확히 말해 벨이 논박하는 것을 살펴보자. 벨이 아르노의 논변의 덕을 봤다고 인정하니 말이다.

••

482) 마르티아누스 카펠라(Martianus Capella, 5세기)는 라틴 철학자로서, 중세시대에 큰 영향을 미쳤던 백과사전적 우화인 『학문과 웅변의 결혼』의 저자다. 좀 더 아래의 인용문은 「사도행전」 20:35.
483) (옮긴이) '최선', '최적'은 라이프니츠가 끊임없이 강조하고 증명하는 것으로 그의 사상 전체와 낙관론의 기초가 된다. 제1부 7~9절 참조.

219. 벨은 『한 관구장의 질문들에 대한 답변』 제3권 151장 890쪽에서 다음처럼 말한다. "그것의 명석판명한 관념에서 우리가 알 수 있고, 또한 성서의 거의 모든 부분에서 인정하는 것처럼 선, 성스러움, 지혜, 지식, 능력이 무한하며 최상으로 덕을 사랑하고 최상으로 악덕을 미워하는 본성이 자신의 목적에 적합하고 비례하는 수단을 찾을 수 없었다는 것이 가능하겠는가? 단지 악덕만이 그에게 그런 수단을 제공했다는 것이 가능하겠는가? 이와 반대로 그 본성에 가장 적합한 것은 자신의 작품에서 모든 악덕을 제거하고 덕을 확립하는 것이라고 믿어야 할 것이다." 여기서 벨은 문제를 과장하고 있다. 나는 몇몇 악덕이 우주의 최선의 구도와 연결되어 있음은 인정하겠으나, 신이 덕에서 자신의 목적에 비례하는 어떠한 수단도 찾을 수 없었다는 점에 대해서는 벨을 인정할 수 없다. 이 같은 논박은 만일 덕이 없었고 모든 곳에서 악덕이 덕을 대신했다면 일리가 있을 것이다. 벨은 악덕이 군림하며 덕은 악덕과 비교해 별것이 아닌 것이라고 해도 충분하다고 말할 것이다. 나는 이 같은 점에 대해 벨을 인정하지 않는다. 내가 생각하기에는, 사실을 제대로 이해한다면 우리가 알고 있는 매우 적은 수의 피조물일 뿐인 이성적 피조물들에게 실제로는 비교할 수 없을 정도로 선이 악보다 많다.

∴

484) (옮긴이) 라이프니츠의 낙관론에 따르면 신은 가장 바람직한 방식으로 행동하며, 더 잘할 수도 없었으므로 우리는 이미 일어난 일은 제대로 일어난 것이라고 적극적으로 동의해야 한다. "사실 나에게는 신이 창조한 것에 대해 만족하지 못하는 사람들은 반역자들의 의도와 별로 다르지 않은 불만을 가진 신하들과 동일한 것처럼 보인다. 따라서 이 원칙들에 의하면 나는 신에 대한 사랑에 합당한 행위를 하려면 강제로 인내하는 것으로는 충분하지 않고, 신의 의지에 따라 우리에게 일어나는 모든 일에 진정으로 만족하지 않으면 안 된다고 생각한다." 『형이상학 논고』, 제4절.

220. 인간들에게 이 악은 떠들고 다닐 정도로 큰 것도 아니다. 모든 곳에서 악의를 보며 좋은 행동들을 나쁘게 해석하여 오염시키는 것은 악의적인 기질의 사람들이나, 루키아노스가 말하는 티몬[485]처럼 불행 때문에 다소 염세적이 되어버린 사람들뿐이다. 내가 말하는 이들은 진심으로 그렇게 하여 거기서 안 좋은 결과를 도출해내고, 자신의 행동도 그런 결과에 감염된 사람들이다. 단지 자신의 통찰력을 보여주기 위해서 그렇게 하는 사람들도 있기 때문이다. 타키투스에 따르면 이러한 점은 비판받았고, 데카르트도 (그의 편지들 중 하나[486]에서) 홉스의 책 『시민론』에 대해 비난한다. 이책은 당시에는 친구들에게 배포하기 위해 적은 부수만이 인쇄되었고, 내가 가지고 있는 재판(再版)은 저자의 의견으로 증보된 것이다. 데카르트는 비록 이 책이 뛰어난 인물의 책임을 인정하지만, 책의 매우 위험한 원리와 준칙을 지적한다. 책에서는 모든 인간이 악하다고 전제되어 있거나 악하게 될 수 있는 이유를 제공하기 때문이다. 고(故) 야코프 토마지우스[487]는 자신의 훌륭한 『실천 철학 일람표』에서 홉스 책의 핵심적 오류는 사회 상태를 자연 상태로 간주한 것이라고 말했다. 즉 타락한 상태가 기준과 규칙으로 사용되었지만, 자연 상태는 아리스토텔레스가 생각했던 인간 본성에 가장 적합한 상태다. 아리스토텔레스에 따르면, 사물 본성의 완전성에 가장 적

..

485) 아테네의 티몬(Timon)은 기원전 5세기의 역사적 인물이거나 어쩌면 전설상의 인물로서, 유명한 그리스 풍자 작가인 루키아노스(Lukianos, 125~192)의 대화 중 하나인 『티몬 혹은 염세론자』에 등장했다.
486) 1643년(?)의 편지, 아당 타네리판(版) 전집, 제4권, 편지 333, 67쪽. 홉스의 『철학 원리』의 세 번째 부분인 『시민론』은 1642년에 파리에서 출간되었고, 1647년 암스테르담에서 재출간되었다.
487) 토마지우스에 관해서는 주 453 참조. 인용된 책의 제목은 『개인적 사용을 위해 단계적인 표로 취합한 실천 철학』(라이프치히, 1661)이다.

합한 것이 자연적인 것이라고 불리기 때문이다. 그러나 홉스는 인간 본성의 완전성에는 기술이 담겨져 있음을 아마도 생각하지 않았기 때문에, 가장 기술이 적은 상태를 자연적 상태라고 부른다. 하지만 이름의 문제, 즉 자연적이라고 부를 수 있는 것에 대한 문제는 아리스토텔레스와 홉스가 각각 그 의미에 따라 자연권의 개념을 그 이름에 결부시키지 않았다면, 그리 중요하지 않을 것이다. 나는 데카르트가 홉스의 『시민론』에서 발견한 것과 같은 결함을 『인간의 덕의 거짓에 관하여』[488]에서 발견했다고 앞에서 말했다.

221. 그런데 신으로부터 버림받은 이들이 선택된 이들보다 많다고 가정하듯이, 인류에게서 악덕이 덕을 넘어선다고 가정해보자. 이로부터 우주에서 악덕과 불행이 덕과 행복을 넘어선다는 사실이 도출되는 것은 결코 아니다. 오히려 그 반대라고 판단해야 한다. 신국(神國)은 모든 군주 가운데 가장 위대하고 가장 선한 군주에 의해 세워지고 통치되므로, 가능한 모든 국가 가운데 가장 완전한 국가이기 때문이다. 이러한 대답은 앞에서 내가 신앙과 이성의 조화에 관해 말하면서 지적한 사항을 확인해준다. 즉 나는 논박을 거짓 추리 하게 만드는 가장 중요한 원천 중 하나는 그럴듯한 것과 참된 것을 혼동하는 것이라고 말했다. 여기서 내가 말하는 그럴듯한 것은 사태에 대한 정확한 논의에서 비롯된 것이 아니라 우리 경험의 좁은 범위에서 도출된 것이다. 그토록 불완전하고 근거가 빈약한 그럴듯한 것들을 이성의 증명 및 신앙의 계시와 대립시키고자 하는 것은 부조리할 것이기 때문이다.

••

488) 주 215 참조.

222. 게다가 나는 덕을 무한정하게 현존케 하고 악덕의 현존을 무한정하게 막고자 하는 덕에 대한 사랑과 악덕에 대한 증오는 모든 인간들의 행복을 마련해주고 불행을 막아주려는 의지와 마찬가지로, 선행(先行)하는 의지일 뿐이라고 이미 지적했다. 이 선행하는 의지는 신의 선행하는 의지 전체의 일부분을 구성할 뿐이며, 이 선행하는 의지 전체의 결과는 후속적 의지 혹은 최선을 창조하는 결정을 만들어내는 것이다. 바로 이러한 결정을 통해 덕과 이성적 피조물들의 행복에 대한 사랑은 그 자체로 무한정하고 또한 가능한 만큼 멀리 나아가는 것이지만, 전체적 선(bien en général)[489]과 가져야 하는 관계 때문에 몇몇 작은 한계가 설정된다. 신이 덕을 최상으로 사랑하고 악덕을 최상으로 미워하며, 그럼에도 몇몇 악덕이 허용되어야 한다는 것은 바로 이런 식으로 이해해야 한다.

223. 아르노와 벨은 사물들을 설명하고 우주의 모든 구도 중 다른 어떤 구도도 넘어설 수 없는 최선의 구도를 확립하는 이 같은 방법이 신의 능력을 한정한다고 주장하는 것 같다. 아르노는 (『자연과 은총의 새로운 체계에 대한 성찰』,[490] 제2권, 385쪽) 말브랑슈 신부에게 다음처럼 말한다. "당신이 이러한 것들을 주장한다는 것은 우리가 전능한 아버지 하느님에 대한 신앙 고백을 하게 되는 신조의 첫 번째 항목을 파괴하려고 시도하는 것이라는 사실을 잘 생각해보셨습니까?" 아르노는 그전에 이미 다음과 같이 말했다. "대부분의 인간이 타락하게 되는 유감스러운 귀결 없이는 불가능했던

∴

489) (옮긴이) 신이 선행하는 의지를 통해 모든 가능성을 헤아려보고 나서, 후속적 의지를 통해 최종적으로 실현하는 전체 선을 말한다.
490) (옮긴이) 이 저작의 전체 제목은 『자연과 은총에 대한 새로운 체계에 관한 철학적 신학적 성찰』이다.

행동이 다른 행동, 즉 신이 그것을 따랐다면 모든 인간이 구원받게 될 그러한 행동보다 신이 지닌 선의 특성을 더 많이 포함한다고 주장하는 것은 스스로 눈이 멀기를 바라는 것 아니겠는가?" 자클로는 내가 바로 위에서 제시했던 원리에서 벗어나지 않기 때문에, 벨은 그에게 유사한 논박을 가한다(『한 관구장의 질문들에 대한 답변』, 제3권, 151장, 900쪽). 그는 말한다. "이러한 설명을 채택하게 되면 최상으로 완전한 절대 존재의 본성에 관한 가장 자명한 개념들을 포기할 수밖에 없게 된다. 이 개념들은 모순을 함축하지 않는 모든 것은 신에게 가능하며, 결과적으로 신이 그가 구원하지 않는 사람들을 구원하는 것도 그에게는 가능함을 우리에게 알려준다. 선택받은 이들이 선택받지 않은 이들보다 많다는 사실에 어떠한 모순이 있겠는가? 이 개념들은, 신은 최상으로 행복하기 때문에 그가 실행할 수 없는 의지를 가지고 있지 않다는 점을 우리에게 알려준다. 그러므로 신이 모든 사람들을 구원하기를 원하면서 그렇게 할 수 없음을 이해할 방도가 있겠는가? 우리는 신의 관념과 인간의 국가를 비교함으로써 겪은 혼란에서 빠져나오게 해준 몇몇 빛을 찾았으나, 우리에게 제시된 설명은 우리를 보다 두터운 어둠 속에 빠뜨린다."

224. 이 모든 장애물은 내가 바로 위에 제시한 설명에 의해 사라진다. 나는 모순을 함축하지 않는 모든 것은 가능하다는 벨의 원리에 동의하며, 그것은 나의 원리이기도 하다. 그러나 신은 가능했던 것 중 최선을 행하며 자신이 행한 것보다 결코 더 잘할 수는 없다고 주장하는 나로서는 신의 작품 전체에 대해 이와 다른 견해를 가지는 것이 신의 선이나 지혜에 손상을 가하는 것이라고 판단하기 때문에, 선에서 최선 자체를 넘어서는 어떤 것을 행한다는 것은 모순을 함축한다고 말해야 한다. 이는 누군가가 신이 한

점에서 다른 점 사이에 직선보다 더 짧은 선을 그을 수 있었다고 주장하는 것과 같으며, 이것을 부정하는 이들을 전능한 아버지 하느님을 믿도록 하는 신조를 파괴한다고 비난하는 것과도 같은 일이다.

225. 가능한 것들의 무한성이 아무리 크다고 할지라도 모든 가능한 것들을 아는 신의 지혜의 무한성보다 크지는 않다. 지성의 대상들은 어떤 의미에서는 유일하게 가지(可知)적인 것인 가능한 것들의 너머까지 갈 수는 없기 때문에, 신의 지혜가 외연적으로는 가능한 것들을 넘어서지 않는다고 해도 가능한 것들을 가지고 행하는 무한히 무한한 조합들과 이에 대해 그만큼 행하는 성찰로 인해, 내연적으로는 그것들을 넘어선다고까지 말할 수 있다. 신의 지혜는 가능한 것들을 포괄하는 것만으로 만족하지 않고, 그것들을 통찰하고 비교하며 그것들 간의 경중을 헤아림으로써 그것들의 완전성이나 불완전성의 수준, 강함과 약함, 선과 악을 평가한다. 신의 지혜는 심지어 유한한 조합들을 넘어서 무한한 조합들의 무한성, 즉 그 각각의 계열이 무한히 많은 피조물을 포함하는 우주의 가능한 계열들의 무한성을 이루어낸다. 신의 지혜는 이러한 수단을 통해 미리 개별적으로 구상한 모든 가능한 것들을 다시 비교하여 그만큼의 보편적 체계들로 분배한다. 이 모든 비교와 성찰의 결과는 모든 가능한 체계 가운데 선을 충만하게 만족시키기 위하여 지혜를 통해 이루어지는 최선의 선택이며, 이것이 바로 현재 우주의 구도다. 신의 지성의 이 모든 작용은 비록 서로 간에는 본성상의 질서와 우선성이 있으나, 그 어떠한 시간의 우선성도 없이 언제나 동시에 이루어지는 것이다.

226. 나는 이 같은 점들을 주의 깊게 고찰한다면 신적인 완전성의 위대

함, 특히 신의 지혜와 선에 대해 신이 동기도 근거도 없이 운에 따라 행동한다고 보는 이들과 다르게 생각하게 되리라고 기대한다. 나는 그들이 신의 선택에 근거가 있고 이 근거들은 신의 선에서 도출된다는 것을 인정하지 않는다면, 어떻게 그토록 이상한 견해를 피할 수 있을지 모르겠다. 따라서 선택된 것은 선택되지 않은 것보다 선에서 우위에 있으며, 결과적으로 모든 가능한 것 중 최선이라는 사실이 필연적으로 도출된다. 최선은 선에서 더 클 수 없는 것이며, 신이 불가능한 것을 행할 수 없다고 말한다고 해서 신의 능력이 제한되는 것도 아니다. 벨은 신이 실현한 구도보다 더 좋은 구도가 없다는 것이 가능하겠느냐고 물었다. 나는 그것은 가능하며 게다가 필연적이라고 답하겠다. 즉 신이 실현한 구도보다 더 좋은 구도는 없다. 더 좋은 구도가 있었다면, 신은 그것을 택했을 것이다.

227. 나는 우주의 가능한 모든 구도 가운데 다른 것들에 비해 가장 좋은 것이 있으며, 신은 그것을 선택할 수밖에 없었음을 충분히 확립한 것 같다. 그러나 벨은 이로부터 신은 자유롭지 않다는 결론이 도출된다고 주장한다. 벨은 다음과 같은 방식으로 말한다(『한 관구장의 질문들에 대한 답변』, 제3권, 151장, 899쪽). "나는 나처럼 신의 선과 능력이 신의 지혜와 마찬가지로 무한하다고 가정한 사람과 논쟁을 했다고 생각했다. 정확히 말하자면 나는 그 사람이 신의 선과 능력이 꽤나 좁은 한계에 갇혀 있다고 가정한다는 것을 알았다." 이 점에 대해서는 나는 이미 답을 했다. 신의 능력이 **최대로 모든 것에**(ad maximum, ad omnia), 아무런 모순을 포함하지 않는 모든 것에 미친다고 인정하는 것은 신의 능력에 한계를 설정하는 것이 아니다. 또한 신의 선이 **최선으로**(ad optimum) 향한다고 인정하는 것은 결코 신의 선에 한계를 설정하는 것이 아니다. 그러나 벨은 계속해서 이렇게 말한다.

"따라서 신에게는 아무 자유도 없다. 신은 자신의 지혜를 통해 창조하도록 필연적으로 강제되고, 또한 특정한 작품을 창조하도록 필연적으로 강제되며, 마지막으로 특정한 방법들을 통해 정확히 그 작품을 창조하도록 필연적으로 강제된다. 이것이 바로 스토아적 숙명보다 강한 **숙명**(fatum)을 형성하는 세 가지 예속이며, 이것들은 자신들의 영역 안에 있지 않은 모든 것을 불가능한 것으로 만든다. 이러한 체계에 따르면, 신은 그런 결정들을 내리기도 전에 다음처럼 말할 수 있었을 것이다. 나는 이 사람을 구원하고 저 사람에게 영겁의 벌을 내릴 수가 없다. 운명이 그것을 금지하기 때문이며,[491] 나의 지혜가 그것을 허용하지 않는다."

228. 나는 신이 창조를 하게 되는 것은 선에 의해 자신을 전하기 위해서라고 답하겠다. 바로 이 선이 지혜와 결합하여 신으로 하여금 최선을 창조하게 하는 것이다. 최선은 모든 계열, 결과, 방법을 포함한다. 선은 신을 필연적으로 강제하지 않으면서 최선을 창조하도록 한다. 선은 그것이 신으로 하여금 선택하게 하지 않는 것을 불가능하게 만들지는 않기 때문이다. 이러한 것을 **숙명**이라고 부른다면, 이는 자유와 대립되지 않는 좋은 의미로 숙명을 이해하는 것이다. 숙명(fatum)은 '말하다', '발음하다'라는 뜻의 fari에서 온다. Fatum은 신의 판단, 결정, 그의 지혜의 판결을 의미한다. 단지 어떤 것을 하기를 원하지 않기 때문에 그것을 할 수 없다고 말하는 것은 용어를 남용하는 일이다. 현자는 선한 것만을 원한다. 그렇다면 의지가 지혜에 따라 행동하는 것이 예속이란 말인가? 가장 완전한 근거에 따른 자기 자신의 고유한 선택을 통해 행동하는 것보다 덜 예속적이 될 수 있는

∵

491) 베르길리우스, 『아이네이스』, 제1권, 39행.

가? 아리스토텔레스는 행동능력(conduite)[492]이 결여되어 있고 지배를 받을 필요가 있는 사람은 자연적 예속상태(natura servus)에 있다고 말했다. 속박은 외부에서 오는 것이다. 속박은 불쾌감을 주는 것, 특히 이성에 어긋나는 불쾌감을 주는 것이다. 타인의 힘이나 우리 자신의 정념은 우리를 노예로 만든다. 신은 자신의 외부에 있는 그 어떤 것에 의해서도 움직여지지 않으며, 내적인 정념에 예속되지도 않는다. 신은 결코 자신에게 불쾌감을 주는 것으로 이끌려가지도 않는다. 따라서 벨은 최선의 것들에 혐오스러운 이름을 붙이며, 가장 위대하고 완전한 자유를 속박이라고 부름으로써 개념을 거꾸로 이해하는 것 같다.

229. 그보다 조금 앞에서(『한 관구장의 질문들에 대한 답변』, 제3권, 151장, 891쪽) 벨은 또한 말했다. "덕이나 혹은 어떠한 것이건 간에 어떤 다른 선이 악덕만큼이나 창조자의 목적과 일치했다면, 악덕은 선호의 대상이 아닐 것이다. 따라서 악덕은 창조자가 사용할 수 있었던 유일한 수단이었어야 한다. 그러므로 악덕은 순수한 필연성에 의해 사용된 것이다. 따라서 신은 무차별성의 자유에 의해서가 아니라 필연적으로 자신의 영광을 사랑하므로 그것들 없이는 자신의 영광을 드러낼 수 없는 모든 수단을 필연적으로 사랑해야 한다. 그런데 악덕은 악덕 그 자체로서 그 목적에 이르기 위한 유일한 수단이었으므로, 신은 악덕을 악덕 자체로서 필연적으로 사랑해야 한다는 결론이 도출될 것이다. 이는 혐오감 없이는 생각할 수 없는 것이며, 신은 우리에게 이와 반대되는 것을 계시했다." 동시에 벨은 러더퍼드[493] 같은

••

492) (옮긴이) 스스로 자신을 이끌어가는 능력, 자기통제, 자발적인 운영이나 관리 등을 의미한다.
493) 주 439 참조.

몇몇 타락 전 예정론 학자들이 신은 죄를 벌받을 수 있고 용서받을 수 있는 것으로서 허용적으로 원한다고 인정했던 반면, 신이 죄를 죄 자체로서 원한다는 것은 부정했다는 점을 지적한다. 그러나 벨은 어떤 행동이 벌받을 수 있고 용서받을 수 있는 것은 그것이 악덕할 때뿐이라고 하며 그들에게 논박한다.

230. 내가 방금 읽은 글에서 벨의 전제는 잘못되어 있으며, 그는 그것에서 잘못된 귀결을 도출한다. 만일 우리가 신이 필연적으로 자신의 영광을 사랑한다는 것을 신이 필연적으로 피조물들을 통해 자신의 영광을 얻고자 하는 것으로 이해한다면, 이는 참되지 않다. 만일 그러한 것이 참되다면, 신은 언제 어디서나 그 같은 영광을 얻어낼 것이기 때문이다. 창조의 결정은 자유로운 것이다. 신은 모든 선을 향한다. 선 더 나아가 최선이 신으로 하여금 행동하도록 이끈다. 그러나 신이 그렇게 하도록 필연적으로 강제되는 것은 아니다. 신의 선택으로 인해 최선이 아닌 다른 것이 불가능하게 되는 것은 아니기 때문이다. 신의 선택으로 인해 신의 선택에서 제외된 것이 모순을 함축하게 되는 것은 아니다. 따라서 신에게는 속박뿐 아니라 필연성에서도 면제되는 자유가 있는 것이다. 여기서 필연성은 형이상학적 필연성을 의미한다. 가장 지혜로운 자가 최선을 선택할 수밖에 없는 것은 도덕적 필연성이기 때문이다.[494] 신이 자신의 영광에 이르기 위해 선택

••

---

494) (옮긴이) 주지하듯이 라이프니츠는 추론의 진리와 사실의 진리를 구분한다. "추론 진리는 필연적이고 그 반대는 불가능하다. 사실 진리는 우연적이고 그 반대가 가능하다."(『모나드론』, 제33절) 신이 행하는 최선의 선택은 그 반대가 가능하므로 우연적이며 도덕적인 필연성일 뿐이다. 가장 바람직한 방식으로 행동하는 신은 항상 최선을 추구하고 행하므로 규칙적이고 조화롭지만, 논리적인 필연성이나 형이상학적 필연성에 의해 강제되지 않는다는 것이 라이프니츠의 한결같은 생각이다.

하는 수단들도 이와 마찬가지다. 악덕에 대해 말하자면, 그것은 수단으로서의 신의 결정의 대상이 아니라, **필요 불가결한** 조건으로서 신의 결정의 대상이며, 바로 그러한 이유로 단지 허용된 것이라고 앞에서 밝혔다. 또한 악덕이 유일한 수단이라고 말할 근거는 더더욱 없다. 악덕은 단지 여러 수단 중 하나일 뿐이고, 무한히 많은 수단 가운데 가장 약한 것일 뿐이다.

231. 벨은 계속하여 말한다. "다른 끔찍한 귀결은 만물의 숙명이 다시 나타난다는 것이다. 신이 자신의 영광을 드러내기 위해 선택한 수단이 자신의 지혜에 적합한 유일한 것이었기 때문에, 그로서는 사건들을 다른 방식으로 조정할 자유가 없었을 것이다." 이 숙명이라는 것이나 필연성은 방금 내가 제시한 것처럼 단지 도덕적인 것이다. 이러한 숙명은 자유에 영향을 주지 않으며, 오히려 자유에 대한 최선의 사용을 가정한다. 이 숙명으로 인해 신에 의해 선택되지 않는 대상들이 불가능한 것이 되는 것은 결코 아니다. 벨은 덧붙인다. "그렇다면 인간의 자유 의지는 무엇이 될 것인가? 아담이 죄를 지은 것은 필연성과 숙명이 아니었겠는가? 만일 아담이 죄를 짓지 않았다면, 그는 신이 필연적으로 만든 유일한 구도를 전복한 것이 되기 때문이다." 이 또한 용어를 남용하는 것이다. 자유롭게 죄를 지은 아담은 신이 가능한 것들의 관념 중에서 본 아담이다. 신은 그렇게 본 모습대로 아담이 현존하도록 승인하는 결정을 내린 것이다. 이 결정은 대상들의 본성을 바꾸지 않는다. 이 결정은 그 자체로 우연적이었던 것을 필연적인 것으로 만들지 않으며, 가능했던 것을 불가능한 것으로 만들지도 않는다.[495]

∴

495) (옮긴이) 신은 다른 세계들 가운데 이 세계를 창조하여 현존하게 한 것이므로, 현존하는 모든 것은 우연이며 은총의 결과다.

232. 벨은 계속하여 말한다(『한 관구장의 질문들에 대한 답변』, 제3권, 892쪽). "섬세한 스코터스[496]는 만일 신에게 무차별성의 자유가 없었다면, 어떠한 피조물도 그런 종류의 자유를 가질 수 없을 것이라고 대단한 판단력과 함께 단언했다." 무차별성이 한쪽보다 다른 쪽으로 끌리게 하는 아무 이유도 없는 평형의 무차별성을 의미하는 것이 아니라면, 나는 이 점에 대해 동의한다. 벨은 **무차별성**이라고 불리는 것은 선행적(先行的)인 경향과 의향을 배제하지 않는다고 좀 더 아래의 (『한 관구장의 질문들에 대한 답변』, 제3권) 제168장 1111쪽에서 인정한다. 따라서 우리가 자유롭다고 부르는 행동에는 형이상학적 필연성이 없다는 것으로 충분하다. 즉 가능한 여러 입장 가운데 선택을 한다는 것으로 충분하다.

233. 벨은 앞에서 말한 제157장 893쪽(『한 관구장의 질문들에 대한 답변』, 제3권)에서 계속하여 다음처럼 말한다. "신이 선의 자유로운 운동에 의해 세계를 창조하도록 결정되지 않고, 그가 필연적으로 사랑하는 자신의 영광, 즉 자신의 실체와 다른 것이 아니어서 자신이 사랑하는 유일한 대상인 영광에 대한 관심 때문에 세계를 창조하도록 결정되었다면, 그리고 신이 자기 자신에 대해 갖는 사랑이 신을 가장 적합한 수단으로 그의 영광을 드러내도록 필연적으로 강제했다면, 그리고 인간의 타락이 바로 그런 수단이었다면, 그 타락은 전적인 필연성에 의해 일어난 것이며 이브와 아담이 신의 명령에 복종하는 것이 불가능했다는 점은 자명하다." 똑같은 남용이 계속된다. 신이 자신에 대해 갖는 사랑은 그에게 본질적이지만, 자신의 영광에 대한 사랑과 그것을 얻으려는 의지는 전혀 본질적인 것이 아니다. 신

∴

496) "섬세한 박사"는 던스 스코터스(주 69 참조)의 별명이다.

이 자기 자신에 대해 갖는 사랑은 신을 외부에 대한 행동을 하도록 필연적으로 강제하지 않았다. 신의 행동은 자유로웠다. 그리고 최초의 조상들이 죄를 짓지 않게 될 가능한 구도들이 있었기 때문에, 그들의 죄는 필연적이지 않았다. 마지막으로 나는 벨이 여기서 인정하듯이, 실제로 신은 자신의 선의 자유로운 운동에 의해 세계를 창조하도록 결정했다고 말하겠다. 나는 이러한 선의 운동이 신을 최선으로 이끌었다고 덧붙이겠다.

234. 벨이 다음과 같이 말하는 것(『한 관구장의 질문들에 대한 답변』, 제3권, 165장, 1071쪽)에 반대해서도 같은 대답을 할 수 있다. "어떤 목적을 이루기 위한 가장 정확한 수단은 필연적으로 유일하다. (적어도 신의 선택에 대해서라면 이는 매우 제대로 말한 것이다.) 따라서 신이 거부할 수 없을 정도로 그 수단을 사용하도록 이끌렸다면, 신은 그것을 필연적으로 사용한 것이다." (신은 그 수단에 확실하게 이끌렸고, 그것에 결정되었으며, 혹은 좀 더 정확히 말해 스스로 그것을 사용하기로 결정했다. 그러나 확실한 것이 항상 필연적이거나 절대적으로 거부할 수 없는 것은 아니다. 상황은 다르게 진행될 수 있었지만, 그렇게 되지 않고 그럴 근거가 있었던 것이다. 신은 가능한 모든 입장 중에서 선택을 한 것이다. 따라서 형이상학적으로 말하자면, 신은 최선이 아닌 것을 선택하거나 행할 수 있었다. 하지만 도덕적으로 말하자면, 신은 그렇게 할 수 없었다. 기하학적인 비유를 사용해보자. 한 점에서 다른 점 사이의 최상의 길은 [(방해물이나 환경에 대한 다른 우발적인 고찰을 배제한다면] 유일하다. 직선인 가장 짧은 선을 통해 가는 것이 그 길이다. 그런데 한 점에서 다른 점 사이에는 무한히 많은 길이 있다. 따라서 내가 직선을 통해서 가야만 할 필연성은 없다. 그러나 최선을 선택하는 순간, 비록 그것이 현자에게는 도덕적 필연성이겠지만, 나는 그 길로 가도록 결정된 것이다. 그렇기 때문에 다음의 귀결은 맞지 않다.) "따라서 신은 자신이 행한

것만을 할 수 있었다. 그러므로 일어나지 않은 일이나 결코 일어나지 않을 일은 절대적으로 불가능한 것이다." (나는 이 귀결이 맞지 않다고 말한다. 일어나지 않았고 결코 일어나지 않을 일이지만 판명하게 파악할 수 있고 어떠한 모순도 함축하지 않는 일들이 있기 때문이다. 그런데 그러한 일들이 절대적으로 불가능하다고 어떻게 말할 수 있겠는가? 벨 스스로도 앞에서 내가 인용한, 스피노자주의자들에게 반대하는 부분에서 여기에 대해 논박했다. 그는 모순을 함축하는 것만이 불가능한 것이라고 여러 번 인정했는데, 지금은 태도와 용어를 바꾼다.) "따라서 아담이 죄 없는 상태를 유지하는 것은 언제나 불가능했던 것이다. 그러므로 아담의 타락은 절대적으로 불가피했으며, 심지어 신의 결정에 선행되었던 것이다. 신이 자신의 지혜와 대립되는 것을 원할 수 있었다는 것은 모순을 함축하는 일이기 때문이다. 어떤 것이 신에게 불가능하다고 말하는 것과, 신이 원했다면 그것을 할 수 있지만 그것을 원할 수는 없다고 말하는 것은 근본적으로 같은 것이다." (원할 수 있다는 것이 원하기를 원하는 것이라고 여기서 말하는 것은 어떤 의미에서는 용어를 남용하는 것이다. 여기서 능력은 원하는 행동과 관계된다. 그러나 모순을 함축하지 않는 것을 신이 직접적으로 혹은 허용적으로 원한다는 것은 모순을 함축하는 사실이 아니며, 이러한 의미에서 신은 그것을 원할 수 있다고 말하는 것이 허용된다.)

235. 한마디로 얘기하자면, 어떤 것의 가능성을 말할 때는 그것이 지금 현존하도록 하는 원인들이나 그것의 현존을 막는 원인들이 문제가 되는 것이 아니다. 그렇지 않으면 용어의 본성을 바꾸게 될 것이며, 가능한 것과 현실적인 것(l'actuel) 간의 구분이 무용해질 것이다. 아벨라르가 그렇게 했고, 그 후에는 위클리프[497]가 그렇게 한 것 같은데, 이 때문에 그들은 그렇게 할 아무런 필요도 없이 부적절하고 충격적인 표현들에 빠지게 되었

다. 그래서 어떤 것이 가능한지 혹은 필연적인지를 물으면서 신이 원하거나 선택하는 것이 무엇인지에 대해 고찰하게 되면, 이는 문제를 바꾸는 셈이 된다. 신은 가능한 것들 가운데 선택을 하며, 그렇기 때문에 신은 자유롭게 선택을 하는 것이고 필연적으로 강제되는 것이 아니기 때문이다. 가능한 입장이 단 하나였다면 선택도 자유도 없을 것이다.

236. 벨처럼 매우 뛰어난 인물이 논박한 것을 하나도 놓치지 않기 위해서는 그의 삼단논법에 또한 답할 필요가 있다. 이 삼단논법들은 『한 관구장의 질문들에 대한 답변』 제3권 151장 900쪽과 901쪽에 있는 것이다.

첫 번째 삼단논법

"신은 지혜에 대한 자신의 필연적 사랑과 대립되는 것을 아무것도 원할 수 없다."
"그런데 모든 인간의 구원은 지혜에 대한 신 자신의 필연적 사랑과 대립된다."
"그러므로 신은 모든 인간의 구원을 원할 수 없다."

237. 대전제는 그 자체로 명백하다. 그 반대가 필연적인 것을 하는 것은 절대로 불가능하기 때문이다. 그러나 소전제는 인정할 수 없다. 비록 신은 자신의 지혜를 필연적으로 사랑하지만, 그렇다고 해서 지혜로 인해 신이 행한 행동들이 자유롭지 않은 것은 아니며, 자신의 지혜에 의해 행하지 않

••
497) 주 198 참조.

은 대상들이 가능하지 않은 것도 아니기 때문이다.[498) 반면 신은 지혜를 통해 모든 인간의 구원을 원했지만, 후속적이고 결정을 내리는 의지를 통해 원한 것은 아니다. 이 후속적 의지는 자유로운 선행 의지의 결과인바, 역시 자유로울 수밖에 없다.

두 번째 삼단논법

"신의 지혜에 가장 합당한 작품은 여러 다른 것들 가운데 모든 인간의 죄와 대부분의 인간에 대한 영원한 벌을 포함한다."
"그런데 신은 필연적으로 자신의 지혜에 가장 합당한 작품을 원한다."
"그러므로 신은 모든 인간의 죄와 대부분의 인간에 대한 영원한 벌을 여러 다른 것들 가운데 포함하는 작품을 필연적으로 원한다."

대전제는 인정되나 소전제는 부정해야 한다. 신은 항상 선을 목적으로 하는 이유에 의해 결정을 내리지만 그 결정들은 항상 자유로운 것이다. 지혜 및 도덕적 필연성에 의해 강제되고 선의 고찰에 의해 의무를 갖는 것은 자유로우며, 형이상학적으로 필연성에 의해 강제되는 것이 아니기 때문이다. 내가 수차례 지적한 것처럼, 형이상학적 필연성만이 자유와 대립된다.

238. 나는 벨이 다음 장(제152장)에서 타락 전 예정론의 체계, 특히 1586년 몽벨리아르 학술토론[499)에서 테오도르 드 베즈가 했던 강론에 반대하

··

---

498) (옮긴이) 현존을 위해 신이 선택한 것이건 선택하지 않은 것이건, 그것들은 가능한 모든 것에 속해 있던 것인 만큼 본질적으로 우연적인 것이다.
499) 주 50 참조.

여 논박으로 제시하는 삼단논법들은 검토하지 않겠다. 그것들에는 내가 방금 검토한 삼단논법들과 거의 같은 결함이 있다. 그러나 나는 베즈의 체계 자체도 만족스러운 것이 아니라고 인정한다. 이 학술토론은 여러 진영의 격한 감정을 심화시켰을 뿐이다. "신은 자신의 영광을 위해 세계를 창조했다. 베즈에 따르면, 신의 영광은 그의 자비와 정의(正義)가 선포되지 않으면 알려지지 않는다. 이러한 이유로 신은 어떤 사람들은 순수한 은총으로 영생을 받고, 어떤 사람들은 정의로운 심판을 통해 영원한 벌을 받도록 선포했다. 자비는 불행을 가정하고 정의는 죄를 가정한다(베즈는 불행은 또한 죄를 가정한다고 덧붙여도 되었다). 그러나 신은 선하며 선 자체이므로, 인간을 선하고 정의롭지만 변할 수 있게 또 자유로운 의지로 죄를 지을 수 있게 창조한 것이다. 인간은 단번에 혹은 경솔하게 타락한 것이 아니며, 마니교주의자들이 말하는 어떤 다른 신에게 명령받은 이유 때문에 타락한 것도 아니다. 인간은 신의 섭리에 의해 타락한 것이다. 그렇다고 해서 신이 잘못을 저지른 것은 아니다. 인간은 죄를 짓도록 강제되지 않았기 때문이다."

239. 이 체계는 최선으로 고안된 체계에 속하지 않는다. 이 체계는 신의 지혜, 선 그리고 정의를 제시하기에 그리 적합한 체계가 아니다. 다행히 오늘날 이 체계는 거의 버려졌다. 신으로 하여금 불행의 원천인 죄를 허용하게 할 수 있는 더 깊은 다른 이유들이 없었다면, 세계에는 죄도 불행도 없을 것이다. 그 체계가 논거로 제시하는 근거들은 충분치 못하다. 이 근거들에 따르면, 신이 불행을 막으면서 자신의 자비를 선포하는 것이 더 나을 것이며, 죄를 막고 덕을 제시하고 덕에 대한 보상을 함으로써 자신의 정의(正義)를 선포하는 편이 더 나을 것이다. 또한 한 사람이 타락할 수 있게 할뿐 아니라, 그가 타락하는 데 영향을 미치도록 상황들을 배치하는 이에게

그렇게 할 수밖에 없는 이유 외에 다른 이유가 없었다면, 우리는 그가 왜 죄인인지 알 수 없게 된다. 그러나 완전하게 선하고 지혜로운 신이 우주의 최선의 구도가 가질 수 있는 모든 덕과 선과 행복을 산출했어야 한다면, 또 몇몇 부분에서의 악이 자주 전체의 더 큰 선에 기여한다면, 우리는 신이 이미 그렇게 한 것처럼 불행이 일어나게 하고 심지어 죄를 허용할 수 있었으면서도 이 때문에 비난받지 않을 수 있다고 쉽게 판단할 수 있다. 이것이야말로 신의 결정이 어떤 방식으로 배치되든지 간에 모든 체계의 부족한 점을 채워줄 수 있는 유일한 치유책이다. 이미 성 아우구스티누스는 이러한 생각을 호의적으로 보았다. 시인이 무키우스 스카이볼라[500]의 손에 대해 말하는 것을 이브에 대해 말할 수 있을 것이다.

실수를 하지 않았더라면 그토록 큰일들을 할 수 없었을 것이다.[501]

240. 영국의 유명한 고위 성직자는 악의 기원에 관하여 정교한 책을 썼고[502] 이 책의 몇몇 구절은 벨의 『한 관구장의 질문들에 대한 답변』 제2권에서 공격을 받았다. 물론 이 고위 성직자는 내가 여기서 옹호한 견해 중 몇몇과 거리가 멀며, 때때로 전제적 권력에 의거하는 것 같다. 즉 그는 신의 의지가 선과 악에 관련하여 지혜의 규칙을 따르지 않고, 이런저런 것이

∵

500) (옮긴이) 가이우스 무키우스 스카이볼라(Gaius Mucius Scaevola)는 기원전 5세기 로마의 전쟁 영웅이다. 주 501 참조.
501) 마르티알리스(Marcus Valerius Martialis), 『풍자시』, 제1권, 22절, 8행. 무키우스 스카이볼라는 로마를 점령한 에트루리아인들의 진영에 침입해 그들의 왕 포르세나를 죽이려다가 실수로 다른 사람을 죽였다고 알려져 있다. 그는 왕 앞에 끌려나와 실수한 자신의 손을 벌주려고 장작불에 손을 넣었다.
502) 주 707 참조.

좋거나 나쁜 것으로 간주되도록 자의적인 결정을 내리며, 심지어 자유로운 피조물의 의지가 대상이 그에게 선하게 보여서 선택하는 것이 아니라 대상의 표상과 무관한 순전히 자의적인 결정에 의해 선택한다고 봄으로써 전제적 권력에 의거하는 것 같다. 그러나 내가 보기에 다른 구절에서 이 대주교는 학설에서 나의 학설과 대립하는 것 같지만, 사실은 나의 학설에 호의적으로 보이는 것들을 계속하여 말하고 있다. 그는 무한히 지혜롭고 선한 원인이 선택한 것은 자신이 선택하지 않은 것보다 더 좋은 것이라고 말한다. 이는 선이 선택의 대상이자 근거라고 인정하는 것이 아니겠는가? 이러한 의미에서 다음과 같이 매우 적절하게 말할 수 있을 것이다.

신들이 그렇게 결정한 것이며, 더 많은 것을 요구하는 것은 불경스러운 일이다.

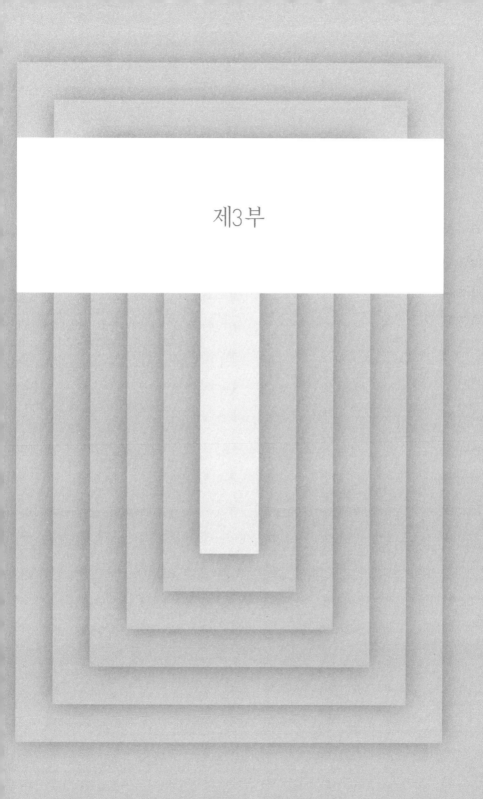

제3부

241. 이제 우리는 마침내 도덕적 악의 도덕적 원인에서 벗어났다. 물리적 악, 즉 고통, 괴로움, 불행은 도덕적 악의 결과이기 때문에 우리를 덜 당황스럽게 할 것이다. 흐로티위스는 벌은 능동적 악에 부과되는 수동적 악이라고 말한다. 우리가 행동을 했기 때문에 고통을 받는 것이다. 우리가 악을 행했기 때문에 악의 고통을 받는 것이다.

우리 자신이 우리 악의 원인이다.

타인의 악행 때문에 우리가 자주 고통을 받는 것은 사실이다. 그러나 우리가 범죄에 가담하지 않았다면, 그 고통은 우리에게 더 큰 행복을 위한 준비가 되리라는 것이 확실하다고 생각해야 한다. 물리적 악, 즉 고통의 기원에 관한 문제는 형이상학적 악의 기원에 관한 문제와 공통되는 난점을 가지고 있는데, 우주의 기괴한 현상들과 외형적 불규칙성이 형이상학적 악의 예를 제공해준다. 그러나 고통과 기괴한 현상 역시 질서 안에 있다고 판단해야 한다. 말브랑슈 신부가 때때로 추론하듯이, 일반적 법칙을 부정하는 것보다는 그러한 결함과 기괴한 현상들을 인정하는 것이 낫다고 생각함이 바람직하다. 그뿐 아니라 그 기괴한 현상들도 규칙 안에 있으며, 비록 우리가 그 일치성을 자세히 식별할 수는 없다고 해도 그 현상들이 일반적 의지와 일치한다고 생각함이 바람직하다. 이는 때때로 수학에서 겉보기에 불규칙한 것들이 있지만, 그것을 철저히 규명하고 나면 더 큰 질서에서 끝나는 것과 같다. 그래서 나는 나의 원리에 의하면 모든 개별적 사건이 예외 없이 일반적 의지의 귀결이라는 점을 앞에서 이미 설명했다.

242. 내가 순수수학에서 취한 비유를 통해 그러한 점을 해명한다는 사실에 놀라서는 안 된다. 순수수학에서는 모든 것이 질서 속에서 진행되며, 우리로 하여금 신의 관념의 관점을 누리도록 해주는 정확한 성찰을 통해 질서를 파악할 수 있다. 어떤 질서도 나타나지 않은 채 수들이 변화무쌍하게 증가하거나 감소하여 겉으로 보기에는 전적으로 불규칙적인 급수(級數)나 수들의 **계열**을 제시해볼 수 있을 것이다. 그렇지만 숫자들의 배열에 대한 실마리를 알고 이 급수의 기원과 구성을 이해하는 사람은 어떤 규칙을 제시할 수 있을 것이며, 이 규칙이 제대로 이해될 경우 그 급수가 전적으로 규칙적이고 더 나아가서는 훌륭한 속성을 지닌다는 점이 드러날 것이다. 이 같은 점은 선(線)들에서 더 잘 나타난다. 한 선은 전진할 수도 있고 후퇴할 수도 있으며, 극대점과 극소점, 반환점과 변곡점, 중지와 그 밖에 다양한 성질을 가질 수 있으므로, 선의 한 부분만을 고찰할 경우에는 규칙도 이유도 드러나지 않는다. 그렇지만 우리는 그 안에서 기하학자가 사람들이 불규칙적이라고 하는 이 모든 것들의 이유와 일치를 발견할 수 있을 선의 방정식과 작도를 제시할 수 있다. 또한 기괴한 현상들과 우주의 결함이라고 불리는 것의 이유와 조화에 대해서도 그런 방식으로 판단해야 한다.[503]

243. 바로 이러한 의미에서 우리는 성 베르나르두스[504]의 훌륭한 말(편지 276, 성 에우제니오 3세에게 보낸 편지)을 활용할 수 있다. **몇몇 작은 무질서는 큰 질서에 속한다.** 이 작은 무질서는 전체에서는 외형적인 것일 뿐이며, 질서의 길에 들어선 사람들의 행복에 비하면 그것은 외형적인 것조차도 아니다.

244. 기괴한 현상들을 언급할 때, 나는 수많은 다른 외형적 결함을 포함시키고자 한다. 우리가 지구에 대해 아는 것은 거의 그 표면뿐이며, 우리는 표면 내부로 수백 미터 이상도 들어가지 못했다. 지구의 표면에서 우리가 발견하는 것은 몇 차례의 큰 붕괴로 인한 결과인 것 같다. 지구는 언젠가 불에 휩싸였었고 지표면의 기반을 이루는 암석들은 큰 규모의 융합에서 남은 찌꺼기인 것으로 보인다. 그 내부의 깊은 곳에는 도가니에서 만

∵

503) (옮긴이) 라이프니츠는 자신의 철학 체계를 수립했을 때부터 이러한 관점을 견지해왔다. 『형이상학 논고』 제6절에서 그는 다음과 같이 말했다. "예를 들어, 재미있는 모래 점쟁이의 재주를 보여주는 사람들이 그러듯이, 누군가가 종이 위에 무작위로 많은 점을 찍어놓았다고 가정하자. 그래도 나는, 그 개념이 어떤 특정 규칙을 따르는, 일정하고 균일하면서도 손으로 찍은 순서와 동일한 순서로 모든 점을 연결하는 기하학적인 곡선을 발견하는 것이 가능하다고 주장한다. 그리고 누군가가 한 번에 곧기도 하고, 때로는 원형을 이루기도 하고, 또 때로는 다른 형태를 지니기도 하는 곡선을 그린다고 한다면, 우리는 이 곡선상의 모든 점들에 공통적이고, 그것을 따라 바로 이 변화들이 발생해야 할 한 개념, 또는 규칙, 또는 한 방정식을 발견할 수 있다. 그리고 예를 들어, 그의 윤곽이 한 기하학적 곡선의 한 부분을 이루지 않고 특정 규칙에 따른 운동을 통하여 한 번에 그려질 수 없을 그러한 얼굴은 존재하지 않는다. 그러나 어떤 규칙이 매우 복잡하다면 그에 따른 것이 불규칙한 것으로 간주된다. 따라서 우리는, 세계는 신이 어떤 방식으로 그것을 창조했든 간에, 항상 규칙적이고 어떤 특정의 일반적 질서를 가지고 있을 것이라고 말할 수 있다."

504) 성 베르나르두스(Bernardus, Saint Bernard, 1090~1153)는 유명한 설교사이며, 클레르보 대수도원을 설립한 신부다. 인용된 텍스트(『라틴 교부 저술 전집』, 제182권, 482절)는 라이프니츠가 번역한 것이다.

들어내는 것과 매우 비슷한 금속과 광물이 생성되어 있다. 바다 전체는 주석(酒石)[505] 기름이 습한 곳에서 만들어지는 것처럼, 일종의 물을 떠내고 남은 기름일 수 있다. 대화재 후에 지표면이 다시 식었을 때 불에 의해 공기 중으로 올라간 습기가 땅에 다시 떨어져 지표면을 씻어내고, 재 안에 남아 있던 고형 소금을 적시고 용해시켜 마침내 지표면의 큰 구멍을 메움으로써 소금물로 가득 찬 대양을 만들어냈기 때문이다.

245. 화재 이후에 땅과 물로 인해서도 그에 못지않은 참화가 일어났다고 봐야 한다. 여러 사람들이 그리고 작고한 영국 왕의 전속 신부인 토머스 버넷[506]이 매우 적절하게 지적한 것처럼, 땅이 식으면서 형성된 지각(地殼)이 큰 웅덩이 위에 있다가 떨어졌고, 그 결과로 우리는 와해된 것들 위에서 살게 된 것일 뿐이다. 여러 차례의 홍수와 범람은 침전물을 남겼으며, 그 침전물에서 우리는 오늘날의 바다와 가장 멀리 떨어진 곳에 바다가 있었음을 보여주는 자취와 흔적을 발견한다. 그러나 이러한 붕괴는 마침내 끝이 났고 지구는 우리가 현재 보고 있는 형태를 취하게 된 것이다. 모세는 이 큰 변화들을 몇 마디 말로 암시하고 있다. 빛과 어둠의 분리는 불로 일어난 융합을 나타내며, 습한 것과 마른 것의 분리는 홍수의 결과를 드러낸다. 하지만 그러한 무질서가 사물들을 현재의 모습으로까지 이루어내는 데 기여했고 그 덕분에 우리가 풍요와 편리를 누리며, 또한 이 지구

∴

505) (옮긴이) 주석은 포도주가 발효할 때 생기는 침전물이다.

506) 토머스 버넷(Thomas Burnet, 1635~1715)은 스코틀랜드의 신학자, 지질학자이며 라이프니츠와 서신 교환을 했다. 저작으로는 『지구의 기원, 그리고 지구가 이미 겪었으며 언젠가 겪게 될 일반적 변화들을 포함하는 신성한 지구론』(1681~1689), 『철학적 고고학, 즉 세계의 기원들에 관한 고대 이론』(1692)을 들 수 있으며, 두 번째 저작에서 자신의 지질학과 창세기의 이야기를 일치시키고자 했다.

가 우리의 관리를 통해 가꿔나가기에 적합하게 된 것도 그런 수단을 통해서라는 점을 알지 못할 사람이 있겠는가? 그 무질서들은 질서 속으로 들어온 것이다. 우리가 멀리서 보는 실제적이거나 혹은 외형적인 무질서는 태양의 흑점들이고 혜성들이다. 그러나 우리는 그것들이 사용되는 용도를 모르며 무엇이 조정되어 있는지도 모른다. 행성들이 혜성으로 간주되던 때가 있었고, 현재 행성들의 운동은 규칙적이다. 아마 혜성도 마찬가지일 것이고, 이러한 점은 후대에 알려질 것이다.

246. 우리는 조건의 불균등을 무질서에 속하는 것으로 간주해서는 안 된다. 자클로가 모든 것이 동일하게 완전하기를 바라는 사람들에게 왜 바위에 잎사귀와 꽃이 달려 있지 않으며, 왜 개미가 공작이 아니냐고 묻는 것은 일리가 있다. 또한 모든 곳에 동일함이 있어야 했다면, 가난한 자는 부자에 반대하고 좋은 주인에 반대하여 청원서를 제출할 것이다. 오르간의 파이프들이 똑같아서는 안 될 것이다. 벨은 선의 결핍과 무질서 사이에 차이가 있으며, 무생물에서의 순전히 형이상학적인 무질서와 이성적 피조물들에서의 범죄와 고통의 무질서 사이에 차이가 있다고 말할 것이다. 그에게는 무생물과 이성적 피조물을 구분하는 이유가 있는 것이고, 나에게는 그들을 함께 연결시키는 이유가 있는 것이다.[507] 신은 무생물을 무시하

··

507) (옮긴이) 라이프니츠는 젊은 시절에는 단지 인간의 사유만을 실체로 보는 경향이 있었으나, 자신의 체계를 정립하면서 인간의 정신만이 실체성을 갖는 것이 아니라 모든 물질세계의 배후에 무한히 많은 실체들이 배치되어 있다고 주장한다. "나는 거의 인간에게만 모든 진정한 통일성이나 실체를 포함시키고자 하는 것은, 물리학에서 세계를 공 안에 가두는 사람들만큼이나 형이상학에서 편협한 것이라고 굳게 믿습니다."(아르노에게 보낸 편지, 1687년 4월 30일, 『형이상학 논고와 아르노와의 서신집(Discours de métaphysique et Correspondance avec Arnauld)』, Vrin, 1993, 166쪽)

지 않는다. 무생물들은 느끼지 못하지만, 신은 그들을 대신하여 느낀다. 신은 동물을 무시하지 않는다. 동물들에게는 지성이 없지만 신에게는 그들을 위한 지성이 있다. 만일 우주에 일말의 실제적인 결함이라도 있다면, 비록 그 누구도 그것을 알아차리지 못한다고 해도 신은 그것과 관련하여 자신을 비난할 것이다.

247. 벨은 무생물들에게 존재할 수 있는 무질서가 이성적 피조물들의 평화와 행복을 방해하는 무질서와 비교된다는 것에 동의하지 않으며, 우리가 운동 법칙의 교란을 피하려는 노력으로써 부분적인 악의 허용을 정당화하는 것에도 동의하지 않는 것 같다. 벨은 이로부터 다음처럼 결론 내릴 수 있을 것이라고 한다(자클로에게 보낸 유고 답변, 183쪽). "신이 세계를 창조한 것은 단지 건축술과 기계적 구조에 대한 자신의 무한한 지식을 보여주기 위해서이고, 선하며 덕의 벗이라는 그의 속성은 그런 위대한 작품의 작도에 아무 기여도 하지 않았다. 그러한 신은 지식에 대해서만 자부심을 가질 것이다. 그는 몇몇 원자들이 일반적 법칙들이 요청하는 것보다 더 빨리 움직이거나 더 느리게 움직이는 것을 인정하기보다는 인류 전체가 소멸하도록 내버려두는 편을 선호할 것이다." 벨이 내가 구상한 일반적 조화의 체계를 알고 있었다면 그러한 반대는 하지 않았을 것이다. 그 체계에 따르면, 작용인의 왕국과 목적인의 왕국은 상응하며, 신은 가장 위대한 건축가의 자질에 못지않은 최선의 군주의 자질을 가지고 있다. 또한 물질은 운동 법칙들이 정신들을 위한 최선의 운영에 사용될 수 있는 방식으로 배치되어 있으며, 결과적으로 형이상학적·물리적·도덕적 선을 모두 합쳐 헤아려본다면 신은 가능한 최대의 선을 창출했음이 드러날 것이다.

248. 벨은 신이 작은 기적으로도 무한히 많은 악이 비껴가도록 할 수 있으면서 왜 그런 기적을 사용하지 않느냐고 또 물을 것이다. 신은 타락한 사람들에게 아주 많은 특별한 도움을 준다. 하지만 그와 같은 종류의 작은 도움을 이브에게 주었다면, 그 도움은 이브의 타락을 막고 뱀의 유혹을 무력하게 만들었을 것이다. 나는 신이 최선의 우주를 선택했고 그것을 위해 필요한 기적만을 이용했기 때문에, 다른 우주를 선택하지 말았어야 했다는 일반적인 답을 통해 이러한 종류의 논박에 충분히 대답했다. 나는 기적이 우주의 자연적 질서를 바꾼다고 벨에게 답했다. 그것은 착각이라고 벨은 반박한다. 그는 예를 들어 가나의 혼인 잔치[508] 때의 기적이 방 안의 공기에 변화를 준 것이라고는, 단지 공기의 미세구멍들 사이에 몇몇 물 분자 대신 포도주 분자들이 채워진 것뿐이라고 반박한다. 그러나 사물들의 최선의 구도가 일단 선택된 이상, 바뀔 수 있는 것은 아무것도 없다고 생각해야 한다.

249. 이미 앞에서 언급한 바 있는 기적에 대해 말하자면, 그것들은 아마도 종류가 모두 같지는 않을 것이다. 말브랑슈 신부도 주장하듯이, 신이 천사들과 같은 몇몇 비가시적 실체들을 매개로 하여 일으키는 기적들이 많아 보인다. 그 천사들 혹은 비가시적 실체들은 우리가 조종할 수 있는 육체보다 가볍고 활기찬 육체들과 결합하여, 자기 본성의 통상적 법칙에 따라 행동한다. 그 같은 기적들은 비교를 통해 볼 때, 그리고 우리와 관련해 볼 때만 기적이다. 만일 동물들이 우리의 작품에 대해 의견을 낼 수 있었다면, 그들에게 우리의 작품은 기적적인 것으로 여겨질 것이다. 물이 포

⁑

508) (옮긴이) 「요한복음」 2:1~11.

도주로 변한 것은 그런 종류의 기적일 수 있다. 하지만 창조, 육화 그리고 신의 다른 몇몇 행동은 피조물들의 모든 능력을 넘어서며, 실제로 기적이거나 더 나아가 신비이기도 하다. 그러나 만일 가나에서 물이 포도주로 변한 것이 최고 수준의 기적이었다면, 신은 물체들의 연결 때문에 우주의 전진행 과정을 바꿨을 것이다. 혹은 또 다른 기적을 통해 그 연결을 막을 수밖에 없었을 것이고, 기적에 관계되지 않은 물체들은 마치 아무 기적도 일어나지 않은 것처럼 작용하도록 했을 것이다. 기적이 끝난 후에는 그 기적과 관계된 물체들의 모든 것을 기적이 없었을 때의 상태 그대로 되돌려놓아야 했을 것이다. 이러한 일 후에 모든 것이 원래의 진행 과정으로 되돌아올 것이다. 따라서 그 기적은 보이는 것보다 더 많은 것이 필요했던 기적이다.

250. 피조물들의 물리적 악 즉 그들의 고통과 관련하여 벨은, 이에 대해 신이 취한 행동을 특수한 근거를 통해 정당화하고자 하는 사람들을 강하게 공격한다. 나는 여기서 동물들의 고통은 고려하지 않겠다. 나는 벨이 특히 인간의 고통에 대해 강조하고 있음을 본다. 아마도 그가 짐승들은 느낌이 없다고 생각하기 때문인 것 같다. 짐승들에게 고통이 있다는 것은 불의(不義)일 것이기 때문에, 여러 데카르트주의자들은 짐승들이 단지 기계라는 사실을 입증하고자 하였다. 신과 같은 주인 아래에서 무고한 존재가 불행하다는 것은 불가능한 일이다. 이러한 원칙은 좋은 것이다. 그러나 나는 이로부터 짐승들이 느낌이 없다는 결론을 도출할 수 있다고는 생각하지 않는다.[509] 정확히 말해서, 반성이 따르지 않는 지각은 불행의 원인이 되기에 충분하지 않다고 나는 생각하기 때문이다. 행복과 관련해서도 마찬가지다. 반성이 없다면 행복도 없다.

자신들의 행복을 아는 이들이여 너무도 행복하도다![510]

동물들에게 고통이 있다는 점을 의심하는 것은 사리에 맞지 않는 일이다. 그러나 동물들의 쾌락과 고통은 인간의 것만큼 생생하지는 않다. 동물들은 고통에 따르는 슬픔도 쾌락에 따르는 즐거움도 가질 수 없다. 인간도 때때로 짐승과 가까운 상태에 있고 거의 본능과 육감적 경험의 인상만으로 행동한다. 그러한 상태에서 인간의 쾌락과 고통은 매우 약하다.

251. 짐승들에 대해서는 이 정도로 해두고 이성적 피조물들에 대해 살펴보자. 벨이 세계에 물리적 선보다 물리적 악이 더 많은가에 관한 문제를 논의하는 것은 이성적 피조물과 관련해서다(『한 관구장의 질문들에 대한 답변』, 제2권, 75장). 이 문제를 제대로 판단하기 위해서는 선과 악이 무엇인지

∴

510) (옮긴이) 라이프니츠는 물질세계에 무한히 많은 실체들 즉 모나드들이 배치된다고 생각하기 때문에, 동물뿐 아니라 식물·광물도 지각 능력이 있다고 본다. 그러나 지각 능력의 정도에 차이가 존재한다. 동물은 광물, 식물의 지각 능력을 포함하여 기억력까지 갖추고 있다. "다량의 광선이나 공기 진동을 집중함으로써 그들이 결합하여 작용할 수 있도록 하기 위하여 자연이 동물에게 감각기관을 부여했다는 사실로부터 우리는 또한 자연이 동물에게 어떤 탁월한 지각들을 부여했다는 사실을 알 수 있다."(『모나드론』, 제25절) "기억은 영혼에게, 이성을 모방하기는 하지만 그것과는 구별되어야 하는 일종의 추리를 제공한다. 따라서 우리는 동물들이, 그들에게 인상을 주었고 이에 관해 그들이 전에 이미 유사한 지각을 가졌던 어떤 것을 지각할 때, 기억을 통하여 전에 이러한 지각과 결합되었던 어떤 것을 기대하고 또한 그들이 그때와 유사한 감정으로 유발될 것이라고 하는 것을 기대한다는 것을 안다. 예를 들어 개에게 막대기를 보여주면, 그는 그것이 그에게 야기시켰던 고통을 기억하고 울부짖으며 그로부터 도망치는 것이다."(제26절) "그러나 필연적이고 영원한 진리의 인식은, 우리를 자신과 신을 인식하도록 끌어올림으로써 우리를 단순한 동물들과 구별해주고 이성과 학문을 소유한 상태로 인도한다. 이것이 바로 우리가 우리 내부에서 이성적 영혼 또는 정신이라고 부르는 것이다."(제29절)

510) 베르길리우스, 『농경시』, 제2권, 458행.

설명해야 한다. 우리는 물리적 악이 불쾌함과 다르지 않음을 인정하며, 나는 여기에 고통, 슬픔 및 다른 종류의 모든 불편함을 포함시킨다. 그런데 물리적 선은 단지 쾌락일 뿐인가? 벨은 그러한 견해를 내세우는 것 같다. 그러나 나의 의견은 물리적 선이 건강의 상태처럼 중간적 상태이기도 하다는 것이다. 아프지 않을 때 우리는 꽤 편안하다. 광기가 없는 것은 지혜의 한 단계다.

어리석음에서 벗어나는 것은 지혜의 시작이다.[511]

비난이 정당하지 않다는 것은 매우 칭찬받을 만하다는 것과 같다.

사람들이 나를 비난하지 않는다면 그것은 나에게 충분한 칭찬일 것이다.

이러한 기준에서 우리를 불쾌하게 하지 않는 모든 느낌들, 우리를 불편하게 하지 않으며 방해받으면 불편하게 될 우리 힘의 모든 사용은 비록 그것들이 우리에게 아무런 쾌락을 주지 않을 때도 물리적 선이다. 그것들의 결핍은 물리적 악이기 때문이다. 또한 우리가 건강의 선이나 다른 비슷한 선을 자각하는 것은 우리에게 그것들이 결핍되어 있을 때뿐이다. 이런 기준에서 나는 현세에서도 선이 악을 능가하고, 우리의 편리함이 불편함을 능가하며, 자연적 이성은 현세에서 우리가 악보다 선을 더 많이 가지고 있음을 알려준다고 쓴(제1권, 편지 9) 데카르트가 옳았다고 감히 주장할 것이다.

∴

511) 호라티우스, 『서간시』, 제1권, 1장, 42행.

252. 쾌락이 지나치게 빈번하게 사용되고 중요해지면 매우 큰 악이 되리라는 사실을 첨언해야 한다. 히포크라테스가 간질과 비교했던 쾌락도 있다. 스키오피우스[512]가 참새들을 선망하는 척한 것은 학술적인 저작에서 유쾌하게 익살을 떨기 위함이었지만, 이 저작은 익살스러운 것 이상이었다. 양념이 너무 강한 고기는 건강에 해로우며 진미의 미묘함을 떨어뜨린다. 일반적으로 육체적 쾌락은 일종의 정신적인 소모다. 비록 어떤 사람들은 다른 사람들보다 육체적 쾌락으로 인한 소모를 더 잘 회복하기는 해도 말이다.

253. 악이 선을 능가한다는 것을 입증하기 위해, 벨은 섭리에 의해 이미 부과된 역할을 다시 수행했어야 한다면 이 세계에 다시 오고 싶지 않다고 한 라 모트 르 바예[513]를 인용한다(편지 134). 그러나 나는 처음의 역할보다 반드시 더 좋지는 않더라도 새로운 역할이 약속된다면, 운명의 끈을 다시 연결할 수 있는 이의 제안을 받아들일 것이라는 생각을 이미 말했다. 따라서 벨이 생각하는 것과 달리 라 모트 르 바예가 말한 것에서 그가 이미 수행했던 역할이 다시 주어진다면, 바예가 그것을 원하지 않았으리라는 사실이 도출되는 것은 아니다.

∴

512) 스키오피우스(Scioppius)라 불리는 카스파르 숍(Caspar Schoppe, 1576~1649)은 유명한 문헌학자다. 1595년에 『프리아포스』(고대의 외설시)를 주해와 함께 편집하여 출간했다. 이 저작에서 그는 참새들의 성적 능력을 경탄스러워 했고, 이 때문에 많은 조롱을 받았다(벨, 『역사와 비판 사전』, 스키오피우스 편).

513) 라 모트 르 바예(La Mothe-Le Vayer, 1588~1672)는 회의론 성향의 프랑스 철학자다. 인용된 편지는 그의 『저작들』의 1669년판 제12권 204쪽에 있다(벨, 『역사와 비판 사전』, 바이에 편, 각주 F 참조).

254. 정신의 쾌락은 가장 순수하며 즐거움을 지속시키는 데 가장 유용하다. 이미 늙은 나이의 카르다노[514]는 자신의 상태에 너무도 만족하여, 가장 부유하지만 무식한 젊은이의 상태와 자신의 상태를 바꾸지 않겠노라고 맹세할 정도였다. 라 모트 르 바예 스스로도 카르다노에 대해 비판 없이 전하고 있다. 지식은 그 매력을 맛보지 않은 사람들은 생각할 수 없는 매력을 가진 것 같다. 내가 말하려는 것은 이유에 대한 지식이 없는 단순한 사실들의 지식이 아니라, 카르다노의 지식과 같은 것이다. 실제로 카르다노는 그의 모든 결함에도 불구하고 위대한 인물이었고, 그런 결함이 없었다면 유례없는 인물이었을 것이다.

사물들의 원인을 인식할 수 있었던 이여, 행복하도다!
그대는 모든 두려움과 냉혹한 운명을 부숴버리는구나.[515]

신과 우주에 만족하고, 우리에게 예정된 것에 불안해하지 않으며, 우리에게 일어나는 일에 불평하지 않는 것은 작은 일이 아니다. 참된 원리의 인식은 그러한 이득을 제공하는데, 이것은 스토아주의자나 에피쿠로스주의자들이 그들의 철학에서 끌어낸 이익과는 전혀 다른 것이다. 진정한 도덕과 그들의 도덕의 차이는 즐거움과 인내의 차이와도 같다. 그들이 말하는 평온은 단지 필연성에 근거할 뿐이고, 내가 말하는 평온은 사물들의 완전성과 미 그리고 우리 자신의 행복에 근거해야 하기 때문이다.

∴

514) 지롤라모 카르다노(Girolamo Cardano, 1501~1576)는 이탈리아의 철학자이자 과학자다.
515) 베르길리우스, 『농경시』, 제2권, 490~492행.

255. 그런데 육체적 고통에 대해서는 어떻게 말해야 할까? 육체적 고통은 현자의 평온을 중단시킬 만큼 격심한 것일 수 없는가? 아리스토텔레스는 이 견해에 동감했고, 스토아주의자들은 다른 견해를 가지고 있었으며 에피쿠로스주의자들도 마찬가지였다. 데카르트는 이 철학자들의 견해를 쇄신했다. 그는 앞에서 인용된 편지에서 말한다. "가장 슬픈 사건과 가장 혹독한 고통 속에서도, 이성을 사용할 줄 안다면 우리는 항상 만족할 수 있다." 벨은 이에 대해 그것은 아무 의미도 없는 말이며 거의 아무도 준비할 수 없는 **치료책**을 우리에게 알려주는 것이라고 말한다(『한 관구장의 질문들에 대한 답변』, 제3권, 157장, 991쪽). 나는 데카르트가 말한 것이 전적으로 불가능한 것은 아니며, 사람들은 많은 성찰과 훈련을 통해 그것에 도달할 수 있다고 생각한다. 진정한 순교자들이나 특별한 방식으로 하늘의 도움을 받은 사람들 외에도, 그들을 모방한 거짓 순교자들이 있었기 때문이다. 자기 주인의 복수를 위해 카르타고의 총독을 죽이고 가장 격심한 고통 속에서도 큰 기쁨을 드러낸 스페인 노예는 철학자들을 부끄럽게 할 수 있다. 우리가 그 노예보다 더 멀리 나아가지 못할 이유가 있는가? 좋은 일이나 나쁜 일에 대해서도 이렇게 말할 수 있다.

각자에게 일어날 수 있는 일은 누구에게나 일어날 수 있다.[516]

256. 오늘날에도 휴런족, 이로쿼이족, 갈리비족 그리고 아메리카의 다른 민족들과 같은 종족들 전체는 이 점에 관해 우리에게 큰 교훈을 준다.

●●

---

516) 기원전 1세기의 라틴 희곡 작가 푸블릴리우스 시루스(Publilius Syrus)의 구절로, 세네카에 의해 여러 번 인용되었다. 예를 들어 『마르키아에게 보내는 위로』, 제9장, 5절; 『영혼의 평정에 관하여』, 제11장, 8절.

이들 민족이 자신들을 엷은 불로 구워서 조각을 내어 먹는 적들에 대항하여 불굴의 용기를 지닌 채 거의 무감각한 상태로 싸우는 이야기를 읽으면 놀라지 않을 수가 없다. 만일 이 사람들이 육체와 용기의 장점을 간직하고 그것을 우리의 지식과 연결시킬 수 있었다면, 그들은 모든 방식에서 우리를 능가할 것이다.

집들의 한가운데 태양을 향해 우뚝 선 탑과도 같다.

그들과 우리의 관계는 거인과 난쟁이의 관계, 산과 언덕의 관계와도 같을 것이다.

에릭스만큼 크고 아토스만큼 크고, 하늘을 찌르는 눈 덮인 정상을 뽐내는 존귀한 아펜니노만큼 큰 산이여.[517]

257. 육체와 정신의 경이로운 힘으로 가장 독특하게 명예에 열중한 그 야만인들이 이루어내는 모든 것은 교육을 통해, 적절히 조합된 금욕을 통해, 이성적인 근거로 조절된 기쁨을 통해, 정신을 가장 방해하기 쉬운 산만함과 영향 가운데서도 일정한 정신력을 유지하는 강한 훈련을 통해 우리도 습득할 수 있을 것이다. 이와 비슷한 것이 고대의 암살자들과 관련하여 전해진다.[518] 이들은 산중 노인이나 정확히 말하면 산중 영주의 부하거나 제자들이다. 그러한 종파는 더 좋은 목적을 위해서라면 일본에 가려는

••

517) 베르길리우스, 『아이네이스』 제12권, 701~703행의 부정확한 인용이다. "에릭스"는 시칠리아의 산이다.

선교사들에게 유용할 것이다. 나체 고행을 하는 고대 인도인들도 이와 비슷한 점이 있었을 것이다. 알렉산더 대왕에게 살아 있는 채로 자신을 태우는 모습을 보여준 칼라누스(Calanus)[519]는 분명 그의 스승들이 보여준 위대한 모범에서 용기를 얻었으며, 고통을 두려워하지 않도록 고통을 견디는 강한 훈련을 받았던 것이다. 고대 인도의 결혼한 부녀자들은 요즘도 그렇듯이 남편의 육체와 함께 화장되기를 요구받는데, 그들은 나체 고행을 하던 인도의 고대 철학자들에게서 어느 정도 용기를 얻는 것 같다. 나는 그렇게 높은 수준의 완전성으로 인간을 끌어올릴 목적을 가진 종교 질서가 곧바로 세워지기를 기대하지는 않는다. 그 사람들은 타인보다 너무 앞서 있으며 너무도 굉장한 능력이 있을 것이다. 그토록 강한 정신력이 필요한 극단적 상황에 처하기란 드문 일이므로, 우리의 일상적인 편리를 희생시키면서까지 그처럼 준비할 이유는 없을 것이다. 비록 그런 식으로 하면 잃는 것보다는 얻는 것이 비교할 수 없을 정도로 많겠지만 말이다.

258. 우리에게 그렇게 큰 치료책이 필요하지 않다는 사실 자체는 이미 선이 악을 능가한다는 점을 입증해주는 것이다. 에우리피데스[520] 역시 그렇게 말했다.

유한한 존재들에게서 선이 악을 능가한다.

∵

518) 11~13세기에 번성했던 이슬람 종파로, 그 이름은 추종자들이 사용한 하시시(haschich)를 상기시킨다. 그 우두머리는 '스승 혹은 산속의 노인'이라는 뜻의 '체이크 엘 드제벨(Cheik el Djebel)'이라는 칭호로 불렸다.
519) 플루타르코스의 『알렉산더의 삶』, 제65, 69절 이하에서 그 이야기가 전해지는 삭발승이다.
520) (옮긴이) 에우리피데스(Euripides, 기원전 484~406?)는 아이스킬로스, 소포클레스와 함께 고대 그리스의 3대 비극시인 중 한 사람이다.

호메로스와 여러 시인들은 견해가 달랐고 대중들도 그들의 견해를 따르고 있다. 이는 우리의 주의를 끄는 것이 선보다는 악이기 때문이다. 그러나 이러한 이유는 바로 악이 더 드문 것이라는 사실을 입증해준다. 따라서 자연적인 본성을 못된 계모로 간주하고 인간은 모든 피조물 가운데 가장 불행하고 쓸모없다고 주장하는 플리니우스의 침울한 표현들을 신뢰해서는 안 된다. 불행하고 쓸모없다는 이 두 형용어구는 서로 일치하지 않는다. 우리가 우리 자신으로 충만해 있을 때는 그렇게 불행하지 않다. 사람들이 인간의 본성을 지나치게 폄하하기만 하는 것은 사실이다. 이는, 그들이 자신들의 경쟁심을 자극할 수 있는 다른 피조물들에 대해 알지 못하기 때문인 것 같다. 오히려 그들은 스스로를 지나치게 높이 평가하고, 자신들에 대해 너무 쉽게 만족할 뿐이다. 따라서 나는 디오게네스 라에르티오스가 전하는 크세노파네스[521)]에 관한 주석에서 에우리피데스의 훌륭한 견해를 강력히 칭찬한 메릭 카조봉[522)]에 동의한다. 그는 심지어 에우리피데스가 **신적 영감을 받은 재능을 보여주는** 것들을 말했다고 본다. 세네카는 우리를 만족시켜주는 자연의 선에 관해 웅변적으로 이야기한다(『은혜에 관하여』, 제4권, 5장). 벨은 이에 반대하여 『역사와 비판 사전』의 **크세노파네스** 편에서 권위 있는 여러 근거를 내세운다. 그들 중 스토베우스의 선집에 수록된 시

••

521) (옮긴이) 크세노파네스(Xenophanes)는 기원전 6세기의 그리스의 시인 · 철학자이다.

522) 메릭 카조봉(Méric Casaubon, 1599~1671)은 박식한 학자이며 유명한 아버지 이작 카조봉(Isaac Casaubon, 1559~1614)의 아들이다. 그는 디오게네스 라에르티오스의 편집본에 주석을 달았다(런던, 1664, 암스테르담, 1692). 크세노파네스에 따르면, 디오게네스 라에르티오스는 "대부분의 사물들은 정신보다 열등하다"라고 말한다(IX, 19). 카조봉에 따르면, "이 견해가 의미하는 바는 신의 지성이 완전성을 원하지만 완전성을 언제나 획득할 수는 없었다는 의미에서, 대부분의 사물이 신의 지성에 종속되며 조정된다는 것이었다"(벨, 『역사와 비판 사전』, 크세노파네스 편, 각주 D 참조).

인 디필루스[523)]가 있는데 그 그리스어는 다음과 같이 라틴어로 표현할 수 있을 것이다.

우리에게 마실 것을 줄 때, 운명은 선 하나에 대해 세 배의 악을 따라준다.
(Fortuna cyathis bibere nos datis jubens, infundit uno terna pro bono mala)

259. 벨은 단지 죄의 악 혹은 인간들의 도덕적 악이 문제라면 재판은 얼마 되지 않아 플리니우스에게 유리하게 끝날 것이고 에우리피데스는 패소할 것이라고 생각한다. 나는 이 점에 대해서 벨에 반대하지 않는다. 우리의 악덕은 분명 덕을 능가하며, 이는 원죄의 결과다. 이 점에 대해 대중은 또한 문제를 과장하며, 몇몇 신학자들조차 인간의 창조자의 섭리에 해를 가할 정도로 인간을 심하게 폄하한다. 그렇기 때문에 나는 이교도들의 덕이 엄청난 죄일 뿐이었다고 말함으로써 우리의 종교에 큰 영광을 가져다주었다고 생각하는 사람들과 동의하지 않는다. 이는 성 아우구스티누스의 혈기가 분출한 것으로, 성서에도 근거가 없으며 이성에도 어긋나는 것이다. 그러나 여기서 문제가 되는 것은 단지 물리적 선과 악이며, 특히 현세의 성공과 역경을 비교해야 한다. 벨은 건강에 대한 고찰은 거의 배제하려고 한다. 그는 건강을 예를 들어 공기처럼 거의 느껴지지 않는 희박한 물체들과 비교한다. 하지만 그는 고통을 밀도는 강하고 부피는 작고 무게는 많이 나가는 물체들과 비교한다. 그러나 우리가 건강하지 않을 때, 고통 자체는 건

∴

523) 디필루스(Diphilus, 기원전 340년경 출생)는 희곡 작가로서, 라틴 작가들이 모방한 신(新)희곡의 대표자다. — 스토베우스(Stobeus)는 5세기 중엽 그리스의 편찬자다. 그의 인용문 모음집은 그것이 없었으면 알려지지 않았을 대단히 많은 단편들을 보존해놓았다. 인용된 단편은 스토베우스의 『선문집』 제104장, 16절의 디필루스, 단편 107, 코크(Kock).

강의 중요성을 알게 해준다. 나는 지나친 육체적 쾌락이 진정한 악이라는 사실을 이미 지적했으며, 이러한 점은 바뀔 수가 없다. 정신이 자유로운 것은 중요한 일일 수밖에 없다. 락탄티우스[524]는, 사람들은 자신들이 누린 모든 선을 삼켜버리기라도 하듯이 일말의 악에도 불평할 정도로 예민하다고 말했다(『신의 기관』, 제3권, 18장). 벨은 이 점에 대해 선이나 악의 척도가 되는 것은 느낌이기 때문에 사람들이 그런 느낌을 갖는다는 것만으로도 자신들이 악을 겪는다고 판단하기에 충분하다고 말한다. 나는 현재의 느낌은 단지 과거와 미래의 선과 악의 척도일 뿐이라고 반박하겠다. 나는 우리가 침울한 생각을 하는 동안에는 악을 겪는다는 점에서는 벨에게 동의한다. 그렇다고 해서 우리가 이전에 좋은 상태였고, 모든 것을 헤아려봤을 때 선이 악을 능가한다는 사실이 부정되는 것은 아니다.

260. 나는 이교도들이 자신들의 신에 그다지 만족하지 못하고, 인간처럼 나약한 동물을 만든 것 때문에 프로메테우스와 에피메테우스[525]에게 불평하는 것에 대해 놀라지 않는다. 그들이 바쿠스를 기른 노인인 실레노스의 우화에 박수를 보내는 것도 놀랄 일이 아니다. 실레노스는 미다스 왕에게 붙잡혔다가 풀려나는 대가로 소위 훌륭하다는 격언, 즉 선 중에서 첫 번째이자 가장 큰 선은 애당초 태어나지 않는 것이며, 두 번째는 빨리 죽는 것이라는 격언을 미다스 왕에게 가르쳐주었다(키케로, 『투스쿨라나룸 담론』, 제1권[526]). 플라톤은 영혼이 보다 행복한 상태에 있었다고 생각했고, 여러 고대인들과 더불어 특히 키케로는 (락탄티우스가 전하는 바에 따르면)

••

524) 주 398 참조.
525) 인간의 창조 전설에 있어서 프로메테우스와 에피메테우스의 역할에 관해서는 헤시오도스, 『신통계보학』, 제511행 이하와 플라톤, 『프로타고라스』, 제320행 이하 참조.

『위안』에서 영혼이 자신의 죄 때문에 감옥에 갇히듯이 육체 속에 갇혔다고 생각했다. 이로부터 그들은 우리의 악에 대한 근거를 제시했으며, 인간의 삶을 부정적으로 보는 자신들의 편견을 입증했다. 아름다운 감옥은 존재하지 않기 때문이라는 것이다. 이 같은 이교도들을 따른다고 해도 과거와 미래 삶의 선이 현세의 악을 상쇄하고 능가할 것이라는 사실 외에도, 나는 편견 없이 사물들을 검토한다면 평균적으로 평가된 인간의 삶은 통상적으로 그럭저럭 나쁘지 않다고 감히 말하겠다. 인간의 삶에 종교적인 이유를 더한다면, 우리는 신이 마련해놓은 질서에 만족하게 될 것이다. 우리의 선과 악에 대해 보다 제대로 판단하기 위해서는 카르다노[527]의 『역경에서 얻는 유용성』과 노바리누스의 『신의 숨겨진 은혜』를 읽으면 좋을 것이다.

261. 벨은 가장 행복하다고 간주되는 상류층의 불행에 대해 상세하게 말한다. 그들은 자신의 조건 중 좋은 측면을 계속적으로 이용하기 때문에 선을 감지하지 못하지만 악에는 매우 민감하다. 혹자는 이렇게 말할 것이다. "어쩔 수 없는 일이다. 그들이 본성과 재산의 이익을 누릴 줄 모르는데 그것이 본성이나 재산의 잘못이란 말인가?" 그러나 신이 베푼 혜택을 유리하게 이용할 줄 알고, 불행에 대해 쉽게 위안을 찾으며, 게다가 자신들의 잘못에서 좋은 점을 도출해내는 보다 현명한 상류층도 있다. 벨은 그러한 점에는 유의하지 않는다. 또한 벨은 운의 혜택을 가장 많이 입은 군주 중

∵

526) 제1권, 114절, 48연. 키케로는 자신의 딸 툴리아의 죽음 후에 『위안』을 썼다. 그의 철학 저작 시리즈의 첫 번째인 이 책은 몇몇 단편들을 통해서만 우리에게 더 잘 알려져 있다. 라이프니츠가 암시하고 있는 단편들은 락탄티우스가 『신의 기관』 제23권 18장 18행과 제3권 19장 13행에서 인용했다(단편, 8과 9, 뮐러[Müller]).

527) 카르다노에 관해서는 주 514 참조. 『역경에서 얻는 유용성』은 1561년 바젤에서 출간되었다. 노바리누스에 관해서는 주 325 참조.

한 명인 아우구스투스가 적어도 선만큼의 악을 느꼈다고 생각하는 플리니우스의 말을 더 따르고 싶어 한다. 나는 아우구스투스가 가족문제 때문에 슬퍼할 만한 중요한 이유가 있었고, 공화국을 억압했다는 후회 때문에 아마도 괴로워했으리라는 것을 인정한다. 그러나 나는 그가 가족 문제로 비탄에 빠지기에는 너무 현명했으며, 마에케나스[528]가 그로 하여금 로마는 지도자를 필요로 한다는 것을 인식하도록 해준 것 같다고 생각한다. 이 점에 대해 아우구스투스가 마음을 바꾸지 않았다면, 베르길리우스는 영겁의 벌을 받은 자에 대해 결코 다음처럼 말하지 않았을 것이다.

그는 금을 위해 자신의 조국을 팔아넘겼다. 그는 조국을 전능한 지배자에게 넘겼다. 그는 금을 위해 법을 만들었다가 다시 파괴했다.[529]

아우구스투스는 자유로운 국가에 주어진 지도자를 이야기하는 이 시구들이 자신과 카이사르를 가리킨다고 믿었을 것이다. 그러나 아우구스투스는 그가 자유와 양립할 수 있고 군중의 악에 대한 필요한 처방이라고 보는 자신의 통치로 그다지 자유로운 국가를 이루어내지 못한 것이 확실해 보인다. 그래서 오늘날 군주들은 캉브레의 페늘롱[530]이 쓴 『텔레마쿠스의 모험』에서 비난받은 왕들에 관해 사용된 말을 자신들에게 적용하고 있다. 각자는 합당한 권리를 갖고 있다고 믿는다. 중립적인 저자인 타키투스는 자

∴

528) (옮긴이) 가이우스 마에케나스(Gaius Maecenas, 프랑스 발음 '메세나')는 아우구스투스 황제의 총신이다.
529) 『아이네이스』, 제6권, 621~622행. 아이네이아스가 지옥에 내려가서 만나는 영겁의 벌을 받은 자들을 의미한다.
530) 페늘롱은 캉브레(Cambrai)의 대주교였다.

신의 『연대기』 앞머리에서 아우구스투스를 몇 마디로 옹호한다. 그러나 자신의 행복에 대해 더 잘 평가할 수 있는 이는 아우구스투스 자신이다. 그는 만족한 상태에서 죽은 것 같다. 그가 자신의 삶에 만족했음을 입증하는 근거가 있다. 아우구스투스는 죽으면서 박수를 치세요(Plaudite)라는 뜻의 그리스 시 한 편을 친구들에게 읊는다. 그것은 상연이 잘 끝난 연극을 보고 나오면서 사람들이 말하곤 했던 것이다. 수에토니우스는 다음과 같이 전한다.

여러분 모두 손뼉을 부딪치며 즐겁게 박수를 치세요.[531]

262. 그러나 심지어 인류에게 선보다 악이 더 많이 주어질 때도, 신과 관련해본다면 우주에 선이 악보다 비길 데 없이 많은 것으로도 충분하다. (랍비들 중 처음으로 어리석은 말을 중지한 인물이라고 언급되지만 그 장점은 충분히 인정되지 않고 있는) 랍비인 마이모니데스[532]도 세계에서의 악에 대한 선의 우월성 문제에 대해 매우 제대로 판단했다. 그는 『길 잃은 자들의 스승(Doctor Perplexorum)』에서 이처럼 말한다(제3부, 12장). "잘못 배운 사람들의 영혼에는 그들로 하여금 세상에 선보다 악이 더 많다고 믿도록 하는 생각이 자주 떠오른다. 우리는 어떤 좋은 일이 일어나는 것은 기적과 같은 일인 반면, 악은 일상적이고 계속적으로 일어난다고 하는 것을 이교도들의 시나 노래에서 자주 발견한다. 그러한 오류는 단지 대중의 마음을 사로잡은 것뿐만 아니라, 지혜롭다고 간주되기를 바라는 사람들조차도 그 안

••

531) 수에토니우스(Suetonius), 『아우구스투스의 삶』, 제99장.

532) 모세스 마이모니데스(Moses Maimonides, 1135~1204)는 저명한 유대 철학자다. 인용된 저작은 그의 『길 잃은 자들의 안내자(More Neboukim)』이다.

에 빠지게 되었다. 알 라지[533]라고 불리는 유명한 저자는 다른 많은 부조리 가운데 특히 자신의 『신학적 철학』에서 선보다 악이 더 많다고 썼다. 또 그는 인간이 평온한 시간에 즐기는 여흥과 쾌락을 인간이 겪는 고통, 번민, 불안, 결함, 걱정, 슬픔, 고뇌와 비교할 경우 우리의 삶은 커다란 악이며 우리를 징벌하기 위해 가해진 진정한 벌이라는 사실이 드러날 것이라고 썼다." 마이모니데스는 이교도들의 엉뚱한 오류의 원인은 자연이 단지 자신들을 위해 만들어졌다고 생각하는 것이며, 그들의 인성과 구분되는 것은 아무것도 아닌 것으로 간주한다는 것이라고 덧붙여 말한다. 이로부터 그들은 자신들을 거스르는 어떤 일이 일어나면 우주의 모든 것이 잘못되었다고 결론 내린다.

263. 벨은 인간에게서 악이 선을 능가하는지의 여부가 문제인 만큼, 마이모니데스의 지적은 목표에 이르지 못한다고 말한다. 그러나 이 랍비의 말을 고찰해볼 때, 내가 보기에 그가 생각하는 문제는 일반적인 것이며, 그가 논박하려는 사람들은 모든 것이 인간을 위해서 만들어진 듯이 인류의 악에서 끌어낸 특수한 근거를 통해 그 문제를 결정하는 이들이다. 그가 논박하는 저자 역시 선과 악에 대해 일반적으로 말한 것 같다. 마이모니데스는 우주에 비해 인간이 작다는 것을 고려한다면 인간들 사이에서는 악의 우위가 나타난다고 해도 그것이 천사들, 천체들, 생명이 없는 원소와 그 혼합체들, 여러 종류의 동물들, 이 모든 것들에게 해당될 이유는 없음을 이해할 수 있으리라고 말하는데 이 점에서 그는 옳다. 나는 비록 그런 가정이 절대적으로 확실한 것은 아니지만 영겁의 벌을 받은 사람들의 수

.·.

533) 라세스(Rasès)라 불리는 알 라지(Al Razi, 923년 사망)는 아랍의 의사, 철학자다.

가 구원받은 사람들의 수를 능가한다고 가정한다면, 이미 알려진 인류와 관련해볼 때 선보다 악이 많다고 인정할 수 있음을 다른 곳에서 제시했다. 그러나 나는 그러한 것이 이성적 피조물 일반에서 선이 도덕적이고 물리적인 악보다 비교할 수 없을 정도로 많다는 사실, 그리고 모든 이성적 피조물을 포함하는 신국(神國)이 가장 완전한 국가라는 사실을 부정하지 못한다는 점을 강조했다. 마찬가지로 지성 능력이 있거나 없는 모든 실체들에게서 발견되는 형이상학적 선과 악, 그렇게 포괄적인 범위에서 이해된 것으로서 물리적 선과 도덕적 선을 포함하는 형이상학적 선과 악을 고찰한다면 현재 존재하는 우주는 모든 체계 중 최선의 체계가 틀림없다고 말해야 할 것이다.

264. 더 나아가 벨은 우리의 잘못이 우리의 고통과 관련 있다고 주장하지 않는다. 우리의 고통을 단지 평가하는 문제라면 벨이 옳다. 그러나 그 고통의 원인을 신에게 돌려야 하는지의 여부가 문제라면 상황은 달라진다. 이러한 것이 특히 벨이 이성이나 경험을 종교와 대립시킬 때 갖는 난점의 원인이다. 나는 벨이 우리의 자유 의지에 의거하는 것은 소용이 없다고 말하곤 한다는 것을 알고 있다. 그의 논박은 자유 의지의 남용도 역시 그것을 허용하고 그것에 협력한 신의 탓이어야 한다는 점을 입증하고자 하기 때문이다. 벨은 난점의 정도 차이 때문에 한 체계를 버려서는 안 된다는 것을 준칙으로서 선언한다. 이는 특히 벨이 엄격한 이들의 방법과 타락 전 예정론자들의 교리를 옹호하며 내세우는 것이다. 벨은 그들의 견해가 비록 모든 난점을 해결하지 않은 채로 그대로 놓아둠에도 불구하고 그것을 따를 수 있다고 생각한다. 다른 체계들은 몇몇 난점을 중지시키기는 해도 모든 난점을 해결할 수는 없기 때문이라는 것이다. 나는 내가 설명

한 참된 체계가 모든 것을 해결한다고 생각한다. 그렇지 않다고 해도 나는 벨의 준칙을 좋아할 수는 없다고 고백하겠으며, 아무것도 해결하지 못하는 체계보다는 대부분의 난점을 제거하는 체계를 선호할 것이다. 거의 모든 불행을 스스로 불러오는 인간들의 악행에 대한 고찰은 적어도 그들이 불평할 아무 권리도 없음을 보여준다. 범죄자를 단지 벌주는 것이 문제일 경우는, 그의 악의의 기원 때문에 정의(正義)가 혼란해질 일은 없다. 하지만 범죄의 예방은 다른 문제다. 자연적 기질, 교육, 대화 그리고 많은 경우 운도 악의의 기원에 대해 큰 작용을 한다는 것을 우리는 잘 알고 있다. 범죄자는 그러한 것들에 대해서는 벌을 덜 받을 만한가?

265. 나는 또 다른 난점이 남아 있음을 인정한다. 만일 신이 악인들에게 그들의 악행의 이유를 돌리지 않아도 된다면, 악덕과 죄의 허용에 대한 신의 방식을 정당화하는 것은 신 자신에게 그리고 신을 존경하고 사랑하는 이들에게 달려 있는 것으로 보이기 때문이다. 그러나 신은 현세에서 필요한 만큼 그 같은 난점에 대해 이미 해결책을 주었다. 또한 신은 우리에게 이성의 빛을 부여함으로써 모든 난점을 해결할 방법을 제공했다. 나는 보편적 근거를 통해 거의 할 수 있는 데까지 그러한 점을 현재의 담론에서 제시했기를 희망하며, 이 시론의 앞 부(部)에서 문제가 해명되었기를 희망한다. 이제 죄의 허용이 정당화된바, 그 귀결인 다른 악에 대해서는 더 이상 아무런 난점도 없다. 그리고 성서와 거의 모든 교부 및 설교사들이 그렇게 하는 것처럼, 벌의 악을 설명하기 위해서는 죄의 악만을 이제 다뤄도 된다. 이러한 것이 단지 **설교**를 위해서 좋다고 말하지 않으려면 내가 제시한 해결 후에는 나의 방법보다 더 정당하고 정확한 것은 아무것도 없음을 생각하는 것으로 충분하다. 신은 현재의 결정을 내리기 전에 가능한 것들

가운데 이미 자유를 남용하고 자신의 불행을 준비하는 인간을 보았기 때문에, 그가 현존하도록 허용하지 않을 수 없었다. 보편적인 최선의 구도가 그것을 요청했기 때문이다. 따라서 이제 성 아우구스티누스처럼 독단적으로 말하거나 펠라기우스처럼 설교해야 한다고 쥐리외[534]와 같이 말할 필요는 없다.

266. 죄의 악에서 벌의 악을 끌어내는 그 방법은 비난받을 수 없는 것으로서 최대의 물리적 악, 즉 영겁의 벌을 설명하는 데서 특히 유용하다. 과거에 알트도르프(뉘른베르크 자유시 지역에 설립된 대학)의 철학 교수였던 에르네스트 소네루스[535]는 탁월한 아리스토텔레스주의자로 간주되었으나, 결국은 위장된 소치니주의자로 판명된 인물로서『벌의 영원성에 대립되는 증명』이라는 작은 강론을 냈다. 그 증명은 무한한 벌과 유한한 죄는 서로 비례하지 않는다는 꽤나 진부한 원리에 근거한다. 아마도 네덜란드에서 인쇄된 그 증명이 나에게 전해졌고, 나는 고(故) 소네루스가 간과한 것이 있고 그것을 고찰해야 한다고 반박했다. 즉 죄의 지속은 벌의 지속의 원인이고, 영겁의 벌을 받은 사람들이 악한 상태를 고수하면 그들은 불행에서 빠져나올 수 없으며, 따라서 그들의 계속된 고통을 정당화하기 위하여, 모독당한 무한한 대상인 신에 의해 죄가 무한한 가치를 갖게 된 것이라고 가정

⁘

534) 주 322 참조.
535) 에르네스트 소네루스(Ernest Sonerus, 1572~1612)는 독일의 철학자, 의사로서 아리스토텔레스의『형이상학』을 주해한 저자다. 인용된 저작은『불경한 자들의 영원한 벌은 신의 정의가 아니라 불의를 입증한다는 명제의 신학적 · 철학적 증명』이다. 이 논문은 소치니주의 저술 모음집『파우스테 소치니와 렐리우스 소치니, 그리고 에르네스트 소네루스의 몇몇 신학론』에 실려 엘레우테로폴리스에서 출간되었다. '엘레우테로폴리스'는 '자유 도시'란 뜻이며, 당시에 그리 정통적이지 못한 저작들이 그렇게 기재했듯이 가공의 발행 장소다.

할 필요가 없다고 말하는 것으로 충분했다. 이러한 의견은 결정을 내릴 정도로 내가 충분하게 검토하지 않았던 것이다. 나는 명제집의 스승[536] 이후로 스콜라학파들이 내세에는 공적도 죄과도 없다는 공통된 견해를 가지고 있음을 안다. 그러나 나는 그런 견해를 엄밀하게 이해할 때, 그것을 신조(信條)로 간주할 수는 없다고 생각한다. 로스토크의 유명한 신학자인 페흐티우스[537]는 자신의 책 『영겁의 벌을 받은 자들의 상태에 관하여』에서 매우 적절하게 그 견해를 논박했다. 그는 (제59절에서) 그 견해는 매우 잘못된 것이라고 말한다. 신은 자신의 본성을 바꿀 수 없으며, 정의(正義)는 신에게 본질적인 것이다. 죽음은 은총의 문을 닫지만 정의의 문을 닫지는 않는다.

267. 나는 여러 뛰어난 신학자들이 방금 내가 그렇게 한 것처럼 영겁의 벌을 받은 이들에 대한 벌의 지속에 대해 설명했다는 사실을 주목했다. 아우크스부르크 종파의 유명한 신학자인 요한 게르하르트[538]는 (『신학의 광장』의 「지옥의 광장」 제60절에서) 여러 논증 가운데 영겁의 벌을 받은 사람들은 항상 악한 의지를 가지고 있으며 그들의 의지를 선하게 할 수 있는 은총이 결여되어 있다는 논거를 제시한다. 하이델베르크의 신학자 차하리아스 우르시누스[539]는 자신의 논문 『신앙에 관하여』에서 왜 죄에는 영원한 벌

536) 명제집의 스승이라 불리는 롬바르두스(Petrus Lombardus, 1160년 사망)는 신학자이며, 교리 전체에 관한 교부들과 교회의 견해의 편집서인 『명제집』의 저자다. 이 저작은 스콜라학파 교육에서 근본적인 역할을 했으며, 이 저작에 대해 주해를 남기지 않은 스콜라 학자가 드물다.

537) 페흐티우스(Johann Fechtius, 1636~1716)는 개신교 신학자로, 인용된 저작은 『영겁의 벌을 받은 자들의 상태에 관한 검토』(슈파이어, 1683)다.

538) 요한 게르하르트(Johann Gerhard, 1582~1637)는 루터파 신학자이며 전 9권으로 된 논증 모음집인 『신학의 광장』의 저자다.

이 적절한가에 대한 문제를 생각해내고서, 모독당한 이가 무한하기 때문이라는 일반적인 이유를 논거로 제시한 후에 죄가 멈추지 않기 때문에 벌도 **멈출 수 없다는 두 번째 이유를 또한 논거로 제시한다.** 예수회의 드렉셀리우스[540] 신부는 『나케타스, 그리고 방탕함의 극복』이라는 자신의 책 제2부 11장 9절에서 이렇게 말한다. "또한 영겁의 벌을 받은 자들이 끊임없는 고문을 당하는 것은 놀라운 일이 아니다. 그들은 계속적으로 불경을 저지르며, 말하자면 언제나 죄를 짓고 있기 때문에 언제나 매를 맞는 것이다." 그는 자신의 책 『영원에 관하여』 제2부 15장에서 다음과 같이 말함으로써 동일한 근거를 전하고 그것에 동의한다. "지옥에 떨어진 죄인들은 항상 죄를 짓기 때문에 항상 벌을 받는다고 말하는 사람들이 있는데, 그러한 답은 내 마음에 드는 편이다." 이로부터 드렉셀리우스 신부는 그 같은 견해가 로마 교회의 박사들에게도 통상적인 것이라는 사실을 알리고자 한다. 그가 그레고리우스 대(大)교황[541]에게서(『대화』, 제4부, 44장) 가져온 보다 미묘한 논거를 내세우는 것이 사실이다. 즉 영겁의 벌을 받은 사람들이 영원히 벌을 받는 까닭은 그들이 이 땅에서 항상 살았다면 언제나 죄를 지었으리라는 것을 신이 일종의 매개하는 지식[542]을 통해서 예견했기 때문이라는 것이다. 이는 논란의 여지가 많은 가설이다. 또한 페흐티우스는 게르하르트와 견해가 다른 사람들을 언급하기도 하지만, 그의 견해에 동의하는 여러 유명한 개신교 신학자들을 인용한다.

∙∙

539) 차하리아스 우르시누스(Zacharias Ursinus, 1534~1583)는 개신교 신학자다. 그의 신학 저작들은 1612년 하이델베르크에서 전 3권으로 출간되었다.
540) 드렉셀리우스(Drexelius, 1581~1638)는 독일의 예수회 회원이며, 특이한 제목의 여러 저작을 남겼다. 인용된 두 저작은 각각 1631년에 쾰른, 1621년에 뮌헨에서 출간되었다.
541) 590년에 교황이 된 그레고리우스 대교황(540~604)은 여러 저작과 함께 『대화』를 남겼다.
542) (옮긴이) '매개하는 지식'에 관해서는 제1부의 39~40절과 그 이하 참조.

268. 벨도 여러 곳에서 내가 방금 말한 것과 꽤 관련 있는 자기 진영의 뛰어난 두 신학자의 구절을 내게 제공했다. 쥐리외는 같은 주제에 관해 니콜이 쓴 책과 대립하는 자신의 책 『교회의 통합에 관하여』에서(379쪽),[543] "이성은 범죄를 멈출 수 없는 피조물은 불행도 역시 멈출 수 없다는 것을 우리에게 말해준다"라고 판단한다. 자클로[544]는 자신의 책 『신앙과 이성의 조화에 관하여』에서 다음과 같이 자기 생각을 전한다. "영겁의 벌을 받은 사람들은 축복을 받은 사람들의 영광이 결핍된 채로 영원히 존속해야 하며, 영원한 행복이 결핍되도록 한 자신들의 죄를 이 불행한 피조물들이 생각할 때, 그런 결핍은 그야말로 그들의 모든 벌의 기원과 원인이 될 수 있을 것이다. 선과 상당한 영광을 제공받았지만 스스로 그것들을 내버렸기 때문에 그것들이 결핍되어 있는 자신의 모습을 보는 사람들이, 특히 그러한 선과 영광에 둘러싸여 있는 타인들을 보며 부러움으로 겪는 뼈저린 후회와 고통을 우리는 알고 있다." 이 같은 표현법은 쥐리외의 그것과는 조금 다르지만, 두 사람 모두 영겁의 벌을 받은 사람들의 계속적인 괴로움의 원인은 바로 그들 자신이라는 견해에 동의한다. 오리게네스주의자인 르클레르[545]가 『선집』 제7권 341쪽에서 다음과 같이 말할 때 그도 그러한 견해에서 전적으로 벗어나지 않는다. "신은 인간이 타락하리라는 것을 예견했기 때문에 그에게 영겁의 벌을 내리는 것이 아니다. 단지 그가 뉘우칠 수 있으면서도 뉘우치지 않기 때문에, 즉 삶의 끝까지 그의 나쁜 습관을 자

⁞

543) (옮긴이) 쥐리외에 관해서는 주 322, 니콜에 관해서는 주 158 참조. 『교회의 통합에 관하여, 혹은 쥐리외의 새로운 체계에 대한 논박』(파리, 1687)이라는 니콜의 책에 대해 쥐리외는 『교회의 통합과 근본적인 점들에 관해 니콜에 반대하는 논문』(로테르담, 1688)으로 반박했다.
544) 주 194 참조.
545) 주 42 참조.

유롭게 고수하기 때문에 신은 그에게 영겁의 벌을 내리는 것이다." 르 클레르가 이런 추론을 내세에까지 적용시킨다면 그는 악인들의 계속된 벌의 원인을 그들의 계속된 죄로 돌릴 것이다.

269. 벨은 다음처럼 말한다(『한 관구장의 질문들에 대한 답변』, 제175장, 1188쪽). "오리게네스주의자의 그 학설은 이단적이다. 그것은 영겁의 벌이 단지 죄에 근거하는 것이 아니라, 의도적으로 죄를 뉘우치지 않는 것에 근거한다고 가르치기 때문이다." 하지만 그렇게 의도적으로 죄를 뉘우치지 않는 것이 계속된 죄가 아니란 말인가? 물론 나는 인간이 뉘우칠 수 있는데도 뉘우치지 않기 때문이라고 단순하게 말하려는 것은 아니다. 나는 그가 뉘우치기 위해 은총의 도움을 사용하지 않기 때문이라고 덧붙이겠다. 그러나 현세가 끝난 후에 은총의 도움이 멈춘다고 가정해도 죄를 짓는 인간에게는 심지어 영겁의 벌을 받은 때일지라도 그를 죄인으로 만드는 자유가 있으며, 결코 현실화되지 않는 것이기는 해도 희박하나마 뉘우칠 잠재력이 있다. 필연성에서는 벗어나 있고 확실성에서는 벗어나 있지 않은 그러한 수준의 자유가 축복받은 사람들과 마찬가지로 영겁의 벌을 받은 사람들에게도 남아 있다고 말하지 못할 이유는 없다. 게다가 영겁의 벌을 받은 자들은 우리가 현세에서 필요로 하는 도움을 필요로 하지 않는다. 그들은 현세에서 믿어야 할 것이 무엇인지 너무도 잘 알고 있기 때문이다.

270. 영국 국교회의 저명한 고위 성직자는 얼마 전에 악의 기원에 관한 책을 출간했고,[546] 벨은 그 책에 대해 『한 관구장의 질문들에 대한 답변』 제2권에서 몇몇 의견을 냈다. 그 고위 성직자는 영겁의 벌을 받은 자들의

벌에 대해 매우 정교하게 말하고 있다. 영겁의 벌을 받은 자들에 대한 그의 견해는 (1703년, 6월《문예협회 소식지》의 저자에 따르면) 이렇게 표현되고 있다. "영겁의 벌을 받은 자들은 자신의 불행을 생생하게 느끼면서도 자신의 품행에 아주 만족하는 광인들, 존재하지 않기보다는 그렇게 지금의 모습으로 존재하기를 더 좋아하는 광인들과도 같다. 그들은 분노에 찬 사람들, 사랑에 빠진 사람들, 야심에 찬 사람들, 질투에 사로잡힌 사람들이 불행을 키울 뿐인 일들 자체에서 즐거워하듯이 전적으로 불행한 상태일망정 자신의 상태를 좋아할 것이다. 덧붙이자면 불경한 사람들은 잘못된 판단을 내리는 데 너무도 습관이 들어 있어서, 앞으로 그들은 다른 판단은 하지도 않을 것이다. 또 그들은 끊임없이 이런저런 오류를 범하고 다니므로, 향유할 수도 없고 그것들의 결핍 때문에 상상도 못할 절망에 빠지게 되는 것들을 끊임없이 욕망할 수밖에 없을 것이며, 그렇다고 경험이 미래를 위해 그들을 더 지혜롭게 만들 수도 없을 것이다. 그들은 스스로의 잘못으로 자신의 지성을 오염시키고 그 어떤 것도 건전하게 판단할 수 없도록 만들었을 것이기 때문이다."

271. 이미 고대인들은 악마가 의도적으로 신에게서 벗어나 고통 속에 머물러 있으며, 복종을 통해 속죄하기를 바라지도 않을 것이라고 생각했다. 고대인들이 상상해낸 이야기에 따르면, 선견지명이 있는 한 수도자가 자신이 제 잘못을 인정하고자 한다면 잘못을 사해주기 위해 악한 천사들의 우두머리를 보내주겠다는 신의 약속을 받았는데, 악마가 기괴한 방식으로 이 매개자를 매정하게 거절했다고 한다. 적어도 신학자들은 악마들

•• •

546) 주 707 참조.

과 영겁의 벌을 받은 자들이 신을 증오하고 모독한다는 사실에 대해서는 통상적으로 동의한다. 그러한 상태에는 불행이 계속적으로 따르지 않을 수 없다. 이 점에 대해서는 영겁의 벌을 받은 자들의 상태에 관한 페흐티우스의 조예 깊은 논문을 읽으면 될 것이다.

272. 영겁의 벌을 받은 자를 구해주는 것이 불가능하지 않다고 사람들이 믿었던 때가 있었다. 그레고리우스 대(大)교황에 대해 사람들이 지어낸 우화는 유명하다. 이 우화에 따르면 사람들이 새로 즉위하는 황제들은 아우구스투스보다 행복하고 트라야누스 황제보다 선하기를 바랄 정도로, 선하기로 유명했던 트라야누스의 영혼을 그레고리우스 대교황이 기도를 통해 지옥에서 구해냈다고 한다. 트라야누스의 선함 때문에 성 그레고리우스 교황이 그에 대해 연민을 느꼈던 것이다. 사람들이 말하기를 신은 그의 기도를 들어주는 아량을 베풀었으나 앞으로는 이와 같은 일을 하는 것을 금지했다고 한다. 이 우화에 따르면 성 그레고리우스의 기도는 히폴리투스를 지옥에서 구해낸 아스클레피오스의 치료책과 같은 능력을 가졌던 것이다. 그가 그러한 기도를 계속했다면, 신은 베르길리우스가 주피터에 대해 말한 것처럼 노할 것이다.

> 그러나 전능한 아버지는 유한한 존재가
> 삶의 빛으로 다시 태어나기 위해
> 지옥의 그림자에서 빠져나올 수 있었던 것에 진노하여,
> 그러한 치료책을 만들어내고 그러한 기술을 발견한
> 아폴론의 아들(아스클레피오스)에게 벼락을 내렸고
> 스틱스의 물속에 그를 던져버렸다.[547]

고트샬크는 그의 시대와 심지어 오늘날의 모든 신학자들을 혼란하게 한 9세기의 수도사인데,[548] 그는 영겁의 벌을 받은 자들은 자신들의 벌을 보다 견딜 수 있을 만한 것으로 만들어달라고 신에게 기도해야 한다고 주장했다. 그러나 살아 있는 동안 결코 우리는 영겁의 벌을 받았다고 믿을 권리가 없다. 추도 미사의 구절은 보다 합리적이다. 그것은 영겁의 벌을 받은 자의 벌을 경감시켜주기를 요청하기 때문이다. 우리가 방금 설명한 가설에 따르면 영겁의 벌을 받은 자들이 보다 선한 정신을 갖기를 희망해야 할 것이다. 오리게네스는 「시편」 제77편 10절의 구절을 이용했다. "신이 은혜 베푸심을 잊지 않을 것이며 노하심으로 모든 긍휼을 거두지 않을 것이다."[549] 성 아우구스티누스는 영겁의 벌을 받은 자들의 벌은 영원히 지속될 수 있지만 경감될 수도 있다고 대답한다(『신망애 편람』, 제112장). 텍스트가 그러한 방향을 의미한다면, 벌의 감소도 그 지속 기간이 무한히 줄어들 것이다. 그러나 기하학에서 무한한 길이로 유한한 공간만을 만들어내는 점근 도형들이 있는 것처럼, 감소의 크기에서는 한계가 있을 것이다. 악한 부자의 우화가 실제로 영겁의 벌을 받은 자의 상태를 표현하는 것이라면, 영겁의 벌을 받은 자들을 매우 미쳐 있고 매우 악하다고 간주하는 가설들은 생겨나지 않았을 것이다. 하지만 악한 부자의 우화에서 그가 형제들에게 가진 자비심은 영겁의 벌을 받은 자들에게 주어지는 악행의 수준과 일치하지 않는 것이다. 성 그레고리우스 대(大)교황은 악한 부자가 형제들의 영겁의 벌이 자신의 영겁의 벌을 더 크게 할까 두려워했다고 생각한다(『욥기에서의 도덕』, 제9부, 39장). 그러나 그 같은 두려움은 완벽한 악인의 기질과

547) 『아이네이스』, 제7권, 770~773행.
548) 주 282 참조.
549) (옮긴이) 인용구는 제77편 9절이다.

충분히 일치하지 않는다. 보나벤투라[550]는 명제집의 스승에 관한 글에서 악한 부자는 모든 사람이 영겁의 벌을 받는 것을 보고 싶어 했을 것이라고 말한다. 하지만 그것은 일어날 일이 아니기 때문에, 그는 다른 사람들의 구원보다는 자기 형제들의 구원을 바랐다는 것이다. 그러한 설명은 그리 견고한 것이 아니다. 이와 반대로 그가 바란 나사로의 임무는 많은 사람들을 구원하는 데 기여했을 것이다. 그리고 모든 사람의 영겁의 벌을 바랄 정도로 타인의 영겁의 벌을 기꺼이 바라는 사람은 아마도 어떤 이들의 영겁의 벌보다는 다른 이들의 영겁의 벌을 바랄 것이다. 그러나 절대적으로 말하자면, 그는 누군가를 구원하려는 성향은 없을 것이다. 어찌 되었든 간에 이 모든 세부적인 사항은 논란의 여지가 있음을 인정해야 한다. 신은 가장 큰 불행을 두려워하기 위해 필요한 것이 무엇인지를 우리에게 계시한 것이지, 그 불행을 이해하기 위해 필요한 것이 무엇인지를 계시한 것은 아니기 때문이다.

273. 그런데 자유 의지의 남용에 대한 신의 허용이 충분히 명백한 방식으로 정당화된 후로는 다른 악을 설명하기 위해 자유 의지의 남용과 악한 의지에 의거해도 되기 때문에, 신학자들의 통상적 체계도 동시에 정당화된다. 이제 우리는 악의 기원을 피조물들의 자유에서 확실히 찾을 수 있다. 최초의 악행은 유명한 것으로, 악마와 그 사자(使者)들의 악행이다. 악마는 처음부터 죄를 짓고, 신의 아들은 악마의 활동을 멸하러 출현한 것이다(「요한일서」 3:8). 악마는 악행의 아버지이고, 처음부터 살인자였으며 진리 안에

---

550) 성 보나벤투라(Bonaventura, 1221~1274)는 저명한 신학자로, 『명제집』(주 536 참조)을 주석하였다.

있지 않았다(「요한복음」 8:44). 이 때문에 신은 죄를 지은 천사들을 용서하지 않고, 그들을 어둠의 멍에와 함께 심연에 빠트려 심판을 받을 때까지 가두었다(「베드로후서」 2:4). 신은 자신들의 기원(혹은 자신들의 존엄성)을 지키지 않고 자신들의 거처를 떠난 천사들을 최후 심판일의 심판까지 영원한 (즉 지속되는) 사슬로 결박하여 흑암에 가두었다(「유다서」 5, 6). 따라서 이 두 편지 중 하나를 다른 하나의 저자가 본 것이 틀림없음을 알아차리기란 쉬운 일이다.

274. 「요한계시록」의 저자는 다른 정전(正典) 저자들이 모호하게 남겨둔 것을 해명하고자 한 것 같다. 그는 하늘에서 벌어진 전투 이야기를 우리에게 전한다. 미카엘과 그의 사자(使者)들이 용과 대적해 싸웠고 용도 자기의 사자들과 함께 싸웠다. 그러나 용과 그의 사자들은 더 강하지 않았고 하늘에 더 이상 그들의 자리가 없었다. 큰 용과 악마나 사단이라고 불리며 온 세계를 유혹하는 옛 뱀은 땅으로 쫓겨났고 그의 사자들도 함께 쫓겨났다(「요한계시록」 12:7, 8, 9). 이 이야기를 여인이 사막으로 도주한 부분 이후에 배치함으로써 교회에 유리한 변동을 나타내고자 했다고 할지라도, 저자의 의도는 최초 적의 옛 타락과 새로운 적의 새로운 타락을 동시에 나타내고자 했던 것 같다.

275. 거짓이나 악행은 악마의 고유한 본성인 그의 의지에서 온다. 가능한 것들을 신의 모든 결정 이전에 포함하고 있는 영원한 진리들의 책에 그 피조물[551]이 창조될 경우 그것은 자유롭게 악을 향할 것이라는 사실이 기

⁘

551) (옮긴이) 악마를 가리킨다.

록되어 있기 때문이다. 이브와 아담에 관해서도 마찬가지다. 비록 악마가 그들을 유혹했지만 그들은 자유롭게 죄를 지은 것이다. 신은 악인들을 그들 자신에게 내버려두고, 그들에게 빚진 것이 아닌 은총 심지어 그들에게는 주지 말아야 하는 은총을 주지 않음으로써 그들을 버림받은 마음의 상태에 둔다(「로마서」 1:28).

276. 성서에 신은 강퍅하다(endurcit)[552]고 기록되어 있다(「출애굽기」 4:21, 7:3; 「이사야」 43:17). 그리고 다음과 같이 기록되어 있다. 신은 거짓말하는 영(靈)을 보낸다(「열왕기상」 22:23). 신은 현혹으로 유능한 자를 보내서 거짓을 믿도록 한다(「데살로니가 후서」 2:2). 신은 선지자를 속인다(「에스겔」 14:9). 신은 시므이에게 저주를 하라는 명령을 내린다(「사무엘하」 16:10). 엘리의 자식들은 신이 그들을 죽이고자 했기 때문에 아버지의 말을 듣지 않고자 했다(「사무엘상」 2:25). 신은 비록 강도들의 악의에 의해 저질러진 것이기는 해도 욥의 재산을 빼앗았다(「욥기」 1:21). 신은 파라오를 통해 자신의 능력을 보이고자 파라오를 되살렸다(「출애굽기」 9:16, 「로마서」 9:17). 신은 천하게 쓸 그릇을 만드는 토기장이와 같다(「로마서」 9:21). 신은 지혜로운 자들과 슬기로운 자들에게 진리를 숨긴다(「마태복음」 11:25). 신은 외인들이 보면서도 알지 못하고 들어도 깨닫지 못하도록 비유를 통해 말한다. 그렇지 않으면 그들이 회개하고 죄가 사해질 수 있기 때문이다(「마가복음」 4:12, 「누가복음」 8:10). 예수는 신이 정한 뜻과 섭리에 의해 넘겨졌다(「사도행전」 2:23). 본디

∴

552) (옮긴이) 국역 성서들에서 '강퍅하다'와 '고집을 부리게 하다' '완악하게 하다' 등의 표현이 사용된다. '강퍅'은 '냉혹함'과 뜻이 통하기도 하므로 앞의 다른 맥락에서는 '냉혹'으로 주로 번역했다. 성서에서 '강퍅'이라는 표현은 신이 피조물에게 시련을 준다는 의미로 사용되거나 피조물과 관련해서는 신의 뜻을 거역하는 태도의 의미로 사용된다.

오 빌라도와 헤롯은 이방인들과 이스라엘 백성과 함께 신의 권능과 뜻대로 사전에 결정한 것을 행했다(『사도행전』 4:27, 28). 적들의 마음이 강퍅하여 이스라엘을 대적하여 싸우러 온 것은 여호와가 그렇게 한 것이며, 그들을 은총을 전혀 입지 못하게 하고 진멸하려 한 것이다(『여호수아』 11:20). 영원한 자가 이집트에 사특한 정신을 섞어, 매사에 술 취한 자처럼 비틀거리게 했다(『이사야』 19:14). 여로보암이 백성의 말을 듣지 않은 것은 여호와로 말미암은 것이다(『열왕기상』 12:15). 신은 이집트인들의 마음을 바꾸어 자신의 백성을 미워하게 했다(『시편』 105:25). 그러나 이 모든 표현들 및 이와 유사한 표현들이 암시하는 바에 따르면 신이 행한 것들이 무지, 오류, 악의, 악행의 계기가 되고, 또 그것들에 기여한 것은 신이 이미 제대로 예견한 것이고 자신의 목적을 위해 이용하려고 그렇게 한 것이다. 완전한 지혜의 상위 근거로 인해 신은 그러한 악을 허용하고 심지어 거기에 협력하도록 결정되었기 때문이다. 성 아우구스티누스와 함께 말할 수 있겠다. "신은 자신의 전능함 속에서 악으로부터 선한 방침을 끌어낼 수 없었다면, 자신의 선 안에 악이 생겨나도록 놓아두지 않을 것이다." 이 점은 제2부에서 더 폭넓게 설명했다.

277. 신은 인간을 자신의 형상으로 만들었다(『창세기』 1:20). 신은 인간을 정직하게 지었다(『전도서』 7:29). 그러나 신은 또한 인간을 자유롭게 만들었고, 인간은 자유를 잘못 사용하여 타락했다. 하지만 타락 이후에도 항상 일정한 자유가 남아 있다. 모세는 신의 뜻에 대해 이렇게 말한다. "나는 오늘 하늘과 땅을 증인으로 세우고, 생명과 사망, 복과 저주를 당신들 앞에 내놓았습니다. 당신들과 당신들의 자손이 살려거든, 생명을 택하십시오." (『신명기』 30:19) "나 주가 말한다. 내가 너희 앞에 생명의 길과 죽음의 길을

둔다.”(『예레미야』 21:8) “여호와께서 인간에게 규칙과 명령을 내림으로써 인간을 자신의 뜻의 권능 안에 두었으니, 너는 원한다면 명령들을 지킬 것이다. (혹은 명령들이 너를 지킬 것이다.) 여호와께서 네가 원하는 곳에 힘이 미칠 수 있도록 네 앞에 불과 물을 두었다.”(『집회서』 15:14, 15, 16) 타락하고 거듭나지 않은 인간은 죄와 사단의 지배하에 있다. 이는 인간이 바라는 것이기 때문이다. 인간은 자신의 악한 탐욕으로 인한 의도적인 노예인 것이다. 이렇게 자유 의지와 예속 의지는 동일한 것이다.

278. “시험을 당할 때, 아무도 ‘내가 하나님께 시험을 당하고 있다’ 하고 말하지 마십시오. 사람이 시험을 당하는 것은 각각 자기의 욕심에 이끌려서, 꾐에 빠지기 때문입니다.”(『야고보서』 1:13, 14) 사단이 여기에 기여한다. “그는 믿지 않는 자들의 마음을 혼미케 한다.”(『고린도후서』 4:4) 그러나 인간은 자신의 탐욕 때문에 악마에게 내맡겨진 것이다. 악에서 그가 느끼는 쾌락은 그가 걸려들게 되는 유혹의 손길이다. 이는 플라톤이 이미 말했던 것이다. 키케로는 다음과 같이 반복한다. **향락은 악의 미끼라고 플라톤은 말했다.**[553] 성 아우구스티누스가 지적한 것처럼, 은총에 의한 더 큰 쾌락은 그런 향락과 대립된다. 모든 쾌락은 일정한 완전성에 대한 느낌이다. 우리는 한 대상의 완전성을 느끼고 그것을 사랑한다. 신의 완전성을 넘어서는 것은 아무것도 없다. 따라서 우리가 신에 대한 애덕과 사랑의 감정으로 충만할 때, 이러한 애덕과 사랑은 생각 가능한 쾌락 중 가장 큰 쾌락을 준다. 그런 감정은 사람들에게 통상적인 것이 아닌데, 이는 그들이 정념과 연관된 대상들에 매여 있고 그것들로 채워져 있기 때문이다.

∴

553) 키케로, 『늙음에 관하여』, 제13절; 플라톤, 『티마이오스』, 69d.

279. 그런데 우리의 타락은 절대적으로 불가항력적인 것은 아니며, 하물며 죄의 예속상태에 있을 때도 우리가 필연적으로 죄를 짓는 것은 아니기 때문에, 마찬가지로 우리는 불가항력적으로 도움을 받는 것이 아니라고 말해야 한다. 그리고 신의 은총이 아무리 효과적이라고 해도 우리가 그것에 저항할 수 있다고 말할 수 있는 것이다. 그러나 신의 은총이 실제로 승리를 거둘 경우, 그것이 그 자체로 힘을 갖건 환경들과의 조화를 통해 승리할 수단을 찾건 간에 미리부터 우리가 그 매력에 굴복할 것이라는 사실은 확실하고 오류가 없는 것이다. 그런 만큼 무오류와 필연은 항상 구분해야 한다.

280. 성 아우구스티누스의 제자로 불리는 이들의 체계도 그 표현이나 학설 자체에서 몇몇 불쾌감을 주는 것을 배제한다면 이러한 점에서 전적으로 벗어나지 않는다. 내가 보기에 표현에서는 특히 **필연**이나 **우연**, **가능**이나 **불가능**과 같은 용어의 사용이 때때로 빌미가 되거나 많은 논란을 일으킨다. 그래서 젊은 뢰셔[554]가 절대적 결정의 절정에 관한 학식 있는 논문에서 잘 지적한 대로, 루터는 자신의 책 『예속 의지에 관하여』에서 필연성이라는 단어보다 그가 표현하고자 했던 것에 더 적합한 단어를 찾기를 바랐던 것이다. 일반적으로 말해 신의 계율에 대한 복종은 심지어 거듭나지 않은 이들에게도 언제나 가능하고, 은총은 심지어 가장 성스러운 이들에게도 저항을 받을 수 있으며, 자유는 무오류의 확실성이나 경향성이 있는 결정 없이는 결코 존재하지 않음에도 불구하고 속박뿐 아니라 필연성에서도 면

∴

554) 발렌틴 에르네스트 뢰셔(Valentin-Ernest Loescher, 1673~1749)는 루터파 신학자, 교론가다. 인용된 논문 『절대적 결정의 절정에 관하여』는 예정론의 남용에 반대하여 쓴 것으로 그의 『학술 원리』(비템베르크, 1707)에 실렸다.

제되어 있다고 말하는 편이 보다 합리적이고 적절한 것 같다.

281. 그럼에도 다른 한편으로는 몇몇 상황에서 다음과 같이 말하는 것이 허용될 만한 의미가 있다. 즉 정의로운 이들조차도 잘 행동하려는 능력이 자주 결여되어 있으며, 거듭난 사람들에게조차도 죄가 자주 필연적이고, 때때로 우리가 죄를 짓지 않는 것은 불가능하며, 은총은 불가항력적이며, 자유는 필연성에서 면제되어 있지 않다는 것이다. 하지만 그러한 표현들은 오늘날 우리가 처한 상황에서는 덜 정확하고 덜 사용되며, 절대적으로 말하자면 남용의 여지가 더 많다. 게다가 그 표현들에는 용어들이 매우 넓은 의미로 사용되는 대중적인 어떤 점이 보인다. 그러나 그 표현들이 수용될 만하고 더 나아가 유용하게 되는 상황이 있다. 성스러운 정통파 저자들과 그뿐 아니라 성서도 문장을 두 가지 의미로 사용하면서도 실제로는 대립하지 않는다. 성 야고보와 성 바울 사이에도 대립이 없고, 용어의 애매함으로 인한 양쪽의 오류도 없다. 우리는 다양하게 말하는 방식에 너무나 습관이 들어 있어서, 많은 경우 어떤 의미가 가장 통상적이고 가장 자연스러우며 게다가 가장 많이 사용되는지 정확히 말하기가 어려울 정도다. 동일한 저자가 다른 곳에서 다른 관점을 가지며, 동일하게 말하는 방식들도 어떤 큰 인물의 결정이나 사람들이 존중하고 따르는 권위에 의한 결정의 전후(前後)에는 수용되거나 수용될 수 있는 정도가 다르기 때문이다. 그러한 점 때문에 우리가 어떤 표현들을 그대로 허용하거나 배제할 수 있는 상황이나 특정한 때가 있는 것이다. 그러나 용어에 대한 충분한 설명이 덧붙여진다면, 그 점 때문에 의미와 믿음이 변할 것은 전혀 없다.

282. 따라서 내가 매우 자주 설명한 필연적인 것과 확실한 것 사이의 구

분, 형이상학적 필연성과 도덕적 필연성 사이의 구분과 같은 구분들을 제대로 이해하기만 하면 된다. 가능성과 불가능성에 관해서도 마찬가지다. 반대가 가능한 사건은 우연이고 반대가 불가능한 사건은 필연이기 때문이다. 또한 가까운 능력과 먼 능력[555]을 구분하는 것도 일리가 있다. 이처럼 여러 다른 의미에 따라 우리는 어떤 것이 때로는 이루어질 수 있고 때로는 이루어질 수 없다고 말한다. 축복받은 사람들은 죄를 짓지 않고 악마들과 영겁의 벌을 받은 사람들은 죄를 지으며, 신 자신은 최선을 선택하고 인간은 결국 자기에게 가장 강하게 작용하는 선택항을 따른다는 것은 어떤 의미에서는 필연적이라고 말할 수 있다. 그러나 그런 필연성은 우연성에 반대되는 것이 아니다. 그것은 논리적, 기하학적 혹은 형이상학적이라고 불리는 필연성, 즉 그 반대가 모순을 함축하는 필연성이 아니다. 어디에선가 니콜은 나쁘지 않은 비유를 들었다. 양식을 잃지 않은 현명하고 진지한 행정관이, 예를 들어 사람들을 웃기려고 발가벗은 채 거리를 뛰는 아주 엉뚱한 일을 드러내놓고 한다는 것은 불가능하다고 간주할 수 있다. 어떻게 보면 축복을 받은 사람들에 관해서도 마찬가지다. 그들은 더욱 죄를 지을 수 없을 것이며, 그들로 하여금 죄를 짓지 못하게 하는 필연성도 같은 종류의 것이다. 마지막으로 나는 의지도 능력이나 필연성만큼 모호한 용어라고 본다. 나는 원하는 것을 할 수 있을 때 그것을 하지 않을 수는 없다는 공리를 사용하고, 그로부터 신은 모든 이의 구원을 원하지 않는다는 결론을 도출하는 사람들은 결정의 의지를 말하려는 것임을 지적했다. 그러한 의미에서만, 현자는 그가 일어나지 않을 일들에 속한다는 것을 아는 그 같

••

555) (옮긴이) 예를 들어 현재 할 수 있는 일은 가까운 능력의 일이고, 나중에 할 수 있는 일은 먼 능력의 일이다.

은 일을 결코 원하지 않는다는 명제가 옹호될 수 있는 것이다. 반면 더 일반적이고 더 관용적인 어법과 일치하는 의미로 의지를 이해한다면, 우리는 현자의 의지가 선행적(先行的)으로 모든 선에 끌리는 경향이 있지만 결국 가장 적합한 것을 행할 결정을 내린다고 말할 수 있다. 따라서 성서에서 신에게 귀속시키는 경향, 즉 모든 사람들을 구원하고자 하는 신의 진지하고 강한 경향을 부정하거나, 심지어 신이 애초부터 여러 사람을 구원하지 않으려는 원초적 혐오감을 가지고 있다고 하는 것은 큰 잘못을 범하는 일이 될 것이다. 이와 달리 현자는 자신의 인식과 능력에 비례하여 모든 선을 선 자체로서 추구하지만, 할 수 있는 최선의 것을 산출한다고 주장해야 할 것이다. 그 점을 인정하고도 모든 사람들을 구원하려는 신의 선행 의지를 부정하는 이들은 단지 용어의 남용으로 오류를 범하는 것이다. 게다가 그들이 신은 모든 사람들이 그의 도움을 사용하려는 의지를 가지고 있다면 구원받기에 충분한 도움을 모두에게 제공한다는 것을 인정한다면, 그러한 오류를 범하는 것이다.

283. 성 아우구스티누스 제자들의 학설 자체에서도 나는 거듭나지 않은 아이들에 대한 영겁의 벌을 인정할 수 없고, 일반적으로 단지 원죄에서 비롯된 영겁의 벌도 인정할 수 없다. 나는 또한 신이 필연적인 빛이 결여된 사람들에게 영겁의 벌을 내린다고도 생각할 수 없다. 우리는 인간들이 죽음의 순간에서조차도 우리가 아는 것보다 더 많은 도움을 받는다고 여러 신학자들과 함께 말할 수 있다. 구원을 받은 모든 사람들이 환경과 무관하게 항상 그 자체로 유효한 은총을 통해 구원받는다는 것도 필연적인 것 같지 않다. 또한 신 앞에서의 신앙과 영혼의 올바름으로부터 비롯되지 않은 것은 적어도 잠재적으로 죄에 감염된 것이 사실이라고 해도, 나는 이

교도들의 모든 덕이 거짓되고 그들의 모든 행동이 죄라고 말하는 것은 필연적이라고 생각하지 않는다. 마지막으로 나는 신이 절대적으로 절대적인 (abolument absolu) 결정을 통해서나, 합리적인 동기와 무관한 의지를 통해 마치 운에 의해서처럼 행동할 수는 없다고 생각한다. 또 나는 신이 은총의 분배에서, 대상의 본성이 고려된 근거를 통해 움직인다고 확신한다. 그렇지 않다면 신은 지혜를 통해 행동하지 않는 셈이 될 것이다. 그렇지만 나는 그러한 근거가 마치 신이 오로지 좋은 기질에 따라서만 은총을 베푸는 것처럼 인간의 좋고 덜 나쁜 자연적 기질과 필연적으로 결부되지는 않는다고 인정한다. 이미 앞에서 설명한 대로 최상의 지혜의 계획에서는 아무것도 무시될 수 없는바, 나는 그 근거들이 다른 모든 상황과 마찬가지로 고려된다고 생각하기는 해도 말이다.

284. 그러한 측면, 그리고 성 아우구스티누스가 모호하고, 심지어 불쾌한 모습으로 나타나는 소수의 다른 측면을 제외한다면, 우리는 그의 체계에 만족할 수 있을 것 같다. 그의 체계에 따르면 신의 실체로부터는 다른 신만이 나올 수 있으며, 따라서 피조물은 무에서 나온 것이다(『자유 의지에 관하여』, 제1권, 2장). 이 때문에 피조물은 불완전하고 결함이 있으며 타락할 가능성이 있는 것이다(『창세기의 자의[字意]적 주석』, 제15장; 『마니교적 편지의 논박』, 제36장). 악은 본성에서 오는 것이 아니라 나쁜 의지에서 온다(『선의 본성에 관하여』의 모든 부분). 신은 불가능한 것은 아무것도 명령할 수 없다. "정의롭고 선한 신은 불가능한 것은 아무것도 명령할 수 없었다고 나는 굳게 믿는다."(『자연과 은총에 관하여』, 제43장, 69장) "불가피한 상황에서는 죄를 짓는 것이 아니다."(『자유 의지에 관하여』, 제3권, 16장, 17장; 『재고록』, 제1권, 11장, 13장, 15장) "정의로운 신 아래서는 불행해질 짓을 하지 않았다

면 그 누구도 불행할 수 없다."(『율리우스의 답변에 반대하여』, 제1권, 39장) 자유 의지는 은총의 도움 없이는 신의 명령을 수행할 수 없다(힐라리우스 카이사르 아우구스탄티누스에게 보낸 편지). 우리는 은총이 공덕에 따라 주어지는 것이 아니라는 점을 안다(편지 106, 107, 120). 순수한 상태에서의 인간은 그가 원한다면 잘 행할 수 있도록 필요한 도움을 받았다. 그러나 의지는 자유 의지에 달려 있다. "인간은 행하는 데 필요한 도움을 받았고, 이 도움 없이는 원할 수 없었을 것이다. 하지만 그는 원하기 위해 필요한 도움은 받지 않았다."(『타락과 은총에 관하여』, 제11장 그리고 10장과 12장) 신은 천사와 인간들에게 그들이 자유 의지를 통해 할 수 있는 것을 시도하도록 하고 나서, 신 자신의 은총과 정의가 할 수 있는 것을 시도하도록 했다(같은 책, 제10장, 11장, 12장). 인간은 죄로 인해 신에게서 등을 돌리고 피조물들로 향하게 되었다(『심플리치아누스에게』, 제1권, 문제 2). 죄를 짓기를 좋아하는 것은 노예의 자유다(『신망애 편람』, 제103장). "자유 의지는 죄인에게서 소멸되지 않는다. 죄를 짓는 것을 즐기는 모든 사람들이 죄를 짓는 것은 자유 의지에 의한 것이기 때문이다."(『펠라기우스의 두 답변에 반대하여』, 제1권, 보니파시오에게, 제2장, 3장)

285. 신은 모세에게 다음과 같이 말한다. "나는 은혜를 베풀고 싶은 사람에게 은혜를 베풀고, 불쌍히 여기고 싶은 사람을 불쌍히 여긴다."(『출애굽기』 33:19) "그러므로 그것은 사람의 의지나 노력에 달려 있는 것이 아니라, 하나님의 자비에 달려 있습니다."(『로마서』 9:15, 16) 그렇다고 해서 선한 의지가 있고 그것을 확고히 유지하는 모든 사람들이 구원받지 못하게 되는 것은 아니다. 하나님께서는 긍휼히 여기시고자 하는 사람을 긍휼히 여기시고, 완악하게 하시고자 하는 사람을 완악하게 하십니다.(『로마서』 9:18) 그러나

바울은 신이 모든 사람이 구원받고 진리의 인식에 이르기를 바란다고 말한다. 성 아우구스티누스의 몇몇 구절에 따르면, 그[556]가 말하고자 하는 바는 신이 구원을 받기를 바라는 이들 외에는 구원받은 이가 없거나, 신은 유(類)에 속하는 개체들이 아니라 개체들을 포함하는 유들을 구원하기를 원했다[557]는 것인데, 나는 그렇게 해석하고 싶지 않다. 오히려 위대한 이유들에 의해 허용되는 만큼 신이 구원하기를 바라지 않는 이는 아무도 없다고 말하고 싶다. 그 위대한 이유에 의하면, 자신의 작품과 관련하여 더 이상 좋게 구상될 수 없는 구도의 완벽함에 부합하는 바에 따라, 신은 자신이 제공한 신앙을 받아들이고 자신이 부여한 은총을 통해 신앙을 갖는 사람들만을 구원한다.

286. 구원의 예정에 대해 말해보자. 그것은 성 아우구스티누스에 따르면 구원으로 이끄는 수단들의 결정도 포함한다. "성인(聖人)들의 예정은 해방된 모든 사람들을 매우 확실하게 해방되도록 해준 신의 은혜의 예지와 준비일 뿐이다."(『확고부동함의 선물에 관하여』, 제14장) 따라서 이 점에서 성 아우구스티누스는 구원의 예정을 절대적 결정으로 생각하지 않는다. 그는 그 어떠한 강팍한[558] 마음으로부터도 거부되지 않은 은총이 있다고 보는데, 이는 은총이 주어지는 것은 특히 마음의 강팍함을 제거하기 위해서이기 때문이다(『성인들의 예정』, 제8장; 『은총과 자유 의지에 관하여』, 제13장, 14

••

556) (옮긴이) 바울을 가리킨다. 특히, 위에 인용된 두 문구 중 첫 번째 문구(『로마서』 9:18)를 말할 때의 바울을 의미한다.
557) (옮긴이) 이 부분은 위 바울의 두 번째 인용구에 조응한다. 라이프니츠는 언뜻 보면 대립되어 보이는 바울의 두 구절을 종합하고 화해시킨다. 즉 신은 모든 사람을 구원하기를 바라지만, 자신의 은총을 수용하고 신앙을 갖는 이들만을 구원한다.
558) (옮긴이) 이미 언급한 대로, 여기서 "강팍"은 피조물의 완고한 태도를 의미한다.

장). 그러나 나는 성 아우구스티누스가 마음을 복종시키는 그 은총이 항상 그 자체로 유효함을 충분히 표현하고 있다고 보지 않는다. 같은 정도의 내적 은총이 환경의 도움을 받은 어떤 사람에게는 승리를 거두고 다른 사람에게는 승리를 거두지 못한다고 주장할 수 있다고 해도, 이것이 성 아우구스티누스와 어긋나는 주장은 아닐 것이다.

287. 의지는 선에 대해 우리가 갖는 느낌에 비례하며 그 느낌의 우위를 따른다. "만일 우리가 이것과 저것(정의의 계율과 육욕의 습관)을 똑같이 좋아한다면, 우리는 둘 중 아무것에도 진정으로 애착을 갖는(dabimus) 것이 아닐 것이다. 우리를 더 기쁘게 하는 것에 따라 행동하는 것은 필연적인 일이다."[559]('『갈라디아인들에게 보낸 편지』, 제5장) 나는 이 모든 것과 함께 우리가 어떻게 우리의 의지에 대해 진정으로 큰 힘을 갖는지 이미 설명했다. 성 아우구스티누스는 이 점을 다소 다르게, 그리고 그다지 성공적이지 못한 방식으로 이해한다. 그가 의지의 행동에 대해 대략 같은 근거를 제시하면서, 의지의 행동만큼 우리의 능력에 달려 있는 것은 없다고 말할 때 그러하다. 그는 의지의 행동은 우리가 원하는 순간에 준비가 되어 있다고 말하기 때문이다. "의지 자체만큼 우리의 능력에 달려 있는 것은 없다. 실제로 우리가 원하는 순간부터 의지는 우리의 재량에 달려 있다."(『자유 의지에 관하여』, 제3권, 3장; 『신국론』, 제5권, 10장) 그러나 그것은 우리가 원할 때 원한다는 것을 의미할 뿐이지, 우리가 원하기를 바라는 것을 원한다는 것을 의미하지 않는다. 성 아우구스티누스와 함께 의지는 존재하지 않거나 존재

••

559) 『갈라디아인들에게 보낸 편지』에 대한 주해(『라틴 교부 저술 전집』, 제35권, 2105절 이하)의 두 발췌문을 병치해놓은 것이다. 첫 번째 문장은 제2142절, 두 번째 문장은 제2141절이다. 첫 번째 문장에서 'dabimus(부여하다)' 대신에 'sectabimur(따르다)'로 이해해야 할 것이다.

하며, 존재한다면 자유롭다고 말해져야 한다(『자유 의지에 관하여』, 제3권, 3장)고 말하고, 의지를 오류 없이 혹은 확실하게 선을 향하게 한다고 해서 의지를 자유롭지 못하게 하는 것은 아니라고 말할 만한 더 큰 이유가 있다. "행복을 원하지 않는 것이 우리에게 절대적으로 불가능함을 구실 삼아, 행복한 자연적 속박이라는 것이 무엇인지 모르겠으나 그것에 근거하여, 행복을 원하는 것은 우리의 의지(자유)의 소관이 아니라고 말하는 것은 완전히 불합리하다. 우리는 신이 죄를 짓기를 원할 수 없다는 점을 구실 삼아 신은 의지(자유)가 없고 정의로워야 할 필연성이 있다고 감히 말하지 않겠다. 신이 죄를 지을 수 없기 때문에, 혹시라도 신의 자유 의지를 부정해야 한다는 말인가?"(『자연과 은총에 관하여』, 제46~49장) 또한 성 아우구스티누스는 신이 최초의 선한 작용을 제공하지만, 그 후에는 인간도 능동적으로 행동한다고 매우 적절하게 말하고 있다. "그들이 작용을 받은 것은 행동[560]하기 위해서지, 그들 스스로 전혀 행동하지 않기 위해서가 아니다."(『타락과 은총에 관하여』, 제2장)

288. 나는 자유 의지가 죄의 악 그리고 그 다음으로 벌의 악의 근접 원인이라는 것을 확립했다. 비록 영원한 관념에 표상되어 있는 피조물들의 근원적 불완전성이 그것들에 대한 최초의 원인이고 가장 멀리 있는 원인인 것은 사실이지만 말이다. 하지만 벨은 그러한 자유 의지의 개념에 대해 계속 반대한다. 그는 자유 의지가 악의 원인으로 간주되기를 원하지 않는다. 그의 논박은 들어볼 필요가 있으나, 그전에 우선 자유의 본성을 좀 더 해명하는 것이 좋을 것이다. 나는 신학 학파들에서 요청하는 자유는 심사

∴

560) (옮긴이) 여기서 '행동한다(agant)'는 것은 능동적인 행동을 의미한다.

숙고의 대상과 구분되는 인식을 포함하는 **지성**, 우리가 우리 자신을 결정하는 **자발성** 그리고 우연성, 즉 논리적인 혹은 형이상학적인 필연성의 배제에 있다는 점을 제시했다. 지성은 자유의 영혼과 같고 나머지는 자유의 몸과 기체(基體)와 같다. 자유로운 실체는 스스로 결정하며, 그런 결정은 실체로 하여금 그것으로 기울어지게 하되 실체를 필연적인 것으로 만들지는 않는 지성을 통해 파악된 선의 동기에 의한 것이다. 자유의 조건은 이 몇 마디 안에 모두 포함되어 있다. 그러나 우리의 인식과 자발성에서 발견되는 불완전성과 우리의 우연성에 포함된 확실한 결정이 자유를 파괴하는 것도 아니고 우연성을 파괴하는 것도 아니라는 사실을 제시하는 것이 바람직하다.

289. 우리의 인식은 판명한 인식과 모호한 인식 두 종류다. 판명한 인식 혹은 지성은 이성의 참된 사용에서 일어난다. 그러나 감각은 우리에게 모호한 사유를 제공한다. 우리는 판명한 인식을 가지고 행동하는 한 노예 상태에서 벗어나 있다고 말할 수 있다. 하지만 우리의 지각이 모호한 한 우리는 정념에 예속된다. 바로 그러한 의미에서 우리는 희망 사항인 정신의 전적인 자유가 없으며, 죄에 예속되어 노예의 자유를 갖는다고 성 아우구스티누스처럼 말할 수 있다. 그러나 아무리 노예일지라도, 그가 자신이 처한 상태에 맞게 선택할 자유가 없는 것은 아니다. 비록 상위의 힘 때문에 그가 갈구하는 선을 갖지 못해서, 대부분의 경우 두 개의 악 중에서 선택해야 하는 냉혹한 필연성에 처해 있기는 해도 말이다. 사슬과 속박이 노예에게 가하는 것이 우리에게는 정념을 통해 이루어진다. 정념의 폭력은 가벼운 것이지만 그렇다고 유해하지 않은 것은 아니다. 진리를 말하자면 우리는 우리를 기쁘게 하는 것만을 원하지만, 현재 우리를 기쁘게 하는 것

이 만일 우리가 열려 있는 지성의 눈으로 보면 불행하게도 우리를 불쾌하게 할 진정한 악인 경우가 자주 있다. 하지만 노예가 처해 있는 그 나쁜 상태와 우리가 처해 있는 상태 때문에 우리가 내몰린 상태에서, 우리를 더 기쁘게 하는 것에 대한 (노예에 못지않은) 자유로운 선택을 현재 우리의 능력과 인식에 따라 할 수 없게 되는 것은 아니다.

290. 자발성에 관해서 말하자면 아리스토텔레스가 매우 정확히 이해한 것처럼, 그것은 우리가 행동의 원리를 우리 안에 가지고 있는 한 우리에게 속해 있다. 외부 사물들의 영향 때문에 우리는 자주 행로를 바꾸게 되며, 적어도 그러한 점에서는 일반적으로 우리 행동의 원리 가운데 일부분이 우리의 밖에 있다고 생각되어온 것이 사실이다. 나는 대중의 언어에 맞추려면 그렇게 말할 수밖에 없다는 것을 인정하며, 이는 어떤 의미에서는 진리에 해를 가하지 않고도 할 수 있는 일이다. 그러나 정확한 설명을 해야 할 경우라면 나는 우리의 자발성은 그 어떤 예외도 받아들이지 않으며, 철학적 엄밀성을 가지고 말하자면 외부 사물들은 우리에게 물리적인 영향을 주지 못한다고 단언하겠다.[561]

..

561) (옮긴이) 단순 실체 혹은 모나드는 부분이 없는 존재이므로, 외부 사물에 의해 작용을 받을 수 없다. 모나드는 외부로 통하는 창문이 없고, 외부의 영향은 관념적인 것일 뿐이다. "…… 우리는 모나드 내부에 어떤 것도 전달할 수 없고, 그 안에서조차도, 부분들 상호 간에 관계의 변화가 가능한, 복합된 사물들에게서와는 달리 그 안에서 야기되고, 전달되고, 증가하거나 감소될 수 있는 어떤 내부 운동도 생각할 수 없기 때문에, 어떻게 하나의 모나드가 어떤 다른 피조물에 의해 그의 내부에 영향을 받거나 변화될 수 있는지를 설명할 가능성이 존재하지 않는다. 모나드들은 어떤 것이 그 안으로 들어가거나 그 안에서 밖으로 나올 수 있는 창문을 가지고 있지 않다."(『모나드론』, 제7절)

291. 이 점을 더 잘 이해하려면 자발성 자체는 모든 단순 실체들과 우리에게 공통된 것이며, 그것은 지성적인 혹은 자유로운 실체에서는 행동에 대한 지배력이 된다는 점을 알아야 한다. 이 점은 내가 이미 오래전에 제시한 예정 조화 체계에 의해서만 보다 제대로 설명될 수 있다. 나는 예정 조화 체계에 따라 각각의 단순 실체는 자연적으로 지각을 가지며, 그 개체성은 지각들의 계열을 이루는 영속적 법칙에 있다고 제시했다. 이 영속적 법칙은 단순 실체에 관계하고 서로가 서로를 낳는 지각들의 계열을 이룸으로써 단순 실체에 지정된 물체 혹은 육체를 표현하며, 또한 이를 매개로 단순 실체가 물체나 육체의 아무런 물리적 영향을 받을 필요가 없는 가운데 그 고유한 관점에 따라 우주 전체를 표현한다. 마찬가지로 육체도 자기만의 법칙에 따라 영혼의 의지에 맞게 조정되며, 결과적으로 자기만의 법칙을 따르는 한에서만 영혼에 복종하는 것이다.[562] 이로부터 영혼은 자신의 행동에서 오로

⁘

562) (옮긴이) 영혼과 육체의 관계에 대해 라이프니츠가 제시한 유명한 시계의 예와 관련된다. 라이프니츠는 두 시계가 완벽하게 같은 시간을 가리키는 세 가지 방식을 영혼과 육체의 관계와 비교하여 설명한다. 첫째는 한 시계가 다른 시계에게 힘을 가함으로써 같은 시간을 가리키듯이 영혼과 육체가 서로 자연적으로 영향을 주고받는다는 '영향의 방법'으로서 철학 일반의 견해다. 이 방법은 '물질적인 분자들'이나 '비물질적인 질'의 교류를 설정해야 하는바, 버려야 할 방법이다. 둘째는 '도움의 방법'으로 말브랑슈의 기회 원인론 체계의 방법이다. 뛰어난 시계공이 매 순간마다 두 시계를 조정하듯이 신이 개입된다는 것이다. 그러나 이는 초자연적 신이 끊임없이 자연적 작용에 개입함으로써 기적을 남발하는 비효율적 방법이다. 마지막 셋째 방법이 라이프니츠의 '예정 조화의 방법'이다. 이는 "탁월한 기술과 정확함으로 두 개의 추를 처음부터 조정해놓음으로써, 그 후에 두 시계의 일치를 확신할 수 있게 되는 방식"이다. 이런 식으로 영혼과 육체는 "마치 서로 상호 영향이 있는 것처럼 그리고 신이 직접 작용하는 것처럼, 존재하게 되면서부터 부여받은 법칙만을 따르면서도 서로 일치하는 것이다." 『자연, 실체들의 교통 및 영혼과 육체 사이의 결합에 관한 새로운 체계(Leibniz, Système nouveau de la nature et de la communiation des substances)』 (GF-Flammarion, 1994, 82~83쪽) 위의 설명과 인용은 이 논문의 부록 역할을 하는 편지에서 발췌한 것으로 윤선구의 『형이상학 논고』 안에 수록된 번역본인 『자연, 실체들의 교통 및 영혼과 육체 사이의 결합에 관한 새로운 체계』에는 포함되어 있지 않다.

지 신과 자기 자신에게만 의존되어 있다는 결론이 도출된다.

292. 예정 조화 체계는 이전에는 알려지지 않았던 것이어서, 사람들은 자유의 미로에서 빠져나오기 위한 다른 수단을 찾고자 했다. 데카르트주의자들조차도 자유 의지에 관해 당황스러워 했다. 그들은 스콜라학파가 말하는 능력들에 더는 만족하지 않았으며, 영혼의 모든 행동은 감각의 인상에 따라 외부에서 오는 것에 의해 결정되는 것 같다고 생각했다. 마침내 그들은 우주의 모든 것은 신의 섭리에 의해 지배받는다고 생각했다. 그러나 이에 따르면 자유가 존재할 수 없다는 논박이 자연적으로 생겨난다. 데카르트는 이 점에 대해 우리는 이성을 통해 신의 섭리를 확신하게 되며, 또한 자유에 대해 갖는 내적 경험을 통해 우리의 자유에 대해서도 확신하게 된다고 대답했다. 또 그는 비록 이 두 사실을 조화시킬 수단은 없으나 둘을 모두 믿어야 한다고 대답했다.[563]

293. 이는 고르디우스의 매듭을 자르는 것이었고, 논증을 해결하지 않고 반대 논증을 내세움으로써 논증의 결론에 답하는 것이었다. 이런 것은 결코 철학적 논쟁의 규칙에 적합한 것이 아니다. 그렇지만 벨이 매우 제대로 제시한 것처럼, 대부분의 데카르트주의자들은 자신들이 근거로 내세우는 내적 경험이 자신들이 주장하는 것을 입증하지 못함에도 불구하고 데카르트의 답에 만족했다. 레기스[564]는 데카르트의 이론을 부연 설명 한다(『데카르트의 원리에 따른 철학과 일반 체계에 관한 총체적 강의』, 제1편, 형이상

∴

563) (옮긴이) 이미 비판적으로 언급되었던 데카르트의 『철학의 원리』, 제1부, 41절의 내용이다.
564) 피에르-실뱅 레기스(Pierre-Sylvain Regis, 1632~1707)는 데카르트주의 철학자이며, 『데카르트의 원리에 따른 철학과 일반 체계에 관한 총체적 강의』(제3권, 1690)를 썼다.

학, 제2권, 2부, 22장). 그는 다음과 같이 말한다. "철학자들은 대부분 오류에 빠졌는데, 어떤 이들은 자유로운 행동과 신의 섭리의 관계를 이해할 수 없어서 신이 자유 의지의 제일 작용인임을 부정하는 신성 모독을 저질렀고, 다른 이들은 신의 작용력과 자유로운 행동의 관계를 파악할 수 없어서 인간이 자유를 부여받았음을 부정하는 불경을 저질렀기 때문에 오류에 빠진 것이다. 이 두 극단에서 발견되는 중간점은 자유와 신의 섭리 간의 모든 관계를 이해할 수 없을 때도 우리는 자유롭고 신에게 의존되어 있음을 계속하여 인정할 수밖에 없다고 말하는 것이다(같은 책, 같은 곳, 485쪽). 이 두 진리는 하나는 경험에 의해, 다른 하나는 이성에 의해 모두 인식된 것이며, 이 두 진리와 우리가 인식하는 다른 진리들이 갖는 모든 관계를 파악할 수 없다고 해서 우리가 확신하고 있는 진리를 버린다는 것은 사려 깊은 것이 아니기 때문이다."

294. 이 인용구의 여백에서 벨은 다음처럼 매우 적절하게 지적한다. "레기스의 그러한 표현들은 우리가 우리의 자유와 양립할 수 없는 것으로 나타나는 인간의 행동과 신의 섭리 간의 관계를 인식하고 있음을 지적하지 못한다." 벨은 그것들이 문제를 흐리는 지나치게 신중한 표현이라고 덧붙여 말한다. 그는 다음과 같이 말한다. "저자들은 난점이 오직 우리에게 빛이 결여되어 있다는 데서 온다고 가정하고 있다. 반면 그들은 난점이 특히 우리가 가지고 있고 (벨의 견해에 따르면) 우리의 신비와 일치시킬 수 없는 빛에서 온다고 말했어야 했다." 바로 이러한 것은 내가 이 책의 시작 부분에서 말한 것이다. 즉 신비가 이성과 조화될 수 없다면, 그리고 해결할 수 없는 논박이 있다면 우리는 신비를 불가해한 것으로 간주하기는커녕 그 거짓됨을 이해하게 될 것이다. 여기서 문제가 되는 것은 신비가 아니라 단

지 자연 종교일 뿐이다.

295. 그러나 벨은 데카르트주의자들이 자유를 확립하는 근거인 내적 경험에 대해 비판한다. 그는 내가 동의할 수 없는 성찰을 통해 시작한다. 그는 이렇게 말한다(『역사와 비판 사전』, 헬렌 편, 각주 TΔ). "자신들의 내부에서 일어나는 일을 철저하게 검토하지 않는 사람들은 자신들이 자유롭다고 쉽게 믿으며, 의지가 악을 향할 경우 그것은 자신들의 잘못이고 자신들이 지배하고 있는 선택에 의해서라고 쉽게 믿는다. 이와 다르게 판단하는 이들은 자신들의 행동 동기와 상황을 세심하게 탐구했고 영혼의 움직임의 변화에 대해 깊이 성찰한 사람들이다. 그들은 통상적으로 자신들의 자유 의지에 대해 의심을 품으며, 자신들의 이성과 정신은 그들이 가고자 하지 않는 곳으로 그들을 끌고 가는 힘에 저항할 수 없는 노예들이라고 믿기까지 한다. 바로 그러한 부류의 사람들이 특히 그들의 악행의 원인을 신들에게 돌렸던 이들이다."

296. 이러한 말은 저열하게 철학을 즐기면 우리는 신에게서 멀어지지만, 깊이 있게 철학을 하는 사람들은 신에게 인도된다는 대법관 베이컨의 말을 떠올리게 한다.[565] 자신의 행동에 대해 반성하는 사람들도 마찬가지다. 우선적으로 그들에게 우리가 행하는 모든 것은 타인에 의한 자극일 뿐이고 우리가 생각하는 모든 것은 감각을 통해 외부에서 오는 것이며 **텅 빈 칠판처럼**(tanquam in tabula rasa) 비어 있는 우리의 정신에 쓰이는 것으로 나

∴

565) (옮긴이) 프랜시스 베이컨(Francis Bacon, 1561~1626)은 아버지 니컬러스 베이컨의 뒤를 이어 엘리자베스 여왕 1세의 옥새를 관리하는 국새 상서를 겸한 대법관이었다.

타난다. 그러나 보다 깊은 성찰을 통해 우리는 모든 것이 (심지어 지각과 정념조차도) 충만한 자발성과 함께 우리 자신의 근원에서 오는 것이라는 사실을 알게 된다.[566]

297. 그러나 벨은 잘못을 신들에게로 돌림으로써 인간들의 무고함을 주장하는 시인들을 인용한다. 오비디우스의 시에서 메데이아는 말한다.

메데이아여, 너는 헛되이 저항하는구나. 어떤 신이 막고 있는지 나는 모른다.[567]

오비디우스는 좀 더 뒤에서 메데이아로 하여금 다음과 같이 말하게 한다.

알지 못하는 힘이 내 뜻을 거스르며 나를 끌고 다닌다. 정념은 이쪽으로 이성은

∴

566) (옮긴이) 단순 실체는 창문이 없으므로, 모든 작용은 실체의 내부에서 일어나는 일이다. "왜냐하면 자연적인 방식으로는 아무것도 밖에서 우리의 정신 안으로 들어오지 않고, 우리의 영혼이 어떤 성질을 지닌 전령을 외부에서 받아들인다고 생각하며, 따라서 대문과 창문을 가지고 있다고 생각하는 것은 우리가 가지고 있는 잘못된 습관이기 때문이다. 우리는 이 모든 형상들을 소유하고 있고, 심지어 정신 내에 그들을 동시적으로 가지고 있다. 왜냐하면 정신은 항상 그가 미래에 생각하게 될 모든 생각들을 표현하고 있고, 그가 언젠가 명석하게 사유하게 될 모든 것들을 모호하게나마 이미 사유하고 있기 때문이다. 그리고 우리는, 이미 정신 안에, 말하자면 생각을 형성하는 재료인 관념을 가지고 있지 않은 것은 아무것도 배울 수 없다."(『형이상학 논고』, 제26절) 그러나 신만은 실체에 내적 영향을 미칠 수 있다. "형이상학적 진리의 엄밀한 의미에서 말하면, 신을 제외하고는 우리에게 영향을 미치는 어떠한 외적 근거도 존재하지 않는다. 그리고 그만이 우리의 끊임없는 의존성을 통하여 직접적으로 자신의 관념을 우리에게 전달한다. 이로부터 우리의 영혼을 접촉하고 우리의 지각을 직접적으로 불러일으키는 어떠한 다른 외적 대상도 존재하지 않는다는 사실이 도출된다. 또한 우리는 단지 우리에 대한 신의 끊임없는 작용을 통해서만 모든 사물들에 대한 관념들을 우리 안에 갖게 된다."(28절)
567) 『변신이야기』, 제7권, 11~12행.

저쪽으로 당긴다. 나는 더 좋은 것을 보고 동의하지만 가장 나쁜 것을 택한다.[568]

그러나 이에 반대하여 베르길리우스를 내세울 수 있었다. 베르길리우스의 시에서 니소스는 보다 일리 있게 말한다.

에우리알로스, 우리의 영혼에 이러한 열정을 일으키는 것이 신들인가, 아니면 각자가 신에 대해 자신의 쓰라린 정념을 가진 것인가?[569]

298. 비티치우스[570]는 실제로 우리의 독립성은 외형적인 것일 뿐이라고 생각한 것 같다. 왜냐하면 그는 자신의 저작 『신의 현행적 섭리에 관하여』 주석 61에서 자유 의지를 우리 스스로 그 어떤 외적 힘에 의해서도 결정된다고 느끼지 않는 가운데 우리의 영혼에 긍정이나 부정, 사랑이나 미움의 대상으로 주어지는 것들을 향해 우리가 이끌리게 되는 것이라고 보고 있기 때문이다. 비티치우스는 신 자신이 우리의 의욕을 산출할 때 우리는 가장 자유롭게 행동한다고 덧붙인다. 또한 그는 신의 작용이 우리에게 유효하고 그 역량이 강할수록 우리는 우리의 행동의 주인이 된다고 덧붙인다. "실제로 신은 의지 자체에 작용하는바, 신의 작용이 유효할수록 우리의 의지는 강해진다. 그런데 우리가 어떤 것을 원할 때 그것을 행한다면, 우리는 그것을 최고로 우리의 능력 안에 두게 되는 것이다." 신이 우리 안에 의지를 산출할 때, 그가 자유로운 행동을 산출하는 것은 사실이다. 그러나 내가 보기에 여기서 문제는 보편적인 원인에 관한 것이 아니며, 사물들의 모든 절

••

568) 『변신이야기』, 제7권, 19~21행.
569) 『아이네이스』, 제9권, 184~185행.
570) 주 323 참조.

대적 실재성처럼 실제로 그[571) 실재적 요소가 신의 협력에 의해 계속적으로 창조되는 피조물인 한에서 신에게 부합하는 의지의 산출에 관한 것도 아니다. 여기서 문제는 의지의 근거 그리고 신이 우리에게 선한 의지를 주거나 악한 의지를 갖도록 허용할 때 사용하는 수단에 관한 것이다. 의지가 선하건 악하건 간에 의지를 산출하는 것은 항상 우리 자신이다. 그것은 우리의 행동이기 때문이다. 그러나 우리의 자발성에도 또 자유에도 손상을 가하지 않고 행동하게 하는 근거가 항상 존재한다. 은총이 제공하는 것은 주의력, **현재 상황에 대한 판단력**(Dic cur hic), 선재(先在)하는 기쁨과 같은 적절한 동기를 통해 원하도록 도와주는 영향일 뿐이다. 조언을 하고 동기를 부여하는 친구가 그렇지 않듯이, 그러한 것이 자유에 손상을 주지 않는다는 점은 명확히 드러나는 사실이다. 따라서 벨도 비티치우스도 문제에 제대로 답을 한 것이 아니며, 여기서 신에게 의거하는 것은 아무 소용이 없다.

299. 벨의 더 합리적인 구절을 보자. 거기서 벨은 데카르트주의자들에게서 자유를 입증함에 틀림없다고 하는 자유의 생생한 느낌에 대해 더 제대로 공격한다. 실제로 그의 말은 재기로 충만하며 성찰의 대상이 될 만하다. 그의 말은 『한 관구장의 질문들에 대한 답변』 제3권 140장 761쪽에 있는 것으로 다음과 같다. "우리는 우리의 현존에 대해 갖고 있는 명확하고 분명한 느낌을 통해서는 우리 자신에 의해 우리가 현존하는지 아니면 타자를 통해 우리의 존재를 유지하는지 식별해내지 못한다. 우리는 반성의 방법을 통해서만, 즉 우리가 원하는 만큼으로 우리 자신을 보존할 수 없고, 우리를 둘러싸고 있는 것들에 대한 의존성에서 해방될 수도 없다는 사

∵

571) (옮긴이) 의지를 가리킨다.

실 등 우리의 무능력에 대해 성찰함으로써만 그러한 점을 식별해낸다. 이 교도들(소치니주의자들도 창조를 부정하기 때문에 마찬가지라고 말해야 할 것이다)은 인간이 무에서 만들어졌으며, 지속하는 매 순간마다 무에서 나온다는 참된 교리의 인식에 결코 이르지 못했다는 것도 확실한 일이다. 그래서 그들은 우주의 모든 실체가 그 자체로 현존하고 결코 무화될 수 없으며, 외부 원인의 작용에 의해 파괴될 수밖에 없는 그들의 변용과 관련된 것이 아니라면 다른 어떠한 것에도 의존하지 않는다고 잘못 생각했다. 그 같은 오류는 우리를 보존해주는 창조 작용을 느끼지 못하고 단지 우리가 현존한다는 것만을 느끼는 데서 생기는 것이 아닌가? 다른 빛에 의해 도움을 받지 않는다면 우리의 존재 원인에 대해 영원히 무지하게 되는 방식으로 우리의 현존을 느끼는 데서 그 오류가 생기는 것이 아닌가 말이다. 또한 우리가 의지 행위를 우리 자신에게 부여한 것인지, 아니면 우리에게 현존을 부여하는 바로 그 원인을 통해 의지 행위를 받은 것인지는, 우리의 의지 행위에 대한 명확하고 분명한 우리의 느낌을 통해서는 식별해낼 수 없다고 말해야 한다. 그러한 식별을 하기 위해서는 반성이나 성찰에 의거해야 한다. 그런데 나는 순전히 철학적 성찰을 통해서는 우리가 우리 자신의 의욕의 작용인이라는 사실과 관련하여 근거 있는 확실성은 있을 수 없다고 단언한다. 사물들을 제대로 검토한다면, 우리가 의지에 대해 수동적인 주체일 뿐이라고 해도 우리가 자유롭다고 믿을 때 갖는 동일한 경험의 느낌을 갖게 될 것이라는 사실을 누구라도 명백하게 인식할 것이기 때문이다. 아무 예외도 없이 영혼의 모든 양태가 뇌의 양태의 매개와 함께 필연적으로 상호 연결되도록 신이 영혼과 육체의 결합 법칙들을 조정해놓았다고 재미 삼아 가정해보자. 여러분은 우리가 의식하는 것만이 우리에게 일어나리라는 것을 이해할 것이다. 우리 영혼의 첫 번째 절차인 감각 대상의 지각에서부터 그 마지막 절차인 가장 확고한 의지 행위에 이르기까지 사유의 동일한 계열이 우리의 영혼에 있게 될 것이다. 그 계열 안에는 관념의 느낌, 긍정의 느낌, 우유부단함의 느낌, 무언가 하려는 의도의 느낌, 의욕의 느낌이 있을 것이다. 의지하는 행위가 외부 원인에 의해 우리에게 각인되건 우리 스스로 그것을 산출하건 간에, 우리가 원한다는 것과 우리가 원한다는 것을 느끼는 것은 똑같이 사실일 것이기 때문이다. 그 외부 원인은 그것이 우리에게 각인하는 의욕에 원하는 만큼의 쾌락을 섞을 수 있기 때문에, 우리는 의지 행위가 우리를 무한히 즐겁게 한다는 것 또 그 행위들이 가장 강한 우리의 경향의 정도에 따라 우리를 이끈다는 것을 때때로 느낄 수 있을 것이다. 우리는 속박을 느끼지 않을 것이다. 당신은 의지는 강제될 수가 없다는 격언을 알 것이다. 바람개비에 지평의 한 지점으로의 운동과 그쪽으로 돌고자 하는 욕구가 항상 동시적으로 각인된다면(그러나 본성의 우선권, 혹은 더 자세히는 실재적 순간의 우선권이 운동의 욕망과 일치하는 방식으로 그렇게 했다면), 바람개비는 자신이 마음에 품은 욕망을 실행하기 위해 스스로 움직이리라는 것을 당신은 명확하게 이해할 수 있지 않겠는가? 나는 바람개비가 바람이 있었다는 것도 또 외부 원인이 동시에 바람개비의 상황과 욕망을 바꾸게 한 것도 알지 못할 것이라고 가정하겠다. 우리가 바로 이 같은 상태에 자연적으로 처해 있는 것이다. 우리는 눈에 보이지 않는 원인이 우리로 하여금 한 생각에서 다른 생각으로 차례로 옮겨가도록 하는 것은 아닌지 알지 못한다. 따라서 인간들이 자기 스스로 결정을 한다고 믿는 것은 자연적인 일이다. 그러나 다른 수많은 일에서처럼, 인간들이 철학적으로 성찰하지 않고 일종의 본능을 통해 단언한다는 점에서 그들이 오류를 범하는 것은 아닌지 검토해봐야 하는 것이다. 그러므로 인간에게 일어나는 일에 관해서는 두 가지 가설, 즉 인간은 수동적 주체일 뿐이라는 한 가설과 그가 능동적 능력을 가진다는 다른 가설이 있기 때문에, 느낌의 증거밖에 근거로 내세울 수 없는 한 첫 번째 가설보다 두 번째 가설을 선호할 수는 없는 것이다. 우리의 모든 의욕이 눈 외부의 비가시적 원인에 의해 우리의 영혼에 각인되건, 우리 스스로 그것들을 행하건 간에 우리는 우리가 이것이나 저것을 원한다는 것을 동일한 정도의 힘과 함께 느낄 것이기 때문이다."

300. 이 구절에는 통상적 체계와 대립되는 힘을 지닌 훌륭한 추론이 있다. 그러나 이전에 우리가 갈 수 있었던 것보다 더 멀리 우리를 이끄는 예정 조화 체계와 관련해본다면, 그 추론들은 더는 훌륭하지 않은 것이 된다. 예를 들어, 벨은 "우리가 우리 자신의 의욕의 작용인이라는 사실과 관련하여 순전히 철학적인 성찰을 통해서는 근거 있는 확실성을 얻을 수 없다"라고 단언한다. 하지만 이것은 내가 그에게 동의하지 않는 점이다. 예정 조화 체계의 확립은 자연의 진행 과정에서 각 실체는 자기의 모든 행동의 유일한 원인이며, 신의 통상적 협력을 제외하고는 다른 모든 실체의 물리적 영향에서 전적으로 벗어나 있음을 명백하게 밝혀준다. 그 체계는 비티치우스가 생각한 것과 달리 우리의 자발성이 단지 외형적인 것이 아니라 참된 것임을 보여준다. 같은 이유들을 통해 벨도 역시 만일 **천문학적 숙명**(fatum astrologicum)이 있다면 그것은 자유를 파괴하지 않을 것이라고 주장하는데(제170장, 1132쪽), 나는 만일 자유가 단지 외형적 자발성에 있는 것이라면 벨에 동의할 것이다.

301. 아리스토텔레스가 행동은 행위자에게 그 원리가 있을 때 자발적이라고 말함으로써 제대로 정의한 것처럼, 우리 행동의 자발성은 의심할 수

없는 것이다. 그렇기 때문에 우리의 행동과 의지는 전적으로 우리에게 의존된다. 우리가 우리 의지의 원인이기는 해도, 직접적으로 우리 의지의 주인이 아닌 것은 사실이다. 우리가 우리의 의지를 통해 우리의 행동을 선택하는 것처럼, 우리가 의지를 선택하는 것은 아니기 때문이다. 그래도 우리는 우리의 의지에 대해 일정한 힘을 가진다. 앞에서 내가 제시한 것처럼, 우리는 지금 원하기를 원하는 것을 다음에 원하도록 하는 데 간접적으로 기여할 수 있기 때문이다. 그러나 이는 엄밀히 말하자면 **무언가 하려는 의도**는 아니다. 하지만 그러한 점에서도 우리는 우리의 행동과 의지에 대해 개별적이고 더군다나 감지 가능한 정도의 지배력, 그렇지만 지성과 결합된 자발성에서 비롯되는 지배력을 갖는다.

302. 지금까지 우리는 아리스토텔레스가 말한 자유의 두 조건, 즉 자발성과 지성에 대해 설명했다. 자발성과 지성은 우리에게서는 서로 결합된 채 심사숙고 된다. 반면 짐승들은 두 번째 조건인 지성이 결여되어 있다. 그러나 스콜라학파에서는 그들이 **무차별성**이라고 부르는 세 번째 조건을 요청한다. 그것은 무차별성이 우연성과 같은 것을 의미한다면 인정되어야 한다. 나는 앞에서 자유는 절대적인 필연성, 형이상학적인 혹은 논리적인 필연성을 배제해야 한다고 말했다. 하지만 이미 내가 여러 번 설명한 것처럼 그러한 무차별성, 우연성 혹은 이런 식으로도 말할 수 있다면 자유의 특징적 속성인 **비(非)필연성** 때문에 우리는 우리가 선택하는 항에 대해 더 강한 경향을 갖지 못하는 것이 아니며, 결코 우리가 서로 대립되는 두 항에 대해 절대적이고 동일하게 무차별적이어야 하는 것도 아니다.

303. 따라서 나는 무차별성을 우연성이나 비필연성을 뜻하는 의미로

만 인정한다. 이미 여러 차례 설명한 대로 나는 평형의 무차별성은 인정하지 않으며, 우리가 절대적으로 무차별적일 때는 어떤 선택을 하는 것이라고 생각하지도 않는다. 그런 선택은 외형적인 것이건 은폐된 것이건 간에 결정적인 이유가 없는 순전한 운에 불과할 것이다. 하지만 그 같은 운, 그처럼 절대적이고 실재적인 우연성은 자연 안에서 결코 발견되지 않는 공상이다. 모든 현자들은 운은 운세처럼 외형적인 것일 뿐이라는 데 동의한다. 운을 만들어내는 것은 원인들의 무지다. 그러나 그렇게 막연한 무차별성이 존재한다면, 혹은 우리로 하여금 선택하게 하는 것이 전혀 없이 우리가 선택을 한다면, 운은 실재적인 어떤 것일 것이다. 또 그것은 에피쿠로스의 견해에 따라 원인도 근거도 없이 일어나는 원자들의 작은 이탈에서 발견되는 것과 유사할 것이다.[572] 에피쿠로스는 그러한 원자 이탈을 필연성을 피하기 위해 도입했으며, 키케로가 그것을 심하게 조롱한 것은 일리가 있다.[573]

304. 에피쿠로스의 목표가 우리를 숙명에서 벗어나게 하는 것인 만큼, 그 같은 이탈의 목적인은 그의 정신 속에 있었다. 그러나 그것의 작용인은 사물들의 본성 속에 있을 수 없다. 그것은 최고로 불가능한 것들에 속하는 공상이다. 나중에 내가 말하겠지만, 벨은 그런 원자 이탈을 매우 적절히 논박한다. 그렇지만 그가 다른 곳에서 그 이탈이라고 하는 것과 유사한 어떤 것을 인정하는 것 같은데, 이는 놀라운 일이다. 벨은 뷔리당의 당나귀

∴

---

572) (옮긴이) 에피쿠로스는 원자들이 충돌하고 결합하여 사물들과 우주를 형성한다고 본다. 따라서 인간의 자유 의지도 원자들의 우발적인 운동에 의해서 설명될 수 있다고 한다.
573) 문제는 당연히 기울어짐 혹은 이탈(clinamen)에 관한 것이다(루크레티우스[(옮긴이), 『사물의 본성에 관하여』], 제2권, 216행 이하; 키케로, 『운명론』, 제10절과 20절 참조).

에 관해 이야기하면서 말한다(『역사와 비판 사전』, 뷔리당 편, 인용구 13). "엄밀한 의미의 자유 의지를 주장하는 사람들은 서로 대립되는 두 대상에 대한 동기들이 완벽하게 같을 때조차도 인간에게 오른쪽으로나 왼쪽으로 결정할 능력이 있다고 인정한다. 그들이 주장하는 바에 따르면 우리의 영혼은 다른 아무 이유도 없이 단지 자유를 사용하려는 이유 때문에, 나는 이것이나 저것이 내 선택을 받을 만한 요소가 전혀 없음에도 불구하고 이것이 저것보다 더 좋다고 말할 수 있기 때문이다."

305. 그렇다고 엄밀한 의미의 자유 의지를 인정하는 모든 사람들이 벨에게 양보하여 결정되지 않은 원인에 의한 결정을 인정하지는 않을 것이다. 성 아우구스티누스와 토마스 아퀴나스주의자들은 모든 것이 결정되었다고 생각한다. 우리는 그들의 반대자들도 선택에 기여하는 환경에 의거한다는 것을 볼 수 있다. 경험은 결코 평형의 무차별성의 공상에 유리하지 않다. 이 점에 대해서는 인간의 독립성에 대한 생생한 느낌을 통해 자유를 입증하려는 데카르트주의자들의 방식에 반대하여 벨 스스로 사용한 추론이 유용하겠다. 나는 동등해 보이는 두 선택항 중에서 나로 하여금 선택하게 하는 경향의 근거를 항상 아는 것은 아니지만, 지각 불가능한 것일지라도 우리가 결정하도록 하는 일정한 영향은 언제나 존재할 것이다. 단순히 자신의 자유를 사용하기를 원하는 것은 특기할 만한 것도 전혀 없거나, 우리가 한 선택항이나 다른 선택항을 선택하도록 결정하지도 않는다.

306. 벨은 계속해서 말한다. "인간이 평형의 덫에서 빠져나올 수 있는 길은 적어도 두 개가 있다. 하나는 이미 내가 논거로 내세운 것이다. 즉 그는

자기 집에서는 주인이며, 대상들에 의존되지 않는다는 유쾌한 상상에 기대는 것이다." 이 길은 막혔다. 인간이 자기 집에서는 주인이라고 해봤자 이는 아무 결정적인 것도 제공하지 않으며, 한 선택항을 다른 선택항보다 유리하게 만들지도 않는다. 벨은 계속해서 말한다. 인간은 다음과 같이 행할 것이다. 나는 이것보다 저것을 선호하고자 한다. 그렇게 하는 것이 내 마음에 들기 때문이다. 그러나 그렇게 하는 것이 내 마음에 들기 때문이다. 그것이 나의 기쁨이다라는 말은 이미 마음에 드는 대상을 향한 경향을 포함하는 것이다.

307. 따라서 이처럼 계속해서 말할 권리는 없다. "그러므로 이제 그를 결정하는 것은 대상에서 취해지지 않을 것이며, 동기는 오직 사람들이 그들 자신의 완전성과 자연적 능력에 대해 갖는 관념에서 도출될 것이다. 다른 길은 운세나 운의 길이다. 제비뽑기가 정해줄 것이다." 이 길은 출구가 있으나 목적에 이르지는 못한다. 그것은 문제를 바꾸는 것이다. 이제 결정하는 것은 인간이 아니기 때문이다. 혹은 운을 통해 정하는 것이 항상 인간이라고 주장한다면, 인간 자신은 더 이상 평형 상태에 있는 것이 아니다. 운은 평형 상태에 있지 않으며 그는 그 운을 추구했기 때문이다. 자연에는 운세나 운을 통해서 일어나는 일의 원인이 되는 근거가 항상 존재한다. 벨과 같이 통찰력이 있는 정신이 그러한 점에서 그토록 착각을 할 수 있었다는 것은 놀라운 일이다. 다른 곳에서 나는 뷔리당의 궤변을 해결하는 참된 답을 설명했다. 즉 결코 모든 인상이 양쪽에서 등가(等價)가 되도록 우주가 이등분될 수는 없기 때문에, 완벽한 평형의 경우는 불가능하다는 것이다.

308. 벨 자신이 공상적인 혹은 절대적으로 비결정적인 무차별성에 반대

하여 말하는 것을 보자. 키케로는 (그의 책 『운명론』에서) 카르네아데스[574]가 절대적으로 비결정적 무차별성이라고 하는 것의 원인을 영혼의 의지 운동으로 돌림으로써, 원자들의 이탈보다 더 미세한 어떤 것을 발견했다고 말했다. 영혼의 운동은 우리의 본성에서 오는바, 외부 원인이 필요 없기 때문이라는 것이다. 그러나 벨은 어떤 것의 본성에서 비롯되는 모든 것은 결정되어 있다고 매우 제대로 반박한다(『역사와 비판 사전』, 에피쿠로스 편, 1143쪽). 따라서 결정은 그대로 유지되며, 카르네아데스의 궁여지책도 아무 소용이 없다.

309. 벨은 다른 곳에서(『한 관구장의 질문들에 대한 답변』, 제90장, 1, 2, 219쪽) "그 평형이라는 것과는 매우 거리가 먼 자유가 비교할 수 없을 정도로 더 우월하다"라고 제시한다. 그는 다음과 같이 말한다. "내가 말하는 자유는 항상 정신의 판단을 따르고, 선한 것으로서 명확하게 인식된 것에 저항할 수 없는 자유이다. 나는 명확하게 인식된 진리가 영혼의 동의를 필연적으로 일으킨다는 것(좀 더 정확히 말해 도덕적 필연성을 말하는 것이 아니라면, 결정한다는 것)을 인정하지 않는 사람들을 알지 못한다. 그것은 경험이 우리에게 알려주는 것이다. 스콜라학파에서 끊임없이 가르치는 바에 따르면, 진리가 지성의 대상인 것처럼 선은 의지의 대상이며, 지성은 오직 진리의 모습으로 제시되는 것만을 긍정할 수 있듯이 의지는 오직 선하게 나타나는 것만을 좋아할 수 있다. 우리는 결코 거짓을 거짓 자체로서 믿을 수 없으며, 결코 악을 악 자체로서 좋아할 수 없다. 지성에는 진리 일반과 명확히 인식된 각각의 개별적 진리로 향하는 자연적인 결정이 있다. 의지에

574) (옮긴이) 카르네아데스(Carneades)는 기원전 2~3세기 그리스의 회의학파(懷疑學派) 철학자.

는 선 일반으로 향하는 자연적인 결정이 있으며, 이로부터 여러 철학자들은 개별적 선이 우리에게 명확하게 인식될 경우 우리는 그것들을 필연적으로 좋아할 수밖에 없다고 결론 내린다. 지성은 대상이 모호하게 나타날 때만 자신의 행위를 보류하며, 이에 따라 그 대상이 거짓인지 참인지 의심을 하게 되는 것이다. 이로부터 여러 사람들은 영혼이 자신에게 주어진 대상이 자신에게 선인지 확실하지 않을 때만 의지가 평형 상태에 있다고 결론 내린다. 그러나 영혼이 그 대상을 선으로서 긍정하는 순간부터, 정신의 다른 판단에 의해 다른 방식으로 결정되기 전까지는 필연적으로 그 대상과 결부된다고 그들은 또한 결론 내린다. 그 같은 식으로 자유를 설명하는 사람들은 공적과 허물에 대한 꽤 포괄적인 이유를 찾을 수 있다고 생각한다. 왜냐하면 그들은 정신의 그러한 판단은 영혼이 대상들을 검토하고 전체적으로 비교하며 판별하고자 자유롭게 노력하는 데서 유래한다고 가정하기 때문이다. 의지가 언제나 지성의 최종적인 실천적 행위를 따른다고 매우 설득력 있는 근거를 통해 주장하는 대단한 학식의 인물들(벨라르미누스, 『은총과 자유 의지에 관하여』, 제3권, 8, 9장; 캐머런, 『학식 있는 에피스코피우스의 편지에 대한 답변』)[575]이 있다는 것을 잊어서는 안 될 것이다.”

310. 이러한 논변에 대해서 몇몇 지적을 할 필요가 있다. 최선에 대한 명확한 인식은 의지를 결정하기는 하지만, 엄밀히 말하면 의지를 필연적

:

---

575) 주 67 참조. ― 존 캐머런(John Cameron, 1579~1625)은 프랑스에 정착한 스코틀랜드의 개신교 신학자다. 그는 프랑스에서, 특히 소뮈르에서 교수 생활을 했다. 은총과 자유 의지에 관한 논문들을 발표했으며(소뮈르, 1618), 에피스코피우스(Episcopius)라 불리는 네덜란드 신학자 시몬 비쇼프(Simon Bisschop, 1583~1643)의 『한 학자가 친구에게 보낸 편지』에 반대하여 은총 및 자유 의지와 관련한 자신의 견해를 변호하는 글을 발표했다(소뮈르, 1583~1643).

인 것으로 만들지는 않는다. 이미 여러 번 지적한 대로 필연적인 것과 확실한 것 혹은 무오류의 것을 항상 구분해야 하며, 형이상학적 필연성과 도덕적 필연성을 구분해야 한다. 또한 나는 항상 지성의 판단을 따르는 것은 신의 의지밖에 없다고 생각한다. 모든 지성적 피조물은 몇몇 정념을 피할 수 없으며, 적어도 내가 **충전적**(adéquates) 관념이라고 부르는 것과 완전히 일치하지는 않는 지각을 피할 수 없다. 자연법칙들, 축복받은 이들과 관련하여 예정된 사물들의 체계를 근거로 그런 정념이 항상 그들에게 있어 참된 선을 향한다고 해도, 그러한 일은 그들이 항상 참된 선에 대한 완전한 인식을 가진 채 일어나는 것은 아니다. 그들도 본능의 이유를 항상 이해하지는 못하는 우리와 마찬가지다. 천사나 축복받은 이들도 우리와 마찬가지로 항상 판명한 인식과 모호한 지각이 어느 정도 섞여 있는 피조물인 것이다. 수아레스[576)는 이들에 관해 비슷한 말을 했다. 그는 천사들과 축복받은 이들의 기도가 충만한 의지로 행해질 때는 항상 성과가 있도록 신이 사물들을 미리 조정해놓았다고 말했다(『기도론』, 제1부, 11장). 그들은 예정 조화의 견본이다. 우리에 대해 말하자면 우리가 명백한 인식을 가지고 있는 지성의 판단 외에도, 감각의 모호한 지각이 섞여 있어서 우리가 항상 판명하게 파악하지는 못하는 정념들 그리고 심지어 감지 불가능한 경향들이 생겨난다.[577) 그러한 운동들은 많은 경우 실천적 지성의 판단을 방해한다.

••

576) 프란시스코 수아레스(Francisco Suarez, 1548~1617)는 스페인의 저명한 신학자다.

577) (옮긴이) 라이프니츠는 지각(perception)과 통각(aperception)을 구분한다. 통각은 '의식(conscience)'이라고도 불리며, 전적으로 판명한 지각이다. 라이프니츠에 의하면, 우리에게는 통각하지 못하는 미세 지각이 무수히 많다. 예를 들어 우리는 무지개를 지각하고 그것이 판명하다고 생각하지만, 사실 무지개가 무수히 많은 미세한 물방울과 빛이 만나서 이루어지는 작용을 통각하지는 못한다. 또 파도 소리를 정확히 듣는다고 생각하지만, 무수히 많은 물방울이 부딪혀내는 소리를 듣는 것은 아니다. 이 점에서 라이프니츠는 데카르트가

311. 또한 지성과 진리의 관계가 의지와 선의 관계와 갖는 평행성에 관해 말하자면, 한 진리의 명석 판명한 지각은 자기 안에 그 진리의 긍정을 현실적으로 포함하고 있음을 알아야 한다. 따라서 지성은 그 진리에 의해 필연적으로 강제된다. 그러나 선에 대해 우리가 어떤 지각을 갖든지 간에 판단 후에 행동하려는 노력은, 나의 의견으로는 의지의 본질을 이루는 것으로서 지각과 구분된다. 따라서 그런 노력을 완수하려면 시간이 필요하기 때문에 장애가 되고 정신을 일탈시키며, 때때로 반대되는 판단을 내리게까지 하는 새로운 지각이나 경향으로 인해 그 노력은 보류되거나 심지어 바뀔 수도 있는 것이다. 다른 곳에서 내가 설명한 것처럼 그 같은 점 때문에 우리의 영혼은 자신이 인식하고 있는 진리에 저항할 수단을 매우 많이 갖추고 있으며, 특히 많은 부분에 있어 구체화될 힘이 약한 어렴풋한 사유만을 통해 지성이 작동할 때는 정신에서 마음으로의 궤적이 그토록 길어지는 것이다. 따라서 판단과 의지의 연결은 사람들이 생각할 수 있는 것만큼 그렇게 필연적이지 않다.

312. 벨은 221쪽에서 매우 적절하게 이어 나간다. "선 일반에 대해 무차별성의 자유를 갖지 않는다는 것이 인간의 영혼에 결함이 될 수는 없다. 반면 '나는 행복하건 불행하건 상관없다. 나는 선을 싫어하는 것보다 선을 좋

∵

말하는 명석판명한 지각들은 명석할 수 있으나 판명하지는 않다고 끊임없이 비판한다. 이 같은 맥락에서 라이프니츠는 데카르트와 달리 동물들에도 영혼을 부여하는 것이다. "단일성 또는 단순한 실체 안에서 다수성을 포함하고 그것을 표현하는 일시적인 상태는 사람들이 지각이라고 부르는 것 외에 다른 것이 아니다. 이 지각은 …… 통각 또는 의식과 구별되지 않으면 안 된다. 데카르트주의자들은 사람들이 의식하지 못하는 지각들을 아무 것도 아닌 것으로 간주했는데, 바로 이 점에서 그들은 커다란 실수를 범하였던 것이다." (『모나드론』, 제14절)

아하는 결정이 더 강하지 않으며, 나는 둘 모두 똑같이 할 수 있다'고 진정으로 말할 수 있다면, 그것은 결함이라기보다는 무질서이고 엉뚱한 불완전성일 것이다. 그런데 선 일반에 관해 확고한 것이 칭찬받을 만하고 훌륭한 장점이라면, 명백하게 우리 자신의 선으로서 인정된 각각의 개별적 선을 필연적으로 따르는 것은 결함이 될 수 없다. 만일 영혼이 선 일반에 대해 무차별성의 자유가 없다면, 반대로 자기를 위한 선이라고 판단된 개별적 선들에 대해서도 무차별성의 자유가 없다는 것은 더군다나 필연적인 귀결인 것 같다. 한 영혼이 그 같은 판단을 내리고서 그러한 선을 좋아하지 않고 더 나아가 싫어할 능력이 있다는 이유로 자랑스러워 한다면 어떻게 생각하겠는가? 그리고 '나는 그것이 분명히 나에게 선이라는 것을 알고 있으며, 그 점에 대해서는 필연적인 모든 빛을 가지고 있다. 그러나 나는 그 선들을 좋아하기를 원하지 않으며 그것들을 싫어하고 싶다. 내 선택은 내려진 것이고, 나는 내 선택을 실행한다. 어떤 이유(즉, 그것이 나의 마음에 드는 것이라는 사실에 근거한 이유 이외의 다른 어떤 이유) 때문에 그렇게 실행하는 것이 아니라, 그렇게 하는 것이 나의 마음에 들기 때문이다'라고 말하는 영혼에 대해 어떻게 생각할 것인지 나는 묻겠다. 그런 영혼은 무차별성의 자유를 갖지 않았을 때보다 더 불완전하고 더 불행하다고 봐야 하지 않겠는가?"

313. "의지로 하여금 지성의 최종적 행위들을 따르게 하는 학설은 영혼의 상태에 대해 보다 유리한 관념을 제공할 뿐 아니라, 무관심의 길보다는 그 길을 통해 인간을 행복으로 인도하는 것이 더욱 쉽다는 점을 제시한다. 그의 진정한 이익에 관해 그의 정신을 밝혀주는 것으로 충분할 것이고, 곧바로 그의 의지는 이성이 내려줄 판단을 따를 것이기 때문이다. 그러나 인간이 이성과도 무관하고, 명확히 인식된 대상들의 질(質)에도 무관한 자유

를 가진다면, 그는 모든 동물 가운데 가장 다루기 어려운 동물이 될 것이며, 우리는 그로 하여금 좋은 선택을 하도록 할 수 있을지 절대로 확신할 수 없을 것이다. 이 세상의 모든 조언, 모든 추론도 매우 쓸모없는 것이 되어버릴 가능성도 있다. 그의 정신을 밝혀주고 설득한다고 해보자. 그럼에도 그의 의지는 거만을 떨 것이고 바위처럼 움직이지 않을 것이다(베르길리우스, 『아이네이스』, 제6권, 470행).

> 그러한 말을 듣고도, 그녀의 얼굴은
> 그녀가 가장 단단한 바위나 마르페소스의 대리석 덩어리였을 때보다도
> 흥분하지 않는 얼굴이구나.[578]

일시적인 기분이나 쓸데없는 변덕은 인간으로 하여금 어떠한 종류의 이유에 대해서도 저항하도록 할 것이다. 명확하게 인식된 선을 좋아하는 것은 더 이상 그의 마음에 들지 않고, 지금은 그것을 싫어하는 것이 마음에 들 것이다. 당신은 그러한 능력을 신이 인간에게 베풀 수 있었던 가장 값진 선물이자 우리의 행복을 위한 유일한 도구라고 보는가? 그것은 우리의 행복에 오히려 장애가 되지 않겠는가? 나는 내 이성의 모든 판단을 무시했고, 단지 마음에 드는 것을 하려는 동기 때문에 전혀 다른 길을 따랐다고 말할 수 있다는 것이 과연 자랑으로 삼을 일인가? 우리가 취할 결정이 손해를 주는 것이라면, 후회로 인해 찢어지는 듯한 고통을 얼마나 받을 것인가? 그러므로 그 같은 자유는 인간에게 유용하기보다는 유해할 것이다. 지성은 의지로부터 거부의 능력을 박탈할 정도로 충분하게, 대상

··

578) 아이네이아스가 지옥에서 만나는 디도의 유령에 대한 것이다.

들의 모든 선을 표현하지 않을 것이기 때문이다. 따라서 인간에게는 지성의 판단을 통해 항상 필연적으로 결정되는 것이 의지를 통해 그의 행동을 보류하도록 허용하는 것보다 무한히 더 가치가 있을 것이다. 왜냐하면 그런 방식으로 인간은 그의 목적에 보다 쉽고 확실하게 도달할 것이기 때문이다."

314. 이 논변에 대해서도 나는 비결정적이며 그 어떠한 결정의 이유도 없는 무차별성의 자유는 그것이 실현도 불가능하고 공상적인 만큼, 유해하고 게다가 충격적이라는 것이 대단히 참되다는 점을 지적하겠다. 그러한 식으로 무차별성의 자유를 사용하기를 원하거나, 적어도 마치 동기 없이 행동하는 것처럼 행동하고자 하는 사람은 분명 엉뚱한 사람으로 간주될 것이다. 그러나 우리가 또한 가정의 엄밀성에 따라 그것을 파악한다면 그 같은 일이 불가능하다는 것은 매우 참된 것이다. 그리고 그런 일의 예를 제시하고자 하는 순간, 곧바로 우리는 그러한 예에서 벗어나게 되며, 동기 없이 자신을 결정하되 판단을 통해서보다는 경향성이나 정념을 통해서 자신을 결정하는 인간의 경우에 빠지게 된다. '단지 내 마음에 드는 것을 하려는 동기에 의해 나는 내 이성의 판단을 무시하며, 그렇게 하는 것이 내 마음에 든다'고 말하는 순간, 그것은 내 이익보다는 내 경향성을 선호하고 내 유용성보다는 내 마음에 드는 것을 선호한다고 말하는 것과 마찬가지가 되기 때문이다.

315. 이는 변덕스러운 어떤 사람이 친구나 하인들의 의견에 따르는 것을 부끄러운 일로 생각하고서, 그들의 조언에서 얻을 수 있는 유용성보다 그들에게 반대하며 누리는 만족감을 선호하는 것과도 같다. 그러나 현명

한 사람도 자신을 속박하거나 지배하고자 하는 타인에 반대하기 위해서, 혹은 자신의 거동을 지켜보는 사람들을 교란시키기 위해서 불규칙적으로 행동하거나 자기의 이익과 대립되게 행동하는 일이 생길 수 있다. 심지어 다윗이 블레셋인들의 왕 앞에서 그렇게 한 것처럼,[579] 마음을 감추고 미친 사람 흉내를 내며 브루투스를 따라 하는 것이 때때로 좋을 때도 있다.

316. 벨은 지성의 판단과 대립되게 행동하는 것은 커다란 불완전성임을 제시하기 위해, 역시 훌륭한 말들을 덧붙인다. 그는 225쪽에서 하물며 몰리나주의자[580]들도 자신의 의무를 온전히 수행하는 지성은 최선의 것을 표시한다고 말한다는 것에 주목한다. 벨은 제91장 227쪽에서 에덴동산 최초의 조상들에게 다음처럼 말하는 신을 등장시킨다. "나는 너희에게 사물을 판단하는 능력을 주었고, 명령과 지시를 내릴 것이다. 그러나 내가 너희에게 베풀어준 자유 의지는 (상황에 따라) 너희가 나에게 순종할 수도 있고 나를 거역할 수도 있는 능력을 갖는 성격의 것이다. 너희는 유혹을 받을 것이다. 너희는 자유를 바르게 사용하면 행복할 것이고 그르게 사용하면 불행할 것이다. 너희가 새로운 은총으로서 나에게 요청할 것이 너희가 결정을 내릴 때 자유를 남용하도록 내가 허용하는 것인지, 아니면 그것을 막는 것인지 알게 되는 것은 너희에게 달려 있다. 잘 생각해보라. 너희에게 24시간을 주겠다. ……" 벨은 덧붙여 말한다. "아직 죄에 의해 혼탁해지지 않은 그들의 이성은 그들로 하여금, 그들에게 영광을 베풀어주려는 신의 최고의 배려로서 그들의 능력을 잘못 사용한 탓에 타락하지 않게 되기

∴

579) (옮긴이) 「사무엘상」 21:1~15.
580) (옮긴이) 몰리나에 관해서는 제1부, 39절 참조.

를 신에게 요청해야 한다는 것을 명확히 이해하지 못하겠는가? 만일 아담이 독자적으로 행동하겠다며 거짓 명예를 건 것 때문에 그의 행복을 지켜준 신의 인도를 거절했다면, 아담은 파에톤과 이카로스의 원형이 아니었겠는가? 아담은 소포클레스의 아이아스[581]와 거의 같은 정도의 불경한 자가 되었을 것이다. 아이아스는 신들의 도움 없이 싸워 이기려고 했고, 가장 비겁한 자들도 신들의 도움이 있으면 적을 패주시킬 것이라고 말했기 때문이다."

317. 또한 벨은 제80장에서 다음과 같이 제시한다. 우리는 신의 보살핌을 받는 것에 대해 우리 자신의 선택으로 인해 행복한 것만큼 만족하거나 그뿐 아니라 그보다 더 기뻐한다. 우리가 깊이 생각하고 검토한 이유보다 갑자기 떠오른 격정적인 본능을 선호하여 일이 잘되었을 경우, 우리는 특별한 즐거움을 느낀다. 우리는 신이나 수호천사, 혹은 행운이라는 막연한 이름으로 우리가 상상하는 것이 우리를 그렇게 이끌었다고 생각하기 때문이다. 실제로 술라와 카이사르는 자신들의 행동보다 행운을 더 영광스럽게 생각했다. 이교도들 그리고 특히 호메로스를 필두로 한 시인들은 영웅들의 행위를 신의 영향을 통해 규정했다. 『아이네이스』의 영웅은 오직 신의 인도하에서만 전진한다. 황제들이 그들의 군대를 통해서, 또 그들이 장군들에게 빌려준 신들의 명의를 통해서 승리했다고 말하는 것은 매우 고급스러운 찬사였다. 호라티우스는 이렇게 말한다. **당신은 군대를, 작전을, 당신 자신의 신들을 제공해주었습니다.**[582] 장군들은 마치 황제의 행운에 의거하

••

581) (옮긴이) 『아이아스(*Aias*)』는 트로이의 용사 아이아스를 다룬 소포클레스의 고전이다.
582) 『시가집』, 제4권, 33~34행. 호라티우스는 아우구스투스 황제에게 말하고 있다.

듯이 황제의 점(占)에 따라 싸웠다. 점은 하급 부하들은 받지 못하는 것이었기 때문이다. 우리는 하늘의 총애를 받는 것에 만족스러워 하며, 능력보다는 행운이 있을 때 더 명예롭게 생각한다. 신이 자신들 안에서 작용하는 동안 평온하다고 상상하는 신비주의자들은 그 누구보다 자신들에게 행운이 있다고 생각한다.

318. 벨이 제83장에서 덧붙여 말하는 것처럼, 다른 한편으로는 "모든 것을 숙명적 필연성에 결부시키는 스토아학파의 철학자는 제대로 선택했다는 기쁨에 대해 다른 사람과 마찬가지로 민감하다. 판단력이 있는 사람이라면, 단지 오랫동안 심사숙고하고 결국 가장 올바른 선택을 하는 것에 기뻐하기보다는, 덕에 대한 사랑이 지극히 견고하여 그 어떠한 저항도 없이 유혹을 물리칠 것이라고 확신하는 것이야말로 엄청난 만족이라고 생각할 것이다. 한 사람이 자신의 의무와 명예와 양심에 반대되는 행동을 제안받고서 그러한 범죄를 저지를 수 없다고 즉각적으로 대답하고 실제로 그것을 할 수 없는 사람이라면, 그는 그 행동에 대해 생각할 시간을 요구하고 또 어떤 선택을 할까 몇 시간 동안 결정을 내리지 못하는 자신을 느끼는 것보다는 그렇지 않은 자신의 인격에 대해 더욱 만족할 것이다. 우리는 여러 상황에서 두 선택항 가운데 결정을 못 내릴 때 매우 괴로워하며, 좋은 친구의 조언이나 하늘로부터의 도움이 좋은 선택을 하도록 이끌어준다면 매우 만족할 것이다." 이 모든 것은 우리를 불확실성에 처하게 하는 막연한 무차별성에 비교해볼 때, 결정된 판단이 갖는 장점을 보여준다. 그러나 나는 보류를 하도록 만드는 것은 오직 무지와 정념이며, 그 점에서 신은 결코 보류 상태에 있지 않음을 충분히 입증했다. 우리가 신에 근접할수록 자유는 더욱더 완전해지고 더욱더 선과 이성을 통해 결정을 내린다. 벨

레이우스[583]는 카토[584]에 대해 그가 정직하지 못한 행동을 하는 것은 불가능한 일이라고 말했는데, 우리는 주저하고 흔들릴 수 있는 사람보다는 그러한 카토의 자연적 기질을 항상 선호할 것이다.

319. 나는 막연한 무차별성에 반대하는 벨의 추론을 표현하고 강조하면서 매우 만족스러웠다. 이는 관련 주제를 밝힐 뿐 아니라 벨을 모순에 빠트리고, 가능한 최선의 것을 선택하도록 신에게 부과되었다고 하는 필연성에 대해 불평해서는 안 된다는 점을 제시하기 위해서였다. 신은 막연한 무차별성이나 운을 통해 행동하거나, 아니면 변덕이나 다른 어떤 정념에 의해서 행동하거나, 마지막으로는 자신을 최선으로 이끄는 근거의 우세한 경향을 통해 행동할 것이다. 그런데 외형적인 선에 대한 모호한 지각에서 비롯되는 정념은 신에게는 일어날 수가 없으며, 막연한 무차별성은 공상적인 것이다. 따라서 신의 선택을 조정할 수 있는 것은 가장 강한 근거밖에 없다. 우리 자유의 불완전성으로 인해 우리는 선 대신에 악을, 더 적은 악 대신에 더 큰 악을, 더 큰 선 대신에 더 적은 악을 선택할 수 있다. 그러한 일은 우리를 기만하는 선과 악의 외형 때문이다. 반면 신은 참되고 가장 큰 선, 즉 그가 인식하지 않을 수 없는 절대적으로 참된 선에 항상 이끌리는 것이다.

320. 자유를 단지 속박이 아니라 필연성 자체에서 면제되도록 하는 것

••

---

583) (옮긴이) 마르쿠스 벨레이우스 파테르쿨루스(Marcus Velleius Paterculus, 기원전 19~서기 30 이후)는 로마의 군인, 정치가, 역사가다.

584) (옮긴이) 마르쿠스 포르키우스 카토(Marcus Porcius Cato, 기원전 234~149)는 고대 로마의 정치가이자 장군이며 문인이다. 보통 대(大)카토로 불린다.

으로 그치지 않고, 더 나아가 확실성과 결정, 즉 이성과 완전성에서도 면제되기를 원하는 사람들이 구상한 자유의 거짓된 관념은 몇몇 스콜라학파의 학자들을 만족시켰다. 그들은 미묘한 것들로 자주 혼란스러워 하고 용어의 껍데기를 사물의 알맹이로 간주하는 이들이었다. 그들은 공상적인 어떤 개념을 구상하고, 거기서 유용성을 도출해낸다고 생각하며 그 개념을 억지로 유지하려고 한다. 전적인 무차별성이 바로 그러한 성격의 것이다. 의지에 그 같은 무차별성을 부여하는 것은 몇몇 데카르트주의자나 신비주의자들이 신의 본성에서 찾아내는 특권, 즉 불가능을 행할 수 있고 부조리를 산출할 수 있으며 모순되는 두 명제가 동시에 참되도록 할 수 있는 특권과 유사한 것을 의지에게 부여하는 것이다. 한 결정이 절대적으로 결정되지 않은 전적인 무차별성에서 온다고 주장하는 것은 그것이 무에서 자연적으로 온다고 주장하는 것이다. 신이 그런 결정을 부여하지 않는다고 가정해보자. 따라서 모든 것이 결정되지 않았다고 가정되었기 때문에 결정의 원천은 영혼에도 육체에도 환경에도 없는 것이다. 그렇다면 이제 결정은 준비도 없고 그것에 대한 아무런 대비도 없으며, 그것이 어떻게 현존하는지는 천사도 하물며 신조차도 볼 수도 보여줄 수도 없지만 그냥 나타나고 현존한다. 이는 무로부터 나오는 것일 뿐만 아니라, 결정 그 자체에서 나오는 것이다. 이러한 학설은 우리가 이미 이야기한 에피쿠로스의 원자 이탈과 같은 우스꽝스러운 어떤 것을 도입하는 셈이다. 에피쿠로스가 주장하는 바에 따르면, 이 작은 물체들 중 하나가 직선으로 가다가 단지 의지가 명령하기 때문에 아무 이유 없이 갑자기 가던 길의 방향을 바꾼다고 한다. 에피쿠로스가 그런 점에 의거한 것은 단지 전적인 무차별성의 자유라고 하는 것을 구출하기 위해서였는데, 이 무차별성의 자유에 대한 공상은 더 오래전에 존재했던 것 같다는 사실을 알아야 한다. 그러니 공상은 공상을 낳는다는 말은 일리가 있다고 하겠다.

321. 다음은 마르케티[585)]가 루크레티우스를 이탈리아어 시구로 아름답게 번역하여 표현한 것인데(제2권), 아직 출간이 되지는 않았다.

그러나 원자들이 수직 방향에서 절대로 이탈하지 않는다는 것은 누가 파악할 수 있는가?

결국 항상 모든 운동들이 연결되어 있다면,

항상 새로운 운동은 엄격한 질서에 따라 이전 운동에서 생긴다면,

이탈을 통해 원자들이 원인들의 무한정한 계기를 막기 위해

운명의 법칙들을 단절하는 운동을 시작하지 않는다면,

땅 위에서 살아 숨쉬는 모든 것에 부여된 자유는 어디에서 오는 것인가?

다시 말하건대 우리로 하여금 의지가 이끄는 모든 곳으로 가도록 해주며,

시간에 의해서도 장소에 의해서도 결정되지 않고

우리로 하여금 정신 자체의 뜻에 따라 원자들처럼 방향을 바꾸도록 해주는 힘,

운명에서 빠져나온 그 힘은 어디서 오는 것인가?

우리에게 그 같은 행위들은 의지에 그 원리가 있다.

의지는 운동이 우리의 수족에 퍼지도록 해주는 원천이다.

신들과 모든 비물질적 실체를 배척하고서, 에피쿠로스 같은 사람이 의

585) 알레산드로 마르케티(Alessandro Marchetti, 1631~1714)는 이탈리아의 시인·과학자이며, 그의 루크레티우스 번역은 런던에서 1717년이 되어서야 출간되었다. 인용구는 제2권, 249~262행.

지가 원자들로 조합되었다고 보면서도 어떻게 그것이 가능한지는 말할 수 없지만 의지가 원자들에 대한 지배력을 가지며 그 방향을 바꿀 수 있다고 생각할 수 있었다는 것은 별난 일이다.

322. 카르네아데스는 원자까지는 가지 않더라도, 에피쿠로스가 그 근거를 찾고자 했던 것 자체를 사물의 이유로 간주함으로써 우선 그 막연한 무차별성이라는 것의 근거를 인간의 이성에서 발견하고자 했다.[586] 그렇게 해서 카르네아데스가 얻은 것은 아무것도 없다. 단지 그는 불합리성이 다소 지나치게 명백히 드러나는 주제의 불합리성을 문제를 혼란하게 하기 더욱 쉬운 주제로, 즉 물체나 육체에서 영혼으로 옮김으로써 주의력이 깊지 않은 사람들을 더 쉽게 속였을 뿐이다. 철학자들은 대부분 영혼의 본성에 대해 그리 판명하지 않은 개념을 가지고 있었기 때문이다. 영혼이 원자들로 구성되었다고 본 에피쿠로스는 영혼의 결정에 대한 기원을 자신이 영혼 자체의 기원이라고 믿었던 것 안에서 찾으려고 한 점에서는 적어도 일리가 있었다. 그렇기 때문에 키케로와 벨이 에피쿠로스를 그토록 비난하고, 그보다 덜 비합리적이지 않은 카르네아데스는 너그럽게 봐주며 게다가 칭찬까지 한 것은 잘못된 것이다. 나는 어떻게 그토록 명민한 벨이 그 위장된 불합리성을 인간 정신이 그 주제에 관해 할 수 있는 최대의 노력이었다고 부를 정도로까지 그것에 만족하였는지 이해할 수 없다. 마치 이성이 있는 자리인 영혼이 어떤 내적이거나 외적인 이유나 원인에 의해 결정되지 않고서 행동할 능력이 육체보다 더 강하거나, 마치 원인 없이는 아무 일도 일어나지 않는다는 대원리가 물체나 육체에만 관련되는 것처럼 카르네아데

∴

586) 키케로, 『운명론』, 제11절, 14절 참조.

스의 불합리성에 만족하니 말이다.

323. 형상이나 영혼은 운동이나 변화의 원리, 한마디로 말해 플라톤이 명명하듯이[587] 스스로 움직이는 것을 자신 안에 가지고 있으므로 물질에 비해 자신이 행동의 원천이라는 장점을 가지고 있는 것이 사실이다. 반면 물질은 단지 수동적이며 행동하기 위해서는 영향을 받아야 한다. 행동하기 위해서는 작용을 받아야 한다(agitur ut agat). 하지만 영혼이 그 자체로 능동적이라면(실제로 능동적이다), 그러한 사실 자체로 영혼은 물질처럼 본래적으로 행동에 대해 절대적으로 무차별적이지 않으며, 자신을 결정할 것을 자신 안에서 찾아야 하는 것이다. 예정 조화 체계에 따르면, 영혼은 자신을 둘러싼 모든 것에 맞추어 조정된 결정의 이유들을 자신 안에, 그리고 현존에 선행하는 자신의 관념적 본성 안에 가지고 있다. 따라서 영혼은 현존하게 되면서부터 시간 속에서 행동할 방식 그대로 순수 가능성의 상태에서 이미 자유롭게 행동하도록 영원히 결정된 것이다.

324. 벨 스스로도 정확히 인정해야 하는 무차별성의 자유는 경향성을 배제하지 않으며, 평형을 요구하지도 않음을 매우 적절히 지적하고 있다.[588] 벨은 (『한 관구장의 질문들에 대한 답변』, 제139장, 748쪽과 그 이하에서) 영혼이 저울과 비교될 수 있으며, 그 저울에서 이유와 경향성이 무게의 역할을 한다는 점을 더욱 폭넓게 제시한다. 그리고 그에 따르면 우리의 결심

⁝

587) 『파이드로스』, 245c.
588) (옮긴이) 이미 언급했던 것처럼 라이프니츠는 자유의 한 계기로서 무차별성의 자유를 인정하지만, 평형의 무차별성은 결코 인정하지 않는다. 진정한 자유는 가장 합리적인 동기에 동의하는 자유다.

에서 일어나는 일은 인간의 의지가 두 저울판의 무게가 같은 때는 움직이지 않고, 둘 중의 하나가 무게가 더 나갈 때에는 항상 한쪽으로 기우는 저울과 같다는 가설을 통해 설명될 수 있다. 새로운 이유는 무게를 더 나가게 하고, 새로운 관념은 옛 관념보다 생생하게 빛나며, 큰 고통에 대한 두려움은 어떠한 쾌락보다 우세하다. 두 정념이 자리를 다툴 때는 둘 중 하나가 이성에 의해서나 다른 정념의 조합에 의해 도움을 받지 않는 한, 더 강한 것이 항상 지배하게 된다. 구입한 물건들을 살기 위해서 버리는 행동은 스콜라학파에서 혼합적 행동이라고 부르는 것으로서 의지적이고 자유로운 행동이다. 삶에 대한 사랑이 재산에 대한 사랑보다 의심의 여지 없이 우세한 것이다. 슬픔은 상실된 선의 기억에서 온다. 무게의 차이가 클 때 저울이 빠르게 결정되는 것을 확인할 수 있듯이, 반대 이유들이 균형에 가까워질수록 우리는 결정을 내리기가 더 어렵게 된다.

325. 그러나 많은 경우 선택항이 여럿 있기 때문에 영혼을 저울과 비교하기보다는, 동시에 여러 쪽으로 힘을 가하되 가장 용이하고 저항이 가장 적은 쪽으로 움직이는 힘과 비교할 수 있을 것이다. 예를 들어 공기는 유리그릇 안에 너무 강하게 압축될 경우 그릇을 깨고 빠져나올 것이다. 공기는 각 부분에 힘을 가하지만 결국 가장 약한 부분으로 쏠린다. 그러한 식으로 영혼의 경향은 주어진 모든 선을 향하며, 그 경향이 선행(先行)하는 의지다. 하지만 그것들의 결과인 후속적 의지는 가장 밀접한 관계를 맺는 것을 향해 결정되는 의지다.

326. 그러나 인간이 자신의 능력을 쓸 줄 안다면, 경향의 우세함도 그가 자신의 주인이 되는 것을 막지 못한다. 인간의 지배력은 이성의 지배

력이다. 그는 정념과 대립하기 위해 일찍부터 준비하기만 하면 되며, 가장 광폭한 충동도 멈출 수 있을 것이다. 파비우스 막시무스를 죽이라는 명령을 내릴 준비가 된 아우구스투스가 분노의 충동으로 무엇을 하기 전에 그리스어 알파벳을 소리내어 외우라는 철학자의 조언을 평상시대로 따른다고 가정한다면,[589] 그러한 반성은 파비우스의 생명과 아우구스투스의 영광을 구할 수 있을 것이다. 하지만 신의 매우 특별한 선에 빚지고 있는 몇몇 적절한 반성, 아우구스투스의 방법처럼 때와 장소에 맞게 반성할 수 있도록 미리 준비된 몇몇 방법이 없으면 정념은 이성을 이길 것이다. 마부가 말들을 다스려야 하는 대로 또 다스릴 수 있는 대로 다스린다면 그는 말들의 지배자인 것이다. 그러나 그가 부주의할 때가 있고, 그때 그는 고삐를 놓치게 될 것이다.

마부가 말들에게 끌려다니면 수레는 고삐에 복종하지 않는다.[590]

327. 우리 안에는 항상 우리의 의지를 지배할 충분한 능력이 있지만, 항상 그 능력을 사용할 생각을 하지는 않는다는 점을 인정해야 한다. 내가 여러 번 지적한 것처럼, 그러한 점은 영혼이 자신의 경향성에 대해 갖는 힘은 단지 간접적으로만 발휘될 수 있는 능력임을 보여준다. 이는 벨라르미누스[591]가 왕들의 지상권에 대해 교황들이 권한을 갖기를 바란 것과도 다

∵

589) 타키투스, 『연대기』, 제1권, 5절. 철학자인 아테네도로스가 아우구스투스 황제에게 그러한 조언을 했다(플루타르코스, 『왕들과 황제들의 격언』, 207c 참조). 몰리에르가 『여인 학교』의 유명한 장면(제2막 4장)에서 그 조언을 반복했다.
590) 베르길리우스, 『농경시』, 제1권, 513행.
591) 주 67 참조.

소 유사한 일이다. 실제로 우리의 힘을 능가하지 못하는 외부 작용은 절대적으로 우리의 의지에 달려 있지만, 우리의 의지 작용은 단지 우리의 결심을 유보시키거나 변경시키는 수단을 제공하는 교묘한 우회로를 통해서만 의지에 달려 있게 된다. 우리는 단지 말만 하면 되는 세계의 주인인 신과 같이 우리 자신의 주인이 아니라, 현명한 군주가 그의 국가에서 주인인 것과 같이, 혹은 훌륭한 가장이 자기 집에서 주인인 것과 같이 우리 자신의 주인인 것이다. 자유 의지를 가지고 있다고 자부하기 위해서는 우리가 근거나 수단들로부터 독립적인 절대적 능력을 가져야 하는 것처럼, 벨은 이에 대해 때때로 다르게 이해한다. 하물며 신에게도 그런 능력은 없으며, 그 같은 의미에서 신은 자신의 의지와 관련하여 그런 능력을 가져서도 안 된다. 신은 자신의 본성을 바꿀 수 없으며 질서와 다르게 행동할 수도 없다. 또 어떻게 인간이 갑자기 변형될 수 있겠는가? 내가 이미 말했듯이 신의 지배력, 현자의 지배력은 이성이다. 그러나 항상 가장 바람직한 의지를 가지고 있는 것은 오직 신뿐이며, 결과적으로 신은 그 의지를 바꿀 능력을 필요로 하지 않는다.

328. 벨은 731쪽에서 말하기를 영혼이 자기 자신의 주인이라면, 단지 원하기만 하면 정념에 대한 승리에 따르는 슬픔과 고통이 곧바로 사라질 것이라고 한다. 그의 견해에 따르면(758쪽) 그러한 결과를 낳기 위해서는 자신에게 정념 대상들에 대한 무차별성을 부여하면 된다.[592] 벨은 말한다. 그런데 왜 사람들은 자기 자신의 주인이라면서 그런 무차별성을 갖지 않는

∴

592) (옮긴이) 여기서 '무차별성(indifférence)'은 '무관심'으로 이해하면 자연스럽다. 어떤 감정이 나에게 생길 때 그것에 무관심할 수 있는 자유를 말하기 때문이다.

가? 하지만 그 논박은 다음과 같이 묻는 것과 같다. 왜 한 가장이 금이 필요할 때 그것을 갖지 않는가? 그는 금을 갖게 될 수 있지만, 그것은 기술을 발휘하기 때문에 가능한 것이지, 요정들이나 미다스 왕의 시대처럼 단지 의지의 명령이나 안수를 통해서 가능한 것이 아니다. 원하는 모든 것을 갖기 위해서는 단지 자기 자신의 주인인 것으로는 충분하지 않고 만물의 주인이어야 한다. 왜냐하면 우리는 우리 자신 안에서 모든 것을 찾지는 못하기 때문이다. 또한 자기 자신에게 영향을 미치려면, 타인에게 영향을 미치듯이 해야 한다. 자기가 대상으로 삼는 것의 구성과 질을 알아야 하고, 거기에 맞춰 자기의 활동을 조정해야 한다. 따라서 자신을 교정하고 더 좋은 의지를 갖는 것은 한순간에 또 단순한 의지의 행위에 의해서 되는 것이 아니다.

329. 그러나 어떤 사람들에게, 정념을 이긴 데 따르는 슬픔과 고통은 그들이 자신의 정신력과 신의 은총에 대한 생생한 느낌에서 찾는 큰 만족에 의해 기쁨으로 전환된다는 사실을 주목하는 것이 좋다. 금욕주의자나 진정한 신비주의자들은 경험을 통해 그러한 점을 말할 수 있고, 게다가 진정한 철학자도 그 점에 대해 무언가 말할 수 있다. 우리는 그 행복한 상태에 이를 수 있으며, 이는 영혼이 자신의 지배력을 강화하기 위해 사용할 수 있는 주요 수단 중 하나다.

330. 스코터스주의자와 몰리나주의자들[593]은 막연한 무차별성에 만족하는 것 같고(내가 그들이 '그런 것 같다'고 말하는 이유는 그들이 막연한 무차별성에 대해 제대로 인식하고 나서 정말로 만족하는 것인지 의심스럽기 때문이다), 토

∴

593) 주 241 참조.

마스 아퀴나스주의자와 아우구스티누스주의자들은 예정에 동의한다. 둘 중 하나를 필연적으로 취해야 한다. 토마스 아퀴나스는 견고함을 추구하는 습관이 있는 저자이고, 미묘한 스코터스는 토마스 아퀴나스를 반박하면서 많은 경우 문제를 해명하기보다는 모호하게 만든다. 토마스 아퀴나스주의자들은 통상적으로 그들의 스승을 따르며, 영혼의 결정이 그 결정에 기여하는 일정한 예정 없이 일어난다는 점을 인정하지 않는다. 그러나 새로운 토마스 아퀴나스주의자들이 말하는 예정은 아마도 우리가 정확히 필요로 하는 예정이 아닐지도 모른다. 꽤 자주 독자적인 길을 갔고 신의 특수한 협력에 반대했던 뒤랑 드 생 푸르생[594]은 어쨌든 어떤 예정에 찬성했다. 그의 생각에 따르면, 신은 영혼의 상태와 영혼을 둘러싸고 있는 환경의 상태에서 그 결정들의 근거를 보았다.

331. 이 점에서 고대 스토아주의자들은 토마스 아퀴나스주의자들과 견해가 거의 같았다. 비록 그들은 모든 것을 필연적으로 간주한다고 비난을 받았지만, 그들은 결정에 동의하면서 동시에 필연성에 반대했다. 키케로는 자신의 『운명론』[595]에서 데모크리토스, 헤라클레이토스, 엠페도클레스, 아리스토텔레스가 운명은 필연성을 포함한다고 믿었고, 다른 사람들(아마도 에피쿠로스와 플라톤학파 철학자들을 말하는 것 같다)은 이에 반대했으며, 크리시포스는 그 중간을 추구했다고 말한다. 나는 키케로가 우연성과 자유를 매우 적절하게 인정한 아리스토텔레스에 관해서는 오류를 범하고 있다고 생각하며, 그가 미래의 우연적 사건들에 관한 명제들은 결정된 진리를

••

594) 주 232 참조.
595) 『운명론』, 제17절.

486

갖지 않는다고 (내 생각에는 부주의로) 말한 것은 심지어 과도한 일이라고 생각한다. 이 점에서 키케로가 대부분의 스콜라학파들에게 버림받은 것은 그럴 만한 일이다. 크리시포스의 스승인 클레안테스조차 미래 사건들의 진리가 결정되었다고 인정하면서도 그 필연성은 부정했다. 스콜라학파가 (예를 들어 유명한 철학 강의의 저자인 코임브라[596]의 신부들이 그랬던 것처럼) 미래의 우연적 사건들의 그러한 결정에 대해 그토록 확신하고서 일반적 조화의 체계가 알려주는 그대로 사물들이 연결되는 것을 보았다면, 그들은 사물이 그 원인과 근거에서 예정되었음을 인정하지 않고서는 선행하는 확실성이나 미래의 실현의 결정을 인정할 수 없다고 판단했을 것이다.

332. 키케로는 크리시포스의 중간적 입장에 대해 설명하고자 했다. 그러나 유스투스 립시우스[597]는 자신의 『스토아철학』에서 키케로의 구절이 훼손되었으며 아울루스 겔리우스가 이 스토아 철학자의 모든 추론을 보존해놓았다(『아테네의 밤』, 제6권, 2장)고 말했다. 그 추론을 요약하면 다음과 같다. 운명은 모든 사건의 불가피하고 영원한 연결성이다. 이 점에 대해 사람들은 이로부터 의지 행위는 필연적이며 범죄자들도 강제된 것이어서 벌을 받아서는 안 된다는 결론이 도출된다며 반대한다. 크리시포스는 악은 숙명적인 계열의 한 부분을 이루는 영혼들의 최초 구성에서 비롯되며, 자연적으로 제대로 만들어진 영혼은 외부 원인의 영향에 더 잘 저항하지

∴

596) 주 346 참조.
597) 유스투스 립시우스(Justus Lipsius, 1547~1606)는 스토아철학과 관련된 여러 저작을 출간한 저명한 학자이자 철학자다. 그 저작들은 『스토아철학 입문』(안트베르펜, 1604), 『스토아주의자들의 물리학』(전 3권, 안트베르펜, 1604)이다. 언급된 견해는 이 가운데 두 번째 저작에서 온 것이다(제1권, 14장, 865쪽). 벨의 『역사와 비판 사전』, 크리시포스 편, 각주 H 참조.

만 그 자연적 결함을 훈련을 통해 교정하지 않은 영혼들은 타락하게 된다고 답한다. 키케로에 따르면[598] 크리시포스는 주요 원인과 보조 원인을 구분하고 원기둥의 비유를 사용하는데, 원기둥의 회전력과 속도, 운동의 용이성은 그 형태에서 비롯된다고 한다. 그것이 울퉁불퉁한 형태였다면 느려질 것이다. 그렇지만 영혼이 감각 대상에 의해 자극되어야 하고 그가 처한 성향에 상응하는 인상을 받아들이는 것처럼, 원기둥도 회전하도록 자극되어야 한다.

333. 키케로의 판단에 따르면, 크리시포스는 싫든 좋든 간에 운명의 필연성을 확인하게 되면서 혼란을 겪는다. 벨도 견해가 거의 같았다(『역사와 비판 사전』, 크리시포스 편, 각주 H). 벨은 원기둥은 장인이 그것을 어떻게 만드느냐에 따라 평평하거나 울퉁불퉁하기 때문에 그 철학자는 수렁에서 빠져나오지 못하며, 따라서 신, 섭리, 운명은 악을 필연적인 것으로 만드는 방식으로 악의 원인이 될 것이라고 말한다. 유스투스 립시우스는 스토아학파에 따르면 악은 물질에서 비롯된다고 답한다. 나의 견해로는 유스투스 립시우스의 말은 장인이 작업하는 돌멩이가 좋은 원기둥을 제공하기에는 때때로 너무 거칠고 울퉁불퉁하다고 말하는 것과도 같다. 크리시포스에 반대하여 벨은 유세비우스가 『복음의 준비』(제6권, 7, 8장)에서 보존해놓은 오이노마우스와 디오게니아누스[599]의 짧은 글들을 인용한다.

••

598) 『운명론』, 제18절 이하.
599) 오이노마우스(Oenomaus)는 2세기의 견유학파 철학자다. 디오게니아누스(Diogenianus)는 2세기의 에피쿠로스주의 철학자다. 유세비우스(Eusebius, 260~340)는 역사학자, 기독교 호교론자다. 고대 이교 문명이 기독교의 길을 열어놓았다는 것을 제시하고자 하는 그의 『복음의 준비』는 분실된 저작들의 많은 정보와 인용문을 보존해주었다.

특히 벨은 플루타르코스가 자신의 책에서 스토아주의자들에 반대하여 사용한 논박에 의거한다(『역사와 비판 사전』, 파울주의자들 편, 각주 G). 그러나 그 논박은 별것이 아니다. 플루타르코스는 신이 악을 허용하도록 놓아두는 것보다는 신의 능력을 박탈하는 편이 더 나을 것이라고 주장한다. 또 그는 악이 더 큰 선에 기여할 수 있다는 점을 인정하지 않는다. 반면 나는 비록 신이 악의 허용을 포함하는 최선을 산출하는 것보다 더 좋은 것을 할 수 없지만, 그래도 신은 전능하다고 이미 제시했다. 또 나는 따로 떼어진 부분의 나쁜 점은 전체의 완전성에 기여할 수 있다고 여러 차례 제시했다.

334. 이러한 점에 대해 크리시포스도 아울루스 겔리우스(제6권, 1장)에 관한 그의 책 『섭리에 관하여』 제4권에서 이미 비슷한 것을 말했다. 거기서 그는 악이 선의 인식에 기여한다고 주장하는데, 이는 현재의 논의를 위한 충분한 논거는 못 된다. 하지만 그는 이보다 더 적절하게 자신의 『자연에 관하여』 제2권에서 연극의 비유를 사용하여 말했다. 플루타르코스 자신도 이야기하는 것처럼, 희곡에는 그 자체로는 가치가 없지만 작품 전체에는 기품을 제공하는 부분이 있다. 그는 그러한 부분들을 비명(碑銘) 혹은 비문이라고 부른다. 우리는 크리시포스의 그 구절을 제대로 이해할 수 있을 정도로 고대 희곡의 성격을 충분히 알지 못한다. 그러나 플루타르코스가 그 사실에 동의하기 때문에, 그런 비유가 나쁘지 않다는 것은 믿을 만하다. 첫째로 플루타르코스는 세계는 기분 전환을 위한 희곡 같은 것이 아니라고 답하지만, 이는 잘못 된 것이다. 여기서 비유의 의미는 나쁜 부분이 전체를 더 좋게 할 수 있다는 점뿐이다. 두 번째로 플루타르코스는 그 나쁜 부분은 희곡의 작은 부분일 뿐이지만, 인간의 삶은 악으로 가득 차 있다고

답한다. 이 같은 답 또한 아무 가치가 없다. 그는 우리가 알고 있는 것 역시 우주의 매우 작은 부분일 뿐이라는 사실을 생각해야 했다.

335. 그렇지만 크리시포스의 원기둥으로 다시 돌아가보자. 그가 악은 어떤 정신의 근원적 성향에서 비롯된다고 하는 것은 옳다. 사람들은 신이 그 정신들을 만든 것이라고 함으로써 그에게 논박하며, 그는 신으로 하여금 더 잘하도록 허용하지 않았던 물질의 불완전성을 통해 다시 반박할 수밖에 없었다. 하지만 그러한 반박은 아무런 가치가 없다. 왜냐하면 물질은 그 자체로는 모든 형상들에 대해 무차별적이고, 물질을 만든 것은 신이기 때문이다. 악은 오히려 형상들 자체, 그러나 추상적 형상들에서 비롯된다. 달리 말하면 악은 수나 도형, 한마디로 말해 영원하고 필연적인 것들로 간주되어야 하는 모든 가능한 본질과 마찬가지로 신이 의지 행위에 의해 산출한 것이 아닌 관념들에서 비롯되는 것이다. 그 형상들은 가능한 것들의 관념적 영역, 즉 신의 지성 안에 있기 때문이다. 따라서 신은 본질이 단지 가능성인 한에서, 본질의 창조자가 아니다. 그러나 신이 현존하도록 결정을 내리고 현존을 부여하지 않은 현실적인 것은 아무것도 없다. 신이 악을 허용한 것은 악이 가능한 것들의 영역 안에 있고, 최상의 지혜가 선택하지 않을 수 없었던 최선의 구도에 포함되어 있기 때문이다. 바로 그러한 개념이 신의 지혜, 능력, 선을 동시에 만족시켜주는 것이며, 또한 악이 등장하는 원인이 되는 것이다. 신은 우주가 수용할 수 있을 만큼의 완전성을 피조물들에게 부여한다. 우리가 원기둥을 밀지만, 그것의 형태가 지닌 울퉁불퉁함은 운동 속도에 제한을 가한다. 크리시포스의 그 비유는 강물의 흐름에 의해 전진하되 무게가 더 나갈수록 느려지는, 짐 실은 배에서 취한 나의 비유와 크게 다르지 않다. 그 비유들은 동일한 목표를 향하고 있다.

그 같은 점은 우리가 고대 철학자들의 견해를 충분히 알았다면, 거기서 생각보다 더 강한 근거를 발견할 것이라는 사실을 보여준다.

336. 벨도 아울루스 겔리우스가 같은 곳에서 전하는 크리시포스의 구절을 칭찬한다(크리시포스편, 각주 T). 거기서 그 철학자는 악이 부수적으로 생긴 것이라고 주장한다. 그러한 점도 역시 나의 체계를 통해 해명된다. 나는 신이 허용한 악은 최선에 포함되어야 하기 때문에, 목적이나 수단이 아니라 단지 조건으로서 의지의 대상임을 제시했기 때문이다. 그러나 크리시포스의 원기둥은 필연성에 대한 논박을 해결하지 못한다는 것을 인정해야 한다. 첫째로 가능한 것들 중 몇몇이 현존하는 것은 신의 자유로운 선택에 의해서라는 것, 두 번째로 이성적 피조물은 영원한 관념에 이미 들어 있는 그들의 근원적 본성에 따라 역시 자유롭게 행동한다는 것이며, 마지막으로 선에 대한 동기는 의지로 하여금 그것으로 기울어지게 하되 의지를 필연적인 것으로 만들지는 않는다는 점을 덧붙여야 한다.

337. 물론 피조물이 지닌 자유의 장점은 신은 우월한 방식으로 지니고 있다. 신이 가진 자유의 장점은 그것이 진정으로 장점이며 불완전성을 가정하지 않는 것으로서 이해되어야 한다. 오류를 범하거나 혼란에 빠질 수 있는 것은 결점이며, 정념을 지배하는 것은 진정으로 장점이기는 하지만, 그것은 불완전성, 즉 신에게는 불가능한 정념 자체를 가정하는 것이기 때문이다. 신이 자유롭지 않고 필연성에서 면제되어 있지 않다면 그 어떤 피조물도 자유롭지 않고 필연성에서 면제되지 않을 것이라고 스코터스가 말한 것은 일리가 있다. 그러나 신은 모든 일에서 결정되지 않을 수 없다. 신은 무지할 수도 없고 의심할 수도 없으며 판단을 보류할 수도 없다. 신

의 의지는 언제나 확고부동할 것이며, 최선에 의해서만 확고부동할 수 있다. 신은 원초적인 개별적 의지, 즉 일반적인 법칙이나 의지로부터 독립적인 의지를 가질 수 없다. 그러한 의지는 비합리적일 것이다. 신은 아담, 베드로, 유다 등 어떤 개체에 대해서도 결정의 근거가 없는 채로 결정을 내릴 수 없다. 그러한 결정의 근거는 필연적으로 어떤 일반적인 명제에 이르게 된다. 현자는 항상 **원칙**에 따라 행동한다. 그는 항상 **규칙**에 따라 행동하며, 대립되는 성향에 의해 규칙들이 서로 경쟁하여 가장 강한 것이 이기게 될 때가 아니라면 결코 **예외**를 통해 행동하지 않는다. 그렇지 않다면 규칙들은 상호 배척될 것이고 그로부터 제3의 선택항이 나올 것이다. 그 모든 경우에 규칙은 한 예외를 위해 다른 예외를 사용하는 것이며, 항상 규칙적으로 행동하는 이에게 결코 근원적인 예외는 없는 것이다.

338. 신에게 선택되는 것과 영겁의 벌을 받는 것이 아무 이유도 드러내지 않을 뿐 아니라, 진정으로 게다가 숨겨진 어떤 이유도 없이 전제적인 절대적 능력에 의해 신으로부터 이루어진다고 믿는 사람들이 있다면, 그들은 사물들의 본성과 신의 완전성을 모두 파괴하는 견해를 옹호하는 것이다. 적절하게 표현하자면, **절대적으로** 절대적인 그 같은 결정은 인정될 수 없다. 그렇지만 루터와 칼뱅은 그런 견해와는 매우 거리가 멀다. 루터는 미래의 삶은 신의 선택에 대한 정의로운 이유를 이해하도록 해주리라고 소망하며, 칼뱅은 그 이유들이 우리에게 알려진 것은 아닐지라도 정의롭고 성스러운 것이라고 명백하게 단언한다. 그러한 점 때문에 나는 이미 예정에 관한 칼뱅의 논문을 인용했다. 칼뱅 자신의 말은 다음과 같다. "신은 아담의 타락 이전에 자신이 해야 할 바를 숙고하여 결정하고 있었으며, 이에 대한 원인들은 우리에게는 숨겨져 있다. …… 따라서 신은 일부분의 사람들에게

영겁의 벌을 내릴 정의로운 원인을 가지고 있었으나, 그 원인들은 우리에게는 알려지지 않은 것들이다."

339. 신이 행하는 모든 것은 합리적이며 더 잘될 수는 없다는 이 진리는 우선적으로 양식을 가진 모든 사람에게 강한 영향을 주며, 말하자면 그 사람의 동의를 강요한다. 그러나 논쟁의 심화와 그 열기 속에서, 미처 생각하지도 못한 채 그것들을 알아보지도 못하게 하는 용어들로 덮어버린 양식의 제일 원리들을 때때로 손상시키는 것은 미묘한 철학자들의 숙명이다. 앞에서 우리는 내가 방금 밝혔고 신의 최상의 완전성의 확실한 귀결인 그 원리를 탁월한 벨이 자신의 모든 통찰력을 통해 계속 비난한 것을 보았다. 이로부터 벨은 신에게 여러 선 가운데 가장 적은 선을 선택할 자유를 남겨 둠으로써 신의 입장을 변호하고 공상적 필연성에서 신이 면제되도록 했다고 생각했다. 우리는 너무도 쉽게 받아들여진 그 이상한 견해에 동의한 디루아[600]와 다른 사람들에 대해서도 이미 언급했다. 그 같은 견해를 옹호하는 사람들은 거짓 자유, 즉 비합리적으로 행동할 자유를 보존하거나 더 정확히는 신에게 그런 자유를 부여하기를 바라는 것이라는 사실을 보지 못한다. 이는 신의 작품을 교정 대상으로 삼는 것이며, 우리로 하여금 악의 허용에 대해 합리적 언술이 가능하다는 것을 말할 수도 없게 하고 그뿐 아니라 그것을 희망할 수도 없게 하는 것이다.

340. 그러한 결함은 벨의 추론에 큰 손상을 가했으며, 여러 곤경에서 빠져나올 수단을 그에게서 박탈했다. 이는 또한 자연의 왕국의 법칙에 대해

••

600) 주 465 참조.

서도 마찬가지인 것 같다. 벨은 자연의 왕국의 법칙을 자의적이고 무차별적이라고 생각하며 신이 그 법칙들에 결부되어 있지 않거나, 그것들을 더 빈번하게 따르지 않아도 되거나, 더 나아가 다른 법칙들을 만들었다면 은총의 왕국에서 자신의 목적을 더 제대로 실현할 수 있었을 것이라고 하며 논박한다. 특히 영혼과 육체의 결합 법칙에 관해서도 벨의 생각은 마찬가지다. 현대 데카르트주의자들에 따르면 신은 육체의 운동이 일어날 때 감각적 질에 대한 관념을 영혼에게 준다고 하는데, 그들과 함께 벨은 그 관념들이 육체의 운동을 표현하지도 않으며 그것들과 유사한 아무것도 갖지 않는다고 생각한다. 그래서 신이 우리가 경험하는 뜨거움, 차가움, 빛 그리고 다른 것들에 대한 관념을 주거나, 동일한 육체의 운동이 일어날 때 완전히 다른 관념을 주는 것은 순전히 자의적이라는 것이다. 나는 그토록 뛰어난 사람들이 그토록 비철학적이고 이성의 근본적 준칙과 대립되는 견해를 인정할 수 있었다는 데 매우 놀랐다. 철학자가 어떤 일에 대해 자신의 체계를 통해서 아무 근거도 제시하지 못함을 인정해야 할 필연성이 있다면, 한 철학의 불완전성을 이보다 잘 드러내는 것은 없기 때문이다. 그것은 에피쿠로스의 원자 이탈에 못지않은 것이다. 신이나 자연이 작용을 하면, 그 작용에는 항상 이유가 있을 것이다. 자연의 작용에서 그 이유는 필연적 진리를 따르거나 신이 가장 합리적이라고 본 법칙을 따를 것이다. 신의 작용에서 그 이유는 신의 행동에 대한 최상의 이유의 선택에 의존될 것이다.

341. 유명한 데카르트주의자인 레기스[601]는 자신의 『형이상학』에서(제2부, 2편, 29장), 신이 인간에게 부여한 능력들은 자연의 일반적 질서에 따라

..

601) 주 564 참조.

인간이 가질 수 있는 가장 탁월한 능력이라고 주장했다. 그는 다음처럼 말한다. "신의 능력과 인간의 본성만을 그 자체로 고찰한다면, 신이 인간을 더 완전하게 만들 수 있었다는 것을 생각하기란 매우 쉬운 일이다. 그러나 우리가 인간을 그 자체로 또 나머지 피조물들과 따로 고찰하지 않고, 우주의 일원이자 일반적 운동 법칙을 따르는 부분으로 고찰하고자 한다면 인간은 자신이 완전할 수 있었던 만큼 완전하다는 점을 인정할 수밖에 없을 것이다." 레기스는 덧붙여 말한다. "우리는 신이 우리 육체의 보존을 위해 고통보다 더 적절한 다른 수단을 사용할 수 있었다고 생각하지 않는다." 레기스는 전체와 관련해서 신은 자신이 행한 것보다 더 잘할 수는 없다고 말하는데, 이는 일반적으로 일리가 있다. 우주의 몇몇 부분에 인간보다 더 완전한 이성적인 동물들이 존재할 것 같다고 해도, 신은 어떤 것들이 다른 것들보다 완전하도록 모든 종을 창조할 이유가 있다고 우리는 말할 수 있다. 인간보다 완전하며 그와 매우 닮은 동물들의 종이 어딘가에 있다는 것은 어쩌면 불가능한 일이 아닐 것이다. 게다가 시간이 지남에 따라 인류가 지금 상상할 수 있는 완전성보다 더 큰 완전성에 이른다는 것도 가능한 일이다. 따라서 운동 법칙들은 인간이 더 완전해지는 것을 막지 못한다. 그러나 신이 인간에게 시간과 공간 속에 지정해준 위치는 인간이 수용할 수 있었던 완전성의 한계를 정해준다.

342. 또한 나는 고통이 인간들에게 위험을 알리기 위해 과연 필연적인 것인지에 대해 벨과 마찬가지로 의심이 든다. 그러나 벨은 너무 멀리 간다(『한 관구장의 질문들에 대한 답변』, 제2권, 77장, 104쪽). 그는 기쁨의 느낌이 같은 효과를 가질 수 있으며, 신은 아이가 불에 너무 가까이 가는 것을 막기 위해 불에서 멀어질수록 아이에게 기쁨의 관념을 줄 수 있었다고 생각

하는 것 같다. 그러한 방법은 기적에 의해서가 아니라면 모든 악에 대해 제대로 사용할 수 없을 것 같다. 너무 가까이 있으면 악을 일으킬 것이 조금 덜 가까이 있을 때 악에 대한 어떤 예감을 일으킨다면, 이는 더욱 질서에 부합한다. 그러나 나는 그런 예감은 고통보다는 덜한 어떤 것이라고 인정하며, 통상적으로도 그러하다. 따라서 고통은 실제로 현재의 위험을 피하도록 하기 위해 필연적인 것은 아니다. 오히려 고통은 실제로 우리가 악에 가담한 것에 대한 벌로 사용되거나, 다음에 악에 다시 빠지지 않도록 경고하는 데 사용되곤 한다. 또한 우리 마음대로 피할 수 없는 고통스러운 악도 많다. 우리 육체의 절단은 우리에게 일어날 수 있는 많은 사건들의 결과인바, 육체의 그 불완전성은 영혼에서 어떤 불완전성의 느낌으로 표상되는 것이 자연스러운 일이다. 그러나 나는 썩어 떨어져나간 부분을 자를 때처럼, 육체의 그 같은 절단에 대해 무감각할 정도로 그 구조가 미묘한 동물들이 우주에 존재하지 않는다고 답변하고 싶지는 않다. 혹은 단지 가려운 곳을 긁을 때처럼, 심지어 그런 육체의 절단에 기쁨의 느낌이 따를 수도 있다. 육체의 절단에 따르는 불완전성은 우리가 지금 중단시키는 연속성[602]에 의해 보류되거나 억제되어 있던 더 큰 완전성의 느낌을 일으킬 수 있기 때문이다. 그리고 그 점에서 육체는 마치 감옥과 같을 것이다.

343. 또한 시라노 드 베르주라크[603]가 태양에서 만난 동물과 비슷한 동물들이 우주에 존재하지 말라는 법은 없다. 그가 만난 동물의 육체는 큰 동물의 욕구에 따라 배치될 수 있는, 무한히 많은 작은 동물로 조합된 일

••

602) (옮긴이) 육체가 절단되기 전의 붙어 있는 상태를 말한다.
603) 시라노 드 베르주라크(Cyrano de Bergerac, 1619~1655)는 『태양의 국가들과 제국들의 우스운 역사』(1662)의 저자다.

종의 유체(流體)로서 그러한 수단을 통해 자기 마음대로 한순간에 변형될 수 있으며, 육체의 절단은 노를 한 번 저어 바다에 손상을 입힐 수 있는 것만큼이나 미미한 손상이다. 결국 그러한 동물들은 인간이 아니며, 우리가 살고 있는 이 시대에 그런 것들은 지구상에 없다. 신은 살과 뼈로 덮여 있고 고통을 느낄 수 있는 구조로 된 이성적 동물이 현세에 부족하지 않도록 계획해놓은 것이다.

344. 그러나 이 점에 대해 벨은 다른 원리를 통해 또 반대한다. 그것은 내가 이미 언급한 원리다. 벨은 영혼이 육체의 느낌에 대해 생각하는 관념이 자의적이라고 믿는 것 같다. 그래서 신은 육체의 절단이 우리에게 기쁨을 주도록 할 수 있었다는 것이다. 그는 게다가 운동 법칙들이 전적으로 자의적이라고 주장한다. 그는 말한다(제3권, 166장, 1080쪽). "나는 신이 무차별성의 자유의 행위를 통해서 운동의 전달에 대한 일반적 법칙과 인간의 영혼과 유기체적 육체의 결합에 대한 특수한 법칙을 확립했는지 알고 싶다. 만일 그렇다면 신은 완전히 다른 법칙들을 확립할 수 있었으며, 도덕적 악도 물리적 악도 포함하지 않는 계열들의 체계를 채택할 수도 있었을 것이다. 그러나 신이 자신이 확립한 법칙들을 그렇게 확립하도록 최상의 지혜에 의해 필연적으로 강제되었다고 한다면, 그것은 완전히 스토아적 숙명(fatum)인 것이다. 지혜는 신이 자신을 파괴하지 않고서는 벗어날 수 없는 길을 그에게 가리켜주었을 것이다." 이러한 반박은 충분히 격파되었다. 즉 그 점은 도덕적 필연성일 뿐이며, 완전한 지혜의 규칙에 따라 행동할 수밖에 없는 것은 항상 훌륭한 필연성이다.

345. 게다가 내가 보기에 운동 법칙들이 자의적이라고 여러 사람들이 믿

게 되는 이유는 그것들을 제대로 검토한 사람이 많지 않기 때문인 것 같다. 현재 우리는 데카르트가 운동 법칙들을 확립하면서 큰 오류를 범했음을 알고 있다. 나는 동일한 운동량의 보존은 일어날 수가 없다는 것을 증명의 방식으로 제시했다.[604] 나는 절대적인 힘[605]이건, 방향성이 있는 힘이나 개별적인 힘이건, 전체적이고 부분적인 힘이건 간에 동일한 힘의 양이 보존된다고 본다. 이 문제를 그 범위가 미칠 수 있는 데까지 다룬 나의 원리들은 아직 전체적으로 출간되지는 않았다. 그러나 나는 그 원리들에 대해 판단할 능력이 충분히 있는 친구들에게 그것들을 전해주었다. 그들은 나의 원리들을 매우 높이 평가했으며, 지식과 공적으로 널리 알려진 다른 몇몇 사람들의 생각을 변화시켰다. 나는 실제로 자연에서 나타나고 경험을 통해 확인된 운동 법칙들은 엄밀히 말하자면 기하학적 명제처럼 절대적으로 증명 가능한 것들이 아니라는 사실을 발견했다. 그 운동 법칙들은 증명 가능해서도 안 된다. 운동 법칙들은 전적으로 필연성의 원리에서 생기는 것이 아니라, 완전성과 질서의 원리에서 생긴다. 운동 법칙들은 신의 선택과 지혜의 결과다. 나는 그 법칙들을 여러 방식으로 증명할 수 있는데, 절대적으로 기하학적 필연성에 속하지 않은 어떤 것을 항상 가정해야 한다. 따라서 그 아름다운 법칙들은 지성적이고 자유로운 존재에 대한 경이로운 증명으로서,

∴

604) 라이프니츠가 운동의 전달에서 보존되는 양은 운동량(mv)이 아니라 에너지(mv2)라는 것을 데카르트에 반대하여 증명했다는 것은 잘 알려진 사실이다. 그는 1686년 3월 《과학지》에 출간된 「데카르트의 중대한 오류에 대한 간략한 논증(Brevis demonstratio erroris memorabilis Cartesii)」, 「수학 저작(*Mathematische Schriften*)」, 제6권, 117~119쪽)을 암시하고 있다.

605) (옮긴이) 라이프니츠의 동역학과 관련된 용어 '힘(force)'은 현대 물리학에서는 에너지에 해당한다. 의미상으로는 '에너지'가 맞지만 라이프니츠가 사용한 용어 자체가 아니어서 '힘'으로 그대로 옮겼다. 라틴어 저작에서는 '살아 있는 힘(vis viva)'으로 자주 표현된다.

스트라톤[606]이나 스피노자의 절대적이고 동물적인 필연성과 대립된다.

346. 나는 힘에서 결과가 항상 원인과 동일하며, 혹은 같은 말이지만 동일한 힘이 항상 보존된다고 가정함으로써 그러한 운동 법칙들을 설명할 수 있다는 점을 발견했다. 그러나 상위 철학의 이 공리는 기하학적으로 증명될 수 없다.[607] 우리는 또한 이 같은 본성의 다른 원리들을 사용할 수 있

∴

606) 주 57 참조.

607) (옮긴이)『형이상학 논고』제17절에서 자연에 보존되는 것은 운동량(mv)이 아니라 에너지(mv2)라는 것을 증명한 후에, 라이프니츠는 제18절에서 이 힘은 연장과 다른 차원의 것이라고 설파한다. "이 힘은 크기, 형태 및 운동과는 다른 무엇이다. 그리고 우리는 이로부터, 근대의 철학자들이 우리를 납득시키려 하는 바와 달리, 물체의 개념이 의미하는 모든 것이 단지 연장과 그의 변형뿐인 것은 아니라는 사실을 추론할 수 있다. 따라서 우리도 또한 그들이 추방했던 어떤 본질 또는 형상들을 다시 도입하지 않을 수 없게 된다. 그리고 비록 모든 특수한 자연 현상들이 그들을 이해하는 사람들에 의해 수학적으로나 기계론적으로 설명될 수 있다고 하더라도, 그럼에도 불구하고 점점 더 물체적 자연 및 심지어 기계학의 일반적 원리들은 기하학적이라기보다는 오히려 형이상학적이고, 물체적이거나 연장된 덩어리보다는 현상의 근거로서 오히려 어떤 형상 또는 분할 불가능한 본질에 속하는 것처럼 보인다. 이러한 숙고는 근대철학자들의 기계론적 철학을, 사람들이 경건성을 파괴하며 비물질적인 존재로부터 너무 멀리 벗어나려 한다고 어느 정도 정당한 이유를 가지고 염려하는, 몇몇 현명하고 호의적인 사람들의 신중한 태도와 화해시키는 데 적합하다." 라이프니츠는 제21절에서 이 같은 점을 명확히 설명한다. 만일 물체가 연장의 조각이고 운동은 위치의 변경이라면, 그리고 기계학이 그런 정의들에서 "기하학적 필연성을 가지고" 도출된다면, 우리는 경험과 반대되는 귀결을 도출하게 될 것이다. 그러나 기계학이 동일한 힘(혹은 원인과 결과들의 동일성)을 보존하는 신의 결정에 의거한다면, 그러한 설명은 주어진 현상들과 일치한다. 정리하자면 라이프니츠는『형이상학 논고』에서 다음과 같은 논의 과정을 따른다. 1) 세계에 보존되는 것은 운동량(mv)이 아니라 에너지(mv2)다. 2) 에너지(mv2)는 기하학적이지 않은 어떤 것을 표현한다. 3) 이 비기하학적 요소는 최적의 분배에 대한 원리에 의거한다. 라이프니츠는『변신론』에서『형이상학 논고』의 순서와 반대로 논의를 진행한다. 즉 "운동 법칙들은 전적으로 필연성의 원리에서 생기는 것이 아니라, 완전성과 질서의 원리에서 생긴다"(제345절)는 명제를 긍정하면서 논의를 시작한다. 그리고 그는 347절에서 물리학은 순전히 수학적인 원리가 아니라 최적의 분배에 대한 원리, 즉 우연적 선택에 의거한다는 것을 밝힌다.

다. 예를 들어 작용은 항상 반작용과 같다는 원리는 사물들에서 외적 변화에 대한 저항을 가정하며, 그 원리는 연장(延長)에서 도출될 수도 없고 불가침투성에서도 도출될 수 없다. 단순한 운동은 동일한 이동(translation) 현상을 산출할 복합적 운동이 가질 수 있는 동일한 속성을 갖는다는 원리도 마찬가지다. 그러한 가정들은 매우 수긍할 만한 것들이며 운동 법칙들을 성공적으로 설명해낸다. 그 가정들은 서로 일치하는 만큼 그보다 더 적절한 것은 없다. 그러나 여기에는 우리가 논리학, 대수학, 기하학의 규칙을 인정하도록 강제되는 것처럼 강제로 인정해야 할 아무런 절대적 필연성도 나타나지 않는다.

347. 운동과 정지에 대해 물질이 무차별적이라고 한다면 정지해 있는 더 큰 물체가 운동하게 될 더 작은 물체에 의해 어떤 저항도 없이 떠밀려 갈 수 있을 것인데, 이 경우 반작용이 없는 작용이 있게 될 것이며 결과가 그 원인보다 더 크게 될 것이다. 또한 평평한 수평면을 특정한 속도 A로 자유롭게 굴러가는 공의 운동에 대해 생각해보자. 또 공이 배 안에서 다소 느린 속도로 가고, 배 자체도 잔여 속도를 가지고 같은 방향으로 움직인다고 해보자. 이때 둑 쪽에서 관찰된 공이 동일한 속도 A로 전진한다고 해서, 두 운동 특성이 같다고 말할 그 어떠한 필연성도 없다.[608] 이 배라는 매개

..

608) (옮긴이) 이 구절에서 공의 운동 상황을 라이프니츠가 다소 복잡하게 묘사하고 있으나 사실 꽤 단순한 상황이다. 우선 속도 A로 굴러가는 공이 있다고 해보자. 그런데 속도 A는 배의 속도와 배 안에서 굴러가는 공의 속도가 합쳐진 것과 동일하다. 따라서 둑 쪽의 공이 배와 평행하게 A의 속도로 굴러간다면 배 안의 공과 둑 쪽의 공은 동일한 속도로 움직이며 동일한 외관을 나타낼 것이다. 그러나 배에 있는 공의 속도는 공 자체의 속도와 배의 속도가 합쳐진 것이고 둑 쪽 공의 속도는 단일한 운동의 속도다. 일정한 속도로 움직이는 무빙워크 위에서 어떤 사람이 같은 방향으로 특정한 속도로 움직이고, 무빙워크 밖의 동일 선

체를 통하여 결과적으로 속도와 방향이 같게 나타나지만, 이는 두 경우가 같기 때문은 아니다. 그러나 공들 각각의 분리된 운동이 배의 운동과 결합하여 배의 밖에서 일어나는 외관을 나타내는, 배 안의 공들의 그 협력 결과는 그렇게 협력하는 동일한 공들이 배의 밖에서 만들어낼 결과들의 외관을 역시 나타낸다. 이는 아름다운 일이지만 우리는 그것이 절대적으로 필연적인 것이라고 볼 수는 없다. 직각삼각형의 두 변에서의 운동은 빗변에서의 운동을 조합해낸다. 하지만 이로부터 빗변에서 움직인 공이 두 변에서 움직인 두 공과 같은 크기의 결과를 만들어야 한다는 사실이 도출되지는 않는다. 그러나 이러한 것은 참된 것으로 나타난다. 이 같은 사건보다 더 적합한 것은 없다. 신은 그 사건을 산출하는 법칙들을 선택한 것이다. 그렇지만 여기서 우리는 그 어떠한 기하학적 필연성도 보지 못한다. 그러나 그 필연성의 결여 자체가 신이 선택한 법칙들의 아름다움을 드러내준다. 그 법칙들에서는 여러 아름다운 공리가 결합되어 있고 우리는 그중 어느 것이 가장 근원적인지 말할 수도 없기 때문이다.

348. 나는 또한 이 아름다운 **연속성의 법칙**이 지켜진다는 점을 제시했다. 그 법칙은 아마도 내가 처음 내놓은 것으로서, 과거에 내가 벨의 《문예협회 소식지》에서 부분적으로 밝힌 것처럼 데카르트, 파브리 신부, 파르디 신부, 말브랑슈 신부[609] 및 다른 이들은 그 증거를 제시할 수 없는 일종의 시금석

∴

상에서 무빙워크의 속도와 그 사람의 속도를 합한 속도로 걷는 다른 사람의 상황과 같다.

[609] 오노레 파브리(Honoré Fabry, 1607~1688)는 예수회 회원으로서 철학자이자 과학자다. 파르디(Pardies, 1636~1688)는 예수회 회원으로서 기하학자이자 물리학자다. 파르디는 특히 『장소 운동 강론』(파리, 1670)과 『운동하는 힘에 대한 통계 혹은 학』(파리, 1673)을 썼다. 말브랑슈는 라이프니츠의 근거에 설득되어 자신이 애초에 채택했던 데카르트의 개념을 포기했다. 라이프니츠가 인용하는 논문은 1687년 7월 《문예협회 소식지》에 실린 「자연법칙들

이다. 그 법칙에 근거하면 정지는 계속적으로 감소된 후에 사라지고 있는 운동으로 간주될 수 있어야 한다. 마찬가지로 동일성도 서로 다른 두 물체 중 더 작은 것의 크기가 유지되는 동안 더 큰 것이 계속적으로 감소됨으로써 일어나는 일처럼, 사라져가는 비동일성과 같은 것이다. 또한 그런 고찰에 따라 서로 다른 물체들 혹은 운동하고 있는 물체들의 일반적 규칙은 동일한 물체들 혹은 그중 하나가 정지해 있는 물체들에 규칙의 특별한 한 경우로서 적용되어야 한다. 이러한 것은 참된 운동 법칙에서 실현되고, 데카르트와 여러 뛰어난 사람들이 고안한 몇몇 법칙에서는 실현되지 않는 것이며, 그 사실만으로도 그들은 이미 합의되고 있지 않다는 것이 드러난다. 따라서 우리는 경험도 그들에게 유리한 것이 아니라고 예상할 수 있다.

349. 이 같은 고찰이 보여주는 것은 운동을 조정하는 자연법칙들은 완전히 필연적이지도 않고 전적으로 자의적이지도 않다는 점이다.[610] 취해야 할 중간점은 자연법칙들이 가장 완전한 지혜의 선택이라는 사실이다. 운동 법칙들의 이 위대한 예는 세 가지 경우 사이의 차이가 얼마나 큰지 가장 명확하게 보여준다. 즉 첫째는 **절대적 필연성**으로, 맹목적 필연성이라고 부를 수 있는 형이상학적 혹은 기하학적 필연성이며 이는 오로지 작용인에 의존한다. 둘째는 **도덕적 필연성**으로, 목적인에 대한 지혜의 자유로운 선택에서

∵

을 신의 지혜에 대한 고찰을 통해 설명하는 데 유용한 일반 원리에 관한 라이프니츠의 편지의 발췌문(*Extrait d'une lettre de M. L. sur un principe général, utile à l'explication des lois de la nature, par la considération de la sagesse divine*)」이다(『게르하르트 전집』, 제3권, 51~55쪽).
610) (옮긴이) 라이프니츠가 모든 것을 우연으로 간주하는 데카르트와 모든 것을 필연으로 간주하는 스피노자 사이의 절충적 관점을 견지한다는 점이 다시 드러난다.

비롯되는 것이다. 마지막으로 셋째는 절대적으로 자의적인 어떤 것으로서, 이는 사람들이 상상하지만 존재할 수는 없는 평형의 무차별성에 의존한다. 이러한 필연성에 따르면, 작용인에도 목적인에도 아무런 충족 이유가 없다. 결과적으로 절대적으로 필연적인 것을 최선의 근거에 의해 결정된 것과 혼동하거나, 근거에 의해 결정되는 자유를 막연한 무차별성과 혼동하는 것은 오류다.

350. 이는 또한 벨의 난점을 정확히 해결하는 것이다. 벨은 신이 항상 결정된다면, 자연은 신이 필요하지 않을 수 있으며 신에게 속한 동일한 결과를 사물들의 질서의 필연성에 의해 만들어낼 수 있을 것이라며 걱정한다. 그러한 점은, 예를 들어 운동 법칙 및 다른 모든 것의 원천이 작용인의 기하학적 필연성에 있다면 맞는 말이다. 그러나 분석의 끝에 가서 우리는 목적인이나 합목적성에 의존하는 어떤 것에 의거할 수밖에 없다. 그 점은 또한 자연주의자들의 가장 그럴듯한 기초를 무너뜨리는 것이다. 화학에 관한 저작으로 유명한 독일인 의사인 요한 요하임 베케루스[611] 박사는 곤란한 일들을 생각나게 하는 기도를 했다. 그 기도는 다음과 같이 시작한다. 자연이여, 성스러운 어머니여, 만물의 영원한 질서여. 결국 그 기도는 자연 자체가 자신의 결함의 원인이기 때문에 그 결함을 용서해야 한다고 말한다. 그러나 지성도 선택도 없는 것으로 이해된 사물들의 자연적 본성은 무엇을 충분히 결정지을 만한 것이 전혀 없다. 베케루스는 조물주(natura naturans)가 선하고 지혜로워야 한다는 것, 또 조물주가 우리의 악행에 가담하지 않아도 우리는 악할 수 있음을 충분히 생각하지 않았다. 한 악인이

∴

611) 요한 요하임 베케루스(Johann Joachim Becherus, 1635~1682)는 의사, 화학자, 경제학자다.

존재할 때, 신은 가능한 것들의 영역 안에서 그 사람의 관념을 찾아야 한다. 그 사람은 사물들의 계열 안에 포함되며, 그 계열의 선택은 우주의 가장 큰 완전성을 통해 요구된 것으로서 그 안에서는 결함과 죄가 단지 벌을 받는 것으로 끝나는 것이 아니라 더 큰 이득과 함께 회복되며 가장 큰 선에 기여하게 된다.

351. 그러나 벨은 신의 자유로운 선택의 범위를 다소 지나치게 확장시켰다. 그는 모든 것이 지성이 결여된 자연적 본성의 필연성에 의해 산출되었다고 주장한 아리스토텔레스주의자 스트라톤에 대해 말하면서(『한 관구장의 질문들에 대한 답변』, 제3권, 180장, 1239쪽), 이 철학자는 왜 나무는 뼈나 혈관을 만들 능력이 없냐는 질문을 받고서 다음처럼 되물었어야 한다고 주장한다. "왜 물질은 정확히 3차원을 가지며, 왜 2차원은 물질에 대해 충분하지 않고, 왜 물질은 4차원을 갖지 않는가? 만일 사람들이 3차원보다 더한 것도 덜한 것도 있을 수 없다고 답한다면, 그는 그 불가능성의 원인을 물었을 것이다." 그 말을 통해 판단해보면, 벨은 나무가 동물을 낳게 하거나 그렇지 않도록 하는 것이 신에게 달려 있듯이 물질의 차원의 수도 신의 선택에 달려 있다는 점을 의심한 것이다. 실제로 스코틀랜드의 흑기러기[612](나무에서 태어난다는 새) 우화가 사실인 행성들이나, 우주에서 더 멀리 떨어진 어떤 곳에 그러한 땅이 있을지 우리가 알겠는가? 더 나아가 거대한 녹음의 물푸레나무가 모든 민족들을 낳았고 아이는 오리나무(alno)에서 푸른 열매처럼 떨어졌다[613]고 말할 수 있는 나라들이 있을지 우리가 알겠는가? 그

∴

612) 흑기러기(bernacle, 혹은 bernache)는 부리가 짧은 기러기의 일종이다. 오랫동안 사람들은 흑기러기가 나무에서 열매처럼 난다고 생각했으며, 사순절 동안에는 흑기러기를 먹을 수 있었다.

러나 물질의 차원에 관해서는 다르다. 3차원의 수 3은 최선의 이유에 의해 결정된 것이 아니라 기하학적 필연성에 의해 결정된 것이다. 기하학자들은 서로 직각을 이루는 세 개의 직선만이 동일한 한 점에서 교차할 수 있음을 증명할 수 있었기 때문이다. 현자의 선택을 이루는 도덕적 필연성과, 신의 지성과 의지를 부정하는 스트라톤과 스피노자주의자들의 동물적 필연성의 차이를 제시하기 위해서는 운동 법칙들의 이유와 차원의 수가 3인 이유의 차이를 생각하게 하는 것보다 더 적절한 선택이 있을 수 없었다. 운동 법칙들의 이유는 최선의 선택이며 차원의 수가 3인 이유는 기하학적 필연성이다.[614]

352. 이제 물체의 법칙, 즉 운동의 규칙에 대해서는 말했고 벨이 아직도 막연한 무차별성, 즉 절대적으로 자의적인 어떤 것이 있다고 생각하는 영혼과 육체의 결합 법칙에 대해 살펴보자. 이 점에 대해 벨은 자신의 『한 관구장의 질문들에 대한 답변』 제2권 84장 163쪽에서 이렇게 말한다. "물체나 육체들이 인간의 영혼에 악이나 선을 행할 자연적 능력이 있는지의 여부는 골치 아픈 문제다. 만일 그렇다고 대답한다면 우리는 끔찍한 미로에 빠져들게 된다. 인간의 영혼은 비물질적 실체이기 때문에 어떤 물체나

∴

613) 스타티우스(Statius), 『테바이드』, 제4권, 280~281행. 텍스트는 '오리나무(alno)' 대신에 '만나나무(orno)'로 되어 있다.

614) (옮긴이) 운동 법칙이나 자연법칙은 '사실 진리'인 반면, 기하학이나 수학의 법칙은 '추론 진리'다. "추론 진리는 필연적이고 그 반대는 불가능하다. 사실 진리는 우연적이고 그 반대가 가능하다. 어떤 진리가 필연적이라면 우리는, 이 진리를 근원적인 관념과 진리에 도달할 때까지 단순한 관념들과 진리들로 분해함으로써 그 근거를 분석을 통하여 발견할 수 있다."(『모나드론』, 제33절). "이와 같은 방식으로 수학자에게 있어 이론적인 정리들과 실천적인 규칙들은 분석을 통하여 정의와 공리, 그리고 공준들로 환원된다."(제34절)

육체들의 장소 운동은 정신 사유의 작용인이라고 말해야 하는데, 이는 철학이 제공하는 가장 명백한 개념들과 대립되는 것이기 때문이다. 만일 그렇지 않다고 대답한다면 우리는 우리의 사유에 대한 우리 기관들의 영향은 물질의 내적 성질에 의존하지도 않고 운동 법칙에 의존하지도 않지만, 창조자의 자의적 설정에 의존한다고 인정할 수밖에 없게 될 것이다. 따라서 물체들의 상호 작용 법칙들을 고정한 후에도, 우리 영혼의 이런저런 사유를 우리 육체의 이런저런 변용에 연결시키는 것도 절대적인 신의 자유에 달려 있다고 인정해야 할 것이다. 이로부터 우주에는 신이 원하지 않는 한, 그 주변 때문에 우리에게 해로울 수 있는 물질의 부분은 없다는 사실이 도출된다. 결과적으로 지상도 다른 곳만큼이나 축복받은 인간의 거주지일 수 있는 것이다. 마지막으로 자유의 악한 선택을 막기 위해 인간을 지상 밖으로 이동시킬 필요도 없다. 신은 자신이 효능 은총이나 혹은 자유에 아무 손상을 가하지 않으면서 항상 영혼의 만족을 일으키는 충족 은총을 통해 예정된 사람들의 선한 활동의 사건을 확정할 때, 그 활동들에 대해 행하는 것을 의지의 모든 행위에 대해 지상에서 행할 수 있을 것이다. 신에게는 천상과 마찬가지로 지상에서도 우리 영혼들이 선한 선택을 하도록 결정하는 것은 쉬운 일일 것이다."

353. 나는 신이 자연적 방법이나 특별한 은총을 통해, 영속적 낙원이 될 질서 그리고 축복받은 이들이 천상의 상태를 미리 맛보게 될 질서를 육체와 영혼에 설정할 수 있었다는 데 벨에 동의한다. 또한 우리의 땅보다 더 행복한 곳들이 없어야 할 이유도 없다. 그러나 신은 우리의 땅이 지금 모습 그대로 있기를 바랄 만한 좋은 이유를 가지고 있었다. 하지만 벨은 이 땅에 더 좋은 상태가 가능했었음을 입증하기 위해서 기적과 가정으로 가득

한 기회 원인론 체계에 의거할 필요가 없었다. 그 체계는 여러 저술가들도 근거가 없다고 인정하는 것이다. 그 체계는 기적과 가정으로 가득하다는 두 결함 때문에 참된 철학의 정신과 가장 거리가 멀다. 우선 벨이 그가 이전에 검토했고 지금의 주제에 지극히 부합하는 예정 조화 체계를 상기하지 않는다는 것은 놀라운 일이다. 그러나 예정 조화 체계에서는 모든 것이 연결되어 있고 조화를 이루는 만큼, 모든 것이 근거에 따라 작동하며 공백으로 남아 있거나 순수하고 완전한 무차별성에 의해 경솔하게 이루어지는 것은 아무것도 없다. 이 문제에 대해, 벨은 무차별성의 개념에 대한 선입견이 있어서 예정 조화 체계에 만족하지 않는 것 같다. 하지만 그는 다른 상황에서는 무차별성의 개념을 매우 적절하게 공격했다. 벨이 그렇게 흰색에서 검은색으로 쉽게 바뀌는 것은 나쁜 의도가 있거나 양심을 거슬러서가 아니라, 논란이 되는 문제에 대해 아직 고정된 생각이 없었기 때문이다. 벨의 목표는 단지 철학자들을 혼란하게 하고 우리 이성의 나약함을 제시하는 것이기 때문에, 그는 자신이 생각하고 있던 반대자에게 반박하는 데 적합한 것에 만족한 것이다. 나는 아르케실라우스[615]도 카르네아데스도 그보다 더 강한 웅변력과 재기로 찬성과 반대를 동시에 나타내지는 못했다고 생각한다. 그러나 결국 의심하기 위해서 의심해서는 안 되는 것이다. 의심은 진리에 이르기 위한 발판으로 사용되어야 한다. 이는 내가 고(故) 푸셰[616] 신

∴

615) 아르케실라우스(Arcesilaus, 기원전 315~241)는 철학자이며, 신 아카데미아 수뇌부에서 플라톤의 계승자들이 취한 회의론 경향에 대한 최초의 대표자들 중 한 명이다.

616) 시몽 푸셰(Simon Foucher, 1644~1696)는 프랑스 철학자이며 라이프니츠와 서신 교환을 했다. 그는 말브랑슈에 반대하여 논쟁적인 여러 저작을 썼다. 그 저작들에서 그는 신아카데미아의 반 독단론적 개연설을 변호했다. 그 저작들은 다음과 같다. 『진리의 탐구에 관한 논문, 고대와 현대의 독단론자들의 오류의 발견』(파리, 1679), 『아카데미아인들의 호교론을 포함한 진리의 탐구에 관한 논문, 아카데미아인들의 철학 방식이 종교를 위해 가장 유용

부에게 자주 말했던 것이며, 그의 작품의 몇몇 편린이 제시하는 바에 따르면 이는 유스투스 립시우스와 스키오피우스가 스토아학파들을 위해서, 또 가상디가 에피쿠로스를 위해서 행하고 다시에가 플라톤을 위해 매우 적절히 행하기 시작한 것처럼 푸셰 신부가 플라톤주의자들을 위해 행하고자 했던 일이다. 유명한 카조봉[617]이 소르본대학의 강의실을 보여주며 그곳에서 수세기 동안 논쟁을 했다고 말한 사람들에게 거기서 결론 내린 것이 무엇인가라고 말했는데, 그러한 대답으로 진정한 철학자들을 비난해서는 안 된다.

354. 벨은 166쪽에서 계속하여 말한다. "우리가 세계에서 확인하는 방식대로 운동 법칙들이 확립된 후로, 망치로 호두를 내리치면 호두가 깨지고, 발에 돌이 떨어지면 사람에게 부분적으로 일정한 타박상이나 손상이 일어난다는 것은 사실이다. 그러나 그 돌이 사람의 발에 가한 작용에서 비롯될 수 있는 모든 것을 보자. 그 작용이 발에 가한 것 외에도 고통의 느낌을 야기한다고 주장하려면, 물체들의 상호 작용과 반작용을 조정하는 것과는 다른 규칙의 확립을 가정해야 한다. 달리 말하자면, 영혼과 몇몇 물체들의 결합 법칙에 대한 특수한 체계에 의거해야 한다. 그런데 그 체계는 다른 체계와 필연적으로 연결된 것이 아니므로, 신의 무차별성은 한 체계에 대해 내린 선택 후에 다른 체계에 대해서도 멈추는 것이 아니다. 따라

⁚

하며 상식에 가장 부합한다는 것이 제시됨.(파리, 1687). 『아카데미아인들의 철학의 역사와 원리를 포함한 진리의 탐구에 관한 논문』(파리, 1693). 유스투스 립시우스에 대해서는 주 597 참조. 스키오피우스에 대해서는 주 512 참조. 스키오피우스는 1606년에 『스토아주의의 도덕 철학의 요소들』을 출간했다. 가상디에 대해서는 주 295 참조. 앙드레 다시에(André Dacier, 1651~1722)는 프랑스의 작가이자 문헌학자다. 1699년에 「플라톤에 대한 견해와 그의 삶, 그의 철학의 핵심적 학설들의 설명과 함께」 등 몇몇 대화를 번역하여 출간했다.
617) 카조봉(Isaac Casaubon, 1559~1614)은 프랑스의 위대한 문헌학자, 박식한 학자다.

서 신은 자연적으로는 서로 인과관계가 없는 두 사물처럼 두 체계를 완전한 자유를 통해 조합한 것이다. 즉, 신은 육체의 상처들이 육체에 결합되어 있는 영혼에게 고통을 야기하도록 자의적으로 확립해놓은 것이고, 영혼과 육체의 결합에 관한 다른 체계를 선택하는 것은 신에게 기인한 것이다. 그래서 신은 상처들이 치료의 관념과 치료를 해야 한다는, 강렬하되 유쾌한 욕망만을 야기하는 체계를 선택할 수도 있었던 것이다. 신은 사람의 머리를 부수고 심장을 뚫을 준비가 된 모든 물체들이 위험에 대한 생생한 관념을 야기하고, 그러한 관념이 육체가 재빨리 위험의 범위 밖으로 이동하는 원인이 되도록 확립해놓을 수 있었다. 그 원인에 대해서는 일반적인 법칙이 있을 것이어서 그 모든 것은 기적 없이 이루어질 것이다. 경험을 통해 우리가 인식하고 있는 체계는 몇몇 물체의 운동의 결정이 우리의 욕망에 따라 변한다는 점을 알려준다. 따라서 우리의 욕망과 몇몇 물체의 운동 간에 조합이 이루어지고, 이를 통해 우리의 기관들의 훌륭한 배치가 변형되지 않도록 영양액이 변용되는 것이 가능했던 것이다."

355. 우리는 벨이 일반적 법칙에 의해 이루어지는 모든 일이 기적 없이 이루어진다고 생각한다는 것을 볼 수 있다. 그러나 나는 만일 법칙이 근거에 기초하지 않고 사물들의 본성을 통해 사건을 설명하는 데 쓰이지 않는다면, 그것은 기적을 통해 실행될 수밖에 없다는 점을 충분히 제시했다. 예를 들어 신이 물체들은 곡선으로 움직여야 한다고 명령을 내렸다면, 신은 그 명령을 실행하기 위해 계속적인 기적이나 천사들의 매개가 필요했을 것이다. 왜냐하면 그러한 명령은 물체는 방해하는 것이 아무것도 없다면 자연적으로 곡선을 벗어나서 정접(正接) 직선으로 계속 움직인다는 운동 법칙과 대립되기 때문이다. 따라서 신이 상처가 유쾌한 느낌을 일으키도록

단지 명령한다는 것으로는 충분하지 않고, 이를 위한 자연적 수단을 찾아야 한다. 신이 육체에서 일어나는 일에 대한 느낌을 영혼에 부여하는 진정한 수단은 영혼의 본성에서 비롯된다. 영혼은 물체나 육체를 표상하며, 사유들의 자연적 계열을 통해 상호 발생하는 표상들이 물체나 육체의 변화에 부합하도록 미리부터 만들어져 있기 때문이다.

356. 표상은 표상 대상과 자연적 관계를 갖는다. 만일 신이 물체의 동그란 형태를 네모의 관념으로 표상하도록 했다면, 이는 그다지 적절하지 않은 표상일 것이다. 원래의 것에서는 모든 것이 고르고 평평한 반면, 표상에는 각과 돌출 부분이 있을 것이기 때문이다. 표상이 불완전할 때는 표상 대상들의 어떤 것이 제거되는 경우도 빈번하다. 그러나 표상은 아무것도 덧붙일 수는 없다. 그러한 것은 표상을 완전한 것 이상이 아니라 거짓된 것으로 만들 것이다. 게다가 우리의 지각 안에서 전체적 제거는 절대로 없으며, 표상이 혼란할 경우 그 안에는 우리가 보는 것 이상의 것이 있다. 따라서 뜨거움, 차가움, 색깔 등의 관념은 우리가 그 질을 느낄 때 기관에서 작동된 미세한 운동을 또한 표상할 뿐이라고 판단해야 한다. 비록 그런 운동들의 다수성과 그 작은 크기로 인해 판명한 표상이 방해받기는 해도 말이다. 이는 초록색으로 보이는 것이 노란 부분과 파란 부분으로 조합되어 있음을 현미경이 보여줄 때에도, 우리가 표상에 들어 있고 또한 초록색의 조합에 들어 있는 파란색과 노란색을 식별하지 못하는 일이 있는 것과 비슷한 일이다.

357. 동일한 대상이 다른 방식으로 표상될 수 있다는 것은 사실이다. 그러나 표상과 대상 사이에는, 결과적으로 동일한 대상에 대한 다른 표상들

사이에는 항상 정확한 관계가 있어야 한다. 원에서 원뿔 곡선들에 대한 시각의 투영은 동일한 원이 타원, 포물선, 쌍곡선, 그뿐만 아니라 다른 원, 직선, 점으로도 표상될 수 있음을 보여준다. 그 도형들처럼 다르고 닮지 않은 것도 없다. 그러나 각각의 요소 사이에는 정확한 관계가 있다. 또한 각각의 영혼은 자신의 관점에 따라, 또 자기와의 고유한 관계에 따라 우주를 표상한다는 것을 인정해야 한다. 하지만 여기에는 완벽한 조화가 항상 유지되고 있다. 신이 육체의 절단이 영혼 안에서 유쾌한 느낌을 통해 표상되기를 원한다면, 우리가 어떤 짐을 내려놓거나 어떤 속박에서 풀려날 때처럼 육체가 새롭게 어떤 것을 제거하도록 함으로써 그러한 절단 자체가 반드시 육체의 어떤 완전성에 사용되도록 했을 것이다. 그러나 그러한 종류의 유기체적 육체들이 가능하다고는 해도 우리의 지구에 그런 것들은 발견되지 않는다. 우리의 지구에는 신이 다른 곳에 만들어놓았을 수 있는 무한히 많은 장치가 없기 때문이다. 하지만 우리의 세상이 우주에서 차지하고 있는 자리에 관해서 말하자면, 우리는 신이 그것을 위해 이 세상에서 행하는 것보다 더 잘할 수 있는 것이 아무것도 없다는 사실만으로도 충분하다. 신은 자신이 확립한 자연법칙을 가능한 한 최선으로 사용한다. 레기스[618]도 같은 곳에서 역시 인정한 대로, "신이 자연에 확립한 법칙들은 생각 가능한 가장 탁월한 것이다."

358. 여기에 벨이 『한 관구장의 질문들에 대한 답변』 제3권 162장 1030쪽에 삽입한 1705년 3월의 《과학자 신문》의 평가를 덧붙이겠다. 그것은 악의 기원에 관한 매우 정교한 현대의 책에서 발췌한 것으로, 나는 그 책

∵

618) 주 564 참조.

에 대해 앞에서 언급했다.[619] 저자는 다음과 같이 말한다. "물리적 악에 관해 그 책이 제시하는 일반적 해결책은 우주를 하나의 전체를 이루는 다양한 부분으로 조합된 작품으로 간주해야 한다는 것이며, 자연 안에 확립된 법칙들에 따르면 몇몇 부분은 다른 부분들이 더 나쁘지 않으면, 그리고 이로부터 덜 완전한 전체적 체계가 나오지 않으면 더 좋을 수가 없다는 것이다. (저자는 말한다.) 이 원리는 훌륭하다. 그러나 이 원리에 아무것도 덧붙이지 않는다면 충분한 것 같지는 않다. 다소 까다로운 철학자들은 왜 신은 그토록 많은 안 좋은 일들이 생겨나는 법칙들을 확립했느냐고 물을 것이다. 신은 어떠한 결함에서도 벗어나 있는 다른 법칙들을 확립할 수 없었는가? 더 분명하게 말하자면, 무슨 근거로 신은 자신에게 법칙들을 부과한 것인가? 왜 신은 자신의 전능함과 완전한 선에 따라 일반적 법칙 없이 행동하지 않는가? 저자는 여기까지는 난점을 확장하지 않았다. 이는 그의 생각을 풀어내면 그 난점을 해결할 방법을 아마도 찾을 수 없는 것은 아니겠지만, 저자가 그 점에 대해 발전시킨 것이 아무것도 없기 때문이다."

359. 내가 생각하기에 이 발췌문의 뛰어난 저자는 자신이 난점을 해결할 수 있다고 믿었을 때, 나의 원리에 가까운 어떤 것을 염두에 두고 있었다. 그리고 그 부분에서 그가 설명하고자 했다면, 그는 필경 레기스처럼 신이 확립한 법칙은 확립될 수 있었던 것 중 가장 탁월한 것들이라고 대답했을 것이다. 동시에 그는 법칙과 규칙들은 질서와 미를 실현하기 때문에, 신은 법칙들을 확립하지 않을 수 없고 규칙들을 따르지 않을 수 없다고 인

∵

619) 윌리엄 킹(William King)의 『악의 기원에 관하여』에 대한 익명의 서평을 말한다. 주 707 참조.

정했을 것이다. 또한 규칙 없이 행동하는 것은 근거 없이 행동하는 것이며, 신은 자신의 모든 선을 작용하도록 했기 때문에 신의 전능함은 실현 가능한 가장 큰 선을 획득하기 위해 지혜의 법칙에 부합했다고 인정했을 것이다. 마지막으로 그는 우리에게 닥치는 개별적 몇몇 불행의 현존은 최선의 구도가 불행을 피하도록 허용하지 않았으며, 그러한 불행은 전체적 선의 실현을 위해 사용된다는 확실한 증거라고 인정했을 것이다. 이 같은 추론은 벨 스스로도 여러 곳에서 동의하고 있다.

360. 이제 결정된 이유들을 통해 모든 것이 이루어진다는 것은 충분히 제시된 만큼, 더 이상 신의 예지의 근거에 대한 난점은 없다. 그러한 결정들은 비록 필연적으로 강제하는 것은 아니지만, 그렇다고 확실하지 않은 것이 아니며 일어날 일을 예견하지 않는 것도 아니다. 신은 우주를 선택할 때 우주의 전(全) 계열을 한 번에 보며, 따라서 결과를 예견하기 위해 원인과 결과의 연결을 필요로 하지 않는 것이 사실이다. 그러나 신의 지혜는 그로 하여금 완벽하게 연결된 계열을 선택하도록 하기 때문에, 그는 계열의 한 부분을 다른 부분에서도 반드시 본다. 현재는 미래를 내포한다는 것, 모든 것을 보는 이는 현재 존재하는 것에서 미래에 존재할 것을 본다는 것은 일반적 조화에 관한 내 체계의 규칙 중 하나다. 게다가 나는 신이 우주의 각 부분에서 우주 전체를 본다는 것을 증명의 방식으로 확립했다. 신의 통찰력은 헤라클레스의 발자국으로 그의 키를 판단했던 피타고라스의 통찰력보다 무한히 더 크다.[620] 따라서 우연과 심지어 자유에도 불구하고, 결

620) 플루타르코스를 인용하는 아울루스 겔리우스의 이야기를 암시하고 있다. 『아테네의 밤』, 제1권, 1장.

과가 원인을 결정된 방식으로 따른다는 것을 의심할 필요가 없다. 우연과 자유도 확실성이나 결정과 함께 유지되기 때문이다.

361. 여러 사람 중에서 특히 뒤랑 드 생 푸르생[621]은 이 점에 대해 매우 적절히 평가했다. 그는 미래의 우연적 사건들이 그 원인들에서 결정된 방식으로 드러나며, 모든 것을 알고 있는 신은 의지를 이끌거나 거스르는[622] 모든 것을 봄으로써 의지가 취하게 될 선택을 그 안에서 볼 것이라고 말하기 때문이다. 나는 이같이 말한 다른 많은 저술가들을 근거로서 내세울 수 있으며, 이성도 이와 다르게 판단할 수 있도록 허용하지 않는다. 벨이 주목하는 것처럼(『한 관구장의 질문들에 대한 답변』, 제3권, 142장, 796쪽), 자클로도 인간 마음의 경향과 상황의 경향은 그가 하게 될 선택을 확실하게 신이 알도록 해준다고 암시한다(『이성과 신앙의 조화』, 318쪽과 그 이하). 벨은 몇몇 몰리나주의자들[623]도 이같이 말한다고 덧붙이며, 시토교단인 피에르 드 생 조제프[624]의 『유쾌한 조화』(579, 580쪽)에서 언급한 사람들을 참조한다.

362. 그러한 결정과 필연성을 혼동한 사람들은 기괴한 것들을 가공해내어 비난의 대상으로 삼았다. 자기들이 흉측한 형태로 가린 합리적인 것을 피하기 위해, 그들은 큰 불합리성에 빠졌다. 공상적 필연성이나, 적어도 문

∵

621) 주 232 참조.
622) 의지를 긍정적으로 혹은 부정적으로 자극하는 것을 말한다.
623) 주 241 참조.
624) 피에르 드 생 조제프(Pierre de Saint-Joseph, 1594~1662)는 몰리나주의 신학자이며, 장세니스트(얀선주의자)에 반대하여 논쟁을 벌였다. 인용된 저작의 제목은 『인간의 자유와 예정의 영원한 확실성, 은총의 도움의 유효성에 대한 유쾌한 조화』(파리, 1639)이다.

제가 되는 것과 다른 필연성을 인정할 수밖에 없다는 걱정으로, 그들은 아무 원인도 근거도 없이 일어나는 어떤 것을 인정했다. 그것은 에피쿠로스가 아무 이유도 없이 일어난다고 말한 우스꽝스러운 원자 이탈과 같은 것이다. 키케로는 예견에 관한 자신의 책에서,[625] 원인이 그것과 전적으로 무관한 결과를 산출할 수 있다면 진정한 운, 실재적인 행운, 실제적인 우발적 사건이 있게 되리라는 것을 매우 제대로 파악했다. 그는 그런 우발적 사건은 우리 자신과, "오, 행운이여, 당신을 여신으로 만들고 천상에 모시는 것은 우리 자신입니다(Sed, te nos facimus, Fortuna, deam, coeloque locamus)"[626] 라고 말할 수 있는 우리의 무지뿐 아니라 신과 사물들의 본성에 대해서도 적용될 것이며, 결과적으로 과거를 통해 미래를 판단함으로써 사건들을 예견하는 것은 불가능하리라는 것을 파악했다. 같은 곳에서 키케로는 역시 매우 적절하게 말한다. "어떤 일이 아무 원인도 없고, 그것이 미래에 실현되리라는 아무 신호도 없다면 그것이 생기리라고 누가 예견을 할 수 있겠는가?"[627] 조금 뒤에서 다음과 같이 말한다. "운만큼 이성 및 질서와 대립되는 것은 아무것도 없다. 내가 보기에 운에 의해 또 우발적으로 생기는 일이 무엇인지 안다는 것은 신에게도 적합한 것이 아니다. 왜냐하면 만일 신이 그러한 것을 안다면 그 일은 확실하게 일어나겠지만, 그 일이 확실하게 일어나야 한다면 거기에는 아무 운도 없기 때문이다." 미래가 확실하다면 운도 존재하지 않는 것이다. 그러나 키케로는 매우 적절하지 않게 이렇게 덧붙인다. "그런데 운이 존재한다. 그러므로 우발적인 것들에 대한 아무런 예

⁝

625) 『예견에 관하여』, 제2부, 5~6장과 그 이하.
626) 유베날리스(Juvenalis), 『풍자시』, X, 마지막 구. 텍스트는 'sed(그러나)' 대신에 'nos(우리)'로 되어 있다.
627) 『예견에 관하여』, 제2부, 6장, 17절.

지도 없게 된다.”[628] 즉 운이 존재한다면, 미래의 사건들은 예견될 수 없을 것이다.[629] 오히려 키케로는 사건들은 미리 결정되어 있고 예견되어 있어서 운은 존재하지 않는다고 결론 내렸어야 했다. 하지만 이때 그는 플라톤주의자의 위상을 가지고서 스토아주의자들에 반대하여 말했던 것이다.

363. 스토아주의자들은 이미 신의 결정에서 사건들에 대한 예견을 끌어냈다. 키케로는 같은 책에서 다음과 같이 말하기 때문이다. “따라서 만물은 신들에 의해 배치된 것이기 때문에, 신들은 모르는 것이 아무것도 없다는 사실이 도출된다.”[630] 나의 체계에 따르면, 신은 창조하기로 결정을 내린 가능한 세계를 보았기 때문에 그 세계의 모든 것을 예견했다. 그리하여 우리는 직관(vision)에 대한 신의 지식은 단순한 지성이 이미 제시한, 그러나 단지 가능한 것으로서 제시한 사물들의 계열을 선택하는 실제적 결정의 지식이 첨가되었다는 점에서만 단순한 지성의 지식과 차이가 있다고 말할 수 있다. 그 실제적 결정으로 인해 현재의 우주가 이루어진 것이다.

364. 따라서 소치니주의자들이 미래의 일들, 특히 자유로운 피조물의 미래의 결심들에 대한 신의 확실한 지식을 부정하는 것은 용서할 수 있는 일이 아니다. 소치니주의자들은 완전한 무차별성의 자유가 존재해서 의지가 이유 없이 선택할 수 있고, 따라서 그 결과가 원인에서 나타날 수 없다(이는 커다란 불합리성이다)고 생각했을 때조차도 신은 자신이 창조하기로 결정을 내린 가능한 세계의 관념 속에서 그 사건을 예견할 수 있었다는 것

∴

---

628) 『예견에 관하여』, 제2부, 7장, 18절.
629) (옮긴이) 라이프니츠는 인용된 바로 전(前) 문장을 거의 그대로 번역하고 있다.
630) 『예견에 관하여』, 제2부, 51장, 105절.

을 항상 고려해야 했기 때문이다. 그러나 그들이 신에 대해 가지고 있는 관념은 조물주에게 합당하지 않으며, 그 진영의 작가들이 몇몇 개별적 논의에서 자주 보였던 훌륭한 솜씨와 재능에도 그리 부합하는 것이 아니다. 『소치니주의의 일람표』[631]의 저자가 소치니주의자들의 신이 단지 추측을 통해서만 인간들이 원하는 것을 안다면 그러한 신은 무지하고 에피쿠로스의 신처럼 무능력하며, 사건들로 인해 날마다 혼란을 겪고, 그날그날에 맞춰 살아가리라고 말한 것은 전적으로 틀리지는 않다.

365. 따라서 이 모든 난점은 우연과 자유가 완전한 무차별성이나 평형의 무차별성을 필요로 한다는 거짓된 관념에서 비롯된 것일 뿐이다. 이 같은 무차별성은 공상적인 것으로서 그 관념도 없고 사례도 없으며, 결코 존재할 수도 없는 것이다. 필경 데카르트도 플레슈 학교를 다니던 젊은 시절에 그런 생각에 젖었던 것 같다. 그 점으로 인해 그는 다음과 같이 말하게 되었다(『철학의 원리』, 제1부, 41절). "우리의 사유는 유한하나, 존재하는 모든 것과 존재할 수 있는 모든 것을 이미 예지하고 원한 신의 지혜와 능력은 무한하다. 그 때문에 우리는 신이 그런 지혜와 능력을 가지고 있다는 것을 명석 판명하게 인식할 정도로 충분히 이해하지만 신이 어떤 식으로 인간의 행위를 전적으로 자유롭고 결정되지 않은 채 놓아두었는지를 알 수 있을 정도로 신의 지혜와 능력의 범위를 파악하지는 못한다." 그 다음 부분은 이미 앞에서 전했다. 전적으로 자유롭다는 것은 괜찮지만, 전적으로 결정되지 않았다고 덧붙이면 모든 것이 잘못되어버린다. 신의 예지(豫知)와 섭리

••

631) 쥐리외(주 322 참조)의 저작이다. 『소치니주의의 일람표, 소치니주의자들의 학설의 혼탁함과 거짓의 제시, 소치니주의적 이단을 관용하고자 하는 이들의 카발라 신비의 발견』(헤이그, 1690).

가 우리의 행동을 자유롭게 놓아둔다는 것을 보기 위해 무한한 지식이 필요한 것은 아니다. 신은 우리의 행동을 있는 그대로, 즉 자유로운 채로 자신의 관념 속에서 예견했기 때문이다. 비록 라우렌티우스 발라[632]는 잠시후 내가 정확히 말할 그의 책 『보이티우스에 반대하는 대화』에서 자유와 예지를 조화시키려고 매우 적절하게 시도하고서도 자유를 섭리와 조화시키겠다고 감히 희망하지는 않았지만, 그렇다고 여기에 더 큰 난점이 있는 것도 아니다. 자유로운 행동을 현존하게 하는 결정은 우리가 그 행동에 대하여 갖는 단순한 인식과 비교해 그 행동의 본성을 더 바꾸는 것은 아니기 때문이다. 그러나 결정되지 않은 원인의 행동, 즉 공상적이고 불가능한 존재를 신의 지식과 섭리와 조화시킬 수 있는 지식은 비록 그것이 무한한 지식이라고 할지라도 존재하지 않는다. 의지의 행동은 두 가지 방식, 즉 신의 예지나 섭리에 의해 그리고 영혼의 경향이라고 할 수 있는 개별적 근접원인의 경향에 의해 결정된다. 이 점에서 데카르트는 토마스 아퀴나스주의자들에 동의했다. 하지만 그는 다른 몇몇 신학자들과 아무런 논쟁도 하지 않기 위해 자신의 습관대로 신중하게 글을 썼던 것이다.

366. 벨은 오라토리오회의 기비외프[633] 신부가 1630년에 신과 피조물의 자유에 관한 라틴어 논문을 출간했다고 전한다(『한 관구장의 질문들에 대한 답변』, 제3권, 142장, 804쪽). 벨이 전하는 바에 따르면 기비외프 신부에

••

632) 주 49 참조.
633) 기욤 기비외프(Guillaume Gibieuf, 16세기 말~1650)는 데카르트와 메르센의 친구다. 인용된 저작(『신과 피조물의 자유에 관하여』)에서 그는 자신이 실제로 추구하지는 않은 장세니슴을 예고하는 주장들을 옹호했다. 예수회 회원 테오필 레이노(Théophile Raynaud, 주 636 참조)에게 『자유에 대한 새로운 설명』(파리, 1632)이라는 저작에서 비판을 받았다.

게 이의가 제기되었고, 그의 저작의 제1부에서 발췌한 70개 모순들의 모음집이 제시되었으며, 20년 후에 프랑스 왕의 고해신부인 아나[634]는 자신의 책『속박 없는 자유에 관하여』(로마 발행판, 1652년, 4절판)에서 기비외프 신부가 아직도 침묵을 지키고 있다며 비난했다. 벨은 덧붙여 말한다. 도움에 관한 수도회들의 소란 이후에, 자유 의지의 본성과 관련하여 토마스 아퀴나스주의자들이 예수회 회원들의 견해와 전적으로 대립되는 것을 가르친다는 사실을 누가 믿지 않겠는가? 그럼에도 1653년 파리에서 4절판으로 인쇄된『그 자체로 유효한 은총의 옹호자들인 토마스 아퀴나스주의자들에 의해 정죄된 얀세니우스』에서 아나 신부가 토마스 아퀴나스주의자들의 저작에서 발췌한 구절들을 고찰해보면, 결국 두 종파 간의 용어에 관한 논쟁만이 나타날 뿐이다. 두 종파 중 하나가 말하는 그 자체로 유효한 은총이나, 다른 종파가 말하는 자유 의지와 조화된 적합한 은총이나 똑같은 정도의 저항력을 자유 의지에 남겨둔다. 벨은 얀세니우스[얀선] 자신에 대해서도 거의 같은 말을 할 수 있다고 생각한다. 그는 얀세니우스가 체계적 정신을 소유한 뛰어난 인물이며 매우 근면한 인물이라고 말한다. 얀세니우스는 자신의『아우구스티누스』를 위해 20년 동안 작업했다. 그의 계획 중 하나는 자유 의지의 교리에 관해 예수회 회원들을 논박하는 것이었다. 그러나 그가 무차별성의 자유를 거부했는지 채택했는지의 여부는 아직 결정될 수 없었다. 방금 인용된『속박 없는 자유에 관하여』에서 아나 신부가 직접 그렇게 한 것처럼, 사람들은 무차별성의 자유에 대한 견해에 찬성하고 반대하는 무수히 많은 부분을 얀세니우스의 책에서 도출해낸다. 벨이 이

∴

634) 아나(P. Annat, 1590~1670) 신부는 유명한 예수회 회원으로 1654년에 루이 14세의 고해신부였으며, 파스칼의『시골 친구에게 보내는 편지』의 마지막 편지들의 수신자다. 도움에 관해 "소란을 일으킨 수도회들"에 대해서는 주 279 참조.

에 대한 담론을 마치면서 말하듯이, 그 주제를 모호하게 만드는 것은 너무도 쉬운 일이다. 기비외프 신부에 관해 말하자면, 그는 자주 용어의 의미를 바꾸며, 그가 아무리 훌륭한 것들을 자주 이야기한다고 해도 결과적으로 문제 전체에 대해서는 해결을 제시하지 못한다는 점을 인정해야 한다.

367. 실제로 대부분의 경우 혼란은 용어의 애매함 때문이거나, 용어에 대해 판명한 개념을 만들어내는 데 주의를 덜 기울인 때문이다. 그러한 점 때문에 필연과 우연, 가능과 불가능에 대해 끊임없는 논쟁들이 대부분의 경우 이해되지도 않은 채 생겨나는 것이다. 형이상학적으로 그리고 엄밀하게 이해된 필연성과 가능성은 오로지 대상 자체나 혹은 그 대상과 반대되는 것이 모순을 함축하는지의 여부에 관한 문제에 달려 있다. 이것을 파악한다면, 또한 우연은 의지의 결정에 기여하는 경향이나 이유와 매우 잘 조화된다는 것을 생각한다면, 우리는 인간 정신을 불행한 다이달로스로 만들어버린 미궁, 사람들을 터키식의 운명과 그리 다르지 않은 게으른 궤변이라는 엉뚱한 오류에 빠지게 할 정도로 고대인들뿐 아니라 현대인들에게도 무수히 많은 혼란을 야기한 그 미궁에서 빠져나오게 될 것이다. 또한 필연성과 결정 혹은 확실성을 잘 구분하고, 단 하나의 가능한 대상만을 제시함으로써 아무 선택의 여지도 주지 않는 형이상학적 필연성과 현자로 하여금 최선을 선택할 수밖에 없도록 하는 도덕적 필연성을 잘 구분할 줄 안다면, 마지막으로 철학자들의 책과 종이 위에서만 찾을 수 있는 완전한 무차별성의 공상에서 벗어난다면(그들은 완전한 무차별성의 자유에 대한 개념을 머릿속에서 생각할 수도 없고 사물들의 예를 통해서 그 실재를 만들어낼 수도 없기 때문이다), 우리는 그 미궁에서 빠져나오게 될 것이다. 나는 근본적으로는 토마스 아퀴나스주의자와 예수회 회원들, 그뿐 아니라 몰리나주의자

들과 장세니스트들이 이 주제에 대해 사람들이 생각하는 것보다 서로 더 일치한다고 해도 놀라지 않을 것이다. 토마스 아퀴나스주의자와, 그리고 현명한 장세니스트도 확실한 결정에 만족하고 필연성까지는 주장하지 않을 것이다. 만일 누군가 필연성을 주장한다면, 오류는 단지 용어상의 오류일 것이다. 지혜로운 몰리나주의자는 필연성과 대립되지만 우세한 경향을 배제하지는 않는 무차별성에 만족할 것이다.

368. 벨은 그러한 난점을 해결하기보다는 그것을 부각시키려고 했기 때문에, 그것에 강하게 사로잡혔다. 아마 내가 말한 쪽으로 그가 정신을 돌렸다면, 그는 누구보다도 그 난점을 잘 해결했을 것이다. 그 난점에 대해 벨은 말한다(『역사와 비판 사전』, 얀세니우스 편, 각주 G, 1626쪽). "어떤 사람은 은총의 문제가 가장자리도 바닥도 없는 대양이라고 말했다. 그가 은총의 문제를 메시나의 해협과 비교했다면 더 정확한 말이었을 것이다. 메시나의 해협에서는 한 암초를 피하려고 하면 다른 암초에 걸릴 위험이 항상 도사리고 있다.

스킬라는 오른편에 있고 냉혹한 카리브디스는 왼편에 있구나.[635]

결국 모든 것은 다음의 문제로 귀결된다. 아담은 자유롭게 죄를 지었는가? 만일 당신이 그렇다고 대답한다면, 사람들은 당신에게 아담의 타락은 예견되지 않았다고 말할 것이다. 당신이 그렇지 않다고 대답한다면, 사람들은 당신에게 아담은 죄가 없을 것이라고 말할 것이다. 당신은 이러한 귀

••

635) 베르길리우스, 『아이네이스』, III, 420~421.

결에 찬성하거나 반대하는 책을 100권은 쓸 수 있을 것이다. 그러나 당신은 우연한 사건의 확실한 예견은 파악하기가 불가능한 신비라고 인정하거나, 피조물이 자유 없이 행동하면서도 죄를 짓는 방식은 전적으로 불가해하다는 점을 인정해야 할 것이다."

369. 내가 크게 틀렸거나 아니면 이 두 가지의 불가해성이라는 것이 나의 해결을 통해 전적으로 중지되거나, 둘 중 하나가 맞다. 열병을 제대로 치료해야 하는 문제, 그리고 고열을 치료하지 않아도 생기고 고열을 잘못 치료해도 생길 수 있는 만성적인 두 가지 병의 암초를 피해야 하는 문제는 신으로서는 쉽게 답할 수 있는 일이었다. 자유로운 사건이 예견될 수 없다고 주장할 때, 우리는 자유를 비결정이나 완전한 평형의 무차별성과 혼동한다. 자유가 없으면 인간이 죄를 지을 수 없다고 주장할 때, 우리는 결정이나 확실성이 아니라 필연성과 속박에서 벗어나 있는 자유를 말하는 것이다. 이는 딜레마가 제대로 이루어지지 않았으며, 두 암초 사이의 통로가 넓게 열려 있음을 보여준다. 따라서 아담은 자유롭게 죄를 지었으며, 신은 가능한 아담의 상태에서 그가 죄를 짓는 것을 보았고, 그러한 아담의 상태가 신의 허용의 결정에 따라 현재의 상태가 된 것이다. 아담이 몇몇 우세한 경향의 결과로서, 죄를 짓도록 결정되었다는 것은 사실이다. 하지만 그런 결정은 우연도 자유도 파괴하지 않는다. 사람이 죄를 짓도록 하는 확실한 결정은 (절대적으로 말해서) 그가 죄를 짓지 않을 수 있는 가능성을 막지 못하며, 그가 죄를 짓는 것은 사실이기 때문에 그가 죄인이 되고 벌을 받아야 하는 가능성을 막지도 못한다. 보상이나 교정을 넘어서며 의지의 우연적 결심들에 대한 확실한 결정에 의해 동요될 것도 없는 인과응보의 정의를 논외로 하더라도, 죄에 대한 벌은 자신이나 타인이 다음에는 죄를 짓지 않도록 결정하는

데 도움을 주기도 하기 때문이다. 이와 반대로 벌과 보상이 다음에 더 잘할 수 있도록 의지를 결정하는 데 기여할 수 없었다면, 벌과 보상은 부분적으로 무용할 것이며 그 목적 중 하나인 교정의 목적이 결여될 것이다.

370. 벨은 계속해서 말한다. "자유의 문제에 관해서 취할 수 있는 선택항은 둘뿐이다. 하나는 영혼과 협력하는, 영혼과 구분되는 모든 원인들이 영혼에 행동하거나 행동하지 않을 능력을 준다고 말하는 것이다. 다른 하나는 그 원인들은 영혼이 그것들을 막을 수 없는 방식으로 그로 하여금 행동하도록 결정한다고 말하는 것이다. 첫 번째 선택항은 몰리나주의자들의 것이고, 두 번째는 토마스 아퀴나스주의자들과 장세니스트들, 제네바 종파의 개신교도들의 것이다. 그러나 토마스 아퀴나스주의자들은 자신들이 장세니스트가 아니라고 소란스럽게 주장했다. 장세니스트들은 자유의 문제에 관해서 자신들은 칼뱅주의자가 아니라고 똑같이 흥분해서 주장했다. 다른 한편으로 몰리나주의자들은 성 아우구스티누스가 장세니슴을 가르친 적이 없다고 주장했다. 이런 식으로 어떤 사람들은 자신이 이단으로 간주된 자들과 부합한다는 점을 인정하려 하지 않고, 다른 사람들은 자신이 항상 정통적인 견해를 지녔다고 간주된 성자와 대립된다는 점을 인정하지 않음으로써 무수한 곡예를 펼친 것이다."

371. 벨이 여기서 구분하는 두 선택항은 제3항을 배제하지 못한다. 제3항이 나타낼 바에 따르면 영혼의 결정은 단지 영혼과 구분되는 원인들에서 오는 것이 아니라, 또한 영혼의 상태에서, 그리고 감각의 인상들과 섞이고 그것들을 강화하거나 약화시키는 영혼의 경향에서 오는 것이다. 그런데 내적이고 외적인 모든 원인의 전체적 작용에 의해 영혼은 확실하게

결정되지만 필연적으로 결정되지는 않는다. 의지는 경향을 갖되 필연적으로 강제될 수는 없기에, 영혼이 다른 방식으로 결정된다고 해도 그것이 모순을 함축하지 않을 것이기 때문이다. 나는 이 문제에 관해 장세니스트들과 개신교도들이 벌이는 차이에 대한 논쟁은 다루지 않겠다. 혼란스러운 미묘함 때문에 헤매게 되는 문제에서, 그들은 문제의 실재 및 표현과 관련하여 일관성을 유지하지 못한다. 테오필 레이노 신부[636]는 『칼뱅주의, 맹수들의 종교』에서 이름을 밝히지 않은 채 도미니크회 회원들을 자극하고자 했다. 다른 쪽에서는 성 아우구스티누스의 추종자라고 일컫는 이들이 몰리나주의자들을 펠라기우스주의, 혹은 적어도 반(半)펠라기우스주의[637]라고 비난했다.[638] 그리고 무차별성의 자유를 옹호하며 인간에게 너무 많은

∴

636) 테오필 레이노(Théophile Raynaud, 1587~1663)는 예수회 회원으로 교론가이자 신학자다. 인용된 풍자적 소책자(『칼뱅주의, 맹수들의 종교』)는 드 리비에르(P. de Rivière)라는 이름으로 1630년에 출간된 것으로, 칼뱅주의자이자 도미니크 회원인 바녜스(주 249 참조)에 반대하여 쓴 것이다.

637) 반(半)펠라기우스주의에 따르면, 은총은 구원에 필요하지만 인간이 은총을 받을 자격이 있을 때 주어진다.

638) (옮긴이) 라이프니츠의 논의는 당시에 논란이 되었던 문제를 배경으로 하여 이루어지기 때문에, 간략하게나마 설명을 하고 그의 논점에 접근하는 것이 유용하다. 문제는 신의 은총과 인간의 자유의 관계다. 서구에서 은총에 관한 논의는 펠라기우스와 성 아우구스티누스 사이의 논쟁과 관련이 있다. 펠라기우스에 따르면 인간은 자유를 부여받았고, 그에게 주어진 선의 경향에 따라 행동한다면 신의 도움을 받는다는 것은 확실하다. 이러한 관점에서 은총은 어떻게 보면 자유에 의해 요청되는 것이며, 인간의 공덕에 의존된다. 성 아우구스티누스는 이에 반대한다. 그에 따르면, 인간의 자유는 죄에 의해 이탈될 뿐 아니라 선한 행위의 이행 자체도 신의 통상적 협력과 구분되는 특별한 도움을 필요로 한다. 즉 오직 신만이 인간을 선하게 할 수 있다. 근대에 와서 논쟁은 다시 불거진다. 인본주의적 성향의 예수회 회원들은 몰리나의 학설을 지지한다. 몰리나는 은총의 선물을 인간의 가정적인 공덕에 의존되도록 한다. 즉 신은 특정한 상황에 처한 인간이 무엇을 할 것인지 알고서 그 귀결에 따라 그에게 도움을 주거나 혹은 주지 않는다. 토마스 아퀴나스주의자들은 그 같은 학설은 일정한 방식으로 펠라기우스주의로 귀착된다고 본다. 바녜스는 은총의 도움은 절대로 인간이 공덕에 의존되지 않는다고 선언한다. 개신교도들 특히 칼뱅주의자들은 신의 도

것을 부여함으로써, 혹은 한 사람의 실체가 아니라 그의 행위의 질에 따른 결정, 즉 거듭나지 않은 이들은 죄를 짓기만 한 것처럼 악에 대한 그들의 결정을 가르침으로써, 양쪽은 때때로 논의의 범위를 넘어섰다. 자유와 우연을 파괴한다고 비난해야 할 것은 근본적으로는 홉스와 스피노자의 추종자들뿐이다. 그들은 일어나는 일만이 가능하며, 그것은 동물적이고 기하학적인 필연성을 통해 일어나야 한다고 생각하기 때문이다. 홉스는 모든 것을 물질화시키고 오로지 수학적 법칙들에 종속시켰다. 스피노자 또한 신에게서 지성과 선택을 박탈하고, 모든 것을 필연적으로 유출하는 맹목적 힘을 신에게 남겨놓는다.[639] 두 개신교 진영의 신학자들은 모두 용납할 수 없는 필연성을 논박하기 위해 열정적이다. 비록 도르트레흐트의 성직자 회의[640]에 연계되어 있는 사람들은 때때로 자유가 속박에서 벗어나 있다는

••

움의 무상적 성격을 근본적으로 강조함으로써 아무 동기도 없이 구원이나 영겁의 벌에 정해지는 절대적 예정을 주장한다. 이런 논쟁과 관련하여 라이프니츠의 입장은 한결같다. 즉 신은 자신의 예정의 신비에 따라 자연적이고 무상적인 결정들을 전체적으로 선택했고, 이에 따라 각 인간은 전적으로 규정된다. 어떻게 보면 라이프니츠는 은총의 문제를 이성적으로 파악한다고 볼 수도 있다. 왜냐하면 인간이 사용하도록 신이 배치해놓은 통상적 수단과 특별한 수단들 사이에는 정도의 차이만 있기 때문이다. 보다 정확히 말하자면, 반대로 신은 모든 것을 초자연화한다고 볼 수 있다. 자연은 첫 번째 은총의 결과로서, 즉 통상적 수단으로서 나타나지만, 결함을 치유하거나 자연을 그 목적으로 인도하기 위해서 진정한 은총, 즉 특별한 은총이 요청되기 때문이다. 실제로 라이프니츠의 체계에 의하면, 실체인 인간이 자신의 속성들 혹은 빈위들을 전개시킬 때에 그는 시작부터 이미 그에게 주어진 결정들을 다시 펼칠 뿐이다. 그 어느 순간에도 그는 자기 자신을 스스로 결정할 능력이 없다. 즉 존재론적 차원에서 보면 인간은 전적으로 결정되어 있다. 그러나 도덕적 차원에서는 인간은 그의 미래를 모르기 때문에 신의 예정은 선하다는 추정과 함께 스스로 자신을 결정할 능력이 있는 것처럼 행동해야 한다.

639) (옮긴이) 이미 언급했던 것처럼 스피노자의 체계에서 지성은 신의 본질이 아니라 신의 행동 양태 혹은 결과일 뿐이다. 신의 본질을 구성하는 속성들은 익명적으로 산출할 뿐이다.
640) 주 280 참조.

것으로 충분하다고 가르치지만, 그들이 자유에 남겨두는 필연성은 단지 가정적인 것이거나 보다 적절하게는 확실성과 무오류성으로 불리는 것 같다. 따라서 정말로 많은 경우에 난점은 단지 용어 때문임이 드러난다. 나는 모든 점에서 장세니스트들의 잘못을 면제해주고자 하는 것은 아니지만, 그들에 대해서도 마찬가지의 말을 하겠다.

372. 히브리의 카발라주의자들에게 세피로트[641]의 마지막 세피라인 말쿠스(Malcuth) 혹은 왕국은 신이 모든 것을 저항할 수 없는 방식으로, 그러나 온유하게 폭력 없이 지배함을 의미한다. 그리하여 인간은 신의 의지를 실행하는 동안 자기 자신의 의지를 따른다고 믿는다는 것이다. 그들은 아담의 죄는 다른 나무들에서 말쿠스를 잘라낸 것이라고 말했다. 즉 아담은 세피라 중 마지막 것을 잘라냄으로써 신의 제국 안의 제국이 되고, 신으로부터 독립된 자유를 스스로에게 부여했다는 것이다. 그런데 아담의 타락은 그가 스스로의 힘으로 존속할 수 없고, 인간들은 구세주에 의해 회복될 필요가 있다는 점을 그에게 알려주었다. 그러한 학설은 좋은 의미로 받아들여질 수 있다. 그러나 자신의 동족 저술가들의 카발라에 젖어 있던 스피노자는, 인간들이 자유를 그들이 행동하는 방식대로 파악하여 신의 제국 속의 제국을 확립한다고 말함으로써(『정치론』, 제2장, 주석 6) 논의를 왜곡했다. 스피노자에게 신의 제국은 단지 필연성의 제국이며, 스트라톤에게도 그런 것처럼 신은 아무런 선택도 하지 않고 인간의 선택도 필연성에서 벗어나지 않은 채, 모든 것이 신의 본성에서 유출되는 필연성의 제국일 뿐이다. 스피노자는 인간들이 제국 속의 제국[642]이라 불리는 것을 확립하기 위해,

∴

641) 세피로트(Sephiroth)는 신의 본질의 열 가지 완전성을 의미한다. 왕권은 열 번째 완전성이다.

그들의 영혼이 자연적 원인들에 의해 산출될 수 없고 신의 즉각적 산출이며 경험과 반대로 자신을 결정할 절대적 능력을 갖는다고 상상한다며 덧붙여 말한다. 스피노자가 우리 자신을 결정할 절대적 능력, 즉 아무 동기 없이 결정할 능력에 반대하는 것은 옳다. 이는 신에게조차도 적합한 것이 아니다. 그러나 그가 영혼, 즉 단순한 실체가 자연적으로 산출될 수 있다고 생각하는 것은 잘못이다. 스피노자에게 영혼은 단지 일시적인 변용이었던 것 같다. 스피노자가 영혼을 지속적이고 더 나아가 항구적인 것으로 보는 척할 때, 그는 영혼을 실재적이고 현실적인 사물이 아니라 단순한 개념인 육체의 관념으로 대체한다.

373. 벨이 로테르담의 부르주아인 요하네스 브레덴부르크[643] 씨(氏)에 대해 이야기하는 것은 흥미롭다(『역사와 비판 사전』, 스피노자 편, 각주 M, 2774쪽). 그 사람은 스피노자에 반대하여 책을 출간했다. 책의 제목은 『신학 정치론에 대한 논박, 이 저작이 전적으로 의거하고 있는 원리와 반대로 자연은 신이 아니라는 사실에 대한 기하학적 질서의 증명』이다. 전문적으로 학문을 하지도 않았고 (자신의 책을 플랑드르어로 쓰고 라틴어로 번역하게 할 정도로) 공부가 매우 부족한 사람이 스피노자의 모든 원리를 그토록 섬세하게 통찰할 수 있었다는 사실에 사람들은 놀랐다. 그가 성실한 분석을 통해 스피노자의 모든 원리가 그 힘을 전부 드러낼 수 있는 상태에 이르게 한 후, 그것들을 훌륭하게 전복시켰다는 것이다. 벨이 전한 바에 따르면 그

∴

642) (옮긴이) 『에티카』 제3부의 서론에 나오는 표현이다.
643) 요하네스 브레덴부르크(Johannes Bredenburg)는 17세기 중엽의 인물이다. 인용된 저작 『(스피노자의) 신학 정치론에 대한 논박, 이 저작이 전적으로 의거하고 있는 원리와 반대로 자연은 신이 아니라는 사실에 대한 기하학적 질서의 증명』은 1675년 로테르담에서 출간되었다.

저자는 자신의 반박과 반대자의 원리에 대해 무수히 고찰을 하고 나서, 결국 그 원리를 증명으로 변형시킬 수 있다는 점을 알았다. 그래서 그는 만물의 원인은 필연적으로 존재하는 자연, 영원하고 불가피하며 철회 불가능한 필연성에 의해 행동하는 자연뿐이라는 것을 입증하는 데 착수했다. 그는 기하학자들의 모든 방법을 지켰고, 자신의 증명을 세운 후에 생각 가능한 모든 면에서 그 증명을 검토하고 약점을 찾아내고자 했다. 그리고 그는 그 증명을 파괴하거나 약화시킬 수단을 아무것도 만들어낼 수 없었다. 그러한 점은 그에게 진정한 슬픔을 일으켰고, 그 때문에 그는 괴로워했으며, 그 증명의 결함을 찾도록 도와달라고 가장 뛰어난 친구들에게 부탁했다. 하지만 그는 그 증명의 사본을 만드는 것을 탐탁지 않게 생각했다. 1676년 로테르담에서 4절판으로 출간된, 스피노자에 반대하는 『무신론에 대해 계시된 비밀』을 쓴 소치니주의자 프랑크 카위퍼르[644]는 그 사본을 하나 가지고 있었다. 카위퍼르는 플랑드르어로 쓰인 원래의 저작에 몇몇 고찰을 첨가하여 출간했고, 저자를 무신론자라고 비난했다. 비난받은 저자는 플랑드르어로 자신을 변호했다. 매우 뛰어난 유대인 의사인 오로비오[645](림부르크에게 논박당했던 인물로, 내가 소문으로 듣기로는 출간되지 않은 자신의 유고 저작에서 논박에 답을 했다)는 1684년 암스테르담에서 브레덴부르크의 증명에 반대하는 책을 출간했다. 제목은 『요하네스 브레덴부르크의 원리에 반대하여, 신적이고 자연적인 진리를 변호하기 위한 철학적 항변』

∵∴

---

644) 프랑크 카위퍼르(Frank Kuyper, 1695년 사망)는 네덜란드의 철학자다. 인용된 저작(『무신론에 대해 계시된 비밀』)은 스피노자에 대한 논박이다.

645) 오로비오(Isaac Balthazar Orobio de Castro, 1620~1687)는 유대인 의사이자 철학자이며, 아르미니우스주의 신학자인 필리프 드 림부르크(Philippe de Limbourg, 1633~1712)가 『기독교의 진리에 관한 박식한 유대인 학자와의 우호적인 논의』(암스테르담, 1687)에서 설명한 기독교에 관한 논의를 옹호했다.

이었다. 같은 해에 오베르 드 베르세[646]도 그에게 반대하여 『단호한 불경』을 썼다. 브레덴부르크는 자신은 자유 의지와 종교에 대해 확신이 있으며, 자신의 증명에 반박할 수단이 제공되기를 바란 것이라고 항변했다.

374. 나는 그 증명이라고 하는 것을 봤으면 한다. 또 그것이 모든 것을 산출하는 근본적 자연이 선택도 인식도 없이 행동한다는 것을 입증하고자 하는지 알고 싶다. 만일 그렇다면, 나는 그 증명은 스피노자적이고 위험한 것이라고 인정하겠다. 그러나 만일 브레덴부르크가 의미하고자 한 것이 신의 본성이 자신의 선택과 최선의 이유에 의해 자신의 산출 결과에 결정되었다는 것이라면, 영원하고 불가피하고 철회 불가능한 필연성이라고 하는 것 때문에 괴로워할 필요가 없었다. 그러한 필연성은 단지 도덕적인 필연성이며, 행복의 필연성이다. 그 필연성은 종교를 파괴하기는커녕, 신의 완전성을 가장 찬란하게 만든다.

375. 벨은 1665년에 출간된 『루치우스 안티스티우스 콘스탄스의 성직자들의 권리에 관하여』가 스피노자의 것이라고 생각하는 사람들의 의견을 2773쪽에서 전한다. 그 유명한 유대인의 삶에 대한 이야기를 쓴 콜레루스[647]도 같은 견해이기는 하나, 나는 그것이 의심의 여지가 있다는 점을

..

646) 오베르 드 베르세(Aubert de Versé, 1650~1714)는 개신교로 개종했다가 다시 가톨릭으로 개종한 프랑스의 의사이자 교론가다. 『단호한 불경, 스피노자에 반대하여 그의 무신론의 근거들을 논박하는 논문』(암스테르담, 1684)의 저자다. 인용된 익명의 저작에 관해서 편집자는 정보를 찾아내지 못했다. 벨은 이 저작의 제목을 제시하고, 라틴어와 플랑드르어로 되어 있다고만 말한다. 필경 『단호한 불경』의 번역일 것이다.
647) 루치우스 안티스티우스 콘스탄스(Lucius Antistius Constans)의 이름으로 1665년에 출간된 『성직자들의 권리에 관하여』는 때때로 스피노자의 친구인 루이스 메이어르의 저작으

때마침 말하고자 한다. 첫 글자들 L, A, C로 판단하건대 나는 그 책의 저자가 궁정의 관계자, 즉 『네덜란드의 이익』과 『정치적 균형』으로 유명한 반 던 호프(Van den Hoof)라고 본다. 반 던 호프는 당시가 기욤 2세가 암스테르담을 공격한 일에 대한 기억이 아직 생생하게 남아 있던 때이기 때문에, 공화국에 위험이 된다고 생각했던 네덜란드 총독의 권력에 반대하여 매우 많은 책들을 (그중 일부에서는 V, D, H라는 이름으로) 출간했다. 네덜란드의 성직자 대부분은 당시 미성년인 기욤 2세의 아들쪽 진영에 있었고, 아르미니우스주의자들, 데카르트주의자들 그리고 더더욱 불안의 대상이었던 다른 종파들을 더빗과 로벤스타인 당파라고 불리던 사람들이 옹호한다고 의심했기 때문에 그들에 반대하도록 하층 계급을 부추기려고 궁정 관계자가

∵

로 간주되었다. 콜레루스(Colerus)라 불리는 네덜란드의 루터주의자인 요한 쾰러(Johann Koelher)는 1705년 출간된 『스피노자의 삶』의 저자로서, 라이프니츠가 어떻게 말하건 간에 그 저작이 스피노자의 것이라는 견해를 지지하지 않는다. 반 던 호프의 저작이라는 라이프니츠의 견해는 자주 수용되었다. 예를 들어, 『신학 정치론』(1702)의 편집자인 반 무르(Van Murr)가 이를 수용했다. 그러나 마들렌 프랑세스(Madeleine Francès)는 플레이아드판 스피노자 전집을 편집하며 이 가명을 "불가해한 것"(1469쪽, 주석 153)으로 간주한다. 피에터(Pieter)와 요한(Johann) 반 던 호프(Hoof) 혹은 궁정의 피에터와 요한은 네덜란드의 정치학 저술가로서, 오렌지 당파에 반대하는 오를레앙 공 필리프 섭정파의 대표자들이다. 인용된 저작들은 얀 더빗이 네덜란드의 재상이었던 시기인 1662년에 출간되었다. 라이프니츠는 17세기에 네덜란드를 동요시켰던 정치적·종교적 갈등을 짧게 암시하고 있다. 오렌지 공국의 주장관(州長官) 기욤 2세는 1650년에 섭정파들과 심각한 갈등을 겪었다. 1653년과 1672년 사이에 얀 더빗 형제의 정부는 대외정치에서는 평화주의적이고 종교의 영역에서는 관용적이며 오라녀(오렌지)가(家)의 기업들에 대해서는 전적으로 불신했던 자유주의적 중산계급의 전성기를 열었다. 오라녀가는 호마루스주의 신학자들에게 의지했으며, 일반 대중의 곁에서 자신들의 군사적 위력을 활용했다. 이 사건 이후에 오렌지가의 기욤 3세는 영국의 왕권에 오르기 전에 주장관의 계승자로 임명되었다. 이 모든 것에 관해서는 마들렌 프랑세스의 『17세기 후반부 네덜란드에서의 스피노자』(파리, 1937), 궁정의 요한과 피에터의 『정치적 균형』(파리, 1937)에 대한 마들렌 프랑세스의 부분 번역 참조. 라이프니츠가 언급한 『네덜란드의 이익』의 프랑스어판은 1709년 헤이그에서 출간되었다.

그 책을 출간한 것은 자연스러운 일이었다. 실제로 사건이 잘 보여준 것처럼 효과가 없지 않았다. 당파의 이익 때문에 대중에게 전해지는 저작들이 중립적 위치를 지키는 것이 드문 일이라는 것은 사실이다. 지나가면서 하는 말이지만, 궁정 관계자의 『네덜란드의 이익』이 『더 빗 재상의 기억들』이라는 잘못된 제목을 단 채 프랑스어 판으로 얼마 전에 출간되었다. 더빗 진영에 속하며, 뛰어난 인물이지만 충분한 공무 지식도 없고 이 위대한 더빗 재상처럼 글을 쓸 능력도 부족한 사인(私人)의 생각이 마치 당대 최고 인물 중 한 명의 작품처럼 간주될 수 있었던 것이다.

376. 나는 영국과 네덜란드를 거쳐 프랑스에서 돌아오는 길에 궁정 관계자와 스피노자를 만났고,[648] 그들에게서 당시 일에 관한 몇몇 흥미로운 일화를 들었다. 벨은 2770쪽에서 스피노자가 프랑크 반 덴 엔더라 불리는 의사 아래에서 라틴어를 공부했다고 전한다. 동시에 벨은 (고인이 된 그의 아버지의 책 『세 명의 큰 사기꾼, 허버트 드 처베리, 홉스, 스피노자』 재판의 머리말에서 이에 대해 말하는) 제바스티안 코르트홀트[649]에 이어서, 한 젊은 여성이 스피노자에게 라틴어를 가르쳤고 그 후에 그녀는 스피노자와 함께 자신의 학생이었던 케르케링과 결혼을 했다고 전한다. 이와 관련해 나는 그 처녀가 반 덴 엔더의 딸이었으며 가르치는 일로 아버지의 수고를 덜어주

∴

648) 1673년.
649) 제바스티안 코르트홀트(Sebastian Kortholt, 1670~1740)는 문학비평가로, 개신교 신학자인 크리스찬 코르트홀트(Christian Kortholt, 1633~1694)의 아들이다. 제바스티안 코르트홀트는 홉스, 스피노자, 허버트 드 처베리에 반대하는 『세 명의 큰 사기꾼』(1680년 출간, 제바스티안 코르트홀트가 서문을 쓴 재판은 1710년에 출간)의 저자다. 허버트 드 처베리(Herbert de Cherbury, 1583~1648)는 영국의 철학자이며, 『진리에 관하여』(1624)에서 이성적 종교의 기초를 다지고자 했다.

었다는 점도 주목한다. 아 피니부스[650]라고 불리기도 했던 반 던 엔더는 그 이후로 파리에 가서 생 앙투안 변두리에서 연구 생활을 했다. 그는 탁월한 교수법으로 인정받았다. 내가 반 던 엔더를 만나러 갔을 때, 그는 자신의 수강생들은 항상 자신이 말하는 것에 주의를 기울일 것이라고 단언할 수 있다고 내게 말했다. 또한 그에게는 라틴어를 말할 줄 알고 기하학 증명을 하는 젊은 딸이 있었다. 그는 아르노의 신임을 얻었고, 예수회 회원들은 그의 명성을 시기하기 시작했다. 얼마 후에 반 던 엔더는 로한[651] 기사의 음모에 연루되어 목숨을 잃었다.

377. 나는 신의 예지도 섭리도 신의 정의와 선에 해가 되지 않으며 우리의 자유에도 해가 되지 않는다는 점을 충분히 제시한 것 같다. 이제 남은 것은 피조물의 행동과 신의 협력에서 비롯되는 난점뿐이다. 이 난점은 좀 더 자세히는 우리의 악한 행동과 관련해서는 신의 선과 관계되고, 선한 행동이나 다른 행동과 관련해서는 우리의 자유에 관계된다. 벨은 역시 자신의 습관적 재기와 함께 그 난점을 부각시켰다. 나는 그가 내세우는 난점을 해명하고자 노력할 것이며, 그 후에는 이 책을 마칠 준비가 되어 있을 것이다. 나는 이미 신의 협력은 우리 안의 그리고 우리 행동 안의 실재적인 것을 그것이 포함하고 있는 완전성에 따라 계속적으로 우리에게 제공하는 데 있다는 것, 그러나 거기에서 한정되고 불완전한 것은 피조물에 근원적

∵

650) "아 피니부스(A finibus)"는 '목적들'이라는 뜻으로 반 던 엔더(Van den Ende)를 라틴어로 옮긴 것이다.

651) 로한(Rohan, 1635~1674) 기사는 빚더미에 올라, 네덜란드 정부와 비밀리에 음모를 꾸미다가 발각되어 투옥되고 사형선고를 받았다가 처형되었다. 스피노자의 전기 작가인 콜레루스에 따르면, 반 던 엔더도 이때 교수형에 처해졌다.

으로 존재하는 선행(先行)하는 제약들의 귀결이라는 것을 확립했다. 그리고 피조물의 모든 행동은 그의 양태들의 변화이기 때문에, 행동은 피조물이 내포하고 있고 그의 양태 변화에 의해 다양해진 제약이나 부정과의 관계에서, 그에게 나타나는 것이다.

378. 나는 이 책에서 악은 결핍의 귀결이라고 여러 차례 강조했다. 그리고 이 점을 충분히 가지적 방식으로 설명했다고 생각한다. 성 아우구스티누스도 이미 그러한 생각을 부각시켰다. 성 바실리우스도 이와 비슷한 점을 그의 『여섯 날』[652] 가운데 두 번째 설교에서 말했다. "악덕은 살아 있는 생생한 실체가 아니라, 선을 버리는 데서 오는 것으로 덕과 대립되는 영혼의 변용이다. 따라서 근원적인 악을 찾을 필요가 없다." 벨은 자신의 『역사와 비판 사전』(파울주의자 편, 각주 D, 2325쪽)에서 이 구절을 전하면서, 성 바실리우스가 신이 물리적 악의 주모자라고 인정하지 않으려 한다며 비난하는 프파너[653](벨이 독일 신학자라고 하지만, 전문 법률가로서 작센 공작들의 고문이다)의 지적에 동의한다. 도덕적 악을 이미 현존하는 것으로 가정할 경우, 신은 분명 물리적 악의 주모자다. 그러나 절대적으로 말하자면, 물리적 악의 원천인 도덕적 악을 허용함으로써 결과로서 물리적 악을 허용한 것이라고 주장할 수 있다. 스토아 철학자들 역시 악의 실체가 얼마나 빈약한 것인지 인정한 것 같다. 에픽테토스의 다음 말이 이를 드러내준다. "어떤 목적을 설정한 것은 그것을 그르치기 위함이 아닌 것처럼, 세계에 자연적인 악은 존재하지 않는다."[654]

∴

652) 성 바실리우스(Basilius, 329~379)의 『여섯 날』은 창조의 여섯 날에 대한 주석이다.
653) 토비에 프파너(Tobie Pfanner, 1641~1716)는 법률가이자 역사학자이고, 위에 인용된 견해를 발췌한 『신학 체계』의 저자이기도 하다. 제9장, 253쪽.

379. 성 바실리우스가 매우 제대로 본 것처럼, 악의 원리에 의거할 필요는 없다. 악의 기원을 물질에서 찾을 필요도 없다. 신의 행동이 있기 전에 혼돈이 있었다고 믿었던 사람들은 혼돈에서 무질서의 원천을 찾았다. 이것은 플라톤이 자신의 『티마이오스』에서 내놓은 의견이다. 아리스토텔레스는 자신의 『천체에 관하여』 제3부 2장에서 이 점과 관련하여 플라톤을 비난했다.[655] 플라톤의 학설에 따르면, 무질서는 근원적이고 자연적인 것이며 질서는 자연을 거슬러서 도입된 것이기 때문이다. 아낙사고라스는 신에의해 움직여지기 전까지는 물질이 고정되어 있다고 봄으로써 그러한 점을 피했고, 아리스토텔레스는 같은 곳[656]에서 그를 칭찬하고 있다. 플루타르코스에 따르면(『이시스와 오시리스』, 『티마이오스로부터의 영혼의 재창조』 번역본), 플라톤은 물질에 신에게 저항하는 어떤 영혼이나 악한 힘이 있다고 보았다. 그것은 실재적인 악이며 신의 계획에 대한 장애물이었다. 유스투스 립시우스[657]가 『스토아 철학자들의 물리학』 제1권에서 제시한 대로, 스토아 철학자들 역시 물질이 결함의 원천이라고 생각했다.

380. 아리스토텔레스가 혼돈을 배제한 것은 일리가 있다. 그러나 플라톤의 견해를 제대로 판별해내는 것은 항상 쉬운 일은 아니며, 저작이 손실된 다른 몇몇 저술가들의 견해는 더더욱 판별해내기가 어렵다. 가장 탁월한 현대 수학자 중 하나인 케플러[658]는 불규칙적인 운동이 없을 때조차 물질에

••

654) 에픽테토스, 『제요(提要)』, 제27장.
655) 플라톤, 『티마이오스』, 30 a; 아리스토텔레스, 『천체에 관하여』, 제3부, 2장, 300 b 16~18 참조.
656) 아리스토텔레스, 『천체에 관하여』, 제3부, 2장, 301 a 11~13.
657) 주 597 참조.
658) 주 235 참조.

는 일종의 불완전성이 있다고 인정했다. 이것은 그가 물질의 **자연적 관성이**라 부르는 것으로서 운동에 대한 저항력을 제공하며, 이 저항력 때문에 동일한 힘으로부터 더 큰 질량이 더 적은 속도를 받는다. 이 견해는 견고한 것이며, 나는 피조물들의 근원적 제약이 어떻게 선을 향하는 창조자의 행동을 한정하게 되는지 제시한 비유를 위해 앞에서 그 견해를 유익하게 사용했다. 그러나 물질 자체도 역시 신의 결과물이기 때문에 물질은 비유나 예를 제공할 뿐이지 악과 불완전성의 원천 자체일 수는 없다. 나는 악과 불완전성의 원천은 가능한 것들의 형상 혹은 관념에 있음을 이미 제시했다.[659] 왜냐하면 그 원천은 영원해야 하고 물질은 영원하지 않기 때문이다. 그런데 신은 영원하지 않은 모든 적극적인 실재를 만들었으므로, 만일 악의 원천이 사물 혹은 형상들의 가능성에 있지 않다면, 신은 악의 원천을 만들었어야 하기 때문이다. 사물 혹은 형상들의 가능성이야말로 신이 만들지 않은 유일한 것이다. 신은 자기 자신의 지성을 만든 자는 아니기 때문이다.[660]

381. 그러나 비록 악의 원천이 신의 의지 행위에 선행하는 가능한 형상에 있다고 할지라도, 그 형상들을 물질에 도입하는 현실적 실현에서 신이 악에 협력하지 않는 것은 아니다. 지금 문제가 되는 것은 바로 그러한 난점이다. 뒤랑 드 생 푸르생, 아우레올루스 주교, 니콜라 토렐, 루이 드 돌 신부, 베르니에[661]와 여러 사람들은 그 같은 협력을 말하면서 인간의 자유

∴

659) 제1부, 30절 참조.
660) (옮긴이) 신이 자신의 지성을 만들지 않았다는 점, 즉 신의 지성은 창조된 것이 아니라 가장 근원적인 신의 본질을 구성한다는 점은 『변신론』 전체의 논의를 위한 핵심적 논거라고 볼 수 있다.
661) 이들에 대해서는 주 232, 111, 233, 97 참조.

와 신의 성스러움에 해가 될 것이 두려워 그것이 단지 일반적인 협력이라고 주장했다. 그들은 신이 피조물들에게 행동할 능력을 주었기에 신은 그 능력을 보존하는 것에 만족한다고 주장하는 것 같다. 다른 한편으로, 벨은 다른 몇몇 현대인들에 이어서 신의 협력의 범위를 지나치게 확장시킨다. 그는 피조물이 신에게 충분히 의존되지 않을까 걱정하는 것 같다. 그는 피조물들의 행동을 부정하기까지 한다. 그는 우유적 속성과 실체의 구분조차도 인정하지 않는다.

382. 벨은 특히 보존이 연속적 창조라고 하는 스콜라학파가 수용한 학설에 크게 의거한다. 그 학설의 귀결에 따르면 피조물은 현존하지 않으며 시간, 운동 및 다른 계기적인 존재들처럼 항상 태어나는 중이고 항상 죽는 중이다. 플라톤은 물질적이고 감각적인 것들은 끊임없는 흐름 속에 있다고 말함으로써 그것들에 대해서는 그렇게 생각했다. 물질적이고 감각적인 것들은 항상 흘러가며, 결코 존재하지는 않는다. 그러나 자신이 유일하게 참된 것이라고 간주한 비물질적 실체들에 대해서 벨은 완전히 다르게 판단했으며, 이 점에서 그는 전적으로 틀리지는 않는다. 다만 연속적 창조는 모든 피조물에 예외 없이 관련된다. 여러 훌륭한 철학자들은 이 학설에 반대했으며, 벨이 전하는 바에 따르면 제네바 진영을 지지했던 프랑스인들 가운데 유명한 철학자인 다비드 드 로동[662]은 그 학설을 분명하게 논박했다. 아르미니우스주의자들도 그 학설에 그다지 동의하지 않으며, 그렇게 형이상학적으로 미묘한 점들에 그리 호의적이지 않다. 그런 점들을

∴

662) 다비드 뒤 로동 혹은 드로동(David du Rodon 혹은 Derodon, 1600~1664)은 개신교 철학자다.

더더욱 좋게 평가하지 않는 소치니주의자들에 대해서는 아무것도 말하지 않겠다.

383. 보존이 연속적 창조인지 제대로 검토하기 위해서는 그 학설이 의거하는 근거를 고찰해야 할 것이다. 그 학설을 입증하기 위해 데카르트주의자들은 그들의 스승을 따라서 충분히 확정적이지 못한 원리를 사용한다. 그들은 다음과 같이 말한다. "시간의 순간들은 서로 간에 아무런 필연적 연결도 없기 때문에, 지금 이 순간에 나를 존재하게 해주는 원인이 다음 순간에도 나를 존재하게 해주는 것이 아니라면, 지금 이 순간에 내가 존재한다는 것에서 다음 순간에 내가 존속할 것이라는 사실이 도출되는 것은 아니다." 『소치니주의의 일람표에 관한 견해』[663]의 저자가 그러한 논거를 사용했으며, 아마도 이 책의 저자일지도 모르는 벨이 이에 대해 전하고 있다(『한 관구장의 질문들에 대한 답변』, 제3권, 141장, 771쪽). 엄밀히 말해 내가 존재한다는 사실에서 내가 존재할 것이라는 사실이 도출되지는 않는다고 답할 수 있다. 그러나 방해하는 것이 아무것도 없다면 그 같은 사실은 자연적으로, 즉 그 자체로 도출된다. 이는 본질적인 것과 자연적인 것을 구분할 수 있는 차이다. 어떤 새로운 원인이 운동을 방해하거나 변화시키지 않는다면 그 운동은 자연적으로 지속하는 것과 같다. 지금 이 순간에 그 운동을 멈추게 하는 이유가 만일 새로운 것이 아니라면, 그 이유는 운동을

663) 쥐리외의 『소치니주의의 일람표』(주 631 참조)를 지시하며 1690년 익명으로 출간된 『소치니주의의 일람표에 관한 견해』는 자클로의 저작이라는 견해가 매우 일반적이다. 벨이 자클로에 반대하는 논쟁에서 동일인물인 자클로를 인용한다는 것이 모순은 아니다. 벨은 그러한 악의적인 방식에 익숙하기 때문이다. 감사하게도 편집자의 요청으로 이 점에 대해 정확히 밝혀준 라브루스(E. Labrousse) 부인에 따르면, 이 저작이 벨의 것이라는 라이프니츠의 제의는 신빙성이 전적으로 부족하다.

더 일찍 미리 멈추게 했을 것이기 때문이다.

384. 고(故) 에르하르트 바이겔[664]은 예나의 유명한 수학자이자 철학자로서 그의 『유클리드 분석』, 수학 철학, 꽤 아름다운 몇몇 기계의 발명 그리고 그 성공을 지켜보지는 못했지만 제국의 개신교 군주들로 하여금 달력을 최종적으로 개혁하도록 이끈 노력으로 알려져 있다. 내가 말하고자 하는 것은 바이겔이 자기 친구들에게 신의 현존에 대한 어떤 증명을 전했는데, 이것이 실제로 결국 연속적 창조에 귀착되는 것이라는 사실이다. 또한 그의 추론적 산술 도덕이 입증해주듯이, 바이겔은 계산과 추론을 평행적인 것으로 보는 습관이 있어서 자신의 증명의 근거는 피타고라스 표의 시작인 1×1이었다고 말했다. 이 반복된 크기 단위들은 사물들이 현존하는 계기이며, 그 각각은 말하자면 자신의 밖에 있는 만물을 매 순간마다 되살리는 신에 의존되어 있는 것이다. 그 크기 단위들은 매 순간 실추되므로 누군가가 되살려야 하며, 그는 다름 아닌 신일 수밖에 없는 것이다. 하지만 이런 것을 증명이라고 부르기 위해서는 더 정확한 입증이 필요할 것이다. 피조물이 항상 무에서 나오고, 우선은 무로 다시 실추된다는 것을 입증해야 할 것이다. 특히 자신의 본성을 통해 한 순간 이상으로 지속되는 특권은 오직 필연적인 존재에만 주어져야 한다는 점을 제시해야 한다. 연속(continuum)의 조합에 관한 난점도 이 문제에 관련된다. 연속의 조합 이론은 시간을 순간들로 분해하는 듯하기 때문이다. 반면 다른 학설들은 순간들과 점들을 단순히 연속체의 양태들로서, 즉 연속체에 지정할 수 있는

---

[664] 에르하르트 바이겔(Erhard Weigel, 1625~1699)은 철학자이자 수학자로서, 1663년에 예나대학에서 라이프니츠를 가르쳤다. 라이프니츠의 정신이 형성되는 데 중요한 영향을 미쳤다.

부분들의 극한들로서 보지만, 그것들을 구성적 부분들로 보지는 않는다. 지금은 이 미로에 들어갈 때는 아니다.[665]

385. 현재의 주제에 대해 확실하게 말할 수 있는 것은 피조물이 신의 작용에 계속적으로 의존되며, 그 의존은 피조물이 존재하기 시작한 이후에도 시작의 순간 때보다 덜 하지 않다는 것이다. 그러한 의존의 의미는 만일 신이 계속하여 작용하지 않는다면 피조물은 계속하여 현존할 수 없을 것이며, 마지막으로 그런 신의 작용은 자유롭다는 것이다. 그것이 만일 원의 본질에서 원의 속성이 유출되는 것처럼 필연적인 유출이라면, 신은 처음부터 피조물을 필연적으로 산출했다고 말해야 할 것이기 때문이다. 아니면 어떤 방식으로 신이 피조물을 일단 창조하고서, 피조물을 보존할 필연성을 자신에게 부과했는지 제시해야 할 것이다. 그런데 우리가 원한다면, 그 같은 보존 작용이 산출이나 더 나아가 창조라고 불리지 말아야 할 이유는 전혀 없다. 의존 정도는 피조물이 존재하기 시작할 때나 그 이후에나 마찬가지이므로. 외적인 명칭은 그것이 새로운 것이건 아니건 간에 의존의 본성을 바꾸지 못한다.

386. 그러므로 보존은 연속적 창조라는 의미를 받아들이고, 쥐리외에 반대하는 『소치니주의의 일람표에 관한 견해』[666]의 저자에 이어서 벨이 그런 의미로부터 771쪽에서 추론해내는 것으로 보이는 부분을 살펴보자. 이 저자는 말한다. "내가 보기에, 이로부터 신이 모든 것을 하며 모든 피조물

∵

665) 「신앙과 이성의 조화에 관한 서설」, 제24절과 주 140 참조.
666) 주 663 참조.

에는 제1의 원인도 제2의 원인도 없으며 기회 원인도 없다고 결론 내려야 한다. 이를 입증하는 것은 쉬운 일이기도 하다. 내가 말하고 있는 지금 나는 모든 상황, 이런 생각, 이런 행동과 함께 앉아 있거나 서 있는 나의 모습 그대로 존재하고 있기 때문이다. 그러한 체계에서는 필연적으로 그렇게 말해야 하는데, 만일 신이 지금 이 순간 내가 존재하는 모습 그대로 나를 창조한다면 신은 이런 생각, 이런 행동, 이런 운동, 이런 결정과 함께 나를 창조하는 것이다. 신이 나를 우선적으로 창조하고, 내가 창조된 후에 나와 함께 나의 운동과 결정들을 산출한다고 말할 수는 없다. 이는 두 가지 이유 때문에 지지할 수가 없다. 첫 번째 이유는 신은 나를 창조하거나 지금 이 순간에 나를 보존할 때, 형상이 없는 존재나 종(種)으로서 혹은 논리학의 일반 개념 중 어떤 것으로서 보존하지 않는다는 점이다. 나는 한 개체다. 신은 지금 이 순간 나의 모든 의존성과 함께 존재하는 나의 모든 모습 그대로 나를 창조하고 보존한다. 두 번째 이유는 신이 지금 이 순간 나를 창조하고서 만일 그 이후에 나와 함께 나의 행동도 산출한다고 한다면, 신은 행동하기 위한 다른 순간을 필연적으로 생각해야 하리라는 것이다. 그런데 이는 우리가 한 순간만을 가정했음에도 두 순간이 존재하게 된다는 것을 말한다. 따라서 그러한 가설에서, 피조물이 그의 행동과 갖는 연관 또는 관계는 그가 처음 창조된 첫 순간에 그의 행동을 산출할 때보다 크지 않다는 것이 확실하다." 견해의 저자는 이로부터 우리가 상상할 수 있는 매우 냉혹한 귀결을 도출한다. 그리고 그는 그런 체계를 인정하는 이들에게 그토록 끔찍한 부조리에서 빠져나오는 법을 가르쳐줄 모든 사람에게 감사해야 한다는 점을 결국 입증해주는 것이다.

387. 벨은 더 멀리 나아간다. 그는 775쪽에서 말하기를, 스콜라학파에

서는(그는 아리아가[667]를 인용한다. 『논쟁』, 9와 『자연학』, 제6절, 특히 제3절 이하) 다음과 같이 증명한다는 것을 모두 알고 있다고 한다. "피조물은 자신의 보존에 대한 전체적 원인도 될 수 없고 부분적 원인도 될 수 없다. 만일 그렇다면 피조물은 현존하기 전에 현존할 것이며, 이는 모순이기 때문이다. 다음 같은 추론은 모두 알고 있다. 보존되는 것은 행동한다. 그런데 행동하는 것은 현존하며, 온전한 현존을 갖기 전에는 아무도 행동할 수 없다. 그러므로 피조물이 자신을 보존한다면, 존재하기 전에 행동하는 것이 될 것이다. 그러한 추론은 개연성에 근거한 것이 아니라 형이상학의 제일 원리에 근거한 것이다. 이 원리들은 비존재는 속성이 없으며, 행동은 존재를 따른다는 원리로서 태양처럼 명확한 것이다. 논의를 더 진전시켜보자. 만일 피조물이 자신을 보존하기 위해 신과 협력한다면(여기서 협력은 능동적 협력을 의미하지 도구로서의 수동적 협력이 아니다), 존재하기 전에 행동하게 될 것이다. 이는 이미 증명했다. 그런데 피조물이 다른 어떤 것의 산출을 위해 신과 협력한다면, 그는 존재하기 전에 행동하게 될 것이다. 따라서 피조물이 (위치 운동, 긍정, 의욕 등 사람들이 주장하는 것처럼 그의 실체와 실재적으로 구분되는 존재 양태들과 같은) 다른 어떤 것을 산출하기 위해서나 자신의 보존을 위해서나 신과 협력한다는 것은 역시 불가능하다. 그리고 신의 보존이 연속적 창조이고 세계의 모든 인간은 피조물이 현존하는 첫 순간에 자신을 산출하기 위해서도, 또 그 어떠한 양태를 갖기 위해서도 신과 협력할 수 없다는 점을 인정해야 한다. 만일 그렇지 않다면 존재하기 전에 행동하는 셈이 될 것이기 때문이다. (토마스 아퀴나스 및 다른 여러 스콜라학파의 학자들은 만일 천사들이 자신이 창조되는 첫 순간에 죄를 지었다면, 신이 죄의 주모

••

667) 주 189 참조.

자일 것이라고 가르친다. 시토 교단인 피에르 드 생 조제프[668]의 『인간의 자유의 유쾌한 조화』 318쪽과 그 이하를 보라. 이는 그들이 피조물은 첫 순간에 무슨 일에서도 행동할 수 없다고 인정한다는 신호다.) 이러한 사실에서 피조물은 자기 자신의 산출을 위해서나 다른 어떤 것을 산출하기 위해서나, 창조된 이후의 순간들에서도 신과 협력할 수 없다는 결론이 도출된다. 만일 피조물이 자신의 지속의 두 번째 순간에 신과 협력할 수 있었다면, 첫 번째 순간에도 협력할 수 있었다고 하면 안 될 이유가 전혀 없을 것이다."

388. 이 논의에 어떻게 답해야 하는지 살펴보자. 피조물이 매 순간 새롭게 산출된다고 가정해보자. 또한 순간이 불가분적인 것으로서 시간의 모든 우선권을 배제한다고 인정해보자. 그러나 순간이 본성의 우선권 혹은 논리적 선행성이라 불리는 것을 배제하지는 않으며, 본성의 우선권으로 충분하다는 점을 주목해보자. 산출 혹은 그것에 의해 신이 산출을 하는 행동은 산출된 피조물의 현존에 본성상 선행한다. 자신의 본성과 자신의 필연적 속성과 함께 그 자체로 이해된 피조물은 자신의 우유적(偶有的) 변용과 행동에 선행한다. 그러나 이 모든 것들은 동일한 순간에 있는 것이다. 신은 지혜의 법칙에 따라 선행하는 순간들의 요청에 적합하게 피조물을 산출한다. 또 피조물은 신이 그를 계속 창조하면서 부여하는 본성에 적합하게 행동한다. 피조물의 제약과 불완전성은 신의 산출을 한정하는 주체의 본성에 의해 생겨난다. 즉 그것은 피조물의 근원적 불완전성의 귀결인 것이다. 그러나 피조물의 자유로운 내적 행동은 순간에 존재할 수 있으며 반복에 의해서 뚜렷해지는 것인 만큼, 피조물의 악덕과 죄는 자신의 자유로

∵

668) 주 624 참조.

운 내적 행동에 의해 생겨나는 것이다.

389. 그러한 본성의 선행성은 철학에서는 일반적이다. 그리하여 우리는 신의 결정들이 서로 간에 순서가 있다고 말하는 것이다. 피조물의 추론과 결론에 대한 이해력이 신에게 속해 있어서(이는 합당한 일이다), 피조물의 모든 증명과 논증은 신에게 알려져 있고 우월한 상태로 신 안에 있는 것이다. 즉 우리는 신이 인식하는 명제나 진리에는 시간의 순서나 간극이 아닌 본성의 순서가 있고, 이를 통해 신의 인식이 진행되며 신은 전제에서 결론으로 이행한다는 것을 알 수 있다.

390. 나는 이 같은 고찰이 위에서 전한 추론들에 대해서 해결하지 못하는 것은 아무것도 없다고 본다. 나도 역시 신이 어떤 것을 창조할 때 한 개체로서 창조하는 것이지 논리학의 일반 개념으로서 창조하는 것이 아니라는 점을 인정한다. 그러나 신은 본성의 우선권과 **논리적 선행성**에 따라 그 개체의 본질을 그 우유적 속성 이전에 산출하고, 그 개체의 본성을 그것의 행동 이전에 산출한다. 이로부터 어떻게 피조물이 죄의 참된 원인일 수 있고, 신의 보존이 이를 막지 않는지 알 수 있는 것이다. 신은 우선 피조물에 의해 산출될 죄에도 불구하고 자신의 지혜의 법칙을 따르기 위해, 그 피조물의 선행(先行) 상태에 맞춰 조정을 한다. 다만 스콜라학파 학자들이 매우 적절하게 본 것처럼, 신은 영혼이 첫 순간부터 죄를 짓게 되는 상태에서 시작하게끔 영혼을 창조하지는 않았을 것이다. 신의 지혜의 법칙에는 그렇게 할 수 있게끔 그를 이끄는 것은 아무것도 없기 때문이다.

391. 또한 그런 지혜의 법칙은 신으로 하여금 동일한 실체, 동일한 영혼

을 다시 산출하게 한다.[669] 이것은 벨이 자신의 『역사와 비판 사전』(피론 편, 각주 B, 2432쪽)에서 소개하고 있는 신부가 답할 수 있었던 것이다. 그러한 지혜는 사물들의 연결을 실행한다. 따라서 나는 (바로 앞에서 보존을 설명한 방식으로) 피조물은 자신을 보존하기 위해 신과 협력하지 않는다는 점을 인정하지만 피조물이 다른 어떤 것 그리고 특히 자신의 내적 행동, 즉 사유나 의욕과 같이 실체와 실재적으로 구분되는 것들의 산출을 위해 신과 협력하지 못하도록 하는 것은 아무것도 없다고 본다.

392. 그러나 이 점에서 우리는 벨과 다시 맞서게 된다. 벨은 실체와 구분되는 우유적 속성은 없다고 주장한다. 그는 다음과 같이 말한다. "현대 철학자들이 우유적 속성은 실체와 실재적으로 구분되는 존재가 아님을 증명하려고 사용하는 근거는 단순한 난점이 아니라, 압도적이며 논박할 수가 없는 논증이다. (벨은 덧붙여 말한다) 그 근거는 메냥 신부나 말브랑슈 신부, (캉[670]의 철학 교수인) 칼리, 메냥 신부의 제자인 사젠스 신부의 『우유적 속성의 무화(無化)』에서 찾아볼 수 있다. 『우유적 속성의 무화』의 발췌문은 1702년 6월 《문예협회 소식지》에서 볼 수 있다. 혹은 단 한 명의 저자만으로 충분하다면, 베네딕트수도회 회원이자 프랑스의 가장 강력한 데카르트주의자 중 한 명인 프랑수아 라미 신부님[671]을 선택할 수 있겠다.[672] 1703년 트레부에서 출간된 그의 『철학적 편지들』에서, 라미 신부가 신은 실재적인 모든 것의 유일한 참된 원인임을 기하학자들의 방법으로 증명하는 편지를 찾

669) (옮긴이) 순간들의 비연속성 때문에 한 실체의 자기 동일성이 파괴되지 않는다는 의미다.
670) (옮긴이) 캉(Caen)은 프랑스의 도시다.
671) (옮긴이) 라이프니츠는 특별히 라미(Dom François Lami) 신부에게는 성직자에게 쓰는 존칭인 'dom'을 붙여서 그를 높여 부르고 있다.

아볼 수 있다." 나는 이 모든 책들을 읽어봤으면 한다.[673] 바로 위의 마지막

∴

672) 메냥(Maignan, 1601~1676)은 프랑스의 철학자이자 과학자이며, 1653년에 툴루즈에서 출간된 『철학 강의』의 저자다. — 피에르 칼리(Pierre Cally, 17세기 중엽)는 1674년에 출간된 『철학 수업』의 저자다. — 사겐스(Saguens)는 메냥 신부의 제자이자 그의 전기를 쓴 작가다. 인용된 저작의 전체 제목은 『우유적 속성의 무화와 종의 설립, 즉 성찬식의 성변화(聖變化) 후의 빵과 포도주의 종들에 대한 영속성의 설립』(밀라노, 1700)이다. 라미에 관해서는 주 64 참조. 인용된 저작은 『다양한 주요 주제들에 관한 철학적 편지들』이다.

673) 라미의 증명을 라이프니츠에게 전달해준 데 보세스 신부 덕분에 이러한 소망은 적어도 라미에 관해서는 이루어졌다. 라이프니츠는 이 주제에 관해 몇몇 의견을 집필했고, 그것들은 1712년 《트레부의 논문집(Mémoires de Trévoux)》에 게재되었으며, 본문의 구절을 뒷받침하기 위해 게르하르트(Gerhardt)가 주석하여 다시 실었다.

(옮긴이) 게르하르트 판본에 실린 라이프니츠의 글은 다음과 같다.

1712년 7월 《트레부의 논문집》에 저자에 의해 게재됨

1711년 2월

나는 『변신론』 제392절에서 벨이 언급한 것으로서 1703년 트레부에서 인쇄된 여섯 번째 편지에 포함된 증명을 보고 싶다고 말했었다. 데 보세스 신부가 이 편지의 내용을 알려주었다. 이 편지의 저자는 신이 실재하는 모든 것의 참된 원인이라는 점을 기하학적인 방법으로 증명하려고 시도한다. 편지를 정독해본 결과, 제392절에서 내가 주장했던 견해를 확증하게 되었다. 신은 순수하고 절대적인 실재 혹은 완전성의 유일한 원인인바, 저자의 명제는 매우 훌륭한 의미에서 참될 수 있다. 그러나 실재의 이름으로 제약성이나 결핍을 이해할 때 우리는 제2원인들이 제약된 것의 산출에 협력한다고 말할 수 있다. 그렇지 않다면 신은 죄의 원인이고 나아가 죄의 유일한 원인이 될 것이다. 비록 이 편지를 쓴 뛰어난 저자는 그가 신이 그 유일한 원인이라고 주장하는 실재들에 모든 양상을 포함시키는 것처럼 보이지만, 나는 그가 나의 견해와 아주 멀지는 않다는 생각이다. 왜냐하면 근본적으로 나는 신이 죄의 원인이자 주모자라고 그가 인정하지 않으리라는 점을 믿기 때문이다. 나아가 그는 자신의 테제를 뒤집고 피조물에 진정한 능동성을 부여하는 방식으로 설명하고 있다. 그의 두 번째 명제의 여덟 번째 계(系, corollaire)에 대한 확인에 다음과 같은 말이 있기 때문이다. "영혼의 자연적인 운동은 그 자체로는 결정되어 있지만 대상과 관련해서는 결정되어 있지 않다. 이 운동은 선 일반에 대한 사랑이기 때문이다. 개별적 대상들에서 나타나는 선의 관념에 따라 이 운동은 개별적인 것이 되고 대상들과 관련하여 결정된다. 이런 식으로 정신은 자신의 관념들을 다양하게 만들 수 있기 때문에 또한 그의 사랑에 대한 결정을 바꿀 수 있다. 그렇다고 해서 정신이 신을 넘어서고 신의 행동과 대립할 필요는 없다. 개별적 대상들을 향한 운동의 결정은 극복 불가능한 것이 아니다. 그것이 극복 불가

명제에 관해 말하자면, 그것은 매우 훌륭한 의미에서 참일 수 있다. 신은 순수하고 절대적인 실재, 혹은 완전성의 유일한 핵심 원인이다. **제2원인은 제1원인을 근거로 작용한다.** 그러나 제약과 결핍을 실재에 포함시킨다면, 제

..

능한 것이 아니기 때문에 정신은 자유로운 것이며 그것을 바꿀 능력이 있는 것이다. 그렇지만 정신은 요컨대 신이 그에게 부여하고 보존해주는 운동을 통해서만 그러한 변화를 만들어낸다." 나의 방식대로 말했다면 나는 피조물의 능동성에 존재하는 완전성은 신에서 유래하지만, 피조물에게 나타나는 제약성은 근원적 제약성의 귀결이며 그에게 일어난 선행하는 제약성의 귀결이라고 했을 것이다. 그러나 이러한 점은 정신뿐만 아니라 다른 모든 실체에서도 발생하는 일이다. 다른 모든 실체는 그들에게 일어나는 변화에 대한 협력 원인인 것이다. 저자가 말하는 결정은 제약성에 다름 아니기 때문이다.

그런데 이러한 점을 살펴본 후에 편지의 모든 증명이나 귀결을 검토한다면, 이에 대해 제시할 수 있는 설명에 따라 우리는 그의 주장을 대부분 인정할 수도 있고 부정할 수도 있을 것이다. 만일 실재가 오직 완전성이나 적극적인 실재로만 이해된다면 신만이 실재의 진정한 원인이다. 그러나 제약성을 내포하는 것이 실재에 포함된다면, 우리는 이 명제들의 많은 부분을 부정하게 될 것이다. 편지의 저자조차도 우리에게 그 점에 대한 예를 제시했을 것이다. 문제를 더 이해하기 쉽도록 하기 위해 나는 『변신론』에서 짐을 실은 배의 예를 사용했다. 즉 배에 짐이 많이 실려 있을수록 강물은 배를 더 느리게 실어간다. 이 예에서 강물은 이 운동에서의 적극적인 것, 완전성, 힘, 배의 속도의 원인이지만, 짐은 이러한 힘의 제약의 원인이며 배의 지체를 일으킨다는 점이 명료하게 나타난다.

형이상학적 문제에 기하학적 방법을 적용하고자 하는 것은 칭찬할 만한 일이다. 그러나 지금까지 그러한 시도가 성공한 적은 드물다. 모두가 그의 매우 위대한 능력을 인정하는 데카르트조차 논박에 대한 어느 답변에서 기하학적 방법을 시도했을 때 크게 실패했다. 수, 도형, 계산이 언어에 숨겨진 결함을 대신하기 때문에 수학에서는 기하학적 방법이 성공을 거두기가 더 쉽다. 그러나 (적어도 통상적인 추론 방식에서) 그러한 도움이 없는 형이상학에서는 추론의 형식과 용어의 정확한 정의에서 사용된 엄정함이 그러한 결핍을 대신해야 한다. 그러나 추론에서도 정의에서도 이러한 엄정함은 보이지 않았다.

많은 열정과 통찰력을 의심의 여지 없이 보여주는 편지의 저자는 두 번째 명제의 다섯 번째 계에서 그가 정지와 운동에 동일한 정도의 실재와 힘이 있음을 증명하고자 할 때처럼, 때때로 너무 성급히 나아간다. 그는 신의 의지가 운동보다 정지에서 덜 적극적이지 않으며 덜 극복 불가능하지도 않다는 점을 논거로 내세운다. 그렇다고 하자. 그렇다고 해서 운동과 정지에 동일한 정도의 실재와 힘이 있다는 사실이 도출되는가? 나는 그러한 결론을 내리지 못하겠다. 동일한 추론을 통해 우리는 강력한 운동과 약한 운동에 정도가 동일한 힘

이 원인들은 제약된 것의 산출에 협력한다고 말할 수 있다. 그러한 점이 없다면 신은 죄의 원인일 것이며, 심지어 그 유일한 원인일 것이다.

∴

이 있다는 점을 증명할 수 있을 것이다. 신이 정지를 원한다는 것은 물체가 바로 직전에 있었던 A 지점에 그대로 있기를 원한다는 것이다. 이를 위해서는 신을 변화로 이끄는 이유가 없다는 것만으로도 충분하다. 그러나 그 후에 신이 물체가 B 지점에 있기를 원할 경우는 신이 물체가 C 지점이나 다른 모든 지점이 아닌 B 지점에 정확히 있기를 원하고, 더 빠르거나 덜 빠른 속도로 B 지점에 있기를 원하도록 결정하는 새로운 이유가 있어야 한다. 사물들에서 발견되는 실재와 힘에 대한 평가는 바로 그러한 이유, 즉 신의 의지에서 도출해내야 한다. 편지의 저자는 신의 의지에 관해서는 충분히 언급하지만 신으로 하여금 원하도록 이끄는 이유, 즉 모든 것이 의존되어 있는 이유에 관해서는 별로 언급이 없다. 그리고 이러한 이유는 대상에서 취해진다.

첫 번째 명제의 두 번째 계와 관련하여 우선 나는 그 명제가 참되지만 제대로 증명되지는 않았다는 점을 확인한다. 신이 어떤 존재의 현존을 원하기를 중지했다면, 그 존재는 존재하지 않을 것이라고 저자는 인정한다. 그리고 다음과 같이 한마디도 빼지 않고 증명한다. "증명. 신의 의지에 의해서만 현존하는 것은 신의 의지가 존재하지 않게 되는 즉시 현존하지 않게 된다. (그러나 이는 증명되어야 할 점이다. 저자는 다음처럼 덧붙임으로써 그것을 증명하려고 한다.) 원인을 제거하면 결과도 제거되기 때문이다. (이 준칙은 앞에 놓인 공리들 가운데 배치해야 했다. 그러나 불행하게도 이 공리는 많은 예외에 노출된 철학적 규칙들에 속할 수 있다.) 그런데 이전 명제와 그 명제의 첫 번째 계에 의하면, 모든 존재는 신의 의지에 의해서만 현존한다. 그러므로 등등 ⋯⋯." 모든 것이 신의 의지에 의해서만 현존한다는 이 표현에는 애매함이 있다. 이것이 의미하는 바가 사물들은 신의 의지에 의해서만 현존하기 시작한다는 것이라면, 이전의 명제들에 의거하는 것은 일리가 있다. 그러나 사물들의 현존이 항상 신의 의지의 귀결이라고 주장한다면, 이는 문제점을 어느 정도 전제하는 것이다. 따라서 사물들의 현존이 신의 의지에 의존된다는 점, 그리고 그들의 현존은 단지 신의 의지의 단순한 결과가 아니라 그 사물들이 포함하는 완전성에 비례하는 만큼의 의존성이라는 점을 우선 증명해야 한다. 그리고 이러한 점이 정립되고 나면, 사물들은 그 시작 못지않게 결과에서도 신에게 의존될 것이다. 이러한 것이 바로 나의 『변신론』에서 문제를 이해한 방식이다.

그럼에도 방금까지 내가 설명한 편지는 매우 훌륭하고 읽힐 만한 가치가 있으며, 탁월하고 참된 견해를 포함하고 있음을 나는 인정한다. 비록 그렇게 하기 위해서는 내가 방금까지 제시한 의미로 편지를 이해해야 하겠지만 말이다. 그러한 방식의 추론은 좀 더 발전된 성찰을 위한 서론으로 사용될 수 있을 것이다.

393. 실체와 우유적 속성을 혼동하고 창조된 실체에서 능동성을 박탈하면, 극단적인 데카르트주의인 스피노자주의에 빠진다는 점도 경계하는 것이 좋다.[674] 능동적으로 행동하지 않는 것은 실체라는 이름을 받을 자격이 없다. 우유적 속성들이 실체와 구분되지 않는다면, 창조된 실체가 운동처럼 계기적인 존재라면, 한 순간을 넘어서도 지속하지 못한다면, 그리고 (지정 가능한 시간의 몇몇 부분 동안) 자신의 우유적 속성들과 마찬가지로 동일하게 유지되지 않는다면, 수학의 도형이나 수처럼 활동하지 않는다면, 신이 유일한 실체이고 피조물들은 우유적 속성이며 양태일 뿐이라고 스피노자처럼 말하지 못할 이유가 무엇이겠는가? 지금까지 사람들은 실체는 그대로 있고 우유적 속성들은 변한다고 믿어왔다. 또 내가 읽은 것으로 기억하는 논증들은 그러한 고대의 학설과 반대되는 것을 입증하지 못하며 필요한 것 이상의 것을 입증하는바, 나는 그 고대의 학설을 더더욱 따라야 한다고 생각한다.

394. 벨은 779쪽에서 다음과 같이 말한다. "사람들이 실체와 그 우유적 속성 사이에 존재한다고 인정하고자 하는 그 구분에서 나오는 불합리성 중 하나는 만일 피조물이 우유적 속성들을 산출한다면 창조의 능력과 무화의 능력을 가질 것이라는 사실이다. 그리하여 무수히 많은 실재적 존재를 창조하고 그중 무한히 많은 것을 무화시키지 않고서는 일말의 행동도

..

674) (옮긴이) 『형이상학 논고』 제2절에 대해 언급하면서 살펴보았듯이, 라이프니츠는 데카르트가 스피노자의 자리를 마련해준다고 생각한다. 실제로 데카르트는 신의 전능을 강조함으로써 창조된 세계의 모든 것을 우연적이고 수동적으로 간주할 뿐이다. 이러한 관점은 모든 것을 신에 의존되도록 하고, 절대적 본성의 필연성에 의해 작용하는 신에게만 능동성을 부여하는 스피노자의 체계와 연결된다.

할 수 없을 것이다. 단지 소리 지르고 먹기 위해서 혀를 움직임으로써 우리는 혀의 부분들이 운동하는 만큼 우유적 속성을 창조하게 되고, 우리가 먹는 것의 부분들, 즉 그 형태를 잃고 임파액과 피 등이 되어버리는 부분들이 있는 만큼 우유적 속성을 파괴하게 되는 것이다." 이러한 논거는 일종의 공갈일 뿐이다. 무한히 많은 운동, 무한히 많은 모양이 매 순간 우주 전체뿐 아니라 우주의 각 부분에서 생겨나고 사라진다고 해서 나쁠 것이 무엇이란 말인가? 게다가 그렇게 되어야 한다는 것은 증명할 수도 있다.

395. 우유적 속성의 창조라는 것에 대해 말해보자. 자리나 모양을 변화시키거나, 훈련하는 병사들의 운동으로 진영을 정사각형이나 긴 사각형 혹은 다른 형태로 만들기 위해 아무런 창조의 능력도 필요 없다는 것을 누가 보지 못하겠는가? 또 대리석 덩어리에서 몇몇 조각을 떼어냄으로써 조각을 만들거나, 밀랍 조각을 줄이고 늘리는 변화를 줌으로써 입체감 있는 모양을 만들기 위해 무슨 창조의 능력이 필요하겠는가? 양태들의 산출은 결코 **창조**라고 불리지 않았다. 그러한 점으로 사람들을 불안하게 하는 것은 용어를 남용하는 것이다. 신은 무에서 실체를 산출하며, 실체들은 그들을 제약하는 요소가 변화할 때 우유적 속성을 산출한다.

396. 벨은 영혼이나 실체적 형상들에 대해서, "실체적 형상을 인정하는 사람들에게는 그것들이 진정한 창조에 의해서만 산출될 수 있다고 하는 논박만큼 불편한 것이 없으며, 이에 대해 스콜라학파의 학자들이 반박하려고 애쓸 때 그들은 애처롭다"라고 덧붙여 말하는데, 이는 일리가 있다. 그러나 나에게, 또 나의 체계에 따르면 바로 그 논박만큼 편안한 것도 없다. 나의 주장에 따르면 무슨 이름으로 부르건 간에 모든 영혼, 완성태나

원초적 힘, 실체적 형상, 단순 실체, 모나드들은 자연적으로 생겨날 수도 없고 자연적으로 소멸할 수도 없기 때문이다.[675] 나는 질 혹은 파생적 힘 혹은 우유적 형상이라고 불리는 것들을 원초적 완성태의 양태로서 파악한다. 마찬가지로 모양들은 물질의 양태다. 그렇기 때문에 그런 양태들은 단순 실체가 그대로 남아 있는 동안에도 끊임없이 변화하고 있는 것이다.

397. 앞에서(제1부, 86절과 그 이하) 나는 영혼들이 자연적으로 생겨날 수도 없고 서로가 서로에서 생겨날 수도 없다고 제시했다. 또한 우리의 영혼은 창조되거나 아니면 선재(先在)해야 한다고 제시했다. 나는 사물들의 시작부터 종자들 속에 선재하는 영혼은 단지 감각 능력이 있을 뿐이라고 말하는 것이 적절하다고 생각하여, 창조와 전적인 선재 간의 일정한 중간점을 제시하기도 했다. 나는 영혼이 속해야 할 인간이 구상되고, 시작부터 영혼을 동반하되 많은 변화 아래에서 동반하는 유기체적 육체가 인간의 육체를 형성하도록 결정되었을 때 감각 능력만 있던 영혼은 상위 등급, 즉 이성으로 올라가게 된다는 것을 제시했다. 또한 나는 감각적 영혼의 (보다 고귀한 본질적 등급, 즉 이성에 이르게 하는) 그러한 상승은 신의 특별한 작용에 의한 것으로 볼 수 있다고 판단했다. 그렇지만 나는 동물들

∵

675) (옮긴이) 라이프니츠는 『모나드론』의 앞부분(제1~5절)에서 모나드와 그 특성을 정리한다. "…… 모나드는 복합된 것 안에 있는 단순한 실체에 다름 아니다. 단순하다 함은 다시 말하면 부분이 없다는 뜻이다. 복합된 것이 존재하므로 단순한 실체들이 존재하지 않으면 안 된다. 왜냐하면 복합된 것은 단순한 것들의 무더기 또는 집적체에 다름 아니기 때문이다. 그런데 부분이 없는 곳에서는 연장도, 형태도 또한 분할도 불가능하다. 따라서 모나드들은 자연의 진정한 원자이고, 간단히 말하면 사물들의 요소다. 또한 그들의 해체를 염려할 필요도 없다. 그리고 단순한 실체가 자연의 과정에서 어떻게 소멸하는지는 전적으로 이해할 수 없다. 동일한 이유에서, 단순한 실체들이 집적을 통하여 형성될 수 없기 때문에, 하나의 단순한 실체가 자연적 과정에서 생성될 수 있다는 것도 이해할 수 없다."

의 형성에서와 마찬가지로 인간의 형성에서 기적에 의거하지 않는 편을 선호한다는 점을 덧붙이는 편이 좋을 것이다. 이 문제는 그 많은 수의 영혼과 동물들, 혹은 적어도 종자들 속의 살아 있는 유기체적 육체들 가운데서 언젠가 인간의 본성에 이르도록 예정된 영혼들만이 언젠가 나타날 이성을 포함하고 있으며, 유기체적 육체들만이 언젠가 인간의 형태를 취하도록 미리 형성되고 배치되어 있음을 파악할 때 설명될 수 있을 것이다. 반면 다른 작은 동물들이나 종자 생명체들은 그렇게 예정된 것이 전혀 없고, 본질적으로 유기체적 육체들과는 다르며, 유기체적 육체들 안에서 열등한 본성만을 가지고 있다. 유기체적 육체들의 그 같은 산출은 **전달**[676]의 방식이지만 우리가 대중적으로 가르치는 것보다 더 다루기 쉬운 것이다. 그 산출은 영혼에서 영혼을 도출해내는 것이 아니라 활성이 있는 것에서 활성이 있는 것을 도출해내는 것이다. 그러한 산출은 새로운 창조를 빈번히 일으키는 기적, 즉 새롭고 순수한 영혼을 그것을 오염시키게 될 육체 안에 들어가도록 하는 기적들을 피하는 것이다.

398. 그러나 나는 일반적으로 창조가 정확히 이해되면 그것은 생각만큼 받아들이기가 그렇게 어려운 것이 아니며, 피조물의 의존성에 대한 개념에 일정한 방식으로 포함된다라는 말브랑슈 신부의 견해에 동의한다. 말브랑슈는 외친다(『기독교적 성찰』, 제9장, 각주 3). "철학자들이 얼마나 어리석고 엉뚱한가! 그들은 창조가 불가능하다고 생각한다. 그들은 신의 능력이 무로부터 무엇을 만들 정도로 충분히 위대하다는 것을 파악하지 못하기 때문이다. 그러나 그들은 신의 능력이 지푸라기를 흔들 수 있다는 것은

∴

676) 제1부, 제88~89절 참조.

더 잘 파악하는가?" 말브랑슈는 각주 5에서 더욱 적절하게 덧붙여 말한다. "만일 물질이 창조되지 않았다면, 신은 물질을 움직일 수도 없고 그것으로 아무것도 형성할 수 없을 것이다. 그는 물질을 인식하지 않고서는 그것을 움직일 수도 없고, 지혜롭게 배치할 수도 없을 것이기 때문이다. 그런데 그가 물질에 존재를 부여하지 않는다면 그는 물질을 인식할 수 없다. 그는 그러한 인식을 자신으로부터만 도출해낼 수 있다. 그에게 작용을 가하거나 그를 가르칠 수 있는 것은 아무것도 없다."

399. 벨은 우리가 계속적으로 창조된다고 말하는 것으로 만족하지 못하고서, 그것에서 도출해내고자 한 다른 학설, 즉 우리의 영혼은 능동적으로 행동할 수 없다는 학설을 또한 강조한다. 다른 여러 말과 함께 그는 제141장 765쪽에서 이렇게 말한다. "그는 (벨은 뛰어난 한 반대자에 대해 말하고 있다) 운동을 산출할 수 있는 피조물은 없으며, 우리의 영혼은 감각과 관념, 고통과 기쁨 등의 느낌에 대해서 순전히 수동적인 주체라는 사실이 오늘날 어떤 강도로 주장되었는지 모른다고 하기에는 데카르트주의를 너무도 잘 알고 있다. 의욕에 대해서까지 같은 말을 하지 않은 것은 계시된 진리 때문이다. 계시된 진리가 없다면, 의지의 행위 역시 지성의 행위만큼 수동적인 것으로 드러날 것이다. 우리의 영혼은 우리의 관념을 형성하지 못하며 우리의 기관들을 움직이지도 못한다는 것을 밝혀내는 근거는 또한 우리의 영혼이 우리 사랑의 행위와 의욕을 형성할 수 없다는 점을 동시에 입증해줄 것이다." 벨은 우리의 악덕한 행동, 우리의 죄도 덧붙일 수 있을 것이다.

400. 벨이 칭찬하는 그 논거들의 힘은 그가 생각하는 그대로일 수가 없다. 그것들은 너무 많은 것을 입증할 것이기 때문이다. 그것들은 신을 죄

의 주모자로 만들 것이다. 나는 영혼이 물리적 영향을 통해 기관들을 움직일 수 없다는 점은 인정한다. 나는 비록 영혼이 행동의 원리인 것은 사실이라고 해도, 육체는 영혼의 의지에 조응하는 것을 시간과 공간 속에서 행하도록 미리부터 만들어졌어야 한다고 생각하기 때문이다. 그러나 나는 영혼이 자신의 사유, 감각, 고통과 기쁨의 느낌을 산출하지 못한다고 말할 그 어떤 이유도 알지 못한다. 내가 보기에는 모든 단순 실체(즉 모든 진정한 실체)는 자신의 내적인 모든 능동성과 수동성의 즉각적인 참된 원인이어야 한다. 형이상학적 엄밀성을 가지고 말하자면 단순 실체는 자신이 산출하는 행동 외에 다른 행동은 하지 않는다. 견해가 다른 사람들, 즉 오직 신만이 행동 주체라고 보는 이들은 종교와 어긋나지 않고는 빠져나오기 힘든 표현들 속에서 근거도 없이 혼란을 겪는다. 게다가 그들은 이성과 절대적으로 어긋나고 있다.

401. 그러나 벨이 무엇에 근거하고 있는지 보자. 그는 말하기를, 우리는 어떻게 이루어지는지 모르는 것은 행하지 않는다고 한다. 이 원리에 대해 나는 벨에 동의하지 않는다. 그의 논변을 들어보자(767쪽과 그 이하). "대중들과 함께 거의 모든 철학자들이 우리가 능동적으로 우리의 관념을 형성한다고 믿었다는 것은 놀라운 일이다(우리의 영혼과 구분되는 보편적 지성과 우리의 지성 작용들의 원인을 인정한 아리스토텔레스의 해석가들은 배제해야 한다. 『역사와 비판 사전』의 아베로에스 편, 각주 E를 볼 것). 그러나 한편으로는 관념이 어떻게 이루어지는지 절대적으로 알지 못한다는 것, 또 다른 한편으로는 어떻게 꿰매야 하는지를 모르면 한 땀을 뜰 수도 없다는 것을 모르는 사람이 어디 있겠는가? 한 땀을 뜨는 것이 장미를 처음 보자마자 배운 적도 없이 그것을 머릿속에 그리는 것보다 그 자체로 더 어려운 작업이

란 말인가? 이와 반대로 그러한 정신의 초상화는 배우지 않으면 할 수 없는 일인 캔버스에 꽃모양을 그리는 일보다 그 자체로 더 어려운 작업인 것 같지 않은가? 열쇠를 사용하는 법을 모를 경우 상자를 여는 데 열쇠가 아무 도움이 안 된다는 것을 우리는 모두 확신하고 있다. 그러나 우리는 우리의 영혼이 우리의 팔의 운동에 대한 작용인이라고 상상한다. 영혼은 그 운동에 사용되어야 하는 신경들이 어디에 있는지 모르고, 그 신경들로 흘러들어가는 동물 정기를 어디서 취해야 하는지 모름에도 말이다. 불러오고자 하는 관념이 나타나지 않으며, 그것에 대해 생각을 더 이상 하지 않을 때는 저절로 나타나는 경우를 우리는 날마다 겪는다. 그런 점도 우리가 관념의 작용인이라고 믿는 것을 막지 못한다면, 자클로에게 그토록 증명적인 것으로 보이는 느낌의 증거에 대해서는 무엇을 기대하겠는가? 우리의 관념에 대한 권위는 우리의 의욕에 대한 권위보다 더 자주 부족한 것인가? 제대로 헤아려보면, 삶의 흐름 속에 의욕보다는 뚜렷해지지 않은 불완전 의욕이 더 많다는 것, 즉 우리 의지의 지배력보다는 예속의 증거가 더 많다는 점을 발견할 것이다. 동일한 한 사람이 특정한 의지 행위를 할 수 없다는 것을 얼마나 많이 경험하는가? (그 예로 방금 그를 공격한 사람을 사랑하는 행위, 그가 지은 아름다운 소네트에 대한 멸시 행위, 애인에 대한 증오 행위, 엉뚱한 경구[警句]에 동의하는 행위 등이 있겠다. 여기서 나는 '무시하기를 원한다', '동의하기를 원한다'와 같은 '나는 원한다'로 표현된 내적인 행위들만을 말하고 있다는 것을 주의하라.) 비록 그 행위로 그가 당장 100피스톨[677]을 벌어야 하고, 100피스톨을 벌기를 열정적으로 갈망하며, 경험의 증거로 그가 자기 자신의 주인임을 확신하려는 욕구가 넘친다고 해도 그러한 의지 행위를

∴

677) (옮긴이) 프랑스 구체제하에서의 화폐단위.

실현할 수 없다는 것을 경험하지 않겠는가!"

402. "방금 내가 당신에게 말한 것의 모든 힘을 몇 마디 말로 압축하자면, 나는 어떤 결과의 진정한 작용인이 그 결과를 인식해야 하고, 그 산출 방식을 알아야 함은 사물들을 깊이 탐구하는 모든 사람들에게 명백한 일이라고 주장할 것이다. 그러한 것은 우리가 단지 작용인의 도구이거나 그 작용의 수동적 주체라면 필연적인 것이 아니다. 그러나 우리는 진정한 행위자에게는 그 같은 것이 필연적이지 않다고 생각할 수 없다. 그런데 우리 스스로를 잘 살펴보면 경험과 상관없이 우리의 영혼은 의욕이 무엇인지 관념이 무엇인지 그다지 잘 모른다는 것, 또 오랜 경험 후에도 의욕이 어떻게 형성되는지에 대해서는 어떤 것을 구체적으로 원하기 전에 알았던 것보다 더 잘 아는 것도 아니라는 점을 매우 확신하게 될 것이다. 이로부터 영혼은 자신의 의욕뿐 아니라 관념의 작용인일 수 없으며, 우리의 팔을 움직이게 하는 정신 운동의 작용인일 수도 없다는 사실 외에 무엇을 결론내리겠는가?(우리가 이 점을 여기서 절대적으로 결정하고자 하는 것은 아니라는 점에 주의하라. 우리는 단지 논박의 원리들과 관계해서만 그렇게 생각한다.)"

403. 이것이야말로 이상한 방식의 추론이 아닌가! 우리가 행하는 것이 어떻게 이루어지는지 항상 알아야 할 필연성이 있는가? 소금, 금속, 식물, 동물, 행성, 다른 수많은 생물이나 무생물은 그들이 행하는 것이 어떻게 이루어지는지 알고 있으며 그러한 것을 알 필요가 있는가? 기름이나 지방질 한 방울이 물의 표면에서 둥글게 되기 위해 기하학을 이해해야 하는가? 한 땀을 뜨는 것은 다른 것이다. 그것은 목적을 위해 행동하는 것이고, 그 수단들을 알아야 한다. 그러나 우리가 원하기 때문에 우리가 우리

의 관념을 형성하는 것은 아니다. 관념은 우리 의지의 귀결이 아니라, 우리의 본성과 사물들의 본성에 따라 우리 안에서 또 우리에 의해서 형성되는 것이다. 동물 안에 태아가 형성되는 일과 자연의 수많은 다른 경이로운 것들이 신이 마련해놓은 어떤 본능에 의해, 즉 그토록 아름다운 결과들을 기계적으로 산출하기에 알맞은 그 경탄스러운 자동 기계들을 만든 신적 전성(前成)을 근거로 산출되었다. 그렇기 때문에 영혼도 마찬가지로 더더욱 경탄스러운 정신적 자동 기계이며 우리의 의지가 관련되지 않은, 또 우리의 기술로서는 도달할 수 없는 그 아름다운 관념들을 신적 전성을 통해 영혼이 산출한다고 판단하는 것은 쉬운 일이다. 정신적 자동 기계들, 즉 영혼들의 작용은 기계적인 것이 아니지만 기계적인 구조가 지닌 아름다움을 우월한 방식으로 포함하고 있다. 즉 물체들 속에서 전개된 운동은 현 세계의 법칙과 그 귀결을 표현하는 관념적 세계 안에서처럼 영혼들 속에 표상을 통해 응축되어 있다. 그러나 신 안에 존재하는 완전한 관념적 세계와 달리, 나머지 관념적 세계에서는 지각 대부분이 혼란할 뿐이라는 차이가 존재한다. 모든 단순 실체는 자신의 모호한 지각이나 느낌을 통해 우주를 내포하고 있으며 그 모호한 지각들의 계열은 그 단순 실체의 개체적 본성에 의해서, 하지만 항상 보편적 자연 전체를 표현하는 방식으로 조정되어 있다는 것을 알아야 한다. 현재의 모든 지각은 지각에 의해 표상된 운동이 다른 운동을 향하는 것처럼 새로운 지각을 향한다. 그러나 영혼이 자신의 모든 본성을 판명하게 인식하고, 축적된 혹은 더 정확히는 총체적으로 응축된 무수히 많은 수의 미세 지각들이 어떻게 자신 안에서 형성되는지 통각(統覺)하는 것은 불가능한 일이다. 이를 위해서는 영혼이 자신 안에 내포된 우주 전체를 완전하게 인식해야 할 것이고, 달리 말하면 신이어야 할 것이다.

404. 불완전 의욕에 대해 말하자면, 그것은 매우 불완전한 종류의 조건적 의지다. 나는 할 수 있었다면, 원할 것이다. 불완전 의욕의 경우, 우리는 엄밀한 의미에서 원하기를 원하는 것이 아니라 원할 수 있는 것이다. 그런 점 때문에 신에게 불완전 의욕은 존재하지 않으며, 그 불완전 의욕을 선행(先行)하는 의지와 혼동해서는 안 된다. 나는 의욕에 대한 우리의 지배력은 간접적 방식으로만 발휘될 수 있으며, 우리가 동기도 없고 이유도 없이 원할 수 있을 정도로 자신을 지배한다면 우리는 불행하리라는 것을 다른 곳에서 충분히 설명했다. 그러한 지배력이 없다고 불평하는 것은 신이 자신을 파괴할 수 없기 때문에 신의 능력에 트집을 잡는 플리니우스처럼 추론하는 것이다.

405. 내가 보기에 이 주제에 대해 벨의 저작들에서 내가 맞닥뜨릴 수 있었던 그의 모든 논박은 해결이 된 것 같다. 이렇게 벨의 논박을 해결한 후, 나는 이 책을 바로 마무리할 계획이었다. 그러나 나는 자유 의지에 관해 보이티우스[678]에 반대하는 라우렌티우스 발라의 대화가 기억났다. 그 대화는 이미 내가 언급한 것이다. 나는 대화의 형태를 유지한 채 그 대화의 개요를 전하고, 저자가 시작한 가상의 이야기를 계속 이어가면서 그것이 어디서 끝을 맺는지 추적해보는 것이 적절하다고 생각했다. 이는 주제를 흥미롭게 하기 위해서라기보다는 나의 담론의 마지막 부분에 관하여 내가 할 수 있는 한 가장 명확하고 대중적인 방식으로 설명하기 위해서다. 발라의 이 대화 또 향락과 참된 선에 관한 그의 책들은 그가 인문주의자에 못지않은 철학자이기도 함을 충분히 보여준다. 그 네 권의 책들은 보이티우

∵

678) 주 49 참조.

스의 『철학의 위안』 제1~4부와 대립되는 것이고, 대화는 제5부와 대립되는 것이다. 자유 의지는 정의와 불의, 현세와 미래의 삶에서의 벌과 보상이 달려 있는 것으로, 알려질 만한 가치에 비해 덜 알려진 것이어서 안토니오 글라레아(Antonio Glarea)라는 스페인 사람이 발라에게 자유 의지의 난점에 관한 해명을 요청한다. 라우렌티우스 발라는 우리 모두가 새의 날개를 갖지 않은 것으로 위안을 삼듯이 모든 사람과 우리 자신에게 공통적인 무지로 위안을 삼아야 한다고 그에게 대답한다.

406. **안토니오** 저는 당신이 또 다른 다이달로스처럼 제게 날개를 주셔서 저를 무지의 감옥에서 빠져나오게 하고, 영혼들의 고향인 진리의 영역까지 저를 끌어올려주시리라는 것을 알고 있습니다. 제가 본 책들은 만족스럽지 않았습니다. 일반적인 동의를 받아온 그 유명한 보이티우스조차도 마찬가지였습니다. 보이티우스가 신의 지성과 시간보다 상위의 영원에 대해 말하는 것을 자기 스스로는 제대로 이해하고 있는지 잘 모르겠습니다. 그래서 저는 예지와 자유를 조화시키는 그의 방식에 대해 당신의 견해를 묻습니다.

라우렌티우스 그 위대한 인물을 논박함으로써 많은 사람들을 놀라게 할까봐 걱정이 됩니다. 그러나 벗의 부탁을 존중하는 것이 그러한 걱정보다 더 소중하다고 봅니다. 다만 당신이 내게 약속을 해주신다면…….

안토니오 무슨 말씀이신지요?

라우렌티우스 당신이 저희 집에서 점심식사를 하셨다면, 저녁식사를 하게 해달라고 제게 요청하는 일은 결코 없겠지요. 달리 말하면, 당신이 제게 물어보신 질문에 대한 답변에 만족하고 다른 질문은 하지 않으시기를 바란다는 것입니다.

407. 안토니오　약속드립니다. 난점의 핵심은 다음과 같습니다. 만일 신이 유다의 배신을 예견했다면, 유다가 배신을 한 것은 필연적이었으며 배신을 하지 않는 것은 불가능했습니다. 불가능한 것에 대한 의무는 존재하지 않습니다. 따라서 유다는 죄를 지은 것이 아니며, 벌을 받을 만한 사람이 아닙니다. 그것은 신에 대한 공포와 함께 정의와 종교를 파괴하는 일입니다.

라우렌티우스　신은 죄를 예견했습니다. 그러나 죄를 범하도록 인간을 강제하지는 않았습니다. 죄는 의지에 의한 것입니다.

안토니오　그 의지는 예견된 것이기 때문에 필연적인 것이었습니다.

라우렌티우스　만일 나의 지식이 과거나 현재의 일들을 현존하도록 하지 않는다면, 나의 예지도 미래의 일들을 현존하도록 하지 않을 것입니다.

408. 안토니오　그 비유는 잘못된 것입니다. 현재도 과거도 변할 수 없는 것입니다. 현재와 과거는 이미 필연적인 것이지만 미래는 그 자체로 변할 수 있는 것이고, 예지에 의해 고정되고 필연적인 것이 됩니다. 이교도의 신이 미래를 안다고 자부한다고 합시다. 내가 어떤 발을 내딛을지 아느냐고 물어볼 것이고, 그 다음에 나는 그 신이 예견한 것과 반대의 것을 할 것입니다.

라우렌티우스　그 신은 당신이 무엇을 하고 싶은지 알겠지요.

안토니오　어떻게 알지요? 나는 그가 말할 것과 반대의 것을 할 텐데요. 그 신은 자신이 생각하는 것을 말할 것이라고 나는 가정했잖아요.

라우렌티우스　당신이 만든 이야기는 잘못된 것입니다. 둘 중 하나입니다. 신은 당신에게 대답을 하지 않을 것입니다. 혹은 신이 대답을 한다면, 당신이 신에게 가질 경애(敬愛)로 인해 당신은 그가 말할 것을 서둘러 행할 것입니다. 신의 예언은 당신에게 명령일 것입니다. 그러나 우리는 주제를 바꾼 것이지요. 문제가 되는 것은 신이 예언할 것이 무언인지가 아니라, 신이 예견하는 것이 무엇인가 하는 것입니다. 그러니 예지의 문제로 돌아옵시다. 그리고 필연적인 것과 확실한 것을 구분합시다. 예견된 일이 일어나지 않는 것은 불가능하지는 않습니다. 하지만 그것이 일어나리라는 것은 확실합니다. 나는 군인이나 신부가 될 수 있지만, 그렇게 되지 않을 것입니다.

409. 안토니오 여기서 당신의 말을 막아야겠네요. 철학자들의 규칙에 따르면, 가능한 모든 것은 현존한다고 간주될 수 있습니다. 그런데 가능하다고 당신이 말하는 것, 즉 예견된 것과 다른 사건이 실제로 일어난다면, 신은 오류를 범하게 될 것입니다.

라우렌티우스 철학자들의 규칙은 내게 신탁이 아닙니다. 특히 위의 규칙은 정확하지 않습니다. 두 모순되는 것들이 둘 모두 가능한 경우가 많은데, 이것들도 둘 모두 현존하는 것입니까? 하지만 좀 더 정확한 설명을 위해, 아폴론의 신탁을 받으려고 섹스투스 타르퀴니우스[679]가 델포이에 왔다가 다음과 같은 답을 얻었다고 해봅시다.

조국에서 쫓겨난 가련한 자여, 생명을 잃게 될 것이다.

그 젊은이는 불평을 할 것입니다. "아폴론이시여, 저는 당신께 어마어마한 선물을 가지고 왔는데, 그토록 불행한 운명을 예고하시는군요." 아폴론은 그에게 말할 것입니다. "너의 선물은 나를 기쁘게 하는 것이다. 나는 네

••

679) 섹스투스 타르퀴니우스(Sextus Tarquinius)는 로마의 전설적인 왕들 중 마지막 왕인 '훌륭한 타르퀴니우스'의 아들이다. 섹스투스 타르퀴니우스나 그의 아버지가 루크레티아(Lucretia)를 능욕했다고 전해진다.

가 요구하는 것을 하고, 일어날 일을 네게 말한다. 나는 미래를 알지만, 그것을 행하지는 않는다. 불평은 주피터와 파르카의 여신들에게 가서 하라." 이러한 말을 듣고도 섹스투스가 아폴론에게 계속 불평을 한다면 그는 엉뚱한 사람이 될 것입니다.

안토니오   섹스투스는 말할 것입니다. "오, 성스러운 아폴론이시여, 나에게 진리를 알려주셔서 감사합니다. 그런데 주피터는 어찌 그리도 나에 대해 잔인한 것입니까? 무고한 사람에게, 신들을 종교적으로 숭배하는 사람에게 그토록 냉혹한 운명을 마련해놓다니요."

라우렌티우스   "네가 무고하다고?" 아폴론은 말할 것입니다. "너는 오만할 것이고, 불륜을 저지를 것이며, 조국을 배신할 거라는 사실을 알아야 한다." 섹스투스가 다음과 같이 반박할 수 있겠습니까? "오, 아폴론이시여, 그 원인이 당신이십니다. 그렇게 예견함으로써 제가 그렇게 하도록 강제하시는 것입니다."

안토니오   그가 그렇게 반박한다면, 그는 제정신이 아닐 것임을 인정하겠습니다.

라우렌티우스   그러므로 배신자 유다도 신의 예지에 불평할 수 없는 것입니다. 이것이 바로 당신의 질문에 대한 해결입니다.

410. 안토니오   당신은 제가 바라던 것 이상으로 저를 만족시켜주셨습니다. 당신은 보이티우스가 할 수 없었던 일을 하신 것입니다. 당신께 평생 은혜를 입었습니다.

라우렌티우스   하지만 그 일화를 좀 더 이어갑시다. 섹스투스는 말할 것입니다. "아폴론이시여, 안 됩니다, 저는 당신이 말하는 것을 하고 싶지 않습니다."

안토니오   신은 말할 것입니다. "뭐라고! 그러면 내가 거짓말쟁이란 말인가? 너에게 다시 말하건대, 너는 내가 방금 말한 모든 것을 하게 될 것이다."

라우렌티우스   아마도 섹스투스는 신들에게 운명을 바꿔달라고, 자기에게 더 선한 마음을 달라고 기도할 것입니다.

안토니오   신은 다음과 같이 답할 것입니다.

너의 기도로 신의 운명의 방향을 바꾸기를 희망하지 말라.[680]

섹스투스는 신의 예지가 거짓을 말하도록 할 수는 없을 것입니다. 그러나 섹스투스는 어떻게 말할까요? 그는 신들에 대한 분노를 터뜨리지 않겠습니까? 그는 이렇게 말하지 않겠습니까? "뭐라고요! 그렇다면 나는 자유롭지 않은 것입니까? 나는 덕을 따를 능력이 없다는 말입니까?"

라우렌티우스   아마도 아폴론은 그에게 이렇게 말할 것입니다. "가련한 섹스투스여, 신들은 각각의 존재를 있는 그대로의 모습으로 만든다는 것을 알아라. 주피터는 늑대는 매혹적으로 만들었고, 토끼는 얌전하게, 사자는 용맹하게 만들었다. 너에게는 악하고 고쳐지지 않는 영혼을 준 것이다. 너는 너의 본성에 맞게 행동할 것이다. 주피터는 네 행동의 가치에 따라 너를 처분할 것이고, 그렇게 맹세를 했다."

411. **안토니오**   아폴론이 자신에 대해 변명하면서, 섹스투스보다도 주피터에게 더 책임을 돌리는 것 같다는 생각이 듭니다. 섹스투스는 이렇게 반

∵

680) 베르길리우스, 『아이네이스』, 제6권, 376행.

박할 것입니다. "그렇다면 주피터는 내 안에 자신의 범죄를 선고해놓은 것이고, 유일하게 죄가 있는 자는 주피터입니다. 그는 나를 완전히 다르게 만들 수 있었습니다. 그러나 이렇게 만들어진 나는 그가 원하는 대로 행동해야 합니다. 그런데 왜 나에게 벌을 내립니까? 나는 주피터의 의지에 저항할 수 없었던 것입니까?"

라우렌티우스 저도 역시 당신처럼 여기서 멈추게 된다는 점을 인정합니다. 제가 신들, 즉 아폴론과 주피터를 무대 위에 올린 것은 당신에게 신의 예지와 섭리를 구분해주기 위해서였습니다. 저는 아폴론, 즉 예지가 자유에 해가 되지 않는다는 점을 제시했습니다. 그러나 주피터의 의지의 결정, 즉 섭리의 명령에 관해서는 당신을 만족시켜드릴 수가 없습니다.

안토니오 저를 수렁에서 끌어내주시더니, 더 깊은 수렁에 다시 빠뜨리시는군요.

라우렌티우스 우리의 계약을 기억하세요. 저는 당신에게 점심식사를 대접했습니다. 지금 당신은 저녁식사도 대접해달라고 요구하는 것입니다.

412. 안토니오 당신의 정교함을 이제 알겠습니다. 제가 걸려들었군요. 정직한 계약이 아닙니다.

라우렌티우스 제게 무엇을 원하십니까? 제가 가진 적은 자산으로 직접 만들어 제공할 수 있는 포도주와 고기는 당신께 드렸습니다. 신의 술과 음식은 신들에게 요구하십시오. 그런 신의 양식은 인간에게서 발견되는 것이 아닙니다. 선택받은 배가 셋째 하늘까지 끌려갔다가 거기서 형언키 어려운 말들을 들었다는 성 바울의 말을 들어봅시다.[681] 당신에게 바울은 도

∵

---

681) (옮긴이) 「고린도후서」 12:1~14.

기 제조공의 비유, 신의 방법의 불가해성, 신의 지혜의 깊이에 대한 경탄을 통해 대답할 것입니다. 그러나 왜 신이 예견을 하느냐고 우리가 묻는 것은 아니라고 말하는 것이 좋습니다. 그것은 그냥 이해되는 것이니까요. 그렇게 예견한 것이 그대로 될 것이기 때문입니다. 왜 신이 그런 명령을 하는지, 왜 누구는 냉혹하게 대하고 누구는 불쌍하게 여기는지 물을 수 있습니다. 우리는 이에 대해 신이 가질 수 있는 이유를 알지 못합니다. 그러나 그 이유가 선한 것이라고 판단하기 위해서는 신이 매우 선하고 매우 지혜롭다는 사실로 충분합니다. 신은 정의롭기 때문에, 신의 결정과 작용들은 우리의 자유를 파괴하지 않는다는 결론이 나옵니다. 몇몇 사람들은 이에 대한 이유를 찾고자 했습니다. 그들은 우리가 부패하고 순수하지 않은 진흙으로 만들어졌다고 말했습니다. 그러나 아담과 천사들은 은과 금으로 만들어졌으며, 그럼에도 죄를 지었습니다. 때때로 거듭난 사람이 된 후에도 신이 우리에게 더 냉혹하게 하는 경우도 있습니다. 따라서 악의 다른 원인을 찾아야 합니다. 나는 심지어 천사들도 알지 못하리라고 봅니다. 그럼에도 천사들은 행복하며 신을 찬양합니다. 보이티우스는 성 바울의 답보다 철학자들의 답을 더 따랐습니다. 그래서 그는 실패한 것입니다. 예수 그리스도를 믿읍시다. 그는 신의 덕이고 지혜입니다. 예수 그리스도는 신이 모두의 구원을 원하며 죄인의 죽음을 원하지 않는다는 것을 우리에게 알려줍니다. 신의 자비를 신뢰하고, 우리의 자만과 악의로 자비를 받지 못하는 사람이 되지 맙시다.

413. 발라의 이 대화는 비록 여기저기에 비판할 것이 보이지만 훌륭하다. 하지만 대화의 핵심적 결함은 논의의 연결을 끊는 것이며, 주피터의 이름 아래 섭리를 정죄하고 거의 죄의 주모자로 만드는 것 같다는 사실이다.

그러니 이 작은 우화를 더 이어가보자. 섹스투스는 델포이의 아폴론을 떠나서 주피터를 만나러 도도나[682]로 간다. 그는 신들에게 제물을 바친 후, 불평을 늘어놓는다. "위대한 신이시여, 어찌하여 제가 악인이 되도록 또 불행하도록 선고를 내리셨습니까? 저의 운명과 마음을 바꿔주시고 당신의 잘못을 인정하소서." 주피터는 섹스투스에게 대답했다. "네가 로마를 포기한다면, 파르카의 여신들이 너에게 다른 운명들의 실을 짤 것이고, 너는 지혜롭고 행복해질 것이다."

섹스투스 왜 제가 왕관의 희망을 버려야 합니까? 제가 훌륭한 왕이 될 수는 없는 것입니까?

주피터 그럴 수는 없다, 섹스투스. 나는 너에게 필요한 것이 무엇인지 더 잘 알고 있다. 로마로 가면 너는 죽게 된다.

섹스투스는 그토록 큰 희생을 결심할 수 없어서 신전에서 나와 운명에 자신을 맡겼다. 신과 섹스투스의 대화를 지켜본 대제사장 테오도루스는 주피터에게 말을 건넸다. "오, 신들의 주인이시여, 당신의 지혜는 숭배할 만한 것입니다. 저 사람이 자기 잘못을 인정하게 하셨습니다. 이제 저 사람은 자신의 불행을 자기의 악한 의지로 돌려야 할 것입니다. 그는 할 말이 없는 셈입니다. 하지만 당신의 충실한 숭배자들은 놀랐습니다. 그들은 당신의 위대함뿐 아니라 선에 대해서도 감탄하기를 바랄 것입니다. 저 사람에게 다른 의지를 주는 것은 당신에게 달린 일이었습니다."

주피터 나의 딸 팔라스에게 가라. 내가 무엇을 해야 하는지 너에게 알려줄 것이다.

∵

---

682) (옮긴이) 도도나(Dodona)는 고대 그리스신화의 주신(主神) 제우스의 신탁소(神託所)가 있던 성역이다.

414. 테오도루스는 아테네로 여행을 했고 여신의 신전에서 묵으라는 명령을 받았다. 꿈을 꾸며 그는 미지의 나라로 옮겨졌다. 그곳에는 믿기 어려울 정도로 찬란하고 광대한 크기의 궁전이 있었다. 팔라스 여신은 눈부신 위엄의 빛으로 둘러싸여 문 앞에 나타났다.

신들에게 보이던 모습대로 아름답고 위대하게⋯⋯.[683]

팔라스 여신은 손에 쥐고 있던 올리브 나무 가지로 테오도루스의 얼굴을 건드렸다. 이제 그는 주피터의 딸의 신적인 광채와 그녀가 보여줄 모든 것을 맞이할 수 있게 되었다. 팔라스 여신은 그에게 말한다. "당신을 사랑하시는 주피터께서 당신에게 알려주는 일을 제게 맡기셨군요. 제가 지키고 있는 운명의 궁전을 지금 보고 계십니다. 여기에는 일어날 일뿐 아니라 가능한 모든 것의 표상들이 있습니다. 주피터께서는 현존하는 세계의 시작 전에 검토를 하시고, 가능성들을 세계들로 정리하고 모든 것 중 최선의 선택을 하셨습니다. 그러나 주피터께서는 가끔 이곳을 방문하셔서 상황을 재정리하고, 만족할 수밖에 없는 그분의 선택을 유지해나가십니다. 저는 말만 하면 됩니다. 그리고 우리는 저희 아버지께서 산출하실 수 있었던 세계 전체를 볼 것입니다. 그곳에는 세계에 관해 요구할 수 있는 모든 것이 표상되어 있을 것입니다. 또 그러한 수단을 통해 이런저런 가능성이 현존해야 했다면, 어떤 일이 일어날지 알 수 있는 것입니다. 조건들이 충분히 결정되지 않을 경우에는 필요한 만큼 서로 다른 세계들, 하나의 문제에 가능한 모든 방식으로 다르게 답할 세계들이 존재할 것입니다. 제대로 교육

∴.

(683) 베르길리우스, 『아이네이스』, II, 591~592.

받은 모든 그리스인들처럼, 당신도 어렸을 때 기하학을 배우셨지요. 그러므로 한 점에 대해 요구되는 조건들이 그 점을 충분히 결정하지 못하고 무한히 많은 점들이 존재할 경우, 그 점들은 모두 기하학자들이 궤적(軌跡)이라고 부르는 것 안에 포섭되며 궤적은 선(線)인 경우가 많은데, 최소한 그러한 궤적은 결정되리라는 것을 당신은 알고 있습니다. 그런 식으로 문제가 되는 경우를 모두가 각각 독자적으로 포함하며, 그 상황과 귀결들을 다양하게 하는 세계들의 계열이 조정되어 있는 것을 생각할 수 있습니다. 그런데 만일 결정된 한 사태와 그 귀결에서만 현재의 세계와 차이가 나는 경우를 당신이 설정한다면, 결정된 어떤 세계가 당신에게 이렇게 답할 것입니다. 그 세계들은 모두 여기에, 즉 관념으로 존재합니다. 당신이 본 섹스투스와 비슷한 섹스투스들이 있는 곳을 당신에게 보여드리겠습니다. 당신이 본 바로 그 섹스투스를 보여주는 것은 불가능합니다. 그 섹스투스는 미래의 모습을 항상 가지고 있기 때문입니다. 그러나 비슷한 섹스투스들은 당신이 진짜 섹스투스에 대해서 이미 알고 있는 모든 것을 가지고 있겠지만 파악되지 않은 채로 그에게 이미 있는 모든 것을 가지고 있지 않을 것이며, 결과적으로 앞으로 그에게 일어날 모든 것도 가지고 있지 않을 것입니다. 당신은 어떤 세계에서는 매우 행복하고 고귀한 섹스투스를 볼 것이고, 다른 세계에서는 자신의 보잘것없는 상태에 만족하고 있는 섹스투스를 볼 것이며, 모든 종류의 또 무한히 많은 방식의 섹스투스들을 볼 것입니다."

415. 그렇게 말하고 여신은 테오도루스를 궁전의 홀 중 하나로 데리고 갔다. 그가 홀에 들어왔을 때, 그것은 이미 홀이 아니라 하나의 세계였다.

자기만의 태양과 별들을 가진 세계…….

팔라스의 명령에 따라 도도나가 주피터의 신전과 함께 나타나는 것이 보였고, 거기서 나오고 있던 섹스투스가 보였다. 그가 신에게 복종하겠다고 말하는 소리가 들렸다. 그는 이제 두 바다 사이에 있는 고린도와 비슷한 도시로 가고 있다. 거기서 그는 작은 정원을 샀고, 그 정원을 가꾸다가 보물을 발견한다. 그는 부유하고 사랑받으며 존경받는 사람이 된다. 그는 장수를 누리다가 도시 전체의 축복과 함께 죽는다. 테오도루스는 섹스투스의 삶 전체를 연극이 상연되는 것처럼 한눈에 보았다. 그 홀 안에는 무수히 많은 책이 있었다. 그는 무엇이 쓰여 있는지 묻지 않을 수가 없었다. 여신은 말한다. "그것은 우리가 지금 방문하고 있는 세계의 역사입니다. 이 세계의 운명들의 책이지요. 섹스투스의 이마에 쓰인 숫자를 보셨지요, 그 숫자가 이 책에서 표시하고 있는 부분을 보세요." 테오도루스는 그 부분을 찾았고, 그가 본 개요보다 더 포괄적인 섹스투스의 역사를 발견했다. 여신은 그에게 이렇게 말한다. "당신이 원하는 곳에 손가락을 대보세요. 진하게 줄쳐진 곳이 모든 세부 사항과 함께 실제로 표현된 것을 보게 될 것입니다." 테오도루스는 시키는 대로 따랐고, 그 섹스투스의 삶의 한 부분에 대한 모든 개별적 사항들이 나타난 것을 보았다. 다른 홀로 갔더니 다른 세계, 다른 책, 신전에서 나와 주피터에게 복종하기로 결심하고 트라키아로 가는 다른 섹스투스가 있었다. 거기서 그는 왕의 딸과 결혼했다. 그 왕은 딸 외에 다른 자식이 없었고, 섹스투스가 그 왕을 계승했다. 섹스투스는 부하들에게 사랑을 받았다. 다른 방들로 갔더니, 역시 다른 장면들이 보였다.

416. 홀들은 피라미드형으로 올라갔다. 꼭대기로 올라갈수록 홀은 더 아름다워졌고, 더 아름다운 세계를 표현했다. 결국 피라미드가 끝나는 마

지막 홀, 모든 홀 중 가장 아름다운 홀로 왔다. 피라미드는 시작이 있었으나 그 끝은 보이지 않았다. 피라미드는 꼭대기는 있으나 밑바닥은 없었다. 피라미드는 무한히 넓어져갔다. 이는 여신이 설명한 것처럼 무한히 많은 가능한 세계 가운데 모든 것 중 최선이 있으며, 그렇지 않다면 신은 그중 아무것도 창조하도록 결정할 수 없기 때문이다. 그러나 최선의 세계 아래로 덜 완전한 것이 더 이상 없는 세계는 없다.[684] 그렇기 때문에 피라미드는 무한히 내려가는 것이다. 테오도루스는 그 최상의 홀에 들어가 황홀경에 빠졌다. 여신의 도움이 필요했다. 신의 액체 한 방울이 혀에 닿자 정신을 차렸다. 그는 기쁨을 느끼지 못했다. 여신이 이렇게 말한다. "우리는 진짜 현실 세계에 있습니다. 이 세계에서 당신은 행복의 원천에 있는 것입니다. 이것이 바로 주피터께서 당신에게 준비해놓으신 것입니다. 당신이 계속해서 충실하게 그를 섬긴다면 말입니다. 이제 있는 그대로의, 즉 미래의 모습 그대로의 섹스투스를 봅시다. 섹스투스는 분노에 차서 신전을 나오며 신들의 충고를 무시합니다. 로마로 가서 모든 질서를 뒤엎고 벗의 아내를 강간하는 그의 모습을 당신은 보고 있습니다. 이제 자신의 아버지와 함께 쫓겨나고 매를 맞는 불행한 모습이 보입니다. 만일 주피터께서 이 부분에서 고린도의 행복한 섹스투스 혹은 트라키아의 왕을 택했다면 더 이상 그 세계가 아닐 것입니다. 그렇지만 주피터는 완전성으로 다른 모든 세계를 능가하며 피라미드의 꼭짓점을 이루는 이 세계를 선택하지 않을 수 없었습니다. 그렇지 않다면 주피터는 자신의 지혜를 포기했을 것이고, 자신의 딸인 나를 쫓아냈을 것입니다. 보세요. 저희 아버지께서는 섹스투스

∴

684) (옮긴이) 라이프니츠에게 최선의 세계는 반드시 존재하지만 최악의 세계는 존재하지 않는다.

를 악하게 만들지 않았습니다. 그는 영원히 악했고 항상 자유롭게 악했습니다. 아버지의 지혜는 섹스투스가 포함된 세계에서는 그의 현존을 거부할 수 없었고, 아버지께서는 그 현존을 그에게 부여했을 뿐입니다. 아버지께서는 가능한 것들의 영역에서 현실적 존재들의 영역으로 섹스투스를 이동시킨 것입니다. 섹스투스의 범죄는 위대한 일들에 기여합니다. 그의 범죄로부터 위대한 모범이 될 위대한 제국이 생겨날 것입니다. 그러나 그런 것은 이 세계 전체의 가치에 비하면 아무것도 아닙니다. 이 죽음의 상태에서 더 좋은 다른 상태로의 행복한 이행 후에 신들이 당신에게 그 아름다움을 알려줄 때, 당신은 이 세계 전체의 아름다움에 감탄할 것입니다."

417. 그 순간 테오도루스는 깨어난다. 그는 여신에게 감사의 표시를 하고, 주피터가 옳다는 것을 인정한다. 자신이 보고 들은 것으로 충만하여 자신의 신을 섬기는 참된 종이 지닌 모든 열성으로, 유한한 존재가 가질 수 있는 모든 기쁨으로, 대제사장의 직무를 계속 이어간다. 내가 보기에 연속된 이 이야기는 발라가 건드리고자 하지 않았던 난점을 해명할 수 있는 것 같다. 아폴론이 (현존들과 관계된) 직관(vision)의 신적 지식을 제대로 나타냈다면, 나는 팔라스가 (모든 가능한 것들과 관계된) 단순 지성의 지식이라고 불리는 것, 즉 결국 사물들의 근원을 찾아야 하는 것의 역할을 잘못 수행하지 않았기를 바란다.

부록

형식 논증으로 축약된 논쟁의 개요[685]

몇몇 식자들은 내가 이 부록을 덧붙이기를 희망했다. 몇가지 난점을 다시 해결하고 이 책에서 아직 충분히 다루지 않은 몇몇 견해를 제시할 기회가 생긴 만큼 나는 흔쾌히 그들의 의견을 받아들였다.

* 논박 1

최선의 방책을 취하지 않는 자는 능력이나 지식이나 선이 부족하다.
이 세계를 창조하면서 신은 최선의 방책을 취하지 않았다.
그러므로 신은 능력이나 지식이나 선이 부족하다.

∴

[685] 버넷(Burnet)에게 보낸 1710년 10월 30일 자 편지에서 라이프니츠는 수신자에게 『변신론』이 곧 출간될 것임을 알리고, 『변신론』에 수록될 첨부 자료들을 이 「개요」의 인용을 제외한 채 언급하고 있음을 밝혀둔다.

반론

나는 소전제, 즉 이 삼단논법의 두 번째 전제를 부정한다. 반대자는 이 소전제를 다음의 전(前) 삼단논법[686]을 통해 증명한다.

전(前) 삼단논법

악 없이 만들 수 있었거나 혹은 전혀 만들지 않아도 되었을 것들을 악이 포함된 채로 만드는 자는 최선의 방책을 취하는 것이 아니다.

신은, 말하자면 아무 악 없이 만들 수 있었거나 혹은 전혀 만들지 않아도 되었을 세계에 악이 포함되도록 만들었다.

그러므로 신은 최선의 방책을 취하는 것이 아니다.

반론

나는 이 전(前) 삼단논법의 소전제를 인정한다. 신이 만든 세계에 악이 있다는 것, 악이 없는 세계를 만드는 것이 가능했다는 것, 그리고 세계의 창조는 신의 자유로운 의지에 달려 있는바 세계를 창조하지 않는 것까지도 가능했다는 점을 인정해야 하기 때문이다. 그러나 나는 대전제, 즉 전(前) 삼단논법의 두 전제 중 첫 번째 전제를 부정한다. 나로서는 이 첫 번째 전제의 증명을 요구하는 것만으로도 만족할 수 있을 것

⁘

686) (옮긴이) 전(前) 삼단논법(prosyllogisme)은 그 결론이 다른 삼단논법의 전제로 사용되는 삼단논법이다.

이다. 그러나 나는 주제를 더 명확히 밝히기 위해서, 악에는 더 큰 선이 동반될 수 있는 만큼 악을 피하려고만 하는 것이 최선의 방책은 아니라는 점을 제시함으로써 대전제의 부정을 정당화하고자 했다. 예를 들어 군대의 장군은 피해도 없고 승리도 없는 상태보다는 가벼운 피해가 있는 큰 승리를 선호할 것이다. 이 저작에서 나는 부분의 불완전성이 전체의 더 큰 완전성을 위해 요청될 수 있음을 수학 및 다른 것에서 취한 예들을 통해 보여줌으로써 그 점을 더욱 포괄적으로 제시했다. 이러한 점에서 나는 신이 악에서 선을 도출해내기 위해, 즉 더 큰 선을 도출해내기 위해 악을 허용했다고 누누이 강조한 성 아우구스티누스의 견해를 따랐다. 그리고 나는 악의 허용은 우주의 선을 향한다고 하는 토마스 아퀴나스의 견해(『명제집 주해』, 제2권, 구분 32, 문제 1, 1항)를 따랐다. 나는 고대인들에게 아담의 타락이 **다행스러운 죄**로 불렸다는 점을 제시했다. 그 죄는 신의 아들의 육화를 통해 막대한 이익과 함께 교정되었으며, 그의 육화는 이 같은 육화 없이 피조물들 가운데 존재했을 모든 것보다 고귀한 어떤 것을 우주에 부여했기 때문이다. 이해를 더욱 돕기 위해 나는 여러 훌륭한 저술가들을 따라서 다음과 같이 덧붙여 말했다. 즉 신이 몇몇 피조물이 악을 저지를 것을 예견하고도 그들에게 자유를 행사할 기회를 준 것은 일반적인 질서와 선에 부합한다. 신은 그 악을 탁월하게 바로잡을 수 있으며, 죄를 막기 위해 그가 항상 특별한 방식으로 행동한다는 것은 적절하지 않기 때문이다. 그러므로 논박을 격파하기 위해서는 악이 있는 세계가 악이 없는 세계보다 좋다는 점을 보여주는 것으로 충분하다. 그러나 이 저작에서 나는 논의를 더 진전시켰고 이 우주가 다른 가능한 모든 우주보다 실제로 더 좋은 우주라는 점을 제시하기까지 했다.

* 논박 2

지성적 피조물들에게 선보다 악이 더 많다면, 신의 모든 작품에 선보다 악이 많은 것이다.

그런데 지성적 피조물들에게는 선보다 악이 더 많다.

그러므로 신의 모든 작품에는 선보다 악이 많다.

반론

나는 이 가언적(假言的) 삼단논법의 대전제와 소전제를 부정한다. 대전제와 관련하여 내가 그것을 인정하지 않는 이유는 이른바 부분으로부터 전체로의 추론, 지성적 피조물로부터 모든 피조물로의 추론은 이성이 없는 피조물들이 이성을 가진 피조물들과 비교될 수도 없고 그것들과 함께 고려될 수도 없다는 것을 암묵적으로 또 증거도 없이 가정하고 있기 때문이다. 그러나 세계를 채우고 있는 지성적이지 않은 피조물들에게 있는 선의 잉여분이 이성적 피조물들에 있는 악의 잉여분을 보상하고 게다가 비교할 수 없을 정도로 그것을 능가하는 일이 왜 가능하지 않겠는가? 이성적 피조물들의 가치가 더 큰 것은 사실이지만 그 대신 다른 피조물들의 수는 비교할 수 없을 정도로 더 많다. 그리고 수와 양의 크기는 가치와 질의 크기를 능가할 수 있다.

소전제와 관해 말하자면 그것도 역시 인정하지 말아야 한다. 즉 지성적 피조물들에게 선보다 악이 더 많다는 것을 인정하지 말아야 한다. 그뿐 아니라 인류에게 선보다 악이 더 많다는 것도 인정할 필요가 없다. 축복받은 사람들의 영광과 완전성은 영겁의 벌을 받은 사람들의 불행과 불완전성보다 비교할 수 없을 정도로 크며, 이 점에서 더 적은 수의 사람들에게 있는 선 전체의 탁월성이 더 많은 수의 사람들에게 있는 악 전체보다 우세하다는 것은 가능하며 더 나아가 매우 합리적인 일이기 때문이다. 축복받은 사람들은 피조물로서 자신들에게 적합한 정도로 신적 매개자[687]를 통해 신성에 근접한다. 이러한 축복받은 사람들은 영겁의 벌을 받은 자들이 악마의 본성에 최대한 근접한 상태에서도 악에서 이루어낼 수 없는 정도의 진전을 선에서 이루어낸다. 신은 무한하고 악마는 유한하다. 선은 무한하게 계속될 수 있고 실제로 계속되는 반면 악은 한계가 있다. 그러므로 지성적인 피조물과 지성적이지 않은 피조물을 비교할 때 일어날 수 있다고 우리가 말한 점과 반대되는 일이 축복받은 이들과 영겁의 벌을 받은 이들을 비교할 때 일어날 수 있으며 또 그렇게 믿어야 한다. 달리 말하면 행복한 이들과 불행한 이들을 비교할 때 정도의 크기가 수의 크기를 넘어설 수 있으며, 지성적 피조물과 지성적이지 않은 피조물을 비교할 때 수의 크기는 가치의 크기보다 더 클 수 있는 것이다. 한 사물이 불가능하다는 것이 입증되지 않는 한 우리는 그것이 가능하다고 가정할 권리가 있으며, 더구나 우리가 여기서 제시하는 것은 가정 이상의 것이다.

그러나 두 번째로, 인류에게 선보다 악이 더 많다고 인정해야 할지라도 모든 지성적 피조물들에게 선보다 악이 더 많다고 인정하지 않을 만한 충분한 이유가 아직 있다. 상상할 수 없을 정도로 천재가 많으며 어쩌면 다른 이성적 피조물들도 존재할지 모르기 때문이다. 반대자는 그토록 많은 천재와 무수히 많고 무한히 다양한 종류의 이성적 동물로 구성된 신국(神國) 전체에서 악이 선을 능가한다는 점을 입증할 수는 없을 것이

⁙

687) (옮긴이) 예수 그리스도를 의미한다.

다. 또한 논박에 답하기 위해서는 한 사물의 가능성만으로도 충분할 때 그 사물이 존재함을 입증할 필요가 없음에도, 이 저작에서 나는 가능한 모든 국가나 정부 가운데 신의 왕국이 가장 완전하다는 것은 우주의 주권자가 지닌 최상의 완전성의 귀결이며, 결과적으로 조금의 악이 존재하는 것은 거기서 발견되는 막대한 선의 충족을 위해 요청된다는 점을 제시했다.

* 논박 3

죄를 짓지 않는 것이 항상 불가능하다면 벌을 주는 것은 항상 정의롭지 못하다.

그런데 죄를 짓지 않는 것은 항상 불가능하다. 혹은 모든 죄는 필연적이다.

그러므로 벌을 주는 것은 항상 정의롭지 못하다.

이것의 소전제는 다음과 같이 증명된다.

전(前) 삼단논법 1

모든 예정된 것은 필연적이다.
모든 사건은 예정되었다.
그러므로 모든 사건은 (결과적으로 죄 역시) 필연적이다.

이 두 번째 소전제는 다시 다음과 같이 증명된다.

전(前) 삼단논법 2

미래의 일, 예견된 것, 원인에 포함된 것은 예정되었다.
모든 사건이 그러하다.
그러므로 모든 사건은 예정되었다.

반론

나는 어떤 의미에서는 두 번째 전(前) 삼단논법의 결론, 즉 첫 번째 전(前) 삼단논법의 소전제를 인정한다. 그러나 나는 첫 번째 전(前) 삼단논법의 대전제, 즉 모든 예정된 것은 필연적이라는 점을 부정할 것이다. 예를 들어 죄를 지을 필연성 혹은 죄를 짓지 않거나 어떤 행동을 하지 않을 불가능성을 현재 문제가 되고 있는 필연성, 즉 본질적이고 절대적이며 행동의 도덕성과 벌의 정의(正義)를 파괴하는 필연성으로 이해한다면 말이다. 만일 누군가가 다른 필연성이나 불가능성, 즉 (잠시 후 설명할) 단지 도덕적이거나 가정적인 필연성을 말하는 것이라면 이 논박 자체의 대전제를 부정하리라는 것은 명백하다. 우리는 이런 반론으로 만족하고, 부정된 명제의 증명을 요구할 수 있을 것이다. 하지만 문제를 더 잘 해명하고 이 모든 주제를 명확히 밝히기 위해 나는 배제해야 할 필연성과 행해져야 할 결정을 설명함으로써 이 저작에서의 조치에 대한 근거를 제공하고자 했다. 달리 말하면, 도덕성과 대립되는 것으로서 피해야 하며 벌을 정의롭지 않게 만드는 필연성은 우리가 온 마음을 다해 필연적 행동을 피하려고 하고 이를 위해 가능한 모든 노력을 할 때조차도 모든 반대를 무용한 것으로 만드는 극복 불가능한 필연성이다. 그런데 이 같은 필연성이 의지적 행동에 적용될 수 없다는 것은 명백한 일이다. 원하지 않는다면 그러한 행동을 하지 않을 것이기 때문이다. 또한 의지적 행동에 대한 예견과 예정은 절대적인 것이 아니며 의지를 전제로 한다. 의지적 행동을 할 것이 확실하다면 그것을 하기를 원한다는 것도 역시 확실하다. 의지적 행동과 그 결과는 우리가 무엇을 하더라도 혹은 그것을 원하든 원하지 않든 간에 일어나는 것이 아니다. 그것이 일어나는 것은 우리가 그것을 일어나게 하는 것을 행하고 그것을 행하기를 원하기 때문이다. 이러한 것은 예견과 예정에 포함되어 있으며 더 나아가 그 근거가 된다. 이 같은 사건의 필연성은 의지 외에 다른 **필요조건들**을 가정하기 때문에 조건적 혹은 가정적 필연성이라 불리거나 혹은 결과적 필연성이라고 불린다. 반면 도덕성을 파괴하고 벌을 정의롭지 않게 만들며 보상을 무용하게 만드는 필연성은 우리가 무엇을 하든 또 무엇을 원하든지 간에 일어날 일들 안에, 한마디로 말해 본질적인 것 안에 있다. 이것이 절대적 필연성이라고 불리는 것이다. 또한 절대적으로 필연적인 것과 관련해서는 금지하거나 명령을 내리는 것, 벌을 주거나 상을 내리는 것, 비난하거나 칭찬하는 것이 아무 소용없다. 그것은 그런다고 해서 더 필연적이지도 덜 필연적이지도 않다. 반면 의지적 행동과 이 행동에 의존되는 것에서는 벌과 상을 내리는 힘과 결합된 규범들이 매우 흔히 효과를 발휘한다. 이 규범들은 행동이 일어나도록 하는 원인의 질서에 포함된다. 바로 이런 이유 때문에 염려와 노력뿐만 아니라 기도 역시 쓸모가 있는 것이다. 왜냐하면 신은 사물을 조정하기 전에 이 기도도 또한 염두에 두었고, 그에 대한 합당한 고려를 했기 때문이다. 그렇기 때문에 기도하고 일하라고 말하는 규범은 온전하게 유지된다. 또 사건의 필연성이라는 헛된 이유 때문에 일이 요구하는 세심한 주의를 무시해도 된다고 주장하는 이들뿐 아니라 기도에 반대하는 추론을 하는 이들은 고대인들이 이미 게으른 궤변[688]이라고 명명한 상태에 빠지는 것이다. 따라서 원인에 의한 사건의 예정은 도덕성을 파괴하기는커녕 정확히 도덕성에 도움이 되는 것이며, 원인은 의지를 필연적인 것으로 만들지 않으면서 경향을 갖도록 한다. 따라서 여기서 문제가 되는 결정(détermination)은 결코 필연(nécessitation)이 아니다. (모든 것을 아는 이에게는) 결과가 그 같은 경향을 따르리라는 것은 확실한 일이다. 그러나 이 결과는 필연적 결과, 즉 그 반대가 모순을 포함하는 결과로서 일어나는 것은 아니다. 또한 의지의 결정은 필연성이 없는 가운데 그러한 내적 경향성에 의해 이루어지는 것이다. 우리가 (예를 들어 대단한 갈증과 같은) 가장 큰 정념이 있다고 가정해보자. 영혼이 단지 자신의 힘을 보여주기 위해서라도 그 갈증에 저항할 어떤 이유를 찾을 수 있다는 점은 모두가 인정할 것이다. 그러므로 우리가 결코 완벽한 평형의 무차별성을 가질 수 없다고 하더라도 또 우리가 취하는 선택항을 위한 경향의 우위가 항상 존재하더라도, 그 우위는 우리가 취하는 결심을 결코 절대적으로 필연적인 것으로 만들지는 않는다.

* 논박 4

타인의 죄를 막을 수 있는데 막지 않고 그 죄에 대해 알았으면서도 오히려 그것에 도움이 되는 자는 그 죄의 동조자다.

신은 지성적 피조물들의 죄를 막을 수 있다. 그러나 신은 그것을 막지

∴

688) (옮긴이) 본문에서 이미 여러 번 언급된 게으른 궤변은 숙명론에 대한 논증으로서 스토아 철학자 크리시포스가 제안한 것이다. 이 논증은 키케로에 의해 강하게 비판되었다.

않으며 그들의 죄에 대해 완벽하게 인식하고 있으면서도 그 죄에 협력하고 기회를 제공함으로써 오히려 그 죄에 도움을 준다.

그러므로 …… 등등. [689]

반론

나는 이 삼단논법의 대전제를 부정한다. 죄를 막을 수 있지만 자기 스스로 죄를 짓지 않고서는 혹은 (신의 경우에) 비합리적 행동을 하지 않고서는 그렇게 할 수가 없기에 그 죄를 막으면 안 되는 일이 가능하기 때문이다. 나는 이에 대한 사례들을 제시했고 신에게 그 사례를 적용했다. 또한 우리가 할 수밖에 없는 것을 행함으로써 악에 도움이 되고, 때때로 악으로의 길을 열어놓는 것도 가능하다. 자신의 의무를 수행하거나 혹은 (신에 대해 말하자면) 모든 것을 고려하고서 이성이 요구하는 것을 행할 경우에는, 사건을 예견하고 있다고 해도 그것에 대한 책임은 없다. 그러한 악을 원하는 것은 아니지만, 다른 고려 사항들보다 합리적으로 선호하지 않을 수 없는 더 큰 선을 위해 그 악을 허용하기를 원하는 것이다. 이것은 선을 원하도록 해주는 **선행(先行)하는** 의지의 결과인 **후속적** 의지다. 몇몇 사람들이 신의 선행하는 의지와 후속적 의지에 대해 말할 때, 모든 인간이 구원받기를 원하는 의지를 **선행하는** 의지로 이해하고, 완강한 죄의 결과로 인해 영겁의 벌을 받은 이들이 존재하기를 원하는 의지를 **후속적 의지**로 이해한다는 것을 나는 알고 있다. 하지만 이는 더 일반적인 개념의 예들일 뿐이다. 동일한 이유로

∴

---

689) (옮긴이) 라이프니츠는 삼단논법의 결론에 해당하는 문장을 생략하고 있다. 생략된 문장은 "신은 지성적 피조물들의 죄의 동조자다"가 된다.

우리는 다음과 같이 말할 수 있다. 즉 선행하는 의지를 통해 신은 사람들이 죄를 짓지 않기를 원하며, 그들이 죄를 짓는 것을 허용하는 것은 상위 근거의 귀결이기 때문에, 신은 후속적인 혹은 최종적이고 결정을 내리는 (항상 그 결과가 있는) 의지를 통해서는 그들이 죄를 짓는 것을 허용하기를 원한다. 그리고 일반적으로 이처럼 말할 근거가 있다. 즉 신의 선행하는 의지는 각각의 선과 악의 수준이 지닌 크기에 따라 선과 악을 각각 그 자체로 별도로 고려하고서 선을 산출하고 악을 저지하고자 한다(토마스 아퀴나스, 제1권, 문제 19, 6항).[690] 반면 신의 후속적인 의지 혹은 최종적이고 전체적인 의지는 함께 배치할 수 있는 만큼의 선을 산출하는데, 그 선의 조합은 우주에 대한 가능한 최선의 구도가 요구하는 바대로 결정되며 몇몇 악을 허용하고 몇몇 선을 배제하는 조합이다. 아르미니우스는 자신의 『안티퍼킨스』에서, 신의 의지는 신의 지성에 의해 미리 고찰된 피조물의 행동뿐 아니라 신의 선행하는 다른 의지들과 비교해볼 때도 후속적 의지라고 불릴 수 있다는 점을 매우 잘 설명했다.[691] 그러나 이미 인용된 토마스 아퀴나스의 구절과 스코터스의 구절(제1권, 구분 46, 문제 11)[692]을 고찰하면 그들이 내가 여기서 취한 구분을 적용한다는 것을 충분히 볼 수 있다. 그런데 누군가가 이러한 용어의 사용을 인정하고 싶지 않다면 **선행하는 의지** 대신에 **사전(事前)적 의지**를, **후속적 의지** 대신에 **최종적 의지** 혹은 **결정을 내리는 의지**를 사용하면

∴

690) (옮긴이) 『신학 대전』.
691) 아르미니우스에 관해서는 주 177을 볼 것. 인용된 저작의 제목은 『예정의 방식과 질서, 그리고 신의 은총의 범위에 관해 몇 년 전 퍼킨스에 의해 출간된 저작에 대한 신중한 검토』다(라이덴, 1612). 윌리엄 퍼킨스(William Perkins, 1558~1602)는 영국의 신학자로서 엄격한 칼뱅주의자이며 반(反)가톨릭 교론가다. 비난받은 위의 책은 1598년에 케임브리지에서, 1599년에 바젤에서 출간되었다.
692) (옮긴이) 존 던스 스코터스(John Duns Scotus)의 『명제집에 관한 주해』.

된다. 나는 단어들을 가지고 논쟁하고 싶지 않기 때문이다.

* 논박 5

한 사물에 존재하는 실재적인 모든 것을 산출하는 자는 그 사물의 원인이다.

신은 죄에 존재하는 실재적인 모든 것을 산출한다.

그러므로 신은 죄의 원인이다.

반론

나로서는 대전제나 소전제를 부정하는 것으로도 만족할 수 있을 것이다. 왜냐하면 **실재적**이라는 용어는 이 명제들을 틀린 것으로 만들 수 있는 해석을 허용하기 때문이다. 그러나 더 잘 설명하기 위해 나는 구분을 할 것이다. 실재적인 것은 단지 적극적인 것(le positif)을 의미하거나 혹은 결핍이 있는 존재들을 포함하기도 한다. 첫 번째 경우 나는 대전제를 부정하고 소전제를 인정한다. 두 번째 경우 나는 그와 반대로 한다. 나는 이 정도로 그칠 수 있었다. 하지만 이 구분을 설명하기 위해 나는 더 깊이 논의하고자 했다. 그래서 전적으로 적극적인 모든 실재성 혹은 절대적인 실재성은 완전성이며, 불완전성은 제약성 즉 결핍에서 온다는 점을 고찰하게 되어 나는 매우 기뻤다. 제약한다는 것은 진전을, 혹은 가장 멀리까지 가는 진전을 막는 것이다. 그런데 실재성이 순전히 적극적인 것으로서 고찰될 때 신은 모든 완전성의 원인이며, 결과적으로 모든 실재성의 원인이다. 그러나 제약성과 결핍은 피조물들의 수용성을 한정하는 그들의 근원적 불완전성에서 비롯된다. 이것은 싣고 있는 짐의 무게에 따라 강물에 의해 더 늦게 혹은 덜 늦게 나아가는 짐 실은 배의 경우와 같다. 즉 그 배의 속도는 강물에서 오지만 이 속도를 한정하는 지체는 짐에서 오는 것이다. 또한 어떻게 피조물이 죄의 원인이 되면서 동시에 결핍적 원인[693]이 되는지, 어떻게 오류와 나쁜 경향이 결핍에서 생기는지, 또 결핍이 어떻게 우연히 효과를 발휘하게 되는지를 나는 이 저작에서 제시했다. 아울러 나는 성 아우구스티누스 견해의 정당성을 밝혔는데(『심플리치아누스에게』, 제1권, 문제 2), 예를 들어 그는 신이 악한 것을 영혼에게 부여했기 때문이 아니라 신의 선한 영향의 작용이 영혼의 저항과 이 저항에 영향을 미치는 상황에 의해 제한을 받기 때문에 냉혹하게 된다는 점과, 그리하여 신은 악을 극복할 모든 선을 영혼에게 제공하는 것은 아니라는 점을 해명한다. 성 아우구스티누스는 말한다. "신은 인간을 더 악하게 만드는 것을 주는 것이 아니라, 단지 그를 더 선하게 만드는 것을 제공하지 않을 뿐이다." 그러나 신이 이와 관련하여 더 많은 것을 행하고자 했다면 그는 최선의 계획이 허용할 수 없었던 방식으로 피조물들에게 다른 본성을 만들어주거나, 그들의 본성을 바꾸기 위해 다른 기적을 행해야 했을 것이다. 이는 만일 신이 배가 더 빠른 속도로 나아가기를 원했다면, 강물의 흐름을 그 경사가 허용하는 만큼보다 더 빠르게 하거나 그 배에 짐이 덜 실려 있도록 해야 하는 것과도 같다. 피조물들의 근원적 제약성이나 불완전성 때문에 최선의 계획조차도 비록 더 큰 선으로 전환되어야 할 악이겠지만 그런 몇몇 악에서 면제될 수가 없는 것이다. 부분들에서의 몇몇 무질서는 전체의 미를 경이롭게 부각시킨다. 정확히 필요한

··

693) (옮긴이) 피조물의 적극적인 성질에 의한 것이 아니라 결함이나 제약성에 의한 원인을 말한다.

곳에 사용된 몇몇 불협화음이 더 아름다운 화음을 만들어내는 것처럼 말이다. 이러한 점은 내가 이미 첫 번째 논박에 답한 것에 속하는 문제다.

* 논박 6

자신이 할 수 있는 만큼의 것을 행한 이들을 벌주는 자는 정의롭지 않다.
신은 그렇게 한다.
그러므로 등등……

반론

나는 이 논증의 소전제를 부정한다. 또한 신은 선한 의지를 갖게 될 사람들에게 항상 충분한 도움과 은총을 부여할 것이라고 생각한다. 선한 의지를 갖게 될 사람들이란 새로운 죄를 통해 그 은총을 거부하지 않을 사람들을 말한다. 따라서 나는 세례 없이 죽은 혹은 교회의 밖에서 죽은 아이들의 영겁의 벌을 인정하지 않으며 신에게 받은 빛에 따라 행동한 어른들의 영겁의 벌도 인정하지 않는다. 라이프치히의 유명하고 심오한 신학자인 고(故) 휠스만[694]이 어디선가 지적한 것처럼, 누군가가 자신이 가진 빛을 따랐다면 그가 필요로 하는 더 큰 빛을 분명히 받을 것이라고 나는 생각한다. 또한 이런 사람이 그의 생애 동안 빛을 갖지 못했다면 적어도 죽음의 순간에는 빛을 받을 것이다.

∴

---

694) 요한 휠스만(Johann Hülsemann, 1602~1661)은 신학자이며 루터파 교론가로서 『가톨릭 성무 일과서』(비텐베르크, 1640)를 썼다.

* 논박 7

실제로 선한 의지와 구원을 위한 최종적 신앙을 갖도록 해줄 수단을 몇 몇 사람에게만 주고 나머지 모든 사람에게는 주지 않는 이는 선을 충분히 가지고 있지 않다.

신은 그렇게 한다.

그러므로 …… 등등.

반론

나는 이 논증의 대전제를 부정한다. 신이 인간의 마음의 가장 큰 저항을 극복할 수 있다는 것은 사실이다. 신은 내적 은총을 통해서나 영혼에 큰 영향을 미치는 외적 상황을 통해서 때때로 그렇게 한다. 그러나 항상 신이 그렇게 하는 것은 아니다. 이러한 구분은 어디서 기인하며 왜 신의 선은 제한되어 보이는지 사람들은 물을 것이다. 첫 번째 논박에 대해 반박하면서 이미 내가 설명했듯이, 항상 특별한 방식으로 행동하고 사물들의 연결을 파괴하는 것은 질서에 부합하는 일이 아니었을 것이기 때문이다. 어떤 사람이 다른 사람보다 유리한 상황에 처하도록 하는 연결의 근거는 신의 심오한 지혜 속에 감추어져 있다. 그 연결의 근거는 보편적 조화에 속하는 것이다. 신이 선택하지 않을 수 없었던 우주의 최선의 구도에 의해서 그 연결이 이루어진다. 우리는 이러한 점을 사건 자체를 통해 알게 된다. 신이 이미 그렇게 했으므로 더 잘한다는 것은 불가능했던 것이다. 신의 이 같은 행동은 선과 대립되기는커녕 오히려 최상의 선에 의해 이루어진 것이다. 이 논박과 그 해결은 첫 번째 논박과 관련하여 말해진 것에서 도출될 수 있었으나 별도로 다루는 것이 유용해보였다.

* 논박 8

최선을 선택하지 않을 수 없는 이는 자유롭지 않다.
신은 최선을 선택하지 않을 수 없다.
그러므로 신은 자유롭지 않다.

반론

나는 이 논증의 대전제를 부정한다. 자신의 자유 의지를 최선으로 사용
할 수 있고, 외적 힘이나 내적 정념에 의해 이탈되지 않은 채 최선으로 자
유 의지의 능력을 발휘하는 것은 오히려 진정한 자유이며 가장 완전한 자
유다. 외적 힘은 육체를 노예 상태로 만들며 내적 정념은 영혼을 노예 상
태로 만들기 때문이다. 항상 선에 이끌리는 것과 아무런 강제도 불쾌함도
없이 항상 자기 고유의 경향에 의해 선에 이끌리는 것보다 덜 예속적인 것
은 없다. 그렇다면 신이 외부 사물을 필요로 한다고 논박하는 것은 궤변일
뿐이다. 신은 자유롭게 외부 사물을 창조한다. 그러나 신의 지혜는 선의
실행을 목적으로 설정한바, 신은 이 목적을 이루는 데 가장 적합한 수단을
선택하도록 자신의 지혜에 의해 스스로를 결정한 것이다. 이러한 것을 필
요라고 부르는 것은, 우리가 신의 분노에 대해 말할 때 그렇게 하는 것처
럼 용어의 모든 불완전성을 제거한 통상적이지 않은 의미로 그 용어를 이
해하는 것이다.

신은 단 한 번만 명령했으나, 항상 자신에게 명령한 대로 따른다고 세네

카는 어디선가 말한다. 신은 자신에게 명령하고자 원한 법칙을 따르기 때문이다. "그는 명령을 한 번 내리고 항상 따른다." 그러나 세네카는 신이 항상 명령을 내리며 항상 그것이 실행된다고 말하는 편이 더 좋았을 것이다. 신이 원할 때는 항상 자기 고유 본성의 성향을 따르며 나머지 모든 사물은 항상 신의 의지를 따르기 때문이다. 또 우리는 신의 의지가 항상 동일하다고 해서, 그가 자신이 이전에 가졌던 의지만을 따른다고 말할 수 없다. 하지만 신의 의지가 항상 틀림없고 항상 최선을 추구한다 하더라도 악이나 혹은 그가 내켜하지 않는 더 적은 선이 그 자체로 가능하지 않은 것은 아니다. 그렇지 않다면 선의 필연성은 기하학적인 것이 될 것이며 말하자면 형이상학적이고 완전히 절대적인 게 될 것이다. 사물들의 우연성은 파괴될 것이며 아무런 선택도 존재하지 않게 될 것이다. 그러나 반대의 가능성을 파괴하지 않는 필연성의 방식은 오직 유비를 통해서만 필연성의 이름을 가질 뿐이다. 이 필연성의 방식은 단지 사물들의 본질에 의해서만 효력이 있는 것이 아니다. 이 사물들의 외부에 있고 그것들을 넘어서 있는 것인 신의 의지에 의해 효력이 있는 것이다. 이러한 필연성은 도덕적 필연성이라고 불린다. 현자에게 **필연적인 것**과 **마땅한 것**은 동등한 것이기 때문이다. 그리고 이 필연성이 완전한 현자인 신에게서 진정으로 그 결과를 낳는 방식으로 항상 그 결과를 낳을 때 그것은 다행스러운 필연성이라고 말할 수 있다. 피조물들은 이 필연성에 다가갈수록 완전한 행복에 더욱더 다가가는 것이다. 또한 이런 필연성의 방식은 우리가 피하고자 하는 것, 즉 도덕성, 보상, 칭찬을 파괴하는 방식이 아니다. 왜냐하면 그것이 일으키는 일은 우리가 무엇을 하든 또 무엇을 원하든지 간에 일어나는 것이 아니라, 바로 그것을 원하기 때문에 일어나는 일이기 때문이다. 따라서 잘 선택하는 것을 자연적인 특징으로 갖는 의지는 가장 칭찬받을 만한 의지다. 또한 그 같은 의지는 최상의 행복이라는 보상을 자신 안에 담고 있는 것이다. 신적 본성의 이러한 구조는 그것을 소유한 자에게 전적인 만족을 주는 만큼, 신에게 의존된 모든 피조물에게 그것은 최선이며 가장 소망할 만한 것이다. 신의 의지가 최선의 원리를 규칙으로 삼지 않는다면 그의 의지는 악을 추구할 것이며, 이는 더 나쁜 일이 될 것이다. 혹은 일정한 방식으로 선과 악에 대해 무차별적일 것이며 우연(hasard)에 이끌릴 것이다. 하지만 항상 우연에 이끌려가는 의지는 아무런 신성도 없는 가운데 이루어지는 분자들의 우발적 결합만큼이나 우주를 통치하는 데 가치가 없을 것이다. (신이 항상 전적으로 최선을 추구하지 않거나 더 큰 선보다 더 작은 선을 선호할 수 있을 때, 즉 더 큰 선을 막는 것은 악이기 때문에 선보다 악을 선호할 수 있을 때 그렇게 하는 것처럼) 단지 몇몇 경우에 또 몇몇 방식으로 신이 우연에 자신을 맡길 때도 그는 자신의 선택 대상과 마찬가지로 불완전하게 될 것이다. 또한 그를 전적으로 신뢰할 가치가 없어질 것이다. 이런 경우 신은 근거 없이 행동하는 셈이 될 것이며 우주의 통치는 이성과 요행을 사이에 두고 양분된 놀이처럼 될 것이다. 이 모든 것이 보여주는 것은 최선의 선택에 반대하는 논박이 자유와 필연의 개념을 변질시키며 최선 자체를 악한 것으로서 우리에게 표현하고 있다는 것이다. 이는 악의적이거나 우스꽝스러운 일에 불과하다.

자유, 필연, 우연에 관하여 홉스가 출간한 영문 저작에 관한 고찰

1. 자유와 필연의 문제는 일찍이 그에 속하는 다른 문제들과 함께, 저명한 홉스와 데리의 주교인 존 브럼홀[695] 사이에서 그들이 출간한 책들을 통해 논의되었다. 홉스의 그 저술들은 지금까지 영어로만 출간되었으며 이 저자의 작품은 통상적으로 뛰어나고 정교한 점을 포함하고 있는 만큼 나는 (이미 여러 번 이 점에 대해 언급했지만) 이와 관련하여 명확한 인식을 제공하는 것이 적절하다고 생각했다. 데리의 주교와 홉스는 나중에 뉴캐슬의 공작이 된 후작[696]의 집에서 1646년에 만났고 이 주제에 관한 논쟁을 시작했다. 논쟁은 꽤 신중하게 이루어졌다. 그러나 얼마 후에 주교가 뉴캐슬의 후작에게 글 한 편을 보냈고 주교는 홉스가 자신의 글에 답변을 하도록 후작이 조치해주기를 바랐다. 홉스는 답변을 했으나 동시에 그는 자신의 답변이 출간되지 않기를 원한다고 밝혔다. 자신의 학설처럼 참된 학

∴

695) 존 브럼홀(John Bramhall, 1594~1663)은 1634년에 데리(Derry)의 주교였으며 1644년에 대륙으로 망명하고 1646년경 파리에서 홉스를 만난다. 주교와 홉스가 대립한 논쟁이 출간된 과정은 다음과 같다. (1) 홉스, 『자유와 필연에 관한 논문─예정, 선택, 자유 의지, 은총, 공적, 영겁의 벌 등과 관련된 모든 논쟁에 대한 완전한 해결과 해명』(1654). 이는 라이프니츠가 언급하는 '해적판'이다. 현재는 몰즈워스(Molesworth)가 편집한 홉스의 『영어 저작들(*English Works*)』에 실려 있다. 제4권, 229~278쪽. (2) 브럼홀, 『선행적이고 외재적인 필연성에 반대하여 옹호된 진정한 자유 ─ 홉스의 최근 저작에 대한 반박』(런던, 1655). (3) 홉스, 『자유, 필연 그리고 우연에 관하여 데리의 주교 브럼홀 박사와 맘스베리의 토머스 홉스에 의해 설명되고 논의된 문제들』(런던, 1656). (4) 브럼홀, 『자유와 보편적 필연의 문제에 관한 홉스의 마지막 견해들의 논박 ─ 리바이어던의 영향과 관련된 부록 첨부』(런던, 1658). (5) 홉스, 『브럼홀 주교의 '리바이어던의 영향'이라는 제목의 저작에 대한 반박』, 『홉스의 소책자들』(런던, 1682)에 수록.

696) 뉴캐슬(Newcastle, 1592~1676)은 영국의 장군으로서 내전 이후에 프랑스로 갔으며 파리에서 작가 및 철학자들(데카르트, 가상디)과 교류했다.

설이라 할지라도 무지한 사람들은 그것을 남용할 수 있다고 생각했기 때문이다. 그럼에도 홉스는 자신의 답변을 프랑스 친구에게 스스로 전했으며 이 친구를 위해 한 젊은 영국인이 그 답변을 프랑스어로 번역하는 것을 허용했다. 이 젊은 영국인은 영어 원본의 사본 한 부를 간직하다가 홉스도 모르는 사이에 영국에서 그것을 책으로 출간했다. 이 때문에 주교는 그 답변에 반박했고 홉스는 재반박했으며, 모든 글들이 영국에서 1656년에 4절판으로 인쇄된 348쪽의 책으로 출간되었다. 그 제목은 『자유, 필연 그리고 우연에 관하여 데리의 주교 브럼홀 박사와 맘스베리의 토머스 홉스에 의해 설명되고 논의된 문제들』이다. 나중에 『홉스의 트리포스』라는 저작에 포함된 1684년의 판본이 있다. 이 저작에는 인간 본성에 관한 홉스의 책, 정체(政體)에 관한 그의 논고, 자유와 필연에 관한 그의 논고가 실려 있다. 자유와 필연에 관한 이 논고는 하지만 주교의 반론과 홉스의 재반론을 포함하고 있지 않다. 이 주제에 관해 홉스는 그의 통찰력과 더불어 여느 때와 같은 섬세함을 가지고 논의한다. 그러나 놀이에 몰두할 때 그런 것처럼, 양쪽이 모두 여러 사소한 언쟁에 매달리고 있는 점은 안타까운 일이다. 주교는 아주 격렬하게 말하며 다소 거만한 태도를 보인다. 한편 홉스는 주교를 너그럽게 봐줄 마음이 없으며, 신학에 대해 또 주교가 고수하고 있는 것으로 보이는 스콜라학파의 용어들에 대해 약간 과도한 경멸감을 드러내 보인다.

2. 홉스의 견해에는 이상하고 용납할 수 없는 점이 있음을 인정해야 한다. 그는 신과 관련된 학설들은 전적으로 주권자[697]의 결정에 의존되며 신이 피조물들의 악한 행동의 원인이 아닌 것과 마찬가지로 선한 행동의 원

∴

[697] 정치 권력의 (개인적 혹은 집단적) 보유자.

인도 아니라고 주장한다. 신을 처벌하거나 강제하는, 신보다 상위의 존재는 아무도 없기 때문에 신이 행하는 모든 것은 정의롭다고 그는 주장한다. 그러나 때때로 홉스는 신에 관하여 사람들이 말하는 것이 신을 인식하기에 적합한 것이 아니라 공치사, 즉 신을 찬양하기에 적합한 표현에 불과한 것처럼 말한다. 따라서 그는 악인들에 대한 벌은 그들의 파괴를 통해 중지되어야 한다는 자신의 생각을 표명하고 있는 셈이다. 이는 어느 정도 소치니주의자들의 견해와 같지만 홉스의 견해는 훨씬 더 멀리 나아가는 것으로 보인다. 물체들만이 실체라고 주장하는 그의 철학은 신의 섭리와 영혼의 불멸성에 대해 그리 우호적이지 않은 것 같다. 그럼에도 그가 다른 문제들에 관해서 매우 합리적인 것들을 말하지 않는 것은 아니다. 우연에 의해 일어나는 일은 아무것도 없다는 것, 혹은 좀 더 정확히는 우연은 결과를 산출하는 원인들에 대한 무지에 불과하다는 것, 또 각각의 결과를 위해서는 사건에 선행하는 모든 충분조건들의 협력이 필요하다는 것을 홉스는 매우 잘 보여준다. 따라서 그것들이 조건이기 때문에 사건이 일어나야 할 때는 그 조건들 중 하나라도 빠질 수 없다는 것, 그리고 그것들이 충분조건이기 때문에 그것들이 모두 합쳐질 때는 사건도 또한 일어나지 않을 수 없다는 것은 명백한 일이다. 이는 내가 그토록 여러 번 말했던 것과 일치한다. 즉 모든 것은 결정적 이유를 통해 일어나며, 만일 우리가 그 이유들을 인식한다면 그러한 인식은 어떤 사건이 왜 일어났는지 또 왜 다른 방식으로 일어나지 않았는지를 알게 해줄 것이다.

3. 그러나 역설을 추구하고 타인들을 제압하려는 기질 때문에 저자는 모든 일이 절대적 필연성에 의해 일어난다고 하는 과장되고 역겨운 결론과 표현들을 도출해내게 되었다. 반면 제35절에 대한 자신의 답변(327쪽)

에서 데리의 주교는 가정적 필연성만이 도출되며 이 필연성은 우리 모두가 신의 예지와 관련된 사건들에 대해 인정하는 것임을 매우 적절하게 지적했다. 한편 홉스는 단지 신의 예지(豫知)만 가지고도 사건들의 절대적 필연성을 충분히 확립할 수 있다고 주장하는데, 이는 또한 위클리프[698]의 견해이며 루터가 『예속 의지』를 썼을 때의 견해이기도 하다. 적어도 위클리프와 루터는 그런 식으로 말했다. 하지만 예지나 다른 선행하는 이유들에서 비롯하는 것으로서 가정적 필연성이라고 불리는 종류의 필연성이 전혀 우려할 것이 없다는 점은 오늘날 충분히 인정되고 있다. 반면 사물이 그 자체로 필연적이어서 그 반대가 모순을 함축한다면 사정은 완전히 달라질 것이다. 게다가 홉스는 실제로 모든 것이 물리적 원인에 의해 일어난다는 이유로 도덕적 필연성에 관해서는 아무것도 인정하려 들지 않는다. 그러나 현자가 잘 행동할 수밖에 없도록 하는 것으로서 도덕적 필연성으로 불리며 신과 관련해서도 발생하는 필연성과, 에피쿠로스, 스트라톤, 스피노자 그리고 아마도 홉스가 생각한 바와 같이 지성도 선택도 없이, 결과적으로 신도 없이 사물들을 존재하도록 하는 맹목적 필연성 사이에 큰 차이를 두는 것은 일리가 있다. 실제로 이 맹목적 필연성에 따르면 모든 것은 2 더하기 3이 5이어야 하는 것만큼 필연적으로 자기 고유의 본질에 의해 존재할 것이기 때문에, 그들을 따른다면 우리는 신이 필요 없게 될 것이다. 이러한 필연성은 절대적인 것이다. 이 필연성과 함께 일어나는 모든 일은 우리가 무엇을 하든지 간에 일어나야 할 일이기 때문이다. 반면 가정적 필연성에 의해 일어나는 일은 이것 또는 저것이 예견되거나 결정되고 혹은 미리 이루어졌다는 가정에 이어서 일어나며, 도덕적 필연성은 현자들에게서 실현되지 않는

∵

698) 주 198, 49 참조.

일이 없는 이성에 의해 부과되는 의무를 포괄한다. 우리가 실제로 그렇게 하고 있는 것처럼, 좋은 이유들을 통해 행동하게 될 때 이 같은 종류의 도덕적 필연성은 다행스럽고 소망할 만한 필연성이다. 그러나 맹목적이고 절대적인 필연성은 경건과 도덕을 파괴하게 될 것이다.

4. 홉스는 우리의 행동은 우리의 능력에 달려 있기 때문에, 우리가 원하는 것을 할 능력이 있고 방해가 없을 때 그것을 한다고 인정한다. 그럼에도 우리가 욕망할 수 있는 경향과 의지를 어려움 없이 우리의 자의에 따라 자신에게 부여할 수 있을 정도로 우리의 의욕 자체가 우리의 능력에 달려 있지는 않다고 주장하는데, 이러한 그의 논의는 더욱 타당하다. 홉스 자신도 충분히 전개시키지는 않는 이러한 생각에 주교는 주의를 기울이지 않는 것 같다. 사실 우리가 우리의 의욕에 대해 일정한 능력을 갖는 것은 맞지만, 이것은 간접적인 방식으로 그런 것이지 절대적이고 무차별적인 방식으로 그런 것은 아니다. 이런 점이 바로 이 저작의 여러 곳에서 설명된 것이다. 마지막으로 그 이전의 다른 사람들처럼 홉스는 우리의 행동이 원인에 의존되는 방식에 사건의 확실성과 더 나아가 필연성이 존재한다고 해도 그 확실성과 필연성 때문에 우리가 심사숙고, 권고, 비난과 칭찬, 벌과 상을 사용하지 못하게 되지는 않는다는 점을 제시한다. 이러한 것들은 행동을 산출하거나 자제하도록 사람들을 도와주고 이끌기 때문이다. 따라서 인간의 행동이 필연적이라면 그것은 바로 이 같은 수단들을 통해서 필연적일 것이다. 그러나 사실은 우리의 행동이 절대적으로 또 우리가 무엇을 하든지 간에 필연적인 것은 아닌 만큼, 그런 수단들은 우리 행동이 실제로 결정되고 확실성을 갖는 방식대로 결정되고 확실하게 되도록 하는 데만 기여할 뿐이다. 왜냐하면 우리 행동의 본성은 우리 행동이 절대적 필연

성일 수 없다는 점을 보여주기 때문이다. 또한 홉스는 자유를 지성적 실체와 지성적이지 않은 실체에 공통된 일반적 의미에서 고찰함으로써 자유에 대해 꽤 훌륭한 개념을 제공한다. 즉 한 사물은 그것이 지닌 능력이 외부 사물에 의해 방해받지 않을 때 자유로운 것으로 간주된다고 그는 말한다. 따라서 둑에 의해 저지된 물은 넘쳐흐를 능력은 있으나 그럴 자유는 없다. 반면 물은 둑 위로 솟구칠 능력이 없는데, 이는 물이 넘쳐흐르는 것을 막는 것이 아무것도 없고 그뿐만 아니라 외부의 그 무엇도 물이 그렇게 높이 솟구치는 것을 막지 않는다고 해도 마찬가지다. 둑 위로 물이 솟구치기 위해서는 물 자체가 더 높은 곳에서 오거나 일정한 정도의 범람을 통해 수위가 높아져야 할 것이다. 마찬가지로 죄수는 도망갈 자유가 없지만 환자는 움직일 능력이 없다.

5. 홉스의 서문에는 논쟁점들의 개요가 있는데 나는 평가의 말을 덧붙이면서 그것을 여기에 제시하겠다. 그는 다음처럼 말한다. 1) 한편에서는 자신이 가져야 할 의지를 선택하는 것은 인간의 현재의 능력에 달려 있지 않다. 이는 특히 현재의 의지와 관련해볼 때 제대로 말한 것이다. 사람들은 의지를 통해 대상을 선택하지만 자신들의 현재 의지를 선택하지는 않는다. 현재의 의지는 이유나 경향에서 비롯된다. 하지만 우리는 새로운 이유를 찾고자 할 수 있으며 시간을 두고 새로운 경향을 스스로에게 부여할 수 있다. 이러한 수단을 통해 우리는 이전에 갖고 있지 않았던, 또 즉각적으로 우리 자신에게 부여할 수 없었던 의지를 또한 가질 수 있다. 홉스 자신의 비유를 사용하자면, 이는 배고픔 및 갈증과 같다. 현재 배가 고프고 안 고픈 것은 나의 의지에 달려 있는 것이 아니지만 먹고 안 먹는 것은 나의 의지에 달려 있다. 그러나 앞으로 다가올 시간에 대비하여 미리 먹음으로써 하

루의 특정한 시간에 배가 고프거나 고프지 않도록 하는 것은 나에게 달린 일이다. 이런 식으로 나쁜 의지를 피할 방법이 적잖이 존재하는 것이다. 홉스가 138쪽의 주석 14에 있는 그의 반론에서 말하듯이, 비록 법의 지침은 '이것이나 저것을 해야 하거나 하지 말아야 한다'고 말하는 데 있고, '그것을 원하거나 원하지 말아야 한다'고 말하는 법은 없다고 해도, '탐하지 말라'고 말하는 신법에 관해서 그가 틀렸다는 것은 명백하다. 이러한 금지는 의지적이지 않은 원초적 작용들[699]에 관련되지 않는다는 것이 사실이다. 홉스는 다음과 같이 주장한다. 2) 우연(영어로 chance, 라틴어로 casus)은 아무것도 산출하지 않는다. 즉 원인이나 이유 없이는 아무것도 산출하지 않는다. 이 주장은 매우 훌륭하며, 실재적 우연을 말하고자 하는 것이라면 나는 거기에 동의한다. 요행과 우연은 원인에 대한 무지나 무시에서 비롯되는 외형에 불과하기 때문이다. 3) 모든 사건에는 필연적 원인들이 있다. 이것은 틀렸다. 사건은 그것을 설명할 수 있는 결정 원인이 있지만 이 원인들이 필연적이지는 않다. 그 반대가 모순을 함축하지 않고서 일어날 수 있었다. 4) 신의 의지는 만물의 필연성을 실현한다. 이것은 틀렸다. 시간, 공간, 물질은 모든 종류의 도형과 운동에 대해 무차별적이기 때문에 신의 의지는 다른 방식으로 진행될 수도 있었던 우연적인 것들(choses contingentes)만을 산출한다.

6. 다른 한편, 홉스는 다음과 같이 주장하기도 한다. 1) 인간은 자신이 행하기를 원하는 것을 선택하기 위해서 뿐 아니라, 그가 원하기를 원하는 것을 선택

••

[699] (옮긴이) 명시적 의지가 개입하기 전 일종의 무의식적 행동을 의미한다. 원어는 premiers mouvements인데 '최초의 운동들' 등으로 옮기면 뜻이 안 통한다.

하기 위해서도 (절대적으로) 자유롭다. 이는 제대로 말한 것이 아니다. 우리는 어떤 수단이나 기술을 사용하지 않고서 즉각적으로 의지를 바꿀 수 있을 정도로 우리 자신의 의지의 주인이 아니다. 2) 인간이 선한 행동을 원할 때 신의 의지는 인간의 의지에 협력하지만, 인간이 그렇게 하지 않을 때는 협력하지 않는다. 이는 신이 악행보다 더 나쁜 어떤 일이 일어나지 않도록 하기 위해서 그 악행을 허용하기를 원하겠지만 신이 그것을 원하는 것은 아니라는 의미라면 제대로 말한 것이다.[700] 3) 의지는 원하기를 원할지 아니면 원하지 않을지 선택할 수 있다. 이는 현재의 의욕과 관련해서는 틀렸다. 4) 사건들은 필연성 없이 우연에 의해(par hasard) 일어난다. 이것은 틀렸다. 필연성 없이 일어난 일은 그렇다고 해서 우연에 의해, 즉 원인과 이유 없이 일어나는 것은 아니다.[701] 5) 한 사건이 일어날 것을 신이 예견한다고 해도, 그 사건이 일어나는 것이 필연적인 것은 아니다. 신은 사물들을 미래의 사건으로서 또 그 원인들에 의해서 예견하는 것이 아니라, 현재의 사건으로서 예견하기 때문이다. 이번에는 잘 시작했으나 잘못 끝내고 있다. 결과의 필연성을 인정하는 것은 일리가 있으

．．
．

700) (옮긴이) 이미 선행하는 의지와 후속적 의지의 구분을 통해 여러 번 설명된 개념이다. 신은 선행하는 의지를 통해서는 모든 대상들 각각의 수준에 맞는 고유의 선을 추구하지만, 그 모든 것의 전체적 조화를 위해서 후속적 의지를 통해 몇몇 악을 허용할 수 있다. 즉 신은 인간의 악행을 직접적으로 원하지는 않는다.

701) (옮긴이) 여기서 "우연(hasard)"은 전 문단의 "우연적인 것들"과 엄격하게 구분해야 한다. 현재 hasard와 contingent을 구분해줄 수 있는 번역어가 마땅히 없는 상태이기 때문에 hasard를 '운'이나 '우발' 정도로 번역하면 좋겠으나 일반적인 용법과 멀어지는 것 같아 contingence와의 혼동을 무릅쓰고도 '우연'으로 번역했다. 이 저작의 나머지 부분에서 원문의 표기 없이 '우연성'이나 '우연'으로 번역된 것은 contingence의 번역어다. 실제로 라이프니츠의 관점에서 hasard는 원인과 이유 없이 일어나는 실재적 우연의 의미인 반면, contingence는 정확한 원인과 이유가 있는 우연이다. 라이프니츠에 따르면 실재적 우연, 즉 아무 원인이나 이유가 없는 사건은 존재하지 않으며, 우연은 원인과 이유가 있더라도 필연적인 것은 아니다.

598

나, 이 점과 관련해 어떻게 미래가 신에게 현전하는지에 대한 문제에 의거할 이유는 없다. 결과의 필연성은 사건이나 결과가 그 자체로 우연적인 것(contingent)이 되지 않도록 할 수 없기 때문이다.

7. 홉스의 생각에 따르면, 아르미니우스가 되살린 학설이 로드[702] 대주교와 궁정에 의해 영국에서 옹호되었고 중요한 성직 임원들이 오직 그 진영의 사람들에게 찬동했기 때문에, 이러한 점은 항거를 일으키는 데 기여했으며 이 항거로 인해 주교와 그는 자신들의 망명지인 파리의 뉴캐슬 후작의 집에서 만나 논쟁을 하게 되었다. 로드 대주교는 공적(功績)이 있고 아마도 선한 의지도 있었으나 장로파들을 지나치게 자극한 것으로 보이는데, 나는 그의 모든 생각을 인정하고 싶지는 않다. 그럼에도 네덜란드와 영국에서의 저항은 부분적으로는 완고한 이들의 과도한 불관용에서 비롯된 것이라고 말할 수 있다. 또한 절대적 결정의 옹호자들은 마우리츠 공(公)[703]의 권위를 통해 네덜란드에서 적대자들을 억압했고 영국에서는 찰스 1세에 반대하여 항거를 선동했기 때문에 그들은 적어도 다른 사람들만큼 완고했다고 말할 수 있다. 그러나 이는 인간들의 결함이지 교리의 결함은 아니다. 그들의 적대자들도 그들을 그냥 두지 않았는데, 니콜라우스 크렐에 반대하여 가해진 가혹함과 이프르의 주교 진영에 반대한 예수회 회원

＊＊

702) 아르미니우스에 대해서는 주 177 참조. 윌리엄 로드(William Laud, 1573~1645)는 캔터베리의 대주교이자 찰스 1세의 지지자이며, 사형을 선고받고 처형되었다.

703) 나사우의 마우리츠(Maurits van Nassau, 1567~1645)는 네덜란드의 주(州)장관이었다. 바네벨트(Barneveldt) 및 나머지 대부분의 주와 마우리츠의 갈등은 왕정주의자들과 평민은 호마루스주의자들의 편을 들고 중산계급은 아르미니우스(주 177, 647)의 편을 드는 종교적 논쟁으로 악화되고 증폭되었다. 스코틀랜드의 장로파와 영국의 청교도들은 찰스 1세에게 반대하여 투쟁했고 찰스 1세는 사형당했다.

들의 행위가 그 증거다.[704]

8. 아리스토텔레스를 따라서 홉스는 논증의 두 원천으로 이성과 권위가 있다고 주장한다. 이성에 대한 것으로 그는 신의 속성에서 도출되는 근거들을 인정한다고 말한다. 이것들은 그가 논증적인 것이라고 명명하는 것으로서 그 개념을 파악 가능하다. 그러나 홉스는 우리가 아무것도 파악하지 못하는 다른 것들이 있으며 그것들은 우리가 신을 존경한다고 생각할 수 있도록 해주는 표현일 뿐이라고 주장한다. 그런데 나는 어떻게 아무것도 의미하지 않는 표현들을 통해 우리가 신을 존경할 수 있는지 알지 못하겠다. 아마도 스피노자와 마찬가지로 홉스에게서도 지혜, 선, 정의는 신과 우주와 관련해볼 때는 허구에 불과한 것이다. 그들에 따르면, 제일 원인은 자신의 능력의 필연성에 의해서 행동하지만 지혜의 선택에 의해 행동하지는 않기 때문이다. 나는 이 견해의 오류를 충분히 제시했다. 홉스는 사람들에게 빈축을 살 것이 두려워 충분하게 설명하기를 원하지 않은 것 같아 보인다. 이 점에서 그는 칭찬받을 만하다. 또한 스스로 말하듯이, 바로 그러한 이유 때문에 홉스는 주교와 자신이 파리에서 벌였던 논쟁이 출간되지 않기를 바랐던 것이다. 그는 신이 원하지 않는 행동이 일어난다고 말하는 것은 좋지 않다고 덧붙여 말한다. 실제로 이는 신의 능력이 부족하다고 말하는 것이기 때문이다. 하지만 동시에 홉스는 그 반대를 말하는 것도 좋지 않으며 신이 악을 원한다는 것을 신의 탓으로 돌리는 것도 좋지 않다고 덧붙여 말한다. 그것은 명예로운 일이 아니며, 선이 적다고 신을 고발하는

∴

704) 니콜라우스 크렐(Nikolaus Krell, 1551~1592)은 작센의 대법관이며 루터파의 작센에 칼뱅주의를 도입했다는 이유로 참수되었다. 이프르(Ypres)의 주교는 얀세니우스를 말한다.

것이기 때문이다. 따라서 그는 이 문제들에서 진리를 말하는 것은 바람직하지 않다고 생각한다. 홉스가 옹호하는 역설적 견해에 진리가 있다면 그는 일리가 있을 것이다. 실제로 이 저자의 견해에 따르면 신에게는 선이 없다. 좀 더 정확히 말해, 저자가 신이라고 부르는 것은 에피쿠로스의 체계에서 원자들이 그런 것처럼 수학적 법칙에 따라 절대적 필연성에 의해 작용하는 물질적 존재들의 덩어리로 이루어진 맹목적 자연일 뿐이기 때문이다. 만일 신이 때때로 지구의 위대한 존재들과 같다면, 신과 관계된 모든 진리를 말하는 것은 적절하지 않을 것이다. 그러나 신은 자신의 의도와 행동을 자주 감춰야 하는 인간과 같지 않다. 이와 달리 신의 섭리와 행동은 항상 훌륭하고 찬양할 만하기 때문에 그것들을 공표하는 것은 항상 허용되며 또한 합리적인 일이다. 그러므로 신과 관계된 진리를 말하는 것은 적어도 파렴치한 일과 관계된 것이 아니라면 항상 바람직한 일이다. 따라서 신의 의지가 그 결과를 내고 죄에 동조하며 그러면서도 그의 지혜나 선이 위태로워지지 않는다는 점을 어떻게 이해해야 하는지를 나는 이성을 충족시키고 경건에도 위배되지 않는 방식으로 설명한 것 같다.

9. 성서에서 도출한 권위를 홉스는 세 가지로 구분한다. 첫 번째 것은 자신의 생각과 일치하고, 두 번째 것은 중립적이며, 세 번째 것은 그의 반대자의 생각과 일치하는 것이라고 홉스는 말한다. 자신의 견해에 유리하다고 생각하는 것은 우리 의지의 원인을 신에게 관계시키는 구절들이다. 예를 들어, 「창세기」 45:5에서 요셉은 자기의 형제들에게 말한다. "그러나 이제는 걱정하지 마십시오. 자책하지도 마십시오. 형님들이 나를 이곳에 팔아넘기기는 하였습니다만, 그것은 하나님이 형님들보다 앞서서 나를 여기에 보내셔서 우리의 목숨을 살려주시려고 그렇게 하신 것입니다." 그리

고 (제8절) "그러므로 실제로 나를 이리로 보낸 것은 형님들이 아니라 하나님이십니다." 또한 신은 말한다. (『출애굽기』 7:3) "그러나 나는 바로가 고집을 부리게 하겠다." 그리고 모세가 말한다. (『신명기』 2:30) "그러나 헤스본 왕 시혼은 우리를 그 땅으로 지나가게 하지 않았습니다. 이것은 주 당신들의 하나님이 오늘처럼 그를 당신들의 손에 넘겨주시려고, 그의 마음을 완고하게 하시고 성질을 거세게 하셨기 때문입니다." 그리고 다윗은 시므이에 대해 말한다. (『사무엘기하』 16:10) "주님께서 그에게, 다윗을 저주하라고 분부하셔서 그가 저주하는 것이라면, 그가 나를 저주한다고 누가 그를 나무랄 수 있겠느냐?" (『열왕기상』 12:15) "(르호보암) 왕이 이렇게 백성의 요구를 들어주지 않은 것은 주님께서 일을 그렇게 뒤틀리게 하셨기 때문이다." (『욥기』 12:16) "능력과 지혜가 그분의 것이니, 속는 자와 속이는 자도 다 그분의 통치 아래에 있다." (제17절) "하나님은 …… 재판관들을 바보로 만드시기도 한다." (제24절) "하나님은 이 땅 백성의 지도자들을 얼이 빠지게 하셔서, 길 없는 거친 들에서 방황하게 하신다." (제25절) "하나님은 그들을 …… 술 취한 사람처럼 비틀거리게도 하신다." 신은 앗시리아 왕에 대해 말한다. (『이사야서』 10:6) "내가 그를 경건하지 않은 민족에게 보내며 그에게 명하여 나를 분노하게 한 백성을 치게 하며 그들을 닥치는 대로 노략하고 약탈하게 하며, 거리의 진흙 같이 짓밟도록 하였다." 그리고 예레미야는 말한다. (『예레미야서』 10:23) "주님, 사람이 자기 운명의 주인이 아니라는 것을 제가 이제 깨달았습니다. 아무도 자기 생명을 조종하지 못한다는 것도 제가 이제 알았습니다." 그리고 신은 말한다. (『에스겔서』 3:20) "또 만약 의인이 지금까지 걸어온 올바른 길에서 떠나 악한 일을 할 때는 내가 그 앞에 올무를 놓아 그 의인 역시 죽게 할 것이다." 그리고 구세주가 말한다. (『요한복음서』 6:44) "나를 보내신 아버지께서 이끌어주지 아니하시면, 아무도 내게 올 수 없다." 그리고 성 베드로는 말한다. (『사도행전』 2:23) "이 예수께서 버림을 받으신 것은 하나님이 정하신 계획을 따라 미리 알고 계신 대로 된 일이지만, 여러분은 그를 무법자들의 손을 빌어서 십자가에 못 박아 죽였습니다." 또 (『사도행전』 4:27~8) "사실 헤롯과 본디오 빌라도가 이방 사람들과 이스라엘 백성과 한패가 되어 이 성에 모여서, …… 주님의 권능과 뜻으로 미리 정하여두신 일들을 모두 행하였습니다." 그리고 성 바울이 말한다. (『로마서』 9:16) "그러므로 그것은 사람의 의지나 노력에 달려 있는 것이 아니라, 하나님의 자비에 달려 있습니다." 그리고 (제18절) "그러므로 하나님께서는 긍휼히 여기시고자 하는 사람을 긍휼히 여기시고, 완악하게 하시고자 하는 사람을 완악하게 하십니다." (제19절) "그러면 그대는 내게 이렇게 말할 것입니다. '그렇다면 어찌하여 하나님께서는 사람을 책망하시는가? 누가 하나님의 뜻을 거역할 수 있다는 말인가?'" (제20절) "오, 사람아, 그대가 무엇이기에 하나님께 감히 말대답을 하는 것입니까? 만들어진 것이 만드신 분에게 '어찌하여 나를 이렇게 만들었습니까?'하고 말할 수 있습니까?" 그리고 (『고린도전서』 4:7) "누가 그대를 별다르게 보아줍니까? 그대가 가지고 있는 것 가운데 받아서 가지지 않은 것이 무엇이 있습니까?" 그리고 (『고린도전서』 12:6) "일의 성과는 여러 가지지만, 모든 사람에게서 모든 일을 하시는 분은 같은 하나님이십니다." 그리고 (『에베소서』 2:10) "우리는 하나님의 작품입니다. 선한 일을 하게 하시려고 하나님께서 그리스도 예수 안에서 우리를 만드셨습니다. 하나님께서 이렇게 준비하신 것은 우리가 선한 일을 하며 살아가게 하시려는 것입니다." 그리고 (『빌립보서』 2:13) "하나님은 여러분 안에서 활동하셔서, 여러분으로 하여금 하나님을 기쁘게 해드릴 것을 염원하게 하시고 실천하게 하시는 분입니다." 이 구절들에 신이 모든 은총과 모든 선한 경향의 주인임을 말하는 모든 구절, 또 우리는 죄를 지으면 죽은 것과 같다고 말하는 모든 구절들을 덧붙일 수 있다.

10. 이제 다음은 홉스가 중립적 구절이라고 하는 것들이다. 이 구절들에서 성서는 인간이 스스로 원한다면 행동할 것을 선택하고, 원하지 않는다면 행동하지 않을 것을 선택할 수 있다고 말한다. 예를 들어 (『신명기』 30:19) "나는 오늘 하늘과 땅을 증인으로 세우고 생명과 사망, 복과 저주를 당신들 앞에 내놓았습니다. 당신들과 당신들의 자손이 살려거든, 생명을 택하십시오." 그리고 (『여호수아』 24:15) "당신들이 어떤 신들을 섬길 것인지를 오늘 선택하십시오." 그리고 신은 예언자 갓에게 말한다. (『사무엘기하』 24:12) "너는 다윗에게 가서 전하여라. '나 주가 말한다. 내가 너에게 세 가지를 내놓겠으니, 너는 그 가운데서 하나를 택하여라. 그러면 내가 너에게 그대로 처리하겠다." 그리고 (『이사야서』 7:16) "그 아이가 잘못된 것을 거절하고 옳은 것을 선택할 나이가 되기 전에 ……"[705] 마지막으로 홉스가 자신의 견해와 대립되는 것 같다고 인정하는 구절들은 모두 인간의 의지가 신의 의지에 부합하지 않는다는 점을 나타낸 구절들이다. 예를 들어, (『이사야서』 5:4) "내가 나의 포도원을 가꾸면서 빠뜨린 것이 무엇이냐? 내가 하지 않은 일이라도 있느냐? 나는 좋은 포도가 맺기를 기다렸는데 어찌하여 들포도가 열렸느냐?" 그리고 (『예레미야』 19:5) "그리고 그들은 제 자식들을 바알에게 번제물로 불살라 바치려고 바알의 산당들을 세움으로써, 내가 그들에게 명한 적도 없고 말한 적도 없는, 내가 상상조차도 하여본 적이 없는 죄를 저질렀기 때문이다." 그리고 (『호세아서』 13:9) "이스라엘아, 네가 나를 대적하니 너

∴

705) (옮긴이) 이어지는 문장은 다음과 같다. "임금님께서 미워하시는 저 두 왕의 땅이 황무지가 될 것입니다."

는 이제 망했다."[706] 그리고 (『디모데전서』 2:4) "하나님께서는 모든 사람이 다 구원을 얻고 진리를 알게 되기를 원하십니다." 홉스는 신이 죄악을 원하지 않으며 죄인의 구원을 원한다는 점을 나타내는 구절들, 그리고 일반적으로 신은 선을 명령하고 악을 금지한다는 점을 알게 해주는 모든 구절들과 마찬가지 의미의 매우 많은 다른 구절들을 제시할 수 있다고 인정한다.

11. 홉스는 이 구절들에 대해 다음과 같이 답한다. 즉 아브라함에게 그의 아들을 제물로 바치라고 명령했을 때처럼 신은 자신이 명령한 것을 항상 원하는 것은 아니며, 니느웨가 40일 안에 소멸할 것이라고 요나에게 계시했을 때처럼 계시된 그의 의지가 항상 충만한 의지이거나 결정인 것은 아니다. 또한 신이 모든 사람의 구원을 원한다고 언급된 것은 그들이 구원받기 위해서 필요한 일을 하라고 신이 명령한다는 것을 의미할 뿐이며, 성서에서 신이 죄를 원하지 않는다고 말할 때 이는 신이 죄를 벌주기 원한다는 것을 의미한다고 홉스는 덧붙여 말한다. 나머지 부분은 인간적으로 말하는 방식이라고 홉스는 생각한다. 그러나 나는 계시된 신의 의지가 그의 진정한 의지와 대립된다는 것은 신에게 합당한 일이 아니라고 답할 것이다. 요나로 하여금 니느웨인들에게 말하도록 한 것은 예견이라기보다는 위협이었으며, 따라서 회개하지 않는다는 조건이 거기에 암시된 것이다. 니느웨인들도 그런 의미로 그것을 이해했다. 또한 아브라함에게 그의 아들을 제물로 바치라고 명령함으로써 신은 복종을 원한 것이지, 복종을 확인한 후에 막은 그 행동을 원한 것은 아니라는 것이 맞다고 나는 말할 것

⠒

706) (옮긴이) 라이프니츠가 인용한 구절 자체는 다음과 같다. "오 이스라엘아, 너의 파괴는 너 때문이다. 너의 도움은 내 안에 있다." 문맥상 '너를 도운 나를 대적하니 너는 망했다'는 의미다.

이다. 그것은 그 자체로 의지의 대상이 될 만한 행동이 아니기 때문이다. 그러나 신이 적극적으로 원한다고 강조하는 행동은 사정이 다른데, 그러한 행동은 실제로 신의 의지의 대상이 되기에 합당하기 때문이다. 경건과 자비가 그러하며 신이 명령하는 모든 덕행이 그러하다. 그리고 다른 무엇보다도 신의 완전성과 거리가 먼 죄를 배제하는 것이 그러하다. 그러므로 내가 이 저작에서 행한 방식으로 신의 의지를 설명하는 것이 비길 데 없이 낫다. 따라서 나는 다음처럼 말할 것이다. 즉 자신의 최상의 선에 근거하여 신은 모든 선과 찬양할 만한 모든 행동을 산출하거나 그것을 보고 산출하도록 하는 진지한 경향을 미리 가지고 있으며, 모든 악과 모든 악행을 막거나 그것을 보고 피하도록 하는 진지한 경향을 미리 가지고 있다. 그러나 무한한 지혜와 결합된 그러한 최상의 선을 통해, 또 각각의 선을 향하고 각각의 악을 저지하려는 선행적이고 개별적인 모든 경향들의 협력 자체를 통해, 신은 사물들에 대한 가능한 최선의 구도를 산출하도록 결정한다. 이것이 바로 최종적이며 결정을 내리는 의지인 것이다. 본질적으로 이 최선의 구도는 선보다 비길 데 없이 작은 몇몇 악의 그늘을 통해 선이 빛처럼 부각되는 구도이어서, 신은 자신의 최상의 완전성을 손상시키지 않고서는 그 악을 배제할 수 없었으며 배제된 몇몇 선을 그 최선의 구도에 넣을 수도 없었다. 그렇기 때문에 신은 타인의 죄를 허용했다고 우리는 말할 수 있다. 그렇게 하지 않았다면 신은 피조물들의 모든 죄보다 더 나쁜 행동을 스스로 행했을 것이기 때문이다.

12. 내가 보기에, 데리의 주교가 반대자들이 모든 것을 단지 신의 권능에만 관계시킬 때 그들의 견해는 경건과 대립된다고 말하는 것(그의 반론, 제15절, 153쪽)은 적어도 일리가 있다. 홉스는 존중이나 숭배가 우리가 존

중하는 존재의 능력에 대한 증표일 뿐이라고 말하지 않아야 했다. 왜냐하면 우리는 지혜, 선, 정의 및 다른 완전성을 또한 인정하고 존중할 수 있으며 또 그렇게 해야 하기 때문이다. 우리는 위대한 이들을 쉽게 칭찬하며 선한 이들은 기꺼이 칭찬한다. 신에게서 모든 선과 참된 정의를 박탈하며, 모든 법이나 공정성과 무관하게 절대적 권능을 사용하고 수많은 피조물을 영원히 불행을 겪도록 창조하는 폭군, 그것도 자신의 능력을 보여주려는 것 외에 다른 아무 목적도 없이 그렇게 하는 폭군으로서 신을 표상하는 견해는 내가 말하건대 인간들을 매우 악하게 만들 수 있다. 이러한 견해가 수용된다면 뱀이 이브로 하여금 신이 나무의 열매를 금지한 것은 신이 그녀의 선을 원하지 않은 것이라고 믿게 한 것처럼, 이 세상에는 사람들 간에 그리고 신과 불화하도록 만드는 다른 악마가 필요 없어질 것이다. 홉스는 재반론에서(160쪽) 선이 신의 권능의 한 부분, 즉 자신을 사랑받을 만하게 만드는 권능이라고 말함으로써 공격을 피하려고 한다. 그러나 이는 핑계를 통해 용어를 남용하는 것이며 구분해야 할 것을 혼동하는 것이다. 근본적으로 볼 때 신이 지성적 피조물들을 염두에 두지 않는다면, 또 신에게 정의의 원칙이라고는 선에 근거한 선택 없이 우연(hasard)이 그에게 제시하는 것을 자의적으로 산출하거나 가능한 모든 것을 필연적으로 산출하도록 하는 권능만 있을 뿐이라면, 어떻게 신이 사랑받을 만한 존재가 될 수 있겠는가? 그러므로 맹목적 능력이나 자의적 권능을 주장하는 학설은 경건을 파괴하는 것이다. 왜냐하면 맹목적 능력에 대한 학설은 신의 지성적 원리 혹은 섭리를 파괴하며, 자의적 권능에 대한 학설은 악한 원리에 적합한 행동을 신에게 귀속시키기 때문이다. 신의 정의(正義)는 그가 가진 권능 그리고 축복과 불행을 분배함으로써 그가 발휘하는 권능일 뿐이라고 홉스는 말한다(161쪽). 이러한 정의(定義)는 나를 놀라게 한다. 신의 정의(正義)를 이루는 것은 축복과 불행을 분배하는 권능이 아니라 그것들을 합리적으로 분배하는 의지, 즉 지혜에 인도된 선이다. 그러나 신의 정의는 상관이 만든 법을 준수할 때만 정의로울 수 있는 인간의 정의와는 다르다고 홉스는 말한다. 이 점에서 홉스는 자신을 추종한 푸펜도르프와 마찬가지로 또다시 틀렸다. 신과 마찬가지로 인간에게도 정의는 상관들의 자의적 법이 아니라 지혜와 선의 영원한 규칙에 속하는 것이다. 홉스는 같은 곳에서 주장하기를, 사람들이 신에게 귀속시키는 지혜는 수단과 목적의 관계 같은 논리적 논의에 있는 것이 아니라, 불가해한 본성을 존중하기 위해 그것에 귀속시킨 불가해한 속성에 있다고 한다. 홉스가 주장하는 바에 따르면, 신은 **정체불명의 것**에 귀속된 **정체불명의 것**이고 심지어 공상적 실체에 부여된 공상적 성질이며, 이는 대중들이 신에게 바치는 숭배를 통해 그들을 위협하고 속이기 위함인 것 같다. 근본적으로 볼 때 홉스는 물질적 실체들만을 인정하는 만큼 신과 신의 지혜에 대해 그가 다른 견해를 갖는다는 것은 어려운 일이기 때문이다. 홉스가 생존해 있었다면 나는 그에게 유해할 수 있는 견해를 귀속시키는 일에 대해 조심했을 것이다. 하지만 그가 그러한 점에서 면제되기는 힘들다. 홉스가 고령이 되었을 때는 생각을 바꾸었을 수 있기 때문에 나는 그의 오류가 그에게 유해하지 않았기를 바란다. 그러나 홉스의 오류가 다른 사람들에게는 유해할 수 있기 때문에, 한편으로 많은 공적이 있으며 우리가 여러 방식으로 덕을 볼 수 있는 저자를 읽게 될 사람들에게 그 점을 알리는 것은 유용하다. 엄밀히 말해서 신이 한 진리에서 다른 진리로 이행하기 위해 우리처럼 시간을 사용하여 추론하지 않는다는 것은 사실이다. 그러나 신은 모든 진리와 모든 연결을 동시에 이해하기 때문에 모든 결과를 인식하며, 우리가 할 수 있는 모든 추론을 그 자신 안에 탁월한 방식으로 포함한다. 이러한 점 자체로 신의 지혜는 완전한 것이다.

얼마 전 영국에서 출간된 악의 기원에 관한 책[707] 평가

1. 벨이 이 훌륭한 저작에 대해 잡지[708]에 있는 비평만을 본 것은 안타까운 일이다. 벨이 그 저작을 직접 읽고 정확히 검토했다면, 그는 체계 전체를 고려하지 않고 엄정하게 추론하는 노력을 기울이지 않으면 쉽게 혼란해지는 문제에서 마치 히드라의 머리처럼 계속하여 생겨나는 여러 난점을 해명할 좋은 기회를 제공해주었을 것이기 때문이다. 상상의 범위를 넘어서는 주제에서 추론의 엄정함은 도형이 기하학에서 맡는 일을 수행한다는 점을 알아야 하는데, 이는 주의력을 고정시킬 수 있고 우리의 사유들을 연결시킬 수 있는 어떤 것이 항상 필요하기 때문이다. 그래서 우선 런던에서 출간되고 브레멘에서 재출간된,[709] 학식과 재치로 가득한 이 라틴어 저작이 내 손에 들어왔을 때, 주제의 품격과 저자의 재능은 또한 독자들이 나에게 기대할 수 있는 신중한 고찰을 요구한다고 나는 판단했다. 우리는 주제의 절반에 관해서만 견해가 같기 때문이다. 실제로 이 저작은 다섯 장(章)을 포함하고 있으며 제5장은 그 부록과 함께 양적으로 나머지 장들에 필적하는데, 나는 악 일반과 물리적 악을 특별히 다루는 첫 네 개의 장이

..

---

707) 더블린의 대주교인 윌리엄 킹(William King, 1650~1729)의 저작 『악의 기원에 관하여』다. 이 저작은 1702년에 출간되었으며, 로크의 철학에 근거하여 악의 (특히 도덕적 악의) 현존과 자비롭고 전능한 신의 관념을 조화시키려고 시도했다. 이 저작은 1703년, 5~6월 호 《문학협회 소식지》에서 우호적인 평가를 받았다. 이 당시 자크 베르나르(Jacques Bernard)가 《문학협회 소식지》의 간행을 이끌었고 벨은 『한 관구장의 질문들에 대한 답변』(제74~92장)에서 이 저작을 비판하기 위해서 그 평론을 사용했다. 베르나르는 1706년 1월 호 《문학협회 소식지》에서 벨에게 반박했다. 벨은 윌리엄 킹의 저작 자체를 읽은 후에 새로운 평론을 집필했고 이것은 『한 관구장의 질문들에 대한 답변』 제5권(유고, 1707년)에 실렸다.

708) (옮긴이) 《문학협회 소식지》를 지칭한다.

709) 1704년의 재판(再版).

(몇몇 특정 부분을 제외하고는) 나의 원리[710]와 충분히 일치하며, 이 네 개의 장은 벨이 강조하지 않았기 때문에 내가 언급하기만 했던 몇몇 문제를 때때로 강력하고 설득력 있게 전개하기도 한다는 점을 확인했다. 그러나 자유 및 자유에 의존되는 도덕적 악을 다루는 제5장과 그 절들(이 중 몇몇은 다른 장들 전체에 필적한다)은 나의 원리와 대립되고, 벨에게 고정된 원리를 귀속시킬 수단이 있다면 그의 그러한 원리와도 자주 대립되는 원리를 토대로 구축되었다. 이 제5장은 (만일 그러한 것이 가능하다면) 진정한 자유가 막연하고 완전하며 절대적인 평형의 무차별성에 속한다는 점을 제시하려고 한다. 그래서 결정에 선행하는 결정의 이유가 선택의 주체에게도 대상에게도 전혀 없고, 우리는 마음에 드는 것을 선택하지도 않으며, 근거 없이 선택함으로써 우리가 선택하는 대상을 마음에 들도록 만든다는 것이다.

2. 원인도 이유도 없는 선택의 원리, 말하자면 지혜와 선의 목적이 결여된 선택의 원리는 많은 사람들에게 신과 지성적 피조물의 큰 특권이자 그들의 자유, 만족, 도덕 그리고 선과 악의 원천으로서 생각되었다. 경향성과 내면적 이유 자체에도 또 외부 대상의 선이나 악으로부터도 독립적일 수 있다는 상상은 이 세상에서 가장 훌륭한 것으로 생각될 수 있을 정도로 때때로 미화되었다. 하지만 이는 속이 빈 상상에 불과하며, 사람들이 자랑으로 여기는 변덕의 이유를 제거한 것에 불과하다.[711] 그들이 주장하는 것

∙∙

710) (옮긴이) principes, 라이프니츠 철학의 근본 원리를 의미한다. 문맥상 '원칙'이라고 옮기면 자연스러울 수 있겠으나 사유 체계를 가동시키는 기제의 의미가 강하므로 '원리'가 적당하다고 판단했다.

711) (옮긴이) 이미 여러 번 살펴본 것처럼 라이프니츠는 이유나 근거를 부여할 수 없는 행동, 즉 무차별성의 자유를 부정한다. 라이프니츠가 보기에 데카르트, 홉스, 스피노자 모두 부지불식간에 이러한 모순에 빠져 있다. 데카르트에 따르면, 신의 행동은 단지 신의 행동이

은 불가능한 것이다. 혹시 그런 일이 일어난다면 그것은 유해할 것이다. 이러한 상상적 특성은 '석상의 잔치'에서의 동 쥐앙[712] 같은 자에게나 해당될 수 있을 것이며, 더욱이 어떤 공상의 인물이라야 그런 외형을 띨 수 있거나 자신이 그런 것을 실행한다고 확신할 수 있을 것이다. 그러나 자연에서 우리가 선이나 악에 대한 선행적(先行的) 표상, 경향 혹은 이유에 의해 이끌리지 않는 선택은 전혀 존재하지 않는다. 나는 그러한 절대적 무차별성의 옹호자들이 그 사례를 제시하려는 것에 항상 의심을 품었다. 그러나 내가 아무것에 의해서도 결정되지 않는 선택을 상상적인 것으로 간주한다고 해서 이 같은 가정의 옹호자와 특히 우리의 탁월한 저자를 공상적인 사람으로 간주하는 것은 아니다. 소요학파 사람들은 이런 성격의 몇몇 견해를 가르친다. 그러나 오늘날에는 개선된 스콜라학파의 몇몇 견해를 계속 뒷받침해준 오컴, 스와인스헤드, 체살피노, 콘린기우스[713] 같은 이들을 소요학파 사람들 때문에 경멸하는 것은 가장 정당하지 못한 일이 될 것이다.

3. 퇴화한 스콜라학파에 의해 그리고 공상의 시대에 부활하고 도입된 그러한 견해 중 하나는 선택에서의 막연한 무차별성 혹은 영혼에 있다고

∵

라는 이유로 선하며 따라서 신의 행동의 결과는 절대적 우연이다. 스피노자에 따르면, 신의 행동은 "절대적 본성의 필연성"에 의한 것이므로 지성의 규범과 무관하다. 라이프니츠의 관점에서 이처럼 극단적인 견해는 모두 신에게서 최선의 원리를 부정하고자 하는 공통점이 있다.

712) (옮긴이) 몰리에르의 희곡 『동 쥐앙 또는 석상의 잔치』에서 모든 원칙을 무시하는 호색한 동 쥐앙은 법, 종교, 사회적 정의 등 모든 규범을 부정한다.

713) 윌리엄 오컴(William of Ockham, 1270~1347)은 영국의 저명한 철학자로서 유명론의 옹호자다. ─ 리처드 스와인스헤드(Richard Swineshead)는 수이셋(Suiset), 수이세스(Suiseth) 혹은 수이세스(Suisseth)로 불리며 14세기의 철학자이자 수학자다. ─ 체살피노에 대해서는 주 111 참조. ─ 콘린기우스에 대해서는 주 273 참조.

상상된 실재적 우연(hasard réel)[714]이다. 이는 우리가 경향을 판명하게 파악하지 못할 때는 우리에게 경향을 부여하는 것이 아무것도 없으며, 원인이 지각되지 않을 때는 원인 없이 결과가 생길 수 있다고 생각하는 것과 같다. 이는 몇몇 사람이 감각되지 않는 분자들을 보지 못한다고 해서 그것들을 부정하는 것과도 같다. 그러나 물체의 본성에 대한 법칙에 따라 한 물체는 그것에 힘을 가하는 다른 물체의 운동에 의해서만 움직일 수 있다는 것을 밝힘으로써 현대 철학자들이 스콜라학파의 견해를 개선한 것과 마찬가지로, 비록 우리를 때때로 즐겁거나 슬프게 또는 다른 방식의 경향을 갖도록 하며, 왜 그런지 모르는 채 한 사물을 다른 것보다 더 좋아하게 만드는 미세 지각들 때문에 판명한 인식이 드러날 수 없을 때도 (정신의 본성에 대한 법칙에 따라) 우리의 영혼은 선이나 악에 대한 어떤 이유에 의해서만 움직일 수 있다고 판단해야 한다. 플라톤, 아리스토텔레스, 뿐만 아니라 토마스 아퀴나스, 뒤랑,[715] 가장 견실한 다른 스콜라학파 학자들도 대부분의 사람 및 편견 없는 사람들이 한결같이 그렇게 하는 방식대로 이 점에 대해 추론한다. 그들은 자유가 대상을 선택하거나 거부하도록 하는 이유와 경향을 사용하는 데 있다고 본다. 또 그들은 우리가 대상들 속에서 파악하는 참되거나 혹은 외형적인 선이나 악이 우리의 의지를 선택으로 이끈다는 점을 견고한 사실로 간주한다. 그러나 다소 과도하게 사변적인 몇몇 철학자는 그 무엇으로부터도 독립된 선택이라는 불가해한 개념을 마침

∙∙

714) (옮긴이) 앞의 부록 「자유, 필연, 우연에 관하여 홉스가 출간한 영문 저작에 관한 고찰」에서 살펴본 것처럼(특히 제5~6절), '실재적 우연'은 원인도 이유도 없이 일어나는 일을 말하며, 라이프니츠가 옹호하는 '우연'과 구분된다. 우연은 규칙과 근거를 가지고 일어나되 필연적이지는 않은 일이다.
715) 뒤랑 드 생 푸르생, 주 232 참조.

내 그들의 기교에서 도출해냈다. 이러한 선택은 모든 난점을 해결하기 위해 묘기를 보여줘야 한다. 그렇지만 우선 이 개념은 어떤 원인이나 충분한 이유 없이 아무 일도 일어나지 않는다고 항상 가정하도록 하는 추론의 대원리를 위배함으로써 가장 큰 난점에 빠진다. 스콜라학파가 몇몇 원초적 신비한 성질들을 인정함으로써 이 대원리의 적용을 자주 잊었던 것처럼, 막연한 무차별성에 대한 이 허구가 동의를 얻어냈고 뛰어난 사람들조차 그것에 물들었다고 해서 놀랄 필요가 없다. 우리의 저자는 범용한 스콜라학파의 많은 오류에서 벗어났음에도 불구하고 이러한 허구에 아직 빠져 있다. 하지만 그는 분명 그 허구를 계속하여 옹호한 이들 가운데 가장 능란한 사람이다.

페르가몬이 팔의 힘으로 보호될 수 있었다면, 역시 바로 그 팔로 보호되었을 것이다.

저자는 이 허구에 가능한 최선의 모습을 부여하고 이 허구의 좋은 측면만을 보여준다. 그는 자발성과 이성에서 장점을 제거해내고 그 장점을 모두 막연한 무차별성에 부여한다. 우리가 능동적이며 정념에 저항하고 우리의 선택에 만족하고 행복한 것은 오로지 막연한 무차별성에 의해서라는 것이다. 어떤 다행스러운 필연성이 우리로 하여금 잘 선택할 수밖에 없도록 한다면 우리는 불행하게 될 것처럼 보인다. 저자는 자연적 악의 기원과 그 근거에 대해 훌륭한 점들을 말했으며 도덕적 악은 그것이 일으키거나 일으키려고 하는 물리적 악에 의해 악이 된다고 판단하는 만큼, 그로서는 도덕적 악에 동일한 원리를 적용하면 될 뿐이었다. 그러나 어떻게 그가 이성을 따라야 하기 때문에 신과 인간의 격이 떨어질 것이며 그 때문에 모두 수동적이 되고 그들 자신에게 만족하지 않을 것이라고 생각했는지 나는 이해를 못하겠다. 마지막으로, 인간들이 사물들에 대한 선택을 통해 그것들을 훌륭하거나 괜찮은 것으로 만들고 또 선택이라는 놀라운 능력의 단순한 적용으로 모든 것을 금으로 바꿀 수 있는 탁월한 특권이 인간들에게 없었다면, 그들은 외부에서 오는 불행에 맞설 수단이 아무것도 없었을 것이라고 하는데, 어떻게 그가 이런 생각을 했는지 역시 나는 이해를 못하겠다.

4. 이러한 점은 앞으로 우리가 분명하게 검토할 것이다. 그러나 논의를 조금 더 진전시킬 수 있는 몇몇 부분이 있는 만큼, 그전에 사물들의 본성과 자연적 악에 관한 저자의 탁월한 생각을 활용하는 편이 좋을 것 같다. 이 같은 수단을 통해 또한 우리는 저자의 체계의 구조 전체를 더 잘 이해하게 될 것이다. 제1장은 원리들을 포함한다. 저자는 그 개념이 다른 존재의 현존을 포함하지 않는 존재를 **실체**라고 명명한다. 사물들은 모두 연결되어 있는바, 피조물 가운데 그런 존재가 있는지 나는 모르겠다. 꿀벌 떼가 실체의 실례가 아닌 것처럼 양초 또한 실체의 실례가 아니다. 하지만 용어들은 확장된 의미로 이해될 수 있다. 저자는 **물질**의 모든 변화 그리고 물질에서 제거될 수 있는 모든 질을 제외하고서도 연장, 가동성, 가분성, 저항력이 남는다는 점을 매우 적절히 지적한다. 또한 그는 **개념들**의 본성을 설명하며, **보편자들**은 개체들 간에 존재하는 유사성만을 나타낸다는 점을 이해하도록 해준다. **관념들**을 통해 우리는 즉각적인 감각에 의해 인식된 것만을 파악하며 나머지는 이 관념들과의 관계를 통해서만 우리에게 인식된다는 점을 이해하도록 해준다. 그러나 저자가 우리는 신과 정신과 실체의 관념을 갖고 있지 않다고 인정할 때, 그는 우리가 우리 자신을 통각함으로써 즉각적으로 실체와 정신을 통각한다는 점, 절대적 의미로 고

찰된 연장이 공 하나의 관념에 포함되는 것과 마찬가지로 신의 관념은 우리의 완전성의 한계가 제거될 때 우리의 관념 안에 있다는 점을 충분히 보지 못한 것 같다.[716] 그가 적어도 우리의 단순 관념들은 본래적이라고 주장하고 아리스토텔레스와 로크의 빈 칠판을 배척한 것은 일리가 있다. 그러나 우리의 관념이 사물과 맺는 관계는 허공에 뱉은 말이나 종이 위에 쓴 글자가 우리의 관념과 갖는 관계 이상의 것이 아니라 하고, 감각이 자의적이며 단어의 의미처럼 **협약의 결과**라고 한다는 점에서는 나는 그를 인정할 수 없다. 이 점에 대해 내가 왜 우리 시대의 데카르트주의자들에게 동의하지 않는지는 다른 곳에서 이미 설명했다.

5. 제일 원인에까지 도달하기 위해 저자는 **기준**, 즉 진리의 표지(標識)를 찾는다. 그는 우리의 내적 명제가 자명할 때 이 명제가 지성으로 하여금 그것에 동의할 수밖에 없도록 하는 힘을 진리의 표지로 본다. 우리가 감각을 믿는 것은 바로 이러한 점을 통해서라고 그는 말한다. 또한 그는 데카르트주의자들의 표지, 즉 명석판명한 지각은 무엇이 명석하고 판명한지를 식별하기 위한 새로운 표지를 필요로 하며, 관념들(혹은 과거에 사람들이 말했던 방식으로 하자면 명사[717]들)의 적합성과 부적합성도 우리를 속일 수 있다는 점을 제시한다. 실재적 적합성과 외형적 적합성이 존재하기 때문이라는 것이다. 심지어 그는 우리로 하여금 동의할 수밖에 없도록 하는 내적인 힘

∵

716) (옮긴이) 이미 수차례 설명된 것처럼, 라이프니츠의 철학 체계에서 신과 인간의 차이는 지각의 정도 차이다. 신은 모든 것에 대한 모든 관점이기 때문에 모든 것을 평면도로 보지만, 모나드는 특정 관점에서 투시도로 혹은 원근법적으로 지각한다. 『모나드론』, 제57절과 그 이하 참조.
717) (옮긴이) 여기서 명사(terme, 名辭)는 논리학에서 한 개념을 언어로 나타내는 것으로서 명제를 구성하는 요소가 되는 말을 의미한다.

도 의심스러우며 뿌리 깊은 편견에서 유래할 수 있다고 인정하는 것 같다. 그래서 그는 혹시나 다른 기준을 제공하는 사람은 인류에게 매우 유용한 어떤 것을 발견할 것이라고 인정한다. 나는 1684년에 출간된 작은 논고인 『진리와 관념들에 관한 논고』[718]에서 이 기준을 설명하고자 노력했다. 내가 이 논고에서 새로운 발견을 제시했다고 자부하지는 않겠으나 혼란스럽게 만 인식되었던 것들을 상세히 설명했기를 희망한다. 나는 사실의 진리와 이성의 진리를 구분한다. 사실의 진리는 오직 이성의 진리와 대조되고 즉 각적 지각으로 환원될 때만 검증될 수 있다. 이 즉각적 지각들은 우리 안 에 있는 것이며 의심할 수 없는 것으로서 성 아우구스티누스와 데카르트가 매우 제대로 분간해낸 것이다. 즉 그러한 즉각적 지각들을 통해 우리는 우 리가 생각한다는 것, 더 나아가 이런저런 것들을 생각한다는 것을 의심할 수 없다. 그러나 우리의 내부에 나타난 것들이 사물들 안에 일정한 실재성 을 갖는지 판단하고 또 사유에서 대상으로 이행하기 위해서는, 우리의 지 각들이 서로 간에 또 우리가 갖고 있는 다른 지각들과 견고하게 연결되어 있어서 수학의 규칙 및 다른 이성의 진리들이 거기서 드러났는지를 고찰해 보아야 한다는 것이 나의 견해다. 만일 그렇게 된다면 우리의 내부에 나타 난 것들은 실재적인 것으로 간주되어야 한다. 나는 이것이 상상, 꿈, 환영 에서 그것들을 구분하는 유일한 수단이라고 생각한다. 따라서 우리의 외 부에 있는 사물들의 진리는 현상들의 연결을 통해서만 인정될 수 있다. 이 성의 진리들, 혹은 개념에서 유래하는 진리들의 기준은 논리학 규칙의 정확 한 사용법에 있다. 관념이나 개념에 대해 말하자면, 나는 그 가능성이 확실

∴

718) 1684년 9월 《학보》에 실린 「인식, 진리 그리고 관념에 관한 성찰」을 지시한다(『라이프니츠 의 선별된 작품들』, Prenant, 77~84쪽).

한 모든 것을 실재적이라고 부른다. 그런 가능성을 나타내지 않는 **정의**는 **명목적**일 뿐이다.[719] 훌륭한 분석에 조예가 깊은 기하학자들은 이 점에서 어떤 선이나 도형을 정의할 수 있도록 해주는 속성들 간에 존재하는 차이를 안다. 우리의 탁월한 저자는 아마도 이토록 멀리 나아가지는 않았을 것이다. 그러나 방금까지 그에 대해 내가 위에서 설명한 모든 것과 앞으로 설명할 것에 의하면 그의 깊이와 성찰이 부족하지 않다는 점을 알 수 있다.

6. 이 문제 다음에 저자는 운동, 물질, 공간이 그것들 자체에서 유래하는지를 검토하고 그 결과로서 그것들이 존재하지 않는다고 생각할 수단이 있는지 고찰한다. 또 그는 신의 특권을 강조한다. 신의 특권이란 신이 존재한다고 가정되면 신이 필연적으로 존재한다고 곧바로 인정해야 한다는 점이다. 이는 위에 언급된 작은 논고에서 내가 제시한 설명의 귀결이다. 즉 신이 가능하다는 것이 인정되면 신은 필연적으로 존재한다는 것을 곧바로 인정해야 한다. 신이 존재한다는 것이 인정되면 신은 가능하다는 것이 곧바로 인정된다. 그러므로 신이 존재한다는 것이 인정되면 신은 필연적으로 존재한다는 것을 곧바로 인정해야 한다. 그런데 이러한 특권은 우리가 방금 이야기한 세 가지에 속하지 않는다.[720] 또한 저자는 특별히 운동에 대해 평가하기를, 현재의 운동은 이전의 운동에서 오고 이전의 운동은 다른 것에서 오는 식으로 무한히 진행된다고 홉스처럼 말하는 것은 충분하지

••

719) (옮긴이) 라이프니츠는 어떤 사물의 실재성을 증명하기에 앞서 그 개념이 가능한지를 분석한다. 예를 들어 『형이상학 논고』 제1절에서 그는 신의 존재를 증명하기에 앞서 신의 개념이 가능한지를 분석하고, 전지와 전능의 개념은 가장 큰 수나 도형의 개념과 달리 그 자체로 가능하다는 점을 제시한다. 라이프니츠는 본문의 다음 절에서 곧바로 이 점을 논의한다.
720) (옮긴이) 운동, 물질, 공간을 말한다.

않다고 한다. 원하는 만큼 거슬러 올라간다고 해도, 물질에 운동이 있어야 할 이유를 발견하지 못할 것이기 때문이다. 따라서 그 이유는 이 계열의 외부에 있어야 한다. 태양 광선들이 태양과 함께 영원하다면 태양 안에 태양 광선들의 영원한 원인이 존재해야 하는 것처럼, 영원한 운동이 존재한다면 그것은 영원한 운동자를 요구할 것이다. 그의 이러한 추론을 설명하는 것은 충족 이유율이 우리의 탁월한 저자에게 어떤 중요성을 갖는지 보여주기 위해서다. 나는 이를 매우 기쁘게 생각한다. 아무 이유도 없다고 인정되는 어떤 것을 받아들일 수 있다면, 무신론자로서는 운동의 존재에 대한 충분한 이유가 있는 것은 필연적이지 않다고 말함으로써 그 논증을 파괴하는 것이 쉬운 일일 것이기 때문이다. 우리의 주제에서 너무 멀어지지 않을까 걱정되므로, 나는 공간의 실재성과 영원성에 관한 논의를 하고 싶지 않다. 저자의 판단에 의하면, 운동은 신의 능력에 의해 부분적으로가 아니라 전체적으로 무화될 수 있으며, 우리는 우리 안에 외부 사물들의 존재 개념을 포함하고 있지 않기 때문에, 공간과 물질이 존재하지 않는다면 신과 함께 우리만 존재할 수 있다고 말하는 것으로도 충분하다. 저자는 또한 소리, 냄새, 맛의 감각에 공간의 관념이 포함되지 않는다고 주장한다. 그러나 공간에 대해 어떤 판단을 하든지 간에 물질과 운동의 원인이자 만물의 원인인 신이 존재한다는 것으로 충분하다. 저자는 소경으로 태어난 사람이 빛에 대해 추론하는 것과 마찬가지로 우리는 신에 대해 추론할 수 있다고 생각한다. 신의 몇몇 속성을 언술하고 나서 저자는 신이 자신의 선을 전하려는 목적으로 행동하며 신의 작품들은 훌륭하게 배치되어 있다는 점을 인정한다. 마지막으로 저자는 이 장을 적절하게 결론짓기 위해, 신은 세계를 창조하면서 무한한 능력과 지혜와 선이 조합되어 산출할 수 있는 만큼으로 사물들의 가장 큰 적합성, 느낌을 갖춘 존재들의 가장 큰 안락, 욕구들의 가장 큰 호환성을 세계에 부여하도록 배려했다고 말한다. 그럼에도 세계에 악이 남아 있다면 이 무한한 신의 완전성은 그 악을 제거할 수 없었던 것이라고 그는 덧붙여 말한다(나는 그 악을 제거해서는 안 된다고 말했을 것이다).

7. 제2장은 나와 마찬가지로 악을 형이상학적 악, 물리적 악, 도덕적 악으로 나누어 분석한다. 형이상학적 악은 불완전성의 악이다. 물리적 악은 고통 및 다른 불편이며 도덕적 악은 죄다. 이 모든 악은 신의 작품 속에서 발견된다. 이로부터 루크레티우스는 섭리가 존재하지 않는다는 결론을 내렸으며 세계가 신의 결과일 수 있다는 점, 즉 자연이 신들에 의해 창조되었다는 점을 부정한다. 사물들의 본성에는 매우 많은 결함이 있기 때문이다. 자연에 담긴 불완전성은 지극히 크다.[721] 다른 사람들은 두 개의 원리, 즉 선한 원리와 악한 원리를 인정했다. 또한 극복 불가능한 난점을 생각한 사람들이 있었고, 이 점에서 우리의 저자는 벨을 염두에 둔 것 같다. 그는 그러한 난점이 절단할 필요가 있는 고르디우스의 매듭이 아니라는 점[722]을 자신의 저작에서 제시하고자 한다. 그 악들이 제거되었다면 신의 능력, 지혜, 선은 그 실행에서 무한하고 완전하지 않았을 것이라고 저자가 말하는 것은 일리가 있다. 저자는 제3장에서 불완전성의 악으로 논의를 시작하며, 성 아우구스티누스를 따라서 피조물들은 무에서 구해낸 것이기 때문에 불완전하다는 점을 강조한다. 반면 신은 자기 고유의 본성에서 완전한 실체를 산

∙∙

721) 루크레티우스의 부정확한 인용. 『사물들의 본성에 관하여』, 제5권, 199~200행.
722) (옮긴이) 알렉산드로스 대왕이 잘랐다고 하는 전설 속의 매듭을 비유한 것이다. 벨은 악의 문제를 통하여 신에 관해 이성적으로 해결할 수 없는 논박을 제시한 것처럼 생각했는데, 실제로 악의 문제는 해결이 가능하다는 의미의 비유다.

출하는바, 이 실체로 신 자신을 만들었을 것이라고 저자는 강조한다. 이러한 점은 소치니주의자들에 반대하여 짧은 여담을 할 기회를 저자에게 제공한다. 즉 누군가는 다음과 같이 말할 것이다. 무슨 이유로 신은 불완전한 사물들을 만드는 대신에 사물들의 산출을 회피하지 않았는가? 저자는 신의 선이 풍성한 것이 그 원인이라고 매우 적절하게 대답한다. 우리는 불완전성이 신과 어긋나는 것이라고 상상함으로써 신에게 난처함이 있다고 생각하는데, 신은 그 난처함을 무릅쓰고도 자신을 알리기를 원한 것이다. 따라서 신은 무보다는 불완전한 것의 존재를 선호했다. 그러나 부분들의 불완전성은 전체에서의 더 큰 완전성에 기여하므로, 실제로 신은 가능한 가장 완전하고 자신이 전적으로 만족할 만한 이유가 있는 전체를 산출했다고 덧붙여 말해도 되었을 것이다. 좀 더 뒤에서 저자 역시 몇몇 사물들이 더 잘 만들어질 수 있었으나 이는 다른 새로운 불편, 아마도 더 큰 불편 없이는 불가능했다고 강조한다. 여기서 아마도는 삭제해도 되었다. 제3장 말미에서 저자는 최선을 선택하는 것이 무한한 선에 속한다는 점을 확실하게 근거를 가지고서 정립한바, 그는 다음과 같은 귀결을 좀 더 일찍 도출해내도 되었을 것이다. 불완전한 사물들이 가능한 만큼의 완전한 사물이 존재하는 것을 막지 않을 때 그것들은 완전한 사물에 합류하게 될 것이다. 그래서 정신과 마찬가지로 물체와 육체들도 창조된 것이다. 그들은 서로 방해가 되지 않기 때문이다. 물질적 작품은 그것의 원인을 특정한 데미우르고스(Démogorgon)[723]에게 돌린 고대 이교도들이 생각했던 것처럼 위대한 신에 걸맞지 않은 것이 아니었다.

⁚

---

723) 이 용어는 데미우르고스(장인, 창조자)라는 단어의 잘못된 변형이다. 데미우르고스는 플라톤 이래로 세계를 제작하는 신을 의미했다. 영지주의 학설에서 세계는 악하기 때문에 세계의 창조자는 최상의 신과 구분되며, 악에 책임이 있는 하위의 신이다.

8. 이제 제4장에서 논한 물리적 악에 관해 다루어보자. 우리의 저명한 저자는 형이상학적 악 즉 불완전성이 무에서 유래한다고 강조한 후에, 물리적 악 즉 불편은 물질 혹은 좀 더 정확히 말하면 물질의 운동에서 유래한다고 결론 내린다. 물질은 운동 없이는 무용할 것이기 때문이다. 나아가 물질의 운동에는 충돌이 있어야 한다. 그렇지 않고 모든 것이 한쪽으로만 진행된다면 다양성도 생성도 없을 것이다. 그러나 생성을 이루어내는 운동은 부패 또한 이루어낸다. 운동의 다양성에서 물체들의 충격이 생겨나며, 운동에 의해 물체들은 자주 흩뜨려지거나 파괴되기 때문이다. 그럼에도 자연의 조물주는 물체들을 더욱 지속 가능한 것으로 만들기 위해 물체들을 체계 안에 분배했고 그중 우리가 알고 있는 체계들은 빛이 나고 불투명한 구체들로 조합되었다. 그 조합의 방식은 이 체계들이 포함하고 있는 것을 인식하고 예찬하기 위해 지극히 적합하고 아름답기 때문에 우리는 더 아름다운 것을 생각할 수가 없을 정도다. 그러나 작품의 절정은 동물들의 구조였으며, 이는 인식 능력이 있는 피조물들이 모든 곳에 있도록 하기 위함이었다.

세계의 어떤 영역에도 적합한 동물들이 없지 않도록 하기 위함이다.

우리의 현명한 저자는 공기뿐만 아니라 가장 순수한 에테르에도 물과 땅에서처럼 서식하는 동물들이 있다고 생각한다. 그러나 동물이 없는 장소가 있다고 해도 이 장소는 서식 동물이 있는 장소에 필요한 용도가 있을 것이다. 예를 들어 우리의 지구 표면을 불규칙하게 만들고 때때로 황량하고 쓸모없게 만드는 산은 강과 바람을 만들기 위해 유용하다. 또한 경작할 장소는 아직도 매우 많기 때문에 우리는 모래와 늪에 대해 불평할 이유가 없다. 게다가 모든 것이 인간만을 위해 만들어졌다고 생각할 필요도 없다. 저자는 순수한 정신들이 존재할 뿐 아니라 이 정신들에 근접한 불멸의 동물들, 즉 에테르적이고 부패하지 않는 물질에 영혼이 결합된 동물들이 존재한다고 믿었다. 그러나 육체가 육생(陸生)이고, 관들과 그곳을 순환하며 혈관의 절단으로 운동이 중지되는 액체로 조합되어 있는 동물들은 사정이 같지 않다. 이 점 때문에 저자는 아담이 복종했을 경우 그에게 주어질 불멸은 그의 본성의 결과가 아니라 신의 은총의 결과였을 것이라고 생각한다.

9. 그런데 부패가 가능한 동물들의 보존을 위해서는 그들로 하여금 현재의 위험을 알려주는 조짐을 느끼게 하고 그 위험을 피할 성향을 그들에게 부여하는 것이 필요했다. 그렇기 때문에 큰 상해를 일으킬 찰나에 있는 것은 미리 고통을 일으켜야 하며 이 고통은 동물로 하여금 그 불편의 원인을 물리치거나 피하고 더 큰 악을 알릴 수 있는 노력을 하도록 도와줄 수 있다. 죽음의 공포도 그런 원인을 피하도록 도와준다. 만일 죽음의 공포가 그토록 불쾌하지 않고 신체의 절단이 그토록 고통스럽지 않았다면 동물들이 그들 자신과 신체 부분의 소멸에 개의치 않는 경우가 매우 잦을 것이며, 가장 튼튼한 동물들도 온전히 하루를 생존하기가 어려울 것이다.

신은 또한 동물들이 눈에 띄지 않을 정도로 조금씩 마모되고 사라져가는 것을 교체함으로써 영양을 섭취하고 자신을 보존하도록 하기 위해 그들에게 허기와 갈증을 주었다. 이러한 욕구는 그들의 체격에 적합하고 그들에게 활력을 주기에 알맞은 양식을 얻기 위해 노동을 하도록 동물들을 도와준다. 조물주는 심지어 한 동물이 다른 동물의 양식으로 꽤 자주 사용되는 것도 필요하다고 봤다. 이는 그 동물을 더 불행하게 만드는 것도 아니다. 질병에 의해 야기된 죽음은 통상적으로 폭력적인 죽음만큼 혹은 그보다 더 고통스럽기 때문이다. 다른 동물들의 먹이가 되는 이 동물들은 미래에 대한 예견도 염려도 없기 때문에 위험 밖에 있을 때는 평안하게 삶을 영위한다.

동물들은 걱정하지 않고 사람들도 통상적으로 걱정하지 않는 홍수, 지진, 천둥 및 다른 무질서에 대해서도 마찬가지다. 그런 것들로 고통을 받는 자는 얼마 없기 때문이다.

10. 자연의 조물주는 단지 드물게 발생하는 이러한 악 및 다른 악에 대해 통상적이고 계속적인 수많은 편리를 통해 보상했다. 허기와 갈증은 음식을 먹으면서 갖는 쾌락을 증대시킨다. 적당한 노동은 동물의 능력을 향상시키는 유쾌한 훈련이며, 수면은 휴식을 통해 힘을 회복시키므로 정반대의 방식으로 또한 유쾌한 것이다. 그러나 가장 강렬한 쾌락 중 하나는 동물을 번식으로 이끄는 쾌락이다. 개체들은 현세에서는 불멸일 수 없기 때문에 신은 종의 불멸을 확실히 하도록 배려한바, 또한 그는 동물이 자식의 보존을 위해 목숨을 걸 정도로 자식에게 큰 애정을 갖기를 원한 것이다.

고통과 육체적 쾌락에서 공포와 탐욕 및 통상적으로 유용한 다른 정념들이 생겨난다. 비록 그것들이 때때로 악으로 전환되는 일이 발생하기는 해도 말이다. 마찬가지로 독, 전염병 및 다른 유해물도 적절하게 구상된 체계의 필수 불가결한 귀결이라고 봐야 한다. 무지와 오류에 관해 말하자면 가장 완전한 피조물들도 분명히 많은 것을 모르고 있으며 인식은 필요와 비례한다는 것이 통례임을 생각해야 한다. 그럼에도 예견될 수 없는 경우를 면할 수 없다는 것은 필연적이며 이런 종류의 사건은 피할 수 있는 것이 아니다. 우리가 판단의 실수를 범하는 일은 자주 일어날 수밖에 없다. 정확한 논의에 이를 때까지 판단을 중지하는 것이 항상 허용되지는 않기 때문이다. 이 같은 불편은 사물들의 체계와 분리할 수 없다. 즉 많은 경우 사물들은 특정한 상황 속에서 서로 유사해야 하며 한 사물이 다른 사물로 간주될 수 있어야 한다. 그러나 불가피한 오류들은 가장 통상적인 것도 아니고 가장 유해한 것도 아니다. 우리에게 가장 큰 악을 초래하는 오류들은 우리의 잘못에서 오는 것이 통례다. 결과적으로 자연적인 악을 삶을 박탈할 이유로 간주하는 것은 잘못된 일이 될 것이다. 그렇게 자연적인 악을 삶을 박탈할 이유로 간주한 사람들은 통상적으로 의지적인 악에 의해 그렇게 했음을 우리는 발견하기 때문이다.

11. 결국 우리가 말한 이 모든 악은 좋은 원인들에서 부수적으로 유래한다는 점이 드러난다. 그리고 우리가 아는 모든 것에 근거하여 우리가 알지 못하는 모든 것에 관해 말하자면, 그 악은 더 큰 불편을 겪지 않고서는 제거할 수 없었을 것이라고 결론내릴 수 있다. 이 점을 더 제대로 확인하기 위해 저자는 세계를 큰 건물처럼 생각하라고 조언한다. 방, 홀, 회랑, 정원, 굴뿐 아니라 부엌, 지하 창고, 가금 사육장, 외양간, 하수구도 있어야 한다. 따라서 세계에 태양만을 만들어놓거나 황금과 다이아몬드만으로 이루어져 있되 거주가 불가능한 땅을 만들어놓는 것은 적절하지 않았을 것이다. 만일 사람이 눈이나 귀로만 만들어졌다면 자신을 양육하기에 적합하지 않았을 것이다. 만일 신이 사람을 정념이 없도록 만들었다면 신은 그를 어리석은 존재로 만들었을 것이다. 신이 사람을 오류 없이 만들었다면 신은 사람에게서 감각을 박탈했어야 할 것이며, 기관들에 의해서가 아닌 다른 방식으로 감각하도록 했어야 할 것이다. 즉 사람이 존재하지 않았을 것이다. 여기서 우리의 박식한 저자는 성사(聖史)와 세속사가 가르치는 것으로 보이는 견해, 즉 광폭한 짐승과 독성이 있는 식물 및 우리에게 유해

한 다른 자연적 본성들은 죄로 인해 우리와 대립하여 무장된 것이라는 견해를 강조한다.[724] 하지만 그는 여기서 오로지 이성의 원리에 근거하여 추론하고 있는 만큼 계시가 가르쳐줄 수 있는 것은 논외로 한다. 그럼에도 아담이 (복종했다면) 오로지 신의 은총을 근거로 그리고 신과 맺은 협약에 의해서 자연적 악에서 면제되었을 것이라고 저자는 생각한다. 또한 그는 모세가 최초의 죄에 대한 7가지 정도의 결과만을 알려준다고 생각한다. 그 결과는 다음과 같다.

1) 불멸이라는 무상 선물의 철회.
2) 해롭거나 그리 유용하지 않은 풀 외에 그 자체로는 비옥하지 않은 불모의 땅.
3) 스스로를 양육하기 위해 종사해야 하는 고된 노동.
4) 남편의 의지에 대한 아내의 예속.
5) 분만의 고통.
6) 인간과 뱀 사이의 적의.
7) 신이 인간을 데려다놓은 낙원에서의 인간 추방.

그러나 저자는 우리의 악 중 여럿은 특히 은총을 회수한 이래로 물질의 필연성에서 유래한다고 생각한다. 게다가 저자가 보기에 우리의 추방 이후에 불멸은 우리에게 짐일 것이며, 생명의 나무가 우리가 접근할 수 없는 것이 된 것은 아마도 우리를 벌주기 위해서라기보다는 우리의 선을 위해서다. 악의 기원에 관한 저자의 담론은 지적할 만한 것이 여기저기에 있지만

724) (옮긴이) 인간이 지은 죄 때문이라는 의미다.

그 근본은 훌륭하고 견고한 성찰로 가득하며, 이를 활용하는 것이 적절하다고 나는 판단했다. 이제는 우리 사이에 논쟁이 되는 주제, 즉 자유의 본성에 대한 설명을 다루어야 할 것이다.

12. 악의 기원에 관한 이 저작의 박식한 저자는 책 전체의 절반에 해당하는 제5장에서 도덕적 악의 기원을 설명하겠다고 제안하며, 도덕적 악은 피조물들의 불가피한 불완전성인 물리적 악의 기원과 완전히 다르다고 생각한다. 우리가 곧 살펴볼 것처럼, 저자가 보기에 도덕적 악은 오히려 그가 완전성이라고 명명하는 것에서 유래하며, 그에 따르면 피조물은 창조자와 공통점이 있는데, 그것은 아무 동기도 없고 아무 목적 원인이나 충동적 원인도 없이 선택하는 능력에 있다. 가장 큰 불완전성이, 즉 죄가 완전성 자체에서 유래한다고 주장하는 것은 대단한 역설이다. 그러나 이성과 대립하는 특권이 장점인 가장 비이성적인 것을 완전성으로 간주하도록 하는 것도 그에 못지않은 역설이다. 근본적으로 그것은 도덕적 악의 근원을 제시하기는커녕 도덕적 악은 존재하지 않는다고 주장하는 것이다. 선택하는 사람에게도 또 선택되는 대상에도 선택으로 이끌 수 있는 것이 전혀 없는 가운데 의지가 결정된다면, 그러한 선택에 대한 원인도 없고 이유도 없을 것이기 때문이다. 그리고 도덕적 악은 나쁜 선택에 있는바, 이는 도덕적 악의 근원이 전혀 없다고 인정하는 셈이 된다.[725] 그러므로 훌륭한 형이상학의 규칙들을 따라서 자연에 도덕적 악이 없어야 할 것이며, 동일한 이유에 따라서 도덕적 선도 없을 것이고 모든 도덕성은 파괴될 것이다. 그러

∙∙

725) (옮긴이) 도덕적 선이나 악은 선하거나 악한 선택에 달려 있는데, 윌리엄 킹은 선택이 아무런 동기도 원인도 없이 이루어진다고 보기 때문에, 도덕적 악의 기원을 설명하겠다는 자신의 주장과 달리 그는 도덕적 악의 기원이 없다고 보는 셈이 된다.

나 우리의 탁월한 저자를 경청해야 한다. 스콜라학파의 저명한 철학자들에 의해 옹호된 견해의 미묘함과 그가 재치와 웅변을 통해 그것에 첨가한 장식 때문에, 그 견해 안에 포함된 중요한 난점들은 저자가 포착하지 못하도록 은폐되어 있기 때문이다. 문제의 현황을 설명하면서 그는 저술가들을 두 진영으로 나눈다. 한쪽 사람들은 의지의 자유가 외적 강제에서 면제되어 있다고 말하는 것으로 만족하며, 다른 쪽 사람들은 의지의 자유가 내적 강제에서도 면제되어 있다고 주장한다고 그는 말한다. 그러나 여러 곳에서 내가 이미 설명한 것처럼, 도덕성과 대립되는 절대적 필연성을 가정적 필연성 및 도덕적 필연성과 구분하지 않는 한 이 같은 설명은 충분하지 않다.

13. 제5장의 첫 번째 절은 선택의 본성을 알려주고자 한다. 첫째로 저자는 의지가 지성의 판단이나 욕구의 선행적 경향에 의해 결심을 하도록 결정된다고 생각하는 이들의 견해를 설명한다. 그러나 그는 이 저술가들을, 의지가 절대적 필연성에 의해 결심에 이끌린다는 점을 옹호하고 의지하는 사람은 자신의 의욕에 대해 아무 힘도 없다고 주장하는 이들과 혼동한다. 즉 그는 토마스 아퀴나스주의자를 스피노자주의자와 혼동한다. 저자는 홉스 및 그 동류(同類)들의 고백과 추악한 단언들을 사용하여, 그것들을 무한히 멀리하고 논박하려고 큰 노력을 기울이는 사람들에게 그것들을 전가하려고 한다. 그가 그렇게 하는 것은 그들이 홉스 및 모든 사람들과 마찬가지로(자신들 고유의 미묘함 속에 숨은 몇몇 박사를 제외하고) 의지가 선과 악의 표상에 의해 움직인다고 생각하기 때문이다. 이로부터 저자는 우연도 없고 모든 것은 절대적 필연성에 의해 연결되어 있다고 하는 주장을 그들에게 전가한다. 이는 추론에서 성급하게 나아가는 것이다. 그럼에도 그는 만일

악한 의지가 존재한다면 그것에 대해 비난할 수 있는 모든 것은 악한 의지가 일으킬 수 있는 악일 것이기 때문에, 엄밀히 말해 악한 의지는 존재하지 않는다고 또다시 덧붙여 말한다. 그는 이러한 점이 통상적 개념과 거리가 있다고 말한다. 세상이 악인들을 비난하는 것은 그들이 해를 가해서가 아니라 필연성 없이 해를 가하기 때문이다. 그러므로 저자는 악인들이 단지 불운할 뿐이지 죄가 있는 것은 아니며, 인간은 자신이 피할 수 없었던 행동의 진정한 원인이 아니기 때문에 물리적 악과 도덕적 악 사이에는 차이가 없을 것이라고 주장하는 셈이다. 범죄자들이 비난받고 구박받는 것은 그럴 만하기 때문이 아니라, 그렇게 함으로써 사람들이 악을 멀리하도록 할 수 있기 때문이다. 사기꾼은 혼내지만 환자는 혼내지 않는 것도 오직 그러한 이유 때문이다. 비난과 위협은 사기꾼을 교정할 수 있지만 환자를 치료할 수는 없기 때문이다. 또한 저자는 다음과 같이 주장한다. 이 학설에 따르면 벌에는 단지 미래의 악을 막기 위한 목적만 있다. 이 점을 제외하고 이미 행해진 악만을 고찰하는 것으로는 벌을 주기에 충분하지 않을 것이기 때문이다. 마찬가지로 사은의 유일한 목적은 새로운 선행을 준비하는 데 있다. 이 같은 점을 제외하고 오직 과거의 선행만을 고찰하는 것으로는 사은에 대한 충분한 이유를 제공하지 못할 것이기 때문이다. 마지막으로 저자는 의지의 결심이 선과 악의 표상에서 파생된다고 보는 이 학설이 참되다면, 인간의 행복은 우리의 능력에 달려 있지 않고 우리의 외부에 있는 사물들에 의존되기 때문에 행복에 대한 희망을 갖지 말아야 할 것이라고 생각한다. 그런데 외부의 사물들이 우리의 소망에 맞춰 조정되고 조화되기를 바랄 수 있는 근거는 없다. 우리에게는 항상 부족한 것과 지나친 것이 있을 것이다. 저자에 따르면, 이 모든 결론은 의지가 지성의 최종적 판단에 따라 결정된다고 생각하는 이들과 대립하여 내려지는 것이다.

저자가 생각하기에 그들의 견해는 의지의 권리를 박탈하며 영혼을 전적으로 수동적으로 만든다.[726] 이러한 비난은 무수히 많은 진지하고 그 권위가 인정된 저술가들에 반대하여 가해지고 있으며, 여기서 이 저술가들은 홉스와 스피노자 및 추악하고 참을 수 없는 학설을 주장한 것으로 판단되어 배척된 몇몇 저술가들과 동일한 부류로 간주되었다.

나의 생각을 말하자면, 나는 의지가 항상 지성의 판단을 따를 수밖에 없다고 보지는 않는다. 나는 지성의 판단을 감각되지 않는 지각과 경향에서 유래하는 동기와 구분하기 때문이다. 그러나 나는 비록 의지가 판단을 중지하기 위한 동기를 또한 발견할 수 있다고 해도 이유, 정념, 경향에서 유래하는 선과 악의 표상이 판명하든지 혹은 혼란하든지 간에 의지는 가장 유리한 표상을 따른다고 주장한다. 그렇지만 의지는 항상 동기에 따라서 행동한다.

14. 저자의 견해를 입증하기 전에 나의 견해와 대립되는 논박에 답할 필요가 있다. 반대자들의 오해는 그 반대가 모순을 함축하는 절대적 필연성에 의한 필연적 결과와 단지 적합성의 진리에 근거하면서도 항상 성과를 낳는 결과를 혼동하는 데 그 기원을 두고 있다. 즉 그들은 필연적이고 필수 불가결한 진리를 이루는 모순율에 속하는 것과 우연적 진리에 또한 적용되는 충족 이유율에 속하는 것을 혼동한다. 나는 두 개의 대원리가 있다

⁝

726) (옮긴이) 라이프니츠가 지적하는 윌리엄 킹의 주장은 간단히 말하면 의지의 절대적 자유다. 반면 라이프니츠의 한결같은 관점은 의지에 앞선 지성의 작용이다. 지성이 개입되지 않은 의지의 결정을 인정할 경우 결국에는 폭군의 논리 혹은 전제주의로 빠지게 된다. 이 점에서 라이프니츠는 절대적 우연을 강조하는 데카르트나 절대적 필연을 강조하는 스피노자가 실제로는 동일선상에 있다고 보는 것이다. 지성의 최종적 판단을 따를 경우 의지의 자유가 훼손된다고 보는 윌리엄 킹도 이러한 오류에 빠진다는 점이 본문에서 지적되고 있다.

는 점을 고찰하도록 함으로써 다른 곳에서 이미 이 같은 설명을 제시했다. 즉 **동일물들**(identiques)의 원리 혹은 모순율에 의하면 두 모순되는 명제 중 하나는 참되고 다른 하나는 거짓이며, **충족 이유율**에 의하면 그것을 완전하게 이해하기 위해 필요한 모든 것을 인식하는 존재가 그 이유를 가질 수 없는 참된 명제는 없다. 이 두 원리는 필연적 진리뿐 아니라 우연적 진리에도 적용되며, 게다가 충족 이유가 전혀 없는 것은 존재하지 않는다는 것은 필연적인 일이다. 우리는 이 두 원리가 참과 거짓의 정의에 포함되어 있다고 일정한 방식으로 말할 수 있기 때문이다. 그렇지만 제시된 진리를 분석할 때 그것이 그 반대가 모순을 함축하는 진리에 속한다는 점이 드러날 경우 우리는 그 진리가 절대적으로 필연적이라고 말할 수 있다. 그러나 원하는 만큼 분석을 진행하고, 주어진 진리에 대한 그 같은 요소들에 결코 도달할 수 없을 경우 우리는 그 진리가 우연적이며, 그것으로 기울어지게 하되 그것을 필연적인 것으로 만들지는 않는 우세한 이유에 그 기원이 있다고 말해야 한다. 이 점이 정립되고 나면 어떻게 내가 여러 저명한 철학자 및 신학자들과 더불어 사유하는 실체가 선이나 악에 대한 우세한 표상에 의해 결심으로 이끌린다고 말할 수 있는지 드러난다. 이러한 것은 확실하고 오류가 없지만 필연적이지는 않은 방식으로, 즉 사유하는 실체가 경향성을 갖도록 하되 그것을 필연적인 것으로 만들지는 않는 이유들에 의해 이루어지는 일이다. 그렇기 때문에 미래의 우연적 사건들은 그 자체로 또 그런 이유들을 통해 예견되었다고 해도 우연적인 것이다. 신의 지혜와 선은 신이 능력을 통해 세계를 창조하고 세계에 가능한 최선의 형태를 부여하도록 확실하게 신을 이끌었던 것이다. 그러나 신은 그렇게 하도록 필연적으로 이끌리지 않았으며 모든 일은 그의 완전한 최상의 자유가 줄어들지 않은 가운데 일어났다. 내가 방금 실행한 이와 같은 고찰이 없다면 우연성

과 자유에 관한 고르디우스의 매듭이 쉽게 풀릴 수 있을지 모르겠다.[727]

15. 이러한 설명으로 인해 우리의 뛰어난 반대자의 모든 논박은 사라지게 된다. 1) 우연성은 자유와 함께 유지된다는 점이 드러난다. 2) 악한 의지는 유해하여서 나쁠 뿐 아니라 또한 유해물이나 물리적 악의 원천이어서 나쁘다. 악한 정신이 자기의 활동 영역에서 맡는 역할은 마니교주의자의 악한 원리가 우주에서 맡게 될 역할과 같기 때문이다. 또한 신의 지혜는 불편, 즉 물리적 악을 발생시킬 행동을 통상적으로 금지했다는 점을 저자는 제4장 4절 8항에서 강조한다. 필연성에 의해 악을 발생시키는 이가 죄가 없다는 점은 인정된다. 그러나 이런 필연성을 인간을 악행으로 이끈 실재적이거나 외형적인 선과 악에 대한 근거의 힘으로 이해하는 입법가나 법률가는 결코 없다. 그렇지 않다면 큰 액수의 돈을 훔치거나 중요한 직위를 차지하기 위해 능력 있는 사람을 살해하는 자는 포도주를 마시려고 동전 몇 푼을 훔치거나 이웃의 개를 고의로 죽이는 자보다 약한 처벌을 받아야 할 것이다. 동전 몇 푼이나 개는 유혹이 작은 것이기 때문이다. 그러나 이 세상에 허가된 법 행정은 이와 정반대이며, 죄의 유혹이 클수록 그것은 큰 벌의 공포를 통해 더 억제될 필요가 있다. 게다가 범죄자의 계획에 논리가 많이 발견될수록 그의 악행은 심사숙고한 것으로 간주될 것이고 더 중대하며 처벌 받을 만한 것으로 판단될 것이다. 따라서 지나치게 교활한 사기는 **사기 전매**[728]라고 불리는 중대한 범죄가 되며, 사기꾼이 우리의 안전을 위해

..

---

727) (옮긴이) 여기서 "고르디우스의 매듭"을 '난제' 정도로 번역하면 더 자연스러울 수 있으나 앞에서 구체적 의미로 사용했던 용어이어서 원어를 살렸다.

728) 자신에게 속하지 않은 재산을 팔거나 혹은 파는 재산이 저당 잡혀 있다는 사실을 은폐하는 사기를 말한다.

문서로 기록된 근본 자체를 교묘하게 무너뜨릴 때 그는 위조자가 된다. 그러나 큰 정념은 광기에 더욱 가깝기 때문에 우리는 그에 대해서는 더 관대할 것이다. 그리고 아피스 신의 사제들은 품위 있는 부인을 미친 듯이 사랑한 기사를 신으로 간주하도록 함으로써 그에게 그 부인의 순결을 팔아넘겼는데, 로마인들은 그들을 가장 준엄한 형벌 중 하나를 가하여 처벌했다. 사랑에 빠진 기사는 추방하는 것으로 그쳤다. 그러나 만일 누군가가 외형적인 이유도 없고 정념의 낌새도 없이 악행을 저질렀다면, 특히 그가 그처럼 기괴한 짓을 하는 성향이 있다는 사실이 드러났다면 판사는 그를 광인으로 간주하고 싶어질 것이다. 이러한 점은 악행과 처벌의 참된 근거를 제공하기는커녕 벌의 경감으로 이어질 수 있을 것이다. 우리의 반대자들의 원리는 법정의 절차나 사람들의 공통된 견해와 그토록 거리가 먼 것이다.

16. 3) 물리적 악과 도덕적 악은 그 이유와 원인이 있다는 공통점이 존재함에도 불구하고 그 둘의 구분은 항상 유지될 것이다. 무슨 이유로 도덕적 악의 기원과 관련된 새로운 난점을 만들어내는가? 자연적 악으로 인해 생긴 난점의 해결 원리는 의도적 악을 설명하기에 충분한데도 말이다. 즉 인간들이 잘못을 범할 경향이 있는 것을 막는 일은 체계들 중 최선의 체계의 구성을 바꾸거나 끊임없이 기적을 사용하지 않으면 불가능하다는 점을 제시하는 것으로 충분하다. 죄가 인간 불행의 큰 부분이며 게다가 가장 큰 부분이라는 것은 사실이다. 그렇다고 해서 사람들이 악하고 벌을 받을 만하다고 말하지 말아야 하는 것은 아니다. 그렇지 않다면 거듭나지 않은 자들의 현재의 죄는 우리 불행의 원리, 즉 원죄에서 기인하는 것인 만큼 용서할 수 있다고 말해야 할 것이다. 4) 저자가 많은 부분, 특히 제5장 1–3절 18항에서 주장하듯이 인간이 대상에 의해 그의 의도적인 행동에 이끌린다

면 영혼은 수동적이 되고 인간은 죄의 진정한 원인이 아니라고 말하는 것은 용어에 대한 새로운 개념을 만들어내는 것이다. 고대인들이 우리에게 달려 있는 것에 대해 말했을 때, 혹은 내가 우리에게 의존된 것, 자발성, 우리 행동의 내적 원리에 대해 말할 때 나는 외부 사물의 표상을 배제하지 않는다. 외부 사물의 표상도 우리의 영혼 안에 있기 때문이다. 외부 사물의 표상은 우리 안에 있는 능동적 원리의 변용의 한 부분을 이룬다.[729] 행동이 요구하는 것에 대한 경향을 미리 갖지 않고서 행동할 수 있는 행위자는 없다. 선과 악에서 도출된 이유나 경향은 영혼이 다수의 방향 사이에서 자신을 결정할 수 있도록 해주는 준비 과정이다. 사람들은 의지만이 유일하게 능동적이고 최상이라고 주장하며 의지를 권좌에 앉아 있는 여왕처럼 생각하는 습관이 있다. 여왕의 지성은 정부의 장관이고, 여왕의 정념은 그 영향력을 통해 장관의 권고를 자주 넘어서는 궁인이나 총애받는 시녀들이라는 것이다. 이 주장에 따르면 지성은 여왕의 명령에 의해서만 말을 하고, 여왕은 장관이 내놓는 이유와 총애받는 자들의 제안 사이에서 주저하며, 심지어 둘 모두를 거부함으로써 자기 재량대로 그들을 침묵시키거나 말하게 하고 그들의 말을 듣거나 듣지 않는다는 것이다. 그러나 이는 다소 잘못 이해된 의인법이거나 허구다. 만일 의지가 지성이나 감각이 제시하는 이유나 경향에 대해 판단을 내리거나 인식해야 한다면, 의지는 자기에게 제시된 것을 이해하기 위해 자신 안에 다른 지성이 필요할 것이다. 사실은 영혼 혹은 사유하는 실체는 이유를 이해하고 경향을 느끼며 행동을 규정하기 위해 자신의 능동적 힘을 변용시키는 표상들의 우위에 따라 자신

∵

---

729) (옮긴이) 모나드의 외부는 존재하지 않으며 모든 것은 모나드의 내부에서 일어나는 지각이라는 관점이 적용되고 있다. 따라서 외부 사물은 모나드 안에 지각 내용으로서 존재하는 표상이다.

을 결정한다. 우리의 독립성을 부각시키고 우리를 대상들의 물리적 영향에서 벗어나게 하는 나의 예정 조화 체계를 여기서 사용할 필요는 없다. 방금 내가 말한 것만으로도 논박을 해결하는 데 충분하기 때문이다. 우리의 저자는 비록 대다수 사람들과 마찬가지로 우리에 대한 대상들의 물리적 영향을 인정함에도 불구하고, 물체나 육체 혹은 감각 대상은 우리에게 관념을 주지 않으며 영혼의 능동적 힘은 더더욱 주지 않는다는 점, 또 그것들은 우리 안에 있는 것을 전개하는 데 기여할 뿐임을 매우 정교하게 지적한다. 이는 영혼이 육체에 힘을 줄 수 없는바, 몇몇 방향만을 제공한다고 데카르트가 생각한 것과 비슷하다. 이는 한쪽과 다른 한쪽, 물리적 영향과 예정 조화 사이의 중간점이다.

17. 5) 죄가 비난받고 처벌받는 것은 그렇게 하는 것이 합당하기 때문이 아니라, 비난과 벌이 다음번의 죄를 막는 데 기여하기 때문이라고 내가 생각한다는 논박이 있다. 반면 사람들은 그 이상의 것, 즉 범죄에 대한 벌을 요구하며 이는 벌이 교정과 본보기에 기여하지 않을 때도 그렇다는 것이다. 마찬가지로 진정한 사의(謝意)가 과거의 혜택에 대한 진정한 인정에서 오는 것이지, 새로운 혜택을 갈취하려는 의도된 목적에서 오는 것이 아니라고 주장하는 것은 근거가 있다는 것이다. 이 논박은 훌륭하고 탁월한 성찰을 담고 있지만 그러한 공격은 나를 건드리지 못한다. 나는 사람들이 이익, 소망 혹은 공포뿐 아니라 선행에서 발견할 기쁨에 의해서도 유덕하고 감사할 줄 알고 정의롭게 되기를 바란다. 그렇지 않다면 도달하고자 노력해야 할 덕의 수준에 아직 이르지 못하는 것이다. 정의와 덕을 그 자체로 사랑해야 한다고 말할 때의 의미가 바로 이런 것이다. 이 같은 점이 바로 그토록 소란스러웠던 논쟁이 생기기 얼마 전에 내가 이해관계 없는

사랑에 대한 근거를 제시하면서 설명한 것이기도 하다.[730] 또한 우리는 악행이 쾌락과 함께 행해졌을 때, 그것이 더 중대한 악행이 되었다고 판단한다. 예를 들어 노상강도가 사람들이 저항하거나 후에 복수할 것이 두렵기 때문에 그들을 죽인 후에 결국 잔인해지며, 심지어 그들을 죽이면서 또 죽이기 전에 고통을 가하면서 쾌감을 느낄 때처럼 말이다. 이러한 수준의 악행은 악마적인 것으로 간주된다. 비록 이 악마적 인간이 단지 희망이나 공포 때문에 살인을 할 때 갖는 이유보다도 더 강력한 이유를 그 저주받은 욕망에서 발견한다고 해도 말이다. 또한 나는 벨의 난점에 답하면서, 유명한 콘린기우스[731]에 따르면 소위 치료적인 벌을 통해, 즉 범죄자를 교정하거나 적어도 다른 사람들에게 본보기를 보여주기 위해 처벌하는 정의는 필연성에서 면제된 자유를 파괴하는 이들의 견해에서도 가능하다는 점을 강조했다. 그러나 치료적인 것을 넘어서는 진정한 인과응보의 정의는 그 이상의 것, 즉 죄를 짓는 자의 지성과 자유를 전제로 한다. 정신이 자기가 동의한 의도적 행동으로 악을 행한 이후에 그가 잘못을 느끼도록 하기 위해서 벌과 정념의 악이 주어지는 것은 사물들의 조화가 요구하는 바이기 때문이다. 자유를 파괴하는 홉스는 우리의 박사들에 의해 논박당한 소치니주의자들과 마찬가지로 인과응보의 정의를 배제했다. 비록 소치니주의

∴

730) 라이프니츠는 『인간의 법전(*Codex Juris Gentium*)』 서문에서 사랑을 다음의 용어로 정의한다. "사랑한다는 것은 타인의 선, 완전성, 행복에서 기쁨을 발견하는 것이다." 1697년과 1699년 사이에 순수한 사랑에 관한 페늘롱과 보쉬에의 논쟁이 불거졌을 때 라이프니츠는 이 정의가 그들의 논란에 의해 야기된 문제를 해결할 수 있다고 평가했다. 라이프니츠는 이와 관련된 모든 논의에 가담할 때마다 서신 교환자들에게 이 정의를 상기시켰다. 쿠튀라(Couturat), 『라이프니츠의 논리학』, 주석 10, 567~570쪽, 에밀리엔 나에르(Emilienne Naert), 『라이프니츠와 순수한 사랑에 관한 논쟁』(Paris, Vrin, 1959), 특히 57~59쪽 참조.
731) 주 273 참조.

진영의 저술가들이 자유의 개념을 왜곡하는 습관이 있음에도 불구하고 말이다.

18. 6) 마지막으로, 의지가 선과 악의 표상에 의해서만 움직일 수 있다면 인간은 행복을 희망할 수 없다는 논박이 있다. 그러나 내가 보기에 이러한 논박은 전적으로 무의미하며 이 논박을 어떻게 해석할 수 있을지 알아내기가 매우 어려울 것이라고 나는 생각한다. 게다가 이 논박을 입증하기 위한 추론은 가장 놀라운 방식이다. 즉 우리의 행복이 선이나 악의 표상에 달려 있다면 우리의 행복은 외부 사물에 달려 있다는 것이다. 따라서 행복은 우리의 능력에 달린 것이 아니라는 것이다. 우리는 외부 사물들이 우리를 기쁘게 하기 위해 조율된다고 희망할 이유가 없기 때문이다. 이 논증은 다음과 같이 결함투성이다. "추론에 효력이 없다. 결론은 인정될 수 있을 것이다. 논증은 저자에게 반박으로서 되돌려질 수 있다." 이 반박이 쉬우므로 이것으로 시작해보자. 그 같은 수단을 통해, 혹은 이유 없이 선택하는 장점이 인간들에게 속하기 때문에 그들은 더 행복하며 우발적인 사건들로부터 더 독립적이라는 말인가? 그런 방식으로 그들은 육체적 고통을 덜 받는가? 그들은 실재적이거나 혹은 외형적인 선에 대한 경향을 덜 가지고, 실재적이거나 혹은 공상적인 악에 대해 공포를 덜 가지는가? 욕정, 야심, 탐욕에 덜 예속되는가? 겁을 덜 먹는가? 덜 시기하는가? 우리의 탁월한 저자는 그렇다고 말하며 계산이나 산술을 통해 이를 입증할 것이라고 말할 것이다. 나는 그가 이를 경험을 통해 입증했으면 더 좋았을 것이라고 본다. 그렇지만 그 계산을 살펴보자. 나로 하여금 내 선택 대상에 나를 위한 선을 부여하도록 하는 선택을 통해 그 대상에 6등급의 선을 부여하고 이전의 나의 상태에는 2등급의 악이 있었다고 가정해보자. 나는 단

번에 또 편안히 행복해질 것이다. 나는 4등급의 선의 수입 혹은 순이익이
생길 것이기 때문이다. 이는 분명히 훌륭한 일이다. 하지만 불행하게도 그
것은 불가능하다. 무슨 수단으로 6등급의 선을 대상에게 부여할 것인가?
이를 위해서는 우리의 취향이나 사물을 원하는 대로 바꿀 능력이 필요할
것이다. 이는 납덩어리에게 "너는 금일 거야"라거나 조약돌에게 "너는 다
이아몬드일 거야"라거나 적어도 "그런 모습으로 나타나줘"라고 말하는 것
이 효과가 있다고 하는 것과 마찬가지다. 혹은 사막의 만나가 이스라엘인
들이 원한 맛이 있었다고 말하는 듯한 모세의 구절에 대한 설명과도 같다.
이스라엘인들은 그들의 오멜에게 "너는 수탉일 거야", "너는 자고새일 거
야"라고 말만 하면 되었다.[732] 그러나 내가 자유롭게 대상에게 6등급의 선
을 부여할 수 있다면 그보다 더 부여하는 것은 허용되지 않는가? 나는 허
용된다고 생각한다. 하지만 만일 그렇다면 무슨 이유로 우리는 상상 가능
한 모든 선을 대상에 부여하지 않겠는가?[733] 무슨 이유로 24캐럿의 선을

∴

732) (옮긴이) 오멜(Omer, 오메르)은 고대 유대인들의 단위 중 하나다. 「출애굽기」 16:17, 18,
36 참조.

733) (옮긴이) 『형이상학 논고』 제3절에서 라이프니츠는 이러한 관점을 신의 영광에 대한 논리와
연결시켜 설명했다. "…… 나는, 신이 행한 것은 최고로 완전한 것이 아니고 신은 훨씬 더
잘 행위할 수 있었을 것이라고 감히 주장하는 많은 근대인들의 견해에도 동의할 수 없다.
그 이유는 이 견해로부터 나오는 결과들이 신의 영광에 전적으로 배치되는 것처럼 보이기
때문이다. 보다 덜 나쁜 것은 좋은 것의 근거를 가지듯이, 보다 덜 좋은 것도 나쁜 것의 근
거를 갖는다. 그가 원래 할 수 있었던 것보다 덜 완전하게 행위한다는 것은 불완전하게 행
위한다는 것을 의미한다. 건축사가 건물을 보다 잘 지을 수 있었을 것이라고 지적하는 것
은 그의 작품을 비난하는 것이다. 그들의 견해는 또한 우리에게 신의 작품이 선함을 확신
시켜주는 성서와 모순된다. 불완전성들은 어떻게든 무한히 낮은 단계의 불완전성에 이르
기까지 가능하므로 신의 작품은, 그것이 충분하기만 하면, 신이 그것을 어떻게 만들든지
간에, 보다 덜 완전한 것에 비하면 좋을 수는 있다. 그러나 그것이 그러한 방식으로 좋은
것이라면, 그것은 결코 칭찬할 만한 것은 아니다." 신은 최선의 근거에 따라 행동한다는 원
리가 윌리엄 킹의 무차별적 자유 개념을 비판하는 논리로서 적용되고 있다.

부여하지 않겠는가? 이러한 수단을 통해 우리는 우발적 사건들에도 불구하고 전적으로 행복할 것이다. 바람이 불건 우박이 내리건 눈이 오건 우리는 걱정하지 않을 것이다. 이 훌륭한 비밀의 수단을 통해 우리는 항상 그와 같은 우발적 상황들을 피해 있을 것이다. 저자는 제5장의 1-3절 12항에서 그런 능력은 모든 자연적 욕구를 넘어서며 이들 중 어떤 것에 의해서도 굴복되지 않을 수 있다고 인정한다. 또한 그는 그 능력을 행복을 위한 가장 견실한 토대로 간주한다(제20, 21, 22항). 실제로 이유 없이 선택을 하며 선택을 통해 대상에 선을 부여하는 능력과 같이 비결정적 능력을 한정할 수 있는 것은 아무 것도 없는바, 그러한 선은 자연적 욕구가 대상에서 추구하는 선을 무한히 능가할 것이다. 이 선택하는 능력은 독립적인 반면 자연적 욕구와 대상은 한정되어 있기 때문이다. 혹은 적어도 의지가 선택된 대상에 부여하는 그 같은 선은 자의적이며 의지가 원하는 모습 그대로의 선이어야 할 것이다. 대상이 항상 가능하며 원하는 이의 영향권에 있고, 의지가 실재 및 외형과 독립적으로 자신이 원하는 선을 대상에 부여할 수 있다면 어디서 한계의 근거를 찾겠는가? 내가 보기에 이 점은 요정의 우화와 유사한 것을 담고 있는 매우 취약한 가정을 파괴하기에 충분하다. 그것은 소망의 대상이지 실제로 발견된 것이 아니다. 따라서 이 훌륭한 허구가 우리를 악의 영향에서 벗어나도록 해줄 수 없다는 것은 너무도 당연하다. 우리는 인간이 특정한 욕구와 혐오를 넘어서는 것은 항상 선과 악의 표상에 근거가 있는 다른 욕구를 통해서라는 점을 뒤에서 살펴볼 것이다. 또한 나는 적어도 인간 삶의 현재 상태에서는 행복이 절대적으로 우리에게 달려 있지는 않다는 논증의 결론을 인정할 수 있다고 말했다. 우리가 인간적인 신중함으로는 피할 수 없는 무수히 많은 사건에 빠진다는 점을 누가 의심하겠는가? 예를 들어 지진으로 인해 내가 살고 있는 도시와 함께 함몰되는 것이 사물의 질서라면 그것을 내가 어떻게 막겠는가? 하지만 마지막으로 나는 의지가 선과 악의 표상에 의해서만 움직인다면 행복이 우리에게 달려 있지 않다는 논증의 결론도 부정할 수 있다. 신이 존재하지 않았고 모든 것이 동물적 원인에 의해 지배되었다면 그 결론은 맞을 것이다. 그러나 신은 덕이 있으면 행복할 수 있도록 조정해놓는다. 그러므로 영혼이 이성을 따르고 신에게 부여받은 명령을 따른다면, 비록 행복이 현세에서 충분하게 발견될 수 없을지라도 행복에 대해 확신하게 된다.

19. 탁월한 저자는 내 가정의 단점을 제시하고자 노력한 후에 자기 가정의 장점을 늘어놓는다. 그러므로 그는 자신의 가정만이 우리의 자유를 구제할 수 있고 우리의 모든 행복을 실현하며 우리의 선을 증대시키고 악은 감소시키며, 이러한 능력[734]을 가진 행위자는 더 완전하다고 생각하는 것이다. 이 장점들은 거의 모두가 이미 틀렸음이 입증되었다. 자유롭기 위해서는 선과 악의 표상 및 다른 내적이거나 외적인 경향이 우리를 필연적으로 만들지 않는 가운데 경향성만을 갖도록 하는 것으로도 충분하다는 점을 나는 제시했다. 또한 우리는 순수한 무차별성이 어떻게 행복에 기여할 수 있는지 알 수 없다. 도리어 우리는 무차별할수록 더욱 무감각할 것이고 선을 즐길 능력이 떨어질 것이다. 게다가 그러한 가정은 너무 많은 것을 입증하게 된다. 만일 무차별적 능력이 선의 느낌을 제공할 수 있다면, 이미 내가 제시한 것처럼 그 능력은 가장 완전한 행복을 제공할 수 있을 것이기 때문이다. 이 능력에 한계를 설정할 수 있는 것은 아무것도 없음이

∴

734) (옮긴이) 제18절에서 언급된 "이유 없이 선택하며 선택을 통해 대상에 선을 부여하는 능력"을 말한다.

명백하다. 왜냐하면 한계는 그 능력을 순수한 무차별성에서 빠져나오도록 할 것이기 때문이다. 저자가 주장하는 바에 따르면 그 능력은 오직 그 능력 자체에 의해 순수한 무차별성에서 빠져나올 수 있을 뿐이며, 더 정확히 말하자면 그 능력은 순수한 무차별성 안에 존재한 적이 전혀 없었다.[735] 결국 우리는 순수한 무차별성의 완전성이 무엇인지 알 수 없다. 오히려 그보다 불완전한 것은 아무것도 없다. 무차별적 능력은 지식과 선을 무용하게 만들 것이며 취해야 할 규칙이나 기준도 없이 모든 것을 운(hasard)으로 환원시킬 것이다.[736] 하지만 저자가 근거를 제시하는 몇몇 장점이 남아 있으며 이것은 아직 논의되지 않은 것들이다. 저자가 보기에 우리가 우리의 행동에 대한 진정한 원인인 것, 즉 우리의 행동이 귀속될 수 있는 원인인 것은 오로지 이 무차별적 능력에 의해서다. 그렇지 않다면 우리는 외부 대상에 의해 강제될 것이며, 우리 자신의 행복에 대한 공적을 우리 자신에게 귀속시키고 우리 자신을 스스로 만족시킬 수 있는 것은 오로지 그 능력 때문이라는 것이다. 사실은 정반대다. 우리가 절대적으로 무차별적인 운동을 통해 어쩌다 행동을 하는 것이고 좋거나 나쁜 자질의 결과로서 행동을

735) (옮긴이) 까다로운 문장이다. 라이프니츠가 지적하는 것은 결국 무차별적 능력의 개념적 불가해성이다. 사실 무차별적 능력은 제논의 역설처럼 자기모순을 품고 있다. 실제로 이 능력이 가능하다면 그것은 우리에게 특정한 등급의 행복을 제공해서는 안 된다. 항상 더 높은 등급의 행복이 가능하기 때문이다. 그렇다면 최상 등급의 행복을 제공해야 하는데 이 경우는 라이프니츠의 철학 체계를 인정하는 논리가 된다. 즉 완전성에 따른 근거나 이유가 행동의 동기가 되어야 하기 때문에 의지는 지성의 판단을 따라야 한다. 결국 순수한 무차별성은 존재하지 않는다고 결론 내려야 한다.

736) (옮긴이) 앞의 부록에서는 홉스의 저작과의 관계 때문에 '우연'으로 번역했으나 여기서는 문맥상 '운'으로 표현하는 것이 적절하다. 이미 설명한 대로 라이프니츠에게 실재적 우연, 즉 이유나 근거가 전혀 없는 사태는 존재하지 않는다. 그는 이유나 근거가 명확하지만 필연적이지 않은 사태를 '우연' 혹은 '우연성(contingence)'으로 표현하고, 이유나 근거 없는 사태를 '운(hasard)', '행운(fortune)', '운명(sort)', '우발성(accident)' 등으로 표현한다.

하는 것이 아니라면, 이는 운이나 운명에 의해 맹목적으로 그 행동에 빠지는 것과 같지 않겠는가? 그래서 행운이나 운명에 대해 감사하고 비난해야 한다면 무슨 이유로 우리는 선한 행동을 영광스러워 하며 악한 행동으로 비난을 받는가?[737] 나는 행동이 자신의 선한 자질에 의거할 때 우리는 더 칭찬받을 만하며, 나쁜 자질에 의해 행동할 경향을 가지게 되었을 때는 더 비난받을 만하다고 생각한다. 행동을 생겨나게 하는 자질을 헤아리지 않고서 행동을 평가하는 것은 경솔하게 말하는 것이며 **정체불명의** 공상적인 것을 원인으로 간주하는 것이다. 또한 우리의 자연적이거나 후천적인 자질, 우리의 경향, 우리의 습관을 배제하고 이러한 운 혹은 그 **정체불명의 것**이 우리의 행동의 원인이 된다면 타인의 결심에 대해서도 아무것도 기대할 수 없게 될 것이다. 규정되지 않은 것을 고정할 수단도, 기괴한 무차별성의 불확실한 폭풍 때문에 의지의 배가 어느 곳에 팽개쳐질지 판단할 수단도 없을 것이기 때문이다.

20. 장점과 단점은 논외로 하고, 우리의 박식한 저자가 그 유용성을 그토록 확언하는 가정이 어떻게 세워지는지 살펴보자. 그는, 진정으로 능동적인 것은 신과 자유로운 피조물들밖에 없으며 능동적이기 위해서는 자기 자신에 의해서만 결정되어야 한다고 생각한다. 그런데 자기 자신에 의해 결정되는 것은 대상에 의해 결정되어서는 안 된다. 결과적으로 자유로운 실체는 자기가 자유로운 한에서는 대상에 대해 무차별적이어야 하며, 대상을 자신의 마음에 들도록 만드는 선택에 의해서만 이 무차별성에서 빠져나와야 한다. 그러나 이 추론의 모든 단계는 장애물을 만날 위험이 있다. 자

∴

737) (옮긴이) 이미 설명했던 『형이상학 논고』 제3절의 논의처럼 '영광의 논리'가 적용되고 있다.

유로운 피조물들뿐 아니라 다른 모든 실체 및 실체들로 조합된 모든 본성은 능동적이다. 짐승들은 자유롭지 않지만 그럼에도 능동적인 영혼을 가진다. 데카르트주의자들처럼 짐승들이 순수한 기계라고 상상하지 않는 한 말이다. 능동적이기 위하여 오직 자기 자신에 의해서 결정되어야만 할 필요는 없다. 한 사물은 힘을 받지 않고도 방향을 부여받을 수 있기 때문이다. 이런 식으로 말은 기사에 의해 통제받으며 배는 키에 의해 조종된다. 데카르트는 우리의 육체가 자기의 힘을 간직하면서 영혼으로부터 단지 일정한 방향을 부여받는다고 생각했다. 능동적인 사물은 이처럼 외부로부터의 일정한 결정이나 방향을 수용할 수 있으며, 이러한 결정이나 방향은 자기 자신에 대해 갖게 될 결정이나 방향을 변화시킬 수 있는 것이다. 마지막으로 능동적 실체가 자기 자신에 의해서만 결정될 때조차도 그것이 대상에 의해 움직이지 않는다는 결론은 도출되지 않는다. 결정에 기여하는 것은 능동적 실체 안에 있는 대상의 표상이기 때문이다.[738] 따라서 이 결정은 외부에서 오는 것이 아니며 실체의 자발성은 온전하다. 대상은 작용적이고 물리적인 원인이 아니라 목적적이고 도덕적인 원인으로서 지성적 실체에 영향을 끼치는 것이다. 신의 그의 지혜에 따라 행동할 때, 그는 가능한 것들의 관념에 따라 자신을 조정한다. 이 가능한 것들은 신의 대상들이지만 실제적 창조 전에는 그의 외부에 아무런 실재성도 없는 것이다. 그러므로 이 같은 종류의 정신적이고 도덕적인 운동은 실체의 능동성과 대립되지 않으며 실체의 행동의 자발성과도 대립되지 않는다. 마지막으로 자유로운 능력은 자신이 대상에 의해 결정되지 않을 때조차도 행동하는 순간에

∵

738) (옮긴이) 모든 사건은 모나드의 내부에서 일어나는 지각이라고 하는 라이프니츠의 관념론을 상기해야 이해가 되는 구절이다.

는 결코 행동에 대해 무차별적일 수가 없다. 이때 행동은 행동하려는 경향성에서 생겨나야 하기 때문이다. 그렇지 않다면 우리는 아무것이나 아무렇게 할 것이기 때문이다. 우리가 가정할 수 있는 것 중 이토록 부조리한 것은 없다. 그러나 이러한 경향은 이미 완전한 무차별성의 매혹을 중단시켰을 것이다. 영혼이 이 경향을 자신에게 부여할 경우, 그것을 부여하는 행위를 위해서는 또 다른 선재적 경향이 필요하다. 결과적으로 우리가 아무리 거슬러 올라간다고 해도 영혼이 실행할 행동을 위한 영혼 안의 완전한 무차별성에는 결코 이르지 못할 것이다. 이런 경향들이 영혼을 필연적으로 만들지 않으면서 경향성을 갖도록 한다는 것은 사실이다. 이 경향들은 통상적으로 대상들과 관계된다. 그러나 다른 방식으로 주체에서 혹은 영혼에서 오는 경향들도 있으며, 이것들에 의해 한 대상을 다른 대상보다 더 좋아하고 동일한 것을 다른 때에 다른 방식으로 좋아하게 되는 것이다.

21. 우리의 저자는 자신의 가정이 사실이라는 점을 계속 확신시키려 하고 그 무차별성의 능력이 실제로 신에게 있으며 더 나아가 신에게 그 능력을 필연적으로 귀속시켜야 한다는 점을 제시하려고 시도한다. 그는 피조물의 그 무엇도 신에게는 좋지도 나쁘지도 않기 때문이라고 말한다. 신에게는 외부에 있는 것을 향유함으로써 충족되는 자연적 욕구가 없다. 따라서 신은 모든 외부 사물에 대해 무차별적이다. 신은 외부 사물로부터 도움을 받지도 않고 외부 사물 때문에 불쾌해지지도 않기 때문이다. 이를테면 신은 선택과 동시에 자신을 결정하고 욕구를 만들어낸다고 해야 할 것이다. 선택 후에 신은 마치 자연적 경향에 의해 그 선택에 이끌린 것처럼 그것을 유지해야 할 것이다. 그러므로 신의 의지는 존재들에서의 선의 원인일 것이다. 즉 대상들의 본성에 의해서가 아니라 신의 의지에 의해 대상들

에 선이 있을 것이다.[739] 신의 의지를 제외하면 사물들에서는 선도 악도 발견할 수 없을 것이다. 장점이 있는 저술가들이 이토록 이상한 견해에 동의한다는 것은 이해하기 어려운 일이다. 여기서 그들이 논거로 제시하는 것으로 보이는 근거는 아무런 설득력이 없기 때문이다. 모든 피조물은 신에게서 모든 것을 부여받으며 따라서 신에게 영향을 끼칠 수도 없고 신으로 하여금 결정하도록 할 수도 없다는 점에 근거하여 그들은 그러한 견해를 입증하고자 하는 것 같다. 그러나 이는 명백한 자기기만이다. 지성적 실체가 대상의 선에 의해 움직인다고 말하는 것은 이 대상이 필연적으로 지성적 실체의 외부에 현존하는 존재라고 주장하는 것이 아니며, 우리에게는 이 대상이 이해 가능한 것이라는 사실만으로도 충분하다. 그 대상의 표상이 실체 안에서 작용하며, 더 정확히 말하자면 실체는 이 표상에 의해 경향을 갖고 자극받는 만큼 자기 자신에게 작용하기 때문이다. 신 안에 그의 지성이 가능한 모든 사물의 관념을 포함한다는 것은 명백한 일이다. 바로 이로부터 모든 것은 신 안에서 탁월한 방식으로 존재하는 것이다. 그 관념은 가능한 것들의 선과 악, 완전성과 불완전성, 질서와 무질서, 적합성과 부적합성을 신에게 표현해준다. 신은 풍성한 자신의 선을 통해 가장 이로운 것을 선택한다. 따라서 신은 자신에 의해서 자신을 결정한다. 신의 의지는 선에 근거하여 능동적이지만 행동에서는 지혜로 충만한 지성을 통해 규정되

∴

739) (옮긴이) 이러한 점은 라이프니츠가 젊은 시절부터 비판해온 데카르트의 관점과 유사하다. 데카르트는 「여섯 번째 논박들에 대한 답변」에서 신에 의존하지 않는 "질서, 법칙, 선과 진리의 규칙은 없다"라고 선언한다. 그에 따르면 신은 최선을 하도록 결정되어 있지는 않다. "그와 완전히 반대로 신은 세계 내의 사물들을 만들었으며, 바로 이 이유로, 「창세기」에서 말하는 것처럼, 그것들은 매우 좋은 것이다." 라이프니츠에 따르면 이 관점은 지성에 대한 의지의 절대적 우위를 강조하는 극단적 우연론으로서 역설적으로 스피노자의 극단적 필연론에 자리를 마련해주게 된다. 『형이상학 논고』, 제2절 참조.

고 인도된다. 그의 지성은 완전하고 그의 사유는 항상 판명하며 그의 경향은 항상 선하기 때문에 그는 최선을 행하지 않을 수 없다. 반면 우리는 참과 선의 거짓된 외관에 의해 속을 수 있다. 그러나 신의 의지에 앞서 관념 안에 선이나 악이 없다고 말하는 것이 어떻게 가능하겠는가? 신의 의지가 그의 지성 안에 있는 관념들을 형성하는가? 나는 지성과 의지를 혼동하며 개념들의 사용법 전체를 파괴하는 그토록 이상한 견해를 우리의 학식 있는 저자에게 감히 귀속시키지는 않겠다. 그런데 관념이 의지로부터 독립적이라면 관념에 표상되어 있는 완전성이나 불완전성도 역시 의지로부터 독립적일 것이다. 예를 들어 몇몇 숫자가 다른 숫자보다 여러 정확한 분할을 허용할 수 있다는 것은 실제로 신의 의지에 의한 것인가 아니면 수의 본성에 의한 것인가? 어떤 수들은 무리를 형성하고 다각형 및 다른 등변·등각 도형을 조합하는 데서 다른 수보다 더 적합하다는 것, 숫자 6이 완전수라고 불리는 모든 수 가운데 가장 작은 수라는 장점을 가진다는 것, 평면에서 동일한 6개의 원이 7번째 원과 접촉할 수 있다는 것,[740] 동일한 모든 물체들 중 구가 가장 좁은 표면을 갖는다는 것, 몇몇 선은 약분되지 않으며 결과적으로 조화에 그리 적절하지 않다는 것은 신의 의지에 의한 것인가 아니면 수의 본성에 의한 것인가? 이 모든 장점이나 단점은 사물의 관념에서 유래하며 그 반대가 모순을 함축할 것이라는 점을 보지 못하겠는가? 감각 능력이 있는 피조물들의 고통과 불편, 특히 지성적 실체들의 행복과 불행이 신에게 무차별적인 것이라고 생각하는가? 신의 정의(正義)에 대해서는 무엇을 말할 것인가? 신이 무고한 사람들에게 영겁의 벌을 내리기로 결

740) (옮긴이) 6개의 동일한 원이 7번째 동일한 원을 둘러싸고 있을 때 7개의 원이 모두 접촉되는 상황을 말한다.

심했다면 그것 또한 자의적인 것이며 신이 지혜롭고 정의롭게 그렇게 했을 것인가? 이토록 위험하고 경건을 파괴할 가능성이 큰 견해를 옹호하려는 그리 신중하지 않은 저술가들이 있다는 사실을 나는 알고 있다. 하지만 우리의 저명한 저자는 그러한 견해와는 정말 거리가 멀다고 나는 확신한다. 그럼에도 만일 대상들의 모든 것이 신이 선택하기 전의 의지에 대해 무차별적이라고 가정한다면 그 견해에 이르게 될 것으로 보인다. 신이 아무것도 필요로 하지 않는다는 것은 사실이다. 그러나 신은 필요가 아니라 선에 의해 피조물을 창조했다는 점은 저자 스스로도 매우 잘 제시했다. 따라서 신 안에는 결심에 선행하는 이유가 있었으며, 이미 내가 수차례 말한 것처럼 신이 이 세계를 창조한 것은 우발적인 것도 아니고 동기가 없는 것도 아니고 또한 필연성에 의한 것도 아니다. 신이 세계를 창조한 것은 경향성에 의한 것이며 자신의 경향성으로 인해 그는 항상 최선으로 기운다. 따라서 제5장 1-4절 5항에서 우리의 저자가 그 자체로 절대적으로 완전하고 행복한 신을 그의 외부에 어떤 것을 창조하도록 인도한 이유는 없었다고 주장한다는 것은 놀라운 일이다. 신은 목적을 위해 행동하며 신의 목적은 자신의 선을 알려주려는 것이라는 점은 이미 저자 자신이 제1장 3절 8항과 9항에서 제시했기 때문이다. 그러므로 창조하거나 창조하지 않는 것은 신에게 절대적으로 무차별적인 일이 아니었지만, 그럼에도 창조는 자유로운 행위다. 이런 세계나 저런 세계를 창조하고, 계속적인 혼돈을 창조하거나 질서로 충만한 체계를 창조하는 것도 신에게 무차별적인 일이 아니었다. 그러므로 대상의 관념에 포함된 대상의 질(質)은 신의 선택의 근거가 된다.

22. 앞에서 우리의 저자는 신의 작품의 미와 편리에 관해 그토록 훌륭하게 말했지만, 그가 말한 것을 피조물의 선과 편리를 위한 신의 모든 배려

를 제거하는 그의 가정과 조화시키기 위해 방향을 선회하려고 한다. 저자는 신의 무차별성이 신의 최초의 선택에서만 발생한다고 말한다. 그러나 어떤 것을 선택하자마자 신은 필연적으로 그것과 연결된 모든 것을 잠재적인 상태로 동시에 선택했다는 것이다. 무한히 많은 가능한 인간들이 똑같이 완전한 상태로 존재했다. 우리의 저자에 따르면, 그들 중 몇몇의 선택은 순전히 자의적이다. 그러나 신은 그들을 선택했기 때문에 인간 본성과 대립되는 것을 그들이 갖도록 원할 수 없었다. 여기까지 저자는 자신의 가정에 맞게 말한다. 그러나 그 다음은 더 멀리 나아간다. 신이 몇몇 피조물을 창조하기로 결심했을 때 동시에 신은 자신의 무한한 선에 근거하여 그들에게 가능한 모든 편리를 제공하기로 결심했다고 저자는 주장하기 때문이다. 실제로 이보다 합리적인 것은 없다. 그러나 저자가 제시한 가정과 이토록 대립되는 것도 없다. 그 가정이 신의 선 및 지혜와 대립되는 부조화로 가득한 상태로 존속하도록 놓아두기보다는 그것을 무너뜨리는 편이 타당하다. 그 가정이 방금 언술된 것과 어떤 방식으로 일치할 수 없는지는 이제 명백하게 드러날 것이다. 첫 번째 문제는 다음과 같다. 신은 무엇인가를 창조할 것인가 창조하지 않을 것인가? 무슨 이유로 그렇게 할 것인가? 신은 자신의 선을 알리려고 무엇인가를 창조할 것이라고 저자는 답했다. 따라서 창조하거나 창조하지 않는 것은 신에게 무차별적인 일이 아니다. 이 문제 후에 요구되는 것은 다음과 같다. 신은 이것을 창조할 것인가 아니면 저것을 창조할 것인가? 무슨 이유로 그렇게 할 것인가? 일관성 있게 답하려면 신은 동일한 선에 의해 최선을 선택한다고 답해야 할 것이다. 이어지는 부분에서 저자는 실제로 그렇게 답을 하게 된다. 그러나 그가 자신의 가정에 따라 대답하는 바에 의하면, 신은 어떤 것을 창조하겠지만 거기에는 이유가 없다. 신은 자신의 선택에 의해서만 선을 갖는 피조물에 대해서 무차별적이기 때문이다. 이 점에 대해 우리의 저자의 입장은 다소 유동적인 것이 사실이다. 그는 제5장 5-4절 12항에서, 완전성에서 동일한 인간들이나 동일하게 완전한 종(種)의 이성적 피조물들 가운데 선택하는 것은 신에게 무차별적인 일이라고 말하기 때문이다. 그러므로 이 표현에 따르면 신은 가장 완전한 종을 선택할 것이다. 또 동일한 정도로 완전한 종들은 다른 것들과 어느 정도 일치하므로, 신은 그 가운데 가장 적합한 종들을 선택할 것이다. 그러므로 순수하고 절대적인 무차별성은 존재하지 않으며, 따라서 저자는 나의 원리로 오게 된다. 하지만 저자가 그의 가정에 따라 말하는 것처럼 말해보고, 저자와 함께 몇몇 피조물은 신에게 절대적으로 무차별적임에도 불구하고 신이 그것들을 창조한다고 가정해보자. 그렇다면 신은 곧 훌륭한 체계들, 잘 만들어진 종들, 선한 사람들, 선한 천사들보다는 잘못 구성되고 유해하며 불행하고 불규칙적인 피조물들, 계속적인 혼돈, 도처에 있는 괴물들, 지구의 유일한 거주자인 악당들, 우주 전체를 채우는 악마들을 선택할 것이다. 저자는 그렇지 않다고 말할 것이다. 신은 사람들을 창조하기로 결심하고서 동시에 세계가 감당할 수 있는 모든 편리를 그들에게 주기로 결심했다. 다른 종들에 대해서도 마찬가지다. 이러한 편리가 사람들의 본성과 필연적으로 연결되어 있다면 저자는 그의 가정에 따라 말할 것이라고 나는 답하겠다. 하지만 그렇지 않은바, 사람들을 만들도록 신을 인도한 선택으로부터 독립적인 새로운 선택을 통해서 신은 가능한 모든 편리를 그들에게 부여하기로 결심했어야 한다. 이 새로운 선택은 어디에서 오는가? 그것도 역시 완전한 무차별성에서 오는가? 만일 그렇다면 사람들의 선을 추구하도록 신을 인도하는 것은 아무것도 없으며, 때때로 그렇게 될 경우는 운에 의한 것이 될 것이다. 그러나 저자는 신이 신 자신의 선을 통해 사람들의 선을 추구한다고 주장한다.

따라서 피조물들의 선과 악은 신에게 무차별적인 것이 아니다. 신 안에는 대상의 선에 의해 그가 인도되는 원초적 선택이 있다. 신은 인간들을 창조하기로 결심할 뿐 아니라, 이 체계 안에서 가능한 만큼 행복한 인간들을 창조하기로 결심한다. 이제는 일말의 완전한 무차별성도 남지 않게 된다. 우리는 인류에 대해 추론한 것과 동일한 방식으로 세계 전체에 대해 추론할 수 있기 때문이다. 신은 세계를 창조하기로 결심했다. 하지만 신의 선은 질서, 규칙성, 덕, 행복이 최대로 가능한 세계를 선택하도록 그를 인도해야 했다. 신은 창조하기로 결심한 사람들을 이 체계에서 가능한 만큼 완전하게 만들도록 선에 의해 인도되었지만 우주 전체에 대해서 동일한 의향을 갖지 않는다고 말할 이유를 나는 찾지 못하겠다. 따라서 우리는 이제 대상들의 선으로 되돌아오게 된다. 신이 동기 없이 행동한다는 완전한 무차별성은 우리의 탁월한 저자의 논의 자체에 의해 절대적으로 파괴된다. 그에 따르면 사실로 돌아와야 했을 때 진리의 힘은 사물들의 실재에 결코 적용될 수 없는 사변적 가정보다 우세한 것이기 때문이다.

23. 사물들의 모든 수준, 결과, 관계를 알고 있고 그 모든 연결을 단번에 통찰하는 신에게 무차별적인 것은 아무것도 없는바, 적어도 인간은 자신의 무지와 무감각으로 인해 자신의 선택에서 절대적으로 무차별적일 수 있는지 살펴보자. 저자는 아름다운 선물을 주듯이 이 완전한 무차별성으로 향연을 베풀어준다. 그가 제시하는 증거는 이러하다. 1) 우리는 완전한 무차별성을 우리 안에서 느낀다. 2) 우리는 완전한 무차별성의 징표와 속성을 우리 안에서 경험한다. 3) 우리의 의지를 결정할 수 있는 다른 원인들이 불충분하다는 점을 보여줄 수 있다. 첫 번째 점에 관해서 저자는 우리가 우리 안에서 자유를 느낌으로써 동시에 완전한 무차별성을 느낀다고 주장한

다. 그러나 나는 우리가 그런 무차별성을 느낀다는 것에도, 또 그 느낌이 자유에 대한 느낌에서 나온다는 것에도 동의하지 않는다. 통상적으로 우리는 선택으로 우리를 이끄는 어떤 것을 우리 안에서 느낀다. 때때로 모든 경향을 설명할 수는 없는 일이 발생할 때에도 조금의 주의력만 있으면 우리 육체와 주변 물체들의 구성, 우리 영혼의 현재 혹은 이전 상태 그리고 이 큰 지휘자들[741] 안에 포함된 많은 양의 작은 사물들은 대상들을 더 좋아하거나 덜 좋아하도록 하고, 다양한 때에 다양한 판단을 형성하도록 하는 데 기여할 수 있다는 점을 우리는 알 수 있다. 이 같은 점을 완전한 무차별성에 귀속시켜서도 안 되고, 색깔이 카멜레온에게 발휘한다고 말해지는 것과 같은 효과를 영혼이 대상들에게 발휘하도록 하는 정체불명의 힘에 귀속시켜서도 안 된다. 따라서 이 점에 대해 저자는 대중의 판단에 호소할 이유가 없다. 많은 부분에서 대중이 철학자들보다 추론을 더 잘한다고 말하며 그는 대중에 호소한다. 몇몇 철학자들이 공상에 빠졌다는 것은 사실이며 완전한 무차별성은 공상적 개념에 속하는 것 같다. 그러나 군중이 파악하지 못해서 한 사물이 현존하지 않는다고 어떤 사람이 주장할 경우, 대중은 훌륭한 재판관으로 간주될 수 없다. 대중은 감각을 따르기 때문이다. 공기가 바람에 의해 흔들리지 않을 때 많은 사람은 공기가 아무것도 아니라고 믿는다. 대부분의 사람은 감각할 수 없는 물체, 중력이나 탄성을 일으키는 유체, 자성 물질을 모른다. 영혼 및 다른 분할 불가능한 실체들에 관해서는 말할 필요도 없다. 그렇다면 군중이 모른다고 해서 이 같은 것들이 존재하지 않는다고 말할 것인가? 이런 경우 영혼은 행동에 기여하는 아무 성향이나 경향도 없이 때때로 행동한다고 말할 수 있을 것이다. 주의력도 성찰도

• •

741) (옮긴이) 우리의 영혼과 육체를 지시한다.

부족한 군중에 의해 충분히 파악되지 않은 성향이나 경향은 많기 때문이다. 두 번째 논의 대상인 능력[742]의 징표에 관해 말하자면, 이 능력의 장점으로 인해 우리가 능동적이 되고 행동의 진정한 원인이 되며 귀책성과 도덕성을 갖는다는 주장을 나는 이미 논박했다. 따라서 그것들은 그 능력의 현존에 대한 올바른 징표가 아니다. 그것들 중 저자가 내세우는 다음의 징표도 마찬가지다. 즉 우리는 자연적 욕구, 달리 말하면 감각뿐 아니라 이성과도 대립할 능력을 우리 안에 가지고 있다는 것이다. 하지만 내가 이미 말했듯이, 우리가 자연적 욕구와 대립하는 것은 다른 자연적 욕구를 통해서다. 때때로 우리는 불편을 감내하며 즐겁게 그렇게 한다. 그러나 이러한 것은 어떤 희망 때문이거나, 혹은 악과 연관되어 있으며 악을 능가하는 벌 때문이다. 그렇게 하는 것은 우리가 거기서 선을 기대하고 선을 발견하기 때문이다. 저자는 자신이 주제로 삼은 외형의 변형 능력을 통해 우리는 애초에 우리를 불쾌하게 한 것을 유쾌한 것으로 만든다고 주장한다. 하지만 대상에 대한 집중과 주의력 그리고 습관이 오히려 우리의 경향을 바꾸며, 결과적으로 우리의 자연적 욕구들을 바꾼다는 것을 누가 보지 못하겠는가? 또한 습관은 상당한 수준의 냉기와 온기가 이전과 달리 우리를 불편하게 하지 않도록 해주며, 누구도 이러한 결과를 우리의 선택 능력에 귀속시키지 않는다. 또한 이 같은 단련에 이르거나, 혹은 몇몇 노동자의 손이 피부가 델 정도의 뜨거움을 견디도록 해주는 피부 경결(硬結)에 이르기까지는 시간이 필요하다. 저자가 호소하는 대중은 이런 결과의 원인에 대해 매우 제대로 판단한다. 비록 그들은 이 점을 때때로 어리석은 방식으로 적용하지

742) (옮긴이) 이유 없이 선택하고 대상에 자의적으로 선을 부여할 수 있는 무차별적 능력을 말한다.

만 말이다. 부엌의 불 가까이 있던 두 하녀 가운데 한 명이 불에 데고서는 다른 이에게 말한다. "연옥의 불을 누가 견딜 수 있을까?" 다른 하녀가 대답한다. "너는 멍청하구나, 모든 것에는 습관이 들게 되어 있잖아."

24. 그러나 저자는 순수한 자유 의지에 따라 우리로 하여금 모든 것에 대해 무차별적이거나 경향성을 갖도록 하는 이 놀라운 능력이 이성보다도 우세하다고 말할 것이다. 이 능력에 의거하지 않고서는 우리의 행동을 충분히 설명할 수 없다는 것이 저자의 세 번째 증거다. 우리는 수많은 사람이 친구들의 기도, 지인들의 조언, 양심의 비난, 불편, 고문, 죽음, 신의 분노, 지옥 자체를 무시하고 오직 자신들의 단순하고 노골적인 선택에 의해서만 좋거나 견딜 만한 이유가 있는 어리석은 일들을 좇는 것을 본다. 이 추론은 마지막 언급들만을 제외하고는 모두 괜찮다. 한 예를 들자면, 인간을 선택으로 이끈 이유나 원인이 존재하며 그를 그의 선택에 고정시키는 매우 강한 연결이 있다는 것이 발견될 것이기 때문이다. 가벼운 연정도 결코 완전한 무차별성에서 비롯되지 않는다. 경향이나 정념이 그러한 연정에 작용할 것이다. 그러나 습관과 고집 때문에 특정 기질의 사람들은 이별을 하기보다는 파멸을 초래할 수도 있다. 저자가 제시하는 다른 예는 다음과 같다. 여러 사람이 루칠리오 바니니[743]라고 부르고, 반면 자신의 저작들에서는 지울리오 체사레 바니니라는 훌륭한 이름을 스스로 붙인 한 무신론자가 있다. 그는 배교(背敎)를 포기하기보다는 자신의 공상 때문에 어처구니없는 순교를 당하게 된다. 저자는 바니니의 이름을 지목하지 않는다. 사

••

743) 루칠리오 바니니(Lucilio Vanini, 1585~1619)는 이탈리아의 철학자로서 극도로 파란만장한 생애를 보낸 후에 화형당했다.

실 이 사람은 무신론의 교의를 확립하고 무신론의 사도가 되었다고 확신하기 전까지는 자신의 악한 견해를 부인했다. 신이 존재하는지에 대해 질문을 받았을 때 그는 이렇게 말하며 풀을 뽑았다.

신이 존재한다는 것을 입증하기 위한 풀이 존재한다.

그러나 툴루즈 의회의 법무상은 (사람들이 전하는 바에 의하면) 초대 의장을 괴롭히려고 했는데, 바니니가 의장과 상당히 가까웠고 의장의 자녀들에게 철학을 가르쳤기 때문이다. 바니니가 이 관리의 가신은 아니었지만 취조는 엄격하게 진행되었다. 바니니는 용서의 여지가 없음을 확인한 후 죽으면서 자신의 정체를, 즉 무신론자임을 밝혔다. 이는 그리 특별한 점이 없다. 그러나 심한 육체적 고통을 무릅쓰는 무신론자가 있을 경우 허영심은 나체 고행자인 칼라누스, 그리고 불로 인해 의도적으로 죽었다고 루키아노스에 의해 전해진 궤변론자와 마찬가지로 그에게 꽤 강력한 이유가 될 수 있다. 하지만 저자의 생각에 의하면 그 허영심 자체, 고집, 게다가 매우 건전한 양식이 있어 보이는 사람들의 그런 엉뚱한 의도는 선과 악의 표상에서 오는 욕구를 통해 설명될 수 없으며, 우리로 하여금 선을 악으로 변형하고 악을 선으로 변형하는 그 초월적 능력에 의거할 수밖에 없도록 한다. 그런데 우리는 그토록 멀리 나갈 필요가 없으며 오류의 원인은 너무도 명백하다. 실제로 우리는 그러한 변형을 실행할 수 있다. 이는 요정들이 그렇게 하듯이 단순히 그 마술적 능력의 행위에 의한 것이 아니다. 그것은 우리가 몇몇 대상들과 자연적으로 관련된 좋거나 혹은 나쁜 성질의 표상들을 정신 속에서 모호하게 만들거나 제거하기 때문이며, 그 표상들 중에서 우리의 취향이나 편견에 부합하는 것들만을 고려하기 때문이다. 혹은 우리가 그 대상들을 생각해냄으로써 단지 우발적으로 혹은 그것들을 고려하는 우리의 습관에 의해서 그것들과 연결되어 있는 몇몇 성질을 그 대상들에 결부시키기 때문이기도 하다. 예를 들어 내가 일생 동안 좋은 음식에 질색을 하는 이유는 어렸을 때 거기서 어떤 혐오스러운 것을 발견했고 그런 점이 나에게 강력한 인상을 남겼기 때문이다. 다른 한편으로 어떤 자연적 결함은 내가 높이 평가하고 좋아했던 사람의 생각을 상기시키기 때문에 나를 기쁘게 할 것이다. 한 젊은이는 어떤 행복한 공적(公的) 행동 후에 받은 큰 갈채에 매혹될 것이다. 그렇게 큰 기쁨의 인상 때문에 그는 영광에 대해 놀랄 만큼 민감하게 될 것이고 그러한 정념을 키워줄 것만을 밤낮으로 생각할 것이며 자신의 목적에 이르기 위해서라면 죽음조차 무릅쓸 것이다. 죽은 후에 자신에 대한 사람들의 평가를 듣지 못할 것임을 잘 알고 있다고 해도, 미리부터 그 점에 대해 형성한 표상은 그의 정신에 큰 영향을 미치기 때문이다. 이와 같은 이유들을 고찰하지 않는 이들에게는 가장 헛되고 엉뚱해 보이는 행동에도 항상 비슷한 이유가 존재한다. 한마디로 말하면 강력하고 자주 반복된 인상은 우리의 기관들, 상상, 기억, 그뿐 아니라 추론까지도 상당히 바꿀 수 있다. 어떤 사람이 자신이 지어낸 거짓말을 자주 이야기한 끝에 결국 스스로도 그것을 믿게 되는 일이 발생한다. 우리는 마음에 드는 것을 자주 표상하므로 그것을 생각하기 쉽도록 만들며 그것을 실행하기도 쉽다고 믿게 된다. 이로부터 우리는 우리 자신이 소망하는 것에 대해 쉽게 확신하게 되는 것이다.

사랑하는 사람들은 공상을 만들어낸다.[744]

∴

744) 베르길리우스, 『목가집』, 제8권, 108행.

25. 그러므로 절대적으로 말하자면 오류는 결코 의도적인 것은 아니다. 비록 몇몇 사유에 빠지면서 누리는 기쁨 때문에, 또는 다른 사유에 대해 느끼는 혐오 때문에 의지가 간접적으로 오류에 한몫하기는 해도 말이다. 어떤 책에 대한 좋은 인상은 독자를 설득하는 데 기여할 것이다. 화자의 분위기와 태도는 청중을 사로잡도록 해줄 것이다. 우리가 멸시하거나 증오하는 사람, 혹은 우리에게 강한 인상을 주는 어떤 점에서 그 사람과 닮은 다른 사람에게서 나온 학설을 우리는 멸시하게 된다. 이미 나는 유용하거나 유쾌한 것을 왜 쉽게 믿게 되는지 이야기했다. 나는 세속적인 생각으로 종교를 바꾼 사람들과 알고 지낸 적이 있는데, 그들은 좋은 선택을 한 것이라고 확신했으며 그 이후로는 자신들의 선택에 대해 더욱 강력하게 확신했다. 고집은 단순히 계속하려는 나쁜 선택이 아니라, 그 선택에서 어떤 선을 생각하거나 혹은 그것의 변동에서 어떤 악을 생각하기 때문에 생기는 계속하려는 경향이라는 점을 우리는 또한 알 수 있다. 최초의 선택은 아마도 가볍게 이루어졌을 것이다. 하지만 그것을 유지하려는 계획은 어떤 이유나 더 강한 인상에서 비롯된다. 심지어 변덕부리지 않기 위해서 혹은 그렇게 보이지 않기 위해서 자신의 선택을 유지해야 한다고 가르치는 몇몇 도덕 저술가들도 있다. 그렇지만 확고부동함은 우리가 이성의 충고를 무시할 때, 특히 문제가 되는 것이 세심히 검토해야 할 만큼 중요한 것일 때는 나쁜 것이다. 그런데 변동의 사유가 불쾌한 것일 때 우리는 그것에 대한 주의력을 쉽게 다른 곳으로 돌린다. 대부분의 경우 우리는 바로 이런 점 때문에 고집을 부리게 된다. 저자는 고집을 자신이 주장하는 완전한 무차별성에 관계시키고자 한다. 그러므로 특히 선택이 가볍게 이루어졌다면, 또 더 강한 무차별성과의 비례에 따라 더욱 가볍게 이루어졌다면, 그는 선택에 애착을 갖기 위해서는 이 선택이나 완전한 무차별성과는 다른 것이

필요했다고 생각할 수 있었을 것이다. 이 경우 우리는 적어도 허영심, 습관, 이익, 혹은 어떤 다른 이유 때문에 그 선택을 고집하게 되지 않는다면 그 선택을 쉽게 철회하게 될 것이다. 또한 복수의 기쁨에 이유가 없다고 생각해서도 안 된다. 느낌이 생생한 사람들은 밤낮으로 복수를 생각한다. 그들로서는 당한 악이나 치욕의 이미지를 지우기가 어려운 일이다. 그들은 매 순간 떠오르는 모욕에 대한 생각에서 해방될 때의 대단한 기쁨을 상상한다. 몇몇 사람들에게 이러한 모욕에 대한 생각은 복수를 삶보다도 더 달콤한 것으로 여기도록 해준다.

그들에게는 복수가 삶 자체보다 더 즐거운 선이다.[745]

저자는 다음과 같은 점을 납득시키려고 한다. 즉 통상적으로 우리가 욕망이나 혐오의 대상이 되기에 충분하지 않은 것을 욕망하거나 혐오하는 것은 사물들을 원하는 대로 좋거나 나쁘게 보이도록 할 수 있다고 그가 주장하는 선택 능력에 의해, 우리에게 영향을 미치는 선이나 악의 초과분을 욕망이나 혐오의 대상에 부여했기 때문이라는 것이다. 우리는 2등급의 자연적인 악을 가졌지만 이유 없이 선택할 수 있는 능력을 통해서 6등급의 인위적 선을 스스로에게 부여함으로써 4등급의 선을 순이익으로 획득할 것이다(제5장, 5절, 7항). 내가 앞에서 말한 대로, 이러한 일이 실행될 수 있다면 우리는 너무 멀리 나아가게 될 것이다. 심지어 저자는 야심, 탐욕, 도박벽 및 다른 하찮은 정념들도 그러한 선택 능력에서 모든 힘을 빌려온다고 생각한다(제5장, 5절, 6항). 그러나 사물들에는 지극히 많은 거짓된 외

••

745) 유베날리스의 『풍자시집』(제13권, 180행)이 약간 부정확하게 인용되었다.

형이 있고 대상들을 부풀리거나 축소시킬 수 있는 지극히 많은 상상이 있으며 우리의 추론에는 잘못 확립된 연결이 지극히 많기 때문에, 그 작은 요정, 즉 마법처럼 작동하며 저자에 의해 이 모든 무질서의 주체가 된 내적 능력은 필요하지 않다. 마지막으로 내가 이미 여러 번 말한 것처럼, 이미 인정된 이유와 대립되는 선택을 하기로 결심하는 것은 예를 들어 독립적으로 보이거나 특별한 행동을 하는 기쁨과 같은 외형적으로 더 강한 이유에 이끌렸기 때문이다. 과거 오스나브뤼크 궁정에, 또 다른 무키우스 스카이볼라[746)처럼 극심한 고통보다 정신의 힘이 강함을 보여주기 위해 불에 팔을 넣고 괴저에 걸린 것처럼 생각한 견습 기사(騎士)들의 지도자가 있었다. 나는 소수만이 그를 모방할 것이라고 생각한다. 이유 없이 혹은 이유에 반대하여 선택할 수 있는 능력을 옹호한 후에, 순전히 이유에 대한 의지의 우위를 보여주기 위해 어떤 좋은 이익이나 훌륭한 직책을 포기함으로써 자기 자신의 사례를 통해 자기의 책을 입증하고자 하는 저술가가 쉽게 발견될 수 있을지 나는 도저히 모르겠다. 적어도 나는 뛰어난 사람이 그렇게 하지 않으리라는 것은 확신한다. 그렇게 할 경우 사람들은 그에게 라리사의 주교 헬리오도로스[747)를 모방할 뿐이라는 점을 보여줌으로써 그의 희생을 무용하게 만들 것임을 그는 곧바로 알아차릴 것이다. 전하는 바로는, 테아게네스와 카리클레아에 관한 헬리오도로스의 책은 그의 주교직보다 더 가치 있었다고 한다. 이러한 일은 한 사람이 자신의 직책을 없앨 수 있는 무엇인가를 가지고 있고 또 그가 명예에 매우 민감할 때는 쉽게 가능하다. 또한 우리는 자신들의 장점을 변덕을 위해, 즉 실재적 선을 외형적 선

∴

746) 주 501 참조.
747) 헬리오도로스(Heliodoros)는 3세기의 그리스 소설가다. 그의 주교 직위는 순전히 전설상의 내용이다.

을 위해 희생시키는 사람들을 매일 발견한다.

26. 저자의 추론들을 하나하나 모두 추적하고자 했다면, 나는 지나치게 멀리까지 나아갈 수밖에 없을 것이다. 그 추론들은 우리가 이미 검토한 것과 반복되지만 통상적으로는 우아하고 잘 표현된 몇몇 첨언과 함께 반복된다. 그러나 생각하건대 그의 모든 근거를 충분히 다룬 후에는 그렇게 멀리까지 나아가는 일에서 면제될 수 있기를 희망한다. 저자에게서 통상적으로 실천이 이론을 수정하고 교정해주는 것은 가장 좋은 점이다.[748] 우리는 이유 없이 선택하는 힘을 통해 신에 근접하며 그 같은 능력은 가장 고귀한 것인바, 그 능력의 행사는 행복을 위한 가장 큰 힘임을 저자는 제5장의 2절에서 제시한다. 이는 가장 기이한 것인데, 왜냐하면 우리는 오히려 이성을 통해 신을 모방하며 우리의 행복은 이성을 따르는 데 있기 때문이다. 말하자면 저자는 이러한 점을 제시한 후에 이에 대해 탁월한 교정을 가한다. 그는 제5항에서 사물들은 우리에게 그다지 알맞게 배치되어 있지 않으므로 우리는 행복하기 위해서 우리의 선택을 사물들에 알맞게 맞춰야 하며 이는 실제로 신의 의지에 알맞게 맞추는 것이라고 매우 적절히 말하기 때문이다. 물론 이는 제대로 말한 것이다. 그러나 이 점은 우리의 의지가 가능한 만큼 대상들의 실재 또 선과 악의 참된 표상을 따라야 한다는 점을 동시에 말하고 있다. 결과적으로 이 같은 점은 선과 악의 동기가 자유와 대립되지 않으며 이유 없이 선택하는 능력은 우리의 행복에 기여하기는커녕 무용하며 심지어 매우 해롭다고 말하는 것이다. 다행히 그러한 능

∴

748) (옮긴이) 라이프니츠는 윌리엄 킹이 자신의 이론적 원리를 제시하고 스스로 그것을 교정하는 태도를 풍자적으로 언급하고 있다.

력은 어디에도 존재하지 않으며, 몇몇 스콜라학파 학자가 가능하지도 않은 허구들을 명명하는 것처럼 그것은 **추론하는 이성의 존재**[749]라는 사실이 드러난다. 나로서는 **추론하지 않는 이성의 존재**라고 부르는 편이 좋다고 본다. 또한 나는 (잘못된 선택들에 관한) 제3절은 다루지 않아도 된다고 생각한다. 불가능하고 일관성이 없고 유해하며 신의 의지와 대립하며 타인에 의해 선취된 것을 선택해서는 안 된다고 제3절은 말하고 있기 때문이다. 또 저자는 불필요하게 타인의 행복을 훼손하는 것이 가능한 한 모두가 행복하기를 바라는 신의 의지에 위배되는 일이라는 점을 매우 적절하게 강조한다. 오류, 무지, 태만, 너무 쉽게 바꾸는 경박함, 때가 되어도 바꾸지 않는 완고함, 악습, 끝으로 우리를 부적절하게 외부 사물로 몰고 가는 끈덕짐과 같은 잘못된 선택의 원천에 대해 말하는 제4절 역시 다루지 않아도 될 것이다. 제5절은 나쁜 선택이나 죄를 신의 능력 및 선과 조화시키기 위한 내용이다. 이 절은 장황하며 하위 절로 나뉘어 있다. 저자는 불필요하게 스스로 큰 논박을 떠맡는다. 그는 선택에서 절대적으로 무차별적인 선택 능력 없이는 죄가 없을 것이라고 주장하기 때문이다. 그런데 그토록 비합리적인 능력을 피조물에게 주지 않는 것은 신으로서는 매우 쉬운 일이었다. 피조물은 선과 악의 표상에 의해 움직이는 것으로도 충분했다. 따라서 저자의 가정에 의하면, 죄를 막는 것은 신에게 매우 쉬운 일이었다. 이러한 난점에서 빠져나오기 위해 저자는 그 선택 능력이 사물들에서 분리되어 있는바, 세계는 전적으로 수동적인 기계에 불과하다고 말하는 것 외에 다른 방편을 찾지 못한다. 그러나 이 점은 충분히 논박된 것이다. 실제로 그렇듯이 그 능력이 세계에 없다면 우리는 그 점에 대해 그다지 불평하지 않을

⁝⁝

749) (옮긴이) "이성의 존재"는 그것이 지시하는 실재 대상이 없는 개념을 의미한다.

것이다. 영혼들은 선택을 하기 위해 선과 악의 표상으로 대단히 만족할 것이며, 세계는 지금 모습 그대로 역시 아름다울 것이다. 저자는 앞에서 제시한 내용으로 되돌아온다. 즉 그 선택하는 능력 없이는 행복이 없을 것이라고 한다. 이에 대해 우리는 충분히 답을 했으며, 그러한 주장 또 그의 핵심적인 모순을 옹호하기 위해 그가 여기서 제시하는 몇몇 다른 모순들에는 일말의 그럴듯함도 없다.

27. 저자는 기도에 관한 짧은 여담을 제시하며(제4절), 신에게 기도하는 사람들은 자연 질서의 변화를 희망한다고 말한다. 그러나 저자의 견해에 따르면 그들은 틀린 것 같다. 근본적으로 볼 때 사람들은 자연의 흐름이 자신들에게 유리하게 바뀌거나 그렇지 않는 것에 개의치 않고 자신들의 소원을 들어주면 만족할 것이다. 그들이 선한 천사들에게서 도움을 받는다면 사물들의 일반적 질서에는 변화가 없을 것이다. 정신적 실체들의 체계와 마찬가지로 물질적 실체들의 체계가 있으며 정신적 실체들이 물체들처럼 서로 교류한다는 저자의 견해도 매우 합리적이다. 신은 인간들을 통치하기 위해 천사들을 매개로 이용하지만 이로부터 자연 질서가 손상되지는 않는다. 그럼에도 나의 조화 체계에 의거하지 않는 한 이러한 것들은 설명하기보다는 단지 제시하는 것이 더 쉬운 일이다. 그런데 저자는 논의를 더 진전시킨다. 그는 성령의 사명이 최초에는 위대한 기적이었으나 현재 우리 안에서의 그 작용은 자연적이라고 생각한다. 나는 그가 자신의 견해를 설명하고 다른 신학자들과 합의를 볼 일은 그에게 맡겨두겠다. 다만 그가 영혼을 더 선하게 만들고 정념을 극복하며 일정한 수준의 새로운 은총을 얻을 힘을 기도의 용도로 본다는 점을 강조하겠다. 의지는 동기에 의해서만 행동한다는 나의 가정에서도 거의 비슷한 말을 할 수 있다. 또 이유 없

이 선택하는 의지의 능력 때문에 저자가 빠져들게 된 난점에서 나는 벗어나 있다. 그는 또한 신의 예지 때문에 매우 난처해한다. 영혼이 자신의 선택에서 절대적으로 무차별적이라면 어떻게 그 선택을 예견하는 것이 가능하며, 한 사물의 존재 이유가 없다면 그 사물의 인식에 대한 충족 이유를 어떻게 발견할 수 있겠는가? 저자는 이 난점을 해결하려면 책 한 권 전체가 필요하다며 그 해결을 다음으로 미룬다고 한다. 게다가 그는 때때로 도덕적 악에 대해 훌륭하고, 나의 원리와 충분히 일치하는 점을 말한다. 예를 들어 악덕과 범죄가 우주의 미를 감소시키지 않고 오히려 증가시킨다고 말할 때가(제6절) 그러하다. 이는 몇몇 불협화음이 그것만 듣게 되면 그 거친 소리 때문에 귀를 아프게 하지만 혼합되어서는 화음을 더 좋게 만들어주는 것과 같다. 그는 또한 악에 포함된 여러 선을 강조한다. 부자들의 낭비와 빈자들의 인색의 유용성이 그것이다. 실제로 이러한 점은 예술을 꽃피우는 데 기여한다. 또한 저자는 우주를 지구의 협소함과 우리에게 알려진 것을 통해서 판단해서는 안 된다는 점을 고찰하도록 해준다. 우주 안의 결점이나 결함은 우주의 나머지 부분의 미를 부각시키기 위해 또한 유용할 수 있다. 마찬가지로 얼굴에 붙이는 점들[750]은 그 자체로는 전혀 아름답지 않으며 비록 그 점들이 가린 얼굴의 부분이 흉하게 되기는 해도, 얼굴 전체를 장식하기에 적절한 것으로 여성에게 생각된다. 키케로의 저작에 등장하는 코타는 인간들에게 이성을 부여하는 섭리를, 비록 병자가 삶을 해치면서도 포도주를 남용할 것을 예견하고도 그에게 포도주를 허가하는 의사와 비교했다.[751] 저자는 섭리가 지혜와 선이 요구하는 것을 행하

∴

750) (옮긴이) 미용을 위해 여성의 얼굴에 붙이는 점들이다.
751) 키케로의 『신들의 본성에 관하여』, 제3권, 27부, 69절 참조. 코타(Cotta)는 스토아의 섭리주의에 반대하는 아카데미의 대변인이다.

며 섭리로 인해 발생하는 선은 악보다 더 크다고 답한다. 만일 신이 인간에게 이성을 부여하지 않았다면, 인간은 전혀 존재하지 않았을 것이며 신은 어떤 사람이 병자가 되는 것을 막기 위해 그를 죽이는 의사와 같을 것이다. 유해한 것은 이성 그 자체가 아니라 이성의 결여라고 덧붙여 말할 수 있다. 이성이 잘못 사용되는 경우는 우리가 수단에 대해서는 제대로 추론하지만 우리 자신에게 제시하는 목적이나 악한 목적에 대해서는 충분히 추론하지 않기 때문이다. 따라서 우리가 악한 행동을 하는 것은 항상 이성의 결여 때문이다. 저자는 락탄티우스의 저작 『신의 분노』[752])에 나오는 에피쿠로스의 논박을 제시한다. 그 표현은 대략 다음과 같다. 신은 악을 제거하기를 원하며 그 끝까지 도달할 수가 없다. 이 경우 신은 약할 것이다. 혹은 신은 악을 제거할 수 있으며 그렇게 하기를 원하지는 않는다. 이는 신의 악의를 나타낼 것이다. 혹은 신은 능력도 의지도 모두 없다. 이 경우 신은 약한 동시에 질시하는 것처럼 보일 것이다. 마지막으로, 신은 능력도 의지도 있다. 그러나 이 경우 신이 존재한다면 신은 도대체 왜 그렇게 하지 않는지 물어야 할 것이다. 신은 악을 제거할 수 없고 악을 제거하기를 원하지도 않으며, 그럼에도 신은 악의적이지도 약하지도 않다고 저자는 대답한다. 나는 신이 악을 제거할 수 있으나 그렇게 하기를 절대적으로 원하지는 않으며 그것은 이유가 있다고 말하는 편이 더 좋았을 것이라고 본다. 그렇지 않다면 신은 동시에 선을 제거하게 될 것이며 악보다 선을 더 많이 제거하게 될 것이기 때문이다. 마지막으로 우리의 저자는 학식 있는 저작을 끝내면서, 신법을 이야기하는 **부록**을 첨부한다. 그는 신법을 자연법과 실정법으로 매우 제대로 구분한다. 동물들의 본성에 대한 특별한 법칙은 물체들

•.

752) 제13장. 락탄티우스에 관해서는 주 398 참조.

의 일반적 법칙을 따라야 한다는 점, 신은 자신의 법칙이 위배되었을 때 엄밀히 말해 분노하지 않는다는 점, 죄를 짓는 자는 악을 받게 되고 타인에게 폭력을 가하는 자는 자신도 폭력을 당하는 것이 바로 질서가 요구하는 점임을 저자는 강조한다. 그러나 그는 신의 실정법은 악을 강제로 부과하기보다는 오히려 악을 일러주고 예언해준다고 생각한다. 이 점은 더는 교정에도 본보기에도 기여하지 않는 영원한 벌, 비록 악인들이 스스로 자신들의 불행을 초래한 것이기는 해도 신의 인과응보의 정의(正義)를 충족시키는 악인들에 대한 영원한 벌을 언급할 기회를 저자에게 제공한다.[753] 그러나 저자는 악인들에 대한 영원한 벌은 선한 사람들에게 일정한 유용성을 제공하는 것은 아닌지, 또한 아무것도 아닌 것보다는 영겁의 벌을 받는 편이 더 나은 것이 아닌지 의심한다. 영겁의 벌을 받은 자들은 정신의 특정한 타락에 의해 자신들의 비참한 상태에 있기를 고집하는 무분별한 자들일 수 있기 때문이다. 저자에 의하면, 그들은 비참한 상태의 한가운데에서 자신들의 잘못된 판단에 대해 스스로를 칭찬하고 신의 의지에서 결함을 찾아내면서 기뻐하기 때문이다. 우리는 자신들의 악을 생각하며 기쁨을 누리고 스스로에게 고통을 가하고자 하는 슬프고 악의적이며 시기하는 사람들을 매일 볼 수 있기 때문이다. 이러한 성찰을 무시해서는 안 된다. 나도 때때로 이와 유사한 성찰을 한 적이 있다. 하지만 나는 이 점에 대해 결정적 판단을 내리기를 삼간다. 나는 벨에 대립하는 『시론들』[754]의 제271절에서 한 수

::

753) (옮긴이) 복잡한 구문인 만큼 설명이 필요하다. 악인들에 대한 영겁의 벌은 결정적인 것이기 때문에 교정에도 도움이 안 되고 어떠한 본보기도 될 수 없다. 그러나 이러한 벌은 심한 죄를 짓는 자는 강력한 벌을 받아야 한다는 보복, 혹은 응분의(vindicative) 벌, 즉 인과응보 차원의 정의를 드러낸다. 인과응보의 정의는 신의 확고부동함을 나타낸다.
754) (옮긴이) 『변신론』을 말한다.

도자가 신의 뜻으로서 악마에게 용서의 기회를 제공했으나 그것을 거부한 악마의 우화를 이야기했다. 오스트리아의 귀족이자 페르디난트의 이름으로 두 번째 황제가 된 오스트리아 대공의 페르디난트 궁정 기사였던 앙드레아스 타이펠[755] 남작은 (독일어로 악마를 뜻하는) 자신의 이름을 암시함으로써 더 **타락했고 덜 회개하는 자**라는 스페인 말과 함께 악마나 사티로스를 문장(紋章)으로 삼았다. 이는 희망 없는 정념, 벗어날 수 없는 정념을 나타낸다. 이 같은 금언은 스페인의 비아메디아나 백작이 여왕을 사랑했을 때부터 그에 의해 반복되었다. 무슨 이유로 선한 사람들에게 악이, 악인들에게는 선이 자주 발생하는지에 관해 우리의 저명한 저자는 이 문제를 충분히 해결했으며 그 점에 대해 가책이 없다고 생각한다. 그럼에도 저자는 비참한 상태에 있는 선한 사람들이 그 자신들의 불행 자체에 의해 선하게 된 것은 아닌지, 또 행복한 악인들은 아마도 그들의 성공에 의해 타락하게 된 것은 아닌지 자주 의심해볼 수 있다고 강조한다. 그는 덧붙여 말하기를, 선한 사람뿐 아니라 행복한 사람을 알아내야 할 경우 우리는 무능력한 재판관이라고 한다. 우리는 자주 위선자를 존경하며 가식 없이 덕이 견실한 다른 사람을 경멸한다. 우리는 행복과 관련해서도 우리 자신을 잘 모르며, 행복을 몇몇 위대한 사람의 궁전에서 헛되이 찾는 동안 그것은 만족스러워 하는 가난한 자의 누더기 아래에 자주 숨겨져 있다. 마지막으로 저자는 현세에서의 가장 큰 행복은 미래의 행복에 대한 희망에 있고, 교정이나 벌에 도움이 되지 않는 어떠한 일도 악인에게 일어나지 않으며, 가장 큰 선에 도움이 되지 않는 어떠한 일도 선한 이에게 일어나지 않는다고 강조한

∴

755) 타이펠(Taifel)은 (독일어로 악마를 의미하는) Teufel을 상기시킨다.

다.[756] 이러한 결론은 나의 뜻과 완전히 일치하며 저작을 마치기 위해 이보다 더 적절하게 말할 수는 없을 것이다.

⁝

756) (옮긴이) 본문에서 여러 차례 강조한 것처럼 라이프니츠의 관점에서 절대적 악은 존재하지 않으며, 아무리 악한 자라도 그가 영겁의 벌을 받았다고 확정할 수는 없다. 인간은 죽기 전까지 항상 신의 명령에 따라 행동하면 구원에 이를 수 있다는 희망을 가져야 한다. 나아가 이 세계에 살고 있는 대다수 사람들이 축복을 받도록 신이 조정해놓았다는 것도 선험적으로 가능한 일이기 때문이다. 실제로 라이프니츠의 예정 조화 체계에 따르면, 선의 분배에 대한 상세한 근거는 신만이 아는 영역에 속한다. 다만 신은 그와 공통점이 가장 많은 이성적 존재들을 특별히 배려한다는 점은 분명한 만큼 낙관론은 최후까지 유지될 수 있다.

신의 정의와 그의 다른 모든 완전성 및 행동과의 조화를 통해 제시된 신의 행동 근거[757]

1. 신의 행동 근거에 대한 변호론[758]은 신의 영광에만 관련되는 것이 아니라 우리의 유용성에도 관계된다. 이 변호론은 신의 위대함, 즉 그의 능력과 지혜를 찬양하고, 그의 선과 이로부터 파생되는 그의 정의(正義)와 성스

••

757) (1710년 10월 30일 버넷에게 보낸 편지에서 라이프니츠가 사용한 표현 자체를 다시 취하면) 이 "라틴어로 쓰인 작은 체계적 개요"는 『변신론』의 내용을 보다 학술적 형태로 요약하는 것으로서 『변신론』의 초판에는 실리지 않았다. 이 개요는 같은 출판사(Isaac Troyel, Amsterdam)에서 같은 날짜(1710)에 별도로 출간되었다. 재판(再版) 및 이후의 모든 판본에서는 『변신론』에 첨부되었다. 최초의 프랑스어 번역은 아메데 자크(Amédée Jacques)에 의해 이루어졌다(『라이프니츠의 작품(Oeuvres de Leibniz)』, Paris, Charpentier, 1842, tome. II, pp.365~388). 이 번역은 장점이 없지 않지만 이후로 여러 번 재발행되었다. 편집자는 이 번역본을 세심하게 검토하고 많은 부분을 수정한 후에 여기에 수록한다. 특히 폴 슈레케르(Paul Schrecker)에 의해 1954년 출간된 번역본(Leibniz, Opuscules Philosophiques choisis, Paris, Hatier-Boivin, pp.113~147)을 참조했다.
(옮긴이) 편집자 브런슈빅이 위와 같이 설명한 것처럼 『신의 행동 근거』는 라틴어 저작이다. 옮긴이가 대본으로 삼은 판본에 실린 것은 아메데의 번역을 기초로 브런슈빅이 특히 슈레케르를 참조하면서 수정한 프랑스어 번역이다. 옮긴이는 브런슈빅의 작업을 기초로 번역했지만 보다 자연스러운 국역을 위해 도움이 될 수 있는 몇몇 부분에서는 라틴어 원본과 슈레케르의 번역을 참조했다.

758) (옮긴이) Apologetica에 대해서는 현재 신학에서 '변증론'이나 '호교론'이라는 용어가 통용되고 있다. 그러나 고대의 수사학적 의미의 변증론이나 변증법과의 혼동을 우려하여 '변호론'으로 번역했다.

러움을 사랑하며, 마지막으로는 우리가 할 수 있는 만큼 그것들을 모방하도록 이끌어주기 때문이다. 신의 행동 근거에 대한 변호론은 예비적 부분과 핵심적 부분의 두 부분으로 나뉜다. 예비적 부분은 **별도로 나뉘어** 고찰된 신의 위대함과 선에 관련된다. 핵심적 부분은 신의 위대함과 선에 함께 관계된 것, 구체적으로는 모든 피조물에 대한 신의 **섭리**와 특히 경건과 구원의 문제에서 지성적 피조물들에 대한 신의 **통치**를 검토한다.

2. 엄격한 신학자들은 신의 선보다 신의 위대함을 더 고려했다. 온건한 신학자들은 그 반대로 신의 선을 더 고려했다. 진정한 정통 사상은 두 완전성을 동등하게 중요시한다. 신의 위대함을 낮춰보는 오류는 **신인동형론**으로 또 신에게서 선을 제거하는 오류는 **전제주의**로 불릴 수 있다.

3. 신의 위대함은 특히 소치니주의자들,[759] 그리고 이 점에 대해 가장 오류가 큰 인물 중 하나인 콘라트 보르티우스[760]가 속한 몇몇 반(半)소치니주의자에 반대하여 세심하게 옹호되어야 한다. 신의 위대함은 두 주요 항목, 즉 전능과 전지에 관계될 수 있다.

4. **전능**은 한편으로는 다른 사물들에 대한 신의 독립성을, 또 한편으로는 다른 모든 사물들의 그에 대한 의존성을 포함한다.

5. 신의 **독립성**은 신의 현존과 행동에서 나타난다. 신의 독립성이 신의 현

••

759) 주 24 참조.
760) 주 24 참조.

존에서 나타나는 것은 신이 필연적이고 영원하며, 일반적으로 말해지듯이 자기 자신에 의해 현존하기 때문이다. 이로부터 신은 무한하다[761]는 결론이 또한 도출된다.

6. **자신의 행동**에서 신은 자연적으로 또 도덕적으로 독립적이다.[762] 신은 완전히 자유로우며 자기 자신 외의 그 무엇에 의해서도 행동하도록 결정되지 않는 만큼 자연적으로 독립적이다. 신은 그 누구에게도 보고할 것이 없기에, 즉 상관이 없기 때문에 도덕적으로 독립적이다.

7. **사물들의** 신에 대한 의존성은 모든 가능한 것들, 즉 모순을 함축하지 않는 모든 것과 모든 현실적인 것들에 해당된다.

8. 사물들의 **가능성** 자체는 그것들이 현실적으로 현존하지 않을 때는 그

∵

761) (옮긴이) 원어는 immense(라틴어 immensum/immensus)이다. 사전적으로 흔히 '광대한', '막대한' 등으로 번역되는데 여기서는 어원을 존중하여 '측정(mensus)이 되지 않는', 즉 한계를 설정할 수 없는 의미의 '무한'으로 옮기는 것이 적절하다.

762) (옮긴이) 여기서 "자연적으로"는 '형이상학적으로'라는 의미다. 라이프니츠의 신 개념은 능력, 지혜(지식), 선성으로 구성된다. 이러한 개념은 말브랑슈의 신 개념을 보강하면서 형성되었다. 라이프니츠는 『형이상학 논고』를 집필할 때 말브랑슈의 『자연과 은총에 관한 논문』을 참조하면서 작업을 진행했다. 이 저작에서 말브랑슈는 신의 본질을 지혜와 능력으로 보았고(제12절), 라이프니츠는 능력을 '형이상학적' 능력과 '도덕적' 능력으로 다시 구분한다. 형이상학적 능력은 '능력'으로, 도덕적 능력은 '선성'과 동일시된다. 이로부터 라이프니츠의 신 개념의 특징인 삼분법, 즉 능력, 지혜, 선성의 구분이 구성되는 것이다. 이 관점에서 『형이상학 논고』 제1절은 다음과 같이 설명한다. "따라서 능력과 지식은 완전성이며, 이들이 신에게 귀속되는 한, 어떠한 한계도 갖지 않는다. 이로부터 다시금, 최고의 무한한 지혜를 소유하고 있는 신은 형이상학적인 의미에서뿐만 아니라 도덕적인 의미에서도 가장 완전하게 행위"한다. 이와 같은 구분이 본문의 제4~6절에서 나타난다.

실재의 근거를 신의 현존 안에 갖는다. 신이 현존하지 않는다면 아무것도 가능하지 않을 것이기 때문이다. 가능한 것들은 신의 지성의 관념 안에 영원히 존재하고 있다.[763)]

9. **현실적인 것들**은 그것들의 현존과 행동에서 신에게 의존된다. 그들은 신의 지성뿐 아니라 신의 의지에도 의존된다. 그것들이 현존에서 신에게 의존되는 것은 만물이 신에 의해 자유롭게 창조되었고 또한 신에 의해 보존되기 때문이다. 태양이 따갑게 내리쬐는 것이 계속적인 방출에 의한 것이듯이 신의 보존이 연속적 창조라고 가르치는 것은 근거가 없는 일은 아니다. 비록 피조물들은 신의 본질로부터의 유출도 아니고 필연적 유출도 아니지만 말이다.

10. **행동**에서 사물들이 신에게 의존되는 것은, 어떤 방식으로든 신에게서 유래할 수밖에 없는 어떤 완전성이 그들의 행동에 있는 한, 신이 그 행동에 협력하기 때문이다.

11. 신의 **협력**, 통상적이거나 비(非)기적적인 협력까지도 직접적인 동시에 특수하다. 신의 협력이 **직접적**인 것은 결과가 신에게 의존되는 사실이 단지 결과의 원인이 신에게 근원을 두고 있을 뿐 아니라 신이 그 원인과 마찬가지로 결과 자체의 산출에도 가까이에서 협력하기 때문이다.

∴

763) (옮긴이) 사물들의 창조 이전에 그것들의 본질은 관념의 상태로서 신의 지성 안에 포함되어 있다. 신의 지성의 선재성은 라이프니츠가 전개하는 모든 논의의 중심축이다. 나아가 악의 기원이 신의 지성의 관념 안에 있다는 것은 악에 관한 논의를 위한 열쇠가 된다.

12. 신의 협력은 사물의 현존과 행위뿐 아니라 현존의 양태와 성질에도 적용되기 때문에 특수하다. 신의 협력이 현존의 양태와 성질들에 적용되는 것은 그것들이 일정한 완전성을 포함하며 이 완전성은 빛의 아버지이자 모든 선의 분배자인 신으로부터 파생되기 때문이다.

13. 여기까지가 신의 능력에 관한 것이다. 이제 신의 지혜를 다루어보자. 신의 지혜는 그 무한함 때문에 전지(全知)라고 불린다. 전능과 마찬가지로 전지는 그 자체로 매우 완전한 만큼 모든 관념과 모든 진리, 즉 지성의 대상이 될 수 있는 단순하거나 복합적인 모든 것을 포함한다. 전지 역시 가능한 것과 현실적인 것에 모두 적용된다.

14. 가능한 것들에 대한 지식은 단순한 지성의 지식이라고 불리는 것이며 단순한 지성은 사물들 자체뿐 아니라 그들의 관계에도 관련된다. 단순한 지성은 사물들이나 그들의 관계에서 필연적인 것과 우연적인 것에 모두 관련된다.

15. 우연적인 가능한 것들은 분리된 것으로 고려되거나 무한한 수의 온전한 가능 세계에서 함께 조정된 것으로 고려될 수 있다. 이 세계들 가운데 하나의 세계만이 현존하게 되지만 신은 그 각각을 완전하게 인식한다. 실제로 여러 현실적 세계를 상상하는 것은 아무 소용이 없다. 우리와 관계된 단 하나의 세계가 모든 시간과 장소에서의 피조물들의 보편성을 포괄하기 때문이다. 여기서 세계라는 단어는 바로 그러한 의미로 이해된다.

16. 현실적인 것들 혹은 현존하게 된 세계, 그리고 이 세계에서 과거·

현재·미래와 관련된 모든 것에 대한 지식은 **직관적 지식**이라고 불린다. 이 지식은 신이 이 세계를 현존하도록 하는 자신의 결정을 인식하는 반성적 인식이 첨가된다는 점에서만 단순 지성의 지식과 차이가 있다. 신의 **예지**(豫知)는 다른 근거를 필요로 하지 않는다.

17. 일반적으로 **매개하는 지식**이라고 불리는 지식은 내가 설명한 의미의 단순 지성의 지식에 포함된다. 그러나 단순 지성의 지식과 직관적 지식 사이의 매개하는 지식을 원한다면, 우리는 단순 지성의 지식과 매개하는 지식을 통상적인 방식과 다르게 생각할 수 있다. 즉 매개하는 지식을 조건적인 미래의 사건들뿐 아니라 모든 우연적인 가능한 것들에 대한 지식으로서 생각할 수 있다. 이 경우 단순 지성의 지식은 가능하고 필연적인 진리들의 지식으로서 보다 좁은 의미로 이해될 것이다. 반면 매개하는 지식은 가능하고 우연적인 진리들의 지식이고 직관적 지식은 우연적이고 현실적인 진리들의 지식일 것이다. 따라서 매개하는 지식은 단순 지성의 지식과는 가능한 진리에 관련된다는 공통점을 가질 것이고, 직관적 지식과는 우연적 진리에 관련된다는 공통점을 가질 것이다.[764]

18. 지금까지 신의 위대함에 관해 다루었다. 이제 신의 선에 관해 다루어 보자. 지혜 혹은 참의 인식이 지성의 완전성인 것처럼, 선 혹은 선에 대한 성향은 의지의 완전성이다. 모든 의지는 선, 적어도 외형적인 선을 대상으로 삼는다. 신의 의지는 동시에 선이면서 참인 것만을 대상으로 삼는다.

∵

764) (옮긴이) 단순 지성의 지식, 매개하는 지식, 직관적 지식에 관해서는 본문의 제39, 40, 102, 103절 참조.

19. 그러므로 우리는 의지와 그 대상을 고찰할 것이다. 즉 의지하고 의지하지 않는 이유를 제공하는 선과 악을 고찰할 것이다. 또한 **의지**에 관해서 우리는 의지의 본성과 그 종류를 검토할 것이다.

20. 의지의 **본성**은 **자유**를 요청한다. 즉 의지의 본성은 의지적 행동이 자발적이고 심사숙고됨을 요청하며, 결과적으로 심사숙고를 제거하는 필연의을 배제를 요청한다.

21. 의지의 본성은 그 반대가 불가능한, 즉 모순을 함축하는 **형이상학적 필연성**을 배제하지만 그 반대가 적합성에 반대되는 **도덕적 필연성**을 배제하지는 않는다.[765] 비록 신은 그의 선택에서 틀릴 수가 없고 항상 가장 적합한 것을 선택한다고 해도 이러한 무오류성은 그의 자유와 대립된다기보다는 반대로 그의 자유를 매우 완전하게 만든다. 만일 신의 의지의 가능한 대상이 하나뿐이었다면 혹은 달리 말해 사물들의 한 국면만이 가능했다면, 이 무오류성은 자유와 대립될 것이다.[766] 이 경우 선택이 존재하지 않을 것이며 우리는 행위자의 지혜도 선도 찬양할 수 없을 것이다.

∴

765) (옮긴이) "적합성(convenance)"은 합목적성으로서 라이프니츠가 데카르트나 스피노자 등의 관점과 자신의 관점을 차별화하는 핵심 개념이다. 모든 선택은 어떤 근거를 통해 이루어지며 신에게 그 근거는 최선의 원리다. 항상 근거에 의해 선택이 이루어진다는 점에서 모든 행동은 필연적으로 보이지만, 다른 근거를 따를 가능성이 있었기 때문에 우연적인 것이다. 이러한 우연성을 라이프니츠는 "도덕적 필연성"이라고 명명한다. 도덕적 필연성은 절대적 필연성과 절대적 우연성의 중간점이다.

766) (옮긴이) 라이프니츠에게 신의 자유를 위한 궁극적 근거는 지성에 있는 선택 대상의 복수성에 있다. 즉 신은 창조 전에 무한히 많은 우주를 지성을 통해 고찰하고 그중 최선의 우주가 현존하도록 결정을 내린다.

22. 그렇기 때문에 가능한 것들만이 실제로 산출되는 것, 즉 신이 선택하는 것이라고 말하는 것은 오류이며[767] 적어도 매우 부정확하게 말하는 것이다. 이는 키케로가 말하는 스토아주의자 디오도로스의 오류이며 기독교도 가운데는 아벨라르, 위클리프, 홉스[768]의 오류다. 그러나 자유에 관해서는 인간의 자유를 옹호해야 할 때 나중에 상세하게 언급할 것이다.

23. 여기까지가 의지의 본성에 관한 것이다. 이제 의지의 구분을 살펴보자. 의지의 구분은 현재의 주제를 다루기 위해서는 우선 이중의 관점에서 고찰되어야 한다. 첫 번째 관점에서는 선행하는 의지와 후속적 의지로, 두 번째 관점에서는 생산적 의지와 허용적 의지로 구분된다.

24. 첫 번째 구분에 의하면 의지는 선행하거나 즉 사전(事前)적이거나, 혹은 후속적 즉 최종적이다. 또는 동일한 말이지만 의지는 경향적이거나 결정적이며, 경향적 의지는 덜 충만하고 결정적 의지는 충만하거나 절대적이다. 우선 몇몇 사람은 이 구분을 다르게 설명한 것 같다. 그들에 따르면, 신의 선행하는 의지, 예를 들면 모든 사람을 구원하려는 의지는 피조물의 행동에 대한 고찰에 앞서는 반면, 신의 후속적 의지 예를 들면 일정한 수의 사람들에게 영겁의 벌을 내리는 의지는 반대로 그 고찰을 뒤따를 것이다. 그러나 선행하는 의지는 또한 신의 다른 의지에 앞서며 후속적 의지도 신의 다른 의지를 뒤따른다. 피조물의 행동에 대한 고찰 자체는 단지 신의 특정한 의지에 의해 가정되는 것이 아니라, 이 고찰 자체도 신의 특정

767) (옮긴이) 본문의 제170, 172절 참조.
768) 주 198, 143 참조.

한 의지를 가정하며 이 의지들 없이는 피조물의 행동 자체가 가정될 수 없기 때문이다. 그래서 토마스 아퀴나스, 던스 스코터스[769] 및 다른 사람들은 내가 사용하는 의미로 이 구분을 이해한다. 즉 선행하는 의지는 그 고유한 선성의 수준에 비례하여 그 자체로 또 개별적으로 고찰된 어떤 선을 향하는 의지다. 이로부터 선행하는 의지는 상대적일 뿐이라는 결론이 나온다. 반대로 후속적 의지는 전체와 관련되고 최종적 결정을 포함하므로, 이로부터 후속적 의지는 절대적이고 결정적이라는 결론이 나온다. 후속적 의지가 신과 관련될 때는 항상 충만한 결과를 갖는다. 게다가 누군가가 나의 설명을 원하지 않는다면 나는 그와 용어에 대해 논쟁하지는 않을 것이다. 그의 마음에 드는 대로 선행하는 의지와 후속적 의지를 사전적 의지와 최종적 의지로 대체해도 상관없다.

25. 선행하는 의지는 전적으로 진지하고 순수하며 (할 수 있을 때 원하며, 할 수 있기를 원하는) 불완전 의욕과 혼동해서는 안 된다. 불완전 의욕은 신에게 적합하지 않다. 선행하는 의지는 조건적 의지와도 혼동하면 안 되는데, 이 점은 현재의 주제가 아니다. 신 안에서의 선행하는 의지는 모든 종류의 선을 산출하고자 하고 모든 종류의 악을 배척하고자 하는데, 그것들이 그 자체로 선이고 악인 한에서 그리고 그것들의 선하고 악한 정도에 비례하여 그렇게 한다. 신은 자신이 죄인의 죽음을 원하지 않고 모두의 구원을 원하며 죄를 미워한다고 강력히 단언했을 때, 자신의 선행하는 의지가 얼마나 진지한 것인지 스스로 선언한 것이다.

••

769) 주 69 참조.

26. 후속적 의지는 모든 선행하는 의지의 협력에서 유래하므로 그 결과들이 병존할 수 없을 때는 지혜와 능력의 수단을 통해 획득할 수 있는 가장 큰 결과가 획득된다. 후속적 의지는 관습적으로 **결정**이라고도 불린다.[770]

27. 이로부터 선행하는 의지 자체는 전혀 헛되지 않다는 점이 명백하며, 비록 그것에서 획득된 결과가 항상 충만하지는 않고 다른 선행하는 의지들의 협력에 의해 제한되기는 해도 선행하는 의지가 효과가 있다는 점은 명백하다. 모든 경향적 의지에서 유래하는 결정의 의지에 대해 말하자면, 이 의지는 원하는 자가 능력이 결여되어 있지 않을 때마다 항상 충만한 결과를 획득한다. 당연히 신은 능력이 결여되어 있지 않다. 실제로 '할 수 있고 원하는 자는 행한다'는 공리는 오직 결정의 의지에 해당되는 말이다. 능력은 행동을 위해 필요한 지식을 포함하므로, 외부에서나 내부에서나 행동을 위해 결여되는 것은 아무것도 없기 때문이다. 신의 의지가 충만한 결과를 전적으로 획득하지 못한다는 것은 나아가 의지 주체로서의 신의 행복에도 또 완전성에도 아무런 손상을 입히지 못한다. 신은 오로지 여러 선각각에 있는 선성의 정도에 비례하여 그 선들을 원하므로, 최선이 결과로서 획득될 때 그의 의지는 최고로 충족되는 것이기 때문이다.

28. 의지의 두 번째 구분에 의하면, 의지는 자기 자신의 행위와 관련되는 **생산적 의지**와 타인의 행위와 관련되는 **허용적 의지**로 구분된다. 행하는 것은 금지되지만 때때로 허용하는 것, 즉 막지 않는 것은 금지되지 않는 일이

∵

770) (옮긴이) "결정"에 관해서는 주 28 참조.

실제로 있다. 예를 들어 죄가 그러한데, 이에 대해서는 곧 이야기할 것이다. 그리고 허용적 의지의 고유한 대상은 허용된 것이 아니라 허용 자체다.

29. 의지에 관해서는 충분히 논의했다. 이제 의지의 이유, 즉 선과 악에 관해 살펴보자. 선과 악은 각각 삼중적이다. 즉 형이상학적, 물리적, 도덕적이다.

30. 형이상학적 선과 악: 일반적으로 이것은 지성적이지 않은 존재까지 포함한 모든 존재들의 완전성이나 불완전성에 있다. 그리스도는 하늘의 아버지가 밭의 꽃과 작은 새들을 배려한다고 말했으며 「요나」에서도 신은 짐승들을 헤아려준다.

31. 물리적 선과 악: 이것은 특히 지성적 실체들의 안락과 고통과 관련하여 이해되며 벌의 악을 포함한다.

32. 도덕적 선과 악: 이것 역시 지성적 피조물들의 덕행과 악행을 가리키며 죄의 악을 포함한다. 이러한 의미에서, 비록 항상 동일한 주체들에게서 일어나는 일은 아니더라도 물리적 악은 통상적으로 도덕적 악에서 유래한다. 그러나 비정상적으로 보일 수 있는 것은 그것으로 고통 받은 무고한 사람들이 그렇게 고통 받지 않기를 바라지도 않을 정도로 큰 이익에 의해 보상된다. 아래의 제55절을 볼 것.

33. 신은 적어도 선행적으로는 그 자체로 선인 것을 원한다. 즉 신은 일반적으로 사물들의 완전성을 원하며 구체적으로는 모든 지성적 실체의 행

복과 덕을 원한다. 이미 앞에서 말한 대로, 모든 선을 그 선성의 수준에 비례하여 원하는 것이다.

34. 악은 신의 선행하는 의지에 의해 배제되기 위해서가 아니라면 신의 선행하는 의지의 대상이 아니지만, 그럼에도 간접적으로 신의 후속적 의지의 대상이다. 왜냐하면 이 악의 배제는 때때로 더 큰 선의 획득을 불가능하게 하는 원인일 수 있기 때문이다. 이 경우 악의 배제는 그 결과를 낳지 못할 것이다. 따라서 악의 이러한 제거는 선행하는 의지가 원하는 것일지라도 후속적 의지에까지 이어지지는 않는다. 이 점에서 성 아우구스티누스를 따라서 토마스 아퀴나스가 신은 많은 선이 방해받는 것을 막기 위해서 몇몇 악을 허용한다고 말한 것은 일리가 있다.

35. 때때로 형이상학적이고 물리적인 악은 (예를 들어 사물들의 불완전성과 사람들의 벌과 같은 악) 더 큰 선을 위한 수단으로서 보조적인 선이 된다.

36. 그러나 도덕적 악 혹은 죄의 악은 결코 수단의 가치가 없다. 왜냐하면 사도가 권고하듯이,[771] 하물며 선이 일어나도록 하기 위해서라도 악을 행해서는 안 되기 때문이다. 하지만 때때로 악은 이른바 필요 불가결한 조건 혹은 분리 불가능하며 병존하는 조건, 즉 그것이 없으면 실현해야 하는 선을 획득할 수 없는 조건의 기능을 갖는다. 그러나 악을 막는 것도 실현해야 하는 선의 한 부분에 속한다. 그런데 악은 절대적 필연성의 원리가 아니라 적합성의 원리에 따라 허용된다. 신이 악을 불허하기보다 오히려

∵

771) 「로마서」 3:8.

678

허용하는 데는 이유가 있어야 하기 때문이다. 그런데 신의 의지의 이유는 선에서 도출될 수밖에 없다.

37. 게다가 신에게 죄의 악은 결코 생산적 의지의 대상이 아니며 몇몇 경우에 허용적 의지의 대상일 뿐이다. 신은 결코 죄를 범하지 않지만 단지 몇몇 경우에 죄를 허용할 뿐이기 때문이다.

38. 죄의 허용에 대해 신과 인간에게 공통된 일반적 규칙은 타인의 죄를 막음으로써 자기 자신이 악행을 저지르게 될 경우가 아니라면 타인의 죄를 허용하지 말아야 한다는 점이다. 한마디로 말하자면 죄를 허용해야 할 때가 아닌 한, 결코 죄를 허용할 수 없다. 이 점은 아래의 제66절에서 더 분명하게 설명할 것이다.

39. 그러므로 신은 최종적 목적으로서 최선을 의지의 대상으로 삼는다. 그렇지만 신은 하위의 선까지 포함한 모든 선을 일반적 목적으로서 원하며 무차별적 사물들과 벌의 악은 수단으로서 자주 원한다. 하지만 죄의 악은 그것이 없으면 실현되어야 할 일이 일어날 수 없게 되는 조건이 아니라면 신의 의지의 대상이 아니다. 바로 이러한 의미에서 그리스도는 스캔들이 일어나야 한다고 말했다.

40. 지금까지 나는 분리된 것으로 고찰된 위대함과 선에 관하여 이 변호론의 예비적 부분으로 간주될 수 있는 설명을 제시했다. 이제 함께 고찰된 위대함과 선에 관련된 것을 살펴보자. 위대함과 선에 공통된 것은 단지 선에서 유래하는 것이 아니라 위대함에서도 즉 지혜와 능력에서도 유래하는 것이

다. 위대함은 선이 그 결과를 낳도록 해주기 때문이다. 선은 피조물 일반에 관계되거나 구체적으로는 지성적 피조물에 관계된다. 첫 번째 관점에서 선은 위대함과 함께 창조의 섭리와 우주의 통치를 구성한다. 두 번째 관점에서 선은 이성을 갖춘 실체들에 대한 특수한 통치와 관련된 정의(正義)를 구성한다.

41. 피조물 일반에 발휘되는 신의 선을 지혜가 운영한다는 사실에서 신의 **섭리**는 우주의 계열 전체에서 드러난다는 결론이 도출된다. 사물들의 무한히 많은 가능한 계열 가운데 신은 최선의 계열을 선택했으며, 결과적으로 최선의 계열은 현실적으로 현존하는 바로 그 계열이라고 말해야 한다. 실제로 만물은 우주 안에서 서로 조화를 이루고 있으며 최상으로 지혜로운 존재는 모든 것을 헤아리지 않고서는 아무것도 결정 내리지 않는다. 결과적으로 그의 결정은 전체를 대상으로 삼는다. 각각 나누어서 고찰된 부분들에 대해서는 사전(事前)적 의지가 적용될 수 있고, 전체에 대해서는 결정적 의지가 적용되어야 한다.[772]

42. 그러므로 정확히 말하면, 신의 결정들에서 순서를 생각할 필요는 없다. 단지 신의 유일한 결정만이 있었다고 말할 수 있다. 이러한 결정에 의하면, 사물들의 현재 계열에 포함되는 모든 것이 검토되고 다른 계열들에 포함된 것이 비교된 후에 현재의 계열이 현존하게 될 것이다.

43. 그렇기 때문에 신의 결정은 확고부동한(immuable) 것이다. 신의 결

••

772) (옮긴이) 라이프니츠가 수차례 강조한 대로, "사전적 의지"와 "결정적 의지"는 각각 "선행하는 의지"와 "후속적 의지"와 같은 의미다.

정과 대립될 수 있는 모든 근거는 이미 고찰되었기 때문이다. 그러나 이로부터 **결과의 필연성**, 즉 시초에 정립된 예견과 예정에서 비롯되는 것으로서 **가정적 필연성**이라 불리는 것만이 생겨날 뿐이다. 하지만 결코 **절대적 필연성** 혹은 **후건(後件)**의 필연성이 그로부터 도출되지는 않는다. 사물들에 대한 다른 질서가 부분들과 전체에서 역시 가능한 때문이며, 신이 우연한 사물들의 계열을 선택하면서 그의 선택에 의해 그들의 우연성을 바꾼 것은 아니기 때문이다.

44. 우리가 바라는 미래의 사건을 위한 기도와 노동이 사물들의 확실성 때문에 무용해지지 않는다. 신이 사물들의 계열을 결정하기 전에 그것을 가능한 것으로서 표상했을 때 이 표상에는 그 계열이 선택되었을 경우에 거기서 이루어질 기도와 이 계열에 포함될 결과들에 대한 다른 원인들[773]이 확실하게 들어 있었다. 또한 기도 및 그 다른 원인들은 그 계열의 선택에서, 결과적으로 그것을 구성하는 사건들에서 정확한 역할이 있었다. 또 오늘 신을 행동하거나 허용하도록 이끄는 것은 신이 이전에 행하거나 허용하려고 했던 것을 결정하도록 그를 이끌었다.

45. 사물들은 신의 예지와 섭리에 의해 절대적으로, 즉 우리가 행하든 행하지 않든 간에 결정되는 것이 아니라, 그것들에 대한 원인과 이유를 매개로 결정된다는 점을 나는 이미 앞에서 강조했다. 그러므로 기도나 노동 및 행동을 무용한 것으로 간주할 경우 우리는 고대인들이 **게으른 궤변**[774]이

∴

773) (옮긴이) 선택된 계열 안에서 기도와 더불어 결과에 작용하는 원인들을 말한다.
774) 주 15 참조.

라고 부른 것에 빠지게 될 것이다. 아래의 제106~107절도 볼 것.

46. 전능한 존재의 무한한 지혜에 그의 무한한 선이 결합하여, 모든 것을 헤아려볼 때 신에 의해 창조된 것보다 더 좋은 것은 아무것도 창조될 수 없도록 했다. 결과적으로 만물은 완벽하게 조화를 이룬다. 만물은 형상적 원인들 혹은 영혼들 및 물질적 원인들 혹은 육체들, 작용적 혹은 자연적 원인들과 목적적 혹은 도덕적 원인들, 그리고 은총의 왕국과 자연의 왕국의 가장 아름다운 일치 속에서 전체적으로 합치한다.

47. 결과적으로 신의 작품 가운데 어떤 것이 비난할 만한 것으로 우리에게 나타날 때는 우리가 그것을 충분히 인식하지 못하고 있다고 결론 내려야 하며, 그것을 이해하는 현자는 그것보다 더 좋은 것을 소망할 수조차 없다는 결론을 내릴 것이라고 생각해야 한다.

48. 이로부터 그토록 선한 주인을 섬기는 것보다 더 큰 행복은 없으며, 결과적으로 신은 무엇보다 우선해서 사랑받아야 한다는 것 또 신을 전적으로 신뢰해야 한다는 결론이 도출된다.

49. 사물들의 최선의 계열, 즉 현재 존재하는 계열 자체를 선택하도록 한 가장 강력한 이유는 인간이 된 신인 그리스도였다. 그리스도는 최고의 완전성에 도달한 피조물이므로, 창조된 우주의 한 부분으로서, 더 정확히는 이 우주의 지도자로서 이 경탄스러운 계열 안에 포함되어야 했다. 하늘과 땅의 모든 권능은 그리스도에게 주어졌고, 그리스도 안에서 모든 민족이 축복을 받아야 했으며, 그리스도에 의해서 모든 피조물은 타락의 예속

에서 해방될 것이며 신의 자녀들의 영광스러운 자유를 회복할 것이다.

50. 지금까지 일반적 섭리의 문제를 다루었다. 이제 특별히 지성적 피조물과 관련된 선은 지혜와 결합하여 **정의**(正義)를 구성하는데, 이러한 정의의 최고 수준은 **성스러움**이다. 그러므로 광의로 이해된 정의는 엄격한 율법뿐 아니라 공정성 그리고 더 나아가 합법적인 자비까지 포함한다.

51. 일반적 의미의 정의는 특수한 의미의 정의와 성스러움으로 구분된다. 특수한 의미의 **정의**는 다른 지성적 존재들의 물리적 선과 악에 관계되며 성스러움은 도덕적 선과 악에 관계된다.

52. **물리적 선과 악**은 현세와 마찬가지로 내세에서도 일어난다. 일반적으로 많은 사람들은 **현세**에서 인간의 본성이 많은 악에 노출되어 있음을 불평한다. 그들은 이 악의 대부분이 인간들의 잘못에서 비롯한다는 점, 실제로 우리는 우리를 위한 신의 은혜에 충분히 감사하지 않는다는 점, 또 우리는 선보다 악에 더 주의를 기울인다는 점을 충분히 생각하지 않는다.

53. 다른 사람들은 물리적 선과 악이 도덕적 선과 악에 따라 분배되지 않는다는 점, 즉 선한 사람들에게 악이, 악한 자들에게는 선이 자주 일어난다는 점을 특히 불쾌해한다.

54. 이러한 불평에 대해서는 두 가지 대답이 있다. 사도가 제시한[775] 첫

••

번째 대답은 현세의 불행은 우리에게 나타날 미래의 영광과 비교할 것이 못 된다는 것이다. 두 번째 대답은 훌륭한 비유를 통해 그리스도가 제시한 것으로서 다음과 같다. 밀알이 땅에 떨어져 썩지 않으면 열매를 맺지 못할 것이다.

55. 그렇기 때문에 불행은 폭넓게 보상될 뿐만 아니라 행복의 증대에도 기여할 것이다. 악들은 유용할 뿐 아니라 심지어 필수 불가결하다. 제32절도 볼 것.

56. 미래의 삶과 관련해서는 난점이 더욱 심각하다. 선택된 자들은 소수이므로 이 점에서도 악이 선을 능가한다는 논박이 있기 때문이다. 오리게네스가 영겁의 벌을 절대적으로 부정한 것은 사실이다. 고대인 중 몇몇은 극소수만이 영원한 벌을 받았다고 생각했다. 그들 중에 프루덴티우스가 속한다. 몇몇 사람들은 모든 기독교도가 최후에 구원될 것이라고 생각했으며 성 히에로니무스는 때때로 이러한 견해로 기울었던 것 같다.[776]

57. 그러나 이 모순적이고 용인할 수 없는 견해에 의거할 이유는 없다. 참된 해답은 천상의 왕국의 모든 범위를 우리의 이해에 맞추어 헤아려려는 안 된다는 것이다. 신적 직관 속에서 축복을 받은 이들의 영광은 영겁의 벌을 받은 모든 이들의 악이 그러한 선과 비교될 수 없을 정도로 지극히 클 수 있기 때문이다. 성서는 엄청난 수의 축복받은 천사들을 인정하

••

776) 주 171, 219, 220 참조.

며, 최근의 발견들을 통해[777] 조명된 자연 자체는 **피조물들의** 막대한 **다양성**을 우리에게 알려준다. 이 점을 통해 우리는 성 아우구스티누스 및 다른 고대인들보다 더 쉽게 악에 대한 선의 우위를 주장할 수 있다.

58. 실제로 우리의 지구는 하나의 태양의 위성에 불과하며 항성들이 존재하는 만큼의 태양들이 존재한다. 모든 항성들 너머에 매우 큰 공간이 존재한다고 생각해야 한다. 그렇기 때문에 이 태양들에 혹은 더 정확히는 태양들 너머의 이 영역들에 축복받은 피조물들이 거주하지 않을 이유가 없다. 게다가 행성들 또한 낙원과 같은 축복받은 거주지일 수 있거나 그렇게 될 수 있을 것이다. 축복받은 이들의 천상에 대해 그리스도는 "내 아버지의 집에는 거할 곳이 많다"라고 적절하게 말했다. 비록 축복받은 이들의 거주지에 대해 아무것도 확실하게 단언할 수는 없지만 신학자들은 축복받은 이들의 천상을 천국이라고 명명하며 그것을 별과 태양들 너머에 위치시킨다. 게다가 단지 가시적 세계에도 이성적 피조물들을 위한 많은 거주지가 있으며 그중 더 행복하거나 덜 행복한 곳이 있다는 것도 그럴듯한 사실이다.

59. 그러므로 영겁의 벌을 받은 사람의 수가 많다는 논거는 우리의 무지에 근거할 뿐이며 앞에서 내가 제시한 단 하나의 대답을 통해 파괴된다. 즉 우리가 모든 것을 통찰할 수 있다면 신이 행한 것보다 더 좋은 그 무엇도 소망할 수조차 없다는 사실이 드러날 것이다. 또한 영겁의 벌을 받은 자들의 벌이 지속되는 것은 그들이 악행을 고수하기 때문이다. 탁월한 신

∵

777) 제1부, 91절 참조.

학자인 페흐티우스[778]는 영겁의 벌을 받은 자들의 상태에 관한 탁월한 저작에서, 마치 신에게 본질적인 정의(正義)가 혹시나 중단될 수 있는 것처럼 내세에서 죄를 벌하는 것이 마땅하다는 점을 부정하는 사람들을 적절하게 논박한다.

60. 마지막으로 가장 심각한 난점은 **신의 성스러움**, 즉 다른 존재들의 도덕적 선과 악에 관계된 신의 완전성과 관련이 있다. 성스러움으로 인해 신은 더욱이 타인들의 덕을 사랑하고 그들의 악덕을 증오하며 죄의 오염과 접촉을 멀리한다. 그럼에도 전능한 신의 왕국 한가운데서도 사방에 범죄가 횡행한다. 이에 대한 모든 난점은 신의 빛의 도움으로 현세에서도 극복 가능하다. 그래서 경건하고 신을 사랑하는 이들은 이 점과 관련하여 필요한 만큼 만족할 수 있다.

61. 신은 죄에 지나치게 협력하고 인간은 죄에 충분히 협력하지 않는다는 논박이 있는 것이 사실이다. 이 논박에 따르면 신은 죄에 대한 생산적이고 허용적인 의지를 통해 물리적이고 도덕적으로 **지나치게 도덕적 악에 협력**한다고 한다.

62. 신이 행동을 통해 죄에 협력하지 않고 단지 죄를 허용할 때도, 즉 죄를 막을 수 있음에도 그렇게 하지 않을 때 죄에 대한 도덕적 협력이 일어난다는 사실이 강조된다.

∴

778) 주 537 참조.

63. 그러나 계속되는 논박에 따르면, 실제로 신은 동시에 도덕적으로 그리고 물리적으로 죄에 협력한다고 한다. 신은 죄인들을 막지 않을 뿐 아니라, 그들에게 힘과 기회를 제공함으로써 일정한 방식으로 그들을 돕기 때문이라는 것이다. 신은 악인들을 강퍅하게 하고 부추긴다는 성서의 말이 이로부터 나오는 것이다.

64. 이로부터 몇몇 사람들은 신이 도덕적으로나 물리적으로 혹은 두 가지 모두의 방식으로 죄의 공모자이거나 심지어 주모자라고 대범하게 결론을 내린다. 그런 식으로 그들은 신의 성스러움·정의(正義)·선을 파괴하는 것이다.

65. 다른 사람들은 전지와 전능, 한마디로 신의 위대함을 파괴하기를 선호한다. 그들은 악을 모르거나 악에 대해 전혀 무관심한 존재로 신을 표상하거나 혹은 악의 기세에 저항할 능력이 없는 존재로 표상한다. 이러한 것이 에피쿠로스주의자나 마니교주의자들[779]의 견해였다. 소치니주의자들은 다소 완화된 방식이기는 하지만 이와 비슷한 점을 가르친다. 그들은 신의 성스러움을 오염시키지 않고자 한 점에서는 일리가 있지만 신의 다른 완전성을 무시하는 잘못을 범한다.

66. 우선 **허용을 통한 도덕적 협력**에 대해 답하려면 앞에서 내가 말하기 시작한 것을 이어가야 한다. 즉 죄의 허용이 의무적일 때(즉 도덕적으로 필연적일 때) 그것은 합법적이다(즉 도덕적으로 가능하다). 우리 스스로 악

779) 주 27 참조.

행을 저지르지 않고서는, 즉 타인과 우리 자신에게 지켜야 할 일을 위반하지 않고서는 타인의 죄를 막을 수 없을 때 죄의 허용은 합법적이다. 예를 들어 초소에 배치된 병사는 결투를 준비하는 두 친구의 싸움을 말리려고 특히 위험한 상황에 놓인 초소를 떠나서는 안 된다(앞의 제36절도 볼 것). 신이 어떤 것을 해야 할 의무가 있다고 할 때 우리는 이것을 인간적 방식이 아니라 신에게 적합한 방식으로서 이해한다. 신이 다르게 행동함으로써 자신의 완전성을 손상시키는 경우라면 신은 의무를 지켜야 하는 것이다.

67. 게다가 신이 최선의 보편적 계열(그 안에 죄가 개입된 계열)을 선택하지 않았다면 그는 피조물들의 죄보다 더 나쁜 어떤 것을 용인하게 되었을 것이다. 신은 자기 고유의 완전성과 나아가 나머지의 완전성도 손상시키게 되었을 것이다. 실제로 신의 완전성은 가장 완전한 것을 선택하지 않을 수 없다. 덜 좋은 것은 악과 같기 때문이다. 신이 무능력으로 고통받거나, 그의 지성이 그를 속이거나, 그의 의지가 과오를 범한다면 신은 존재하지 않을 것이고 또한 아무것도 존재하지 않을 것이다.

68. 죄에 대한 물리적 협력 때문에 몇몇 사람들은 신을 죄의 원인이자 주모자로 간주했다. 이로부터 죄의 악은 신의 생산적 의지의 대상이기도 하다는 결론이 도출될 것이다. 에피쿠로스주의자와 마니교주의자들이 우리를 공격하는 것은 바로 이러한 측면을 통해서다. 그러나 이 점에서도 우리의 정신을 밝혀주는 신은 경건하고 진리에 열중하는 영혼을 통해 자신을 변호한다. 그러므로 나는 죄의 형상이 아닌 질료에 대한 신의 협력, 즉 악에 존재하는 선에 대한 신의 협력이 무엇인지 설명할 것이다.

69. 실제로 피조물 및 그들의 선하고 악한 행동에서 완전성과 순수하게 적극적인 실재에 속한 그 어떤 것도 신이 아닌 다른 것에 기인하지 않는다고 답해야 한다. 그러나 행위의 불완전성은 결핍에 있으며 피조물들의 근원적 제약성에서 유래한다고 답해야 한다. 이 제약성은 피조물들의 본질에 속하며 순수한 가능성의 상태(즉 영원한 진리의 영역과 신의 지성에 현전하는 관념)에서 이미 그들에게 내재되어 있다. 제약이 없는 것은 피조물이 아니라 신일 것이기 때문이다.[780] 피조물이 제약되었다고 말하는 것은 신의 위대함, 능력, 지식 그리고 신이 가질 수 있는 다른 모든 완전성에 제약과 한계가 있기 때문이다. 따라서 악의 근원은 필연적이다. 하지만 악의 산출은 우연적이다. 달리 말하면, 악이 가능한 것은 필연적이지만 악이 현실적인 것은 우연적이다.[781] 그럼에도 사물들의 조화에 근거하여 우연적이지 않은 것이 잠재태에서 현실태로 이행하는데, 이는 그 우연적이지 않은 것이 자신이 부분으로 속한 사물들의 최선의 계열과 합치하기 때문이다.

70. 성 아우구스티누스, 토마스 아퀴나스, 루비누스[782] 그리고 고대와

∴

---

780) (옮긴이) 이미 여러 번 강조한 것처럼, 신이 다른 신을 창조할 수는 없기 때문에 피조물들은 신보다 불완전할 수밖에 없다는 논의는 악의 문제를 논하기 위한 핵심축이다.

781) (옮긴이) 피조물의 근원적 제약성에서 비롯되는 형이상학적 악은 필연적이지만, 그렇다고 해서 그 악이 반드시 산출되는 것은 아니다. 피조물은 그러한 제약성에도 불구하고 도덕적으로 신의 명령에 따라 살 수 있고 따라서 도덕적 악에서 비롯되는 물리적 악도 원칙적으로는 피할 수 있기 때문이다. 피조물이 일단 도덕적 악을 저지를 경우 그 근원은 형이상학적 악에서 찾아야 한다.

782) 아일라르두스 루비누스(Eilhardus Lubinus, 1565~1621)라 불리는 아일라르트 뤼벤(Eilart Lübben)은 문헌학자, 수학자이며 칼뱅주의를 해독하는 신학자다. 『빛의 문, 제일 원인과 악의 본성에 관한 초형이상학적 논고』(1596)를 썼다. 이 저작에서 그는 악을 비존재와 동일시한다.

현대의 여러 사람들의 견해를 따라 내가 악의 본성을 결핍이라고 말하는 것은 많은 이들에게 공허해 보이거나 적어도 매우 모호해 보일 것이다. 그러므로 나는 자연 자체에서 끌어낸 예를 통해 그것을 이해시킴으로써 그보다 더 견고한 것은 없다는 사실을 밝힐 것이다. 이를 위해 나는 감각적이고 물질적인 것을 유비로서 내세울 것이다. 그것은 역시 결핍의 본성을 가지고 있는 것으로서, 자연에 대한 뛰어난 탐구자인 케플러에 의해 **자연적 관성**으로 명명된 것이다.

71. 쉬운 예를 사용하자면 다음과 같다. 작은 배들이 강물에 실려 갈 때 강물은 배들에게 속도를 전달한다. 이 속도는 배들 고유의 관성에 의해 제약된다. 모든 상황이 동일할 경우 짐을 가장 많이 실은 배가 가장 느리게 나아간다. 여기서 빠름은 강물에서 비롯되며 지체는 짐에서 비롯된다. 적극적인 것은 운동 전달자의 힘에서 비롯되고 결핍은 동체의 관성에서 비롯된다.

72. 같은 방식으로 우리는 신이 피조물들에게 완전성을 부여하지만 이 완전성은 그들 고유의 수용성에 의해 제약된 것이라고 말해야 한다. 따라서 선은 신의 에너지에서 유래하며 악은 피조물의 무능력에서 유래할 것이다.

73. 따라서 신으로, 즉 최상의 선으로 향해야 하는 정신이 관성에 의해 피조물들에 집착할 때마다 지성은 주의력의 결함으로 자주 실수를 할 것이고 의지는 민첩성의 결함으로 자주 힘을 잃게 될 것이다.

74. 지금까지 신이 지나치게 악에 협력한다고 생각하는 이들에게 답을

제시했다. 이제는 다시 신에게 잘못을 돌릴 수 있기 위해서, 인간이 악에 충분히 협력하지 않으며 혹은 인간이 죄를 지을 때 그 책임이 충분하지 않다고 말하는 이들에게 답을 제시해야 한다. 우리의 반대자들은 때로는 인간 본성의 무력함에 근거하거나 때로는 우리의 본성이 필요로 하는 신의 은총의 결함에 근거함으로써 이 점을 확립하려고 노력한다. 그러므로 나는 인간의 본성에서 한편으로는 타락을, 다른 한편으로는 그 순결함의 상태에서부터 지닌 신의 이미지의 흔적을 고찰하겠다.

75. 인간의 타락에 관해서는 그 기원과 구성을 살펴볼 것이다. 타락의 기원은 한편으로는 최초의 조상[783]이 지은 원죄에 있으며 다른 한편으로는 죄의 증식에 있다. 원죄와 관련해서는 그 원인과 본성을 검토해야 한다.

76. 신은 원죄의 원인, 즉 인간이 타락하게 된 이유를 알았으며 타락을 허용하고 그것에 협력했지만 그 원인을 신의 속성에 속하는 정의(正義)와 성스러움을 배제하게 될 그의 어떤 전제적 권력에서 찾아서는 안 된다. 이러한 점은 만일 신이 법도 정의도 전혀 고려하지 않았다면 실제로 사실이 될 것이다.

77. 신이 선과 악, 정의와 불의를 마치 자의적으로 확립한 것처럼 이것들에 대한 신의 무차별성에서 원죄의 원인을 찾아서도 안 된다. 그러한 점을 인정한다면 신은 동일한 권리와 동일한 이유로, 즉 아무 권리도 이유도 없이 아무것이나 확립할 수 있었으리라는 결론이 도출될 것이기 때문이다.

∴

783) 최초로 만들어진 이들, 즉 아담과 이브를 말한다.

이는 신의 정의와 심지어 그의 지혜에 대한 모든 찬양을 또다시 무화시키는 일이 될 것이다. 이 경우 신의 행동에는 선택도 전혀 없고 선택의 근거도 전혀 없을 것이기 때문이다.

78. 그렇다고 원죄의 원인을 전혀 성스럽지도 않고 사랑할 만하지도 않은 정체불명의 신의 의지에 관계시켜서도 안 된다. 신이 자신의 위대함에 대한 영광 외에는 아무 관심도 없고 선성도 없이 또 잔인한 자비에 의해 자비를 베풀 대상을 가지려 불행한 인간들을 만들었고, 그들을 벌주기 위해서 사악한 정의를 통해 그들이 죄인이 되기를 바랐을 것이라고 주장해서는 안 된다. 이 모든 것은 폭군에 어울리는 것이며 진정한 영광 및 완전성과는 매우 거리가 멀다. 진정한 영광과 완전성의 빛은 단지 신의 위대함뿐 아니라 그의 선에 관계되기 때문이다.

79. 그러나 원죄의 진정한 뿌리는 피조물들의 근원적 불완전성 혹은 결함에 있다. 이 불완전성으로 인해 죄는 앞에서 내가 말했던 사물들의 가능한 최상의 계열에 포함되었던 것이다. 이로부터 원죄는 신의 덕과 지혜에도 불구하고 적법하게 허용된 것이며, 게다가 신의 덕과 지혜에 손상을 가하지 않는 가운데 허용될 수밖에 없었던 것이다.

80. 원죄의 본성은 벨이 생각하는 것처럼, 신이 아담의 죄에 대한 벌로서 그의 후손도 함께 죄를 짓도록 그를 정죄했고 (이러한 판결을 집행하는 차원에서) 그에게 죄를 짓는 경향의 본성을 주입했다는 의미로 생각되어서는 안 된다. 오히려 죄를 짓는 경향의 본성은 마치 물리적 연결에 의해서처럼 최초의 죄의 힘 자체로부터 따라 나온 것이다. 이는 주벽에서 많은 죄가

생겨나는 것과 마찬가지다.

81. 이어서 최초의 조상이 지은 원죄에서 유래한 **죄의 증식**이 나타난다. 이러한 죄의 증식은 후손의 영혼에 손상을 미친다. 죄의 증식은 후손의 영혼이 아담 자체에서 감염되었다고 가정하는 것보다 더 쉽게 설명될 수 없을 것 같다. 이 점을 더 제대로 이해하기 위해서는 동물과 식물의 형성이 불분명한 물질덩어리로부터 이루어진 것이 아니라, 종자 안에 잠복되어 있고 오래전부터 활성화된, 일정한 방식으로 이미 전성(前成, préformé)되어 있는 육체로부터 이루어진다는 사실이 현대의 관찰과 이론들[784]에 의해 확립되었다는 점을 알아야 한다. 이로부터 신적인 혹은 원초적인 은총의 힘에 의해, 각 종(種) 최초의 조상에게 오래전부터 모든 생명체의(적어도 동물의 경우에는 아직 불완전할지라도 동물적 형태로) 유기체적 미성물(未成物)들이 존재했고, 그들의 영혼도 일정한 방식으로 존재했다는 결론이 나온다. 이 미성물들은 모두 자신들의 성장 시기에 맞게 성장하게 될 것이다. 그렇지만 영혼 그리고 인간의 육체가 되기로 정해진 종자의 생명 원리는 최종적 수태의 결과를 통해 다른 영혼 및 생명 원리와 분리되고 동시에 유기체적 육체가 인간적 형상에 따라 배치되기 전까지는, 동일한 운명을 갖지 않은 다른 종자성 극미 동물들과 함께 감각적 본성의 단계에 머물러 있었다고 말해야 한다. 반면 인간의 형태에 따라 배치된 유기체적 육체의 영혼은 이성의 단계에 도달해 있다(나는 이것이 신의 통상적 작용에 의해서인지 특별한 작용에 의해서인지는 결정을 내리지 않겠다).[785]

∴

784) 제1부, 91절 참조.
785) (옮긴이) 라이프니츠의 전성설은 종자가 단지 두 종류의 액체가 불분명하게 섞인 것에 불과하다고 본 데카르트의 후성설과 대립된다. 전성설은 스바메르담 등의 현미경 관찰에 의

82. 이로부터 또한 내가 이성의 선재(先在)를 주장하지 않는다는 점이 드러난다. 그렇지만 선재하는 종자들에는 인간의 유기체뿐 아니라 이성 자체가, 말하자면 추후의 결과를 포함하는 날인된(signato) 행위로서[786] 신에 의해 예정되고 어느 날 산출될 준비가 되어 있다고 우리는 생각할 수 있다. 동시에 아담의 원죄에 의해 영혼에 들어온 타락은 비록 이 영혼이 아직 인간의 영혼이 아니며 나중에 이성의 단계가 그것에 첨가되어야 할지라도, 결국 죄에 대한 근원적 경향성의 힘을 갖게 된 것이라고 말할 수 있다. 게다가 최근의 발견에 따르면 생명 원리와 영혼은 아버지로부터 오는 게 아니며, 수태의 경우 어머니는 (사람들의 생각에 따르면 난자의 형태로) 일종의 피막(皮膜)과 새로운 유기체적 육체의 완성에 필요한 양분만을 제공한다.

83. 따라서 형상과 영혼들의 기원, 영혼의 비물질성, 더 나아가 한 영혼이 다른 영혼에서 생겨날 수 없도록 하는 영혼의 분할 불가능성에 관한 매우 많은 난점이 사라진다.

∴

해 발전되었는데, 라이프니츠는 말브랑슈의 설명(『진리의 탐구』, 제1권, 6장)에 주로 의거한 것으로 보인다. 말브랑슈와 마찬가지로 라이프니츠에게도 전성설은 원죄의 전달을 설명할 수단이다. 그러나 둘 사이에는 본질적 차이가 존재한다. 말브랑슈에 의하면 전성은 육체에만 적용되지만, 라이프니츠에 의하면 영혼에도 적용된다.

786) 여기서 라이프니츠는 14세기의 다양한 논리학자들이 사용한 구분을 쓰고 있다. 이 구분에 따르면 몇몇 단어들은 (부정, 배제, 술어 기능 등의) 아무 작용이나 지시하는 데 사용되는 반면 다른 단어들은 동일한 작용을 실행하는 데 사용된다. 예를 들어, 부정은 부정하는 행위를 실행하지는 않는 반면 동사 나는 부정한다(nego)는 단순히 그 행위를 지시한다. 피에르 미쇼 쾽탱(Pierre Michaut-Quantin)이 나에게 알려준 것처럼, 이 구분에 대한 설명은 던스 스코터스와 윌리엄 오컴에게서 발견된다(프란틀[Prantl]의 『서양 논리학사』, 제3권, 136쪽, 375쪽 참조). 보헨스키(Bohenski)의 『형식 논리학』, 제27절 13항과 제35절 9항에 나오는 월터 버얼리(Walter Burleigh)와 위(僞)-스코터스(Pseudo-Scotus)의 텍스트들도 볼 것.

84. 영혼의 타락에 관한 신학자들의 난점 또한 사라진다. 따라서 선재하거나 새롭게 창조된 순수한 이성적 영혼이 타락된 물질덩어리 속에 신에 의해 강제로 놓임으로써 함께 타락했다고 말할 수 없다.

85. 따라서 일종의 전달이 존재할 것이다.[787] 그러나 이는 성 아우구스티누스 및 다른 저명한 저술가들이 주장한 전달보다 좀 더 수긍할 만하다. 즉 이러한 전달은 영혼에서 영혼으로의 전달(이는 프루덴티우스[788]의 증언에서 알 수 있듯이 고대인들이 부정했으며 사물들의 본성에 부합하지 않는 전달 방식이다)이 아니라 살아 있는 존재에서 살아 있는 존재로의 전달이다.

86. 지금까지 우리의 타락의 원인에 관해서는 충분하게 말했다. 이제는 타락의 **본성**과 구성에 관해 논해보자. 우리의 타락은 **근원적 죄**와 파생적 죄에 있다. 근원적 죄는 인간들을 자연적[789] 차원에서는 나약하게 만들고 정신적 차원에서는 거듭난 사람이 되기 전까지는 죽은 상태로 있도록 할 수 있는 충분한 힘이 있다. 근원적 죄로 인해 그들의 지성은 감각적인 것을 향하고 그들의 의지는 육감적인 것을 향하게 되어서 우리는 본성상 진노의 자식들이다.[790]

87. 그러나 신의 선성을 비난하거나, 적어도 몇몇 논박을 통해 그들의

∴

787) 제1부, 86절 이하 참조.
788) 주 219 참조.
789) (옮긴이) 물질적, 육체적 차원을 말한다.
790) (옮긴이) 「에베소서」 2:3. "우리도 모두 전에는, 그들 가운데에서 육신의 정욕대로 살고, 육신과 마음이 원하는 대로 행했으며, 나머지 사람들과 마찬가지로 날 때부터 진노의 자식이었습니다."

방식으로 신의 선성을 모호하게 만드는 벨 및 다른 반대자들과 함께 (세례 없이 교회 밖에서 죽은 아이들처럼) 이성을 충분히 사용하기도 전에 근원적 죄에 예속된 채 현재의 죄도 없이 죽는 이들이 필연적으로 영원한 불덩이에 떨어진다고 인정해서는 안 된다. 이 같은 경우는 창조자의 자비에 맡기는 것이 적합하기 때문이다.

88. 이 점에 관해서 나는 이러한 견해로 자주 기울었던 요한 휠스만,[791] 요한 아담 오지안더, 아우크스부르크 종파의 다른 몇몇 저명한 신학자들의 절제를 높이 평가한다.

89. 뒤에서 내가 이야기할 신적 이미지의 불꽃이 완전히 꺼진 것이 아니기 때문이다. 신의 선재적 은총[792]을 통해 이 불꽃은 다시 정신적 존재들에 점화될 수 있다. 그렇지만 그와 같은 점화를 통해 그들이 회개를 하게 되는 것은 오직 은총에 의해서만 가능하다.

90. 그러나 근원적 죄는 인류의 타락된 다수를 신의 보편적 호의에서 전적으로 벗어나도록 하지도 않는다. 비록 세계가 악에 빠져 있더라도 신은 이 세계를 지극히 사랑하여서 인간들을 대속하도록 독생자를 냈기 때문이다.

∴

791) 휠스만에 관해서는 주 694 참조. 요한 아담 오지안더(Johann Adam Osiander, 1622~1697)는 독일의 루터주의 신학자로서 튀빙겐대학의 총장이며 데카르트주의의 반대자로서 유명하다.
792) (옮긴이) "선재적 은총(grâce prévenante)"은 '선행적(先行的) 은총'이라 불리기도 하는 것으로, 인간의 자유의사를 속박하지 않고 먼저 다가오는 은총이라는 의미를 갖는다. 즉 우리의 믿음보다 앞선 신의 은총으로서 우리를 회개로 이끄는 신의 은총이다.

91. **파생적 죄**는 현실적 죄와 습관적 죄로 나뉜다. 타락은 이 두 형태로 실행된다. 그 결과로 타락은 그 정도와 양태가 변화하며 다양한 방식으로 행동에서 나타난다.

92. **현실적 죄**는 단지 내적 행동에 있거나, 내적 행동과 외적 행동으로 조합된 행동에 있다. 현실적 죄는 때로는 과실의 죄이고 때로는 태만의 죄다. 현실적 죄는 때로는 우리의 본성의 나약함으로 인한 잘못이고 때로는 정신의 악의로 인한 사악함이다.

93. **습관적 죄**는 인상들의 다수성과 강도(強度)로 인해 반복적이거나 적어도 뚜렷하게 악한 행동에 있다. 그리고 습관적 악행 때문에 악의의 등급이 근원적 타락에 추가된다.

94. 그럼에도 비록 죄의 이러한 예속이 거듭나지 않은 자의 삶 전체에 퍼진다고 해도, 거듭나지 않은 자들의 행동이 진정으로 유덕하거나 심지어 순결한 적이 결코 없으며 본질적으로 죄의 경향만 있다고 주장해서는 안 된다.

95. 실제로 거듭나지 않은 사람들조차도 시민으로서 일할 때 올바른 이성의 추동력으로 때때로 덕과 공공선에 대한 사랑에 의해 행동할 수 있으며, 더 나아가 야심, 개인적 이익이나 육체적 정념의 의도도 전혀 없이 신에 대한 존경을 통해 행동할 수 있다.

96. 그럼에도 항상 그들의 행동은 오염된 근원에서 유래하며 (때때로 단

지 습관적인 방식일지라도) 악한 것이 섞여 있다.

97. 게다가 인간의 아무리 큰 타락과 부패도, 마치 그가 충분히 자발적이고 자유롭게 행동하지 않은 것처럼 그를 용서받을 만하게 만들거나 잘못에서 면해줄 정도는 아니다.[793] 실제로 죄인들의 처벌에서 신의 정의(正義)가 온전하게 유지되도록 해주는 신의 이미지의 흔적은 남아 있다.

98. 신의 이미지의 흔적은 한편으로는 지성의 본래적 빛에 있고 다른 한편으로는 의지의 생래적 자유에 있다. 지성의 본래적 빛과 의지의 생래적 자유는 유덕한 행동이나 악덕한 행동을 위해, 즉 우리가 행하는 것을 우리가 알고 원하기 위해 필요하다. 그리고 충분히 신경만 쓴다면 우리는 우리 자신이 저지르고 있는 죄를 삼갈 수 있을 것이다.

99. 본래적 빛은 한편으로는 복합적이지 않은 관념에 있고 다른 한편으로는 이 관념들에서 생기는 복합적 개념들에 있다. 그렇기 때문에 신과 신의 영원한 법은 비록 인간들의 부주의와 감각적인 것에 대한 욕망에 의해 자주 모호해진다고 해도 우리의 마음에 새겨져 있는 것이다.

100. 최근의 몇몇 작가의 주장과 반대로 본래적 빛은 한편으로 신법이 우리의 마음에 새겨져 있음을 증언하는 성서에 의해 입증되며, 다른 한편으로는 필연적 진리가 감각으로부터의 귀납적 추리가 아니라 오직 정신에

∴

793) (옮긴이) 타락과 부패가 너무 커서 필연적인 것으로 간주되는 상태를 말한다. 이 경우 우리는 자유롭게 행동한 것이 아닌 만큼 죄가 없게 될 것이다. 하지만 그러한 정도의 타락과 부패는 없다는 점을 라이프니츠는 강조하고 있다.

뿌리 내린 원리들에 의해서 증명될 수 있다는 사실로부터 이성에 의해 입증된다. 실제로 개별적 사물들로부터의 귀납적 추리는 결코 보편적 필연성을 제공하지 않는다.

101. **자유** 역시 아무리 큰 인간의 타락에서도 온전히 유지된다. 따라서 비록 인간이 죄를 지을 것이라는 점은 의심할 수 없지만, 그가 저지르는 죄의 행위는 결코 필연적인 것이 아니다.

102. 자유는 강제뿐 아니라 필연성에서도 면제되어 있다. 진리에 대한 미래의 실현도, 신의 예지와 예정도, 사물들의 성향도 **필연성**을 확립하지 못한다.

103. **미래의 실현**이 필연성을 확립하지 못하는 이유는 다음과 같다. 실제로 우연적인 미래의 사건들의 진리가 결정되었을지라도 객관적 확실성, 혹은 그 사건들 안에 있는 진리의 무오류에 대한 결정은 그 어떤 방식으로도 필연성과 혼동되어서는 안 된다.

104. **신의 예지나 예정**은 비록 무오류이지만 **그것들도 역시 필연성을 부과하지** 않는다. 실제로 신은 사물들이 존재하게 될 모습 자체를 가능한 것들의 관념적 계열 속에서 보았으며 그들 중 자유롭게 죄를 짓는 인간을 보았다. 그리고 신은 그 계열의 현존을 결정하면서 사물의 본성을 바꾸지 않았으며 우연적이었던 것을 필연적인 것으로 만들지도 않았다.

105. **사물들의 성향** 혹은 원인들의 계열도 자유에 손상을 주지 않는다.

실제로 이유를 설명할 수 없는 일은 전혀 일어나지 않는다고 해도, 그리고 (마치 자유로운 실체 안에서 또 그 외부에서, 모든 것이 서로 대립되는 양쪽에 대해 동일한 방식으로 반응하는 것처럼) 평형의 무차별성이 전혀 존재하지 않는다고 해도, 혹은 더 정확히 말하자면 몇몇 사람들이 예정이라고 부르는 준비 과정이 작용 원인과 협력 원인에 존재한다고 해도, 그러한 결정은 단지 경향성을 가질 뿐 필연적인 것은 아니며 따라서 일정한 무차별성[794]이나 우연성은 항상 온전히 유지된다고 말해야 한다. 우리 안에는 행동이 필연적으로 도출되도록 하는 정도의 큰 정념이나 욕망은 존재하지 않는다. 인간은 분노나 갈증 혹은 유사한 원인에 의해 강력하게 자극되더라도 정신을 잃지 않는 한 충동에 저항할 어떤 이유를 항상 찾아낼 수 있다. 이를 위해서는 자유를 사용하고 정념에 대해 힘을 발휘해야 한다고 생각하는 것만으로도 때로는 충분하다.

106. 따라서 원인에 의한 예정이나 성향은 내가 서술한 바 그대로의 필연성, 즉 우연이나 자유 혹은 도덕성과 대립되는 필연성을 일으킨다고 할 수 없다. 반대로 터키인들은 원인에 대해 고려하지 않으며, 기독교인 및 양식 있는 모든 사람은 결과를 원인에서 도출한다는 점에서 마호메트적 숙명과 기독교적 숙명이 구분되고 부조리한 숙명과 이성적 숙명이 구분된다.

107. 전하는 바에 따르면, 실제로 터키인들은 (비록 그들 모두가 그 정도로

⁘

794) (옮긴이) 라이프니츠는 자유의 준비 단계로서 최소한의 무차별성, 비결정 혹은 무관심의 순간은 인정하지만 평형의 무차별성은 단호히 부정한다.

미쳤다고 믿는 힘들겠지만) 흑사병 및 다른 악을 피하려고 하는 것은 부질없는 짓이라고 생각한다. 그리고 그 이유는 일어나야 할 일이나 혹은 결정된 일은 우리가 무엇을 하든지 혹은 하지 않든지 간에 발생할 것이기 때문이라는 것이다. 이는 잘못된 것이다. 흑사병으로 확실하게 죽게 될 사람은 흑사병의 원인도 매우 확실하게 피하지 않으리라는 것을 이성이 우리에게 가르쳐 주기 때문이다. 독일 속담이 정확히 말하듯이, 죽음은 원인을 매우 확실하게 원한다. 다른 모든 사건과 관련해서도 마찬가지다(앞의 제45절도 볼 것).

108. 또한 의지적 행동에는 강제도 없다. 실제로 외부 사물들의 표상이 우리에게 많은 영향을 줄 수 있음에도 불구하고 의지적 행동은 그 원리가 행위자에게 있기 때문에 항상 자발적이다. 이 점은 지금까지 우리가 논의한 것보다 신에 의해 처음부터 육체와 영혼 사이에 예정된 조화를 통해 더 명확하게 설명된다.[795]

109. 지금까지 나는 인간 본성의 나약함을 다루었다. 이제는 신의 은총의 도움에 관해 이야기해야 할 것이다. 나의 반대자들은 인간의 잘못을 신에게 돌리기 위해 신의 은총의 도움에 결함이 있다고 논박한다. 은총은 두 가지 방식으로 생각될 수 있다. 하나는 원하는 이에게 충분한 은총이고 다른 하나는 우리로 하여금 원하도록 하는 효능이 있는 은총이다.

110. 원하는 이에게 충분한 은총에 관해 말하자면, 이는 누구에게나 주어

∷

795) (옮긴이) 예정 조화 체계에 의하면, 영혼은 외부 사물과 무관하게 신으로부터 주어진 지각을 자신 안에서 자신에 의해 펼칠 뿐이다. 영혼은 신과의 관계를 제외하고는 완전히 자족적이다.

진 은총이라고 해야 한다. 오랜 격언이 말하듯이, 자기가 할 수 있는 것을 행하는 이에게는 필요한 은총이 결코 부족한 법이 없다. 성 아우구스티누스도 그에 앞선 사람들을 따라서 강조한 것처럼, 신을 버리는 사람만이 신에게 버림받는다. 이러한 충족 은총은 말씀과 성례의 덕을 통해 주어지는 통상적인 것이거나 혹은 특별한 것인데, 이 특별한 은총은 성 바울에 대하여 신이 사용한 은총처럼 신에게 일임해야 한다.

111. 실제로 많은 민족이 구원에 관한 그리스도의 교리를 전혀 받은 적이 없으며, 그의 복음을 듣지 못한 모든 이에게 이 복음이 무익했을 것이라는 점은 그리 믿을 만하지 않다. 그리스도 자신이 이와 반대되는 것을 소돔과 관련하여 인정했기 때문이다.[796] 그렇다고 해서 우리가 그리스도 없이 구원받을 수 있거나 혹은 자연적으로 할 수 있는 모든 일을 수행하고도 영겁의 벌을 받는다는 것은 필연적인 일이 아니다. 실제로 신의 모든 방법은 우리에게 알려지지 않았으며, 그가 적어도 죽음의 순간에 있는 이들에게 특별한 방법을 통해 도움을 제공할지 우리는 알지 못한다. 단지 고넬료의 예일 뿐인지는 몰라도[797] 신에게 받은 빛을 제대로 사용한 사람들이 있다면, 그들이 아직 받지 않았기 때문에 결여된 빛은 죽음의 순간에라도 실제로 그들에게 주어지리라는 것이 확실하다고 해야 한다.

112. 실제로 충실한 신도들의 세례 받은 자녀들에게 신앙의 흔적이 전혀 안 보일지라도 아우크스부르크 종파의 신학자들이 그 자녀들에게서 일

∵

796) 「마태복음」 10:15 참조.
　(옮긴이) 소돔은 기독교 신앙으로 개종한 최초의 이방인이다.
797) 「사도행전」 10:1 참조.

종의 신앙을 인정하는 것처럼, 내가 바로 위에서 말한 사람들이 아직 기독교인이 아니더라도 그들이 평생 동안 받지 못했던 어떤 필요한 빛을 신이 임종의 순간에 특별한 방식으로 부여하지 말라는 법은 없다.

113. 그렇기 때문에 오직 외적인 복음만을 받지 못한 교회 밖 사람들은 창조자의 자비와 정의에 맡겨져야 한다. 비록 우리는 신이 누구를 도울지도 모르고 어떤 이유로 그렇게 할 수 있는지도 모르지만 말이다.

114. 그러나 **의지의 은총 자체**가, 특히 성공을 거둔 은총이 모두에게 주어지지 않는다는 점은 적어도 확실하다. 이로부터 진리의 반대자들은 신을 염세가라고 하거나 적어도 불공평하다고 비난한다. 신이 인간들의 불행을 일으키고 그들을 모두 구원할 수 있으면서도 그렇게 하지 않으며 적어도 선택받을 만한 사람들을 선택하지 않기 때문이라는 것이다.

115. 물론 신이 대부분의 사람의 악행과 영원한 불행을 오직 자신의 정의(正義)의 영광에 기여하도록 하기 위해서 그들을 창조했다면, 우리는 신의 선도, 지혜도, 나아가 진정한 정의도 찬양할 수 없을 것이다.

116. 우리와 비교하여 벌레들이 아무 가치가 없듯이 신과 비교하여 우리가 아무 가치도 없다고 반박하는 것은 아무 소용이 없다. 이러한 해명은 신의 냉혹함을 감소시키기는커녕 오히려 증가시킬 뿐이다. 만일 염려할 수도 없고 염려하기를 원하지도 않는 벌레들을 우리가 염려하지 않듯이, 신이 우리를 염려하지 않는다면 그는 인간에 대한 모든 사랑이 결여되어 있을 것이기 때문이다. 이와 반대로 작기 때문에 신의 섭리에서 벗어나는 것

도 전혀 없고, 많기 때문에 신의 섭리를 혼란하게 만드는 것도 전혀 없다. 신은 참새들을 양육하며 인간들을 사랑한다. 신은 참새들의 생존을 돌보며 가능한 만큼 인간들의 행복을 마련해준다.

117. 만일 누군가가 신의 능력이 절대적이고 그의 통치는 규칙에서 면제되어 있기 때문에 무고한 이에게 영겁의 벌을 주고 그렇게 할 권리가 있다고까지 주장한다면, 우리는 신의 정의가 어디에 있을지 알 수 없을 것이다. 혹은 최상의 악한 원리와 우리가 염세가이자 폭군으로 정당하게 규정할 수 있는 우주의 통치자 사이에 무슨 차이가 있을지 알 수 없을 것이다.

118. 실제로 그러한 신은 그의 위대함 때문에 두려움의 대상이 되어야 하겠지만 그의 선 때문에 사랑받아서는 안 될 것이다. 어쨌든 폭정 행위는 그 행위자의 능력이 아무리 크더라도 그리고 더욱이 그의 능력이 클수록 사랑이 아니라 증오를 야기한다는 점은 분명하다. 비록 공포가 그 증오의 표출을 제거한다고 해도 말이다.

119. 이러한 주인을 숭배하는 사람들은 그를 모방함으로써 자비에 등을 돌리고 냉혹함과 흉포함에 이끌릴 것이다. 그러므로 만일 어떤 사람이 그렇게 행동했다면 매우 잘못한 것이라고 인정할 수밖에 없는 행위들을 몇몇 사람들이 신의 절대적 권리의 명목으로 신에게 귀속시키는 것은 잘못된 일이다. 또한 신에게는 아무런 법도 부과되지 않는바, 다른 존재에게는 악하다고 간주되는 것이 신에게는 그렇지 않다고까지 그들이 말하는 것도 마찬가지로 잘못된 일이다.

120. 이성과 경건 그리고 신 스스로가 자신과 관련하여 우리에게 명령하는 것은 이와 완전히 다른 신앙이다. 신의 최고의 지혜와 최상의 선이 결합한 결과 신은 정의와 공정과 덕의 법칙을 모두 준수하고도 남는다. 또한 신은 모든 피조물, 특히 자신의 형상대로 만든 지성적 피조물들을 배려하며 우주에 대한 최선의 모델이 그들에게 허용하는 만큼의 행복과 덕을 산출한다. 신은 최선의 계열에서 인정될 수밖에 없는 악덕과 불행만을 용인한다.

121. 무한한 신 자신의 관점에서는 우리가 아무 가치 없어 보일 때도 자신에 비해 무한히 열등한 존재들을 매우 완전한 방식으로 배려할 수 있다는 것이야말로 그의 무한한 지혜의 특권이다. 이 열등한 존재들은 비록 설정 가능한 어떠한 비율로도 신과 관련되지 않지만 그들 서로 간에는 비례가 있으며 신이 그들 안에 확립해놓은 질서를 실현한다.

122. 이러한 점에서 기하학자들은 무한소의 새로운 분석 덕분에 일정한 방식으로 신을 모방한다. 무한소의 새로운 분석을 통해 그들은 무한히 작고 설정 불가능한 양들 간의 상호 비교에서, 설정 가능한 크기들 자체에서 우리가 생각할 수 있는 것보다 중요하고 유용한 결론을 도출해내기 때문이다.

123. 그러므로 나는 철저하게 추악한 염세주의를 배척하고 신에 대한 최상의 **박애주의**[798]를 정당하게 옹호한다. 신은 모두가 진리를 식별해내고 덕을 위해 죄를 버리고 구원받기를 진지하게 원했으며 은총의 여러 도움을

⁚⁚

---

798) (옮긴이) 라이프니츠는 낙관론(optimisme) 대신에 염세주의(misanthropie)에 대응되는 박애주의(philanthropie)라는 용어를 쓰고 있다. 낙관론이 보다 존재론적 차원의 용어라면 박애주의는 보다 도덕적 차원의 용어라고 하겠다.

통해 자신의 의지를 드러냈기 때문이다. 신이 원한 것이 항상 실현되지는 않는다면 그 원인은 오로지 인간들의 악의적 저항 탓으로 돌려야 한다.

124. 그런데 사람들은 신의 최상의 능력이 이러한 저항을 물리칠 수 있었을 것이라고 사람들은 말할 것이다. 나는 이 점에 동의한다고 답하겠다. 그러나 어떠한 법도 신이 그렇게 하도록 강제하지 않으며 어떠한 다른 이유도 신이 그렇게 하도록 요청하지 않는다.

125. 사람들은 우리가 정당하게 신에게 귀속시키는 것과 같은 위대한 선의는 그것이 행해야 했던 것을 넘어섰어야 한다고 다시 반박할 것이며, 그뿐 아니라 완전히 선한 신은 자기 고유의 본성의 선성 자체를 통해서라도 완전히 선한 것을 행할 의무가 있다고 반박할 것이다.

126. 결국 이 부분과 관련해서는 성 바울과 함께 최상의 지혜의 보고(寶庫)에 의거해야 한다. 분명히 최상의 지혜는 신이 법도 기준도 없이 사물들의 질서와 본성을 손상하고 보편적 조화가 교란되며 사물들의 최선의 계열과 다른 계열이 선택되는 것을 허용하지 않았을 것이다. 그런데 이 최선의 계열 안에는 모두에게 자유가 주어졌고 이로부터 몇몇 사람들은 사악함에 빠져 있다는 사실이 포함되어 있었다. 이 점은 바로 그러한 식으로 일이 일어났다는 사실로부터 이미 우리가 내리는 결론이다.[799) 제142절도 볼 것.

127. 그러나 은총이 모두에게서 승리를 거두지는 못한다고 하더라도 신의 보편적 박애주의, 즉 모든 사람을 구원하려는 신의 의지는 영겁의 벌을 받은 사람들까지 포함한 모든 사람에게 충분히 또 많은 경우 과분할 정도

로까지 제공된 그의 도움에서 찬란하게 드러난다.

128. 게다가 은총이 온전한 결과를 낳을 때 그 고유의 본성에 의해 그렇게 온전한 결과를 낳는 것이, 즉 은총이 그 자체로 유효한 것이 왜 필연적인 일인지 나는 모르겠다. 같은 정도의 은총에 의해 어떤 사람에게서 산출되는 결과가 다른 사람의 저항이나 환경 때문에 그 사람에게서는 산출되지 못하는 일이 가능하기 때문이다. 승리의 은총이 매우 강력한 모든 저항을 물리치고 환경의 모든 장애물보다 우세해야 할 정도로 항상 강하다는 점을 이성에 의해서나 계시에 의해서 어떻게 입증할 수 있는지도 나는 모르겠다. 현자는 쓸데없는 데 힘을 쓰지 않는다.

129. 그러나 나는 신이 가장 큰 방해와 가장 강력한 완고함에 맞서서 그런 승리의 은총을 사용하는 일이 때때로 발생한다는 것을 부정하지 않는다. 비록 이 점에 대해 규칙을 정해야 하는 것은 아니지만 우리는 그 누구에 대해서도 그 사람이 절망해야 한다고 생각해서는 안 되기 때문이다.

130. (경험이 무엇을 말해주든지 간에) 일시적인 신앙만을 가졌던 사람들은 모두 세례, 성찬식 그리고 일반적으로는 말씀과 성례의 영적 도움을 받지 못하도록 운명 지워진 위선자들인 것처럼 선택받은 이들에게만 은총, 신

∴

799) (옮긴이) 라이프니츠에 따르면, 일단 최선의 세계가 인정되고 나면 발생하는 모든 사건에 대해서는 낙관적으로 바라봐야 한다. 악이 허용된 것은 최선의 구도에 악이 포함되어 있기 때문이다. 라이프니츠가 자주 쓰는 표현대로 말하면 신이 그렇게 했기 때문에 잘된 것이다. 즉 신은 사건을 통해 자신의 계획을 선포한다. 물론 이러한 라이프니츠의 관점은 현실 순응주의라고 비판받을 수 있겠지만, 우리를 미래로 향하도록 인도함으로써 과거에 대한 집착에서 해방시켜주는 것이 사실이다.

앙, 죄의 사면, 거듭남을 귀속시키는 것은 훨씬 더 심각한 오류다. 혹은 일단 죄가 사면된 선택받은 사람은 범죄, 즉 심사숙고된 죄에 결코 다시 빠질 수 없다고 하는 것도 마찬가지의 오류다. 혹은 다른 사람들이 선호하는 견해로서, 선택받은 이가 범죄의 한가운데에서도 거듭남에 대한 은총을 상실하지 않는다고 하는 것도 마찬가지의 오류다. 그들은 신도에게 최종적 신앙에 대한 굳은 확신을 요구하곤 하는 반면, 영겁의 벌을 받은 이들에게는 최종적 신앙이 부여되었다는 점을 부정하거나 거짓된 어떤 것을 믿도록 명령받았다고 주장한다.[800]

131. 그러나 더욱 엄격한 의미로 이해된 이 학설은 자의적이고 아무 근거도 없으며 고대 교회 및 심지어 성 아우구스티누스의 견해와도 완전히 다른 것이지만, 그럼에도 실제 삶에 영향을 미칠 수 있다. 이 학설은 악인에게도

..

800) (옮긴이) "최종적 신앙"은 사람이 죽기 직전의 혹은 죽는 순간까지의 신앙을 말한다. 이 절에서는 칼뱅의 예정론이 진단되고 있다. 라이프니츠는 루터주의 개혁파 교회들의 결합을 위해 칼뱅의 관점을 공격했다. 라이프니츠에 따르면, 무슨 이유로 신이 구원을 위해 특정한 개인을 선택했는지 상세한 이유를 묻는 것은 비합리적인 일이다. 그럼에도 신의 선택에는 깊은 이유가 있다고 생각해야 하며, 칼뱅이 말하는 것처럼 이 선택이 이유가 없는 "절대적 결정"이라고 믿어서는 안 된다. 라이프니츠는 『형이상학 논고』 제31절에서 성 바울에 의거하면서 칼뱅과 대립되는 관점을 명확히 보여준다. "…… 모든 다른 가능한 인물들 중에서 그들을 선택하는 것이 왜 신의 마음에 들었는가 하는 저 크고 유일한 문제와 관련해서는, 그에 대해 상세한 것을 인식하는 것은 우리의 능력을 넘어서지만, …… 이유가 존재하지 않기 때문에 비이성적인 절대적 결정, 또는 난점을 해소하지 못하고 또다시 다른 근거를 필요로 하는 근거들로 되돌아가는 대신에, 이에 대해서는 성 바울이 말한 바와 같이, 유한한 인간은 알 수 없으며 일반적인 질서에 근거해 있고 그의 목적은 우주의 가장 큰 완전성인, 신이 따르는 지혜 또는 일치의 어떤 중요한 근거들이 존재한다고 말하는 것이 최선의 방책이 될 것이다. 여기에 신의 영광의 동기와 그의 정의 및 자비 그리고 일반적으로 그의 완전성에 대한 계시의 동기, 그리고 끝으로 성 바울의 영혼을 매혹할 측량할 수 없는 풍부함의 깊이에 대한 동기가 기초를 두고 있다."

미래의 구원에 대한 경솔한 확신을 생겨나게 하며 경건한 이에게는 그가 현재 은총에 받아들여졌는지에 대해 불안한 의심을 생겨나게 한다. 이 두 경우 과도한 안심과 과도한 절망감의 위험이 있다. 그렇기 때문에 나는 **전제주의** 다음으로 이러한 종류의 특별 은총론을 가장 강력하게 만류할 것이다.

132. 다행히 신학자들은 대부분 이 위대하고 역설적인 새로운 학설의 엄격함을 완화하며, 아직 남아 있는 이 위험한 학설의 옹호자들은 순수한 이론에 갇혀 있고 실천과 관련된 악한 귀결을 용납하지는 않는다. 그들 중 경건한 사람들은 그들의 교리보다 더 좋은 교리, 그리고 경외감과 사랑으로 가득 찬 신뢰에 부합하는 방식으로 구원을 위해 노력한다.

133. 현재 우리 안에서 일어나는 일을 의식하고 있는 한 우리는 우리 안에 현전하는 신앙, 은총, 의인(義認, justificatio)[801]에 대해 확신할 수 있다. 서 있는 사람은 넘어지지 않도록 주의해야 한다고 사도가 경고했듯이[802] 우리는 미래에 그러한 상태를 유지하려는 좋은 희망을 가지고 있다. 비록 이 희망에 근심이 섞여 있다고 해도 말이다. 그러나 우리가 선택되었다는 확신으로 경건에 대한 염려에서 벗어나는 것, 미래의 회개를 기대하는 것은 특히 우리가 피해야 한다.

134. 신의 것으로 간주된 염세주의에 반대하기 위해서는 이 정도로 충분하다. 이제는 신의 선택이 이성적 근거가 없는 것처럼 신을 **불공평하다**

∴

---

801) (옮긴이) '의인'은 '죄 사함'과 유사한 의미다. 「로마서」 3:26, 4:3, 5, 6, 9 등에 의거하여 루터가 제시한 교의다. 인간의 의로움이 신에 의해 인정받는 것을 의미한다.
802) 「고린도전서」 10:12.

고 비난하는 것 또한 정확하지 않다는 점을 제시해야 한다. 선택의 근거는 그리스도다. 그러나 몇몇 사람들이 다른 사람들보다 그리스도에게 덜 참여한다면 그 원인은 신이 그들에게 영겁의 벌을 내리면서 예견한 그들의 최종적 악의에 있는 것이다.

135. 그런데 이 점에 관해서 무슨 이유로 내적이거나 적어도 외적인 차별적 도움이 개인들에게 서로 다르게 주어지는지 다시 물을 수 있다. 차별적 도움은 어떤 사람의 악의를 물리치지만 다른 사람의 악의에는 패배하기 때문이다. 이 점과 관련하여 서로 일치하지 않는 의견들이 생겨났다. 어떤 사람들은 신이 가장 덜 악한 자들이나, 적어도 저항의 경향이 가장 약한 자들을 도왔다고 주장한다. 다른 사람들은 동일한 도움이 가장 약한 저항의 경향을 가진 자들에게서 더 큰 효능을 발휘했다고 평가한다. 이와 반대로 또 다른 사람들은 인간이 더 선한 본성이나, 적어도 덜 악한 본성의 특권을 통해서 신 앞에서 특정한 방식으로 구분된다고 주장하지 않는다.

136. 물론 현자가 선택의 근거를 위해 대상의 성질을 고려한다는 것은 의심의 여지가 없다. 그럼에도 절대적 의미에서 대상의 가치 자체가 항상 선택의 근거가 되는 것은 아니다. 사물들의 특정한 상태에 근거하여 특정한 목적과 관련된 사물의 적합성이 더욱 고려되는 경우가 자주 있다.

137. 따라서 건축물이나 장식을 위해 가장 아름답거나 귀중한 돌이 선택되지 않고 빈 공간을 가장 잘 채워주는 돌이 선택될 수 있는 것이다.

138. 그런데 가장 확실한 것은 모든 사람은 정신적으로 죽을 경우는 동

일하게 악하지만 같은 방식으로 악하지는 않다는 점을 원칙적으로 정립하는 것이다. 또한 그들은 그들의 악한 경향에 의해 서로 차이가 난다. 그로부터 사물들의 연쇄에 근거하여 보다 유리한 상황, 즉 그들의 개별적인 악행을 (적어도 결과와 관련하여) 드러낼 기회를 덜 가지며 충족 은총을 맞이할 기회를 더 많이 갖게 될 상황에 처한 이들이 선호될 것이다.

139. 그러므로 내적 은총이 모두에게 동일하다고 해도 우리의 신학자들은 적어도 구원에 대한 외적 도움과 관련해서는 인간들 사이에 상당한 차이가 있다는 점을 경험에 근거하여 또한 인정했다. 그들은 우리에게 영향을 미치는 외부 상황의 구성에 대한 문제에 관해서는 성 바울이 말하는 심오함[803]으로 피신한다. 인간들은 출생, 교육, 교제, 삶의 방식, 우발적 사건 등의 운(hasard)에 의해 사악하게 되거나 교정되는 경우가 자주 있기 때문이다.

140. 결과적으로 그리스도의 외부 그리고 우리가 그와 연결되도록 해주는 구원 상태에서 예견된 최종적 유지[804]의 외부에서는 선택이나 신앙의 선물에 대한 어떠한 근거도 우리에게 알려지지 않는다. 우리가 그 적용법을 파악할 수 있는 규칙, 즉 그것에 의거하여 인간들이 자만하거나 타인들을 비난할 수 있는 규칙을 공식화해서는 안 된다.

141. 성 바울이 자기 자신에 관해 알려주듯이, 때때로 신은 그의 자비에 대해 절망하는 사람이 아무도 없도록 하기 위해서 예사롭지 않은 악행과

∴

803) 신의 풍부함과 지혜의 심오함(「로마서」 11:33).
804) (옮긴이) 그리스도에 대한 신앙의 고수를 의미한다.

극도로 완고한 저항을 물리치기 때문이다. 때때로 오랫동안 선했던 사람들이 도중에 잘못을 범하는데, 이는 그 누구도 자기 자신을 지나치게 신뢰하지 않도록 하기 위해서다. 하지만 대부분의 경우 저항하려는 사악한 의지를 덜 가지고 진리와 선에 대해 더 염려하는 사람들이 신의 은총의 열매를 더 강력하게 경험하는데, 이는 인간들이 행동하는 방식이 그들의 구원과 전혀 관계가 없다고 생각하는 이가 아무도 없도록 하기 위해서다.

142. 그런데 이 심오함 자체는 신의 지혜의 보고(寶庫) 혹은 숨겨진 신, 그리고 (같은 말이지만) 사물들의 보편적 조화 속에 감추어져 있다. 이 보편적 조화로 인해 신은 우리가 놀라워하는 사건들과 우리가 경탄하는 심판(審判)들을 포함하는 우주의 현 계열을 최선으로, 또 다른 모든 것보다 선호할 만한 것으로 판단한다.

143. 물질세계의 무대는 현대인들의 발견을 통해 대우주와 소우주의 체계가 열리기 시작한 이래로 자연의 빛을 통해서도 현세에서 그 진기한 완전성을 점점 더 드러내준다.

144. 사물들의 가장 소중한 부분인 신국(神國)은 어느 날 신의 영광의 빛으로 계몽된 우리가 더 자세히 알 수 있도록 마침내 허용될 아름다움의 장관을 제공한다. 현재 우리는 오직 신앙의 눈을 통해서, 즉 신의 완전성에 대한 매우 견실한 신뢰를 통해서 신국에 도달할 수 있다. 우리는 신국에서 드러나는 것이 최상의 정신의 능력과 지혜일 뿐 아니라 또한 선이라는 것을 더 잘 이해할수록 신의 사랑으로 더욱 타오를 것이고 신의 선과 정의(正義)를 어느 정도 모방하지 않고서는 견딜 수 없을 것이다.

〈표 1〉

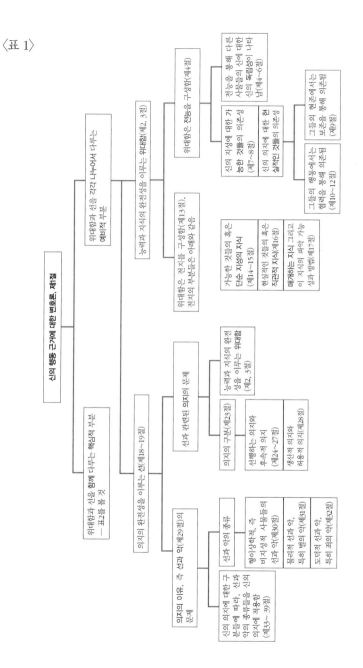

〈표 2〉

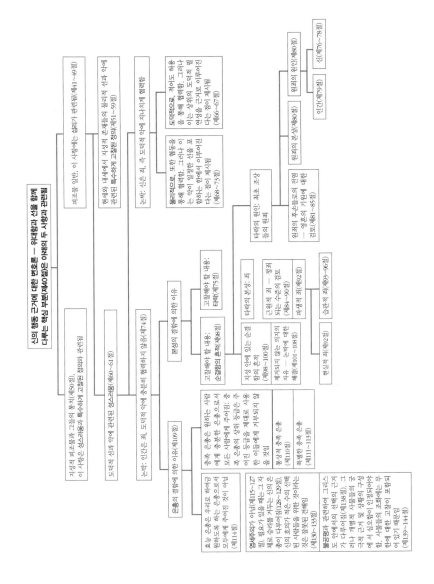

저작에 포함된 주제의 목록[805]

숫자는 저작의 절을 가리킨다. D 바로 뒤의 숫자는 「신앙과 이성의 조화에 관한 서설」의 절을 나타낸다. 주제에서 다소 벗어난 것은 목록에서 제외했다.

가능(Possible) 74; (불가능 참조); 현존을 위한 가능들의 갈등, 201.

개념(Notions) 공통 개념들은 보존되어야 한다는 것, D4, D38, D55, 177.

개별적 원리(Principe exprès) 개별적 원리는 현상들을 설명하는 데 그리 적합하지 않다는 것, 152; 악한 원리, (마니교주의자, 조로아스터 참조), D37, 26, 120, 136 이하, 152, 154, 156, 199, 379; 원리, (일반적 의지, 예외 참조); 현자는 항상 원리에 의해 행동한다는 것, 337; 귀결에서 무시된 원리들, 339.

∵

805) (옮긴이) 이 색인은 『변신론』의 초판에서는 라이프니츠가 첨부한 여러 부록에 선행하여 본문 바로 뒤에 수록되어 있다. 따라서 부록에는 적용되지 않는다. 참조의 편리성을 위해 저작의 마지막에 수록하기로 했다.

결정(Détermination) (비결정, 자유, 우연적인 것들, 확실성, 이성, 무차별성 참조); 결정적 이성은 모든 곳에서 발견된다는 것, 36, 43, 44, 48, 52, 54, 196, 201, 304 이하, 309, 360; 원인들에 의한 결정은 유용하다는 것, 369; 결정은 내부와 외부가 총체적으로 취해짐으로써 우리에게 온다는 것, 371; 이성을 통해 이루어지는 결정은 우리를 신에게 근접하게 해준다는 것, 318.

결핍(Privation) 악과 관련된 결핍, 20, 27, 32, 33, 153, 378.

고트샬크(Gottschalk) 82, 272.

규칙(Règles) (일반적 의지, 예외, 원리, 질서 참조).

기적(Miracles) (신앙 참조), 248, 249; 기적의 등급, D3; 기적은 사물들의 결정에 의해 파괴되지 않는다는 것, 54; 기적이 자연적인 것과 대립되는 부분, 207; 기적은 일반적 법칙에 의해 멈추지 않는다는 것, 354.

노예 상태(Esclavage) 자유와 대립된 노예 상태, 289, 295.

논박(Objetions) 논박들의 유용성, D26, D40; 논박에 답하는 것은 테제를 입증하는 것에 미치지 못한다는 것, D58, D72; 논박에 답하는 것이 필연적인지의 여부, D26, D40, D83; 신앙과 대립하여 가해지는 논박에 대해서 대답하는 것도 항상 가능하다는 것, D5, D24 이하, D39, D66, D68, D70.

능력(Pouvoir) 다양한 의미로 고찰됨, 282.

다양성(Variété) 선의 다양성, 다양성의 요청, 246.

데카르트(Descartes) 데카르트는 논박의 해결 불가능성을 인정하는 듯하다는 것, D68, D70; 데카르트는 자유에 관해 정확하게 말하지 않는다는 것, 50, 292; 영혼과 육체의 결합에 관한 데카르트의 견해, 60; 데카르트는 진리가 자의적이라고 주장한다는 것, 180; 데카르트는 마치 신이 죄를 원한 것처럼 말한다는 것, 164.

덕(Vertu) 덕은 완전성을 향한다는 것, 180; 인간의 덕, 15, 259; 이교도들의 덕, 283.

동기(Motifs) 신뢰성의 동기, D1, D5, D29.

루터(Luther) 철학에 관한 루터의 견해, D12; 루터는 이성에 반대하지 않는다는 것, D49, D67, D86.

르 클레르(Le Clerc) D85, 17, 188.

마니교주의자(Manichéens) 136; (악한 원리 참조).

만족(Contents) 선호할 만한 것, 15, 134, 254; 만족할 수단이 있는 경우, 255.

말브랑슈 신부(le P. Malebranche) 185, 203, 204.

모호함(Equivoque) 용어상의 모호함, 280 이하, 367.

몰리나(Molina) 30, 135.

몰리나주의자(Molinistes) 48, 330, 361, 370.

무차별성(Indifférence) (자유 참조); 302, 324; 비결정과 구분되는 무차별성, 369; 과도한 무차별성은 우리를 불쾌하게 한다는 것, 318; 평형의 무차별성의 거짓, 35, 46, 48, 132, 175, 176, 232, 303, 320, 365; 무차별성은 그 실례가 없다는 것, 367; 무차별성은 나쁘고 부조리하다는 것, 312, 무차별성의 불가능성, 313; (뷔리당 참조).

무한(Infini) D69, D70, 225; 진정한 현실적 무한, 195; 무한은 하나의 전체가 아니라는 것, 195.

물질(Matière) 물질의 관성, 30, 347; 물질의 결함, 370, 380, 382; 물질은 악의 기원이 아니라는 것, 20, 335, 379, 380.

미래의 사건들(Futurs) (우연적인 것 참조).

미래의 실현(Futurition) 36, 37.

바울(S. Paul) 성 바울은 신의 자의적 권력에 동의하지 않는다는 것, 179.

벌(Punition) 벌의 정의(正義)는 악행의 기원에 의존되지 않는다는 것, 264; 벌이 더 이상 도움이 되지 않을 때에도 벌이 내려지는지의 여부, 70, 73, 74, 126; 가능한 한 벌은 피해야 한다는 것, 125; 자연적 벌, 112, 126; 숨겨진 벌, 119.

벨(Bayle) 이성에 대한 그의 공격, D46; 이성에 대립되는 것과 이성을 넘어서는 것의 구분에 대한 그의 공격, D64; 벨의 태도 변화, D84; 벨에 대한 칭찬, D86; 벨에 대한 비판, 135; 벨의 논박, 107 이하; 벨에 대한 칭찬과 비난, 353.

보존(Conservation) (연속적 창조 참조); 27, 28, 385.

본능(Instinct) 이성과 혼합된 본능, 310; 축복받은 이들에게도 있는 본능, 310.

부분(Partie) (전체 참조); 부분과 대립되는 것은 전체와 대립된다는 것, D61.

불가능(Impossible) 다양하게 고찰된 불가능, 280 이하; 불가능은 결코 현존하지 않는 것을 포함하는지의 여부, 163, 168, 171 이하, 235.

불완전성(Imperfection) (형이상학적 악 참조); 근원적 불완전성, 20, 156, (죄와 죄의 원천 참조).

뷔리당(Buridan) 뷔리당의 당나귀, 49, 306, 307; (**평형의 무차별성** 참조).

사유(Pensées) 혼란하고 판명한 사유들, 124, 310; 어렴풋한 사유들, 311.

선(Bien) (악 참조); 선은 악이 없는 상태를 포함한다는 것, 251; 악에 숨겨져 있는 선, 260; 악에 의해 더욱 가치가 높아지는 선, 12, 13; 선이 악보다 우세한 경우, 13, 123, 148, 217, 219 이하, 251, 253, 258 이하, 262 이하; 선의 종류들, 209; (**악과 악의 종류** 참조); 형이상학적 선, 118, 119, 209.

선(Bonté) 신의 선, 116, 117; 신의 능력과 함께 부여된 선, 77, 135; (완전성 참조).

선택(Choix) 선택은 항상 그 근거가 있다는 것, 선택은 어디에나 발견된다는 것, (**결정** 참조).

선택(Election) 선택은 항상 그 이유가 있다는 것, 309, 358; 대상에 근거한 선택, 104; 선택이 신앙 때문에 이루어지는지의 여부, 83; 내세와 관련하여 우리가 식별해낼 수 있는 규칙은 발견되지 않는다는 것, 104; 자신이 선택되었다고 믿어야 하는지의 여부, 107; (**예정** 참조).

선한 사람들(Bons)　때때로 불행한 사람들, 16, 205.

세계(Monde)　(우주 참조); 세계가 필연적인지의 여부, 189; 세계에 영혼이 있지 않다는 것, 105; 가능한 세계들, 42, 413, 416; 세계는 지성적 원인에서 유래한다는 것, 354.

소치니주의(Socinianisme)　386.

소치니주의자(Sociniens)　소치니주의자들의 철학, D16; 소치니주의자들은 인과응보의 정의에 반대한다는 것, 74; 소치니주의자들은 예견을 부정한다는 것, 364.

수단(Moyen)　현자에게서 수단은 목적들의 부분을 포함한다는 것, 208, 도덕적 악은 수단이 아니라는 것; (죄 참조).

수학(Mathématique)　저작에서 사용된 수학, 8, 18, 22, 30, 212, 214, 224, 234, 241, 242, 384.

숙명(Destin)　이유에 근거한 숙명, 121, 228; 숙명은 신을 넘어서지 못한다는 것, 190, 191; 터키식의 숙명, 55, 59, 367; 숙명은 원인을 무시하고 도덕성을 파괴한다는 것, 369; (**최후 기간** 참조).

스토아주의자(Stoïciens)　217; 스토아주의자들이 주장하는 세계의 영혼, D9; 스토아주의자들은 사람들이 생각하는 것보다 필연성에 덜 동의한다는 것, 331.

스트라톤(Straton) 187, 188, 351.

스폰드라티 추기경(Cardinal Sfondrati) 11, 92.

스피노자(Spinoza) 173, 174, 372, 372, 376, 393; 영혼에 관한 스피노자의 견해, D9; 스피노자는 성서의 해석자에 대한 책의 저자가 아니라는 것, D14.

신(Dieu) (정의[正義], 협력, 결정(Décrets), 완전성, 허용, 자유, 의지, 신의 지식, 신의 지혜 참조); 신이 무한하다는 것, 225; 신은 세계의 영혼이 아니라는 것, 195, 217; 신의 현존에 대한 논박, 188; 신의 현존에 대한 증명, 7; 신은 완전성을 부여한다는 것, 377; 자연은 신 없이는 충분하지 않다는 것, 350; 신은 유일한 행위자인지의 여부, 386 이하; 신은 군주인지 아니면 원리인지의 여부, 247; 신은 그 어떤 것에서도 결정되지 않을 수 없다는 것, 337; 신은 이익을 넘어선다는 것, 217; 신에 대한 신뢰, 58; 신이 정당화되어야 하는 방식(D34 이하), 145; 신의 숨겨져 있지만 선한 이유들, 338; 숨겨진 선행들, 260; 신이 악을 원하는 방식, 23; 신은 죄의 원인이 아니라는 것, 135; 이교도에 의해 비난받은 신들, 260.

신비(Mystères) (신앙, 기적 참조); 신비들의 어떻게, D54; 종교에 신비가 존재하는지의 여부, D56; 이성에 의한 입증, D59.

신앙(Foi) 신앙은 동기가 있다는 것, (신뢰성의 **동기** 참조); 신앙은 경험과 비교된다는 것, D1; 신앙은 외형들에 의해서만 공격받는다는 것, D43; 신앙은 그럴듯함에 반(反)한다는 것, D28, D34, D79, D82, 85, 243; 신앙은 논박에 반대하여 옹호될 수 있다는 것, D5; 신앙은 실증적 진리와 물리적 필연성과만 대립된다는 것, D3; 신앙은 이성과 조화된다는 것, D1 이하 모든 곳, 61.

신의 결정(Décret de Dieu) 신의 결정과 그 질서, 3, 52, 84; 신의 결정은 필연적으로 강제하지 않는다는 것, 365; 우주를 위한 유일한 결정, 52; 절대적 결정, 182; 신의 결정은 이유들에 근거한다는 것, 79.

신의 성스러움(Sainteté de Dieu) 151; (죄가 신에게 불쾌한 방식 참조).

신의 왕국(Royaume de Dieu) 신의 왕국의 위대함, 19, 122, 130.

신의 지식(Science de Dieu) 세 종류의 신의 지식, 40 이하; 공격받은 신의 지식, 192; 매개하는 지식, 39 이하, 47, 94, 102; 그레고리우스 대(大)교황에 따른 신의 지식, 267.

신의 지혜(Sagesse de Dieu) 신의 지혜의 탁월함, 134, 179; 신의 지혜는 우리가 그것에 대해 알 수 있는 것 안에서 드러난다는 것, 134, 145; (최선 참조).

신학(Théologie) 신학과 철학의 조화, D1 이하 모든 곳, 특히 D6, D12,

D14, D17; 자연 신학과 계시 신학, 76, 115; 천문학적 신학의 상상, 18; 이성적 신학자, D14.

실체(Substance) 우유적 속성들과 구분되는 창조된 실체, 32, 390, 391, 392; 실체는 능동적으로 행동한다는 것, 393, 400; 실체는 창조에 의해서만 시작된다는 것, 396; 실체는 유기체적 육체를 갖는다는 것, 125.

아르노(Arnauld) 203, 211, 223.

아우구스티누스(S. Augustinus) 82, 283, 287, 370; 아우구스티누스의 제자라 불리는 이들, 280, 283.

아우구스티누스주의자(Augustiniens) 330.

악(Mal) 악의 기원, 1, 20; 악은 가능한 형상들에서 유래한다는 것, 20, 156, 288, 335; 가능한 형상들은 신의 의지가 아닌 지성에 있다는 것, 149, 151; 악의 원리, (악한 원리 참조); 악마가 일으킨 악, 273, 275; 악은 우리의 결함에서 온다는 것, 264; 결핍적 악, (결핍 참조); 부분에서의 악, (전체 참조); 악에 너무 주목해서는 안 된다는 것, 13, 15; 악은 필연적이지 않다는 것, 10; 더 큰 악보다 선호된 더 적은 선은 악이라는 것, 8, 194; 최선을 위해 요청된 악, 9, 145, 149, 155; 더 큰 선을 이루는 악, 10, 11, 114, 165, 211, 239, 334; 선을 숨기고 있는 악, 260; 최선과의 공존을 통해 일어나는 악, 237, 239, 336; 악이 선보다 우세한지의 여부, 13; (선[Bien] 참조); 미래의 삶에서도 악이 선보다 우세한지의 여부, 17; 과도한 쾌락은 악이라는 것, 252, 259; 악의 종류, 1, 21, 209; 도덕적 악, 물리적 악, 형이상학적 악, 241; 도덕적 악(죄 참조)은 물리적 악의 근원이라는 것, 26; 형이상학적 악, 118, 119, 209; (불완전성 참조).

악마(Diable) 이 세계의 신, 18; 악마의 능력, 136; 악마의 타락, 18; 요한계시록에서 강력하게 낙인찍힌 악마, 274; 수도자를 통한 악마의 신에 대한 태도, 271.

얀세니우스(Jansenius) 367.

어떻게(le Comment) 신비에 관하여 어떻게는 설명 불가능하다는 것, D54, 145.

에피쿠로스(Epikouros) 109, 168, 321.

연속성(Continuité) 연속성이 조합되는 방법, D70; 연속성의 법칙, 348.

연속적 창조(Création continuée) 382, 385; (보존 참조).

영겁의 벌을 받은 자(Réprouvés) 영겁의 벌을 받은 자들이 기도해야 하는 방식에 대한 몇몇 사람들의 주장, 영겁의 벌을 받은 자들을 위한 기도, 272.

영원한 벌/영겁의 벌(Damnation éternelle) 133, 266 이하; 아이들의 영원한 벌, D39, 92, 93, 283; 교육받지 않은 이들의 영겁의 벌, 95; 영겁의 벌을 받는 자들, 17, 113, 133, 270 이하.

영혼(Ame) 영혼의 기원, 86 이하; 영혼의 불멸성, D11; 영혼과 육체의 결합, 400; 육체에 대한 영혼의 영향, D55, 59 이하, 65; (예정 조화 참조); 영혼과 육체의 결합 법칙들은 자의적이 아니라는 것, 130, 352, 354; 인간의 영혼들은 모든 점에서 서로 닮지 않았다는 것, 105; 영혼들이 종자 안에 어떻게 존재하는가, 86, 397; 보편적 영혼, D7 이하, D11.

영혼들의 전달(Traduction des âmes) 영혼 참조, 88; 영혼들의 전달이 합리적인 방식, 397.

예견(Prévision) 37, 38; 예견은 필연적으로 강제하지 않는다는 것, 365; 원인들에 의한 예견, 330, 361, 368; 결정들에 의한 예견, 363.

예외(Exceptions) (개별적 의지 참조); 현자는 근원적 예외에 의해 행동하지 않고 규칙이나 원칙에 의해 행동한다는 것, 337.

예정(Prédétermination) 결정 참조.

예정(Prédestination) (결정, 예견, 원인, 선택, 최후 기간, 숙명 참조); 예정에 관한 논쟁의 근거, 78; 무상의 예정, 103, 104; 예정은 이유가 없지 않다는 것, 79, 104; 악으로의 예정이 존재하는지의 여부, 81, 82, 167.

예정된 도둑(Praedestinatus, fur praedestinatus) 저작, 167.

완전성(Perfection) 완전성은 신으로부터 유래한다는 것, 22, 29, 31, 66, 377; 기쁨 안에서 느껴지는 완전성, 357; 신의 완전성, 226; 신의 완전성의 비교, 247; 신의 선과 위대함, 능력과 지혜를 모두 유지해야 한다는 것, 333; (선[Bonté] 참조); 신의 도덕적 완전성과 형이상학적 완전성을 모두 유지해야 한다는 것, 77.

왕국/지배(Règnes) 목적 원인들의 왕국과 작용 원인들의 왕국, 247; 자연과 은총의 지배, 18; (조화 참조).

우연(Contingence) 302, 365; 우연적인 것들은 필연적 존재로부터 그들의 기원을 갖는다는 것, 7; 결정된 미래의 우연적 사건들, 36, 37; 우연적 사건들은 적합하기 때문이라는 것, 121, 122; (도덕적 필연성 참조); 조건적 우연, 41.

우주(Univers) (세계 참조), 우주의 본성, 8; 우주의 현존, 10; 우주의 크기, 19; 우주의 완전성은 증대하는지 여부, 202; 보편주의, (모두를 구원하려는 의지 참조); 교의들의 보편성, 90.

원인(Causes) 원인들의 연쇄, 43, 53, 330; 유용한 원인, 55, 369; 목적인과 작용인은 두 왕국을 이룬다는 것, 247; 기회 원인들의 체계는 기적적이라는 것, 61 이하.

위클리프(Wycliffe) 172, 235.

유기체(Organiques) 유기체들의 형성, 91; (종자 참조).

은총(Grâce) 은총의 도움들, 40, 80, 85, 113, 126, 134; 적합한 은총, (환경 참조); 은총은 필연적으로 강제하지 않는다는 것, 279; 자연보다 선호할 만한 은총, 316; 모두에게 주어진 충족 은총, 5, 95, 115, 134; 은폐된 충족 은총, 95, 283; 그 자체로 유효한 은총, 283.

의지(Volonté) (자유 참조); 의지는 즉자적 선을 향한다는 것, 154, 191, 240; 의지는 선에 의해 필연적으로 강제되지 않는다는 것, 230, (필연성 참조); 의지가 지성에 의해 결정되는지의 여부, 51, 309, 310, 311, 의지와 저울의 비교, 324, 여러 측면에서 노력을 가하는 것과 의지의 비교, 325, 의지는 원하기를 원하는지의 여부, 51, 234, 301, 326, 404; 신의 의지는 진정한 선을 향한다는 것, 8, 29, 80, 116, 149; 모두를 구원하려는 의지, 80, 133, 134 (지성적 피조물, 가능한 한 벌은 피해야 한다는 것 참조); 다양하게 고찰된 의지, 282; 충만한 의지와 덜 충만한 의지, 127, 134; 선행하는 의지와 후속적 의지, 22, 81, 114, 119, 222; 증표의 의지와 재량의 의지, 162; 신의 일반적 의지와 개별적 의지, 204 이하, 241; 신의 일반적 의지(원리 참조)는 필연적인지 여부, 358; 신의 일반적 의지는 기적을 중단시키지 않는다는 것, 354, 355; 원초적인 개별적 의지(예외 참조)는 현자에게 있지 않다는 것, 337; 개별적 의지는 항상 법칙이나 규칙에 의존된다는 것, 358.

이성/이유/근거(Raison) 진리들의 연쇄, D1; 칭찬할 이유, D80; 이성이 신앙과 조화되는 방식, D1 이하 모든 곳; 공격받은 이성, D4, D6 이하; 이성을 넘어선 것과 이성에 대립되는 것, D23, D60, D63 이하, D66; 행복은 이성을 넘어선다는 것, 316, 317; 결정적 이유는 모든 곳에서 발견된다는 것, 4, (결정 참조); 이성은 신 안에 탁월한 방식으로 있다는 것, 192; 이성적, 신학자의 종류, D14.

이해(Comprendre) 이해하는 것은 논박에 반대하여 옹호하는 것보다 어렵다는 것, D5, D57; 선험적으로 증명되는 것이 이해된다는 것, D59.

인간(Homme) 모든 것이 인간을 위한 것인지의 여부, 194, 372; (지성적 피조물 참조), 다른 지성적 동물들이 인간을 능가할 수 있다는 것, 341; 인간이 그토록 악하지는 않다는 것, 220; 인간은 더 완전해질 수 있다는 것, 341; 의지를 갖기 전에 죄가 있는지의 여부, 5; 신 앞에서 인간이 구별되는 방식, 103, 104; 인간은 덜 저항할 때 은총의 도움을 받는다는 것, 269; 소우주로서의 인간, 147; 인간의 조건에 그토록 불평을 해야 하는지의 여부, 13, 14; 매우 취약하면서 매우 지속 가능한 인간의 육체, 15.

인식(Connaissance) 인식이 산출을 위해 필요한 경우, 188, 401, 403.

자발성(Spontanéité) 34, 59, 64; 자발성은 단지 외형적인 것이 아니라는 것, 298; 자발성은 예정 조화에 의해 완전하게 된다는 것, 288 이하.

자연(Nature) 자연법칙은 자의적이지도 않고 필연적이지도 않지만 적합하다는 것, 130, 208; 자연은 신 없이는 충분하지 않다는 것, 350.

자유(Liberté) (우연적인 것들, 예지, 경향, 의지, 자발성, 무차별성, 필연성 참조); 자유가 겪는 난점, 2, 36; 난점에 대한 답변, 6 이하; 자유의 요청, 302; 필연성에서 면제된 자유, 34; 자유가 내적 느낌에 의해 입증되는지 여부, 292, 293, 299; 무차별성의 자유가 참인 방식, 323; 자유는 선의 인상에 의해 제거되지 않는다는 것, 45; 이성을 따르는 것은 자유라는 것, 228; 자유는 결정과 확실성에 있다는 것, 36, 43, 45, 199; 자유가 의지에 대해 지배력을 갖는지의 여부, 327, 328; 자유는 원하기를 원하는지의 여부; (의지 참조); 신의 자유, 110, 232; 완전성으로서의 자유, 337; 자유가 축복받은 이들과 영겁의 벌을 받은 이들에게 있는 방식, 269; 자유는 신의 왕국 안에서의 왕국과 같다는 것, 372; 자유는 신의 협력에 의해 파괴되지 않는다는 것, 34; 자유는 천상의 영향에 의해서도 파괴되지 않는다는 것, 297; 자유는 죄의 원인이라는 것, 277, 278, 288.

자의적(Arbitraire) 신은 선이나 악, 정의와 불의를 자의적으로 결정하지 않았다는 것, 176; 자연법칙, 130; (자의적 권력 참조); 진리, 185; 정의, 186.

자의적 권력(Pouvoir arbitraire) 자의적 권력의 실행은 신의 정의에 대립된다는 것, 6, 79, 167, 176, 180.

자클로(Jaquelot) 63, 160, 268.

장세니스트(Jansénists[얀선주의자, 얀세니우스주의자]) 280, 370.

적합(Convenable) 적합한 것은 필연적인 것과 자의적인 것의 중간이라는 것, 345, 349.

전성(Préformation) (유기체 참조).

전제주의(Despotisme) (자의적 권력 참조).

전체(Tout) 부분의 악은 전체의 선에 기여할 수 있다는 것, 128, 199, 211, 212 이하; 미(美)는 많은 경우 전체에서만 나타난다는 것, 146.

정의(Justice) 사물들의 본성에 근거한 정의, 182 이하, 240; (자의적 참조); 인과응보(벌 참조); 신의 정의, D34 이하; 정의는 규칙과 이유가 없지 않다는 것, D37, D38, 177 이하; 정의는 전제주의를 배제한다는 것(자의적 권력 참조); 악과 관련된 신의 정의, 1; 정의의 정당화, 16, 106; 정의가 처벌할 수 있기 위해 죄를 짓도록 하는지 여부, 166.

조로아스터(Zoroastre) 136 이하.

조물주/창조자(l'Auteur) 211; 운동들의 조합에 대한 조물주의 규칙, 22; 운동에 대한 조물주의 법칙들, 345; 조물주의 체계, (예정 조화 참조).

조화(Harmonie) 사물들의 조화, 9, 12, 74, 130; 정신들의 조화, 5, 13, 보편적 조화, D44, 18, 62, 119, 124, 200; 자연의 왕국와 은총의 왕국의 조화, 18, 110, 340; (보편적 처벌 참조); 예정 조화, D18, D26, 18, 62, 188, 288 이하, 353; 축복받은 이들과 관련된 조화, 310.

종자(Semences) 종자들은 유기체적 육체들을 포함한다는 것, 91; 영혼들도 포함한다는 것, 397.

죄(Péchés) (악, 죄에 대한 협력 참조); 죄의 기원, 156; 죄는 피조물들의 근원적 불완전성에서 유래한다는 것, 288; 죄의 주모자, 135; 죄가 불가피한지 여부, 155, 160; 죄는 필연적이지 않다는 것, 407; 죄는 자유에서 유래한다는 것, 277, 278, 288; 죄는 선을 획득하기 위한 수단이 아니라는 것, 23, 25, 158, 166, 230; 행복한 죄, 10, 11; 죄가 신에게 불쾌한 방식, 114, 117, 125, 151; 최선에 유리한 공존에 의해 허용된 죄, 237, 239, 신이 죄에 기여하는 방식; 99, 161, 162; 신은 죄를 원하지 않는다는 것, 158, 163, 164, 166; 신은 용서하고 처벌할 수 있기 위해서 죄를 허용하지 않는다는 것, 239; 원죄, 86 이하; 죄의 전파, 91, 112; 죄는 영겁의 벌을 받는지 여부, 92.

지각(Perceptions) 지각은 대상을 자의적으로 표상하지 않고 자연적으로 표상한다는 것, 344, 352, 355

진리(Vérité) 진리의 원천은 신 안에 있다는 것, 184; 진리는 자의적이 아니라는 것, 185; 영원한 진리, D2, 184, 190; 실증적 진리, D2; (자연과 자연법칙 참조).

질서(Ordre) 질서는 규칙에 의존된다는 것, 359.

짐승(Bêtes) 짐승들의 영혼, 89; 짐승들의 선이나 악, 250; 짐승들이 이성을 모방하는 방식, D65.

철학(Philosophie) 철학과 신학의 조화, D1 이하의 모든 부분, D6; 과거의 철학의 상태, D6; 철학을 성서의 해석자로 간주하는 저작, D14; 소치니주의자들의 철학, D16.

최선(Meilleur) 항상 신에 의해 선택된 최선, 8, 23, 117, 119, 129, 130, 193 이하, 197, 200, 201, 203, 208, 218, 223 이하, 228, 339, 341; 인식될 수 없다고 해도 소망할 수 있는 만큼의 최선, 123, 135, 201.

최후 기간(Terme fatal) 삶의 최후 기간, 56; 속죄의 최후 기간, 57; (숙명 참조).

칼뱅(Calvin) 칼뱅은 성찬식에서의 실재에 전적으로 반대하지 않는다는 것, D18; 칼뱅은 신의 선택에 정의에 부합하는 근거가 있다고 인정한다는 것, 79, 115, 176, 338.

쾌락/기쁨(Plaisir) 기쁨은 완전성에 대한 느낌이라는 것, 357; 세속적 쾌락에 대립된 은총의 쾌락, 278; 큰 어려움을 이겼을 때의 기쁨, 329; 지나치게 강한 쾌락은 악이라는 것, 252, 259; 정신의 지속적 쾌락, 254.

크리시포스(Chrysippos) 168, 169, 170, 209, 331, 332, 334.

키케로(Cicero) 168, 331, 362.

킹(King) 『악의 기원에 관하여』, 240, 358.

타락 전 예정론자(Supralapsaires) 82, 167, 229, 238, 239.

토마스 아퀴나스주의자(Thomistes) 39, 47, 330, 370.

피조물(Créatures) 피조물의 제약성, 20, 30, 32, 377, 389; 근원적 불완전성을 볼 것, 피조물은 결코 순수한 정신이 아니라는 것, 125; 피조물의 능동성에 대한 논박, 386 이하; 지성적 피조물, 신이 그들의 행복을 원하는 수준, 118, 119, 120.

필연(Nécessaire) (우연, 불가능 참조); 다양하게 고찰된 필연, 280 이하; 다른 존재들의 원인인 필연적 존재, 7; 확실성과 구분되는 필연, 365; 필연은 결정에서 도출되지 않는다는 것, 365; 우세한 경향에서 도출되지도 않는다는 것, 34 이하, 43, 53, 230, 302; 필연은 은총의 영향에도 타락의 영향에도 있지 않다는 것, 279; 지혜로운 필연은 부조리한 무차별성보다 낫다는 것, 339; 필연성은 도덕성을 파괴하는지의 여부, 67, 71; 칭찬, 75; 필연의 종류, 168, 174; 가정적 필연과 절대적 필연, 37, 53, 67; 물리적 필연성 및 도덕적 필연성과 대립되는 논리적 필연성, 형이상학적 혹은 기하학적 필연성, D2, D20; 도덕적 필연성, 121, 132, 175, 231, 234, 237, 288, 필연은 자유와 대립되지 않는다는 것, 199; 선을 원하는 필연성은 행복의 필연성이라는 것, 312, 319, 343; 동물적 필연성은 자유와 대립된다는 것, 371.

필연적으로 강제하지 않는 경향(Inclination non nécessitante) (필연성 참조).

행동(Action) 32, 66; 행동의 원리, 323; 피조물들의 행동, 299, 300, 381, 399; 행동에 대한 공격과 옹호, 386 이하; 행동은 실체로부터 온다는 것, 400.

협력(Concours) 신의 협력은 완전성을 부여하는 데 있다는 것, 377; 악에 대한 신의 협력, 1, 3; 죄에 대한 신의 협력, 377, (죄와 죄의 주모자를 볼 것); 신의 도덕적 협력, 4, 103, 107 이하, 121, 131; 물리적 협력, 27 이하.

형상(Formes) 323, 381; 형상들의 기원, 87; 가능한 형상들은 악의 원천이라는 것, 20.

홉스(Hobbes) 72, 172, 220.

확실성(Certitude) 371; 필연성과 구분되는 확실성; 자유 참조.

환경(Circonstances) 환경은 구원에 기여한다는 것, 99 이하, 105, 134.

악의 기원과 최선의 세계

1. 라이프니츠의 생애 소략

『변신론(*Essais de Théodicée*)』의 저자 고트프리트 빌헬름 라이프니츠 (Gottfried Wilhelm Leibniz, 1646~1716)는 서양 근대의 대표적인 철학자다. 그는 1646년 7월 1일 독일 라이프치히에서 태어났다. 아버지는 법률가이자 대학의 도덕 교수였고 라이프니츠는 유년기부터 아버지의 서재에 호기심을 보였다. 어린 나이에 아버지의 서재에서 라틴어와 그리스어를 독파했다는 유명한 일화가 있고 청소년기에 이미 고중세 사상을 탐구하며 폭넓은 독서 활동을 했다. 라이프니츠는 1661년에 대학에 입학했고 2년 후에 개체화의 원리에 관한 논문을 썼다. 1666년에 일종의 사유 알파벳 체계인 『조합법』을 저술했으며 같은 해에 알트도르프대학에서 『법에서 복잡한 사례들(*De casibus perplexis in jure*)』이라는 논문으로 법학박사 학위를 받는 등 1672년까지 철학적 기초를 닦았다. 1672~1676년 외교관 자격으로 당시 지식인들의 중심지인 파리를 비롯하여 유럽 각지를 여행하며 앙투안 아르노, 니콜라 말브랑슈, 바뤼흐 스피노자 등 저명한 학자들과 교류했고, 특히 수학과 과학에 관한 깊은 지식을 획득했다. 라이프니츠는 1676년에 독일에 돌아와 하노버 도서관장직을 맡고 학술 활동에 전념하면서부터 사상적 성숙기를 맞이했으며 1716년 사망할 때까지 방대한 양의 독창적인 저술을 남겼다.

라이프니츠에게 흔히 부여되는 '인류가 배출한 최고의 지성'이라는 찬사에 걸맞게 그가 철학, 신학, 수학, 과학, 언어학, 논리학, 역사학 등에 남긴 흔적은 지울 수 없을 정도로 깊다. 특히 그는 고중세 사상을 섭렵하고 근대과학을 발전시키는 데 큰 역량을 발휘했다. 과학사에서 공인하듯이 라이프니츠가 데카르트의 운동량 보존 법칙의 문제를 밝혀내어 에너지 보존 법칙의 단초를 확립하고 미적분 계산법과 기호를 창안한 것은 인류 사상사에서 위대한 업적이라 하겠다. 라이프니츠는 유물론의 단초가 된 근대과학의 기계론을 포괄적인 유심론적 목적론으로 대체하고 논리학, 수학, 물리학 등에 관하여 깊고 다양한 성찰을 진행하던 중 신의 문제를 모든 논의의 핵심 축으로 설정한다. 결국 1686년에 그의 사상 체계가 『형이상학 논고(Discours de Métaphysique)』를 통해 종합적으로 표현된다. 그 후 라이프니츠는 신, 영혼, 물질, 실체, 자유, 필연 등 철학의 근본 문제에 관한 자신의 사유를 다양한 관점에서 정당화한다. 라이프니츠가 『형이상학 논고』, 『신(新) 인간 오성론(Nouveaux Essais sur l'entendement humain)』, 그리고 많은 전문 논문과 서신을 통해 자신의 철학을 압축적이고 부분적으로 설명하던 차원을 넘어서 황혼기인 1710년에 자신의 사상 체계 전반을 한데 모아 대중에게 내놓은 저작이 『변신론』이다.

2. 라이프니츠의 작품에서 『변신론』의 위치

『변신론』에 접근하기 전에 우선 라이프니츠의 저술 방식을 살펴보고 그의 작품에서 『변신론』을 자리매김할 필요가 있다. 라이프니츠는 서양 근대의 대표적인 인물로서 인류가 배출한 최고의 지성이라는 평을 듣는 철학자이지만 특이하게도 그의 철학이 집대성된 '대작(opus magnum)'은 없다. 그는 데카르트의 『성찰』이나 『철학의 원리』, 홉스의 『리바이어던』, 스피노자의 『에티카』나 『신학 정치론』, 로크의 『인간 오성론』, 흄의 『인간 본성론』 등에 비견되는 주저가 없는 철학자다. 널리 알려진 그의 저작으로 흔히 『형이상학 논고』, 『신 인간 오성론』, 『변신론』, 『모나드론(Monadologie)』, 『자연과 은총의 이성적 원리(Principes de la nature et de la grâce fondés en raison)』 등이 꼽히는 것은 사실이다. 라이프니츠 스스로 강조하듯이 최선의 원리를 추구하는 신을 닮은 작가는 "가능한 한 가장 많은 사실들을 가장 적은 분량으로 요약하는 박식한 작가"(『형이상학 논고』, 제5절)이므로, 20쪽 내외의 『모나드론』이나 『자연과 은총의 이성적 원리』가 그의 성향에 부합하는 탁월한 저작인 것은 틀림없다. 그럼에도 이 저작들은 일종의 '개요'로서 라이프니츠 철학의 풍부한 면모를 보여준다고 하기에는 무리가 있다. 이 작은 저작들과 반대로 『신 인간 오성론』과 『변신론』은 특수한 이유 때문에 매우 길어졌다. 『신 인간 오성론』은 존 로크의 『인간 오성론(Essay Concerning Human Understanding)』을 세부적으로 논하고 반박하는 내용이며, 『변신론』은 특히 피에르 벨(Pierre Bayle)의 『역사와 비판 사전(Dictionnaire historique et critique)』에 대한 설명과 평가를 통해 논의를 전개한다. 실제로 라이프니츠는 『신 인간 오성론』과 『변신론』에서 상대자들의 논의를 길게 설명하거나 그들의 저작을 직접 인용하면서 논의를 진행하는 경우가 많기 때문에 이 저작들 역시 라이프니츠의 철학을 체계적으로 개진한다고 할 수는 없다. 개요로 간주될 만큼 간략한 『모나드론』이나 『자연과 은총의 이성적 원리』, 그리고 다른 철학자들의 특정한 책에 대한 주석과 반론이 혼합된 형식을 취해 매우 길어진 『신 인간 오성론』이나 『변신론』에 비해서 『형이상학 논고』는 라이프니츠의 사상 전반이 균형 있게 종합된 저작이라고 할 수 있다. 1686년에 완성된 이 저서는 하노버 도서관 관장으로서, 법관으로서, 외교관으로서 끊이지 않는 세속적 업무 속에서도 라이프니츠가 여가 시간을 활용해 철학적 사색을 이어가고, 정치·종교·과학·철학 등에 관한 수많은 논문의 초안을 준비하며 많은 사람과 다양한 주제에 대해 서신을 교환하던 중, 그때까지 분산되어 있던 자신의 사유를 하나의 종합적 체계로 결집한 산물이다. 그러나 이 저작 역시 40여 쪽에 불과한 양이며 각 주제에 대한 자세한 설명은 부족한 경우가 많다.

이러한 점은 라이프니츠의 독특한 저술 습관을 통해 조명해야 한다. 라이프니츠의 사유 속으로 깊이 파고들기 위해서는 그의 서신들을 참조해야 한다. 예를 들어 『형이상학 논고』와 관련해볼 때, 라이프니츠의 진면목은 이 저작의 개요가 프랑스의 대(大)신학자인 앙투안 아르노(Antoine Arnauld)에게 전달되고 그들 사이에 서신 교환이 시작되면서 본격적으로 드러난다. 아르노와의 서신 교환은 1690년경까지 진행되며 서신의 분량은 『형이상학 논고』보다 3배가 많은 120여 쪽에 이른다. 서신을 통해 라이프니츠는 자신의 정신 속에 정립되어 있는 체계를 다양한 철학적 문제에 적용시키면서 자신의 관점을 정당화해나간다. 또한 그의 사상적 진화를 이해하기 위해서는 『변신론』에서도 언급한 예수회 신부 데 보세스(Des Bosses)와 나눈 서신을 연구하는 일이 필수적이다. 라이프니츠의 사망 직전까지 12년간 계속되어 250여 쪽에 이르는 둘의 서신은 양적으로 다른 모든 서신집을 능가한다. 이 서신집은 철학적으로 이중적 가치를 포함하고 있다. 우선 데 보세스와의 서신 교환을 통해 라이프니츠가 자신의 사상을 일목요연하게 정리하기 때문에 이로부터 우리는 그의 체계를 한눈에 파악할 수 있다. 예를 들어 사망 1년 전인 1715년 8월 19일의 편지에서 라이프니츠는 자신의 철학을 구성하는 개념들을 일종의 도표로 제시하고 있다. 이들 자료를 통해 우리는 그의 복잡한 개념들을 체계적인 도식을 통해 한눈에 조망할 수 있다. 또한 라이프니츠는 물체의 존재론적 지위를 확보하기 위해 '실체적 연결 고리(Vinculum substantiale)'라는 새로운 가설을 제시함으로써 모든 현상을 모나드들에 의해 드러난 외관이나 현상으로 보는 관념론에서 상위의 실재론으로 이행할 수 있는 가능성을 진지하게 모색한다. '실체적 연결 고리'란 스스로는 모나드가 아니면서 모나드들을 하나의 통일체로 묶어줌으로써 물체의 실재성을 확립하는 것이기 때문이다. 따라서 이 서신집은 라이프니츠 철학 체계의 최종적 의미가 무엇인지 생각하게 해주며 위에 언급한 주요 저작들에서는 다루지 않는 새로운 개념들을 다루는 중요한 문헌이다. 이 외에도 그의 스승인 야코프 토마지우스(Jacob Thomasius), 런던 왕립학술회의 비서인 헨리 올덴부르크(Henry Oldenburg), 홉스, 데카르트 주의자인 부르하르트 드 볼더(Burchard De Volder), 뉴턴주의자들의 대변인인 새뮤얼 클라크(Samuel Clarke), 그리고 당대의 수많은 지식인과 나눈 수만 통의 서신은 라이프니츠의 사상을 이해하기 위한 핵심적인 문헌이라고 할 수 있다. 이런 점에서 라이프니츠의 주저는 그의 서신이라고 평한 프랑스 철학자 질 들뢰즈(Gilles Deleuze)의 지적은 의미가 깊다. 이 때문에 유럽 학계에서 라이프니츠의 서신 모음집들이 중요한 해설과 함께 새롭게 편집되어 지속적으로 출간되고 있는 것이다.

라이프니츠의 저술 활동은 처음에 언급한 널리 알려진 저작들, 그리고 서신들 외에 또 다른 종류를 포함한다. 그것은 여러 학술지에 게재된 라이프니츠의 과학 논문 및 특정한 철학적 주제를 다루는 전문적 논문들이다. 이 점에서도 그의 특징적 저술 습관이 나타난다. 그는 보다 전문적인 저작은 라틴어로 집필하는 경향이 있다. 라이프니츠의 전문적 저작들을 선별하여 프랑스어로 번역·출간한 폴 슈레케르(Paul Schrecker)에 따르면, 학자 위주의 한정된 독자층을 위한 저작이나 논문은 라틴어로 집필하고 당시의 일반 '교양인' 위주의 광범위한 대중에게 알리기 위한 글은 프랑스어로 집필하는 것은 라이프니츠 저술 활동의 일반적 규칙으로 간주할 수 있다.[1] 물론 이 구분이 절대적일 수는 없으나 라틴어 저작들이 더 짧고 엄밀하며 학술적인 독서를 요구하는 반면, 프랑스어 저작들은 접근이 보다 용이하고 라이프니츠의 사상을 널리 전파하기에 더 적합한 것이 사실이다.

이러한 관점에서 볼 때『변신론』은 '교양인'을 대상으로 집필한 대중적 저작이다. 라이프니츠가『변신론』을 집필하게 된 계기도 다소 외적인 상황에 의해서였다.『변신론』은 그가 신의 선, 인간의 자유, 악의 기원에 관해 프랑스의 비판가이자 역사가인 피에르 벨과 진행하는 논쟁을 주로 담고 있다. 라이프니츠는 하노버의 선제후(選擧侯) 에른스트 아우구스트(Ernst August)의 궁정 고문관이었으며, 선제후의 딸이자 프로이센의 왕비가 된 조피 샤를로테(Sophie Charlotte)의 요청으로 벨의『역사와 비판 사전』을 검토하여 자신의 견해를 왕비에게 전해야 했다. 이것이『변신론』집필의 계기가 되었다. 벨은『역사와 비판 사전』에서 신학이 이성의 논박에 답할 수 없다는 회의론적 입장을 다양하고 흥미롭게 개진했고 왕비는 벨의 사상뿐 아니라 그에 대한 라이프니츠의 견해에 관심이 있었던 것이다. 그러나『변신론』의 범위는 왕비의 죽음(1705) 후에 출간된 벨의 저작들에까지 미쳤고,

∵

1)『라이프니츠, 철학 논문 선집(*Leibniz, opuscules philosophiques choisis*)』(trad. P. Schrecker, Vrin, 2001). 실제로 이 선집에 포함된「데카르트의 원리들의 일반적 부분에 관한 견해(*Animadversiones in partem generalem principiorum cartesianorum*)」는 데카르트의『철학의 원리(*Principia Philosophiae*)』를 조목조목 반박한 전문적인 저작으로서 데카르트의 물리학에 맞서는 라이프니츠의 동역학 이론이 포함되어 있다.『변신론』의 부록 가운데 실려 있는「신의 행동 근거(*Causa Dei*)」도 이 선집에 포함되어 있다.

벨의 신학적 회의론에 답하는 과정에서 라이프니츠는 다양한 주제와 사상을 다루면서 철학과 종교, 이성과 신앙의 관계에 대한 자신의 입장을 포괄적으로 설명하게 된 것이다. 그 작업은 유럽의 종교적 갈등을 해소하고 교회의 화합을 위해 40여 년 동안 라이프니츠가 쏟아부은 노력에도 부합하여 『변신론』이라는 저작을 탄생시킨 것이다. 라이프니츠는 『변신론』을 자신의 철학 전체를 엄격한 체계로 구성하여 라틴어로 저술하고자 했던 『철학 일반과 자연 신학의 원리(Eléments de la philosophie générale et de la théologie naturelle)』[2]의 서론적 역할로 간주했다. 그러나 말년에 계획했던 최후의 작품은 집필하지 못했기 때문에, 『변신론』은 라이프니츠가 꿈꾸었던 대작의 입문서가 아닌 별도의 주요 저작으로 남게 된 것이다.

그러나 『변신론』의 대중적 성격 때문에 이 저작의 가치가 떨어진다고 말하려는 것은 아니다. 라이프니츠의 주석가이자 현대 철학자인 미셸 세르(Michel Serres)는 그의 철학은 "여러 입구"가 있는 체계라고 매우 적절하게 평했다. 달리 말하면 라이프니츠의 철학은 어느 부분에서 고찰을 시작하더라도 다른 부분들을 만나고 결국 체계 전체를 통하게 되어 있다. 어차피 라이프니츠의 사상을 깊이 파악하려면 지금까지 언급한 여러 종류의 저술을 두루 살펴보아야 한다. 이런 관점에서 볼 때 『변신론』은 오히려 그의 사상을 이해하기 위한 종합적 성격의 저서로 간주할 수 있다. 실제로 라이프니츠는 논리학자, 수학자, 과학자로서 전문적으로 더 깊이 들어갈 수 있는 문제에서도 저작의 대중적 성격을 감안하여 '교양인'이라면 이해할 수 있는 수준으로 친절하게 설명할 때가 많다. 더 나아가 『모나드론』이나 『형이상학 논고』, 여러 전문적 논문 등 보다 체계적 특징을 가진 저작들과의 관계

∙∙

2) 집필되지 않는 저작이므로 이 프랑스어 제목은 가제에 불과하다.

속에서『변신론』에 접근한다면, 이 저작은 라이프니츠의 단행본 가운데서는 주저의 반열에 오를 수 있다고 본다.

실제로『변신론』은 표면적으로는 벨의 몇몇 저작과 벌이는 긴 논쟁을 담고 있지만 그 과정에서 라이프니츠의 다른 저작들에서 다루어지는 주제를 망라하고 있으며 많은 경우 더 풍부한 설명을 제공한다. 이성과 신앙의 관계를 엄격하게 정의한「신앙과 이성의 조화에 관한 서설(*Discours de la conformité de la foi avec la raison*)」, 악에 대한 명확한 규정, 선과 악의 이원론을 주창한 마니교를 역사적 · 언어학적으로 분석함으로써 그 실체를 해체시켜버리는 과정, 물리적 악을 설명하기 위한 지구 표면의 생성 과정에 대한 묘사, 철학적 개념에 대한 구체적 예시, 또한 라이프니츠 스스로 강조하듯이 "난해하지만 중요한 진리"들을 "쉽고도 친숙한 방식으로 설명"하는 본문 말미의 대화 등은『변신론』만의 장점이다. 또한 그가 젊은 시절부터 천착해온 무수히 많은 작가와 저작에 대한 풍부한 정보는 그의 서신집 전체를 개별적으로 고찰하거나 여타 역사적 자료를 참조하지 않는 한 쉽게 접할 수 없는 것으로서, 라이프니츠가 어떠한 논의의 중심에 있었는지를 알려줄 뿐 아니라 서양 근대 철학의 복합적 배경을 이해하기 위한 넓은 지평을 열어준다. 마지막으로 이 저작에는 여러 부록들과 함께『신의 행동 근거(*Causa Dei*)』가 첨부되어 있다. 첫 번째 부록은 엄격한 형식 논증의 형태로『변신론』의 논의를 압축하고 있으며, 두 번째와 세 번째 부록은 각각 자유와 필연에 관한 홉스의 저작과 악에 관한 윌리엄 킹(William King)의 저작에 대한 평론이다.『신의 행동 근거』는 라이프니츠가 "라틴어로 쓰인 체계적 요약"이라고 명명한 논문으로서 1710년에『변신론』과 별도로 출간되었지만 1712년부터는 항상『변신론』과 함께 출간되었다. 이 저작은 특히 신학자와 철학자를 대상으로 집필한 논문으로서 라이프니츠의 신학 구조가 압축적이고 엄밀한 체계로 표현된 전문적 담론이다. 따라서 『변신론』의 서설과 본문, 여러 부록들, 『신의 행동 근거』를 하나의 전체적 저작으로 간주하고 연구한다면 우리는 라이프니츠의 사상을 종합적으로 파악할 수 있는 탁월한 이정표를 갖게 될 것이다.

3. 라이프니츠의 철학 체계

2009년에 번역 · 출간된 프랑수아 줄리앙(François Jullien)의 『현자에게는 고정관념이 없다(Un sage est sans idée)』의 머리말에서 번역자는 서양 철학의 특징을 다음과 같이 적절하게 표현한다.

"서양 철학 전공자들에게 신은 삽삽함의 대표적 개념이다. 서양 철학서들을 읽다 보면 예외 없이 등장하는 개념이 신이기 때문이다. 플라톤의 '이데아'도 아리스토텔레스의 '실체'도 하이데거의 '존재'도 레비나스의 '타자'도 모두 신 개념의 모작에 불과하다. 결국 서양에서 신은 데카르트가 그랬듯 철학을 정초 짓는 그런 개념이었던 것이다."[3]

그러나 탈근대를 살아가는 현대인, 특히 현대 철학자들에게 신을 주인공으로 삼는 존재론이나 형이상학은 비판과 극복의 대상으로 자주 거론되거나 프랑수아 줄리앙의 저작에서처럼 동양 사상과의 비교 대상으로 분석되곤 한다. 그러한 형이상학이 실제로 과거의 헛된 유물에 불과한지, 그래

⁘

---

3) 『현자에게는 고정관념이 없다』, 프랑수아 줄리앙 지음, 박치완 · 김용석 옮김, 한울, 2009년, 5쪽.

서 현대 철학의 지향점을 함께 공유하는 것이 현대인의 갈 길인지의 여부는 쉽사리 답을 내리기 힘든 복잡한 문제다. 많은 현대인이나 현대 철학자들의 주장이 타당하다면 신을 원리로 하는 형이상학이나 종교는 사라져야 마땅함에도 그럴 기미는 전혀 보이지 않는다. 고중세와 근대의 형이상학에 대한 연구 성과들은 끊임없이 이어지고 있으며 종교인 수가 줄어들고 있는 것도 아니다. 한 가지 분명한 점은 극복이나 비판 혹은 비교의 대상이 있다면 그 대상에 대한 면밀한 고찰이 선행되어야 한다는 것이다.

라이프니츠는 신을 모든 것의 근원적 원리로 본다는 점에서 전형적인 고전 철학자다. 특히 그가 살았던 서양 근대라는 큰 틀에서 보자면 그는 계몽주의의 전통을 대표하는 사상가다. 20세기의 저명한 신학자인 폴 틸리히(Paul Tillich)는 계몽주의의 주요 요소 가운데 '조화' 개념을 강조하면서 "조화 사상의 가장 깊은 표현"[4]은 라이프니츠에게서 찾아볼 수 있다고 언명한다. 사실 조화 개념은 플라톤이 중심 개념으로 삼았던 것이기도 하며 특히 기독교 신학의 기본적 개념이다. 기독교 신학에서 조화 개념은 섭리 사상과 본질적인 관련이 있다. "섭리는 신이 매 순간 창조하고 있고, 역사의 모든 사건을 신의 나라에서의 궁극적인 성취를 향하여 이끌어간다는 것을 의미한다."[5] 계몽주의 시대에 조화 개념은 경제학과 정치학에서 자유주의라는 이름으로 강조되었다. 실제로 각 개인이 자신의 이익에 따라 움직이는데도 결국 생산과 소비의 전체적 목표는 숨은 원칙, 즉 "보이지 않는 손"에 의해 달성된다는 애덤 스미스의 자유주의적 관점은 조화 사상의 섭리를 표현하고 있다. 또한 계몽주의 철학자들이 주장하는 민주주의

••

---

4) 『19~20세기 프로테스탄트 사상사』, 폴 틸리히 지음, 송기득 옮김, 한국신학연구소, 1980년, 54쪽.
5) 같은 책, 51쪽.

는 각 개인이 자신의 이성을 따르면 모두에게 이익이 되는 일반 의지가 형성된다는 관점을 견지한다는 점에서 역시 조화 개념의 섭리 사상과 일맥상통한다.

라이프니츠의 철학은 섭리 사상을 이론적으로 체계화한다. 그러나 그의 철학은 서양의 형이상학 역사에서 매우 까다롭고도 본질적인 문제에 직면한다. 신이라는 제일 원인을 인정할 경우 반드시 운명이나 필연의 문제가 뒤따라 나온다. 사실 플라톤과 아리스토텔레스에서 라이프니츠, 칸트, 하이데거에 이르기까지 형이상학은 줄곧 숙명론에 저항해왔다. 모든 것을 제일 원인으로 환원시키는 숙명론에 빠지지 않기 위해 고안된 것이 '우연'이나 '가능'의 개념이다. 그러나 세계에 우연성을 귀속시키는 대가는 세계의 악과 불완전성을 불가피하게 받아들여야 한다는 것이다. 라이프니츠는 바로 이러한 난점을 예정 조화론이라는 독창적 체계를 통해 해결하고자 했다.

서양 근대 대부분의 철학자들처럼 라이프니츠도 자신만의 견고한 형이상학 체계를 수립했다. 자신의 체계를 정립하기 위해 라이프니츠가 대면한 철학 체계, 그리고 그가 취한 관점은 지극히 다양하다. 라이프니츠는 근대 과학의 혁명적인 모든 성과를 소화함과 동시에 "숨겨진 금"을 찾아내듯 고중세 사상에서도 유용한 관점을 도출해냈고, 루터, 칼뱅 등의 대(大)신학자들뿐 아니라 루이스 몰리나, 도미니크 바네스 등 다양한 신학자들이 진행한 논쟁에 개입했으며, 홉스, 데카르트, 스피노자, 아르노, 말브랑슈, 로크, 뉴턴 등 당대 최고의 사상가들과 맞대면하면서 자신의 철학 체계를 구축하고 변호했다. 따라서 라이프니츠가 자신의 체계를 설명하기 위해 취한 관점도 논리학, 수학, 물리학, 신학, 철학 등으로 지극히 다양하며 이 모든 관점이 예정 조화 체계를 표현한다.

라이프니츠 스스로 자신의 입장은 데카르트와 스피노자의 중간 지대에 있다고 자주 언급하고 있기 때문에 그의 철학 체계를 이해하기 위해서는 이 두 철학자와 그의 관점을 비교하는 것이 유용하다. 실제로 라이프니츠의 철학 체계는 당대의 두 거장인 데카르트와 스피노자를 비판적으로 고찰함으로써 구조적으로 확립된 것으로 보인다. 이 두 철학자는 신의 행동에 대해 각각 극단적인 개념을 제시한다. 스피노자는 맹목적 필연성을 주창하는 이론가로서 신에게 의지와 지성이 본질로서 속해 있지 않다고 본다. 달리 말하면 사물들은 전적으로 기하학적 필연성에 따라 신의 본성에서 산출될 뿐이다. 모든 것은 신의 절대적 본성의 필연성에 의해 존재하고 행동하도록 결정된다는 것이 스피노자의 관점이다. 데카르트는 이와 반대로 신의 행동 방식을 무차별성의 자유로 간주한다. 즉 선과 악, 영원한 진리와 본질이 모두 신의 자의적 결정에 의해서만 존재하게 된다. 스피노자는 필연과 우연의 구분을 전적으로 제거하며, 이로부터 인간의 자유나 신의 자유를 모두 불가능한 것으로 만들어버린다. 반면 데카르트에 의하면 모든 것이 신의 절대적 재량에 달려 있어서 우리는 정의 및 불의와 관련하여 회의론에 빠지게 된다. 라이프니츠가 보기에, 이 두 형이상학은 모두 신과 관련하여 비도덕적 결론에 이르게 될 뿐이다.

　데카르트와 스피노자의 관점에 대한 라이프니츠의 비판적이고 절충적인 관점을 이해하는 것은 라이프니츠 사상의 전체적 구조를 파악하는 방법 중 하나다. 라이프니츠는 신의 지성 혹은 지혜를 신의 본질로 간주하지 않는 여러 이론이 지닌 문제를 지적한다. 지성이 결여된 신은 목적도 계획도 없이 행동하는 존재이므로 전제적 폭군에 불과하기 때문이다. 라이프니츠에 따르면, 데카르트나 스피노자도 결국 이러한 관점을 취하고 있으며 그가 자신의 관점을 이 두 철학자의 중간이라고 자주 말하는 이유가 바로 여기에 있다. 데카르트의 관점에서 모든 것은 신에 의존하며 따라서 어떤 의미에서 보면 모든 것은 (그뿐 아니라 수학적 법칙처럼 우리가 필연적이라고 평가하는 것조차도) 우연적이다. 스피노자에 따르면, 모든 것은 신의 본질에 의존하며 따라서 모든 것은 (심지어 자연의 이런저런 사건처럼 우리가 우연적이라고 평가하는 것조차도) 필연적으로 일어난다. 라이프니츠는 이 두 명제가 결국 같은 것이라고 본다. 왜냐하면 데카르트에게도 스피노자에게도 목적성이나 추구하는 선의 개념이 없기 때문이다. 데카르트를 염두에 두고 표명한 다음과 같은 스피노자의 견해는 라이프니츠의 진단을 확인해준다. "모든 것을 신의 임의의 의지에 종속시키며, 모든 것을 신의 재량에 의존하게끔 하는 이 의견은, 모든 것을 선의 근거에서 행한다고 주장하는 사람들의 의견보다는 진리에 좀 더 가까움을 나 역시 인정한다."(『에티카』, 제1부, 정리 33, 주석 2)

사실 데카르트와 스피노자는 각각 장단점이 있는 이율배반적인 관계다. 스피노자는 신의 행동이 자의적이 아니라고 주장한다는 점에서 옳지만, 신의 행동을 필연적으로 봄으로써 신을 숙명에 종속되도록 만든다는 데서 문제가 있다. 데카르트는 신이 숙명을 따르지 않으며 자유롭다고 주장한다는 점에서 옳지만, 신에게 필연성이 완전히 부재하며 무차별성만이 있다고 본다는 데서 문제가 있다. 라이프니츠는 양 극단을 조화시키고자 한다. 즉 기하학적 필연성의 개념과 무차별성의 자유 개념 사이에는 절충점이 존재할 수 있다. 그것은 도덕적 필연성이다. 도덕적 필연성은 의지로 하여금 어떤 근거나 동기에 의해 경향성을 갖도록 하지만, 의지의 행동을 필연적으로 만들지는 않는다. 실제로 우리의 물리적 세계를 고찰해보면 자연법칙이 지배하고 있다. 그러나 그 법칙은 매우 경제적이고 조화롭고 규칙적이지만 필연적일 이유가 전혀 없다. 직각삼각형의 두 변에서의 운동은 빗변에서의 운동의 결과를 만들어낸다. 즉 운동 법칙은 피타고라스의 정리를 재현하지만 필연적인 것은 아니다. "이는 아름다운 일이지만, 우리는 그것이 절대적으로 필연적인 것이라고 볼 수는 없다."(『변신론』, 제3부, 347절) 그러나 경험이 항상 보여주듯이 그 운동 법칙이 피타고라스의 정리를 만족시킨다면, 이 같은 점을 이해하기 위해서는 기하학적 필연성과 다른 근거, 즉 **최선**(optimum)의 근거에 의거해야 할 것이다. 최선의 근거는 운동 법칙들이 조화와 경제성에 부합하도록 하는 원리다. 간단히 말하자면, 창조자의 지혜를 표현하는 합목적성에 의거할 때 우리는 자연을 이해할 수 있다. 즉 신은 지성을 통해 필연적으로 참되고 선한 모든 것을 보며 의지를 통해 최선의 것을 실현한다. 이러한 신학적 명제는 『변신론』의 핵심 내용이 된다. 창조된 사물들은 비록 우연적일지라도 설명 가능한 **최선**(optimum)을 포함한다. 따라서 세계의 선은 완전히 무작위적인 것이라고 말할 수 없다. "수학에서 **최대**도 없고 **최소**도 없을 때, 그리고 결국 구분되는 것이 아무것도 없을 때 모든 것은 똑같이 이루어진다. 혹은 이러한 것이 불가능할 때에는 아무것도 이루어지지 않는다. 마찬가지로 수학보다 덜 규칙적이지 않은 완전한 지혜에 관해서도 우리는 가능한 모든 세계 가운데 최선(optimum)이 없었다면 신은 그중 아무것도 산출하지 않았을 것이라고 말할 수 있다."(『변신론』, 제1부, 8절) 최선의 세계가 없다면 신은 가능한 모든 세계를 관조하되 그중 아무것도 창조하지 않거나 모두를 창조하는 존재가 될 것이다.

따라서 세계는 무차별성의 자유에 의한 작품도 아니고 맹목적 필연성의 결과도 아니다. 세계는 도덕적 필연성에 의한 작품이다. 모든 것이 규칙적으로 결정되어 있고 예측 가능하기 때문에 세계는 필연성을 따르지만, 그 필연성은 선의 방향에 있는 지혜와 의지를 가정하기 때문에 도덕적인 필연성인 것이다. 데카르트와 스피노자가 공통적으로 부정하는 "최상의 지혜",

즉 모든 가능한 존재들을 최선으로 규정하는 신의 지성이 라이프니츠의 체계에서는 본질적 역할을 한다. "최상의 지혜는 그보다 덜 무한하지 않은 선과 결합하여 최선을 선택하지 않을 수 없었다. 왜냐하면 좀 더 적은 악이 일종의 선인 것처럼, 좀 더 적은 선은 보다 큰 선에 장애가 될 경우 일종의 악이기 때문이다. 더 잘할 수 있는 방법이 있다면 신의 행동에 고쳐야 할 것이 있는 셈이 된다."(『변신론』, 제1부, 8절)

그렇다면 최상의 지혜에 의해 창조된 최선의 세계는 어떻게 구성되는가? 최선의 규칙은 경제성, 즉 최소의 수단으로 최대의 결과를 산출하는 효율성인 만큼 신은 무한히 많은 단순한 정신적 입자들을 창조한다. 정신적 입자들은 조화를 유지하기 위해 서로 다른 방식으로 구성되어 있다. 이들이 바로 개체적 실체다. 서로 다른 각각의 개체적 실체가 나머지 모든 실체를 반영하기 때문에 우주는 무한히 많은 실체에 의해 무한히 다양한 방식으로 표현된다. 이러한 우주가 바로 최선의 규칙을 따른 결과물이다.

젊은 시절 라이프니츠는 물질세계의 모든 것을 크기, 모양, 운동으로 설명하는 데카르트의 기계론에 매료되었으나, 곧바로 연장(res extensa)은 수동적이며 무한히 가분적이어서 진정한 실체가 될 수 없다고 보았다. 결국 라이프니츠에 따르면 연장은 비연장적 힘의 외관 혹은 현상에 지나지 않는다. 진정한 실체는 비물질적 요소인 모나드다. 그리고 신의 행동 법칙인 최선의 규칙(optimum)에 따라, 인간의 정신만이 실체성을 갖는 것이 아니라 모든 물질세계의 배후에 무한히 많은 모나드가 배치된다. 모나드들은 서로 다른 단순체로서 "문도 창문도" 없기 때문에 서로 간의 실재적 교류는 불가능하며 그들 간의 모든 관계는 신에 의해 전체적으로 조정된 관념적 관계다. 그런 의미에서 라이프니츠의 철학은 예정 조화의 체계다. 예정조화 체계는 완전한 신의 개념에 의거하기 때문에 근원적 낙관론의 근거가 될 수 있다.

그러나 모든 것이 최선의 원리에 의해 결정되어 있다면 곧바로 우리는 불가피한 질문과 마주치게 된다. 낙관론은 이 세계에 넘쳐흐르는 무질서, 불완전성, 고통, 죄 앞에서도 유지될 수 있는가? 세계가 전능하고 선하고 지혜로운 신의 작품이라면 그것은 우리의 이성과도 어긋나고 우리의 정서를 위해서도 너무 냉혹한 것이 아니겠는가? "신이 존재한다면 악은 어디서 오며, 신이 존재하지 않는다면 선은 어디서 오는가?"(『변신론』, 제1부, 20절) 이 점이 바로 벨이 던지는 질문의 핵심이며, 이에 답하는 저작이 『변신론』이다.

4. 『변신론』의 내용

흔히 **변신론**(辯神論) 혹은 **신정론**(神正論)으로 번역되는 Théodicée라는 단어는 라이프니츠가 1696년부터 사용하기 시작한 그의 신조어로, 신을 의미하는 그리스어 theos와 정의(正義)를 의미하는 그리스어 dike가 합성된 프랑스어다. 이 책의 원제목인 *Essais de Théodicée*를 직역하면 '신의 정의에 관한 시론'이 적당할 것이다. 그러나 dike는 **정당화**라는 의미로 받아들여질 수도 있다. 즉 신을 옹호하고 정당화한다는 의미가 될 수 있는 것이다. 물론 이 두 의미는 긴밀히 연결되어 있다. 신의 **정의**를 증명함으로써 신을 **정당화**해야 하기 때문이다. 그래서 이 책의 주된 내용이 라이프니츠가 신의 변호인을 자처하면서 신이 악의 주체가 아님을 변호하는 것이기 때문에, 일반적으로 **변신론**으로 번역되기도 하는 것이다. **신정론**이 원어의 의미를 직접적으로 표현해주는 측면이 있는 것도 사실이나, 이미 대중적으로 많이 알려져 있으며 책의 내용을 바로 전달해주기도 하는 **변신론**을 번역어로 택했다.

라이프니츠는 『변신론』의 머리말에서 책의 집필 동기를 다음과 같이 밝힌다. "자유, 필연성, 운명 …… 나는 여러 차례 기회가 있을 때마다 이 중요한 주제를 설명하기 위해 글을 썼다. 그러나 서로 전체적으로 연결된 이 모든 주제에 관한 나의 생각을 한데 모아서 대중에 알려야 했다. 이것이 바로 내가 신의 선, 인간의 자유, 악의 기원에 관해 여기서 제시하는 **시론들**에서 착수한 것이다."

『변신론』은 복잡다단한 논증의 그물망을 통해 단순한 하나의 진리를 제시하려 한다. 그것은 이 세계의 선이 경험적으로 확인되는 것이 아니라 선험적으로 증명된다는 것이다. 이를 위해 라이프니츠는 플라톤, 아리스토텔레스, 마니교, 스토아학파, 기독교, 성 아우구스티누스, 토마스 아퀴나스, 데카르트, 홉스, 스피노자, 아르노, 말브랑슈 등의 막대한 철학 전통을 비판적으로 진단함으로써 벨의 신학적 회의론에 맞선다. 피에르 벨은 특히 악의 문제와 관련하여 선한 신의 개념은 이성의 공격을 견뎌내지 못한다고 본다. 따라서 신학과 종교가 이성의 논박에 맞설 경우 패배할 수밖에 없다는 것이다. 그러나 벨은 종교를 포기하는 관점을 취하지 않고, 종교와 이성을 철저히 분리함으로써 종교를 옹호하는 방법을 택한다. 그의 관점을 정리하면, 신학은 이성의 공격을 막아낼 수 없기 때문에 순전히 신앙을 통해서 신을 옹호할 수밖에 없다는 것이다. 라이프니츠는 이렇게 이성과 신앙, 철학과 종교를 대립시키는 벨의 입장에는 근원적인 문제가 있다고 진단한다. 오히려『변신론』은 신이 악과 죄의 주체가 아니라는 점을 사실적 차원에서 증명한다기보다는, 신이 악과 죄를 저지르는지에 관한 문제 자체가 제기되지 않는다는 점을 선험적으로 입증하고자 한다.

실제로 라이프니츠는 긴 서론인 「신앙과 이성의 조화에 관한 서설」에서 철학과 종교, 이성과 신앙은 대립 관계가 아니라 조화의 관계를 유지할 수 있다는 점을 제시한다. 이성은 신앙의 명제가 모순이 아니라는 점을 제시함으로써 그것들을 옹호할 수 있지만 선험적으로 확립하거나 입증할 수는 없다. 신앙의 진리는 기하학 법칙과 같은 영원한 진리가 아니라 자연법칙과 같은 실증적 진리다. 그러한 실증적 진리는 최선을 선택하는 신의 결정에 의존하는 것이다.

『변신론』에서 라이프니츠는 기본적으로 자연 신학 혹은 자연 종교의 관점에 서 있다. 자연 신학은 선한 신의 현존과 영혼의 불멸성을 영원한 진리, 즉 선험적으로 증명 가능한 진리로 본다. 그런데 라이프니츠는 영원한 진리 외에 우연적인 실증적 진리를 인정한다. 모든 것은 가능한 것들 가운데 선택된 것이기 때문에 실제로 현존하는 모든 것은 우연적이다. 따라서 라이프니츠로서는 신이 자신의 영원한 계획을 실현하기 위해 통상적이거나 특별한 수단(기적)을 사용했다는 것을 인정하는 데 아무 어려움이 없다. 물론 육화, 부활, 성찬식 등 계시된 교리가 지시하는 내용은 존재하지 않을 수도 있었던 우연적 진리다. 그러한 의미에서 우연적 진리는 영원한 진리의 연쇄로서 이해된 이성을 넘어선다. 그러나 이성을 넘어서는 것은 이성과 대립할 수 없기 때문에, 우리는 계시 교리가 모순되지 않으며 일정한 합목적성의 근거를 가진다고 제시함으로써 그것을 "옹호(soutenir)"할 수 있다. 이 차원에서 삼위일체, 부활, 성찬식 등의 여러 교리는 철학적 관점에서 검토하고 옹호할 수 있는 것이다.

라이프니츠는 제1부에서부터 자신의 철학 체계에 의거하여 본격적으로 신의 정의(正義)를 변호한다. 그러나 신의 정의는 심각한 난점을 해결할 때 비로소 변호할 수 있다. 핵심적인 문제는 악에 관한 것이다. 악과 관련된 난점은 두 가지로 구분할 수 있다. 첫 번째 난점은 인간의 자유와 관련된다. 인간의 자유는 만물을 주관하는 신의 결정과 양립할 수 없어 보이지만 그가 죄가 있거나 벌을 받아야 할 경우에는 필요하기 때문이다. 두 번째 난점은 인간이 자유롭게 저지르는 악에 신이 기여하는 것처럼 보인다는 점이다. 이러한 신의 행동은 신의 선·성스러움·정의에 대립되어 보이기 때문이다. 이 두 난점을 연결한다면 문제는 다음과 같이 정리된다. 모든 존재와 사건은 신에 의해 예정되어 있으므로 인간이 행하는 선과 악은 그가 그렇게 할 수밖에 없어서 하는 것이며, 결과적으로 인간은 보상도 벌도 받을 이유가 없다. 그러나 이는 행동의 도덕성을 파괴하는 것이며 신과 인간의 정의(正義)에 어긋나는 것이다. 즉 악한 의지는 신의 일정한 협력 없이는 존재할 수 없으며 또한 악한 의지를 인간에게 생겨나게 하는 신의 예정 없이는 존재할 수 없다는 난점이 있다. 어떤 행동이 악하다고 해서 그것이 신에게 의존하지 않는 것은 아니다. 이로부터 선과 악의 두 원리를 설파하는 마니교가 설득력을 얻게 되거나 신이 선과 악을 무차별적으로 행하는 존재라고 주장하는 학설이 생긴다. 또는 원죄 개념을 인정하고 신의 은총을 통해 선한 이들이 구원받는다는 관점을 받아들인다고 해도 적은 수의 사람들만이 구원받을 것이고 나머지 모든 이들은 영원히 사멸할 것이므로 난점은 그대로 남게 된다. 영겁의 벌을 받는 이들은 신앙이 없었기 때문에 그런 벌을 받는다고 해도, 신은 자신의 마음에 드는 이들에게 신앙을 부여하거나 신앙을 가질 환경을 제공해주므로 역시 신은 악에 책임이 있어 보이며 악과 관련된 난점은 심각한 것으로 나타난다.

라이프니츠는 악의 문제를 해결하기 위하여 세 가지 형태의 악을 구분한다. 악에는 형이상학적 악, 도덕적 악, 물리적 악이 있다. "악은 형이상학적으로, 물리적으로, 도덕적으로 이해할 수 있다. **형이상학적 악**은 단순한 불완전성이며, **물리적 악**은 고통이고, **도덕적 악**은 죄다. 그런데 물리적 악과 도덕적 악은 비록 필연적인 것은 아니지만, 영원한 진리를 근거로 가능하다고 보면 된다."(『변신론』, 제1부, 21절) 달리 말하면 형이상학적 악은 모순 없이는 부정할 수 없는 영원한 진리에 속한다. 한계와 불완전성은 창조자와 피조물을 구분하는 유일한 개념이기 때문이다. 절대적으로 완전한 존재인 신이 자신만큼 완전한 존재를 창조한다면, 이 두 존재는 서로를 제약하는 상대적 존재가 되고 신이 아닌 존재가 될 것이다. 따라서 절대적으로 완전한 존재는 유일하고 나머지 모든 존재는 불완전하다. 신은 무한히 많은 존재를 창조하며 모든 존재는 식별 불가능성의 원리에 따라 서로 차이가 있으므로 불완전성의 무한한 등급 혹은 **모든 종류의 제약**이 있는 것이다. 즉, 세계의 선과 신의 정의를 변호하기 위한 주된 논거는 세계의 악이 최선의 실현을 위해 산출된 부산물이라는 점이다.

　라이프니츠는 아리스토텔레스에 대해 커다란 존중을 표시하지만, 악을 질료와 동일시하는 그의 관점에 동의하지 않는다. "고대 그리스인들은 자신들이 창조되지 않았고 신과 무관하다고 생각한 질료로 악의 원인을 돌렸다. 그러나 모든 존재를 신으로부터 도출하는 나로서는 악의 원천을 어디에서 찾을 것인가?"(『변신론』, 제1부, 20절) 최상의 존재인 신은 또 하나의 다른 신을 창조할 수는 없었기 때문에 피조물은 근원적 불완전성을 타고 나며 그러한 것이 악의 형이상학적 근원이다. 달리 말하면 형이상학적 악 혹은 피조물의 불완전성은 창조 이전에 이미 관념적으로 신의 지성에 의해 결정되어 있는 것이다. 기독교적 진리를 인정하고 지성을 통해 구상한 것을 창조하는 신의 개념을 인정하는 라이프니츠는 창조 개념이 부재하고 제일 질료를 신과 무관한 것으로 보는 아리스토텔레스와 차이를 두는 것이다. 기독교 이전의 그리스 철학자들을 '이교도'로 보는 라이프니츠의 관점에서는 물질의 창조를 최상의 신이 아닌 하위의 신 혹은 '제작자로서의 신'인 데미우르고스(dēmiourgos)에게 돌리는 고대 철학의 관점은 악의 문제를 해결하기에 불충분한 것이다.

결국 악의 문제는 견고하게 구성되어 있는 라이프니츠의 철학 체계를 통해서 설명된다. 절대적으로 완전한 최상의 존재인 신은 다른 신을 창조할 수는 없다. 두 개의 동일한 절대적 완전성은 불가능하며 그것은 절대성을 파괴하는 일이기 때문이다. 따라서 신은 절대적 완전성을 갖추지 않은 세계 가운데 최선의 세계를 창조한다. 이 최선의 세계는 무한히 많은 불완전한 개체적 실체로 구성되어 있다. 신은 최소의 수단으로 최대의 목적이나 결과를 산출하는 원리인 최적률에 따라 행동하는 만큼, 이 무한히 많은 실체는 공간을 차지하지 않는 정신적 입자들이며 서로 부대끼지 않기 위해 각각 다르게 조직되어 있다. 각 실체는 나머지 모든 실체를 자신의 관점에서 지각하며, 따라서 우주는 무한히 많은 실체로 구성되어 있으므로 하나이지만 무한히 많은 방식으로 각각의 실체에 의해 투영된다. 그러므로 하나의 우주가 무한히 많은 우주의 모습을 표현하는 최적률이 실현된다. 모든 실체는 정신적인 입자들이지만 불완전한 지각을 가지고 있고, 이러한 지각의 혼란성이 물질세계를 구성해낸다. 지각의 혼란성과 투명성의 정도가 각 실체의 완전성의 등급과 악의 등급을 특징짓는다. 결국 악은 최선의 세계를 위한 부산물일 뿐이다. 신의 창조 계획은 최상의 지혜를 통해 구상된 것이어서 피조물의 불완전성은 엄밀히 말해 최선의 구도에 기여하고 있는 것이다.

제1부에서 악을 형이상학적 악, 도덕적 악, 물리적 악의 세 종류로 분류하고 정의함으로써 포괄적으로 악의 문제를 다루었다면 제2부와 제3부에서는 각각 도덕적 악과 물리적 악으로 논의를 확장시킨다. 그러나 도덕적 악과 물리적 악의 궁극적 근거는 형이상학적 악인 만큼 제2부와 제3부의

논의는 끊임없이 제1부에서 제시된 형이상학적 고찰을 요청한다.

일견 도덕적 악 혹은 죄와 관련하여 제기되는 논박은 해결 불가능해 보인다. 실제로 더 큰 선을 위한 조건으로서 신에 의해 죄가 창조되거나 허용되었다고 말하기는 불가능하다. 선을 이루기 위해 악을 행하지 말라(『변신론』, 제1부, 25절)는 바울의 말은 절대적인 계율이다. 그러나 죄를 짓는 것은 인간이고 그의 자유 때문이다. 물론 신에겐 우리가 자유를 통해 저지를 수 있는 남용을 막을 확실한 수단이 있었다. 그것은 우리에게 자유를 부여하지 않는 것이다. 그러나 신이 우리의 존엄성을 나타내며 세계의 핵심적 완전성 중 하나인 자유를 우리에게서 박탈할 수 있겠는가? 자유는 그 자체로 선이며 우리가 그것을 잘못 사용했을 뿐이다. 우리는 우리 자신만을 비난해야 한다.

도덕적 악과 물리적 악은 필연적인 것은 아니지만 그 가능성은 형이상학적 악에서 비롯한다. 도덕적 악은 죄이고 물리적 악은 고통이다. 그러나 악은 결국 신이 최선의 세계를 실현하는 차원에서 생겨나는 것이므로 악을 과장하거나 신의 정의(正義)에 의심을 가져서는 안 된다. 도덕적 악이 죄라고 할 때, 신이 죄를 허용하는 것은 우주 전체의 조화를 위해서 혹은 그 죄로 인한 결과보다 더 나쁜 결과를 막기 위해서일 뿐이다. 즉 신은 선을 직접적으로 원했고 악은 최선을 위해 부수적으로 허용했다. 악은 더 큰 악을 피하기 위해 허용되었을 뿐이다. 타인의 악을 막기 위해 자기 자신이 죄를 범해야 한다면 타인의 악을 허용하는 것이 바람직하다. 마찬가지로 인간의 악을 막기 위해 신의 완전성이 손상되어야 한다면 인간의 악을 허용하는 것이 바람직한 것이다. 결국 악은 선을 위한 부수적인 결함일 뿐이다.

물리적 악, 즉 아픔, 고통, 불행은 도덕적 악의 귀결이다. 다시 말해, 물리적 악은 죄에 대한 벌이기 때문에 신의 확고부동한 정의를 드러낸다. 그러나 우리는 인간에게 주어진 자유 의지가 죄의 원인이며 자유 의지를 준 것은 신이라고 논박함으로써 신을 악의 주모자로 간주하려는 유혹을 끊임없이 받게 된다. 데카르트처럼 존재를 보존하는 것이 연속적 창조라고까지는 말하지 않더라도, 피조물이 가진 모든 실재적인 것은 신으로부터 유래하며 그것은 신의 협력 없이는 작용할 수 없다는 점은 인정해야 한다. 그렇다면 신은 악의 실제적 원인이 아니겠는가? 이 점에 대해서는 제1부 30절에서 제시한 유명한 비유를 인용함으로써 답할 수 있을 것이다. 이 비유는 라이프니츠 스스로 "자연 자체에서 끌어낸 예"로서 이보다 "더 견고한 것은 없다"(부록 「신의 정의와 그의 다른 모든 완전성 및 행동과의 조화를 통해 제시된 신의 행동 근거」, 제70절)고 간주한 것인 바 길게 인용할 가치가 있다.

"유명한 케플러와 그 이후의 데카르트는 (그의 편지들에서) **물체들의 자연적 관성**을 이야기했다. 이는 결핍이 실체와 실체의 행동에서 나타나는 불완전성과 결점의 형상이라는 것을 제시하기 위해, 피조물들의 근원적 제약의 완벽한 이미지로서, 더 나아가 그 견본으로서 생각할 수 있는 어떤 것이다. 서로 싣고 있는 짐만 다른 여러 배들이 동일한 강물의 흐름을 따라 떠내려간다고 해보자. 어떤 배들은 나무를 싣고 있고 다른 배들은 돌을 싣고 있으며, 어떤 배들은 더 많이 싣고 있고 다른 배들은 더 적게 싣고 있다. 이 상황에서 바람이나 노 등 다른 비슷한 수단이 개입되지 않는다고 가정할 경우, 짐을 가장 많이 실은 배들이 다른 배들보다 더느리게 나아갈 것이다. 엄밀히 말하면, 무게가 지체의 원인은 아니다. 배들은 올라가지 않고 떠내려가고 있기 때문이다. 하지만 밀도가 보다 높은 물체들, 즉 미세 구멍이 더 적고 자기 고유의 물질로 더 차 있는 물체들의 무게가 늘어나는 것이 역시 지체의 원인인 것이다. 이러한 물체들에서는 다양한 운동을 통해 미세 구멍들 사이를 통과하는 물질은 고려하지 않아도 되기 때문이다. 따라서 물질은 근원적으로 지체 혹은 속도의 결핍을 일으키게 되어 있다. (……) 결과적으로, 배에 짐을 더 실었을 경우 같은 흐름의 힘에 의해 움직여지는 물질이 더 많은 만큼 배는 더 느리게 가야 한다. 물체들의 충격에 관해서도 경험과 이성이 제시하는 바에 따르면, 동일한 물질로 이루어졌지만 크기가 두 배인 물체가 같은 속도를 내게 하려면 두 배의 힘을 사용해야 한다. 이는 물질이 정지 상태와 운동 상태에서 절대적으로 무차별적이라면, 또 위에서 언급한 자연적 관성 즉 물질이 운동을 받는 것에 저항하는 특성을 부여하는 자연적 관성이 없다면 필연적인 사실이 아닐 것이다. 이제 강물의 흐름이 배들에게 가하고 전달하는 힘을 피조물들에게 있어 실재적인 것을 산출하고 보존하며 그들에게 완전성과 존재, 능력을 부여하는 신의 행동과 비교할 수 있겠다. 내가 말하건대, 물질의 관성은 피조물들의 자연적 불완전성과 비교하고, 짐을 실은 배의 느림은 피조물의 질(質)과 행동에서 나타나는 결함과 비교할 수 있겠다. 이보다 더 정확한 비유는 없을 것이다. 강물의 흐름은 배의 운동의 원인이지 지체의 원인이 아니다. 신은 피조물의 본성과 행동에서 완전성의 원인이며, 피조물의 수용성의 제약은 피조물의 행동 안에 있는 결함들의 원인이다. 이렇게 플라톤주의자들, 성 아우구스티누스, 스콜라 철학자들은 신이 실재적인 것인 악의 질료적 요소의 원인이며, 결핍인 형상적 요소의 원인은 아니라고 말할 수 있었다. 이는 강물의 흐름이 지체의 질료적 요소의 원인이지만 그 형상적 요소의 원인이 아닌 것처럼, 그것은 배 속도의 원인이지만 그 속도 한계의 원인은 아니라고 말할 수 있는 것과 같다. 신은 강물의 흐름이 배의 지체의 원인인 정도로 미약하게 죄의 원인인 것이다."

신은 악의 본질 혹은 형상을 창조하지는 않는다. 그러나 "강물", "배" 등 모든 것은 신의 창조물이므로 실재적인 것이다. 이들 간의 관계에서 "악"이 조합되어 나타날 수 있기 때문에 신은 악의 질료적 요소의 원인이다. 달리 말하면 신은 죄에서의 실제적 행동을 이루는 부분들의 원인이지만 그 행동을 한정하는 원인은 아닌 것이다. 죄는 그러한 한정에 있으며 한정은 피조물 간의 우유적(偶有的) 관계에서 발생한다.

결국 라이프니츠의 예정 조화 체계에 따라 악의 원인은 신의 의지에 있지 않다고 해야 한다. 도덕적 악과 물리적 악은 필연적이지 않지만, 혹시 그것들이 발생한다면 그 원인은 피조물의 불완전성에서 찾아야 하며, 피조물의 불완전성은 신이 최상의 지혜를 통해 최선의 세계를 창조하기 위해 불가피한 것이었다. "악의 원천은 피조물의 관념적 본성에서 찾아야 한다는 것이 답이다. 피조물의 관념적 본성은 신의 의지와 무관하게 신의 지성에 있는 영원한 진리 안에 포함되어 있기 때문이다."(『변신론』, 제1부, 20절) 신이 물리적 악을 원하지도 않았으며 그것의 창조자도 아님을 인정하기 위해서는 물리적 악의 제일 원인, 즉 피조물의 근원적 제약성을 이해하는 것으로 충분하다.

결국 신은 최상의 존재이기 때문에 최선의 방식에 따라 모든 것을 주관한다는 낙관론이 악의 문제에 대한 해답이다. 세계에는 악보다 선이 더 많다. 수많은 고통과 아픔으로 점철되어 있는 듯 보이는 우리의 일상을 고려할 때, 라이프니츠의 낙관적 단언에 대해 볼테르나 쇼펜하우어가 퍼부은 조롱과 분노도 이해할 수 있을 법하다. 그러나 쇼펜하우어 같은 불세출의 비관론자의 논의에서도 고통은 항상 대조를 통해서 나타나며 현상의 불충분성도 존재의 탁월함과 비교하여 인정되듯이, 라이프니츠에 따르면 고통을 일의적으로 보는 것은 단견에 불과하다. 경험적 차원에서도 불행에 대해 과장할 필요가 없다. 불안과 고통이 인간의 삶을 지배하는 것 같지만 이는 쾌락의 조건인 경우가 대부분이다. 고통은 쾌락의 약속이며 완전성의 예고다. 쾌락은 일률적인 과정에서 오지 않는다. 계속되는 쾌락은 권태를 낳으며 우리를 어리석게 할 뿐 진정으로 즐겁게 만들지는 않는다. 일상생활의 경험을 통해서 우리는 이런 사실을 확인할 수 있다. "흔히 약간의 신산스러움, 약간의 쓰라림 혹은 씁쓸함은 달콤함보다 더 기쁨을 준다. 약한 어둠은 색깔을 부각시킨다. 그뿐 아니라 필요한 곳에 들어간 불협화음은 화음에 강조점을 준다. 우리는 줄에서 거의 떨어질 듯한 줄타기 무용수들을 보고 불안해하기를 원하며, 비극을 보고서 거의 울기를 원한다. 한 번도 아파보지 않고서 건강을 충분히 느끼고, 건강에 대해 신에게 감사할 수 있겠는가? 그리고 거의 언제나 약간의 악이 선을 두드러지게, 즉 더 크게 만들어야 하지 않겠는가?"(『변신론』, 제1부, 12절) 우리의 주의력은 악의 혼합을 통해 자극받을 필요가 있다. 도덕적 발전에서 잠시 동안의 안 좋은 고뇌는 실제로는 더 큰 완전성을 향한 지름길이다. 물론 우리는 죄도 없고 불행도 없는 세계를 상상할 수 있고 그런 세계에 대한 소설이나 유토피아적 이야기를 만들어낼 수도 있다. 라이프니츠는 실제로 그러한 문학작품들도 존재했지만 그들이 묘사한 세계도 선에서 우리의 세계보다 매우 뒤떨어진다는 점에 주목한다. 이 점은 우리가 일반적으로 세계의 악을 과장하고 있다는 것을 보여주는 것이다.

악을 강조하는 이들에게 세계는 무질서하게 보인다. 그러나 음악가가 멜로디를 더욱 아름답게 만들고 청취자를 고무시키기 위하여 불협화음을 허용하는 것처럼 신은 무질서를 허용한다. 몇몇 작은 무질서는 큰 질서에 부합한다. 최선의 전체에 속한 부분이 필연적으로 부분 자체로서 가능한 최선인 것은 아니다. 그러나 성 베르나르두스(Bernardus)를 인용하며 라이프니츠는 말한다. "몇몇 작은 무질서는 것은 큰 질서에 속한다. 이 작은 무질서는 전체에서는 외형적인 것일 뿐이며, 질서의 길에 들어선 사람들의 행복에 비하면 그것은 외형적인 것조차도 아니다."(『변신론』, 제3부, 243절) 사물에 대해 보다 넓은 시각을 갖는다면, 가까이서 볼 때는 구분도 되지 않고 예술적 감흥도 주지 않는 그림 속 색깔이 거리를 두고 보면 정돈되어 나타나는 것처럼 조화가 혼돈의 뒤를 잇는다는 것을 우리는 볼 수 있을 것이다. 무질서한 외형은 무지한 이들의 불완전성에 기인한 판단에 불과하다. 라이프니츠는 『형이상학 논고』 제6절에서 이미 다음과 같이 말했다.

"예를 들어, 재미있는 모래 점쟁이의 재주를 보여주는 사람들이 그렇듯이, 누군가가 종이 위에 무작위로 많은 점을 찍어놓았다고 가정하자. 그래도 나는, 그 개념이 어떤 특정 규칙을 따르는, 일정하고 균일하면서도 손으로 찍은 순서와 동일한 순서로 모든 점을 연결하는 기하학적인 곡선을 발견하는 것이 가능하다고 주장한다. 그리고 누군가가 한 번에 곧기도 하고, 때로는 원형을 이루기도 하고, 또 때로는 다른 형태를 지니기도 하는 곡선을 그린다고 한다면, 우리는 이 곡선상의 모든 점들에 공통적이고, 그것을 따라 바로 이 변화들이 발생해야 할 한 개념, 또는 규칙, 또는 한 방정식을 발견할 수 있다. 그리고 예를 들어, 그의 윤곽이 한 기하학적 곡선의 한 부분을 이루지 않고 특정 규칙에 따른 운동을 통하여 한 번에 그려질 수 없을 그러한 얼굴은 존재하지 않는다. 그러나 어떤 규칙이 매우 복잡하다면 그에 따른 것이 불규칙한 것으로 간주된다. 따라서 우리는, 세계는 신이 어떤 방식으로 그것을 창조했든 간에, 항상 규칙적이고 어떤 특정의 일반적 질서를 가지고 있을 것이라고 말할 수 있다."

무지한 자에게는 연관도 없고 원리도 없어 보이는 수나 곡선에서 수학자는 수의 법칙, 곡선의 방정식과 규칙적 구성을 발견하는 것이다. 정확히 같은 관점에서 라이프니츠는 물리적 악과 관련하여 『변신론』의 제3부 242절에서 다음과 같이 역설한다.

"어떤 질서도 나타나지 않은 채 수들이 변화무쌍하게 증가하거나 감소하여 겉으로 보기에는 전적으로 불규칙적인 급수(級數)나 수들의 **계열**을 제시해 볼 수 있을 것이다. 그렇지만 숫자들의 배열에 대한 실마리를 알고 이 급수의 기원과 구성을 이해하는 사람은 어떤 규칙을 제시할 수 있을 것이며, 이 규칙이 제대로 이해될 경우 그 급수가 전적으로 규칙적이고 더 나아가서는 훌륭한 속성을 지닌다는 점이 드러날 것이다. 이 같은 점은 선(線)들에서 더 잘 나타난다. 한 선은 전진할 수도 있고 후퇴할 수도 있으며, 극대점과 극소점, 반환점과 변곡점, 중지와 그밖에 다양한 성질을 가질 수 있으므로, 선의 한 부분만을 고찰할 경우에는 규칙도 이유도 드러나지 않는다. 그렇지만 우리는 그 안에서 기하학자가 사람들이 불규칙적이라고 하는 이 모든 것들의 이유와 일치를 발견할 수 있을 선의 방정식과 작도를 제시할 수 있다. 또한 기괴한 현상들 그리고 우주의 결함이라고 불리는 것의 이유와 조화에 대해서도 그러한 방식으로 판단해야 한다."

그러나 벨은 매우 강력한 논박을 제시한다. 라이프니츠의 신은 단지 무한히 많은 세계 가운데 최선의 세계를 실현하는 데 관심을 쏟는 위대한 건축가가 아니겠는가? 그는 특히 도덕적 차원의 국지적 결함에는 큰 관심이 없고 최선의 세계 건설에만 만족하는 것은 아닌가? 실제로 벨은 철학자들이 단지 물리적 질서만을 보증해주는 신 개념을 제시하는 것에 분노를 표시했다. 물리학이나 존재론을 우위에 둘 경우, 도덕적 악과 그 귀결인 물리적 악의 문제는 대수롭지 않은 것이 될 수 있을 것이다. 라이프니츠는 벨의 논박을 우선 그대로 옮긴다.

"신이 세계를 창조한 것은 단지 건축술과 기계적 구조에 대한 자신의 무한한 지식을 보여주기 위해서이고, 선하며 덕의 벗이라는 그의 속성은 그런 위대한 작품의 작도에 아무 기여도 하지 않았다. 그러한 신은 지식에 대해서만 자부심을 가질 것이다. 그는 몇몇 원자들이 일반적 법칙들이 요청하는 것보다 더 빨리 움직이거나 더 느리게 움직이는 것을 인정하기보다는 인류 전체가 소멸하도록 내버려두는 편을 선호할 것이다."(『변신론』, 제3부, 247절)

이에 대한 라이프니츠의 답은 매우 중요하다. 그는 인간의 다양한 도덕적 악에 대해 제기되는 문제에 대해 신의 존재론적 구도를 내세움으로써 논박에 답하는 경우가 많았기 때문이다. 라이프니츠는 제247절에서 다음과 같이 벨에게 대답한다.

"벨이 내가 구상한 일반적 조화의 체계를 알고 있었다면 그러한 반대는 하지 않았을 것이다. 그 체계에 따르면, 작용인의 왕국과 목적인의 왕국은 상응하며, 신은 가장 위대한 건축가의 자질에 못지않은 최선의 군주의 자질을 가지고 있다. 또한 물질은 운동 법칙들이 정신들을 위한 최선의 운영에 사용될 수 있는 방식으로 배치되어 있으며, 결과적으로 형이상학적·물리적·도덕적 선을 모두 합쳐 헤아려본다면 신은 가능한 최대의 선을 창출했음이 드러날 것이다."

이 핵심적 선언의 의미를 제대로 파악해야 한다. 물리적 세계가 형이상학적 원리에 종속된다면 형이상학적 세계는 도덕적 원리에 종속된다. 달리 말하면 우주에는 두 종류의 합목적성이 존재한다. 첫 번째는 건축가로서의 신이 추구하는 합목적성으로서, 그것은 규칙적이고 조화로운 법칙과 신의 지혜를 표현하는 법칙의 세계를 구성하는 것이다. 그러한 형이상학적 법칙은 이성적 피조물인 인간과, 그 외의 단지 비물질적인 실체에게 동일한 방식으로 수용되지 않는다. 인간은 반성 능력이 있기 때문에 자신의 행동에 대해 의식하며, 따라서 도덕적 세계에 진입할 수 있는 존재다. 도덕적 세계에서 신은 그의 신민들과 함께 사회를 건설하고 그들에게 가장 위대한 행복을 베풀고자 하는 군주의 역할을 수행한다. 이것이 세계에 대한 두 번째 합목적성이다. 그것은 첫 번째 합목적성의 목적이 되는 상위의 합목적성이다. 이성적 성찰을 통해 우리의 지각을 넘어선 것에 도달함으로써 우리는 물리학에서, 생물학에서 그리고 도덕에서 합목적성을 드러내는 위대한 건축가로서뿐 아니라 가능한 한 모든 개별 존재의 선을 배려하는 신국의 군주로서 행동한 창조자의 선을 알 수 있는 것이다.

비록 모든 인간의 운명은 창조 이전에 신의 지성을 통해 결정되어 있으나, 인간은 자신의 모든 것을 신처럼 알 수는 없는 만큼 죽는 순간까지도 자유 의지와 신의 예정을 포기해서는 안 된다. 악은 선의 결핍일 뿐 적극적 실재성을 갖지 않는다. 최상의 지혜, 선, 능력을 지닌 신에 의해 모든 것이 최선으로 예정 조화 되었다는 신뢰를 가지고 자유를 사용하는 것이 인간에게 주어진 도덕적 의무이다.

　우리는 우리의 능력을 잘 모른다. 우리의 능력을 모르기 때문에 우리는 우리 자신의 무지를 헤아리지 않고 외형에 따라 성급히 판단하곤 한다. 라이프니츠는 『변신론』에서 분명 낙관론을 설파하지만, 그의 낙관론은 팔짱을 끼고 방관하거나 운에 기댈 것을 요구하는 숙명론이나 팔자론이 아니다. 라이프니츠의 낙관론은 인간을 좀 더 참된 세계의 개념, 즉 최상의 존재의 속성과 더욱 일치하는 개념으로 상승시키려 하는 관점으로서 우리에게 냉철한 지성과 관용적 신뢰에 근거한 도덕성을 엄정하게 요구하는 낙관론이다.

　"당신들이 세상을 안 지는 3일밖에 안 되었습니다. 당신들은 코앞보다 멀리 보지도 못하면서 불평거리를 찾습니다. 세계를 알게 되기까지 기다리고, 특히 세계에 있는 (유기체들이 그러한 것처럼) 온전한 전체를 나타내는 부분들을 고찰하십시오. 거기서 당신은 상상을 넘어서는 기술과 아름다움을 발견할 것입니다. 이로부터 우리가 알지 못하는 것들에도 조물주의 지혜와 선이 있다는 귀결을 도출해냅시다. 우리의 마음에 들지 않는 것들이 우주 안에서 발견될 수 있습니다. 우주는 우리만을 위해 만들어진 것이 아니라는 것을 아시기 바랍니다. 우리가 지혜롭다면 우주는 우리를 위해 만들어진 것입니다. 우리가 우주에 순응한다면 우주도 우리에게 순응할 것입니다. 우리가 우주에서 행복하기를 원한다면 우리는 행복하게 될 것입니다."(『변신론』, 제2부, 194절)

5. 부록

머리말, 서설, 제1, 2, 3부로 구성된 본문 뒤에는 3개의 부록이 실려 있다. 『변신론』의 본문과 비교해볼 때 부록의 글들은 특별히 새로운 내용은 없으나 각기 특징이 있다.

  1)「형식 논증으로 축약된 논쟁의 개요」

  「형식 논증으로 축약된 논쟁의 개요(Abrégé de la controverse réduite à des arguments en forme)」는 제목이 말해주듯이 형식 논증을 통해 논의를 전개한다. 구체적으로 라이프니츠가 가상의 논박 8가지를 삼단논법의 형식으로 제시하고 자신의 관점에서 반론을 제기하고 부연하는 내용이다. 논박 1은 악을 만든 신은 최선의 방책을 취하지 않은 존재라는 내용이다. 이에 대해 라이프니츠는 악이 있는 세계가 악이 없는 세계보다 더 좋은 세계라는 점을 밝힘으로써 반론을 제시한다. 또 그는 현 우주가 다른 가능한 모든 우주보다 좋은 우주라는 점을 본문에서 밝혔다고 상기시킨다. 논박 2는 지성적 피조물에게 악이 선보다 더 많다는 점에 근거하여 신의 작품에 선보다 악이 더 많다고 주장한다. 이에 대해 라이프니츠는 지성적 피조물의 악이 나머지 피조물의 선에 의해 보충되는 것이 가능하다는 반론을 제시한다. 나아가 지성적 피조물 중 축복을 받은 소수의 선의 수준이 영겁의 벌을 받은 다수의 악보다 더 클 가능성도 있다. 논박 3은 모든 사건의 예정과 죄의 필연성은 악에 대한 벌을 정의롭지 못한 것으로 만든다는 내용이다. 라이프니츠는 이 점과 관련하여 절대적 필연성과 도덕적 필연성을 구분함으로써 반박한다. 죄는 사건의 영역에 속하며 사건은 절대적 필연성이 아니라 의지를 가정하는 도덕적 필연성을 따른다. 도덕적 필연성의 영역에서 의지는 항상 경향을 가지며 절대적 필연성에 의해 강제되지 않는다. 논박 4는 신이 죄를 미리 알았고 또한 막을 수 있었으나 그렇게 하지 않았다는 점을 근거로 신이 죄의 동조자라고 주장한다. 이에 대한 반론은 선행하는 의지와 후속적 의지의 구분을 통해 실행된다. 신은 선행하는 의지를 통해서 각 인간이 죄를 짓지 않기를 원하지만, 우주 전체의 최선의 구도를 실행하기 위해서는 그 인간의 선과 다른 선을 비교하고 최종적 결정을 내려야 한다. 결국 신은 더 큰 선을 실현하기 위해서, 후속적 의지를 통해 인간의 죄를 허용할 때가 있다. 즉 악은 더 큰 선을 위해 부수적으로 존재할 뿐이다. 논박 5는 모든 것의 원인이 신이므로 신은 죄의 원인이라는 내용이다. 이 논박에 답하기 위해 라이프니츠는 형이상학적 악의 개념에 의거한다. 즉 신은 최선의 구도를 실현하기 위해 피조물에 근원적 불완전성 혹은 제약성을 부여할 수밖에 없었다. 악은 "결함적 원인"에 불과하며 실제로는 전체적 완전성과 미에 기여하고 있다. 논박 6은 다르게 행동할 능력이 없는 인간의 행동을 벌주는 신은 정의롭지 않다는 내용이다. 라이프니츠는 인간이 더 이상 죄를 짓지 않을 수 있으며 이에 대해 은총이 내려질 수 있다는 반박을 제시한다. 따라서 그는 종교를 모른 채 죽은 선한 자들이나 선한 의지를 유지했던 이들에게 영겁의 벌이 내리지 않을 것이라고 본다. 논박 7은 신은 모든 사람에게 구원을 위한 수단을 부여하지 않았기 때문에 충분히 선하지 않다고 주장한다. 라이프니츠는 이 점에 대해 다시 최선의 구도 개념에 의거한다. 부분적인 악은 신이 선택할 수밖에 없었던 우주의 최선의 구도에 의해서 그렇게 된 것이다. 마지막으로 논박 8은 신은 최선만을 선택해야 했기 때문에 자유롭지 않다고 주장한다. 이에 대해 라이프니츠는 최선의 것만을 행해야 하는 필연성은 도덕적인 것으로서 "다행스러운 필연성"이라고 주장한다. "자신의 자유 의지를 최선으로 사용할 수 있고, 외적 힘이나 내적 정념에 의해 이탈되지 않은 채 최선으로 자유 의지의 능력을 발휘하는 것은 오히려 진정한 자유이며 가장 완전한 자유다."

논박 8에서 논의한 자유의 문제는 다른 두 부록의 내용과 밀접하게 연관된다.

2) 「자유, 필연, 우연에 관하여 홉스가 출간한 영문 저작에 관한 고찰 (Réflexions sur l'ouvrage que M. Hobbes a publié en anglais, de la liberté, de la nécessité et du hasard)」

3) 「얼마 전 영국에서 출간된 악의 기원에 관한 책 평가(Remarques sur le livre de l'origine du mal, publié depuis peu en angleterre)」

「자유, 필연, 우연에 관하여 홉스가 출간한 영문 저작에 관한 고찰」은 홉스와 존 브럼홀(John Bramhall) 주교의 논쟁을 정리하면서 라이프니츠 자신의 관점을 제시한 글이며, 「얼마 전 영국에서 출간된 악의 기원에 관한 책 평가」는 윌리엄 킹의 저작에 대한 일종의 평론으로서 역시 라이프니츠 자신의 철학 체계를 재확인하는 차원에서 분석하고 있다.[6] 이 두 부록은 함께 고찰할 필요가 있다.

두 부록에서 드러나는 특기할 점은 주요 논의 대상인 토머스 홉스와 윌리엄 킹이 각각 절대적 필연성과 절대적 우연 혹은 무차별적 능력의 대변자라는 점이다. 이러한 논의 구조는 라이프니츠가 데카르트와 스피노자를 평가하는 관점과 일맥상통한다. 실제로 라이프니츠는 홉스에 관해 이렇게 말한다. "저자가 신이라고 부르는 것은 에피쿠로스의 체계에서 원자들이 그런 것처럼 수학적 법칙에 따라 절대적 필연성에 의해 작용하는 물질적 존재들의 덩어리로 이루어진 맹목적 자연일 뿐이기 때문이다."(「자유, 필연, 우연에 관하여 홉스가 출간한 영문 저작에 관한 고찰」, 제8절) 반면 윌리엄 킹의

∵

6) 이 부록들에 관한 서지 사항과 인물 정보는 본문을 참조할 것.

관점은 라이프니츠에 의해 다음처럼 규정된다. "그에 따르면 피조물은 창조자와 공통점이 있는데, 그것은 아무 동기도 없고 아무 목적 원인이나 충동적 원인도 없이 선택하는 능력에 있다."(『얼마 전 영국에서 출간된 악의 기원에 관한 책 평가』, 제12절) 즉 홉스는 절대적 필연성을 대변하며 윌리엄 킹은 절대적 우연성을 대변한다. 그러나 라이프니츠에 따르면 수학적 법칙 같은 영원한 진리조차 신에 의해 창조된 것이기 때문에, 우연적이라고 보는 데카르트의 관점이 아무런 선재적 동기 없이 모든 것이 신의 능력에 의해 필연적으로 산출된다고 보는 스피노자의 관점과 모순을 통해 만나듯이, 홉스와 윌리엄 킹의 극단적인 두 사상도 결국 이율배반적이고 불충분한 관점에 불과하다.

실제로 라이프니츠가 진단하는 스피노자나 홉스의 사상에 따르면 지혜, 선, 정의는 신과 우주와 관련해볼 때는 허구에 불과하다. "그들에 따르면, 제일 원인은 자신의 능력의 필연성에 의해서 행동하지만 지혜의 선택에 의해 행동하지는 않기 때문이다."(『자유, 필연, 우연에 관하여 홉스가 출간한 영문 저작에 관한 고찰』, 제8절) 결국 모든 초월적 규범을 부정하는 이런 관점은 스피노자의 용어로 말하자면 "신의 절대적 본성의 필연성"에 의해 모든 것이 이루어진다는 관점이며, 이는 라이프니츠에 따르면 절대적 자의성이나 전제주의와 다를 것이 없다. 라이프니츠가 보기에 신에게 오로지 능력과 의지만을 귀속시키는 전제주의는 신의 독립성 및 위대함의 순수성을 보존하려는 차원의 논의이지만, 그 대가로 신을 찬양할 모든 근거 그리고 결과적으로 신의 영광을 박탈하는 논리에 불과하다. 이 같은 전제주의의 폐해는 인간과 관련해서도 심각한 영향을 미친다. 모든 결정이 신의 자의성에 달려 있는 만큼 악인조차 미래의 구원을 파렴치하게 꿈꿀 것이며 경건한 사람은 자신이 신의 은총 속에 있는지를 의심하게 될 것이기 때문이다.

홉스의 신 개념은 세 번째 부록에서 라이프니츠가 지적하는 윌리엄 킹의 주장과 만난다. 윌리엄 킹의 신에 대한 관점은 신이 의지의 절대적 자유 혹은 평형의 무차별성에 근거한 무차별적 능력을 갖기 때문에 자유롭다는 것이다. 그러나 지성이 개입되지 않은 의지의 결정을 인정할 경우 결국에는 폭군의 논리 혹은 전제주의로 빠지게 된다. 이는 단지 할 수 있기 때문에 한다는 논리로서 라이프니츠가 보기에는 요정이 행하는 마술적 능력과 다를 것이 없다. 라이프니츠는 이 점에서 절대적 우연을 강조하는 데카르트나 윌리엄 킹, 절대적 필연을 강조하는 스피노자나 홉스가 실제로는 동일선상에 있다고 보는 것이다.

실제로 윌리엄 킹은 의지가 지성의 최종적 판단을 따를 경우 의지의 자유가 훼손된다고 본다. 이러한 관점은 결국 아무 이유 없이 단지 능력을 근거로 행동하는 신의 개념, 즉 홉스나 스피노자의 절대적 필연성 개념과 만난다. 라이프니츠가 지적하는 것은 절대적 필연성이나 무차별적 능력의 개념적 불가해성이다. 만일 절대적 필연성이나 순수한 무차별성을 인정할 경우 신과 인간의 행동에 대한 어떠한 동기도 완전성도 설명할 수 없다. 데카르트나 윌리엄 킹, 홉스나 스피노자가 인정하는 신은 절대적 존재이며 그 완전성은 의심의 여지가 없다. 그러나 신의 완전성은 절대적 필연성이나 순수한 무차별성에 의해서는 개념적 규정이 불가능하다. 신의 행동은 단지 신이 행했기에 완전하다는 동어반복에만 의거해야 하기 때문이다. 그러나 신의 행동에 대해 일말의 근거를 인정할 경우 완전성에 대한 논의는 최상의 완전성에 대한 논의가 되어야 한다. 어떤 행동이 특정 근거로 인해서 완전하다면, 그 근거보다 더 상위의 근거는 없는지 물어야 하기 때문이다. 이 경우 완전성의 등급에 관한 문제 혹은 최상의 등급에 관한 논의로 되돌아와야 하는데, 이는 라이프니츠 자신의 철학 체계를 인정하는 논리가 된다. 만일 신이나 인간에게 행동의 근거가 있다면 그것은 최악보다는 최선의 추구가 되어야 할 것이다. 즉 완전성에 따른 근거나 이유가 행동의 동기가 되어야 하는 만큼 의지는 지성의 판단을 따라야 한다. 그리고 신의 지성은 최선을 택할 수밖에 없으므로 결국 모든 것은 최선의 원리에 의해 이루어진다고 말해야 한다. 실제로 윌리엄 킹은 신의 선택이 무차별적으로 이루어진다고 하지만, 그렇다고 해서 신이 세계에 악한 것만을 만들어놓았다고 인정하지는 않는다. 결국 이 세계의 모든 것이 에피쿠로스(Epicouros)가 원자 이탈 개념을 통해 말하듯이 무작위로 충돌하는 원자들처럼 절대적인 운에 의해 작동한다고 인정하지 않는 한, 라이프니츠는 윌리엄 킹의 논의가 자신의 예정 조화 체계로 되돌아오게 됨을 강조한다. 이에 따라 윌리엄 킹은 자신도 모르게 선과 악에 대한 신의 차별성을 인정함으로써 다음과 같이 말하는데, 라이프니츠는 그 말을 자신의 결론으로 삼는다. "현세에서의 가장 큰 행복은 미래의 행복에 대한 희망에 있고, 교정이나 벌에 도움이 되지 않는 어떠한 일도 악인에게 일어나지 않으며, 가장 큰 선에 도움이 되지 않는 어떠한 일도 선한 이에게 일어나지 않는다."(『얼마 전 영국에서 출간된 악의 기원에 관한 책 평가』, 제27절)

6. 『신의 정의(正義)와 그의 다른 모든 완전성 및 행동과의 조화를 통해 제시된 신의 행동 근거』

『신의 정의(正義)와 그의 다른 모든 완전성 및 행동과의 조화를 통해 제시된 신의 행동 근거(La cause de Dieu, plaidée par sa justice, elle-même conciliée avec toutes ses autres perfections et la totalité de ses actions)』는 『변

신론』의 초판과 별도로 간행되었다가 이후에는 항상 『변신론』에 함께 수록된 라틴어 논문이다. 제목에서 쓰인 "행동 근거(Causa)"는 이 단어의 원래 뜻대로 법률적 용어로 이해해야 한다. 그래서 이 논문은 신은 정의롭다는 것을 주장하고 변호하기 위한 것이기 때문에 첫 구절에서 "신의 행동 근거에 대한 변호론(Apologetica Causae Dei tractatio)"으로 규정하며, 간결하고 엄밀한 언어를 구사하는 라이프니츠의 라틴어 저작들이 지닌 특징을 잘 드러내준다. 이 논문은 라이프니츠가 벨의 신학적 회의론을 대대적으로 진단한 『변신론』의 논의를 엄격하고 간결한 스타일로 요약한다. 이미 언급했듯이, 『변신론』에서 라이프니츠의 신학은 체계적 형태로 제시되었다기보다는 대중적 저작의 형태로 표현되었다. 라이프니츠 스스로 『변신론』은 엄밀한 학술서가 아니라, "다소 친숙한 방식으로" 설명된 사유로 "짜인 직물"이라고 표현했다. 그래서 그는 철학자들과 신학자들을 대상으로 한 체계적 논문인 『신의 행동 근거』를 첨부한 것이다. 특히 라이프니츠는 이 논문의 끝부분에서 두 개념 도표를 통해 모든 논의 구조를 압축하여 도식화한다. 독자들은 『변신론』에 나타난 복잡하고 때로는 장황한 논의가 실제로는 라이프니츠의 정신 속에 견고하게 구축되어 있는 개념 체계의 확장이었다는 점을 『신의 행동 근거』를 통해 확인할 수 있을 것이다. 『신의 행동 근거』와 그 개념 도표는 라이프니츠의 신학을 한눈에 조망할 수 있는 탁월한 기회를 제공해주는 만큼, 『변신론』의 본문에서 진행되는 만연체의 긴 논의에 앞서 이 논문을 먼저 읽는 것도 『변신론』의 전체적 내용에 접근하는 유용한 방법이 될 수 있을 것이다.

『변신론』의 번역 작업을 위해 많은 분께 빚을 졌다. 이미 오래전 일이 되었지만, 경희대학교 철학과에서 3년여 동안 전준현, 심희원 선생과 함께한 라이프니츠 원서강독 세미나가 없었다면 역자는 이 까다로운 저작의 번역을 시도하지 못했을 것이다. 때마침 한국연구재단의 명저번역지원사업에 『변신론』으로 지원해볼 것을 조언해주신 김성호 서양근대철학회 회장님께 깊은 감사의 마음을 전한다. 중량감 있는 명저번역으로 유명한 김성호 선생님은 역자가 여러 가지 어려움에 처할 때마다 기꺼이 힘이 되어주셨다. 라이프니츠 전공자가 많지 않고 연구번역은 더더욱 드문 국내 학계에서 윤선구, 이정우, 배선복, 이상명 선생님 등 성실한 연구자들의 선행 작업은 번역어 정립에 큰 도움이 되었다. 이 자리를 빌려 감사드린다. 교정 작업 동안 원고 전체를 읽어주고 책 말미의 표 작업을 해준 경희대학교 철학과 목지민 선생에게도 신세를 졌다. 벨기에 루뱅대학교의 은사이신 클로드 트로아퐁텐느(Claude Troisfontaines) 교수님께 갚을 수 없는 빚을 졌음을 밝히고 싶다. 역자의 라이프니츠 연구에서부터 번역에 이르기까지 선생님의 가르침은 모든 곳에 깊이 스며 있다. 끝으로 교정과 편집으로 고생하신 아카넷 출판사의 좌세훈 편집자에게 감사의 마음을 전한다.

번역 노트

1. 번역 대본

『변신론』의 한국어판 번역에 사용한 원본은 프랑스의 철학자이자 고전 문헌학자인 자크 브런슈빅(Jacques Brunschwig)이 편집하고 1969년에 가르니에-플라마리옹(Garnier-Flammarion)에서 출간한 *Essais de Théodicée*이다. 일반적으로 라이프니츠 연구를 위해 많이 사용되는 판본은 독일의 게르하르트(C. J. Gerhardt)가 전 7권으로 편집한 『라이프니츠의 철학 저작 (*Die philosophischen Schriften von G. W. Leibniz*)』(베를린, 1875~1890)이며 『변신론』은 제6권에 수록되어 있다. 두 판본 사이에는 몇 가지 차이가 있어서 다음과 같이 조정했다.

1) 게르하르트 판본의 제6권에 『신의 행동 근거』가 실려 있지만 『변신론』의 부록으로서 실린 것은 아니다. 자크 브런슈빅은 『신의 행동 근거』가 1710년에 『변신론』과 별도로 출간되었지만 1712년부터는 항상 『변신론』과 함께 출간된 것을 고려하여 자신의 편집본에 수록했다. 라이프니츠 스스로 『변신론』을 이해하는 데 직접적으로 도움이 된다고 명시한 주요 저작인 만큼 한국어판에 포함시켰다.

2) 라이프니츠는 『변신론』 초판에서 3개 부록에 선행하는 본문 바로 뒤에 일종의 색인인 「저작에 포함된 주제의 목록」을 첨부했다. 따라서 이 색인은 부록에는 적용되지 않는다. 브런슈빅은 참조의 편리성을 위해 이 색인을 자신의 편집본 마지막에 수록했으며 본 한국어판도 이 순서를 따랐다.

3) 라이프니츠는 『변신론』 본문의 제3부 392절에서 신의 문제에 관한 라미 신부의 기하학적 증명을 언급하는데, 게르하르트는 라이프니츠가 이 편지에 관해 출간한 글을 각주로 수록해놓은 반면, 브런슈빅은 이 문헌을 언급만 하고 실어놓지는 않았다. 게르하르트의 각주에 수록된 라이프니츠의 글을 번역하여 역시 각주의 형태로 본 한국어판에 반영했다.

이러한 차이를 조정하고, 자크 브런슈빅의 편집본을 번역 대본으로 삼은 이유는 그가 수행한 주석 작업의 유용성 때문이다. 『변신론』은 철학 작품이지만 단순히 학설과 개념을 설명하는 데 그치지 않고 매우 많은 작가와 저작을 언급하며 논의를 전개해나간다. 그래서 이들에 대한 정보 없이 『변신론』을 읽기란 매우 힘든 일이다. 나아가 이들 정보는 찾기가 매우 어렵고 널리 알려지지 않은 경우가 많다. 브런슈빅의 편집본은 『변신론』을 읽어나가기에 무리가 전혀 없을 정도의 풍부한 정보를 제공해줌으로써 이 같은 문제의 해결을 도와주었다. 브런슈빅의 편집본 외에 허거드(E.M. Huggard)의 영역본도 전체적으로 참조했다.[1] 영어권에서 권위가 있는 이 영역본은 자연스럽게 국역하는 데 상당한 도움이 되었음을 밝혀둔다.

∵

---

1) *Theodicy, Essays on the Goodness of God, the Freedom of Man and the Origin of Evil*, Cosimo Classics, 2010. 허거드의 영역본은 다양한 출판사들이 여러 차례 재출간하였고 2005년부터 '구텐베르크 프로젝트(The Project Gutengerg)'의 전자책(E-Book)으로 사용할 수 있게 되었다.

2. 번역

일반적으로 번역의 방법은 원문에 충실한 '원문 중심의 번역'과 번역문의 가독성을 중시하는 '번역문 중심의 번역'으로 구분된다. 번역 대상이 고전에 속하는 일차 자료일 경우 원문 중심의 번역이 강조되며, 연구서나 해설서일 경우 번역문 중심의 번역이 중시된다. 『변신론』은 전자에 속하기에 원칙적으로 원문에 충실한 번역을 시도했다. 그러나 라이프니츠가 『변신론』을 쓴 것은 1700년대이고, 특히 독일인인 그의 프랑스어는 라틴어의 영향을 많이 받아 지나치게 긴 문장이 상당히 많다. 이러한 문장들은 직역할 경우 가독성이 현저히 떨어지게 된다. 이들 부분에서는 문장을 끊고 다시 연결하는 등 불가피하게 번역문의 가독성을 중시하는 방법을 사용했다. 따라서 비록 원문 중심의 번역과 번역문 중심의 번역, 두 유형을 이상적으로 조화시킬 수는 없었으나 최대한으로 두 방법을 근접시키려 노력했다.

라이프니츠의 전문 개념어에 대해서는 국내 전공자들의 선행 연구를 유용하게 사용하였다. 국내에 라이프니츠 전공자와 관련 연구 성과도 풍부하지 않은 가운데 중요한 번역서가 출간되었다. 『형이상학 논고』(빌헬름 라이프니츠 지음, 윤선구 옮김, 아카넷, 2010)가 그것이다. 라이프니츠 전공자의 이 번역본에는 『형이상학 논고』 외에도 『인식, 진리 그리고 관념에 관한 성찰』, 『제일철학의 개선 및 실체의 개념에 대하여』, 『자연, 실체들의 교통 및 영혼과 육체 사이의 결합에 관한 새로운 체계』, 『동역학의 시범』, 『자연과 은총의 이성적 원리』, 『모나드론』이 심도 있는 주석과 함께 실려 있어서 라이프니츠 철학 전반을 이해하고 특히 아직 정립되지 않는 여러 용어들을 번역하는 데 큰 도움이 되었음을 밝혀둔다. 또 다른 라이프니츠 전공자가 번역한 『자유와 운명에 관한 대화 외』(G.W. 라이프니츠 지음, 이상명 옮김, 책

세상, 2011)도 역시 유용하게 활용하였다.

3. 옮긴이 주와 인명 표기

옮긴이 주는 기본적으로 번역문의 이해를 돕기 위하여 두 측면에서 첨가했다.

첫째, 『변신론』에는 매우 많은 인물과 저작이 논의 대상으로서 언급된다. 일반적으로 서양 사상사에 알려진 이들도 많지만 낯선 이름과 저작이 대거 등장한다. 옮긴이가 번역 대본으로 삼은 『변신론』의 편집자 자크 브런슈빅은 이 점과 관련하여 어려움을 토로한다. 그가 강조하는 바에 따르면 라이프니츠가 언급하는 많은 인물과 저작은 대부분 도서관에, 그것도 가장 큰 도서관에 파묻혀 잊혀버린 것들이며, 그 저자들이 누군지 알려면 사전에서 이름을 찾아야 하는데, 그것도 어떤 사전에 그런 이름이 있는지 또 다른 사전을 다시 찾아봐야 할 정도다. 다행히 철학자이면서 고전문헌학자인 브런슈빅은 대부분의 관련 정보를 수집하여 독자들이 불편 없이 본문을 읽어나갈 수 있도록 주석을 달아놓았다. 브런슈빅의 주석 전체를 완역하고 보충할 부분에 대해서 옮긴이 주를 추가하는 방식을 택했다.

둘째, 원칙적으로 옮긴이 주는 번역문의 이해를 돕기 위해 덧붙였다. 『변신론』은 비교적 상세한 논의를 전개하는 책이지만 라이프니츠의 철학 체계에 대한 보다 구체적이고 포괄적인 설명이 필요한 부분도 있다. 『변신론』은 라이프니츠의 견고한 선험적 철학 체계를 이해하는 일이 선행되어야 그 논의 구조를 파악할 수 있는 저작이다. 물론 『변신론』의 독서 자체가 라이프니츠의 철학 체계를 이해하도록 도와주지만 그 반대의 방식을 따라야 할 때도 많다. 이런 측면을 고려하여 관련 저작들을 토대로 옮긴이 주를 첨가함으로써 독자들의 이해를 돕고자 했다. 라이프니츠 철학 체계의 이해를 돕기 위해 그의 주요 저작 중 하나인『형이상학 논고』를 많이 사용하여『변신론』의 여러 부분과 관계시켰다. 많은 주석가들에게 라이프니츠의 작품 가운데 가장 체계적인 것으로 평가받는『형이상학 논고』는 라이프니츠가 처음으로 자신의 철학 개념을 구조적으로 정식화한 저작이어서, 이 저작을 함께 고찰하면 피에르 벨(Pierre Bayle)과의 긴 논쟁이 이어지는『변신론』에서 길을 잃지 않는 데 도움이 되리라고 본다. 라이프니츠는『모나드론』에서 특정 주제를 다룰 때마다『변신론』을 참조할 것을 권고하면서 관련 부분을 구체적으로 지시하는데, 이에 덧붙여『형이상학 논고』와『변신론』을 함께 읽고 연구한다면 라이프니츠의 철학을 이해하는 데 큰 도움이 될 것이다. 이미 언급했듯이, 최근에『형이상학 논고』와『모나드론』등의 주요 저작들이 번역·출간되었으며 서신집도 일부 번역되기 시작했다. 이 저작들과 더불어『변신론』의 번역본이 라이프니츠 철학을 깊이 이해하는 데 유용한 자료가 되기를 희망한다.

끝으로,『변신론』에 등장하는 많은 인물의 인명 표기를 위해서는 통일성을 추구해야 했다. 라이프니츠는 독일어는 물론이고 그리스어, 라틴어, 영어, 프랑스어 등으로 쓰인 막대한 저작들을 섭렵했으며 독일어, 라틴어, 프랑스어로 저술 활동을 했다. 이에 따라 그는 전 유럽권의 다양한 인물들을 언급하며 논의를 전개한다. 인명 표기의 경우 일부 통용되는 예를 제외하고는 원칙적으로 외래어표기법과 국립국어원의 외래어 표기 용례를 따랐다.

고트프리트 빌헬름 라이프니츠 연보

1646   7월 1일 라이프치히에서 고트프리트 빌헬름 라이프니츠(Gottfried Wilhelm Leibniz) 출생. 여러 세대 전부터 독일에 정착한 슬라브족 혈통의 루터교 가정 출신. 아버지 프리드리히 라이프니츠(Friedrich Leibniz)는 법률가이자 대학의 도덕 철학 교수였고, 어머니 카타리나 슈무크(Catharina Schmuck)는 법학 교수의 딸이었음.

1647   11월 18일 푸아(Foix) 근처의 카를라(Carla)에서 피에르 벨(Pierre Bayle) 출생.

1652   라이프니츠의 아버지 사망.

1652~1672 학습 기간

1652~1661   니콜라이 학교에서 학업 시작. 아버지의 서재에서 광범위한 독서. 라틴어와 그리스어를 일찌감치 습득.

1661   라이프치히대학에 입학. 이 대학에서 특히 철학자이자 역사가인 야코프 토마지우스(Jacob Thomasius)의 철학 강의를 수강.

1663   개체화 원리의 문제(방법들의 단순성 원리에 관한 성찰)에 관한 학사 학위 논문. 라이프니츠는 예나대학에서 형이상학자, 법학자,

수학자인 에르하르트 바이겔(Erhard Weigel)에게서 사사.

1664   라이프니츠의 어머니 사망(2월 6일). 법학자인 삼촌 요한 슈트라
          우흐(Johann Strauch)가 있는 브라운슈바이크로 이사.

1666   『조합법(De arte combinatoria)』 저술. 뉘른베르크 근처의 알트
          도르프에서 법학박사 논문『법에서 복잡한 사례들(De casibus
          perplexis in jure)』을 제출하고 법학박사 학위 취득.

1667   마인츠 선제후의 선임 정치 고문 보이네부르크 요한 크리스티
          안(Johann Christian von Boyneburg) 남작을 알게 됨.『법학의 학
          습과 교육의 새 방법(Nova methodus discendae docendaeque
          jurisprudentiae)』을 집필하고, 보이네부르크 남작의 조언으로 선
          제후에게 개인적으로 봉정(奉呈).

1667~1668 『무신론자들에 반(反)하는 자연의 증거(Confessio naturae contra
          atheistas)』 저술.

1668~1669 정치적 연구와 계획. 가톨릭교도와 개신교도 모두가 수용할 수
          있는 신학과 교회론을 설명하는『가톨릭의 증명(Demonstrationes
          Catholicae)』이라는 제목이 될 저작 계획. 소치니주의자들의 반
          (反)삼위일체 종파에 반대하여 쓴『새로운 논리적 발견들에 근거
          한 삼위일체의 옹호(Defensio Trinitatis per nova reperta logica)』
          저술. 신의 은총, 자유, 속성에 관한 다양한 글 집필.

1670   마인츠 선제후 영의 궁정 고문관이 됨.

1672~1676 여행 기간

1672   외교 임무로 파리 방문(3월). 1673년 초의 런던 여행 외에는, 1676
          년 10월까지 파리에 체류. 과학자 및 철학자들과의 다양한 교류,
          특히 아르노와 교류. 12월에 보이네부르크 사망.

1673(1월~3월) 런던 여행. 2월 마인츠 선제후 사망. 예정에 관한 대화『철학자의
　　　　　　신앙 고백(*Confessio philosophi*)』을 아르노에게 전달.
　　1676　라이프니츠는 브라운슈바이크 뤼네부르크의 요한 프리드리히
　　　　　　(Johann Friedrich) 공작이 제안한 하노버 도서관장직을 수락. 파
　　　　　　리를 떠나 런던과 네덜란드를 들러 하노버로 돌아옴. 네덜란드에
　　　　　　서 한 달간 체류하면서 스피노자와 만남.

1676~1716 원숙기

1677~1679　많은 다양한 작업들. 개신교에서 가톨릭으로 개종한 요한 프리
　　　　　　드리히가 교회의 화합을 위한 협상을 독려. 자크-베니뉴 보쉬에
　　　　　　(Jacques-Bénigne Bossuet), 스피놀라 주교와 관계를 맺고 서신
　　　　　　교환. 1678년에 하노버의 궁정 고문관으로 임명됨.
　　1680　요한 프리드리히 사망. 요한 프리드리히의 형제인 에른스트 아우
　　　　　　구스트(Ernst August)가 그를 승계.
　　1681　벨이 로테르담에 정착.
　　1682　라이프니츠는 라이프치히에서 학술지인《학보(*Acta eruditorum*)》
　　　　　　의 창간에 기여.
　　1685　낭트칙령 철회. 라이프니츠는 브라운슈바이크가(家)의 사료 편찬
　　　　　　관에 임명. 후에 그가 선언한 바에 따르면, 1685년에 그의 철학
　　　　　　이론이 결정적 구성을 갖춤.
　　1686　라이프니츠 학설의 총체를 설명한『형이상학 논고』저술. 이후에
　　　　　　『형이상학 논고』의 주제에 관해 아르노와 서신 교환. 다양한 기
　　　　　　독교 종파의 승인을 위해 제시한 새로운 화해 문서인『신학 체계
　　　　　　(*Systema theologicum*)』저술.
1687~1690　브라운슈바이크가(家)의 역사 기록에 사용할 자료를 찾기 위해

오스트리아, 독일, 이탈리아 여행. 이 여행을 기회로 정치계와 지식계 인물들과 많이 교류함.

1694 『제일 철학의 개선 및 실체의 개념에 관하여(*Sur la réforme de la philosophie première et sur la notion de substance*)』.

1695 예정 조화 이론을 설명한 『자연, 실체들의 교통 및 영혼과 육체 사이의 결합에 관한 새로운 체계(*Système nouveau de la nature et de la communication des substances, aussi bien que de l'union qu'il y a entre l'âme et le corps*)』가 《과학자 신문》에 출간되었고 여러 「해명들」이 뒤따라 출간됨.

1696 벨의 『역사와 비판 사전(*Dictionnaire historique et critique*)』 초판 출간.

1697 현존하는 세계를 "장치들 중 가장 감탄스러운 장치"와 "국가들 중 최선의 국가"로 만드는 형이상학적 기제에 관한 설명인 『사물들의 근원적 기원에 관하여(*De rerum originatione radicali*)』 저술.

1698 에른스트 아우구스트가 사망하고 그의 아들 게오르크 루트비히 (Georg Ludwing, 조지 1세)가 승계.

1700 라이프니츠가 제시한 계획을 토대로 베를린에 학술회(훗날의 학술원)가 창립됨.

1701 브라운슈바이크가의 역사와 독일 고대사에 관해 라이프니츠가 수집한 자료들이 출간되기 시작함.

1703 존 로크(John Locke)의 『인간 오성론』(1690년, 1700년 프랑스어 번역)의 비판적 분석인 『신 인간 오성론(*Nouveaux Essais sur l'entendement humain*)』 출간.

1704 벨의 『한 관구장의 질문들에 대한 답변(*Réponses aux questions d'un provincial*)』, 1권 출간.

1705 에른스트 아우구스트의 딸인 조피 샤를로테(Sophie Charlotte) 여왕 사망.

1706	『한 관구장의 질문들에 대한 답변』, 2~3권 출간. 12월 28일 벨 사망.
1707	벨의 『한 관구장의 질문들에 대한 답변』, 4~5권과 두 편의 『막심과 테미스트의 대화(*Entretiens de Maxime et de Thémiste*)』 유고 출간.
1710	『변신론』 출간.
1712~1714	황제 샤를 6세(Charles VI)의 개인 고문으로서 비엔나에 체류. 사보이의 오이겐 공자를 알게 되고, 그의 요청으로 1714년경 그의 철학을 종합적으로 설명한 두 편, 즉 『모나드론(*Monadologie*)』과 『자연과 은총의 이성적 원리(*Principes de la nature et de la grâce fondés en raison*)』 집필.
1714	에른스트 아우구스트의 미망인이자 게오르크 루트비히의 어머니인 조피 왕비 사망. 8월 12일 앤 여왕의 죽음으로 스튜어트 왕가 제임스 1세(James I)의 증손자인 하노버의 게오르크 루트비히가 영국 왕위를 승계함. 게오르크 루트비히는 조지 1세(George I)라는 이름으로 군림. 왕위에 오른 조지 1세는 영국으로 그를 따라가고자 했던 라이프니츠의 요구를 거절함. 라이프니츠는 다시 하노버에 거주하게 됨.
1716	고립. 늘어가는 나쁜 평판과 함께 늙어가면서 통풍에 걸림. 11월 14일 하노버에서 사망, 비참하게 매장됨.

찾아보기

개념·용어

―ㄱ―

가능태 94
가능한 모든 세계 42
가설적 필연성 179
가언적 삼단논법 576
가장 완전한 세계 42
가정적 필연성 31, 170, 179, 208, 270, 279,
   331, 580, 594, 627, 681
가정적으로(exhypothesi) 330
가톨릭교회 154
간쟁파 212, 337 ; 또한 '반(反)간쟁파'를 보라.
갈레노스주의자 307
감각적 질 61
감정 7
개별적 실체 358
개별적 영혼 64, 65
개별적 의지 370
개별주의자 215
개신교 59, 77, 81, 253n, 431, 525, 538
   ―도 117, 153, 218, 234, 253n, 524(n)
   ― 신학자 72, 116

개혁파 77, 78, 217, 218, 253n, 343
거듭나지 않은 인간 47
『게르하르트 전집』 168n, 352n
게으른 궤변 194, 206, 208, 581, 681
게으른 이성 17, 19, 20, 31
결과 22
   ―적 필연성 580
결정 27n, 143, 144, 178, 179, 180, 182,
   185, 191, 192, 198, 218, 219, 250, 266,
   386, 401, 442, 444, 467, 478, 480, 486,
   487, 514, 522, 525, 540, 563, 581, 583,
   606, 676
결정적 의지 674, 680
결정적 이유 327, 593
   ―율 185
결핍 31, 689
   ―적 원인 166, 177, 585
경건 7, 12, 13, 14, 34, 198, 339, 343, 705
   ―주의 197n
   ―주의자 75
경험 56
   ―적 기하학 378
계시 55, 56, 60, 72, 80, 98, 105, 143, 162,
   212, 385, 707
   ―된 진리 77

계시 교리 24
계시 신앙 134
계시 신학 100, 212 ; 또한 '자연 신학'을 보라.
계시 종교 10n ; 또한 '자연 종교'를 보라
계시의 빛 89 ; 또한 '이성의 빛'을 보라.
고대인 17
고통 152, 412, 413, 414, 417, 427, 429, 496, 622
공통 개념 110
관념적 본성 165
관념적 선 247
관념적 원인 166, 193
교리(敎理, doctrine) 7n, 9, 10, 11, 14
교의(敎義, dogme) 7n
구세주 18, 81, 82, 162, 306
구원 47, 49, 98, 146, 147, 159, 160, 163, 197, 218, 219, 323, 332, 397
궤변 17
　게으른 ― 194, 206, 208, 581, 681
그럴듯함 88, 91, 94, 99, 148
극복 불가능한 난점 16
근원적 불완전성 165, 310, 322, 323, 542, 584, 692
근원적 제약 173, 535, 546n
근원적 죄 695, 697
기독교 8, 10, 11, 23, 106n, 107, 115, 116, 118, 221, 287, 311n, 343, 360, 528
　―적 숙명 19, 700
　―적 신비 135
　―도[기독교인] 14, 19, 109, 160, 239, 298, 674, 684
기독교 신학 70, 101
기독교 철학자 347
기성설(旣成說) → 전성설
기적 56, 57n, 58, 370, 551
기하학 58

경험적 ― 378
　―적 필연성 29, 43, 56, 57, 502, 505
기회 원인[론] 19, 40, 201, 371, 540
　― 체계 145, 507

―ㄴ―

내적 감각 119, 120 ; 또한 '외적 감각'을 보라.
내적 은총 28, 711
논리적 필연성 29, 56, 81
논리학 88, 117
논박 59, 61, 84, 85, 95, 97, 98, 100, 113, 126, 128, 129, 133, 134, 136, 137
능동성 23, 46, 176, 205, 308 ; 또한 '수동성'을 보라.
　―의 원리 203
능동적 악 405
능동적 원리 45
능력 12, 15, 26, 95, 149, 150, 174, 252, 256, 301, 316, 319, 618, 640, 676, 679

―ㄷ―

단순 실체 69, 205
단순 지성의 지식 181, 182, 188, 570, 672
덕 12, 13, 14, 94, 170 ; 또한 '악덕'을 보라.
던스 스코터스주의자 485
데미우르고스(Dēmogorgon) 620
데카르트주의 253n, 454, 548, 552
데카르트주의자 74, 81, 145, 277, 342, 412, 456, 459, 465, 470n, 478, 494, 518, 530, 537, 614, 642
도덕적 규칙 172
도덕적 선 303, 346, 373, 427, 627, 682,

686

도덕적 악 100, 143, 166, 168, 169, 170, 216, 245, 246, 251, 276, 277, 285, 309, 312, 323, 346, 405, 497, 533, 610, 613, 619, 626, 628, 632, 677, 678, 686, 689n

도덕적 필연성 31, 57, 60, 270, 276, 279, 313, 324, 336, 337, 341, 398, 444, 467, 469, 497, 503, 520, 589, 594, 595, 673(n)

도덕적 협력 170

도덕적 확실성 61

도도나(Dodona) 565, 568

도미니크회 180, 230

두 원리 23, 51

—ㄹ—

루터파 48n, 586n

—ㅁ—

마호메트식 예정 322

마호메트적 숙명 18, 194, 198, 700

『모나드론』(라이프니츠) 37n, 44n, 45n, 191, 227n, 392n, 413n, 452n, 470n, 505, 550n, 615n

—ㅂ—

박애주의 705, 706

반(反)간쟁파 212, 321, 322; 또한 '간쟁파'를 보라.

반(半)소치니주의자 668 ; 또한 '소치니주의자'를 보라.

방적법(方積法) 366

벌 143, 158, 159, 167, 168, 209, 248, 263, 266, 274, 370, 405, 428, 429, 432, 434, 436, 450, 522, 634

영겁의 — 11n, 28, 29, 32, 49, 98, 139, 144, 159, 162, 163, 168, 215n, 216, 217, 219, 220, 229, 231, 232, 234, 239, 249, 280, 282, 321, 332, 338, 424, 426, 428, 430, 431, 432, 433, 434, 435, 436, 437, 444, 576, 577, 645, 665n, 684, 685, 686, 704, 708, 710

영원한 — 98, 247, 249, 282, 398, 663

—의 악 248, 428, 429, 450, 677, 679

『변신론』(라이프니츠) 15n, 19n, 23n, 27n, 30n, 31n, 32n, 45n, 83n, 150n, 161n, 166n, 225n, 270n, 271n, 299n, 499n, 535n, 545n, 546n, 573n, 663n, 667n

변화를 통한 창조 228

보편적 영혼 65, 66

보편적 조화 101, 282

보편주의자 215

복음주의 신학자 232

복음주의자 218

본래적 빛 698

본성의 우선성 355

부조리 82

부활 10n

분유(分有) 65

분할 16n, 37

불완전성 101, 166, 174, 176, 202, 205, 255, 270n, 299n, 319, 343, 365, 388, 474, 490, 491, 496, 535, 542, 575, 576, 584, 588, 620, 621, 626, 644, 676, 692 ; 또한 '완전성'을 보라

근원적 — 165, 311, 322, 323, 450, 542,

584, 692
불의 22, 25
불행 32
비결정성 30n
비결정적 무차별성 466
비율 12
비템베르크(Wittemberg) 223

ㅡㅅㅡ

사랑 11, 12
사실의[사실적] 진리 56, 616
사실의 질서 10n
사이비 이성 60
사전(事前)적 의지 675, 680 ; 또한 '최종적
　의지'를 보라.
삼단논법 129, 397, 399, 574, 582
　가언적 ㅡ 576
　전(前) ㅡ 574, 578, 579
생래적 자유 698
생산적 의지 674, 676, 688
『서간시』(호라티우스) 103
선 9, 10, 15, 12, 14, 15n, 19, 23, 24, 25,
　49, 56, 57, 60, 91, 95, 96, 99, 106, 107,
　109, 110, 135, 143, 144, 145, 147, 150,
　151, 153, 154, 156, 157, 159, 160, 163,
　164, 166, 167, 168, 169, 170, 177, 186,
　187, 193, 207, 213, 214, 216, 220, 236,
　237, 237, 240, 241, 242, 246, 252, 253,
　254, 255, 256, 257, 258, 259, 262, 267,
　269, 271, 272, 273, 274, 275, 285, 287,
　298, 302, 304, 305, 309, 322, 333, 336,
　337, 339, 340, 341, 344, 348, 350, 357,
　360, 361, 362, 364, 365, 366, 378, 379,
　381, 382, 383, 386, 387, 388, 389, 392,

394, 395, 400, 401, 409, 410, 413, 414,
415, 419, 421, 422, 423, 424, 425, 427,
432, 445, 449, 467, 470, 471, 472, 476,
477, 491, 512, 513, 535, 564, 575, 576,
577, 578, 582, 583, 585, 587, 589, 590,
600, 606, 607, 608, 610, 612, 618, 620,
625, 627, 628, 630, 633, 636, 637, 638,
643, 645, 646, 647, 648, 653, 656, 658,
661, 662, 664, 665n, 671, 673, 678, 679,
683, 684, 688, 690, 691, 692, 703 ; 또한
'악'을 보라.
　관념적 ㅡ 247
　도덕적 ㅡ 303, 346, 373, 427, 627, 682,
　　686
　물리적 ㅡ 169, 303, 373, 413, 427, 677,
　　682
　형이상학적 ㅡ 373, 677
　ㅡ의 창조자 381
　ㅡ의 최선 266
선재(先在)적 은총 32n, 146, 696
선한 원리 26, 110, 288, 339 ; 또한 '악한 원
　리'를 보라.
선행적(으로) 168, 170, 252 ; 또한 '후속적
　(으로)'을 보라.
선행하는 의지 49, 167, 183, 215, 216, 219,
　250, 252n, 256, 317, 318, 359, 373, 386,
　445, 482, 557, 582, 598n, 674, 675, 676,
　678, 680n; 또한 '후속적 의지'를 보라.
선험적(으로) 57, 61, 93, 101, 111, 114,
　185, 298, 307, 376 ; 또한 '후험적(으로)'
　을 보라.
섭리 19, 20, 144, 146, 213, 215n
성서 56, 74, 89, 100, 161, 218, 310, 421,
　439, 443, 445
성스러움 94, 383, 683, 691
성찬식 76, 77

세계　30n, 151, 152, 153, 192

　가능한 모든 ― 42

　가장 완전한 ― 42

　최선의 ― 15n, n, 166, 191, 261

세피로트(Sephiroth)　526

소치니주의　537, 539

소치니주의자　24, 76, 77, 209, 429, 460,
　516, 528, 537, 593, 620, 635, 668, 687 ;
　또한 '반(半)소치니주의자'를 보라.

속죄의 마지막 시효　196

수동성　46, 82, 175, 205, 214 ; 또한 '능동성'
　을 보라.

　―의 원리　203

수동적 악　405

숙명　18n, 330, 354, 390, 393

　기독교적 ― 19, 700

　마호메트적 ― 18, 194, 198, 700

　스토아적 ― 18, 390

　―적 필연성　211, 211, 476

순수수학　406

순종의 힘　58

스콜라 [신]학자　79, 114, 124, 186, 199,
　217, 270n, 279

스콜라학파　58, 62, 63, 71, 72, 73, 76, 166,
　167, 172, 174, 229, 307, 318, 330, 345,
　430, 454, 463, 467, 478, 482, 487, 536,
　540, 541, 543, 592, 611, 612, 613, 627,
　659

스토아적 숙명　18, 390

스토아주의자　7n, 18, 108, 286, 326, 327,
　329, 330, 373, 381, 416, 417, 516

스토아철학　486, 661

스토아학파[스토아 학자/철학자]　66, 102n,
　476, 508, 533, 534

스트라톤주의자　352, 353, 354

스피노자주의　548

스피노자주의자　334, 335, 353, 396, 505,
　627

습관적 죄　697

시간의 우선성　355

신(神)　9, 11　18, 20, 22, 23, 26, 28, 31, 33,
　39, 40, 42, 51, 56, 57, 58, 60, 65, 66,
　69, 79, 82, 83, 90, 92, 93, 94, 95, 96,
　99, 101, 102n, 104, 105, 106, 109, 110,
　112, 116, 118, 121, 122, 126, 134, 139,
　143, 144, 145, 146, 147, 148, 149, 152,
　153, 155, 156, 157, 161, 164, 166, 167,
　168, 169, 170, 171, 172, 174, 175, 176,
　177, 179, 180, 181, 182, 183, 185, 186,
　187, 188, 191, 192, 193, 195, 197, 198,
　200, 202, 204, 208, 212, 213, 214, 216,
　217, 218, 219, 220, 227, 232, 233, 234,
　236, 237, 240, 241, 242, 245, 246, 247,
　248, 249, 250, 252, 253, 254, 255, 256,
　257, 258, 259, 260, 262, 265, 266, 267,
　269, 270, 271(n), 272, 273, 274, 277,
　282, 284, 286, 300, 301, 302, 304, 305,
　308, 310, 312, 314, 315, 316, 317, 319,
　321, 322, 324, 326, 337, 338, 339, 340,
　343, 346, 347, 351, 353, 354, 355, 358,
　360, 361, 362, 363, 365, 366, 368, 369,
　370, 371, 375, 376, 382, 385, 386, 387,
　388, 389, 392, 395, 397, 399, 406, 410,
　411, 412, 416, 422, 423, 428, 430, 431,
　433, 435, 436, 437, 439, 440, 442, 444,
　445, 447, 454, 456, 459, 460, 462, 472,
　475, 476, 484, 486, 489, 490, 492, 493,
　494, 497, 504, 509, 510, 511, 512, 513,
　514, 516, 517, 522, 525, 526, 529, 535,
　538, 539, 541, 543, 547, 552, 556, 558,
　562, 563, 565, 574, 575, 576, 582, 583,
　584, 585, 587, 588, 589, 590, 593, 598,

600, 601, 602, 603, 605, 606, 607, 615,
617, 618, 620, 624, 643, 645, 646, 648,
653, 658, 660, 662, 663, 664, 667, 669,
673, 676, 677, 681, 683, 686, 688, 690,
691, 696, 701, 704, 705, 707, 710, 711
─에 대한 의존(성) 31, 145, 182, 213,
  215, 353, 455, 536, 540, 547n, 590,
  668, 669, 670
─의 결정 181, 182, 183, 188, 191, 291,
  204, 218, 266, 332, 338, 343, 346,
  348, 359, 393, 396, 400, 428, 438,
  478, 516, 543, 551, 557, 564, 600,
  680
─의 능력 28, 38, 123, 144, 252, 268,
  306, 322, 331, 336, 341, 346, 389,
  439, 489, 490, 573, 600, 618, 619,
  630, 667, 671, 689, 704, 706
─의 도움 32, 198, 215, 283, 411, 445,
  475, 643
─의 독립성 31, 668
─의 무차별성 57, 394, 477, 508, 647,
  691
─의 사랑 12, 101, 233, 234, 268, 271,
  394, 397, 712
─의 선 10, 15, 24, 27, 31, 32, 60, 91,
  96, 99, 125, 135, 147, 220, 236, 242,
  253, 256, 258, 268, 276, 277, 284,
  286, 306, 323n, 324, 334, 338, 354,
  357, 361, 387, 289, 395, 490, 532,
  573, 587, 620, 544, 646, 647, 648,
  649, 668, 672, 680, 687, 711, 712
─의 선재적(先在的) 은총 또는 선행적 은
  총 32, 696
─의 섭리 19, 122, 144, 213, 368, 370,
  399, 439, 454, 455, 518, 532, 563,
  593, 601, 607, 668, 680, 681, 704

─의 성스러움 31, 32, 93, 143, 242, 286,
  306, 340, 536, 667, 686, 687, 691
─의 영광 13, 196, 134, 148, 151n, 181,
  246, 293, 300, 311, 314, 392, 393,
  394, 399, 667, 692, 712
─의 예지(豫知) 144, 179, 813, 188, 232,
  448, 513, 517, 532, 561, 562, 563,
  594, 661, 672, 681, 699
─의 완전성 11, 12, 13, 14, 31, 93, 147,
  148, 150, 174, 253, 254, 304, 319,
  322, 324, 357, 380, 381, 441, 492,
  529, 545n, 546, 606, 619
─의 위대함 9, 10, 31, 135, 286, 331,
  667, 668, 672, 687, 689, 692, 704
─의 은총 26, 47, 100, 139, 182, 193,
  195, 212, 215, 237, 240, 241, 258,
  282, 283, 323, 442, 447, 485, 622,
  625, 691, 701, 712
─의 의지 13, 25, 31n, 81, 104, 144,
  165, 168, 213, 215, 286, 304, 317,
  344, 346, 347, 353, 356, 357, 370,
  400, 526, 535, 546n, 547n, 583, 589,
  590, 597, 601, 604, 606, 644, 645,
  658, 659, 663, 670, 672, 673, 676,
  692, 706
─의 인식 24, 34, 543
─의 자유 57, 324, 342, 352, 362, 450,
  506
─의 전능 24, 38, 79, 191, 305, 316,
  346, 347, 440, 489, 512, 668
─의 전지(全知) 668, 671
─의 정의(正義) 17, 25, 27, 31, 60, 93,
  95, 96, 135, 147, 213, 220, 228, 249,
  322, 338, 341, 344, 375, 532, 607,
  608, 645, 667, 687, 692, 698, 704,
  711

—의 지성 15n, 31n, 42n, 116, 165, 183, 188, 304, 334, 349, 354, 355, 388, 490, 505, 535, 558, 583, 670, 689

—의 지혜 28, 30n, 32, 36, 39, 88, 93, 101, 123, 170, 197, 201, 213, 214, 227, 237, 242m 246, 249, 252, 253, 265, 272, 276, 277, 284, 303, 314, 323n, 324, 336, 338, 344, 354, 355, 376n, 390, 396, 397, 398, 399, 400, 439, 446, 490, 498, 513, 517, 542, 543, 564, 588, 630, 631, 642, 667, 671, 692, 705, 706, 711

—의 최선 13, 29, 101, 151, 168, 186, 198, 247, 252, 253, 273, 277, 278, 314, 322, 324, 356, 357, 363, 363, 365, 380, 382, 389, 390, 394, 411, 444, 511, 529

—의 행동 근거 667

—의 허용 24, 29, 31, 93, 145, 170, 183, 250, 262, 266, 270, 308, 312, 320, 336, 399, 437, 489, 491, 606

—의 현존 10n, 24, 27n, 185, 346, 538, 668, 669

—의 협력 24, 31, 44, 143, 144, 145, 220, 245, 440, 459, 462, 486, 532, 535, 541, 544, 670, 671, 686, 687, 690

『신 인간 오성론』(라이프니츠) 11n, 23n, 96n, 99n, 297n

신국(神國) 163

신뢰(성) 56, 101

—성의 동기 61

신법(神法) 8

신비 8, 59, 61, 81, 82, 83, 88, 96, 110, 111, 114, 115, 116, 117, 118, 119, 121, 125, 126, 127, 128, 129, 130, 132, 133, 139, 376n, 412, 455, 522, 536, 539, 540, 542, 543, 544, 551, 552

기독교적 — 135

신성 11, 14, 17

신성한 문헌학 75

신앙 44, 56, 59, 60, 70, 71, 89, 90, 91, 94, 96, 98, 99, 100, 101, 102, 106, 107, 126, 131, 135, 136, 143, 146, 147, 198, 218, 239, 246, 285, 286, 314, 385, 445, 448

—과 이성의 조화 55, 62, 64, 133n, 166n, 212

—문서 7, 8

—의 승리 34, 98, 100

—의 진리 83, 84, 87

신조(信條) 8, 82, 88, 98, 388

신학 55, 60, 63, 70, 71, 75, 76, 77, 84, 97, 113, 117, 121, 160 ; 또한 '철학'을 보라.

— 교리 246

—적 명제 252

신학자 41, 59, 62, 72, 73, 74, 76, 82, 84, 99, 103, 114, 115, 116, 121, 125, 145, 171, 172, 180n, 182, 197, 216, 222, 230, 253, 316, 324, 345, 357 ; 또한 '철학자'를 보라.

실레노스(Silenos) 422

실정법 248, 338, 342, 662; 또한 '자연법'을 보라.

실천 7, 9, 13, 17, 19, 22

— 의식(儀式) 7

실체 9, 12n, 16, 43, 69, 83, 110, 149, 171, 171, 172, 173, 176, 204, 205, 224, 225, 255, 262, 272, 306, 358, 363(n), 364n, 411, 446, 450, 452, 453, 460, 462, 525, 536, 544, 546n, 548, 549, 550, 553, 556, 593, 614, 620, 630, 642, 644, 680

개별적 — 358

단순 — 69, 205
정신적 — 660
제일 — 43
지성적 — 203, 213, 305, 596, 644, 645
—적 형상 222, 549

—ㅇ—

아담의 죄 28
아르미니우스주의 320, 322, 528, 530, 536
아리만(Ahriman) 50
아리스토텔레스주의자 307, 429, 504
아베로에스주의 71
아베로에스주의자 64, 68, 69, 70
아우구스티누스주의자 229, 486
아우구스티누스회 180
아우크스부르크 41, 47, 48, 72, 75, 79, 80,
    81, 82, 197, 218, 221, 343, 430, 696, 703
『아이네이스』(베르길리우스) 66, 149n, 175n
아퀴나스주의자 182, 188, 226, 465, 486,
    518, 519, 520, 523, 627
아폴론(Apollon) 435, 560, 562, 563, 565
악 19, 22, 23, 26, 31n, 32, 40, 42, 49, 92,
    93, 100, 101, 106, 107, 143, 144, 145, 146,
    151, 153, 154, 155, 156, 157, 158, 159,
    163, 164, 165n, 166, 167, 168, 169, 172,
    174, 193, 207, 211, 216, 232, 237, 241,
    248, 250, 255, 256, 257, 258, 262, 267,
    269, 273, 274, 277, 287, 298, 299, 305,
    308, 309, 317, 321, 322, 337, 339, 357,
    362, 364n, 365, 379, 381, 384, 388, 400,
    410, 411, 413, 414, 415, 419, 421, 422,
    423, 424, 425, 427, 428, 437, 438, 441,
    450, 456, 467, 477, 489, 490, 496, 511,
    533, 534, 535, 574, 575, 576, 577, 578,

582, 583, 585, 590, 600, 606, 609, 610,
    612, 619, 623, 625, 627, 628, 630, 633,
    636, 638, 645, 649, 653, 656, 658, 661,
    662, 663, 664, 665n, 675, 678, 683, 684,
    688, 689, 690, 691 ; 또한 '선'을 보라.
능동적 — 405
도덕적 — 100, 143, 166, 168, 169, 170,
    216, 245, 246, 251, 276, 277, 285,
    309, 312, 323, 346, 405, 497, 533,
    610, 613, 619, 626, 628, 632, 677,
    678, 686, 689n
물리적 — 100, 143, 166, 168, 170, 245,
    276, 277, 309, 312, 405, 412, 413,
    428, 497, 512, 533, 609, 619, 621,
    626, 628, 631, 632, 682
수동적 — 405
형이상학적 — 166, 405, 619, 621, 677,
    689n
—의 기원 23, 26, 31, 97, 166, 220, 400
—의 등급 31n
—의 원천 165
—의 허용 92, 93, 166, 266, 270, 274,
    276, 312, 313, 410, 440, 493, 575
—한 원리 14, 26, 96, 110, 288, 339, 631
악덕 8, 13, 21, 23 ; 또한 '덕'을 보라.
얀세니우스주의[얀선주의] → 장세니슴
에피메테우스(Epimetheus) 422
에피쿠로스주의자 286, 326, 416, 494, 687,
    688
『역사와 비판 사전』(피에르 벨) 23n, 35, 97,
    103, 108, 110, 125, 134, 136, 298, 310,
    325, 340, 373, 420, 456, 465, 467, 487n,
    489, 521, 527, 533, 544, 553
연속 16
—성의 법칙 501
—적 창조 145, 171n, 172, 175, 536,

537, 538, 539, 541, 670

연속체 358

연쇄 17

영겁의 벌 11n, 28, 29, 32, 49, 98, 139, 144, 159, 162, 163, 168, 215n, 216, 217, 219, 220, 229, 231, 232, 234, 239, 249, 280, 282, 321, 332, 338, 424, 426, 428, 430, 431, 432, 433, 434, 435, 436, 437, 444, 576, 577, 645, 665n, 684, 685, 686, 704, 708, 710

영광 49, 106

영원한 벌 98, 247, 249, 282, 398, 663

영원한 진리 55n, 56, 58, 59, 83, 135, 165, 166, 169, 183, 265, 347, 349, 350, 351, 353, 354, 438

영혼 9, 10, 44, 47, 56, 64, 65, 70, 89, 105, 199, 200, 201, 202, 203, 204, 210, 220, 224, 227 ; 또한 '육체'를 보라.

　개별적 — 64, 65

　보편적 — 65, 66

　—과 육체의 결합 34, 43, 110, 111, 460, 494

　—과 육체의 관계 36n

　—과 육체의 교류 38, 39, 40

　—들의 선재(先在) 221

　—의 기원 222

　—의 불멸성 9, 10n, 11, 64, 69, 226

　—의 완전성 12

예견 17, 179, 191, 192, 198, 218, 249, 559, 560, 580, 681

예배 7, 8, 14

　—의 형식 7

예수회 24, 56n, 124, 138, 230, 279, 431, 501n, 520, 532, 599

예정 17, 26, 32, 49, 144, 145, 182, 183, 187, 188, 189, 192, 195, 215n, 216, 217,

341, 448, 486, 492, 578, 579, 580, 581, 681, 700, 708

예정론자 180, 183, 184n, 215

예정 조화 40, 161, 200, 201, 210, 241, 469

　— 체계 39, 46, 69, 86, 202, 371, 453, 454, 462, 481, 507, 665n, 701n

예지 144, 179, 180, 183, 188, 215n, 217, 232, 286, 316, 513, 558, 560, 562, 563

오리게네스주의자 160, 162, 376, 432, 433

옹호 61

완성태 45, 222, 549 ; 또한 '현실태', '잠재태'를 보라.

완전성 11, 13, 16n, 58, 99, 109, 147, 167, 169, 174, 175, 177, 205, 253, 254, 255, 261, 299, 304, 319, 322, 324, 333, 343, 385, 388, 441, 466, 478, 489, 495, 504, 546, 575, 576, 578, 584, 620, 640, 644, 648, 667, 671, 677, 688, 689, 690, 692 ; 또한 '불완전성'을 보라.

외관 59, 60, 88

외적 감각 119 ; 또한 '내적 감각'을 보라.

외적 도움 711

외적 은총 28 ; 또한 '내적 은총'을 보라.

우선성 388

우연 590, 591, 592, 593, 597, 598, 607, 612, 627

우연성 191, 211

　—의 자유 187

우유적(偶有的) 308, 542

　—적 속성 110, 176, 222, 536, 543, 544, 548, 549

　—적 형상 222, 224

우주 26, 153

운 20, 21, 239, 423, 464, 466, 477, 515, 640, 641

운동 법칙 43

운명 15, 20, 216, 219, 328, 390, 488, 641
원리의 단일성 24
원인 17, 22
원적법(圓積法) 366
원죄 26, 29, 98, 100, 146, 165n, 220, 221,
    229, 274, 421, 691, 692, 693
유고 답변(피에르 벨) 59
유기체 37, 38
    ―적 구조 39
    ―적 미성물(未成物) 693
    ―적 육체 36, 38, 43, 69, 497, 550
유대인 9, 342, 530
유일성 11
유피테르 → 주피터
유효한 은총 146, 445, 519
육체 44, 65, 199, 200, 201, 203, 204, 210 ;
    또한 '영혼'을 보라.
육화 10n
윤회 64, 65
율법 9, 10, 90
은총 26, 27, 32, 46, 57n, 100, 101, 102,
    116, 139, 143, 146, 147, 160, 161, 162,
    181, 193, 195, 197, 212, 215, 216, 219,
    227, 232, 233, 237, 240, 241, 242, 251,
    257, 260, 262, 280, 284, 323, 399, 430,
    433, 439, 441, 442, 443, 445, 447, 449,
    459, 524n, 586, 587, 603, 707
    내적 ― 28, 711
    외적 ― 28
    선재(先在)적 ― 146
    유효한 ― 146, 445, 519
    의지의 ― 703
    신의 ― 47, 282, 283, 485, 622, 625,
        701
    충족 ― 32, 146, 197, 249, 506, 702
    효능 ― 32n, 506

    ―의 도움 26, 46, 220, 232, 233, 433,
        447, 701
    ―의 왕국 249, 254, 682
의식(儀式) 14
의욕 190
의지 15n, 27n, 149, 150
    결정적 ― 674, 680
    사전(事前)적 ― 675, 680
    생산적 ― 674, 676, 688
    선행하는 ― 49, 167, 183, 215, 216,
        219, 250, 252n, 256, 317, 318, 359,
        373, 386, 445, 482, 557, 582, 598n,
        674, 675, 676, 678, 680n
    자유 ― 181, 247, 260, 262, 286, 301,
        309, 314, 316, 317, 322, 342, 393,
        427, 437, 441, 446, 447, 450, 454,
        455, 456, 458, 465, 474, 484
    후속적 ― 49, 167, 170, 183, 250, 252n,
        317, 359n, 373, 386, 397, 482, 582,
        583, 598n, 674, 675, 676, 678, 680n
    ―의 은총 703
이교도 8, 9, 23
이성 12, 16, 20, 24, 34, 44, 55, 56, 57, 60,
    61, 64, 70, 74, 76, 83, 84, 87, 88, 89,
    90, 91, 94, 96, 97, 98, 100, 102, 103,
    105, 107, 113, 114, 115, 116, 117, 118,
    119, 121, 122, 125, 126, 127, 131, 134,
    136, 143, 162, 198, 208, 212, 215, 232,
    242, 248, 256, 271, 276, 283, 286, 301,
    314, 339, 358, 385, 391, 427, 432, 455,
    476, 478, 484, 550, 662, 705, 707
    게으른 ― 17, 19, 20, 31
    사이비 ― 60
    ―과 대립되는 것 83
    ―을 넘어서는 것 83
    ―의 빛 89

—의 승리 100

—의 진리 56, 83, 616, 625

—적 피조물 246, 255, 256, 258, 260,
   271, 272, 282, 343, 348, 373, 376,
   383, 409, 410, 413, 491

이원론자 362

이해 61, 110, 113

이해 불가능성 99

인간 46, 47, 102, 208

『인간 오성론』(존 로크) 23n, 79, 91

인식 12

일반적 도움 284

입자철학(粒子哲學) 71, 72

입증 113

—ㅈ—

자동 기계 204, 353, 556
   정신적 — 191

자발성 31

자비 56

자연 37, 56, 69, 80

자연 신학 11, 100, 212, 225n, 339 ; 또한 '계
   시 신학'을 보라.

자연법 342, 347, 662, 663 ; 또한 '실정법'을
   보라.

자연법칙 29, 55n, 58

자연의 왕국 249, 254, 682 ; 또한 '은총의 왕
   국'을 보라.

자연적 관성 173, 174

자연적 진리 77

자연적 필연성 26

자연 종교 10, 225n ; 또한 '계시 종교'를 보
   라.

자연질서 57

자유 15, 16, 17, 26, 29, 30, 49, 123, 124,
   143, 144, 177, 179, 191, 201, 203, 211,
   271, 324, 362, 591, 592

자유 의지 181, 247, 260, 262, 286, 301,
   309, 314, 316, 317, 322, 342, 393, 427,
   437, 441, 446, 447, 450, 454, 455, 456,
   458, 465, 474, 484

자의적 방식 28

작용 500

작용인 201, 210

잠재태 110, 689 ; 또한 '완성태', '현실태'를
   보라.

장세니스트(Janséniste) 63, 182, 514, 521,
   524, 526

장세니슴(Jansénisme) 41n, 48n, 97n, 523

저항 23, 47

전(前) 삼단논법 574, 578, 579

전달(traduction) 221, 223, 224, 551

전성(前成, préformation) 36, 39, 43, 227,
   353, 556, 693

전성설(前成說) 37n, 693n

『전원시』(아소니우스) 20n

전제적(專制的) 방식 28

전제적 권력 15, 148

절대적 결정 344, 345

절대적 완전성 363n

절대적 진리 59

절대적 필연성 29, 30, 42, 43, 179, 191,
   206, 208, 210, 324, 332, 502, 580, 594,
   601, 627, 673(n), 678, 681

절대적 확실성 61, 322

정신적 실체 660

정신적 자동 기계 191

정의(正義) 10, 14, 17, 22, 25, 27, 31, 60,
   94, 95, 96, 99, 100, 106, 109, 135, 143,
   144, 147, 208, 210, 212, 213, 216, 220,

242, 246, 249, 280, 282, 320, 321, 322, 338, 339, 339, 340, 347, 350, 361, 399, 428, 430, 600, 607, 634, 663, 667, 683, 686, 703

정적주의[자] 68

제약성 584, 585n, 689

제일 근거 149

제일 실체 43

제일 원리 68

조물주 9, 23, 37, 80, 90, 147, 156, 333, 357, 503, 517, 623 ; 또한 '피조물'을 보라.

조직 형성체(natures plastiques) 36, 352

조화 12, 30n, 43, 277, 301

존재 174

종교 9, 14, 34, 59, 61, 83, 89, 103, 131, 176

　—의 진리 89

　—의식(儀式) 8, 342, 344

종교개혁자 71

종자(種子) 36, 37n, 40

죄 32, 47, 91, 112, 143, 144, 146, 147, 152, 153, 155, 158, 159, 161, 165n, 166, 167, 168, 172, 174, 229, 240, 245, 247, 248, 249, 250, 259, 260, 262, 280, 282, 286, 313, 314, 322, 362, 370, 392, 399, 421, 423, 429, 431, 433, 442, 444, 445, 450, 474, 547, 559, 634

　근원적 — 695, 697

　습관적 — 697

　아담의 — 28

　원죄 26, 29, 98, 100, 146, 165n, 220, 221, 229, 274, 421, 691, 692, 693

　철학적 — 63

　—의 악 31, 677, 678, 679

　—의 주모자 31

　—의 증식 693

　—의 허용 91, 97, 278, 319, 320, 428

주권자 14

주체 199

주피터(Jupiter) 265, 296, 302, 435, 561, 562, 563, 564, 566, 568, 569, 570

중국 56, 68

증명 61, 85, 86, 101, 148

지각 12n, 16n

지성 27n, 149

　—적 실체 203, 213, 305, 596, 644, 645

　—적 피조물 254, 272, 576, 581, 680

지혜 15, 28, 32, 36, 39, 43, 57, 60, 101, 107, 149, 150, 156, 169, 170, 172, 197, 213, 214, 246, 249, 252, 256, 262, 266, 271, 306, 319, 337, 341, 360, 364, 366, 368, 383, 387, 388, 399, 400, 497, 513, 569, 600, 607, 608, 618, 672, 676, 679, 680, 682, 703

직관적 지식 181

진리 8, 17, 21, 33, 52, 55, 57, 59, 60, 61, 68, 77, 81, 83, 84, 87, 89, 90, 97, 99, 104, 116, 119, 123, 130, 132, 135, 144, 150, 165, 169, 172, 178, 179, 183, 185, 200, 233, 246, 266, 304, 324, 333, 346, 347, 348, 349, 350, 351, 352, 353, 354, 356, 370, 438, 448, 451, 452, 455, 467, 470, 487, 484, 543, 552, 558, 601, 605, 608, 615, 629, 649, 671, 672, 688, 699, 703, 705, 712

　영원한 — 55n, 56, 58, 59, 83, 135, 165, 166, 169, 183, 265, 347, 349, 350, 351, 353, 354, 438

　이성의 — 56, 83, 616, 625

　자연적 — 77, 99

　절대적 — 59

　종교의 — 89

철학적 — 84
필연적 — 60, 179, 351, 494, 630, 699
필연성의 — 81
신앙의 — 83, 84, 87
—의 연쇄 55, 56, 59, 116, 117, 118, 119
질료적 요소 174
질서 12, 30n

ㅡㅊㅡ

찬양 60
창조 31, 58, 80, 213, 221, 390, 395, 549
창조자 111, 254, 340, 391, 421
처벌의 정의 208
천사 58, 145, 160, 161, 162, 190
철학 55, 60, 62, 63, 70, 71, 72, 74, 75, 76,
    77, 84, 114, 121 ; 또한 '신학'을 보라.
    —적 죄 63
    —적 준칙 246, 252
    —적 진리 84
철학자 10, 73, 91, 109, 113, 145, 172, 185,
    200, 222, 324, 357 ; 또한 '신학자'를 보
    라.
초자연 40
최상의 지혜 32, 43, 151, 159, 201
최선 13, 15n, 151, 152, 153, 170, 186, 198,
    247, 251, 253, 254, 260, 261n, 270n,
    271n, 272, 279, 299(n), 319, 323, 324,
    356, 357, 358, 359, 362, 363, 364n, 365,
    366, 371, 376, 377, 378, 382, 383, 386,
    387, 388, 389, 390, 391, 392, 395, 399,
    411, 427, 428, 444, 468, 474, 477, 489,
    490, 491, 492, 503, 505, 513, 520, 529,
    569, 573, 574, 587, 588, 589, 590, 606,
    613, 620, 630, 637n, 646, 647, 676, 679,

682, 688, 705, 707n
    —의 규칙[법칙] 169, 269, 366, 367, 373
    —의 세계 15n, n, 166, 191, 261
    —의 원리 43, 184n, 185n, 214n
    —의 체계 363
최적 373n
    —률 15n, 40n, 214n, 270n, 364
최종적 목적 679
최종적 신앙 218
최종적 의지 256, 675; 또한 '사전적 의지'를
    보라.
최초의 죄 → 원죄
추정 91, 92
    —적 의지 198
축복 11
충전적 개념 109, 469
충족 은총 32, 146, 197, 249, 506
충족 이유율 184n, 185n, 629, 630

ㅡㅋㅡ

카발라(Kabbala / Kabbālāh) 161
칼뱅주의(자) 41, 523, 524(n)
코페르니쿠스주의자 351
쾌락 17

ㅡㅌㅡ

타락 23, 26, 29, 146, 165n, 172, 217, 249,
    258, 260, 263, 266, 267, 394, 396, 691,
    695, 698
    — 전 예정론자 217, 218, 322, 337, 340,
        392, 398, 427
    — 후 예정론자 217, 218

태만의 죄 92
토마스 아퀴나스주의자 → 아퀴나스주의자
《트레부의 논문집》 45
트리엔트공의회 63
특별 은총론 709
특수한 도움 284
『티마이오스』(플라톤) 165

—ㅍ—

파르카(Parca) 21, 561, 565
파생적 죄 695, 697
파울주의자 287, 309, 310, 340, 489
팔라스(Pallas) 565, 566, 568, 570
펠라기우스주의 241, 524
평형 (상태) 466, 468
　—의 무차별성 30, 178, 187, 188, 337,
　　362, 463, 481n, 503, 517, 522, 610,
　　700
포티니주의자 76
프로메테우스(Prometheus) 422
플라톤주의자 174, 221, 508
피론주의자 286
피조물 31, 58, 111, 123, 160, 162, 163,
　164, 165, 170, 173, 174, 175, 176, 177,
　188, 188, 199, 202n, 213, 214, 255, 260,
　262, 271, 272, 310, 313, 319, 322, 323,
　340, 341, 347, 358, 361, 373, 375, 383,
　392, 401, 420, 432, 437, 446, 448n, 491,
　495, 518, 532, 548, 575, 577, 590, 619,
　623, 626, 641, 644, 646, 647, 659, 675,
　680, 689, 690 ; 또한 '조물주'를 보라.
필연 16, 17, 49, 591, 592
　—적 17
　—적 진리 179

필연성 15, 17, 18, 21, 22, 23, 26, 29, 30n,
　42, 83, 146, 177, 183, 206, 207, 211,
　275, 279, 324, 325, 334, 346, 347, 393
　가설적 — 179
　가정적 — 31, 170, 179, 208, 270, 279,
　　331, 580, 594, 627, 681
　결과적 — 580
　기하학적 — 29, 43, 56, 57, 502, 505
　논리적 — 29, 56, 81
　도덕적 — 31, 57, 60, 270, 276, 279,
　　313, 324, 336, 337, 341, 398, 444,
　　467, 469, 497, 503, 520, 589, 594,
　　595, 673(n)
　맹목적 — 502, 594
　물리적 — 57, 60, 81
　숙명적 — 211, 211, 476
　자연적 — 26
　절대적 — 29, 30, 42, 43, 179, 191, 206,
　　208, 210, 324, 332, 502, 580, 594,
　　601, 627, 673(n), 678, 681
　형이상학적 — 56, 57n, 81, 279, 324,
　　336, 337, 341, 364, 366, 392, 394,
　　398, 444, 469, 520, 673
　—의 진리 81

—ㅎ—

하이델베르크 41, 430
『한 관구장의 질문들에 대한 답변』(피에르 벨)
　38, 40, 93, 97, 103, 104n, 110, 115, 121,
　122, 131, 231, 246, 248, 280, 286, 312,
　317, 319, 322, 341, 360, 374, 383, 387,
　389, 391, 400, 413, 433, 459, 481, 495,
　504, 505, 511, 514, 518, 537, 609n
합목적성 10n, 29, 30n, 43, 49, 57, 208,

209, 210, 242
　—의 원리 210
행동 12
행복 11, 12, 20
허용 42, 92, 93, 167, 246, 250, 283, 393
　—적 의지 318, 674, 676, 679
현실적 죄 697
현실태 45n, 94, 100, 222, 689 ; 또한 '완성
　태', '잠재태'를 보라.
형벌 23
형상적 요소 174
형식 논증 573
『형이상학 논고』(라이프니츠) 10n, 11n, 12n,
　16n, 19n, 27n, 29n, 30n, 41n, 44n, 57n,
　60n, 109n, 151n, 157n, 165n, 184n,
　186n, 204n, 214n, 225n, 270n, 271n,
　344n, 371n, 373n, 376n, 383n, 407n,
　409n, 453n, 457n, 499n, 617n, 637n,
　641n, 669n, 708n
형이상학적 교통(交通) 199
형이상학적 선 373, 677
형이상학적 악 166, 405, 619, 621, 677,
　689n
형이상학적 필연성 56, 57n, 81, 279, 324,
　336, 337, 341, 364, 366, 392, 394, 398,
　444, 469, 520, 673
호교론(護敎論) 72, 667n
호마루스주의자 321, 530
화합 문서 73, 218
확실성 143, 144, 178, 185, 207
　도덕적 — 61
　절대적 — 61, 322
환경 28
회개 46, 47, 216
회심(回心) 108
효능 은총 32n, 506

후속적(으로) 168, 170, 252; 또한 '선행적(으
　로)'을 보라.
후속적 의지 49, 167, 170, 183, 250, 252n,
　317, 359n, 373, 386, 397, 482, 582, 583,
　598n, 674, 675, 676, 678, 680n ; 또한 '선
　행하는 의지'를 보라.
후험적[으로] 57, 93, 101, 298, 307, 376 ;
　또한 '선험적으로'를 보라.

인명

―ㄱ―

가상디, 피에르(Pierre Gassendi) 226, 591n
게르, 마르탱(Martin Guerre) 99
게르마누스, 모세스(Moses Germanus) 67
게르하르트, 요한(Johann Gerhard) 45n,
  46n, 430, 431, 545n
『게르하르트 전집』168n, 352n
게이테커, 토머스(Thomas Gataker) 379
겔리우스, 아울루스(Aulus Gellius) 374,
  487, 489, 491, 513n
고르프, 얀 게라르스텐 판(Jan Gerartsen van
  Gorp) → 베카누스
고마루스(Franciscus Gomarus) → 호마루스
고트샬크(Gottschalk of Orbais) 217, 436
그레고리우스(Gregorius) 대(大)교황[그레고
  리우스 1세] 431, 435, 436
그레고리우스(Gregorius, 329~390) → 나지
  안스주의의 성 그레고리우스
그레고리우스(Gregorius, 340~400) → 성 그
  레고리우스
그로티우스(Hugo Grotius) → 호로티위스
그리스도 → 예수 그리스도
기비외프, 기욤(Guillaume Gibieuf) 518,
  519, 520

―ㄴ―

나사우의 마우리츠(Maurits van Nassau) →
  마우리츠
나에르, 에밀리엔(Emilienne Naert) 635
나지안주스(Nazianzus)의 성 그레고리우스
  (Gregorius) 229
노데, 가브리엘(Gabriel Naudé) 71
노바리누스, 알로이시우스(Aloysius
  Novarinus) 258, 423
뉴턴, 아이작(Sir Isaac Newton) 79
니사의 성 그레고리우스(Gregorius) 160
니콜, 피에르(Pierre Nicole) 91n, 97, 98,
  231, 432n

―ㄷ―

다마스쿠스의 성 요한네스(Johannes
  Damascenus) 62
다비드, 장(Jean David) 239
다비디우스(Davidius) → 다비드
다이에, 장(Jean Daillé) 48n, 117
대(大)카토 → 카토, 마르쿠스 포르키우스
던스 스코터스, 존(John Duns Scotus) 49,
  279, 349, 394, 491, 583, 675, 694n
데 보세스, 바르톨로뮤(Bartholomew Des
  Bosses) 16n, 138n, 545n
데모크리토스(Democritos) 486
데카르트, 르네(René Descartes) 15n, 19n,
  20n, 30n, 46n, 60n, 86n, 95n, 117,
  120n, 122, 123, 124, 150n, 173, 190,
  199, 200, 204n, 265, 316, 317, 344n,
  350, 351, 352n, 384, 385, 414, 417, 454,
  469n, 470n, 498(n), 501, 502(n), 545,
  546n, 548n, 591n, 610n, 616, 634, 644n,
  673n, 693n
돌, 루이 페레이르 드(Louis Pereir de Dole)
  171, 189, 535
드 돌 → 돌
드라이어, 크리스티안(Christian Dreier) 349
드렉셀리우스(Drexelius) 431

드로동[로동], 다비드 뒤(David du Derodon
　　[Rodon]) 536
디루아, 프랑수아(François Diroys) 359,
　　360, 362, 363, 364, 365
디오게네스 라에르티오스(Diogenēs Laertios)
　　289, 300n, 329, 420
디오게니아누스(Diogenianus) 488
디오니시오스(Dionysios) 329
디오도로스(Diodoros Cronos) 326, 327,
　　328, 330, 331, 674
디필루스(Diphilus / Diphilos) 421

—ㄹ—

라 샤르모아(La Charmoye)의 신부 296
라 포레 → 포레
라메, 피에르 드(Pierre de Ramée) 72
라무스(Ramus) → 라메
라미, 프랑수아(Dom François Lami) 46n,
　　87, 545
라바디, 장 드(Jean de Labadie) 74
라세스(Rasès) → 라지
라이프니츠, 고트프리트 빌헬름(Gottfried
　　Wilhelm Leibniz) 8n, 10n, 11n, 12n,
　　15n, 16n, 23n, 24n, 27n, 30n, 31n, 40n,
　　43n, 45n, 46n, 55n, 57n, 58n, 59n, 60n,
　　61n, 68n, 69n, 77n, 83n, 86n, 87n, 88n,
　　92n, 95n, 96n, 99n, 102n, 120n, 127n,
　　138n, 148n, 151n, 152n, 155n, 157n,
　　161n, 165n, 181n, 185n, 186n, 191n,
　　194n, 204n, 210n, 214n, 224n, 270n,
　　271n, 297n, 299n, 311n, 323n, 327n,
　　334n, 343n, 344n, 350n, 363n, 371n,
　　372n, 376n, 383n, 392n, 407n, 409n,
　　413n, 453n, 469n, 470n, 498n, 499n,
500n, 501n, 502n, 507n, 516n, 524n,
　　525n, 529n, 530n, 537n, 545n, 550n,
　　573n, 582n, 598n, 605n, 610n, 612n,
　　615n, 616n, 617n, 629n, 635n, 637n,
　　640n, 644n, 658n, 665n, 667n, 669n,
　　670n, 673n, 693n, 700n, 707n, 708n
『모나드론』 37n, 44n, 45n, 191, 227n,
　　392n, 413n, 452n, 470n, 505, 550n,
　　615n
『변신론』 15n, 19n, 23n, 27n, 30n, 31n,
　　32n, 45n, 83n, 150n, 161n, 166n,
　　225n, 270n, 271n, 299n, 499n, 535n,
　　545n, 546n, 573n, 663n, 667n
『신 인간 오성론』 11n, 23n, 96n, 99n,
　　297n
『형이상학 논고』 10n, 11n, 12n, 16n,
　　19n, 27n, 29n, 30n, 41n, 44n, 57n,
　　60n, 109n, 151n, 157n, 165n, 184n,
　　186n, 204n, 214n, 225n, 270n, 271n,
　　344n, 371n, 373n, 376n, 383n, 407n,
　　409n, 453n, 457n, 499n, 617n, 637n,
　　641n, 669n, 708n
라지, 알(Al Razi) 426
라켈리우스, 사무엘(Samuel Rachelius) 263
락탄티우스(Lactantius) 312, 422, 423n, 662
람프사쿠스(Lampsacus)의 스트라톤 → 스트
　　라톤
러더퍼드, 새뮤얼(Samuel Rutherford) 337,
　　340, 391
레기스, 피에르-실뱅(Pierre-Sylvain Regis)
　　454, 455, 494, 512
레벤후크(Leuwenhoeck) 228
레이노, 테오필(Théophile Raynaud) 524
레헨베르크, 아담(Adam Rechenberg) 197n
로노이, 장 드(Jean de Launoy) 104
로동, 다비드 뒤 (David du Rodon) → 드로동

로드, 윌리엄(William Laud) 599

로라리오, 지롤라모(Girolamo Rorario) → 로라리우스

로라리우스(Rorarius) 35, 206

로이스브로크, 얀 반(Jan van Ruysbroeck) 68 67

로크, 존(John Locke) 79, 80, 91n, 609n, 614

『인간 오성론』 23n, 79, 91

롬바르두스, 페트루스(Petrus Lombardus) 430n

루드베크, 올라우스(Olaus Rudbeck) 297

루비누스, 아일라르두스(Eilhardus Lubinus) 689

루스페의 플겐티우스(Fulgentius of Ruspe) → 풀겐스

루카누스, 마르쿠스 안나에우스(Marcus Annaeus Lucanus) 140n, 293, 296

루크레티우스(Lucretius) 479, 619

루키아노스(Lukianos) 384, 653

루터, 마르틴(Martin Luther) 24n, 41, 71, 72, 78, 102, 105, 106, 116, 121, 122, 442, 492, 594

루피누스, 플라비우스(Flavius Rufinus) 159, 258, 300n

뢸, 레몽(Raymond Lulle) 114

르클레르, 장(Jean LeClerc) 35, 36, 59(n), 87, 136, 137, 160, 353, 432

리미니(Rimini)의 그레고리우스(Gregorius) 229

리비우스, 티투스(Titus Livius) 380

립시우스, 유스투스(Justus Lipsius) 487, 488, 508, 534

—ㅁ—

마네스(Manes) → 마니

마니(Mani) 26n, 298

마닐리우스, 마르쿠스(Marcus Manilius) 7n

마레, 사뮈엘 데(Samuel des Marets) 345

마르케티, 알레산드로(Alessandro Marchetti) 479

마르쿠스 아우렐리우스(Marcus Aurelius Antoninus) 379, 381

마우리츠(Maurits) 599

마이모니데스, 모세스(Moses Maimonides) 425, 426

마티외, 피에르(Pierre Matthieu) 281

마호메트(Mahomet) 11, 89

—식 예정 322

—적 숙명 18, 194, 198, 700

말레, 샤를(Charles Mallet) 104

말브랑슈, 니콜라 드(Nicolas de Malebranche) 19n, 40n, 91n, 145n, 151n, 214n, 228, 317, 350n, 367, 370, 372(n), 375, 386, 405, 411, 502, 507n, 544, 551, 669n

메나주, 질(Gilles Menage) 329

메냥, 에마뉘엘(Emmanuel Maignan) 544

메이어르, 루이스(Louis Meyer) 73

멜란히톤, 필리프(Philipp Melanchthon) 41n, 48n, 72n

멜리소스(Melissus of Samos) 306, 309

모세(Moses) 8, 9, 11, 51, 89, 440, 447, 625

모어, 헨리(Henry More) 221

몰리나, 루이스(Luis Molina) 57n, 180, 181, 184n, 215n, 230, 286, 474n, 524n

몰리에르(Molière) 483n, 611n

무새우스, 요아네스(Joannes Musaeus) 80, 122

뮈스니에(Musnier) 63

―ㅂ―

바겔상(Vagelsang) 74

바네스, 도미니크(Dominique Banez) 184n, 188, 524n

바니니, 루칠리오(Lucilio Vanini) 652

바로니우스, 로베르트(Robert Baronius) 77

바롱, 뱅상(Vincent Baron) 138

바실리우스 → 성 바실리우스

바예, 라 모트 르(La Mothe-Le Vayer) 415, 416

바울(로) → 성 바울

바이겔, 발렌틴(Valentin Weigel) 67

바이겔, 에르하르트(Erhard Weigel) 377, 538

바이언, 반 데르(Van der Weyen) 74

바턴, 토머스(Thomas Barton) → 보나르테스

반 덴 엔더 → 엔더

반 덴 호프 → 호프

발라, 라우렌티우스(Laurentius Valla) 41, 518, 557

발렌슈타인, 알브레히트 벤젤 에우세비우스 폰(Albrecht Wenzel Eusebius von Wallenstein) 273

버넷, 토머스(Thomas Burnet) 408, 573n

버킹엄(Georges Villiers, de Buckingham[2nd duke of Buckingham]) 176

베델리우스, 니콜라우스(Nicolaus Vedelius) 80, 122

베라스, 드니(Denis Vairasse) → 베이라스

베로비치우스(Beverovicius) → 베베르베이크

베롱, 프랑수아(François Véron) 117

베르길리우스 마로, 푸불리우스(Publius Vergilius Maro) 66, 140n, 149n, 175n, 271, 413n, 418n, 424, 435, 458, 472, 483n, 521n, 566n, 654n

베르나르, 자크(Jacques Bernard) 609

베르나르두스 → 성 베르나르두스

베르니에, 프랑수아(François Bernier) 66, 171, 535

베르세, 오베르 드(Aubert de Versé) 529

베르주라크, 시라노 드(Cyrano de Bergerac) 496

베르티우스, 피에르(Pierre Bertius) 320, 321

베리가르, 클로드(Claude Berigard) 70

베베르베이크, 얀 반(Jan Van Beverwijck) 196

베이라스, 드니(Denis Veiras) 153n

베이컨, 프랜시스(Francis Bacon) 456

베즈, 테오도르 드(Théodore de Bèze) 398

베카누스, 고로피우스(Goropius Becanus) 297

베커르, 발타자르(Balthazar Becker) 310

베케루스, 요한 요아힘(Johann Joachim Becherus) 503

벨, 피에르(Pierre Bayle) 23, 24, 29, 33, 34, 36, 38, 39, 40, 44, 52, 55, 59, 61, 74, 83, 84, 86, 87, 89, 91, 93, 99, 100, 101, 102, 103, 105, 108, 110, 112, 113, 115, 116, 117, 121, 122, 124, 125, 127, 128, 129, 131, 132, 133n, 134, 135, 137, 139, 145, 148, 228, 231, 245, 246, 248, 249, 252, 255, 262, 270, 277, 282, 284, 285, 286, 287, 289, 298, 299, 300, 303, 304, 305, 306, 309, 310, 312, 314, 317, 319, 322, 325, 326, 330, 335, 336, 340, 341, 343, 344, 346, 350, 352, 353, 354, 355, 360, 361, 362, 364, 365, 366, 367, 368, 370, 374, 375, 380, 381, 382, 383, 386, 387, 389, 391, 392, 393, 394, 395, 396, 397, 400, 409, 410, 411, 412, 414, 415,

417, 420, 421, 422, 423, 426, 427, 432, 433, 450, 454, 455, 456, 457, 459, 462, 464, 465, 467, 470, 474, 475, 480, 481, 484, 487, 489, 491, 493, 494, 495, 501, 504, 505, 506, 508, 509, 511, 513, 514, 518, 519, 521, 523, 527, 529, 533, 536, 537, 540, 544, 545n, 548, 549, 552, 553, 609, 610, 619, 635, 663, 692, 696

『역사와 비판 사전』 23n, 35, 97, 103, 108, 110, 125, 134, 136, 298, 310, 325, 340, 373, 420, 456, 465, 467, 487n, 489, 521, 527, 533, 544, 553

『한 관구장의 질문들에 대한 답변』 38, 40, 93, 97, 103, 104n, 110, 115, 121, 122, 131, 231, 246, 248, 280, 286, 312, 317, 319, 322, 341, 360, 374, 383, 387, 389, 391, 400, 413, 433, 459, 481, 495, 504, 505, 511, 514, 518, 537, 609n

벨라르미누스, 로베르투스(Robertus Bellarminus) 48, 117, 468, 483

벨레이우스, 마르쿠스 파테르쿨루스(Marcus Velleius Paterculus) 477

보나르테스, 토마스(Thomas Bonartes) 24, 137, 138

보나벤투라(Bonaventura) 437

보르가르, 클로드 기예르메 드(Claude Guillermet de Beauregard) → 베리가르

보르스트, 콘라트(Conrad Vorst) → 보르티우스

보르티우스, 콘라트(Conrad Vortius) 24, 668

보쉬에, 자크 베니뉴(Jacques-Bénigne Bossuet) 154n, 635n

보이티우스, 아니키우스 만리우스 세베리누스(Anicius Manlius Severinus Boethius) 41, 62, 518, 557, 558, 561, 564

보자우의 헬몰트(Helmold of Bosau) → 헬몰트

볼초겐(Wolzogen) 74

뵈즈(Böse) 197n

부티우스, 기베르투스(Gisbertus Voetius) 81

뷔리당, 장(Jean Buridan) 189, 464

브라방, 시제 드(Siger de Brabant) 64

브라치오(브라치오 다 몬토테, Braccio da Montone) 273

브라헤, 튀코(Tycho Brahe) 203

브래드워딘, 토머스(Thomas Bradwardine) 205n, 233

브럼홀, 존(John Bramhall) 42, 50, 208, 591, 592

브레덴부르크, 요하네스(Johannes Bredenburg) 527, 528

브리지트(Brigitte) 230

비드(Bede) 62

비쇼프, 시몬(Simon Bisschop) → 에피스코피우스

비티치우스, 크리스토포루스(Christophorus Wittichius) 253, 458, 462

ㅡㅅㅡ

사겐스(Saguens) 544

사르트르, 장 폴(Jean Paul Sartre) 194n

사비에르, 프랑수아(Saint François-Xavier) 233

사모사타의 파울루스(Paul de Samosate / Paulus of Samosata) → 파울[파울루스]

살, 프랑수아 드(Saint François de Sales) 234

살메론, 알폰소(Alfonso Salmeron) 230

샤록, 로버트(Robert Sharrock) 263

샤르모아의 신부 → 라 샤르모아의 신부

샤를로테, 조피(Sophie Charlotte, Sophia Charlotte of Hanover) 33n

성 그레고리우스(Gregorius, 340~400) 160

성 그레고리우스(Gregorius, 329~390) → 나지안스주의의 성 그레고리우스

성 바실리우스(Basilius) 311, 533, 534

성 바울(Paul) 28, 89, 101, 103, 155, 160, 182, 281, 284, 377, 443, 563, 564, 706, 708n

성 베르나르두스(Bernardus / Saint Bernard) 407

성 아우구스티누스(Aurelius Augustinus) 28, 47, 62, 84, 104, 139, 155, 163, 172, 174, 182, 186, 217, 218, 221, 229, 230, 231, 237, 240, 241, 341 319, 400, 421, 428, 440, 441, 442, 445, 446, 448, 449, 450, 451, 465, 524, 533, 575, 585, 616, 619, 678, 685, 689, 695, 702, 708

성 아타나시아(Athanasia) 82

성 안셀무스(Anselmus) 62

성 암브로시아(Ambrosia) 195, 263

성 야고보(Jakobus / Saint James) 443

성 요한네스 → 다마스쿠스의 성 요한네스

성 히에로니무스(Hieronymus) 160, 684

성녀 브리지트 → 브리지트

세네카, 루키우스 안나에우스(Lucius Annaeus Seneca) 90, 320, 420, 588

세바람베스(Sevarambbes) 153

세피로트(Sephiroth) 526

셰셀, 장(Jean Chessel) 73

소(小)플리니우스 281

소네루스, 에르네스트(Ernest Sonerus) 429

소랭, 엘리(Elie Saurin) 115

소치니, 렐리우스(Lelius Sozzini) 24n

소치니, 파우스테(Fauste Sozzini) 24n

소크라테스(Socrates) 300n, 301, 346

소포클레스(Socrates) 259n, 475

쇤보른, 요한 필리프(Johan Philipp von Schönborn) 235, 236

수아레스, 프란시스코(Francisco Suarez) 469

수에토니우스(Suetonius) 425

수이세스(Suiseth), 수이세스(Suisseth), 수이셋(Suiset) → 스와인스헤드

슈리에키우스, 아드리엔(Adrien Schrieckius) 297

슈탈, 다니엘(Daniel Stahl) 349

슈투르미우스, 요한 크리스토프(Johann-Christoph Sturmius) 46, 377

슈페, 프리드리히(Friedrich Spe) 234, 235

슈페너, 필리프 야코프(Philipp Jakob Spener) 197n

스바메르담, 얀(Jan Swammerdam) 39, 228

스와인스헤드, 리처드(Richard Swineshead) 611

스카이볼라, 무키우스(Mucius Scaevola) 400, 657

스칼리제르, 율리우스 카이사르(Julius Caesar Scaliger)

스칼리제르, 조제프(Joseph Scaliger) 86, 111, 112

스케르체루스, 요한 아담(Johann Adam Schertzer) 76

스코터스 → 둔스 스코터스

스키오피우스, 카스파르(Jasper Scioppius) 415, 508

스테그만, 조수아(Josua Stegmann) 116

스테그만, 크리스토프(Christophe Stegmann) 76

스테노, 니콜라우스(Nicolaus Steno) → 스텐센

스테우코, 아고스티노(Agostino Steuco) 89

스텐센, 닐스(Niels Steensen) 238
스토베우스(Stobeus) 420, 421n
스트라톤(Straton of Lampsacus) 42, 352, 354, 499, 504, 505, 526, 594
스트리메시우스, 사무엘(Samuel Strimesius) 345
스틸링플리트, 에드워드(Edward Stillingfleet) 79, 80n
스펄링, 요한(Johan Sperling) 224
스펠링, 오토(Otto Sperling) 295
스포르차, 무치오(Muzio Sforza) 273
스폰드라티, 셀레스티노(Celestino Sfondrati) 155, 230, 231
스피노자, 바뤼흐(Baruch Spinoza) 15n, 19n, 30n, 42, 43, 57n, 67, 74, 95n, 150n, 204n, 206, 323n, 333, 334, 335, 336, 344n, 499, 502n, 525, 526, 527, 528, 529, 530n, 531, 532n, 548(n), 594, 600, 610n, 629, 644n, 673n
슬레포크트, 파울(Paul Slevogt) 73

−ㅇ−

아나(P. Annat) 519
아르노, 앙투안(Antoine Arnauld) 16n, 23n, 41n, 47, 86, 87, 91, 103, 104n, 214n, 317, 367, 371n, 372n, 375, 382, 386, 409n, 532
아르미니우스, 야콥스(Jacobus Arminius) 583, 599
아르케실라우스(Arcesilaus) 507
아르키메데스(Archimedes) 86, 302n, 329n
아리스토텔레스(Aristoteles) 45n, 62, 64, 65(n), 71, 72, 88, 104, 177, 180n, 186, 222, 267, 268, 279, 324, 345, 349, 350n, 352, 384, 385, 391, 417, 429, 452, 462, 462, 463, 486, 534, 553, 600, 612
아리아가, 로드리게스(Rodriguez Arriaga) 124, 541
아리아노스(Arrianos) 329, 330
아베로에스(Aberroës) 64, 65n, 553
아벨라르, 피에르(Pierre Abélard) 138, 330, 331, 332, 396
아우구스투스(Augustus) 424, 425, 435, 482
아우구스티누스, 아우렐리우스(Aurelius Augustinus) → 성 아우구스티누스
아우레올루스, 페트루스 (Petrus Aureolus) 171, 535
아우렐리우스 → 마르쿠스 아우렐리우스
아우소니우스, 데치무스 마그누스(Decimus Magnus Ausonius) 20n
아퀴나스, 토마스(Thomas Aquinas) 49, 104, 124, 188n, 231, 233, 317, 345, 348, 379, 486, 541, 575, 612, 675, 678, 689
아타나시아 → 성 아타나시아
아후라마즈다(Ahura−Mazda) 50
안드라데, 디에고 파이바 드(Diego Payva de Andrade) 234
안셀무스 → 성 안셀무스
안티파트로스(Antipatros) 329
알 라지 → 라지
알바레스, 디에고(Diego Alvarez) 188
알비우스, 토머스(Thomas Albius) 138
알트도르프의 철학자 → 슈투르미우스
알폰소 10세(Alphonso X) 356, 357
암브로시아 → 성 암브로시아
앨퀸(Alcuin) 62
야고보 → 성 야고보
얀세니우스[얀선], 코렐리우스(Cornelius Jansenius) 84n, 519, 600n
어셔, 제임스(James Usher) → 우세리우스

에라스뮈스, 데시데리우스(Desiderius Erasmus) 41, 102, 105

에리우게나, 요하네스 스코투스(Johanmes Scotus Eriugena) 226

에스프리, 자크(Jacques Esprit) 158

에우리피데스(Euripides) 301n, 419, 420, 421

에우클레이데스(Eucleides) → 유클리드

에피스코피우스, 시몬(Simon Episcopius) 468

에피쿠로스(Epicouros) 226, 311n, 324, 325, 326, 464, 467, 478, 479, 480, 486, 508, 515, 517, 594, 601, 662

에픽테토스(Epiktētos) 533

엔더[엔던], 프랑크[프란키스쿠스] 반 던(Van den Ende / Franciscus van den Enden) 531, 532

엠페도클레스(Empedocles) 486

예수 그리스도 8, 9, 10, 11, 32, 77, 78, 89, 100, 101, 103, 108, 126, 147, 154, 155, 161, 162, 168, 209, 216, 217, 218, 219, 233, 236, 253, 269, 336, 439, 564, 679, 682, 684, 685, 702, 710, 711

오로비오, 아이작 발타자르(Isaac Balthazar Orobio de Castro) 528

오리게네스(Origenes) 107, 108, 160, 221, 335, 436, 684

오비디우스, 푸블리우스 나소(Publius Naso Ovidius) 226, 265, 309, 457

오이노마우스(Oenomaus) 488

오지안더, 요한 아담(Johann Adam Osiander) 696

오컴, 윌리엄(William of Ockham) 611, 694n

오키노, 베르나르디노(Bernardino Ochino) 84

오팔레니우스(Opalenius) 263

오팔린스키, 우카시(Lucas Opalinski / Łukasz Opaliński) → 오팔레니우스 263

완데르, 기욤(Guillaume Wander) 221

욍슬렝, 니콜라(Nicolas Oechslein) → 토렐

요한네스(Johannes Damascenus) → 다마스쿠스의 성 요한네스

우르시누스, 차하리아스(Zacharias Ursinus) 430

우세리우스(Usserius) 48n

위클리프, 존(John Wycliffe) 138, 205, 332, 396, 594

유리피데스(Euripides) → 에우리피데스

유베날리스, 데치무스 주니우스(Decimus Junius Juvenalis) 515n, 656n

유세비우스(Eusebius of Caesarea) 488

유클리드(Euclid) 86, 116, 336, 377, 378

융기우스, 요하힘(Joachim Jungius) 378

이메사의 헬리오도로스(Heliodoros of Emesa) → 헬리오도로스

이블 루시드/루슈드(Ibn Rushd) → 아베로에스

—ㅈ—

자라투스트라(Zarathustra) → 조로아스터

자이졸트, 요한(Johan Zeisold) 224

자클로, 이삭(Isaac Jaquelot) 133, 134, 135, 201, 314, 374, 387, 409, 410, 432, 537, 554

제너트, 다니엘(Daniel Sennert) 224

제르송, 장(Jean Gerson) 67

조로아스터(Zoroaster) 51, 96, 287, 288, 290, 298, 307, 310

조제프, 피에르 드 생(Pierre de Saint-Joseph) 514, 542

조피 샤를로테(Sophie-Charlotte) → 샤를로테

쥐리에, 피에르(Pierre Jurieu) 253, 428, 432, 537

질레시우스, 요한 안젤루스(Johann-Angelus Silesius) 67

ㅡㅊㅡ

체살피노, 안드레아(Andrea Cesalpino) 70, 611

츠빙글리, 울리히[홀드리히](Ulrich/Huldrych Zwingli) 77

칭기즈칸(Chingis-chan) 290, 339

ㅡㅋㅡ

카롤루스, 안드레아스(Andreas Carolus) 321

카르네아데스(Carneades) 467, 480, 507

카르다노, 지롤라모(Girolamo Cardano) 416, 423

카리클레아(Chariclea) 657

카셀리우스, 장(Jean Caselius) 73

카시오도루스(Cassiodorus) 62

카예타누스(Cajetanus) → 카예탄

카예탄(Cajetan) 104, 105, 348

카위퍼르, 프랑크(Frank Kuyper) 528

카조봉, 메릭(Méric Casaubon) 420

카조봉, 이작(Isaac Casaubon) 508

카타리노, 암브로시오(Ambrosio Catarino) 230

카토, 마르쿠스 포르키우스(Marcus Porcius Cato) 211, 477

카펠라, 마르티아누스(Martianus Capella) 382

칼라누스(Calanus) 419, 653

칼로비우스, 아브라함(Abraham Calovius) 76

칼리마코스(Kallimachos) 296

칼릭스투스(Calixtus) 48, 117

칼뱅, 장(Jean Calvin) 24n, 58n, 77, 78, 105, 165n, 214, 312, 317, 340, 344, 492, 708

캄파넬라, 톰마소(Tommaso Campanella) 304

캐머런, 존(John Cameron) 468

커드워스, 랠프(Ralph Cudworth) 35, 352

케넬, 파스키에(Pasquier Quesnel) 48

케케르만, 바르텔레미(Barthelemy Keckermann) 114

케플러, 요하네스(Johannes Kepler) 173, 203n, 356, 690

켄들, 조지(George Kendall) 322

켈수스(Celsus) 107, 109

켐니츠, 마르틴(Martin Chemnitz) 48, 122, 234

코르트홀트, 제바스티안(Sebastian Kortholt) 531

코페르니쿠스(Copernicus) 203, 356

콘링기우스(Conringius) 210, 611, 635

쿠리오네, 첼리오 세쿤도(Celio Secundo Curione) 163

쿠인틸리아누스, 마르쿠스 파비우스(Marcus Fabius Quintilianus) 90

쿠튀라, 루이(Louis Couturat) 635

퀸틸리아누스 → 쿠인틸리아누스

크레모니니, 체사레(Cesare Cremonini) 70

크렐, 니콜라우스(Nikolaus Krell) 599

크렐리우스(Crellius) 209

크리시포스(Chrysippos) 17, 108, 325, 326, 327, 328, 329, 330, 373, 374, 486, 488,

489, 490, 491, 581n
크세노파네스(Xenophanes) 420
클라우디우스(Claudius) 159, 258, 300, 302
클레안테스(Kleanthes) 329, 330, 486
키케로, 마르쿠스 툴리우스(Marcus Tullius
    Cicero) 42n, 102, 263, 301n, 325, 326,
    327, 328, 330, 345, 352, 422, 423n, 441,
    464, 467, 480, 486, 488, 515, 516, 581n,
    661, 674
킹, 윌리엄(William King) 30n, 512n, 609n,
    626n, 629n, 658n

—ㅌ—

타르퀴니우스, 섹스투스(Sextus Tarquinius)
    560, 562, 565, 567, 568, 569, 570
타키투스(Tacitus) 291, 292, 293, 384, 483n
테르툴리아누스(Tertullianus) 106
테베노, 멜키세덱(Melchisédech Thévenot)
테아게네스(Theagenes) 657
테오도루스(Theodorus) 565, 566, 567, 570
테오프라스토스(Theophrastos) 352
토렐, 니콜라(Nicolas Taurel) 70, 535
토마생, 루이(Louis Thomassin) 63
토마지우스, 야코프(Jacob Thomasius) 348,
    349n, 384
톨로메이, 조반니 바티스타(Giovanni Battista
    Tolomei) 48
투레티니, 프란츠(Franz Turrettini) 116, 344
투르느미느, 르네 조제프(René-Joseph de
    Tournemine) 45
트라시마코스(Thrasymachos) 25
트라야누스, 마르쿠스 울피우스(Marcus
    Ulpius Trajanus) 435
트위스, 윌리엄(William Twisse) 340

티레시아스(Tiresias) 326
티베리우스(Tiberius) 7n, 321

—ㅍ—

파르디(Pardies) 501
파브리, 오노레(Honoré Fabry) 501
파브리티우스, 요한 루트비히(Johann
    Ludwig Fabritius) 41
파울[파울루스](Paul de Samosate / Paulus
    of Samosata) 287
파테르쿨루스 → 벨레이우스
페늘롱, 프랑수아 드 살리냐크 드 라 모트
    (François de Salignac de La Mothe
    Fénelon) 17, 68, 424, 635n
페즈롱, 폴 이브(Paul-Yves Pezron) → 라 샤
    르모아의 신부
페타비우스, 디오니시우스(Dionysius
    Petavius) 63
페터, 발렌베르크(Wallenberg Peter) 41
페토(Petau) → 페타비우스
페트로니우스 (아르비테르), 가이우스(Gaius
    Petronius Arbiter) 187
페흐티우스, 요한(Johann Fechtius) 430,
    431, 435, 686
펠라기우스(Pelagius) 57n, 171, 428, 447
펠리송, 폴(Paul Pellisson) 234
포레, 질베르 드 라(Gilbert de la Porée) 138
폰세카(Fonseca) 180
폴리티, 란첼로트(Lancelot Politi) → 카타리노
폼포나치, 피에트로(Pietro Pomponazzi) 70,
    210
푸르생, 뒤랑 드 생 (Durand de Saint-
    Pourçain) 171, 486, 514, 535, 612
푸셰, 시몽(Simon Foucher) 86, 507, 508

푸펜도르프 남작, 사무엘, 폰(Samuel, von Freiherr Pufendorf) 263, 345, 608

풀겐스(Fulgence, [루스페의] 풀겐티우스) 217

프라이타크, 요한(Johan Freitag) 224

프레삭, 뒤(Du Praissac) 69

프로몬두스, 리베르투스(Libertus Fromondus) 84

프루덴티우스, 아우렐리우스 클레멘스 (Aurelius Prudentius Clemens) 159n, 160, 305, 684, 695

프톨레마이오스, 클라우디우스(Claudius Ptolemaeos) 203, 356

프파너, 토비에(Tobie Pfanner) 533

플라톤(Platon) 25, 62, 66, 71, 165, 186, 289, 297n, 346, 352n, 422, 441, 481, 508, 534, 612

『티마이오스』(플라톤) 165

플러드, 로버트(Robert Fludd) 248

플레시 모르네, 뒤(Du Plessis-Mornay) 89

플루타르코스(Ploutarchos) 286, 287, 289, 328, 419, 483n, 489, 513n, 534

플리니우스, 세쿤두스, 가이우스(Plinius Secundus, Gaius) 288, 420, 421, 424, 557

플리니우스, 카이킬리우스 세쿤두스, 가이우스(Gaius Plinius Caecilius Secundus) → 소(小)플리니우스

피스카토르, 요하네스(Johannes Piscator) 286

핏케언, 아치볼드(Archibald Pitcairne) 228

—ㅎ—

하노버의 조피 샤를로테(Sophia Charlotte of Hanover) → 샤를로테

하르추커르, 니콜라스(Nicolas Hartsoeker) 228

할리카르나소스의 디오니시오스 → 디오니시오스

헤라클레스(Heracles) 513

헤라클레이토스(Heracleitos) 301, 486

헤로도토스(Herodotos) 268, 287, 291

헤슈시우스[헤슈스], 틸레만(Tileman Hesshusius[Hesshus]) 73

헬리오도로스(Heliodoros of Emesa) 657

헬몬트, 얀 밥티스타 판(Jan Baptista van Helmont) 154, 221

헬몰트(Helmold of Bosau) 287

호라티우스(Quintus Horatius Flaccus) 103, 158, 197n, 259, 351n, 376n, 475

호마루스, 프란시스쿠스(Franciscus Gomarus) 112

호마루스주의자 321, 530

호메로스(Homeros) 420, 475

호프, 반 던(Van den Hoof) 530

호프만, 다니엘(Daniel Hofman) 72, 73

홉스, 토머스(Thomas Hobbes) 30n, 42, 49, 206, 208, 263, 333, 384, 385, 525, 531, 591, 593, 594, 595, 596, 597, 599, 600, 601, 604, 605, 607, 608, 610n, 629, 635, 640

화이트, 토머스(Thomas White) → 알비우스

휠스만, 요한(Johann Hülsemann) 586, 696

흐로티위스, 휘호(Hugo Grotius) 63, 209, 345, 348

히에로니무스 → 성 히에로니무스

히포크라테스(Hippocrates) 415

814

지은이

:: **고트프리트 빌헬름 라이프니츠** Gottfried Wilhelm Leibniz, 1646~1716

라이프니츠는 '인류가 배출한 최고의 지성'이라는 찬사를 받는 대표적인 서양근대철학자다. 그는 법률가이자 대학의 도덕 교수였던 아버지의 서재에 유년기부터 호기심을 보였다. 어린 나이에 아버지의 서재에서 라틴어와 희랍어를 독파했다는 유명한 일화가 있고, 청소년기에 이미 고중세 사상을 탐구하며 폭넓은 독서활동을 했다. 1672~1676년 외교관 자격으로 당시 지식인들의 중심지 파리를 비롯하여 유럽 각지를 여행하며 아르노 · 말브랑슈 · 스피노자 등 저명한 학자들과 교류했고, 특히 수학과 과학에 관한 깊은 지식을 갖추었다. 1676년 독일에 돌아와 하노버 도서관장직을 맡고 학술활동에 전념하면서 사상적 성숙기를 맞이했으며, 1716년 사망할 때까지 방대한 양의 독창적 저술을 남겼다.

라이프니츠가 철학, 신학, 수학, 과학, 언어학, 논리학, 역사학 등에 남긴 흔적은 지울 수 없을 정도로 깊다. 특히 그는 고중세 사상을 섭렵하고 근대과학을 발전시키는 데 큰 역량을 발휘했다. 과학사에서 공인하듯이 그가 데카르트의 운동량 보존법칙의 문제를 밝혀내어 에너지 보존법칙의 단초를 확립하고 미적분 계산법과 기호를 창안한 것은 인류 사상사의 위대한 업적이다. 라이프니츠는 근대 기계론을 유심론적 목적론으로 대체하고 신의 문제를 모든 논의의 핵심 축으로 설정한다. 그가 『형이상학 논고』, 『모나드론』, 그리고 많은 전문 논문과 서신을 통해 자신의 입장을 압축적이고 부분적으로 설명하던 차원을 넘어, 황혼기인 1710년에 자신의 철학체계 전반을 한데 모아 대중에게 내놓은 마지막 대작이 바로 『변신론』이다.

옮긴이

:: **이근세**

경희대학교 철학과를 졸업하고 벨기에 루뱅대학교 철학고등연구소(ISP)에서 스피노자 철학과 모리스 블롱델의 철학 연구로 박사학위를 취득했다. 브뤼셀 통 · 번역 대학교(ISTI) 강사를 역임하고 귀국했다. 현재 국민대학교 교양대학 교수로 재직하고 있다. 주요 연구 분야는 서양근대철학, 프랑스철학, 동서문화철학이다.

주요 저서로 『효율성, 문명의 편견』(2014), 『철학의 물음들』(2017) 등이 있고, 역서로 『스피노자와 도덕의 문제』(2003), 『변신론』(2014), 『전략: 고대 그리스에서 현대 중국까지』(2015), 『데카르트, 이성과 의심의 계보』(2017), 『스피노자 서간집』(2018), 『문화적 정체성은 없다』(2020), 『탈합치』(2021) 등이 있다. 연구 논문으로는 「스피노자의 존재론 기초」(2003), 「스피노자의 철학에 있어서 시간성과 윤리」(2006), 「블롱델의 행동철학과 라이프니츠의 실체적 연결고리 가설」(2011), 「프랑수아 줄리앙의 비교철학에서 중국과 서양의 효율성 개념 비교」(2012), 「야코비의 사유구조와 스피노자의 영향」(2013), 「스피노자의 정치철학에서 개인의 자유와 정치적 복종의 관계」(2014), 「모리스 블롱델의 행동철학에서 과학과 기술의 의미」(2014), 「이념의 문제와 글쓰기 전략」(2014), 「동아시아적 이념의 가능성」(2014), 「블롱델의 철학에서 방법론과 실천의 문제」(2015), 「모리스 블롱델의 현상학적 방법론」(2015), 「데카르트와 코기토 논쟁」(2016), 「조선 천주교 박해와 관용의 원리」(2016), 「프랑수아 줄리앙의 중국회화론」(2017), 「로고스와 노장」(2017), 「조선 천주교와 미시정치학」(2018) 외 다수가 있다.

한국연구재단총서   학술명저번역 서양편 569

변신론

신의 선, 인간의 자유, 악의 기원에 관하여

1판 1쇄 펴냄 | 2014년 7월 31일
1판 3쇄 펴냄 | 2022년 3월 21일

지은이 | 고트프리트 빌헬름 라이프니츠
옮긴이 | 이근세
펴낸이 | 김정호
펴낸곳 | 아카넷

출판등록 2000년 1월 24일(제406-2000-000012호)
10881 경기도 파주시 회동길 445-3
전화 | 031-955-9511(편집) · 031-955-9514(주문)
팩스 | 031-955-9519
www.acanet.co.kr

ⓒ 아카넷, 2022

Printed in Paju, Korea.

ISBN 978-89-5733-371-6 94160
ISBN 978-89-5733-214-6(세트)

이 도서의 국립중앙도서관 출판예정도서목록(CIP)은
서지정보유통지원시스템 홈페이지(http://seoji.nl.go.kr)와
국가자료공동목록시스템(http://www.nl.go.kr/kolisnet)에서 이용하실 수 있습니다.
(CIP제어번호: CIP2014020194)